Tito e Canto

QUÍMICA

na abordagem do cotidiano

VOLUME ÚNICO

Francisco Miragaia Peruzzo (Tito)
Graduado em Química pela Unesp (Instituto de Química de Araraquara).
Professor de Química em escolas de Ensino Médio e em cursos pré-vestibulares.

Eduardo Leite do Canto
Graduado em Química pela Unicamp (Universidade Estadual de Campinas).
Doutor em Físico-Química Orgânica pela Unicamp.
Professor de Química em escolas de Ensino Médio.

Livro acompanhado por um DVD.

4ª edição

MODERNA

Coordenação editorial: Rita Helena Bröckelmann e Fabiana Eiko Shibahara Asano
Edição de texto: Fabiana Eiko Shibahara Asano, Paula Yumi Hirata, Renato Tadashi Hirayama
Assistência editorial: Dino Santesso Gabrielli, Murillo Pagnotta
Coordenação de *design* e projetos visuais: Sandra Botelho de Carvalho Homma
Projeto gráfico: Marta Cerqueira Leite
Capa: Flávia Dutra
Foto: Fotomicrografia de sílica coloidal © Science Museum/SSPL/ age footstock/Grupo Keystone
Coordenação de produção gráfica: André Monteiro, Maria de Lourdes Rodrigues
Coordenação de arte: Tais Nakano, Maria Lúcia Ferreira Couto
Edição de arte: Daniel H. Aoki, Daniele Fátima Oliveira
Ilustrações: Adilson Secco, Nelson Matsuda
Editoração eletrônica: Exemplarr Worldwide Limited
Coordenação de revisão: Elaine C. del Nero
Revisão: Afonso N. Lopes, Ana Maria C. Tavares, Fernanda Marcelino, Luís M. Boa Nova, Maristela S. Carrasco, Nancy H. Dias, Rita de Cássia Sam
Pesquisa iconográfica: Flávia Aline de Morais, Luciana Ribas Vieira, Fabio Yoshihito Matsuura, Vera Lucia da Silva Barrionuevo
As imagens identificadas com a sigla CID foram fornecidas pelo Centro de Informação e Documentação da Editora Moderna.
Coordenação de *bureau*: Américo Jesus
Tratamento de imagens: Fabio N. Precendo, Rubens M. Rodrigues
Pré-impressão: Alexandre Petreca, Everton L. de Oliveira Silva, Hélio P. de Souza Filho, Marcio H. Kamoto
Coordenação de produção industrial: Wilson Aparecido Troque

Dados Internacionais de Catalogação na Publicação (CIP)
(Câmara Brasileira do Livro, SP, Brasil)

Peruzzo, Francisco Miragaia
Química na abordagem do cotidiano : volume único / Francisco Miragaia Peruzzo, Eduardo Leite do Canto. – 4. ed. – São Paulo : Moderna, 2012.

Bibliografia

1. Química (Ensino médio) I. Canto, Eduardo Leite do. II. Título.

12-00400 CDD-540.7

Índice para catálogo sistemático:
1. Química : Ensino médio 540.7

978-85-16-07569-9 (LA)
978-85-16-07570-5 (LP)

EDITORA MODERNA LTDA.
Rua Padre Adelino, 758 - Belenzinho
São Paulo - SP - Brasil - CEP 03303-904
Vendas e Atendimento: Tel. (0_ _11) 2602-5510
Fax (0_ _11) 2790-1501
www.moderna.com.br
2014
Impresso na China

1 3 5 7 9 10 8 6 4 2

Apresentação

Prezado(a) professor(a),

Com muito orgulho apresentamos a 4ª edição da obra *Química na Abordagem do Cotidiano* (volume único), projeto que incorpora várias inovações.

Este livro, fruto de vários anos de trabalho e de pesquisa, pretende auxiliar o aluno a compreender conceitos, aprimorar o letramento científico e desenvolver competências desejáveis a qualquer cidadão.

Cada capítulo se inicia com uma foto relacionada ao tema, seguida de uma lista dos principais conteúdos conceituais nele abordados. A imagem de abertura muitas vezes tem relação com o dia a dia, de modo a propiciar um ponto de partida motivador e instigar o desejo de aprender uma ciência extremamente vinculada à realidade.

No desenvolvimento dos conteúdos ao longo dos capítulos, nesta nova edição, modificações foram realizadas. Dinamizamos a abordagem incrementando a utilização de linguagens visuais (fotos, esquemas, diagramas etc.). Os exercícios foram atualizados, contemplando o Enem e os vestibulares das diversas regiões brasileiras. Eles aparecem nas duas seções: *Exercícios essenciais* — inseridos logo após um bloco de teoria e que podem ser utilizados em classe e/ou como tarefa, a critério do(a) professor(a) — e *Exercícios adicionais* — que vêm logo em seguida e têm por meta revisar o tema, estabelecer inter-relações e aplicar conceitos a novas situações, mais elaboradas.

Os recursos multimídia (no DVD que acompanha o livro), uma das novidades desta edição, são um relevante apoio para alunos e educadores. Há um vínculo muito grande entre tais recursos e o material impresso, propiciando abordagens complementares e também a otimização das aulas, a valorização do estudo em casa e o desenvolvimento de competências referentes à interpretação e à utilização das informações científicas.

Como nas edições anteriores, procuramos primar pela linguagem correta e acessível, mantendo sempre o necessário rigor na exposição de fatos, conceitos, definições, princípios, leis e teorias. Grande esforço foi realizado na busca de dados corretos e para que as convenções científicas em vigor sejam sempre seguidas na obra.

Agradecemos aos professores que nos têm honrado com o uso desta obra em suas edições anteriores e, com muita satisfação, apresentamos esta nova edição, cujo objetivo continua sendo o de tornar eficiente e prazeroso o ensino e o aprendizado da fantástica ciência que é a Química.

Tito Peruzzo e Eduardo Canto

Organização do livro

A obra *Química na Abordagem do Cotidiano* é composta por um volume único que lhe acompanhará durante todo o Ensino Médio. O conteúdo da obra está dividido em 34 capítulos que estão agrupados em três blocos. Veja abaixo e entenda a organização do livro:

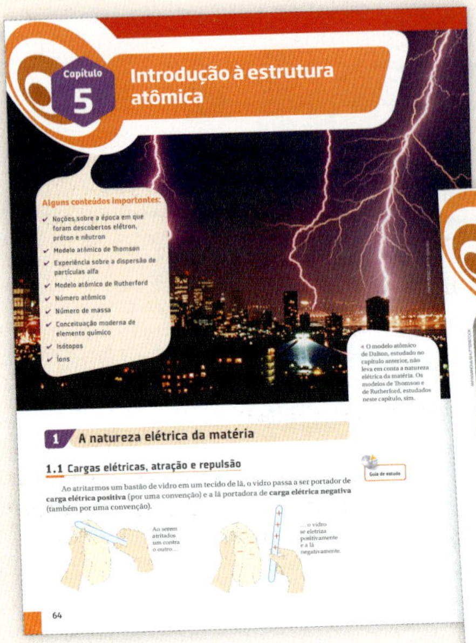

Os capítulos são agrupados em 3 blocos, identificados por diferentes cores para facilitar o acesso: **Química Geral e Inorgânica** em vermelho; **Físico-Química** em verde; e **Química Orgânica** em azul.

Cada capítulo inicia-se por uma foto que procura contextualizar o assunto que será tratado e por um resumo dos principais conteúdos abordados.

Fotos são amplamente utilizadas para contextualizar os assuntos tratados e ilustrar aspectos experimentais.

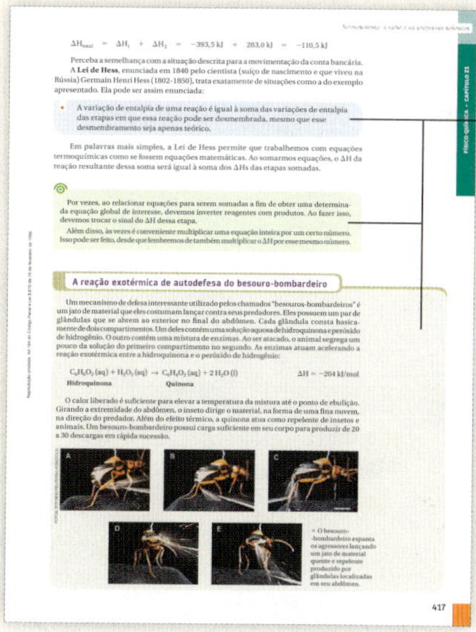

Boxes
Os capítulos são permeados por uma variedade de boxes contendo definições, complementação da teoria, aplicações cotidianas e dicas para facilitar a aprendizagem, entre outras.

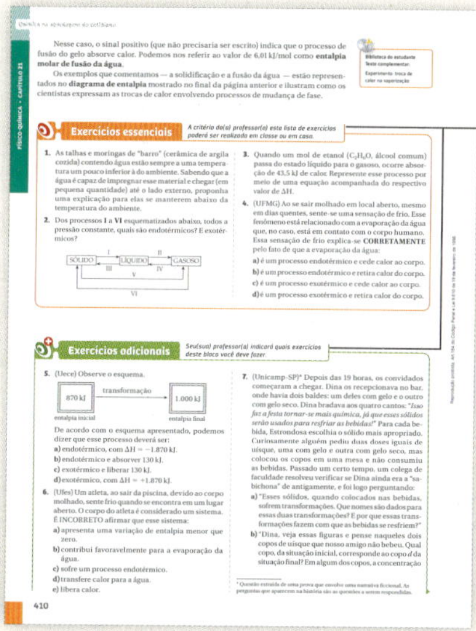

Exercícios
As atividades estão divididas em duas seções: *Exercícios essenciais*, que permitem uma fixação imediata do assunto trabalhado, e *Exercícios adicionais*, de aprofundamento.

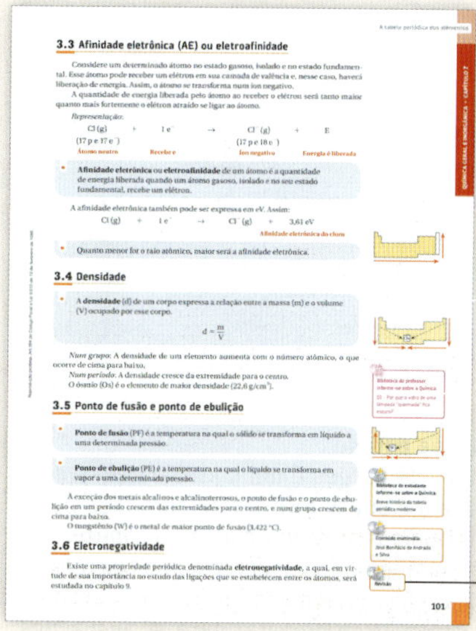

Ícones
Nos capítulos há ícones com indicações de conteúdos que compõem o DVD, como leituras complementares, vídeos, revisão e diversas outras atividades.

Como encontrar um objeto digital indicado no livro:

Nome da pasta — Visão do especialista

Uma indicação para o DVD refere-se à pasta do objeto digital: **Visão do especialista**, **Biblioteca do estudante**, **Conteúdo multimídia**, **Guia de estudo** e **Revisão**.

- **O ícone Visão do especialista**:

Visão do especialista

Remete a exercícios que possuem um roteiro para sua resolução, permitindo o desenvolvimento de habilidades.

- **O ícone Biblioteca do estudante**:

Biblioteca do estudante

Remete a textos como o *Informe-se sobre a Química* e *Textos complementares*.

- **O ícone Conteúdo multimídia**:

Conteúdo multimídia

Remete a vídeos com assuntos complementares e de experimentos.

- **O ícone Guia de estudo**:

Guia de estudo

Remete a um instrumento complementar de estudo que auxilia no aprendizado dos principais temas abordados no capítulo.

- **O ícone Revisão**:

Revisão

Remete a um material que sintetiza os principais conceitos da obra e inclui questões de vestibulares.

Organização do DVD

Ao abrir o DVD, você encontrará o menu com a lista de pastas disponíveis para sua navegação. Cada pasta traz conteúdos específicos relacionados aos trabalhos desenvolvidos no livro-texto. Observe o mapa de navegação de seu DVD:

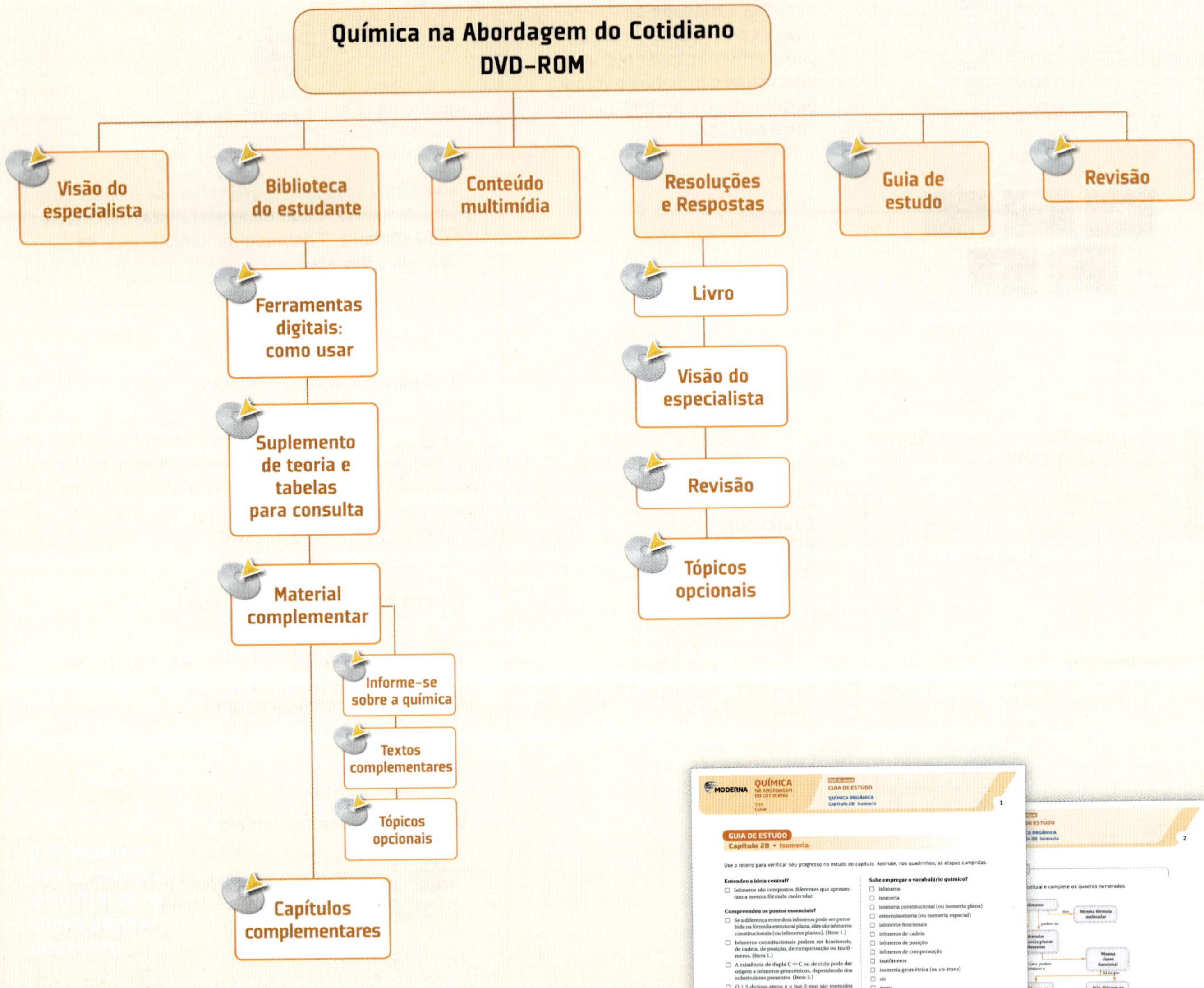

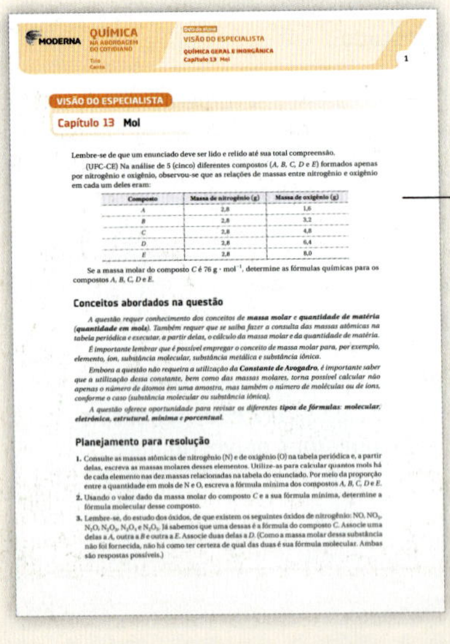

Visão do especialista
Retoma temas trabalhados e estabelece relações em diferentes partes da Química. Nesta sessão, há um roteiro para o aluno fazer sua revisão e solucionar um exercício, o que permite desenvolver habilidades e competências importantes ao estudante.

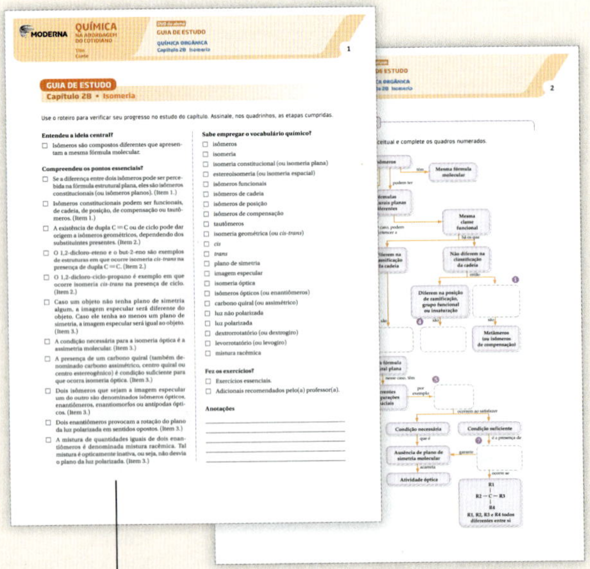

Guia de estudo
O Guia de estudo é um instrumento que ajuda o aluno a verificar se aprendeu os principais temas abordados no capítulo e que também indica os termos e conceitos mais relevantes que o aluno deve estudar em casa ao se preparar para as avaliações.

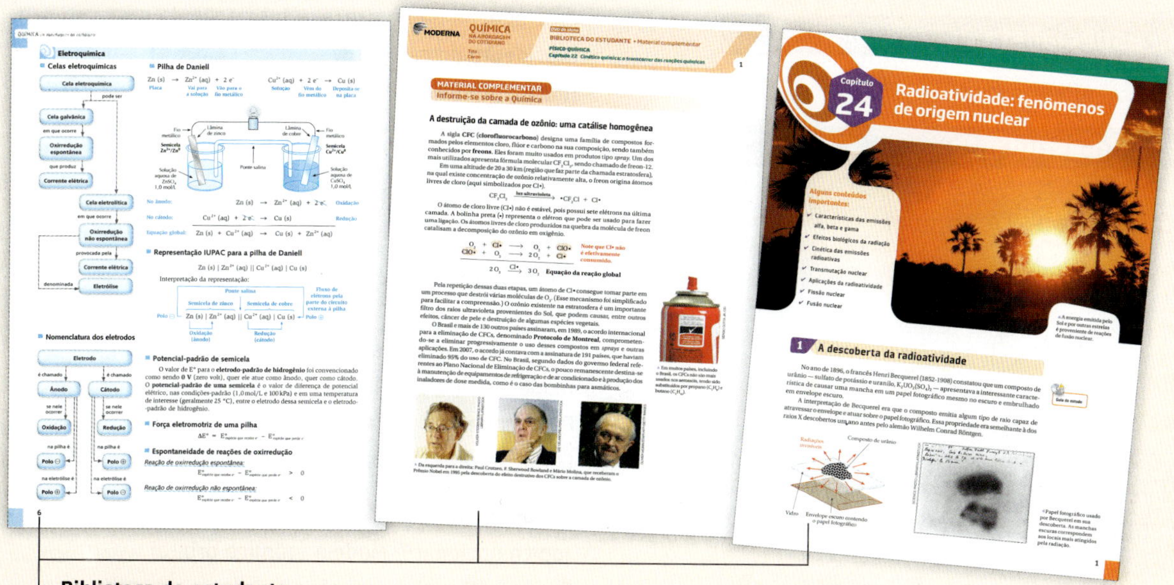

Biblioteca do estudante

- **Ferramentas digitais:** como usar
- **Suplemento de teoria e tabelas para consulta**
- **Material complementar:** é composto de textos, como *Informe-se sobre a Química*, que complementam a teoria abordada no cotidiano ou aspectos da Ciência e Tecnologia, estimulam o contato do estudante com textos que abordam temas ligados ao capítulo, com diferentes linguagens. Além disso, é possível ler *Textos complementares*, que apresentam complementações e/ou aplicações da teoria estudada, cuja intenção é estabelecer significados para os conceitos químicos por meio da associação do conceito tratado com suas implicações na Ciência, no cotidiano, na Tecnologia e/ou na Sociedade. Para finalizar, ainda é possível encontrar os *Tópicos opcionais*, que são materiais cuja abordagem ou não em sala de aula será decidida pelo professor, de acordo com a realidade local.
- **Capítulos complementares:** em um país com as dimensões do Brasil, dotado de tamanha diversidade cultural e diferenças regionais, há alguns temas que podem ser considerados relevantes em certas regiões, mas não em outras. Esses capítulos contêm temas que podem ser abordados pelo(a) professor(a) caso julgue conveniente.

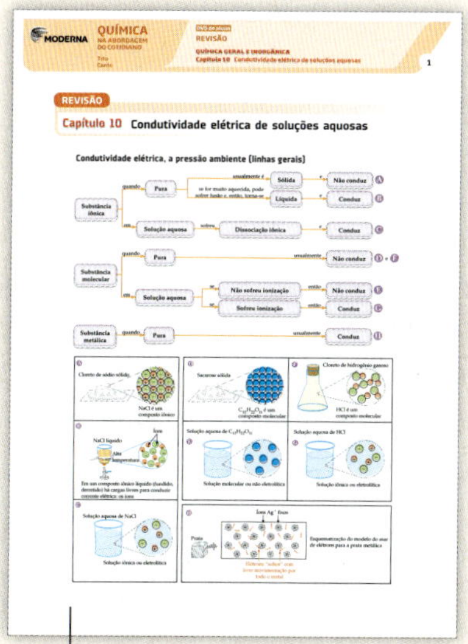

Revisão

Apresenta a seleção de temas que sintetizam os principais conceitos abordados na Química do Ensino Médio. Contém imagens, gráficos, tabelas e esquemas que auxiliam na compreensão e fixação dos conceitos revisados. Destaca e organiza as informações essenciais. Inclui questões de vestibulares de todo país, que propiciam a revisão e fixação dos conceitos estudados.

Conteúdo multimídia

Nesses vídeos o aluno poderá acompanhar a realização de alguns experimentos científicos relevantes para a compreensão de temas apresentados na obra. Além disso, há vídeos disponibilizados em parceria com o Canal Futura (Fundação Roberto Marinho), nos quais o estudante poderá acompanhar complementações da teoria referentes ao cotidiano, bem como aspectos da Ciência e Tecnologia e sua utilização pela Sociedade.

Conteúdo do DVD

Visão do especialista

Biblioteca do estudante

Ferramentas digitais: como usar

- Excel 2010
- Firefox
- Google
- Google Earth
- Google Maps
- iGeom
- Internet Explorer
- Power Point 2010
- WinPlot
- Word 2010

Suplemento de teoria e tabelas para consulta

Material complementar

- **Informe-se sobre a Química**
  - A atitude científica
  - Casos interessantes envolvendo densidade
  - Antoine Laurent Lavoisier
  - Átomos e moléculas: entidades de um mundo quase além da imaginação
  - Elementos químicos presentes no corpo humano
  - O que é nanotecnologia?
  - Breve história da tabela periódica moderna
  - Raio iônico, raio covalente e raio de van der Waals
  - Alotropia
  - Água de torneira e corrente elétrica
  - Algumas substâncias obtidas a partir da água do mar
  - O que são quilates?
  - Tentando avaliar a dimensão da constante de Avogadro
  - Como são feitas as bolas de tênis
  - A estequiometria do CO_2 e o efeito estufa
  - Oceanos: uma solução de eletrólitos
  - Pressão osmótica e distribuição da seiva nas árvores
  - O processo fotográfico tradicional em preto e branco
  - Células de combustível no espaço
  - A importância de reciclar o alumínio
  - Dissipadores com diamante reacendem "guerra do *clock*" dos processadores
  - A destruição da camada de ozônio: uma catálise homogênea
  - Usando catalisador para combater a poluição: uma catálise heterogênea
  - Precipitação na natureza: a formação da casca do ovo
  - O acidente do césio-137
  - O acidente de Chernobyl
  - Breve histórico da Química Orgânica
  - Alho e enxofre
  - Panela sujou? O gás está acabando!
  - Talidomida
  - Como se fabrica detergente?
  - Terpenos
  - Definição ácido-base de Bronsted-Lowry
  - Oxidação dos alimentos
  - Plásticos e reciclagem
  - Como se faz o *jeans stonewashed*?
- **Tópicos opcionais**
  - Tópico opcional 1: Modelo atômico orbital
  - Tópico opcional 2: Ligações covalentes e modelo de orbitais moleculares
  - Tópico opcional 3: Modelo de hibridação dos orbitais do carbono
- **Textos complementares**
  - Compostos higroscópicos
  - O sangue do diabo
  - Uma demonstração envolvendo dois compostos de magnésio
  - Produção de ácido sulfúrico e ácido nítrico
  - Algumas substâncias obtidas a partir da água do mar
  - Massa atômica e defeito de massa
  - As leis dos gases e a embolia gasosa
  - Gás ideal *versus* gás real
  - A pressão parcial e os mergulhadores
  - Pressurização de cabine de avião
  - °INPM *versus* °GL
  - O risco do monóxido de carbono
  - É difícil cozinhar no Everest?
  - Cozinhando mais rápido
  - O porquê da adição de sal à neve!
  - Anticongelante é segredo de animais que sobrevivem ao frio
  - A osmose e as células vivas
  - Evaporação e condensação
  - O cloreto de sódio e a osmose
  - Oxidação de tintas
  - O cloro, um poderoso bactericida e alvejante
  - Oxidação de metais por ácidos ou por sais específicos
  - Os 200 anos da pilha elétrica
  - Problemas causados por obturações dentárias
  - Não confunda potencial-padrão de redução com eletronegatividade

- Uso de agente redutor para limpeza da prata metálica escurecida
- Protegendo encanamentos subterrâneos
- Protegendo o casco de uma embarcação
- Indústrias de galvanoplastia
- Processo de Héroult e Hall
- Michael Faraday
- Experimento: troca de calor na vaporização
- Experimento: troca de calor na oxidação do ferro
- Compressas instantâneas quentes e frias
- Alta pressão e alta temperatura transformam grafite escura em diamante reluzente
- Nutrientes, suas funções e seu conteúdo calórico
- O aproveitamento energético da glicose
- Temperatura, cinética química e seres vivos
- O princípio de Le Chatelier bem na frente de seus olhos!
- O processo Haber-Bosch
- Logaritmos decimais
- Estabilidade nuclear e modos de decaimento
- Algo mais sobre energia nuclear
- As bebidas alcoólicas representam risco
- A importância de indicar a estereoquímica
- Ligações de hidrogênio e formação de soluções aquosas
- Identificando carbono quiral em um ciclo
- Separação dos produtos por cromatografia
- Sais de amônio na farmacologia
- A fabricação da anilina
- Suturando com fios absorvíveis
- Produtos de higiene

- **Capítulos complementares**
  - Capítulo 17 – Propriedades coligativas
  - Capítulo 24 – Radioatividade: fenômenos de origem nuclear
  - Capítulo 34 – Noções sobre alguns compostos presentes em seres vivos

Conteúdo digital

- **A cidade e os combustíveis**
- **A cidade e os minerais**
- **A energia que transforma**
- **Efeito da temperatura no equilíbrio químico**
- **Efeito do catalisador sobre a velocidade da reação**
- **Estudo cinético de uma reação**
- **Fritz Feigl**
- **Indicadores ácido-base e produtos cotidianos**
- **José Bonifácio de Andrada e Silva**
- **Lixo tecnológico**
- **Plantando inovação**
- **Sangue do diabo**
- **Solubilidade de dois compostos de magnésio**

Respostas e resoluções

- **Livro**
- **Visão do especialista**
- **Revisão**
- **Tópicos opcionais**

Guia de estudo

Revisão

Sumário do livro

Química Geral e Inorgânica

Físico-Química

Capítulo 21 · Termoquímica: o calor e os processos químicos 406

Capítulo 22 · Cinética química: o transcorrer das reações químicas 436

Capítulo 23 · Equilíbrio químico: a coexistência de reagentes e produtos 462

Capítulo 24 · Radioatividade: fenômenos de origem nuclear 509

Química Orgânica

Capítulo 25 · Introdução à Química dos compostos de carbono 510

Capítulo 26 · As principais classes funcionais de compostos orgânicos 538

Capítulo 27 · Ligações intermoleculares na Química Orgânica 565

Capítulo 1

Introdução ao estudo da Química

ANDRESR/SHUTTERSTOCK

▲ Há clubes e academias de natação que se orgulham de tratar suas piscinas "sem Química". Será possível tal tratamento?

Alguns conteúdos importantes:

- ✔ Linguagem científica como meio facilitador da comunicação
- ✔ Caráter experimental da Química
- ✔ Pesquisa pura × pesquisa aplicada
- ✔ A Química relaciona-se a outras Ciências (caráter interdisciplinar)
- ✔ Breves noções da evolução da Química ao longo do tempo
- ✔ Distinção entre observações qualitativas e quantitativas
- ✔ Distinção entre lei e teoria
- ✔ Noções sobre método científico

1 Aprender Química para o exercício da cidadania

Guia de estudo

Para a população em geral, uma expressão do tipo "pão sem Química" transmite a ideia de um pão isento de substâncias prejudiciais à saúde. Tentando transmitir a ideia desejada, essa expressão é, além de infeliz, totalmente incorreta, porque a produção do pão utiliza a farinha de trigo como matéria-prima e parte dela sofre uma reação química (denominada *fermentação*). Mesmo sem saber Química, o padeiro executa, todos os dias, essa reação.

Ao utilizar a expressão "pão sem Química", uma pessoa revela desconhecer várias coisas:

- a Química não é um objeto para que possa ser colocada em um pão. A Química é uma ciência, ou seja, um ramo do conhecimento humano que visa compreender melhor alguns acontecimentos que ocorrem na natureza e/ou em laboratório, estudando-os com uma linha organizada de trabalho, denominada **método científico**;
- ao fazer o pão, o padeiro utiliza processos químicos (reações químicas);
- todos os objetos e materiais existentes na Terra (incluindo os pães) são constituídos por substâncias químicas.

Assim, o "pão sem Química" é, na verdade, um pão obtido a partir de substâncias e reações químicas, mas sem a adição de substâncias que possam ser nocivas à saúde.

Analogamente, frases como "não tomo remédios, pois contêm muita Química" ou "instalei em minha piscina um novo sistema de tratamento totalmente isento de Química" também estão incorretamente elaboradas, pois confundem uma importante Ciência com substâncias tóxicas ou com produtos e processos maléficos ao ser humano.

DAVID BRAUN/MASTERFILE/OTHER IMAGES

◄ Aparelhos eletrônicos portáteis, tais como um tocador de mp3 (foto), contêm materiais cuja obtenção se deve, entre outros, a avanços da Química. Alguns exemplos são as baterias recarregáveis, o *display* ou o monitor de cristal líquido e os circuitos eletrônicos miniaturizados.

Em nosso dia a dia é muito frequente encontrarmos indicações de substâncias químicas nas embalagens de alimentos, nos frascos de cosméticos, nos rótulos de produtos de limpeza, nas etiquetas de roupas, nas caixas e bulas de remédios e em tantos outros objetos.

Da imensa variedade de produtos colocados à venda, a maioria deles, se não todos, provém de indústrias químicas ou, então, entrou em contato durante sua manufatura com produtos delas provenientes (por exemplo, sabões, detergentes, cremes dentais, cosméticos, plásticos, borracha, metais, papel, colas, tintas, álcool, sal, açúcar, vinagre, aditivos alimentares, fibras têxteis, CDs e DVDs etc.). Virtualmente, tudo o que encontramos à venda se relaciona de alguma forma com a indústria química. O produto usado nas embalagens — papel, plástico, vidro ou metal — e a tinta nelas utilizada são obtidos por meio de processos químicos.

Os materiais empregados na construção de casas, prédios, automóveis, aviões, embarcações, computadores e eletrodomésticos constituem outros exemplos que se relacionam com as indústrias de processos químicos, nas suas mais diferentes modalidades e especialidades.

Os medicamentos são substâncias químicas, devidamente estudadas e longamente testadas, extraídas da natureza ou fabricadas artificialmente, purificadas, dosadas e comercializadas.

Do mesmo modo que substâncias químicas podem contribuir para o bem-estar da humanidade, elas também podem — se usadas incorretamente (por ignorância, incompetência, ganância ou ideologias duvidosas) — acarretar doenças, poluição do ar e das águas, desequilíbrios ecológicos e mortalidade de plantas e animais.

Assim, apesar de toda a importância desta Ciência e de suas aplicações, há muita confusão no que diz respeito à palavra **Química**. É comum ouvirmos seu nome sendo usado impropriamente como sinônimo de "substâncias tóxicas", "veneno" ou "poluição".

Aprender Química é se envolver num apaixonante estudo das substâncias ao nosso redor, de onde vêm, quais suas propriedades, que utilidades possuem e quais as vantagens ou os problemas que eventualmente podem trazer à humanidade. A principal meta deste livro é ajudá-lo a compreender melhor alguns conceitos fundamentais da Química e sua relação com o cotidiano.

Um cidadão participativo e capaz de tomar as melhores decisões para si e para sua comunidade precisa, entre outras coisas, ter noções claras sobre Ciência e Tecnologia. Assim, dominar os conceitos científicos e compreender os fenômenos que acontecem ao nosso redor é uma importante condição para o exercício da cidadania.

MONKEY BUSINESS IMAGES/SHUTTERSTOCK

▲ O conhecimento da Química, assim como de muitas outras áreas do saber humano, propicia um melhor entendimento do mundo e, consequentemente, ajuda a ter uma melhor qualidade de vida. Aprender nos permite exercer melhor nossos direitos e deveres de cidadão.

2 Os vários aspectos da Química

A Química envolve uma linguagem própria

Diversos ramos do conhecimento humano, por vezes, se utilizam de códigos para expressar as ideias de maneira concisa.

A Química, assim como a Música, a Computação e a Eletrônica (apenas para citar alguns poucos exemplos), utiliza-se de representações que podem ser entendidas por qualquer pessoa familiarizada com elas. Ao longo deste curso de Química você estará adquirindo informações que lhe permitirão entender essa linguagem. Assim, por exemplo, você em breve estará fazendo leituras do tipo:

Em equação: $C\,(graf.) + O_2\,(g) \rightarrow CO_2\,(g)$

Em palavras: **Carbono grafite reage com gás oxigênio produzindo gás carbônico.**

A Química utiliza ferramentas de outras áreas

No decorrer deste curso, você perceberá que, muitas vezes, a Química utiliza conceitos de outras áreas, principalmente da Matemática e da Física.

O caráter experimental da Química

Assim como acontece com as outras Ciências Naturais (Física, Biologia etc.), a Química baseia-se na observação de acontecimentos (fenômenos) da natureza. Mais do que isso, a pesquisa química envolve a execução de experiências em laboratório e a cuidadosa observação e interpretação dos resultados.

Quando um cientista realiza algumas experiências e obtém resultados importantes, geralmente ele os publica em revistas especializadas de circulação mundial. Sua descrição deve ser precisa o suficiente para que outros cientistas possam reproduzi-las e chegar aos mesmos resultados. Caso contrário, suas conclusões não serão aceitas pela comunidade científica mundial. Assim, uma preocupação importante relacionada com as experiências é a sua **reprodutibilidade**.

O caráter puro e aplicado da Química

Uma pesquisa química pode estar preocupada apenas em entender melhor algum fato da natureza; nesse caso temos uma **pesquisa pura**. Por outro lado, ela pode estar voltada para resolver um problema prático, tratando-se, então, de uma **pesquisa aplicada**.

TONY AVELAR/BLOOMBERG/GETTY IMAGES

▲ Ao redor do mundo, milhares de químicos realizam constante trabalho experimental. Centenas de novas descobertas são feitas a cada ano e muitas delas provocarão mudanças na vida das pessoas.

G. BRAD LEWIS/SCIENCE FACTION/CORBIS/LATINSTOCK

▲ A pesquisa pura permitiu a descoberta do elemento químico silício. A pesquisa aplicada possibilitou que, com ele, se fizessem as modernas células fotovoltaicas como as que compõem o painel no teto desse veículo movido a energia solar.

O caráter interdisciplinar da Química

Muitas vezes, para a resolução de um problema prático é necessário que a Química atue em conjunto com outras ciências.

Ao se aliar à Engenharia, a Química tem propiciado a elaboração de novos materiais, como as cerâmicas que suportam altas temperaturas, os plásticos altamente resistentes e os materiais supercondutores.

A Medicina, talvez a mais antiga das ciências associadas à Química, é uma das maiores beneficiadas com os modernos avanços dessa área. Anualmente são descobertas centenas de novas substâncias que podem atuar como medicamentos.

Todas essas fascinantes aplicações que descrevemos representam apenas parte do que existe em termos de avanço científico e tecnológico ligado à Química.

- É importantíssimo salientar que nenhum progresso nesse campo será possível se os conceitos básicos da Química não forem bem compreendidos. São esses conceitos, discutidos ao longo deste livro, que formam o alicerce de todo o conhecimento químico atual.

A Química é dinâmica

Um cientista decidido a atuar em certo ramo da Química precisa, antes de mais nada, estudar o que já se descobriu a respeito do assunto escolhido. A partir daí, deve decidir qual será o problema a investigar e elaborar experiências de laboratório, que lhe permitirão executar **observações experimentais**. Essas observações podem ser de dois tipos:

- **qualitativas**: aquelas que não envolvem dados numéricos;
- **quantitativas**: as que provêm de medidas, com a utilização de instrumentos, e constituem-se de dados numéricos.

Após a execução das experiências, é possível notar quais as regularidades observadas e, a partir delas, enunciar um **princípio** ou uma **lei**, ou seja, uma frase ou uma equação matemática que expresse a regularidade observada.

A seguir, pode-se apresentar uma **teoria**, ou seja, uma proposta de explicação para os fatos experimentais e as leis. Uma teoria é considerada satisfatória quando, ao ser testada em novas situações, obtém sucesso em suas previsões. Quando tal sucesso não é conseguido, ela deve ser modificada ou, dependendo do caso, abandonada e substituída por outra melhor.

Todo esse processo não para de acontecer. A Química é uma Ciência e, como tal, está sempre em contínuo processo de evolução e aperfeiçoamento.

O esquema abaixo é denominado **mapa conceitual**. Trata-se de uma maneira de representar a relação lógica entre conceitos. Você encontrará outros mapas conceituais ao longo deste livro.

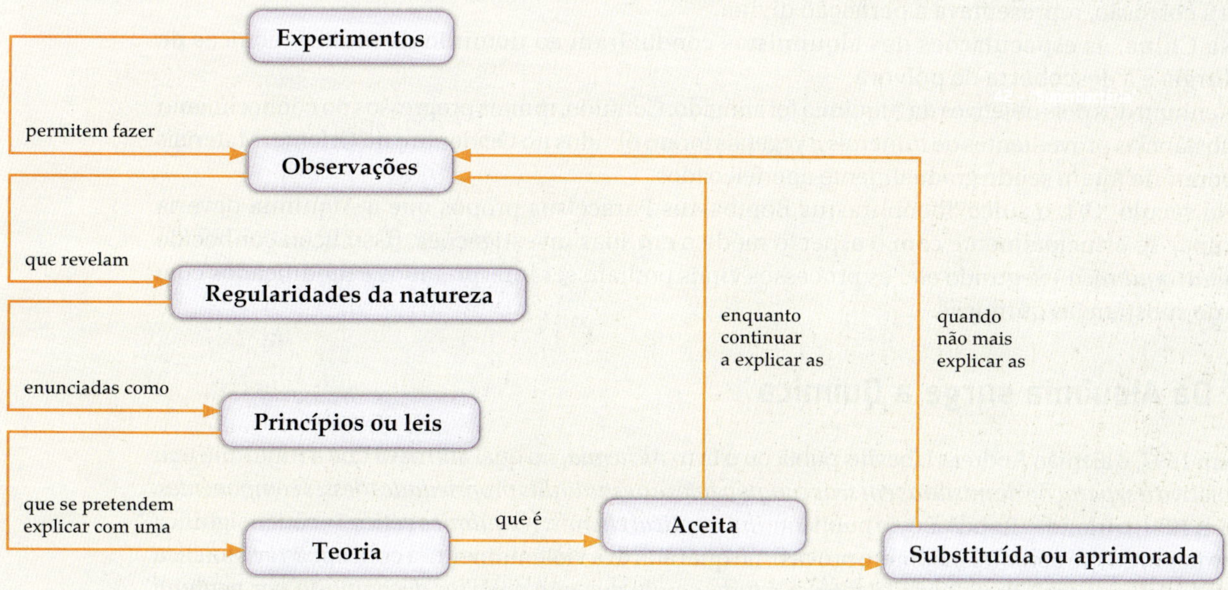

3 Breve panorama histórico

Não há uma data específica que possamos colocar como "início" da Química. Podemos dizer, entretanto, que ela só se firmou como Ciência no transcorrer dos séculos XVII e XVIII. Vamos, a seguir, dar uma ideia sobre isso.

3.1 A Antiguidade

Cerca de 1500 a.C., os egípcios já utilizavam técnicas em que estavam envolvidas transformações químicas. Entre elas podemos citar a fabricação de objetos cerâmicos por meio do cozimento da argila, a extração de corantes de certos animais e vegetais, a obtenção de vinagre e bebidas alcoólicas não destiladas (vinho, cerveja) e a produção de vidro e de alguns metais. Destaca-se também a arte da conservação das múmias, na qual os egípcios atingiram alto grau de perfeição.

Por volta de 478 a.C., o filósofo grego Leucipo, que vivia na costa norte do Mar Egeu, apresentou a primeira **teoria atômica** de que se tem notícia, e seu discípulo Demócrito a aperfeiçoou e propagou. A ideia envolvida era a seguinte: considere, por exemplo, a areia de uma praia. Vista de longe ela parece contínua, porém, observada de perto, notamos que é formada por pequenos grãos. Na realidade, todas as coisas no universo são formadas por "grãozinhos" tão pequenos que não podemos enxergar e, dessa forma, temos a impressão de que elas são contínuas. A esses "grãozinhos" foi dado o nome de **átomos** (do grego *a*, que significa "não", e *tomos*, que quer dizer "divisível").

Contudo, entre os gregos, acabaram predominando as ideias de outro filósofo, Aristóteles (384-322 a.C.). Segundo ele, tudo é constituído de quatro "elementos" básicos: *fogo*, *terra*, *ar* e *água*. Essa maneira de pensar influenciou muito a evolução da Ciência ocidental, que conseguiu desvencilhar-se totalmente dessas ideias somente no século XVI.

3.2 Alquimia, a precursora da Química

Após Aristóteles, a Grécia passou por um agitado período político e, gradualmente, a cidade egípcia de Alexandria assumiu a liderança científica da época. Lá, encontraram-se frente a frente a filosofia grega, a tecnologia egípcia e as místicas religiões orientais.

Disso tudo nasceu a **Alquimia**, uma mistura de ciência, arte e magia que floresceu durante a Idade Média, tendo uma dupla preocupação: a busca do "elixir da longa vida", que garantiria a imortalidade e a cura das doenças do corpo, e a descoberta de um método para a transformação de metais comuns em ouro (*transmutação*), que ocorreria na presença de um agente conhecido como "pedra filosofal".

A procura pelo ouro não era motivada por razões econômicas, mas porque ele, devido à resistência à corrosão, representava a perfeição divina.

Na China, as especulações dos alquimistas conduziram ao domínio de muitas técnicas de metalurgia e à descoberta da pólvora.

Nenhum dos dois objetivos da Alquimia foi atingido. Contudo, muitos progressos no conhecimento das substâncias provenientes de minerais e vegetais foram obtidos no Ocidente e no Oriente. Materiais de laboratório foram sendo gradualmente aperfeiçoados.

No século XVI, o suíço Theophrastus Bombastus Paracelsus propôs que a Alquimia deveria preocupar-se principalmente com o aspecto médico em suas investigações. (Isso ficou conhecido como *Iatroquímica*.) Segundo ele, os processos vitais podiam ser interpretados e modificados com o uso de substâncias químicas.

3.3 Da Alquimia surge a Química

Em 1597, o alemão Andreas Libavius publicou o livro *Alchemia*, no qual afirmava que a Alquimia tem por objetivo *a separação de misturas em seus componentes e o estudo das propriedades desses componentes.*

Em 1661, o irlandês Robert Boyle publicou *The sceptical chemist* (*O químico cético* — cético significa desconfiado, que só acredita mediante provas), no qual atacava violentamente a concepção aristotélica de quatro "elementos". Para Boyle, *elemento é tudo aquilo que não pode ser decomposto por nenhum método conhecido.* Esses dois livros são considerados, por alguns estudiosos, o marco inicial da Química.

Há outros estudiosos que creditam a Antoine Laurent Lavoisier o mérito de ser o "pai" da Química. Os trabalhos desse cientista francês, realizados no século XVIII, deram à Química bases mais sólidas. Ele realizou experimentos controlados envolvendo medidas da massa de frascos (incluindo a dos materiais neles contidos) antes e depois de acontecerem reações químicas dentro deles. Uma de suas conclusões, a de que a massa se conserva durante as reações químicas, é considerada por alguns o marco inicial da Química.

No século XIX, os trabalhos de Gay-Lussac, Dalton, Wöhler, Avogadro, Kekulé e outros, cujas conclusões também vamos estudar neste livro, deram origem à chamada **Química clássica**.

No século XX, com o avanço tecnológico, presenciou-se uma vertiginosa evolução do conhecimento químico. O átomo teve sua estrutura interna pesquisada, elementos artificiais foram sintetizados e modernas técnicas de investigação foram desenvolvidas, utilizando conceitos de Química, Física, Matemática, Computação e Eletrônica.

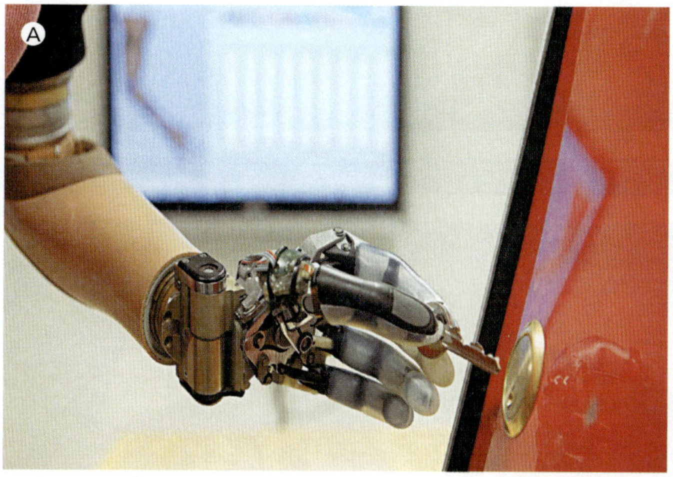

MARK THIESSEN/NATIONAL GEOGRAPHIC SOCIETY/CORBIS/LATINSTOCK

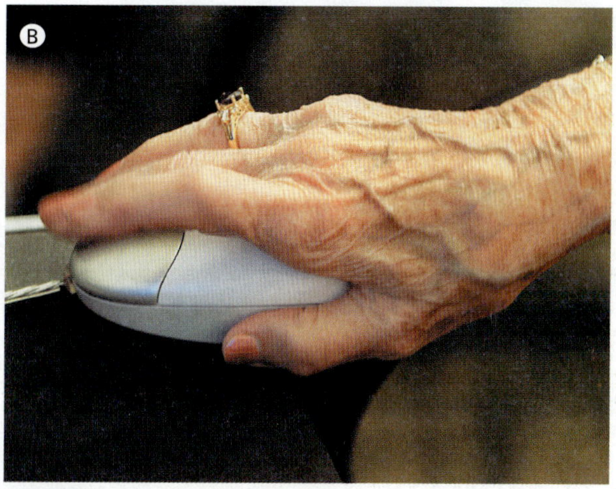

TONY AVELAR/BLOOMBERG/GETTY IMAGES

GEORGE FREY/BLOOMBERG/GETTY IMAGES

Alguns recentes progressos da pesquisa química aplicada:
A. Materiais leves e resistentes para próteses de membros.
B. Medicamentos para tratar de enfermidades que acompanharam o aumento da expectativa de vida.
C. Novos métodos de tratamento de água para o consumo humano usando membranas artificialmente produzidas.

Biblioteca do estudante
Informe-se sobre a Química:
A atitude científica

Conteúdo multimídia:
A energia que transforma

Capítulo 2

Substâncias químicas

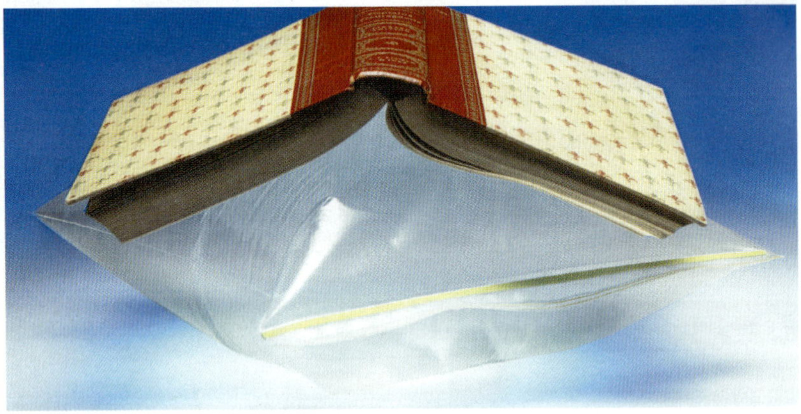

FOTOS: CHARLES D. WINTERS/PHOTORESEARCHERS/LATINSTOCK

▲ Gelo-seco é dióxido de carbono sólido. Uma amostra de gelo-seco, a −78 °C, é colocada dentro de um saco plástico, que, a seguir, é fechado. Ocorre a sublimação, passagem direta do estado sólido para o estado gasoso, e o dióxido de carbono gasoso (mais conhecido como gás carbônico) infla o saco suficientemente para que ele suporte o peso do livro.

Alguns conteúdos importantes:

- ✔ Mudança de estado físico
- ✔ Ponto de fusão (PF)
- ✔ Ponto de ebulição (PE)
- ✔ Matéria
- ✔ Massa e unidades de massa
- ✔ Volume e unidades de volume
- ✔ Densidade (d)
- ✔ Substância pura
- ✔ Mistura (heterogênea × homogênea)
- ✔ Solução
- ✔ Sistema
- ✔ Exemplos de técnicas de separação de misturas
- ✔ Exemplos de materiais de laboratório
- ✔ Segurança em laboratório

1 Mudanças de estado físico

A água pode se apresentar em três **estados físicos**: o **sólido**, o **líquido** e o **gasoso**. As mudanças de estado físico recebem nomes conforme mostra o esquema abaixo.

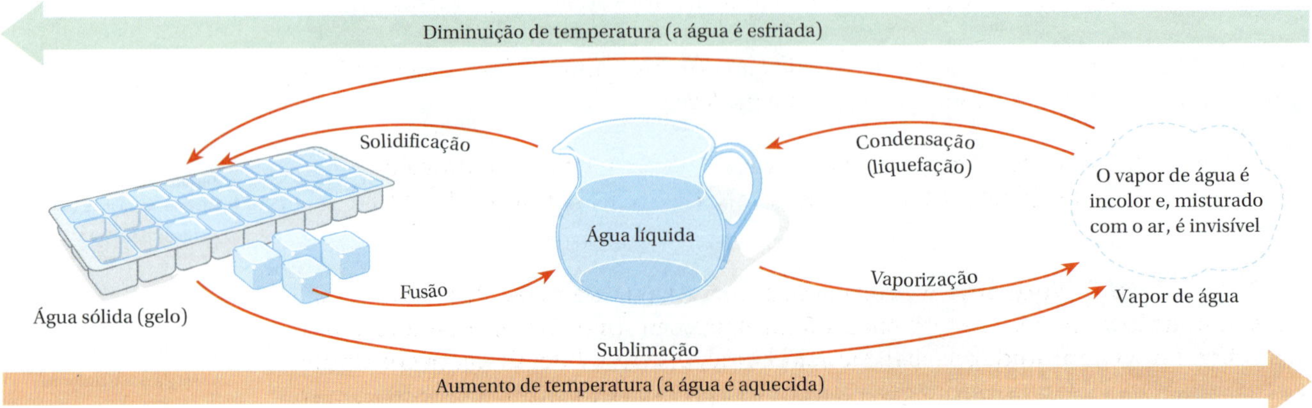

Guia de estudo

A **vaporização**, passagem do estado líquido para o gasoso, pode ocorrer de forma lenta, na temperatura do ambiente e sem a formação de bolhas, como no caso de uma roupa secando no varal. Nesse caso, a vaporização é denominada **evaporação**. A vaporização também pode acontecer com a formação de bolhas durante o aquecimento do líquido. Nesse caso, é chamada **ebulição** (popularmente, **fervura**).

2 Curva de aquecimento e curva de resfriamento

Partindo de água sólida (a −40 °C, por exemplo) e chegando até o estado gasoso (a 120 °C, por exemplo), registra-se durante o experimento a temperatura da amostra e o tempo transcorrido desde o início. Com os dados, pode-se elaborar um gráfico de temperatura da amostra de água em função do tempo transcorrido no aquecimento. Tal gráfico é conhecido como **curva de aquecimento da água** e tem um aspecto como o da figura Ⓐ abaixo.

Outra experiência que pode ser realizada em um laboratório convenientemente equipado é acompanhar a temperatura e o tempo transcorrido durante o resfriamento de uma amostra de água partindo do estado gasoso (a 120 °C, por exemplo) até o estado sólido (a −40 °C, por exemplo). O gráfico que relaciona a temperatura dessa amostra em função do tempo transcorrido no resfriamento é chamado de **curva de resfriamento da água** e aparece esboçado na figura Ⓑ.

Ⓐ

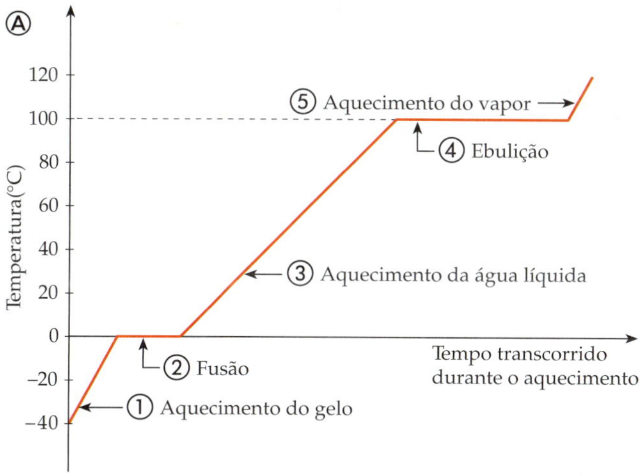

Ⓑ

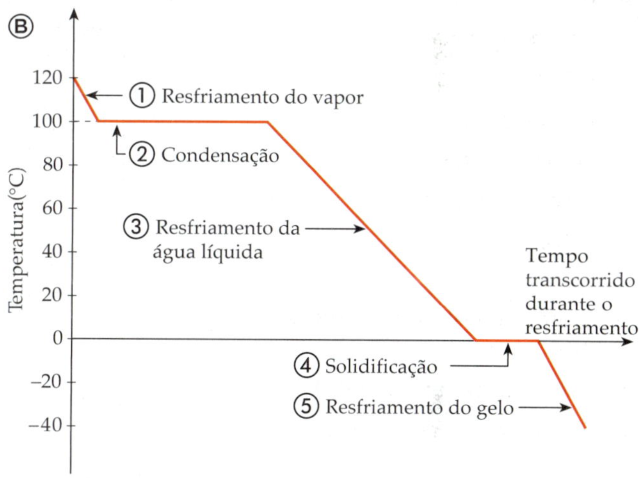

3 Ponto de fusão (PF) e ponto de ebulição (PE)

Durante o aquecimento, figura Ⓐ, a água sofre fusão a 0 °C. Durante o resfriamento, figura Ⓑ, ela sofre solidificação também a 0 °C. Vamos generalizar dizendo que:

- O **ponto de fusão** é uma temperatura característica na qual determinada substância sofre fusão (durante o aquecimento) ou solidificação (durante o resfriamento).

Novamente comparando as figuras Ⓐ e Ⓑ percebemos que a água entra em ebulição e sofre condensação à mesma temperatura, 100 °C. Assim:

- O **ponto de ebulição** é uma temperatura característica na qual determinada substância sofre ebulição (durante o aquecimento) ou condensação (durante o resfriamento).

O ponto de ebulição de uma substância pode variar bastante, dependendo da pressão atmosférica do local em que a experiência é feita. A pressão atmosférica, por sua vez, varia sensivelmente com a altitude do local. **Vamos deixar subentendido, de agora em diante, que todos os dados relativos à ebulição referem-se à pressão atmosférica ao nível do mar.**

TABELA 1 Ponto de fusão (PF) e ponto de ebulição (PE) de algumas substâncias, em graus Celsius (°C), ao nível do mar

Substância	PF	PE	Substância	PF	PE	Substância	PF	PE
Tungstênio	3.422	5.555	Chumbo	327	1.749	Amônia	−78	−33
Platina	1.768	3.825	Iodo	114	184	Metanol	−98	65
Ferro	1.538	2.861	Enxofre	95	445	Cloro	−102	−34
Cobre	1.085	2.562	Naftaleno	80	218	Etanol	−114	78
Ouro	1.064	2.856	Benzeno	6	80	Metano	−182	−162
Prata	962	2.162	Água	0	100	Nitrogênio	−210	−196
Cloreto de sódio	801	1.465	Bromo	−7	59	Oxigênio	−219	−183
Alumínio	660	2.519	Mercúrio	−39	357	Hidrogênio	−259	−253

Fonte: LIDE, D. R. (ed.) *CRC Handbook of Chemistry and Physics*. 84. ed., Boca Raton: CRC Press, 2003. p. **3**-4ss e **4**-39ss.

4 Previsões a partir dos valores de PF e PE

A utilidade prática de saber os valores de ponto de fusão e de ponto de ebulição de determinada substância é poder prever as faixas de temperatura em que a substância é sólida, líquida ou gasosa.

O esquema a seguir exemplifica previsões desse tipo usando como exemplo as substâncias água, etanol e naftaleno, cujos pontos de fusão e de ebulição aparecem na tabela 1.

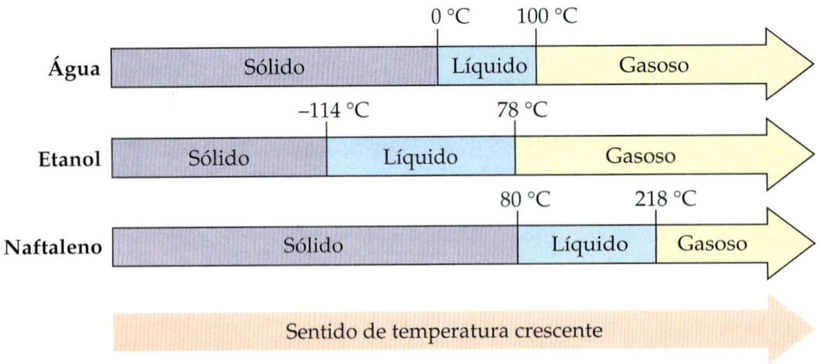

Exercícios essenciais

A critério do(a) professor(a) esta lista de exercícios poderá ser realizada em classe ou em casa.

1. Quando você sai de uma piscina e se expõe ao sol, sua pele fica seca depois de algum tempo. É correto dizer que a água:

a) vaporizou? **c)** entrou em ebulição?
b) evaporou? **d)** ferveu?

2. Às vezes, nos dias frios ou chuvosos, o lado interno dos vidros dos carros, em que há alguém, fica embaçado. Por que isso acontece?

3. Em alguns automóveis há, no vidro traseiro, filamentos (fios finos) que servem como desembaçadores. Ao apertar um botão no painel, o motorista faz esses filamentos se aquecerem e, por causa disso, o vidro é desembaçado. Proponha uma explicação para o fato de os filamentos aquecidos desembaçarem o vidro.

4. Uma churrasqueira é feita de ferro. Sabendo que o ponto de fusão do ferro é 1.538 °C, o que você pode afirmar sobre a temperatura do carvão em brasa que está na churrasqueira durante o preparo do churrasco? Explique.

5. Dentro das lâmpadas comuns existe um filamento da substância chamada tungstênio. Quando a lâmpada está acesa, esse filamento fica muito quente e, em consequência, emite luz. Uma pessoa afirmou que o filamento atinge a temperatura de 4.000 °C quando a lâmpada está acesa.
Consulte a tabela 1, apresentada acima, e responda: isso pode ser verdade? Justifique.

6. Consulte a tabela 1 para responder a esta questão. Preveja qual será o estado físico de cada uma das substâncias listadas a seguir numa sala onde a temperatura é 25 °C.

a) alumínio. **d)** mercúrio.
b) água. **e)** etanol.
c) bromo. **f)** nitrogênio.

7. Utilizando os dados da tabela 1, preveja o estado físico de cada uma das substâncias da questão anterior dentro de um *freezer* em que a temperatura é −18 °C.

Exercícios adicionais

Seu(sua) professor(a) indicará quais exercícios deste bloco você deve fazer.

8. (FEI-SP) Os estados físicos das substâncias abaixo, a 25 °C e 1 atm, são, respectivamente:

Substância	PF (1 atm, °C)	PE (1 atm, °C)
Pentano	−130	36,1
Cloro	−101	−34,5

a) sólido e sólido.
b) líquido e sólido.
c) líquido e líquido.
d) sólido e gás.
e) líquido e gás.

Comentário dos autores:

A indicação 1 atm se refere à pressão atmosférica ao nível do mar.

9. (PUC-MG) Considere o quadro abaixo, que apresenta algumas substâncias e suas respectivas temperaturas de fusão (TF) e de ebulição (TE), ao nível do mar.

Substância	TF (°C)	TE (°C)
Água	0	100,0
Clorofórmio	−63,0	62,3
Hidróxido de sódio	318,6	1.389,0
Ácido acético	16,7	118,1

Considerando-se esses dados, é **INCORRETO** afirmar:
a) O clorofórmio a 70 °C é gasoso.
b) A 85 °C, o hidróxido de sódio é sólido.
c) A 25 °C, duas das substâncias são líquidas.
d) A substância mais volátil é o clorofórmio.

Comentário dos autores:

Ser "mais volátil" é passar de líquido a vapor com maior facilidade.

10. (Unicamp-SP) "Colocando-se água bem gelada num copo de vidro, em pouco tempo este fica molhado por fora, devido à formação de minúsculas gotas de água." Para procurar explicar esse fato, propuseram-se as duas hipóteses seguintes:
a) Se aparece água do lado de fora do copo, então o vidro não é totalmente impermeável à água. As moléculas de água atravessando lentamente as paredes do vidro vão formando minúsculas gotas.
b) Se aparece água do lado de fora do copo, então deve haver vapor-d'água no ar. O vapor-d'água, entrando em contato com as paredes frias do copo, se condensa em minúsculas gotas.
Qual das duas hipóteses interpreta melhor os fatos? Como você justifica a escolha?

5 Matéria

• **Matéria** é tudo o que tem massa e ocupa lugar no espaço.

5.1 Massa e unidades para expressá-la

A massa de um corpo é uma grandeza (grandeza é tudo aquilo que podemos medir) que pode ser determinada com o uso de uma balança de dois pratos, como a que aparece nos desenhos a seguir. O primeiro passo para determinar a massa de objetos é a escolha de um padrão. O padrão de massa mais conhecido e utilizado é o **quilograma**, simbolizado por kg.

Dizer que um objeto possui massa de 1 kg (um quilograma) significa dizer que, ao colocá-lo num dos pratos da balança, o equilíbrio será estabelecido colocando-se no outro prato o objeto padrão de massa 1 kg. Um objeto possui massa de 2 kg (dois quilogramas) quando, colocado num dos pratos da balança, o equilíbrio é atingido com 2 objetos de massa 1 kg no outro prato. E assim por diante.

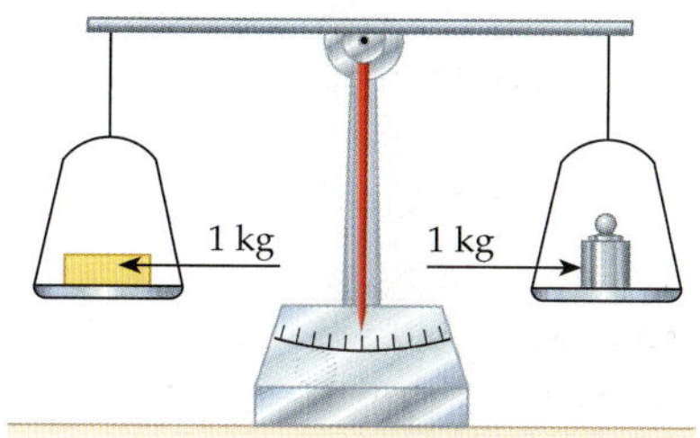

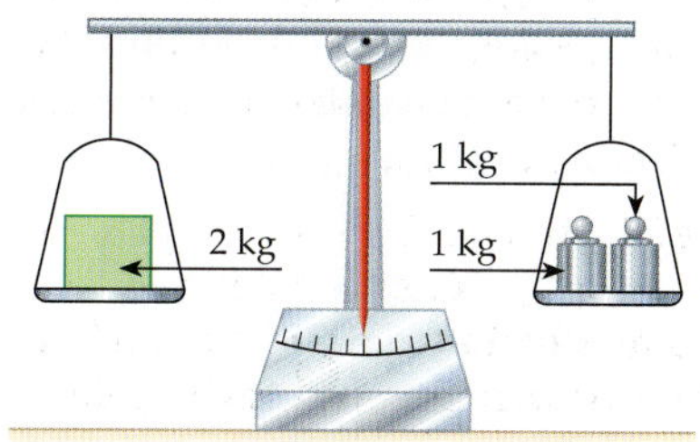

A **tonelada** e o **grama** são, respectivamente, múltiplo e submúltiplo importantes do quilograma. A tonelada (t) equivale a mil quilogramas:

- 1 tonelada = 1 t = 1.000 kg

O grama (g) é a milésima parte do quilograma (1 g = 0,001 kg) ou, de modo equivalente, o quilograma equivale a mil gramas (1 kg = 1.000 g):

- 1 grama = 1 g = 0,001 kg

A palavra **grama**, com o significado de unidade de massa, deve ser usada no masculino. Assim, o correto é dizer "um grama", "dois gramas", etc., e **jamais** "uma grama", "duas gramas", etc. Fique atento!

5.2 Volume e unidades para expressá-lo

- Ocupar lugar no espaço é uma característica da matéria associada à grandeza denominada **volume**. Em outras palavras, o volume de uma porção de matéria expressa quanto de espaço é ocupado por ela.

Unidades de volume importantes são o **decímetro cúbico** (dm^3), o **litro** (L), o **centímetro cúbico** (cm^3), o **mililitro** (mL) e o **metro cúbico** (m^3).

O decímetro cúbico e o litro

O decímetro cúbico (dm^3) é o volume de um cubo cuja aresta mede 1 dm (um decímetro), ou seja, 10 cm. Essa unidade é equivalente ao litro (L).

- $1\ dm^3 = 1\ L$

O centímetro cúbico e o mililitro

O centímetro cúbico (cm^3) é o volume de um cubo cuja aresta tem a medida de 1 cm.

O desenho Ⓐ ilustra um decímetro cúbico. A régua foi ilustrada ao lado do cubo para evidenciar que a medida de sua aresta é 10 cm. Como se pode perceber pela figura, o decímetro cúbico corresponde a mil centímetros cúbicos ($1\ dm^3 = 1.000\ cm^3$).

A unidade de volume mililitro (mL) é definida como a milésima parte do litro. Como consequência dessa definição, um litro corresponde a mil mililitros (1 L = 1.000 mL).

Como um decímetro cúbico equivale a um litro, podemos afirmar que:

Ⓐ

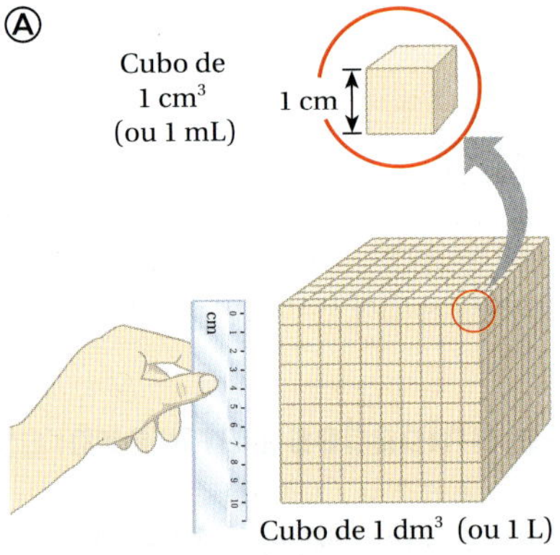

- $1\ dm^3 = 1\ L = 1.000\ cm^3 = 1.000\ mL$

Assim, decorre que:

- $1\ cm^3 = 1\ mL$

O metro cúbico

O metro cúbico é o volume de um cubo de aresta 1 m. Trata-se, portanto, de uma unidade de volume maior que as anteriores. A ilustração Ⓑ permite visualizar que um metro cúbico corresponde a mil decímetros cúbicos.

Assim, temos:

- $1\ m^3 = 1.000\ dm^3 = 1.000\ L$

Ⓑ

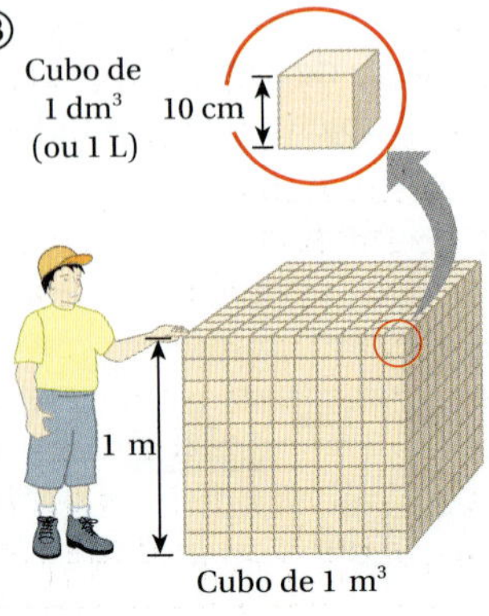

Exercícios essenciais

A critério do(a) professor(a) esta lista de exercícios poderá ser realizada em classe ou em casa.

Exercício Resolvido

11. Um frasco de iogurte informa que contém 320 g do produto. A quanto equivale essa massa, em quilograma?

➤ Resolução

Uma maneira de realizar a conversão de unidades de massa é por meio de uma regra de três.

Massa em gramas		Massa em quilogramas
1.000 g	———	1 kg
320 g	———	x

Efetuando a regra de três, chegamos ao valor de x:

$$x = \frac{320\ \text{g} \cdot 1\ \text{kg}}{1.000\ \text{g}} \Rightarrow \boxed{x = 0{,}320\ \text{kg}}$$

Portanto, a massa de 320 g equivale a 0,320 kg.

12. Qual é a massa, em gramas, de um bebê de 4,756 kg?

13. Um pacote com 500 folhas de papel tem massa de 2,5 kg. Admitindo que a massa das folhas seja igual, qual é a massa, em gramas, de cada uma delas?

14. Durante um mês, um elefante jovem, em crescimento, sofreu um aumento de massa de 0,179 t. A quantos quilogramas corresponde esse aumento de massa?

Exercício Resolvido

15. Quantos litros de água cabem em uma caixa-d'água com capacidade para 2,5 m^3?

➤ Resolução

A conversão de unidades de volume também pode ser feita por meio de regra de três.

Volume em metros cúbicos		Volume em litros
1 m^3	———	1.000 L
2,5 m^3	———	x

Efetuando a regra de três, chegamos ao valor de x:

$$x = \frac{2{,}5\ \text{m}^3 \cdot 1.000\ \text{L}}{1\ \text{m}^3} \Rightarrow \boxed{x = 2.500\ \text{L}}$$

Assim, 2,5 m^3 equivalem a 2.500 L.

16. O rótulo de uma garrafa de água mineral informa: "Contém 1,5 litro". A quantos mililitros equivale esse volume?

17. Quantas xícaras de capacidade 50 mL podem ser preenchidas com um litro de chá?

Exercícios adicionais

Seu(sua) professor(a) indicará quais exercícios deste bloco você deve fazer.

18. O miligrama (mg) é um submúltiplo do grama bastante usado para expressar pequenas massas: um miligrama equivale à milésima parte do grama. Uma indústria farmacêutica produz um tipo de comprimido e em cada um são colocados 500 mg de determinada substância que atua como medicamento. Quantos comprimidos podem ser produzidos usando 50 kg dessa substância?

19. Um caminhão-pipa transporta 30 m^3 de água. Esse volume de água permite encher quantas caixas-d'água de 500 L?

20. (Enem-MEC) A diversidade de formas geométricas espaciais criadas pelo homem, ao mesmo tempo que traz benefícios, causa dificuldades em algumas situações. Suponha, por exemplo, que um cozinheiro precise utilizar exatamente 100 mL de azeite de uma lata que contenha 1.200 mL e queira guardar o restante do azeite em duas garrafas, com capacidade para 500 mL e 800 mL cada, deixando cheia a garrafa maior. Considere que ele não disponha de instrumento de medida e decida resolver o problema utilizando apenas a lata e as duas garrafas. As etapas do procedimento utilizado por ele estão ilustradas nas figuras a seguir, tendo sido omitida a 5ª etapa.

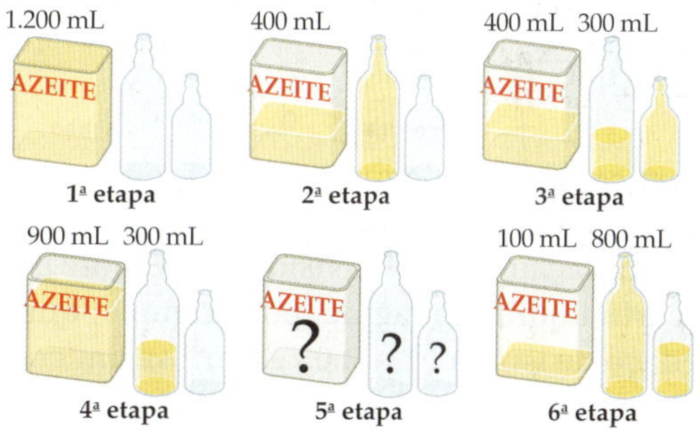

Qual das situações ilustradas a seguir corresponde à 5ª etapa do procedimento?

a)

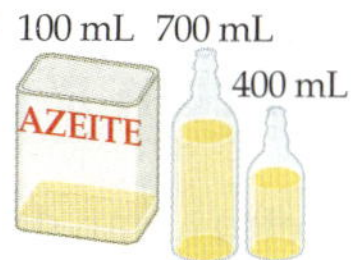

b)

c)

d)

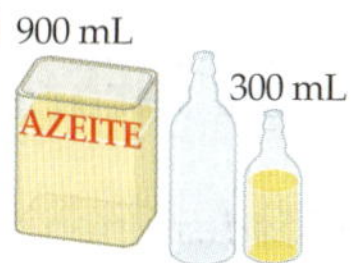

e)

6 Densidade

6.1 Conceituação de densidade

Em palavras: **A densidade de um objeto ou de uma amostra de certo material ou substância é o resultado da divisão da sua massa pelo seu volume.**

Em equação:

$$\text{densidade} = \frac{\text{massa}}{\text{volume}} \quad \text{ou} \quad d = \frac{m}{V}$$

A unidade da densidade é composta por uma unidade de massa dividida por uma unidade de volume. Assim, podemos expressá-la, por exemplo, em g/cm^3, g/L, kg/L etc.

AFRICA924/SHUTTERSTOCK

Compare a densidade do milho de pipoca com a da pipoca pronta. Qual dos dois é mais denso? Como você concluiu?

6.2 Densidade e flutuação

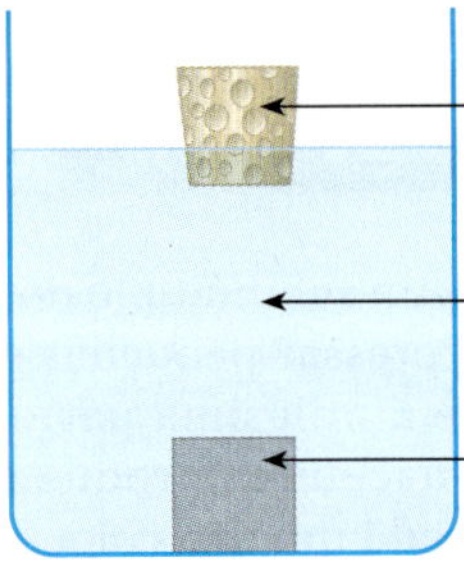

Comparando os valores de densidades:

$d_{\text{água}} = 1\ g/cm^3$, $\quad d_{\text{cortiça}} = 0{,}32\ g/cm^3$, $\quad d_{\text{chumbo}} = 11{,}3\ g/cm^3$

concluímos que:

$$d_{\text{cortiça}} < d_{\text{água}} < d_{\text{chumbo}}$$

A cortiça flutua na água porque é menos densa que ela e o chumbo afunda porque é mais denso que esse líquido.

A comparação entre as densidades permite prever se um corpo vai afundar ou flutuar em um certo líquido. Imagine, por exemplo, que uma bolinha de gude ($d = 2{,}7\ g/cm^3$) e um pedaço de isopor ($d = 0{,}03\ g/cm^3$) sejam colocados num frasco com azeite de oliva ($d = 0{,}92\ g/cm^3$). O que se pode prever?

O pedaço de isopor, menos denso que o azeite, vai flutuar nele. E a bolinha de gude, mais densa que o líquido, vai afundar.

6.3 Alguns fatores que afetam a densidade

A densidade depende, em primeiro lugar, do material considerado. Alguns valores de densidade aparecem na tabela 2.

Em segundo lugar, a densidade de um mesmo material depende da temperatura. Um aquecimento, por exemplo, provoca a dilatação do material (aumento de volume), e isso interfere no valor da densidade.

No caso de gases, cujo volume é muito sensível a variações de pressão, a densidade, além de depender da temperatura, depende também da pressão.

Mudanças de estado físico provocam mudanças na densidade de uma substância. A água líquida, por exemplo, tem densidade $1\ g/cm^3$, e a água sólida (gelo) tem densidade $0{,}92\ g/cm^3$. Isso permite entender por que o gelo flutua na água.

TABELA 2 **Densidade de algumas substâncias e de alguns materiais**

Substância	Densidade (g/cm^3) a 25 °C	Material	Densidade (g/cm^3) a 25 °C
Ósmio	22,6	Madeira balsa	0,11 a 0,14
Platina	21,5	Bambu	0,31 a 0,4
Ouro	19,3	Couro seco	0,86
Mercúrio	13,5	Manteiga	0,86 a 0,87
Chumbo	11,3	Borracha	0,91 a 1,25
Prata	10,5	Ébano	1,11 a 1,33
Cobre	8,96	Gelatina	1,27
Ferro	7,87	Osso	1,7 a 2,0
Iodo	4,93	Giz	1,9 a 2,8
Alumínio	2,70	Areia	2,14 a 2,36
Cloreto de sódio	2,17	Porcelana	2,3 a 2,5
Enxofre	2,07	Bola de gude	2,6 a 2,84
Água	1,00	Quartzo	2,65
Sódio	0,97	Granito	2,64 a 2,76
Lítio	0,53	Diamante	3,51

Fonte: LIDE, D. R. (ed.). *CRC Handbook of Chemistry and Physics*. 84. ed., Boca Raton: CRC Press, 2003. p. **4**-39ss e **15**-32.

EDUARDO SANTALIESTRA/CID

▲ Nesta foto, há seis materiais com densidades diferentes. Os líquidos são gasolina (em cima), água (no meio) e mercúrio (no fundo). A cortiça flutua na gasolina. Um pedaço de madeira afunda na gasolina, mas flutua na água. E o latão afunda na água, mas flutua no mercúrio.

ATENÇÃO

O experimento cujo resultado está na foto acima NÃO deve ser feito pelo estudante.

O mercúrio é um metal tóxico, cujos vapores são facilmente absorvidos, e tem efeito cumulativo no organismo.

A gasolina desprende vapores tóxicos e é inflamável, oferecendo risco de incêndio, queimaduras e explosão.

Exercícios essenciais

A critério do(a) professor(a) esta lista de exercícios poderá ser realizada em classe ou em casa.

Exercício Resolvido

21. Um bloco de metal tem volume de 200 mL e massa de 1.792 g.

a) Qual a densidade desse metal, expressa em g/cm^3?

b) Qual o volume de uma amostra de 1 kg desse metal?

➤ Resolução

a) Podemos determinar a densidade dividindo a massa (1.792 g) pelo volume (200 mL, ou seja, 200 cm^3):

$$d = \frac{m}{V} \Rightarrow d = \frac{1.792\ g}{200\ cm^3} \Rightarrow \boxed{d = 8{,}96\ g/cm^3}$$

b) Conhecida a densidade, que expressa a relação de proporcionalidade entre massa e volume para um certo material numa dada temperatura, podemos utilizá-la para determinar o volume de uma amostra de 1 kg (1.000 g):

$$d = \frac{m}{V} \Rightarrow d = 8{,}96\ g/cm^3 = \frac{1.000\ g}{V} \Rightarrow$$

$$\Rightarrow V = \frac{1.000\ \cancel{g}}{8{,}96\ \frac{\cancel{g}}{cm^3}} \Rightarrow \boxed{V = 111{,}6\ cm^3}$$

22. Um caminhão transporta 5 t de uma variedade de madeira cuja densidade é 0,7 g/cm^3. Qual o volume da madeira que está sendo transportada, expresso em:

a) litros? **b)** metros cúbicos?

23. Um estudante desejava medir o volume de um parafuso grande. Para isso, colocou água numa proveta (cilindro com graduação de volume) e determinou o volume da água colocada. A seguir, jogou o parafuso dentro da proveta e determinou novamente o volume. Os desenhos abaixo ilustram o que ele observou.

Antes

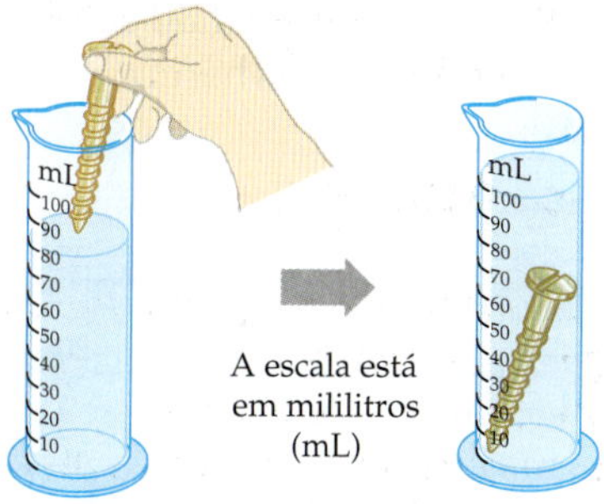

Depois

a) Qual é o volume do parafuso?

b) Sabendo que a massa do parafuso é 157,4 g, determine a densidade do material de que ele é feito, em g/cm^3.

Exercícios adicionais

Seu(sua) professor(a) indicará quais exercícios deste bloco você deve fazer.

24. (FMTM-MG) Considere as substâncias e suas respectivas densidades à temperatura ambiente:

Substância	Densidade (g/mL)
Ácido sulfúrico	1,8410
Tolueno	0,8669
Acetona	0,7899

Há maior massa em um litro de:

a) ácido sulfúrico que em dois litros de tolueno.
b) tolueno que em dois litros de acetona.
c) acetona que em dois litros de tolueno.
d) ácido sulfúrico que em três litros de acetona.
e) tolueno que em dois litros de ácido sulfúrico.

25. (UFPI) Em uma cena de um filme, um indivíduo corre carregando uma maleta tipo 007 (volume de 20 dm^3) cheia de barras de um certo metal. Considerando que um adulto de peso médio (70 kg) pode deslocar, com uma certa velocidade, no máximo o equivalente ao seu próprio peso, indique qual o metal contido na maleta, observando os dados da tabela a seguir.

Densidade em g/cm^3	
Alumínio	2,7
Zinco	7,1
Prata	10,5
Chumbo	11,4
Ouro	19,3

(Dado: 1 dm^3 = 1 L = 1.000 cm^3.)

a) Alumínio. **b)** Zinco. **c)** Prata. **d)** Chumbo. **e)** Ouro.

26. (Fatec-SP) Uma barra de certo metal, de massa igual a 37,8 g, foi introduzida num cilindro graduado contendo água. O nível da água contida no cilindro, antes (1) e após (2) a imersão da barra metálica, é mostrado na figura. Analisando-se a figura, pode-se afirmar que o metal da barra metálica é provavelmente o:

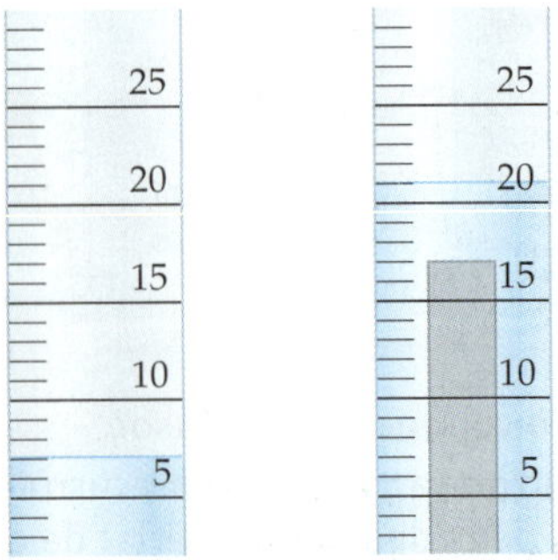

(1) (2)

a) Ag, d = 10,50 g/cm^3
b) Al, d = 2,70 g/cm^3
c) Fe, d = 7,87 g/cm^3
d) Mg, d = 1,74 g/cm^3
e) Pb, d = 11,30 g/cm^3

27. (Unicamp-SP) Dois frascos idênticos estão esquematizados abaixo. Um deles contém uma certa massa de água (H_2O) e o outro, a mesma massa de álcool (CH_3CH_2OH).

Dado: usando-se uma bolinha de densidade adequada fez-se o experimento ao lado:

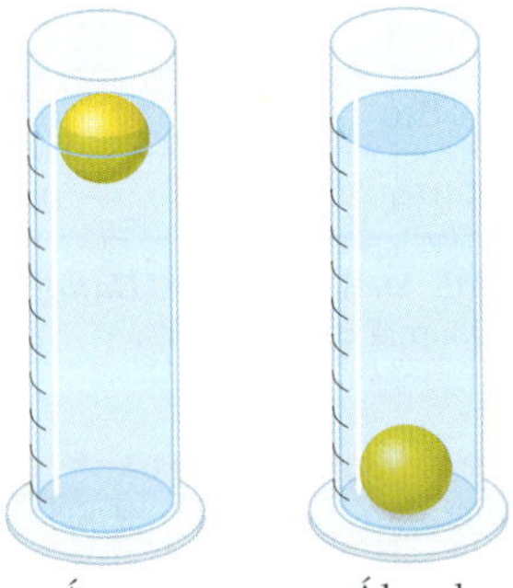

Água Álcool

Qual das substâncias está no frasco A e qual está no frasco B? Justifique.

28. (Enem-MEC) A gasolina é vendida por litro, mas, em sua utilização como combustível, a massa é o que importa. Um aumento da temperatura do ambiente leva a um aumento no volume da gasolina. Para diminuir os efeitos práticos dessa variação, os tanques dos postos de gasolina são subterrâneos. Se os tanques **não** fossem subterrâneos:

I. Você levaria vantagem ao abastecer o carro na hora mais quente do dia, pois estaria comprando mais massa por litro de combustível.
II. Abastecendo com a temperatura mais baixa, você estaria comprando mais massa de combustível para cada litro.
III. Se a gasolina fosse vendida por kg em vez de por litro, o problema comercial decorrente da dilatação da gasolina estaria resolvido.

Dessas considerações, somente:

a) I é correta.
b) II é correta.
c) III é correta.
d) I e II são corretas.
e) II e III são corretas.

7 Substâncias químicas

- Uma **substância** é uma porção de matéria que tem **propriedades bem definidas e que lhe são características**.

Entre essas propriedades estão o ponto de fusão, o ponto de ebulição, a densidade, o fato de ser inflamável ou não, a cor, o odor etc. Duas substâncias diferentes podem, eventualmente, possuir algumas propriedades iguais, mas nunca todas elas.

Nestas fotografias são mostrados exemplos de substâncias — água, enxofre, ferro e cloreto de sódio (componente principal do sal de cozinha) — e algumas de suas propriedades.

FOTOS: EDUARDO SANTALIESTRA/CID

◄ A substância água, líquido incolor com PF = 0 °C, PE = 100 °C, d = 1,00 g/cm³.

▲ A substância enxofre, sólido amarelo com PF = 95 °C, PE = 445 °C, d = 2,07 g/cm³.

▲ A substância ferro, sólido cinza-metálico com PF = 1.538 °C, PE = 2.861 °C, d = 7,87 g/cm³.

▲ A substância cloreto de sódio, sólido branco com PF = 801 °C, PE = 1.465 °C, d = 2,17 g/cm³.

8 Substâncias puras × misturas

A água possui densidade 1,00 g/cm³ e o cloreto de sódio, 2,17 g/cm³. Ao acrescentar cloreto de sódio à água e mexer, obtém-se uma mistura cuja densidade tem um valor que está entre a densidade dos dois componentes isolados.

Verifica-se experimentalmente que uma mistura de água e cloreto de sódio, colocada num congelador, não congela a 0 °C. Essa mistura inicia seu congelamento abaixo de 0 °C (o valor exato depende do teor de sal) e a temperatura não permanece constante durante o congelamento, mas diminui gradualmente.

Quando aquecida, verifica-se que essa mistura não entra em ebulição a 100 °C. Ela começa a ferver acima de 100 °C (o valor exato depende do teor de sal) e a temperatura não permanece constante durante a ebulição, mas aumenta progressivamente.

Portanto, uma *mistura* de água e cloreto de sódio possui propriedades que não são características da água (*substância pura*) nem do sal (*substância pura*).

- Uma **substância pura**, como o próprio nome diz, está pura, ou seja, não está misturada com outra substância ou com outras substâncias. Em geral, quando um químico refere-se, por exemplo, à **substância** água ele está deixando subentendido que se refere à **substância pura** água.

- Já uma **mistura** é uma porção de matéria que corresponde à adição de duas ou mais substâncias puras. A partir do momento em que elas são adicionadas, deixam obviamente de ser consideradas substâncias puras. Elas passam a ser as substâncias **componentes** da mistura.

8.1 Misturas heterogêneas e homogêneas

- Uma **mistura heterogênea** é uma mistura que não possui as mesmas propriedades em toda a sua extensão.

- Uma **mistura homogênea,** ou **solução**, é uma mistura que tem as mesmas propriedades em todos os seus pontos.

▲ Mistura (heterogênea) de pó de enxofre e pó de ferro.

▲ Mistura (homogênea) de água e açúcar.

▲ Mistura (heterogênea) de água e óleo.

FOTOS: EDUARDO SANTALIESTRA/CID

8.2 Número de fases de uma mistura

- Podemos definir **fase** como uma porção de uma amostra de matéria que apresenta as mesmas propriedades. Uma fase pode apresentar-se contínua ou fragmentada em várias partes.

Considere o caso da mistura de óleo e água da foto Ⓒ. Trata-se de uma mistura heterogênea, na qual uma fase é óleo e a outra fase é água. Nesse exemplo, ambas as fases são contínuas.

Na mistura de ferro e enxofre (foto Ⓐ), os grãozinhos de ferro constituem uma fase, e os grãozinhos de enxofre constituem outra fase. Diferentemente da mistura de água e óleo, nesse caso cada fase apresenta-se fragmentada em muitas partes.

Numa mistura de água e açúcar, foto Ⓑ, que é homogênea, existe uma só fase. Isso pode ser generalizado para todas as misturas homogêneas. Já que elas apresentam as mesmas propriedades em todos os seus pontos, são constituídas necessariamente por uma única fase.

- Uma **mistura homogênea (solução) apresenta uma só fase** e uma **mistura heterogênea apresenta duas ou mais fases**.

Conheça algumas terminologias muito usadas

Quando certa substância é misturada à água e isso resulta numa mistura homogênea, dizemos que a substância foi **dissolvida** na água e que a mistura obtida é uma **solução aquosa**. A água (que atua dissolvendo a substância) é denominada **solvente** e a substância nela dissolvida é chamada de **soluto**. Em uma solução aquosa de sal, por exemplo, a água é o solvente e o sal é o soluto.

Quando dois líquidos formam mistura homogênea, dizemos que eles são **miscíveis**. A água e o álcool comum (etanol ou álcool etílico) são exemplos de líquidos miscíveis. Se, por outro lado, dois líquidos formam mistura heterogênea, dizemos que eles são **imiscíveis**. Esse é o caso da água e do óleo.

As soluções e o cotidiano

São inúmeras as soluções presentes em nosso cotidiano, principalmente as soluções aquosas. Entre os exemplos destas últimas, temos os sucos de frutas, os refrigerantes (desconsiderando as bolhas de gás eventualmente presentes), a saliva, o plasma sanguíneo, a urina, a água da chuva e até mesmo a água potável.

Os rótulos de garrafas de água mineral costumam informar quais os componentes da solução aquosa e quais as quantidades de cada um presentes num dado volume de solução.

Existem também soluções gasosas e soluções sólidas. O ar atmosférico, convenientemente filtrado para eliminar partículas nele dispersas, é uma solução gasosa na qual predominam o gás nitrogênio (cerca de 78%) e o gás oxigênio (cerca de 21%). Entre as soluções sólidas, podemos destacar o ouro usado pelos joalheiros (mistura de ouro e cobre em proporção adequada) e o latão (mistura de cobre e zinco em proporção adequada).

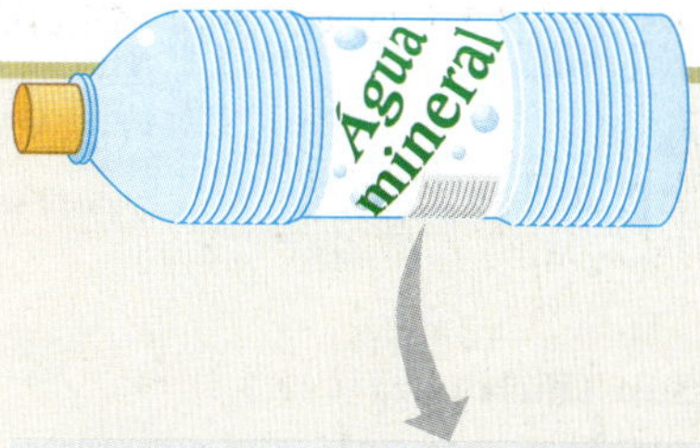

A água mineral é um exemplo de solução aquosa na qual há vários solutos presentes.

Composição química (miligramas por litro)	
Sulfato de bário	0,51
Sulfato de estrôncio	0,21
Sulfato de cálcio	2,53
Bicarbonato de cálcio	59,86
Bicarbonato de magnésio	34,66
Bicarbonato de potássio	5,63
Bicarbonato de sódio	9,73
Nitrato de sódio	6,51
Cloreto de sódio	6,53

8.3 Número de fases de uma substância pura

Considere um frasco contendo água líquida e uma pedra de gelo. Dentro do frasco há apenas uma substância pura: a substância água. Só que ela está em dois estados físicos distintos (isso antes de o gelo derreter totalmente). Dentro do frasco há duas fases distintas: a fase líquida e a fase sólida. Essas fases diferem em pelo menos uma de suas propriedades, a densidade (a da água líquida é 1,0 g/cm^3 e a do gelo é 0,92 g/cm^3).

- Numa amostra de substância pura, em que ela esteja em diferentes estados físicos, haverá mais de uma fase. E cada estado físico presente corresponderá a uma fase.

8.4 Conceituação de sistema

- **Sistema** é uma porção de matéria que foi escolhida para ser estudada.

Consideremos, como sistemas a serem estudados, o conteúdo dos frascos esquematizados abaixo, que denominaremos Ⓐ a Ⓗ.

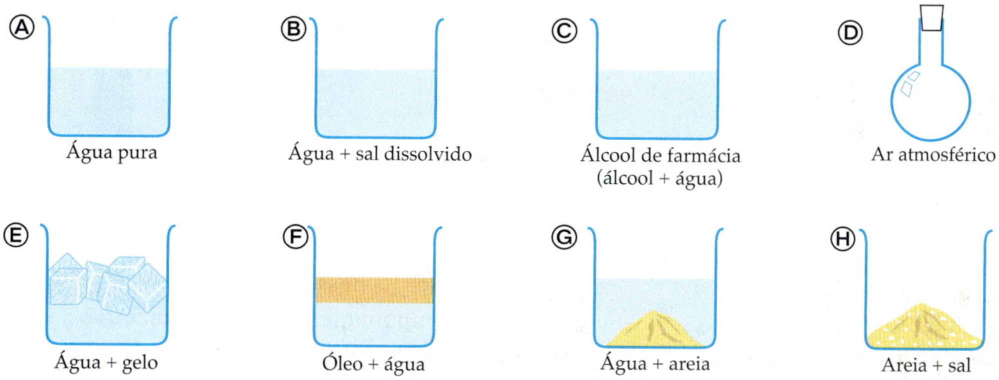

Os sistemas Ⓐ, Ⓑ, Ⓒ e Ⓓ apresentam propriedades uniformes em todos os seus pontos, ou seja, possuem uma única fase. Tais sistemas são denominados **homogêneos**.

Os sistemas Ⓔ, Ⓕ, Ⓖ e Ⓗ, por sua vez, apresentam mais de uma fase e são, por isso, denominados **heterogêneos**.

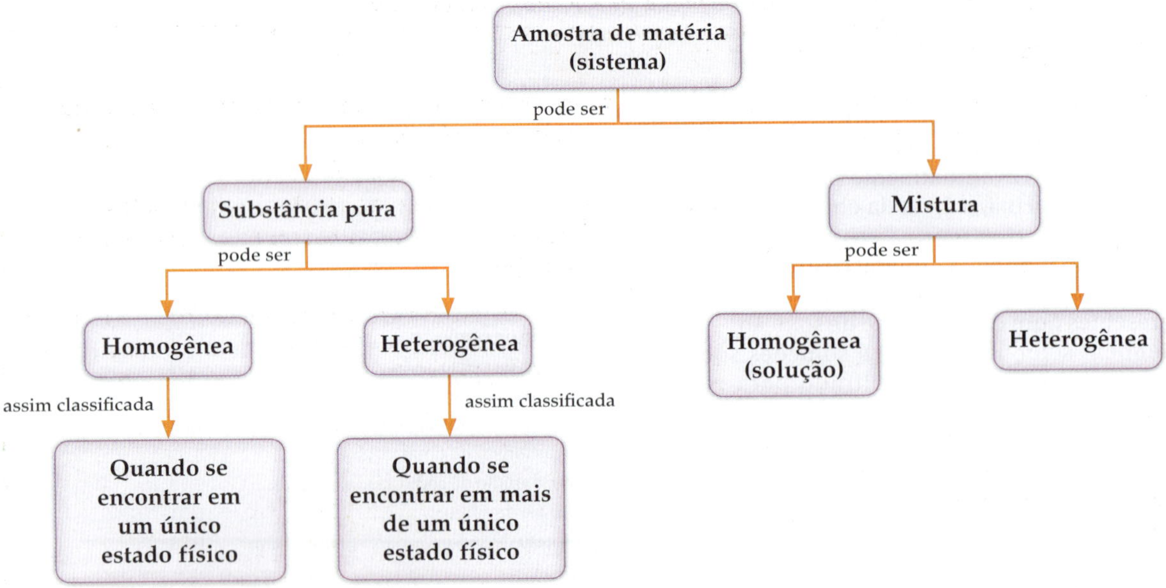

Exercícios essenciais

A critério do(a) professor(a) esta lista de exercícios poderá ser realizada em classe ou em casa.

29. O granito é uma rocha na qual existem três fases sólidas. Uma delas, geralmente esbranquiçada, é formada pela substância quartzo. Outra, cinzenta ou bege, é formada pela substância feldspato. E uma terceira fase, geralmente preta, é constituída pela substância mica.

a) O granito é uma substância ou uma mistura? Justifique.

b) O granito é uma solução? Por quê?

FABIO COLOMBINI

◄ Amostra de granito, rocha formada por quartzo, feldspato e mica.

30. (Ufac) A mistura de água e álcool é:

a) homogênea gasosa.
b) heterogênea líquida.
c) homogênea líquida.
d) heterogênea sólida-líquida.
e) simples.

Exercício Resolvido

31. Imagine um sistema formado por gelo, água líquida, um pedaço de granito, sal e açúcar. O sal e o açúcar estão ambos dissolvidos na água.

a) Quantas fases há nesse sistema?

b) Quantos componentes formam esse sistema?

c) Quantos componentes há em cada fase?

d) Qual das fases é uma solução? Qual dos componentes dessa fase é o solvente?

➤ Resolução

a) Uma fase é formada pelo gelo, outra pela água líquida com sal e açúcar nela dissolvidos. Além dessas duas fases, há mais três no granito (quartzo, feldspato e mica). Ao todo são, portanto, cinco fases.

b) Seis. Água (sólida ou líquida, é a mesma substância), sal, açúcar, quartzo, feldspato e mica (três componentes do granito).

c) Na fase líquida, há três componentes: água, sal e açúcar. Em cada uma das quatro fases sólidas, há apenas um componente: gelo, quartzo, feldspato e mica.

d) A fase líquida é uma solução na qual a água é o solvente (o sal e o açúcar são os solutos).

32. (Uneb-BA) Um sistema formado por água, açúcar dissolvido, álcool comum, limalha de ferro e carvão apresenta:

a) 1 fase.
b) 2 fases.
c) 3 fases.
d) 4 fases.
e) 5 fases.

33. Um sistema é formado por água líquida, dois pedaços de chumbo e açúcar dissolvido na água.

a) Quantas fases há nesse sistema?

b) Quantos componentes há no sistema todo?

c) Quantos componentes há em cada uma das fases?

34. Sobre uma solução aquosa de açúcar, responda:

a) Quantas fases há nela?

b) Qual é o solvente?

c) Qual é o soluto?

Exercícios adicionais

Seu(sua) professor(a) indicará quais exercícios deste bloco você deve fazer.

35. (Faee-GO) É exemplo de solução (I) sólida, (II) líquida e (III) gasosa à temperatura ambiente e à pressão normal:

	(I)	(II)	(III)
a)	glicose;	água do mar filtrada;	água gaseificada.
b)	ouro 18K;	lágrima;	ar filtrado.
c)	lâmina de cobre;	água;	ozônio.
d)	areia;	gasolina;	gás nitrogênio.
e)	cloreto de sódio;	chumbo derretido;	amônia.

36. (Ufes) Dada a tabela (temperatura = 25 °C)

Mistura	Substância *A*		Substância *B*
I	água	+	álcool etílico
II	água	+	sal de cozinha
III	água	+	gasolina
IV	O_2	+	CO_2
V	carvão	+	enxofre

Resultam em soluções as misturas:

a) I, II e III
b) I, II e IV
c) I, II e V
d) II, IV e V
e) III, IV e V

Comentário dos autores:

O_2 representa o gás oxigênio e CO_2, o gás carbônico.

37. (UFU-MG) Considere um sistema constituído por duas pedras de gelo e água salgada. Com base nesse sistema, julgue cada afirmativa abaixo em (V) verdadeira ou (F) falsa.

1. O sistema apresenta três fases.
2. O sistema possui apenas dois componentes.
3. Nesse sistema existe uma mistura homogênea.
4. O sistema é homogêneo.

38. (UFG-GO) No sistema representado pela figura a seguir, os números de fases e componentes são, respectivamente:

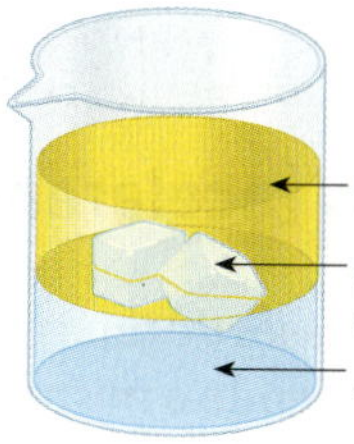

a) 2 e 2
b) 2 e 3
c) 3 e 2
d) 3 e 3
e) 3 e 4

39. O número de componentes de um sistema é sempre igual ao número de fases?
Dê exemplos que sustentem sua resposta.

40. (UFRGS-RS) Constitui exemplo de sistema bifásico com um componente:

a) álcool hidratado.
b) água com cubos de gelo.
c) água salgada.
d) óleo grafitado.
e) ar liquefeito.

41. Comente as seguintes frases, dizendo se cada uma é correta ou não.

a) "Um sistema que apresente uma só fase é com certeza formado por uma única substância química."
b) "Um sistema formado por uma única substância química certamente apresenta uma única fase."

9 Processos de separação (fracionamento) de misturas

9.1 Decantação

Em uma mistura *heterogênea sólido/líquido*, como areia/água, a fase mais densa tende a ocupar a posição inferior, enquanto a menos densa tende a ocupar a posição superior.

Uma maneira de separar uma mistura de água e areia é esperar que a areia, mais densa que a água, se deposite no fundo do recipiente. (Essa deposição de sólido no fundo é chamada por alguns de *sedimentação*.)

Após a deposição da areia no fundo, pode-se cuidadosamente transferir a água para outro recipiente inclinando-se lentamente o frasco em que está a mistura. A técnica é denominada **decantação**.

9.2 Centrifugação (acelerando a decantação)

Caso a separação das fases de uma mistura heterogênea sob ação da gravidade seja muito lenta, ela pode ser apressada submetendo a mistura a uma intensa rotação, técnica conhecida como **centrifugação**, realizada em aparelhos denominados *centrífugas*.

▲ Centrífuga desligada.

▲ Centrífuga em rotação.

Na indústria de laticínios, por exemplo, a nata é separada do leite com o uso de grandes centrífugas. Nelas, a mistura gira a uma grande velocidade, e o leite, mais denso, deposita-se no fundo do recipiente, enquanto a nata, menos densa, concentra-se na parte superior.

9.3 Filtração simples

Para separar *misturas heterogêneas sólido/líquido* existe um outro processo, um pouco mais trabalhoso, porém de maior eficiência que a decantação. É a **filtração**, técnica que consiste em despejar a mistura sobre uma superfície porosa apropriada, o filtro. O filtro permite que a fase líquida o atravesse, mas retém a fase sólida, propiciando uma separação de ambas.

O papel de filtro, bastante empregado em laboratórios, é elaborado com fibras de papel entrelaçadas de modo que os orifícios entre elas (invisíveis a olho nu) atuem como os orifícios de uma peneira. As partículas formadoras da água — que em outro capítulo denominaremos *moléculas de água* — são tão pequenas que passam por dentro desses orifícios. Já as partículas de areia, maiores que eles, são retidas pelo papel.

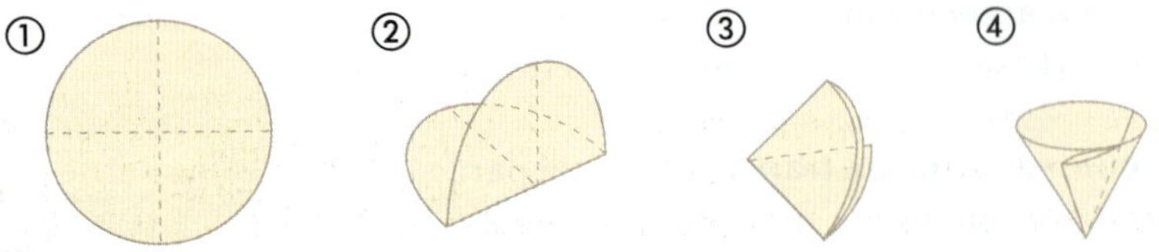

▲ Modo como o papel de filtro pode ser dobrado.

▲ Filtração de uma mistura de água e areia.

9.4 Filtração a vácuo (acelerando a filtração)

Num laboratório é comum haver *misturas heterogêneas sólido/líquido* cuja filtração é muito demorada. (Um exemplo caseiro é o da mistura de farinha e água, que demora muito mais para ser filtrada que uma mistura de água e areia.)

Para acelerar a filtração foi desenvolvido o processo da **filtração a vácuo**, que é ilustrado nas fotos abaixo. Nele, o papel de filtro é ajustado à superfície de um funil apropriado, o funil de Büchner, que é conectado à boca de um frasco especial, o kitassato.

O dispositivo denominado trompa de água (ou trompa de vácuo) é ligado ao kitassato. Dentro da trompa passa água corrente, que "arrasta" ar consigo. Isso remove um pouco do ar de dentro do kitassato e faz a pressão interna ficar menor que a pressão atmosférica. Consequentemente, a pressão atmosférica força a fase líquida da mistura a passar mais rapidamente pelo papel de filtro.

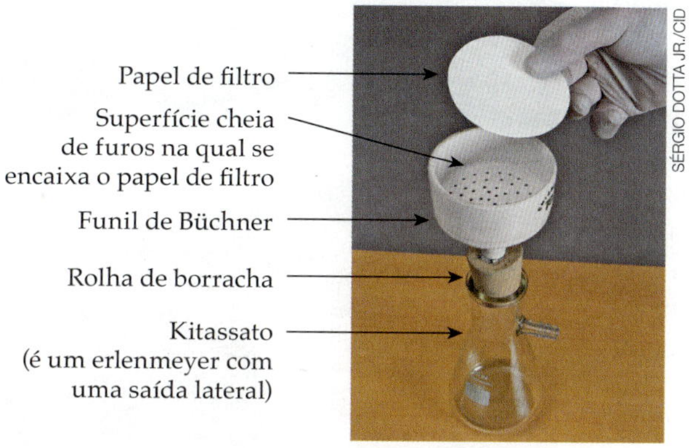

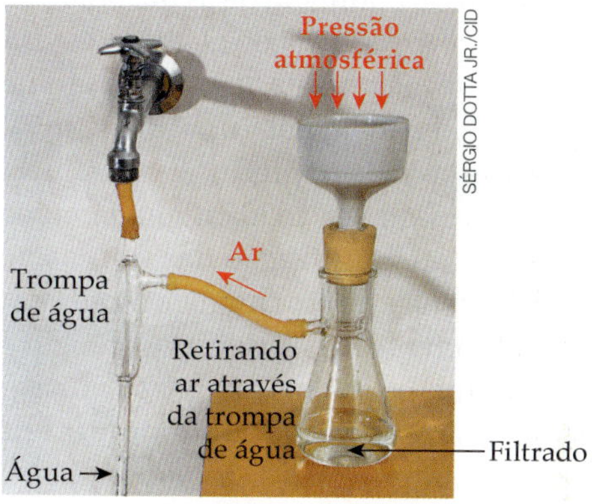

Filtração no cotidiano

Uma **filtração simples** é realizada quando se prepara um café. As partículas do pó de café que não se dissolvem na água ficam retidas no filtro (resíduo), enquanto a água (solvente) e as partículas de café que nela se dissolveram (soluto) passam através dele. Quando preparamos café ou chá, a água quente realiza a **extração** dos componentes solúveis do café ou do chá.

Quando se usa um aspirador de pó, a fase sólida fica retida no filtro do aspirador e a fase gasosa passa por ele. A mistura de ar e poeira, que é uma mistura heterogênea sólido/gás, é separada utilizando-se **filtração a vácuo**.

9.5 Funil de separação

Para separar *misturas heterogêneas líquido/líquido*, como óleo/água, os químicos utilizam um aparelho de vidro, o **funil de separação**, que aparece ilustrado na foto ao lado. (Algumas pessoas chamam-no *funil de decantação* ou *funil de bromo*.)

Para efetuar a separação, a mistura é colocada dentro do funil. A torneira é ligeiramente aberta, permitindo o escoamento gradual da fase inferior, que é recolhida em outro frasco. Fechando-se a torneira no exato momento em que a fase inferior acabou de escoar, consegue-se a separação de ambas as fases.

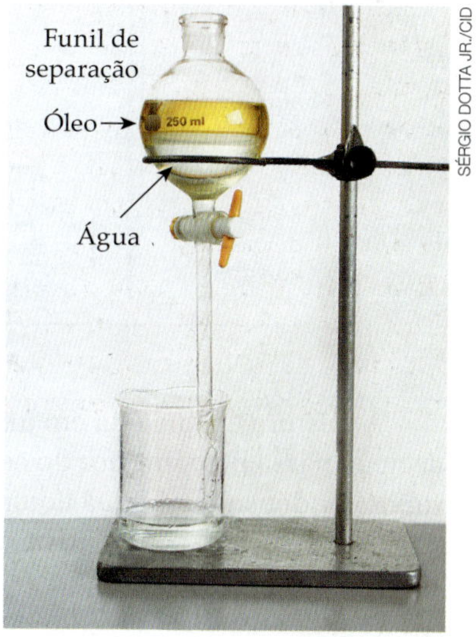

▲ Funil de separação em uso.

9.6 Dissolução fracionada

Dos muitos métodos que existem para separar *misturas heterogêneas de dois ou mais sólidos*, vamos analisar um em particular: a **dissolução fracionada**.

Essa técnica de separação está baseada na diferente tendência com que os sólidos componentes de uma mistura dissolvem-se em determinado solvente.

Como exemplo, consideremos a mistura heterogênea de sal e areia. Como separá-los?

Inicialmente, adicionamos água à mistura. A água dissolve o sal, mas não dissolve a areia. Após mexer bem, obtemos um sistema heterogêneo constituído por duas fases: uma delas é a solução de sal em água, e a outra é a areia, que não se dissolveu na água.

Em seguida, a mistura é filtrada. A areia fica retida no filtro, enquanto a solução de sal em água passa por ele. A água pode ser eliminada por evaporação ou ebulição, restando o sal.

9.7 Evaporação e destilação simples

Evaporação

Um meio de fazer a separação da mistura água/sal é simplesmente esperar pela **evaporação** completa da água, por exemplo, sob ação do calor solar. Assim que a evaporação acabar, restará o sal.

A evaporação é uma técnica barata, usada para se obter o componente sólido que está dissolvido no líquido (o sal, no caso). O componente líquido (a água, no caso) é perdido no processo. A evaporação é usada, portanto, quando só há interesse na fase sólida; a líquida, então, é desprezada.

Esse processo tem larga utilização nas salinas, instalações nas quais a água do mar é colocada em tanques largos e rasos, para que vá evaporando gradualmente. Com a evaporação da água obtém-se o sal sólido. Este, a seguir, passa por um processo de purificação, ou refino, durante o qual são eliminadas as impurezas presentes. Principalmente duas dessas impurezas, o cloreto de magnésio e o sulfato de magnésio, se não forem eliminadas, conferirão ao produto um sabor amargo indesejável.

KARLHEINZ WEICHERT/TYBA

▲ A evaporação da água permite a obtenção do sal nas salinas.

Destilação simples

Para separar a mistura de água e sal, e recuperar também a água, emprega-se a **destilação simples**, ilustrada a seguir.

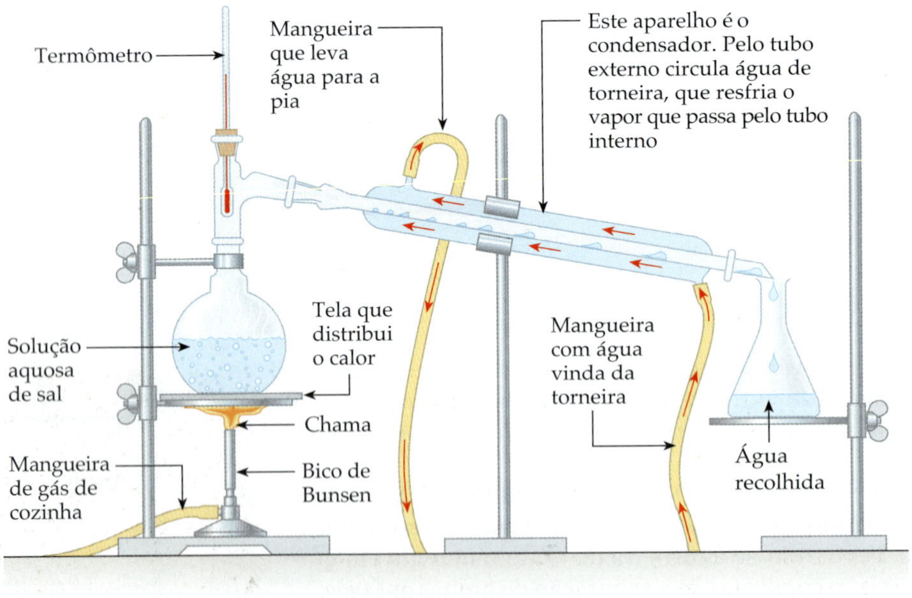

A mistura é aquecida em um balão de vidro e a água entra em ebulição, mas o sal não. O vapor de água passa pelo interior do condensador, que é refrigerado por água corrente. Graças a isso, esse vapor condensa-se. A água líquida, isenta de sal, é recolhida no recipiente da direita (erlenmeyer) e, ao final, restará sal sólido no balão de vidro.

O líquido purificado que é recolhido no processo de destilação recebe o nome de **destilado** (nesse caso, trata-se de água destilada). A destilação simples é utilizada quando há interesse nas duas fases ou apenas na líquida.

9.8 Destilação fracionada

As misturas homogêneas formadas por dois ou mais líquidos oferecem uma razoável dificuldade para sua separação. A técnica da **destilação fracionada**, esquematizada a seguir, pode ser usada com sucesso para separar algumas misturas desse tipo. É uma técnica complexa e sobre ela vamos apresentar apenas uma breve descrição.

A destilação fracionada é um aprimoramento da destilação simples, na qual uma coluna de vidro cheia de obstáculos (bolinhas ou cacos de vidro) é colocada entre o condensador e o balão no qual a mistura é aquecida. Os obstáculos permitem que o componente de menor ponto de ebulição, aquele que ferve com mais facilidade, chegue mais rapidamente ao condensador e destile primeiro. Assim que ele destilar totalmente, destilará o próximo componente líquido da mistura (em ordem crescente de pontos de ebulição), que é recolhido em outro frasco. E assim por diante.

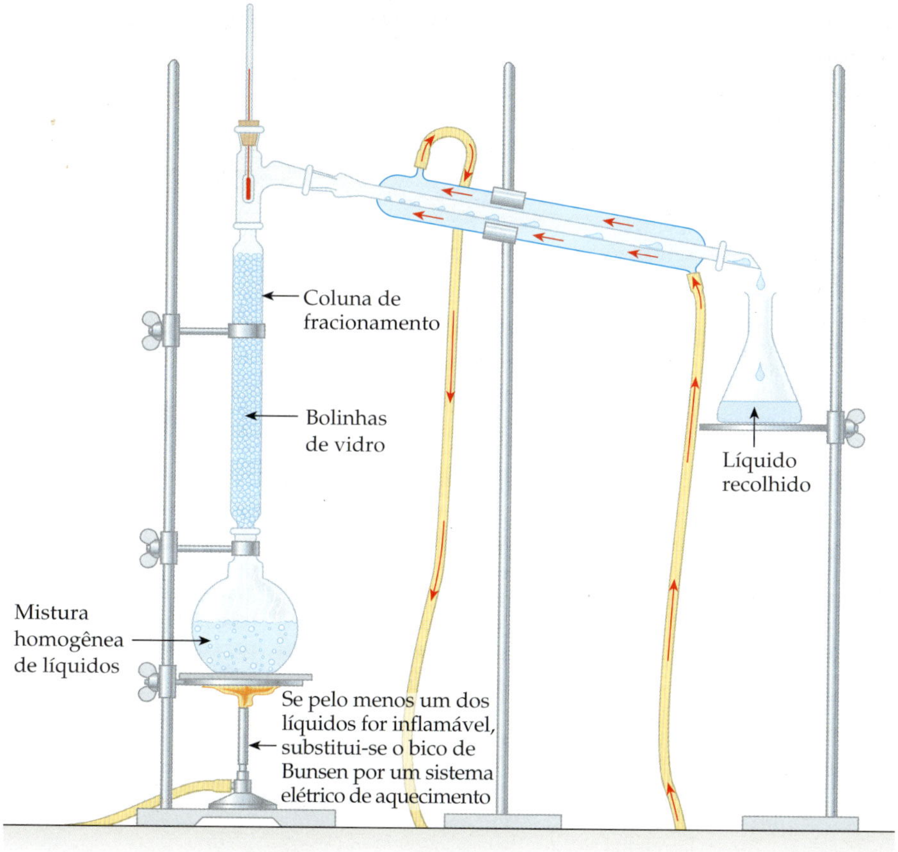

Alguns componentes do petróleo são separados por meio da destilação fracionada, realizada em grandes colunas de aço, nas refinarias.

Essa técnica também é empregada para separar os gases componentes do ar atmosférico. O ar é resfriado até atingir o estado líquido e, a seguir, passa por destilação fracionada.

Revisão

10 Materiais de laboratório e segurança

O esquema das páginas 38 e 39 reúne alguns materiais importantes e fornece informações sobre cada um.

Todo e qualquer laboratório químico é um local em que podem existir objetos e materiais potencialmente perigosos, mesmo que você não esteja mexendo diretamente com eles. Portanto, a possibilidade de acontecer um acidente existe e não é desprezível. Alguns pensamentos básicos resumem a necessidade de atitudes adequadas dentro de um laboratório. São eles:

- O primeiro acidente de uma pessoa pode ser o último.
  Os acidentes não acontecem por acaso, são provocados.
  E, mais importante que isso, acidentes podem ser evitados.

LAURENCE GOUGH/SHUTTERSTOCK

▲ Laboratórios de química são locais interessantíssimos, onde podemos aprender inúmeras coisas. Neles, contudo, devemos sempre lembrar que é alta a chance de ocorrerem acidentes, principalmente se não seguirmos certos cuidados básicos.

Cuidados básicos

- Seguir rigorosamente as instruções recebidas do(a) professor(a).
- Usar sempre óculos de segurança, luvas e avental.
- Dentro do laboratório, cabelos longos devem ser mantidos presos.
- Nunca trabalhar sozinho, principalmente fora de horário.
- Ao caminhar pelo laboratório, olhe para a frente.
- Não comer nem beber dentro do laboratório. Lavar bem as mãos antes de deixar o laboratório.
- É fundamental conhecer a localização dos acessórios de segurança.
- Antes de usar reagentes (substâncias usadas para realizar experiências), consultar a bibliografia adequada e informar-se sobre como manuseá-los, como descartá-los e os perigos de sua manipulação, inalação ou ingestão.
- Não retornar reagentes aos frascos originais, mesmo que não tenham sido usados. Evitar circular com eles pelo laboratório.
- Não usar nenhum equipamento sem antes ter sido treinado e autorizado.

Importante

Os desenhos aqui mostrados são esquemáticos e não estão em proporção uns em relação aos outros.

Além disso, muitos desses objetos são comercializados em várias opções de tamanho.

Balão volumétrico: possui colo longo, com um traço de aferição situado no gargalo. É usado no preparo de soluções. Apresenta volumes, em geral, de 50 mL a 2.000 mL.

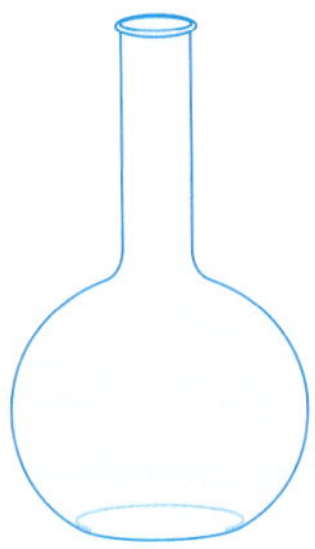

Balão de fundo chato: empregado no aquecimento de líquidos puros ou de soluções. Pode ser usado também para efetuar reações que desprendem produtos gasosos.

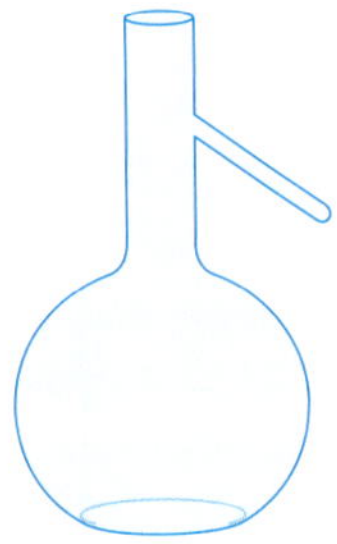

Balão de destilação: utilizado para efetuar destilações simples. O braço lateral é usado para fazer a ligação ao condensador.

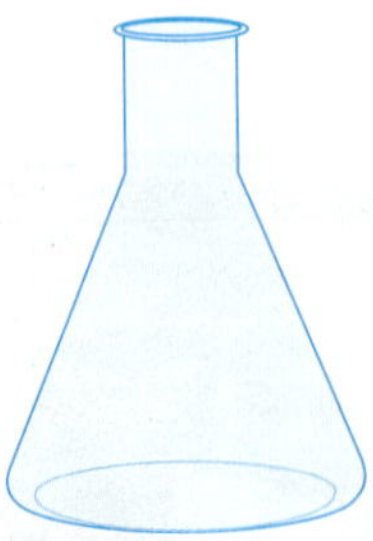

Erlenmeyer: aplicado na dissolução de substâncias, nas reações químicas, no aquecimento de líquidos e nas titulações (procedimentos estudados no capítulo 16).

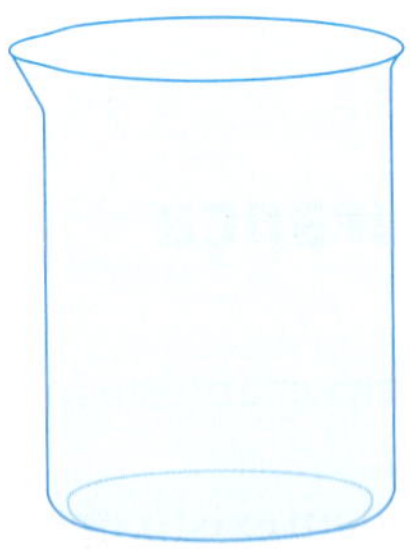

Béquer: usado em reações, dissolução de substâncias, aquecimento de líquidos etc.

Tubo de ensaio: usado para efetuar reações com pequenas quantidades de reagentes. Suporta ser aquecido diretamente numa chama.

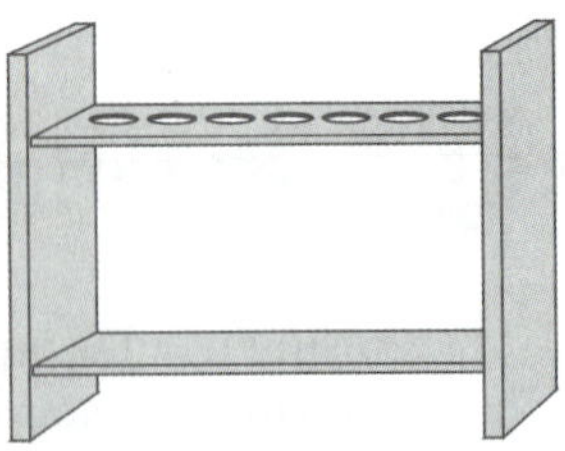

Estante para tubos de ensaio: utilizada como suporte para tubos de ensaio, já que eles não param em pé.

- Certificar-se da voltagem dos aparelhos antes de conectá-los à rede elétrica. Quando não estiverem em uso, os aparelhos devem ficar desconectados.
- Usar sempre luvas de isolamento térmico ao manipular material quente.
- Evitar armazenar reagentes em lugares altos e de difícil acesso.
- Não estocar líquidos voláteis (isto é, que evaporam facilmente, por exemplo: álcool, éter, acetona e gasolina) em locais que recebem luz e/ou calor.
- Lembrar-se de que o vidro quente pode ter a mesma aparência que o vidro frio. Não usar nenhum material que estiver com o vidro trincado; descartá-lo em recipiente apropriado.
- Antes de iniciar um experimento, verificar se todas as conexões e ligações estão seguras.
- Ao testar o odor de produtos químicos, nunca colocar o produto ou o frasco diretamente no nariz.
- Ao manipular frascos, nunca dirigir a sua abertura na própria direção ou na direção de outras pessoas.

Biblioteca do estudante
Informe-se sobre a Química:
Casos interessantes envolvendo densidade

Julgar-se entendido e esperto é o primeiro passo para um sério acidente.

Você concorda com esse pensamento?

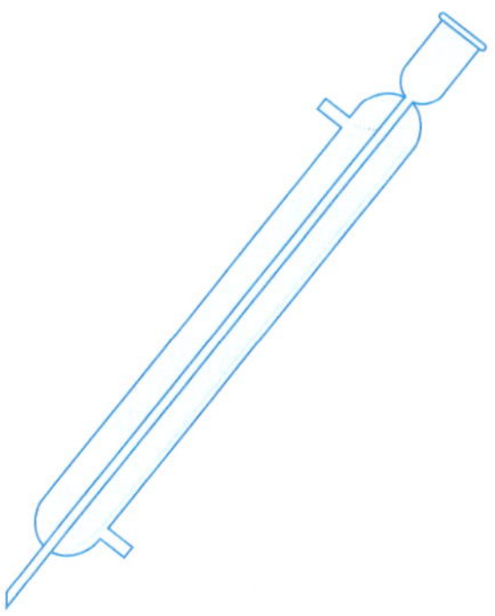

Condensador: utilizado nos processos de destilação. Sua finalidade é resfriar os vapores do líquido a ser destilado, provocando sua condensação.

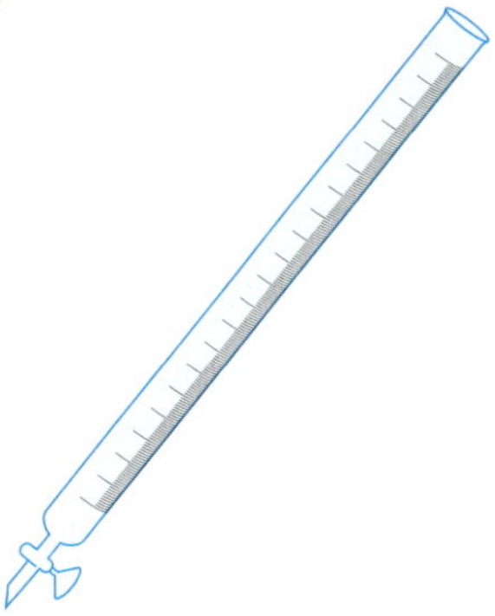

Bureta: empregada nos processos chamados titulações. É um tubo cilíndrico graduado, geralmente em cm^3, com uma torneira que controla a saída do líquido.

Proveta: empregada nas medições aproximadas de volumes de líquidos. Comumente, as provetas têm volume situado entre 5 mL e 2.000 mL.

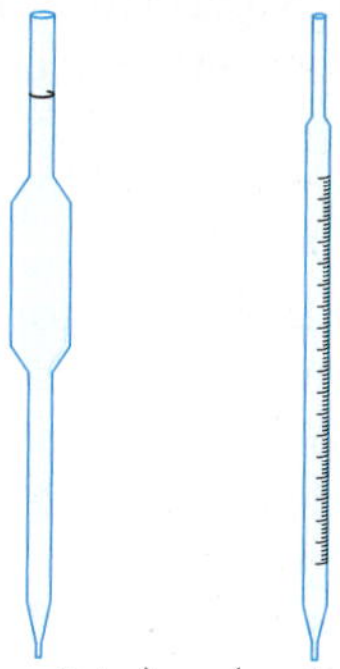

(volumétrica) (graduada)

Pipetas: utilizadas nas medições mais precisas de volumes de líquidos. São comuns as pipetas de 5 mL e de 10 mL.

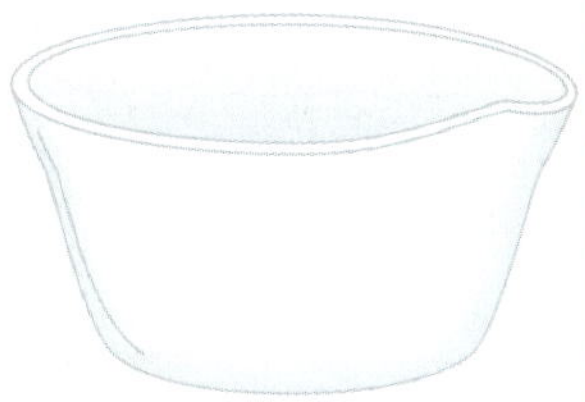

Cápsula de porcelana: empregada na evaporação de líquidos em soluções.

Almofariz e pistilo: utilizados para triturar e pulverizar sólidos. Geralmente são de porcelana ou de vidro. (O almofariz é um recipiente e o pistilo é um tipo de "pilãozinho".)

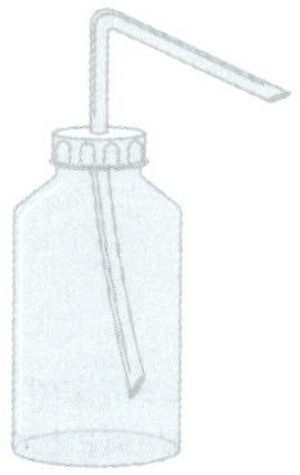

Pisseta: bisnaga plástica empregada para a lavagem de recipientes através de jatos de água ou de outros solventes.

Dessecador: usado para guardar substâncias em seu ambiente interno, que contém baixa umidade (desde que esteja presente alguma substância especialmente aí colocada para reter água).

Exercícios essenciais

A critério do(a) professor(a) esta lista de exercícios poderá ser realizada em classe ou em casa.

Exercício Resolvido

42. (Unicamp-SP) Têm-se as seguintes misturas:

I. areia e água

II. álcool (etanol) e água

III. sal de cozinha (NaCl) e água, nesse caso uma mistura homogênea

Cada uma dessas misturas foi submetida a uma filtração em funil com papel e, em seguida, o líquido resultante (filtrado) foi aquecido até sua total evaporação. Pergunta-se:

a) Qual mistura deixou um resíduo sólido no papel após a filtração? O que era esse resíduo?

b) Em qual caso apareceu um resíduo sólido após a evaporação do líquido? O que era esse resíduo?

Resolução

a) Apenas na mistura I há um sólido que pode ser retido pelo filtro. Esse resíduo é a areia.

b) No caso III, o filtrado é a própria solução de sal de cozinha em água. Dessa solução apenas a água evapora, deixando um resíduo branco de sal de cozinha.

43. Água e tetracloreto de carbono são líquidos incolores e não miscíveis (ou imiscíveis, isto é, que não se dissolvem um no outro). A densidade da água é 1,0 g/cm^3 e a do tetracloreto de carbono é 1,6 g/cm^3.

Descreva um método para, num laboratório adequadamente equipado, realizar a separação de uma mistura desses dois líquidos.

44. Explique como você faria para separar uma mistura de serragem e areia.

45. Como um ímã poderia ser útil para purificar limalha de ferro contaminada por areia? Explique.

46. (Enem-MEC) Em certas regiões litorâneas, o sal é obtido da água do mar pelo processo de cristalização por evaporação. Para o desenvolvimento dessa atividade, é mais adequado um local:

a) plano, com alta pluviosidade e pouco vento.

b) plano, com baixa pluviosidade e muito vento.

c) plano, com baixa pluviosidade e pouco vento.

d) montanhoso, com alta pluviosidade e muito vento.

e) montanhoso, com baixa pluviosidade e pouco vento.

47. (Mackenzie-SP) Para se realizar uma destilação simples, são necessárias as seguintes vidrarias:

a) bureta, pipeta e balão.

b) vidro de relógio, pipeta e dessecador.

c) condensador, balão e erlenmeyer.

d) condensador, funil e béquer.

e) funil, béquer e erlenmeyer.

48. (Fuvest-SP) O ciclo da água na natureza, relativo à formação de nuvens, seguida de precipitação da água na forma de chuva, pode ser comparado, em termos das mudanças de estado físico que ocorrem e do processo de purificação envolvido, à seguinte operação de laboratório:

a) sublimação.

b) filtração.

c) decantação.

d) dissolução.

e) destilação.

49. (Uece) Marque a sequência correta de procedimentos usados na separação dos componentes de uma mistura de azeite, água e sal de cozinha:

a) decantação e destilação simples.

b) decantação e fusão fracionada.

c) cristalização e destilação simples.

d) condensação e decantação.

50. (UFPA) Dos sistemas apresentados, o mais adequado para separar dois líquidos imiscíveis é o(a):

a) funil de Büchner.

b) centrífuga.

c) cadinho.

d) papel de filtro.

e) funil de separação.

Exercícios adicionais

Seu(sua) professor(a) indicará quais exercícios deste bloco você deve fazer.

51. (UFPE) Associe as atividades do cotidiano, abaixo, com as técnicas de laboratório apresentadas a seguir:

( ) Preparação de cafezinho de café solúvel.

( ) Preparação de chá de saquinho.

( ) Coar um suco de laranja.

1. Filtração.
2. Solubilização.
3. Extração.
4. Destilação.

A sequência correta é:

a) 2, 3 e 1

b) 4, 2 e 3

c) 3, 4 e 1

d) 1, 3 e 2

e) 2, 2 e 4

52. (UFMG) Este quadro apresenta misturas heterogêneas que foram submetidas aos processos de separação especificados.

Misturas	Componentes	Processo de separação
I	água e areia	decantação
II	sucatas de ferro e alumínio	separação magnética
III	grafita e iodo	sublimação
IV	água e óleo	filtração

Assinale a alternativa que corresponde a uma mistura cujo processo de separação especificado é inadequado.

a) I **b)** II **c)** III **d)** IV

53. (PUC-MG) Considere o quadro, que apresenta algumas substâncias com suas respectivas temperaturas de fusão (TF) e de ebulição (TE) ao nível do mar e a solubilidade em água, a 25 °C.

Substância	TF (°C)	TE (°C)	Solubilidade
Ácido sulfúrico	10,0	338,0	Solúvel
Cloro	−101,0	−34,5	Insolúvel
Naftaleno	82,0	220,0	Insolúvel
Oxigênio	−218,4	−183,0	Insolúvel

Considerando-se esses dados, é **CORRETO** afirmar que:

a) à temperatura em que o naftaleno ferve, o ácido sulfúrico se encontra na forma de vapor.

b) o estado físico da substância cloro, à temperatura ambiente, é sólido.

c) o processo mais adequado para se separar uma mistura de ácido sulfúrico com água é por decantação fracionada.

d) a mistura de cloro com oxigênio, à temperatura ambiente, forma um sistema homogêneo.

54. (Unicamp-SP) Deseja-se fazer a separação dos componentes da pólvora negra, que é constituída de nitrato de sódio, carvão e enxofre. Sabe-se que o nitrato de sódio é solúvel em água, o enxofre é solúvel em dissulfeto de carbono, enquanto o carvão é insolúvel nesses solventes. Proponha um procedimento para realizar essa separação.

55. (UFPI) Arqueologistas usam diferença de densidade para separar as misturas que obtêm por escavação. Indique a opção correta para uma amostra que contém a seguinte composição:

Composição	Densidade (g/cm^3)
Carvão	0,3 - 0,6
Ossos	1,7 - 2,0
Areia	2,2 - 2,4
Solo	2,6 - 2,8
Pedras	2,6 - 5,0

a) Se a mistura acima é adicionada a uma solução que tem densidade de 2,1 g/cm^3, o material correspondente a ossos e carvão deverá flutuar.

b) É possível separar os ossos dos demais componentes usando-se um líquido que tenha densidade no intervalo de 0,6 g/cm^3 a 1,7 g/cm^3.

c) A utilização da água não é recomendada, pois nesse solvente todos os componentes da mistura afundarão.

d) Em soluções de densidade 2,5 g/cm^3, a fração da mistura correspondente à pedra e ao solo flutuará e os demais afundarão.

e) Líquido de densidade 2,2 g/cm^3 separará os componentes pedra e solo dos demais.

Capítulo 3

Introdução ao conceito de reação química

Alguns conteúdos importantes:

- Conceito de reação química
- Reagentes e produtos
- Reações de decomposição
- Distinção entre substância simples e substância composta com base em informações sobre reações de decomposição
- Elemento químico, na concepção de Boyle
- Lei de Lavoisier
- Lei de Proust

PERRY CORRELL/SHUTTERSTOCK

▲ A combustão é um exemplo de **reação química**. Neste capítulo, você conhecerá as características que um processo deve ter para que seja classificado como reação química.

1 O conceito de reação química

Um experimento para começar

Objetivo: Provocar uma reação química e observar uma evidência de que ela ocorreu.

Você vai precisar de:

- dois copos grandes
- vinagre
- colher de sopa
- bicarbonato de sódio (adquirido, por exemplo, em farmácia)

Procedimento:

1. Faça a experiência sobre um local que possa facilmente ser limpo. Coloque uma colherada de bicarbonato de sódio em um dos copos. No outro, coloque vinagre até cerca de 2 cm de altura.
2. Observe atentamente cada um desses materiais e descreva no seu caderno o aspecto deles.
3. Despeje o vinagre no copo que contém o bicarbonato de sódio. Observe o que acontece e anote.

A experiência descrita anteriormente permitiu a você realizar e observar um dos muitos exemplos de reação química. Uma substância (denominada ácido acético) presente no vinagre reage quimicamente com o bicarbonato de sódio produzindo novas substâncias. Uma dessas substâncias produzidas é um gás (chamado gás carbônico) cujo desprendimento pode ser observado (por meio da observação das bolhas gasosas formadas) ao realizar a experiência.

- Se uma ou mais substâncias, presentes no estado inicial de um sistema, transformam-se em uma ou mais substâncias diferentes, que estarão presentes no estado final, a transformação é uma **reação química**, ou **transformação química**.
Em outras palavras, **reação química é um processo em que novas substâncias são formadas a partir de outras**.

Para saber se houve uma reação química, precisamos comparar as propriedades das substâncias presentes no sistema, nos estados inicial e final.

Imagine que o sistema escolhido para estudo seja um pedaço de ferro e que ele seja observado antes e depois de ser serrado ao meio. A substância inicialmente presente, o ferro, possui exatamente as mesmas propriedades da substância presente no final, que também é o ferro. Serrar um pedaço de ferro não é, portanto, uma transformação química, já que nenhuma nova substância foi formada.

Quando um corpo cai, uma folha de papel é rasgada, uma porção de areia é misturada à água, um giz é esmagado até virar pó e um prego é fincado na madeira, estamos diante de exemplos de transformações que **não são** reações químicas.

2 Exemplos de reação química

2.1 Combustão do etanol

Para haver a combustão do etanol (álcool comum), é necessária a presença de oxigênio (por exemplo, do ar). Ambas as substâncias transformam-se, durante a combustão, em duas novas substâncias: água e gás carbônico (também chamado dióxido de carbono; é o mesmo gás que forma as bolhas nos refrigerantes).

Em equação: etanol + oxigênio $\rightarrow$ gás carbônico + água

Nessa representação da combustão do etanol, os sinais de mais (+) podem ser lidos como "e". A seta ($\rightarrow$) pode ser lida como "reagem para formar".

Em palavras: **Etanol e oxigênio reagem para formar gás carbônico e água.**

Cuidado com o álcool!

O álcool se inflama facilmente na presença de calor, chama ou faíscas.

Em sua casa, costuma-se ter cuidado ao manusear e guardar álcool e outros produtos inflamáveis?

Os químicos identificam essas substâncias por meio de suas propriedades. São as propriedades que confirmam, de fato, que as substâncias existentes no estágio final, após a ocorrência da reação, são diferentes das presentes no estágio inicial. Veja algumas dessas propriedades:

	etanol	+	oxigênio	$\rightarrow$	gás carbônico	+	água
Ponto de ebulição	78 °C		−183 °C		−78 °C*		100 °C
Estado físico a 20 °C	líquido		gasoso		gasoso		líquido
Densidade a 20 °C	0,79 g/cm^3		0,0013 g/cm^3		0,0018 g/cm^3		1,0 g/cm^3
Cor	incolor		incolor		incolor		incolor

* Na verdade, essa é a temperatura em que essa substância sublima (passa diretamente do estado sólido para o gasoso).

2.2 Reação entre ferro e enxofre

Se pó de enxofre for adicionado a pó de ferro, obteremos uma mistura heterogênea, na qual cada um dos componentes mantém suas propriedades. Isso torna possível usar um ímã para separar o pó de ferro do pó de enxofre, como ilustra a figura Ⓐ.

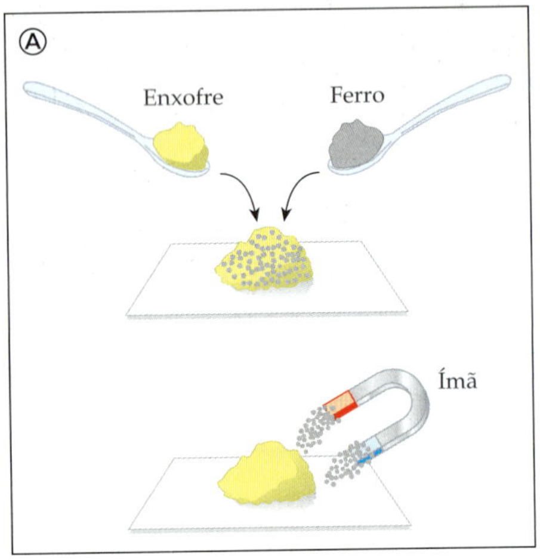

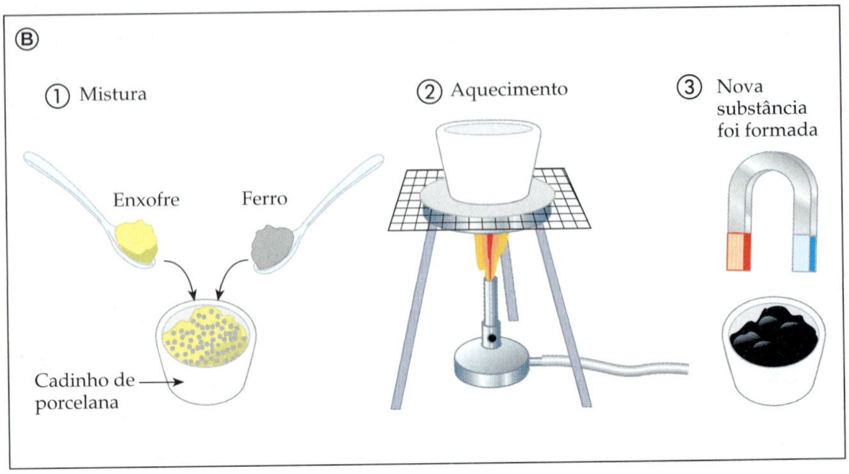

Mas, se essa mistura for aquecida num recipiente apropriado durante alguns minutos, como mostra a figura Ⓑ, ocorrerá uma reação química na qual enxofre e ferro se transformarão num sólido preto, o sulfeto ferroso. Determinando as propriedades do sólido formado, é possível identificá-lo como uma substância diferente das inicialmente presentes. Ocorreu, portanto, uma reação química.

	enxofre	+	ferro	→	sulfeto ferroso
Ponto de fusão	95 °C		1.538 °C		1.188 °C
Estado físico a 20 °C	sólido		sólido		sólido
Densidade a 20 °C	2,07 g/cm^3		7,87 g/cm^3		4,74 g/cm^3
Cor	amarelo		cinza-metálico		preto
Atraído pelo ímã?	não		sim		não

ATENÇÃO

O experimento acima NÃO deve ser realizado pelo aluno.

O contato com enxofre pode causar conjuntivite, dermatite e irritação do sistema respiratório.

2.3 Alguns exemplos cotidianos de reação química

Existem muitos exemplos de reações químicas no cotidiano. Entre eles estão a formação da ferrugem num pedaço de palha de aço, o apodrecimento dos alimentos, a produção de húmus no solo, a queima de gás num fogão e de gasolina, álcool, gás natural ou óleo *diesel* no motor de um veículo.

A ocorrência de uma reação química nem sempre é fácil de perceber. Algumas só podem ser percebidas em laboratórios suficientemente equipados para separar os componentes das misturas obtidas e determinar suas propriedades.

Há, contudo, algumas evidências que estão, de modo geral, associadas à ocorrência de reações químicas e que são, portanto, pistas que podem indicar sua ocorrência. Entre essas evidências estão:

- liberação de calor — por exemplo, nas combustões (foto Ⓐ);
- mudança de cor — por exemplo, quando um alvejante é derrubado, por descuido, numa roupa colorida (foto Ⓑ);
- mudança de odor — por exemplo, quando frutas, carnes e outros alimentos se estragam (foto Ⓒ);
- liberação de gás — por exemplo, ao jogar um comprimido efervescente em água (foto Ⓓ) ou no caso da experiência descrita na abertura deste capítulo;
- formação de um sólido ao misturar duas soluções diferentes (fotos Ⓔ, Ⓕ e Ⓖ).

JOSE ANTONIO PEREZ/SHUTTERSTOCK

▲ A reação de combustão entre os gases hidrogênio e oxigênio produz água com grande liberação de calor. Essa é uma das reações usadas na propulsão de foguetes.

SÉRGIO DOTTA JR./CID

▲ *Jeans* desbotado por alvejante.

ED PHILLIPS/SHUTTERSTOCK

▲ Morango apodrecendo sob ação de fungos.

CHASSENET/BSIP/GRUPO KEYSTONE

▲ Comprimido efervescente jogado em copo com água.

ATENÇÃO

Experimentos com sais de chumbo podem causar intoxicação.

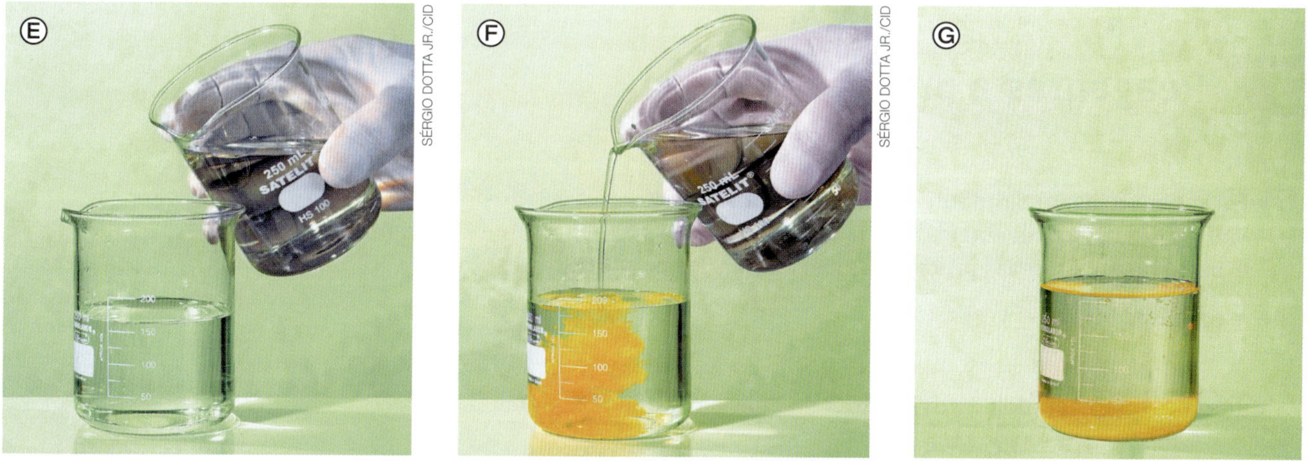

SÉRGIO DOTTA JR./CID

▲ Reação entre dois sais: iodeto de potássio e nitrato de chumbo (II), em solução aquosa e à temperatura ambiente.

Exercícios essenciais

A critério do(a) professor(a) esta lista de exercícios poderá ser realizada em classe ou em casa.

1. Quando uma folha de papel queima, diz-se que há uma reação química. Já quando uma folha de papel é rasgada, não há reação química.
Explique a razão para a diferente classificação de ambos os processos.

2. (UFSC) O(s) fenômeno(s) abaixo que envolve(m) reação(ões) química(s) é (são):

01. digestão dos alimentos.
02. enferrujamento de uma calha.
04. explosão da dinamite.
08. fusão do gelo.
16. queda da neve.
32. combustão do álcool de um automóvel.
64. sublimação da naftalina.

Responda com a soma dos números dos itens corretos.

3. (UFPE) Considere as seguintes tarefas realizadas no dia a dia de uma cozinha e indique aquelas que envolvem transformações químicas.

1) Aquecer uma panela de alumínio.
2) Acender um fósforo.
3) Ferver água.
4) Queimar açúcar para fazer caramelo.
5) Fazer gelo.

a) 1, 3 e 4 **b)** 2 e 4 **c)** 1, 3 e 5 **d)** 3 e 5 **e)** 2 e 3

Exercícios adicionais

Seu(sua) professor(a) indicará quais exercícios deste bloco você deve fazer.

4. (Enem-MEC) Produtos de limpeza indevidamente guardados ou manipulados estão entre as principais causas de acidentes domésticos. Leia o relato de uma pessoa que perdeu o olfato por ter misturado água sanitária, amoníaco e sabão em pó para limpar o banheiro:

A mistura ferveu e começou a sair uma fumaça asfixiante. Não conseguia respirar e meus olhos, nariz e garganta começaram a arder de maneira insuportável. Saí correndo à procura de uma janela aberta para poder voltar a respirar.

O trecho destacado poderia ser reescrito, em linguagem científica, da seguinte forma:

a) As substâncias químicas presentes nos produtos de limpeza evaporaram.

b) Com a mistura química, houve produção de uma solução aquosa asfixiante.

c) As substâncias sofreram transformações pelo contato com o oxigênio do ar.

d) Com a mistura, houve transformação química que produziu rapidamente gases tóxicos.

e) Com a mistura, houve transformação química, evidenciada pela dissolução de um sólido.

5. (Enem-MEC) Entre os procedimentos recomendados para reduzir acidentes com produtos de limpeza, aquele que **deixou de ser cumprido, na situação discutida na questão anterior**, foi:

a) Não armazene produtos em embalagens de natureza e finalidade diferentes das originais.

b) Leia atentamente os rótulos e evite fazer misturas cujos resultados sejam desconhecidos.

c) Não armazene produtos de limpeza e substâncias químicas em locais próximos a alimentos.

d) Verifique, nos rótulos das embalagens originais, todas as instruções para os primeiros socorros.

e) Mantenha os produtos de limpeza em locais absolutamente seguros, fora do alcance de crianças.

3 Reagentes e produtos

As substâncias inicialmente presentes num sistema e que se transformam em outras devido à ocorrência de uma reação química são denominadas **reagentes**. E as novas substâncias produzidas são chamadas **produtos**.

Assim, por exemplo:

Em equação: $\underbrace{\text{etanol} + \text{oxigênio}}_{\textbf{Reagentes}} \rightarrow \underbrace{\text{gás carbônico} + \text{água}}_{\textbf{Produtos}}$

Em palavras: **Os reagentes etanol e oxigênio reagem para formar os produtos gás carbônico e água.**

Em equação: $\underbrace{\text{enxofre} + \text{ferro}}_{\textbf{Reagentes}} \rightarrow \underbrace{\text{sulfeto ferroso}}_{\textbf{Produto}}$

Em palavras: **Os reagentes enxofre e ferro reagem para formar o produto sulfeto ferroso.**

Lembre-se

Reagentes: são gastos, consumidos ou eliminados.

Produtos: são formados, criados ou produzidos.

4 Reações de decomposição

Um tipo bastante importante de reação química são as **reações de decomposição**, reações químicas nas quais uma **única** substância reagente origina como produtos **duas ou mais** substâncias.

4.1 A decomposição do peróxido de hidrogênio

A água oxigenada é uma solução aquosa da substância incolor peróxido de hidrogênio. Sob determinadas condições, essa substância sofre decomposição:

peróxido de hidrogênio $\rightarrow$ água + gás oxigênio

A decomposição do peróxido de hidrogênio é "incentivada" por uma substância presente nas células vivas. Há pessoas que empregam a água oxigenada para desinfetar pequenos cortes e esfoladuras. Ao colocá-la no ferimento, a "espuminha" formada deve-se a muitas pequenas bolhas de oxigênio produzido na reação. O oxigênio mata certos microrganismos causadores de doenças e, assim, desinfeta o machucado.

A luz também "incentiva" a decomposição do peróxido de hidrogênio. Quando uma substância se decompõe sob ação da luz, diz-se que ela sofre **fotólise**, palavra que vem do grego *foto*, luz, e *lise*, quebra, decomposição.

Em equação: peróxido de hidrogênio $\xrightarrow{\text{luz}}$ água + gás oxigênio

Em palavras: **O peróxido de hidrogênio sofre fotólise (decompõe-se sob ação da luz), formando água e gás oxigênio.**

EDUARDO SANTALIESTRA/CID

▲ Ao despejar água oxigenada sobre um pedaço de fígado bovino cru (cortado na hora), ocorre a mesma reação que quando ela é colocada sobre um ferimento recente.

4.2 A decomposição do carbonato de cálcio

O calcário é uma rocha constituída principalmente pela substância carbonato de cálcio. Quando essa substância é aquecida a cerca de 800 °C, transforma-se em óxido de cálcio (um sólido branco) e gás carbônico (incolor).

É um exemplo de **pirólise**, ou seja, decomposição pelo calor (do grego *piro*, fogo).

Em equação: carbonato de cálcio $\xrightarrow{\text{calor}}$ óxido de cálcio + gás carbônico

Em palavras: **O carbonato de cálcio sofre pirólise (decompõe-se sob ação do calor), formando óxido de cálcio e gás carbônico.**

▼ A grande muralha da China foi construída com blocos de pedra unidos por uma massa feita com areia, água e cal virgem (óxido de cálcio).

EVGENI STEFANOV/SHUTTERSTOCK

4.3 A decomposição da água

Observe a figura Ⓐ. Os dois tubos de ensaio foram enchidos com água e acabaram de ser mergulhados com a boca para baixo no recipiente com água.

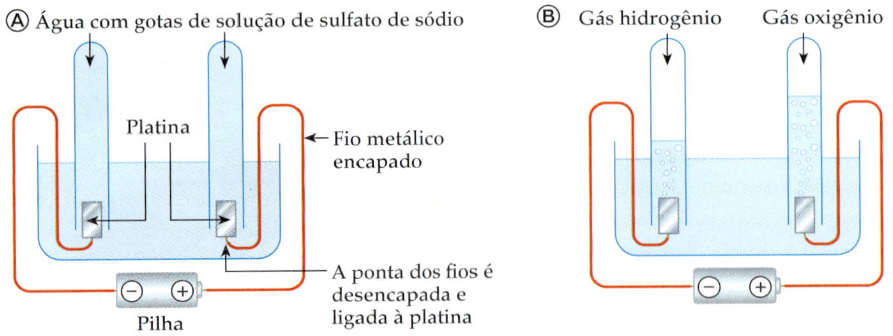

ATENÇÃO

A eventual realização desse experimento só deve ocorrer com autorização e supervisão do(a) professor(a).

Óculos de segurança, luvas e aventais protetores são obrigatórios.
O gás hidrogênio, produzido no experimento, é altamente explosivo. Por isso, não deve haver nenhuma chama ou dispositivo que produza faíscas elétricas nas proximidades.

Algumas gotas de solução de sulfato de sódio são adicionadas à água. Sabe-se que essa substância não participa da reação química que vai acontecer, mas que é necessária para fazer com que a água se torne boa condutora de eletricidade.

Assim que os fios são ligados aos polos da pilha, completando a montagem do experimento que está esquematizada em Ⓐ, observa-se o desprendimento de bolhas gasosas incolores de ambas as placas de platina (metal). Os gases produzidos acumulam-se dentro dos tubos. Após algum tempo, o sistema está como mostrado na figura Ⓑ acima.

A decomposição provocada pela corrente elétrica é denominada **eletrólise**.

Em equação: água $\xrightarrow{\text{corrente elétrica}}$ hidrogênio + oxigênio

Em palavras: **A água sofre eletrólise (decompõe-se sob ação da corrente elétrica), formando gás hidrogênio e gás oxigênio.**

BETTMANN/CORBIS/LATINSTOCK

O hidrogênio é o gás menos denso. Foi usado em balões dirigíveis tripulados, mas, por oferecer risco de incêndio e explosão, não é mais usado para esse fim. Na foto, explosão do dirigível Hindenburg, em Nova Jérsei (EUA), em 6 de maio de 1937, acidente em que morreram 35 pessoas.

5 Substâncias simples × substâncias compostas

O estudo das reações de decomposição foi importantíssimo na história da Química e graças a ele as substâncias puras puderam ser classificadas em dois grupos:

- Substâncias puras que **não podem** ser decompostas, ou seja, que não sofrem reação de decomposição. São denominadas **substâncias simples**. Exemplos: o hidrogênio, o oxigênio e o nitrogênio.
- Substâncias puras que **podem** ser decompostas (fotólise, pirólise, eletrólise etc.), fornecendo assim novas substâncias de composição menos complexa. São as **substâncias compostas**, ou **compostos químicos**, entre as quais estão a água, o carbonato de cálcio e o peróxido de hidrogênio.

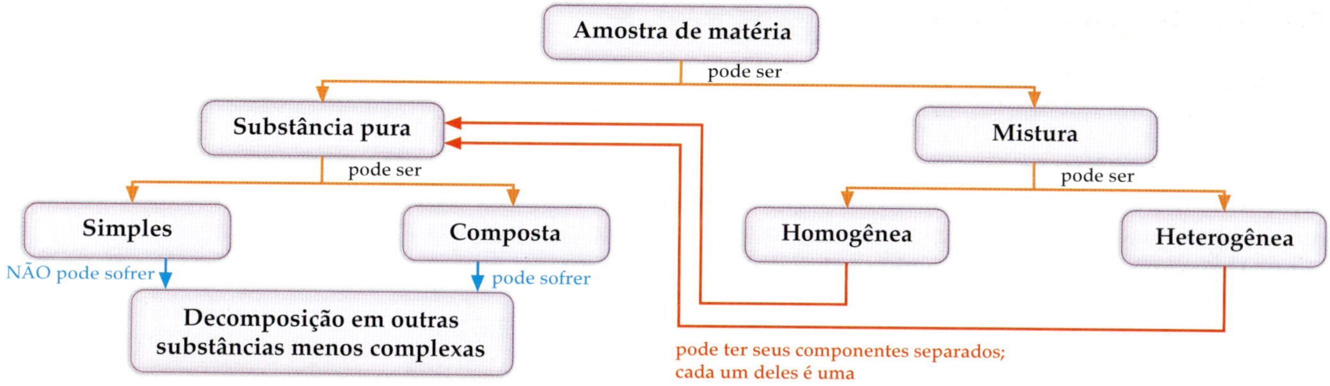

Exercícios essenciais

A critério do(a) professor(a) esta lista de exercícios poderá ser realizada em classe ou em casa.

6. A obtenção do metal ferro a partir do minério de ferro chamado hematita é realizada nas indústrias siderúrgicas. Uma reação química que ocorre em fornos apropriados, nessas indústrias, pode ser assim equacionada:

hematita + monóxido de carbono → ferro + dióxido de carbono

Sobre esse processo e sua representação, responda:

a) Qual o significado dos sinais de mais (+)?

b) Que significa a seta (→)?

c) Que substâncias são consumidas (gastas) no processo?

d) Que substâncias são formadas (produzidas)?

e) Quais são os reagentes e quais são os produtos do processo representado?

7. Interprete a seguinte representação usando o que aprendeu neste capítulo:

carvão + oxigênio → gás carbônico

8. A substância cloreto de amônio, um sólido branco, é empregada desde a Antiguidade como adubo para vegetais. Os egípcios, por exemplo, obtinham-na a partir do esterco de camelo. Muitos dos fertilizantes atualmente produzidos em indústrias químicas contêm essa substância em sua composição. Sabe-se que:

- O *cloreto de amônio* sofre decomposição produzindo os gases *amônia* e *cloreto de hidrogênio*.
- Por decomposição, a amônia origina os gases *nitrogênio* e *hidrogênio*, e o cloreto de hidrogênio origina os gases *cloro* e *hidrogênio*.
- Os gases nitrogênio, hidrogênio e cloro não sofrem decomposição.

a) Quantas substâncias químicas **diferentes** são mencionadas nas três afirmações acima?

b) Quais delas são substâncias simples e quais são compostas? Deixe claro o critério que você empregou para responder.

Exercícios adicionais

Seu(sua) professor(a) indicará quais exercícios deste bloco você deve fazer.

9. (PUC-MG) Considere os experimentos equacionados:

I) água $\xrightarrow{\text{corrente elétrica}}$ gás hidrogênio + gás oxigênio;

II) gelo $\xrightarrow{\text{calor}}$ água líquida;

III) papel $\xrightarrow{\text{fogo}}$ gás carbônico + água;

IV) iodo (sólido) $\xrightarrow{\text{calor}}$ iodo (gasoso);

V) vinho ⟶ vinagre;

VI) barra de ferro ⟶ ferrugem.

Assinale os experimentos que representam fenômenos químicos

a) I, II, III e IV

b) I, III, V e VI

c) II, III, V e VI

d) I, IV, V e VI

10. (FEI-SP) São propriedades **exclusivamente** químicas:

I) Gás hidrogênio sofre combustão;

II) Fertilizantes alteram a composição química do solo e aumentam a produção agrícola;

III) Chumbo é mais denso que o alumínio;

IV) A água entra em ebulição abaixo de 100 °C no topo de uma montanha.

São corretas somente as afirmativas:

a) I e III

b) I e IV

c) I e II

d) II e IV

e) II e III

6 O conceito de elemento químico, segundo Boyle

No século XVII, o cientista irlandês Robert Boyle (1627-1691) apresentou argumentos favoráveis a conceituar **elemento químico**, ou simplesmente **elemento**, como qualquer substância pura que não sofra decomposição (substância simples). Assim, hidrogênio e oxigênio são exemplos de elementos. Já a água e o peróxido de hidrogênio não são exemplos de elementos.

Essa concepção de elemento químico elaborada por Boyle foi muito importante para o grande impulso que a Química teve, principalmente a partir do século XVIII com o cientista francês Lavoisier. Atualmente, no entanto, a definição de elemento químico é um pouco diferente dessa. Por enquanto, por razões pedagógicas, nos contentaremos com essa definição. Oportunamente, vamos retomá-la e aperfeiçoá-la para chegar à definição moderna de elemento químico.

7 A Lei da Conservação da Massa, de Lavoisier

Alguns cientistas que viveram nos séculos XVII e XVIII deram importantes contribuições para o estabelecimento da Química. Entre esses cientistas, um dos mais importantes foi o francês Antoine Laurent Lavoisier (1743-1794). Entre suas contribuições, a mais conhecida e relevante é a Lei da Conservação da Massa, enunciada por ele após realizar inúmeras reações químicas dentro de recipientes fechados.

Usando uma balança, Lavoisier determinou a massa do recipiente antes e depois de a reação química acontecer. Comparando as medidas, ele pôde enunciar que:

- A massa final de um recipiente fechado, após ocorrer dentro dele uma reação química, é sempre igual à massa inicial.

Essa importante generalização é a **Lei da Conservação da Massa**, ou **Lei de Lavoisier**, que também pode ser enunciada de outra maneira:

- Quando uma reação química é realizada num recipiente fechado, a massa dos produtos é igual à massa dos reagentes.

Vejamos um exemplo:

água	→	hidrogênio	+	oxigênio
18 g		2 g		16 g
Reagente		**Produtos**		

Note que a massa do reagente (18 g) é igual à massa total dos produtos (2 g + 16 g = 18 g).

Mas por que Lavoisier escolheu recipientes fechados?

Entre os reagentes e/ou entre os produtos de uma reação química podem existir substâncias gasosas, como o oxigênio, o hidrogênio e o gás carbônico. Se, por exemplo, uma substância gasosa for produzida numa reação, ela sairá

DIEGO CERVO/SHUTTERSTOCK

▲ Comprimido efervescente reagindo com água, em copo aberto: exemplo de reação química em recipiente aberto e que, portanto, permite a saída do gás produzido. Devido a essa saída de gás, a massa final do sistema é menor que a massa inicial.

espontaneamente do recipiente e sua massa não será medida pela balança como parte da massa final do sistema. Ao escolher recipientes fechados, Lavoisier eliminou dúvidas sobre a possível entrada ou saída de gases do sistema.

Há quem considere a Lei de Lavoisier o marco inicial da Química. Essa lei, inclusive, incorporou-se aos "saberes populares", sendo frequentemente enunciada como: *na natureza nada se cria, nada se perde, tudo se transforma*.

8 A Lei das Proporções Constantes, de Proust

O estudo das reações de decomposição foi importante para que o francês Joseph-Louis Proust (1754-1826) descobrisse que as substâncias compostas têm uma composição fixa.

Veja os seguintes dados experimentais, referentes à decomposição de amostras de diferentes massas de água:

Decomposição de:	água	→	hidrogênio	+	oxigênio
9 g de água	9 g		1 g		8 g
18 g de água	18 g		2 g		16 g
27 g de água	27 g		3 g		24 g
100 g de água	100 g		11,11 g		88,89 g

Vamos dividir a massa de hidrogênio pela massa de oxigênio de cada uma dessas experiências. Fazendo isso, chegamos a uma mesma fração.

$$\frac{\text{massa de hidrogênio}}{\text{massa de oxigênio}} = \frac{1\text{ g}}{8\text{ g}} = \frac{2\text{ g}}{16\text{ g}} = \frac{3\text{ g}}{24\text{ g}} = \frac{11{,}11\text{ g}}{88{,}89\text{ g}}$$

A proporção entre os elementos que compõem a água permanece constante: a massa de oxigênio sempre é 8 vezes maior que a massa de hidrogênio. Em outras palavras, a composição da água, em massa, é sempre de 1 parte de hidrogênio para 8 partes de oxigênio.

Vejamos outro exemplo, o do gás carbônico:

Decomposição de:	gás carbônico	→	carbono	+	oxigênio
11 g de gás carbônico	11 g		3 g		8 g
22 g de gás carbônico	22 g		6 g		16 g
44 g de gás carbônico	44 g		12 g		32 g
100 g de gás carbônico	100 g		27,27 g		72,73 g

Dividindo a massa de carbono pela de oxigênio:

$$\frac{\text{massa de carbono}}{\text{massa de oxigênio}} = \frac{3\text{ g}}{8\text{ g}} = \frac{6\text{ g}}{16\text{ g}} = \frac{12\text{ g}}{32\text{ g}} = \frac{27{,}27\text{ g}}{72{,}73\text{ g}}$$

Assim, podemos afirmar que a composição do gás carbônico, em massa, é sempre de 3 partes de carbono para 8 partes de oxigênio.

Por meio de muitos estudos similares a esses, Proust concluiu que:

- Uma certa substância composta, seja obtida de fontes naturais ou produzida em laboratório, sempre é formada pelos mesmos elementos químicos numa mesma proporção em massa.

Essa generalização ficou conhecida como **Lei das Proporções Constantes**, ou **Lei de Proust**. É importante que você perceba neste momento uma distinção fundamental entre substância pura e mistura. Uma substância pura, como enuncia a Lei das Proporções Constantes, possui sempre a mesma composição. Já as misturas não têm composição constante. **Para as misturas não vale a Lei de Proust.**

Biblioteca do estudante
Informe-se sobre a Química:
Antoine Laurent Lavoisier

Revisão

Exercícios essenciais

A critério do(a) professor(a) esta lista de exercícios poderá ser realizada em classe ou em casa.

11. Quando uma solução aquosa da substância nitrato de prata (incolor) é adicionada a uma solução aquosa de cloreto de sódio (incolor), ocorre uma reação química em que se forma a substância cloreto de prata, que é branca e insolúvel em água.

A foto ao lado mostra a formação do cloreto de prata.

SÉRGIO DOTTA JR./CID

Num laboratório escolar, foi montado o sistema ilustrado abaixo. Inicialmente, sua massa foi determinada com auxílio de uma balança. A seguir, sem tirar a tampa, a garrafa foi virada de cabeça para baixo, permitindo o contato das soluções e a formação do cloreto de prata. Finalmente, a massa do sistema foi novamente determinada.

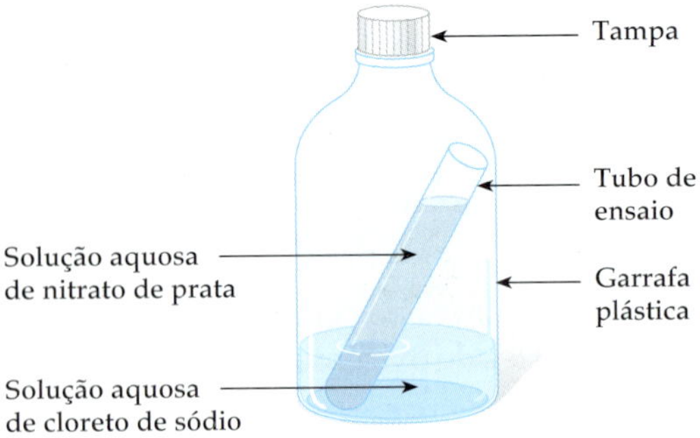

Sobre essa experiência, responda às perguntas:

a) O sistema usado é aberto ou fechado? Justifique.

b) O que se pode prever sobre a massa final do sistema, se comparada à massa inicial?

c) Qual é a lei científica que permite a você fazer a previsão pedida no item anterior? Quem a enunciou? Qual seu enunciado?

12. O óxido nítrico foi estudado em laboratório. Na decomposição de diferentes quantidades dessa substância os resultados foram:

Decomposição de:	óxido nítrico	→	nitrogênio	+	oxigênio
15 g de óxido	15 g		7 g		8 g
30 g de óxido	30 g		14 g		16 g
60 g de óxido	60 g		28 g		32 g
90 g de óxido	90 g		42 g		48 g

Mostre, em seu caderno, que esses resultados estão de acordo com a Lei de Lavoisier e com a Lei de Proust.

13. Os seguintes dados se referem à decomposição da amônia:

Decomposição de:	amônia	→	nitrogênio	+	hidrogênio
17 g de amônia	17 g		?		3 g
34 g de amônia	34 g		28 g		?
51 g de amônia	51 g		?		9 g

a) Use a Lei de Lavoisier para prever os valores que faltam.

b) Mostre que os valores obtidos obedecem à Lei de Proust.

Exercícios adicionais

Seu (sua) professor(a) indicará quais exercícios deste bloco você deve fazer.

(Unifor – CE) **Para responder às questões de números 14 e 15, considere o enunciado:**

"Experimentalmente, verifica-se que na reação completa de 52 g de crômio com 24 g de oxigênio resulta óxido de crômio III. Numa segunda experiência, 26 g de crômio são totalmente transformados no óxido."

14. (Unifor-CE) Quantos gramas do produto são obtidos na segunda experiência?

a) 34 **b)** 38 **c)** 50 **d)** 52 **e)** 56

15. (Unifor-CE) Para o cálculo da massa do produto aplicaram-se as leis ponderais de:

a) Lavoisier e Proust.
b) Lavoisier e Dalton.
c) Dalton e Proust.
d) Proust e Richter.
e) Dalton e Richter.

16. (Vunesp) Quando um objeto de ferro enferruja ao ar, sua massa aumenta. Quando um palito de fósforo é aceso, sua massa diminui. Essas observações violam a lei da conservação das massas? Justifique sua resposta.

17. (UFMG) Considere as seguintes reações químicas, que ocorrem em recipientes abertos, colocados sobre uma balança:

I. Reação de bicarbonato de sódio com vinagre, em um copo.

II. Queima de álcool em vidro de relógio.

III. Enferrujamento de um prego de ferro colocado sobre um vidro de relógio.

IV. Dissolução de um comprimido efervescente em um copo com água.

Em todos os exemplos, durante a reação química, a balança indicará uma diminuição da massa contida no recipiente, exceto em:

a) III **b)** IV **c)** I **d)** II

Capítulo 4

Do macroscópico ao microscópico: átomos e moléculas

PETRENKO ANDRIY/SHUTTERSTOCK

Alguns conteúdos importantes:

- ✔ Teoria Atômica de Dalton
- ✔ Conceito de elemento químico dentro da Teoria Atômica de Dalton
- ✔ Noção do conceito de molécula
- ✔ Símbolos × fórmulas
- ✔ Distinção entre substância simples e substância composta com base no conceito de elemento químico de Dalton
- ✔ Equação química
- ✔ Balanceamento de uma equação química
- ✔ Os níveis de trabalho da Química, o macroscópico e o microscópico, e o uso de representações

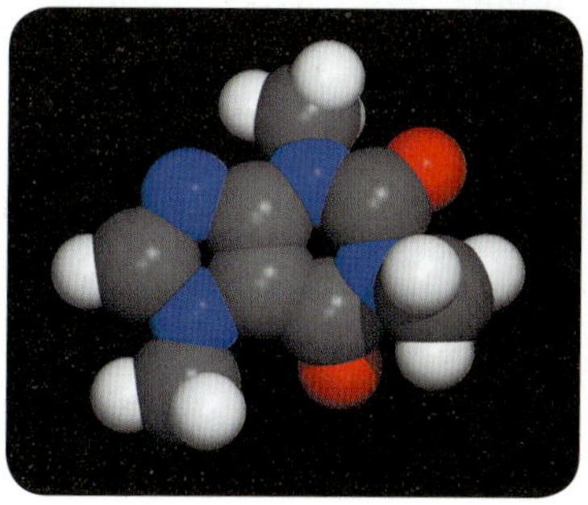

FRIEDERICH SAURER/SCIENCE PHOTO LIBRARY/LATINSTOCK

▲ Neste capítulo, começamos o estudo de um "mundo" muito além da nossa capacidade de enxergar: o "mundo" microscópico dos átomos e das moléculas. As moléculas da substância cafeína ($C_8H_{10}N_4O_2$), presente no café, podem ser representadas por um modelo molecular como o mostrado, em que cada esfera representa um átomo, em cores fantasiosas: cinza para o elemento carbono, branca para o hidrogênio, azul para o nitrogênio e vermelha para o oxigênio.

1 A Teoria Atômica de Dalton

Entre 1803 e 1808, o cientista inglês John Dalton (1766-1844) propôs uma teoria para explicar as leis enunciadas por Lavoisier e Proust. Essa teoria ficou conhecida como **Teoria Atômica de Dalton**. A palavra **átomo** vem do grego e significa "indivisível".

Guia de estudo

Alguns pontos importantes da Teoria de Dalton, em linguagem moderna, são:

- Todas as substâncias são formadas por átomos.
- Os átomos de um mesmo elemento químico são iguais em todas as suas características (por exemplo, tamanho e massa).
- Os átomos dos diferentes elementos químicos são diferentes entre si.
- As substâncias simples são formadas por átomos de um mesmo elemento químico.
- As substâncias compostas (também chamadas **compostos químicos**, ou simplesmente **compostos**) são formadas por átomos de dois ou mais elementos químicos diferentes, que se combinam sempre numa mesma proporção.
- Átomos não são criados nem destruídos; são esferas rígidas indivisíveis.
- Nas reações químicas os átomos se recombinam.

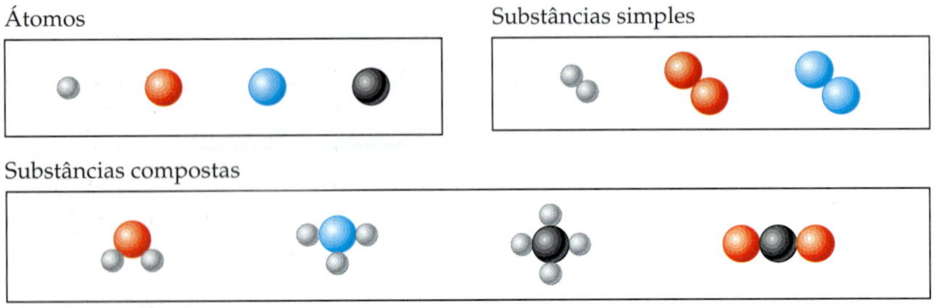

Representação de átomos, substâncias simples e substâncias compostas na Teoria de Dalton. (Os átomos estão representados por esferas em cores fantasiosas e ampliados alguns milhões de vezes.)

1.1 Símbolos representam elementos

Os **símbolos** usados para representar os elementos químicos são formados por uma ou duas letras. A primeira é sempre maiúscula e a segunda, caso exista, é sempre minúscula (veja exemplos na tabela 1).

O símbolo de um elemento vem de uma ou duas letras tiradas de seu nome em latim ou grego. Por causa disso, nem todos os símbolos têm relação lógica com o nome do elemento em português.

São conhecidos atualmente mais de 100 elementos químicos. Cada um deles tem um **nome** e um **símbolo** diferente.

TABELA 1 Símbolo de alguns elementos químicos

Elemento	Símbolo	Elemento	Símbolo	Elemento	Símbolo
Alumínio	Al	Flúor	F	Nitrogênio	N
Bromo	Br	Fósforo	P	Ouro	Au
Cálcio	Ca	Hidrogênio	H	Oxigênio	O
Carbono	C	Iodo	I	Platina	Pt
Chumbo	Pb	Magnésio	Mg	Potássio	K
Cloro	Cl	Manganês	Mn	Prata	Ag
Enxofre	S	Mercúrio	Hg	Sódio	Na
Ferro	Fe	Níquel	Ni	Zinco	Zn

1.2 Fórmulas representam substâncias

Certamente você já ouviu falar que a fórmula da água é H_2O. Outros exemplos de fórmulas usadas pelos químicos são CO_2 (gás carbônico), N_2 (gás nitrogênio), O_2 (gás oxigênio), O_3 (gás ozônio), C_2H_6O (etanol), $C_6H_{12}O_6$ (glicose), NH_3 (amônia) e CH_4 (gás metano).

Todas as substâncias são formadas por átomos. As **substâncias simples** são formadas por átomos de um único elemento e as **substâncias compostas**, por átomos de dois ou mais elementos diferentes.

As **moléculas** são as menores unidades que apresentam a composição característica de uma substância. Elas são formadas pela união de dois ou mais átomos*.

- Para representar as moléculas de uma substância, seja ela simples, seja composta, os químicos utilizam **fórmulas**.

- Na fórmula de uma substância são colocados os símbolos dos elementos que tomam parte de sua composição e números, os **índices de atomicidade**, que indicam a proporção em que os átomos do elemento estão presentes na substância. Se o índice de atomicidade não for escrito, é porque seu valor é 1.

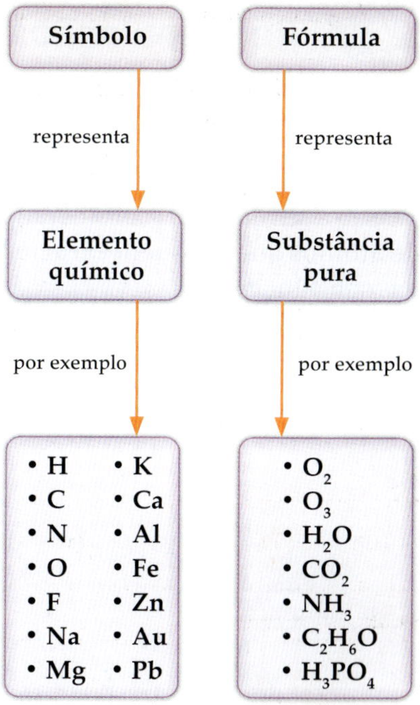

Assim, por exemplo:

- A fórmula O_2 representa a substância cujas moléculas são formadas por dois átomos do elemento químico oxigênio.
- A fórmula H_2O representa a substância cujas moléculas são formadas por dois átomos do elemento químico hidrogênio e um átomo do elemento químico oxigênio.

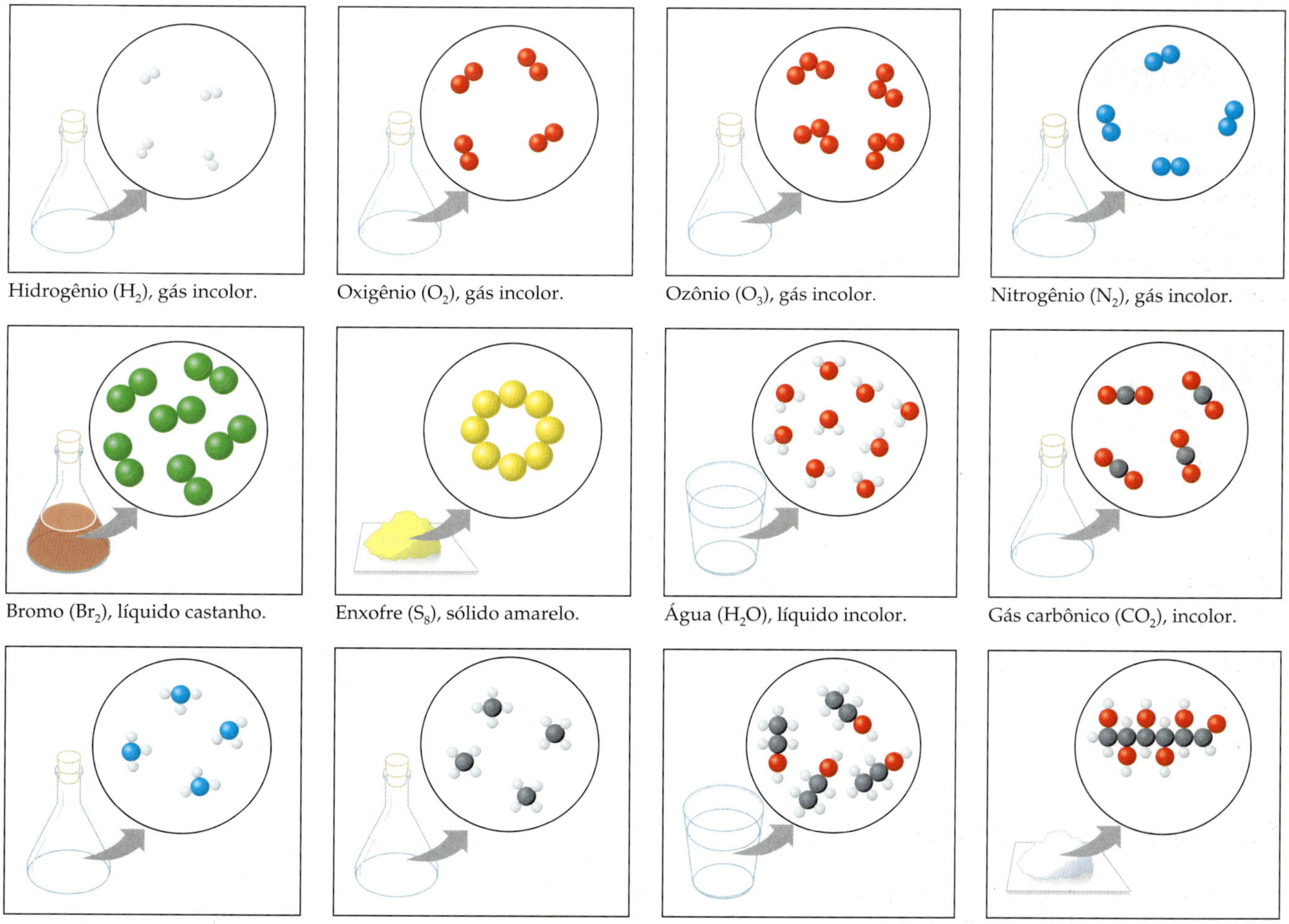

Hidrogênio (H_2), gás incolor.

Oxigênio (O_2), gás incolor.

Ozônio (O_3), gás incolor.

Nitrogênio (N_2), gás incolor.

Bromo (Br_2), líquido castanho.

Enxofre (S_8), sólido amarelo.

Água (H_2O), líquido incolor.

Gás carbônico (CO_2), incolor.

Amônia (NH_3), gás incolor.

Metano (CH_4), gás incolor.

Etanol (C_2H_6O), líquido incolor.

Glicose ($C_6H_{12}O_6$), sólido branco.

▲ Esquema mostrando modelos para as moléculas de algumas substâncias.
Legenda para os átomos:

Hidrogênio · Oxigênio · Nitrogênio · Carbono · Bromo · Enxofre

* Existem substâncias que não são formadas por moléculas. São as substâncias iônicas e as substâncias metálicas, cujo estudo deixaremos para capítulos subsequentes.

2 Reformulação do conceito de elemento. Distinção entre elemento e substância simples

A partir da Teoria de Dalton surgiu um novo significado para **elemento químico**, que passou a ser não mais considerado sinônimo de substância simples, mas sim um **conjunto de átomos que possuem características semelhantes** e que tomam parte da constituição das substâncias.

As substâncias simples são formadas por átomos de apenas um elemento e as substâncias compostas, por átomos de dois ou mais elementos, conforme mostra o esquema abaixo.

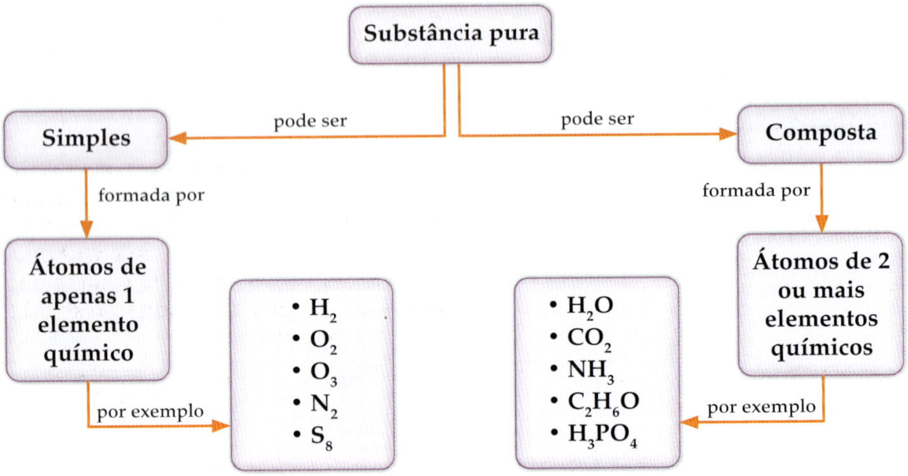

A tabela periódica deve ser consultada!

No verso da capa deste livro há uma **tabela periódica dos elementos**. Ela é um instrumento de **consulta**.

Pesquise nela os nomes e os símbolos sempre que julgar necessário. Aos poucos, você acabará memorizando os que mais utilizar.

Exercícios essenciais

A critério do(a) professor(a) esta lista de exercícios poderá ser realizada em classe ou em casa.

1. A linguagem científica tem por objetivo facilitar a comunicação entre indivíduos que fazem pesquisas científicas e também entre os que estão estudando determinada Ciência. Os **símbolos** e as **fórmulas** fazem parte da linguagem científica da Química e se destinam a diferentes finalidades. Qual é a finalidade de cada um?

2. O açúcar de cana, cientificamente denominado sacarose, é uma substância formada por moléculas e representada por $C_{12}H_{22}O_{11}$. Explique o significado da representação $C_{12}H_{22}O_{11}$, relacionando-a à molécula de sacarose.

3. O vinagre é uma mistura de vários componentes, mas para esta questão vamos considerá-lo como sendo formado **apenas** por água (H_2O) e ácido acético ($C_2H_4O_2$), sendo essa segunda substância completamente solúvel em água.

a) O vinagre é uma mistura ou uma substância pura?

b) É correto dizer que o vinagre é uma solução? Por quê?

c) Quantos elementos químicos há no vinagre?

4. A vitamina C é representada por $C_6H_8O_6$.

a) Essa representação — $C_6H_8O_6$ — é um símbolo ou uma fórmula química?

b) Quantos elementos fazem parte dessa substância?

5. A hemoglobina é uma substância presente no sangue, responsável pelo transporte de oxigênio para as diversas partes do corpo humano. Ela pode ser representada pela fórmula $C_{2952}H_{4664}O_{812}S_8Fe_4$.

a) Quantos elementos químicos compõem essa substância?

b) Qual o nome de cada um?

6. O ácido sulfúrico é a substância química produzida e comercializada em maior quantidade pela indústria química mundial. Essa substância é formada por moléculas nas quais há dois átomos de hidrogênio, um átomo de enxofre e quatro de oxigênio.

Represente o ácido sulfúrico por meio de uma fórmula.

7. Um dos importantes assuntos deste capítulo é a interpretação de modelos que representam as substâncias em nível molecular (chamados **modelos moleculares**).

As perguntas dos itens a seguir se referem à interpretação dos seguintes desenhos, nos quais esferas de uma mesma cor representam átomos de um mesmo elemento químico e esferas de cores diferentes representam átomos de elementos distintos.

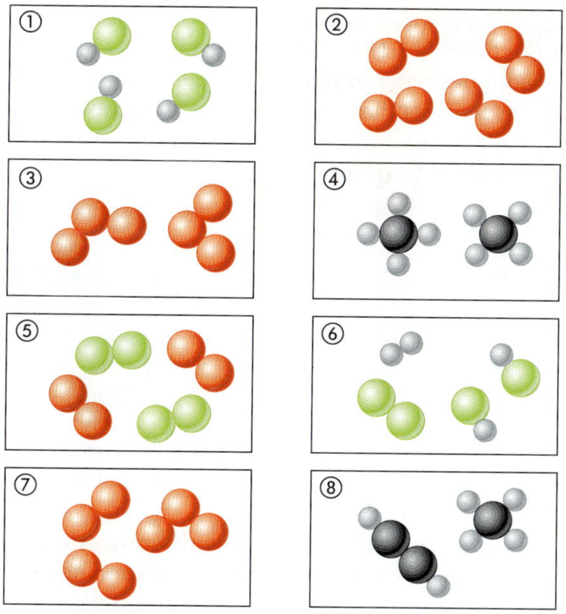

Responda, justificando, qual(is) dos modelos representa(m):

a) substância pura simples?

b) substância pura composta?

c) mistura de substâncias?

8. Para os modelos do exercício anterior, considere a legenda:

Átomo de hidrogênio — Átomo de oxigênio

Átomo de flúor — Átomo de carbono

a) Procure no texto deste capítulo o símbolo de cada um desses elementos químicos e escreva-o em seu caderno.

b) Escreva a fórmula da(s) substância(s) representada(s) em cada um dos desenhos de ① até ⑧ do exercício 7.

9. Nitrogênio e oxigênio são dois elementos que se combinam para formar diversas substâncias químicas diferentes. Cada um dos modelos a seguir ilustra uma diferente substância formada por eles. Considerando que as esferas azuis representam o nitrogênio e as vermelhas o oxigênio, escreva a fórmula que representa cada uma dessas substâncias. (Nas fórmulas, escreva o símbolo do nitrogênio antes do oxigênio. Esse é um "costume" dos químicos.)

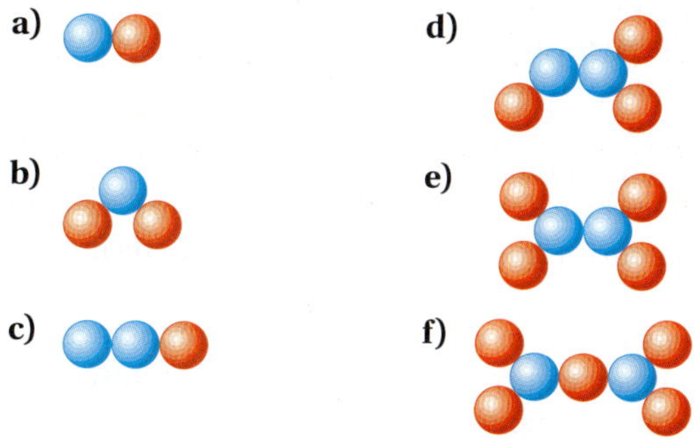

10. Carbono e hidrogênio também são dois elementos que se combinam para formar diversas substâncias químicas diferentes. Nos modelos moleculares a seguir, as esferas pretas representam o carbono e as cinza, o hidrogênio. Escreva a fórmula que representa cada uma dessas substâncias. (Escreva o símbolo do carbono antes do hidrogênio.)

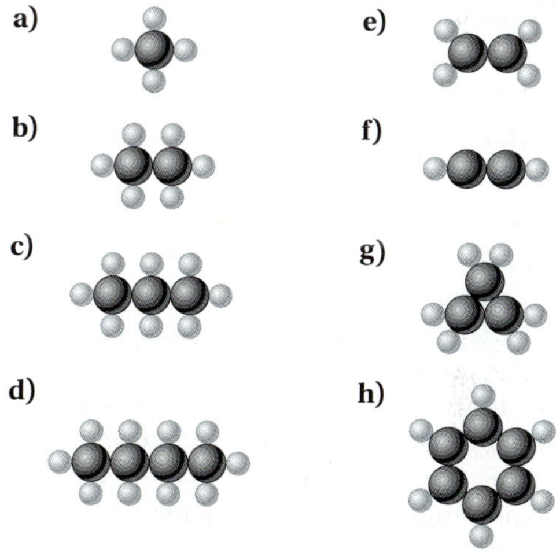

Exercícios adicionais

Seu (sua) professor(a) indicará quais exercícios deste bloco você deve fazer.

11. O ar atmosférico contém predominantemente nitrogênio (N_2) e, em segundo lugar, oxigênio (O_2). O ar também contém vapor-d'água (H_2O), cuja quantidade é variável de local para local e de um dia para outro. O ar contém ainda pequenas quantidades de argônio (Ar), gás carbônico (CO_2) e reduzidíssima quantidade de hélio (He), neônio (Ne), criptônio (Kr), xenônio (Xe) e radônio (Rd). Em locais poluídos, podem estar presentes, entre outros, dióxido de enxofre (SO_2), trióxido de enxofre (SO_3), ozônio (O_3), monóxido de nitrogênio (NO) e dióxido de nitrogênio (NO_2).

a) Pesquise na tabela periódica (no verso da capa deste livro) os nomes dos elementos presentes nessas substâncias e escreva-os em seu caderno.

b) Quais das substâncias mencionadas são simples?

c) Quais das substâncias mencionadas são compostas?

12. Faz parte da linguagem química chamar as moléculas de **monoatômicas**, **biatômicas**, **triatômicas** e **tetratômicas**, conforme o número total de átomos que forma cada uma delas. Uma molécula é **mono**atômica se contiver só **um** átomo, **bi**atômica se contiver **dois** átomos e assim por diante.

Com base nessa informação, diga quais das substâncias mencionadas na questão anterior têm moléculas:

a) monoatômicas;
b) biatômicas;
c) triatômicas;
d) tetratômicas.

13. (Uepa) No Brasil, dos resíduos gerados pelas indústrias, apenas 28% recebem tratamento adequado e o restante acaba em lixões, contaminando o solo, a água e ameaçando a saúde pública. As principais fontes desses resíduos são baterias de automóveis (chumbo), pilhas (cádmio), lâmpadas (mercúrio), cimento (cromo) e rejeitos da indústria farmacêutica (zinco).
Considerando os elementos químicos descritos no texto, é correto afirmar que são representados, respectivamente, pelos símbolos:

a) Pb, Hg, Cd, Mg, Rb
b) Pb, Cd, Hg, Cr, Zn
c) Pb, Cr, Rb, Mn, Cd
d) Pb, Rb, Mg, Cr, Cd
e) Pb, Mg, Rb, Hg, Cd

14. (FUERN) Os elementos químicos cobre, fósforo, prata e sódio são representados, respectivamente, pelos seguintes símbolos:

a) Co, K, Ag, Sl
b) Cr, P, Ar, S
c) Ce, Fr, Pr, Na
d) Cu, P, Ag, Na
e) Cu, F, Pt, K

15. (UFPI) Durante a formação de pepitas de ouro a elas se incorporam vários elementos, como cádmio, chumbo, telúrio e zinco. As quantidades e os tipos de impureza desses elementos, na amostra de ouro, variam de acordo com a localização de onde o ouro foi extraído. Essas informações podem ser utilizadas para investigar roubo ou falsificação de objetos de ouro apresentados como antiguidade. Indique a opção que apresenta corretamente o símbolo dos elementos acima citados.

a) Ca, Cm, Te e Zn
b) Cd, Pb, Te e Zn
c) Cm, Sb, Tl, e Sn
d) Cm, Pb, Tl, e Zn
e) Cd, Pb, Te e Sn

16. (Mackenzie-SP) O número de elementos, de átomos, de substâncias e de moléculas representados no sistema

é, respectivamente:

a) 4, 12, 4 e 5
b) 9, 4, 5 e 4
c) 5, 5, 5 e 5
d) 4, 3, 3 e 2
e) 12, 5, 4 e 4

17. (UFRJ) Uma festa de aniversário foi decorada com dois tipos de balões. Diferentes componentes gasosos foram usados para encher cada tipo de balão. As figuras observadas representam as substâncias presentes no interior de cada balão.

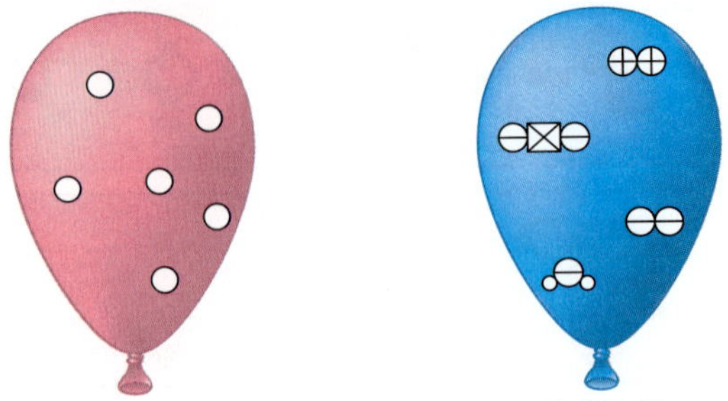

Balão I — Balão II

a) Indique quantos elementos diferentes e quantas substâncias simples diferentes existem nos balões.
b) Classifique o tipo de sistema de cada balão quanto à homogeneidade.

18. (UFG-GO) Analisando-se as amostras I e II:

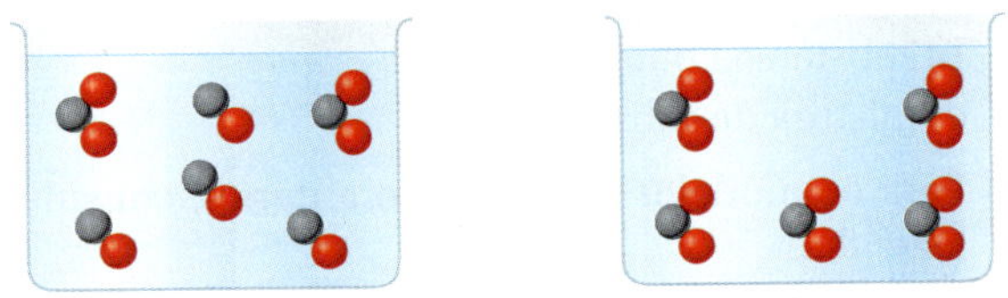

I — II

pode-se dizer que:

01) a amostra II é uma substância pura;
02) a amostra I apresenta dois (2) tipos de átomos diferentes;
04) pela agregação das partículas, a amostra I é sólida;
08) a amostra II apresenta cinco moléculas de uma substância composta;
16) a amostra I é uma mistura;
32) sabendo que a amostra II tem ponto de fusão igual a −3 °C e ponto de ebulição 98,8 °C, conclui-se que na temperatura ambiente é líquida;
64) as amostras I e II são exemplos de substâncias simples e composta, respectivamente.

Responda com a soma dos itens verdadeiros.

19. (Uema)

I. Água (líquida) e água (sólida).
II. Gás oxigênio.
III. Etanol e areia.
IV. Gás carbônico e gás hidrogênio.

Relativamente aos sistemas acima, podemos afirmar que existe uma:

a) substância pura em III.
b) substância composta em II.
c) mistura monofásica em III.
d) mistura bifásica em IV.
e) mistura que pode ser homogênea se misturarmos II com IV.

3 Equação química

3.1 Uma equação química representa uma reação química

Considere a reação de decomposição da água.

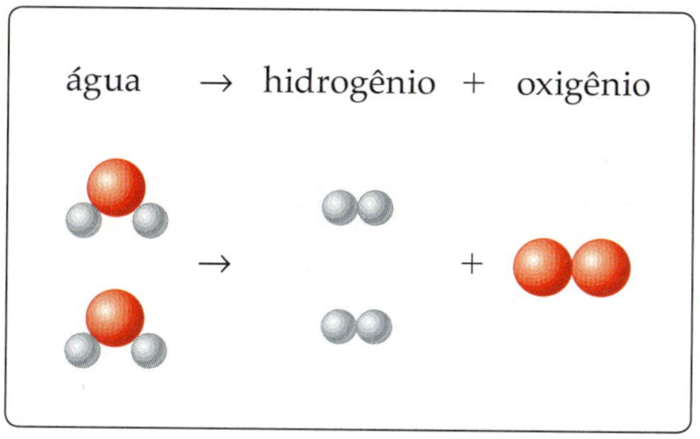

A água, o reagente, é formada por moléculas H_2O; o hidrogênio e o oxigênio, os produtos, têm fórmulas respectivamente H_2 e O_2. Assim, poderíamos representar a reação usando as fórmulas do reagente e dos produtos:

$$H_2O \rightarrow H_2 + O_2$$

Nessa representação falta, porém, a proporção correta entre as quantidades de moléculas envolvidas.

Uma representação mais correta é:

$$H_2O + H_2O \rightarrow H_2 + H_2 + O_2$$

ou seja:

$$2\,H_2O \rightarrow 2\,H_2 + O_2$$

- A maneira de representar uma reação química é denominada **equação química**.

- Os números que indicam a proporção entre as quantidades de moléculas, numa equação química, são chamados de **coeficientes** ou **coeficientes estequiométricos**.

Na equação química acima, o coeficiente da água é 2, o do hidrogênio é 2 e o do oxigênio é 1 (que não precisa ser escrito).

Em equação: $2\,H_2O \rightarrow 2\,H_2 + O_2$

Em palavras: **Duas moléculas de água reagem para formar duas moléculas de hidrogênio e uma de oxigênio.**

Outros exemplos de equações químicas são:

Em equação: $N_2 + 3\,H_2 \rightarrow 2\,NH_3$

Em palavras: **Uma molécula de nitrogênio reage com três de hidrogênio para formar duas de amônia.**

Em equação: $C_2H_6O + 3\,O_2 \rightarrow 2\,CO_2 + 3\,H_2O$

Em palavras: **Uma molécula de etanol reage com três de oxigênio para formar duas de gás carbônico e três de água.**

Ponha em prática o que aprendeu

Usando moedas de diferentes valores, fichas coloridas, bolinhas de massa de modelar, círculos de papel colorido, bolinhas de isopor ou outro material que a imaginação sugerir, represente as moléculas dos reagentes e dos produtos das reações químicas cujas equações são:

$$2\,H_2O \rightarrow 2\,H_2 + O_2$$
$$C + O_2 \rightarrow CO_2$$
$$N_2 + O_2 \rightarrow 2\,NO$$
$$C + 2\,H_2 \rightarrow CH_4$$
$$N_2 + 3\,H_2 \rightarrow 2\,NH_3$$
$$N_2 + 2\,O_2 \rightarrow 2\,NO_2$$
$$CH_4 + 2\,O_2 \rightarrow CO_2 + 2\,H_2O$$

3.2 Balanceamento de equações químicas

- Quando escrevemos uma equação química, ela deve estar corretamente **balanceada**, ou seja, os coeficientes devem estar corretamente indicados. Caso contrário, não estará sendo respeitado o fato de os átomos se conservarem.

Por exemplo, a equação química $N_2 + O_2 \rightarrow NO$ não está corretamente balanceada, pois há menos átomos de N e de O no lado do produto. Contudo, essa equação ficará corretamente balanceada se colocarmos o coeficiente 2 na frente da fórmula do produto: $N_2 + O_2 \rightarrow 2\,NO$.

4 Explicação para as leis de Lavoisier e de Proust

A Teoria de Dalton é uma proposta (bem-sucedida) de explicação para a Lei de Lavoisier e a Lei de Proust, apresentadas no capítulo anterior.

Numa reação química, os átomos apenas se recombinam. Então, já que os átomos não são destruídos nem formados, a massa de reagentes é sempre igual à dos produtos. Isso explica a Lei de Lavoisier.

$$2\,H_2O \rightarrow 2\,H_2 + O_2$$

Antes:
- 4 átomos de H
- 2 átomos de O

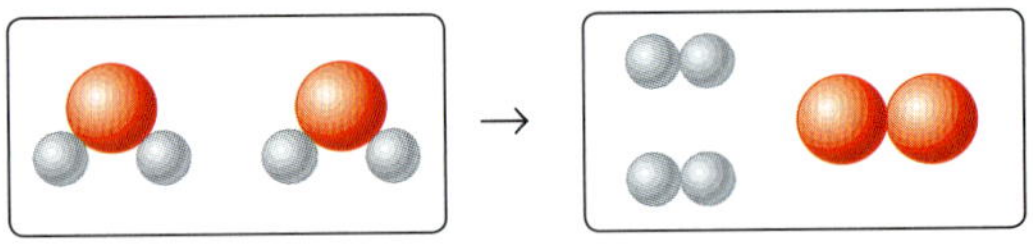

Depois:
- 4 átomos de H
- 2 átomos de O

As moléculas de uma determinada substância são formadas por átomos que se unem numa proporção bem definida. Na água, por exemplo, sempre há dois átomos de hidrogênio para um átomo de oxigênio.

Assim, não importa a quantidade da substância que consideremos, haverá sempre uma proporção constante entre os átomos dos elementos que a constituem. Ou seja, tanto em um grama quanto em um quilograma ou em uma tonelada de água, a proporção em que os elementos hidrogênio e oxigênio estão presentes é sempre a mesma.

E como a proporção em que os átomos estão presentes é sempre a mesma, então a composição da substância é fixa, o que explica a Lei de Proust.

$$2\,H_2O \rightarrow 2\,H_2 + O_2$$

Antes:
- 4 átomos de H
- 2 átomos de O

Antes:
- 8 átomos de H
- 4 átomos de O

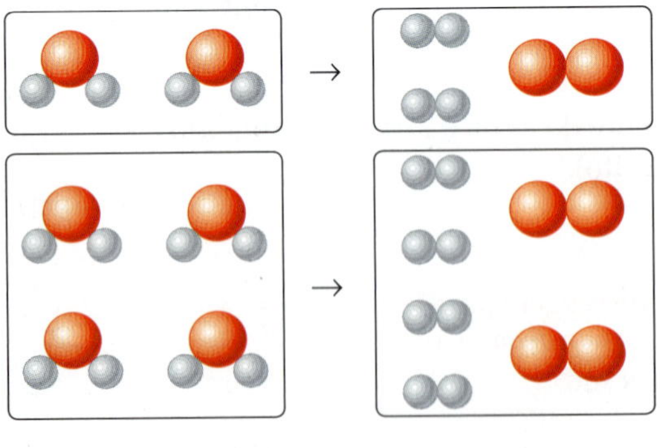

Depois:
- 4 átomos de H
- 2 átomos de O

Depois:
- 8 átomos de H
- 4 átomos de O

5 O nível macroscópico e o nível microscópico

O "mundo" ao qual estamos acostumados — das coisas que podemos ver, sentir, perceber, tocar ou medir — é o ponto de partida para as pesquisas em Química. Dizemos que as coisas que pertencem a esse "mundo" são do nível **macroscópico**.

Assim, por exemplo, quando falamos que a água é um líquido incolor e inodoro estamos nos referindo ao aspecto macroscópico da água. Quando dizemos que a água apresenta PF = 0 °C, PE = 100 °C (ao nível do mar) e d = 1,0 g/cm^3 (a 20 °C), estamos relatando propriedades macroscópicas da substância água.

Ao propor explicações para as leis (essas explicações são as teorias), os químicos utilizam frequentemente os conceitos de átomo e de molécula, entidades que pertencem ao nível **microscópico**.

Para facilitar a comunicação, os químicos fazem uso das **representações**, que incluem os símbolos (que representam os átomos dos elementos), as fórmulas (que representam as substâncias) e as equações químicas (que representam as reações químicas).

Biblioteca do estudante
Informe-se sobre a Química:
Átomos e moléculas: entidades de um mundo quase além da imaginação

Visão do especialista

Revisão

Exercícios essenciais

A critério do(a) professor(a) esta lista de exercícios poderá ser realizada em classe ou em casa.

20. Nos sete desenhos desta questão, esferas de mesma cor indicam átomos de um mesmo elemento químico e esferas de cores diferentes, átomos de elementos distintos.
O desenho abaixo, à esquerda, representa moléculas inicialmente presentes em um sistema.
Após uma reação química envolvendo essas moléculas, sabe-se que o sistema final corresponde a **um** dos outros desenhos abaixo. Analise-os e conclua **qual** deles corresponde à situação final do sistema. Justifique, para **cada um** dos desenhos, por que ele pode ou não representar a situação final.

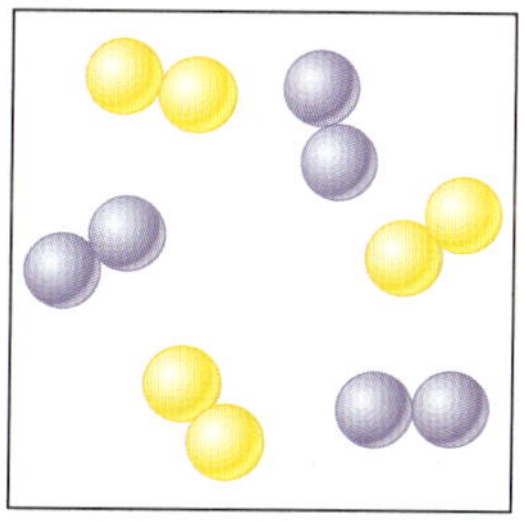

Representação do sistema inicial

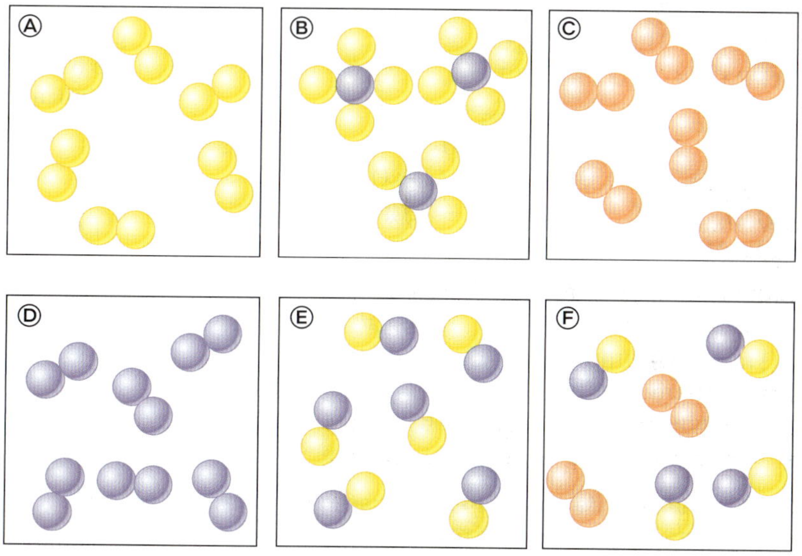

21. O esquema a seguir representa um sistema antes e depois de uma reação química. As esferas cinza indicam átomos de hidrogênio e as verdes, átomos de cloro.

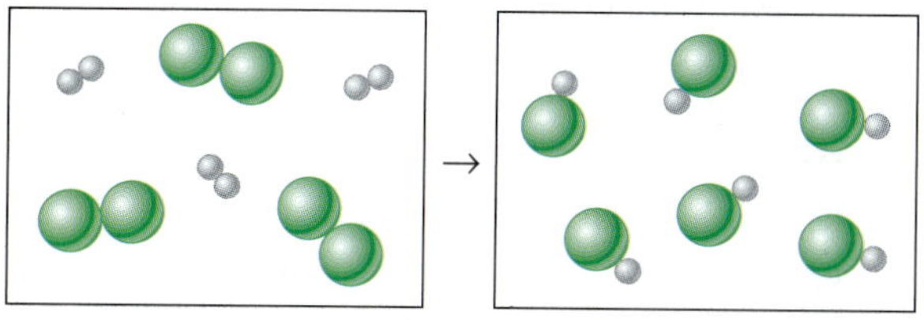

a) Escreva as fórmulas dos reagentes e do produto.

b) Represente a reação que ocorreu por meio de uma equação química. Não se esqueça de balanceá-la.

22. O esquema a seguir representa um sistema antes e depois de uma reação química. As esferas vermelhas indicam átomos de oxigênio e as azuis, átomos de nitrogênio.

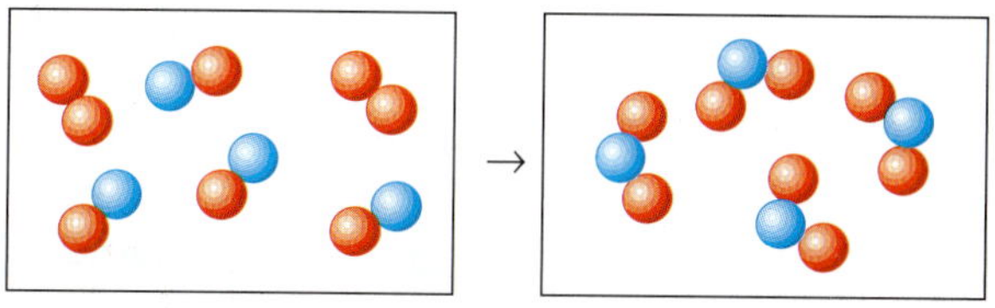

a) Escreva as fórmulas dos reagentes e do produto.

b) Represente a reação que ocorreu por meio de uma equação química. Não se esqueça de balanceá-la.

23. Equações químicas são uma representação para uma reação química. Como foi visto neste capítulo, todos os átomos presentes nos reagentes devem estar presentes nos produtos.

Verifique se cada uma das seguintes equações químicas está balanceada e, no caso de não estar, faça o balanceamento.

a) $H_2O + CO \rightarrow H_2 + CO_2$

b) $SO_2 + O_2 \rightarrow SO_3$

c) $H_2O_2 \rightarrow H_2O + O_2$

d) $CO + O_2 \rightarrow CO_2$

e) $N_2H_4 + N_2O_4 \rightarrow N_2 + H_2O$

24. Ilustrando os átomos dos elementos químicos por meio de bolinhas coloridas, represente as moléculas dos reagentes e dos produtos de cada uma das reações do exercício anterior, respeitando seu balanceamento.

25. Um estudante percebeu que a seguinte equação química, que representa a fabricação da amônia (NH_3) a partir do gás nitrogênio (N_2) e do gás hidrogênio (H_2), não estava corretamente balanceada:

$$N_2 + H_2 \rightarrow NH_3$$

Na tentativa de balanceá-la, ele a reescreveu assim:

$$N_2 + H_6 \rightarrow N_2H_6$$

Explique qual foi o **erro** cometido e diga como o estudante deveria ter procedido para que a equação ficasse **corretamente balanceada**.

Exercícios adicionais

Seu (sua) professor(a) indicará quais exercícios deste bloco você deve fazer.

26. Efetue o balanceamento das seguintes equações químicas:

a) $H_2 + Cl_2 \rightarrow HCl$

b) $SO_3 + H_2O \rightarrow H_2SO_4$

c) $P_2O_5 + H_2O \rightarrow H_3PO_4$

d) $Zn + HBr \rightarrow ZnBr_2 + H_2$

e) $Al + HCl \rightarrow AlCl_3 + H_2$

f) $Cu + AgNO_3 \rightarrow Ag + Cu(NO_3)_2$

g) $Cl_2 + CH_4 \rightarrow CH_2Cl_2 + HCl$

h) $C_2H_6O + O_2 \rightarrow CO_2 + H_2O$

i) $AgNO_3 + BaCl_2 \rightarrow AgCl + Ba(NO_3)_2$

j) $H_3PO_4 + Ca(NO_3)_2 \rightarrow Ca_3(PO_4)_2 + HNO_3$

27. (Fuvest-SP) Hidrogênio reage com nitrogênio formando amônia. A equação não balanceada que representa essa transformação é:

$$H_2 (g) + N_2 (g) \rightarrow NH_3 (g)$$

Outra maneira de escrever essa equação química, mas agora balanceando-a e representando as moléculas dos três gases, é:

a) 

b) 

c) 

d) 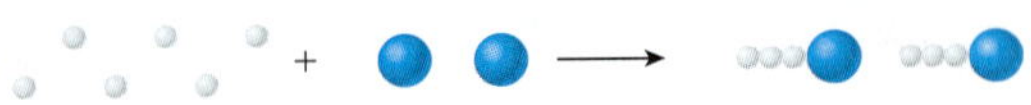

e) 

Observação: e representam átomos

Comentário dos autores:

Em uma equação química, (g) indica gasoso, (l) líquido e (s) sólido.

28. (Unicamp-SP) Sob condições adequadas, uma mistura de nitrogênio gasoso, N_2 (g), e de oxigênio gasoso, O_2 (g), reage para formar diferentes óxidos de nitrogênio. Se representarmos o elemento nitrogênio por e o elemento oxigênio por , duas dessas reações químicas podem ser esquematizadas como:

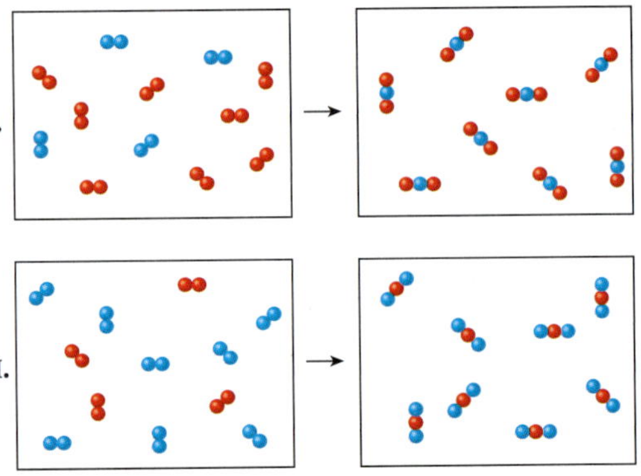

a) Dê a fórmula química do composto formado na reação esquematizada em I.

b) Escreva a equação química balanceada representada no esquema II.

29. (Unirio-RJ) Comparando reagentes e produtos da reação: $2 H_2 + O_2 \rightarrow 2 H_2O$, pode-se dizer que apresentam igual:

I. o número de átomos.

II. o número de moléculas.

III. a massa.

Dessas afirmações, apenas:

a) I é correta.

b) I e III são corretas.

c) III é correta.

d) II é correta.

e) I e II são corretas.

30. (UFMG) Uma mistura de hidrogênio, H_2 (g), e oxigênio, O_2 (g), reage, num recipiente hermeticamente fechado, em alta temperatura e em presença de um catalisador, produzindo vapor-d'água, H_2O (g).
A figura I representa a mistura antes da reação.

Supondo que a reação seja completa, o desenho que representa o estado final do sistema dentro do recipiente, considerando a quantidade de moléculas representadas para o estado inicial, é

Figura I

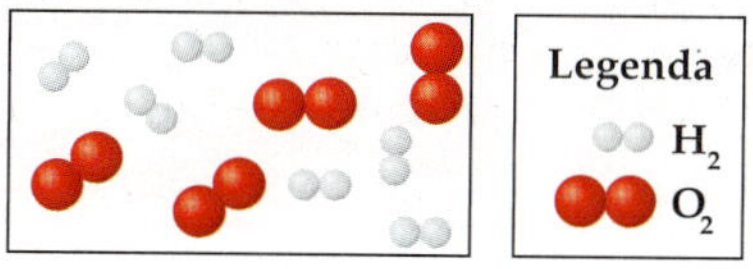

Figura II

a) 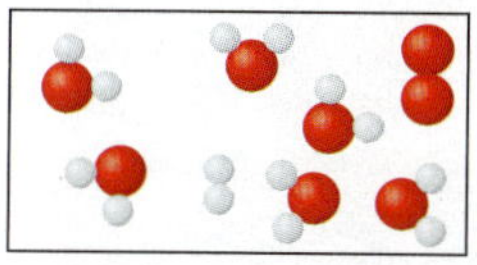

c) 

b) 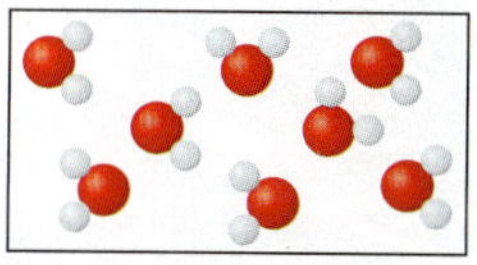

d) 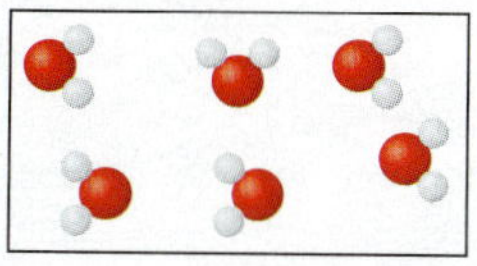

31. (UFPI) A reação de X com Y é representada a seguir. Indique qual das equações melhor representa a equação química balanceada.

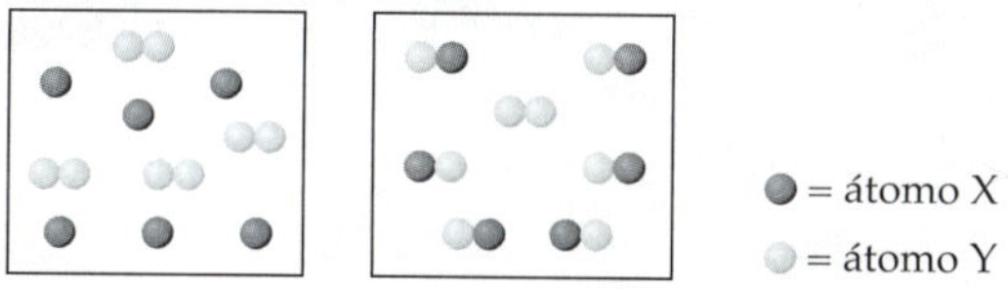

a) $2X + Y_2 \rightarrow 2XY$

b) $6X + 8Y \rightarrow 6XY + 2Y$

c) $3X + Y_2 \rightarrow 3XY + Y$

d) $X + Y \rightarrow XY$

e) $3X + 2Y_2 \rightarrow 3XY + Y_2$

32. (UnB-DF) O modelo proposto por Dalton defende a natureza corpuscular da matéria e entende as substâncias como constituídas por partículas.

Suponha que uma substância hipotética denominada Pizolona (P_2Z_3), presente em um pedaço de *pizza* ingerido por um ser humano, ao reagir com uma substância hipotética denominada Azipase (Az), presente na saliva, produza as substâncias hipotéticas Pizazi (PAz_2) e Zolona (Z). Utilizando o modelo daltoniano para representar essa reação, escreva a equação balanceada correspondente e, considerando os símbolos propostos para as partículas das substâncias elementares indicados a seguir, represente, por meio de desenhos, a reação química ocorrida.

$$P \Leftrightarrow \bullet \qquad Z \Leftrightarrow \otimes \qquad Az \Leftrightarrow \odot$$

33. (UFC-CE) A água (H_2O) sofre decomposição pela ação da corrente elétrica, produzindo hidrogênio (H_2) e oxigênio (O_2), segundo a reação equacionada abaixo.

$$2\,H_2O\,(l) \rightarrow 2\,H_2\,(g) + O_2\,(g)$$

Baseado nessas informações, assinale a alternativa correta.

a) A água é uma substância pura simples e se decompõe em duas outras substâncias puras compostas: H_2 e O_2.

b) A água e o hidrogênio são substâncias puras compostas, e o oxigênio uma substância pura simples.

c) A água é uma mistura composta das substâncias H_2 e O_2, e o hidrogênio e o oxigênio são substâncias simples.

d) A água, o hidrogênio e o oxigênio são classificados como substâncias compostas.

e) O hidrogênio e o oxigênio são substâncias puras e não podem originar, por processos químicos, outras substâncias simples.

Capítulo 5

Introdução à estrutura atômica

PHOTODISC/GETTY IMAGES

Alguns conteúdos importantes:

- ✔ Noções sobre a época em que foram descobertos elétron, próton e nêutron
- ✔ Modelo atômico de Thomson
- ✔ Experiência sobre a dispersão de partículas alfa
- ✔ Modelo atômico de Rutherford
- ✔ Número atômico
- ✔ Número de massa
- ✔ Conceituação moderna de elemento químico
- ✔ Isótopos
- ✔ Íons

◄ O modelo atômico de Dalton, estudado no capítulo anterior, não leva em conta a natureza elétrica da matéria. Os modelos de Thomson e de Rutherford, estudados neste capítulo, sim.

1 A natureza elétrica da matéria

1.1 Cargas elétricas, atração e repulsão

Guia de estudo

Ao atritarmos um bastão de vidro em um tecido de lã, o vidro passa a ser portador de **carga elétrica positiva** (por uma convenção) e a lã portadora de **carga elétrica negativa** (também por uma convenção).

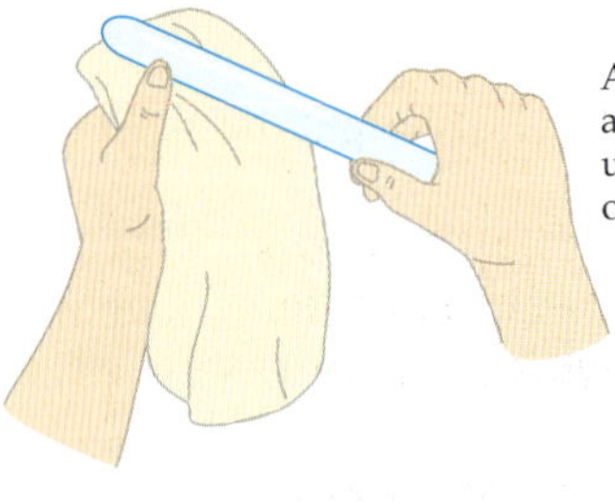

Ao serem atritados um contra o outro...

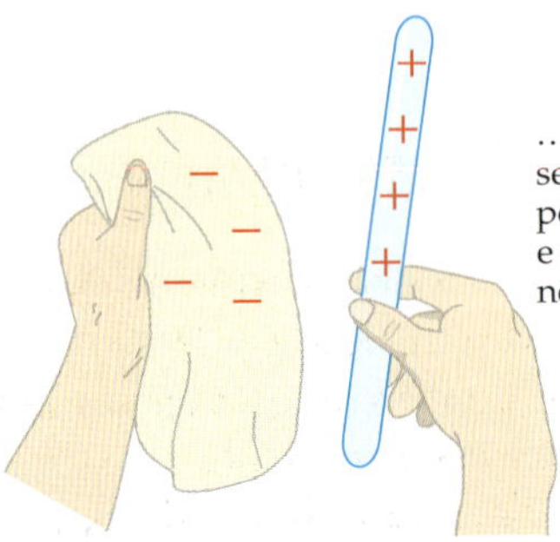

... o vidro se eletriza positivamente e a lã negativamente.

Muitos materiais, quando atritados em outros, ficam eletrizados, ou seja, adquirem carga elétrica. Por meio de experiências envolvendo corpos eletrizados, os cientistas concluíram que **cargas elétricas de sinais diferentes se atraem** e **cargas elétricas de sinais iguais se repelem**.

Isso está de acordo com o fato de a lã e o vidro, eletrizados com cargas de diferentes sinais, se atraírem, e dois bastões de vidro, eletrizados com cargas de mesmo sinal, se repelirem.

Atração entre cargas de sinais opostos

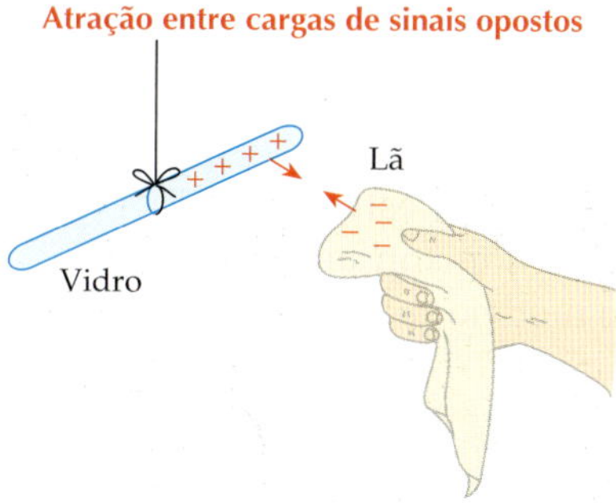

Repulsão entre cargas de sinais iguais

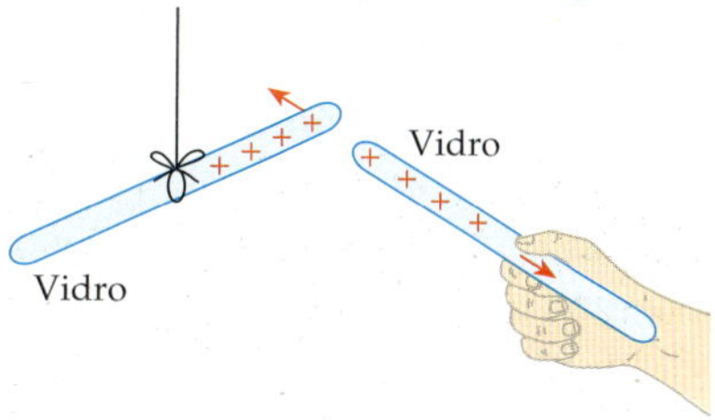

Então, como os materiais participam de fenômenos elétricos, deduz-se que eles devem possuir natureza elétrica. Mas o modelo de Dalton, estudado no capítulo anterior, não leva em conta os fenômenos elétricos.

Devido a evidências obtidas em experiências como a que descrevemos e em outras mais complexas, surgiu, no final do século XIX e início do século XX, a necessidade de um modelo atômico mais adequado, que levasse em conta a **natureza elétrica da matéria**.

1.2 Descargas elétricas em gases a baixa pressão

Gases de um modo geral não conduzem corrente elétrica quando à pressão ambiente. No entanto, na segunda metade do século XIX, os trabalhos de alguns cientistas evidenciaram que, quando submetidos a baixas pressões, os gases podem tornar-se condutores elétricos.

Para chegar a essa conclusão, eles utilizaram o chamado **tubo de raios catódicos**, isto é, uma ampola de vidro ligada a uma bomba de vácuo que visa diminuir a pressão interna. Nas duas pontas do tubo há extremidades metálicas (chamadas de **eletrodos**) ligadas a uma bateria. Quando a pressão interna chega a cerca de um décimo da pressão ambiente, observa-se que o gás entre os eletrodos passa a emitir uma luminosidade. Quando a pressão diminui ainda mais (cerca de cem mil vezes menor que a pressão ambiente), a luminosidade desaparece, restando apenas uma mancha luminosa atrás do polo positivo.

Os cientistas atribuíram essa mancha a raios (de natureza desconhecida naquela época) que seriam provenientes do polo negativo, chamado de **cátodo**. Esses raios foram denominados **raios catódicos**.

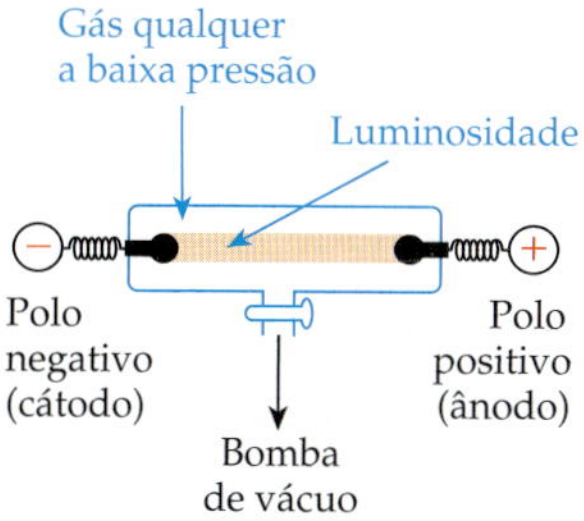

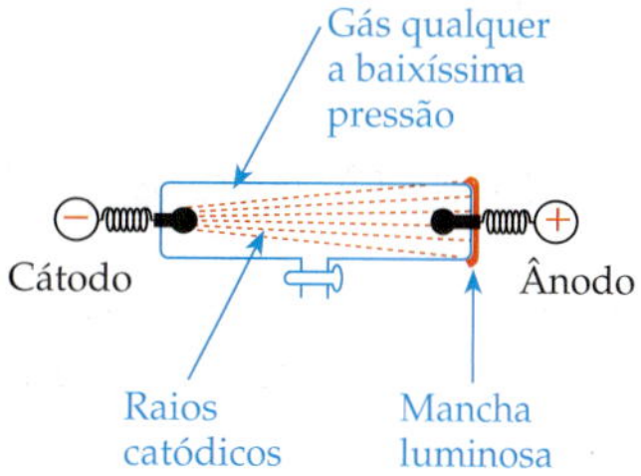

1.3 Descoberta do elétron e do próton

O cientista inglês Joseph John Thomson (1856-1940), elaborando melhor as experiências feitas com o tubo de raios catódicos, foi capaz de concluir, em 1897, que os raios catódicos são, na verdade, constituídos pelo fluxo de partículas menores que o átomo e dotadas de carga elétrica negativa. Estava descoberta a partícula que chamamos de **elétron**.

Essa descoberta indicava que um átomo não é indivisível como sugeria o modelo de Dalton.

Havia a necessidade de um novo modelo, e foi J. J. Thomson quem o propôs. O átomo, segundo ele, deveria ser formado por uma esfera de carga elétrica positiva, possuindo elétrons anexos. Assim, a carga elétrica total de um átomo seria nula, pois a carga negativa dos elétrons compensaria a carga positiva da esfera que os contém. Esse modelo é conhecido como "modelo do pudim de passas".

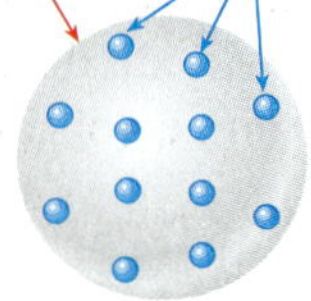

▲ Modelo atômico de Thomson. (Cores fantasiosas.)

Outras modificações no tubo de raios catódicos, feitas pelo cientista alemão Eugene Goldstein, conduziram à descoberta de outra partícula subatômica, 1.836 vezes mais pesada que o elétron e dotada de carga elétrica igual à dele, só que com sinal positivo. Para essa nova partícula foi proposto o nome **próton**.

Assim, ao final do século XIX, com a descoberta do próton e do elétron, já estava comprovado que o átomo não é indivisível e que mesmo o modelo de Thomson era incompleto, pois não levava em conta a existência dos prótons. Um novo modelo se fazia necessário.

2 Modelo atômico de Rutherford

2.1 Experiência sobre a dispersão de partículas alfa

Ernest Rutherford (1871-1937), cientista nascido na Nova Zelândia, realizou em 1911 um experimento que conseguiu descartar de vez o modelo atômico de esfera rígida.

O raciocínio de Rutherford foi relativamente simples. Imagine que alguém atirasse com uma metralhadora em um caixote de madeira fechado cujo conteúdo é desconhecido. Se as balas ricocheteassem, não atravessando o caixote, concluiríamos que dentro dele deveria haver algum material muito denso, como concreto ou ferro maciço. Mas, se as balas o atravessassem, chegaríamos à conclusão de que ele deveria estar vazio ou então conter materiais pouco densos, como isopor, serragem ou similares.

Porém, se parte das balas passasse e parte ricocheteasse, concluiríamos que materiais dos dois tipos deveriam estar presentes dentro do caixote. Quanto mais balas o atravessassem, menos material muito denso deveria existir em seu interior.

É óbvio que para descobrir o que há dentro de um caixote será mais sensato abri-lo e olhar seu interior em vez de atirar nele. Por sua vez, com o átomo não acontece o mesmo, já que não é possível enxergá-lo ou manipulá-lo individualmente como fazemos com objetos macroscópicos. Nesse caso, faz sentido "atirar" nele para tentar descobrir algo sobre sua estrutura interna.

Rutherford atirou numa finíssima folha de ouro, cuja espessura se estima em torno de trezentos ou trezentos e cinquenta átomos, o que corresponde a cerca de 0,00001 cm! A "metralhadora" usada por ele lançava pequenas partículas portadoras de carga elétrica positiva, chamadas de **partículas alfa** (elas serão estudadas no capítulo 24, sobre Radioatividade).

Para saber se essas "balas" atravessavam em linha reta ou eram desviadas, ele usou uma tela feita com um material apropriado (fluorescente) que emite uma luminosidade instantânea quando atingida por uma partícula alfa.

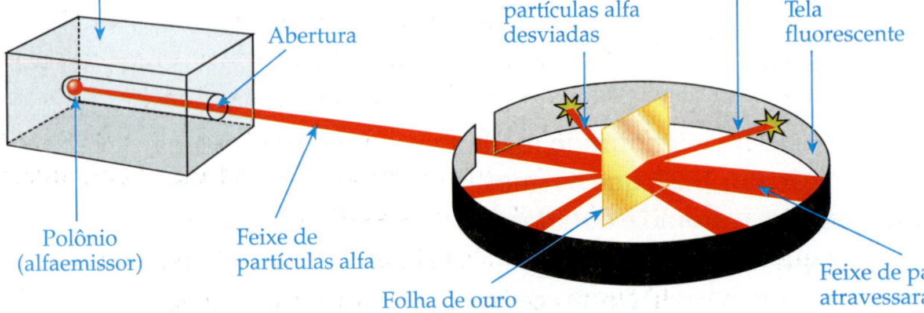

A experiência mostrou que a grande maioria das partículas alfa atravessava a folha em linha reta. Apenas algumas poucas eram desviadas de sua trajetória. Assim, os átomos não poderiam ser maciços, pois, se fossem, as partículas alfa não conseguiriam atravessá-los.

O experimento permitiu a Rutherford concluir que:

- o átomo não é maciço, apresentando mais espaço vazio do que preenchido;
- a maior parte da massa do átomo se encontra em uma pequena região central (que chamaremos de **núcleo**) dotada de carga positiva, onde estão os prótons (as partículas alfa — de carga positiva — que chegassem próximo ao núcleo — também positivo — eram **desviadas pela repulsão elétrica**);
- na região ao redor do núcleo (que chamaremos de **eletrosfera**) estão os elétrons, muito mais leves (1.836 vezes) que os prótons;
- a contagem do número de partículas que atravessavam e que eram desviadas, repelidas pela carga positiva do núcleo, permitiu fazer uma estimativa de que o raio de um átomo de ouro (núcleo e eletrosfera) é cerca de dez mil a cem mil vezes maior que o raio do núcleo.

SAN ROSTRO/AGE/GRUPO KEYSTONE

▲ Os metais podem ser transformados, por martelamento, em finíssimas folhas. O ouro é o metal que permite obter as folhas mais finas, como a que foi usada por Rutherford em seu experimento. Na foto, uma folha de ouro.

SÉRGIO DOTTA JR./CID

▲ Os átomos em geral apresentam um raio dez mil a cem mil vezes maior que seus núcleos. Assim, se o núcleo de um átomo fosse do mesmo diâmetro dessa moeda, os elétrons mais afastados poderiam estar desde cerca de 200 m a até 2 km de distância!

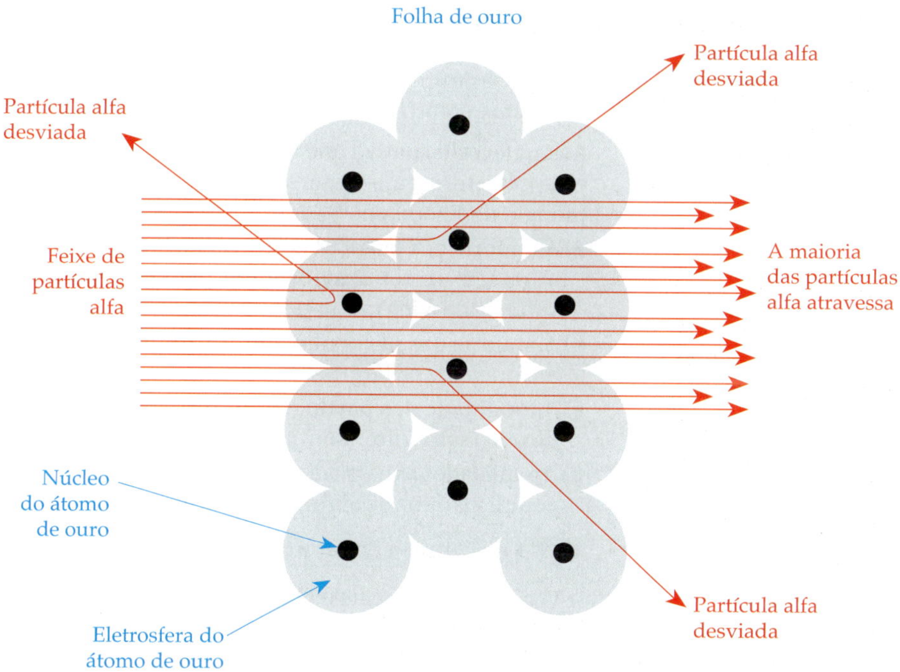

▲ Representação esquemática da folha de ouro durante a experiência de Rutherford. Algumas partículas alfa são desviadas por **repulsão elétrica do núcleo**. Porém, a grande maioria atravessa a folha em linha reta, evidenciando que os átomos **não** são maciços.

Exercícios essenciais

A critério do(a) professor(a) esta lista de exercícios poderá ser realizada em classe ou em casa.

1. (Faap-SP) Admitem a natureza elétrica da matéria os modelos atômicos de:

a) Boyle e Dalton.

b) Dalton e Thomson.

c) Dalton e Rutherford.

d) Thomson e Rutherford.

2. Próton e elétron possuem:

a) massas iguais e cargas elétricas de mesmo sinal.

b) massas diferentes e cargas elétricas de mesmo sinal.

c) massas diferentes e cargas elétricas de sinais opostos.

d) massas iguais e cargas elétricas de sinais opostos.

3. (UCB-DF) Rutherford, ao fazer incidir partículas radioativas em lâmina metálica de ouro, observou que a maioria das partículas atravessava a lâmina, algumas desviavam e poucas refletiam. Assinale, dentre as afirmações a seguir, aquela que não reflete as conclusões de Rutherford sobre o átomo.

a) Os átomos são esferas maciças e indestrutíveis.

b) No átomo há grandes espaços vazios.

c) No centro do átomo existe um núcleo pequeno e denso.
d) O núcleo do átomo tem carga positiva.
e) Os elétrons giram ao redor do núcleo para equilibrar a carga positiva.

4. (PUC-SP) Uma importante contribuição do modelo de Rutherford foi considerar o átomo constituído de:
a) elétrons mergulhados numa massa homogênea de carga positiva.
b) uma estrutura altamente compactada de prótons e elétrons.
c) um núcleo de massa desprezível comparada com a massa do elétron.
d) uma região central com carga negativa chamada núcleo.
e) um núcleo muito pequeno de carga positiva, cercado por elétrons.

5. (UEMG) O modelo de átomo conhecido como **modelo de Rutherford** foi idealizado a partir de experiências realizadas em 1909. Várias conclusões foram tiradas a partir dessas experiências, EXCETO:
a) O átomo apresenta, predominantemente, espaços vazios.
b) O núcleo é a região mais densa do átomo.
c) O núcleo atômico apresenta carga elétrica positiva.
d) O núcleo é praticamente do tamanho do átomo todo.

Exercícios adicionais

Seu(sua) professor(a) indicará quais exercícios deste bloco você deve fazer.

6. (UFPA) A realização de experiências com descargas elétricas em tubo de vidro fechado, contendo gás a baixa pressão, produz os raios catódicos. Esses raios são constituídos por um feixe de:
a) nêutrons.
b) partículas α (alfa).
c) raios X.
d) prótons.
e) elétrons.

7. (Fuvest-SP) Thomson determinou, pela primeira vez, a relação entre a massa e a carga do elétron, o que pode ser considerado como a descoberta do elétron. É reconhecida como uma contribuição de Thomson ao modelo atômico:
a) o átomo ser indivisível.
b) a existência de partículas subatômicas.
c) os elétrons ocuparem níveis discretos de energia.
d) os elétrons girarem em órbitas circulares ao redor do núcleo.
e) o átomo possuir um núcleo com carga positiva e uma eletrosfera.

8. (FUA-AM) Com relação à experiência de Rutherford, é **errado** afirmar:
a) que algumas partículas alfa retrocediam ao se chocar contra a película de metal.
b) que o núcleo do átomo deveria ser muito pesado.
c) que há grandes espaços vazios no átomo.
d) que ocorriam desvios de partículas alfa ao atravessarem películas metálicas.
e) que o átomo possuía uma nuvem densa de elétrons.

9. (UFMG) Na experiência de espalhamento de partículas alfa, conhecida como "experiência de Rutherford", um feixe de partículas alfa foi dirigido contra uma lâmina finíssima de ouro, e os experimentadores (Geiger e Marsden) observaram que um grande número dessas partículas atravessava a lâmina sem sofrer desvios, mas que um pequeno número sofria desvios muito acentuados. Esse resultado levou Rutherford a modificar o modelo atômico de Thomson, propondo a existência de um núcleo de carga positiva, de tamanho reduzido e com, praticamente, toda a massa do átomo.

Assinale a alternativa que apresenta o resultado que era previsto para o experimento de acordo com o modelo de Thomson.
a) A maioria das partículas atravessaria a lâmina de ouro sem sofrer desvios e um pequeno número sofreria desvios muito pequenos.
b) A maioria das partículas sofreria grandes desvios ao atravessar a lâmina.
c) A totalidade das partículas atravessaria a lâmina de ouro sem sofrer nenhum desvio.
d) A totalidade das partículas ricochetearia ao se chocar contra a lâmina de ouro, sem conseguir atravessá-la.

Comentário dos autores:

Você leu atentamente o último parágrafo do enunciado?

10. (UFPE) Ao longo da história da ciência, diversos modelos atômicos foram propostos até chegarmos ao modelo atual. Com relação ao modelo atômico de Rutherford, podemos afirmar que [julgue os itens como verdadeiros ou falsos]:
0) foi baseado em experimentos com eletrólise de soluções de sais de ouro.
1) é um modelo nuclear que mostra o fato de a matéria ter sua massa concentrada em um pequeno núcleo.
2) é um modelo que apresenta a matéria como sendo constituída por elétrons (partículas de carga negativa) em contato direto com prótons (partículas de carga positiva).
3) não dá qualquer informação sobre a existência de nêutrons.
4) foi deduzido a partir de experimentos de bombardeio de finas lâminas de um metal por partículas α.

2.2 Número atômico e número de massa

Em 1932, o inglês James Chadwick descobriu uma outra partícula subatômica de massa muito próxima à do próton, porém sem carga elétrica. Essa partícula, que passou a ser chamada de **nêutron**, localiza-se no núcleo do átomo, juntamente com os prótons.

▸ Ilustração esquemática de um átomo, no qual a maior parte é espaço vazio. Esquema **fora de proporção**, pois o diâmetro da eletrosfera é milhares de vezes maior que o do núcleo. Um átomo apresenta muito mais espaço vazio que preenchido.

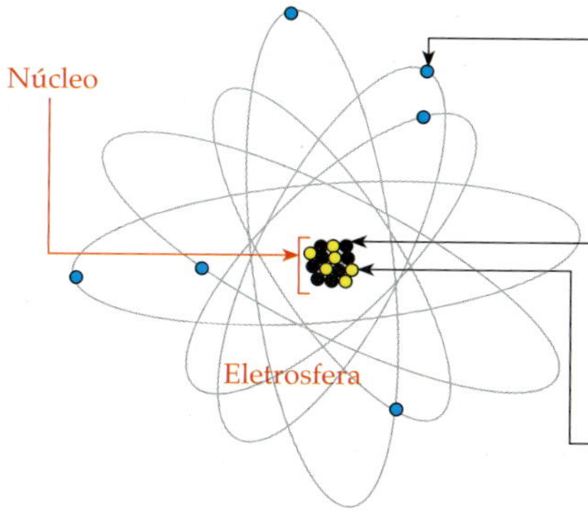

Partícula	Massa relativa	Carga relativa
Nêutron	1	0
Próton	1	+1
Elétron	$\frac{1}{1.836}$	−1

- **Número atômico** (Z) é o número de prótons presentes no núcleo de um átomo.
Número de massa (A) é a soma do número de prótons (Z) e de nêutrons (N) presentes no núcleo de um átomo.

O número de massa pode ser expresso matematicamente da seguinte maneira:

$$A = Z + N$$

Ao representar um átomo, a **convenção atual** é escrever o número atômico na parte inferior esquerda do símbolo e o número de massa na parte superior esquerda. Assim, por exemplo:

- ${}^{12}_{6}C$ representa um átomo do elemento químico carbono com 6 prótons, 6 elétrons e 6 nêutrons;
- ${}^{23}_{11}Na$ representa um átomo do elemento químico sódio com 11 prótons, 11 elétrons e 12 nêutrons;
- ${}^{37}_{17}Cl$ representa um átomo do elemento químico cloro com 17 prótons, 17 elétrons e 20 nêutrons.

Importante: Por enquanto estamos considerando apenas casos em que o **átomo** está **eletricamente neutro** porque **o número de prótons é igual ao de elétrons**. No item 3 consideraremos situações em que o átomo não está eletricamente neutro, ou seja, em que há diferentes números de prótons e de elétrons.

Habitue-se a consultar a tabela periódica

No verso da capa deste livro há uma **tabela periódica dos elementos**. Ela é um instrumento de **consulta**. Procure nela os nomes, os símbolos e os números atômicos dos elementos sempre que necessário.

2.3 O conceito moderno de elemento químico

Durante as reações químicas os átomos se recombinam. Os químicos observaram que, durante esses processos, o núcleo dos átomos permanece inalterado e que, quando um átomo se une a outro, essa união acontece por meio de modificações na eletrosfera.

O **número de prótons de um átomo** é uma característica que **não se modifica durante as reações químicas.** Os cientistas perceberam, nas primeiras décadas do século XX, que esse número determina as propriedades químicas de um átomo. O número de nêutrons praticamente não tem influência sobre elas. Assim, **define-se atualmente** elemento químico da seguinte maneira:

- **Elemento químico** é o conjunto de átomos que possuem um mesmo número de prótons, isto é, o **mesmo número atômico**.

No capítulo 3, afirmamos que, para Boyle, substância simples era o mesmo que elemento. Tal afirmação, que remonta ao século XVII, foi importantíssima para o desenvolvimento da Química. Contudo, com os avanços da Química no século XX, deixou-se de definir elemento dessa maneira. A definição de elemento químico **atualmente em vigor** é a que acabamos de mostrar.

2.4 Isótopos

- **Isótopos** são dois ou mais átomos que possuem mesmo número atômico (Z) e diferentes números de massa (A).

Isótopos sempre pertencem ao mesmo elemento químico, pois possuem o mesmo Z, e são, portanto, representados por um mesmo símbolo. A maioria dos elementos químicos é constituída por dois ou mais isótopos presentes na natureza, geralmente em diferentes quantidades.

TABELA 1 Abundância de alguns tipos de átomos

Átomo	Abundância natural (%)	Átomo	Abundância natural (%)	Átomo	Abundância natural (%)
$^{1}_{1}H$	99,99	$^{19}_{9}F$	100**	$^{79}_{35}Br$	50,69
$^{2}_{1}H$	0,01	$^{24}_{12}Mg$	78,99	$^{81}_{35}Br$	49,31
$^{3}_{1}H$	traços*	$^{25}_{12}Mg$	10,00	$^{127}_{53}I$	100
$^{6}_{3}Li$	7,59	$^{26}_{12}Mg$	11,01	$^{204}_{82}Pb$	1,40
$^{7}_{3}Li$	92,41	$^{55}_{25}Mn$	100	$^{206}_{82}Pb$	24,10
$^{16}_{8}O$	99,76	$^{63}_{29}Cu$	69,17	$^{207}_{82}Pb$	22,10
$^{17}_{8}O$	0,04	$^{65}_{29}Cu$	30,83	$^{208}_{82}Pb$	52,40
$^{18}_{8}O$	0,20	$^{75}_{33}As$	100	$^{209}_{83}Bi$	100

Fonte: LIDE, D. R. (ed.). *CRC Handbook of Chemistry and Physics.* 84. ed. Boca Raton: CRC Press, 2003. p. **1**-15 ss.

* Em Química, a expressão *traços* significa vestígios, quantidades muito pequenas.

** Há vinte elementos químicos que **existem na natureza** na forma de um só isótopo. São eles: $^{9}_{4}Be$, $^{19}_{9}F$, $^{23}_{11}Na$, $^{27}_{13}Al$, $^{31}_{15}P$, $^{45}_{21}Sc$, $^{55}_{25}Mn$, $^{59}_{27}Co$, $^{75}_{33}As$, $^{89}_{39}Y$, $^{93}_{41}Nb$, $^{103}_{45}Rh$, $^{127}_{53}I$, $^{133}_{55}Cs$, $^{141}_{59}Pr$, $^{159}_{65}Tb$, $^{165}_{67}Ho$, $^{169}_{69}Tm$, $^{197}_{79}Au$ e $^{209}_{83}Bi$.

O conceito de **isótopo** é bastante útil em Química. Existem outras duas definições — a de *isóbaros* e a de *isótonos* — que aparecem em livros, mas que são de pouca importância para efeitos práticos em pesquisas de Química.

Isóbaros são dois ou mais átomos que possuem mesmo número de massa (A) e diferentes números atômicos (Z). Exemplos: $^{14}_{6}C$ e $^{14}_{7}N$; $^{57}_{26}Fe$ e $^{57}_{27}Co$.

Isótonos são dois ou mais átomos que possuem mesmo número de nêutrons (N) e diferentes números atômicos (Z) e de massa (A). Exemplos: $^{13}_{6}C$ e $^{14}_{7}N$; $^{37}_{17}Cl$ e $^{40}_{20}Ca$.

Todas as moléculas de água são idênticas?

Como os isótopos pertencem ao mesmo elemento químico, possuem as mesmas propriedades químicas. Assim, por exemplo, os átomos de hidrogênio que existem numa molécula de água, H_2O, podem ser qualquer um de seus isótopos ($^{1}_{1}H$, $^{2}_{1}H$ ou $^{3}_{1}H$). O átomo de oxigênio também pode ser qualquer um de seus isótopos ($^{16}_{8}O$, $^{17}_{8}O$ ou $^{18}_{8}O$).

A abundância dos isótopos (a quantidade de cada um deles na natureza) é normalmente diferente. Assim, por exemplo, de cada 10.000 átomos de oxigênio, os químicos concluíram que, em média, 9.976 são de $^{16}_{8}O$, 4 são de $^{17}_{8}O$ e 20 são de $^{18}_{8}O$.

JAIMIE DUPLASS/SHUTTERSTOCK

Exercícios essenciais

A critério do(a) professor(a) esta lista de exercícios poderá ser realizada em classe ou em casa.

11. (Unisinos-RS) Quais são as duas regiões básicas que compõem o átomo? E quais são as três principais partículas que constituem o átomo e suas respectivas cargas relativas?

12. Átomos de $^{51}_{24}Cr$ são utilizados em Medicina, no diagnóstico de alterações ligadas aos glóbulos vermelhos. Explique o significado dos números que aparecem ao lado do símbolo do elemento crômio na representação $^{51}_{24}Cr$.

Exercício Resolvido

13. Considere um átomo do elemento químico bromo, possuidor de 35 prótons, 46 nêutrons e 35 elétrons. Escreva a representação correta para esse átomo.

➤ Resolução

Pelos dados do enunciado, temos:

$Z = 35$ e $A = 35 + 46 = 81$

Elemento químico bromo: símbolo Br.
Assim, a representação é $^{81}_{35}Br$.

Exercício Resolvido

14. Quantos prótons, nêutrons e elétrons apresenta o átomo que é representado por $^{55}_{25}Mn$?

➤ Resolução

Pelo enunciado, $Z = 25$, portanto o número de prótons é 25.
Como
$A = Z + N$,
então,
$55 = 25 + N$.
Assim,
$N = 55 - 25$, então o número de nêutrons é $N = 30$.
O número de elétrons, salvo menção em contrário, é igual ao de prótons; no caso é igual a 25.

15. Considere os seguintes átomos:

a) $^{12}_{6}C$
b) $^{17}_{8}O$
c) $^{13}_{7}N$
d) $^{27}_{13}Al$

Determine o número de prótons, de elétrons e de nêutrons de cada um deles.

16. Um dos átomos usados na construção de bombas atômicas é o plutônio (símbolo Pu) com 94 prótons, 94 elétrons e 145 nêutrons. Escreva a representação para esse átomo.

17. (UEMG) O desenvolvimento científico e tecnológico possibilitou a identificação de átomos dos elementos químicos naturais e também possibilitou a síntese de átomos de elementos químicos não encontrados na superfície da Terra.
Indique, entre as alternativas abaixo, aquela que identifica o átomo de um determinado elemento químico e o diferencia de todos os outros.

a) Massa atômica.
b) Número de elétrons.
c) Número atômico.
d) Número de nêutrons.

18. (Unifor-CE) O átomo $^{37}_{17}Cl$ tem igual número de nêutrons que o átomo $^{x}_{20}Ca$. O número de massa x do átomo de Ca é igual a:

a) 10
b) 17
c) 20
d) 37
e) 40

19. (Unisinos-RS) Considere os seguintes isótopos do elemento césio:

$^{133}_{55}Cs$ (estável) $^{137}_{55}Cs$ (radioativo)

a) Explique o que são isótopos.
b) A partir do símbolo $^{137}_{55}Cs$, responda: Qual o número atômico? Qual o número de nêutrons no núcleo? Qual o número de elétrons? Qual o número de massa?

20. (UFPA) Os isótopos do hidrogênio receberam os nomes de prótio ($^{1}_{1}H$), deutério ($^{2}_{1}H$) e trítio ($^{3}_{1}H$). Nesses átomos os números de nêutrons são, respectivamente, iguais a:

a) 0, 1 e 2
b) 1, 1 e 1
c) 1, 1 e 2
d) 1, 2 e 3
e) 2, 3 e 4

21. (UFC-CE) Na tentativa de montar o intrincado quebra-cabeça da evolução humana, pesquisadores têm utilizado relações que envolvem elementos de mesmo número atômico e diferentes números de massa para fazer a datação de fósseis originados em sítios arqueológicos. Quanto a esses elementos, é correto afirmar que são:

a) isóbaros.
b) isótonos.
c) isótopos.
d) alótropos.
e) isômeros.

Exercícios adicionais

Seu(sua) professor(a) indicará quais exercícios deste bloco você deve fazer.

22. (Uece) A identificação de um átomo é feita por meio das partículas que o constituem. Para isso define-se corretamente:

a) Número atômico é igual ao número de nêutrons que o átomo possui.

b) Número de massa é igual à soma do número de prótons e nêutrons que o átomo possui.

c) Massa atômica é igual à soma do número de elétrons e nêutrons que o átomo possui.

d) Número de Avogadro é igual ao número de prótons que o átomo possui.

23. (UFF-RJ) A tabela seguinte fornece o número de prótons e o número de nêutrons existentes no núcleo de vários átomos.

Átomo	Nº de prótons	Nº de nêutrons
a	34	45
b	35	44
c	33	42
d	34	44

Considerando os dados da tabela, o átomo isótopo de *a* e o átomo que tem o mesmo número de massa do átomo *a* são, respectivamente:

a) *d* e *b*
b) *c* e *d*
c) *b* e *c*
d) *b* e *d*
e) *c* e *b*

24. (UFTM-MG) A água pesada é quimicamente formada por átomos de hidrogênio e oxigênio, tal como a água comum. No entanto, a água pesada contém predominantemente átomos de ^{2}H (deutério) e ^{16}O. Ela é utilizada em reatores nucleares para moderar nêutrons emitidos em reações nucleares que ocorrem no núcleo do reator e geram energia térmica. Os átomos de hidrogênio e deutério são classificados como ■. Em uma molécula de água pesada, o número total de nêutrons é igual a ■.

As lacunas são preenchidas correta e respectivamente por:

a) isômeros ... 10
b) isômeros ... 18
c) isótopos ... 10
d) isótopos ... 18
e) isótopos ... 20

25. (Fuvest-SP) Dalton, na sua teoria atômica, propôs entre outras hipóteses que:

a) "os átomos são indivisíveis".

b) "os átomos de um determinado elemento são idênticos em massa".

À luz dos conhecimentos atuais, quais as críticas que podem ser formuladas a cada uma dessas hipóteses?

Exercício Resolvido

26. (FEI-SP) São dadas as seguintes informações relativas aos átomos X, Y e Z:

I. X é isóbaro de Y e isótono de Z.
II. Y tem número atômico 56, número de massa 137 e é isótopo de Z.
III. O número de massa de Z é 138.

O número atômico de X é:

a) 53
b) 54
c) 55
d) 56
e) 57

Resolução

A partir do enunciado podemos montar o seguinte esquema:

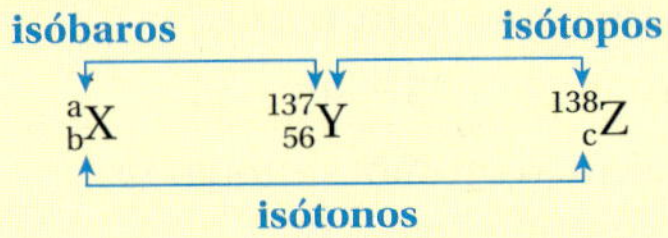

Como X e Y são isóbaros: $a = 137$
Como Y e Z são isótopos: $c = 56$
Como X e Z são isótonos: $a - b = 138 - c$
Substituindo os valores de a e c, calculados anteriormente:
$137 - b = 138 - 56$

b = número atômico de X = 55

Alternativa **c**.

27. (Cefet-AM) Sabendo que os elementos $^{5x+4}_{x+5}M$ e $^{6x+2}_{x+4}Q$ são isóbaros, podemos concluir que seus números atômicos são, respectivamente:

a) 7 e 6
b) 14 e 6
c) 14 e 7
d) 2 e 2
e) 28 e 14

28. (ESPM-SP) Um átomo X tem 56 prótons e 81 nêutrons. Determinar o número de nêutrons de um átomo Y, sabendo que ele é isótopo de X e tem número de massa igual a 138.

29. (Vunesp) O elemento químico B possui 20 nêutrons, é isótopo do elemento químico A, que possui 18 prótons, e isóbaro do elemento químico C, que tem 16 nêutrons. Com base nessas informações, pode-se afirmar que os elementos químicos A, B e C apresentam, respectivamente, números atômicos iguais a:

a) 16, 16 e 20
b) 16, 18 e 20
c) 16, 20 e 21
d) 18, 16 e 22
e) 18, 18 e 22

3 Íons

- Quando um átomo está **eletricamente neutro**, ele possui prótons e elétrons em igual número.

Em determinadas circunstâncias os átomos podem ganhar ou perder elétrons. Quando isso acontece, sua carga total deixa de ser zero, ou seja, o átomo deixa de ser eletricamente neutro e passa a ser dotado de carga elétrica.

- Quando um átomo eletricamente neutro perde ou recebe elétrons, ele se transforma em um **íon**.

Se um átomo eletricamente neutro recebe elétrons, passa a ficar com excesso de cargas negativas, ou seja, transforma-se em um **íon negativo**. Por outro lado, se um átomo eletricamente neutro perde elétrons, transforma-se em um **íon positivo**.

- Íon **negativo** é chamado de **ânion**.
  Íon **positivo** é chamado de **cátion**.

DINODIA IMAGES/ALAMY/OTHER IMAGES

▲ As turmalinas contêm vários íons, dentre os quais, Na^{+}, Li^{+}, Fe^{2+}, Mg^{2+}, Mn^{2+}, Al^{3+} e F^{-}. Você consegue determinar quantos prótons e quantos elétrons tem cada um deles?

Para entender melhor, considere os seguintes exemplos:

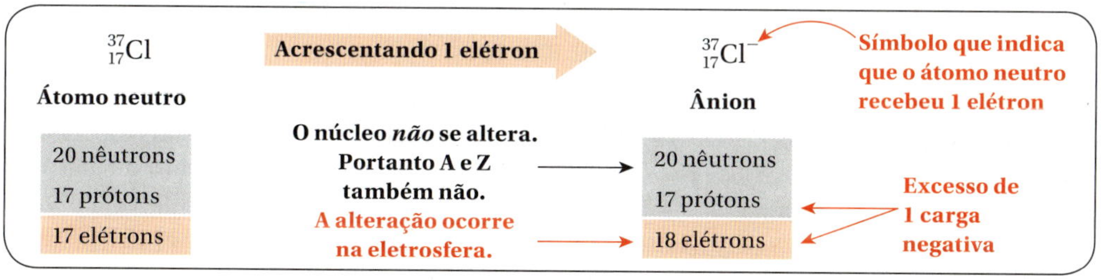

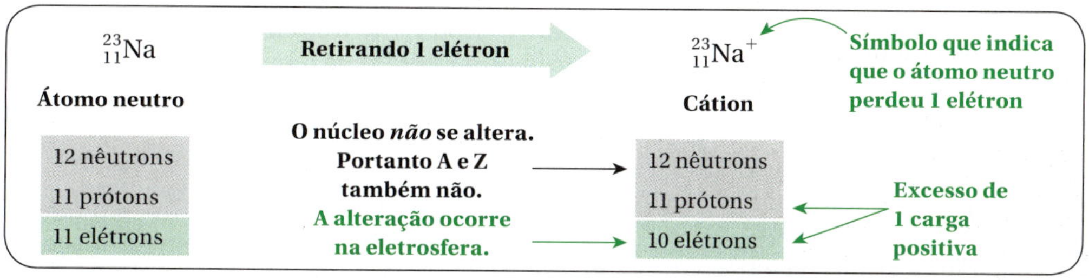

Os **íons monovalentes**, isto é, que possuem apenas uma carga elétrica, são representados colocando-se um sinal de mais (+) ou de menos (−) no canto superior direito do símbolo. O sinal de mais indica um cátion e o de menos, um ânion.

Para representar os íons **bivalentes** ou **divalentes** (2 cargas), **trivalentes** (3 cargas) e **tetravalentes** (4 cargas) deve-se colocar um número que indica a quantidade de cargas antes do sinal de mais ou de menos. Assim temos, por exemplo, Mg^{2+}, S^{2-}, Al^{3+}, N^{3-} e Pb^{4+}.

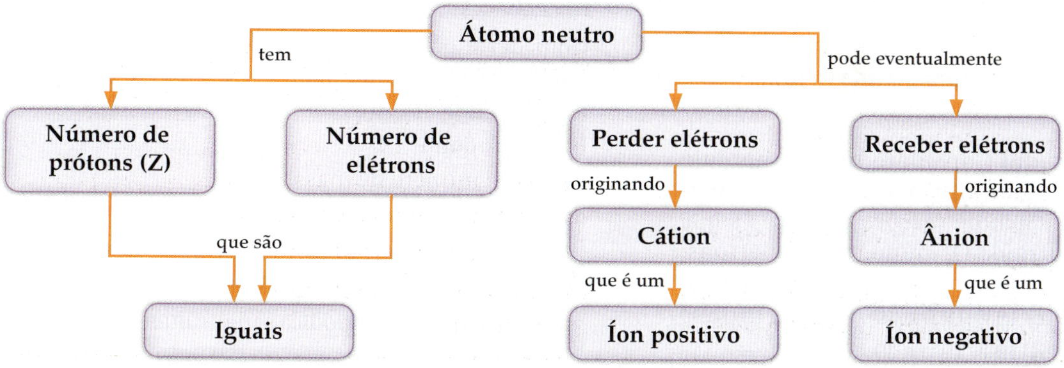

MARGIT/SHUTTERSTOCK

◄ Uma alimentação adequada fornece, entre outros nutrientes, sais minerais que contêm íons necessários ao funcionamento do organismo. Alguns desses íons são Na^+, Mg^{2+}, K^+ e Ca^{2+}.

Biblioteca do estudante
Informe-se sobre a Química:
Elementos químicos presentes no corpo humano

Revisão

Exercícios essenciais

A critério do(a) professor(a) esta lista de exercícios poderá ser realizada em classe ou em casa.

Exercício Resolvido

30. O íon $_{20}Ca^{2+}$ toma parte na constituição dos ossos humanos. Determine quantos prótons e quantos elétrons ele apresenta.

➤ Resolução

Um átomo neutro de cálcio transforma-se no cátion bivalente Ca^{2+} quando perde 2 elétrons.

$_{20}Ca$ { 20 prótons; 20 elétrons } → **Retirando 2 elétrons** → $_{20}Ca^{2+}$ { 20 prótons; 18 elétrons }

Portanto, o íon $_{20}Ca^{2+}$ tem 20 prótons e 18 elétrons.

Exercício Resolvido

31. O íon $_{53}I^-$ é importante para o funcionamento normal da glândula tireoide e, por isso, deve estar presente, em quantidade adequada, na dieta humana. Quantos prótons e quantos elétrons há na constituição desse ânion?

➤ Resolução

Um átomo neutro de iodo transforma-se no ânion monovalente I^- quando recebe 1 elétron.

$_{53}I$ { 53 prótons; 53 elétrons } → **Acrescendo 1 elétron** → $_{53}I^-$ { 53 prótons; 54 elétrons }

Portanto, o íon $_{53}I^-$ tem 53 prótons e 54 elétrons.

32. (UFF-RJ-modificado) Considere um átomo cujo número atômico é igual a 19, que forma cátion monovalente ao participar de reações químicas e que apresenta 20 nêutrons. Os números de elétrons, prótons e de massa do cátion são, respectivamente:

a) 18 e, 19 p e 37
b) 19 e, 19 p e 37
c) 19 e, 18 p e 39
d) 19 e, 19 p e 39
e) 18 e, 19 p e 39

33. (UFG-GO) O número de prótons, nêutrons elétrons apresentados por $^{138}_{56}Ba^{2+}$ é, respectivamente:

a) 56, 82 e 56
b) 56, 82 e 54
c) 56, 82 e 58
d) 82, 138 e 56
e) 82, 194 e 56

34. (FEI-SP) Um isótopo de um elemento metálico tem 25 nêutrons e número de massa 50. A carga do cátion derivado desse isótopo é +2. O número de elétrons desse cátion é:

a) 24
b) 23
c) 50
d) 25
e) 10

35. (PUC-MG) O íon $\mathbf{Y}^{3-}$ tem 38 elétrons e 45 nêutrons. O átomo neutro **Y** apresenta número atômico e número de massa, respectivamente:

a) 35 e 80
b) 38 e 83
c) 41 e 86
d) 45 e 80

36. (UFMG-adaptado) Analise este quadro, em que se apresenta o número de prótons, de nêutrons e de elétrons de quatro espécies químicas:

Espécies	Número de prótons	Número de nêutrons	Número de elétrons
I	1	0	0
II	9	10	10
III	11	12	11
IV	20	20	18

Considerando-se as quatro espécies apresentadas, é **INCORRETO** afirmar que:

a) I é o cátion H^+.
b) II é o ânion F^-.
c) III tem número de massa 23.
d) IV é um átomo neutro.

Comentário dos autores:

Consulte a tabela periódica sempre que necessário!

37. (UCS-RS) Os elétrons de muitos íons metálicos são responsáveis pela cor de alguns compostos inorgânicos conhecidos popularmente como pedras preciosas. O vermelho do rubi deve-se à substituição de alguns átomos de alumínio por íons cromo trivalente. Já no caso da esmeralda, constituída principalmente de silicato e berílio, a cor verde que lhe é característica deve-se à substituição de alguns átomos do berílio por cromo trivalente.

O cromo trivalente apresenta:

a) 21 elétrons e 24 prótons.
b) 24 elétrons e 21 prótons.
c) número atômico igual a 21.
d) número de nêutrons igual a 31.
e) 21 elétrons e 31 nêutrons.

38. (UFPE) Isótopos radioativos de iodo são utilizados no diagnóstico e tratamento de problemas da tireoide, e são, em geral, ministrados na forma de sais de iodeto. Os números de prótons, nêutrons e elétrons no isótopo 131 do iodeto ${}^{131}_{53}I^-$ são, respectivamente:

a) 53, 78 e 52
b) 53, 78 e 54
c) 53, 131 e 53
d) 131, 53 e 131
e) 52, 78 e 53

Exercícios adicionais

Seu(sua) professor(a) indicará quais exercícios deste bloco você deve fazer.

39. (PUC-RJ) Íons isoeletrônicos são íons que possuem o mesmo número de elétrons. Assinale a opção em que as três espécies atendem a essa condição.

a) Li, Na e K
b) Be^{2+}, Mg^{2+} e Ca^{2+}
c) Li^{1+}, Sr^{2+} e Al^{3+}
d) O^{2-}, Na^{1+} e Al^{3+}
e) Cl^{1-}, Br^{1-} e I^{1-}

Comentário dos autores:

Lembre-se: espécies químicas **isoeletrônicas** são aquelas que têm o mesmo **número de elétrons**.

40. (UFMA) O átomo ${}^{52}\mathbf{M}$ apresenta 28 nêutrons. Assim, o íon $\mathbf{M}^{3+}$ é isoeletrônico ao átomo:

a) ${}_{20}Ca$
b) ${}_{22}Ti$
c) ${}_{21}Sc$
d) ${}_{23}V$
e) ${}_{25}Mn$

41. (UFV-MG) O ânion cloreto (Cl^-), o argônio (Ar) e o cátion potássio (K^+) têm em comum o mesmo número:

a) de prótons.
b) de elétrons.
c) de nêutrons.
d) de massa.
e) atômico.

42. (PUC-MG) Considere as representações genéricas das espécies **X**, **Y**, $\mathbf{R}^{2-}$ e $\mathbf{Z}^{2+}$.

${}^{16}_{8}X$ ${}^{17}_{8}Y$ ${}^{17}_{7}R^{2-}$ ${}^{16}_{7}Z^{2+}$

É CORRETO afirmar que as espécies que apresentam o mesmo número de nêutrons são:

a) X e Z^{2+}
b) X e Y
c) Y e R^{2-}
d) Y e Z^{2+}

43. (UFJF-MG) Na tabela a seguir, qual é a alternativa que melhor preenche as lacunas nas colunas de I a IV, RESPECTIVAMENTE?

	I	II	III	IV
Símbolos	Ca^{2+}			Cl^-
Prótons	20	53	16	17
Nêutrons	20	74	16	
Elétrons		53	16	18
Carga	+2	0	0	−1

a) 20, I, S, 17
b) 18, I, S, 18
c) 20, I^-, O^{2-}, 17
d) 22, I, O, 18
e) 18, I^-, S^{2-}, 18

44. (PUC-RJ) Um íon X^{1-} tem 18 elétrons e 20 nêutrons. Portanto, o elemento X tem:

a) número atômico 17.
b) 18 prótons.
c) 19 elétrons.
d) 19 nêutrons.
e) número de massa 38.

Capítulo 6

Noção mais detalhada da estrutura atômica

MARTYN F. CHILLMAID/ SCIENCE PHOTO LIBRARY/LATINSTOCK

KLAUS GULBRANDSEN/SCIENCE PHOTO LIBRARY/LATINSTOCK

▲ O pequeno brinquedo plástico e os ponteiros do relógio brilham no escuro devido ao fenômeno da fosforescência, que pode ser compreendido com o assunto estudado neste capítulo.

Alguns conteúdos importantes:

- Espectros atômicos
- Modelo atômico de Bohr
- Aplicações do modelo de Bohr na explicação do teste da chama, da cor dos fogos de artifício e do funcionamento de luminosos baseados no tubo de raios catódicos
- Modelo de subníveis de energia
- Distribuição eletrônica nos subníveis
- Distribuição eletrônica nas camadas

1 Espectros atômicos

Guia de estudo

Se fizermos a luz de uma lâmpada comum (de filamento incandescente) passar através de um prisma, ela será decomposta em várias cores, que são popularmente conhecidas como arco-íris. Cientificamente, o que se obtém é chamado de **espectro da luz visível**.

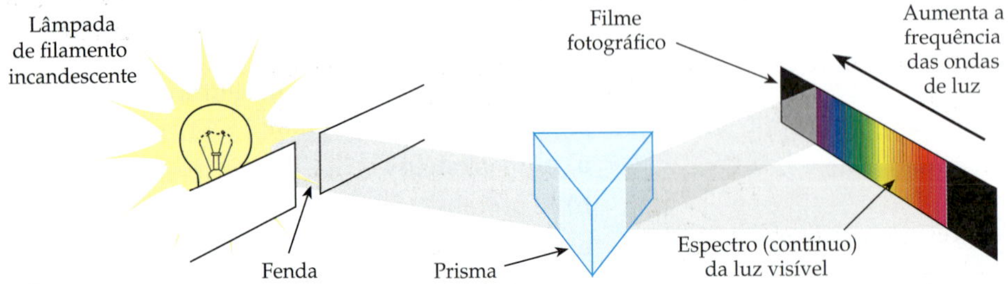

Contudo, se repetirmos essa experiência utilizando a luz proveniente de uma lâmpada de gás (tubo de raios catódicos), não obteremos o espectro completo. Apenas algumas linhas estarão presentes, correspondendo somente a algumas frequências das ondas de luz visível. Essas linhas formam o **espectro de linhas** ou **espectro atômico**.

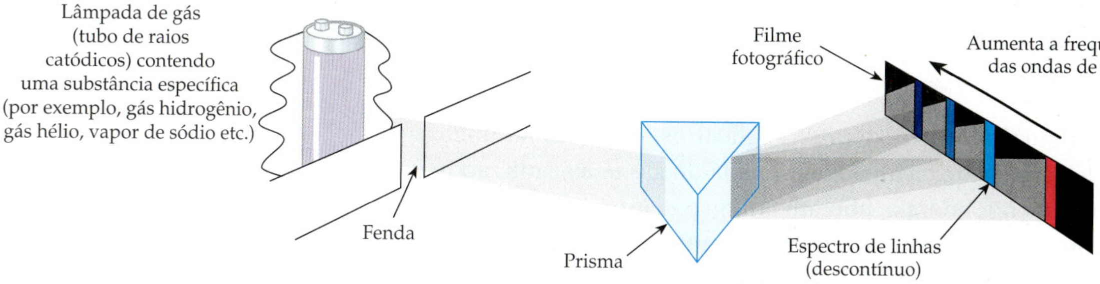

Alguns exemplos de espectros atômicos aparecem na figura a seguir.

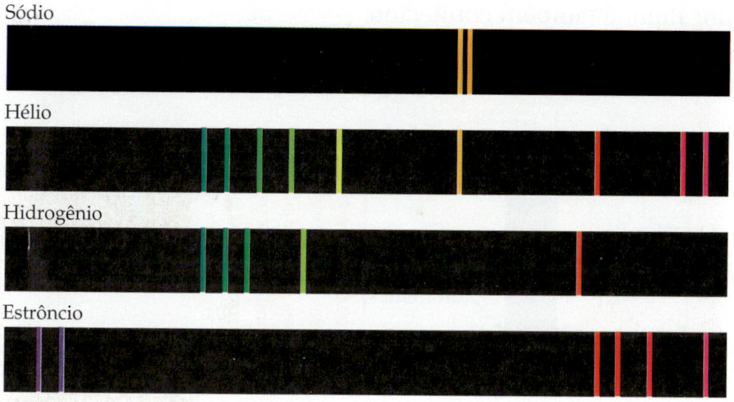

Espectros atômicos (ou espectros de linhas) obtidos com alguns elementos.

2 Modelo atômico de Bohr

O modelo de Rutherford, proposto em 1911, apesar de esclarecer satisfatoriamente os resultados da experiência sobre a dispersão de partículas alfa, possuía algumas deficiências, como não explicar os espectros atômicos. Em 1913, Niels Bohr (1885-1962) propôs um outro modelo, mais completo, que conseguia explicar o espectro de linhas.

Em seu modelo, Bohr incluiu uma série de **postulados** (postulado é uma afirmação aceita como verdadeira, sem demonstração):

- Os elétrons, nos átomos, movimentam-se ao redor do núcleo em trajetórias circulares, chamadas de **camadas** ou **níveis**. (A camada, ou nível, mais próxima do núcleo é designada pela letra **K**, a segunda pela letra **L**, a terceira pela letra **M**, e assim sucessivamente.)
- Cada um desses níveis tem um valor determinado de energia. (Por isso, são também denominados **níveis de energia**.)
- Não é permitido a um elétron permanecer entre dois desses níveis.
- Um elétron pode passar de um nível para outro de maior energia, desde que **absorva energia** externa (ultravioleta, luz visível etc.). Quando isso acontece, dizemos que o elétron foi excitado e que ocorreu uma **transição eletrônica** (veja a ilustração esquemática Ⓐ).
- A transição de retorno do elétron ao nível inicial ocorre com **liberação de energia** na forma de ondas eletromagnéticas (veja a ilustração Ⓑ), por exemplo, luz visível ou ultravioleta.

A situação em que os elétrons de um átomo estão com a menor energia possível é chamada **estado fundamental** desse átomo.

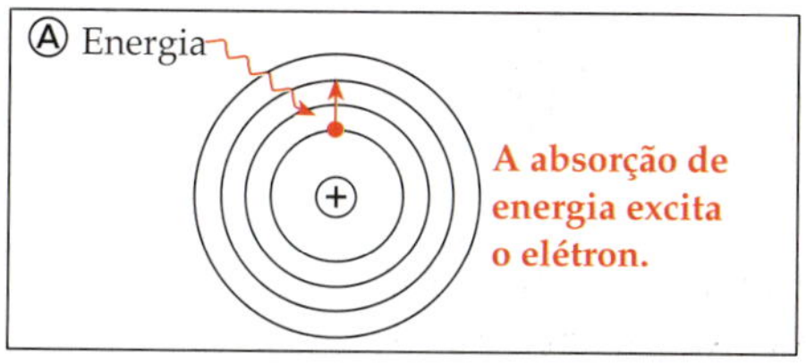

- Uma novidade relevante da teoria de Bohr está na afirmação de a energia dos elétrons ser **quantizada**, isto é, ter apenas **alguns determinados valores**.

Utilizando o **modelo de Bohr** podem-se explicar os espectros atômicos. Primeiramente os elétrons são excitados na lâmpada de gás e, a seguir, ao retornarem aos níveis de menor energia, liberam energia na forma de luz. Como a cor da luz emitida depende da diferença de energia entre os níveis envolvidos na transição (veja a ilustração ©) e como essa diferença varia de elemento para elemento, a luz apresentará cor característica para cada elemento químico. O modelo atômico de Rutherford, modificado por Bohr, é também conhecido como **modelo de Rutherford-Bohr**.

©

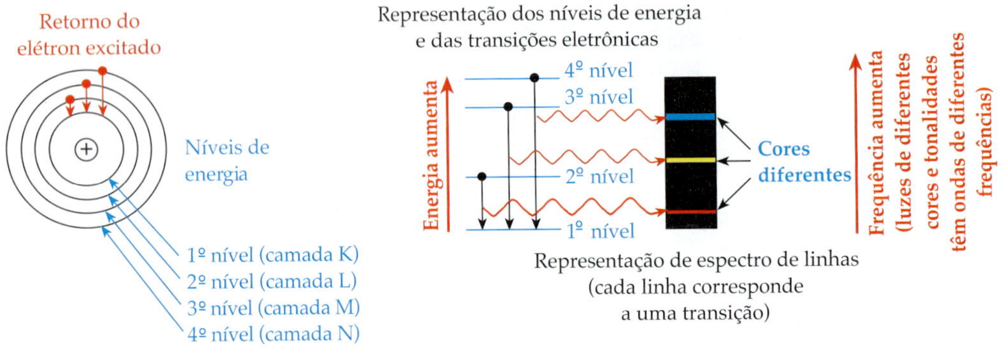

3 Algumas aplicações do modelo de Bohr

3.1 Interpretação da cor no teste da chama

Considere o seguinte relato de experiência: na ponta de um fio de platina coloca-se uma pequena amostra de cloreto de sódio (NaCl) e leva-se à chama de um bico de Bunsen, segurando-o com uma pinça de madeira ou fixado a um bastão de vidro para não queimar os dedos.

A observação macroscópica que se faz é que a chama, inicialmente azul bem clara, quase transparente, adquire uma intensa coloração laranja. Repetindo esse procedimento, porém utilizando brometo de sódio (NaBr) ou iodeto de sódio (NaI), também se observa que a chama adquire coloração laranja. Como o fio de platina levado à chama sem a presença do sal não produz coloração na chama, isso parece indicar que o sódio deve ser o responsável pela coloração. De fato, ao repetir esse procedimento com compostos de alguns outros elementos metálicos, percebe-se que cada um deles produz uma cor característica ao ser submetido à chama (veja a tabela 1).

O procedimento que descrevemos é conhecido como **teste da chama**. Ele teve importância histórica como um dos testes empregados na detecção de certos elementos em amostras de minerais. Segundo o modelo de Bohr, quando átomos são submetidos a uma chama, o calor excita os elétrons, isto é, faz com que passem para níveis de maior energia. Ao voltarem aos níveis iniciais, liberam energia na forma de luz, cuja cor é característica dos átomos de cada elemento.

TABELA 1 **Cores emitidas pelos átomos de alguns elementos no teste da chama**

Elemento	Cor
Sódio	Laranja
Potássio	Violeta
Cálcio	Vermelho-tijolo
Estrôncio	Vermelho-carmim
Bário	Verde
Cobre	Azul-esverdeada
Césio	Azul-clara

▲ Teste da chama com sódio,

▲ potássio,

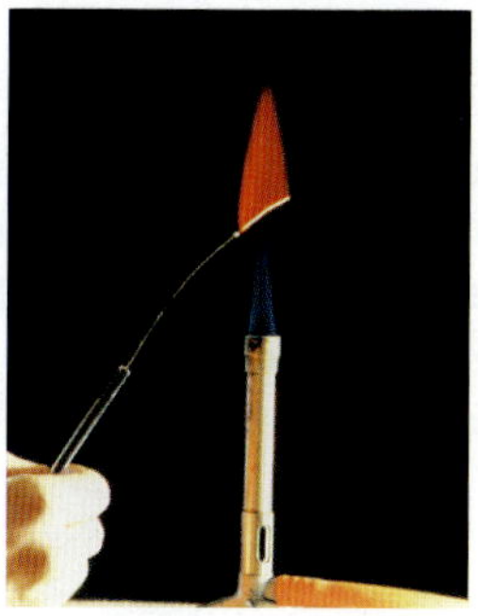

▲ estrôncio e

▲ bário.

FOTOS: ANDREW LAMBERT PHOTOGRAPHY/ SCIENCE PHOTO LIBRARY/LATINSTOCK

3.2 Fogos de artifício

Quando os fabricantes desejam produzir fogos de artifício coloridos, eles misturam à pólvora compostos de certos elementos químicos apropriados.

A cor que um elemento dá aos fogos de artifício é a mesma que ele possui no teste da chama. Na hora em que a pólvora explode, a energia excita os elétrons desses átomos. Quando retornam aos níveis de menor energia, liberam luz colorida: exatamente a cor que vemos no teste da chama.

3.3 Luminosos e lâmpadas

Os luminosos de neônio e as lâmpadas de vapor de sódio ou mercúrio são dispositivos baseados no tubo de raios catódicos. Neles, há uma substância no estado gasoso (gás neônio, vapor de sódio e vapor de mercúrio, respectivamente), cujos elétrons são excitados por ação da corrente elétrica. Quando esses elétrons retornam, há a emissão de luz.

PALÊ ZUPPANI/PULSAR IMAGENS

▲ A cor dos fogos de artifício pode ser explicada utilizando o modelo atômico de Bohr.

MAURICIO SIMONETTI/PULSAR IMAGENS

▲ Nas lâmpadas de vapor de sódio, como as que aparecem no alto desses postes, a luz emitida é laranja: a mesma cor do sódio no teste da chama.

ALEXANDRE TOKITAKA/ PULSAR IMAGENS

▲ Luminoso de neônio.

Fluorescência e fosforescência

Alguns materiais, quando absorvem radiação ultravioleta ou outras formas de radiação, emitem de volta luz visível.

Esse fenômeno é chamado genericamente de **luminescência**. Quando a emissão ocorre imediatamente após a incidência da radiação ultravioleta, o fenômeno é chamado de **fluorescência**; se, por outro lado, a emissão demorar alguns segundos ou até mesmo algumas horas, chamamos de **fosforescência**. Os interruptores de luz e os ponteiros de relógio que brilham no escuro baseiam-se no princípio da fosforescência.

FOTOS: EDUARDO SANTALIESTRA/CID

▲ Os interruptores feitos de material fosforescente são visíveis no escuro graças ao retorno gradual dos elétrons que foram excitados durante o tempo em que o dispositivo esteve iluminado.

3.4 Bioluminescência: a luz dos vaga-lumes

Alguns seres vivos possuem um interessante mecanismo em seu organismo: reações químicas utilizam a energia (proveniente dos alimentos) para excitar elétrons de alguns átomos. Quando os elétrons voltam ao estado fundamental, há emissão de luz. Esse fenômeno é chamado de **bioluminescência**. O caso mais conhecido de bioluminescência é o dos vaga-lumes (ou pirilampos).

KLAUS GULDBRANDSEN/SCIENCE PHOTO LIBRARY/LATINSTOCK

▶ Os químicos já conseguiram reproduzir em laboratório as reações de bioluminescência como aquelas responsáveis pela luz emitida pelos vaga-lumes.

Exercícios essenciais

A critério do(a) professor(a) esta lista de exercícios poderá ser realizada em classe ou em casa.

1. O modelo atômico de Bohr introduziu importantes inovações em relação aos modelos anteriores. Entre elas, podemos citar:

a) A matéria é descontínua.
b) Existência de nêutrons.
c) A matéria possui natureza elétrica.
d) Quantização da energia.
e) Explicação da experiência de Rutherford.

2. (PUC-PR) Alguns modelos atômicos que conhecemos foram propostos por Dalton, Rutherford e Bohr. Algumas das características de cada um desses modelos estão apresentadas no quadro abaixo:

Modelo	Características
I	Núcleo atômico denso, com carga positiva. Elétrons em órbitas circulares.
II	Átomos maciços e indivisíveis.
III	Núcleo atômico denso, com carga positiva. Elétrons em órbitas circulares de energia quantizada.

Selecione a alternativa abaixo que apresenta a associação **correta** modelo/cientista:

a) I/Rutherford; II/Dalton; III/Bohr.
b) I/Bohr; II/Dalton; III/Rutherford.
c) I/Dalton; II/Bohr; III/Rutherford.
d) I/Dalton; II/Rutherford; III/Bohr.
e) I/Rutherford; II/Bohr; III/Dalton.

3. De acordo com o modelo de Bohr, a luz vista durante o teste da chama é emitida:

a) quando os átomos se quebram em vários pedaços.
b) pelos elétrons quando são promovidos a níveis de menor energia.
c) pelos elétrons quando retornam, após a excitação, a níveis de menor energia.
d) quando o núcleo do átomo se quebra em dois pedaços devido ao aquecimento.

4. (UGF-RJ) O físico dinamarquês Niels Bohr (1885-1962) enunciou, em 1913, um modelo atômico que relacionou a quantidade de energia dos elétrons com sua localização na eletrosfera.
Em relação à energia associada às transições eletrônicas, um elétron, ao absorver energia, pode sofrer a seguinte transição:

a) da órbita *N* para a órbita *M*.
b) da órbita *P* para a órbita *O*.
c) da órbita *L* para a órbita *K*.
d) da órbita *O* para a órbita *P*.
e) da órbita *M* para a órbita *L*.

Exercícios adicionais

Seu(sua) professor(a) indicará quais exercícios deste bloco você deve fazer.

5. (PUC-MG) Os interruptores brilham no escuro graças a uma substância chamada sulfeto de zinco (ZnS), que tem a propriedade de emitir um brilho amarelo-esverdeado depois de exposta à luz. O sulfeto de zinco é um composto fosforescente. Ao absorverem partículas luminosas, os elétrons são estimulados e afastados para longe do núcleo. Quando você desliga o interruptor, o estímulo acaba e os elétrons retornam, aos poucos, para seus lugares de origem, liberando o seu excesso de energia na forma de fótons. Daí a luminescência.

(Texto adaptado do artigo de aplicações da fluorescência, de Daniela Freitas)

A partir das informações do texto, pode-se concluir que o melhor modelo atômico que representa o funcionamento dos interruptores no escuro é o de:

a) Rutherford.
b) Bohr.
c) Thomson.
d) Heisenberg.

6. (UFPB) Os fogos de artifício coloridos são fabricados adicionando-se à pólvora elementos químicos metálicos como o sódio (cor amarela), estrôncio (vermelho escuro), potássio (violeta) etc. Quando a pólvora queima, elétrons dos metais presentes sofrem excitação eletrônica e, posteriormente, liberação de energia sob a forma de luz, cuja cor é característica de cada metal. O fenômeno descrito:

a) é característico dos elementos dos grupos 6A e 7A da Tabela Periódica.

b) ocorre, independentemente, da quantidade de energia fornecida.

c) está em concordância com a transição eletrônica, conforme o modelo de Bohr.

d) mostra que a transição de elétrons de um nível mais interno para um mais externo é um processo que envolve emissão de energia.

e) mostra que um elétron excitado volta ao seu estado fundamental, desde que absorva energia.

7. (PUC-RS) Um experimento conduzido pela equipe de Rutherford consistiu no bombardeamento de finas lâminas de ouro, para estudo de desvios de partículas alfa. Rutherford pôde observar que a maioria das partículas alfa atravessava a fina lâmina de ouro, uma pequena parcela era desviada de sua trajetória e uma outra pequena parcela era refletida. Rutherford então idealizou um outro modelo atômico, que explicava os resultados obtidos no experimento.
Em relação ao modelo de Rutherford, afirma-se que:

I. o átomo é constituído por duas regiões distintas: o núcleo e a eletrosfera.

II. o núcleo atômico é extremamente pequeno em relação ao tamanho do átomo.

III. os elétrons estão situados na superfície de uma esfera de carga positiva.

IV. os elétrons movimentam-se ao redor do núcleo em trajetórias circulares, denominadas níveis, com valores determinados de energia.

As afirmativas corretas são, apenas:

a) I e II
b) I e III
c) II e IV
d) III e IV
e) I, II e III

8. (Uece) Cada elemento químico apresenta um espectro característico, e não há dois espectros iguais. O espectro é o retrato interno do átomo e, assim, é usado para identificá-lo, conforme ilustração dos espectros dos átomos dos elementos hidrogênio, hélio e mercúrio.

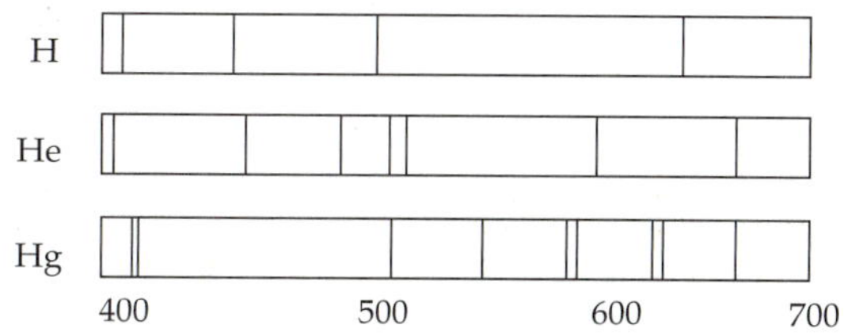

λ, nm
λ = comprimento de onda
1 nm = 10^{-9} m

Bohr utilizou o espectro de linhas para representar seu modelo atômico, assentado em postulados, cujo verdadeiro é:

a) Ao mudar de órbita ou nível, o elétron emite ou absorve energia superior à diferença de energia entre as órbitas ou níveis onde ocorreu essa mudança.

b) Todo átomo possui um certo número de órbitas, com energia constante, chamadas estados estacionários, nos quais o elétron pode movimentar-se sem perder nem ganhar energia.

c) Os elétrons descrevem, ao redor do núcleo, órbitas elípticas com energia variada.

d) O átomo é uma esfera positiva que, para tornar-se neutra, apresenta elétrons (partículas negativas) incrustados em sua superfície.

4 Modelo de subníveis de energia

4.1 Subníveis de energia

Nas décadas de 1920 e 1930, a análise de espectros se mostrava uma das melhores maneiras de investigar a eletrosfera e muitos cientistas centraram seus esforços nesse campo. Com a construção de aparelhos mais avançados para obter os espectros, foi possível perceber que eles apresentam uma **estrutura fina**, ou seja, algumas das linhas são compostas por duas ou mais linhas muito próximas.

A estrutura fina dos espectros foi explicada quando os cientistas propuseram que os níveis de energia são formados por subdivisões, chamadas de **subníveis**. Estes são designados pelas letras minúsculas s, p, d, f, g, h etc.

▲ Estrutura fina de um espectro atômico.

- A **camada K** é formada pelo **subnível s**. A **camada L** é formada pelos **subníveis s** e **p**. A **camada M** é formada pelos **subníveis s, p** e **d**. A **camada N** é formada pelos **subníveis s, p, d** e **f**. E assim por diante ...

Cada subnível comporta um certo número máximo de elétrons, conforme mostrado pela tabela 2. Ordenando (com base em evidências experimentais) os subníveis em ordem crescente de energia, os cientistas chegaram ao seguinte esquema:

TABELA 2 **Número máximo de elétrons acomodados pelos subníveis s, p, d, f**

Subnível	Número máximo de elétrons
s	2
p	6
d	10
f	14

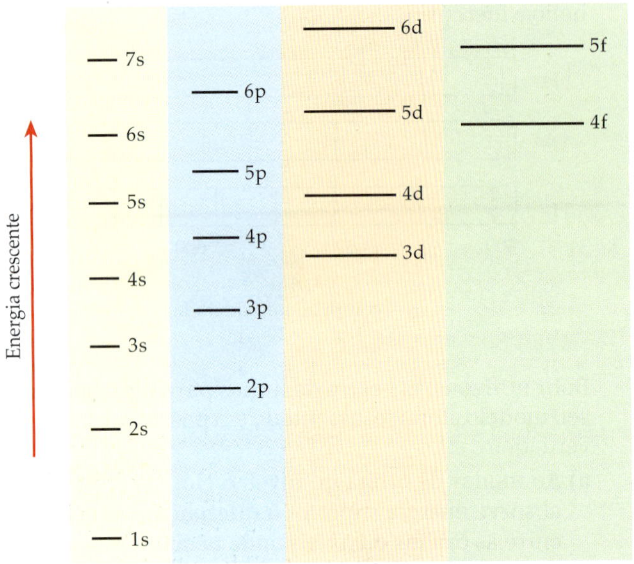

A simbologia **1s** indica subnível s do primeiro nível, **2s** indica subnível s do segundo nível, **2p** indica subnível p do segundo nível, e assim por diante.

Como pode ser visto no esquema acima, o subnível 4s, apesar de pertencer à quarta camada, apresenta energia inferior à do subnível 3d, que pertence à terceira camada. Algumas outras situações de inversão desse tipo ocorrem entre os vários subníveis (por exemplo, o subnível 5s tem energia inferior ao 4d e ao 4f; o subnível 6s tem energia inferior ao 4f e ao 5d).

4.2 Distribuição eletrônica em átomos neutros

Os elétrons tendem a distribuir-se nos subníveis de menor energia. A situação na qual os elétrons de um átomo se encontram nos subníveis de menor energia é chamada de **estado fundamental**.

Considere, por exemplo, o átomo neutro de hidrogênio, $_1H$, que possui 1 elétron. Este permanece no subnível 1s, que, entre todos, possui menor energia. Dizemos que a **distribuição eletrônica** do $_1H$ **nos subníveis** é $1s^1$. A distribuição eletrônica nos subníveis também é conhecida como **configuração eletrônica**.

No caso do $_2He$, a distribuição é $1s^2$, ou seja, os seus 2 elétrons ocupam o subnível de menor energia, 1s. O lítio, $_3Li$, apresenta distribuição $1s^2\ 2s^1$. Note que o terceiro elétron não é comportado pelo subnível 1s, que admite no máximo 2 elétrons. Ele é forçado a ocupar o subnível 2s, que, depois do subnível 1s, é o que apresenta menor energia.

Para facilitar, foi elaborado o diagrama a seguir — vamos aqui denominá-lo **diagrama das diagonais** (alguns autores o denominam *diagrama de Pauling*) —, no qual as diagonais mostram a ordem em que se dá o preenchimento dos subníveis (para a maioria dos átomos dos elementos). Ele nos ajuda a realizar a distribuição eletrônica, o que é feito seguindo as diagonais. Observe, na tabela 3, a configuração eletrônica de alguns átomos neutros.

Diagrama das diagonais

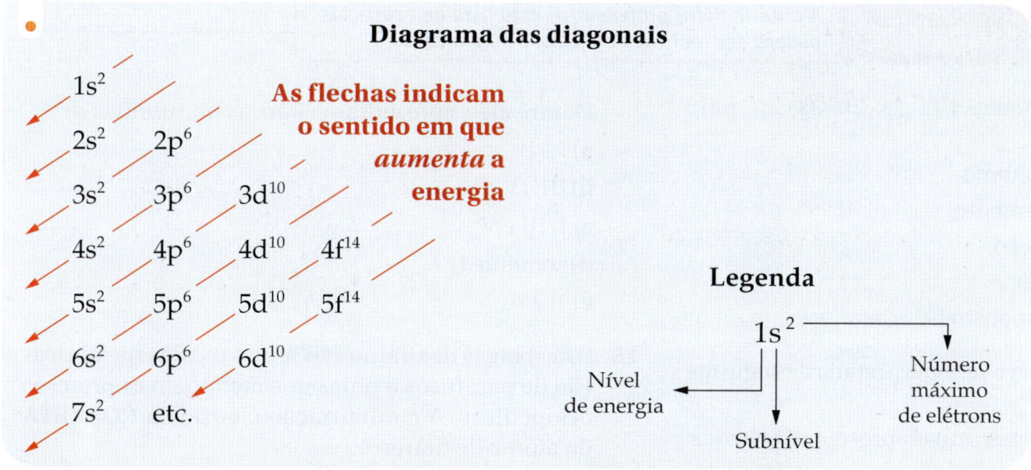

TABELA 3 **Configuração eletrônica para os átomos (eletricamente neutros) dos primeiros 20 elementos da tabela periódica**

Átomo	Configuração eletrônica		
$_1H$	$1s^1$		
$_2He$	$1s^2$		
$_3Li$	$1s^2\,2s^1$	ou	$[He]\,2s^1$
$_4Be$	$1s^2\,2s^2$		$[He]\,2s^2$
$_5B$	$1s^2\,2s^2\,2p^1$		$[He]\,2s^2\,2p^1$
$_6C$	$1s^2\,2s^2\,2p^2$		$[He]\,2s^2\,2p^2$
$_7N$	$1s^2\,2s^2\,2p^3$		$[He]\,2s^2\,2p^3$
$_8O$	$1s^2\,2s^2\,2p^4$		$[He]\,2s^2\,2p^4$
$_9F$	$1s^2\,2s^2\,2p^5$		$[He]\,2s^2\,2p^5$
$_{10}Ne$	$1s^2\,2s^2\,2p^6$		$[He]\,2s^2\,2p^6$
$_{11}Na$	$[Ne]\,3s^1$		
$_{12}Mg$	$[Ne]\,3s^2$		
$_{13}Al$	$[Ne]\,3s^2\,3p^1$		
$_{14}Si$	$[Ne]\,3s^2\,3p^2$		
$_{15}P$	$[Ne]\,3s^2\,3p^3$		
$_{16}S$	$[Ne]\,3s^2\,3p^4$		
$_{17}Cl$	$[Ne]\,3s^2\,3p^5$		
$_{18}Ar$	$[Ne]\,3s^2\,3p^6$		
$_{19}K$	$[Ar]\,4s^1$		
$_{20}Ca$	$[Ar]\,4s^2$		
e assim por diante			

O símbolo [He] indica a configuração eletrônica de um átomo de hélio: $1s^2$. Assim, ao escrever que a configuração de um átomo de $_3Li$ é [He] $2s^1$, estamos querendo dizer que se trata de $1s^2\,2s^1$. Costuma-se chamar o símbolo [He] de **cerne de átomo de hélio**.

O símbolo [Ne] indica **cerne de átomo de neônio**, ou seja, $1s^2\,2s^2\,2p^6$.

O símbolo [Ar] indica **cerne de átomo de argônio**, ou seja, $1s^2\,2s^2\,2p^6\,3s^2\,3p^6$.

Além de auxiliar na distribuição eletrônica nos subníveis, o diagrama das diagonais permite que elaboremos a **distribuição eletrônica nos níveis** ou **camadas**. Veja os exemplos:

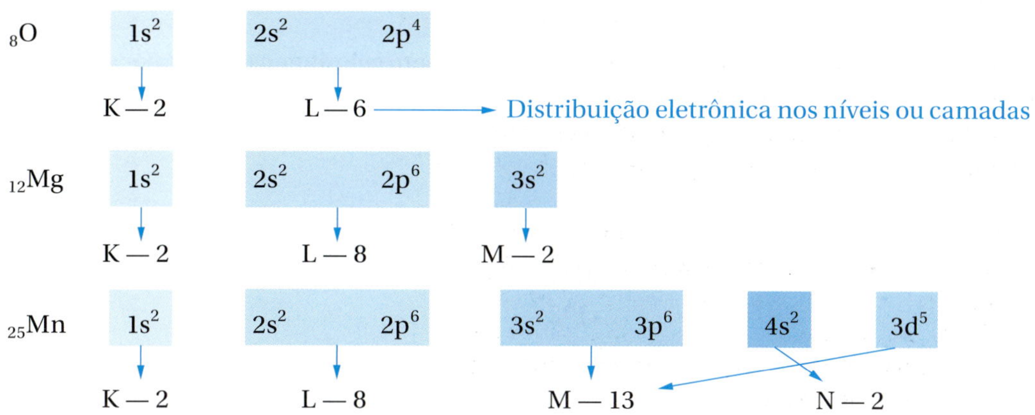

Exercícios essenciais

A critério do(a) professor(a) esta lista de exercícios poderá ser realizada em classe ou em casa.

9. (Ufam) Utiliza-se a notação $1s^2\ 2s^2\ 2p^6\ 3s^2\ 3p^6$ para representar:

a) eletrosfera de um átomo.
b) isótopos de um elemento.
c) números de oxidação.
d) moléculas diatômicas.
e) fórmula de um composto.

10. A representação $5s^1$ deve ser interpretada da seguinte maneira:

a) O subnível s do primeiro nível apresenta 5 elétrons.
b) O subnível s do quinto nível apresenta 1 elétron.
c) O quinto subnível do primeiro nível apresenta s elétrons.
d) O nível s do quinto subnível apresenta 1 elétron.
e) O primeiro nível do subnível s apresenta 5 elétrons.

11. (Unitins-TO) Coloque em ordem crescente de energia os subníveis eletrônicos:

4d 4f 5p 6s

a) 4d < 5p < 6s < 4f
b) 4d < 4f < 5p < 6s
c) 4f < 4d < 5p < 6s
d) 5p < 6s < 4f < 4d
e) 6s < 5p < 4d < 4f

12. Escreva a distribuição eletrônica **nos subníveis** de energia para os seguintes átomos:

a) $_4Be$
b) $_7N$
c) $_{10}Ne$
d) $_{13}Al$
e) $_{20}Ca$
f) $_{28}Ni$
g) $_{35}Br$
h) $_{37}Rb$
i) $_{55}Cs$

13. (Vunesp) Para o elemento de número atômico 28, a configuração eletrônica é:

a) $1s^2\ 2s^2\ 2p^6\ 3s^2\ 3p^6\ 3d^{10}$
b) $1s^2\ 2s^2\ 2p^6\ 3s^2\ 3p^6\ 3d^2\ 4s^2\ 4p^6$
c) $1s^2\ 2s^2\ 2p^6\ 3s^2\ 3p^6\ 4s^2\ 4p^6\ 5s^2$
d) $1s^2\ 2s^2\ 2p^6\ 3s^2\ 3p^6\ 4s^2\ 3d^8$
e) $1s^2\ 2s^2\ 2p^6\ 3s^2\ 3p^6\ 4s^1\ 3d^9$

14. (Ufac) Considere os seguintes elementos e seus respectivos números atômicos:

I. K (Z = 19)
II. Fe (Z = 26)
III. Mg (Z = 12)
IV. N (Z = 7)
V. Cr (Z = 24)

Dentre eles, apresentam elétrons no subnível *d*:

a) I e II
b) III, IV e V
c) I, III e V
d) somente II
e) II e V

15. (Ufes) Ligas de titânio são muito usadas na fabricação de parafusos e pinos que compõem as próteses ortopédicas. A configuração eletrônica CORRETA do átomo de titânio é:

a) $[Ar]\ 3d^4$
b) $[Ar]\ 3d^6$
c) $[Ar]\ 4s^1\ 3d^3$
d) $[Ar]\ 4s^2\ 3d^2$
e) $[Ar]\ 4s^2\ 3d^5$

Comentário dos autores:

A tabela periódica é um instrumento de consulta. Procure nela o número atômico do titânio (Ti) e o do argônio (Ar).

16. (Ufersa-RN) O zinco é um micronutriente utilizado pelas plantas na composição de diversas enzimas importantes para o metabolismo vegetal. A configuração eletrônica dos átomos de zinco em seu estado fundamental é:

a) $[He]\ 2s^2\ 2p^6$
b) $[Xe]\ 6s^1\ 4f^{14}\ 5d^{10}$
c) $[Ne]\ 3s^2\ 3p^4$
d) $[Ar]\ 4s^2\ 3d^{10}$

17. Escreva a distribuição eletrônica **em camadas** (níveis de energia) para os seguintes átomos:

a) $_4Be$
b) $_7N$
c) $_{10}Ne$
d) $_{13}Al$
e) $_{20}Ca$
f) $_{28}Ni$
g) $_{35}Br$
h) $_{37}Rb$
i) $_{55}Cs$

18. (UFPA) O elemento cujo átomo tem o maior número de elétrons em sua camada mais externa é aquele cujo número atômico é:

a) 2
b) 4
c) 7
d) 11
e) 12

Exercícios adicionais

Seu(sua) professor(a) indicará quais exercícios deste bloco você deve fazer.

19. (Uniube-MG) Um átomo cuja configuração eletrônica é $1s^2$, $2s^2$, $2p^6$, $3s^2$, $3p^6$, $4s^2$ tem como número atômico:

a) 10
b) 20
c) 18
d) 2
e) 8

Exercício Resolvido

20. A última camada de um átomo possui a configuração eletrônica $3s^2\ 3p^4$. Qual o número atômico desse elemento?

Resolução

Utilizando o diagrama das diagonais, fazemos a distribuição até $3s^2\ 3p^4$:

$1s^2\ 2s^2\ 2p^6\ 3s^2\ 3p^4 \Rightarrow$ total de 16 elétrons

Como, num átomo neutro, o número de elétrons é igual ao número de prótons, então:

$Z = 16$.

21. (Ueba) Um átomo X é isóbaro de $^{29}_{13}Y$ e possui 14 nêutrons. O número de elétrons, no último nível, que o átomo X possui é:

a) 7
b) 13
c) 6
d) 5
e) 4

22. (Unifor-CE) O átomo de um elemento químico tem 14 elétrons no terceiro nível energético. O número atômico desse elemento é:

a) 14
b) 16
c) 24
d) 26
e) 36

23. (Unaerp-SP) O fenômeno da supercondução de eletricidade, descoberto em 1911, voltou a ser objeto da atenção do mundo científico com a constatação de Bednorz e Müller de que materiais cerâmicos podem exibir esse tipo de comportamento, valendo um prêmio Nobel a esses dois físicos em 1987. Um dos elementos químicos mais importantes na formulação da cerâmica supercondutora é o ítrio: $1s^2\ 2s^2\ 2p^6\ 3s^2\ 3p^6\ 4s^2\ 3d^{10}\ 4p^6\ 5s^2\ 4d^1$. O número de camadas e o número de elétrons mais energéticos para o ítrio serão, respectivamente:

a) 4 e 1
b) 5 e 1
c) 4 e 2
d) 5 e 3
e) 4 e 3

24. (Uerj) A figura abaixo foi proposta por um ilustrador para representar um átomo de lítio, $^{7}_{3}Li$, no estado fundamental, segundo o modelo de Rutherford-Bohr.

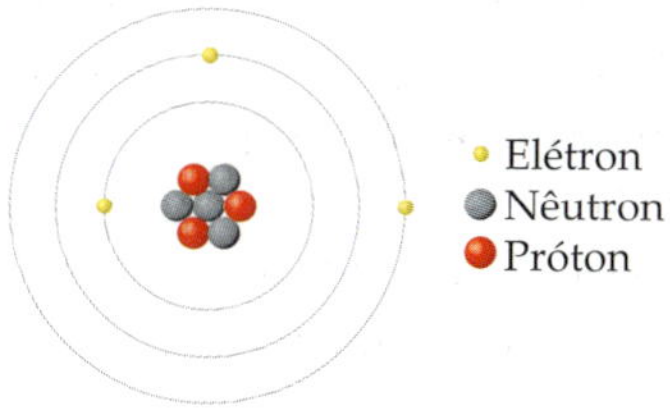

Constatamos que a figura está **incorreta** em relação ao número de:

a) nêutrons no núcleo.
b) partículas no núcleo.
c) elétrons por camada.
d) partículas na eletrosfera.

25. (UFPI) De acordo com o "princípio de Aufbau" para a distribuição eletrônica em átomos multieletrônicos, diz-se que um átomo encontra-se no seu estado fundamental quando seus elétrons se localizam nos estados de menor energia. Dentre as opções abaixo, aquela coincidente com a de um átomo no seu estado fundamental é:

a) $1s^2\ 2s^1\ 2p^4$
b) $1s^2\ 2s^2\ 2p^6\ 3s^2\ 3p^5\ 4s^2\ 3d^{10}$
c) $1s^2\ 2s^2\ 2p^6\ 3s^1\ 3p^5\ 4s^2$
d) $1s^2\ 2s^2\ 2p^6\ 3s^2\ 3p^6\ 4s^2\ 3d^{10}$
e) $1s^2\ 2s^2\ 2p^6\ 3s^2\ 3p^6\ 4s^1\ 3d^8\ 4p^2$

26. (IME-RJ) Em relação ao átomo pode-se afirmar que:

a) a eletrosfera concentra praticamente toda a massa do átomo.
b) isótopos são átomos do mesmo elemento, porém com números de prótons diferentes.
c) dois átomos que possuam o mesmo número de prótons pertencem ao mesmo elemento químico.
d) o número atômico de um elemento cujos átomos apresentam configuração eletrônica $2s^2\ 2p^5$ para a última camada é 5.
e) o modelo atômico de Dalton suscitou a ideia de átomo com estrutura elétrica.

4.3 Distribuição eletrônica em íons

Como vimos na página 73, os íons diferem dos respectivos átomos neutros apenas no número de elétrons. Assim, para fazer a distribuição eletrônica de íons, deve-se inicialmente fazer a distribuição eletrônica como se fosse um átomo neutro e, a seguir, retirar elétrons se for um cátion ou acrescentar se for um ânion.

- Ao acrescentar ou retirar elétrons de um átomo para elaborar a configuração eletrônica de um íon, devemos realizar essa operação com a **camada de valência**, que é a camada mais afastada do núcleo.

$_{11}Na$ $1s^2\ 2s^2\ 2p^6\ 3s^1$ — **Retirando 1 elétron** → $_{11}Na^+$ $1s^2\ 2s^2\ 2p^6$

Retira-se o elétron da camada de valência

$_{17}Cl$ $1s^2\ 2s^2\ 2p^6\ 3s^2\ 3p^5$ — **Acrescentando 1 elétron** → $_{17}Cl^-$ $1s^2\ 2s^2\ 2p^6\ 3s^2\ 3p^6$

Acrescenta-se o elétron na camada de valência

Biblioteca do estudante
Informe-se sobre a Química:
O que é nanotecnologia?

Biblioteca do estudante
Tópico opcional 1:
Modelo atômico orbital

Conteúdo multimídia:
Fritz Feigl

Revisão

Exercícios essenciais

A critério do(a) professor(a) esta lista de exercícios poderá ser realizada em classe ou em casa.

Exercício Resolvido

27. Escreva a configuração eletrônica do cátion bivalente obtido a partir do $_{26}Fe$.

➤ Resolução

Inicialmente, devemos distribuir 26 elétrons de acordo com o diagrama das diagonais. A seguir, retiramos 2 elétrons da camada de valência (mais externa).

Camada de valência ($4s^2$)

$_{26}Fe$ $1s^2\ 2s^2\ 2p^6\ 3s^2\ 3p^6\ 4s^2\ 3d^6$

Retirando 2 elétrons

$_{26}Fe^{2+}$ $1s^2\ 2s^2\ 2p^6\ 3s^2\ 3p^6\ 3d^6$

Exercício Resolvido

28. Escreva a distribuição eletrônica em camadas para $_{15}P^{3-}$.

➤ Resolução

$_{15}P$ $1s^2\ 2s^2\ 2p^6\ 3s^2\ 3p^3$

Acrescentando 3 elétrons

$_{15}P^{3-}$ $\underbrace{1s^2}\ \underbrace{2s^2\ 2p^6}\ \underbrace{3s^2\ 3p^6}$

K–2 L–8 M–8

29. (UNI-BH-MG) Sabendo-se que o magnésio (Mg) tem número atômico 12, a estrutura eletrônica do cátion Mg^{2+}, no estado fundamental, é representada por:

a) $1s^2, 2s^2, 2p^6, 3s^1, 3p^1$
b) $1s^2, 2s^2, 2p^6$
c) $1s^2, 2s^2, 2p^6, 3s^2, 3p^2$
d) $1s^2, 2s^2, 2p^6, 3s^1$
e) $1s^2, 2s^2, 2p^6, 3s^2$

30. (UFV-MG-modificada) Escreva a distribuição eletrônica, em camadas, para os íons sódio (Na^+) e oxigênio (O^{2-}).

31. (Unip-SP) A configuração eletrônica no estado fundamental $1s^2\ 2s^2\ 2p^6\ 3s^2\ 3p^6$ não descreve a espécie:

a) Cl^- (Z = 17)
b) K^+ (Z = 19)
c) S^{2-} (Z = 16)
d) Sc^{3+} (Z = 21)
e) Ar^+ (Z = 18)

32. (Fecolinas-TO/Fundeg-MG) A distribuição eletrônica do íon K^+ (Z = 19) é:

a) $1s^2\ 2s^2\ 2p^6\ 3s^2\ 3p^6$
b) $1s^2\ 2s^2\ 2p^6\ 3s^2\ 3p^6\ 4s^1$
c) $1s^2\ 2s^2\ 2p^6\ 3s^2\ 3p^6\ 4s^2$
d) $1s^2\ 2s^2\ 2p^6\ 3s^2\ 3p^5\ 3d^2$
e) $1s^2\ 2s^2\ 2p^6\ 3s^2\ 3p^6\ 3d^1$

33. (Unirio-RJ) O átomo de magnésio tem número atômico 12 e número de massa 24. Assinale a alternativa correta relativa ao Mg que perdeu 2 elétrons.

a) Tem 12 elétrons.
b) Tem 10 nêutrons.
c) Tem 10 prótons.
d) Tem configuração eletrônica $1s^2\ 2s^2\ 2p^6\ 3s^2$.
e) Tem configuração idêntica à do Na (Z = 11) que perdeu 1 elétron.

Exercícios adicionais

Seu(sua) professor(a) indicará quais exercícios deste bloco você deve fazer.

34. (UCS-RS-modificada) A água dura contém íons Ca^{2+}, Mg^{2+} e Fe^{2+}, os quais interferem na ação do sabão e deixam uma cobertura insolúvel no interior de recipientes e canos, quando aquecidos. Alguns amaciantes de água substituem esses íons por Na^{+}, minimizando o problema. Com relação aos íons citados no texto, é correto afirmar que:

a) o Mg^{2+} possui três camadas eletrônicas.

b) o Ca^{2+} e o Fe^{2+} possuem o mesmo número de massa.

c) o Mg^{2+} e o Na^{+} possuem o mesmo número de prótons.

d) o Fe^{2+} possui configuração eletrônica $1s^2\ 2s^2\ 2p^6\ 3s^2\ 3p^6\ 3d^6$.

e) o Na^{+} possui 10 prótons.

35. (UFRRJ) Íons são estruturas eletricamente carregadas, podendo ser positivas, quando perdem elétrons, e negativas, quando ganham. Considerando um certo íon de carga +2, cujo número de prótons é a metade do seu número de massa, que é 40, podemos afirmar que a distribuição eletrônica para esse íon será:

a) $1s^2\ 2s^2\ 2p^6\ 3s^2\ 3p^6\ 4s^2\ 3d^2$

b) $1s^2\ 2s^2\ 2p^6\ 3s^2\ 3p^6\ 4s^2$

c) $1s^2\ 2s^2\ 2p^6\ 3s^2\ 3p^6$

d) $1s^2\ 2s^2\ 2p^6\ 3s^2\ 3p^4\ 4s^2$

e) $1s^2\ 2s^2\ 2p^6\ 3s^2\ 3p^4\ 4s^2\ 3d^2$

36. (UFPB) Observe as configurações eletrônicas abaixo:

$1s^2\ 2s^2\ 2p^6\ 3s^2\ 3p^4$

$1s^2\ 2s^2\ 2p^6\ 3s^2\ 3p^6$

$1s^2\ 2s^2\ 2p^6\ 3s^2\ 3p^6\ 3d^5$

$1s^2\ 2s^2\ 2p^6\ 3s^2\ 3p^6\ 3d^6$

$1s^2\ 2s^2\ 2p^6\ 3s^2\ 3p^6\ 4s^2\ 3d^6$

Marque a alternativa que corresponde, respectivamente, às espécies químicas acima:

a) S^0, S^{2-}, Fe^{3+}, Fe^{2+}, Fe^0

b) S^{2-}, S^0, Fe^{3+}, Fe^{2+}, Fe^0

c) Fe^0, Fe^{2+}, Fe^{3+}, S^{2-}, S^0

d) Fe^{3+}, Fe^0, Fe^{2+}, S^0, S^{2-}

e) Fe^{2+}, Fe^{3+}, Fe^0, S^0, S^{2-}

37. (Udesc) Represente, utilizando-se do símbolo do gás nobre do período anterior, a distribuição eletrônica, em níveis e subníveis energéticos, no estado fundamental, das espécies:

a) $_{32}Ge$

b) $_{25}Mn^{3+}$

38. (Uece) A platina, Pt, descoberta em 1735, é bastante útil em alguns casos, como na odontologia, em restauração de coroas; em medicina, em tratamento de tumores, na ourivesaria, na montagem de joias. Em solução pode atingir o estado de oxidação +4, tornando-se Pt^{4+}. A alternativa que mostra os subníveis corretos da espécie Pt^{4+}, no estado fundamental, é:

(A platina tem Z = 78.)

a) $4f^{14}\ 5d^6$

b) $6s^2\ 4f^{14}\ 5d^4$

c) $4f^{12}\ 5d^8$

d) $4f^{13}\ 5d^7$

Capítulo 7

A tabela periódica dos elementos

CHARLES D. WINTERS/ PHOTORESEARCHERS/LATINSTOCK

◀ A maioria dos metais tem ponto de fusão elevado. O gálio é uma das notáveis exceções. Seu ponto de fusão é 29,8 °C, temperatura que pode ser atingida pelo simples contato da mão. Note que a amostra de gálio, dentro do tubo de ensaio, está sofrendo fusão. O ponto de fusão das substâncias simples é uma propriedade periódica dos elementos.

Alguns conteúdos importantes:

- ✔ Estrutura da tabela periódica atual
- ✔ Importância dos elementos no cotidiano
- ✔ Distribuição eletrônica e tabela periódica
- ✔ Principais propriedades periódicas

1 Estrutura da tabela periódica

1.1 Períodos

Guia de estudo

Na página seguinte, aparece a **tabela periódica** em uso atualmente.

As figuras Ⓐ e Ⓑ, abaixo, ajudam a entender o arranjo dos elementos na tabela periódica atual. Os elementos são dispostos, um em cada quadradinho, em **ordem crescente de número atômico** a partir do hidrogênio (Z = 1). Esse arranjo aparece na figura Ⓐ.

Nesse arranjo, chamado de **forma longa da tabela periódica**, os elementos aparecem em sete linhas (sequências horizontais). Cada uma é denominada **período**. A tabela periódica atual apresenta, portanto, sete períodos.

Como essa representação é um pouco comprida, é mais comum representar os elementos com números atômicos de 57 a 71, chamados **lantanídios**, e os de 89 a 103, chamados **actinídios**, à parte dos demais, abaixo da tabela. Esse novo arranjo, que aparece na figura Ⓑ (e também na página seguinte), é a **forma curta da tabela periódica**. Mesmo representados à parte, os lantanídios pertencem ao sexto período, e os actinídios, ao sétimo.

Ⓐ

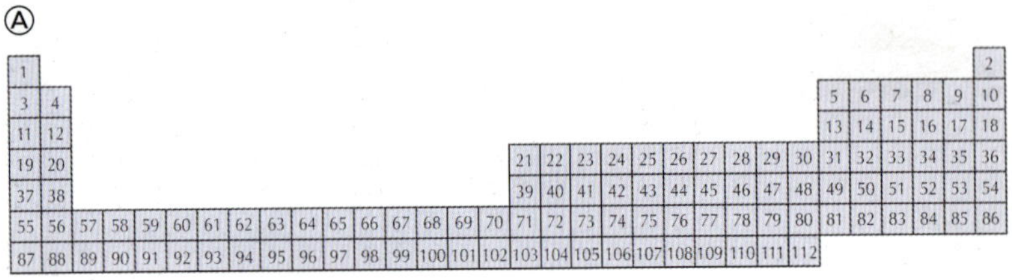

Ⓑ

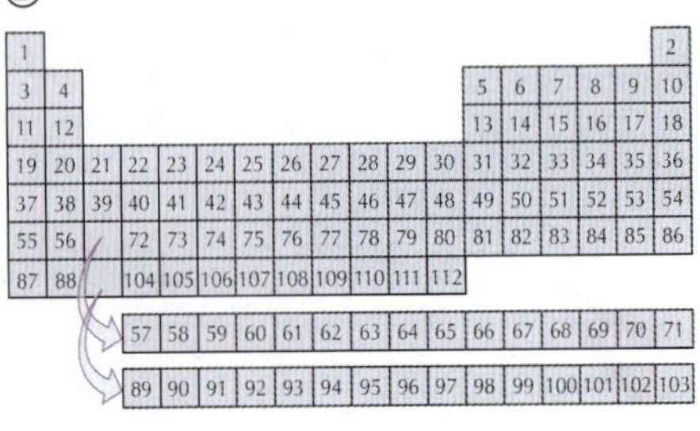

Tabela periódica dos elementos (IUPAC)

1 ← Numeração dos grupos de acordo com a União Internacional de Química Pura e Aplicada (IUPAC)
1A ← Numeração antiga dos grupos, NÃO recomendada pela IUPAC, porém ainda usada por alguns autores

1 1A	2 2A	3 3B	4 4B	5 5B	6 6B	7 7B	8 8B	9 8B	10 8B	11 1B	12 2B	13 3A	14 4A	15 5A	16 6A	17 7A	18 0
1 **H** hidrogênio 1,0																	2 **He** hélio 4,0
3 **Li** lítio 6,9	4 **Be** berílio 9,0											5 **B** boro 10,8	6 **C** carbono 12,0	7 **N** nitrogênio 14,0	8 **O** oxigênio 16,0	9 **F** flúor 19,0	10 **Ne** neônio 20,2
11 **Na** sódio 23,0	12 **Mg** magnésio 24,3											13 **Al** alumínio 27,0	14 **Si** silício 28,1	15 **P** fósforo 31,0	16 **S** enxofre 32,1	17 **Cl** cloro 35,5	18 **Ar** argônio 39,9
19 **K** potássio 39,1	20 **Ca** cálcio 40,1	21 **Sc** escândio 45,0	22 **Ti** titânio 47,9	23 **V** vanádio 50,9	24 **Cr** crômio 52,0	25 **Mn** manganês 54,9	26 **Fe** ferro 55,8	27 **Co** cobalto 58,9	28 **Ni** níquel 58,7	29 **Cu** cobre 63,5	30 **Zn** zinco 65,4	31 **Ga** gálio 69,7	32 **Ge** germânio 72,6	33 **As** arsênio 74,9	34 **Se** selênio 79,0	35 **Br** bromo 79,9	36 **Kr** criptônio 83,8
37 **Rb** rubídio 85,5	38 **Sr** estrôncio 87,6	39 **Y** ítrio 88,9	40 **Zr** zircônio 91,2	41 **Nb** nióbio 92,9	42 **Mo** molibdênio 95,9	43 **Tc** tecnécio [98]	44 **Ru** rutênio 101,1	45 **Rh** ródio 102,9	46 **Pd** paládio 106,4	47 **Ag** prata 107,9	48 **Cd** cádmio 112,4	49 **In** índio 114,8	50 **Sn** estanho 118,7	51 **Sb** antimônio 121,8	52 **Te** telúrio 127,6	53 **I** iodo 126,9	54 **Xe** xenônio 131,3
55 **Cs** césio 132,9	56 **Ba** bário 137,3	57 - 71	72 **Hf** háfnio 178,5	73 **Ta** tântalo 180,9	74 **W** tungstênio 183,8	75 **Re** rênio 186,2	76 **Os** ósmio 190,2	77 **Ir** irídio 192,2	78 **Pt** platina 195,1	79 **Au** ouro 197,0	80 **Hg** mercúrio 200,6	81 **Tl** tálio 204,4	82 **Pb** chumbo 207,2	83 **Bi** bismuto 209,0	84 **Po** polônio [209]	85 **At** astato [210]	86 **Rn** radônio [222]
87 **Fr** frâncio [223]	88 **Ra** rádio [226]	89 - 103	104 **Rf** rutherfórdio [265]	105 **Db** dúbnio [268]	106 **Sg** seabórgio [271]	107 **Bh** bóhrio [272]	108 **Hs** hássio [277]	109 **Mt** meitnério [276]	110 **Ds** darmstádtio [281]	111 **Rg** roentgênio [280]	112 **Cn** copernício [285]		114 **Fl** fleróvio [287]		116 **Lv** livermório [291]		

Número atômico Nome **Símbolo** Massa atômica

57 **La** lantânio 138,9	58 **Ce** cério 140,1	59 **Pr** praseodímio 140,9	60 **Nd** neodímio 144,2	61 **Pm** promécio [145]	62 **Sm** samário 150,4	63 **Eu** európio 152,0	64 **Gd** gadolínio 157,3	65 **Tb** térbio 158,9	66 **Dy** disprósio 162,5	67 **Ho** hólmio 164,9	68 **Er** érbio 167,3	69 **Tm** túlio 168,9	70 **Yb** itérbio 173,0	71 **Lu** lutécio 175,0
89 **Ac** actínio [227]	90 **Th** tório 232,0	91 **Pa** protactínio 231,0	92 **U** urânio 238,0	93 **Np** netúnio [237]	94 **Pu** plutônio [244]	95 **Am** amerício [243]	96 **Cm** cúrio [247]	97 **Bk** berquélio [247]	98 **Cf** califórnio [251]	99 **Es** einstênio [252]	100 **Fm** férmio [257]	101 **Md** mendelévio [258]	102 **No** nobélio [259]	103 **Lr** laurêncio [262]

Tabela periódica da IUPAC (União Internacional de Química Pura e Aplicada), versão de 1 de junho de 2012, com as massas atômicas aqui apresentadas com um algarismo após a vírgula. Os dados são provenientes de **www.iupac.org/reports/periodic_table** (acessado em 15 jun. 2012), onde atualizações são periodicamente disponibilizadas. Para elementos que não têm isótopos estáveis ou de longa duração, está indicado entre colchetes o número de massa do isótopo com maior tempo médio de existência. (*Pure and Applied Chemistry* **81**, p. 2.131-2.156, 2009). A produção artificial de outros elementos já foi relatada por pesquisadores, mas aguarda o reconhecimento e a denominação pela IUPAC antes de figurar em sua tabela periódica.

Os elementos químicos no cotidiano

Os elementos químicos estão envolvidos em inúmeras aplicações relacionadas ao cotidiano. A seguir aparece um texto ilustrado que relaciona algumas das inúmeras aplicações dos elementos químicos. (O texto é publicado sob licença da Association of the Dutch Chemical Industry — VCNI, Holanda, detentora de seu *copyright*.)

1 — 1A

HIDROGÊNIO — H — 1
- **combustível para foguete**
- hidrogenação de gorduras
- enchimento de balões
- dessulfurização de petróleo
- amoníaco, água

LÍTIO — Li — 3
- combustível para foguete
- **bateria para marca-passo**
- material para atividades espaciais
- aditivos para graxas
- vidro, remédios

SÓDIO — Na — 11
- sínteses orgânicas
- iluminação para estradas
- refrigeração para reator atômico
- acumulador [bateria]
- **sal de cozinha**, soda cáustica, vidro

POTÁSSIO — K — 19
- **adubo químico**
- vidro, lente
- fósforos, pólvora
- máscara de oxigênio
- sal dietético

RUBÍDIO — Rb — 37
- **célula fotoelétrica**
- receptor de gás em tubo de vácuo
- exame dos músculos do coração

CÉSIO — Cs — 55
- célula fotoelétrica
- fonte de radiação gama
- relógio atômico
- **lâmpada infravermelha**
- combustível

2 — 2A

BERÍLIO — Be — 4
- material para desacelerar nêutrons em reatores atômicos
- janela para tubos de **raios X**
- mola (para relógios)
- ferramentas antifaiscantes

MAGNÉSIO — Mg — 12
- fogos de sinalização, *flash*
- veículos leves, avião
- tijolo refratário
- pigmentos, material de enchimento
- **rodas de liga leve**

CÁLCIO — Ca — 20
- preparação de metais
- revestimento para cabo, acumulador [bateria]
- adubo químico
- **gesso**, cimento/concreto
- material de carga para papel e tinta

ESTRÔNCIO — Sr — 38
- bateria nuclear: boia luminosa, estação de tempo
- fonte de radiação beta
- tinta fosforescente
- **fogos de artifício**

BÁRIO — Ba — 56
- **vela para motor**
- tubo de vácuo
- pigmento para papel
- fogos de artifício, chapas do estômago
- lâmpada fluorescente

3 — 3B

ESCÂNDIO — Sc — 21
- detector para vazamento, circuito elétrico
- material para atividades espaciais
- **germinação de sementes**

ÍTRIO — Y — 39
- TV em cores
- filtro para *laser*, **radar**
- lente para câmara fotográfica
- pedra refratária
- medidor de oxigênio

LANTÂNIO — La — 57
- **pedra para isqueiro**
- estocagem de hidrogênio
- eletrodo de bateria
- catalisador de gás de escape
- lente para câmara fotográfica

4 — 4B

TITÂNIO — Ti — 22
- catalisador para polimerização
- trocadores especiais de calor
- motor de avião
- **pino para fratura**, próteses
- pigmentos: tinta, papel

ZIRCÔNIO — Zr — 40
- revestimento para metais
- catalisador de gás de escape
- **espoleta de detonação de munição**
- revestimento de fornos
- medidor de oxigênio

HÁFNIO — Hf — 72
- **submarino atômico**
- controle de reator atômico
- receptor de gás em tubo de vácuo

5 — 5B

VANÁDIO — V — 23
- material para construção
- **ferramentas**
- motor a jato
- catalisador para produção de ácido sulfúrico

NIÓBIO — Nb — 41
- ferramenta de corte
- tubulação
- superímã
- **eletrodo de solda elétrica**
- medalhas

TÂNTALO — Ta — 73
- componentes eletrônicos (condensador)
- fio aquecedor dentro do tubo de vácuo
- ferramentas de corte
- **pesos de balança**
- lente para câmara fotográfica

6 — 6B

CROMO — Cr — 24
- **proteção de superfícies metálicas**
- aço, ferramentas, faca
- catalisador para preparação do metanol
- tinta para camuflagem, *laser*
- fita de áudio e de vídeo

MOLIBDÊNIO — Mo — 42
- aquecedor elétrico
- fonte de radiosótopos
- motor para foguete, turbina
- **lubrificantes**
- catalisador para a petroquímica

TUNGSTÊNIO — W — 74
- eletrodo de solda
- **fio para lâmpada**, TV
- tanque de guerra, granada, bala
- tubo de jato de foguete
- ferramentas de corte e de perfuração

7 — 7B

MANGANÊS — Mn — 25
- aço, trilho
- ferramentas, eixo de roda
- **cofre**, arado
- acumulador
- vidro, pigmento preto

TECNÉCIO — Tc — 43
- **fonte de radiação para exames médicos**

RÊNIO — Re — 75
- fio de forno elétrico
- **catalisador para preparação de gasolina azul** [gasolina de alta octanagem]
- camada de proteção para joias
- eletrodo
- termopares

8 — 8B

FERRO — Fe — 26
- veículos, pontes, estruturas, aço
- máquinas, ímãs
- latas
- **ferramentas**, parafuso
- catalisador para fabricação de amônia

RUTÊNIO — Ru — 44
- radiação para tratamento dos olhos
- **medidor de espessura**
- ponta da pena de caneta-tinteiro
- contato elétrico
- resistência elétrica

ÓSMIO — Os — 76
- catalisador para preparação de amônia
- **ponta da pena de caneta-tinteiro**
- agulha de bússola
- mancal de relógio
- bijuteria

9 — 8B

COBALTO — Co — 27
- fonte de radiação beta
- **lâmina de aço**
- ímã permanente
- catalisador de gás de escape
- pigmentos

RÓDIO — Rh — 45
- **refletor de faróis**
- relê para telefone
- ponta da pena de caneta-tinteiro
- catalisador de gás de escape
- vela para motor de avião

IRÍDIO — Ir — 77
- radiação contra câncer
- **agulha para injeção**
- régua métrica padrão
- vela para helicóptero
- ponta da pena de caneta-tinteiro

18 / 0

HÉLIO — He — 2
- balão dirigível
- **gás engarrafado para mergulho**
- gás para testar vazamentos, *laser*
- atmosfera inerte
- meio para refrigerar reatores atômicos

13 / 3A

BORO — B — 5
- bastão de regulagem para reatores atômicos
- **raquete de tênis**
- vidro refratário
- desinfetante para olhos
- aditivos alvejantes para detergentes

14 / 4A

CARBONO — C — 6
- filtros para água e ar
- aço, aço para pneus
- diamante, **grafite para lápis** e eletrodos
- material para desacelerar partículas no reator atômico
- gás, gasolina, óleo

15 / 5A

NITROGÊNIO — N — 7
- criocirurgia
- **líquido para conservação de sêmen**
- preparação de amoníaco
- combustível para foguete
- adubos, explosivos

16 / 6A

OXIGÊNIO — O — 8
- **processos de queima**
- preparação de aço
- digestão
- purificação de água
- areia, água, cimento

17 / 7A

FLÚOR — F — 9
- enriquecimento de urânio
- meio de refrigeração para geladeira
- propelente p/ aerossol
- compostos fluorados
- gravação em vidro
- **aditivo p/ pasta dental**

NEÔNIO — Ne — 10
- **iluminação para propaganda**
- lâmpada para neblina
- tubo de TV, *laser*
- teste para tensão elétrica
- líquido para refrigeração

ALUMÍNIO — Al — 13
- janelas, portas, caixilho de janela, **panelas**
- folha, tubo, cabo
- iluminação, fogos de artifício
- carro, foguete, avião
- cimento, obturação de dentes

SILÍCIO — Si — 14
- ***chip* eletrônico**, célula solar
- ferramentas
- areia/vidro, quartzo, cimento/concreto
- óleos e borracha de silicone

FÓSFORO — P — 15
- fogos de artifício, **fósforos**
- adubo químico, artigos de limpeza
- pasta de dente
- artigos bélicos
- cerâmica

ENXOFRE — S — 16
- fósforos, fogos de artifício, pólvora
- acumulador [bateria], ácido sulfúrico
- vulcanização da borracha
- **conservantes**
- líquidos p/ permanente

CLORO — Cl — 17
- **desinfetante de água**
- branqueador, ácido clorídrico
- plástico PVC
- removedor de manchas
- artigos bélicos

ARGÔNIO — Ar — 18
- **gás para lâmpada**
- lâmpada fluorescente
- contador Geiger, *laser*
- gás inerte para solda
- cromatografia de fase gasosa

10 / 8B — **11 / 1B** — **12 / 2B**

NÍQUEL — Ni — 28
- **moeda**
- latão para leite, talheres
- ouro branco, cadinhos
- catalisador para polimerização
- bateria carregável

COBRE — Cu — 29
- arame, cabo elétrico, circuitos impressos
- medalhas, **panelas**
- caldeiras, tubos, registros (válvulas, torneiras)
- hélice para navio
- sino, carrilhão

ZINCO — Zn — 30
- proteção para metais
- acumulador [bateria], **calha**
- peças para automóveis
- torneiras para água e gás
- pigmento branco, aditivos para borracha

GÁLIO — Ga — 31
- termômetro de quartzo
- memória para computador, circuitos integrados
- **tela de televisão**
- transistor, diodo para *laser*
- detector de tumores

GERMÂNIO — Ge — 32
- prisma infravermelho
- refletor de projetor
- **lente para câmara fotográfica**
- transistor, diodo
- odontologia

ARSÊNIO — As — 33
- **chumbo para caça**
- metal para espelho
- vidro, *laser*
- diodo emissor de luz
- remédios

SELÊNIO — Se — 34
- fotômetro
- copiadoras
- célula solar
- corante para vidro vermelho
- **xampu anticaspa**

BROMO — Br — 35
- purificador de água
- gás lacrimogêneo
- retardador de chamas
- desinfetante
- papel fotográfico, **filme**

CRIPTÔNIO — Kr — 36
- **tubo de luz**
- lâmpada fluorescente
- gás para testes de vazamento
- comprimento de onda padrão
- raio *laser* ultravioleta

PALÁDIO — Pd — 46
- catalisador de gás de escape
- produção de hidrogênio nascente
- **odontologia: coroas**
- balancim do relógio
- relê para telefone

PRATA — Ag — 47
- espelho, bateria
- catalisador
- **talheres,** joias
- papel fotográfico, filme
- vidro corante

CÁDMIO — Cd — 48
- **bateria recarregável**
- proteção anticorrosiva: porcas e parafusos
- vara de regulagem para reator atômico
- fotômetro
- pigmento vermelho--amarelado

ÍNDIO — In — 49
- célula solar, espelho
- solda para vidro, mancais
- vara de regulagem para reator atômico
- fotocélula, **transistor**
- exames: sangue, pulmões

ESTANHO — Sn — 50
- **lata**, solda, moeda
- artigos de decoração
- tubos para órgão
- tinta antiadesiva
- vidro fosco, esmaltados

ANTIMÔNIO — Sb — 51
- solda, tipos de imprensa
- [liga de] chumbo para acumulador
- maçaneta
- detector infravermelho
- **sombra para olhos (maquiagem)**
- remédios contra tosse

TELÚRIO — Te — 52
- espoleta
- **vulcanização de borracha**
- proteção para chumbo de acumuladores [bateria]
- fio de resistência elétrica
- termopares

IODO — I — 53
- **tintura de iodo**
- radiação
- lâmpada de iodo
- pigmento para tinta
- sal iodado

XENÔNIO — Xe — 54
- lâmpada ultravioleta: **luz para bronzeamento**
- teste para pigmentos e corantes
- lâmpada de projeção
- raio *laser* ultravioleta

PLATINA — Pt — 78
- catalisador para preparação de ácido nítrico
- **cadinhos de laboratório**
- cunha para fundição de vidro
- odontologia: coroas
- joias
- tratamento de tumores

OURO — Au — 79
- joias, medalhas
- contato elétrico
- odontologia: coroas
- tratamento de reumatismo
- **aplicações financeiras**

MERCÚRIO — Hg — 80
- barômetro, **termômetro**
- iluminação
- luz terapêutica, baterias
- odontologia
- desinfetantes

TÁLIO — Tl — 81
- enchimento para termômetro
- vidro com baixo ponto de amolecimento
- detector infravermelho
- **exame dos músculos do coração**
- vermífugo

CHUMBO — Pb — 82
- proteção contra radiação
- **acumulador [bateria]**
- solda, munição
- gasolina com alta octanagem
- zarcão, secante para tinta

BISMUTO — Bi — 83
- catalisador para preparação da borracha
- fusíveis tipo *diazed*
- ***sprinkler***
- vidro, cerâmica
- atadura contra queimadura

POLÔNIO — Po — 84
- **bateria nuclear**
- fonte de nêutrons
- fotografia

ASTATO — At — 85
- **elemento sintetizado artificialmente**

RADÔNIO — Rn — 86
- **sismógrafo**
- fonte medicinal

1.2 Famílias ou grupos

Na forma curta da tabela periódica há dezoito colunas, sequências verticais de elementos. Cada uma delas é um **grupo**, ou uma **família**, de elementos.

- Por determinação da União Internacional de Química Pura e Aplicada (IUPAC), os grupos são numerados atualmente de 1 a 18, mas ainda é bastante comum a utilização de uma representação com letras e números (1A, 2A etc.), também mostrada na tabela da página 89.

- A disposição dos elementos na tabela periódica é tal que **elementos com propriedades semelhantes** ficam num **mesmo grupo.**

Alguns dos grupos, por sua importância para a Química, recebem nomes especiais:

- O grupo 1, ou 1A, é o grupo dos **metais alcalinos***.
- O grupo 2, ou 2A, é o grupo dos **metais alcalinoterrosos****.
- O grupo 16, ou 6A, é o grupo dos **calcogênios**.
- O grupo 17, ou 7A, é o grupo dos **halogênios**.
- O grupo 18, ou 0 (zero), é o grupo dos **gases nobres**.

Comentário: Ao estudar e ao fazer exercícios, lembre-se de que a tabela periódica é um instrumento de consulta!

1.3 Elementos representativos e de transição

Os elementos dos grupos 1, 2, 13, 14, 15, 16, 17 e 18 apresentam um comportamento químico relativamente menos complexo que os demais e são frequentemente denominados **elementos representativos**. Os dos grupos de 3 a 12 são chamados **elementos de transição*****, sendo que os lantanídios e os actinídios são especificamente denominados **elementos de transição interna**.

Exercícios essenciais

A critério do(a) professor(a) esta lista de exercícios poderá ser realizada em classe ou em casa.

1. (UFU-MG) No início do século XIX, com a descoberta e o isolamento de diversos elementos químicos, tornou-se necessário classificá-los racionalmente, para a realização de estudos sistemáticos. Muitas contribuições foram somadas até se chegar à atual classificação periódica dos elementos químicos. Em relação à classificação periódica atual, responda:

a) Como os elementos são listados, sequencialmente, na tabela periódica?

b) Em quais grupos da tabela periódica podem ser encontrados: um halogênio, um metal alcalino, um metal alcalinoterroso, um calcogênio e um gás nobre?

2. (PUC-RS) Considere as seguintes informações:
Na coluna (A) estão relacionadas algumas famílias de elementos químicos e na coluna (B), os grupos a que pertencem na tabela periódica.

(A)	(B)
1- metais alcalinos	( ) grupo 2
2- metais alcalinoterrosos	( ) grupo 17
3- calcogênios	( ) grupo 16
4- halogênios	( ) grupo 1

Numerando a coluna (B) de acordo com a coluna (A), obtém-se, de cima para baixo, a seguinte ordem numérica:

a) 1, 2, 3, 4
b) 4, 3, 2, 1
c) 2, 4, 3, 1
d) 3, 1, 2, 4
e) 2, 4, 1, 3

3. Qual a designação genérica dada aos elementos dos grupos 1, 2, 13, 14, 15, 16, 17 e 18 da tabela periódica?

4. Qual a designação genérica dada aos elementos dos grupos 3 a 12 da tabela periódica?

* Como será comentado mais à frente, o hidrogênio não é considerado metal. Assim, apesar de estar no grupo 1, **o hidrogênio não é um metal alcalino**.

** Há autores que preferem grafar o nome desse grupo como **alcalinos terrosos**.

*** Há autores que consideram como elementos de transição apenas os grupos 3 a 11.

Os exercícios de 5 a 10 referem-se aos elementos cujos símbolos estão destacados na seguinte tabela periódica.

H																	He
													C	N	O	F	
Na															S	Cl	Ar
K	Ca						Fe									Br	
	Ba									Au							

			U											

5. Qual(is) desses elementos é (são) representativo(s)?

6. Qual(is) deles é (são) de transição?

7. Qual(is) deles é (são) de transição interna?

8. Qual(is) deles pertence(m) a um mesmo grupo?

9. Qual(is) deles pertence(m) a um mesmo período?

10. Dentre os elementos em questão, qual(is) é (são) classificado(s) como:

a) alcalino(s)?
b) alcalinoterroso(s)?
c) calcogênio(s)?
d) halogênio(s)?
e) gás (gases) nobre(s)?

Exercícios adicionais

Seu(sua) professor(a) indicará quais exercícios deste bloco você deve fazer.

11. (UFJF-MG) Quais são os nomes dos elementos cujos números de prótons são, respectivamente, 27, 19, 9 e 15?

a) Cobre, potássio, flúor e fósforo.
b) Cobalto, cálcio, flúor e potássio.
c) Cobalto, potássio, flúor e fósforo.
d) Cobre, potássio, fósforo e potássio.
e) Cobalto, cálcio, flúor e fósforo.

12. (Univali-SC) O bromato de potássio, produto de aplicação controvertida na fabricação de pães, tem por fórmula $KBrO_3$. Os elementos que o constituem, na ordem indicada na fórmula, são das famílias dos:

a) alcalinos, halogênios e calcogênios.
b) halogênios, calcogênios, alcalinos.
c) calcogênios, halogênios, alcalinos.
d) alcalinoterrosos, calcogênios, halogênios.
e) alcalinoterrosos, halogênios, calcogênios.

13. (Uerj) Um dos elementos químicos que tem se mostrado muito eficiente no combate ao câncer de próstata é o selênio (Se). Com base na tabela de classificação periódica dos elementos, os símbolos de elementos com propriedades químicas semelhantes ao selênio são:

a) Cl, Br, I **b)** Te, S, Po **c)** P, As, Sb **d)** As, Br, Kr

14. (UPF-RS) Os elementos Se, Cs, At, Rn pertencem às seguintes famílias:

a) calcogênios, alcalinos, halogênios, gases nobres.
b) calcogênios, alcalinos, gases nobres, halogênios.
c) halogênios, alcalinos, alcalinoterrosos, gases nobres.
d) calcogênios, alcalinoterrosos, halogênios, gases nobres.
e) alcalinos, alcalinoterrosos, calcogênios, gases nobres.

15. (UFC-CE) Um átomo *x* tem um próton a mais que um átomo *y*. Com base nessa informação, assinale a afirmativa correta.

a) Se *y* for alcalinoterroso, *x* será metal alcalino.
b) Se *y* for um gás nobre, *x* será um halogênio.
c) Se *y* for um metal de transição, *x* será um gás nobre.
d) Se *y* for um gás nobre, *x* será metal alcalino.

16. (Faap-SP) Das alternativas indicadas a seguir, qual é a constituída por elementos da tabela periódica com características químicas distintas?

a) He, Ne, Ar **b)** Mg, Ca, Sr **c)** Li, Be, B **d)** F, Cl, Br **e)** Li, Na, K

17. (Fuvest-SP) Cinco amigos resolveram usar a tabela periódica como tabuleiro para um jogo. Regras do jogo: Para todos os jogadores, sorteia-se o nome de um objeto, cujo constituinte principal é determinado elemento químico. Cada um joga quatro vezes um dado e, a cada jogada, move sua peça somente ao longo de um grupo ou de um período, de acordo com o número de pontos obtidos no dado. O início da contagem é pelo elemento de número atômico 1. Numa partida, o objeto sorteado foi "latinha de refrigerante" e os pontos obtidos com os dados foram: Ana (3, 2, 6, 5), Bruno (5, 4, 3, 5), Célia (2, 3, 5, 5), Décio (3, 1, 5, 1) e Elza (4, 6, 6, 1).

H																	He
Li	Be											B	C	N	O	F	Ne
Na	Mg											Al	Si	P	S	Cl	Ar
K	Ca	Sc	Ti	V	Cr	Mn	Fe	Co	Ni	Cu	Zn	Ga	Ge	As	Se	Br	Kr
Rb	Sr	Y	Zr	Nb	Mo	Tc	Ru	Rh	Pd	Ag	Cd	In	Sn	Sb	Te	I	Xe
Cs	Ba	*	Hf	Ta	W	Re	Os	Ir	Pt	Au	Hg	Tl	Pb	Bi	Po	At	Rn
Fr	Ra	**	Rf	Db	Sg	Bh	Hs	Mt	Ds	Rg	Cn						

*	La	Ce	Pr	Nd	Pm	Sm	Eu	Gd	Tb	Dy	Ho	Er	Tm	Yb	Lu
**	Ac	Th	Pa	U	Np	Pu	Am	Cm	Bk	Cf	Es	Fm	Md	No	Lr

Quem conseguiu alcançar o elemento procurado foi:

a) Ana. **b)** Bruno. **c)** Célia. **d)** Décio. **e)** Elza.

18. (UFV-MG) Associe a segunda coluna de acordo com a primeira e assinale a opção que contém a sequência correta:

I. metais alcalinos ( ) F, Br, I
II. metais alcalinoterrosos ( ) Na, K, Cs
III. halogênios ( ) Ca, Sr, Ba
IV. metais de transição ( ) Fe, Co, Ni

a) I, II, III, IV **b)** III, I, II, IV **c)** III, II, I, IV **d)** IV, II, III, I **e)** III, I, IV, II

1.4 Metais e não metais

Os elementos conhecidos como **metais** formam substâncias simples que, de modo geral, conduzem bem a corrente elétrica e o calor, são facilmente transformadas em lâminas e em fios e são sólidas nas condições ambientes (isto é, 25 °C de temperatura e pressão equivalente ao valor médio da pressão atmosférica ao nível do mar), exceção feita àquela substância simples formada pelo mercúrio (Hg), que é líquida.

Os elementos denominados **não metais** (alguns os chamam **ametais**) formam substâncias simples que, ao contrário dos metais, não conduzem bem o calor nem a corrente elétrica (exceto o carbono na forma da substância simples grafite), não são facilmente transformadas em lâminas ou em fios. Dos não metais, onze formam substâncias simples gasosas nas condições ambientes (hidrogênio, nitrogênio, oxigênio, flúor, cloro e gases nobres), um forma substância simples líquida (bromo) e os demais formam substâncias simples sólidas.

Certos autores chamam de **semimetais** alguns elementos que apresentam propriedades "intermediárias" entre as dos metais e as dos não metais. Eles formam substâncias simples sólidas nas condições ambientes. Dois semimetais de muita importância prática são o silício e o germânio, empregados em componentes eletrônicos.

É importante que você perceba que os **metais** correspondem à maior parte dos elementos e que aparecem **no centro e à esquerda** da tabela periódica.

Os **não metais** localizam-se à **direita.**

Os semimetais **não** terão destaque no estudo da Química realizado neste livro.

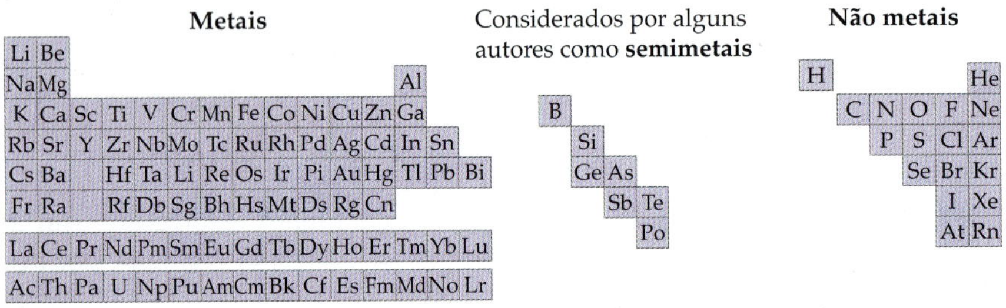

Estado físico das substâncias simples

Esta tabela periódica mostra o estado físico, nas condições ambientes (25 °C e pressão igual à pressão do ar ao nível do mar), das substâncias simples formadas pelos elementos.

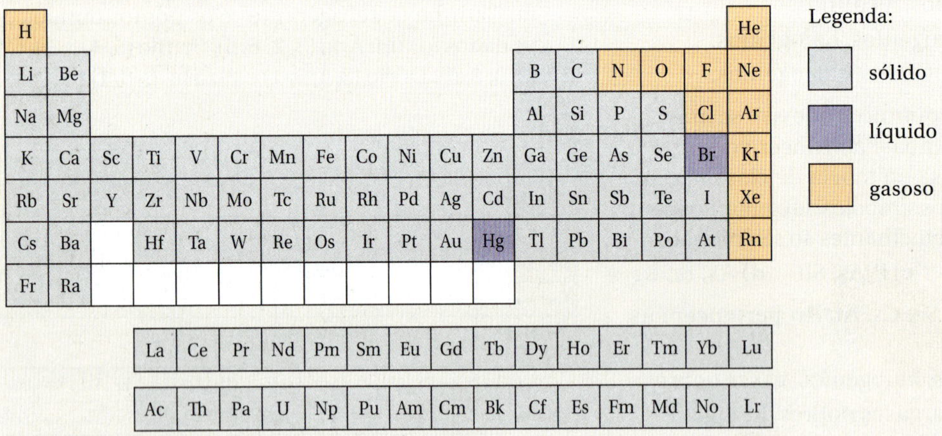

1.5 Elementos naturais e elementos artificiais

Em 1937 a tabela periódica tinha um aspecto bem próximo do atual, porém havia menos elementos químicos conhecidos. Os cientistas já haviam identificado e nomeado os elementos com números atômicos de 1 (hidrogênio) até 92 (urânio). Não eram conhecidos, porém, os elementos 43, 61, 85 e 87.

Átomos desses quatro elementos puderam ser produzidos **artificialmente** pelos cientistas por meio de processos nucleares, transformações que ocorrem no núcleo dos átomos. O tecnécio ($_{43}Tc$) foi produzido em 1937, o promécio ($_{61}Pm$) em 1947, o frâncio ($_{87}Fr$) em 1939 e o astato ($_{85}At$) em 1940.

Também são produzidos **artificialmente** todos os elementos transurânicos, isto é, com números atômicos superiores ao do urânio, pois nenhum deles é encontrado na natureza.

- Mesmo quando apenas um grupo de pesquisadores anuncia a síntese de um novo elemento e não há disputa de mérito pelo feito, costuma-se aguardar o reconhecimento da IUPAC (União Internacional de Química Pura e Aplicada) para que ele receba nome e símbolo e, a partir de então, passe a figurar na tabela periódica.

2 Configuração eletrônica e tabela periódica

2.1 Diagrama das diagonais e tabela periódica

Usando o diagrama das diagonais para distribuir os elétrons para os átomos neutros dos elementos que aparecem na tabela periódica, verifica-se que, à medida que aumenta o número atômico, há um comportamento periódico no modo como termina essa distribuição.

Analisando o esquema a seguir, você pode perceber que a configuração eletrônica dos elementos do **grupo 1** termina em $\mathbf{s^1}$, a dos elementos do **grupo 2** termina em $\mathbf{s^2}$, a dos elementos do **grupo 13** termina em $\mathbf{p^1}$, a dos elementos do **grupo 14** termina em $\mathbf{p^2}$ e **assim por diante** (note, porém, que o hélio destoa dos outros gases nobres).

- **Diagrama das diagonais**

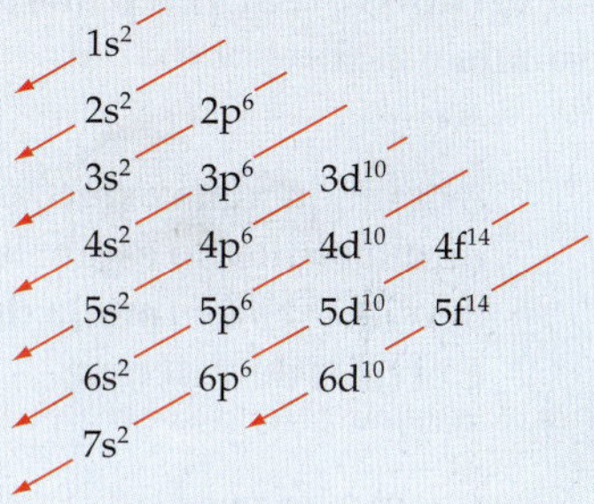

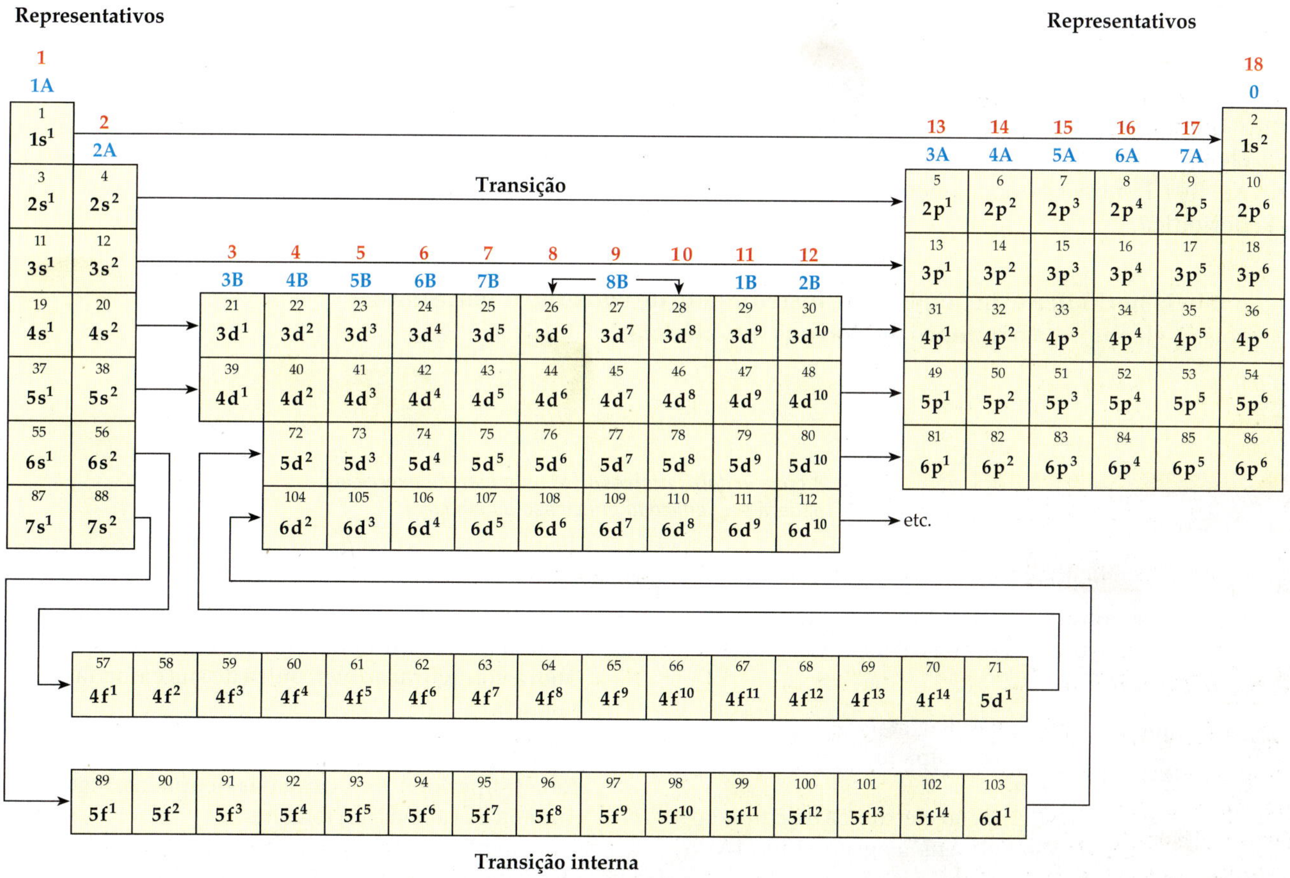

▲ Esquema que demonstra a relação entre a posição de um elemento na tabela periódica e a terminação da configuração eletrônica de seus átomos neutros (tal qual simplesmente fornecida pelo diagrama das diagonais). **Observação:** Alguns elementos apresentam **distribuição eletrônica anômala**, ou seja, que não segue rigorosamente a sequência do diagrama das diagonais. Essas anomalias são difíceis de explicar no ensino médio. **Não aparecem**, portanto, retratadas **no esquema acima**.

2.2 Número de camadas eletrônicas e período do elemento

Como é possível perceber pelo esquema da página anterior, elementos do primeiro período apresentam átomos com uma camada eletrônica, elementos do segundo período apresentam átomos com duas camadas e assim sucessivamente.

- Átomos (eletricamente neutros) de elementos de um **mesmo período** apresentam **igual número de camadas eletrônicas**. O **número de camadas** é igual ao **número do período**.

2.3 Camada de valência e grupo do elemento

Pelo esquema também é possível perceber que os átomos de elementos do **grupo 1** apresentam **1 elétron na última camada**, os do **grupo 2** têm **2 elétrons na última camada**, os do **grupo 13** têm **3 elétrons na última camada**, os do **grupo 14** têm **4 elétrons na última camada** e assim por diante.

- A camada mais externa do átomo de um elemento químico é aquela envolvida diretamente no estabelecimento de união com outro(s) átomo(s). Ela é denominada **camada de valência**. Os elétrons dessa camada são chamados de **elétrons de valência**.

- Elementos de um **mesmo grupo** da tabela periódica apresentam o **mesmo número de elétrons na camada de valência**.

Exceção a isso é o elemento hélio (Z = 2). Seus átomos apresentam 2 elétrons na última camada, mas ele não é colocado no grupo 2. Suas propriedades não se assemelham às dos elementos daquele grupo (Be, Mg, Ca, Sr, Ba, Ra), mas sim às dos gases nobres (Ne, Ar, Kr, Xe, Rn). Por essa razão, o hélio é considerado gás nobre e é incluído no grupo 18 da tabela periódica.

- A **tabela periódica** é um importante **instrumento de consulta** e, entre outras coisas, ela informa o **número de elétrons de valência**.

Exercícios essenciais

A critério do(a) professor(a) esta lista de exercícios poderá ser realizada em classe ou em casa.

Exercício Resolvido

19. Determine a posição do elemento Z = 11 na tabela periódica, com base em sua distribuição eletrônica.

Resolução

Utilizando o diagrama das diagonais:

$$\underbrace{1s^2}_{\substack{K\\2}}\ \underbrace{2s^2\ 2p^6}_{\substack{L\\8}}\ \underbrace{3s^1}_{\substack{M\\1}}$$

3 camadas ocupadas ⇒ terceiro período

Configuração eletrônica da camada de valência é ns^1 ⇒ grupo 1 (ou 1A)

O elemento é metal alcalino e se encontra no terceiro período. Consultando a tabela, podemos confirmar que se trata do elemento sódio, Na.

Exercício Resolvido

20. O elemento S encontra-se no terceiro período e pertence ao grupo dos calcogênios (16 ou 6A). Qual a configuração eletrônica de sua camada de valência?

Resolução

Terceiro período ⇒ 3 camadas ocupadas, logo a camada de valência é a terceira.

Calcogênio ⇒ 6 elétrons na camada de valência, ou seja, $s^2\ p^4$. A camada de valência do S é: $\underbrace{3s^2\ 3p^4}_{\substack{M\\ \text{6 elétrons}}}$.

21. (Uneb-BA) Um átomo apresenta normalmente 2 elétrons na primeira camada, 8 elétrons na segunda, 18 elétrons na terceira camada e 7 na quarta camada. A família e o período em que se encontra esse elemento são, respectivamente:

a) família dos halogênios, sétimo período.
b) família do carbono, quarto período.
c) família dos halogênios, quarto período.
d) família dos calcogênios, quarto período.
e) família dos calcogênios, sétimo período.

22. (UFSM-RS) Um elemento neutro possui configuração eletrônica $1s^2\,2s^2\,2p^6\,3s^2\,3p^5$. Esse elemento é um:

a) metal alcalinoterroso.
b) halogênio.
c) metal do primeiro período de transição.
d) gás nobre.
e) elemento do grupo do nitrogênio.

23. (Vunesp) Os elementos I, II e III têm as seguintes configurações eletrônicas em suas camadas de valência:

I. $3s^2\,3p^3$
II. $4s^2\,4p^5$
III. $3s^2$

Com base nessas informações, assinale a afirmação errada.

a) O elemento I é um não metal.
b) O elemento II é um halogênio.
c) O elemento III é um metal alcalinoterroso.
d) Os elementos I e III pertencem ao terceiro período da tabela periódica.
e) Os três elementos pertencem ao mesmo grupo da tabela periódica.

24. Dois dos elementos químicos **representativos** muito importantes para a saúde óssea têm as seguintes características: um deles apresenta átomos com quatro camadas eletrônicas e dois elétrons na última delas; os átomos do outro têm três camadas eletrônicas e cinco elétrons na última camada.

a) Você consegue situar esses elementos na tabela periódica, sem consultá-la? Justifique.
b) Consulte a tabela periódica e diga que elementos são esses.

25. (Unisinos-RS) Entre as alternativas a seguir, indique aquela que contém afirmações exclusivamente corretas sobre os elementos cujas configurações eletrônicas são apresentadas abaixo:

Elemento	Configuração eletrônica
A	$1s^2\,2s^2\,2p^6\,3s^1$
B	$1s^2\,2s^2\,2p^4$
C	$1s^2\,2s^2\,2p^6\,3s^2\,3p^6\,4s^2$
D	$1s^2\,2s^2\,2p^6\,3s^2\,3p^6$
E	$1s^2\,2s^2\,2p^6\,3s^2\,3p^5$

a) O elemento *C* é um gás nobre e o elemento *B* é um halogênio.
b) Os elementos *A* e *C* situam-se, respectivamente, no terceiro e quarto períodos da tabela periódica.
c) O elemento *E* é um calcogênio e situa-se no quinto período da tabela periódica.
d) O elemento *B* é um halogênio do segundo período, enquanto o elemento *D* situa-se no sexto período da tabela periódica.
e) O elemento *A* é um metal alcalinoterroso.

26. (PUC-PR) Dadas as distribuições eletrônicas:

1. $1s^2\,2s^2\,2p^6\,3s^1$
2. $1s^2\,2s^2\,2p^6$
3. $1s^2\,2s^2\,2p^6\,3s^2\,3p^6\,4s^2$
4. $1s^2\,2s^2\,2p^6\,3s^2\,3p^6$
5. $1s^2\,2s^2\,2p^6\,3s^2\,3p^5$

A alternativa **INCORRETA** é:

a) A distribuição 1 refere-se a um metal alcalino.
b) A distribuição 2 refere-se a um gás nobre.
c) A distribuição 3 refere-se a um metal alcalinoterroso.
d) A distribuição 4 refere-se a um calcogênio.
e) A distribuição 5 refere-se a um halogênio.

27. (UVA-CE-modificado) Átomos do elemento **Y**, que apresentam a distribuição eletrônica $1s^2, 2s^2, 2p^6, 3s^2, 3p^4$:

a) têm número de massa igual a 16.
b) formam o íon Y^{2-} ao receberem dois elétrons.
c) pertencem à família do carbono.
d) apresentam cinco níveis de energia.

28. (Fatec-SP) Imagine que a tabela periódica seja o mapa de um continente e que os elementos químicos constituem as diferentes regiões desse território.

A respeito desse "mapa" são feitas as seguintes afirmações:

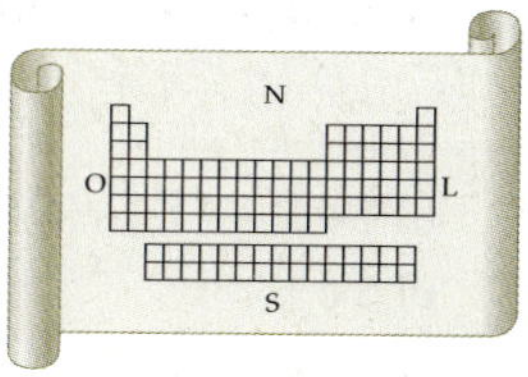

I. Os metais constituem a maior parte do território desse continente.
II. As substâncias simples gasosas, não metálicas, são encontradas no nordeste e na costa leste desse continente.
III. Percorrendo-se um meridiano (isto é, uma linha reta no sentido norte-sul), atravessam-se regiões cujos elementos químicos apresentam propriedades químicas semelhantes.

Dessas afirmações:

a) apenas I é correta.
b) apenas I e II são corretas.
c) apenas I e III são corretas.
d) apenas II e III são corretas.
e) I, II e II são corretas.

Exercícios adicionais

Seu(sua) professor(a) indicará quais exercícios deste bloco você deve fazer.

29. (UFSC) Seja um elemento químico representado pela notação $_{16}X$.
Com relação ao elemento dado, consulte a classificação periódica dos elementos químicos e assinale a(s) proposição(ões) **CORRETA(S)**.

01. Sabe-se que ocupa o terceiro período da classificação e seu nome é oxigênio.

02. Considerando os elementos **N**, **Se**, **F**, é o **Se** o elemento que tem propriedades químicas mais semelhantes às de $_{16}X$.

04. Sua configuração eletrônica fundamental é $1s^2 — 2s^2 — 2p^4$.

08. É classificado como um metal alcalinoterroso.

16. Seu estado físico é gasoso.

Responda com a soma dos itens corretos.

30. (Fuvest-SP) Um astronauta foi capturado por habitantes de um planeta hostil e aprisionado numa cela, sem seu capacete espacial. Logo começou a sentir falta de ar.
Ao mesmo tempo, notou um painel como o da figura em que cada quadrado era uma tecla.
Apertou duas delas, voltando a respirar bem. As teclas apertadas foram

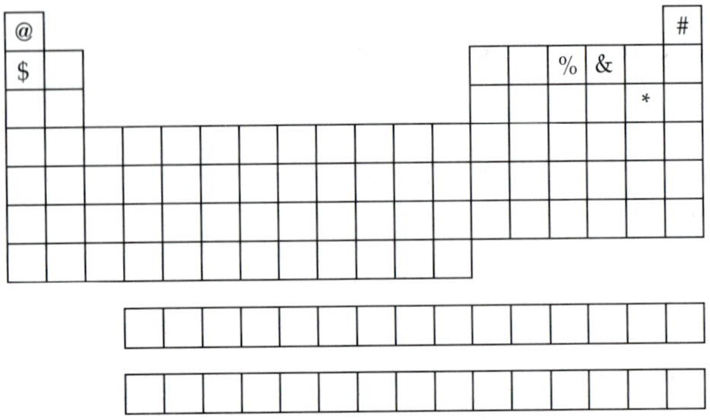

a) @ e #

b) # e $

c) $ e %

d) % e &

e) & e *

31. (UCDB-MS) Um elemento que apresenta nos últimos subníveis a configuração $4s^2\ 3d^2$ é um elemento:

a) alcalino.

b) de transição.

c) alcalinoterroso.

d) calcogênio.

e) gás nobre.

32. (UFRGS-RS) Considerando a classificação periódica dos elementos, a afirmação correta é:

a) O manganês é um metal e seu número atômico é 54,9.

b) O bromo é semimetal e pertence à família dos halogênios.

c) O criptônio é um gás nobre e seu número atômico é 19.

d) O zinco é um metal que, no estado fundamental, apresenta elétrons distribuídos em três camadas eletrônicas.

e) O enxofre é um não metal, com seis elétrons na última camada.

33. (UFRRJ) As vitaminas A, C e E possuem propriedades antioxidantes, por isso são importantes no combate aos radicais livres. A vitamina E, por exemplo, quando interage com selênio, origina uma potente ação inibidora desses radicais livres. Em relação ao selênio podemos afirmar que:

a) se encontra no terceiro período da tabela periódica.

b) possui quatro elétrons na camada mais externa.

c) apresenta um acentuado caráter metálico.

d) possui tendência de formar íons de carga positiva.

e) apresenta seis elétrons na camada mais externa.

34. (PUC-SP) O fenômeno da supercondução de eletricidade, descoberto em 1911 por Kamerlingh Onnes, voltou a ser objeto da atenção do mundo científico com a constatação de Bednorz e Müller de que materiais cerâmicos podem exibir esse tipo de comportamento. Houve, em seguida, uma verdadeira avalanche de novas descobertas, criando a expectativa de sensacionais aplicações do fenômeno. Os físicos citados foram contemplados com o Prêmo Nobel de 1987. Um dos elementos químicos mais importantes na formulação da cerâmica supercondutora é o ítrio. Relativamente ao ítrio, pede-se:

a) a estrutura eletrônica;

b) sua classificação, tendo em conta a estrutura eletrônica.

35. (UFSCar-SP) Uma tecnologia promissora para atender parte de nossas necessidades energéticas, sem a poluição gerada pela queima de combustíveis fósseis, envolve a transformação direta de parte da energia luminosa do Sol em energia elétrica. Nesse processo são utilizadas as chamadas células fotogalvânicas, que podem funcionar utilizando semicondutores extrínsecos de silício, constituídos por uma matriz de silício de alta pureza, na qual são introduzidos níveis controlados de impurezas. Essas impurezas são elementos químicos em cujas camadas de valência há um elétron a mais ou a menos, em relação à camada de valência do silício. Semicondutores do tipo n são produzidos quando o elemento utilizado como impureza tem cinco elétrons na camada de valência. Considerando os elementos B, P, Ga, Ge, As e In como possíveis impurezas para a obtenção de um semicondutor extrínseco de silício, poderão ser do tipo n apenas aqueles produzidos com a utilização de:

a) B

b) Ge

c) Ga e Ge

d) P e As

e) B, Ga e In

3 Algumas propriedades periódicas dos elementos

- **Quando os elementos químicos são organizados em ordem crescente de número atômico, ocorre uma periodicidade em algumas de suas propriedades**, ou seja, repetem-se regularmente elementos com propriedades semelhantes. Essa regularidade da natureza é conhecida como **Lei Periódica dos Elementos**. E essas propriedades que exibem comportamento periódico são denominadas **propriedades periódicas**.

3.1 Raio atômico

Para que seja possível discutir a propriedade periódica **raio atômico**, vamos considerar o átomo como sendo uma esfera; o raio atômico será a distância média do elétron mais externo até o núcleo.

O raio atômico é frequentemente expresso em picometro (pm).

- $1 \text{ pm} = 10^{-12} \text{ m}$

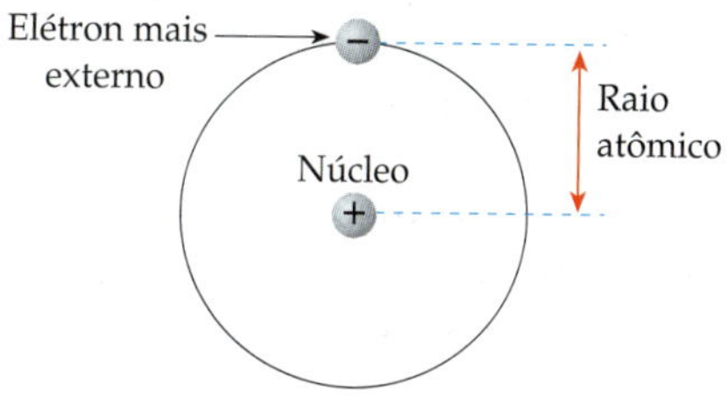

- **Num grupo**, o raio atômico aumenta de cima para baixo porque há um aumento do número de camadas ocupadas por elétrons.

Os átomos eletricamente neutros de elementos de um mesmo período têm mesmo número de camadas eletrônicas. Da direita para a esquerda, há diminuição do número de prótons (Z), o que acarreta diminuição da carga nuclear, menor atração do núcleo sobre os elétrons e consequente aumento do raio atômico. Assim:

- **Num período**, o raio atômico aumenta da direita para a esquerda, porque, para um mesmo número de camadas ocupadas, os elementos situados à esquerda possuem uma carga nuclear menor.

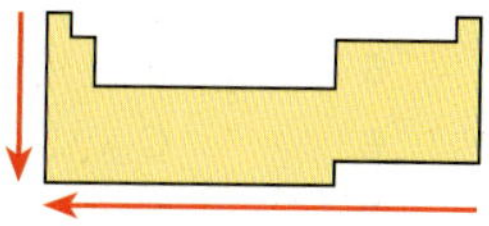

3.2 Energia (ou potencial) de ionização (EI)

Considere um átomo isolado, no estado gasoso e no estado fundamental. Quando ele absorve energia, elétrons podem ser transferidos de um nível para outro mais afastado do núcleo. Se a energia fornecida for suficientemente alta, será possível arrancar um elétron do átomo em questão, transformando-o num íon positivo.

Representação:

Na (g)	+	EI	→	Na^+ (g)	+	1 e^-
(11 p e 11 e^-)				(11 p e 10 e^-)		
Átomo neutro		**Ganha energia**		**Íon positivo**		**Elétron liberado**

- **Energia de ionização** (EI) é a energia mínima necessária para se arrancar um elétron de um átomo que se encontra no estado fundamental, gasoso e isolado.

A energia de ionização pode ser expressa em uma unidade chamada elétron-volt (eV). Assim:

$$Na\,(g) \quad + \quad \underbrace{5{,}1\ eV}_{\text{EI do Na}} \quad \rightarrow \quad Na^{+}\,(g) \quad + \quad 1\,e^{-}$$

Quanto mais próximos do núcleo estiverem os elétrons da última camada, isso indica que maior é a atração do núcleo sobre eles e, portanto, é mais difícil removê-los do átomo. Portanto:

- Num período ou num grupo, a energia de ionização será tanto maior quanto menor for o raio atômico.

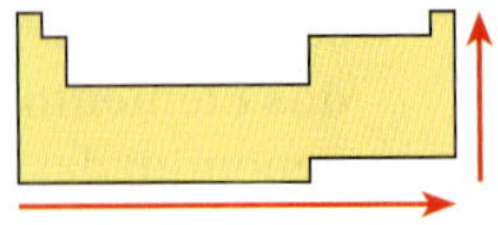

É possível retirar mais de um elétron do átomo, bastando, após a retirada do primeiro elétron, fornecer mais energia.

Chamamos de **primeira energia de ionização** a energia necessária para retirar um elétron do átomo neutro (no estado fundamental, gasoso e isolado); de **segunda energia de ionização** a energia necessária para retirar outro elétron do cátion resultante da primeira ionização; e assim sucessivamente. Um átomo que possui vários elétrons apresenta várias energias de ionização.

Por exemplo:

$$Mg\,(g) \quad + \quad 1^{a}\ EI \quad \rightarrow \quad Mg^{+}\,(g) \quad + \quad 1\,e^{-}$$
$$Mg^{+}\,(g) \quad + \quad 2^{a}\ EI \quad \rightarrow \quad Mg^{2+}\,(g) \quad + \quad 1\,e^{-}$$
$$Mg^{2+}\,(g) \quad + \quad 3^{a}\ EI \quad \rightarrow \quad Mg^{3+}\,(g) \quad + \quad 1\,e^{-}$$

Veja na tabela abaixo alguns valores experimentais de energias de ionização. Consultando os dados tabelados, observamos que:

- A segunda energia de ionização é maior que a primeira, a terceira energia de ionização é maior que a segunda, e assim sucessivamente.

		Energias de ionização (eV)									
Z	**Símbolo**	**1ª**	**2ª**	**3ª**	**4ª**	**5ª**	**6ª**	**7ª**	**8ª**	**9ª**	**10ª**
1	H	13,6									
2	He	24,6	54,4								
3	Li	5,4	75,6	122,4							
4	Be	9,3	18,2	153,9	217,7						
5	B	8,3	25,1	37,9	259,3	340,1					
6	C	11,3	24,4	47,9	64,5	391,9	489,8				
7	N	14,5	29,6	47,4	77,5	97,9	551,9	666,8			
8	O	13,6	35,2	54,9	77,4	113,9	138,1	739,1	871,1		
9	F	17,4	35,0	62,6	87,2	114,2	157,1	185,1	953,6	1.100,0	
10	Ne	21,6	41,0	64,0	97,1	126,4	157,9	207,0	238,0	1.190,0	1.350,0
11	Na	5,1	47,3	71,6	98,9	138,6	172,4	208,4	264,1	299,9	1.460,0
12	Mg	7,6	15,0	80,1	109,3	141,2	186,7	225,3	266,0	328,2	367,0
13	Al	6,0	18,8	28,4	120,0	153,8	190,4	241,9	285,1	331,6	399,2
14	Si	8,1	16,3	33,5	45,1	166,7	205,1	246,4	303,2	349,0	407,0
15	P	11,0	19,7	30,1	51,4	65,7	220,4	263,3	309,2	380,0	433,0
16	S	10,4	23,4	35,0	47,3	72,5	88,0	281,0	328,8	379,1	459,0
17	Cl	13,0	23,8	39,9	53,5	67,8	96,7	114,3	348,3	398,8	453,0
18	At	15,8	27,6	40,9	59,8	75,0	91,3	124,0	143,5	434,0	494,0
19	K	4,3	31,8	46,9	60,9	83,0	101,0	120,0	155,0	176,0	501,4
20	Ca	6,1	11,9	51,2	67,0	84,0	111,0	127,0	151,0	189,0	211,4

▲ As linhas em vermelho separam dois níveis eletrônicos. Note o acentuado salto da energia de ionização ao atravessar essa linha.
Fonte: CHRISTEN, H. R. *Química*. Barcelona: Reverté, 1976. p. 47.

3.3 Afinidade eletrônica (AE) ou eletroafinidade

Considere um determinado átomo no estado gasoso, isolado e no estado fundamental. Esse átomo pode receber um elétron em sua camada de valência e, nesse caso, haverá liberação de energia. Assim, o átomo se transforma num íon negativo.

A quantidade de energia liberada pelo átomo ao receber o elétron será tanto maior quanto mais fortemente o elétron atraído se ligar ao átomo.

Representação:

$Cl\,(g)$	$+$	$1\,e^-$	$\rightarrow$	$Cl^-\,(g)$	$+$	E
(17 p e $17\,e^-$)				(17 p e $18\,e^-$)		
Átomo neutro		**Recebe e^-**		**Íon negativo**		**Energia é liberada**

- **Afinidade eletrônica** ou **eletroafinidade** de um átomo é a quantidade de energia liberada quando um átomo gasoso, isolado e no seu estado fundamental, recebe um elétron.

A afinidade eletrônica também pode ser expressa em eV. Assim:

$$Cl\,(g) + 1\,e^- \rightarrow Cl^-\,(g) + 3{,}61\ eV$$

Afinidade eletrônica do cloro

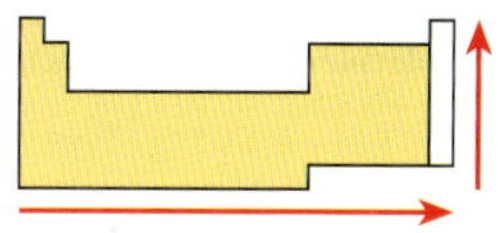

- Quanto menor for o raio atômico, maior será a afinidade eletrônica.

3.4 Densidade

- A **densidade** (d) de um corpo expressa a relação entre a massa (m) e o volume (V) ocupado por esse corpo.

$$d = \frac{m}{V}$$

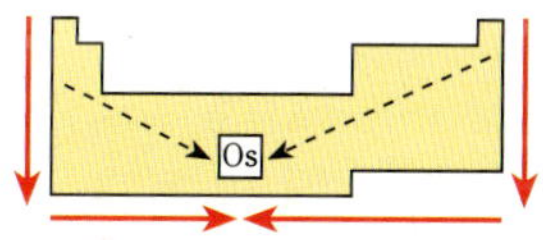

Num grupo: A densidade de um elemento aumenta com o número atômico, o que ocorre de cima para baixo.

Num período: A densidade cresce da extremidade para o centro.

O ósmio (Os) é o elemento de maior densidade ($22{,}6\ g/cm^3$).

3.5 Ponto de fusão e ponto de ebulição

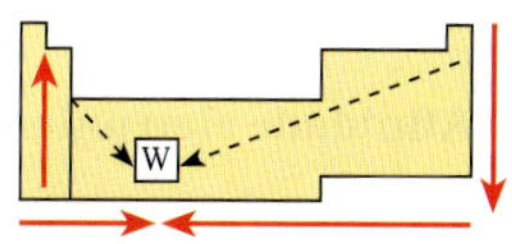

- **Ponto de fusão** (PF) é a temperatura na qual o sólido se transforma em líquido a uma determinada pressão.

- **Ponto de ebulição** (PE) é a temperatura na qual o líquido se transforma em vapor a uma determinada pressão.

À exceção dos metais alcalinos e alcalinoterrosos, o ponto de fusão e o ponto de ebulição em um período crescem das extremidades para o centro, e num grupo crescem de cima para baixo.

O tungstênio (W) é o metal de maior ponto de fusão (3.422 °C).

Biblioteca do estudante
Informe-se sobre a Química:
Breve história da tabela periódica moderna

Conteúdo multimídia:
José Bonifácio de Andrada e Silva

Revisão

3.6 Eletronegatividade

Existe uma propriedade periódica denominada **eletronegatividade**, a qual, em virtude de sua importância no estudo das ligações que se estabelecem entre os átomos, será estudada no capítulo 9.

Propriedades periódicas e "mapas de relevo"

As ilustrações da tabela periódica a seguir fornecem uma visão do raio atômico, da energia de ionização e da afinidade eletrônica dos elementos por meio de um "mapa de relevos".

Raio atômico

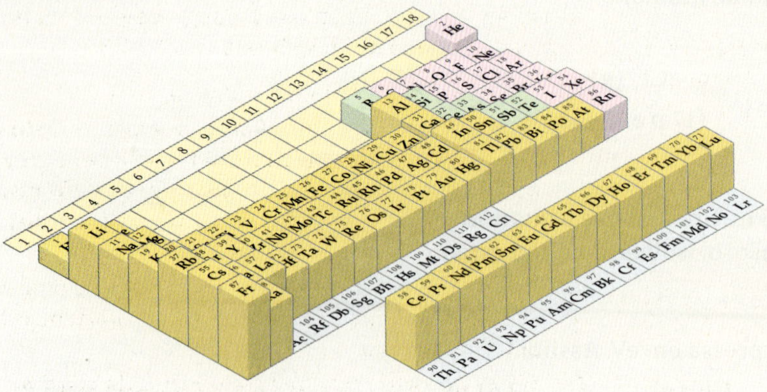

Fonte: SUCHOCKI, J. *Conceptual Chemistry*; Understanding our world of atoms and molecules. 2. ed. São Francisco: Pearson/Benjamin Cummings, 2004. p. 162.

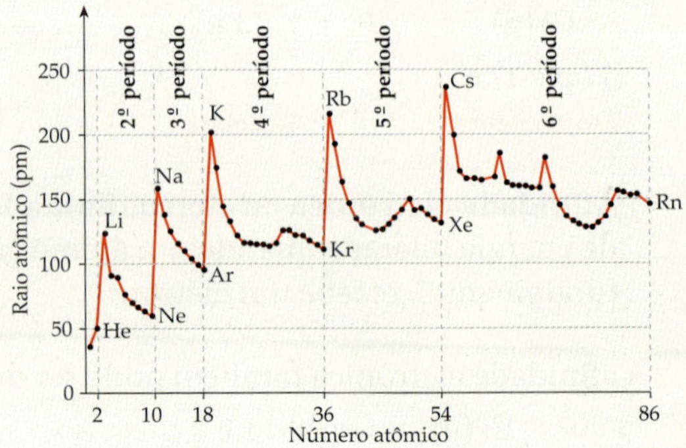

Fonte: EBBING, D. D. *General Chemistry*. 4. ed. Boston: Houghton Mifflin, 1993. p. 310.

Energia de ionização

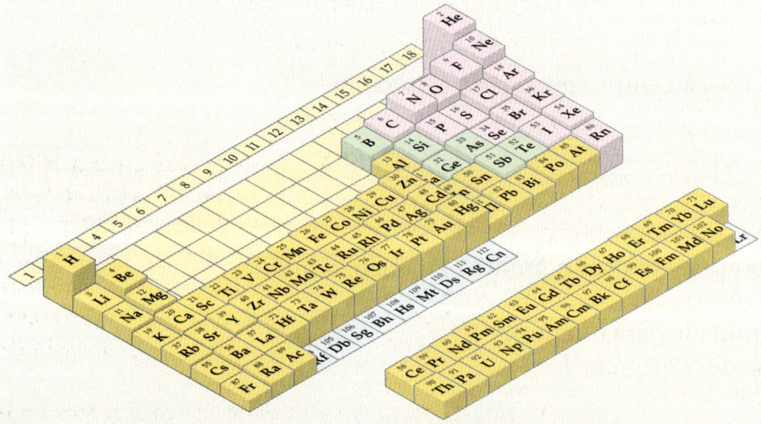

Fonte: SUCHOCKI, J. *Conceptual Chemistry*; Understanding our world of atoms and molecules. 2. ed. São Francisco: Pearson/Benjamin Cummings, 2004. p. 162.

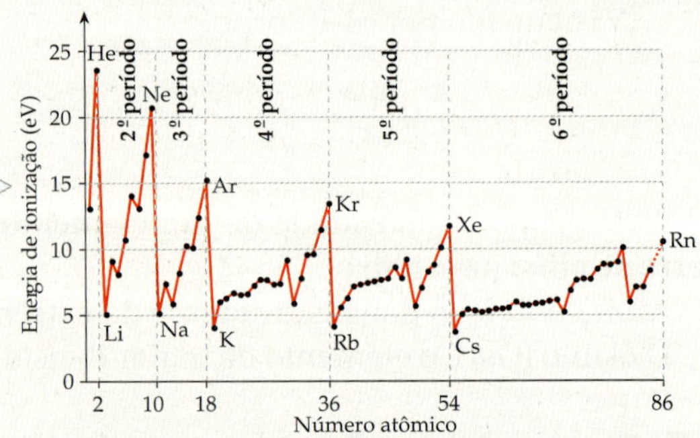

Fonte: Gráfico elaborado a partir de EBBING, D. D. e GAMMON, S. D. *General Chemistry*. 8. ed. Boston: Houghton Mifflin, 2005. p. 317.

Afinidade eletrônica

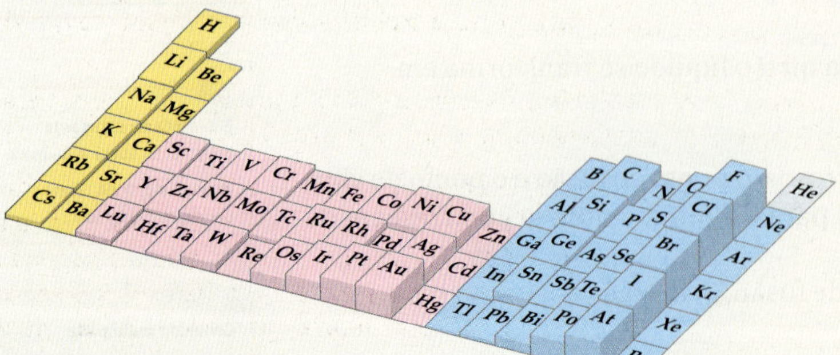

Fonte: OXTOBY, D. W. et al. *Principles of Modern Chemistry*. 5. ed. Londres: Thompson/Brooks/Cole, 2004. p. 556.

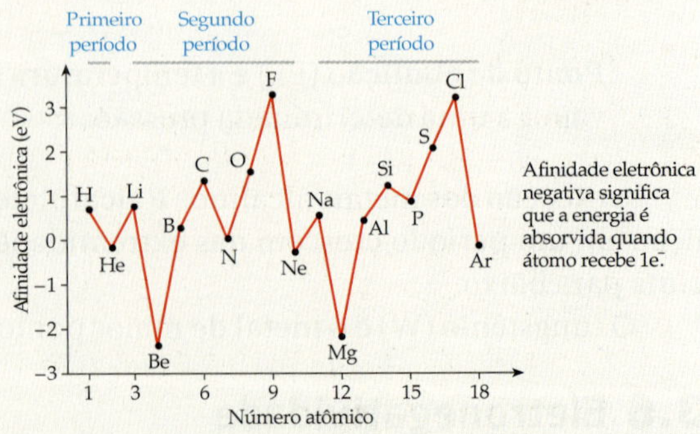

Fonte: Gráfico elaborado a partir de CHANG, R. *Chemistry*. 5. ed. Nova York: McGraw-Hill, 1994. p. 313.

Exercícios essenciais

A critério do(a) professor(a) esta lista de exercícios poderá ser realizada em classe ou em casa.

36. (Uerj) Os metais formam um grupo de elementos químicos que apresentam algumas propriedades diferentes, dentre elas o raio atômico. Essa diferença está associada à configuração eletrônica de cada um.

A ordenação crescente dos metais pertencentes ao terceiro período da tabela periódica, em relação a seus respectivos raios atômicos, está apontada em:

a) alumínio, magnésio e sódio.
b) sódio, magnésio e alumínio.
c) magnésio, sódio e alumínio.
d) alumínio, sódio e magnésio.

37. (UFV-MG) Os átomos neutros de dois elementos químicos A e B, estáveis, apresentam respectivamente as distribuições eletrônicas ao lado.

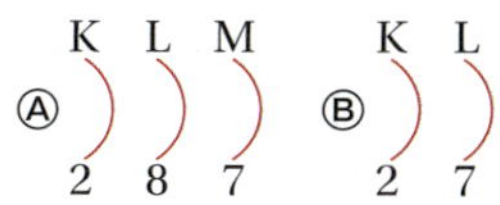

Pode-se dizer, a respeito desses dois elementos, que:

a) apresentam o mesmo número de nêutrons.
b) são metais.
c) apresentam o mesmo número de prótons.
d) pertencem à mesma família da tabela periódica.
e) apresentam o mesmo raio atômico.

38. (Cesgranrio-RJ) Considere as seguintes afirmativas, em relação às propriedades periódicas:

I. O flúor tem raio atômico maior que os demais halogênios porque tem o menor número atômico do grupo.

II. Na família dos gases nobres, o potencial de ionização é nulo, porque esses elementos não formam compostos.

III. Num mesmo período, um elemento de número atômico Z tem sempre maior afinidade eletrônica que o de número atômico $Z - 1$.

A(s) afirmativa(s) correta(s) é(são) somente:

a) I
b) II
c) III
d) I e II
e) II e III

39. (Vunesp) Os átomos dos elementos X, Y e Z apresentam as seguintes configurações eletrônicas no seu estado fundamental:

$X \rightarrow 1s^2\ 2s^2\ 2p^5$

$Y \rightarrow 1s^2\ 2s^2\ 2p^6\ 3s^1$

$Z \rightarrow 1s^2\ 2s^2\ 2p^6\ 3s^2\ 3p^6\ 3d^{10}\ 4s^2\ 4p^5$

É correto afirmar que:

a) dentre os citados, o átomo do elemento X tem o maior raio atômico.
b) o elemento Y é um metal alcalino e o elemento Z é um halogênio.
c) dentre os citados, o átomo do elemento Z tem a maior afinidade eletrônica.
d) o potencial de ionização do elemento X é menor do que o do átomo do elemento Z.
e) o elemento Z pertence ao grupo 15 (VA) e está no quarto período da classificação periódica.

40. (UFPB) Analise as afirmativas abaixo:

I. O comportamento químico semelhante dos elementos de uma dada família da tabela periódica é mais bem explicado pelo fato de que os átomos desses elementos possuem a mesma estrutura nuclear.

II. O elemento químico cujo número atômico é igual a 11 pertence à família 1A e ao 3º período da tabela periódica.

III. *Eletroafinidade* é a energia necessária para retirar um elétron de um átomo no estado gasoso, formando um íon gasoso.

Considerando as afirmativas I, II e III, marque a alternativa correta.

a) Apenas I está correta.
b) Apenas I e II estão corretas.
c) Apenas II e III estão corretas.
d) Apenas II está correta.
e) Apenas III está correta.

41. (UFAL-modificado) A tabela periódica é um dos conceitos mais importantes da química. Seu desenvolvimento é um exemplo de como descobertas científicas podem ser feitas pelo uso da perspicácia para organizar dados coletados por um grande número de cientistas durante muitos anos. Comparando os elementos cálcio e bromo na tabela periódica, assinale a alternativa correta.

a) O bromo tem maior afinidade eletrônica, pois, com a adição de um elétron, ocorre uma maior liberação de energia.
b) O raio do bromo é maior, pois ele tem maior número de camadas eletrônicas.
c) A energia de ionização do cálcio é maior, pois é mais difícil retirar um elétron desse elemento do que do bromo.
d) Ambos os elementos têm propriedades químicas semelhantes, pois estão no mesmo período.

42. (UnB-DF) Uma das atividades importantes realizadas pelos químicos é o estudo de propriedades químicas macroscópicas observadas em substâncias simples e compostas. A constatação de regularidades permite ao químico elaborar teorias para explicar, ao nível microscópico, essas propriedades.

A posição de um elemento no quadro periódico permite deduzir algumas propriedades de seus átomos, de sua(s) substância(s) simples e de substâncias compostas nas quais ele está presente. Considerando as propriedades periódicas mais comumente estudadas, classifique os itens que se seguem em verdadeiros ou falsos.

(1) O potencial de ionização é uma propriedade dos átomos dos elementos químicos.

(2) A eletroafinidade é uma propriedade da grafite e do diamante.

(3) Em um mesmo grupo da tabela periódica, os elementos localizados nos últimos períodos têm raio menor que aqueles localizados nos primeiros períodos.

(4) Tanto para os elementos representativos quanto para os de transição, dentro de um mesmo grupo, as propriedades químicas são muito semelhantes.

Exercícios adicionais

Seu(sua) professor(a) indicará quais exercícios deste bloco você deve fazer.

43. (Cefet-PR) A tabela a seguir mostra o símbolo hipotético de alguns elementos químicos, suas distribuições eletrônicas e seus raios atômicos:

Elemento	Distribuição eletrônica	Raio atômico (Å)
A	$1s^2\,2s^2$	1,13
B	$1s^2\,2s^2\,2p^6\,3s^2$	X
C	$1s^2\,2s^2\,2p^6\,3s^2\,3p^6\,4s^2$	1,97

Com relação às informações anteriores, pode-se afirmar que o raio atômico "X" deverá ser:

a) menor que 1,13 Å e que A, B e C pertencem à mesma família da tabela periódica.

b) menor que 1,13 Å e que A, B e C pertencem ao mesmo período da tabela periódica.

c) menor que 1,97 Å e que A, B e C pertencem ao mesmo período da tabela periódica.

d) maior que 1,13 Å e menor que 1,97 Å e A, B e C pertencem à mesma família da tabela periódica.

e) maior que 1,13 Å e menor que 1,97 Å e que A, B e C pertencem ao mesmo período da tabela periódica.

Comentário dos autores:

1 Å = 1 angstrom = 10^{-10} m = 10^{-8} cm

44. (UFV-MG) Energia de ionização é a energia necessária para se retirar um elétron de um átomo neutro no estado gasoso. Complete a tabela abaixo no seu caderno com os elementos **Ca**, **I** e **K**, ordenando-os de acordo com os valores de energia apresentados:

Elemento	1ª energia de ionização (kJ/mol)
	419
	590
	1.008

45. (UFPR) O gráfico a seguir corresponde à tendência da primeira energia de ionização em função de número atômico do elemento, do hidrogênio (Z = 1) ao radônio (Z = 86). A energia de ionização corresponde à energia necessária para remover um elétron do átomo neutro.

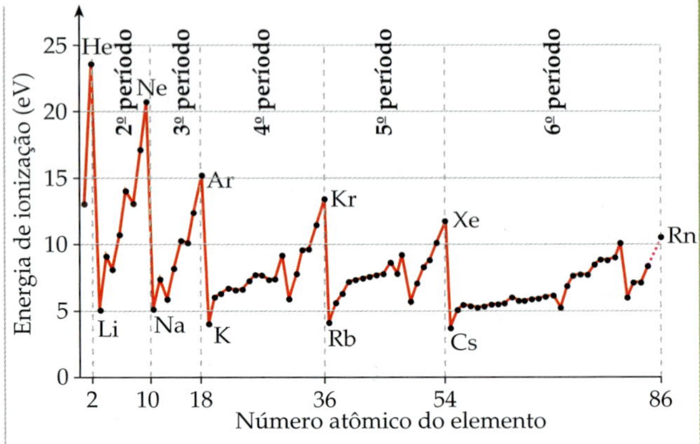

Acerca do tema, considere as afirmativas a seguir:

1. A energia de ionização tende a diminuir no grupo e aumentar no período.

2. A energia de ionização do hidrogênio é maior que a do hélio.

3. A energia de ionização do flúor é maior que a do argônio, criptônio e do xenônio.

4. As energias de ionização dos elementos do grupo 18 (gases nobres) são inferiores às energias de ionização dos metais de transição.

Assinale a alternativa correta.

a) Somente as afirmativas 1 e 2 são verdadeiras.

b) Somente as afirmativas 1, 3 e 4 são verdadeiras.

c) Somente as afirmativas 1 e 3 são verdadeiras.

d) Somente as afirmativas 2, 3 e 4 são verdadeiras.

e) Somente as afirmativas 2 e 4 são verdadeiras.

46. (UFMG) Este gráfico apresenta as quatro primeiras energias de ionização de átomos de um metal pertencente ao terceiro período da tabela periódica:

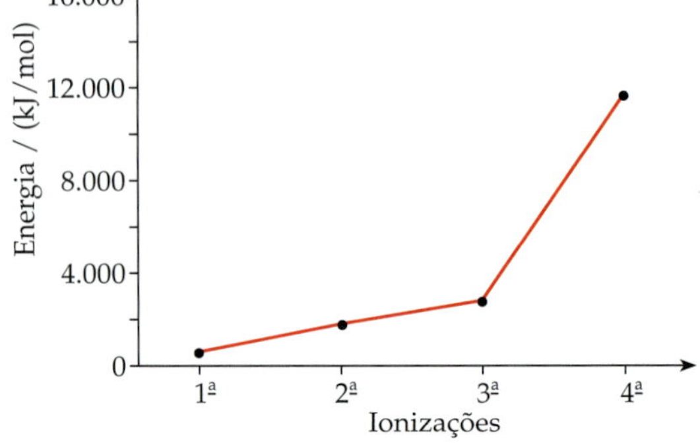

Com base nessas informações, é **INCORRETO** afirmar que os átomos desse metal apresentam:

a) raio atômico maior que o de qualquer dos não metais do mesmo período.

b) afinidade eletrônica menor que a de qualquer dos não metais do mesmo período.

c) 2 e 8 elétrons nos dois primeiros níveis de energia.

d) 4 elétrons no último nível de energia.

47. (Fafeod-MG) Damos a seguir os 1º, 2º, 3º e 4º potenciais de ionização do Mg (Z = 12), B (Z = 5) e K (Z = 19). Esses elementos, na tabela, serão representados por X, Y, Z, mas não necessariamente na mesma ordem.

		Elementos		
		X	Y	Z
Potenciais de ionização (elétron-volts)	1º	8,3	7,6	4,3
	2º	25	15	32
	3º	38	80	46
	4º	259	109	61

Marque a alternativa em que há uma correspondência correta entre Mg, B, K e as letras X, Y, Z.

	X	Y	Z
a)	B	K	Mg
b)	B	Mg	K
c)	K	Mg	B
d)	K	B	Mg
e)	Mg	B	K

48. (Unifesp) O gráfico apresenta as primeiras e segundas energias de ionização (1 EI e 2 EI) para os elementos sódio, magnésio e cálcio, indicados como I, II e III, não necessariamente nessa ordem.

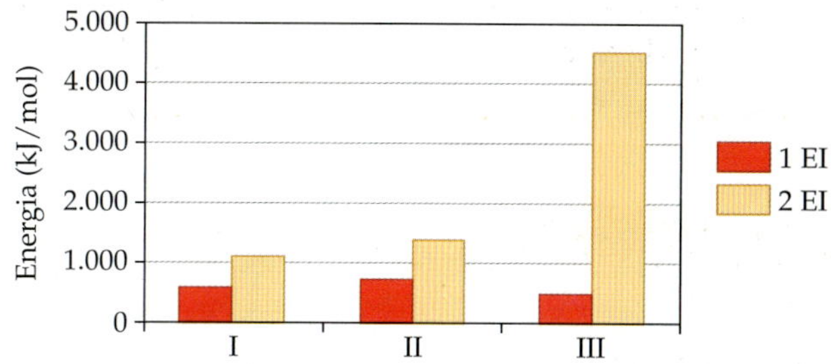

Dentre esses elementos, aqueles que apresentam os maiores valores para a primeira e para a segunda energia de ionização são, respectivamente:

a) cálcio e magnésio.

b) cálcio e sódio.

c) magnésio e cálcio.

d) magnésio e sódio.

e) sódio e magnésio.

49. (Cesgranrio-RJ) Uma das utilizações da classificação periódica dos elementos é o estudo comparativo de suas propriedades. Dos elementos abaixo, aquele que, ao mesmo tempo, é mais denso que o bromo e tem maior potencial de ionização do que o chumbo é o:

a) N

b) O

c) Ge

d) Fe

e) Kr

Capítulo 8

Ligações químicas interatômicas

Alguns conteúdos importantes:

- Regra do octeto
- Ligação iônica
- Ligação covalente
- Ligação metálica
- Principais propriedades das substâncias iônicas, das moleculares e das metálicas

NIKOLA BILIC/SHUTTERSTOCK

▲ O morango é fonte de vitamina C, um exemplo de substância molecular. Neste capítulo estudaremos as substâncias iônicas, as moleculares e as metálicas.

TPG/AGB PHOTO

▲ Modelo da molécula de vitamina C, substância de fórmula $C_6H_8O_6$, formada por átomos de três elementos químicos: carbono (representado em preto), hidrogênio (representado em cinza) e oxigênio (representado em vermelho).

1 Os três tipos de ligação química interatômica

Neste capítulo, estudaremos três importantes grupos de substâncias — as **iônicas**, as **moleculares** e as **metálicas** —, das quais alguns exemplos são mostrados na tabela 1.

Guia de estudo

- **Substâncias iônicas** — substâncias que conduzem a corrente elétrica no estado líquido, mas não no sólido. Inclui cloreto de lítio, brometo de potássio, cloreto de cálcio, cloreto de sódio, óxido de alumínio e óxido de magnésio.

- **Substâncias moleculares** — substâncias que não conduzem corrente elétrica no estado sólido nem no líquido; também se destacam por apresentar **pontos de fusão significativamente mais baixos que as substâncias dos outros dois grupos**. Inclui etanol, cloro, água, naftaleno, iodo e glicose.

- **Substâncias metálicas** — substâncias que conduzem corrente elétrica tanto no estado sólido quanto no líquido; quanto aos pontos de fusão, essas substâncias são razoavelmente comparáveis às do primeiro grupo. Inclui alumínio, prata, ouro, cobre, ferro e platina.

A união entre átomos é denominada **ligação química interatômica**. Ela pode ser de três tipos: **iônica, covalente** e **metálica**. Veremos, neste capítulo, que, nas substâncias:

- **iônicas**, os átomos se unem por **ligação iônica**;
- **moleculares**, os átomos se unem por **ligação covalente**;
- **metálicas**, os átomos se unem por **ligação metálica**.

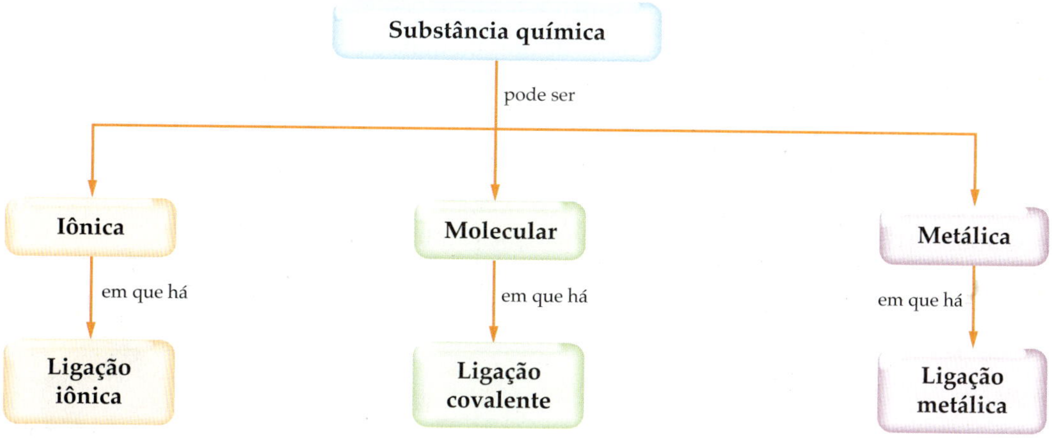

TABELA 1 Propriedades de algumas substâncias químicas

Substância	Fórmula que representa a substância	Ponto de fusão (°C)	Conduz corrente elétrica no estado sólido?	Conduz corrente elétrica no estado líquido?
Substâncias iônicas				
Cloreto de lítio	$LiCl$	610	Não	Sim
Brometo de potássio	KBr	734	Não	Sim
Cloreto de cálcio	$CaCl_2$	775	Não	Sim
Cloreto de sódio	$NaCl$	801	Não	Sim
Óxido de alumínio	Al_2O_3	2.053	Não	Sim
Óxido de magnésio	MgO	2.825	Não	Sim
Substâncias moleculares				
Etanol	C_2H_6O	−114	Não	Não
Cloro	Cl_2	−102	Não	Não
Água	H_2O	0	Não	Não
Naftaleno	$C_{10}H_8$	80	Não	Não
Iodo	I_2	114	Não	Não
Glicose	$C_6H_{12}O_6$	150	Não	Não
Substâncias metálicas				
Alumínio	Al	660	Sim	Sim
Prata	Ag	962	Sim	Sim
Ouro	Au	1.064	Sim	Sim
Cobre	Cu	1.085	Sim	Sim
Ferro	Fe	1.538	Sim	Sim
Platina	Pt	1.768	Sim	Sim

Fonte dos pontos de fusão: LIDE, D. R. (ed.) *CRC Handbook of Chemistry and Physics.* 84. ed. Boca Raton: CRC Press, 2003. p. **3**-4ss e **4**-39ss.

2 Os gases nobres e a regra do octeto

2.1 Gases nobres: modelo de estabilidade

Todas as substâncias químicas são formadas por átomos de elementos químicos. Os cientistas observaram que a imensa maioria das substâncias conhecidas é formada por átomos combinados, unidos. Às vezes são átomos de um único elemento, às vezes de dois ou mais elementos.

Dos milhões de substâncias conhecidas, sabe-se de **apenas** seis nas quais existem átomos não unidos a outros átomos.

Até hoje **não** foi descoberta sequer uma substância **natural** na qual átomos de gases nobres estejam unidos entre si ou a átomos de outros elementos.

- Apenas os **gases nobres** (He, Ne, Ar, Kr, Xe, Rn), nas condições ambientes, apresentam **átomos estáveis isolados**, isto é, não unidos a outros átomos.

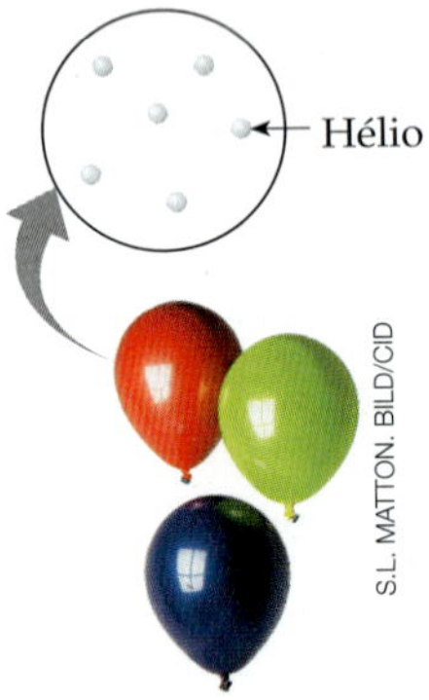

▲ Os gases nobres formam substâncias em que átomos não estão unidos a outros átomos. O hélio, presente nos balões, é um exemplo de gás nobre.

▲ No sal de cozinha há íons de sódio e de cloro combinados formando os cristais.

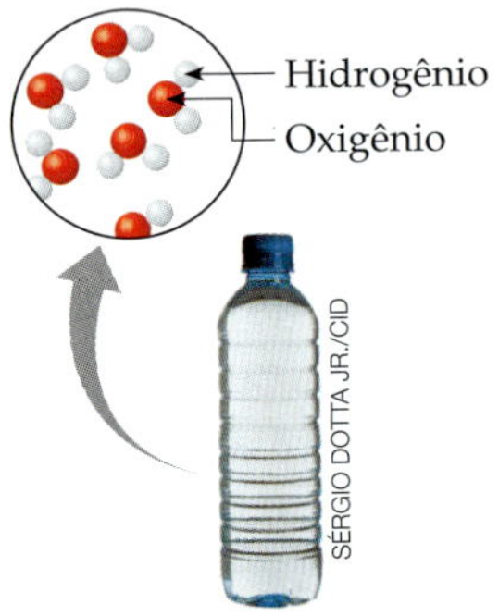

▲ Na água há átomos de hidrogênio e oxigênio formando moléculas.

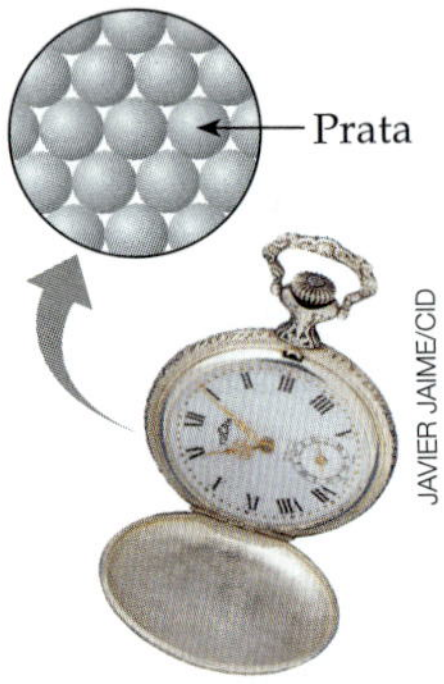

▲ Na prata há muitos átomos de prata unidos formando o sólido.

2.2 A regra do octeto

Para entender as ligações entre os átomos, é importante analisar a eletrosfera dos gases nobres (tabela 2).

TABELA 2 Distribuição eletrônica dos gases nobres

Gás nobre	K	L	M	N	O	P
Hélio	2					
Neônio	2	8				
Argônio	2	8	8			
Criptônio	2	8	18	8		
Xenônio	2	8	18	18	8	
Radônio	2	8	18	32	18	8

William Kossel e Gilbert Newton Lewis propuseram, independentemente, no ano de 1916, uma regra para interpretar a ligação entre os átomos, que ficou conhecida como **regra do octeto de elétrons** (ou, simplesmente, **regra do octeto**):

- Um átomo estará estável quando sua última camada possuir 8 elétrons (ou 2, caso se trate da camada K). Os átomos não estáveis unem-se uns aos outros a fim de adquirir essa configuração de estabilidade.

3 Ligação iônica

3.1 Tendência dos elementos a perder ou a receber elétrons

Como decorrência do que estudamos no capítulo 7:

- À medida que percorremos um período da tabela periódica, da esquerda para a direita, aumenta a atração exercida pelo núcleo sobre os elétrons da camada de valência.

De fato, químicos perceberam que:

- Os átomos dos elementos dos grupos 1, 2 e 13 apresentam uma tendência acentuada a perder os elétrons da camada de valência.

Sem os elétrons de valência, a última camada eletrônica passa a ser a anterior, que satisfaz a regra do octeto. Assim, por exemplo, átomos de Na, sob determinadas condições, podem perder o elétron de valência, átomos de Mg podem perder os dois elétrons de valência e átomos de Al podem perder os três. Os químicos também verificaram que:

- Os átomos dos elementos dos grupos 15, 16 e 17 apresentam, de modo geral, tendência a receber elétrons para ficar com oito elétrons na última camada.

Assim, átomos de F e de Cl, sob determinadas condições, podem receber um elétron, átomos de O e S podem receber dois e átomos de N e P podem receber três.

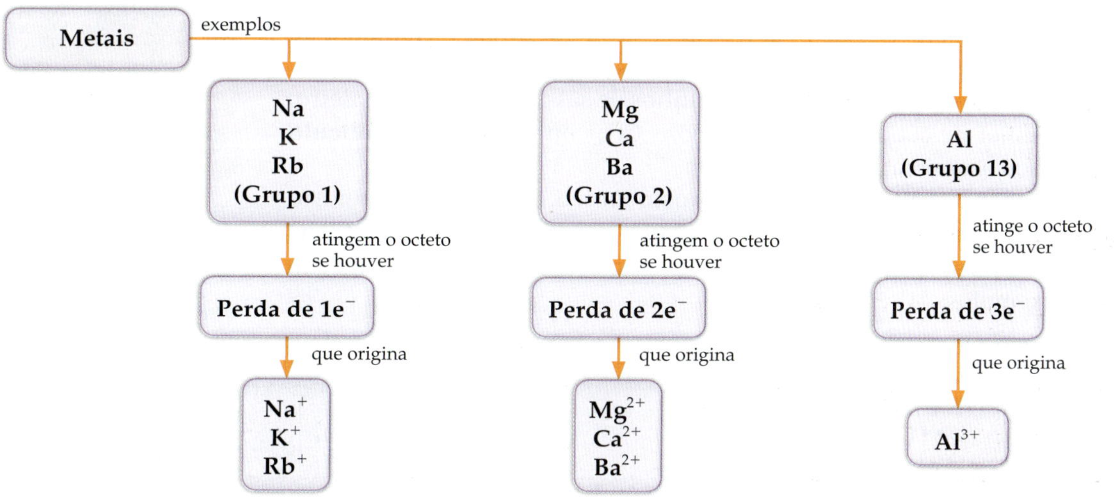

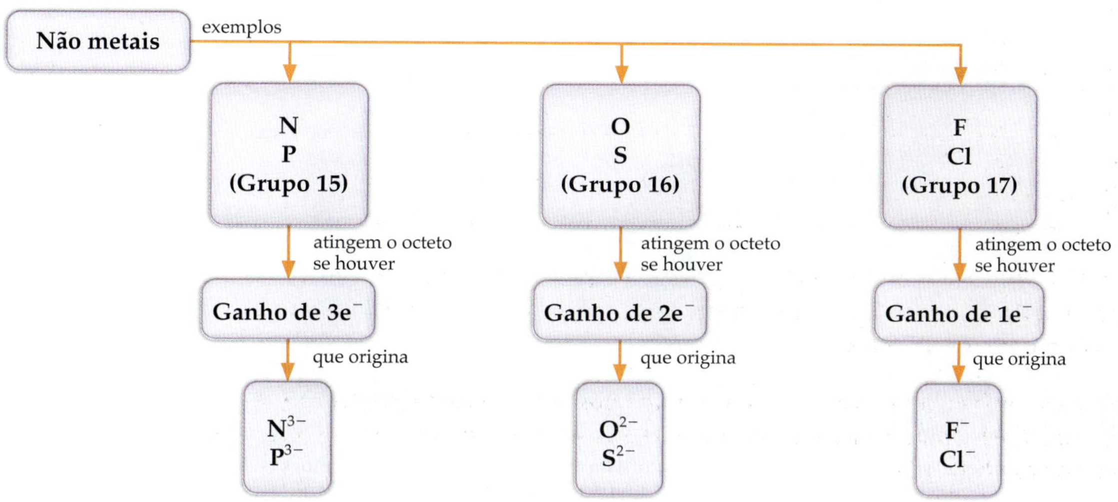

Generalizando:

- **Metais** têm tendência a formar **cátions**; e **não metais**, a formar **ânions**.

3.2 Formação de íons e ligação iônica

Vejamos como pode acontecer a união de metal e não metal do ponto de vista da regra do octeto. Consideremos átomos neutros dos elementos sódio e cloro:

$_{11}Na$: K – 2 L – 8 M – 1 $_{17}Cl$: K – 2 L – 8 M – 7

Não estão estáveis, pois não apresentam 8 elétrons na última camada.

Nenhum deles está estável, de acordo com a regra do octeto. Contudo, se houver uma transferência de 1 elétron do sódio para o cloro, ambos atingirão a estabilidade.

$_{11}Na^{+}$: K – 2 L – 8 $_{17}Cl^{-}$: K – 2 L – 8 M – 8

Ambos adquirem a estabilidade, pois ficam com 8 elétrons na última camada.

Esse processo pode ser esquematizado simplificadamente, representando-se por bolinhas os elétrons da última camada (**a camada de valência**) ao redor do símbolo do elemento:

Representação dos átomos isolados

Representação dos íons Na^{+} e Cl^{-}

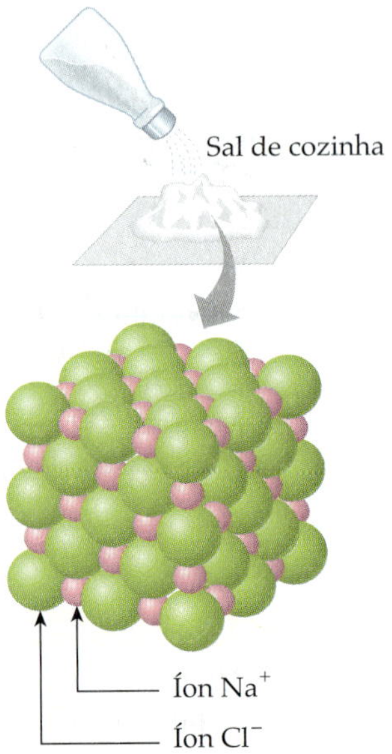

▲ Representação esquemática do retículo cristalino iônico do cloreto de sódio. Os íons estão representados por esferas, em cores fantasiosas.

Os íons Na^{+} e Cl^{-} possuem cargas elétricas opostas; portanto se atraem mutuamente. Essa atração mantém os íons unidos, formando a substância cloreto de sódio (comercializada como sal de cozinha), representada pela fórmula NaCl. Tal união é chamada de **ligação iônica** (alguns a denominam **ligação eletrovalente**).

Se conseguíssemos ampliar um daqueles cristaizinhos de sal presentes num saleiro, veríamos um arranjo regular de cátions Na^{+} e de ânions Cl^{-}, conhecido como **retículo cristalino iônico**, ilustrado esquematicamente ao lado.

O cloreto de sódio é apenas um exemplo de **composto iônico**, ou seja, um composto formado por íons. De modo geral, **sempre que um elemento, que necessite doar elétrons para se estabilizar, se unir a outro, que necessite recebê-los, a união se dará por ligação iônica**. Veja mais dois exemplos:

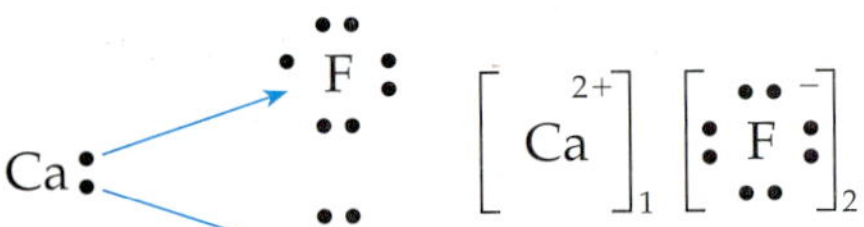

Composto de fórmula CaF_2

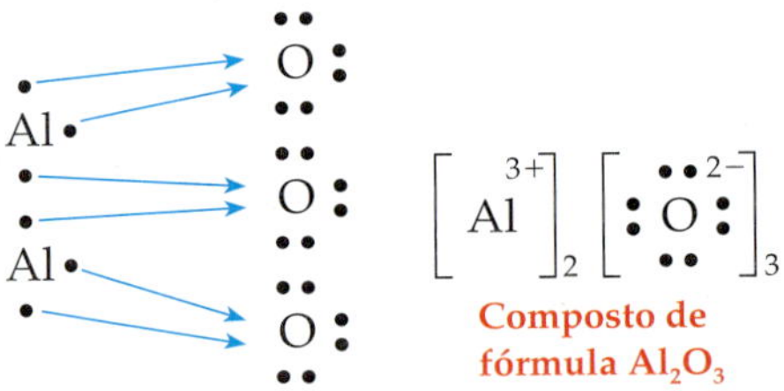

Composto de fórmula Al_2O_3

JOSÉ MANUEL SANCHIS CALVETE/CORBIS/LATINSTOCK

▲ A fluorita (CaF_2) é um mineral do qual se obtém, industrialmente, o elemento flúor.

SISSIE BRIMBERG/NATIONAL GEOGRAPHIC/GETTY IMAGES

▲ A safira consiste em um cristal de Al_2O_3 (incolor), contendo "impurezas" responsáveis pela cor azul.

3.3 Escrevendo a fórmula de um composto iônico

Para escrever a fórmula de um composto iônico, basta verificar qual a carga do íon estável formado pelos elementos (item 3.1) e levar em conta que, num composto, **a carga elétrica total positiva deve ser igual à negativa, resultando carga total nula:**

- $[\text{Cátion}]^{x+}_{y}\ [\text{Ânion}]^{y-}_{x}$ O cátion é escrito à esquerda e o ânion, à direita

Por exemplo:

$[Ca]^{2+}_{1}\ [F]^{-}_{2} \Rightarrow CaF_2$ $\qquad$ $[Al]^{3+}_{2}\ [O]^{2-}_{3} \Rightarrow Al_2O_3$

O módulo da carga de um íon é chamado de **valência** desse íon. Assim, por exemplo, Na^+ é um cátion monovalente; O^{2-} é um ânion bivalente; e Al^{3+} é um cátion trivalente.

Hidrogênio não é metal!

O hidrogênio apresenta apenas 1 elétron. Para ficar com eletrosfera de gás nobre (igual à do hélio, que possui 2 elétrons), ele precisa *receber 1 elétron*. **Assim, em ligação iônica, o hidrogênio apresenta carga negativa**.

$Na\bullet \longrightarrow \bullet H$ $\qquad [Na]^{+}_{1}\ [:H]^{-}_{1}$ Composto de fórmula NaH

Apesar de estar localizado no grupo 1 da tabela periódica, o hidrogênio assemelha-se muito mais aos halogênios, pois apresenta tendência a, como eles, receber elétrons. O hidrogênio **não** é um metal alcalino. O íon H^- é chamado de **íon hidreto**.

$Ca: \rightarrow \bullet H,\ \bullet H$ $\qquad [Ca]^{2+}_{1}\ [:H]^{-}_{2}$ Composto de fórmula CaH_2

Exercícios essenciais

A critério do(a) professor(a) esta lista de exercícios poderá ser realizada em classe ou em casa.

Exercício Resolvido

1. (Unitins-TO) Os átomos pertencentes à família dos metais alcalinoterrosos e dos halogênios adquirem configuração eletrônica de gases nobres quando, respectivamente, formam íons com número de carga:

a) +2 e −1 **c)** −1 e +2 **e)** +1 e −2
b) +1 e −1 **d)** −2 e −2

Resolução

Um átomo de **metal alcalinoterroso** (dois elétrons na camada de valência) adquire eletrosfera de gás nobre ao **perder dois elétrons**. Com isso, passa a ter carga elétrica +2.
Um átomo de **halogênio** (sete elétrons na camada de valência) adquire eletrosfera de gás nobre ao **receber um elétron**. Com isso, passa a ter carga elétrica −1.
Alternativa **a**.

Exercício Resolvido

2. Preveja a fórmula do composto resultante da união dos elementos $_{16}S$ e $_{20}Ca$.

Resolução

Utilizando o diagrama das diagonais, temos:

$_{16}S$: $1s^2 2s^2 2p^6 3s^2 3p^4$

$_{16}S$: K – 2 L – 8 M – 6 Não metal do grupo 16 (6A)

$_{20}Ca$: $1s^2 2s^2 2p^6 3s^2 3p^6 4s^2$

$_{20}Ca$: K – 2 L – 8 M – 8 N – 2 Metal do grupo 2 (2A)

Agora podemos prever a carga dos íons: o enxofre forma ânion bivalente S^{2-} e o cálcio forma cátion bivalente Ca^{2+}.
Assim:

$[Ca]^{2+}_{\cancel{2}}\ [S]^{2-}_{\cancel{2}} \Rightarrow \boxed{CaS}$

Perceba que o cátion é escrito antes do ânion. Note também a simplificação que foi feita entre os índices.

3. (Ufal) Na classificação periódica, a família formada por elementos que originam cátions exclusivamente bivalentes é:

a) 7A **b)** 6A **c)** 3A **d)** 2A **e)** 1A

4. (UCDB-MS) Para adquirir configuração eletrônica de gás nobre, o átomo de número atômico 16 deve:

a) perder dois elétrons.
b) receber seis elétrons.
c) perder quatro elétrons.
d) receber dois elétrons.
e) perder seis elétrons.

5. (UFRJ) Quando íons de cargas opostas, formados por elementos do grupo 1 (IA) e do grupo 17 (VIIA), são aproximados, ocorre uma forte atração entre eles e grande quantidade de energia é liberada. Essa força de atração é chamada:

a) ligação covalente.
b) ligação iônica.
c) ligação dativa.
d) ligação hidrogênio.
e) forças de van der Waals.

6. Escreva a fórmula dos compostos formados pelos seguintes pares de elementos:

a) $_{11}Na$ e $_{35}Br$
b) $_{8}O$ e $_{19}K$
c) $_{12}Mg$ e $_{16}S$
d) $_{13}Al$ e $_{17}Cl$
e) $_{3}Li$ e $_{8}O$
f) $_{1}H$ e $_{56}Ba$

7. (UFSCar-SP) Na classificação periódica, a coluna 1 refere-se aos elementos alcalinos e a coluna 17 refere-se aos halogênios. Metais alcalinos como lítio, sódio e césio reagem com gases halogênios como Cl_2. Os produtos das reações dos metais lítio, sódio e césio com o gás Cl_2 são sólidos iônicos cujas fórmulas são, respectivamente:

a) $LiCl_2$, NaCl, CsCl
b) LiCl, $NaCl_2$, CsCl
c) $LiCl_2$, $NaCl_2$, $CsCl_2$
d) $LiCl_3$, $NaCl_3$, $CsCl_3$
e) LiCl, NaCl, CsCl

8. (UFV-MG) Os compostos formados pelos pares

Mg e Cl; Ca e O; Li e O; K e Br

possuem fórmulas cujas proporções entre os cátions e os ânions são, respectivamente:

Números atômicos: Li (Z = 3); O (Z = 8); Mg (Z = 12); Cl (Z = 17); K (Z = 19); Ca (Z = 20); Br (Z = 35)

a) 1 : 1 2 : 2 1 : 1 1 : 2
b) 1 : 2 1 : 2 1 : 1 1 : 1
c) 1 : 1 1 : 2 2 : 1 2 : 1
d) 1 : 2 1 : 1 2 : 1 1 : 1
e) 2 : 2 1 : 1 2 : 1 1 : 1

9. (UFRO) O composto formado pela combinação do elemento X (número atômico = 20) com o elemento Y (número atômico = 9) provavelmente tem por fórmula:

a) XY **b)** XY_2 **c)** X_3Y **d)** XY_3 **e)** X_2Y

Exercícios adicionais

Seu(sua) professor(a) indicará quais exercícios deste bloco você dev e fazer.

10. (UFRGS) Ao se compararem os íons K^+ e Br^- com os respectivos átomos neutros de que se originaram, pode-se verificar que:

a) houve manutenção da carga nuclear de ambos os íons.
b) o número de elétrons permanece inalterado.
c) o número de prótons sofreu alteração em sua quantidade.
d) ambos os íons são provenientes de átomos que perderam elétrons.
e) o cátion originou-se do átomo neutro a partir do recebimento de um elétron.

11. (Mackenzie-SP) Para que átomos de enxofre e potássio adquiram configuração eletrônica igual à dos gases nobres, é necessário que:

Dados: número atômico S = 16; K = 19

a) o enxofre receba 2 elétrons e que o potássio receba 7 elétrons.
b) o enxofre ceda 6 elétrons e que o potássio receba 7 elétrons.
c) o enxofre ceda 2 elétrons e que o potássio ceda 1 elétron.
d) o enxofre receba 6 elétrons e que o potássio ceda 1 elétron.
e) o enxofre receba 2 elétrons e que o potássio ceda 1 elétron.

12. (PUC-Campinas-SP) Os átomos de certo elemento metálico possuem, cada um, 3 prótons, 4 nêutrons e 3 elétrons. A energia de ionização desse elemento está entre as mais baixas dos elementos da tabela periódica. Ao interagir com halogênio, esses átomos têm alterado o seu número de:

a) prótons, transformando-se em cátions.
b) elétrons, transformando-se em ânions.
c) nêutrons, mantendo-se eletricamente neutros.
d) prótons, transformando-se em ânions.
e) elétrons, transformando-se em cátions.

Exercício Resolvido

13. (FEI-SP) Um elemento metálico forma um óxido de fórmula MO_2. A fórmula de seu cloreto será, provavelmente:

a) MCl **b)** MCl_2 **c)** MCl_3 **d)** MCl_4 **e)** MCl_5

Resolução

Da fórmula do óxido deduz-se que o cátion do metal M é **tetravalente**, M^{4+}.

$$MO_2 \Rightarrow (M^{4+})_1(O^{2-})_2$$

Assim, na ligação com cloro, temos:

$$(M^{4+})_1(Cl^-)_4 \Rightarrow MCl_4$$

Alternativa **d**.

14. (Fuvest-SP) Dois metais, designados X e Y, reagem com cloro formando os compostos iônicos XCl e YCl. Os íons dos elementos X e Y devem, portanto, possuir igual:

a) raio iônico.
b) carga elétrica.
c) número de prótons.
d) energia de ionização.
e) número de elétrons.

15. (Fuvest-SP) Os átomos dos metais alcalinoterrosos (M) apresentam dois elétrons em sua camada de valência. É de prever que os óxidos e os cloretos desses metais tenham, respectivamente, as fórmulas mínimas:

a) MO e MCl_2
b) MO e MCl
c) MO_2 e MCl
d) MO_2 e MCl_4
e) M_2O e MCl_2

16. (UCSal-BA) O flúor utilizado nos dentifrícios combina com diversos elementos na forma de fluoretos. Ele aparece na crosta terrestre em minerais como a fluorita (CaF_2).

Conhecendo os números atômicos do cálcio (Z = 20) e do flúor (Z = 9), pode-se afirmar que, na fluorita,

I. aparecem ligações iônicas;
II. o átomo de flúor está localizado no grupo 5 e no 2º período da tabela periódica;
III. o átomo de cálcio é um metal alcalino;
IV. o flúor tem raio atômico menor que o do cálcio.

Das afirmações apresentadas, estão corretas apenas:

a) II e III
b) II e IV
c) I e II
d) I e III
e) I e IV

17. (UEG-GO) No final do século XVIII e início do XIX, graças ao trabalho de vários cientistas, chegou-se à conclusão de que qualquer tipo de material é formado por partículas extremamente pequenas denominadas átomos.

Sobre um determinado elemento Y, o qual apresenta configuração eletrônica, $1s^2\,2s^2\,2p^6\,3s^2\,3p^5$, considere as seguintes afirmativas:

I. Constitui um elemento representativo na classificação periódica.
II. Pertence à família dos calcogênios.
III. Forma com um elemento X, do grupo 2, composto iônico de fórmula XY_2.
IV. Tem tendência a receber 2 elétrons e a formar um íon Y^{2-}.
V. Tem seus elétrons distribuídos em 5 níveis de energia.

Marque a alternativa **CORRETA**:

a) As afirmativas I e III são verdadeiras.
b) As afirmativas I, III e V são verdadeiras.
c) As afirmativas I, III e IV são verdadeiras.
d) As afirmativas I, IV e V são verdadeiras.
e) Apenas a afirmativa I é verdadeira.

18. (Covest-PE) Sobre os elementos químicos H (Z = 1) e Li (Z = 3), podemos dizer que [julgue os itens em verdadeiros ou falsos]:

0) São ambos metais alcalinos, uma vez que apresentam configuração eletrônica na camada de valência do tipo ns^1.
1) O raio atômico do Li é maior que o do H.
2) A primeira energia de ionização do Li é maior que a do H.
3) O H é capaz de formar um íon negativo estável, e o Li não.

4 Ligação covalente

4.1 Compartilhamento de elétrons e ligação covalente

ANDREW LAMBERT PHOTOGRAPHY/ SCIENCE PHOTO LIBRARY/LATINSTOCK

▲ Modelo que representa o gás cloro. Cada átomo está representado por uma esfera em cor fantasiosa. Duas esferas juntas representam uma molécula Cl_2.

O átomo de cloro (Z = 17) precisa de mais 1 elétron para adquirir eletrosfera semelhante à do gás nobre argônio (Z = 18).

$_{17}Cl$: $1s^2\,2s^2\,2p^6\,3s^2\,3p^5$ $\qquad$ $_{17}Cl$: K – 2 L – 8 M – 7

Na substância Cl_2, os átomos se mantêm unidos porque suas eletrosferas **compartilham** alguns elétrons, isto é, **fazem uso comum da quantidade de elétrons necessária para que passem a ter eletrosfera semelhante à de gás nobre**. Na representação seguinte, as bolinhas pretas representam os elétrons da camada de valência.

Representação dos átomos isolados

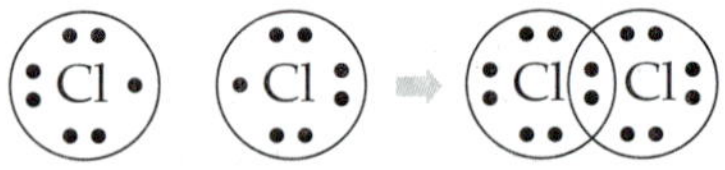

Representação da molécula de cloro (Cl_2)

◄ Representação do compartilhamento de elétrons na molécula Cl_2.

Veja agora os casos das substâncias H_2, O_2 e N_2.

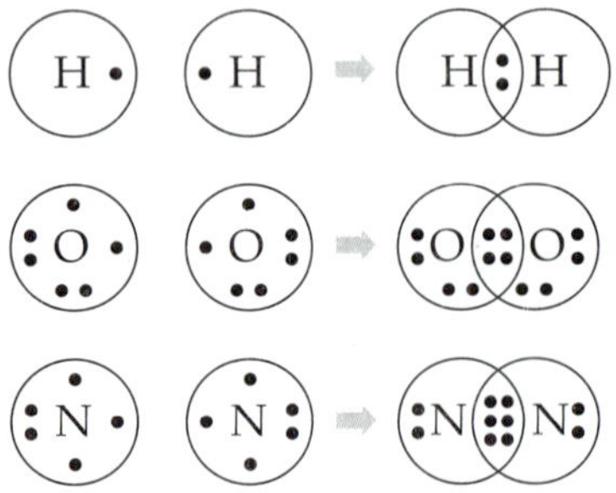

Representação dos átomos isolados — Representação da molécula de hidrogênio (H_2)

Representação dos átomos isolados — Representação da molécula de oxigênio (O_2)

Representação dos átomos isolados — Representação da molécula de nitrogênio (N_2)

◄ Representação do compartilhamento de elétrons nas moléculas H_2, O_2, e N_2.

Quando átomos se unem por compartilhamento de elétrons, dizemos que entre eles se estabelece **ligação covalente**. Os grupos de átomos unidos por ligação covalente são denominados **moléculas**. As substâncias formadas por moléculas são denominadas **substâncias moleculares**.

Três maneiras distintas de representar uma molécula são a **fórmula molecular**, a **fórmula eletrônica** (ou **fórmula de Lewis**) e a **fórmula estrutural**, na qual cada par de elétrons compartilhado é representado por meio de um tracinho.

Fórmula molecular	H_2	O_2	N_2	Cl_2
Fórmula eletrônica	H : H	: O :: O : (com pares isolados)	:N ⁝⁝ N:	:Cl : Cl: (com pares isolados)
Fórmula estrutural	H — H	O = O	N ≡ N	Cl — Cl

- Nas moléculas de Cl_2 e de H_2 diz-se que há uma **ligação covalente simples**. Na molécula de O_2 diz-se que há duas ligações covalentes ou uma **ligação covalente dupla**. E na molécula de N_2 diz-se que há três ligações covalentes ou uma **ligação covalente tripla**.

▲ Muitos materiais modernos e resistentes são constituídos por substâncias em que há ligação covalente. É o caso dos poliésteres e das poliamidas, materiais que podem ser empregados na confecção de barracas Ⓐ, parapentes Ⓑ e asas-delta Ⓒ.

TABELA 3 Outros exemplos de substâncias em que há ligações do tipo covalente

Elemento(s)	Fórmula de Lewis	Fórmula estrutural
Flúor	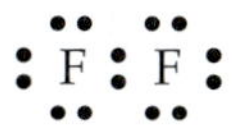	F — F
Bromo	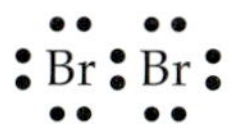	Br — Br
Carbono e oxigênio		O=C=O
Oxigênio e hidrogênio	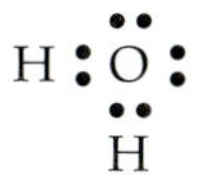	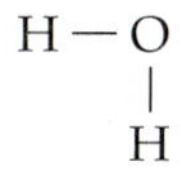
Nitrogênio e hidrogênio	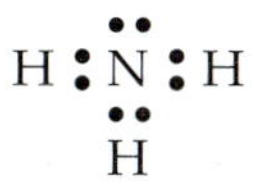	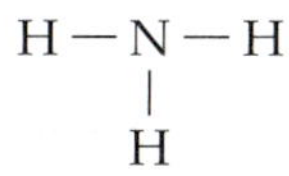
Carbono e hidrogênio	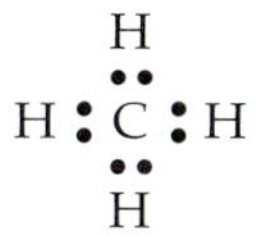	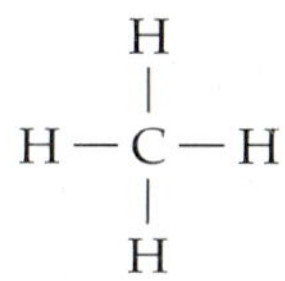
Carbono e cloro	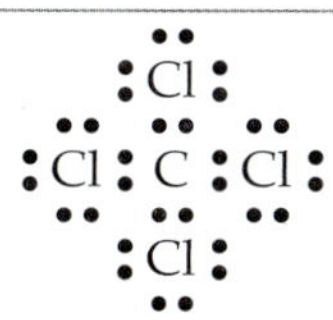	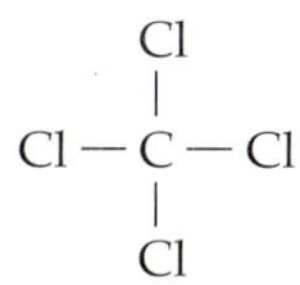

4.2 Ligações covalentes adicionais usando par eletrônico de um mesmo átomo

Considere o composto de fórmula molecular SO_2, um poluente atmosférico comum nas grandes cidades.

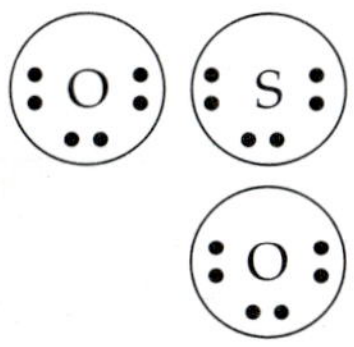

Representação dos átomos isolados

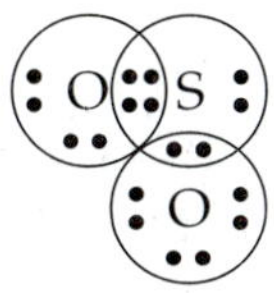

Representação da molécula de SO_2

◄ Representação do compartilhamento de elétrons na molécula SO_2.

Uma dessas ligações foi feita por meio do compartilhamento de dois elétrons provenientes de apenas um dos átomos envolvidos, o enxofre. Na teoria do octeto não há restrição a isso.

- Uma ligação covalente pode ser estabelecida com um par de elétrons compartilhado, qualquer que seja a origem desse par de elétrons.

Um exemplo semelhante ao do SO_2 é o da molécula de ozônio (O_3):

Fórmula molecular	SO_2	O_3
Fórmula eletrônica	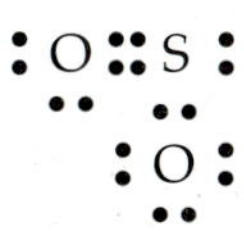	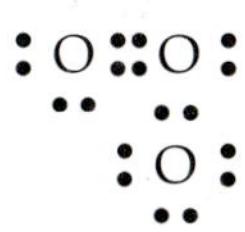
Fórmula estrutural	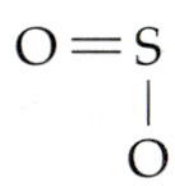	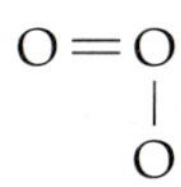

Alguns livros de ensino médio costumam chamar a ligação covalente em que ambos os elétrons "vieram" de um só átomo de "**ligação coordenada**" ou "**ligação dativa**" e representá-la por uma seta na fórmula estrutural.

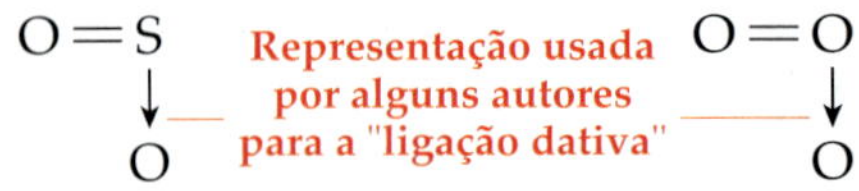

Na Química universitária, o modelo da "ligação dativa" **não** é empregado (na verdade, é abominado). Isso porque não é necessário, ao escrever uma fórmula eletrônica, esclarecer de que átomo "vieram" os elétrons. Por isso, optamos, nesta obra, por **não** dar ênfase à terminologia "**ligação dativa**" nem à sua representação por meio de uma seta. Também optamos por não estabelecer distinção, na fórmula eletrônica, entre os elétrons que "vieram" de cada um dos átomos.

4.3 Escrevendo a fórmula de um composto molecular

A ligação covalente é típica das substâncias que contêm em sua composição elementos não metálicos e/ou semimetálicos. O número de ligações covalentes depende da posição do elemento na tabela periódica, pois está relacionado ao número de elétrons na camada de valência.

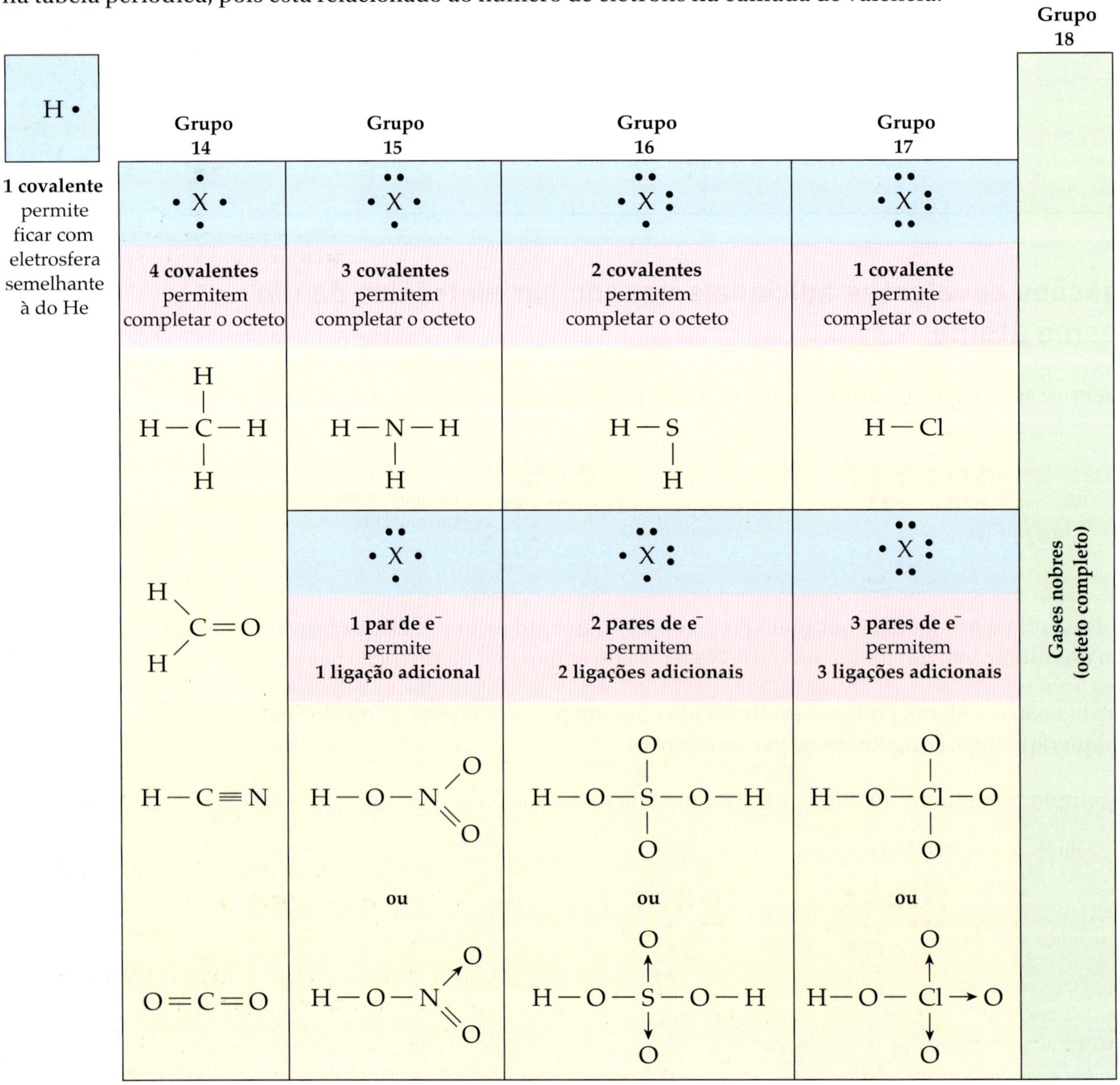

4.4 Algumas exceções ao octeto

Há moléculas que não obedecem à regra do octeto. Berílio (Be) e boro (B) aparecem, em algumas moléculas, com o octeto incompleto. Apesar de pertencerem a grupos nos quais outros elementos tendem a formar cátions em ligações iônicas, esses dois elementos fazem ligação covalente. **O berílio é frequentemente encontrado com 4 elétrons na camada de valência, e o boro, com 6.**

Note que são quatro elétrons na camada de valência do berílio e seis na do boro.

Duas outras exceções ao octeto são alguns compostos de enxofre e de fósforo, nos quais eles aparecem com mais de 8 elétrons na camada de valência. **É relativamente comum encontrar o fósforo com dez elétrons na camada de valência e o enxofre com doze.**

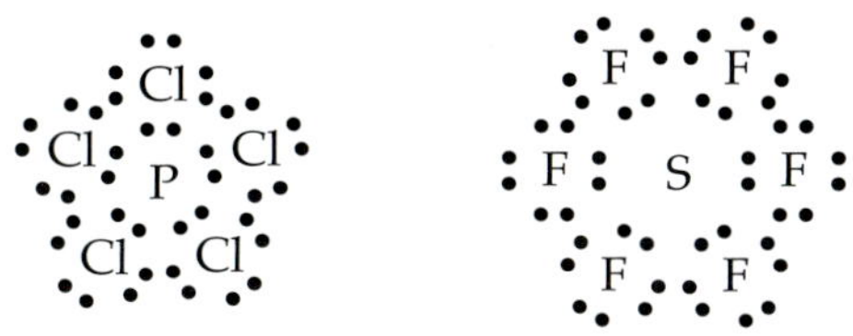

Note que são dez elétrons na camada de valência do fósforo e doze na do enxofre.

Três exceções ainda mais interessantes à regra do octeto são os compostos NO, NO_2 e ClO_2, em cujas moléculas aparecem átomos com número ímpar de elétrons na camada de valência. Esses três compostos apresentam alta tendência a reagir quimicamente, transformando-se em compostos mais estáveis.

Note que, nestas estruturas, nitrogênio e cloro estão com um elétron desemparelhado, isto é, um elétron sem outro com o qual componha um par.

Outros modelos mais modernos já foram criados para tentar explicar os casos em que a regra do octeto falha. Eles estão além do propósito deste livro.

JOSÉ LUÍS DA CONCEIÇÃO/AGÊNCIA ESTADO

▲ A substância NO_2 aparece no ar como consequência do trânsito intenso de automóveis. Trata-se de um sério poluente dos grandes centros urbanos. A coloração castanha que vemos sobre a cidade, na foto, se deve, em parte, ao NO_2.

Exercícios essenciais

A critério do(a) professor(a) esta lista de exercícios poderá ser realizada em classe ou em casa.

Exercício Resolvido

19. Baseado nas posições dos elementos na tabela periódica, preveja a fórmula do composto químico formado pelos seguintes pares de elementos químicos:

a) carbono e bromo.

b) magnésio e cloro.

c) potássio e enxofre.

d) nitrogênio e cloro.

e) silício e cloro.

f) fósforo e flúor.

Resolução

Metal e **não metal** tendem a se unir por **ligação iônica**. **Não metal** e **não metal** (ou semimetal) tendem a se unir por **ligação covalente**.

Assim:

a) carbono (grupo 14, ou 4A) e bromo (grupo 17, ou 7A) estabelecem ligação **covalente**:

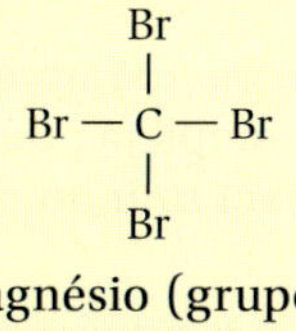

$\Rightarrow$ $\boxed{CBr_4}$

b) magnésio (grupo 2, ou 2A) e cloro (grupo 17, ou 7A) estabelecem ligação **iônica**:

$(Mg^{2+})_1(Cl^-)_2 \Rightarrow \boxed{MgCl_2}$

c) potássio (grupo 1, ou 1A) e enxofre (grupo 16, ou 6A) estabelecem ligação **iônica**:

$(K^+)_2(S^{2-})_1 \Rightarrow \boxed{K_2S}$

d) nitrogênio (grupo 15, ou 5A) e cloro (grupo 17, ou 7A) estabelecem ligação **covalente**:

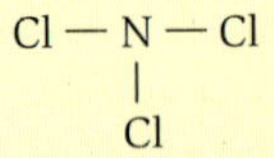

⇒ NCl_3

e) silício (grupo 14, ou 4A) e cloro (grupo 17, ou 7A) estabelecem ligação **covalente**:

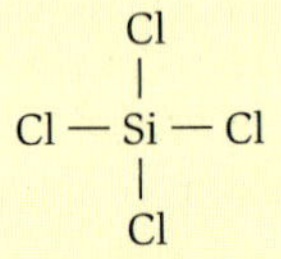

⇒ $SiCl_4$

f) fósforo (grupo 15, ou 5A) e flúor (grupo 17, ou 7A) estabelecem ligação **covalente**:

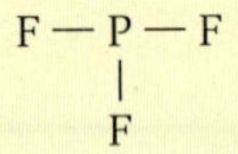

⇒ PF_3

20. (Covest-PE) Nos compostos covalentes, os átomos dos elementos se ligam através de ligações simples, duplas ou triplas dependendo de suas configurações eletrônicas. Assim, é correto afirmar que as fórmulas estruturais das moléculas H_2, N_2, CO_2 e F_2 são:

a) $H-H$, $N=N$, $O\equiv C-O$, $F-F$.
b) $H-H$, $N\equiv N$, $O\equiv C-O$, $F=F$.
c) $H-H$, $N\equiv N$, $O=C=O$, $F-F$.
d) $H-H$, $N\equiv N$, $O\equiv C-O$, $F=F$.
e) $H=H$, $N\equiv N$, $O=C=O$, $F=F$.

21. Escreva as fórmulas eletrônica e estrutural dos compostos que apresentam as seguintes fórmulas moleculares:

a) CH_4
b) NH_3
c) PCl_3
d) $CHCl_3$
e) HBr
f) H_2S
g) OF_2
h) CO_2

22. (Unirio-RJ) O dióxido de carbono (CO_2) é um gás essencial no globo terrestre. Sem a presença desse gás, o globo seria gelado e vazio. Porém, quando ele é inalado em concentração superior a 10%, pode levar o indivíduo à morte por asfixia. Esse gás apresenta em sua molécula um número de ligações covalentes igual a:

a) 4
b) 1
c) 2
d) 3
e) 0

23. (UFRJ) Os elementos químicos que apresentam a última camada eletrônica incompleta podem alcançar uma estrutura mais estável unindo-se uns aos outros.

a) De que forma se podem ligar dois átomos que precisem ganhar elétrons?

b) Dois elementos situam-se um no segundo período e subgrupo 4A, e outro no terceiro período e subgrupo 7A da tabela periódica. Qual será a fórmula provável do composto por eles formado?

24. (Uece) Átomos do elemento X, que apresentam a distribuição eletrônica $1s^2\,2s^2\,2p^6\,3s^2\,3p^5$:

a) pertencem à família dos calcogênios.
b) formam facilmente, com o carbono, o composto CX_2.
c) formam o íon X^-.
d) apresentam cinco níveis de energia.

25. (UCSal-BA) Ao formar ligações covalentes com o hidrogênio, a eletrosfera do silício adquire configuração de gás nobre. Com isso, é de se esperar a formação da molécula:

a) SiH
b) SiH_2
c) SiH_3
d) SiH_4
e) SiH_5

26. (PUC-RJ) As fórmulas dos hidretos de alguns ametais e semimetais estão apresentadas a seguir: AlH_3, SiH_4, PH_3, GaH_3, AsH_3, InH_3, SnH_4, SbH_3. Com base nesses dados e com o auxílio da tabela periódica, pode-se dizer que a fórmula correta para o hidreto de germânio será:

a) GeH
b) GeH_3
c) GeH_5
d) GeH_2
e) GeH_4

Exercício Resolvido

27. Escreva a fórmula estrutural de C_2H_6.

➤ Resolução

Como sabemos que o carbono faz quatro ligações e o hidrogênio apenas uma, concluímos que ambos os carbonos devem estar ligados entre si nessa molécula.

Assim:

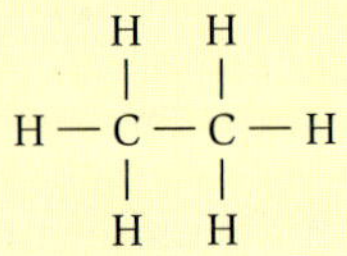

28. Escreva a fórmula estrutural dos seguintes compostos:

a) C_2H_4
b) C_2H_2
c) CH_4O
d) CH_2O
e) HCN
f) $COCl_2$

29. Escreva as fórmulas eletrônica e estrutural dos compostos que apresentam as seguintes fórmulas moleculares:

a) SO_2
b) SO_3
c) O_3

30. (Mackenzie-SP) Das substâncias (I) gás hélio, (II) cloreto de sódio, (III) gás nitrogênio e (IV) água, apresentam somente ligações covalentes normais em sua estrutura:

a) I e III
b) III e IV
c) I e IV
d) II e III
e) I e II

Exercícios adicionais

Seu(sua) professor(a) indicará quais exercícios deste bloco você deve fazer.

31. (Unifor-CE) Quando se comparam as espécies químicas CH_4, NH_3 e NaCl, pode-se afirmar que os átomos estão unidos por ligações covalentes somente no:

a) CH_4 e no NH_3 **c)** CH_4 e no NaCl **e)** NH_3
b) NH_3 e no NaCl **d)** CH_4

32. (PUC-MG–modificado) O elemento bromo forma compostos iônicos e moleculares. Assinale a alternativa que apresenta, respectivamente, um composto iônico e um molecular formado pelo bromo.

a) $CaBr_2$ e HBr **c)** NaBr e $MgBr_2$
b) CBr_4 e KBr **d)** KBr e NaBr

33. (UEMS) Da combinação de um elemento químico A (Z = 37) juntamente com um elemento B (Z = 17) obtém-se uma substância que apresenta a seguinte fórmula e tipo de ligação:

a) AB e ligação iônica.
b) A_2B e ligação iônica.
c) AB_2 e ligação covalente.
d) AB_2 e ligação iônica.
e) AB e ligação covalente.

34. (Unifor-CE) Em todas as moléculas representadas, átomos unem-se por apenas um par de elétrons. A que possui maior número de ligações desse tipo é

a) HCl **c)** NH_3 **e)** CH_4
b) H_2O **d)** N_2H_4

35. (Uespi) O fosgênio ($COCl_2$), um gás incolor, tóxico, de cheiro penetrante, utilizado na 1ª guerra mundial como gás asfixiante, é produzido a partir da reação:

$$CO\,(g) + Cl_2\,(g) \rightarrow COCl_2\,(g)$$

Sobre a molécula do fosgênio, podemos afirmar que ela apresenta:

a) duas ligações duplas e duas ligações simples.
b) uma ligação dupla e duas ligações simples.
c) duas ligações duplas e uma ligação simples.
d) uma ligação tripla e uma ligação dupla.
e) uma ligação tripla e uma simples.

36. (Unama-PA) O efeito estufa já está elevando a temperatura da Terra a níveis quase insuportáveis para o homem. A emissão dos gases causadores desse efeito só faz aumentar de ano a ano e o maior vilão é a quantidade, cada vez maior, de veículos automotivos queimando combustíveis derivados do petróleo, como a gasolina e o diesel. Essa queima contínua lança na atmosfera quantidades enormes de **gás carbônico** e de **vapor-d'água**. Uma outra substância que contribui bastante para o aumento da temperatura da Terra é o **metano**, produzido, principalmente, pelos rebanhos de gado bovino e ovino.

Em termos de ligação química, as três substâncias citadas no texto apresentam, na ordem destacada:

a) 4 ligações covalentes normais; 2 ligações covalentes normais; 4 ligações covalentes normais.
b) 2 ligações covalentes normais e 1 dativa; 3 ligações covalentes normais; 4 ligações covalentes normais.
c) 4 ligações covalentes normais e 1 dativa; 2 ligações covalentes normais; 4 ligações covalentes normais.
d) 2 ligações covalentes normais; 2 ligações covalentes normais; 4 ligações covalentes normais.

37. (Esal-MG) O número máximo de ligações coordenadas ou dativas que o cloro pode efetuar é igual a:

a) 1 **b)** 2 **c)** 3 **d)** 4 **e)** 5

38. (UEL-PR) Qual o número total de elétrons na molécula do flúor (F_2)?

a) 8 **b)** 9 **c)** 10 **d)** 18 **e)** 19

39. (UFS-SE) Qual o número total de elétrons em torno do núcleo do átomo de arsênio na substância $AsCl_3$?

a) 36 **b)** 33 **c)** 18 **d)** 10 **e)** 8

40. (Ufal) Cada átomo de F (Z = 9) possui 7 elétrons na camada de valência. Átomos de F não são estáveis nas condições ambientes de P e T. Unem-se facilmente formando a molécula F_2, com ligação por 1 par de elétrons entre átomos. Sendo assim, o número total de elétrons que circundam cada átomo de F, na molécula F_2, é:

a) 18 **b)** 14 **c)** 12 **d)** 10 **e)** 2

41. (Cesgranrio-RJ) Das espécies químicas abaixo, indique aquela que não obedece à regra do octeto.

a) $MgBr_2$ **b)** BF_3 **c)** CO_2 **d)** NaCl **e)** SO_2

5 Ligação metálica

5.1 O que é corrente elétrica?

Corrente elétrica é um fluxo ordenado de cargas elétricas em movimento.

A corrente elétrica que passa através de um metal (como os fios de cobre do circuito a seguir) consiste num movimento ordenado de elétrons (que possuem cargas elétricas negativas). A passagem de corrente elétrica pelo filamento da lâmpada faz com que esse filamento se aqueça e, consequentemente, emita luz.

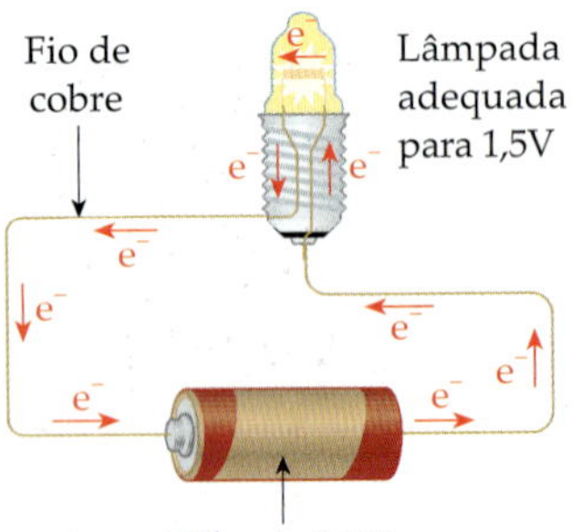

▲ O fluxo de elétrons (simbolizados por e^-) no circuito metálico constitui uma corrente elétrica.

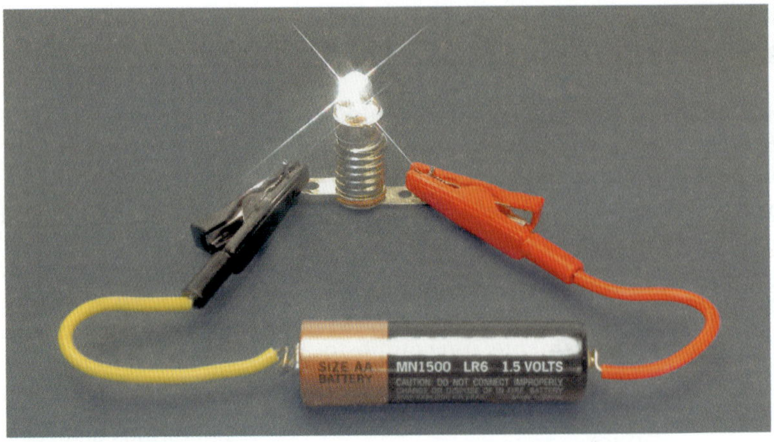

EDUARDO SANTALIESTRA/CID

▲ O filamento da lâmpada, aquecido pela passagem de corrente elétrica, fica incandescente.

5.2 Ligação metálica e modelo do mar de elétrons

Uma vez que os metais são bons condutores de corrente elétrica, é de esperar que eles possuam em sua estrutura **elétrons livres** para se movimentarem. Essa é uma das evidências que conduziram à elaboração do modelo da ligação química existente nos metais.

Como já vimos, os núcleos dos átomos dos elementos classificados como metais não exercem uma atração muito grande sobre os elétrons da sua última camada. Por isso, possuem alta tendência a perder elétrons. Dessa forma, os cientistas admitem que um metal sólido é constituído por átomos metálicos em posições ordenadas com seus elétrons de valência livres para se movimentarem por todo o metal. Assim, temos um "amontoado" organizado de íons metálicos positivos mergulhados num "mar de elétrons" livres. Esse é o chamado **modelo do mar de elétrons**, que explica a condutividade elétrica dos metais. Ele está representado no esquema da figura ao lado, mais acima.

Assim como a presença dos elétrons entre dois átomos os mantém unidos numa ligação covalente, é a presença do mar de elétrons que mantém os átomos metálicos unidos, em um tipo de ligação química denominado **ligação metálica**. Contudo, num pedaço de metal, os átomos não se encontram com o octeto completo. A regra do octeto **não** é satisfatória para explicar a ligação metálica.

Se ampliarmos um pedaço de metal, veremos algo como o que aparece na figura Ⓐ, ao lado: um mosaico composto de vários pedacinhos do metal. Cada um deles consiste num pequeno **retículo cristalino metálico** formado por milhares de milhões de átomos (a junção de três desses retículos está esquematizada na figura Ⓑ).

Levando isso em conta, um pedaço de ferro, por exemplo, deveria ser representado por Fe_n, em que **n** representa um número de átomos de ferro muito grande presente nesse pedaço. Contudo os químicos, para simplificar, representam um pedaço de metal apenas pelo símbolo do elemento; no caso, Fe.

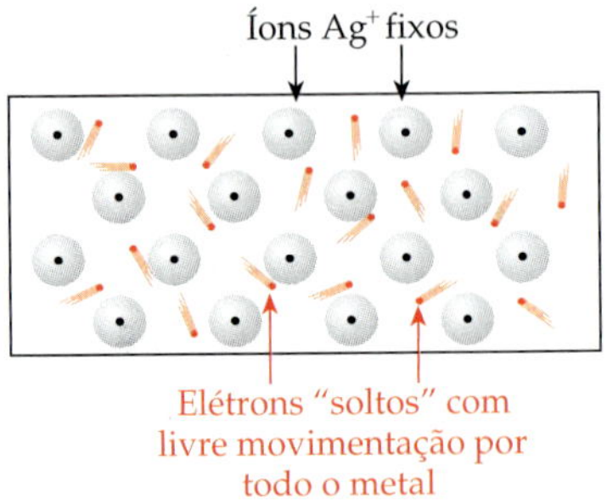

▲ Esquematização do modelo do "mar de elétrons" para a prata metálica. (Cores fantasiosas.)

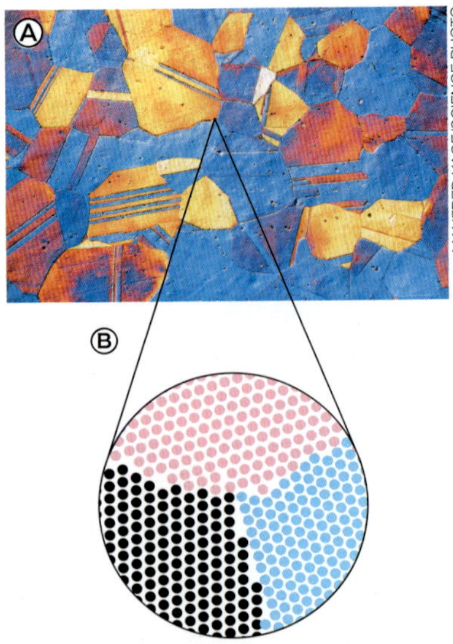

MANFRED KAGE/SCIENCE PHOTO LIBRARY/LATINSTOCK

Ⓐ Visão ao microscópio do corte de um pedaço de metal. Cada cristal aparece com uma tonalidade diferente devido à técnica fotográfica utilizada. Ampliação de aproximadamente 220 vezes.
Ⓑ Ampliação esquemática do encontro entre três cristais metálicos presentes em um pedaço da substância. As bolinhas representam átomos do metal. Cores diferentes foram usadas para representar os átomos que pertencem a cada um dos três retículos cristalinos metálicos.

5.3 Ligas metálicas

"Ouro 18 quilates", bronze, latão e aço são materiais que apresentam uma característica comum: trata-se de ligas metálicas.

- **Ligas metálicas** são misturas sólidas de dois ou mais elementos, sendo que a totalidade (ou pelo menos a maior parte) dos átomos presentes é de elementos metálicos.

O "ouro 18 quilates" é uma liga de ouro e cobre (e, eventualmente, prata), o bronze é uma liga de cobre e estanho, o latão é uma liga de cobre e zinco e o aço é uma liga de ferro com pequena quantidade de carbono.

EUGEN/CORBIS/LATINSTOCK

▲ O ouro 18 quilates é usado em joalheria.

BHP BILLINTON/REUTERS/LATINSTOCK

▲ Medalha de bronze.

OLAF_KOWALZIK/ALAMY/OTHER IMAGES

▲ Zíper de latão.

5.4 Propriedades das substâncias metálicas

- **Brilho característico**. Se polidos, os metais refletem muito bem a luz. Essa propriedade é fácil de ver, por exemplo, em bandejas e espelhos de prata.
- **Alta condutividade térmica e elétrica**. São propriedades que se devem aos elétrons livres. Seu movimento ordenado constitui a corrente elétrica, e sua agitação permite a rápida propagação do calor através dos metais.
- **Altos pontos de fusão e de ebulição**. Em geral, são características dos metais (embora haja exceções, como mercúrio, PF = −39 °C; gálio, PF = 30 °C; e potássio, PF = 63 °C). Devido a essa propriedade e também à boa condutividade térmica, alguns metais são usados em panelas e em radiadores de automóveis.
- **Maleabilidade**. Metais são muito maleáveis, ou seja, fáceis de transformar em lâminas. O metal mais maleável é o ouro, que permite obter as lâminas mais finas (com espessuras da ordem de até 0,00001 cm!).
- **Ductibilidade**. Metais também são muito dúcteis, isto é, fáceis de transformar em fios. O ouro é também o mais dúctil dos metais, permitindo que se obtenham fios finíssimos (1 g fornece 2.000 m de fio!).
- **Resistência à tração**. O ferro (sob a forma de aço) é um exemplo de metal que apresenta grande resistência à tração, o que permite sua utilização em cabos de elevadores e em construção civil, na mistura com o concreto, formando o chamado **concreto armado**.

6 Comparando as substâncias iônicas, moleculares e metálicas

Ao final deste capítulo, tendo estudado os tipos de ligação química interatômica (iônica, covalente e metálica), é importante que você tenha uma visão geral a respeito do assunto, conforme está resumido na tabela 4.

TABELA 4 Principais propriedades das substâncias estudadas neste capítulo

Substância	Pontos de fusão e de ebulição geralmente	Estado físico nas condições ambiente	Conduz corrente elétrica no: estado sólido?	Conduz corrente elétrica no: estado líquido?
Iônica	Altos	Sólido	Não	Sim
Molecular	Baixos	Sólido, líquido ou gasoso	Não	Não
Metálica	Altos	Sólido*	Sim	Sim

* Exceção relevante é o mercúrio (Hg), que é líquido.

As **substâncias metálicas** conduzem corrente elétrica no estado sólido graças a seus elétrons livres. Quando passam para o estado líquido (isto é, são fundidas, derretidas, sofrem fusão), os elétrons continuam livres para conduzir corrente elétrica.

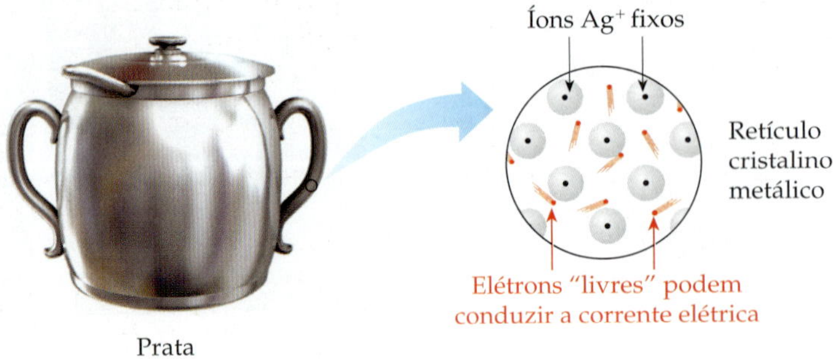

Moléculas não possuem carga elétrica, ou seja, são eletricamente neutras. Assim, as **substâncias moleculares** não apresentam cargas livres e, portanto, são incapazes de conduzir corrente elétrica*.

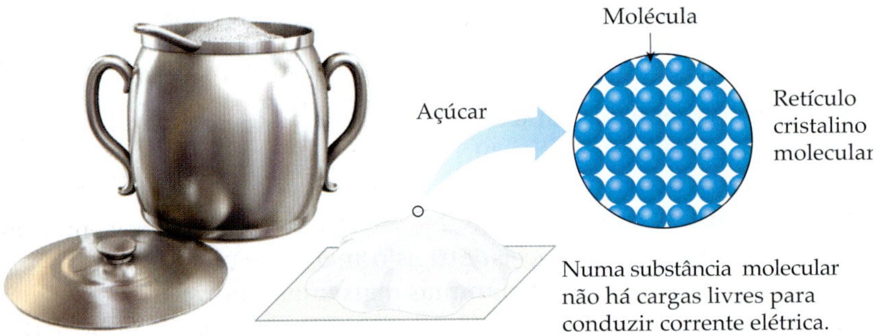

Numa substância molecular não há cargas livres para conduzir corrente elétrica. (Para simplificar, cada molécula foi esquematizada como uma esfera. Átomos individuais não foram representados.)

Íons são entidades possuidoras de carga elétrica, isto é, não são eletricamente neutros. **Substâncias iônicas** conduzem eletricidade no estado líquido, pois, nessas circunstâncias, os íons que as constituem não estão presos num retículo cristalino, mas livres para se movimentarem. No estado sólido, ao contrário, as substâncias iônicas não conduzem a corrente elétrica porque os íons não se encontram livres para se movimentarem. No estado sólido, esses íons estão presos ("travados" no lugar), formando o retículo cristalino iônico, como mostra a figura.

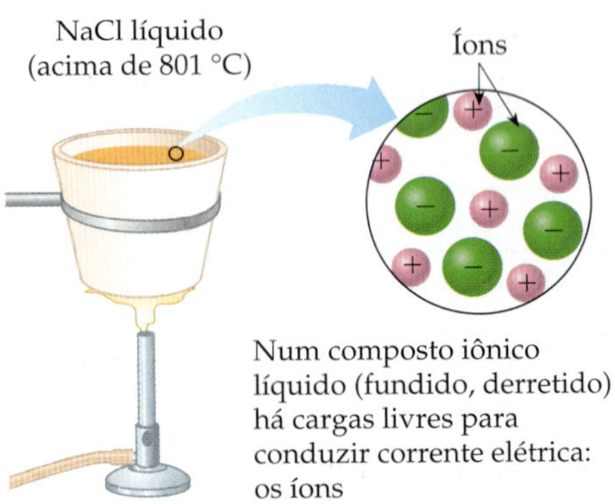

Num composto iônico líquido (fundido, derretido) há cargas livres para conduzir corrente elétrica: os íons

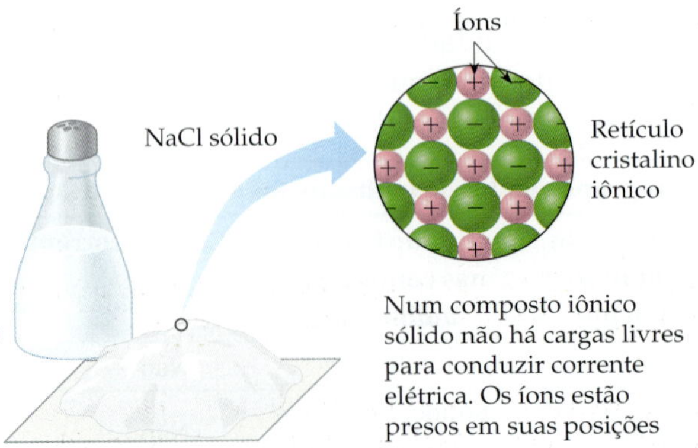

Num composto iônico sólido não há cargas livres para conduzir corrente elétrica. Os íons estão presos em suas posições

Biblioteca do estudante
Informe-se sobre a Química:
Raio iônico, raio covalente e raio de van der Waals

Biblioteca do estudante
Tópico opcional 2:
Ligações covalentes e modelo de orbitais moleculares

Conteúdo multimídia:
A cidade e os minerais

Revisão

* Exceção a isso é se a substância molecular estiver no estado gasoso **e** a uma pressão muito baixa **e** submetida a uma voltagem muito alta, assunto que não será discutido aqui.

Exercícios essenciais

A critério do(a) professor(a) esta lista de exercícios poderá ser realizada em classe ou em casa.

42. (Ceeteps-SP) Considere uma substância simples constituída por um dos elementos químicos situados na região indicada da tabela periódica:

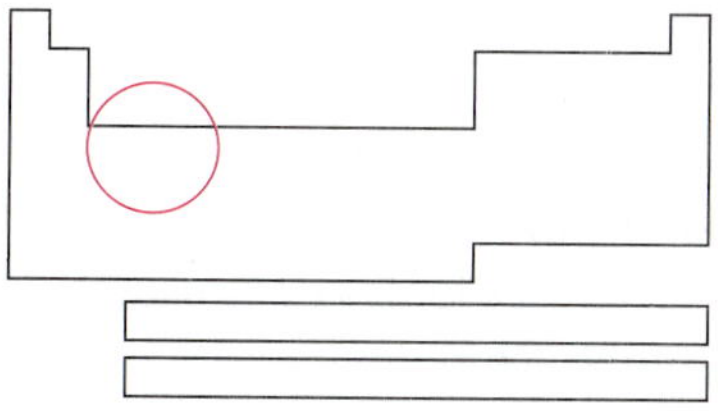

Essa substância simples deve apresentar, nas condições ambiente, a seguinte propriedade:

a) encontra-se no estado gasoso.
b) tem predomínio de ligações covalentes entre seus átomos.
c) é boa condutora de eletricidade.
d) reage vigorosamente com água e com sódio metálico.
e) tende a formar ânions quando reage com metais.

43. (Fatec-SP) A condutibilidade elétrica dos metais é explicada admitindo-se:

a) ruptura de ligações iônicas.
b) ruptura de ligações covalentes.
c) existência de prótons livres.
d) existência de elétrons livres.
e) existência de nêutrons livres.

44. (UFC-CE) O aço comum é uma liga de:

a) C + Zn
b) Cu + Zn
c) Fe + Al
d) Fe + C
e) Fe + Cu

45. (Cefet-PR) Analise as afirmações a seguir:

I. O metal X é leve, sofre pouca corrosão e é bastante utilizado na construção civil (portões, esquadrias) e na fabricação de aeronaves (ligas leves).
II. O metal Y forma com o estanho uma liga denominada bronze, muito utilizada na fabricação de monumentos.
III. O metal Z de elevado ponto de fusão é frequentemente utilizado em filamentos de lâmpadas incandescentes.

Tais metais são, na ordem:

a) estanho, cromo, platina.
b) zinco, tungstênio, chumbo.
c) cobre, estanho, ouro.
d) alumínio, cobre, tungstênio.
e) estanho, alumínio, cobre.

46. (Fuvest-SP) As figuras a seguir representam, esquematicamente, estruturas de diferentes substâncias, à temperatura ambiente:

(I)

(II)

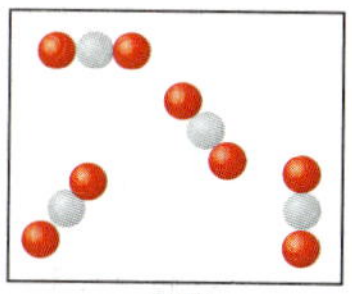
(III)

Sendo assim, as figuras I, II e III podem representar, respectivamente,

a) cloreto de sódio, dióxido de carbono e ferro.
b) cloreto de sódio, ferro e dióxido de carbono.
c) dióxido de carbono, ferro e cloreto de sódio.
d) ferro, cloreto de sódio e dióxido de carbono.
e) ferro, dióxido de carbono e cloreto de sódio.

47. (UFC-CE) Nenhuma teoria convencional de ligação química é capaz de justificar as propriedades dos compostos metálicos. Investigações indicam que os sólidos metálicos são compostos de um arranjo regular de íons positivos, no qual os elétrons das ligações estão apenas parcialmente localizados. Isso significa dizer que se tem um arranjo de íons metálicos distribuídos em um "mar" de elétrons móveis.

Com base nessas informações, é correto afirmar que os metais, geralmente:

a) têm elevada condutividade elétrica e baixa condutividade térmica.
b) são solúveis em solventes apolares e possuem baixas condutividades térmica e elétrica.
c) são insolúveis em água e possuem baixa condutividade elétrica.
d) conduzem com facilidade a corrente elétrica e são solúveis em água.
e) possuem elevadas condutividades elétrica e térmica.

Exercícios adicionais

Seu(sua) professor(a) indicará quais exercícios deste bloco você deve fazer.

48. (Covest-PE) Assinale a alternativa que apresenta somente materiais bons condutores de eletricidade, quando no estado sólido.

a) Grafite, alumínio e borracha natural.
b) Zinco, plástico e cobre.
c) Isopor, sal de cozinha e vidro.
d) Papel, couro e prata.
e) Ferro, bronze e latão.

49. (UnB-DF) Com o auxílio da tabela periódica, julgue os itens a seguir em certos ou errados.

1. De acordo com o modelo atômico de Dalton, uma lâmina de aço, ao ser infinitamente dividida, produz elétrons, nêutrons e prótons.
2. O estanho apresenta dois elétrons na sua camada de valência.
3. Na formação do metal utilizado na fabricação de latas, a estabilidade das ligações entre os átomos de ferro pode ser explicada pela teoria do octeto.
4. Maleabilidade é uma propriedade fundamental dos metais, que justifica a sua aplicação na confecção de embalagens.

Exercício Resolvido

50. Ouro (Au) e iodo (I_2) são substâncias sólidas nas condições ambientes. Comparando o tipo de ligação química existente em cada uma, é possível prever qual apresenta maior ponto de fusão. Diga qual é e explique como chegou a essa conclusão.

Resolução

O ouro é substância **metálica** e o iodo é substância **molecular**. Espera-se, portanto, que o ouro apresente maior ponto de fusão. (Apenas para ilustrar a previsão feita, saiba que o ponto de fusão do ouro é 1.064 °C e o do iodo é 114 °C.)

51. Comparando as substâncias de fórmulas HBr e KBr é possível prever qual apresenta maior ponto de fusão. Diga qual é e explique como chegou a essa conclusão.

52. Considere as seguintes substâncias:
- Ferro (Fe);
- Cloreto de potássio (KCl);
- Água (H_2O);
- Fluoreto de hidrogênio (HF);
- Níquel (Ni);
- Óxido de alumínio (Al_2O_3).

Sobre elas, responda às perguntas:

a) Quais delas são *iônicas?*
b) Quais delas são *moleculares?*
c) Quais delas são *metálicas?*
d) Quais são **certamente** sólidas nas condições ambientes?
e) Sabe-se que **uma** dessas substâncias é gasosa nas condições ambientes. Qual é?

53. (UFRGS-RS) Nas substâncias CO_2, CaO, C e CsF, os tipos de ligações químicas predominantes são, respectivamente,

a) a covalente, a iônica, a covalente e a iônica.
b) a covalente, a covalente, a metálica e a iônica.
c) a iônica, a covalente, a covalente e a covalente.
d) a iônica, a iônica, a metálica e a covalente.
e) a covalente, a covalente, a covalente e a iônica.

54. (PUC-MG) Para o estudo das relações entre o tipo de ligação química e as propriedades físicas das substâncias **X** e **Y**, sólidas à temperatura ambiente, foram realizados experimentos que permitiram concluir que:
- A substância **X** conduz corrente elétrica no estado líquido, mas não no estado sólido;
- A substância **Y** não conduz corrente elétrica em nenhum estado.

Considerando-se essas informações, é **CORRETO** afirmar que:

a) a substância **X** é molecular e a substância **Y** é iônica.
b) a substância **X** é iônica e a substância **Y** é metálica.
c) a substância **X** é iônica e a substância **Y** é molecular.
d) as substâncias **X** e **Y** são moleculares.

55. (UCSal-BA) Os metais podem combinar com halogênios por meio de ligações iônicas, formando compostos que se caracterizam por:

a) apresentarem altas temperaturas de fusão e ebulição.
b) serem condutores de eletricidade no estado sólido.
c) compartilharem elétrons.
d) se apresentarem como líquidos ou gases em temperatura ambiente.
e) serem moleculares.

56. (Uema) Se comparado à água, o cloreto de sódio possui ponto de fusão ■, em consequência da ■ entre ■. (Dados os números atômicos: Na = 11 e Cl = 17.)

Os termos que preenchem correta e ordenadamente as lacunas acima são:

a) elevado, forte atração, suas moléculas.
b) mais baixo, fraca atração, seus íons.
c) mais elevado, fraca atração, seus átomos.
d) muito baixo, forte atração, seus íons.
e) elevado, forte atração, seus íons.

57. (PUC-RS) O elemento A tem número atômico 11 e o elemento B, 8. O composto mais provável formado pelos elementos A e B será:

a) líquido nas condições ambientais.
b) um sólido com baixo ponto de fusão.
c) bom condutor de eletricidade quando fundido.
d) um composto de fórmula genérica AB_2.
e) insolúvel em água.

58. (UEMG) O cálcio é responsável pelo fortalecimento das raízes, das paredes celulares e mantém o equilíbrio iônico nas membranas celulares dos vegetais.

Sobre o elemento químico cálcio, assinale a alternativa cuja afirmação seja **INCORRETA**.

a) Apresenta dois elétrons de valência.
b) Apresenta o maior raio atômico em relação aos elementos do mesmo período.
c) Ao se ligar a elementos do grupo dos halogênios (X) apresenta um composto de fórmula geral CaX_2.
d) Forma substância simples que apresenta boa condutividade elétrica.

Capítulo 9 Geometria molecular e ligações químicas intermoleculares

Alguns conteúdos importantes:

- ✔ Principais geometrias moleculares
- ✔ Modelo da repulsão dos pares eletrônicos da camada de valência (modelo VSEPR)
- ✔ Polaridade de ligações
- ✔ Polaridade de moléculas
- ✔ Polaridade e solubilidade
- ✔ Ligações intermoleculares
- ✔ Principais fatores que influenciam o ponto de ebulição de uma substância molecular

AMPFOTOSTUDIO/SHUTTERSTOCK

▲ O que faz as moléculas presentes na calda de chocolate se atraírem tanto a ponto de ela escorrer lentamente? A resposta é um dos temas deste capítulo: as interações intermoleculares.

1 Geometria molecular

1.1 O que é geometria molecular?

A **geometria molecular** descreve como os núcleos dos átomos que constituem uma molécula se acham posicionados uns em relação aos outros. As geometrias moleculares mais importantes, que serão objeto de nosso estudo neste capítulo, são mostradas a seguir por meio de modelos em que cada bolinha representa um átomo e cada vareta representa uma ou mais ligações covalentes.

Guia de estudo

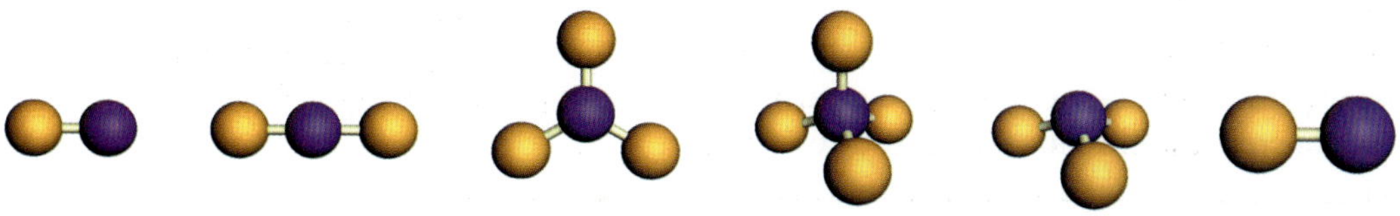

Linear — Linear — Trigonal plana — Tetraédrica — Piramidal — Angular

Por meio de técnicas avançadas, os químicos determinaram a geometria de várias moléculas. Alguns exemplos são:

- HCl — linear
- CO_2 — linear
- CH_2O — trigonal plana
- SO_2 — angular
- CH_4 — tetraédrica
- NH_3 — piramidal
- H_2O — angular

Podemos prever a geometria de uma molécula utilizando o modelo da **repulsão dos pares eletrônicos da camada de valência** (às vezes abreviado pela sigla de origem inglesa VSEPR, de *valence-shell electron-pair repulsion*).

1.2 Modelo da repulsão dos pares eletrônicos da camada de valência (VSEPR)

Imagine se enchêssemos dois balões de gás ("bexigas" usadas em festas infantis), os amarrássemos pela boca e os soltássemos sobre o chão. Em que disposição geométrica eles iriam cair? E se repetíssemos esse procedimento usando três e quatro balões?

Perceba, pelas fotografias Ⓐ, Ⓑ e Ⓒ, que os balões se afastam o máximo possível uns dos outros. Unindo os seus centros imaginários, conseguiríamos um segmento de linha reta (veja a ilustração Ⓓ), um triângulo equilátero (ilustração Ⓔ) e um tetraedro (ilustração Ⓕ).

Ⓓ

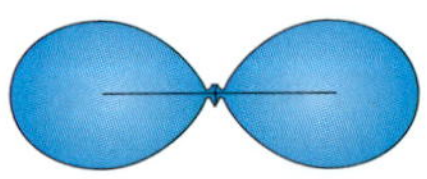

Segmento de reta

Ⓔ

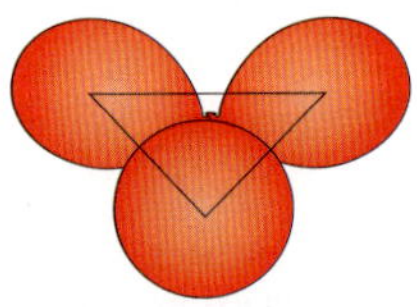

Triângulo equilátero

Ⓕ

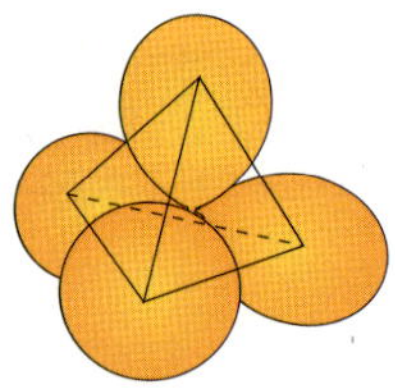

Tetraedro

Do mesmo modo que os balões procuram afastar-se ao máximo uns dos outros, os pares de elétrons da camada de valência do átomo central de uma molécula também tenderão a se afastar ao máximo, pois, possuindo todos cargas de mesmo sinal (negativo), eles se repelem mutuamente.

Assim, se houver dois pares de elétrons na camada de valência do átomo central, eles tenderão a ficar de lados opostos, graças a essa repulsão. Se forem três pares, eles terão as posições dos vértices de um triângulo equilátero imaginário e, se forem quatro, as posições dos vértices de um tetraedro também imaginário.

Para determinar a geometria de uma molécula, o modelo da repulsão dos pares eletrônicos da camada de valência propõe uma **sequência de passos** que leva em conta as ideias que acabamos de expor:

1º) Escreva a **fórmula eletrônica** da substância e conte **quantos "pares de elétrons" existem ao redor do átomo central**. Entenda por "par de elétrons":

- ligação covalente, seja ela simples, dupla ou tripla;
- par de elétrons não usado em ligação.

2º) Escolha a **disposição geométrica** que distribua esses "pares de elétrons", assegurando a **máxima distância** entre eles:

Número de "pares de elétrons"	2	3	4
Distribuição escolhida	Segmento de reta	Triângulo equilátero	Tetraedro

3º) Determine a geometria molecular, **considerando apenas os átomos unidos ao átomo central**. Apesar de serem os pares de elétrons que determinam a distribuição geométrica ao redor do átomo central, a geometria molecular é uma expressão da posição relativa dos núcleos dos átomos nela presentes. Assim, neste terceiro passo, consideramos apenas os átomos unidos ao átomo central (e ignoramos, portanto, os pares de elétrons não usados em ligações).

Analise com atenção os exemplos mostrados na tabela 1. No caso de uma **molécula biatômica**, isto é, formada apenas por dois átomos, a geometria é **necessariamente linear**, pois não há outro arranjo possível.

> ***Note bem***
>
> Ao usar o modelo VSEPR, as ligações simples, duplas ou triplas são **indistintamente** tratadas como um conjunto de elétrons que se afasta ao máximo de outras ligações e também de pares de elétrons não usados em ligação.

TABELA 1 **Exemplos de aplicação do modelo da repulsão dos pares eletrônicos da camada de valência**

1º passo Fórmula eletrônica	2º passo Distribuição dos "pares" de elétrons	3º passo Determinação da geometria molecular	Modelo molecular
H : Cl :	Toda molécula biatômica é linear	H—Cl Linear	
:Ö :: C :: Ö: 2 "pares"	O=C=O Segmento de reta	O=C=O Linear	
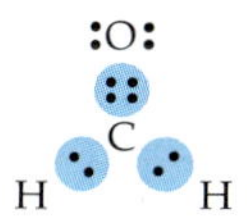 3 "pares"	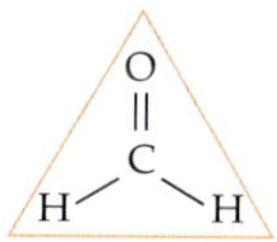 Triângulo equilátero	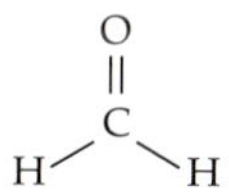 Trigonal plana	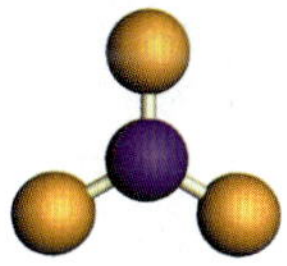
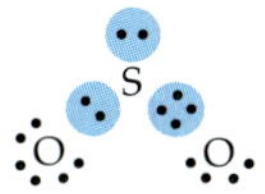 3 "pares"	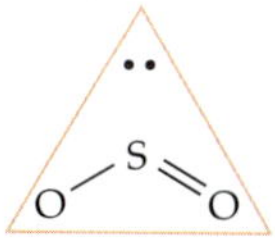 Triângulo equilátero	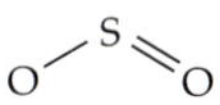 Angular	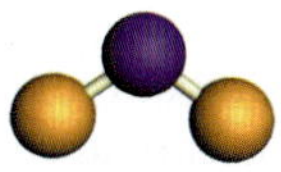
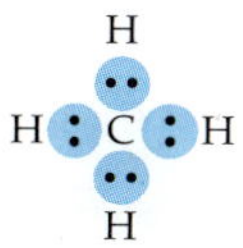 4 "pares"	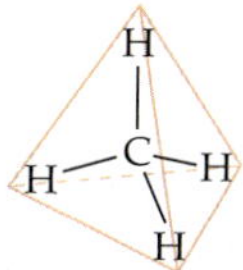 Tetraedro	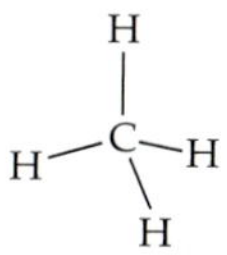 Tetraédrica	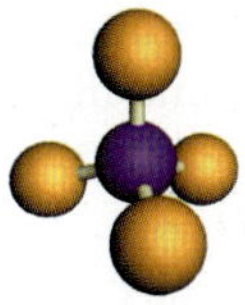
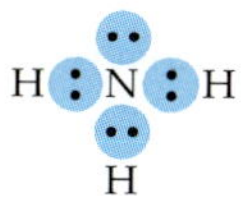 4 "pares"	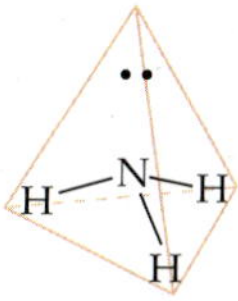 Tetraedro	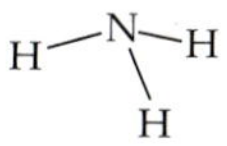 Piramidal	
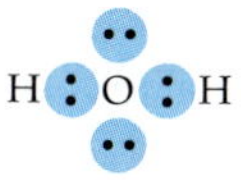 4 "pares"	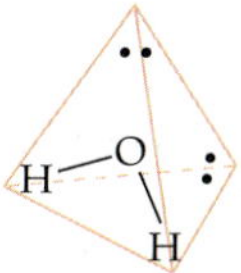 Tetraedro	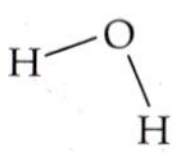 Angular	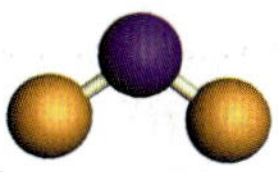

Em geometria molecular, é muito aplicada a expressão **ângulo de ligação**. Por exemplo, nas moléculas lineares CO_2 e BeF_2 ele vale 180°; na trigonal BF_3, vale 120°; e nas tetraédricas CH_4 e CCl_4, vale 109°28'.

Na água (angular) e na amônia (piramidal), os ângulos entre as ligações valem, respectivamente, 104,5° e 107°. O fato de esses ângulos serem menores do que 109°28' é explicado pela acentuada repulsão que existe entre pares eletrônicos quando estão envolvidos um ou mais pares de elétrons não compartilhados.

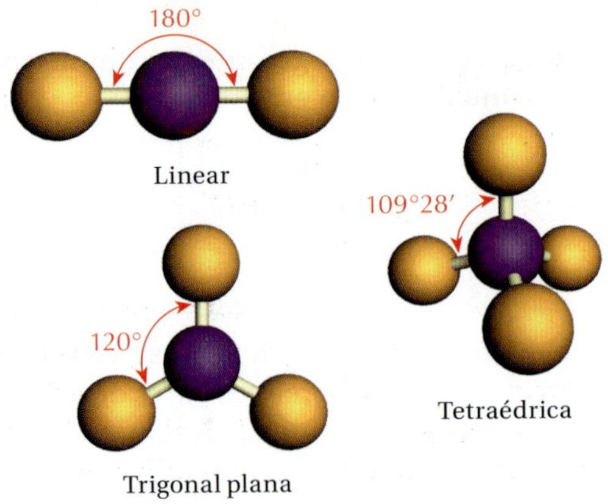

Exercícios essenciais

A critério do(a) professor(a) esta lista de exercícios poderá ser realizada em classe ou em casa.

A tabela periódica é instrumento de consulta!

1. Determine a geometria das moléculas das substâncias:

a) HBr;
b) F_2;
c) CH_4;
d) NH_3;
e) H_2O;
f) CO_2;
g) $COCl_2$;
h) SO_2;
i) CCl_4;
j) $CHCl_3$;
k) CO;
l) PCl_3;
m) O_3;
n) HCN;
o) ClCN;
p) CS_2;
q) SiH_4;
r) HF.

2. (UnB-DF) Julgue se a afirmação é certa ou errada: A geometria da molécula H_2CO é trigonal plana.

3. (Esam-RN) Considere as seguintes fórmulas e ângulos de ligações.

Fórmula	Ângulo
H_2O	105°
NH_3	107°
CH_4	109° 28'
BeH_2	180°

As formas geométricas dessas moléculas são, respectivamente:

a) angular, piramidal, tetraédrica, linear.
b) angular, piramidal, tetraédrica, angular.
c) angular, angular, piramidal, trigonal.
d) trigonal, trigonal, piramidal, angular.
e) tetraédrica, tetraédrica, tetraédrica, angular.

Exercícios adicionais

Seu(sua) professor(a) indicará quais exercícios deste bloco você deve fazer.

4. (PUC-RJ) De acordo com a Teoria da repulsão dos pares eletrônicos da camada de valência, os pares de elétrons em torno de um átomo central se repelem e se orientam para o maior afastamento angular possível.

Considere que os pares de elétrons em torno do átomo central podem ser uma ligação covalente (simples, dupla ou tripla) ou simplesmente um par de elétrons livres (sem ligação).

Com base nessa teoria, é correto afirmar que a geometria molecular do dióxido de carbono é:

a) trigonal plana.
b) piramidal.
c) angular.
d) linear.
e) tetraédrica.

5. (Cefet-AM) O gás SO_2 possui moléculas:

I. lineares;
II. com ângulos teóricos de ligações iguais a 120°;
III. em que há ligações entre dois átomos de oxigênio.

Está(ão) correta(s) somente a(s) afirmativa(s):

a) I
b) II
c) III
d) I e III
e) II e III

6. (UEG-GO) As bexigas de forma ovoide, apresentadas na figura abaixo, representam nuvens eletrônicas associadas a ligações simples, duplas ou triplas entre átomos. Levando-se em consideração os compostos BeH_2, H_2O, BF_3, CH_4, NaCl e $BaSO_4$, responda aos itens abaixo:

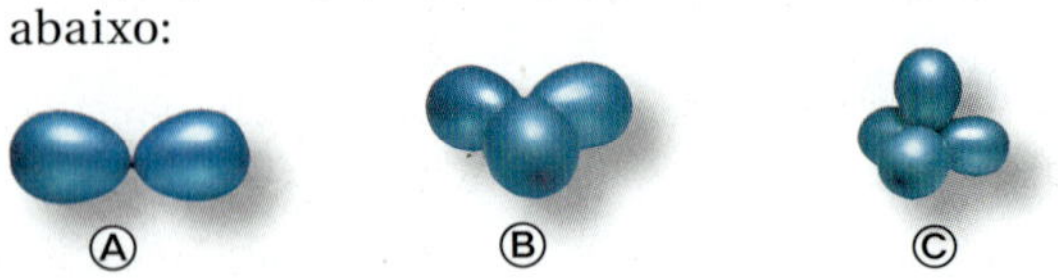

a) Associe, quando possível, os compostos às figuras representadas pelas bexigas.
b) Entre as espécies CH_4 e H_2O, qual apresenta menor ângulo de ligação? Explique.

7. (FMTM-MG) A partir da análise das estruturas de Lewis, o par de substâncias que apresenta a mesma geometria molecular é:

(**Dados**: números atômicos H = 1; C = 6; N = 7; O = 8; P = 15; S = 16; Cl = 17.)

a) CH_3Cl e SO_3
b) NH_3 e SO_3
c) PCl_3 e SO_3
d) NH_3 e PCl_3
e) NH_3 e CH_3Cl

2 Polaridade de ligações

2.1 Eletronegatividade

- Denomina-se **eletronegatividade** a tendência que o átomo de um determinado elemento apresenta para atrair elétrons, num contexto em que se acha ligado a outro(s) átomo(s). Embora essa atração se dê sobre todo o ambiente eletrônico que circunda o núcleo do átomo, é de particular interesse a atração que ele exerce sobre os elétrons envolvidos na ligação química.

Há várias décadas os químicos se preocupam em estabelecer escalas numéricas para expressar a eletronegatividade. Entre as muitas escalas existentes, a mais conhecida é a que foi elaborada pelo químico estadunidense Linus Pauling, que aparece na tabela a seguir:

VALORES DE ELETRONEGATIVIDADE

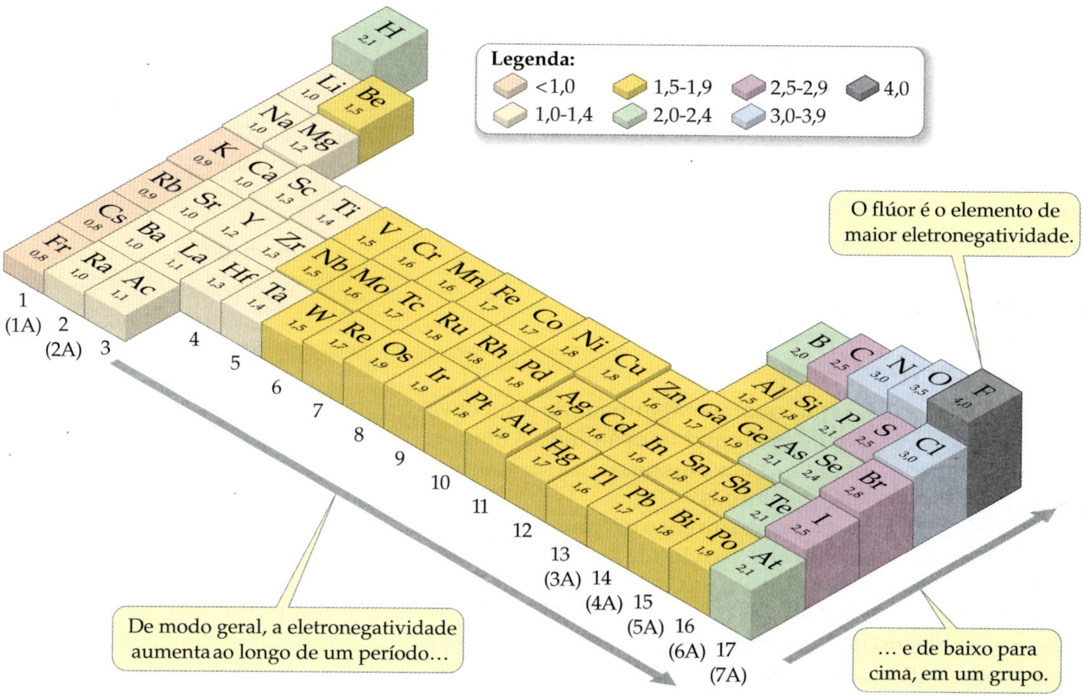

▲ Esses valores são fundamentalmente os propostos por Pauling, com algumas correções mais recentes.

Fonte: MOORE, J. W. et al. *Chemistry*: The Molecular Science. 2. ed. Belmont: Thomson-Brooks/Cole, 2005. p. 355.

A partir desses valores podemos construir uma fila com alguns dos elementos que aparecem frequentemente no estudo da Química:

$$F > O > N \approx Cl > Br > I \approx S \approx C > P \approx H > \text{metais}$$

Sentido crescente de eletronegatividade

> Alguns autores utilizam a palavra **eletropositividade** para se referir ao **oposto da eletronegatividade**.
> Assim, podemos dizer que ter alta eletronegatividade significa ter baixa eletropositividade, e vice-versa.

A eletronegatividade é uma propriedade periódica

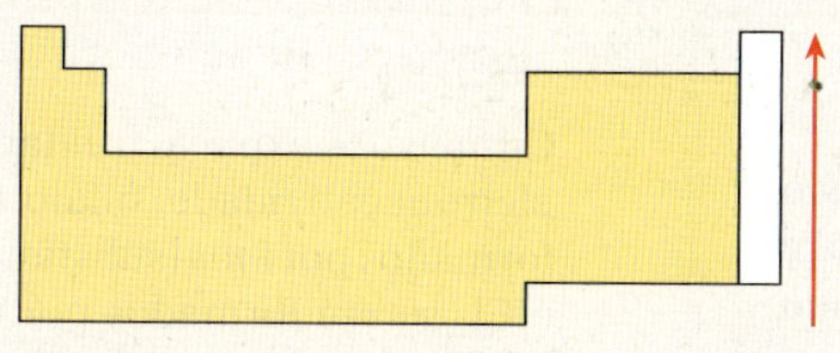

2.2 Ligações polares e ligações apolares

Considere uma molécula de HF. O par de elétrons compartilhado não é atraído igualmente por ambos os átomos, uma vez que o flúor é mais eletronegativo que o hidrogênio. Embora o par de elétrons esteja sendo compartilhado, ele se encontra mais deslocado no sentido do flúor. Dizemos que no flúor aparece uma **carga parcial negativa** (simbolizada por $\delta-$) e no hidrogênio uma **carga parcial positiva** (simbolizada por $\delta+$). A ligação entre H e F é chamada de **ligação covalente polar**, pois nela existem dois polos elétricos, um negativo e outro positivo.

- Uma ligação covalente será **polar** sempre que os dois átomos que estabelecem essa ligação covalente possuírem **diferentes eletronegatividades.**

Considere, agora, o caso da molécula de H_2. Como ambos os átomos nela presentes possuem a mesma eletronegatividade, não há polarização da ligação e dizemos que se trata de uma **ligação covalente apolar.**

$$\overset{\delta+}{H} - \overset{\delta-}{F}$$

ligação covalente polar

$$H - H$$

ligação covalente apolar

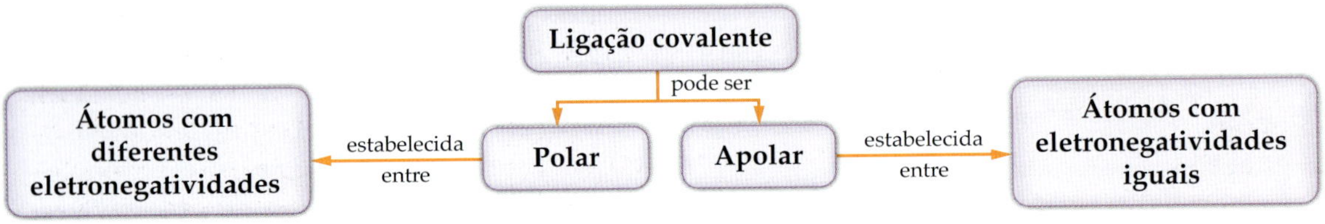

Ligação iônica *versus* ligação covalente

Veja as ligações esquematizadas ao lado, cada qual acompanhada do respectivo valor de diferença (Δ) entre as eletronegatividades de ambos os átomos. À medida que a diferença de eletronegatividade aumenta, os elétrons passam a ser cada vez mais predominantemente atraídos por um dos átomos.

Assim, **a ligação iônica pode ser encarada como um caso extremo da ligação covalente polar, em que a diferença de eletronegatividade é tão grande que o elétron é transferido de um átomo para outro em vez de ser compartilhado por ambos.**

A fronteira entre a ligação covalente e a iônica não é algo extremamente claro e bem definido. De modo geral, pode-se considerar que valores de Δ acima de 2 indicam ligação com forte caráter iônico. E valores abaixo de 1,5 indicam ligação com caráter predominantemente covalente.

Substâncias como $AlCl_3$, $AlBr_3$, $FeCl_3$ e $SnCl_4$, apesar de serem formadas por metal e não metal, têm ligações que **não** são tipicamente iônicas, tendendo mais a covalentes polares, já que $\Delta \leq 1,5$. Com efeito, tais compostos **não** têm pontos de fusão e de ebulição tão altos como os dos compostos tipicamente iônicos, como NaCl, KBr, $CaCl_2$, MgO e Al_2O_3.

Ligação	Diferença de eletronegatividade
:C̈l : C̈l:	Δ = zero (covalente apolar)
:B̈r : C̈l:	$\Delta = 3,0 - 2,8 = 0,2$ (covalente polar)
: Ï : C̈l:	$\Delta = 3,0 - 2,5 = 0,5$ (covalente polar)
H : C̈l:	$\Delta = 3,0 - 2,1 = 0,9$ (covalente polar)
K :C̈l:	$\Delta = 3,0 - 0,9 = 2,1$ (iônica)

Exercícios essenciais

A critério do(a) professor(a) esta lista de exercícios poderá ser realizada em classe ou em casa.

Exercício Resolvido

8. Sódio (grupo 1 da tabela periódica), magnésio (grupo 2), fósforo (grupo 15), enxofre (grupo 16) e cloro (grupo 17) localizam-se num mesmo período da tabela periódica.

Como você explica, fundamentado no conceito de eletronegatividade, o fato de NaCl e $MgCl_2$ serem formados por íons (substâncias iônicas) e PCl_3, SCl_2 e Cl_2 serem formados por moléculas (substâncias moleculares)?

Resolução

À medida que aumenta a diferença de eletronegatividade, aumenta o caráter iônico da ligação.

$NaCl$ $MgCl_2$ PCl_3 SCl_2 Cl_2

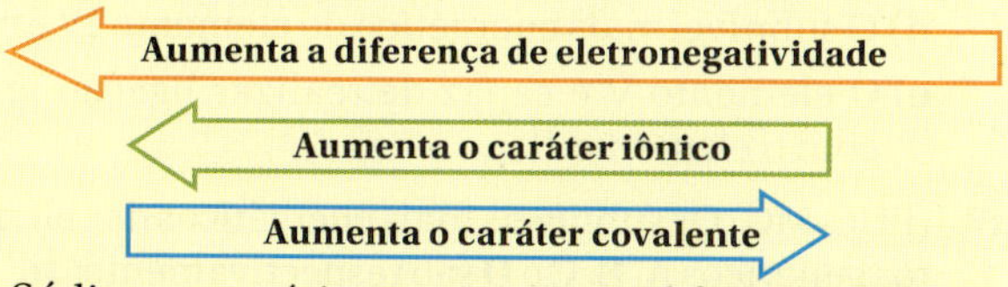

Sódio e magnésio possuem uma diferença de eletronegatividade suficientemente grande em relação ao cloro para que NaCl e $MgCl_2$ apresentem **ligação iônica**. Os elementos fósforo e enxofre apresentam menor diferença de eletronegatividade em relação ao cloro e, assim, as ligações em PCl_3 e SCl_2 são **covalentes polares**. Finalmente, no Cl_2 a diferença de eletronegatividade entre os átomos é nula e, consequentemente, a ligação é **covalente apolar**.

9. (Udesc) Em 1932, o químico norte-americano Linus Pauling propôs uma medida quantitativa da distribuição dos elétrons nas ligações em que o poder de atração dos elétrons por um átomo, quando este é parte da ligação, é chamado de eletronegatividade.

Assinale a alternativa que aponta qual é o átomo de halogênio mais eletronegativo e por quê.

a) O mais eletronegativo é o átomo de iodo, pois é o menor entre os halogênios e seus elétrons estão fortemente atraídos pelo núcleo do átomo.

b) O átomo mais eletronegativo é o átomo de cloro, pois é o menor entre os halogênios e seus elétrons estão fortemente atraídos pelo núcleo do átomo.

c) O mais eletronegativo é o átomo de flúor, pois é o menor entre os halogênios e seus elétrons estão fortemente atraídos pelo núcleo do átomo.

d) O átomo mais eletronegativo é o átomo de bromo, pois é o maior átomo entre os halogênios e seus elétrons formam ligações covalentes com mais facilidade.

e) O mais eletronegativo é o átomo de flúor, pois é o maior entre os halogênios e seus elétrons estão fortemente atraídos pelo núcleo do átomo.

10. (PUC-MG) Assinale o elemento mais eletronegativo.

a) Br **b)** Sn **c)** Pb **d)** Al

Comentário dos autores:

Entenda bem que essa questão solicita o elemento mais eletronegativo dentre os citados nas alternativas.

11. (UFJF-MG) Nos pântanos e cemitérios, é comum ocorrer a formação de gás metano (CH_4), proveniente da decomposição de matéria orgânica. O metano pode reagir com o oxigênio do ar espontaneamente e formar luzes bruxuleantes, conhecidas como fogo-fátuo. Assinale a alternativa **CORRETA**:

a) O CH_4 é uma substância composta que contém ligações iônicas, e o oxigênio do ar é uma substância composta que contém ligações covalentes polares.

b) O CH_4 é uma substância composta que contém ligações covalentes, e o oxigênio do ar é uma substância simples que contém ligações covalentes apolares.

c) O CH_4 é uma substância simples que contém ligações iônicas, e o oxigênio do ar é uma substância simples que contém ligações covalentes polares.

d) O CH_4 é uma substância composta que contém ligações covalentes, e o oxigênio do ar é uma substância composta que contém ligações covalentes polares.

e) O CH_4 é uma substância simples que contém ligações covalentes, e o oxigênio do ar é uma substância composta que contém ligações iônicas.

12. (PUC-RS) Responder à questão com base na análise das fórmulas químicas abaixo:

I. O_2 **II.** CO_2 **III.** $MgCl_2$ **IV.** H_2O

É correto afirmar que a ligação química entre os átomos é exclusivamente do tipo covalente polar apenas nos compostos:

a) I e II **b)** I e III **c)** II e IV **d)** I, III e IV **e)** II, III e IV

13. (UFRN) Identifique, entre as espécies químicas abaixo, a que apresenta maior caráter iônico.

a) CsF **b)** KF **c)** NaF **d)** LiF **e)** F_2

Exercícios adicionais

Seu(sua) professor(a) indicará quais exercícios deste bloco você deve fazer.

(UFRJ) **Com base nas informações a seguir, responda às questões 14 e 15.**

Um professor decidiu decorar seu laboratório com um "relógio de Química" no qual, no lugar das horas, estivessem alguns elementos, dispostos de acordo com seus respectivos números atômicos, como mostra a figura.

14. (UFRJ) Indique a hora que o relógio do professor marca quando:

a) o ponteiro dos minutos aponta para o elemento de menor número atômico e o ponteiro das horas aponta para o elemento mais eletronegativo.

b) o ponteiro dos minutos aponta para o metal alcalinoterroso de menor raio atômico e o ponteiro das horas aponta para o gás nobre do segundo período.

15. (UFRJ) Indique a fórmula e o tipo de ligação do composto eletricamente neutro que é formado quando o relógio do professor marca:

a) nove horas; **b)** sete horas e cinco minutos.

16. (UFPE) A análise química de uma amostra de rocha do planeta Marte mostrou que a mesma é uma substância pura. Se dois elementos **A** e **B** dessa amostra apresentam eletronegatividades (escala de Pauling) de **0,8** e de **3,0**, respectivamente, podemos afirmar que:

a) Não existe ligação química entre os dois elementos da rocha, pois as eletronegatividades diferem bastante.
b) Existe ligação entre os dois elementos e ela deve ser iônica.
c) Existe ligação entre os dois elementos e ela deve ser covalente.
d) O elemento **A** está à direita do elemento **B** na tabela periódica.
e) A rocha é constituída por uma substância simples.

17. (UFRN) Gílson, estudando Química Geral, aprendeu que a posição de cada elemento na tabela periódica pode ser representada como um ponto (x, y) num gráfico de coordenadas (x = grupo, y = período). Na prova de Química, o professor solicitou que se correlacionassem as coordenadas dos pares de elementos, tabeladas a seguir, com o provável tipo de ligação resultante de suas combinações.

1º par	2º par	3º par	4º par
(11, 4) e (14, 5)	(15, 2) e (15, 2)	(2, 4) e (17, 3)	(14, 2) e (16, 2)

Na respectiva ordem dos pares de coordenadas citados, Gílson identificou corretamente que as ligações são do tipo:

a) metálica, covalente apolar, iônica, covalente polar.
b) iônica, covalente apolar, metálica, covalente polar.
c) metálica, covalente polar, iônica, covalente apolar.
d) covalente polar, iônica, covalente apolar, metálica.

18. (Unemat-MT) Considere a distribuição eletrônica dos seguintes elementos.

I	$1s^2 2s^2 2p^5$
II	$1s^2 2s^2 2p^6 3s^2$
III	$1s^2 2s^2 2p^3$
IV	$1s^2 2s^2 2p^6 3s^2 3p^6 4s^2 3d^6$
V	$1s^2 2s^2 2p^6$

Assinale a alternativa **correta**.

a) O elemento I é o que possui maior eletronegatividade.
b) O elemento II é um halogênio.
c) O elemento III tem a camada de valência completa.
d) O subnível mais energético do elemento IV é o $4s^2$.
e) O elemento V é capaz de realizar ligação iônica com o elemento II.

19. (PUC-MG) Os subníveis mais energéticos dos elementos genéricos **A**, **B**, **C** e **D** são respectivamente: $3d^1$, $4s^2$, $4s^1$ e $2p^4$.

Considerando-se essas espécies, é **CORRETO** afirmar que:

a) **B** e **C** possuem propriedades semelhantes.
b) **A** possui raio atômico maior que o raio de **C**.
c) **A** é mais eletronegativo do que **D**.
d) **B** se liga a **D** formando composto iônico de fórmula **BD**.

20. (Uerj) Um laboratório recebe três amostras para análise. A tabela abaixo descreve algumas de suas principais características.

Amostra	Aspecto do material	Condutividade elétrica à temperatura ambiente	Ponto de fusão	Ponto de ebulição
I	sólido	alta	–	–
II	pó branco	muito baixa	194 °C	–
III	pó branco	muito baixa	714 °C	1.412 °C

Três elementos químicos fazem parte da constituição das amostras; no entanto, cada uma é composta por apenas dois deles. Os átomos desses três elementos, no estado fundamental, possuem 2, 3 e 7 elétrons de valência situados na terceira camada eletrônica.

Explique a alta condutividade elétrica da amostra I, a partir de sua composição química, e indique as fórmulas das substâncias presentes nas amostras II e III.

3 Polaridade de moléculas

Na molécula de HF ocorre o aparecimento de polos elétricos, e ela recebe o nome de **molécula polar**. A polarização da ligação apresenta uma direção, um sentido e uma intensidade (que depende da diferença de eletronegatividade Δ entre os átomos). Assim, podemos representar a polarização por um vetor.*

* Vetores são um dos assuntos do seu curso de Física. Consultando livros dessa disciplina (Física — Mecânica), você pode (e deve) aprender mais sobre vetores e soma de vetores.

- **Vetor momento de dipolo** ou **momento dipolar** ($\vec{\mu}$) é aquele que representa a polarização de uma ligação covalente.

O vetor $\vec{\mu}$ possui a direção da reta que passa pelo núcleo dos átomos que tomam parte na ligação considerada e é orientado no sentido do polo positivo para o negativo. As ligações apolares possuem vetor momento de dipolo nulo ($\vec{\mu} = \vec{0}$).

No caso de moléculas com mais de dois átomos, a análise fica um pouco mais complicada porque cada ligação tem um vetor $\vec{\mu}$. Para saber se a molécula é polar ou apolar, devemos somar todos os vetores momento de dipolo de todas as ligações e concluir se o vetor resultante é nulo ou não.

- A polaridade de uma molécula com mais de dois átomos é expressa **pelo vetor momento de dipolo resultante** ($\vec{\mu}_R$). Se ele for nulo, a molécula será apolar e, caso contrário, polar.

CHARLES D. WINTERS/ PHOTORESEARCHERS/LATINSTOCK

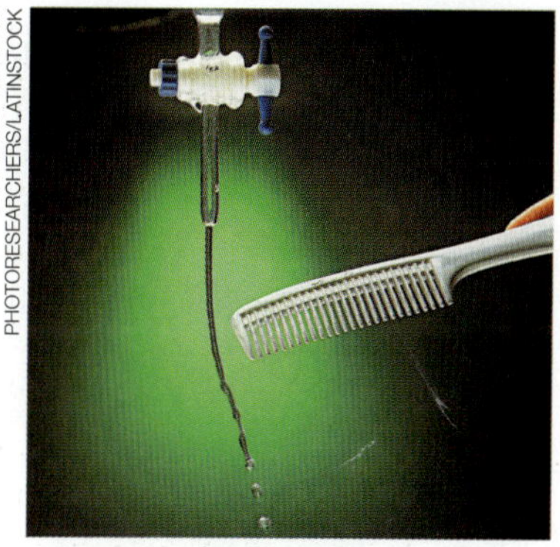

▲ Um filete de água corrente é atraído por um pente de plástico previamente eletrizado por atrito com o cabelo limpo e seco. Esse experimento evidencia que a molécula de água é polar.

TABELA 2 Exemplos de moléculas apolares e de moléculas polares

Exemplo	Geometria	Momento dipolar resultante		Molécula
H_2 (gás hidrogênio)	H—H Linear	H—H	$\vec{\mu}_R = \vec{0}$	Apolar
HF (gás fluorídrico)	H—F Linear	H → F	$\vec{\mu}_R \neq \vec{0}$	Polar
CO_2 (gás carbônico)	O=C=O Linear	O ← C → O	$\vec{\mu}_R = \vec{0}$ **Vetores se cancelam**	Apolar
HCN (gás cianídrico)	H—C≡N Linear	H → C → N	$\vec{\mu}_R \neq \vec{0}$ **Vetores *não* se cancelam**	Polar
H_2O (água)	H–O–H Angular	H ↗ O ↖ H	$\vec{\mu}_R \neq \vec{0}$ **Vetores *não* se cancelam**	Polar
NH_3 (amônia)	NH_3 Piramidal	H ↗ N ↖ H, H	$\vec{\mu}_R \neq \vec{0}$ **Vetores *não* se cancelam**	Polar
CH_4 (metano)	CH_4 Tetraédrica	H ↓ C ↖ H, H, H	$\vec{\mu}_R = \vec{0}$ **Vetores se cancelam**	Apolar

Um método mais simples: uso da simetria

Existe um método mais simples para determinar se uma molécula é polar ou apolar, que se baseia na simetria do ambiente eletrônico que circunda o átomo central.

Apesar de ser de utilização mais simples, como você perceberá a seguir, esse método é relativamente **limitado a moléculas que apresentem um único átomo central ligado a todos os demais átomos da molécula**.

A ideia envolvida é a seguinte: o átomo central tem ao seu redor pares eletrônicos, que podem ser pares usados em ligações ou pares não compartilhados. Há dois casos possíveis.

1º caso — Não há pares de elétrons não compartilhados e todos os átomos ligados ao átomo central são iguais. Disso resulta molécula APOLAR.

Nesse caso, existe uma **simetria** do ambiente eletrônico ao redor do átomo central, o que faz a molécula ser **apolar**. (Esse caso equivale a dizer que os vetores momento de dipolo das ligações **se cancelam**, resultando $\vec{\mu}_R$ = zero.)

Veja exemplos:

Cl — Be — Cl
- 2 átomos Cl
- nenhum par de e^- não compartilhado

} **simetria ao redor do Be** ⇒ **molécula apolar**

O = C = O
- 2 átomos O
- nenhum par de e^- não compartilhado

} **simetria ao redor do C** ⇒ **molécula apolar**

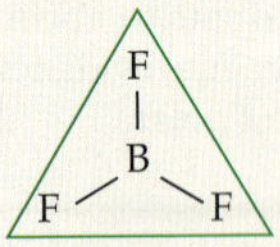
- 3 átomos F
- nenhum par de e^- não compartilhado

} **simetria ao redor do B** ⇒ **molécula apolar**

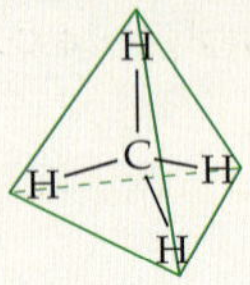
- 4 átomos H
- nenhum par de e^- não compartilhado

} **simetria ao redor do C** ⇒ **molécula apolar**

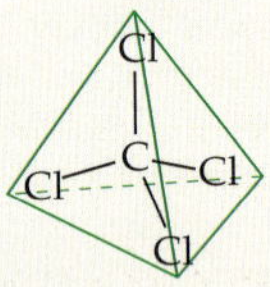
- 4 átomos Cl
- nenhum par de e^- não compartilhado

} **simetria ao redor do C** ⇒ **molécula apolar**

2º caso — Há um ou mais pares de elétrons não compartilhados e/ou nem todos os átomos ligados ao átomo central são iguais. Disso resulta molécula POLAR.

Nesse caso, existe uma **assimetria** do ambiente eletrônico ao redor do átomo central, o que faz a molécula ser **polar**. (Esse caso equivale a dizer que os vetores momento de dipolo das ligações **não se cancelam**, acarretando $\vec{\mu}_R \neq$ zero.)

Veja exemplos:

H — C ≡ N
- 1 átomo H
- 1 átomo N

} **assimetria ao redor do C** ⇒ **molécula polar**

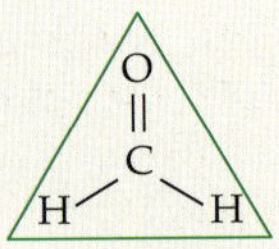
- 1 átomo O
- 2 átomos H

} **assimetria ao redor do C** ⇒ **molécula polar**

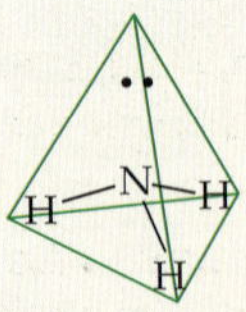
- 3 átomos H
- 1 par de e^- não compartilhado

} **assimetria ao redor do N** ⇒ **molécula polar**

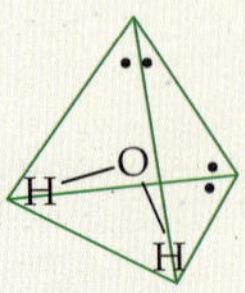
- 2 átomos H
- 2 pares de e^- não compartilhados

} **assimetria ao redor do O** ⇒ **molécula polar**

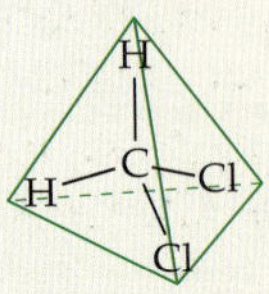
- 2 átomos H
- 2 átomos Cl

} **assimetria ao redor do C** ⇒ **molécula polar**

Exercícios essenciais

A critério do(a) professor(a) esta lista de exercícios poderá ser realizada em classe ou em casa.

21. Determine se as seguintes moléculas são polares ou apolares:

a) H_2S;

b) NH_3;

c) CF_4;

d) CH_2F_2.

22. (Ufersa-RN) Dentre as substâncias abaixo, indique aquela que apresenta molécula mais polar.

a) H — H

b) H — F

c) H — Cl

d) H — Br

23. (Fuvest-SP) A figura mostra modelos de algumas moléculas com ligações covalentes entre seus átomos.

Analise a polaridade dessas moléculas, sabendo que tal propriedade depende da:

- diferença de eletronegatividade entre os átomos que estão diretamente ligados. (Nas moléculas apresentadas, átomos de elementos diferentes têm eletronegatividades diferentes.)
- forma geométrica das moléculas.

Dentre essas moléculas, pode-se afirmar que são polares apenas:

a) A e B.

b) A e C.

c) A, C e D.

d) B, C e D.

e) C e D.

Observação: Eletronegatividade é a capacidade de um átomo para atrair os elétrons da ligação covalente.

Exercícios adicionais

Seu(sua) professor (a) indicará quais exercícios deste bloco você deve fazer.

24. (Udesc) Nas moléculas apresentadas abaixo, indique quais apresentam ligações covalentes polares, quais apresentam ligações covalentes apolares e qual a polaridade das moléculas.

I) CO_2

II) H_2O

III) O_2

a) I - ligação covalente polar, molécula apolar;
II - ligação covalente polar, molécula polar;
III - ligação covalente apolar, molécula apolar.

b) I - ligação covalente apolar, molécula polar;
II - ligação covalente polar, molécula apolar;
III - ligação covalente polar, molécula polar.

c) I - ligação covalente polar, molécula polar;
II - ligação covalente apolar, molécula polar;
III - ligação covalente polar, molécula polar.

d) I - ligação covalente apolar, molécula apolar;
II - ligação covalente apolar, molécula apolar;
III - ligação covalente apolar, molécula polar.

e) I - ligação covalente polar, molécula apolar;
II - ligação covalente apolar, molécula polar;
III - ligação covalente apolar, molécula apolar.

25. (UFRRJ) A atmosfera de Plutão é composta por nitrogênio, metano e monóxido de carbono. Em relação às estruturas moleculares desses gases, atenda às seguintes solicitações:

a) Represente a fórmula eletrônica (fórmula de Lewis) da molécula de maior caráter polar.

b) Represente a fórmula estrutural plana das moléculas apolares, indicando as respectivas geometrias.

26. (Furg-RS) Assinale a alternativa em que todas as espécies, no estado gasoso, apresentam momento de dipolo elétrico.

a) NF_3, H_2O e $HCCl_3$

b) BeF_2, H_2O e $HCCl_3$

c) NF_3, CO_2 e H_2O

d) H_2O, CH_4 e BCl_3

e) BeF_2, BCl_3 e HF

27. (PUC-RJ) A molécula de NF_3 é polar e a de BCl_3 é apolar, apesar de ambas apresentarem moléculas formadas pela combinação de quatro átomos: três ligantes iguais e um átomo central. A explicação para isso está associada ao fato de que:

a) a molécula de NF_3 apresenta ligações polarizadas, enquanto na molécula de BCl_3 as ligações são apolares.

b) a diferença de eletronegatividade ente os átomos que formam a molécula de NF_3 é maior do que a existente entre os átomos que formam a molécula de BCl_3.

c) ambas têm a mesma geometria molecular, mas na molécula de NF_3 existe um par isolado de elétrons.

d) a molécula de NF_3 apresenta simetria molecular, enquanto a molécula de BCl_3 é assimétrica.

e) a molécula de NF_3 apresenta geometria piramidal trigonal, enquanto a molécula de BCl_3 é trigonal plana.

4 Polaridade e solubilidade

Leia o seguinte **relato** de fatos experimentais: foram colocados em três copos um pouco de água e etanol, gasolina e querosene, água e gasolina, respectivamente, e verificou-se que apenas nos dois primeiros casos os líquidos formam uma mistura homogênea.

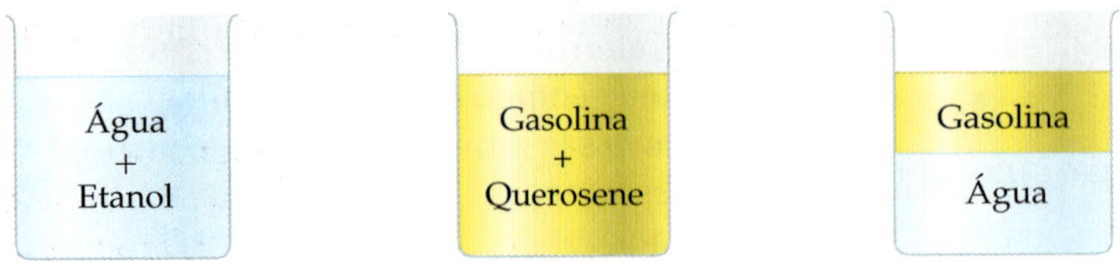

Mistura homogênea — Mistura homogênea — Mistura heterogênea

Sabendo que água e etanol são polares e que gasolina e querosene são formados por uma mistura de compostos apolares, os resultados experimentais relatados permitem ilustrar uma tendência geral que se observa:

- Soluto **polar** tende a se dissolver bem em solvente **polar.**
  Soluto **apolar** tende a se dissolver bem em solvente **apolar.**

Quando o solvente é polar e o soluto apolar ou vice-versa, não existe tendência para que haja solubilização. Isso explica, por exemplo, o fato de a gasolina não se dissolver bem em água.

No caso de moléculas com estrutura um pouco mais complexa do que os exemplos vistos no item anterior, para fazer previsões referentes a solubilidade, é útil saber de antemão se uma substância é polar ou apolar. Eis alguns exemplos envolvendo compostos estudados na Química Orgânica:

- **compostos polares:** metanol (ou álcool metílico CH_3OH), álcool comum (etanol ou álcool etílico CH_3CH_2OH) e acetona (H_3CCOCH_3);
- **compostos apolares:** derivados diretos do petróleo (gasolina, benzina, benzeno, querosene, óleo diesel, óleo lubrificante, parafina, vaselina etc.), óleos e gorduras de origem animal ou vegetal.

ATENÇÃO

O experimento **RELATADO** ao lado envolve etanol, gasolina e querosene, que são líquidos **voláteis, inflamáveis e tóxicos**.

Você não deve realizá-lo por conta própria. A eventual realização deve ter autorização e supervisão do(a) professor(a).

Óculos de segurança, luvas e aventais protetores são obrigatórios.

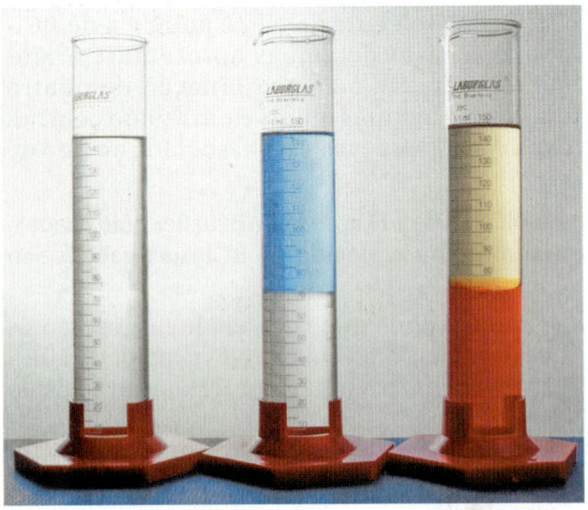

SÉRGIO DOTTA JR./CID

▲ Nas três provetas, a fase superior é água (H_2O, polar) e a inferior é tetracloreto de carbono (CCl_4, apolar). Na proveta do centro foi adicionado sulfato de cobre ($CuSO_4$, composto iônico), que se dissolve preferencialmente na fase polar, dando-lhe a cor azul. Na proveta da direita foi colocado bromo (Br_2, apolar), que se dissolve preferencialmente na fase apolar, conferindo-lhe a cor alaranjada.

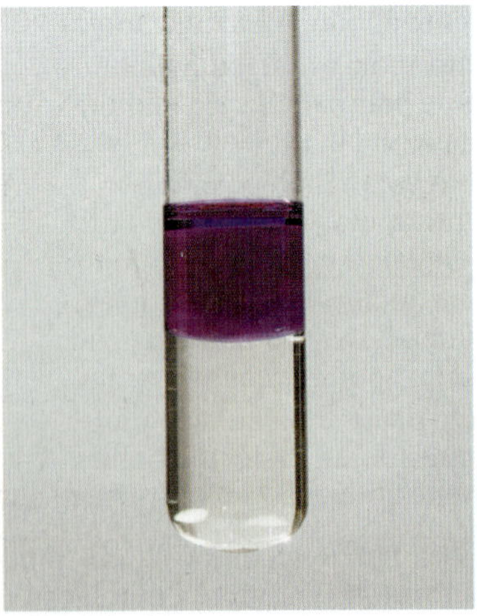

ANDREW LAMBERT PHOTOGRAPHY/SCIENCE PHOTO LIBRARY/LATINSTOCK

▲ Nesse tubo de ensaio, a fase superior é ciclo-hexano (C_6H_{12}) líquido contendo iodo (I_2) dissolvido, ambos apolares. A fase inferior é água, polar.

ATENÇÃO

Esses experimentos NÃO devem ser realizados pelo aluno.

O tetracloreto de carbono, o bromo e o ciclo-hexano são tóxicos. O ciclo-hexano é inflamável.

Exercícios essenciais

A critério do(a) professor(a) esta lista de exercícios poderá ser realizada em classe ou em casa.

Exercício Resolvido

28. (Estácio-RJ) Considere um mecânico com as mãos sujas de graxa (derivado do petróleo).

O melhor solvente para a remoção dessa graxa é:

a) água
b) gasolina
c) vinagre
d) água com sal (salmoura)
e) álcool comum

Resolução

Para a remoção da graxa, que é **apolar** (derivado direto do petróleo), é mais recomendado o uso de um solvente também **apolar**. Dentre as alternativas, o único líquido apolar é a gasolina.

Alternativa **b**.

29. Dentre as substâncias gasosas O_2, O_3, N_2, CO_2 e HCl, qual deve se dissolver melhor em água? Justifique.

30. Dentre as substâncias HBr, NH_3, H_2O, SO_2 e CCl_4, qual deve se dissolver melhor em gasolina? Justifique.

31. O álcool etílico, CH_3CH_2OH, substância polar, deve dissolver-se melhor em óleo vegetal ou em acetona? Justifique.

32. Um tecido branco ficou manchado com iodo (I_2), que apresenta uma coloração escura. Para remover essa mancha é melhor usar água ou um removedor de manchas constituído de solvente apolar? Por quê?

33. (UnB-DF) Julgue se a afirmativa é certa ou errada: A diferença de eletronegatividade entre o oxigênio e o carbono faz a molécula de dióxido de carbono apresentar um momento de dipolo maior que o da molécula de hidrogênio, o que torna o dióxido de carbono mais solúvel em água que o hidrogênio.

5 Ligações intermoleculares

O que mantém as moléculas unidas nos estados sólido e líquido são as chamadas **ligações** ou **forças** ou **interações intermoleculares**. São fundamentalmente de três tipos: **interações dipolo-dipolo, ligações de hidrogênio e interações dipolo instantâneo-dipolo induzido**.

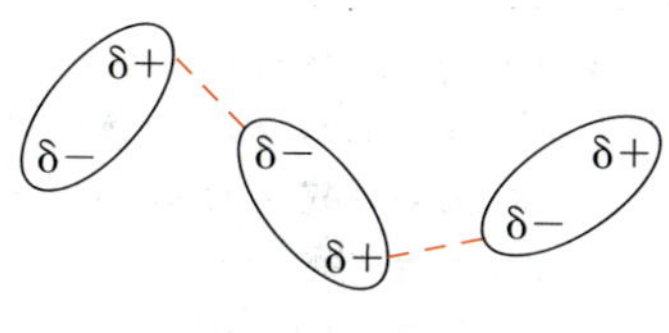

▲ Representação das interações dipolo-dipolo, que unem as moléculas de uma substância polar.

5.1 Interações dipolo-dipolo

A molécula de HCl, devido à diferença de eletronegatividade entre H e Cl, é polar. Sua extremidade negativa atrai a extremidade positiva de outra molécula vizinha, o mesmo ocorrendo com sua parte positiva, que interage atrativamente com a parte negativa de outra molécula vizinha. Essa força de atração entre os dipolos das moléculas é chamada de **interação dipolo-dipolo, interação dipolo permanente** ou, ainda, **interação dipolar**.

Assim, no HCl líquido ou sólido são essas as forças que mantêm as moléculas unidas, o mesmo acontecendo em todas as substâncias polares.

5.2 Ligações de hidrogênio (pontes de hidrogênio)

Quando, em uma molécula, tivermos o hidrogênio ligado a um átomo pequeno e muito eletronegativo (F, O, N), haverá uma grande polarização dessa ligação, o que produzirá no hidrogênio um intenso polo positivo.

Essa polarização leva o hidrogênio a interagir com o par de elétrons de outra molécula vizinha, resultando numa interação extraordinariamente forte entre as moléculas, chamada de **ligação de hidrogênio** (ou, numa denominação mais antiga, **ponte de hidrogênio**). Trata-se de uma interação mais forte do que as do tipo dipolo-dipolo.

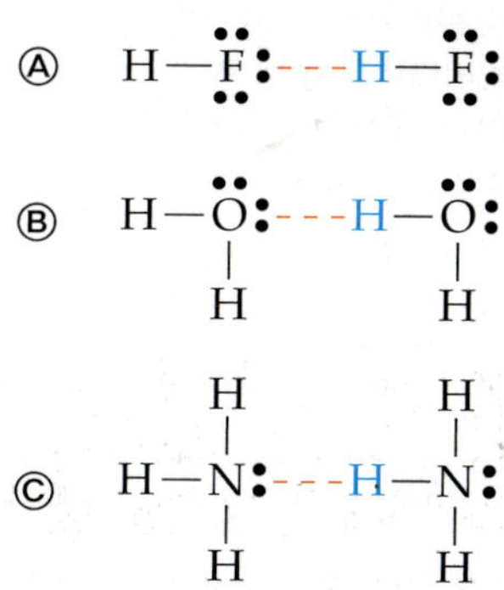

▲ Representação (em tracejado) das ligações de hidrogênio no fluoreto de hidrogênio Ⓐ, na água Ⓑ e na amônia Ⓒ, líquidos ou sólidos. Os hidrogênios destacados em azul são aqueles envolvidos nas ligações de hidrogênio representadas.

Na água (H_2O), no fluoreto de hidrogênio (HF) e na amônia (NH_3), líquidos ou sólidos, são essas forças que mantêm as moléculas unidas.

- **Ligações de hidrogênio** são interações que ocorrem tipicamente entre moléculas que apresentem átomo de H ligado a F, O ou N.

MIRA/ALAMY/OTHER IMAGES

▲ As moléculas de água que compõem um *iceberg* se mantêm fortemente unidas por meio de ligações de hidrogênio. Na água líquida, ligações de hidrogênio também são as responsáveis pela coesão molecular.

SCIENCE PHOTO LIBRARY/LATINSTOCK

▲ Quando o vapor de água se condensa sobre uma superfície fria, são estabelecidas ligações de hidrogênio. Forças intermoleculares também são responsáveis pela adesão das gotas de água líquida à superfície.

5.3 Interações dipolo instantâneo-dipolo induzido

Considere uma molécula apolar. Ela possui uma nuvem de elétrons em contínuo movimento. Se, durante uma pequena fração de segundo, essa nuvem eletrônica estiver um pouco mais deslocada para um dos extremos da molécula, poderemos dizer que foi criado um **dipolo instantâneo**, ou seja, por um instante apareceram dois polos na molécula.

A extremidade positiva desse dipolo atrai os elétrons da molécula vizinha, na qual, por sua vez, também aparece um dipolo, chamado de **dipolo induzido**, isto é, provocado pela primeira molécula. Esses dois dipolos, o instantâneo e o induzido, se atraem como no caso dos dipolos permanentes. A diferença é que essa situação dura apenas uma fração de segundo. As atrações desse tipo são mais fracas do que entre dipolos permanentes.

As **interações dipolo instantâneo-dipolo induzido** são conhecidas também como **forças dipolo induzido-dipolo induzido** ou ainda **forças de dispersão de London**, em homenagem ao físico Fritz Wolfgang London (1900-1954). Na verdade, elas ocorrem em todas as substâncias, polares ou apolares. Apesar de fracas, são o único tipo de interação intermolecular que ocorre entre as moléculas das substâncias apolares. Alguns autores chamam essas interações de *forças de van der Waals*. Contudo, outros autores usam a expressão *forças de van der Waals* como sinônimo das forças intermoleculares de modo geral.

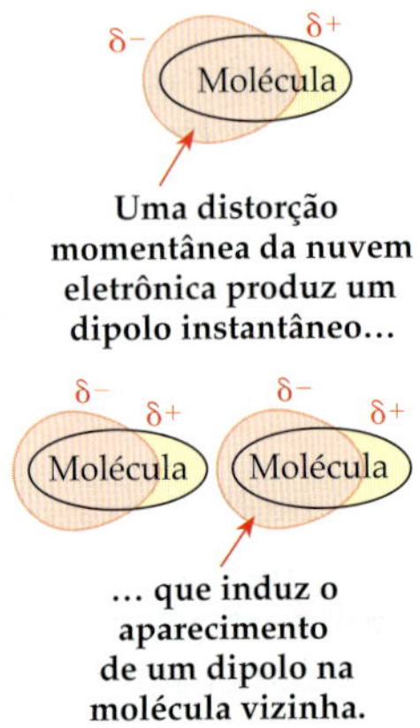

▲ Esquema mostrando a origem das interações intermoleculares do tipo dipolo instantâneo--dipolo induzido.

As forças intermoleculares têm diferentes intensidades

Comparando moléculas com tamanhos e massas parecidos, pode-se afirmar que a intensidade dos diferentes tipos de forças intermoleculares varia na seguinte ordem:

Dipolo instantâneo--dipolo induzido	Dipolo permanente--dipolo permanente	Ligações de hidrogênio

Aumenta a intensidade das forças intermoleculares →

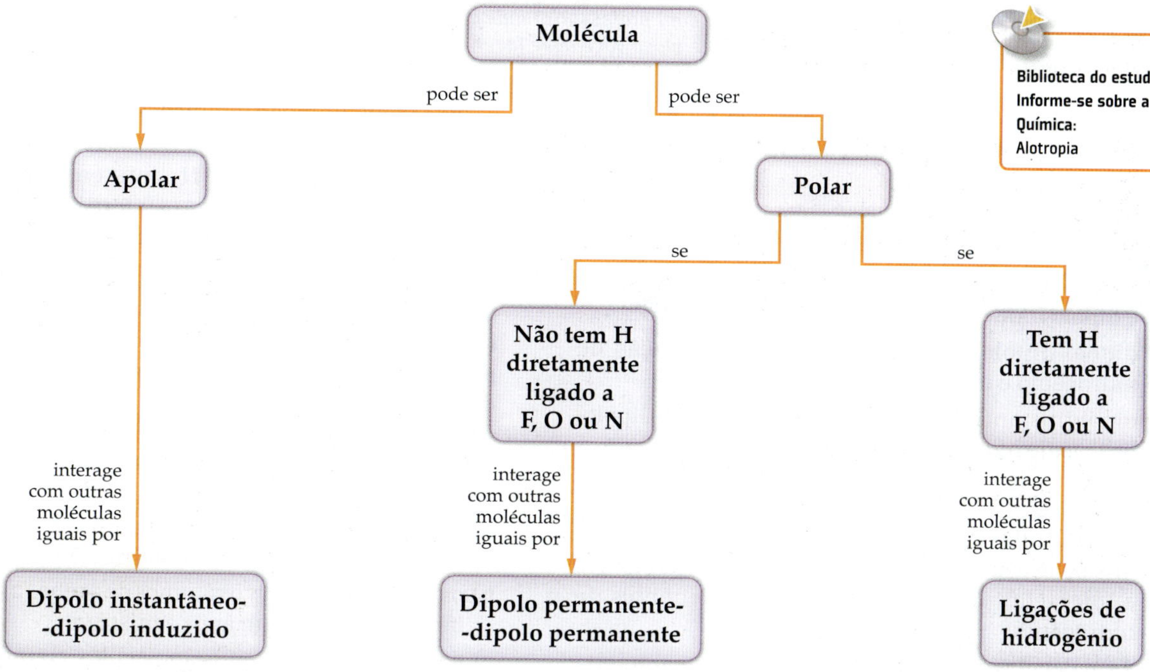

Biblioteca do estudante
Informe-se sobre a Química:
Alotropia

Exercícios essenciais

A critério do(a) professor(a) esta lista de exercícios poderá ser realizada em classe ou em casa.

Exercício Resolvido

34. Qual das substâncias abaixo apresenta moléculas que, nos estados sólido e líquido, estão associadas por ligações de hidrogênio?

a) H_2 **b)** CH_4 **c)** NH_3 **d)** PH_3 **e)** NaH

Resolução

- As moléculas de H_2 são **apolares** e interagem por meio de interações **dipolo instantâneo-dipolo induzido**.
- As moléculas de CH_4 também são **apolares** e se associam por forças tipo **dipolo instantâneo--dipolo induzido**.
- Nas moléculas de NH_3 há hidrogênio ligado diretamente a nitrogênio. Quando, em uma molécula, existe **H ligado a F, O ou N**, tal molécula estabelece **ligação de hidrogênio** com outra molécula igual a ela.
- A molécula de PH_3 é **polar** e, assim, estabelece com outras moléculas dessa mesma substância interações **dipolo-dipolo**.
- A substância NaH é **iônica** (Na é metal e H é não metal). É, portanto, **formada por íons** e não por moléculas.

Alternativa **c**.

35. Indique qual é o tipo de interação intermolecular predominante que mantém unidas as moléculas das seguintes substâncias, nos estados sólido e líquido.

a) HBr **c)** CH_4 **e)** CH_3NH_2
b) F_2 **d)** CH_3OH **f)** CS_2
g) CH_2O **i)** CCl_4 **k)** PCl_3
h) SO_2 **j)** H_2S **l)** HCN

36. (Unicamp-SP) As pontes de hidrogênio formadas entre moléculas de água (HOH) podem ser representadas por:

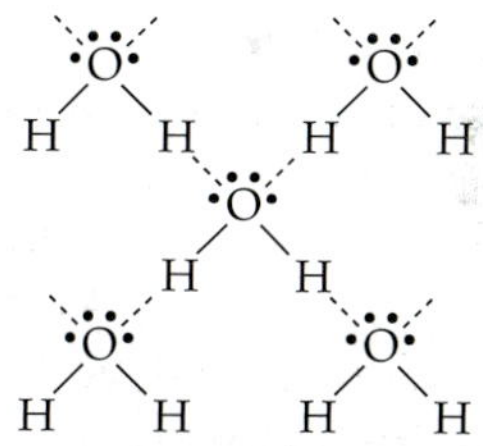

Com base nesse modelo, represente as pontes de hidrogênio que existem entre moléculas de amônia (NH_3).

37. (PUC-PR) As festas e eventos têm sido incrementados com o efeito de névoa intensa do gelo-seco, o qual é constituído de gás carbônico solidificado.
A respeito do fato, pode-se afirmar:

a) A névoa nada mais é que a liquefação do gás carbônico pela formação das forças intermoleculares.
b) O gelo-seco é uma substância composta e encontra-se na natureza no estado líquido.
c) O gelo-seco é uma mistura de substâncias adicionadas ao gás carbônico e, por essa razão, a mistura se solidifica.
d) Na solidificação do gás carbônico ocorre a formação de forças intermoleculares dipolo-dipolo.
e) Sendo a molécula de CO_2 apolar, a atração entre as moléculas se dá por dipolo instantâneo-dipolo induzido.

Exercícios adicionais

Seu(sua) professor(a) indicará quais exercícios deste bloco você deve fazer.

38. (UFU-MG) As substâncias SO_2, NH_3, HCl e Br_2 apresentam as seguintes interações intermoleculares, respectivamente:

a) forças de London, dipolo-dipolo, ligação de hidrogênio e dipolo induzido-dipolo induzido.

b) dipolo-dipolo, ligação de hidrogênio, dipolo-dipolo e dipolo induzido-dipolo induzido.

c) dipolo-dipolo, ligação de hidrogênio, ligação de hidrogênio e dipolo-dipolo.

d) dipolo instantâneo-dipolo induzido, dipolo-dipolo, ligação de hidrogênio, dipolo-dipolo.

39. (Ufersa-RN) Assinale a opção correta.

a) As moléculas da água, H_2O, apresentam geometria linear, ligações covalentes polares entre seus átomos e interações intermoleculares do tipo pontes de hidrogênio.

b) As moléculas do metano, CH_4, apresentam geometria tetraédrica, ligações covalentes apolares entre seus átomos e interações intermoleculares do tipo pontes de hidrogênio.

c) As moléculas do dióxido de carbono, CO_2, apresentam geometria linear, ligações covalentes polares entre seus átomos e interações intermoleculares do tipo forças de London.

d) A molécula da amônia, NH_3, apresenta geometria octaédrica, ligações iônicas e interações intermoleculares do tipo forças de London.

40. (Vunesp) A um frasco graduado contendo 50 mL de álcool etílico foram adicionados 50 mL de água, sendo o frasco imediatamente lacrado para evitar perdas por evaporação. O volume da mistura foi determinado, verificando-se que era menor do que 100 mL. Todo o processo foi realizado à temperatura constante. Com base nessas informações, é correto afirmar:

a) os volumes das moléculas de ambas as substâncias diminuíram após a mistura.

b) os volumes de todos os átomos de ambas as substâncias diminuíram após a mistura.

c) a distância média entre moléculas vizinhas diminuiu após a mistura.

d) ocorreu reação química entre a água e o álcool.

e) nas condições descritas, mesmo que fossem misturados 50 mL de água a outros 50 mL de água, o volume final seria inferior a 100 mL.

6 Forças intermoleculares e ponto de ebulição

- Quando uma substância molecular passa do estado líquido (ou sólido) para o estado gasoso, ocorre o **rompimento de ligações intermoleculares**.

Por que as substâncias moleculares apresentam diferentes pontos de ebulição? Isso depende basicamente de dois fatores: o tamanho da molécula e o tipo de força intermolecular existente na substância.

É difícil levar em conta esses dois fatores ao compararmos os pontos de ebulição de duas substâncias. É possível, contudo, fazer previsões úteis se mantivermos um desses fatores constante, ou praticamente constante.

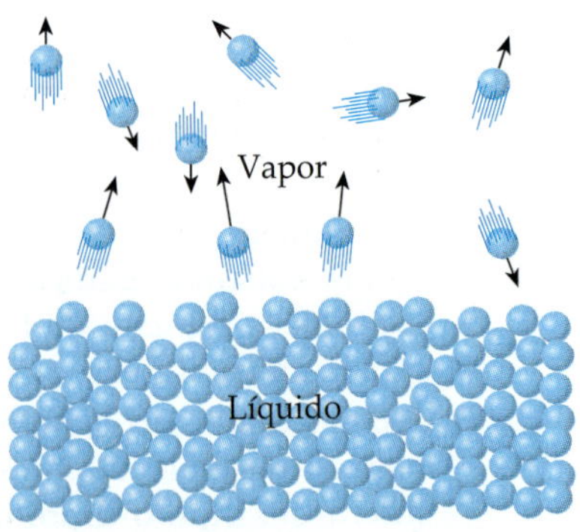

▲ Representação da passagem das moléculas da fase líquida para a fase de vapor. É importantíssimo notar que **as moléculas não são quebradas nem destruídas nesse processo**. Elas apenas são separadas umas das outras. Em outras palavras, são rompidas as ligações entre as moléculas.

- Ao compararmos duas substâncias com o **mesmo tipo de interação intermolecular**, a que tiver **maior tamanho** (estimado pela **maior massa molecular**) possuirá **maior ponto de ebulição**.

- Ao compararmos duas substâncias com **massas moleculares próximas**, a que tiver **forças intermoleculares mais intensas** possuirá **maior ponto de ebulição**.

Revisão

Exercícios essenciais

A critério do(a) professor(a) esta lista de exercícios poderá ser realizada em classe ou em casa.

Exercício Resolvido

41. Qual dos desenhos representa, simplificadamente, o processo de fervura da água?

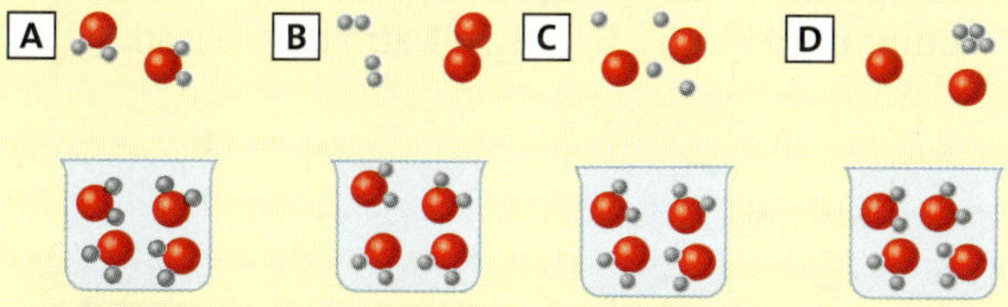

Resolução

Desenho A, pois na ebulição da água as moléculas dessa substância se separam umas das outras (interações intermoleculares do tipo ligação de hidrogênio são rompidas), **mas continuam sendo moléculas de H_2O.**

42. (UFRGS-RS) A intensificação das interações intermoleculares ocorre quando:

a) a água entra em ebulição.
b) o vapor de água sofre condensação.
c) a água, a altas temperaturas, decompõe-se em oxigênio e hidrogênio.
d) o vapor de água é aquecido.
e) o gelo sofre fusão.

43. Durante a evaporação da gasolina, são rompidas:

a) as ligações covalentes.
b) as ligações iônicas.
c) as interações do tipo ligações de hidrogênio.
d) as interações do tipo dipolo instantâneo-dipolo induzido.

44. (UCDB-MS) O CO_2 no estado sólido (gelo-seco) passa diretamente para o estado gasoso em condições ambiente; por outro lado, o gelo comum derrete nas mesmas condições em água líquida, a qual passa para o estado gasoso numa temperatura próxima a 100 °C. Nas três mudanças de estados físicos são rompidas, respectivamente:

a) ligações covalentes; pontes de hidrogênio; pontes de hidrogênio.
b) interações de van der Waals; ligações iônicas; ligações iônicas.
c) interações de van der Waals; pontes de hidrogênio; ligações covalentes.
d) interações de van der Waals; pontes de hidrogênio; pontes de hidrogênio.
e) interações de van der Waals; pontes de hidrogênio; interações de van der Waals.

Exercícios adicionais

Seu(sua) professor(a) indicará quais exercícios deste bloco você deve fazer.

45. (UCSal-BA) Em relação ao metano, CH_4, pode-se afirmar que:

I. é uma molécula apolar;
II. produz misturas homogêneas com outros gases;
III. é uma substância simples;
IV. faz interações intermoleculares do tipo dipolo permanente-dipolo permanente;
V. apresenta maior temperatura de ebulição em relação ao etanol.

Está correto apenas o que se afirma em:

a) I e II
b) I e III
c) II, III e V
d) I, II e V
e) II e IV

Comentário dos autores:

O etanol, ou álcool etílico, é o álcool comum, CH_3CH_2OH.

Exercício Resolvido

46. O gráfico mostra o ponto de ebulição das substâncias formadas pelo hidrogênio e pelos elementos de cada um dos grupos 14, 15, 16 e 17 da tabela periódica em função da massa molecular. Com base nele, responda às perguntas.

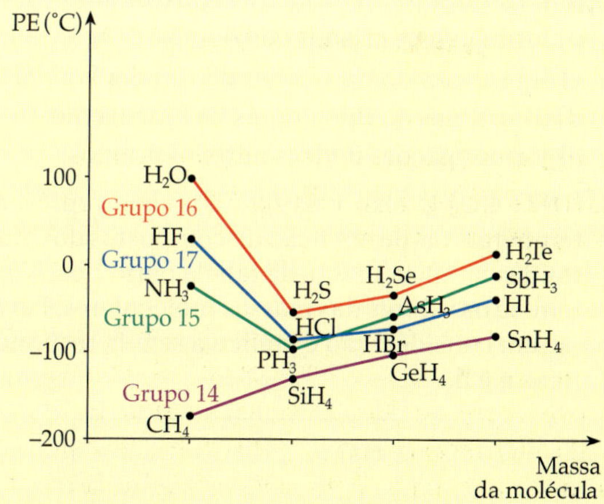

a) Por que os pontos de ebulição de H_2O, HF e NH_3 destoam do comportamento das outras substâncias formadas por elementos do mesmo grupo de O, F e N?

b) Por que não acontece o mesmo com o CH_4?

Resolução

a) Embora na sequência HF, HCl, HBr e HI haja aumento da massa da molécula, o HF destoa, apresentando maior ponto de ebulição devido ao tipo de interação intermolecular. Entre moléculas de HF ocorrem **ligações de hidrogênio**, interações mais fortes do que as do tipo dipolo-dipolo, que ocorrem entre as moléculas de HCl, de HBr e de HI. A mesma razão (presença de ligações de hidrogênio) faz H_2O e NH_3 possuírem pontos de ebulição que destoam dentro das sequências H_2O, H_2S, H_2Se, H_2Te e NH_3, PH_3, AsH_3, SbH_3.

b) Em toda a sequência CH_4, SiH_4, GeH_4, SnH_4, o tipo de interação intermolecular é o mesmo: dipolo instantâneo-dipolo induzido. O CH_4 não destoa porque não apresenta um tipo de interação intermolecular diferente dos outros membros da série. O aumento do ponto de ebulição na sequência CH_4, SiH_4, GeH_4, SnH_4 acompanha o aumento da massa da molécula.

47. (UFSM-RS) A temperatura de ebulição das substâncias normalmente aumenta à medida que aumenta a sua massa molecular. Analisando o gráfico, que mostra a temperatura de ebulição (T. E.) de ácidos halogenídricos, percebe-se que o HF tem um comportamento anômalo.

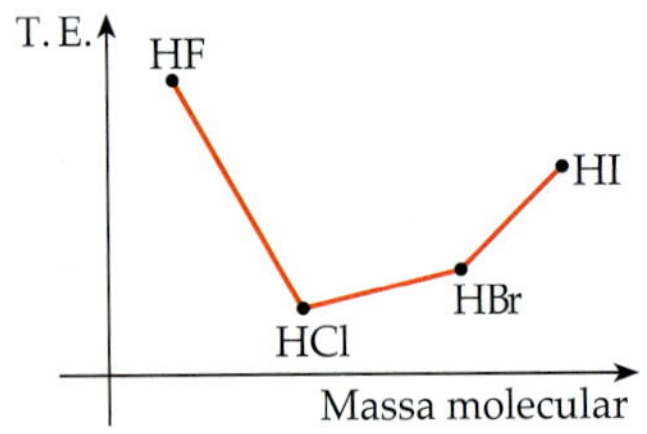

Esse comportamento do ácido fluorídrico pode ser atribuído a (à):

a) fortes ligações covalentes entre os átomos.

b) formação de cristais covalentes.

c) interações do tipo forças de van der Waals.

d) interações do tipo pontes de hidrogênio.

e) fortes ligações iônicas entre os átomos.

48. (UEG-GO) O eixo *y* da figura abaixo representa as temperaturas de ebulição de compostos dos elementos das famílias 14 e 16 da tabela periódica. No eixo *x* tem-se os valores das massas moleculares. Levando-se em consideração o gráfico a seguir, responda aos itens **a** e **b**.

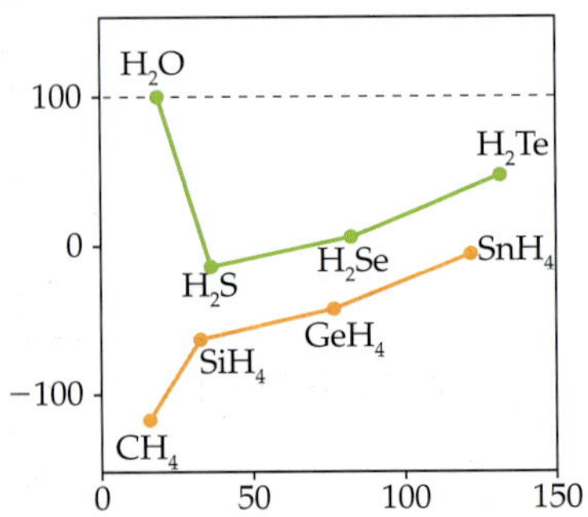

a) Explique o comportamento observado para os pontos de ebulição nos compostos da família do carbono.

b) Explique por que a água apresenta ponto de ebulição superior ao dos demais compostos do grupo do oxigênio e por que essa discrepância não ocorre com os compostos da família do carbono.

49. (UFMG-adaptada) Analise este gráfico, em que está representada a variação da temperatura de fusão e da temperatura de ebulição em função da massa molecular para F_2, Cl_2, Br_2 e I_2, a 1 atm de pressão:

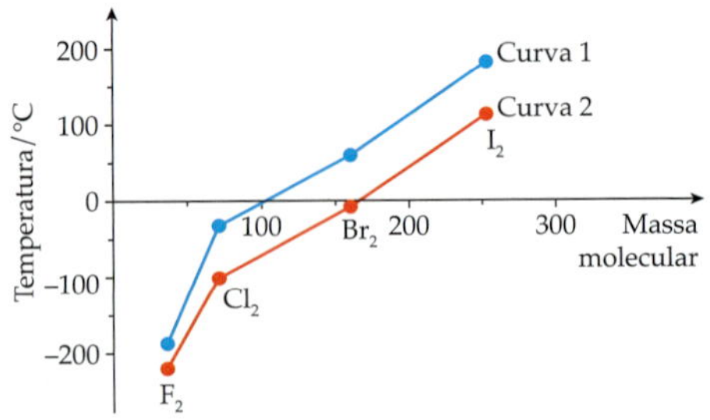

Considerando-se as informações contidas nesse gráfico e outros conhecimentos sobre o assunto, é **CORRETO** afirmar que:

a) a temperatura de fusão das quatro substâncias está indicada na curva 1.

b) as interações intermoleculares no Cl_2 são dipolo permanente-dipolo permanente.

c) as interações intermoleculares no F_2 são menos intensas que no I_2.

d) o Br_2 se apresenta no estado físico gasoso quando a temperatura é de 25 °C.

50. (PUC-MG) Analise o gráfico, que apresenta as temperaturas de ebulição de compostos binários do hidrogênio com elementos do grupo 16 (coluna 6A), à pressão de 1 atm.

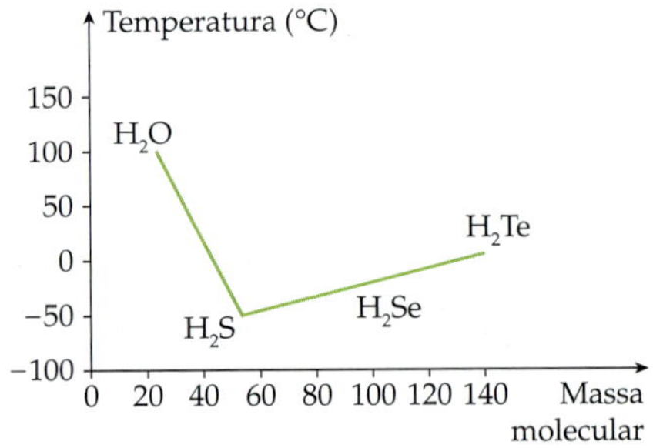

A partir das informações apresentadas, é **INCORRETO** afirmar que:

a) a substância mais volátil é o H_2S, pois apresenta a menor temperatura de ebulição.

b) a água apresenta maior temperatura de ebulição, pois apresenta ligações de hidrogênio.

c) todos os hidretos são gases à temperatura ambiente, exceto a água, que é líquida.

d) a 100 °C, a água ferve, rompendo as ligações covalentes antes das intermoleculares.

Comentário dos autores:

Ser "mais volátil" é passar de líquido a vapor com maior facilidade.

Capítulo 10

Condutividade elétrica de soluções aquosas

Alguns conteúdos importantes:

- ✔ Generalizações empíricas (isto é, baseadas em experimentos) provenientes de testes de condutividade elétrica de soluções aquosas de substâncias iônicas e moleculares
- ✔ Dissociação iônica
- ✔ Ionização
- ✔ Solução eletrolítica
- ✔ Solução não eletrolítica
- ✔ Solução iônica
- ✔ Solução molecular
- ✔ Eletrólito

ARNO MASSEE/SCIENCE PHOTO LIBRARY/LATINSTOCK

▲ Alguns órgãos do nosso corpo, como é o caso do coração, apresentam atividade elétrica. Tal atividade está relacionada ao fato de a água do organismo conter íons dissolvidos, constituindo soluções eletrolíticas, que são soluções condutoras de corrente elétrica. Acidentes envolvendo eletricidade podem ser fatais para uma pessoa justamente porque o organismo é condutor elétrico. Na foto, obtenção de eletrocardiograma, exame da atividade elétrica do coração.

1 Algumas soluções conduzem corrente elétrica

Ⓐ

NaCl dissolvido em água

Ⓑ

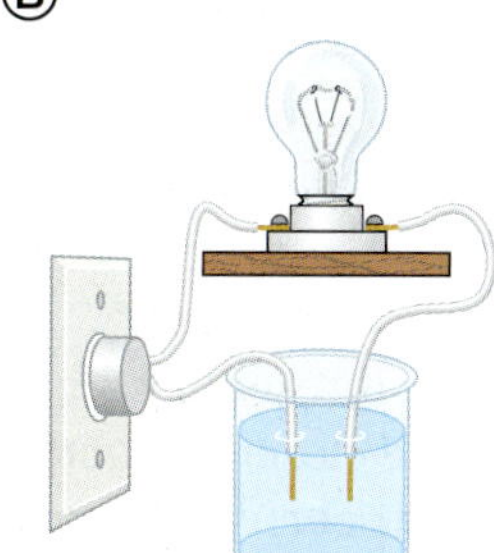

$C_{12}H_{22}O_{11}$ dissolvido em água

Ⓒ

HCl dissolvido em água

ATENÇÃO

O experimento ilustrado ao lado é enfocado por sua importância para o estudo da Química. **Por ser perigoso (uso da rede elétrica), NÃO DEVE SER EXECUTADO PELOS ESTUDANTES, mesmo sob a supervisão do(a) professor(a). Além disso, o ácido clorídrico, HCl, mesmo diluído, é corrosivo e desprende vapores irritantes, corrosivos e tóxicos.**

A solução aquosa de cloreto de sódio (NaCl) conduz corrente elétrica, como evidenciado em Ⓐ. Testes similares permitiram enunciar, de modo geral, que:

Guia de estudo

- As substâncias iônicas, quando dissolvidas em água, produzem uma solução que **conduz** corrente elétrica.

O açúcar de cana ($C_{12}H_{22}O_{11}$) e o cloreto de hidrogênio (HCl) são substâncias moleculares. Conforme revelou a experiência feita, a solução aquosa de açúcar não conduziu corrente elétrica (esquema Ⓑ), mas a solução de cloreto de hidrogênio sim (esquema Ⓒ). Muitos testes desse tipo permitiram generalizar:

- Algumas substâncias moleculares, quando dissolvidas em água, produzem solução aquosa que **não conduz** corrente elétrica. Exemplos delas são o açúcar de cana (açúcar comum, ou sacarose, $C_{12}H_{22}O_{11}$), a glicose ($C_6H_{12}O_6$), o álcool comum (C_2H_6O) e a ureia (CH_4N_2O).

- Algumas substâncias moleculares, quando dissolvidas em água, produzem solução aquosa que **conduz** corrente elétrica. Exemplos são o cloreto de hidrogênio (HCl), o brometo de hidrogênio (HBr) e a amônia (NH_3).

2 Dissociação iônica e ionização

2.1 O NaCl sofre dissociação iônica

Quando o cloreto de sódio é dissolvido em água (lembre-se: *dissolver* é o ato de fazer uma solução), os íons presentes no seu retículo cristalino são separados por ação da água.

Esquema da dissociação iônica do NaCl

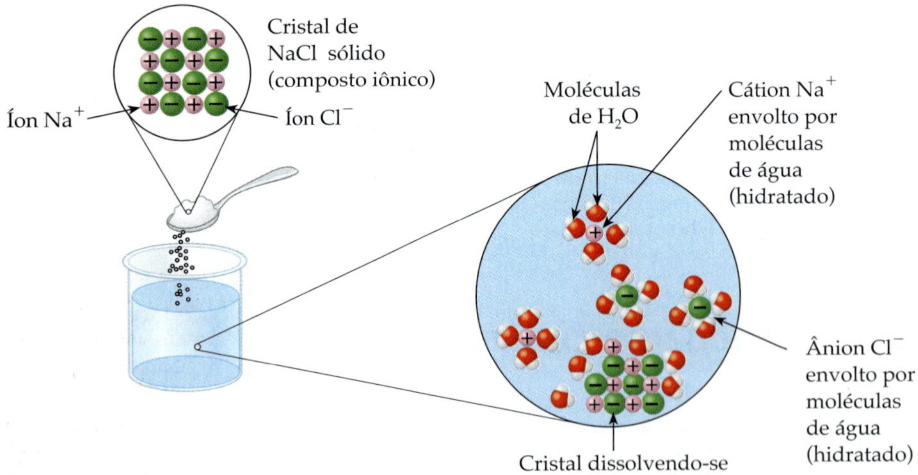

A interação atrativa entre um íon e a extremidade de uma molécula polar (dipolo) que tenha carga de sinal oposto à do íon é denominada **interação íon-dipolo.**

- **Dissociação iônica** é a separação dos íons de uma substância iônica, que acontece quando ela se dissolve em água.

Um material pode conduzir corrente elétrica desde que apresente cargas elétricas livres para se movimentarem. Perceba que a solução aquosa de cloreto de sódio tem íons livres e, portanto, isso está de acordo com o fato de ela conduzir corrente elétrica.

A dissociação iônica do NaCl em água pode ser assim equacionada:

$$NaCl\,(s) \rightarrow Na^+\,(aq) + Cl^-\,(aq)$$

Em uma equação química:
(s) indica sólido;
(l) indica líquido;
(g) indica gasoso;
(aq) indica aquoso.

2.2 O açúcar NÃO sofre dissociação iônica

O açúcar de cana ($C_{12}H_{22}O_{11}$) é uma substância formada por moléculas. Quando ele se dissolve em água, suas moléculas são separadas por ação da água.

Esquema da dissolução do açúcar em água

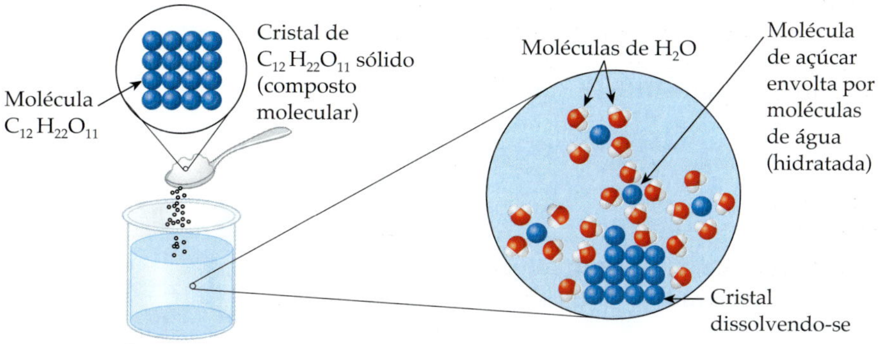

A separação das moléculas do açúcar **não** pode ser chamada de dissociação iônica, uma vez que não há íons se separando. Tal processo não possui nenhum nome em particular. Se você precisar se referir a esse acontecimento, diga apenas que "o açúcar **se dissolveu** em água".

A dissolução do açúcar em água pode ser assim equacionada:

$$C_{12}H_{22}O_{11}\,(s) \rightarrow C_{12}H_{22}O_{11}\,(aq)$$

Não confunda dissolução com dissociação iônica!

Dissolução = ato de dissolver, processo que ocorre quando uma substância se dissolve em outra.

Dissociação iônica = separação dos íons.

2.3 O HCl sofre ionização

O que ocorre ao dissolver o cloreto de hidrogênio (HCl) em água é um pouco diferente. Quando o HCl se dissolve em água, suas moléculas não são apenas separadas e se dispersam na água, mas também são "quebradas" sob a ação desse líquido. Nessa quebra, ambos os elétrons da ligação covalente entre H e Cl permanecem com o cloro; nenhum fica com o hidrogênio. Assim, ocorre a formação do cátion H^+ e do ânion Cl^-. A solução resultante conduz eletricidade porque apresenta íons livres para se movimentarem.

Esquema da ionização do HCl

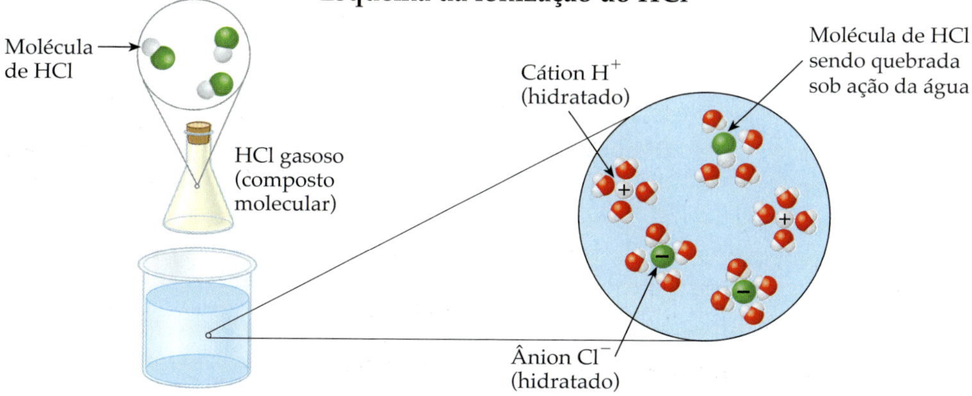

- **Ionização** é a formação de íons que acontece quando **algumas** substâncias moleculares se dissolvem em água. Exemplos de substâncias que se ionizam ao serem dissolvidas em água são o cloreto de hidrogênio (HCl), o brometo de hidrogênio (HBr) e a amônia (NH_3). Nem todas as substâncias moleculares sofrem ionização ao se dissolverem em água.

A ionização do HCl em água pode ser assim equacionada:

$$HCl\,(g) \rightarrow H^+\,(aq) + Cl^-\,(aq)$$

Esteja atento ao uso correto das palavras

Na **dissolução** do NaCl em água ocorre **dissociação iônica**.

Na **dissolução** do HCl em água ocorre **ionização**.

Na **dissolução** do $C_{12}H_{22}O_{11}$ em água **não** ocorre nem dissociação iônica nem ionização.

3 Soluções eletrolíticas e não eletrolíticas

- **Solução iônica** ou **solução eletrolítica** é aquela que contém íons e, portanto, é condutora elétrica. Exemplos: solução aquosa de NaCl e solução aquosa de HCl.

- **Solução molecular** ou **solução não eletrolítica** é aquela que não contém íons e, portanto, não é condutora elétrica. Exemplo: solução aquosa de $C_{12}H_{22}O_{11}$.

- As substâncias que, dissolvidas em água, produzem solução condutora de corrente elétrica são denominadas **eletrólitos**. O NaCl e o HCl são exemplos de eletrólitos.

Os eletrólitos nada mais são que as substâncias que, ao serem dissolvidas em água, sofrem dissociação iônica ou sofrem ionização.

Biblioteca do estudante
Informe-se sobre a Química:
Água de torneira e corrente elétrica.

4 Comparando os comportamentos estudados

Podemos, agora, reunir o que estudamos neste capítulo e no capítulo 8 em um único esquema que mostra as situações práticas em que há interesse de saber se uma substância conduz, ou não, corrente elétrica, *à pressão ambiente*.

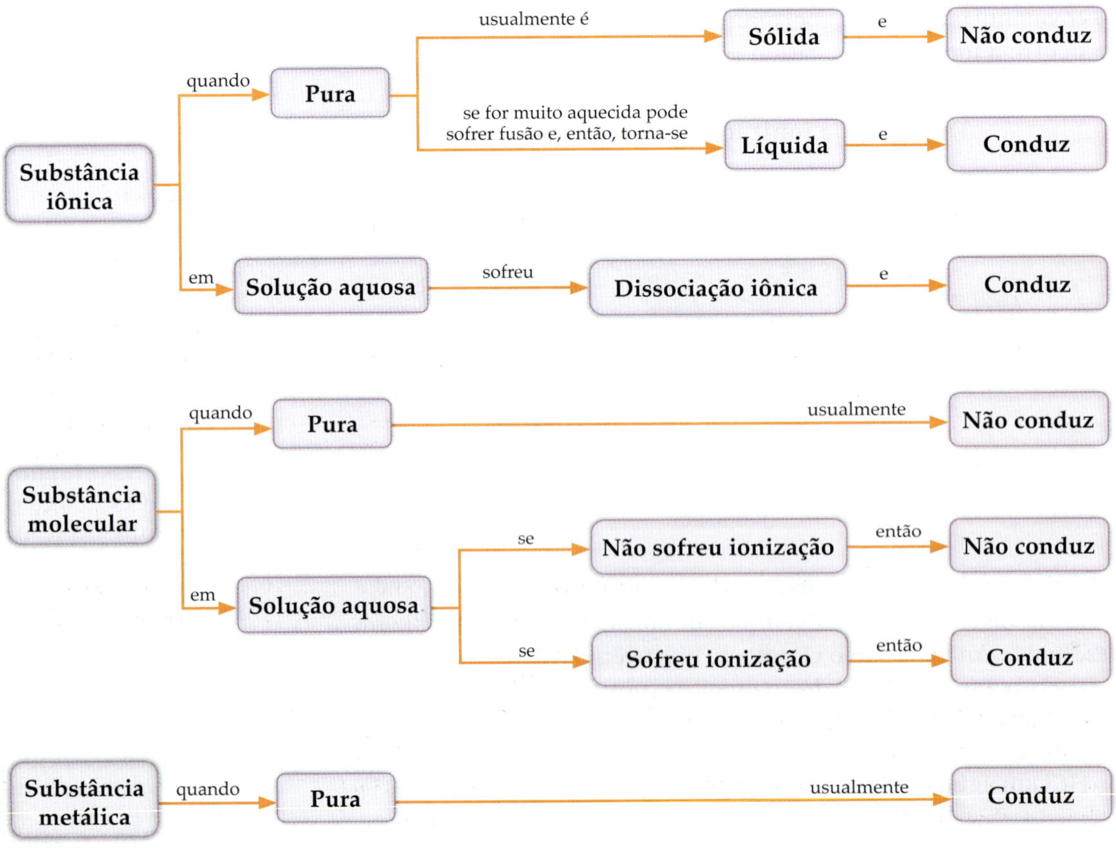

Revisão

Resta uma interessante pergunta

Como eu posso prever se uma substância molecular sofrerá ionização ao ser dissolvida em água?

Não é em poucas palavras que podemos responder de modo abrangente. Há, contudo, alguns casos muito significativos para a Química do ensino médio, que **serão estudados oportunamente**. Esses casos relevantes de substâncias moleculares que se ionizam quando dissolvidas em água são os ácidos inorgânicos e a amônia (estudados no capítulo 11), e os ácidos carboxílicos, os fenóis e as aminas (estudados na Química Orgânica).

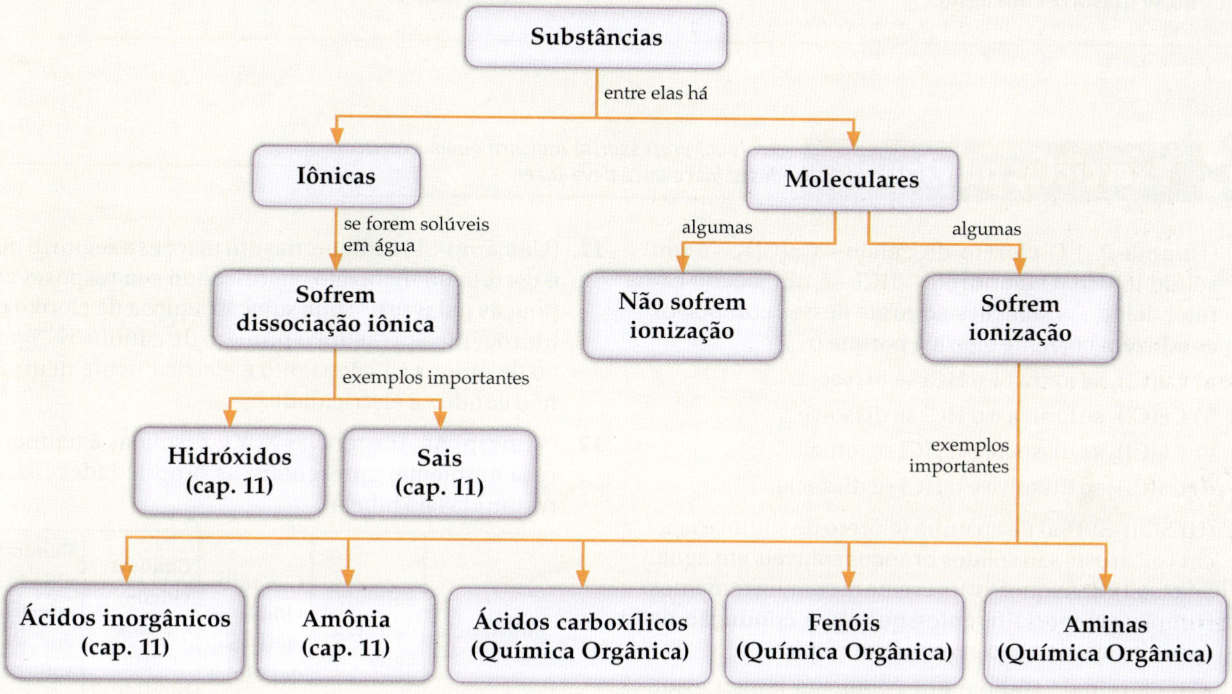

Exercícios essenciais

A critério do(a) professor(a) esta lista de exercícios poderá ser realizada em classe ou em casa.

1. O que os químicos denominam **solução eletrolítica**? E **solução não eletrolítica**?

2. Conceitue **solução iônica** e **solução molecular**.

3. Sobre o cloreto de sódio, NaCl, responda e justifique.

a) Considerando os elementos que o formam, trata-se de um composto iônico ou molecular?

b) Dissolvido em água, esse composto sofre dissociação iônica, ionização ou nenhuma delas?

c) A solução aquosa desse composto é condutora de corrente elétrica?

4. Sobre o cloreto de hidrogênio, HCl, responda e justifique.

a) É um composto iônico, molecular ou metálico?

b) Sabe-se que o cloreto de hidrogênio, quando dissolvido em água, produz solução iônica. Com base nisso, pode-se afirmar que, ao ser dissolvido em água, esse composto sofre dissociação iônica, ionização ou nenhuma delas?

c) A solução aquosa desse composto conduz corrente elétrica ou não?

5. Sobre o açúcar comum, $C_{12}H_{22}O_{11}$, responda e justifique.

a) É uma substância iônica, molecular ou metálica?

b) Sabe-se que o açúcar comum, quando dissolvido em água, produz solução molecular. Dada essa informação, decida se, ao ser dissolvido em água, esse composto sofre dissociação iônica, ionização ou nenhuma delas.

c) A solução aquosa desse composto conduz corrente elétrica ou não?

6. (Unifor-CE) A boa condutibilidade elétrica das soluções aquosas de cloreto de sódio deve-se ao movimento de:

a) elétrons livres.

b) elétrons compartilhados.

c) moléculas solvatadas.

d) moléculas dispersas.

e) íons dispersos.

7. (PUC-RJ) Escolha, entre as substâncias abaixo, aquela que tem as seguintes propriedades: não conduz a corrente elétrica no estado sólido, mas conduz em solução e é solúvel em solventes polares, como a água.

a) NaCl
b) Na
c) HCl
d) Cl_2
e) H_2

8. (F. Dom Bosco-DF) Qual a afirmação falsa?

a) O HCl é uma substância molecular que se ioniza ao se dissolver em água.
b) A separação dos íons do retículo cristalino que ocorre quando uma substância iônica se dissolve em água chama-se ionização.
c) Substâncias iônicas apresentam ligações iônicas.
d) As substâncias moleculares podem ocorrer no estado sólido, líquido ou gasoso nas condições ambientais.
e) Toda substância iônica é sólida nas condições ambientais.

Exercícios adicionais

Seu(sua) professor(a) indicará quais exercícios deste bloco você deve fazer.

9. (Unama-PA) O cloreto de cálcio—$Ca(Cl)_2$—é um sólido iônico. O cloridreto—HCl—é um gás de caráter ácido. As soluções aquosas desses compostos conduzem corrente elétrica porque o ...

a) $Ca(Cl)_2$ se ioniza e o HCl se dissocia.
b) $Ca(Cl)_2$ se ioniza e o HCl se dissolve.
c) $Ca(Cl)_2$ se dissocia e o HCl se ioniza.
d) $Ca(Cl)_2$ se dissolve e o HCl se dissocia.

10. (UFSCar-SP) Sal de cozinha (cloreto de sódio) e açúcar (sacarose) são sólidos brancos solúveis em água. Suas soluções aquosas apresentam comportamentos completamente diferentes quanto à condução de corrente elétrica. É correto afirmar que:

a) o cloreto de sódio é um composto iônico e sua solução aquosa conduz corrente elétrica, devido à presença de moléculas de NaCl. A sacarose é um composto covalente e sua solução aquosa tem viscosidade muito alta, diminuindo a condutividade de água.
b) uma substância como o cloreto de sódio, que em solução aquosa forma íons, é chamada de eletrólito. A solução de sacarose conduz corrente elétrica, devido à formação de ligações de hidrogênio entre as moléculas de sacarose e água.
c) o cloreto de sódio é um composto iônico e suas soluções aquosas conduzem corrente elétrica, devido à presença de íons livres. A sacarose é um composto constituído de moléculas e suas soluções aquosas não conduzem corrente elétrica, pois as moléculas neutras de sacarose não contribuem para o transporte de cargas.
d) a dissolução de sacarose em água leva à quebra das moléculas de sacarose em glicose e frutose e essas moléculas conduzem corrente elétrica. A solução de sal, por sua vez, apresenta condutividade menor que a da água destilada.
e) soluções aquosas de sacarose ou de cloreto de sódio apresentam condutividade elétrica maior do que aquela apresentada pela água pura, pois há formação de soluções eletrolíticas. Os íons formados são os responsáveis pelo transporte de cargas em ambos os casos.

11. (Unicamp-SP) Indique, nas afirmações a seguir, o que é correto ou incorreto, justificando sua resposta em poucas palavras. "Uma solução aquosa de cloreto de hidrogênio apresenta o número de cátions H^+ igual ao de ânions Cl^-. Portanto é eletricamente neutra e não conduz a eletricidade."

12. (Vunesp) As substâncias X, Y e Z, sólidas à temperatura ambiente, apresentam as propriedades físicas resumidas na tabela.

Substância	Solubilidade em água	Condutividade elétrica do sólido	Condutividade elétrica no estado fundido	Condutividade elétrica em solução aquosa
X	solúvel	não conduz	conduz	conduz
Y	insolúvel	conduz	conduz	—
Z	insolúvel	não conduz	não conduz	—

Com base nesses dados, conclui-se que:

a) X é uma substância iônica; Y e Z são substâncias covalentes.
b) X é uma substância iônica; Y é um metal e Z é uma substância covalente.
c) X é uma substância covalente; Y e Z são substâncias iônicas.
d) X e Y são substâncias covalentes e Z é uma substância iônica.
e) X, Y e Z são substâncias iônicas.

13. (PUC-MG) Analise a tabela, que mostra propriedades de três substâncias X, Y e Z, em condições ambiente.

Substância	Temperatura de fusão (°C)	Condutibilidade elétrica	Solubilidade na água
X	146	nenhuma	solúvel
Y	1.600	elevada	insolúvel
Z	800	só fundido ou dissolvido na água	solúvel

Considerando-se essas informações, é CORRETO afirmar que as substâncias X, Y e Z são, respectivamente:

a) iônica, metálica, molecular.
b) molecular, iônica, metálica.
c) molecular, metálica, iônica.
d) iônica, molecular, metálica.

14. (UCS-RS) O cloreto de sódio é utilizado como sal de cozinha, mas também nas indústrias de vidro, alimentos, corantes e plásticos. A sacarose é extraída da cana-de-açúcar ou da beterraba e é utilizada como açúcar de mesa. A dissolução de ambos em água, em proporções definidas, produz o *soro caseiro*, um poderoso aliado no combate à desidratação infantil.

A tabela abaixo relaciona algumas propriedades do cloreto de sódio e da sacarose, a 25 °C e 1 atm.

Propriedade	**NaCl**	$C_{12}H_{22}O_{11}$
Condutividade elétrica em água	condutor	I
Principal força de atração com a água	II	ligações de hidrogênio
Tipo de ligação química	iônica	III
Solubilidade em solventes apolares	IV	insolúvel

Assinale a alternativa que apresenta corretamente as propriedades correspondentes aos numerais I, II, III e IV do quadro apresentado.

	I	II	III	IV
a)	condutor	ligações de hidrogênio	covalente	solúvel
b)	não condutor	íon-dipolo	covalente	insolúvel
c)	condutor	dipolo-dipolo	iônica	solúvel
d)	condutor	íon-dipolo	covalente	solúvel
e)	não condutor	dipolo induzido-dipolo induzido	iônica	insolúvel

Capítulo 11

Princípios de Química Inorgânica

Alguns conteúdos importantes:

- ✔ Definição operacional de ácido e de base
- ✔ Indicador ácido-base
- ✔ Conceituação de Arrhenius para ácido e para base
- ✔ Fórmula, nomenclatura, classificação e principais propriedades dos ácidos, das bases, dos sais e dos óxidos
- ✔ Força de eletrólitos
- ✔ Noções sobre poluição atmosférica

MICHAEL ROSENFELD/GETTY IMAGES

▲ Todos os alimentos de sabor azedo, como o iogurte, apresentam algo em comum: um certo íon, que é o responsável por esse sabor. Que íon é esse?

1 Conceituação de ácidos e de bases

1.1 Definição operacional de ácidos e de bases

Existem em nosso cotidiano substâncias que apresentam sabor azedo, como o suco de limão e o vinagre. Há também substâncias que apresentam sabor adstringente, ou seja, "amarram" a boca. É o caso da banana, do caju e do caqui verdes e do leite de magnésia. Na verdade, esses dois tipos de sabor, o azedo e o adstringente, caracterizam dois grandes grupos de substâncias: os ácidos e as bases.

Guia de estudo

ATENÇÃO

Jamais cheire ou coloque na boca uma substância empregada em experimentos.

- Provar toda e qualquer substância a fim de classificá-la é, no mínimo, um **procedimento tolo e muito perigoso, que jamais deve ser feito**.

Químicos do passado perceberam que as substâncias de sabor azedo, os ácidos, quando misturadas ao suco de uva ou de amora, deixam esses materiais avermelhados.

Já as substâncias de sabor adstringente, as bases, deixam o suco de uva e o de amora azulados. Além disso, as bases, quando em contato com a pele, dão a sensação de pele escorregadia, como se estivesse com sabão. Isso acontece porque elas reagem com substâncias presentes na pele, destruindo-as e **provocando lesões**.

- **Ácidos** são substâncias que avermelham o suco de uva ou de amora.

- **Bases** são substâncias que azulam o suco de uva ou de amora.

Essas são **definições operacionais** de ácidos e bases, ou seja, **definições fundamentadas apenas em operações experimentais**, sem envolver nenhuma teoria microscópica a respeito do assunto.

A maioria das substâncias não se encaixa em nenhum desses dois grupos. É o caso do cloreto de sódio (sal de cozinha), da sacarose (açúcar comum) e do etanol (álcool comum).

O suco de uva e o suco de amora são exemplos de *indicadores ácido-base.*

- **Indicador ácido-base** é uma substância que apresenta uma determinada coloração em meio ácido e outra em meio básico.

DARRELL GULIN/STONE/GETTY IMAGES

▲ Muitas flores contêm indicadores ácido-base naturais em suas pétalas. Esse é o caso de algumas hortênsias, como as da foto. Suas pétalas podem adquirir cor rósea ou azul-arroxeada, dependendo de fatores como solo, adubação etc., que influenciam a acidez ou a basicidade das pétalas.

A fenolftaleína e o tornassol são alguns dos indicadores ácido-base mais utilizados em laboratório. As cores desses indicadores diante de ácidos e bases são as seguintes:

	Fenolftaleína	Tornassol
Meio ácido	Incolor	Vermelho
Meio básico	Rósea	Azul

O tornassol é comercializado (nas lojas de produtos químicos) em duas versões: o *papel de tornassol azul* e o *papel de tornassol vermelho*. Ambos são tirinhas de papel contendo o indicador tornassol.

O papel de tornassol azul foi submetido, durante sua fabricação, ao contato com uma base, ficando azul. Num laboratório, esse papel é usado para testar se um certo material é ácido. Ácidos fazem-no mudar de cor, de azul para vermelho.

Já o papel de tornassol vermelho, ao contrário do anterior, teve contato, ao ser industrializado, com um ácido. Isso o fez ficar vermelho. É útil, portanto, para indicar se um determinado material é básico, uma vez que substâncias básicas fazem-no mudar de vermelho para azul.

EDUARDO SANTALIESTRA/CID

◄ Ácidos avermelham o papel de tornassol azul (à esquerda) e bases azulam o papel de tornassol vermelho (à direita).

ANDREW LAMBERT PHOTOGRAPHY/SCIENCE PHOTO LIBRARY/LATINSTOCK

▲ A fenolftaleína permanece incolor em uma solução ácida (meio ácido) e fica rósea em solução básica (meio básico).

ANDREW LAMBERT PHOTOGRAPHY/SCIENCE PHOTO LIBRARY/LATINSTOCK

◄ O extrato de repolho roxo, obtido submetendo-se suas folhas picadas à água fervente por cerca de cinco minutos, atua como indicador ácido-base. Em meio ácido é vermelho/róseo e em meio básico é verde/amarelo.

Indicadores ácido-base e produtos cotidianos

Por meio do uso de indicadores ácido-base, como:

- solução de fenolftaleína em álcool,
- extrato de repolho roxo,
- trapos brancos umedecidos com suco de uva,
- trapos brancos umedecidos com suco de amora,

é possível fazer a distinção entre meios ácidos e básicos. Veja exemplos de resultados experimentais:

Conteúdo multimídia: Indicadores ácido-base e produtos cotidianos

Material	Fenolftaleína	Extrato de repolho roxo*	Suco de uva	Suco de amora
Vinagre	Incolor	Vermelho	Avermelhado	Avermelhado
Suco de limão	Incolor	Vermelho	Avermelhado	Avermelhado
Refrigerante	Incolor	Vermelho	Avermelhado	Avermelhado
Líquido de bateria	Incolor	Vermelho	Avermelhado	Avermelhado
Ácido muriático	Incolor	Vermelho	Avermelhado	Avermelhado
Solução de amônia	Rósea	Verde	Azulado	Azulado
Leite de magnésia	Rósea	Verde	Azulado	Azulado
Sabonete	Rósea	Verde	Azulado	Azulado
Limpa-forno	Rósea	Verde	Azulado	Azulado

* Constata-se eventualmente a cor amarela em vez da verde, e a rósea em vez da vermelha.

▲ Produtos contendo ácido.

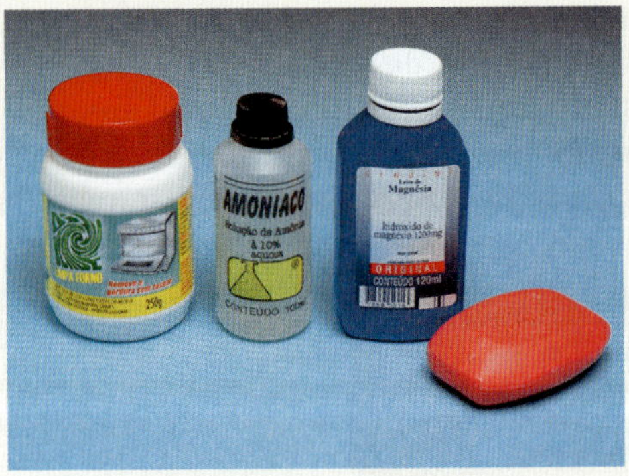

▲ Produtos contendo base.

FOTOS: EDUARDO SANTALIESTRA/CID

ATENÇÃO

Limpa-forno, líquido de bateria e ácido muriático **são extremamente perigosos** e **NÃO devem ser manipulados pelos estudantes.**

CORROSIVOS!

1.2 Ácidos, bases e condutividade elétrica

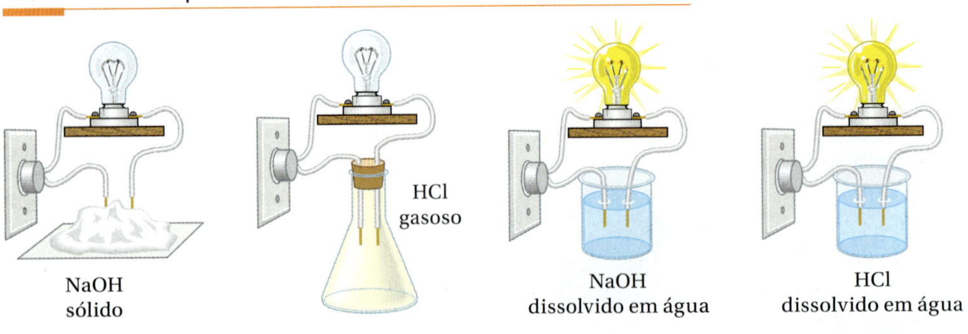

ATENÇÃO

Esses experimentos NÃO devem ser feitos pelo aluno, nem sob a supervisão e orientação do(a) professor(a).

Eles estão sendo aqui APENAS RELATADOS para permitir a compreensão dos temas da Química tratados a seguir.

Por que NaOH e HCl não conduzem corrente elétrica quando puros, mas quando dissolvidos em água passam a conduzir? Para explicar esse fato vamos partir da informação de que a corrente elétrica é um fluxo ordenado de cargas elétricas.

No NaOH sólido há íons (que são portadores de carga elétrica), mas eles não estão livres para se movimentar. Estão "travados" em suas respectivas posições no retículo cristalino iônico do composto. O HCl gasoso é formado por moléculas e, por isso, não conduz corrente elétrica.

Já que as soluções de NaOH e HCl conduzem corrente elétrica, concluímos que nelas devem existir cargas elétricas livres para se movimentar. Que cargas são essas?

Quando o NaOH se dissolve em água, sofre o processo de dissociação iônica. Conforme foi explicado no capítulo 10, a dissociação iônica é a separação dos íons que ocorre quando uma substância iônica se dissolve em água.

Para representar esse processo, os químicos utilizam a seguinte equação química:

Em equação: $NaOH\ (s) \xrightarrow{H_2O} Na^+\ (aq) + OH^-\ (aq)$

Em palavras: **NaOH sólido se dissolve em água liberando íons Na^+ e OH^- em solução aquosa.**

Em uma equação química:
(s) indica sólido;
(l) indica líquido;
(g) indica gasoso;
(aq) indica aquoso.

Através da dissociação iônica passam a existir, na solução de NaOH, íons livres para se movimentar e, dessa forma, conduzir a corrente elétrica. Todas as substâncias iônicas, ao se dissolverem em água, sofrem o processo de dissociação iônica. Entre essas substâncias iônicas podemos destacar as **bases**, das quais NaOH é um exemplo. Outros exemplos de equações químicas que representam a dissociação iônica de bases são:

$$KOH\ (s) \xrightarrow{H_2O} K^+\ (aq) + OH^-\ (aq)$$
$$Ca(OH)_2\ (s) \xrightarrow{H_2O} Ca^{2+}\ (aq) + 2\,OH^-\ (aq)$$
$$Al(OH)_3\ (s) \xrightarrow{H_2O} Al^{3+}\ (aq) + 3\,OH^-\ (aq)$$

O HCl, por sua vez, é uma substância molecular, pois a ligação entre H e Cl é covalente. Como não há íons no HCl, ele não pode sofrer dissociação iônica (não podemos separar íons que não existem!). **Ao dissolver HCl em água ocorre o processo de ionização**, apresentado no capítulo 10; as moléculas de HCl são quebradas ao entrar em contato com a água, originando íons. Esse evento pode ser representado por meio da seguinte equação química*:

Em equação: $HCl\ (g) \xrightarrow{H_2O} H^+\ (aq) + Cl^-\ (aq)$

Em palavras: **HCl gasoso, ao se dissolver em água, origina íons H^+ e Cl^- em solução aquosa.**

Graças à ionização, quando o HCl se dissolve em água são criados íons livres para conduzir a corrente elétrica. Como vimos no capítulo 10, nem todos os compostos moleculares se ionizam em água: o açúcar da cana ($C_{12}H_{22}O_{11}$) e o álcool comum (C_2H_6O) são exemplos em que isso não ocorre.

No momento estamos interessados em estudar os **ácidos**, compostos moleculares que sofrem ionização em água, sendo o HCl um exemplo. Outros exemplos são:

$$HBr\ (g) \xrightarrow{H_2O} H^+\ (aq) + Br^-\ (aq)$$
$$HNO_3\ (l) \xrightarrow{H_2O} H^+\ (aq) + NO_3^-\ (aq)$$
$$H_2SO_4\ (l) \xrightarrow{H_2O} 2\,H^+\ (aq) + SO_4^{2-}\ (aq)$$

1.3 O conceito ácido-base de Arrhenius

Fundamentado em experiências de condutividade elétrica como as que descrevemos, o químico Svante Arrhenius (1859-1927) propôs, em 1887, as seguintes definições:

- **Ácido** é todo composto que, dissolvido em água, origina H^+ como único cátion (o ânion varia de ácido para ácido).
  Base é todo composto que, dissolvido em água, origina OH^- como único ânion (o cátion varia de base para base).

Assim, para Arrhenius, o íon H^+ é o responsável pelo sabor azedo dos ácidos e por sua ação sobre indicadores. Da mesma forma, o íon OH^- é o responsável pelo sabor adstringente das bases, por sua ação sobre indicadores e pelo ataque à pele, tornando-a escorregadia.

* Veremos, mais à frente, que essa equação é mais bem representada da seguinte maneira:

$$HCl + H_2O \rightarrow H_3O^+ + Cl^-$$

Exercícios essenciais

A critério do(a) professor(a) esta lista de exercícios poderá ser realizada em classe ou em casa.

1. Cite uma maneira que permita decidir se uma substância possui **caráter ácido** ou **básico**.

2. O que é um **indicador ácido-base**?

3. Cite dois indicadores ácido-base muito usados em laboratórios e três outros que podem ser extraídos de vegetais facilmente encontrados.

4. Quais dos seguintes materiais são condutores de corrente elétrica?

a) HCl puro gasoso.
b) HCl dissolvido em água.
c) NaOH puro sólido.
d) NaOH dissolvido em água.

5. Segundo Arrhenius, qual é o **íon** responsável pelas propriedades dos ácidos? E das bases?

2 Ácidos

2.1 Fórmulas e nomenclatura

Os ácidos podem ser divididos em dois grupos: os que não contêm oxigênio (não oxigenados) e os que contêm (oxigenados).

ELENA SCHWEITZER/SHUTTERSTOCK

▲ Ovos contêm substâncias com átomos de enxofre em sua composição. Quando o ovo apodrece, essas substâncias dão origem ao H_2S, que é responsável pelo fétido odor de ovo podre.

Ácidos não oxigenados (ou hidrácidos)

As substâncias HF, HCl, HBr, HI, H_2S e HCN são gasosas nas condições ambientes. Quando dissolvidas em água são consideradas ácidos, pois sofrem ionização liberando íons H^+. Para denominar esse tipo de ácido, basta escrever o nome do elemento, seguido da terminação **ídrico**:

HF	ácido fluor**ídrico**	H_2S	ácido sulf**ídrico** (do latim *sulfur*, "enxofre")
HCl	ácido clor**ídrico**	HCN	ácido cian**ídrico**
HBr	ácido brom**ídrico**		
HI	ácido iod**ídrico**		

Ácidos oxigenados (ou oxiácidos)

Há várias maneiras de ensinar a dar nome para os principais ácidos que contêm oxigênio. A que consideramos a mais prática para ser apresentada neste momento requer que se conheça a fórmula de seis ácidos, quatro dos quais são:

HNO_3	ácido nítrico	H_2SO_4	ácido sulfúrico
$HClO_3$	ácido clórico	H_3PO_4	ácido fosfórico

Perceba que todos os nomes terminam em **ico**. A partir deles, acrescentando ou retirando oxigênios, conseguimos a fórmula de outros ácidos.

$HClO_4$ ácido perclórico	—	—	—	**per** ...... **ico**	+O
$HClO_3$ ácido clórico	H_2SO_4 ácido sulfúrico	HNO_3 ácido nítrico	H_3PO_4 ácido fosfórico	...... **ico**	−O
$HClO_2$ ácido cloroso	H_2SO_3 ácido sulfuroso	HNO_2 ácido nitroso	H_3PO_3 ácido fosforoso	...... **oso**	−O
HClO ácido hipocloroso	—	—	H_3PO_2 ácido hipofosforoso	**hipo** ...... **oso**	

Carbono e boro formam os ácidos carbônico e bórico, cujas fórmulas é útil conhecer:

- H_2CO_3 ácido carbônico H_3BO_3 ácido bórico

Como já comentado, **elementos pertencentes a um mesmo grupo (família) da tabela periódica possuem propriedades semelhantes**. Assim, bromo (Br) e iodo (I) originam ácidos semelhantes aos do cloro (Cl), pois todos pertencem ao grupo dos halogênios.

H	Cl	O_4	ácido	per	clór	ico
H	Cl	O_3	ácido		clór	ico
H	Cl	O_2	ácido		clor	oso
H	Cl	O	ácido	hipo	clor	oso

Trocando cloro por bromo ou por iodo, temos:

Br	brom
I	iod

Selênio (Se) e telúrio (Te) comportam-se de modo semelhante ao enxofre (S). E arsênio (As) e antimônio (Sb), de modo semelhante ao fósforo (P).

Há alguns ácidos que podem ser considerados provenientes da desidratação (perda de água) de outros ácidos. Nesse caso, utilizam-se os prefixos **meta** e **piro** para fazer a diferenciação.

H_3PO_4	ácido fosfórico
$-\ H_2O$	(ou **orto**fosfórico)
HPO_3	ácido **meta**fosfórico

$2\ (H_3PO_4)$	ácido fosfórico
$-\ H_2O$	(ou **orto**fosfórico)
$H_4P_2O_7$	ácido **piro**fosfórico

Sobre os prefixos orto, meta e piro, podemos dizer que:

- O prefixo **orto** indica apenas que o ácido em questão pode gerar outro por desidratação; esse prefixo **pode ser omitido**.
- O prefixo **meta** indica que o ácido pode ser considerado proveniente da retirada de 1 molécula de água de 1 molécula do ácido orto.
- O prefixo **piro** indica que o ácido pode ser considerado proveniente da retirada de 1 molécula de água de 2 moléculas do ácido orto.

O vinagre é uma solução aquosa de **ácido acético**, um ácido fraco da Química Orgânica. Dada sua importância, precisamos saber desde já sua estrutura.

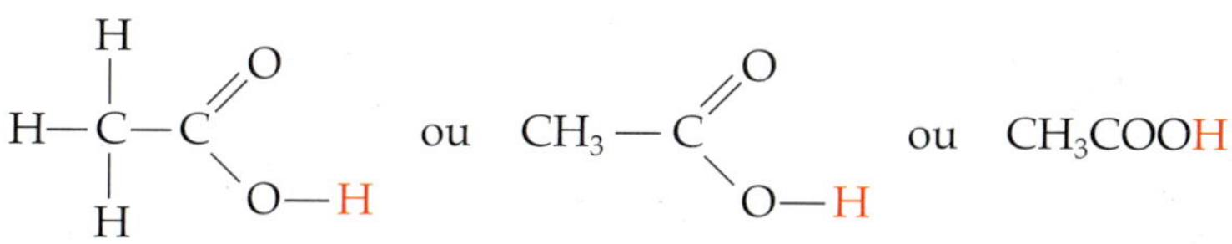

Representações que podem ser usadas para o ácido acético

Nas fórmulas acima, apenas o hidrogênio destacado em vermelho é ionizável. A ionização do ácido acético pode ser assim equacionada:

$$CH_3COOH \rightarrow H^+ + CH_3COO^-$$

Cromo e *manganês* são dois elementos metálicos que formam ácidos. Os sais derivados desses ácidos (estudaremos os sais mais à frente) são bastante importantes em certos procedimentos químicos de laboratório.

$HMnO_4$	ácido permangânico
H_2MnO_4	ácido mangânico
H_2CrO_4	ácido crômico
$H_2Cr_2O_7$	ácido pirocrômico (ou dicrômico)

RICARDO TELES/PULSAR IMAGENS

▲ A chuva, mesmo em locais não poluídos, contém H_2CO_3. Em locais poluídos, nela passam a estar presentes HNO_3 e H_2SO_4, que dão origem ao fenômeno conhecido como "chuva ácida".

▲ Todos esses produtos contêm soluções aquosas de ácidos. Na bateria há ácido sulfúrico (H_2SO_4); no vinagre, ácido acético (CH_3COOH); e nos refrigerantes, ácido carbônico (H_2CO_3). Algumas variedades de refrigerante, como os de cola, contêm ácido fosfórico (H_3PO_4). Ácido muriático é o nome comercial do ácido clorídrico (HCl).

Exercícios essenciais

A critério do(a) professor(a) esta lista de exercícios poderá ser realizada em classe ou em casa.

6. Escreva o nome dos seguintes ácidos:

a) HCl
b) $HClO$
c) $HClO_2$
d) $HClO_3$
e) $HClO_4$
f) H_2S
g) H_2SO_4
h) H_2SO_3
i) HNO_3
j) HNO_2
k) HBr
l) HCN
m) H_3PO_4
n) H_3PO_3
o) H_3PO_2
p) $H_4P_2O_7$
q) HPO_3
r) H_2CO_3
s) CH_3COOH
t) H_2CrO_4
u) $HMnO_4$

7. Escreva a fórmula molecular dos seguintes ácidos:

a) nítrico
b) clórico
c) carbônico
d) sulfúrico
e) fosfórico
f) nitroso
g) sulfuroso
h) hipocloroso
i) iodídrico
j) fluorídrico
k) hipofosforoso

8. Escreva a fórmula molecular dos seguintes ácidos (consulte a tabela periódica para resolver por semelhança):

a) periódico
b) brômico
c) bromoso
d) hipoiodoso
e) arsênico
f) selênico

Exercícios adicionais

Seu(sua) professor(a) indicará quais exercícios deste bloco você deve fazer.

9. (Udesc) As seguintes soluções aquosas são ácidos comuns encontrados em laboratórios:

1) $HClO_2$
2) $HClO_3$
3) $HClO$
4) $HClO_4$

Assinale a alternativa que apresenta, respectivamente, os nomes **corretos** dos ácidos mencionados acima.

a) Ácido clórico; ácido cloroso; ácido perclórico; ácido hipocloroso.
b) Ácido hipocloroso; ácido perclórico; ácido cloroso; ácido clórico.
c) Ácido cloroso; ácido clórico; ácido clorídrico; ácido perclórico.
d) Ácido cloroso; ácido clórico; ácido hipocloroso; ácido perclórico.
e) Ácido clorídrico; ácido clórico; ácido hipocloroso; ácido perclórico.

10. (UFPB) Os ácidos são substâncias químicas sempre presentes no cotidiano do homem. Por exemplo, durante a amamentação, era comum usar-se água boricada (solução aquosa que contém *ácido bórico*) para fazer a assepsia do seio da mãe; para limpezas mais fortes da casa, emprega-se ácido muriático (solução aquosa de *ácido clorídrico*); nos refrigerantes, encontra-se o *ácido carbônico*; e, no ovo podre, o mau cheiro é devido à presença do *ácido sulfídrico*.

Esses ácidos podem ser representados, respectivamente, pelas seguintes fórmulas moleculares:

a) H_3BO_3, HCl, H_2CO_2 e H_2SO_4
b) H_2BO_3, HCl, H_2CO_3 e H_2S
c) H_3BO_3, $HClO_3$, H_2SO_3 e H_2CO_2
d) H_2BO_3, $HClO_4$, H_2S e H_2CO_3
e) H_3BO_3, HCl, H_2CO_3 e H_2S

11. (FEI-SP) Considere os ácidos oxigenados abaixo:
HNO_2 (aq); $HClO_3$ (aq); H_2SO_3 (aq); H_3PO_4 (aq).
Seus nomes são, respectivamente:

a) nitroso, clórico, sulfuroso, fosfórico.
b) nítrico, clorídrico, sulfúrico, fosfórico.
c) nítrico, hipocloroso, sulfuroso, fosforoso.
d) nitroso, perclórico, sulfúrico, fosfórico.
e) nítrico, cloroso, sulfídrico, hipofosforoso.

12. (UFSM-RS) Associe a 2ª coluna à 1ª, considerando os ácidos.

1. $H_4P_2O_7$	A. fosfórico
2. H_3PO_3	B. fosforoso
3. H_3PO_4	C. nitroso
4. $HClO_2$	D. nítrico
5. $HClO_3$	E. hipofosforoso
6. $HClO_4$	F. pirofosfórico
7. H_2SO_3	G. sulfuroso
8. HNO_2	H. cloroso
	I. perclórico
	J. clórico
	K. sulfúrico

A sequência das combinações corretas é:

a) 1E — 2F — 3A — 4H — 5B — 6J — 7G — 8D.
b) 1F — 2E — 3B — 4J — 5H — 6I — 7K — 8C.
c) 1B — 2E — 3F — 4I — 5J — 6H — 7G — 8D.
d) 1E — 2B — 3F — 4J — 5I — 6H — 7K — 8D.
e) 1F — 2B — 3A — 4H — 5J — 6I — 7G — 8C.

2.2 Fórmulas estruturais dos ácidos oxigenados

Com base no resultado de pesquisas experimentais, foi possível propor uma regra empírica (isto é, com base experimental) para escrever a fórmula estrutural dos ácidos oxigenados, sendo conhecida a fórmula molecular:

1. Escrever o símbolo do elemento que está no centro da fórmula molecular.
2. Colocar um oxigênio entre cada hidrogênio capaz de se ionizar (hidrogênio ionizável) e o elemento central.
3. Ligar os oxigênios restantes, se houver, ao elemento central. (Havendo hidrogênios não ionizáveis, eles devem ser ligados ao elemento central. Isso ocorre no H_3PO_3 e no H_3PO_2, como será visto mais à frente.)

Seguindo os passos dessa sequência, elaboramos, por exemplo, as seguintes fórmulas estruturais:

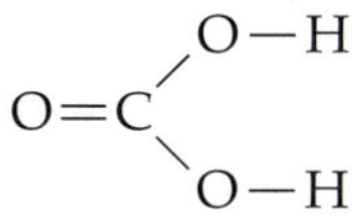

H_2CO_3
Ácido carbônico

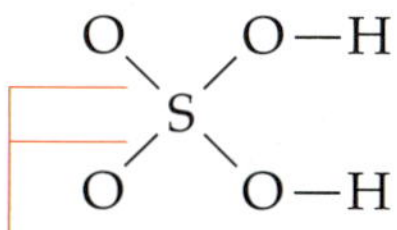

H_2SO_4
Ácido sulfúrico

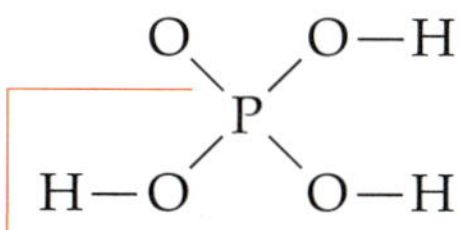

H_3PO_4
Ácido fosfórico

Essas ligações são consideradas, por alguns autores, "dativas"

Se considerássemos o modelo da "ligação dativa", as fórmulas estruturais do H_2SO_4 e do H_3PO_4 ficariam:

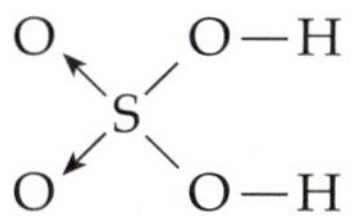

H_2SO_4
Ácido sulfúrico

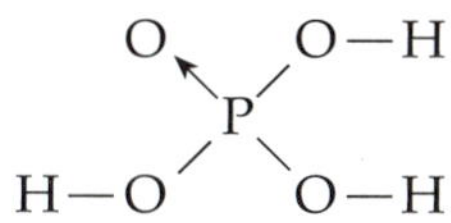

H_3PO_4
Ácido fosfórico

Atenção

As fórmulas estruturais dos ácidos sulfúrico e fosfórico apresentadas neste item 2.2 estão de acordo com o que é apresentado neste livro sobre ligação química e regra do octeto.

Porém, na Química universitária são estudadas evidências experimentais que permitem escrever essas fórmulas com ligação dupla S=O e P=O. Nelas, o fósforo está com dez elétrons na camada de valência e o enxofre com doze (veja também o item 4.4 do capítulo 8). Trata-se da expansão do octeto.

Como as fórmulas mostradas ao lado **são as mais empregadas para esses ácidos em publicações científicas**, resolvemos incluí-las aqui.

As ligações duplas S=O e P=O também são escritas nas fórmulas estruturais dos ácidos sulfuroso, fosforoso e hipofosforoso.

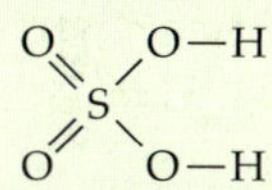

Ácido sulfúrico (H_2SO_4)

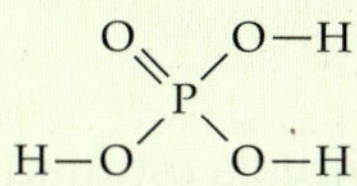

Ácido fosfórico (H_3PO_4)

Exercícios essenciais

A critério do(a) professor(a) esta lista de exercícios poderá ser realizada em classe ou em casa.

13. Escreva a fórmula estrutural dos seguintes ácidos:

a) hipocloroso
b) cloroso
c) clórico
d) perclórico
e) sulfúrico
f) sulfuroso
g) fosfórico
h) carbônico
i) nítrico
j) nitroso
k) clorídrico
l) bromídrico
m) sulfídrico
n) cianídrico (H liga-se a C)

14. (Mackenzie-SP-modificado) O gambá, ao sentir-se acuado, libera uma mistura de substâncias de odor desagradável, entre elas o gás sulfídrico. Desse gás, é **INCORRETO** afirmar que:

Dados: número atômico H = 1; S = 16.

a) possui fórmula molecular HS.
b) H—S é sua fórmula estrutural.
|
H
c) em água, produz uma solução ácida.
d) apresenta cheiro de ovo podre.

Exercícios adicionais

Seu(sua) professor(a) indicará quais exercícios deste bloco você deve fazer.

15. (Uerj) Observe a estrutura genérica representada abaixo.

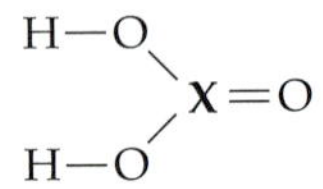

Para que o composto esteja corretamente representado, de acordo com as ligações químicas indicadas na estrutura, **X** deverá ser substituído pelo seguinte elemento:

a) fósforo
b) enxofre
c) carbono
d) nitrogênio

16. (UCS-RS) Nas fórmulas estruturais de ácidos a seguir, **X** representa um elemento químico.

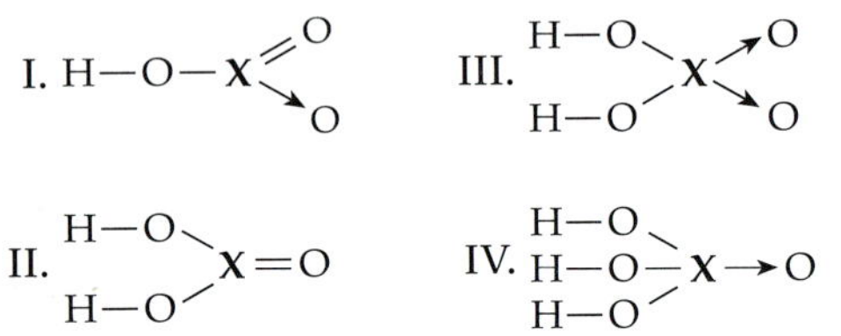

Os elementos que substituem corretamente o **X** nas fórmulas estruturais são, respectivamente:

a) N, C, S, P
b) N, Si, Se, Br
c) P, C, Se, N
d) N, Sn, As, P
e) P, Pb, Br, As

17. (UFRJ-modificado) O cientista John Dalton foi um dos pioneiros na tentativa de ordenar e definir propriedades dos elementos e das moléculas. Segundo sua teoria atômica, apresentada em 1803, toda a matéria seria composta por pequenas partículas indivisíveis chamadas átomos. Átomos do mesmo elemento possuiriam as mesmas características, podendo se ligar entre si ou a outros elementos, formando moléculas. Como os símbolos dos antigos alquimistas não se ajustavam a sua teoria, Dalton propôs ainda a adoção de novos símbolos para representar os elementos e as moléculas. As figuras a seguir apresentam algumas moléculas representadas com os símbolos criados por Dalton.

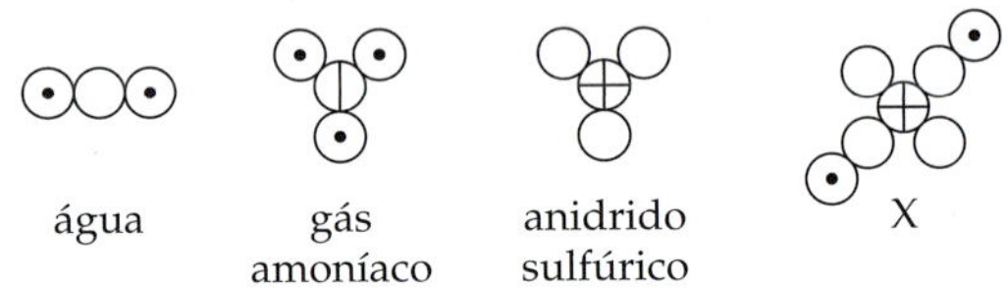

a) Escreva a estrutura do ácido nítrico usando a representação de Dalton.

b) Qual é o nome da substância X? Qual sua fórmula molecular?

Comentário dos autores:

Gás amoníaco: NH_3 Anidrido sulfúrico: SO_3

2.3 Ionização de ácidos

$$HCl \rightarrow H^+ + Cl^-$$
$$HNO_3 \rightarrow H^+ + NO_3^-$$
$$H_2CO_3 \rightarrow 2\,H^+ + CO_3^{2-}$$
$$H_3PO_4 \rightarrow 3\,H^+ + PO_4^{3-}$$

A fórmula estrutural nos ajuda a entender a carga do ânion resultante. Na ionização quebra-se uma ligação covalente e ambos os elétrons permanecem no ânion. Assim, o hidrogênio adquire carga positiva (H^+), e o ânion, carga negativa. Como exemplo, compare as fórmulas de H_2CO_3 e de CO_3^{2-}:

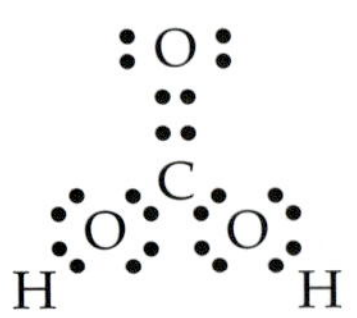

ácido carbônico (H_2CO_3)

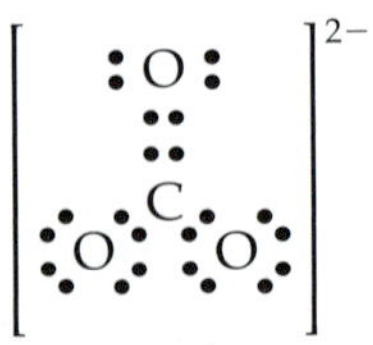

ânion derivado do ácido carbônico (CO_3^{2-})

As duas cargas negativas se devem aos elétrons que eram dos dois hidrogênios

Essa dica facilita muito!

Note que o ânion derivado de um ácido terá uma carga negativa para cada H^+ ionizado.

Os ácidos podem ser classificados de acordo com o número de hidrogênios ionizáveis que há em suas moléculas. Assim, HCl e HNO_3 são **monoácidos**, H_2CO_3 e H_2SO_4 são **diácidos**, H_3PO_4 e H_3BO_3 são **triácidos** e $H_4P_2O_7$ é **tetrácido**.

2.4 Ionização em etapas

Quando um ácido libera mais de um H^+, na verdade ele o faz em etapas, liberando um por vez. Assim, podemos escrever uma equação química para cada etapa da ionização.

Por exemplo:

H_2SO_4	$\rightarrow$	H^+	+	HSO_4^-	Primeira etapa
HSO_4^-	$\rightarrow$	H^+	+	SO_4^{2-}	Segunda etapa
				(+)	
H_2SO_4	$\rightarrow$	$2\,H^+$	+	SO_4^{2-}	Soma das etapas

H_3PO_4	$\rightarrow$	H^+	+	$H_2PO_4^-$	Primeira etapa
$H_2PO_4^-$	$\rightarrow$	H^+	+	HPO_4^{2-}	Segunda etapa
HPO_4^{2-}	$\rightarrow$	H^+	+	PO_4^{3-}	Terceira etapa
				(+)	
H_3PO_4	$\rightarrow$	$3\,H^+$	+	PO_4^{3-}	Soma das etapas

Os ácidos fosforoso e hipofosforoso, apesar de possuírem três hidrogênios em suas moléculas, não perdem todos os três na forma de H^+.

O ácido fosforoso apresenta dois hidrogênios ionizáveis, e o ácido hipofosforoso, apenas um. Evidências científicas revelaram que os hidrogênios não ionizáveis aparecem na fórmula estrutural unidos diretamente ao fósforo, e não ao oxigênio, conforme representado nas fórmulas estruturais ao lado. Assim:

- O **ácido fosforoso** (H_3PO_3) é classificado como **diácido,** e o **ácido hipofosforoso** (H_3PO_2) é classificado como **monoácido.**

3 hidrogênios ionizáveis

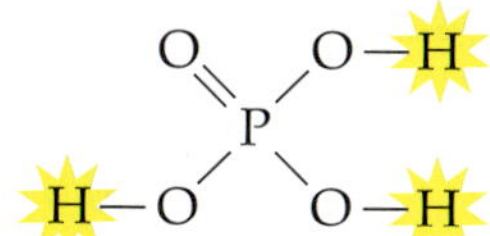

Ácido fosfórico (H_3PO_4)

2 hidrogênios ionizáveis

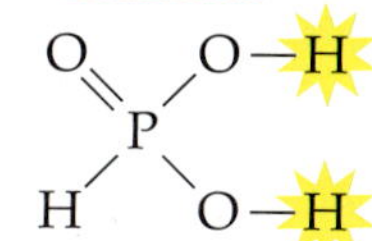

Ácido fosforoso (H_3PO_3)

1 hidrogênio ionizável

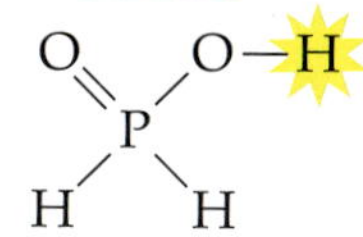

Ácido hipofosforoso (H_3PO_2)

Algo mais sobre ácidos de Arrhenius

De acordo com Arrhenius, ácidos são substâncias que em solução aquosa originam H^+ como único cátion.

Na verdade, um íon H^+ não é estável, uma vez que o hidrogênio necessita de dois elétrons para se assemelhar ao gás nobre hélio e na forma de H^+ não possui nenhum. Para se estabilizar, um íon H^+ se une à água produzindo um íon H_3O^+.

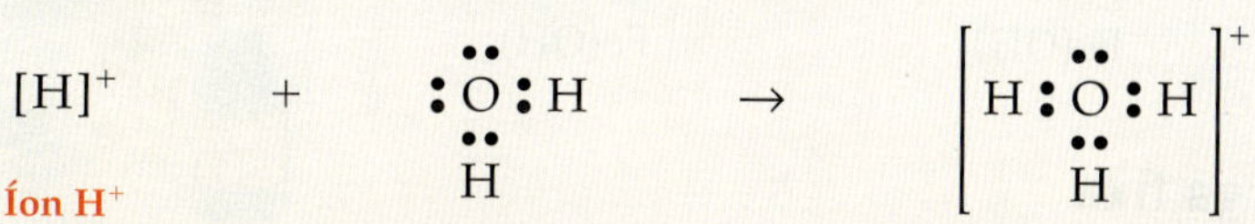

Íon H^+ (nenhum elétron) — Molécula de H_2O — Íon hidroxônio, ou hidrônio, H_3O^+

Assim, a maneira mais correta de representarmos a ionização dos ácidos é:

$$HCl + H_2O \rightarrow H_3O^+ + Cl^-$$
$$HNO_3 + H_2O \rightarrow H_3O^+ + NO_3^-$$
$$H_2SO_4 + 2\,H_2O \rightarrow 2\,H_3O^+ + SO_4^{2-}$$

A definição de Arrhenius pode ser reescrita como: **Ácido é todo composto que, dissolvido em água, origina H_3O^+ como único cátion.**

H_3O^+

Íon hidroxônio
ou
íon hidrônio

Exercícios essenciais

A critério do(a) professor(a) esta lista de exercícios poderá ser realizada em classe ou em casa.

18. Equacione a ionização (em uma só equação) dos seguintes ácidos:

a) clorídrico
b) clórico
c) nítrico
d) sulfúrico
e) carbônico
f) fosfórico

19. Equacione a ionização (em duas ou mais etapas, conforme o caso) dos seguintes ácidos:

a) sulfúrico
b) sulfuroso
c) carbônico
d) fosfórico
e) pirofosfórico

Exercícios adicionais

Seu(sua) professor(a) indicará quais exercícios deste bloco você deve fazer.

20. (Vunesp) Verifica-se experimentalmente que tanto a água como o ácido nítrico puros são maus condutores de eletricidade. Observa-se, também, que uma solução de ácido nítrico em água é boa condutora de eletricidade. Explique essas observações experimentais.

21. (Fuvest-SP)

a) Qual o nome do produto de uso doméstico que contém ácido acético?

b) Indique quatro espécies químicas (íons, moléculas) que existem em uma solução aquosa de ácido acético (H_3CCOOH).

22. (UVA-CE) Os ácidos $HClO_4$, H_2MnO_4, H_3PO_3, $H_4Sb_2O_7$, quanto ao número de hidrogênios ionizáveis, podem ser classificados em:

a) monoácido, diácido, triácido, tetrácido.

b) monoácido, diácido, triácido, triácido.

c) monoácido, diácido, diácido, tetrácido.

d) monoácido, monoácido, diácido, triácido.

23. (Mackenzie-SP) O ácido que é classificado como oxiácido, diácido e é formado por átomos de três elementos químicos diferentes é:

a) H_2S

b) $H_4P_2O_7$

c) HCN

d) H_2SO_3

e) HNO_3

3 Bases

3.1 Fórmulas e nomenclatura

As bases de Arrhenius são compostos iônicos formados por um cátion de elemento metálico ligado ionicamente ao íon OH^-. Por exemplo:

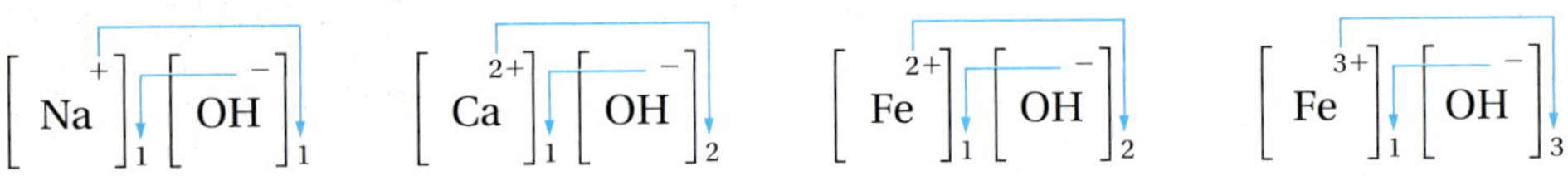

NaOH $Ca(OH)_2$ $Fe(OH)_2$ $Fe(OH)_3$

OH^-

Íon hidroxila ou íon oxidrila

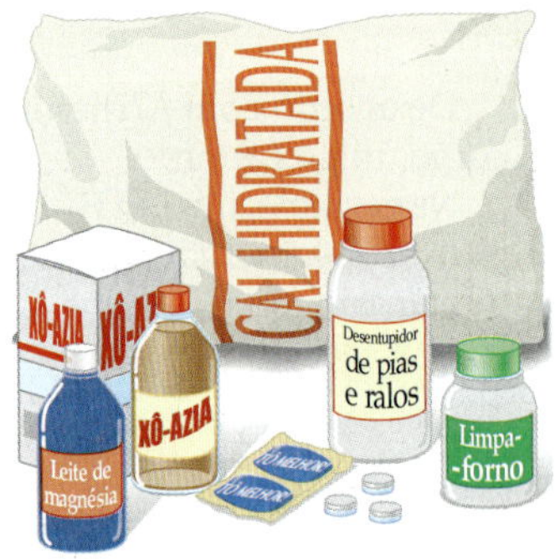

▲ A soda cáustica, NaOH, está presente nos limpadores de forno e desentupidores de pia. É também aplicada na fabricação de sabão. A cal hidratada, $Ca(OH)_2$, é utilizada para preparar argamassa, para fazer pintura e para reduzir a acidez de solos antes do plantio. O hidróxido de magnésio, $Mg(OH)_2$, e o hidróxido de alumínio, $Al(OH)_3$, são usados em alguns medicamentos para combater a acidez estomacal.

Bases de metais que possuem carga fixa

TABELA 1 Elementos metálicos que formam um só cátion

Elemento metálico	Carga em ligação iônica	
Alcalinos	+1	Li^+, Na^+, K^+, Rb^+, Cs^+, Fr^+
Alcalinoterrosos	+2	Mg^{2+}, Ca^{2+}, Sr^{2+}, Ba^{2+}, Ra^{2+}
Prata	+1	Ag^+
Zinco	+2	Zn^{2+}
Alumínio	+3	Al^{3+}

Os metais listados na tabela 1 formam apenas uma base, cujo nome é dado escrevendo as palavras “hidróxido de” seguidas pelo nome do metal. Assim, por exemplo:

NaOH	hidróxido de sódio	$Ca(OH)_2$	hidróxido de cálcio
KOH	hidróxido de potássio	$Zn(OH)_2$	hidróxido de zinco
AgOH	hidróxido de prata	$Al(OH)_3$	hidróxido de alumínio

Bases de metais que possuem carga variável

TABELA 2 Exemplos de elementos metálicos que formam mais de um cátion

Elemento metálico	Carga em ligação iônica			
	+1	+2	+3	+4
Cobre	Cu^{+}	Cu^{2+}		
Mercúrio	Hg_2^{2+}	Hg^{2+}		
Ouro	Au^{+}		Au^{3+}	
Ferro		Fe^{2+}	Fe^{3+}	
Níquel		Ni^{2+}	Ni^{3+}	
Cromo		Cr^{2+}	Cr^{3+}	
Cobalto		Co^{2+}	Co^{3+}	
Estanho		Sn^{2+}		Sn^{4+}
Chumbo		Pb^{2+}		Pb^{4+}
Manganês		Mn^{2+}	Mn^{3+}	Mn^{4+}

EDUARDO SANTALIESTRA/CID

▲ As cinzas, em contato com a água, produzem KOH. Na foto vemos cinza jogada em água contendo fenolftaleína. O indicador adquire cor rósea, evidenciando que o meio fica básico. A palavra **álcali**, que significa base, vem do árabe *al-qali*, que quer dizer "a cinza".

Os metais listados na tabela 2, por não apresentarem apenas uma carga iônica, dão origem a mais de uma base e, dessa forma, o nome deve levar isso em conta para que não haja confusão. O modo moderno de nomear essas bases é escrever "hidróxido de" seguido do nome do metal e de um número, em algarismos romanos e entre parênteses, que corresponde à carga do cátion do metal. Assim, por exemplo:

$CuOH$	hidróxido de cobre (I)	$Fe(OH)_2$	hidróxido de ferro (II)
$Cu(OH)_2$	hidróxido de cobre (II)	$Fe(OH)_3$	hidróxido de ferro (III)

Quando o metal possuir apenas duas cargas, há um outro modo para denominar as bases, mais antigo, porém ainda em uso. Ele consiste na palavra "hidróxido" seguida do nome do elemento com a terminação **oso** no caso de ser o cátion com a carga **menor** e a terminação **ico** no caso de ser a **maior**. Assim:

$CuOH$	hidróxido cupr**oso**	$Fe(OH)_2$	hidróxido ferr**oso**
$Cu(OH)_2$	hidróxido cúpr**ico** (do latim *cuprum*, "cobre")	$Fe(OH)_3$	hidróxido férr**ico**

DORIVAL MOREIRA/PULSAR IMAGENS

▲ A ferrugem consiste em uma mistura de $Fe(OH)_2$ e $Fe(OH)_3$.

3.2 Amônia (NH_3): uma base diferente

A **amônia** (NH_3), também chamada de **amoníaco**, é um composto molecular que, nas condições ambientes, é um gás de cheiro forte e irritante. Ao ser dissolvida em água, sofre ionização produzindo como íon negativo exclusivamente OH^-. Por isso a amônia, em água, é classificada como base.

$$NH_3\,(g) + H_2O\,(l) \rightarrow NH_4^+\,(aq) + \boxed{OH^-\,(aq)}$$ **Hidroxila**

Você não deve confundir **amônia** (NH_3), que é uma **molécula**, com **amônio** (NH_4^+), que é um **íon positivo** (cátion).

Podemos representar o produto da reação equacionada acima por meio da fórmula **NH_4OH** e chamar essa base de **hidróxido de amônio**. Assim, o composto de fórmula NH_4OH só existe na água. Ao ler a fórmula NH_4OH devemos ter sempre isso em mente.

3.3 Dissociação iônica das bases de metais; ionização da amônia

Em água, os **hidróxidos de metais**, que são substâncias iônicas, sofrem **dissociação iônica**, em que o íon negativo liberado é a hidroxila:

$$NaOH\ (s) \rightarrow Na^{+}\ (aq) + OH^{-}\ (aq)$$
$$Ca(OH)_2\ (s) \rightarrow Ca^{2+}\ (aq) + 2\ OH^{-}\ (aq)$$
$$Al(OH)_3\ (s) \rightarrow Al^{3+}\ (aq) + 3\ OH^{-}\ (aq)$$

- As bases podem ser classificadas de acordo com o número de hidroxilas presentes em suas fórmulas. Assim, NaOH e KOH são **monobases**, $Ca(OH)_2$ e $Fe(OH)_2$ são **dibases** e $Al(OH)_3$ e $Fe(OH)_3$ são **tribases**.

Como vimos, a **amônia** em solução aquosa é uma base diferente das demais. A amônia, ao ser dissolvida em água, sofre **ionização** e, nesse contexto, pode ser representada pela fórmula NH_4OH e considerada como uma **monobase**.

A escala de pH

A água totalmente pura é considerada um **meio neutro**.

Quando dissolvemos um ácido na água, isso produz uma **solução ácida**, ou **meio ácido**.

E quando dissolvemos uma base na água, isso produz uma **solução básica**, ou **meio básico**.

Todas as soluções ácidas são igualmente ácidas? E as soluções básicas (alcalinas), são todas igualmente básicas? A resposta a ambas as perguntas é não. O grau de acidez ou de basicidade (alcalinidade) de uma solução pode ser expresso por meio do pH, que é uma propriedade característica de cada solução.

A escala de pH é estudada com detalhes em Físico-Química, mas vamos aqui apresentar uma noção a seu respeito.

Na temperatura de **25 °C**:

- Uma solução **neutra** tem **pH = 7**.
  Uma solução **ácida** tem **pH < 7**.
  Uma solução **básica (alcalina)** tem **pH > 7**.

- Quanto **menor o pH, maior a acidez** de uma solução (ou, equivalentemente, **menor a alcalinidade** dessa solução).
  Quanto **maior o pH, maior a alcalinidade** de uma solução (ou, equivalentemente, **menor a acidez** dessa solução).

CHARLES D. WINTERS/PHOTORESEARCHERS/LATINSTOCK

▲ Aparelho eletrônico digital que mede o pH de uma solução, denominado **pHmetro** (lê-se "peagâmetro").

GARCIA-PELAYO/CID

▲ O papel indicador universal, após ser mergulhado em uma solução e comparado com uma escala colorida, dá uma ideia do pH dessa solução.

Exercícios essenciais

A critério do(a) professor(a) esta lista de exercícios poderá ser realizada em classe ou em casa.

24. Nas cinzas estão presentes substâncias que, em contato com a água, promovem o aparecimento, entre outras, das substâncias conhecidas como hidróxido de potássio e hidróxido de sódio.
Escreva uma fórmula que represente cada uma dessas duas substâncias.

25. Escreva o nome das seguintes bases:

a) LiOH
b) $Ba(OH)_2$
c) $Fe(OH)_2$
d) $Fe(OH)_3$
e) $Sr(OH)_2$
f) CsOH
g) $Pb(OH)_2$
h) $Pb(OH)_4$

26. Equacione a dissociação iônica de:

a) KOH **b)** $Ba(OH)_2$ **c)** $Fe(OH)_3$

27. Escreva as fórmulas de:

a) hidróxido de magnésio
b) hidróxido de cálcio
c) hidróxido ferroso
d) hidróxido férrico
e) hidróxido cuproso
f) hidróxido cúprico
g) hidróxido de estanho (II)
h) hidróxido de estanho (IV)
i) hidróxido de amônio
j) hidróxido de alumínio

28. Leia o seguinte texto e responda às perguntas:

> **"Acidente com carreta carregada de amônia interdita BR-381**
>
> O trânsito amanheceu complicado nos dois sentidos da BR-381 [...] uma carreta carregada de amônia caiu em cima de um carro de passeio no km 428 [...]"
>
> **Fonte**: http://www.uai.com.br/, 1º ago. 2010 (acessado em mar. 2012).

a) Qual é a fórmula molecular da substância mencionada?
b) Qual é o estado físico dessa substância nas condições ambientes?
c) O que se pode afirmar sobre ela quando dissolvida em água: é ácido, base ou nenhum dos dois?
d) Justifique sua resposta ao item anterior com auxílio de uma equação química.
e) O que se pode afirmar sobre o odor dessa substância?
f) A substância mencionada é tóxica porque, em contato com a água que existe dentro do nariz e dos pulmões, reage produzindo um íon negativo que é perigoso. Que íon é esse?
g) Como se chama o cátion derivado da substância mencionada no texto? Qual sua fórmula?
h) Escreva uma fórmula eletrônica para o íon da resposta do item anterior.

Exercícios adicionais

Seu(sua) professor(a) indicará quais exercícios deste bloco você deve fazer.

29. (UFPA) Considerando a figura, a alternativa que apresenta a substância que, quando adicionada à água pura, formará uma solução que permitirá a passagem de corrente elétrica acendendo a lâmpada, é:

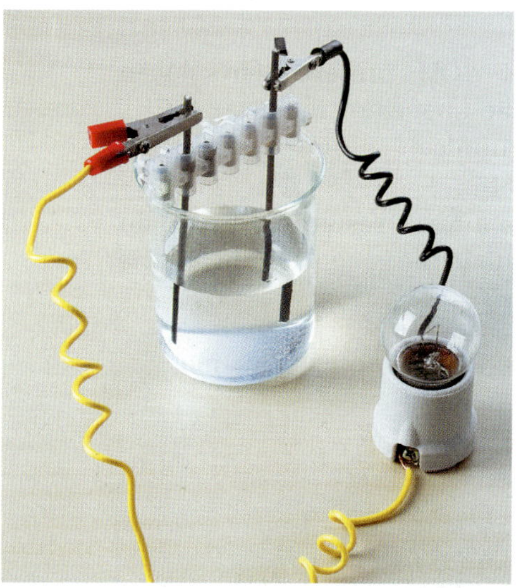

SÉRGIO DOTTA JR./CID

a) Br_2 **b)** Al^0 **c)** O_3 **d)** CH_4 **e)** NaOH

30. (Faee-GO) O nome, a fórmula do gás responsável pelo odor irritante do amoníaco e a reação desse gás com água são respectivamente:

a) amônia; NH_4^+; $NH_4^+ + H_2O \rightarrow HNO_3$
b) amônia; NH_3; $NH_3 + H_2O \rightarrow NH_4OH$
c) amônia; NH_4^+; $NH_4^+ + H_2O \rightarrow N_2H_2$
d) hidróxido de amônio; NH_4OH; $NH_4OH + H_2O \rightarrow NH_4^+ + OH^-$
e) cloreto de amônio; NH_4Cl; $NH_4Cl + H_2O \rightarrow NH_4^+ + Cl^-$

Exercício Resolvido

31. (Fuvest-SP) Verifica-se alteração na cor do chá-mate ao se adicionarem gotas de limão.

a) Como se explica?
b) Como retornar à cor original?

Conselho: Não beba o chá ao fim da experiência.

Resolução

a) O chá-mate deve conter uma ou mais substâncias que atuam como indicador ácido-base. A adição de suco de limão acidificou a solução e provocou a mudança de cor do indicador.

b) A adição de uma **base neutralizará o ácido**, fazendo com que o meio deixe de ser ácido e o indicador retorne à coloração inicial.

32. (Faap-SP) O creme dental é básico, porque:

a) produz dentes mais brancos.
b) a saliva é ácida.
c) tem gosto melhor.
d) se fosse ácido, iria corroer o tubo (bisnaga).
e) produz mais espuma.

33. (Unemat-MS) Num determinado experimento, três soluções aquosas, límpidas e transparentes estavam acondicionadas em três recipientes distintos A, B e C. Para caracterizar estas substâncias, um cientista utilizou apenas o indicador fenolftaleína (incolor) e observou que nos recipientes A e C não houve nenhuma alteração, porém no recipiente B observou o aparecimento de coloração avermelhada.
Em função do exposto, assinale a alternativa correta.

a) As soluções dos recipientes A e C são ácidas.
b) Somente a solução do recipiente B é básica.
c) As soluções dos recipientes A e C são neutras.
d) As soluções dos recipientes A e C são básicas.
e) Com os dados fornecidos no texto, não se pode definir o caráter ácido ou básico das soluções.

34. (UFRGS-RS) Aos frascos A, B e C, contendo soluções aquosas incolores de substâncias diferentes, foram adicionadas gotas de fenolftaleína.
Observou-se que só o frasco A passou a apresentar coloração rósea. Identifique a alternativa que indica substâncias que podem estar presentes em B e C.

a) NaOH e NaCl
b) H_2SO_4 e HCl
c) NaOH e $Ca(OH)_2$
d) H_2SO_4 e NaOH
e) NaCl e $Mg(OH)_2$

35. (Unama-PA) Ao cozinhar repolho roxo, a água do cozimento apresenta-se azulada. Esta solução pode ser utilizada como um indicador ácido-base. Adicionando vinagre, a coloração mudará para o vermelho e, adicionando soda cáustica, a solução mudará para o verde. Assinale a alternativa que também apresenta substâncias que provocam a mudança de cor relatada no texto na ordem dada.

a) H_3PO_4 e NH_4OH
b) NH_4OH e H_3PO_4
c) Na_2CO_3 e N_2O
d) HBr e N_2O

36. (Unisinos-RS) Um aluno, trabalhando no laboratório de sua escola, deixou cair uma certa quantidade de solução alcoólica de fenolftaleína sobre um balcão que estava sendo limpo com sapólio. O local onde caiu a fenolftaleína adquiriu, quase que imediatamente, uma coloração violácea. Esse aluno, observando a mancha violácea, concluiu que:

a) o sapólio deve ser um meio ácido.
b) o sapólio deve ser um meio alcalino.
c) o sapólio deve ser um meio neutro.
d) o sapólio tem características de um sal.
e) a fenolftaleína removeu o sapólio do local.

4 Sais

4.1 Neutralização total

Quando misturamos uma solução aquosa de HCl e uma solução aquosa de NaOH ocorre uma reação entre os íons H^+ e OH^-, formando água. Essa reação é chamada de **neutralização**.

$$H^+ + OH^- \rightarrow HOH$$

Como você pode perceber, a neutralização faz com que os íons H^+ e OH^- presentes em solução se transformem em água e, dessa forma, permaneçam em solução apenas os íons Na^+ e Cl^-. A reação em questão pode ser representada pela seguinte equação química:

$$HCl + NaOH \rightarrow NaCl + HOH$$

Se, após a mistura das soluções, evaporarmos completamente a água, restará no fundo do recipiente um sólido branco, cuja fórmula é NaCl. Esse composto pertence ao grupo de substâncias químicas chamadas de **sais**.

- Podemos definir **sal** como um composto iônico que contém cátion proveniente de uma base e ânion proveniente de um ácido.

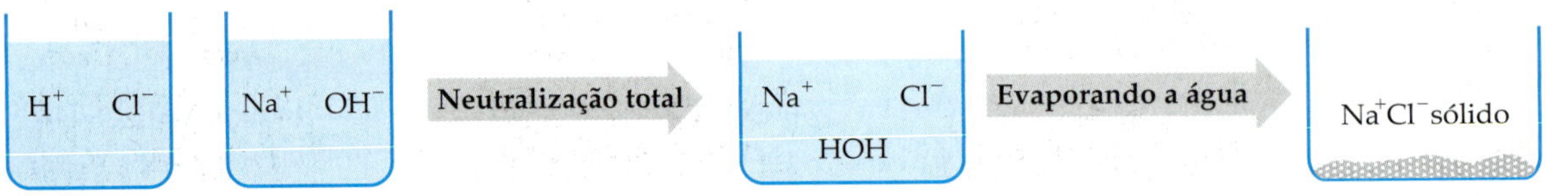

Outros exemplos de neutralização podem ser assim equacionados:

$$HNO_3 + NaOH \rightarrow NaNO_3 + HOH$$
$$H_2SO_4 + Ca(OH)_2 \rightarrow CaSO_4 + 2\,HOH$$
$$H_3PO_4 + 3\,KOH \rightarrow K_3PO_4 + 3\,HOH$$

Perceba que o balanceamento dessas equações emprega coeficientes para o ácido e para a base visando igualar o número de íons H^+ e OH^-. Assim, não sobram íons H^+ nem OH^-. Uma reação desse tipo é chamada de **neutralização total**.

A representação usual para a água é H_2O. Nas equações ao lado, estamos usando **HOH** para ficar bem claro que, no caso das reações entre ácido e base, ela se forma a partir dos íons H^+ e OH^-.

4.2 Nomenclatura dos ânions

Para dar nome a um sal é necessário conhecer o nome do ânion presente nesse sal. A **nomenclatura dos ânions** é feita substituindo-se a terminação do nome do ácido pela terminação do nome do ânion, conforme a seguinte regra:

ÁCIDO		ÂNION
ídrico	→	**eto**
oso	→	**ito**
ico	→	**ato**

Lembre-se

Um ânion possuirá tantas cargas negativas quantos forem os H^+ retirados do ácido.

Veja exemplos do nome e da fórmula de ânions, **deduzidas** a partir do nome e da fórmula dos ácidos correspondentes*:

Ácido ...**ídrico**	Ânion ...**eto**	Ácido ...**oso**	Ânion ...**ito**	Ácido ...**ico**	Ânion ...**ato**
HF fluor**ídrico**	F^- fluor**eto**	H_2SO_3 sulfur**oso**	SO_3^{2-} sulf**ito**	H_2SO_4 sulfúr**ico**	SO_4^{2-} sulf**ato**
HCl clor**ídrico**	Cl^- clor**eto**	HNO_2 nitr**oso**	NO_2^- nitr**ito**	HNO_3 nítr**ico**	NO_3^- nitr**ato**
HBr brom**ídrico**	Br^- brom**eto**	$HClO_2$ clor**oso**	ClO_2^- clor**ito**	$HClO_3$ clór**ico**	ClO_3^- clor**ato**
HI iod**ídrico**	I^- iod**eto**	HClO hipoclor**oso**	ClO^- hipoclor**ito**	$HClO_4$ perclór**ico**	ClO_4^- perclor**ato**
HCN cian**ídrico**	CN^- cian**eto**	H_3PO_3** fosfor**oso**	HPO_3^{2-} fosf**ito**	H_3PO_4 fosfór**ico**	PO_4^{3-} fosf**ato**
H_2S sulf**ídrico**	S^{2-} sulf**eto**	H_3PO_2*** hipofosfor**oso**	$H_2PO_2^-$ hipofosf**ito**	CH_3COOH acét**ico**	CH_3COO^- acet**ato**

* Uma lista mais ampla está no suplemento para consulta que pode ser acessado no DVD que acompanha este livro.
** O H_3PO_3 tem só **dois** hidrogênios ionizáveis.
*** O H_3PO_2 tem só **um** hidrogênio ionizável.

4.3 Sais normais: fórmulas e nomenclatura

A **nomenclatura dos sais** é feita escrevendo-se o nome do ânion, a palavra "de" e o nome do cátion. Veja os exemplos.

(nome do ânion) .... **de** .... (nome do cátion)

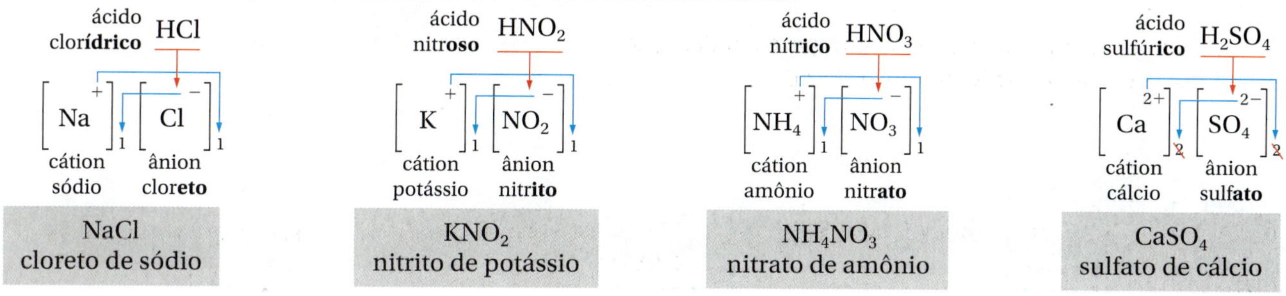

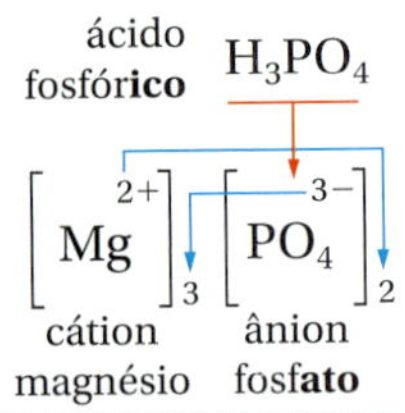

$Mg_3(PO_4)_2$
fosfato de magnésio

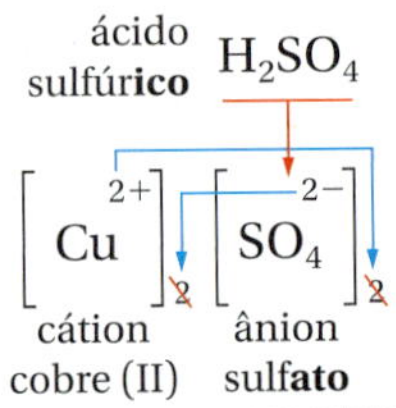

$CuSO_4$
sulfato de cobre (II)
(sulfato cúprico)

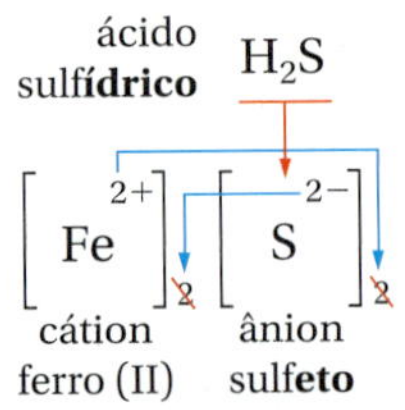

FeS
sulfeto de ferro (II)
(sulfeto ferroso)

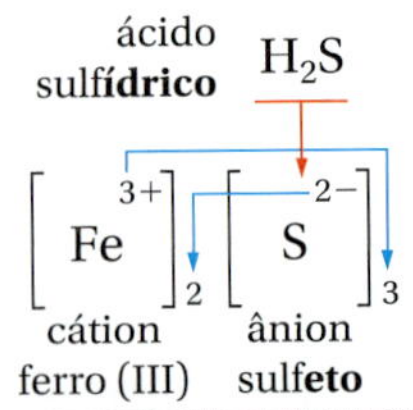

Fe_2S_3
sulfeto de ferro (III)
(sulfeto férrico)

Sais e cotidiano

O carbonato de cálcio ($CaCO_3$), por exemplo, é encontrado na casca de ovos, no mármore, no calcário, nas pérolas e nos recifes de coral.

O cloreto de sódio ($NaCl$), além de ser usado para salgar a comida, tem larga aplicação na conservação de alimentos (carne-seca, bacalhau salgado etc.), na composição do soro fisiológico (uma mistura de água com 0,9% de $NaCl$) e como matéria-prima para a produção de cloro (Cl_2), de soda cáustica ($NaOH$) e de hipoclorito de sódio ($NaClO$).

O fluoreto de sódio (NaF) serve como fonte de fluoreto (F^-) para a formação do esmalte dental, que aumenta a resistência à formação de cáries. É usado em algumas pastas de dente e em enxaguatórios bucais. Em alguns municípios, é acrescentado à água distribuída às residências.

O salitre (KNO_3) e o salitre do chile ($NaNO_3$) são empregados como conservantes dos embutidos de carne (presunto, salame, mortadela, rosbife etc.). Tomam parte, também, da composição de fertilizantes e da chamada pólvora negra, uma mistura de salitre, carvão e enxofre pulverizados.

O carbonato de sódio (Na_2CO_3), também denominado soda ou barrilha, é empregado nas estações municipais de tratamento de água, em piscinas (para evitar que a água fique muito ácida) e nas fábricas de vidro e de sabão em pó como matéria-prima.

Gesso e giz são dois materiais que contêm sulfato de cálcio ($CaSO_4$).

EPICSTOCKMEDIA/SHUTTERSTOCK

▲ A água do mar contém vários sais dissolvidos. Em ordem decrescente de abundância: $NaCl$, $MgCl_2$, $MgSO_4$, $CaSO_4$, KCl, $CaCO_3$, KBr etc.

▼ O mármore, que contém $CaCO_3$, é uma rocha usada para a ornamentação de construções e para fazer estátuas. Na foto, o Taj Mahal, na Índia, que tem mármore em seu revestimento.

DAVID PEARSON/ALAMY/OTHER IMAGES

Exercícios essenciais

A critério do(a) professor(a) esta lista de exercícios poderá ser realizada em classe ou em casa.

Exercício Resolvido

37. Escreva a equação da reação de neutralização total que ocorre entre ácido fosfórico e hidróxido de cálcio.

Resolução

Primeiramente precisamos escrever as fórmulas dos reagentes: H_3PO_4 e $Ca(OH)_2$. A seguir, para que haja neutralização total, devemos igualar a quantidade de íons H^+ e OH^- colocando os coeficientes adequados para cada substância:

$$2H_3PO_4 + 3Ca(OH)_2 \rightarrow Sal + 6H_2O$$

$6H^+$ e $6OH^-$ formam $6HOH$

Retiramos os hidrogênios do ácido, obtendo a fórmula do ânion dele proveniente: PO_4^{3-} (carga 3−, pois no H_3PO_4 há 3 hidrogênios ionizáveis).

Levando em conta que a carga do cálcio é 2+, obtemos a fórmula do sal, $(Ca^{2+})_3(PO_4^{3-})_2$, e a colocamos na equação, conferindo o balanceamento:

$$2H_3PO_4 + 3Ca(OH)_2 \rightarrow Ca_3(PO_4)_2 + 6H_2O$$

38. Escreva a equação da reação de neutralização total entre:

a) ácido sulfúrico e hidróxido de potássio;
b) ácido nítrico e hidróxido de alumínio;
c) ácido sulfúrico e hidróxido de ferro (III);
d) ácido fosfórico e hidróxido de magnésio;
e) ácido carbônico e hidróxido de amônio.

39. (Cefet-AL) Dada a reação de neutralização:

$$x\,HCl + y\,Ca(OH)_2 \rightarrow z\,CaCl_2 + w\,H_2O$$

A soma dos menores coeficientes inteiros x, y, z e w que deixam a equação corretamente balanceada é:

a) 15 b) 6 c) 9 d) 8 e) 12

40. (UEPB) Qual a equação química balanceada que representa a reação química do hidróxido de alumínio com o suco gástrico?

a) $2\,Al(OH)_3 + 3\,H_2CO_3 \rightarrow Al_2(CO_3)_3 + 6\,H_2O$
b) $Al(OH)_3 + H_2SO_4 \rightarrow Al_3SO_4 + H_2O$
c) $2\,Al(OH)_3 + 3\,H_2SO_4 \rightarrow Al_2(SO_4)_3 + 6\,H_2O$
d) $Al(OH)_3 + HCl \rightarrow AlCl_3 + H_2O$
e) $Al(OH)_3 + 3\,HCl \rightarrow AlCl_3 + 3\,H_2O$

41. (UFJF-MG) O ácido sulfúrico é utilizado em muitos processos industriais. Uma das formas de medir o grau de desenvolvimento de um país é o consumo anual dessa substância. Os processos industriais à base de ácido sulfúrico geram efluentes ácidos (despejos industriais) que são nocivos ao meio ambiente. Uma das formas de remediar parcialmente o problema é o tratamento do efluente com hidróxido de sódio, para a sua neutralização. **Escreva** a reação balanceada da neutralização completa do ácido sulfúrico para o tratamento do efluente.

42. Dê o nome dos seguintes sais:

a) KCl
b) $NaBr$
c) $(NH_4)_2S$
d) KI
e) Na_2CO_3
f) $CaSO_4$
g) Na_2SO_3
h) K_3PO_4
i) $NaNO_3$
j) $Ca(NO_2)_2$
k) $MgCO_3$
l) $KBrO_3$
m) $CuSO_4$
n) FeS
o) $Fe_2(SO_4)_3$

43. Escreva a fórmula dos seguintes compostos:

a) carbonato ferroso;
b) sulfato de crômio (III);
c) nitrato de níquel (II);
d) sulfato de chumbo (IV).

44. (Ufal) Importante substância fertilizante é representada pela fórmula $(NH_4)_2SO_4$. Seu nome é:

a) hidrogenossulfato de amônio.
b) sulfito de amônio.
c) sulfato de amônio.
d) sulfato de amônio e hidrogênio.
e) amoniato de enxofre e oxigênio.

45. (PUC-RS) No mar existem vários sais dissolvidos, tais como **cloreto de sódio**, **cloreto de magnésio**, **sulfato de magnésio** e outros. Também se encontram sais pouco solúveis na água, como o **carbonato de cálcio**, que forma os corais e as conchas.
As fórmulas químicas das substâncias destacadas acima estão reunidas, respectivamente, em:

a) $NaCl$, $MgCl_2$, MgS e $CaCO_3$
b) $NaCl_2$, $MgCl_2$, $MgSO_4$ e Ca_2C
c) $NaCl_2$, $MgCl$, Mg_2SO_4 e $Ca(CO_3)_2$
d) $NaCl$, $MgCl_2$, $MgSO_4$ e $CaCO_3$
e) $NaCl$, Mg_2Cl, MgS e Ca_2CO_3

46. (UFMA) Os compostos cloreto de alumínio, ácido cloroso, perclorato de cálcio, hipoclorito de sódio e ácido clórico apresentam as seguintes fórmulas, respectivamente:

a) $AlCl_3 - HClO_2 - Ca(ClO_4)_2 - NaClO - HClO_3$
b) $AlCl_2 - HClO_2 - Ca(ClO_4)_2 - NaClO_2 - H_2ClO_4$
c) $AlCl_4 - H_2ClO_4 - CaClO_3 - NaClO - HClO_3$
d) $AlCl - HClO_3 - Ca(ClO_3)_2 - NaClO_3 - H_2ClO_4$
e) $AlCl_3 - HClO_3 - Ca(ClO_4)_2 - NaClO_3 - H_3ClO_4$

Exercícios adicionais

Seu(sua) professor(a) indicará quais exercícios deste bloco você deve fazer.

47. (UEPB) Uma pessoa resolveu fazer um desentupimento do encanamento em sua casa. Encontrou um frasco contendo um pouco de soda cáustica. Porém, como a quantidade era pouca, resolveu procurar outro produto que pudesse ser adicionado à soda cáustica que tivesse a mesma finalidade. Apesar de ter encontrado ácido muriático, que tem a mesma finalidade, não misturou os dois. Por quê?

a) O ácido muriático, como o próprio nome já diz, é um ácido, e neutralizaria a soda cáustica, que é uma base.
b) O produto gerado pelos dois seria muito reativo.
c) Havia pouca soda cáustica, o que impediria a reação correta com o ácido muriático para dar um produto reativo.
d) O ácido muriático reagiria à soda cáustica, gerando um sabão.
e) Os dois são produtos compostos por substâncias salinas, o que não reforçaria o poder desengordurante na mistura.

48. (UFPel-RS) Os termos nitrato e sulfato se referem a ________________, cujas cargas são respectivamente ________________ e ________________. Essas estruturas também existem, respectivamente, nos ácidos ________________ e ________________. Assinale a alternativa cujos termos completam respectiva e corretamente o parágrafo acima.

a) ânions; +1 e +2; nitroso; sulfuroso.
b) ânions; −1 e −2; nítrico; sulfuroso.
c) ânions; −1 e −2; nítrico; sulfúrico.
d) cátions; −1 e −2; nítrico; sulfuroso.
e) cátions; +1 e +2; nitroso; sulfúrico.

49. (Ufes) A água mineral pode apresentar em sua composição química íons como sódio, magnésio, cálcio, cloreto, sulfato e carbonato. Esses íons podem formar entre si diversos compostos. A única alternativa que apresenta CORRETAMENTE a fórmula química e o nome de um dos possíveis compostos formados entre os íons citados é:

a) $NaSO_4$, sulfato de sódio.
b) $NaCl_2$, cloreto de sódio.
c) Na_2CO_3, bicarbonato de sódio.
d) $MnSO_4$, sulfato de magnésio.
e) $CaCl_2$, cloreto de cálcio.

50. (UEMS) Qual das alternativas abaixo apresenta, respectivamente, a fórmula de um sal contendo um ânion da família dos halogênios e uma base contendo um cátion da família dos alcalinoterrosos?

a) $CaCl_2$ e $Mg(OH)_2$
b) H_2S e NaClO
c) HCl e NaOH
d) $Al(OH)_3$ e H_2SO_4
e) H_2S e $Ca(OH)_2$

51. (UFRJ) *QUANTA (Gilberto Gil)*

"Fragmento infinitésimo
Quase apenas mental
Quantum granulado no mel
Quantum ondulado do sal
Mel de urânio, sal de rádio
Qualquer coisa quase ideal"

Com base na tabela periódica, escreva a fórmula do sal formado pelo halogênio mais eletronegativo e o metal alcalinoterroso citado por Gilberto Gil na letra de *Quanta*, indicando o tipo de ligação química do sal formado.

52. (Uerj) O técnico de uma farmácia deve usar um composto de enxofre para preparar um determinado medicamento.
Os compostos de que ele dispõe são:

I. sulfato de sódio.
II. sulfeto de zinco.
III. sulfato de magnésio.
IV. sulfeto de sódio.

O preparo desse medicamento deverá ser feito com o composto que apresente a maior razão entre o número de átomos de enxofre e o número total de átomos dos outros elementos.
Considerando uma unidade de cada composto, aquele a ser utilizado é o de número:

a) I **b)** II **c)** III **d)** IV

53. (UFRRJ) As soluções de sulfato ferroso ($FeSO_4$) e ácido fosfórico (H_3PO_4) são utilizadas para combater a falta de apetite (inapetência), principalmente em crianças.

a) O sulfato ferroso pode ser obtido através de uma reação entre um ácido e uma base (reação de neutralização). Escreva a equação entre o ácido e a base que origina esse sal.
b) Escreva a fórmula estrutural do ácido fosfórico.

54. (UFBA) Julgue se a afirmação é verdadeira ou falsa.
Os íons NO_2^- e NO_3^-, presentes em diversos fertilizantes, possuem ligações covalentes.

4.4 Neutralização parcial

As reações de neutralização que discutimos até aqui são chamadas de reações de neutralização total. No entanto há também outras, que denominaremos reações de **neutralização parcial**. Para entender a diferença entre elas, analise cuidadosamente os esquemas a seguir.

Comparando esses exemplos, você pode perceber que, quando a quantidade de íons H^+ fornecidos pelo ácido for igual à de íons OH^- fornecidos pela base, acontecerá neutralização total. **A neutralização parcial ocorre quando há um excesso de H^+ (neutralização parcial do ácido) ou de OH^- (neutralização parcial da base).**

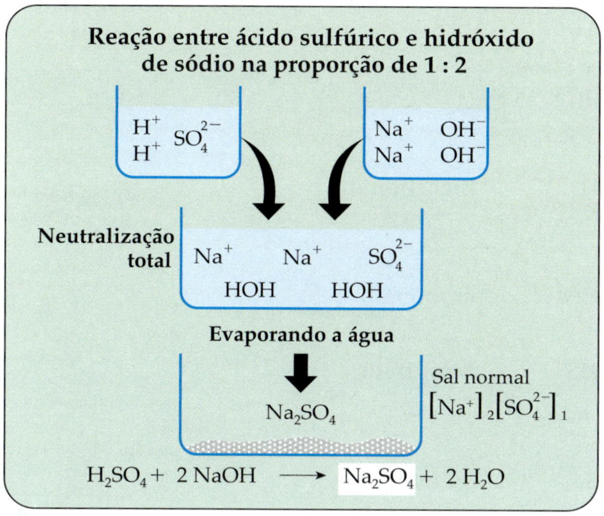

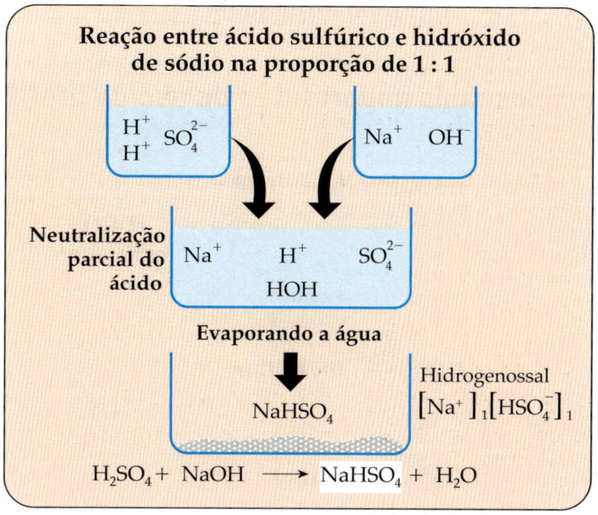

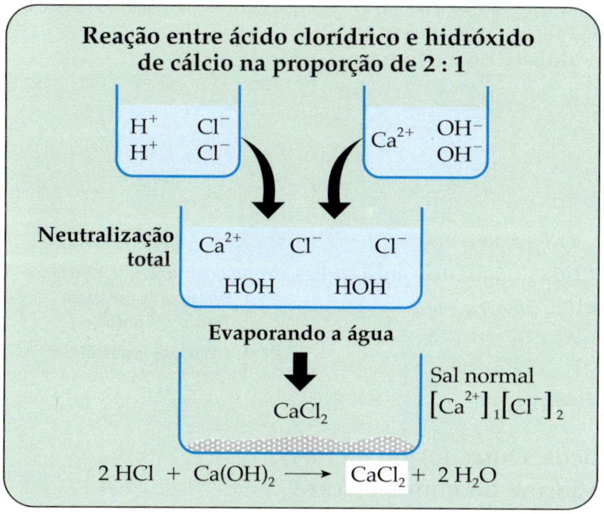

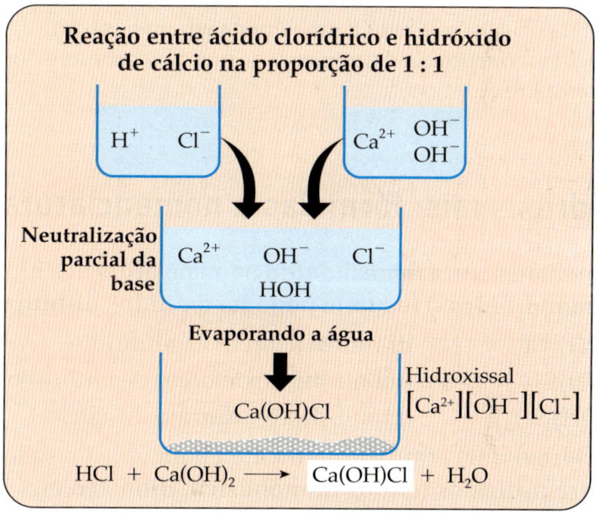

4.5 Hidrogenossais: fórmulas e nomenclatura

A nomenclatura dos hidrogenossais é muito semelhante à dos sais normais, diferindo no fato de indicarmos a quantidade de hidrogênios ionizáveis por meio dos prefixos **mono-hidrogeno** (o **mono** pode ser omitido), **di-hidrogeno** etc.

NaH_2PO_4 — di-hidrogenofosfato de sódio
Na_2HPO_4 — (mono-)hidrogenofosfato de sódio
$NaHSO_4$ — (mono-)hidrogenossulfato de sódio
$NaHCO_3$ — (mono-)hidrogenocarbonato de sódio

Os hidrogenossais eram antigamente chamados de sais ácidos. Assim, outra opção para dar nome a esses sais é fazer uso dos termos **monoácido, diácido** etc. Essa forma de nomenclatura tende, contudo, ao desuso.

NaH_2PO_4 — fosfato diácido de sódio
Na_2HPO_4 — fosfato (mono)ácido de sódio
$NaHSO_4$ — sulfato (mono)ácido de sódio
$NaHCO_3$ — carbonato (mono)ácido de sódio

RUSS MUNN/AGSTOCK IMAGES/CORBIS/LATINSTOCK

▲ Fertilizantes são fabricados de modo que forneçam aos vegetais os elementos químicos que lhes são indispensáveis ao crescimento, à floração e à frutificação. Tais elementos aparecem nos fertilizantes na forma de sais, como KNO_3, $NaNO_3$, $CaSO_4$, $Ca_3(PO_4)_2$, $CaHPO_4$, NH_4Cl, NH_4NO_3, $(NH_4)_2SO_4$, $(NH_4)_3PO_4$.

Reprodução proibida. Art.184 do Código Penal e Lei 9.610 de 19 de fevereiro de 1998.

- Quando o hidrogenossal é originário de um ácido com dois hidrogênios ionizáveis (e somente nesses casos), pode-se substituir o prefixo **hidrogeno** por **bi**.

$NaHSO_4$ — bissulfato de sódio
$NaHCO_3$ — bicarbonato de sódio

Exemplos mais importantes do uso do prefixo "bi"

Ácido	Ânion	Nome
H_2SO_4 sulfúrico	HSO_4^-	**bissulfato**
	SO_4^{2-}	sulfato
H_2CO_3 carbônico	HCO_3^-	**bicarbonato**
	CO_3^{2-}	carbonato
H_2SO_3 sulfuroso	HSO_3^-	**bissulfito**
	SO_3^{2-}	sulfito
H_2S sulfídrico	HS^-	**bissulfeto**
	S^{2-}	sulfeto

Importante: o prefixo **bi** tem razões de origem histórica e, **nesse contexto, não significa dois**. (Sua origem remonta a uma época em que as fórmulas dos compostos não eram conhecidas com precisão e pensava-se que o bicarbonato fosse o "dobro" do carbonato, por exemplo.)

4.6 Hidroxissais: fórmulas e nomenclatura

Sua nomenclatura, semelhante à nomenclatura dos hidrogenossais, é indicada pelos prefixos **mono-hidroxi** (o **mono** pode ser omitido), **di-hidroxi** etc.

$Al(OH)_2Cl$ — di-hidroxicloreto de alumínio
$Al(OH)Cl_2$ — (mono-)hidroxicloreto de alumínio
$Ca(OH)NO_3$ — (mono-)hidroxinitrato de cálcio

Os hidroxissais eram antigamente chamados de sais básicos. Outra forma de nomenclatura utiliza os termos **monobásico**, **dibásico** etc. Essa forma de nomenclatura tende ao desuso.

$Al(OH)_2Cl$ — cloreto dibásico de alumínio
$Al(OH)Cl_2$ — cloreto (mono)básico de alumínio
$Ca(OH)NO_3$ — nitrato (mono)básico de cálcio

Biblioteca do estudante
Texto complementar:
Compostos higroscópicos

4.7 Sais hidratados

O gesso é fabricado utilizando como matéria-prima uma rocha chamada gipsita. Nela há uma substância denominada sulfato de cálcio di-hidratado, cuja fórmula química é $CaSO_4 \cdot 2\,H_2O$. Pela fórmula você pode constatar a presença de água na substância. Trata-se da **água de cristalização** ou **água de hidratação**, que é aquela água que se encontra dentro do retículo cristalino de um composto iônico, fazendo parte de sua composição, em proporção bem definida.

Um sal é chamado de **sal hidratado** quando possui água de cristalização. Outros exemplos, além da gipsita, são o $CuSO_4 \cdot 5\,H_2O$, sulfato de cobre (II) pentaidratado, e o $Na_2SO_4 \cdot 10\,H_2O$, sulfato de sódio decaidratado.

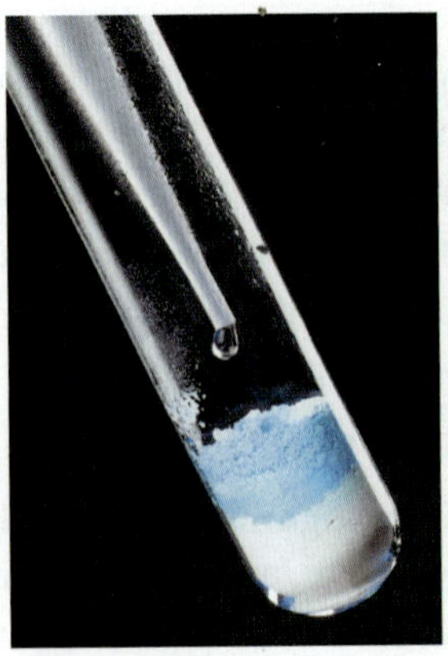

▲ O sulfato de cobre (II) anidro (isto é, isento de água) é branco. Em contato com água, hidrata-se a $CuSO_4 \cdot 5\,H_2O$, que tem cor azul.

▲ Se o $CuSO_4 \cdot 5\,H_2O$, azul, é suficientemente aquecido, perde água de cristalização, que sai na fase gasosa, produzindo novamente $CuSO_4$, branco.

FOTOS: MARTYN F. CHILLMAID/SCIENCE PHOTO LIBRARY/LATINSTOCK

Exercícios essenciais

A critério do(a) professor(a) esta lista de exercícios poderá ser realizada em classe ou em casa.

55. Equacione as reações de neutralização entre ácido sulfúrico e hidróxido de potássio:
a) na proporção de 1 : 2.
b) na proporção de 1 : 1

56. Equacione as reações de neutralização entre ácido carbônico e hidróxido de sódio:
a) na proporção de 1 : 2 **b)** na proporção de 1 : 1

57. Escreva a equação das reações entre ácido sulfídrico e hidróxido de sódio com:
a) neutralização total;
b) neutralização parcial do ácido.

58. O composto $NaHCO_3$ é usado em fermentos para bolo, em antiácidos estomacais e em alguns extintores de incêndio. Dê dois nomes para ele.

59. Quatro íons importantes cujo nome pode começar com ***bi*** são mostrados a seguir. Escreva a fórmula do ácido do qual se originam. Escreva também o nome (começando com ***bi***) de cada um desses íons.
a) HS^-
b) HSO_3^-
c) HSO_4^-
d) HCO_3^-

Exercícios adicionais

Seu(sua) professor(a) indicará quais exercícios deste bloco você deve fazer.

60. (UFF-RJ) Os alquimistas foram muito importantes para a química, a ciência da transformação. Tentando encontrar a pedra filosofal, que teria o poder de transformar qualquer metal em ouro, e o elixir da longa vida, que tornaria o ser humano imortal, criaram um grande número de aparelhos de laboratório e desenvolveram processos importantes para a produção de metais, de papiros, de sabões e de muitas substâncias, como o ácido nítrico, o ácido sulfúrico, o hidróxido de sódio e o hidróxido de potássio.
Sobre essas substâncias, ácidos e bases, pode-se afirmar que:
a) as fórmulas do ácido nítrico e do ácido sulfúrico são $HONO_3$ e H_2SO_4, respectivamente.
b) a reação entre o ácido nítrico e o ácido sulfúrico conduz à produção de apenas um sal.
c) o hidróxido de sódio não reage com o ácido nítrico, pois se trata de uma base forte.
d) na reação entre o ácido sulfúrico e o hidróxido de sódio podem ser formados dois sais.
e) a reação entre o ácido nítrico e o hidróxido de potássio pode conduzir à formação de dois sais: o $Cu(NO_3)_2$ e o Na_2NO_3.

61. (Unirio-RJ) Os sais são produtos também obtidos pela reação de neutralização total ou parcial dos hidrogênios ionizáveis dos ácidos com as bases ou hidróxidos, segundo a reação genérica:

$$\text{ácido} + \text{base} \rightarrow \text{sal} + H_2O$$

Com base nessa afirmação, assinale o único ácido que não apresenta todos os seus produtos possíveis e relacionados:
a) clorídrico — só produz o sal neutro cloreto.
b) nítrico — só produz o sal neutro nitrato.
c) fosfórico — só produz o sal neutro fosfato.
d) sulfídrico — pode produzir tanto o sal neutro sulfeto como o sal ácido, sulfeto ácido ou hidrogenossulfeto.
e) sulfúrico — pode produzir tanto o sal neutro sulfato como o sal ácido, sulfato ácido ou hidrogenossulfato.

62. (PUC-RS)
I. $2\,HNO_3 + Mg(OH)_2 \rightarrow \mathbf{X} + 2\,H_2O$
II. $\mathbf{Y} + 2\,KOH \rightarrow K_2HPO_4 + 2\,H_2O$
III. $H_2CO_3 + 2\,NaOH \rightarrow \mathbf{Z} + 2\,H_2O$

A nomenclatura correta das substâncias **X**, **Y** e **Z** é, respectivamente:
a) nitrito de magnésio, ácido fosforoso e bicarbonato de sódio.
b) nitrito de manganês, ácido ortofosfórico e carbeto de sódio.
c) nitrato de magnésio, ácido fosfórico e bicarbonato de sódio.
d) nitrato de magnésio, ácido fosfórico e carbonato de sódio.
e) nitrato de magnésio, ácido fosforoso e carbonato de sódio.

63. (Unama-PA) As fórmulas do **sulfato de cálcio**, do **bicarbonato de sódio** e do **nitrato de bário** são as apresentadas na alternativa:
a) $CaSO_3$; $NaHCO_3$; $BaNO_3$
b) $CaSO_4$; $NaHCO_3$; $Ba(NO_3)_2$
c) $CaSO_3$; Na_2CO_3; $Ba(NO_2)_2$
d) $CaSO_4$; Na_2CO_3; $Ba(NO_3)_2$

64. (Ufersa-RN) O cloreto de potássio, o hidrogenofosfato de cálcio e o nitrato de potássio são sais utilizados na fabricação de fertilizantes, cujas fórmulas químicas respectivas são:
a) KCl, $Ca_3(PO_4)_2$ e KNO_2
b) KCl, $CaH_2(PO_4)_2$ e KNO_2
c) $KClO$, Ca_2HPO_4 e KNO_3
d) KCl, $CaHPO_4$ e KNO_3

65. (UFC-CE) Água dura é uma denominação usada para classificar uma amostra de água que contém íons de cálcio, magnésio e, ocasionalmente, ferro, nas formas de cloreto, bicarbonato e sulfato. O método analítico usual para medir a dureza da água é através da titulação com $EDTA^{2-}$ (etilenodiamintetraacético na sua forma salina).

$$Ca^{2+}(aq) + EDTA^{2-}(aq) \rightarrow CaEDTA(aq)$$

a) Apresente as fórmulas químicas para o bicarbonato de cálcio e para o sulfato de magnésio.

b) Apresente as configurações eletrônicas dos íons Ca^{2+} e Mg^{2+}.

5 Ácidos, bases e sais como eletrólitos

5.1 Força dos ácidos

• O **grau de ionização** (α) de um ácido indica a porcentagem das moléculas dissolvidas na água que sofreram ionização.

Considere duas soluções aquosas, uma de HCl e outra de HF, preparadas dissolvendo um mesmo número de moléculas em volumes iguais de água. Admitamos que na solução de HCl o grau de ionização seja de 92% e na de HF seja de 8%. Isso significa que, de cada 100 moléculas de HCl dissolvidas, 92 originam íons; no caso do HF, apenas 8 em cada 100. Assim, apesar de o número de moléculas de ácido dissolvidas ser o mesmo, a solução de HCl conduz melhor a corrente elétrica porque apresenta maior quantidade de íons numa mesma quantidade de água.

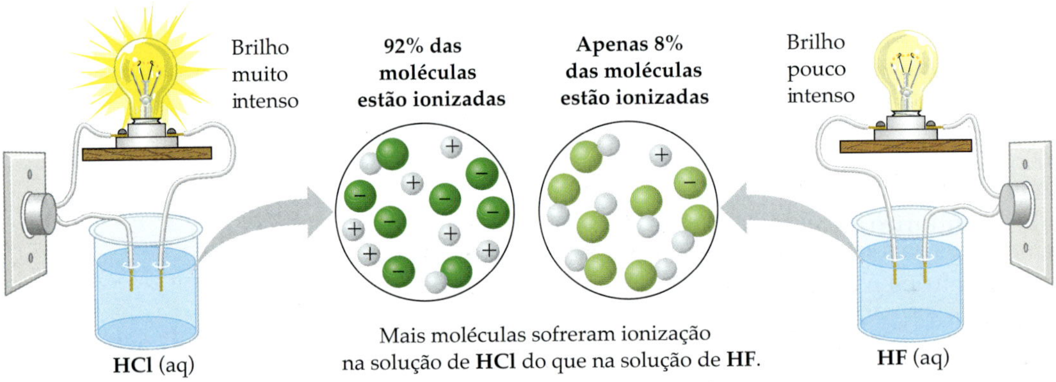

Mais moléculas sofreram ionização na solução de **HCl** do que na solução de **HF**.

ATENÇÃO

Esses experimentos NÃO devem ser feitos pelo aluno, nem sob a supervisão e orientação do(a) professor(a).

Eles estão sendo aqui APENAS RELATADOS para permitir a compreensão dos temas da Química tratados a seguir.

Fundamentados na determinação experimental do grau de ionização, os químicos puderam classificar os **ácidos** em **fortes**, **moderados** e **fracos**. O esquema a seguir mostra a ordem crescente de força para alguns ácidos.

Verifica-se aumento da força do ácido →

HCN H_3BO_3 H_2CO_3 — **Ácidos fracos** — Têm geralmente $\alpha < 5\%$.

HF HNO_2 H_3PO_4 — **Ácidos moderados** — Têm geralmente α entre 5% e 50%.

HNO_3 H_2SO_4 HCl HBr HI — **Ácidos fortes** — Têm geralmente $\alpha > 50\%$.

Como prever se um ácido é forte ou não sem consultar essa sequência? Para os **ácidos inorgânicos oxigenados** há uma regra empírica (isto é, baseada nas observações experimentais) que funciona bem. **Subtraia o número de hidrogênios ionizáveis do número de oxigênios:** se o resultado for 2 ou 3, será um ácido forte; 1, moderado; 0, fraco.

$HClO_4$:	$4 - 1 = 3$	ácido forte
H_2SO_4:	$4 - 2 = 2$	ácido forte
H_3PO_4:	$4 - 3 = 1$	ácido moderado
H_3BO_3:	$3 - 3 = 0$	ácido fraco

O **ácido carbônico** (H_2CO_3) é uma importante **exceção** a essa regra. Ele é um ácido **fraco**, ao contrário do que prevê a regra ($3 - 2 = 1$; moderado). Trata-se de um ácido instável, que sofre decomposição em gás carbônico e água:

$$H_2CO_3\,(aq) \rightarrow CO_2\,(g) + H_2O\,(l)$$

Como boa parte das moléculas dissolvidas se decompõe, restam poucas moléculas de H_2CO_3 para sofrer ionização, o que faz a solução apresentar baixa condutividade elétrica. Por isso, o H_2CO_3 é considerado fraco.

Para os **ácidos não oxigenados**, não há uma regra satisfatória para prever a força. Como há apenas seis hidrácidos de importância, é útil ao estudante saber que:

Verifica-se aumento da força do ácido →

HCN H₂S	HF	HCl HBr HI
Fracos	Moderado	Fortes

O ácido acético é fraco

O ácido acético (CH_3COOH) é um ácido orgânico que frequentemente aparece em procedimentos e em exercícios de Química Inorgânica. Ele é **fraco**.

5.2 Solubilidade e força das bases

Por meio de experimentos, os químicos concluíram que, no que diz respeito à **solubilidade**, os hidróxidos podem ser divididos em:

- **solúveis**: os de metais alcalinos e a amônia;
- **parcialmente solúveis**: os de metais alcalinoterrosos (exceto $Mg(OH)_2$);
- **insolúveis** (isto é, muito pouco solúveis): os demais (incluindo $Mg(OH)_2$).

Na Química Inorgânica, a expressão "força" da base é empregada com um sentido ligeiramente diferente do que no caso dos ácidos.

São denominadas **bases fortes** aquelas que são solúveis ou parcialmente solúveis em água e que, por esse motivo, ao se dissolverem em água são capazes de fornecer soluções com concentrações apreciáveis de íons OH^-. Por sua vez, são chamadas de **bases fracas** aquelas que, sendo insolúveis (isto é, muito pouco solúveis), fornecem soluções de concentrações muito baixas de íons OH^-. Assim, na Química Inorgânica, temos:

- **bases fortes**: as de metais alcalinos e alcalinoterrosos (exceto $Mg(OH)_2$);
- **bases fracas**: as demais (incluindo $Mg(OH)_2$).

Verifica-se, experimentalmente, que apenas uma pequena parte das moléculas de NH_3 dissolvidas em água reage com ela produzindo íons OH^-. Em geral, menos de 5% delas o fazem!

Apesar de a **amônia** ser uma **base solúvel** em água, ela é classificada como **base fraca** porque em suas soluções há concentrações relativamente baixas de íons OH^-.

Biblioteca do estudante
Texto complementar:
O sangue do diabo

Conteúdo multimídia:
Sangue do diabo

5.3 Solubilidade e "força" dos sais

Existe um limite para a quantidade de um composto iônico que pode se dissolver em água. Dizer que um sal é "solúvel" significa que ele se dissolve em quantidade apreciável em água. E dizer que ele é "insolúvel" não significa que não se dissolva em água, mas que se dissolve em pequeníssima quantidade.

Podemos saber se um sal é solúvel ou não consultando as chamadas **tabelas de solubilidade**, como a tabela 3.

TABELA 3 **Linhas gerais (e bem simplificadas) da solubilidade de sais em água**

São geralmente solúveis os sais contendo o ânion	Exceções importantes (insolúveis)
NO_3^- (nitrato)	—
CH_3COO^- (acetato)	—
Cl^- (cloreto)	se o cátion for Ag^+, Hg_2^{2+} ou Pb^{2+}
Br^- (brometo)	se o cátion for Ag^+, Hg_2^{2+} ou Pb^{2+}
I^- (iodeto)	se o cátion for Ag^+, Hg_2^{2+} ou Pb^{2+}
SO_4^{2-} (sulfato)	se o cátion for Ca^{2+}, Sr^{2+}, Ba^{2+}, Hg_2^{2+} ou Pb^{2+}
São geralmente insolúveis os sais contendo o ânion	**Exceções importantes (solúveis)**
S^{2-} (sulfeto)	se o cátion for NH_4^+, alcalino ou alcalinoterroso
CO_3^{2-} (carbonato)	se o cátion for NH_4^+ ou alcalino
PO_4^{3-} (fosfato)	se o cátion for NH_4^+ ou alcalino

Fonte: Tabela elaborada pelos autores a partir de BROWN, T. L. et al. *Chemistry*; The central Science. 9. ed. Upper Saddle River: Prentice Hall, 2003. p. 118.

ANDREW LAMBERT PHOTOGRAPHY/ SCIENCE PHOTO LIBRARY/LATINSTOCK

▲ Solução de alguns sais (solúveis). A maioria dos cátions de metais de transição é colorida quando em solução aquosa.

O sulfato de bário ($BaSO_4$) é um sal insolúvel em água. Se ingerido, permite que o intestino apareça em uma radiografia, como a dessa foto, em virtude de esse sal absorver os raios X. O colorido foi aplicado artificialmente. ▼

SCIENCE PHOTO LIBRARY/LATINSTOCK

Anteriormente, apresentamos informações sobre a força de ácidos e a força de bases. No caso dos sais, contudo, **não** é costume falar em "força". Isso porque, do ponto de vista prático, é mais importante saber se um sal é solúvel ou insolúvel. Os sais solúveis produzem soluções com alta concentração de íons e que conduzirão bem a corrente elétrica.

- Não é costume falar em "força" de sais.
  Todo **sal que se dissolva bem em água** produzirá **solução com alta condutividade elétrica**.

Biblioteca do estudante
Texto complementar:
Uma demonstração envolvendo dois compostos de magnésio

Conteúdo multimídia:
Solubilidade de dois compostos de magnésio

Exercícios essenciais

A critério do(a) professor(a) esta lista de exercícios poderá ser realizada em classe ou em casa.

Exercício Resolvido

66. (UFPB) Apresentam-se, em ordem crescente de força, os ácidos:

a) HIO_4, H_3PO_4, H_3BO_3, H_2SO_4
b) H_3BO_3, H_3PO_4, H_2SO_4, $HClO_4$
c) H_2SO_3, H_2SO_4, H_3PO_4, HIO_4
d) HIO_4, $HClO$, H_3PO_4, H_2SO_4
e) $HClO$, H_2SO_4, H_3PO_4, HIO_4

➤ Resolução

H_3BO_3: $3 - 3 = 0$ fraco
H_3PO_4: $4 - 3 = 1$ moderado
H_2SO_4: $4 - 2 = 2$ forte
$HClO_4$: $4 - 1 = 3$ (muito) forte

Ordem crescente de força ↓

Alternativa **b**.

67. (UFSC) Considerando-se, exclusivamente, a diferença entre o número de oxigênios e o número de hidrogênios ionizáveis, em cada ácido, indique o(s) par(es) a seguir em que o ácido à esquerda é **mais forte** que o ácido à direita.

a) H_3BO_3 e HNO_3
b) $HClO_4$ e H_2SO_4
c) $HClO_4$ e $HClO$
d) H_3PO_4 e HNO_3
e) H_3PO_2 e $HBrO_4$
f) H_2SO_4 e $HClO$

68. (UFC-CE) O esquema a seguir mostra a aparelhagem que pode ser utilizada para testar a força dos ácidos:

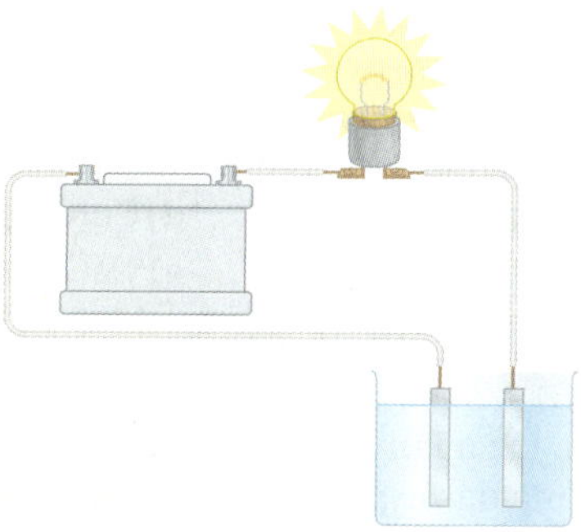

Em qual das soluções, todas com mesma concentração e temperatura, a lâmpada apresenta maior brilho?

a) HF
b) H_2S
c) H_3PO_4
d) H_4SiO_4
e) HNO_3

Exercício Resolvido

69. (UFSM-RS, modificado) **X**, **Y** e **Z** representam genericamente três ácidos que, quando dissolvidos em um mesmo volume de água, a temperatura constante, comportam-se de acordo com a tabela:

	Número de moléculas dissolvidas	Número de moléculas ionizadas
X	20	2
Y	10	7
Z	5	1

Analise as afirmações, considerando os três ácidos.

I. **X** representa o mais forte.
II. **Z** representa o mais fraco.
III. **Y** apresenta o maior grau de ionização.

Está(ão) correta(s):

a) apenas I.
b) apenas II.
c) apenas III.
d) apenas I e II.
e) I, II e III.

➤ Resolução

Vamos calcular o grau de ionização (α) de cada ácido:

X: $\alpha = \frac{2}{20} = 0,10 = 10\%$

10% das moléculas de **X** se ionizaram.

Y: $\alpha = \frac{7}{10} = 0,70 = 70\%$

70% das moléculas de **Y** se ionizaram.

Z: $\alpha = \frac{1}{5} = 0,20 = 20\%$

20% das moléculas de **Z** se ionizaram.

De acordo com os valores de grau de ionização, o **mais forte é Y** e o **mais fraco é X**.

Assim, as afirmações I e II são falsas e a afirmação III é verdadeira.

Alternativa **c**.

70. (Cesgranrio-RJ) Com base na tabela de graus de ionização apresentada a seguir:

Ácido	Grau de ionização (α)
HF	8%
HCl	92%
HCN	0,08%
H_2SO_4	61%
H_3PO_4	27%

podemos concluir que o ácido mais forte é:

a) HF
b) HCl
c) HCN
d) H_2SO_4
e) H_3PO_4

71. Qual das seguintes bases é insolúvel em água?

a) NH_3
b) KOH
c) NaOH
d) $Ba(OH)_2$
e) $Al(OH)_3$

72. Indique a base solúvel em água:

a) LiOH
b) $Zn(OH)_2$
c) $Fe(OH)_2$
d) $Co(OH)_2$
e) $Cr(OH)_3$

73. (ITA-SP) É pouco solúvel em água o seguinte par de sais:

a) $BaCl_2$ e $PbCl_2$
b) $MgSO_4$ e $BaSO_4$
c) $PbSO_4$ e $Pb(NO_3)_2$
d) K_2CrO_4 e Na_2CrO_4
e) AgBr e PbS

74. (UFS-SE) A maioria dos sais dos elementos do grupo 1 (exceto H) da tabela periódica é solúvel em água, o que não acontece com os do grupo 2, sendo, por exemplo, os cloretos solúveis em água, enquanto os carbonatos e sulfatos são, de maneira geral, pouco solúveis.
Assim, considerando os seguintes sais: carbonato de cálcio, cloreto de magnésio e sulfato de sódio, seria mais provável que se encontrasse dissolvido na água do mar:

a) sulfato de sódio, somente.
b) carbonato de cálcio, somente.
c) cloreto de magnésio e carbonato de cálcio.
d) sulfato de sódio e cloreto de magnésio.
e) sulfato de sódio e carbonato de cálcio.

Exercícios adicionais

Seu(sua) professor(a) indicará quais exercícios deste bloco você deve fazer.

75. (Udesc) Com relação ao ácido clorídrico, pode-se afirmar que:

a) quando está em solução aquosa permite a passagem de corrente elétrica.
b) é um diácido.
c) é um ácido fraco.
d) possui baixo grau de ionização.
e) é uma substância iônica.

76. (UPE) Julgue se a afirmação é verdadeira ou falsa.
A força dos ácidos inorgânicos depende do número de hidrogênios ionizáveis da molécula, isto é, quanto maior o número de hidrogênios ionizáveis, mais forte será o ácido.

77. (UEPG-PR) Sobre os compostos abaixo, indique o que for correto.

I. HCl **II.** H_2SO_4 **III.** H_3BO_3 **IV.** H_2CO_3

01. Todos sofrem ionização quando em meio aquoso, originando íons livres.
02. Segundo Arrhenius, todos são ácidos porque, quando em meio aquoso, originam como cátions apenas os íons H^+.
04. Todos são compostos moleculares.
08. De acordo com o grau de ionização, os compostos I e II são fortes.
16. Os compostos III e IV formam soluções aquosas com alta condutividade elétrica.

78. (EEM-SP) Tem-se os três ácidos e os valores da tabela, que foram obtidos dissolvendo-se em água a temperatura constante:

	Proporção entre	
	número de moléculas dissolvidas	**número de moléculas ionizadas**
H_2S	10	1
H_2SO_4	3	2
HNO_3	10	8

Calcule o grau de ionização para cada ácido e coloque-os em ordem crescente de sua força de ionização.

79. Em uma solução aquosa de ácido acético, de cada 50 moléculas dissolvidas, uma se ionizou. Qual é o grau de ionização do ácido nessa solução? Esse ácido é forte, moderado ou fraco?

80. (UFPE) Ácido perclórico ($HClO_4$) é um ácido forte. Quais as espécies químicas presentes, em maior concentração, em uma solução aquosa deste ácido?

a) H^+ e ClO_4^-
b) $HClO_4$ e H^+
c) $HClO_4$ e OH^-
d) H^+, Cl^- e O_2
e) OH^-, Cl^- e O_2

81. (Mackenzie-SP)

Força e solubilidade de bases em água	
Bases de metais alcalinos	fortes e solúveis
Bases de metais alcalinoterrosos	fortes e parcialmente solúveis, exceto a de magnésio que é fraca
Demais bases	fracas e praticamente insolúveis

Para desentupir um cano de cozinha e para combater a acidez estomacal, necessita-se, respectivamente, de uma base forte e solúvel e de uma base fraca e parcialmente solúvel. Consultando a tabela acima, conclui-se que as fórmulas dessas bases podem ser:

a) $Ba(OH)_2$ e $Fe(OH)_3$
b) $Al(OH)_3$ e NaOH
c) KOH e $Ba(OH)_2$
d) $Cu(OH)_2$ e $Mg(OH)_2$
e) NaOH e $Mg(OH)_2$

82. (UEMG) A substância **X**, representada no circuito abaixo, faz a lâmpada se acender. **X** pode ser qualquer uma das espécies químicas a seguir, EXCETO

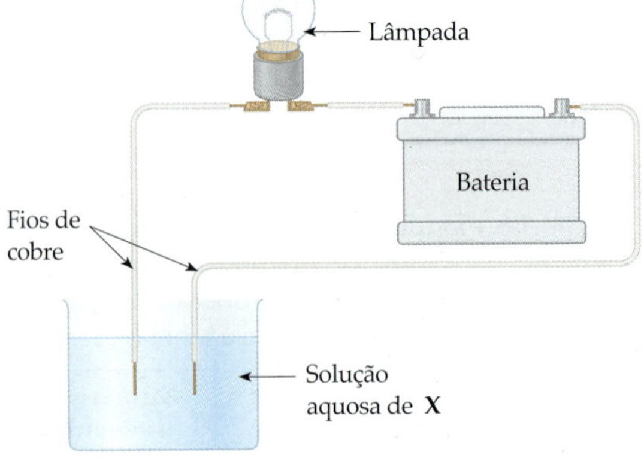

a) H_2SO_4 **b)** LiOH **c)** $C_6H_{12}O_6$ **d)** KNO_3

83. Equacione a dissociação iônica dos seguintes sais solúveis:

a) KBr
b) Na_2SO_4
c) NH_4NO_3
d) $Fe(NO_3)_3$
e) $CaCl_2$

84. (UFV-MG) Quando uma solução de hidróxido de bário é misturada a uma solução de ácido sulfúrico, ocorre uma reação e forma-se uma substância que é pouco solúvel e, portanto, precipita.

A partir dessas informações, faça o que se pede:

a) Dê a fórmula química do precipitado formado na reação.

b) Escreva a equação balanceada para a reação.

6 Óxidos: definição e nomenclatura

- **Óxido** é todo composto químico formado pelo oxigênio e um outro elemento que não seja o flúor.*

Há fundamentalmente dois modos para dar nome aos óxidos. Um deles é mais utilizado para os **óxidos moleculares** e o outro para os **óxidos iônicos**.

6.1 Óxidos moleculares

Uma vez que o *oxigênio é um não metal*, para que um óxido seja molecular basta que o **oxigênio esteja combinado com outro não metal ou com um semimetal** (lembre-se de que os compostos moleculares são formados por átomos de não metais, ou semimetais, unidos por ligações covalentes).

Como exemplos, podemos destacar os óxidos formados pelo nitrogênio:

NO **mon**óxido de **mono**nitrogênio	NO_2 **di**óxido de **mono**nitrogênio	N_2O **mon**óxido de **di**nitrogênio
N_2O_3 **tri**óxido de **di**nitrogênio	N_2O_4 **tetr**óxido de **di**nitrogênio	N_2O_5 **pent**óxido de **di**nitrogênio

Atenção aos prefixos

mono = um
di = dois
tri = três
tetra = quatro
penta = cinco
hexa = seis
hepta = sete

Como você pode perceber, há uma considerável variedade de óxidos de nitrogênio. Essa diversidade também ocorre com alguns outros elementos. Pensando nisso, a regra de nomenclatura foi criada para *evitar confusões* ao chamá-los apenas pelo nome. Outros exemplos são:

CO **mon**óxido de **mono**carbono	CO_2 **di**óxido de **mono**carbono	Cl_2O_6 **hex**óxido de **di**cloro

O prefixo *mono* pode ser omitido quando usado na frente do nome do elemento. Por exemplo:

NO — **mon**óxido de nitrogênio
NO_2 — **di**óxido de nitrogênio
CO — **mon**óxido de carbono
CO_2 — **di**óxido de carbono

ROGÉRIO REIS/TYBA

▲ Os veículos motorizados e a queima de combustíveis em instalações industriais contribuem para o aparecimento de vários óxidos moleculares na atmosfera: CO_2, CO, SO_2, SO_3, NO e NO_2.

MARTIN NOVAK/SHUTTERSTOCK

▲ Cristais de **quartzo** possuem a forma de prismas e pirâmides. São chamados de **cristais de rocha** e sua fórmula é SiO_2. Grãos de quartzo são o principal componente da areia.

ANDREW LAMBERT PHOTOGRAPHY/ SCIENCE PHOTO LIBRARY LATINSTOCK

▲ Modelo molecular do quartzo, SiO_2. Os átomos de oxigênio estão representados em vermelho e os de silício em preto.

* Essa restrição ao flúor se deve ao fato de ser ele o único elemento mais eletronegativo que o oxigênio.

6.2 Óxidos iônicos

Os óxidos iônicos apresentam **oxigênio combinado com um metal** (lembre-se de que, de modo geral, metal e não metal se unem por ligação iônica).

Como o oxigênio apresenta 6 elétrons na última camada, quando em ligação iônica ele recebe 2 elétrons e fica com duas cargas negativas, formando o ânion O^{2-}, denominado **íon óxido**.

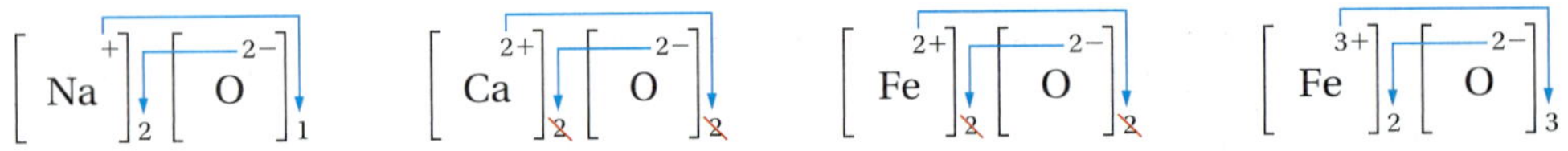

Na_2O — CaO — FeO — Fe_2O_3

O^{2-}
Íon óxido

Vimos que, no caso dos óxidos moleculares, havia elementos com grande variedade de óxidos. Já no caso dos óxidos iônicos, isso não acontece. Como consequência, não há necessidade de uma nomenclatura tão rica em detalhes.

Ela segue esta regra: escrever "óxido de" seguido pelo nome do metal. Caso seja um metal que forme mais de um cátion (recorde os principais na página 161), então deve-se acrescentar, no final, um número, em algarismos romanos e entre parênteses, que corresponde à carga do cátion do metal.

São exemplos de óxidos de metais com carga fixa:

Na_2O — óxido de sódio
CaO — óxido de cálcio
Al_2O_3 — óxido de alumínio
K_2O — óxido de potássio
BaO — óxido de bário

E exemplos de óxidos de metais com carga variável:

Cu_2O — óxido de cobre (I)
CuO — óxido de cobre (II)
FeO — óxido de ferro (II)
Fe_2O_3 — óxido de ferro (III)

No caso de metais com duas cargas possíveis, como é o caso do cobre e do ferro, vale também outra forma de nomenclatura, mais antiga, porém ainda em uso. Ela consiste na palavra "óxido" seguida do nome do elemento com a terminação **oso**, no caso de ser o cátion com a carga **menor**, ou a terminação **ico**, no caso de ser a **maior**. Assim, para os quatro últimos exemplos:

Cu_2O — óxido cupr**oso**
CuO — óxido cúpr**ico**
FeO — óxido ferr**oso**
Fe_2O_3 — óxido férr**ico**

Note que a nomenclatura dos óxidos iônicos é bastante semelhante à nomenclatura dos hidróxidos.

Dissemos que os metais não costumam apresentar grande variedade de óxidos. Porém, o cromo e o manganês são duas importantes exceções. O cromo forma CrO, Cr_2O_3, CrO_2 e CrO_3 e o manganês forma MnO, Mn_2O_3, MnO_2, MnO_3 e Mn_2O_7. Por esse motivo, é costume aplicar para esses óxidos ambas as formas de nomenclatura. Por exemplo:

Cr_2O_3 — **tri**óxido de **di**cromo ou óxido de cromo (III)
Mn_2O_7 — **hept**óxido de **di**manganês ou óxido de manganês (VII)

Uma vez que há óxidos iônicos e óxidos moleculares, é muito difícil generalizar suas propriedades. Para poder estudá-los melhor, costuma-se dividi-los em grupos que possuem propriedades semelhantes. É o que faremos a seguir.

SÉRGIO DOTTA JR./CID

▲ O óxido de ferro (III), Fe_2O_3, é usado como pigmento em tintas. Com ele pode-se conseguir tons de marrom, castanho e ocre.

Exercícios essenciais

A critério do(a) professor(a) esta lista de exercícios poderá ser realizada em classe ou em casa.

85. Escreva a fórmula dos seguintes óxidos:
a) monóxido de nitrogênio
b) monóxido de carbono
c) dióxido de carbono
d) heptóxido de dicloro
e) pentóxido de difósforo
f) trióxido de dimanganês

86. Escreva o nome dos seguintes compostos:
a) SO_2
b) SO_3
c) P_2O_3
d) N_2O_4
e) Sb_2O_5

87. Escreva a fórmula dos seguintes óxidos:

a) óxido de sódio
b) óxido de cálcio
c) óxido de potássio
d) óxido de bário
e) óxido de prata
f) óxido ferroso

88. Escreva o nome dos seguintes compostos:

a) Li_2O
b) SrO
c) Fe_2O_3
d) Al_2O_3
e) SnO
f) SnO_2
g) PbO
h) PbO_2

Exercícios adicionais

Seu(sua) professor(a) indicará quais exercícios deste bloco você deve fazer.

89. (UFF-RJ) Para nos mantermos vivos, devemos ingerir de dois a três litros de água por dia, já que todos os nossos processos vitais ocorrem em solução aquosa. Antigamente, não havia preocupação com a qualidade da água, pois as cidades eram pequenas e se localizavam às margens dos rios e lagos que eram fontes de abastecimento. Com o crescimento das cidades, a quantidade de dejetos lançados nos rios criou um sério problema ambiental. Tornou-se necessário realizar o tratamento da água e para tal algumas substâncias químicas são utilizadas: sulfato de alumínio, carbonato de sódio e óxido de cálcio. Antes de ser distribuída às residências, a água recebe cloro. Identifique a opção que apresenta, respectivamente, as fórmulas químicas das substâncias citadas no texto.

a)	$Al_2(SO_4)_3$	$NaHCO_3$	Ca_2O	Cl_2
b)	Al_2SO_4	$NaHCO_3$	Ca_2O	Cl^-
c)	Al_2S_3	Na_2CO_3	CaO	Cl^-
d)	$Al_2(SO_4)_3$	Na_2CO_3	CaO	Cl_2
e)	$Al_3(SO_4)_2$	Na_2CO_3	CaO	Cl_2

90. (Cefet-PB) No nosso cotidiano deparamos com uma enorme quantidade de substâncias químicas que nos auxiliam em determinadas ocasiões, tornando os nossos afazeres mais atrativos e eficientes. Entre essas substâncias podemos destacar: bicarbonato de sódio; hidróxido de sódio; carbonato de cálcio e óxido férrico. As fórmulas corretas dessas substâncias são:

a) $NaHCO_3$; $NaOH$; $CaCO_3$; Fe_2O_3
b) $NaHCO_3$; $NaOH$; $CaCO_2$; FeO
c) $NaHCO_3$; $NaOH$; CaC_2; Fe_2O_3
d) Na_2CO_3; $NaOH$; $CaCO_3$; Fe_2O_3
e) Na_2CO_3; $NaOH$; $CaCO_3$; FeO

6.3 Óxidos ácidos ou anidridos

Alguns óxidos podem ser obtidos a partir da desidratação (retirada de água) de ácidos. Esses óxidos, que têm um comportamento químico intimamente relacionado ao ácido do qual provêm, são chamados de **óxidos ácidos** ou **anidridos**. Além da nomenclatura que já estudamos, há outra que se aplica aos óxidos ácidos. Eles podem ser nomeados escrevendo-se a palavra "anidrido" seguida do nome do ácido que origina o óxido.

$$H_2SO_4 - H_2O = SO_3$$
trióxido de enxofre ou anidrido sulfúrico

$$H_2SO_3 - H_2O = SO_2$$
dióxido de enxofre ou anidrido sulfuroso

$$2\,(HNO_3) - H_2O = N_2O_5$$
pentóxido de dinitrogênio ou anidrido nítrico

$$2\,(HNO_2) - H_2O = N_2O_3$$
trióxido de dinitrogênio ou anidrido nitroso

$$H_2CO_3 - H_2O = CO_2$$
dióxido de carbono ou anidrido carbônico

$$2\,(H_3PO_4) - 3\,(H_2O) = P_2O_5$$
pentóxido de difósforo ou anidrido fosfórico

Analise as seguintes equações químicas, que representam reações de óxidos ácidos com água:

$$SO_3 + H_2O \rightarrow H_2SO_4$$
$$CO_2 + H_2O \rightarrow H_2CO_3$$
$$N_2O_5 + H_2O \rightarrow 2\,HNO_3$$

Note que se trata exatamente do oposto do processo de subtração de água que nos leva a descobrir a fórmula de um anidrido.

- **Óxidos ácidos** reagem com água formando ácido.

Agora, analise as equações de algumas reações de óxidos ácidos com bases:

$SO_3 + 2\,NaOH \rightarrow Na_2SO_4 + H_2O$ — **SO_3 corresponde ao H_2SO_4** — cátion da base $[Na]^{+}_{2}\,[SO_4]^{2-}_{1}$ ânion do ácido

$CO_2 + Ca(OH)_2 \rightarrow CaCO_3 + H_2O$ — **CO_2 corresponde ao H_2CO_3** — cátion da base $[Ca]^{2+}_{2}\,[CO_3]^{2-}_{2}$ ânion do ácido

$N_2O_5 + 2\,NaOH \rightarrow 2\,NaNO_3 + H_2O$ — **N_2O_5 corresponde ao HNO_3** — cátion da base $[Na]^{+}_{1}\,[NO_3]^{-}_{1}$ ânion do ácido

Nesses processos fica evidente que esse tipo de óxido possui características ácidas, uma vez que reage com bases. Verifica-se que **o sal formado possui o cátion da base e o ânion do ácido que corresponde ao óxido ácido**.

- **Óxidos ácidos** reagem com bases formando sal e água.

CO_2: um óxido ácido muito conhecido

A foto Ⓐ mostra um pedaço de gelo-seco seguro por uma pinça. O gelo-seco é dióxido de carbono (CO_2) no estado sólido, o que é possível em temperatura igual ou inferior a –78 °C.

O dióxido de carbono sofre sublimação a –78 °C, ou seja, passa do estado sólido diretamente ao gasoso. Daí vem a expressão "gelo-seco", já que ele, ao "derreter", não se transforma em líquido.

O azul de bromotimol é um indicador ácido-base que assume a coloração azul em meio básico e amarela em meio ácido. Ao adicionarmos um pedaço de gelo-seco a um copo com água contendo algumas poucas gotas de solução básica e esse indicador, Ⓑ, há uma mudança da cor azul para a amarela, Ⓒ, evidenciando que a presença de CO_2 no meio aquoso deixou-o ácido.

$$CO_2\,(g) + H_2O\,(l) \rightarrow H_2CO_3\,(aq)$$

O ar que expiramos (soltamos pelo nariz e/ou pela boca) contém um pouco de gás carbônico. Se assoprarmos, com auxílio de um canudinho, dentro de uma solução aquosa de $Ca(OH)_2$, chamada de **água de cal**, ocorrerá uma reação entre essa base e o óxido ácido CO_2, produzindo um **sólido branco insolúvel**, o $CaCO_3$. O efeito visual será o aparecimento de uma **turvação branca** dentro da solução.

$$CO_2\,(g) + Ca(OH)_2\,(aq) \rightarrow \boxed{CaCO_3\,(s)} + H_2O\,(l)$$

Insolúvel em água

ATENÇÃO

O gelo-seco (CO_2 sólido) em sublimação está a –78 °C e, por isso, pode provocar sérias lesões em contato com a pele.

Deve ser manipulado usando luvas térmicas ou pinças de madeira ou de metal.

FOTOS: SÉRGIO SÉRGIO DOTTA JR./CID

ATENÇÃO

A eventual realização dos experimentos comentados neste quadro deve ter autorização e supervisão do(a) professor(a).

A solução de $Ca(OH)_2$ não deve entrar em contato com pele, boca e olhos, pois é corrosiva.

Exercícios essenciais

A critério do(a) professor(a) esta lista de exercícios poderá ser realizada em classe ou em casa.

91. Escreva a fórmula do anidrido:
a) sulfúrico **b)** sulfuroso **c)** carbônico **d)** nítrico **e)** nitroso **f)** permangânico

92. Equacione a reação com água dos anidridos do exercício anterior.

93. Equacione a reação com NaOH dos anidridos:
a) sulfúrico **b)** sulfuroso **c)** carbônico **d)** nítrico

94. Equacione a reação com $Ca(OH)_2$ dos anidridos:
a) sulfúrico **b)** sulfuroso **c)** carbônico **d)** nítrico

Exercícios adicionais

Seu(sua) professor(a) indicará quais exercícios deste bloco você deve fazer.

95. (Cesgranrio-RJ) O aumento na concentração de CO_2 atmosférico força o aumento da absorção dessa substância pelos oceanos. Isso afeta o pH dos oceanos porque as moléculas de CO_2, ao entrarem em contato com as moléculas de água:

a) evaporam-se.

b) tornam-se alcalinas.

c) quebram-se liberando íons H^+.

d) reagem com estas formando ácido carbônico (H_2CO_3).

e) reagem com estas formando os íons carbonato (CO_3^{2-}) bicarbonado (HCO_3^-).

96. (Uerj) Na atmosfera artificial do interior das cápsulas espaciais, o oxigênio consumido pelos astronautas é renovado a partir de reservas de O_2. Para manter a concentração do gás produzido pelo metabolismo energético dos tripulantes em níveis não tóxicos, o ar artificial dessas cápsulas precisa, ainda, ser continuamente purificado.

Uma das substâncias que podem ser utilizadas na purificação do ar, com esse objetivo, é:

a) HCl

b) K_2SO_4

c) H_2CO_3

d) NaOH

97. (Fuvest-SP) No seguinte trecho (adaptado) de uma peça teatral de C. Djerassi e R. Hoffmann, as esposas de três químicos do século XVIII conversam sobre um experimento feito com uma mistura de gases.

"Senhora Pohl — Uma vez o farmacêutico Scheele estava borbulhando [a mistura gasosa] através de uma espécie de água.

Madame Lavoisier — Deve ter sido água de cal.

Senhora Priestley — A água ficou turva, não ficou?

Madame Lavoisier — É o mesmo gás que expiramos... o gás que removemos com a passagem através da água de cal.

Senhora Pohl — Depois ele me pediu que colocasse no gás remanescente um graveto já apagado, apenas em brasa numa das extremidades. Já estava escurecendo.

Senhora Priestley — E o graveto inflamou-se com uma chama brilhante... e permaneceu aceso!"

Empregando símbolos e fórmulas atuais, podem-se representar os referidos componentes da mistura gasosa por:

a) CO_2 e O_2

b) CO_2 e H_2

c) N_2 e O_2

d) N_2 e H_2

e) CO e O_2

6.4 Há óxidos ácidos envolvidos na poluição atmosférica

A chuva é, naturalmente, um pouco ácida!

Organismos que realizam respiração celular eliminam gás carbônico (CO_2) na atmosfera. Podemos dizer que a presença desse gás na atmosfera é natural. Quando chove, ocorre uma reação entre ele e a água da chuva, produzindo ácido carbônico, que deixa a chuva ligeiramente ácida, já que se trata de um ácido fraco. A reação envolvida pode ser assim equacionada:

$$CO_2 + H_2O \rightarrow H_2CO_3$$

A presença de H_2CO_3 na chuva **não** se deve necessariamente à poluição. Essa acidez natural da chuva é tão baixa que não faz nenhum mal aos seres vivos.

ANDREW LAMBERT PHOTOGRAPHY/SCIENCE PHOTO LIBRARY/LATINSTOCK

▲ A medida de pH de amostra de chuva coletada em local não poluído revela uma discreta acidez (pH = 5,6), que não é prejudicial ao meio ambiente. O meio é levemente ácido devido ao CO_2 dissolvido.

Óxidos de carbono e fuligem

A combustão (queima) do álcool e da gasolina dentro dos motores dos automóveis produz uma mistura de dióxido de carbono (CO_2), monóxido de carbono (CO), carvão (C) pulverizado e água.

A produção de CO_2 na queima de combustíveis e nas queimadas tem provocado aumento da concentração desse gás na atmosfera. Como consequência, **intensifica-se o efeito estufa**, o que tende a provocar um aumento da temperatura média do planeta (**aquecimento global**).

Já o CO é um gás extremamente tóxico, que afeta a capacidade do sangue de transportar oxigênio às diversas partes do corpo, onde é essencial à vida. O CO *não tem cheiro nem cor*, mas pode causar desde uma ligeira dor de cabeça até a morte, dependendo da quantidade inalada.

O carvão (C) pulverizado é conhecido como fuligem, sendo o principal responsável pela cor escura da fumaça que sai do escapamento de alguns veículos e chaminés.

Óxidos de enxofre

Uma das principais impurezas que existem nos derivados de petróleo (gasolina, óleo *diesel*) e no carvão mineral são os compostos contendo o elemento enxofre (S). Quando esses combustíveis são utilizados, produz-se o dióxido de enxofre, um óxido ácido de cheiro bastante irritante.

$$S + O_2 \rightarrow SO_2$$

Ao reagir com a água da chuva, o SO_2 produz o ácido sulfuroso:

$$SO_2 + H_2O \rightarrow H_2SO_3$$

Na atmosfera, parte do SO_2 reage com o oxigênio e se transforma lentamente no SO_3, outro óxido ácido. Essa reação é acelerada pela presença de certas partículas em suspensão na atmosfera. O SO_3 formado reage com a água da chuva, produzindo H_2SO_4, que é um ácido forte.

$$2\,SO_2 + O_2 \rightarrow 2\,SO_3$$

$$SO_3 + H_2O \rightarrow H_2SO_4$$

Assim se origina a chamada **chuva ácida**, ou seja, chuva com acidez superior àquela naturalmente devida ao CO_2. Ela é responsável por inúmeros problemas, entre os quais se destacam:

- prejuízos para a agricultura, pois o solo se torna ácido e, ao mesmo tempo, o SO_2 destrói as folhas dos vegetais;
- a água dos rios e lagos se torna ácida e, consequentemente, imprópria à vida de peixes;
- corrosão do mármore ($CaCO_3$), do ferro (Fe) e de outros materiais usados em monumentos e construções.

Em textos técnicos, é comum encontrarmos a simbologia SO_x para designar de modo genérico o SO_2 e o SO_3.

O álcool proveniente da cana-de-açúcar não contém compostos de enxofre e, portanto, não contribui para o aparecimento de H_2SO_4 na chuva.

PHIL DEGGINGER/ALAMY/OTHER IMAGES

▲ Lápide de mármore corroída pela elevada acidez da chuva em região poluída (chuva ácida).

ROB & ANN SIMPSON/VISUALS UNLIMITED/GETTY IMAGES

▲ Floresta danificada pela chuva ácida.

EDUARDO SANTALIESTRA/CID

▲ A rosa dentro do erlenmeyer, inicialmente igual à outra, foi exposta por algumas horas a um ambiente contendo dióxido de enxofre (SO_2). Esse gás, que possui ação descorante, provocou a alteração na cor da flor.

ATENÇÃO

O dióxido de enxofre, SO_2, é um gás incolor, corrosivo, irritante e tóxico.

Não reproduza o experimento da foto ao lado por conta própria.

Óxidos de nitrogênio

No motor dos automóveis ocorre a entrada de ar, cujo O_2 é necessário à combustão. Devido à alta temperatura interna do motor, ocorre a reação entre N_2 e O_2:

$$N_2 + O_2 \rightarrow 2\,NO$$

Uma vez lançado na atmosfera, o NO transforma-se num óxido ácido, o NO_2, que, ao reagir com a água da chuva, produz os ácidos nítrico e nitroso. Em textos técnicos, é comum encontrarmos a simbologia NO_x para designar genericamente NO e NO_2.

$$2\,NO + O_2 \rightarrow 2\,NO_2$$

$$2\,NO_2 + H_2O \rightarrow HNO_3 + HNO_2$$

O HNO_3 é um ácido forte. Juntamente com o H_2SO_4, ele é responsável pelo fenômeno da chuva ácida. O HNO_3 não surge na chuva apenas devido à poluição. Nos raios que ocorrem durante as tempestades também se formam NO e NO_2, que conduzem ao aparecimento desse ácido na água. O NO_2 também contribui para a formação de ozônio na atmosfera:

$$NO_2 + O_2 \rightarrow NO + O_3$$

É benéfica para o ser humano a presença de ozônio na estratosfera, onde ele filtra os raios ultravioleta provenientes do Sol. Contudo, a presença desse gás na baixa atmosfera é inconveniente porque causa irritação nos olhos e na garganta e também prejudica os vegetais. Assim sendo, o gás O_3 é considerado um poluente.

VALDEZRL/SHUTTERSTOCK

▸ Os raios promovem a reação entre N_2 e O_2 formando NO, que, a seguir, reage com mais O_2, produzindo NO_2.

Esquema do aparecimento de ácido na chuva

Reações envolvidas na queima de combustíveis

Combustível + $O_2 \rightarrow CO_2$, CO, C, H_2O

$N_2 + O_2 \rightarrow 2\ NO$

$S + O_2 \rightarrow SO_2$

Reações que ocorrem na atmosfera

$2\ NO + O_2 \rightarrow 2\ NO_2$

$2\ SO_2 + O_2 \rightarrow 2\ SO_3$

$NO_2 + O_2 \rightarrow NO + O_3$

Reação provocada pelos raios

$N_2 + O_2 \rightarrow 2\ NO$

A chuva fica ácida

$SO_3 + H_2O \rightarrow H_2SO_4$

$2\ NO_2 + H_2O \rightarrow HNO_3 + HNO_2$

Biblioteca do estudante
Texto complementar:
Produção industrial de ácido sulfúrico e de ácido nítrico

Exercícios essenciais

A critério do(a) professor(a) esta lista de exercícios poderá ser realizada em classe ou em casa.

98. (FFCL-Belo Horizonte-MG) Em ambientes não poluídos e na ausência de raios e relâmpagos, a água da chuva é ácida por causa da dissolução do ■. A alternativa que completa corretamente a frase é:

a) dióxido de carbono
b) gás oxigênio
c) gás sulfúrico
d) óxido nítrico

99. (UFRRJ) Nos dias atuais, a preocupação com o meio ambiente começa a ser uma realidade no meio empresarial, *vide* o certificado ISO 14 000 concedido a empresas que são consideradas “ambientalmente corretas”. O Brasil apresenta uma série de candidatas para receberem esse certificado; afinal, o país que apresenta uma das mais severas leis ambientais do mundo não poderia deixar de ser também o pioneiro nessa certificação. Um tópico com o qual o Governo Federal terá muito trabalho será quanto à emissão de gases poluentes, tais como o anidrido sulfúrico e o sulfuroso, que geram, ao reagirem com a umidade do ar, o ácido sulfúrico. As fórmulas desses dois gases poluentes são, respectivamente:

a) SO_2 e SO
b) SO_3 e S_2O_3
c) SO_2 e S_2O_3
d) SO_3 e H_2SO_4
e) SO_3 e SO_2

100. (Faee-GO) Em grandes cidades, devido a impurezas em combustíveis, ocorre a formação de SO_2 que reage com o oxigênio do ar, formando trióxido de enxofre, que é um dos responsáveis pela formação de chuva ácida. A fórmula do produto da reação do trióxido de enxofre com a água é:

a) H_2SO_3
b) $H_2S_2O_3$
c) H_2S
d) H_2SO_4
e) SO_3

Exercícios adicionais

Seu(sua) professor(a) indicará quais exercícios deste bloco você deve fazer.

101. (UFPE) Três recipientes *A*, *B* e *C* contêm os gases O_2, H_2 e CO_2. Introduzindo um palito de fósforo aceso em cada recipiente, observa-se que: no recipiente *A*, a chama imediatamente se apaga; no recipiente *B*, a chama se torna mais brilhante; e, no recipiente *C*, ocorre uma pequena explosão. De acordo com esses dados, podemos concluir que os recipientes *A*, *B* e *C* contêm, respectivamente:

a) H_2, O_2 e CO_2
b) CO_2, H_2 e O_2
c) H_2, CO_2 e O_2
d) CO_2, O_2 e H_2
e) O_2, H_2 e CO_2

102. (Mackenzie-SP) Na combustão do óleo *diesel*, devido à presença de impurezas, forma-se dióxido de enxofre, que, a seguir, reage com o oxigênio do ar formando um óxido de enxofre, SO_x.
Na reação desse óxido SO_x com a água da chuva:

a) é obtida uma solução levemente alcalina.
b) há a formação de íons hidroxônio.
c) formam-se íons SO_4^{1-}.
d) são produzidas moléculas de ácido sulfídrico.
e) são obtidas moléculas de enxofre.

103. (UEMG) Monumentos históricos da cidade de Congonhas são constituídos principalmente por pedra-sabão, um tipo de rocha calcárea, rica em carbonato de cálcio, $CaCO_3$. Os óxidos de enxofre SO_3 e de nitrogênio NO_2 são os principais causadores da chuva ácida que pode danificar esses monumentos. Pesquisadores têm identificado cada vez mais a presença de ranhuras nos monumentos provocadas pela ação da chuva sobre eles.
Sobre o fenômeno descrito acima é **INCORRETO** afirmar que:

a) a diminuição da poluição nos grandes centros urbanos ajudaria na preservação dos monumentos históricos.
b) as ranhuras nos monumentos são provocadas pela dissolução da pedra-sabão.
c) os ácidos presentes na chuva ácida apresentam as fórmulas H_2SO_4 e HNO_3.
d) os óxidos citados apresentam características ácidas.

6.5 Óxidos básicos

Os óxidos com características básicas que nos interessam neste livro são os óxidos de metais alcalinos e os de metais alcalinoterrosos. Tais óxidos podem ser considerados resultado da desidratação dos respectivos hidróxidos, de modo similar ao que fizemos com os ácidos:

$$\begin{array}{r} Ca\ (OH)_2 \\ -\quad OH_2 \\ \hline Ca\ \ O \end{array} \qquad \begin{array}{r} 2\ (Na\ \ OH) \\ -\quad OH_2 \\ \hline Na_2\ \ O \end{array}$$

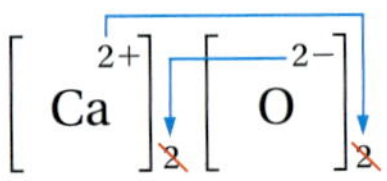

óxido de cálcio

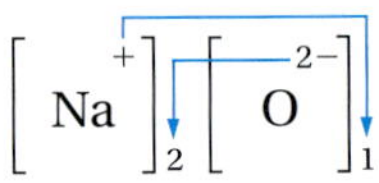

óxido de sódio

Observe as seguintes equações químicas:

$$CaO + H_2O \rightarrow Ca(OH)_2$$
$$Na_2O + H_2O \rightarrow 2\,NaOH$$

Esses dois processos químicos são o oposto da subtração de água que fizemos anteriormente. Esse tipo de reação pode ser generalizado assim:

- **Óxidos básicos** reagem com água formando base.

Observe, agora, as seguintes reações de óxidos básicos com ácidos:

$$CaO + 2\,HNO_3 \rightarrow Ca(NO_3)_2 + H_2O$$

CaO corresponde ao $Ca(OH)_2$

cátion da base

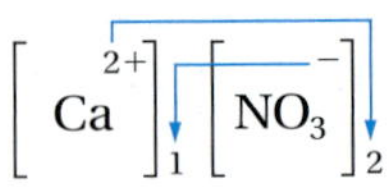

ânion do ácido

$$Na_2O + H_2SO_4 \rightarrow Na_2SO_4 + H_2O$$

Na_2O corresponde ao NaOH

cátion da base

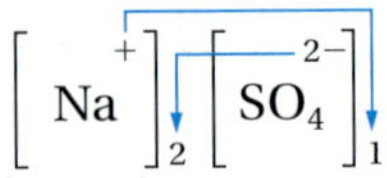

ânion do ácido

Nesse processo, você deve ter percebido que **o sal formado possui o ânion do ácido e o cátion da base correspondente ao óxido básico, que é o mesmo cátion do óxido básico.**

- **Óxidos básicos** reagem com ácidos formando sal e água.

CaO: um óxido básico muito conhecido

O **calcário** é uma rocha constituída principalmente por carbonato de cálcio ($CaCO_3$), sendo muito utilizado na pavimentação do passeio público e na obtenção da **cal viva**:

$$\underset{\text{Calcário}}{CaCO_3} \xrightarrow{\Delta} \underset{\text{Cal viva ou cal virgem}}{CaO} + CO_2$$

A essa reação damos o nome de **decomposição térmica do calcário**. (O símbolo Δ indica aquecimento.)

A cal viva (CaO) formada é aplicada em pinturas (caiação) e também em argamassa, uma mistura de areia, cimento e cal. Em contato com a água, a cal viva forma a **cal hidratada**:

$$\underset{\text{Cal viva}}{CaO} + H_2O \rightarrow \underset{\text{Cal hidratada, cal extinta ou cal apagada}}{Ca(OH)_2}$$

As fotos Ⓐ e Ⓑ ilustram a realização dessa reação em laboratório.

O béquer da foto Ⓐ contém água e fenolftaleína. Esse indicador ácido-base encontra-se incolor porque o meio está neutro. A adição de um pouco de cal viva (CaO) — o pó branco que está na ponta da espátula de metal — faz com que a fenolftaleína assuma a coloração avermelhada, característica desse indicador em meio básico, como mostra a foto Ⓑ.

ATENÇÃO

A cal viva não deve ter contato com pele, boca e olhos, pois é irritante e corrosiva.

Sua dissolução em água ocorre com grande liberação de calor, o que pode provocar violenta ebulição, espirrando solução quente e corrosiva na pessoa.

Na eventual realização desse experimento, com **autorização e supervisão do(a) professor(a), deve-se adicionar apenas uma pitada de cal usando espátula** (como mostra a foto). Óculos de segurança, luvas e aventais protetores são obrigatórios.

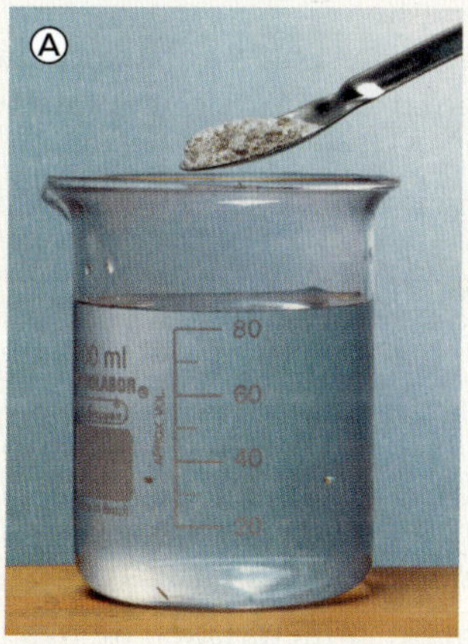

EDUARDO SANTALIESTRA/CID

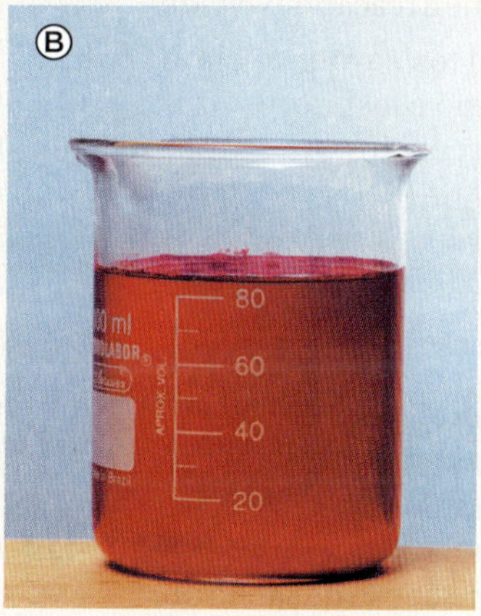

EDUARDO SANTALIESTRA/CID

6.6 Óxidos neutros

Há três óxidos, CO, NO e N_2O, que, ao contrário dos ácidos e básicos, não reagem com água, ácidos ou bases. Eles são chamados de **óxidos neutros**.

- **Óxidos neutros** ou **indiferentes** são aqueles que **não** reagem com água, ácidos ou bases. São eles CO, NO e N_2O.

TABELA 4 **Comparação entre óxidos ácidos, básicos e neutros**

Óxido	Formado por	Composto	Exemplos
Ácido	Não metal* e oxigênio	Molecular	CO_2, N_2O_5, N_2O_3, NO_2, N_2O_4, P_2O_5, P_2O_3, SO_2, SO_3, Cl_2O_7
Neutro	Não metal e oxigênio	Molecular	CO, NO, N_2O
Básico	Metal alcalino ou alcalinoterroso e oxigênio	Iônico	Na_2O, K_2O, Li_2O, MgO, CaO, BaO

* Três importantes exceções são Mn_2O_7, MnO_3 e CrO_3, óxidos ácidos de metais, que possuem elevado caráter covalente.

CO: um dos muitos problemas do cigarro

Entre vários produtos formados na queima do fumo está o gás CO. Ele não reage com água, ácidos ou bases, pois é óxido neutro. Apesar disso é capaz de **reagir com a hemoglobina** que existe em nosso sangue, **impedindo-a de transportar oxigênio** para as várias partes de nosso organismo. Esse é um dos inúmeros problemas associados ao tabagismo.

GÁS TÓXICO

Exercícios essenciais

A critério do(a) professor(a) esta lista de exercícios poderá ser realizada em classe ou em casa.

104. Equacione a reação dos seguintes óxidos com água:

a) óxido de lítio **c)** óxido de cálcio
b) óxido de potássio **d)** óxido de bário

105. Equacione a reação dos óxidos do exercício anterior com HCl.

106. Um caminhão-tanque capotou na estrada e derramou ácido sulfúrico na pista. Supondo que o ácido derramado tenha sido neutralizado pela aplicação de cal virgem (óxido de cálcio), equacione a reação envolvida.

107. Considere os elementos químicos carbono, cloro, nitrogênio, sódio, cálcio, potássio e fósforo.
Quais, entre eles, podem formar óxidos:

a) ácidos? **b)** básicos? **c)** neutros?

108. (Unama-PA) Quando falamos de gás hilariante, o que nos vem à cabeça? Um gás que provoca risos nas pessoas, não é mesmo? Na verdade esse gás é um composto químico de fórmula N_2O (óxido de dinitrogênio), cuja inalação provoca efeitos anestésicos e ainda um estado de euforia, em geral seguido de náuseas e perturbações motoras. Após o estado de euforia inicial, a inalação do gás provoca náusea, sonolência, falta de coordenação motora, desorientação e falta de apetite.
Identifique, entre as alternativas abaixo, aquela que traz a classificação correta do óxido conhecido como gás hilariante:

a) ácido. **b)** neutro. **c)** anfótero. **d)** misto.

Exercícios adicionais

Seu(sua) professor(a) indicará quais exercícios deste bloco você deve fazer.

109. (UFV-MG) As cinzas provenientes da queima de vegetais podem ser utilizadas na produção de sabão por serem ricas em óxidos, principalmente os de metais alcalinos e alcalinoterrosos. Na formação desses óxidos iônicos ocorre a transferência dos elétrons de valência do metal para o oxigênio. As fórmulas químicas dos óxidos de potássio e de cálcio são, respectivamente:

a) KO e CaO **c)** KO_2 e CaO_2
b) K_2O e CaO **d)** K_2O e Ca_2O

110. (Furg-RS) Considere os seguintes óxidos:

I. Na_2O **III.** CaO
II. CO_2 **IV.** SO_3

Assinale a alternativa que apresenta apenas óxidos que, quando dissolvidos em água, tornam o meio ácido:

a) II e III **c)** III e IV **e)** I e IV
b) II e IV **d)** I e II

111. (Ufersa-RN) Assinale a alternativa que corresponde a um óxido neutro.

a) CO **b)** CaO **c)** Al_2O_3 **d)** SO_2

112. (Unemat-MT) Analise as afirmativas abaixo.

A – Apresenta cheiro característico de ovo podre e escurece objetos de prata.

B – É um óxido bastante nocivo à saúde, devido a sua grande afinidade com a hemoglobina, interferindo no processo de oxigenação das células.

C – É conhecido comercialmente por cal viva, a qual se transforma em cal extinta ao ser misturada à água.

As características **A**, **B** e **C** correspondem, respectivamente, a:

a) SO_2, NO e CaO
b) H_2S, CO_2 e $Ca(OH)_2$
c) SO_3, CO e CaO
d) H_2SO_4, NO_2 e $Ca(OH)_2$
e) H_2S, CO e CaO

113. (UFPA) Um dos parâmetros utilizados para avaliar a qualidade de um carvão é o "índice de alcalinidade" de suas cinzas. A alternativa que apresenta dois dos óxidos responsáveis por essa propriedade é a:

a) Fe_2O_3 e BaO **d)** K_2O e Na_2O
b) Mn_3O_4 e CaO **e)** P_2O_5 e MgO
c) K_2O e TiO_2

6.7 Peróxidos

A água oxigenada é uma solução aquosa do composto de fórmula H_2O_2, chamado quimicamente de **peróxido de hidrogênio**. Imagine que fosse possível retirar os dois hidrogênios de sua molécula, mas que cada um saísse deixando o respectivo elétron. A estrutura resultante seria formada por dois átomos de oxigênio e possuiria duas cargas negativas:

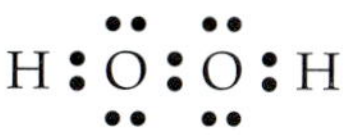
peróxido de hidrogênio

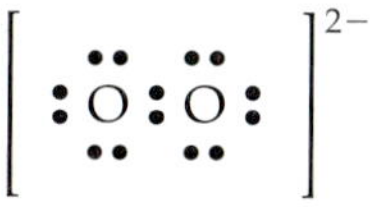
íon peróxido

O íon resultante, o O_2^{2-}, encontra-se presente em alguns compostos iônicos. É chamado de **íon peróxido**, e os compostos que o contêm pertencem à classe dos **peróxidos**. Os peróxidos de maior importância são os de metais alcalinos e alcalinoterrosos. A nomenclatura é feita de modo semelhante à dos óxidos básicos:

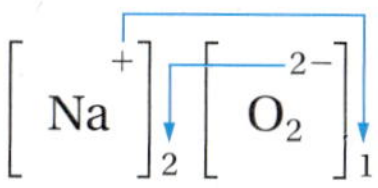
Na_2O_2 — peróxido de sódio

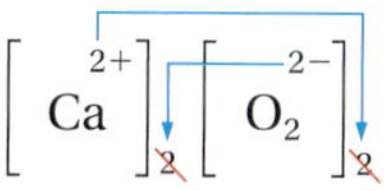
CaO_2 — peróxido de cálcio

O_2^{2-}
Íon peróxido

Não confunda óxido com peróxido. Apesar de parecidos, os óxidos e os peróxidos de metais alcalinos e alcalinoterrosos têm uma diferença decorrente dos diferentes ânions que os compõem. Compare, por exemplo, as fórmulas do óxido de sódio (Na_2O) e do peróxido de sódio (Na_2O_2) ou do óxido de cálcio (CaO) e do peróxido de cálcio (CaO_2).

HUW JONES/ALAMY/OTHER IMAGES

O H_2O_2 é o peróxido mais utilizado pelas indústrias químicas, sendo empregado no processamento de madeira, celulose e papel, no tratamento de despejos industriais e na fabricação de solventes e plásticos. O peróxido de sódio (Na_2O_2) é utilizado no branqueamento industrial das fibras de algodão destinadas a fazer tecidos.

Biblioteca do estudante
Informe-se sobre a Química:
Algumas substâncias obtidas a partir da água do mar

Visão do especialista

Revisão

Exercícios essenciais

A critério do(a) professor(a) esta lista de exercícios poderá ser realizada em classe ou em casa.

114. Escreva a fórmula molecular e a estrutural do peróxido de hidrogênio.

115. Os peróxidos de estrôncio e de bário são empregados na fabricação de alguns fogos de artifício. Quais são suas fórmulas?

116. Escreva as fórmulas do peróxido de:
a) potássio
b) magnésio
c) lítio
d) cálcio

Exercícios adicionais

Seu(sua) professor(a) indicará quais exercícios deste bloco você deve fazer.

117. (Cefet-AL) Em outubro de 2007, a Polícia Federal prendeu 27 pessoas acusadas de adulterar leite em duas cooperativas no estado de Minas Gerais. Na adulteração, adicionava-se peróxido de hidrogênio (conhecido como água oxigenada) para matar bactéria e hidróxido de sódio (conhecido como soda cáustica) para aumentar o pH da mistura.
As fórmulas químicas do peróxido de hidrogênio e do hidróxido de sódio são respectivamente:

a) H_2O e NaO
b) Na e H_2
c) H_2O_2 e NaOH
d) H_2O e KCl
e) HO e NaO

118. (Uerj) Um estudante observou algumas propriedades de um determinado metal Me:

- reagir facilmente com os halogênios;
- formar peróxido do tipo Me_2O_2;
- apresentar elevada eletropositividade.

Esse elemento, na tabela de classificação periódica, está localizado na seguinte coluna:

a) 1 **b)** 2 **c)** 6 **d)** 8

119. (UnB-DF) Um grande problema de saúde pública está associado à destinação inadequada e à falta de tratamento do lixo urbano. Uma das formas atuais de tratamento final do lixo é a incineração, que emprega a decomposição por meio da oxidação térmica a alta temperatura.
Esse processo deve ser usado com restrições, pois tem impacto negativo na saúde pública e no meio ambiente, em decorrência da emissão de poluentes atmosféricos e de cinzas que contêm metais como Fe, Al, Zn, Ag, Cu, Cd, Sn e Hg. Os gases mais comuns emitidos no processo de incineração são HCl, Cl_2, HBr, HF, SO_2, SO_3, NO_2, NO e P_2O_5.
A partir desse texto, julgue os itens subsequentes em certos ou errados.

1. O pentóxido de dipotássio é um dos resíduos gasosos provenientes do referido processo de incineração.
2. Caso se faça reagir uma solução de trióxido de enxofre com uma quantidade insuficiente de base, ocorrerá a formação do sal hidrogenossulfato de sódio, de acordo com as equações a seguir.
$SO_3\,(g) + H_2O\,(l) \rightarrow H_2SO_4\,(aq)$
$H_2SO_4\,(aq) + NaOH\,(aq) \rightarrow NaHSO_4\,(aq) + H_2O\,(l)$
3. Átomos de oxigênio e flúor são constituintes de alguns gases gerados na incineração de lixo. A respeito de íons desses átomos, é correto afirmar que a quantidade de energia necessária para se chegar ao íon O^{2-} a partir de O^- é menor que a quantidade de energia necessária para se chegar ao íon F^{2-} a partir do F^-.
4. Dos ácidos halogenados citados no texto, o mais fraco é o ácido bromídrico.
5. O fluoreto de cálcio é um composto inorgânico que, adicionado à água potável, atua na prevenção de cárie.
6. Na estrutura de Lewis da molécula do poluente NO_2, mencionado no texto, o átomo central tem elétron não ligante, o que causa uma geometria angular dessa molécula.
7. Os óxidos de enxofre e nitrogênio, quando incorporados ao aerossol atmosférico, estão associados com a acidificação de rios e lagos e com a corrosão de edificações e monumentos.

120. (Ufersa-RN) Os metais alcalinos formam uma importante família de elementos químicos, da qual faz parte o potássio, elemento essencial para os vegetais. Analise as seguintes afirmações sobre os metais alcalinos:

I. O hidrogênio é o metal alcalino de menor densidade.
II. Os átomos de todos os metais alcalinos, no estado fundamental, possuem apenas um elétron em sua camada de valência.
III. Os metais alcalinos não podem formar peróxidos quando associados ao oxigênio.
IV. O frâncio é o metal alcalino de menor eletronegatividade.

Estão corretas as afirmações:

a) I e II
b) II e III
c) III e IV
d) II e IV

Capítulo 12

Algumas reações inorgânicas de importância

FOTOS: CHARLES D. WINTERS/PHOTORESEARCHERS/LATINSTOCK

Alguns conteúdos importantes:

- ✔ Reconhecimento de reação de adição, de decomposição, de deslocamento e de dupla troca por meio da análise de sua equação química
- ✔ Equacionamento de reações químicas a partir de informações sobre reagentes e produtos
- ✔ Conceito de reatividade e sua utilidade em previsões sobre a ocorrência de reações de deslocamento
- ✔ Conceito de nobreza e sua relação com o conceito de reatividade
- ✔ Reação de metais dos grupos 1 e 2 com a água
- ✔ Reação de dupla troca com precipitação
- ✔ Reação de dupla troca com produção de gás
- ✔ Equação química na forma iônica

ATENÇÃO

Neste capítulo, alguns experimentos são **APENAS ILUSTRADOS** com a finalidade de abordar os temas correspondentes.

Não tente realizá-los por conta própria.

A eventual realização desses experimentos deve ter autorização e supervisão do(a) professor(a). Nenhum dos reagentes deve ter contato com pele, boca e olhos.

Óculos de segurança, luvas e aventais protetores são obrigatórios.

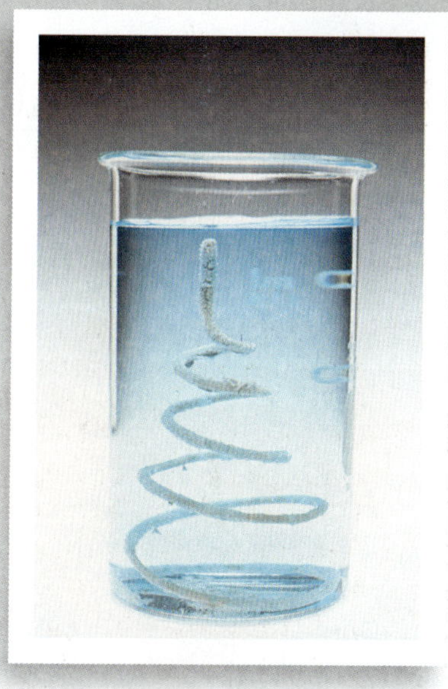

▸ Quando uma solução incolor de nitrato de prata é acrescentada ao recipiente em que há um fio de cobre metálico, ocorre uma reação de deslocamento (o cobre do fio desloca a prata da solução). O depósito formado é a prata metálica produzida, e o azulado da solução se deve à presença de íons Cu^{2+} (aq), outro produto da reação. As reações de deslocamento são um dos tipos de reações estudados neste capítulo.

1 Quatro tipos importantes de reação

Ao iniciar este capítulo, é importante lembrar que:

- Uma **reação química** (ou **transformação química**) é um acontecimento em que uma ou mais substâncias se transformam em uma ou mais novas substâncias.

- **Equação química** é a representação gráfica de uma reação química.

1.1 Reação de adição ou síntese

- Uma reação que apresente dois ou mais reagentes e apenas um produto é denominada **reação de adição** ou **síntese**.

Exemplo:

$$\underbrace{2\,Mg\,(s) + O_2\,(g)}_{\text{Dois reagentes}} \rightarrow \underbrace{2\,MgO\,(s)}_{\text{Um único produto}}$$

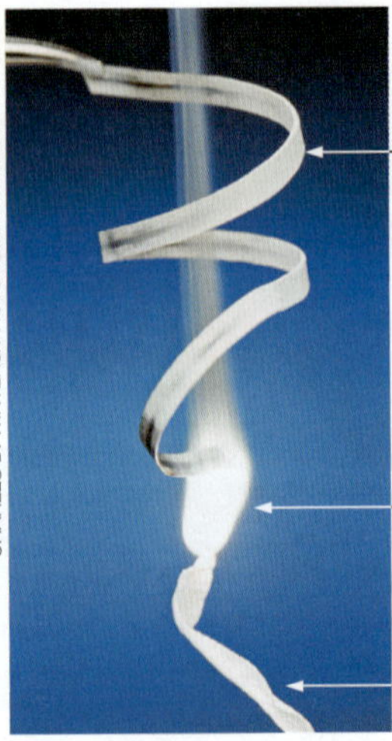

CHARLES D. WINTERS/PHOTORESEARCHERS/LATINSTOCK

Guia de estudo

1.2 Reação de decomposição ou análise

- Uma reação que tiver um só reagente e dois ou mais produtos é classificada como **reação de decomposição** ou **análise**.

Exemplo:

$$\underbrace{(NH_4)_2Cr_2O_7\,(s)}_{\text{Um só reagente}} \rightarrow \underbrace{N_2\,(g) + Cr_2O_3\,(s) + 4\,H_2O\,(g)}_{\text{Três produtos}}$$

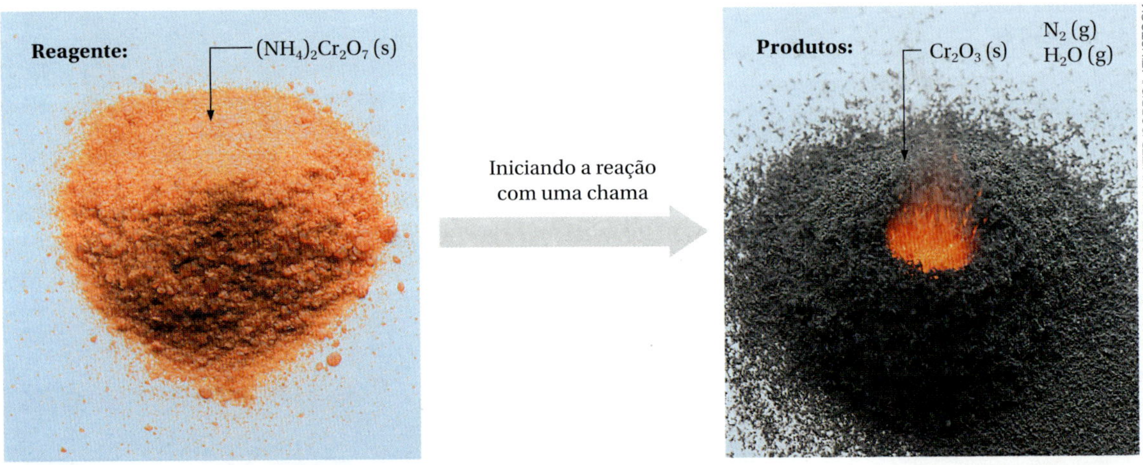

FOTOS: CHRISTOPHER COOPER-/DK LIMITED/CORBIS/LATINSTOCK

1.3 Reação de deslocamento ou simples troca

- Em uma **reação de deslocamento** ou **simples troca** há dois reagentes e dois produtos. Entre os dois reagentes, um é substância inorgânica simples e o outro é uma substância inorgânica composta; com os produtos acontece o mesmo.

Exemplo:

$$\underset{\text{Substância simples}}{Zn\,(s)} + \underset{\text{Substância composta}}{2\,HCl\,(aq)} \rightarrow \underset{\text{Substância simples}}{H_2\,(g)} + \underset{\text{Substância composta}}{ZnCl_2\,(aq)}$$

CHARLES D. WINTERS/PHOTORESEARCHERS/LATINSTOCK

1.4 Reação de dupla troca

- Diz-se que uma reação é de **dupla troca** quando há dois reagentes e dois produtos, todos substâncias inorgânicas compostas, e ocorre uma espécie de "troca", conforme indicam as setas na equação do exemplo a seguir.

Exemplo:

$$Pb(NO_3)_2\,(aq) + 2\,KI\,(aq) \rightarrow 2\,KNO_3\,(aq) + PbI_2\,(s)$$

Substância composta — Substância composta — Substância composta — Substância composta

Misturando as soluções

FOTOS: SÉRGIO DOTTA JR./CID

Resumindo esquematicamente

Reação de adição ou síntese: $X + Y + ... \rightarrow P$

Reação de decomposição ou análise: $R \rightarrow X + Y + ...$

Reação de deslocamento ou simples troca: $X + YZ \rightarrow Y + XZ$ ou $X + YZ \rightarrow Z + YX$

Reação de dupla troca: $XY + ZW \rightarrow ZY + XW$

Exercícios essenciais

A critério do(a) professor(a) esta lista de exercícios poderá ser realizada em classe ou em casa.

1. (UFRN) A amônia é um composto utilizado como matéria-prima em diversos processos químicos. A obtenção da amônia pode ser expressa pela equação a seguir:

$$N_2\,(g) + 3\,H_2\,(g) \rightarrow 2\,NH_3\,(g)$$

A obtenção de amônia pela reação citada pode ser classificada como uma reação de:

a) Deslocamento.
b) Decomposição.
c) Dupla troca.
d) Síntese.

2. (Udesc-SC) Dadas as reações:

I. $H_2\,(g) + \frac{1}{2}\,O_2\,(g) \rightarrow H_2O\,(g)$

II. $NH_4HCO_3\,(s) \rightarrow NH_3\,(g) + H_2O\,(g) + CO_2\,(g)$

III. $HCl + NaOH \rightarrow NaCl + H_2O$

pode-se classificá-las como reações de:

a) (I) síntese ou adição; (II) análise ou decomposição; (III) simples troca.
b) (I) síntese ou adição; (II) análise ou decomposição; (III) síntese ou adição.
c) (I) análise ou decomposição; (II) análise ou decomposição; (III) dupla troca.
d) (I) simples troca; (II) análise ou decomposição; (III) dupla troca.
e) (I) síntese ou adição; (II) análise ou decomposição; (III) dupla troca.

3. (Ufla-MG) As reações químicas a seguir representam a formação de chuvas ácidas, pela presença de SO_3 no ar, e o ataque do ácido formado às fachadas e estátuas de mármore (o mármore é composto principalmente de $CaCO_3$).

$$SO_3 + H_2O \rightarrow H_2SO_4$$

$$H_2SO_4 + CaCO_3 \rightarrow CaSO_4 + H_2CO_3$$

Essas reações podem ser classificadas, respectivamente, como:

a) reações de síntese e dupla troca.
b) reações de simples troca e decomposição.
c) reações de decomposição e síntese.
d) ambas reações de síntese.
e) ambas reações de dupla troca.

4. (Unirio-RJ)

I. $Zn + 2\,AgNO_3 \rightarrow 2\,Ag + Zn(NO_3)_2$
II. $(NH_4)_2Cr_2O_7 \rightarrow N_2 + Cr_2O_3 + 4\,H_2O$
III. $2\,Mg + O_2 \rightarrow 2\,MgO$
IV. $Cl_2 + 2\,NaBr \rightarrow Br_2 + 2\,NaCl$
V. $H_2SO_4 + Na_2CO_3 \rightarrow Na_2SO_4 + H_2O + CO_2$

Dadas as reações acima, indique a opção que apresenta a ordem correta de suas classificações:

a) deslocamento; decomposição; síntese; deslocamento; dupla troca.
b) deslocamento; síntese; decomposição; deslocamento; dupla troca.
c) dupla troca; decomposição; síntese; dupla troca; deslocamento.
d) dupla troca; síntese; decomposição; dupla troca; deslocamento.
e) síntese; decomposição; deslocamento; dupla troca; dupla troca.

Comentário dos autores:

Na reação V, considere que $H_2O + CO_2$ corresponda a H_2CO_3 produzido na reação e que se decompôs em água e gás carbônico. Ao classificar essa reação, não se apegue a essa decomposição, mas ao processo que transforma H_2SO_4 e Na_2CO_3 em Na_2SO_4 e H_2CO_3.

5. (FEI-SP) Os coeficientes estequiométricos da reação química abaixo são, respectivamente:

$$NaHCO_3 \rightarrow Na_2CO_3 + H_2O + CO_2$$

a) 2, 1, 1 e 1
b) 1, 1, 1 e 1
c) 1, 2, 1 e 1
d) 1, 1, 2 e 1
e) 1, 1, 1 e 2

Exercícios adicionais

Seu(sua) professor(a) indicará quais exercícios deste bloco você deve fazer.

Exercício Resolvido

6. Um método para obter gás nitrogênio em laboratório consiste em aquecer o sal nitrito de amônio. Ao aquecê-lo, ele se transforma no gás nitrogênio e em vapor de água.
Equacione essa reação e classifique-a quanto a seu tipo.

➤ Resolução

Inicialmente escrevemos as fórmulas de reagente e produtos:

Reagente: Nitrito de amônio, $[NH_4^+]_1[NO_2^-]_1$

Produtos: Gás nitrogênio, N_2
Vapor de água, H_2O

A seguir, escrevemos a equação utilizando essas fórmulas e fazemos o balanceamento:

$$NH_4NO_2\,(s) \rightarrow N_2\,(g) + 2\,H_2O\,(g)$$

Nesse processo um reagente origina mais de um produto ($R \rightarrow X + Y$). Portanto, é uma **reação de decomposição**.

7. Um método para obter gás hilariante (N_2O) em laboratório consiste em aquecer o sal nitrato de amônio. Ao aquecê-lo, ele produz vapor de água e o gás mencionado.
Equacione essa reação e classifique-a quanto a seu tipo.

8. A fabricação do gás cloreto de hidrogênio (HCl) é feita por meio da reação entre gás hidrogênio e gás cloro. Equacione o processo de fabricação desse gás e diga que tipo de reação é essa.

Comentário dos autores:

O cloreto de hidrogênio é geralmente comercializado em solução aquosa. Nesse caso, ele recebe o nome de *ácido clorídrico* ou *ácido muriático*.

9. (UEMS) O elemento oxigênio foi descoberto e isolado pela primeira vez pelo químico sueco C. H. Scheele em 1771, fazendo decomposição térmica do salitre (nitrato de potássio) em nitrito de potássio e gás oxigênio. A equação química que representa corretamente a reação de descoberta do oxigênio é:

a) $KNO_3\,(s) \rightarrow KNO\,(s) + O_2\,(g)$
b) $KNO_2\,(s) \rightarrow KNO\,(s) + O\,(g)$
c) $KNO_3\,(s) \rightarrow KNO_2\,(s) + 1/2\,O_2\,(g)$
d) $KNO_2\,(s) \rightarrow KNO\,(s) + O_2\,(g)$
e) $KNO_3\,(s) \rightarrow KNO_2\,(s) + O\,(g)$

(UFRJ) **O texto a seguir é comum às questões 10 e 11:**
Um dos grandes avanços da Química do século XVIII foi o isolamento e a identificação de substâncias gasosas. Em 1756, Joseph Black realizou

uma experiência que consistia na decomposição térmica de carbonato de magnésio ($MgCO_3$), levando à formação de um óxido básico e de um anidrido gasoso, conhecido à época como "gás silvestre". O gás produzido foi coletado em um balão invertido.

10. (UFRJ) Escreva a equação da reação que representa os resultados observados por Joseph Black.

11. (UFRJ) Observa-se que o "gás silvestre" diminui o pH da água contida no balão coletor.
Explique esse fenômeno.

Comentário dos autores:

Diminuir o pH significa aumentar a acidez.

12. (Cefet-PB) Considere a seguinte reação: sob pressão de oxigênio (O_2), o sulfeto de zinco (ZnS) reage a 150 °C com ácido sulfúrico (H_2SO_4) aquoso para formar sulfato de zinco solúvel, com deposição de enxofre elementar. Marque a opção correta que indica a equação química que representa o processo descrito.

a) $ZnS + H_2SO_4 + O_2 \rightarrow ZnSO_4 + S$

b) $ZnS + H_2SO_4 + 1/2\,O_2 \rightarrow ZnSO_4 + S + H_2O$

c) $ZnS + H_2SO_4 + 1/2\,O_2 \rightarrow ZnSO_3 + S + H_2O$

d) $ZnS + H_2SO_4 + O_2 \rightarrow ZnSO + S + H_2O$

e) $ZnS + H_2SO_4 + O_2 \rightarrow ZnSO_4 + SO_2 + H_2O$

13. (UFRJ) O vidro pode ser usado como evidência científica em investigações criminais; isso é feito, usualmente, comparando-se a composição de diferentes amostras de vidro. Alguns métodos de análise empregam uma reação do vidro com ácido fluorídrico. A reação entre o ácido fluorídrico e o dióxido de silício presente nos vidros produz fluoreto de silício e água.
Escreva a equação química balanceada dessa reação.

2 Reações de deslocamento

2.1 Reações de deslocamento envolvendo metais

FOTOS: ANDREW LAMBERT PHOTOGRAPHY/ SCIENCE PHOTO LIBRARY/LATINSTOCK

ATENÇÃO

A eventual realização desse experimento deve ter autorização e supervisão do(a) professor(a).

Nenhum dos reagentes deve ter contato com pele, boca e olhos.

Óculos de segurança, luvas e aventais protetores são obrigatórios.

◂ Placa de zinco metálico reage ao ser mergulhada em solução de sulfato de cobre (II). Na foto da direita, em que a placa foi retirada da solução após alguns minutos, o depósito escuro sobre a placa e no fundo do béquer é cobre metálico.

A análise microscópica do experimento envolve a ocorrência de uma **reação de deslocamento (simples troca)**. Nessa reação química o zinco da placa (Zn) passou para a solução na forma de íon (Zn^{2+}) e uma parte dos íons cobre (II) (Cu^{2+}) da solução passou para a placa, na forma de cobre metálico (Cu). Dizemos que o zinco deslocou o cobre.

$$Zn\,(s) + CuSO_4\,(aq) \rightarrow Cu\,(s) + ZnSO_4\,(aq)$$

O zinco desloca o cobre

A ocorrência dessa reação é compatível com as evidências: forma-se um depósito de cobre metálico (Cu), diminui a quantidade de íons Cu^{2+} na solução (também podemos dizer que diminui a quantidade de $CuSO_4$ dissolvido) e aparecem íons Zn^{2+} na solução (também podemos dizer que agora temos $ZnSO_4$ dissolvido). Esse processo está esquematizado, em nível microscópico, na figura a seguir.

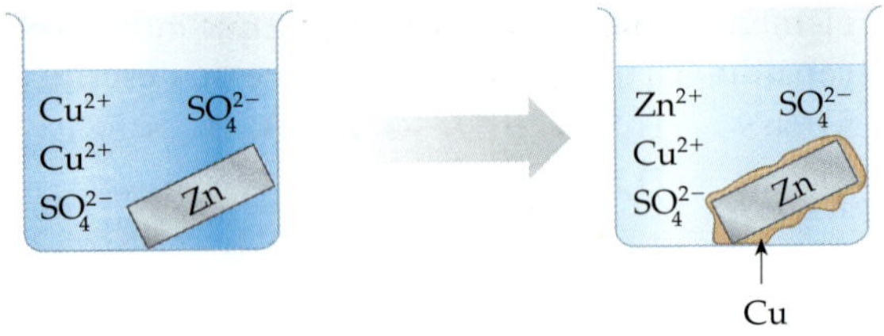

Parte dos íons Cu^{2+} é consumida na reação com a placa de zinco (Zn). Para efeito de esquematização, a espessura da camada de cobre depositada foi exagerada.

O contrário não ocorre: o cobre de uma placa não desloca o zinco de uma solução:

$$Cu\ (s) + ZnSO_4\ (aq) \rightarrow \textbf{não}\ \text{há reação}$$

O cobre *não* desloca o zinco

Pode-se executar uma experiência mais ampla, semelhante à que acabamos de descrever, mas envolvendo também outros metais. Assim, por exemplo, se fossem utilizadas placas de zinco, níquel e cobre e soluções de $ZnSO_4$, $NiSO_4$ e $CuSO_4$, poderíamos, com base nos resultados experimentais, construir a tabela a seguir.

		Placas metálicas		
		Zn	Ni	Cu
Soluções	$ZnSO_4$	—	**Não ocorre** reação	**Não ocorre** reação
	$NiSO_4$	**Ocorre** reação	—	**Não ocorre** reação
	$CuSO_4$	**Ocorre** reação	**Ocorre** reação	—

Como podemos perceber, a placa de zinco possui maior tendência para reagir que as demais; já a de cobre possui a menor tendência das três. Vamos chamar de **reatividade** de um metal a **capacidade que ele possui para deslocar outro** em uma reação de deslocamento.

Assim, de acordo com o conceito de reatividade, temos:

$$Zn > Ni > Cu$$

Aumenta a reatividade (←)

Por meio de muitas experiências desse tipo, os químicos puderam construir uma fila de reatividade envolvendo os metais. Podemos dizer, então, que **a condição para que ocorra uma reação de deslocamento é que seja obedecida a fila de reatividade**. Por exemplo:

$Zn + NiSO_4 \rightarrow Ni + ZnSO_4$	Reatividade Zn > Ni
$Zn + CuSO_4 \rightarrow Cu + ZnSO_4$	Reatividade Zn > Cu
$Ni + ZnSO_4 \rightarrow$ **não** ocorre	Reatividade Ni < Zn
$Ni + CuSO_4 \rightarrow Cu + NiSO_4$	Reatividade Ni > Cu
$Cu + ZnSO_4 \rightarrow$ **não** ocorre	Reatividade Cu < Zn
$Cu + NiSO_4 \rightarrow$ **não** ocorre	Reatividade Cu < Ni

2.2 Reações de metais com ácidos

Vamos apresentar os resultados de um experimento envolvendo chapas dos metais zinco, ferro, cobre e ouro e quatro copos contendo solução aquosa de HCl.

Observa-se desprendimento de bolhas de gás hidrogênio da superfície do zinco e do ferro

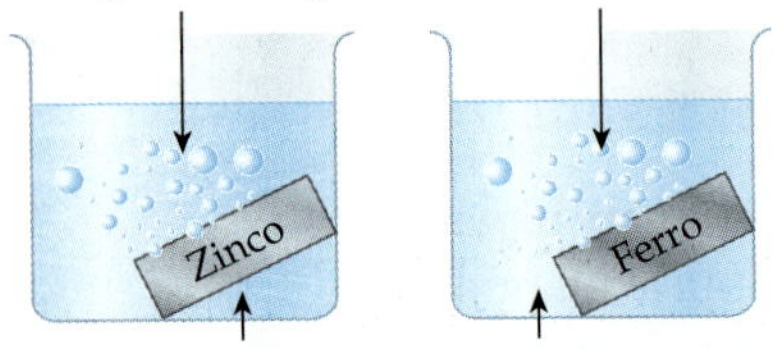

Solução de ácido clorídrico

Com o cobre e o ouro *não* se observa evidência de reação

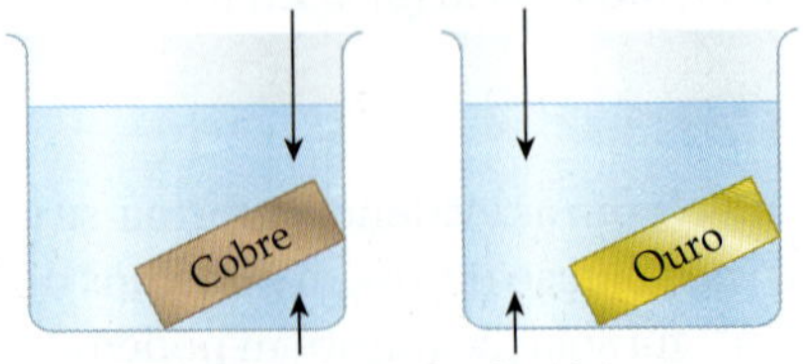

Solução de ácido clorídrico

ATENÇÃO

A eventual realização desse experimento deve ter autorização e supervisão do(a) professor(a).

Nenhum dos reagentes deve ter contato com pele, boca e olhos. Óculos de segurança, luvas e aventais protetores são obrigatórios. O ácido clorídrico, mesmo **diluído**, é corrosivo e desprende vapores tóxicos e irritantes. E o gás hidrogênio pode explodir, caso haja fogo ou faíscas nas proximidades.

O que aconteceu nos quatro casos pode ser representado como segue, sendo que, onde ocorreu reação, podemos dizer que o hidrogênio do ácido em solução foi deslocado pelo metal.

$$Zn + 2\,HCl \rightarrow H_2 + ZnCl_2$$
$$Fe + 2\,HCl \rightarrow H_2 + FeCl_2$$
$$Cu + 2\,HCl \rightarrow \textbf{não ocorre}$$
$$Au + 2\,HCl \rightarrow \textbf{não ocorre}$$

Zinco e ferro deslocam o hidrogênio; cobre e ouro *não*

Conclui-se, desses resultados experimentais, que **zinco e ferro são mais reativos que hidrogênio** e que **cobre e ouro são menos reativos que hidrogênio**. Por meio de muitas experiências desse tipo, os químicos puderam construir uma fila de reatividade envolvendo os metais e o hidrogênio, como a que aparece abaixo.

FILA DE REATIVIDADE DOS METAIS

← **Aumenta a reatividade**

Li > K > Ca > Na > Mg > Al > Zn > Cr > Fe > Ni > Sn > Pb > **H** > Cu > Hg > Ag > Pt > Au

- Li a Mg: **Metais alcalinos e alcalinoterrosos**
- Al a Pb: **Metais mais comuns no nosso cotidiano**
- Cu a Au: **Metais nobres**

- Li a Pb: **Reagem com HCl**
- Cu a Au: ***Não* reagem com HCl**

Aumenta a nobreza →

- Entende-se por **nobreza** a característica de um metal **não apresentar tendência a tomar parte em reações de deslocamento**. Assim, podemos dizer que **nobreza é o oposto de reatividade**.

Metais mais nobres (menos reativos) que o hidrogênio (Cu, Hg, Ag, Pt, Au) não são deslocados por ele, ou seja, não reagem com ácidos como o HCl.

FOTOS: MARTYN F. CHILLMAID/SCIENCE PHOTO LIBRARY/LATINSTOCK

O magnésio, Ⓐ, o zinco, Ⓑ, e o ferro, Ⓒ, são corroídos por uma solução aquosa de ácido clorídrico porque são metais mais reativos (menos nobres) que o hidrogênio. Já o cobre, Ⓓ, por ser menos reativo (mais nobre) que o hidrogênio, não é atacado por essa solução.

Reação de metais alcalinos e alcalinoterrosos com água

Os metais alcalinos e alcalinoterrosos (exceto Mg) reagem rapidamente com a água, à temperatura ambiente, produzindo hidrogênio gasoso e liberando muito calor. Trata-se de uma reação na qual esses **metais muito reativos** deslocam o hidrogênio da água:

$$2\,Na\,(s) + 2\,HOH\,(l) \rightarrow 2\,NaOH\,(aq) + H_2\,(g)$$ Reatividade Na > H

$$Ca\,(s) + 2\,HOH\,(l) \rightarrow Ca(OH)_2\,(aq) + H_2\,(g)$$ Reatividade Ca > H

A reação é muito rápida, principalmente no caso dos alcalinos. **O hidrogênio produzido pode facilmente entrar em combustão** graças ao calor liberado no processo, e essa combustão é, por vezes, tão rápida que chega a ser **explosiva**.

Exercícios essenciais

A critério do(a) professor(a) esta lista de exercícios poderá ser realizada em classe ou em casa.

Exercício Resolvido

14. Preveja se as seguintes reações ocorrem ou não:

a) $Zn + 2AgNO_3 \rightarrow 2Ag + Zn(NO_3)_2$

b) $2Ag + H_2SO_4 \rightarrow H_2 + Ag_2SO_4$

Resolução

a) $Zn + 2AgNO_3 \rightarrow 2Ag + Zn(NO_3)_2$

O zinco está deslocando a prata

Consultando a fila de reatividade dos metais, vemos que Zn é mais reativo que Ag. Assim, essa reação **ocorre**.

b) $2Ag + H_2SO_4 \rightarrow H_2 + Ag_2SO_4$

A prata está deslocando o hidrogênio

Consultando a fila de reatividade dos metais, vemos que Ag **NÃO** é mais reativa que H. Assim, essa reação **NÃO ocorre**.

15. Preveja, **consultando** a fila de reatividade, se as seguintes reações podem ocorrer ou não:

a) $Cu + NiCl_2 \rightarrow Ni + CuCl_2$

b) $Mg + SnSO_4 \rightarrow Sn + MgSO_4$

c) $Ni + HgCl_2 \rightarrow NiCl_2 + Hg$

d) $Mg + 2HCl \rightarrow MgCl_2 + H_2$

e) $CaBr_2 + 2Ag \rightarrow Ca + 2AgBr$

f) $6Au + 2H_3PO_4 \rightarrow 3H_2 + 2Au_3PO_4$

g) $2HCl + Sn \rightarrow H_2 + SnCl_2$

16. (Uece) O sistema a seguir mostra a ocorrência de reação química entre um ácido e um metal, com liberação do gás **X**.

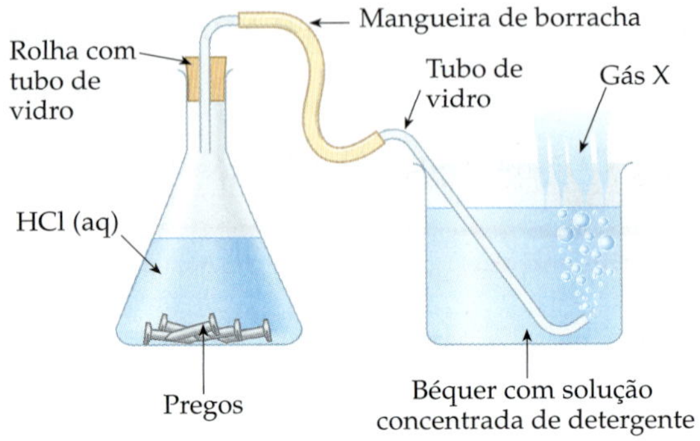

O gás **X**, liberado nesse sistema, é o:

a) O_2 **b)** Cl_2 **c)** O_3 **d)** H_2

Exercícios adicionais

Seu(sua) professor(a) indicará quais exercícios deste bloco você deve fazer.

17. Equacione as seguintes reações, caso ocorram:

a) $Mg + ZnSO_4$

b) $Au + NaCl$

c) $Zn + Cr_2(SO_4)_3$

d) alumínio metálico + cloreto de cobre (II)

e) zinco metálico + ácido clorídrico

f) cobre metálico + ácido fosfórico

g) ferro metálico + ácido bromídrico

h) alumínio metálico + ácido clorídrico

Comentário dos autores:

Na reação de um metal com ácido, liberando hidrogênio, se o metal possuir duas cargas iônicas diferentes, ele aparecerá nos produtos com a carga **menor**.

18. (UFRJ) A gravura em metal é uma técnica antiga que pode produzir belas obras de arte. A técnica consiste em revestir uma placa de metal com uma camada de cera protetora. Com um instrumento pontiagudo, o artista desenha a imagem riscando a cera e descobrindo o metal. A seguir, com uma solução ácida, cria na placa sulcos onde é feito o desenho. A placa é lavada, a cera é removida e, após a aplicação de tinta, é feita a impressão da gravura.

Em um estúdio, um artista utilizou a técnica de gravura sobre uma placa de zinco, empregando uma solução de ácido clorídrico para gravar a imagem. Escreva a equação balanceada da reação que ocorre entre o metal e o ácido clorídrico.

19. (Unifenas-MG) A condição para que ocorra uma reação de deslocamento (ou simples troca) é que o metal, ou ametal deslocante, deva ser mais reativo que o metal ou ametal deslocado.

Analise as seguintes experiências:

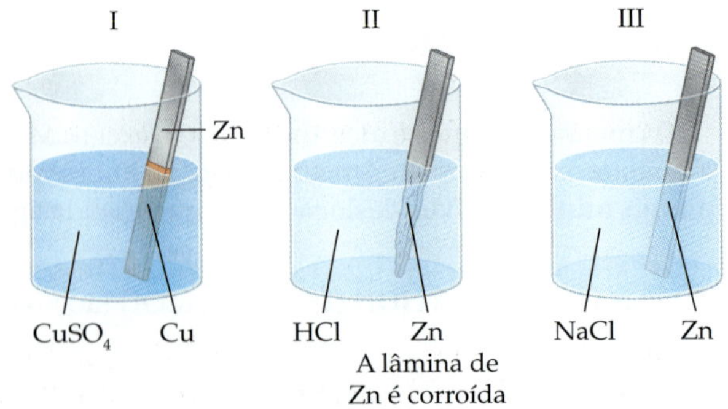

Assinale a opção incorreta:

a) A reação química em I é:
$CuSO_4 + Zn \rightarrow ZnSO_4 + Cu$

b) Em II a equação da reação química é:
$Zn + 2HCl \rightarrow ZnCl_2 + H_2$

c) Em III ocorre a seguinte reação química:
$Zn + 2\,NaCl \rightarrow ZnCl_2 + 2\,Na$

d) Em I houve deposição do cobre.

e) Em III a placa metálica não sofreu corrosão.

20. (UFMG) Num laboratório, foram feitos testes para avaliar a reatividade de três metais — cobre (Cu), magnésio (Mg) e zinco (Zn).
Para tanto, cada um desses metais foi mergulhado em três soluções diferentes — uma de nitrato de cobre, $Cu(NO_3)_2$, uma de nitrato de magnésio, $Mg(NO_3)_2$, e uma de nitrato de zinco, $Zn(NO_3)_2$.
No quadro a seguir, estão resumidas as observações feitas ao longo dos testes:

Soluções \ Metais	Cu	Mg	Zn
$Cu(NO_3)_2$	Não reage	Reage	Reage
$Mg(NO_3)_2$	Não reage	Não reage	Não reage
$Zn(NO_3)_2$	Não reage	Reage	Não reage

Considerando essas informações, é CORRETO afirmar que a disposição dos três metais testados, segundo a **ordem crescente de reatividade** de cada um deles, é:

a) Cu / Mg / Zn
b) Cu / Zn / Mg
c) Mg / Zn / Cu
d) Zn / Cu / Mg

2.3 Reações de deslocamento envolvendo não metais

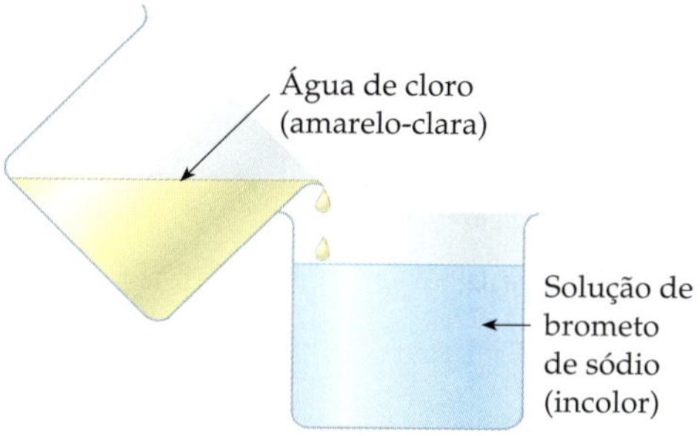

Aqui, verifica-se que aparecerá uma coloração alaranjada, evidenciando a formação de bromo

Aqui, *não* se observará evidência de que tenha ocorrido reação

ATENÇÃO

Esses experimentos NÃO devem ser realizados pelo aluno.

As soluções de cloro e de bromo são tóxicas e corrosivas. Gás cloro e vapor de bromo, que se desprendem dessas soluções, podem provocar irritações e queimaduras na córnea e na pele, dor de cabeça, edema pulmonar, náuseas e vômitos.

No primeiro experimento, aconteceu uma reação química que formou bromo (Br_2). A interpretação dada pelos químicos é de que o cloro desloca o bromo, numa reação que pode ser assim equacionada:

$$Cl_2 + 2\,NaBr \rightarrow Br_2 + 2\,NaCl \qquad \text{Reatividade Cl} > \text{Br}$$

O cloro desloca o bromo

A ocorrência dessa reação indica que **o cloro é mais reativo que o bromo**.

Já no segundo experimento não houve reação, o que é interpretado pelos químicos como indicativo de que **o bromo é menos reativo que o cloro**, já que não o desloca:

$$Br_2 + 2\,NaCl \rightarrow \text{não ocorre} \qquad \text{Reatividade Cl} > \text{Br}$$

O bromo *não* desloca o cloro

Fundamentados em experiências desse tipo, os químicos construíram uma fila de reatividade para os não metais (veja-a ao lado).

FILA DE REATIVIDADE DOS NÃO METAIS

F > O > Cl > Br > I > S

← **Aumenta a reatividade**

Resumindo

É muito importante você perceber que as leis que regem as **reações de deslocamento** se resumem em duas filas de reatividade: a dos metais e a dos não metais.

Lembre-se de que:

- **Um membro de uma dessas filas, se for mais reativo, deslocará outro elemento, membro da mesma fila.**
- **Um membro de uma fila nunca deslocará um membro da outra.**

Reações relevantes envolvendo a fila de reatividade dos metais são dos tipos:

metal 1 + sal 1 → metal 2 + sal 2
metal + ácido → H_2 + sal

Reações relevantes envolvendo a fila dos não metais são do tipo:

não metal 1 + sal 1 → não metal 2 + sal 2

Exercícios essenciais

A critério do(a) professor(a) esta lista de exercícios poderá ser realizada em classe ou em casa.

21. Preveja, com base na fila de reatividade, se as seguintes reações podem ocorrer ou não:

a) $I_2 + 2\,NaBr \rightarrow Br_2 + 2\,NaI$

b) $Br_2 + 2\,KCl \rightarrow Cl_2 + 2\,KBr$

c) $Cl_2 + Na_2S \rightarrow 2\,NaCl + S$

d) $3\,F_2 + 2\,AlCl_3 \rightarrow 2\,AlF_3 + 3\,Cl_2$

22. Equacione as seguintes reações, caso ocorram (consulte a fila de reatividade):

a) Cloro (Cl_2) e brometo de sódio (NaBr).

b) Bromo (Br_2) e iodeto de sódio (NaI).

c) Iodo (I_2) e cloreto de potássio (KCl).

d) Flúor (F_2) e brometo de cálcio ($CaBr_2$).

3 Reações de dupla troca

Um comentário inicial sobre dupla troca

O tema deste item são as reações de dupla troca, esquematicamente representáveis assim:

$$XY + ZW \rightarrow ZY + XW$$

Ao estudá-lo, perceba que a maioria dos exemplos e dos exercícios será dos seguintes tipos:

sal 1 + **sal 2** → **sal 3** + **sal 4**
ácido 1 + **sal 1** → **sal 2** + **ácido 2**
base 1 + **sal 1** → **base 2** + **sal 2**

Também perceba que, nos itens 3.1, 3.2 e 3.3 deste capítulo, trabalharemos, respectivamente, as três circunstâncias típicas de ocorrência de dupla troca, que são as seguintes:

- reagentes **solúveis** formando ao menos um produto **insolúvel**.
- reagentes **não voláteis** formando ao menos um produto **volátil**.
- reagentes **muito dissociados/ionizados** formando ao menos um produto **pouco dissociado/ionizado**.

3.1 Reações de dupla troca com precipitação

Observe a foto de um experimento:

◄ Precipitação de cloreto de prata, AgCl, observada ao se adicionar uma solução aquosa de nitrato de prata, $AgNO_3$, a outra de cloreto de sódio, NaCl.

ATENÇÃO

A eventual realização desse experimento deve ter autorização e supervisão do(a) professor(a).

Nenhum dos reagentes deve ter contato com pele, boca ou olhos. Óculos de segurança, luvas e aventais protetores são obrigatórios.

Vamos fazer uma análise, em nível microscópico, do que ocorreu. Quando as soluções foram misturadas, os íons Ag^+ e Cl^- se combinaram para formar um sal insolúvel, o AgCl, como ilustra o esquema a seguir.

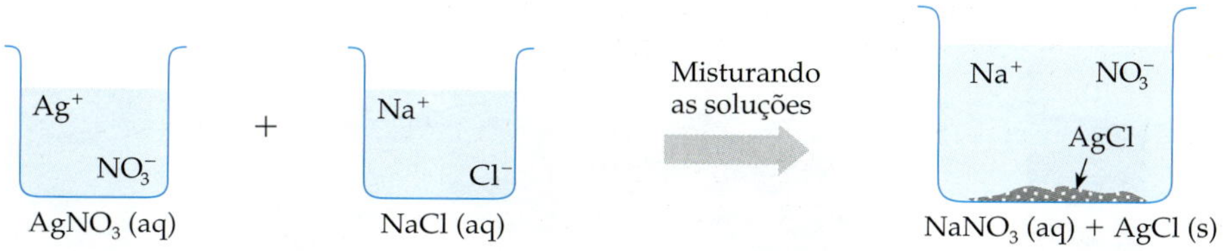

Ao misturar as soluções, ocorre precipitação de AgCl, isto é, forma-se AgCl sólido

Uma maneira de equacionar a reação química ocorrida é mostrada a seguir. O $NaNO_3$ é um composto solúvel em água e o AgCl é um composto insolúvel em água. Este último é o precipitado observado, o que se indica com ↓.

$$AgNO_3 + NaCl \rightarrow NaNO_3 + AgCl\downarrow$$

Nessa reação de dupla troca ocorre precipitação de AgCl

Vamos agora analisar outro resultado de experimento: a adição de uma solução aquosa de KNO_3 a uma solução aquosa de NaCl **não** causa precipitação. Após a mistura das soluções de KNO_3 e de NaCl, estarão presentes dentro da mesma solução os íons K^+, NO_3^-, Na^+ e Cl^-, que, em princípio, poderiam combinar-se para formar KCl e $NaNO_3$. Porém, como esses sais (KCl e $NaNO_3$) são solúveis, não observamos precipitação. Na verdade, não há reação, ou seja, não se forma nenhuma nova substância. O que ocorreu limita-se simplesmente à mistura das soluções.

Nesse segundo caso a reação de dupla troca **não** acontece porque entre os possíveis produtos nenhum é insolúvel, ou seja, nenhum precipita.

$$KNO_3 + NaCl \not\rightarrow NaNO_3 + KCl$$

Essa reação *não* ocorre, pois $NaNO_3$ e KCl são solúveis

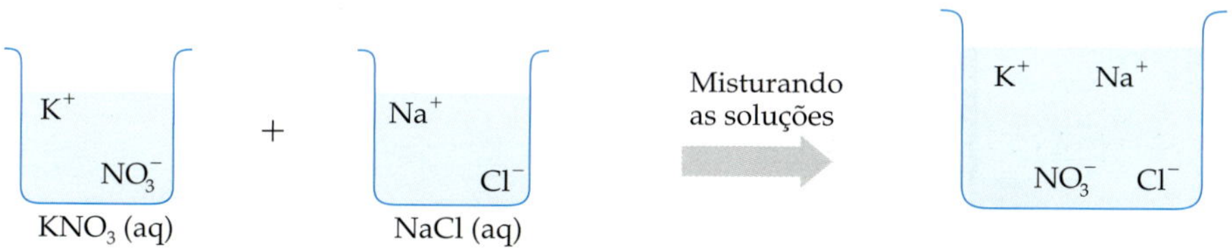

***Não* há reação química, pois não se forma nenhuma nova substância**

Pelo que vimos até aqui, **uma reação de dupla troca pode acontecer desde que tenhamos reagentes solúveis e ao menos um produto insolúvel**.

Principais precipitados

Reveja na página 174 a tabela de solubilidade de sais e na página 173 o texto sobre solubilidade de bases.

Na resolução de **exercícios de vestibular**, alguns dos **precipitados** mais **comuns** são:

- AgCl
- AgBr
- AgI
- $PbCl_2$
- $PbBr_2$
- PbI_2
- $CaCO_3$
- $BaCO_3$
- $CaSO_4$
- $BaSO_4$
- $Mg(OH)_2$
- $Al(OH)_3$
- Hidróxidos de metais de transição

Veja mais exemplos de dupla troca com precipitação.

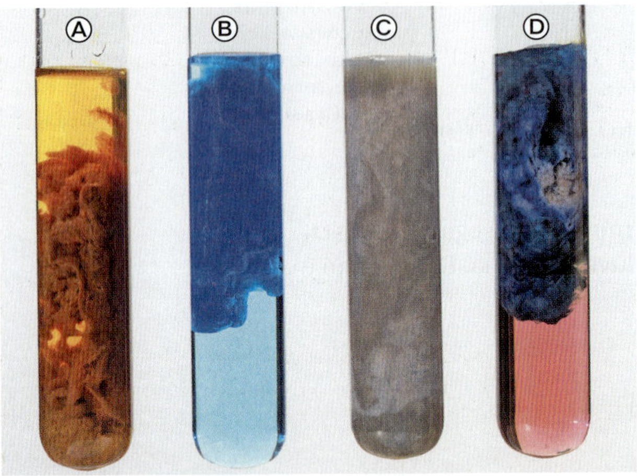

ANDREW LAMBERT PHOTOGRAPHY/SCIENCE PHOTO LIBRARY/LATINSTOCK

Ⓐ $FeCl_3\,(aq) + 3\,NaOH\,(aq) \rightarrow 3\,NaCl\,(aq) + Fe(OH)_3\,(s)$

Ⓑ $CuSO_4\,(aq) + 2\,NaOH\,(aq) \rightarrow Na_2SO_4\,(aq) + Cu(OH)_2\,(s)$

Ⓒ $Cr(NO_3)_3\,(aq) + 3\,NaOH\,(aq) \rightarrow 3\,NaNO_3\,(aq) + Cr(OH)_3\,(s)$

Ⓓ $Co(NO_3)_2\,(aq) + 2\,NaOH\,(aq) \rightarrow 2\,NaNO_3\,(aq) + Co(OH)_2\,(s)$

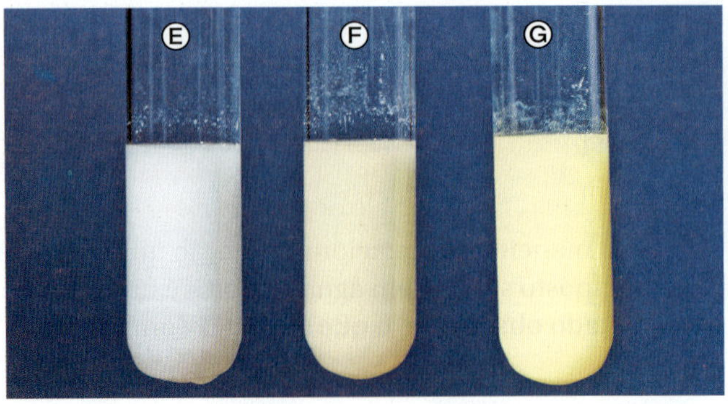

ANDREW LAMBERT PHOTOGRAPHY/SCIENCE PHOTO LIBRARY/LATINSTOCK

Ⓔ $AgNO_3\,(aq) + KCl\,(aq) \rightarrow KNO_3\,(aq) + AgCl\,(s)$

Ⓕ $AgNO_3\,(aq) + KBr\,(aq) \rightarrow KNO_3\,(aq) + AgBr\,(s)$

Ⓖ $AgNO_3\,(aq) + KI\,(aq) \rightarrow KNO_3\,(aq) + AgI\,(s)$

CHARLES D. WINTERS/PHOTORESEARCHERS/LATINSTOCK

SÉRGIO DOTTA JR./CID

Ⓗ $Pb(NO_3)_2\,(aq) + 2\,KI\,(aq) \rightarrow$

$\rightarrow 2\,KNO_3\,(aq) + PbI_2\,(s)$

Ⓘ Separação do precipitado por filtração.

O precipitado, $PbI_2\,(s)$, é retido pelo papel de filtro.

O filtrado contém $KNO_3\,(aq)$.

Exercícios essenciais

A critério do(a) professor(a) esta lista de exercícios poderá ser realizada em classe ou em casa.

23. Ao misturar soluções aquosas de $Pb(NO_3)_2$ e NaCl, observa-se a formação de um precipitado. Equacione essa reação, identificando o precipitado.

24. Ao misturar soluções aquosas de $AgNO_3$ e KCl, observa-se a formação de um precipitado. Equacione essa reação, identificando o precipitado.

25. Ao misturar soluções aquosas de $Pb(NO_3)_2$ e $(NH_4)_2SO_4$, observa-se a formação de um precipitado. Equacione essa reação, identificando o precipitado.

26. (Mackenzie-SP) A emulsão colocada em películas para fazer filmes fotográficos é preparada adicionando-se uma solução de nitrato de prata ($AgNO_3$) a uma mistura que contém gelatina e brometo de potássio (KBr), dissolvidos em água. Ocorre, então, uma reação formando-se um sal de prata na forma de cristais amarelos insolúveis em água.
O tipo de reação que ocorre e a fórmula desses cristais são, respectivamente:

a) neutralização e AgBr.
b) simples troca e Ag_2O.
c) precipitação e KNO_2.
d) oxidação e $AgNO_3$.
e) dupla troca e AgBr.

Exercícios adicionais

Seu(sua) professor(a) indicará quais exercícios deste bloco você deve fazer.

(UFS-SE) **Instruções: As questões de números 27 e 28 relacionam-se com a seguinte tabela de solubilidade de sais, em água:**

Ânions	Solubilidade em água	Exceções
Cl^-, Br^- e I^-	Solúveis	Ag^+, Pb^{2+} e Hg_2^{2+}
NO_3^-	Solúveis	—
CO_3^{2-}	Insolúveis	NH_4^+ e cátions de metais alcalinos
S^{2-}	Insolúveis	NH_4^+ e cátions de metais alcalinos e alcalino-terrosos

27. (UFS-SE) Pode ser citado como sal insolúvel em água:

a) carbonato de sódio.
b) brometo de potássio.
c) cloreto de amônio.
d) iodeto de chumbo.
e) nitrato de prata.

28. (UFS-SE) Em quatro tubos de ensaio rotulados por I, II, III, IV, misturam-se soluções aquosas de:

I. brometo de sódio + nitrato férrico
II. iodeto de potássio + sulfeto de amônio
III. sulfeto de sódio + nitrato de zinco
IV. carbonato de sódio + brometo de cálcio

Há formação de um precipitado em:

a) I e II
b) I e III
c) II e III
d) II e IV
e) III e IV

29. (PUC-RS) Considere a reação química expressa pela equação

$NaCl\ (aq) + AgNO_3\ (aq) \rightarrow NaNO_3\ (aq) + AgCl\ (s)$

e o fluxograma:

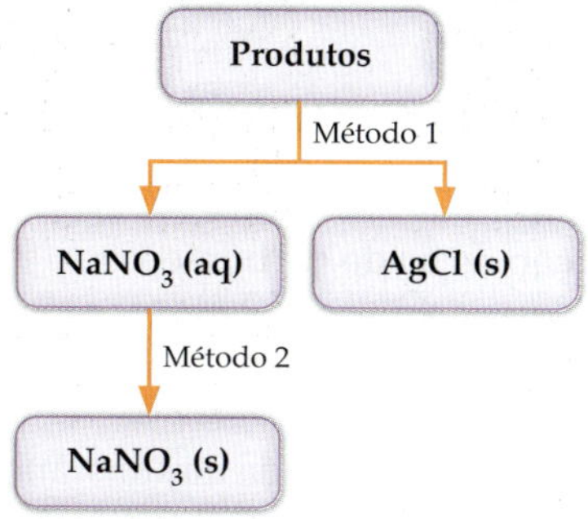

Os processos de separação dos produtos formados, correspondentes aos métodos 1 e 2, são, respectivamente,

a) filtração e evaporação.
b) sublimação e filtração.
c) evaporação e destilação simples.
d) destilação simples e precipitação.
e) dissolução fracionada e sublimação.

30. (Vunesp) Soluções aquosas de cloreto de sódio, cloreto de bário e nitrato de potássio estão contidas em três frascos, rotulados S_1, S_2 e S_3. Observa-se experimentalmente que:

1º) as soluções S_1 e S_3 reagem com nitrato de prata produzindo um precipitado, enquanto a solução S_2 não reage;

2º) somente a solução S_1 reage com carbonato de amônio produzindo um precipitado branco.

Com base nessas observações, identifique as soluções contidas nos frascos S_1, S_2 e S_3. Justifique a resposta, escrevendo as equações das reações químicas utilizadas na identificação.

3.2 Reações de dupla troca com formação de substância volátil

Ao adicionar uma solução aquosa de ácido sulfúrico **diluído** a uma de carbonato de sódio, inicia-se imediatamente a liberação de bolhas de gás, ou seja, começa uma **efervescência**, que prossegue por alguns segundos.

Ao misturar as soluções, os íons H^+ combinam-se com os íons CO_3^{2-} formando ácido carbônico, H_2CO_3, que, sendo instável, se decompõe em gás carbônico e água.

SÉRGIO DOTTA JR./CID

▶ Efervescência observada em decorrência da mistura de duas soluções aquosas: uma de ácido sulfúrico diluído e outra de carbonato de sódio.

ATENÇÃO

A eventual realização desse experimento deve ter autorização e supervisão do(a) professor(a).

Nenhum dos reagentes deve ter contato com pele, boca e olhos.

O ácido sulfúrico, mesmo diluído, é muito corrosivo. Obrigatório o uso de luvas, avental e óculos de segurança.

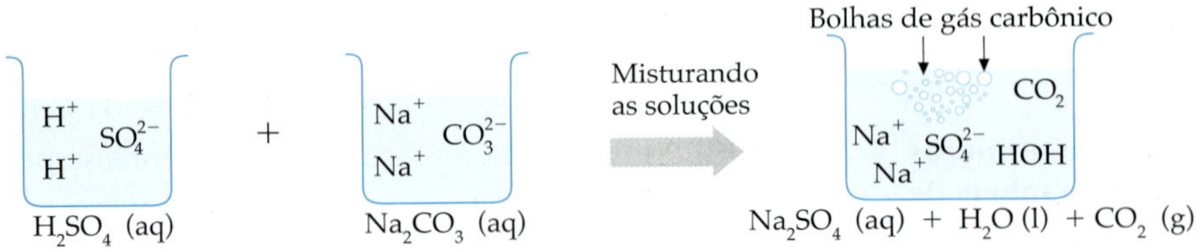

As bolhas são uma evidência de que houve reação química

A reação de dupla troca pode ser assim equacionada:

$$H_2SO_4 + Na_2CO_3 \rightarrow Na_2SO_4 + H_2CO_3$$

e a decomposição do ácido carbônico:

$$\underset{\text{Instável}}{H_2CO_3} \rightarrow H_2O + CO_2\uparrow$$

em que o símbolo ↑ indica saída da substância na fase gasosa.

Assim, o processo total pode ser representado pela equação:

$$H_2SO_4 + Na_2CO_3 \rightarrow Na_2SO_4 + H_2O + CO_2\uparrow$$

O CO_2 é um produto volátil, isto é, que sai do sistema no estado gasoso

Uma maneira mais completa de representar a reação é incluir os estados físicos:

$$H_2SO_4\,(aq) + Na_2CO_3\,(aq) \rightarrow Na_2SO_4\,(aq) + H_2O\,(l) + CO_2\,(g)$$

Pelo que acabamos de ver, concluímos que **uma reação de dupla troca pode acontecer mesmo sem haver precipitação; basta que tenhamos reagentes não voláteis e ao menos um produto volátil.**

Algumas substâncias voláteis que você precisa conhecer

- **H_2S** (g)
- **HCN** (g)
- **CO_2** (g)
  Se uma reação produz H_2CO_3, substitua-o por H_2O (l) + CO_2 (g)
- **SO_2** (g)
  Se uma reação produz H_2SO_3, substitua-o por H_2O (l) + SO_2 (g)
- **NH_3** (g)
  Se uma reação produz NH_4OH, substitua-o por NH_3 (g) + H_2O (l)

CHARLES D. WINTERS/ PHOTORESEARCHERS/LATINSTOCK

▲ $CaCO_3$ (de coral) reagindo com ácido clorídrico:
$CaCO_3\,(s) + 2\,HCl\,(aq) \rightarrow$
$\rightarrow CaCl_2\,(aq) + H_2O\,(l) + CO_2\,(g)$

SUPERSTOCK/GRUPO KEYSTONE

▲ Boa parte da massa das pérolas deve-se ao $CaCO_3$. O contato prolongado das pérolas com a acidez do suor faz com que elas sofram um processo de corrosão, que é representado pela seguinte equação (na qual HX representa os ácidos existentes no suor):
$CaCO_3\,(s) + 2\,HX\,(aq) \rightarrow$
$\rightarrow CaX_2\,(aq) + H_2O\,(l) + CO_2\,(g)$

Gás cianídrico

O gás cianídrico (HCN), que mata por asfixia, é o responsável pelas mortes em câmaras de gás. Sua obtenção se dá por meio da reação entre ácido sulfúrico concentrado e cianeto de potássio (antigamente denominado *cianureto*):

$$H_2SO_4\,(aq) + 2\,KCN\,(aq) \rightarrow K_2SO_4\,(aq) + 2\,HCN\,(g)$$

Reagentes não voláteis — **Produto volátil**

Como você pode notar, no início o potássio estava combinado com o cianeto, e o hidrogênio, com o sulfato; ao final, ambos trocaram de "posição" na equação. Esse processo é uma reação de **dupla troca com formação de substância volátil** (HCN).

ATENÇÃO

O HCN jamais deve ser manipulado ou produzido em instalações escolares de Ensino Médio.

Utilidades do $NaHCO_3$ relacionadas a dupla troca

Quando o bicarbonato de sódio reage com um ácido, ocorre a liberação de gás carbônico (**efervescência**):

$$HX + NaHCO_3 \rightarrow NaX + \underbrace{H_2O + CO_2\uparrow}_{H_2CO_3\ \text{decomposto}}$$

Você mesmo pode observar a efervescência adicionando uma pitada de bicarbonato de sódio sólido (adquirido em farmácias) a um pouco de vinagre ou suco de limão.

A reação com ácidos explica por que o $NaHCO_3$ pode ser usado como antiácido estomacal e em fermentos.

- **Antiácido estomacal:** ao ser ingerido, o $NaHCO_3$ reage com o HCl presente no estômago, combatendo a acidez estomacal e a azia.
- **Fermento "químico" para massas:** além do $NaHCO_3$, contém também outro composto, de características ácidas. Na reação entre ambos, que ocorre quando dissolvemos o fermento em água ou leite, ocorre liberação de CO_2, que faz a massa se expandir e ficar fofa.

PAVEL KOSEK/SHUTTERSTOCK

▲ Um medicamento efervescente contém, entre outros componentes, $NaHCO_3$ e também um ácido em pó. Ao ser jogado na água, ocorre a efervescência.

3.3 Dupla troca com formação de produto menos dissociado (ou ionizado)

Considere a reação entre soluções de ácido clorídrico, HCl, e acetato de sódio, $Na(CH_3COO)$.

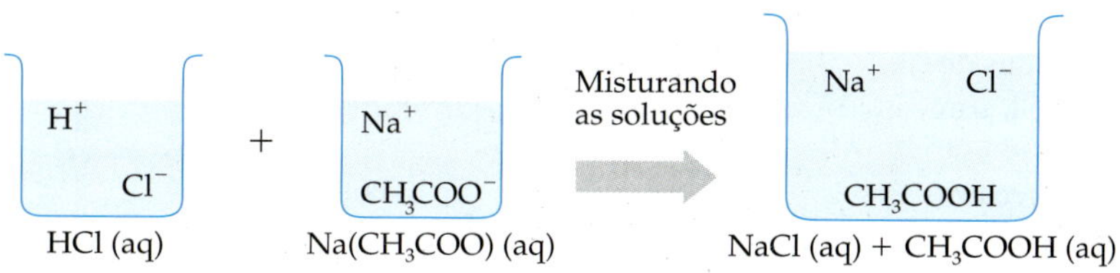

Forma-se um produto pouco ionizado. *Não há evidências visuais de reação, mas ela ocorre*

Na reação, os íons H^+ e CH_3COO^- combinam-se formando um ácido fraco CH_3COOH, pouco ionizado. O processo pode ser assim equacionado:

$$HCl\,(aq) + Na(CH_3COO)\,(aq) \rightarrow NaCl\,(aq) + \underbrace{CH_3COOH\,(aq)}_{}$$

Reagentes muito separados em íons — Produto pouco separado em íons

Apesar de não haver **nenhuma evidência visual** de que tenha ocorrido reação química, pode-se demonstrar que realmente ela aconteceu, utilizando medidas de condutividade elétrica, pois, como você deve estar lembrado, um ácido forte (no caso, o HCl) em solução conduz melhor a corrente elétrica do que um ácido fraco (no caso, o CH_3COOH).

Assim, podemos dizer que **uma reação de dupla troca também pode ocorrer se entre os produtos figurar um eletrólito mais fraco que os reagentes, isto é, um ácido mais fraco ou uma base mais fraca**.

Resumindo

Há três condições para a ocorrência de uma reação de dupla troca. Basta que uma delas seja satisfeita para que a reação ocorra:

- Reagentes **solúveis** formando ao menos um produto **insolúvel**.
- Reagentes **não voláteis** formando ao menos um produto **volátil**.
- Reagentes **muito dissociados/ionizados** e ao menos um produto **pouco dissociado/ionizado**.

Exercícios essenciais

A critério do(a) professor(a) esta lista de exercícios poderá ser realizada em classe ou em casa.

31. Equacione a reação entre as seguintes substâncias, em solução aquosa, indicando o **gás liberado** em cada caso:

a) Na_2S e H_2SO_4
b) KCN e HNO_3
c) K_2CO_3 e HCl
d) $(NH_4)_2SO_4$ e KOH

32. Ao final de obras, às vezes é usado o ácido muriático (HCl comercial) para lavar pisos e paredes. No entanto, pisos e paredes de mármore (carbonato de cálcio) não podem ser lavados com esse ácido, pois ele reage com o carbonato de cálcio, liberando um gás. Equacione essa reação e diga qual é o gás liberado.

Comentário dos autores:

É por isso que você não deve deixar cair líquidos ácidos (suco de limão, vinagre etc.) em pias de mármore.

33. (UFMG) Os extintores à base de espuma química são fabricados utilizando-se bicarbonato de sódio, $NaHCO_3$, e ácido sulfúrico, H_2SO_4. No interior do extintor, essas duas substâncias ficam separadas uma da outra. Para ser usado, o extintor deve ser virado de cabeça para baixo, a fim de possibilitar a mistura dos compostos, que, então, reagem entre si.
Um dos produtos dessa reação é um gás que produz uma espuma não inflamável, que auxilia no combate ao fogo.

Considerando essas informações, é **CORRETO** afirmar que a substância gasosa presente na espuma não inflamável é:

a) CO_2
b) H_2
c) O_2
d) SO_3

34. Equacione a reação entre as seguintes substâncias, em solução aquosa, indicando o **precipitado** formado em cada caso:

a) $AgNO_3$ e HCl
b) $BaCl_2$ e H_2SO_4
c) $Ca(OH)_2$ e Na_2SO_4
d) $Ba(OH)_2$ e Li_2CO_3
e) KOH e $Al(NO_3)_3$

Exercícios adicionais

Seu(sua) professor(a) indicará quais exercícios deste bloco você deve fazer.

35. (UFMG) Para fazer um experimento com cascas de ovo, ricas em $CaCO_3$, e ácido muriático, HCl, um estudante procedeu da seguinte forma:

- inicialmente, colocou algumas cascas de ovo em uma garrafa plástica;
- depois, conectou uma mangueira plástica à tampa da garrafa;
- isso feito, colocou, na garrafa, um pouco de ácido muriático e, rapidamente, tampou-a;
- em seguida, introduziu a mangueira conectada à tampa da garrafa em um tubo de ensaio, com a boca virada para baixo, dentro de um recipiente com água, como ilustrado na figura ao lado:

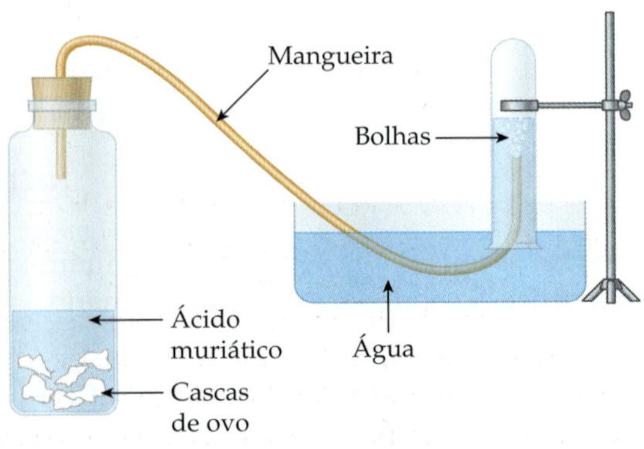

Após algum tempo, o estudante observou a formação de bolhas no interior do tubo de ensaio.

Considerando esse experimento e seus resultados, é **CORRETO** afirmar que:

a) as bolhas no interior do tubo evidenciam a evaporação da água.

b) as cascas de ovo, por terem caráter ácido, reagem com o HCl.

c) o gás coletado no tubo de ensaio é o O_2.

d) o nível de água dentro do tubo de ensaio diminui.

36. (Cefet-PE) Nos dias atuais, os conservantes são substâncias bastante utilizadas para impedir a decomposição dos alimentos (são inibidores de reação). Um dos conservantes mais utilizados, por exemplo, na carne, é o nitrito de sódio ($NaNO_2$), que, além de conservá-la, tem a finalidade de fixar-lhe a cor vermelha que lembra a carne fresca; porém é preciso ter cuidado, porque o excesso dele pode causar câncer de estômago. É estabelecido um valor máximo de 0,2% de nitrito de sódio para adicionar-se às carnes. Uma maneira de se obter o nitrito de sódio é através da reação entre o sulfeto de sódio (Na_2S) e o ácido nitroso (HNO_2). Essa reação ocorre devido:

a) à formação de uma substância gasosa.

b) ao enxofre ser mais reativo que o oxigênio.

c) a um dos produtos formados ser um precipitado.

d) ao nitrito de sódio formado ser uma substância molecular.

e) ao sódio existente no Na_2S ser muito reativo.

37. (UEL-PR) Em um processo de avaliação experimental, um aluno recebeu 4 rótulos contendo, separadamente, informações sobre os seguintes reagentes: $Fe(NO_3)_2$, $AgNO_3$, KCl e Na_2CO_3. Recebeu, também, 4 frascos, cada um contendo um desses reagentes, porém, sem identificação. Com o objetivo de rotulá-los adequadamente, o aluno numerou-os de 1 a 4, conforme figura a seguir, e fez alguns testes com amostras das soluções de cada frasco, obtendo as seguintes informações:

I. Com a adição de ácido clorídrico, houve desprendimento de gás na amostra do frasco 1 e formação de um precipitado na amostra do frasco 2.

II. Com a adição de cloreto de sódio, observou-se a formação de precipitado na amostra do frasco 2.

III. Com a adição de hidróxido de sódio, observou-se a formação de precipitado nas amostras dos frascos 2 e 4.

IV. Com a adição de ácido clorídrico, cloreto de sódio e hidróxido de sódio, nenhuma reação de precipitação ocorreu em amostras do frasco 3.

De acordo com os resultados dos testes realizados, os frascos 1, 2, 3 e 4 contêm, respectivamente:

a) $Fe(NO_3)_2$, $AgNO_3$, KCl, Na_2CO_3

b) Na_2CO_3, $AgNO_3$, $Fe(NO_3)_2$, KCl

c) KCl, Na_2CO_3, $Fe(NO_3)_2$, $AgNO_3$

d) Na_2CO_3, $AgNO_3$, KCl, $Fe(NO_3)_2$

e) $Fe(NO_3)_2$, KCl, $AgNO_3$, Na_2CO_3

38. (Enem-MEC) Um dos problemas ambientais decorrentes da industrialização é a poluição atmosférica. Chaminés altas lançam ao ar, entre outros materiais, o dióxido de enxofre (SO_2), que pode ser transportado por muitos quilômetros em poucos dias. Dessa forma, podem ocorrer precipitações ácidas em regiões distantes, causando vários danos ao meio ambiente (chuva ácida).

Um dos danos ao meio ambiente diz respeito à corrosão de certos materiais. Considere as seguintes obras:

I. monumento Itamarati – Brasília (mármore).

II. esculturas do Aleijadinho – MG (pedra-sabão, contém carbonato de cálcio).

III. grades de ferro ou alumínio de edifícios.

A ação da chuva ácida pode acontecer em:

a) I, apenas.

b) I e II, apenas.

c) I e III, apenas.

d) II e III, apenas.

e) I, II, III.

39. (Fuvest-SP) Para realizar um experimento em que é produzido CO_2 pela reação de um carbonato com ácido clorídrico, foi sugerida a aparelhagem da figura abaixo.

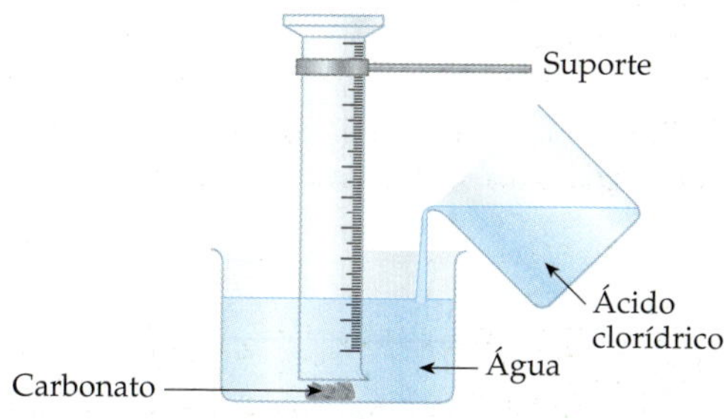

Com essa aparelhagem,

I. não será adequado usar carbonatos solúveis em água.

II. o experimento não funcionará porque o ácido clorídrico deve ser adicionado diretamente sobre o carbonato.

III. parte do CO_2 desprendido ficará dissolvida na água.

IV. o gás recolhido conterá vapor-d'água.

Dessas afirmações, são corretas apenas:

a) I, II e III

b) I, III e IV

c) II e IV

d) II e III

e) III e IV

40. (Unisinos-RS) Para obter o sulfato ferroso, um sal usado para combater a anemia, a reação executada é:

a) $Fe(OH)_2 + H_2S_2O_3 \rightarrow FeS_2O_3 + 2\,H_2O$

b) $Fe(OH)_2 + H_2S \rightarrow FeS + 2\,H_2O$

c) $FeCO_3 + H_2SO_4 \rightarrow FeSO_4 + CO_2 + H_2O$

d) $Fe(OH)_2 + H_2SO_3 \rightarrow FeSO_3 + 2\,H_2O$

e) $2\,Fe(OH)_3 + 3\,H_2SO_3 \rightarrow Fe_2(SO_3)_3 + 6\,H_2O$

41. (Vunesp) Um sistema montado com um funil de adição (A), um kitassato (B) e um béquer (C), esse último contendo, inicialmente, apenas água destilada, pode ser utilizado para a produção de uma substância de uso muito comum em laboratórios e em indústrias químicas.

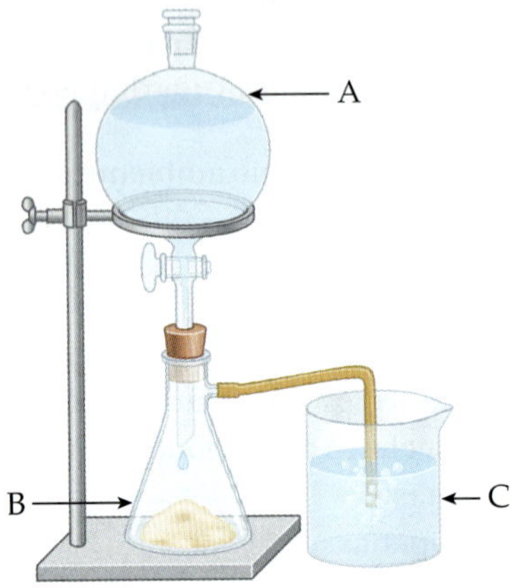

Assinale a alternativa que estabelece a correta correspondência entre os equipamentos e as substâncias neles presentes durante o processo.

	Funil de adição	Kitassato	Béquer
a)	H_2SO_4 (aq)	NaCl (s)	HCl (aq)
b)	HCl (aq)	Na_2SO_4 (s)	H_2SO_4 (aq)
c)	NaCl (aq)	$AgNO_3$ (s)	AgCl (aq)
d)	Na_2CO_3 (aq)	$CaCl_2$ (s)	$CaCO_3$ (aq)
e)	HCl (aq)	FeS (s)	$FeCl_3$ (aq)

42. (Uerj) Observe, na tabela a seguir, alguns minerais e suas fórmulas químicas.

Mineral	Fórmula química
Barita	$BaSO_4$
Calcita	$CaCO_3$
Cuprita	Cu_2O
Galena	PbS
Quartzo	SiO_2
Rutilo	TiO_2

Esses minerais foram separados em dois grupos:

grupo X – minerais cuja fórmula química contém um elemento do quarto período da tabela periódica.

grupo Y – minerais que não apresentam essa característica.

Escreva a equação química completa e balanceada da reação entre o ácido clorídrico e o mineral do grupo X cujo cátion corresponde ao elemento de menor eletronegatividade. Em seguida, relacione os minerais do grupo Y em ordem crescente de raio atômico dos elementos correspondentes a seus cátions.

43. (UEG-GO) A acidez estomacal é causada por alguma disfunção na digestão, por estresse ou por excesso de alimentos. Para aliviar a popular "queimação" no estômago, deve-se ingerir um antiácido estomacal, geralmente o bicarbonato de sódio, que é capaz de neutralizar o excesso de ácido clorídrico presente no suco gástrico.

a) Escreva a equação balanceada que representa a reação entre o ácido clorídrico e o antiácido em questão.

b) Explique o comportamento básico do bicarbonato de sódio na redução da acidez estomacal, uma vez que ele é classificado como um sal ácido.

44. (Uece) O tipo de extintor da figura abaixo, para funcionar, deve ser posto de cabeça para baixo. Essa operação libera uma haste metálica que quebra a garrafinha que contém ácido sulfúrico, provocando uma reação com o bicarbonato de sódio. Baseado no texto e nos seus conhecimentos, marque a alternativa FALSA:

a) O bicarbonato de sódio, ou hidrogenocarbonato de sódio, também é usado como fermento químico.

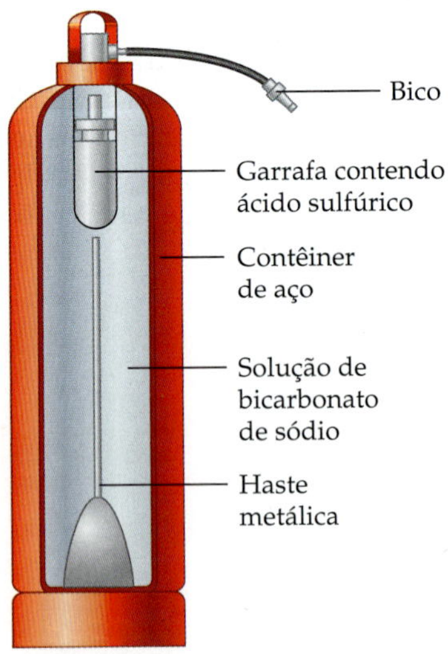

b) Por conta de suas propriedades químicas, o bicarbonato de sódio não pode ser utilizado como antiácido estomacal.

c) A reação que ocorre no interior do extintor pode ser representada por:

$$H_2SO_4 + 2\,NaHCO_3 \rightarrow Na_2SO_4 + 2\,CO_2 + 2\,H_2O$$

d) O bicarbonato de sódio, também conhecido como carbonato ácido de sódio, resulta de uma salificação parcial de um ácido por uma base.

4 Equações químicas na forma iônica

- Para reações químicas que envolvam íons em solução aquosa, a equação iônica é a **melhor maneira** de representar o processo.

Biblioteca do estudante
Informe-se sobre a Química:
O que são quilates?

Veja um exemplo:

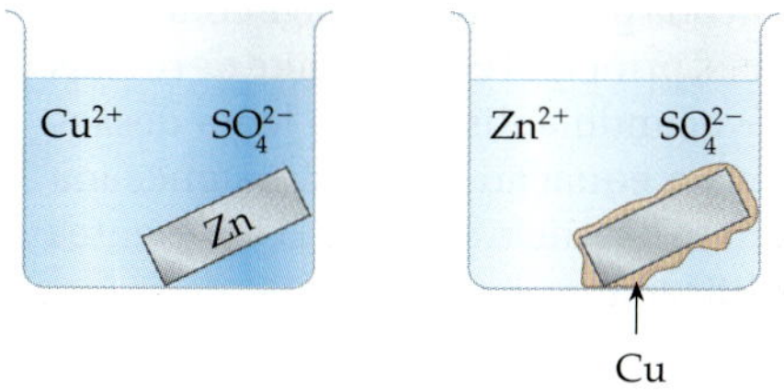

$$Zn\,(s) + CuSO_4\,(aq) \rightarrow Cu\,(s) + ZnSO_4\,(aq)$$

$$Zn + Cu^{2+} + \cancel{SO_4^{2-}} \rightarrow Cu + Zn^{2+} + \cancel{SO_4^{2-}}$$

$$Zn\,(s) + Cu^{2+}\,(aq) \rightarrow Cu\,(s) + Zn^{2+}\,(aq)$$ **Equação iônica**

Placa — Solução — Depósito — Solução

Veja outro exemplo:

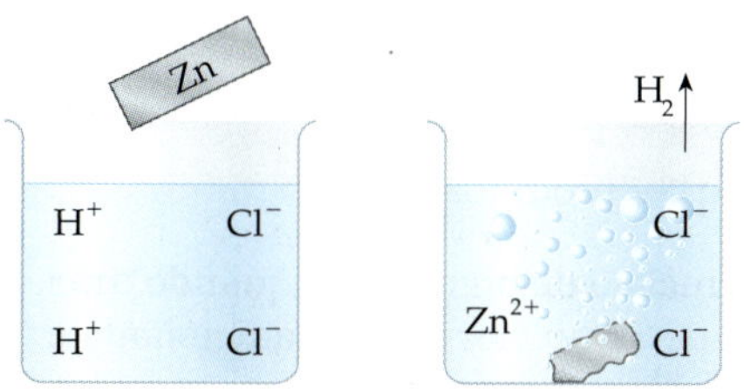

$$Zn\,(s) + 2\,HCl\,(aq) \rightarrow H_2\,(g) + ZnCl_2\,(aq)$$

$$Zn + 2\,H^+ + \cancel{2\,Cl^-} \rightarrow H_2 + Zn^{2+} + \cancel{2\,Cl^-}$$

$$Zn\,(s) + 2\,H^+\,(aq) \rightarrow H_2\,(g) + Zn^{2+}\,(aq)$$ **Equação iônica**

Placa — Solução — Gás — Solução

Revisão

Exercícios essenciais

A critério do(a) professor(a) esta lista de exercícios poderá ser realizada em classe ou em casa.

45. Equacione, na forma iônica, a reação entre:

a) magnésio metálico e sulfato de cobre (II) aquoso.
b) magnésio metálico e ácido clorídrico.
c) cobre metálico e nitrato de prata aquoso.
d) magnésio metálico e ácido sulfúrico.

Exercício Resolvido

46. Equacione, **na forma iônica**, a reação entre $AgNO_3\,(aq)$ e $NaCl\,(aq)$.

Resolução

$$AgNO_3(aq) + NaCl(aq) \rightarrow NaNO_3(aq) + AgCl(s)$$

$$Ag^+ + \cancel{NO_3^-} + \cancel{Na^+} + Cl^- \rightarrow \cancel{Na^+} + \cancel{NO_3^-} + AgCl$$

$$Ag^+\,(aq) + Cl^-\,(aq) \rightarrow AgCl\,(s)$$ **Equação iônica**

Solução — Solução — Precipitado

47. Equacione, na forma iônica, a reação que ocorre quando são misturadas soluções aquosas de:

a) $Pb(NO_3)_2$ e NaCl
b) $Ca(NO_3)_2$ e K_2CO_3
c) $BaCl_2$ e H_2SO_4
d) Na_2CO_3 e HCl
e) $NaHCO_3$ e HCl

48. (Vunesp-SP) Substâncias como $Al(OH)_3$ e $Mg(OH)_2$ são bases fracas utilizadas na composição de antiácidos estomacais, por reagirem com o ácido clorídrico (HCl) presente no estômago. Equacione, na forma iônica completa, e balanceie as reações químicas dessas bases com o ácido clorídrico.

49. (UEL-PR-modificada) Assinale a alternativa que mostra a equação química da reação de formação de um precipitado amarelo ao misturar uma solução aquosa de cloreto de cádmio e outra de sulfeto de potássio.

a) $K^+\,(aq) + Cl^-\,(aq) \rightarrow KCl\,(s)$
b) $Cd^{2+}\,(aq) + SO_3^{2-}\,(aq) \rightarrow CdSO_3\,(s)$
c) $Cd^{2+}\,(aq) + S^{2-}\,(aq) \rightarrow CdS\,(s)$
d) $2\,K^+\,(aq) + S^{2-}\,(aq) \rightarrow K_2SO_3\,(s)$
e) $Cd^{2+}\,(aq) + 2\,Cl^-\,(aq) \rightarrow CdCl_2\,(s)$

50. O sulfeto de zinco, pigmento branco utilizado na fabricação de tintas, é obtido por precipitação ao se misturar uma solução que contenha cátions zinco e outra contendo ânions sulfeto. Equacione a reação de precipitação.

Exercícios adicionais

Seu(sua) professor(a) indicará quais exercícios deste bloco você deve fazer.

51. (UFMG) Um grupo de estudantes encontrou um frasco sem rótulo, contendo uma solução incolor, que suspeitaram conter íons Pb^{2+} (aq).

Para testar essa possibilidade, eles construíram esta tabela, em que está indicada a solubilidade, em água, de quatro sais:

Sal	Solubilidade
NaI	solúvel
PbI_2	insolúvel
$NaNO_3$	solúvel
$Pb(NO_3)_2$	solúvel

Com base nessa tabela, é **CORRETO** afirmar que a presença dos íons Pb^{2+} (aq) pode ser evidenciada, adicionando a uma amostra do conteúdo do frasco sem rótulo uma pequena porção de:

a) NaI (aq)
b) $NaNO_3$ (aq)
c) $Pb(NO_3)_2$ (aq)
d) PbI_2 (s)

52. (UFG-GO) A análise do enxofre contido numa amostra de sacarina ($C_7H_5NO_3S$) pode ser realizada segundo as seguintes etapas:

1. inicialmente, o enxofre é convertido em íons sulfato;

2. a seguir, a solução que contém os íons sulfato é tratada com uma solução de cloreto de bário, formando-se um precipitado;

3. o precipitado resultante é separado por decantação;

4. a massa desse precipitado é determinada.

Considerando as etapas acima:

a) escreva a equação química que representa a formação do precipitado da etapa 2;

b) proponha um método alternativo para a etapa 3.

53. (UFSCar-SP) Atualmente, a humanidade depende fortemente do uso de combustíveis fósseis para atender a suas necessidades energéticas. No processo de queima desses combustíveis, além dos produtos diretos da reação de combustão — dióxido de carbono e vapor-d'água —, vários outros poluentes gasosos são liberados para a atmosfera, como, por exemplo, dióxido de nitrogênio e dióxido de enxofre. Embora nos últimos anos tenha sido dado destaque especial ao dióxido de carbono por seu papel no efeito estufa, ele, juntamente com os óxidos de nitrogênio e enxofre, tem um outro impacto negativo sobre o meio ambiente: a propriedade de se dissolverem e reagirem com a água, produzindo os ácidos correspondentes, que acarretam a acidificação das águas de chuvas, rios, lagos e mares.

a) Escreva as equações químicas balanceadas das reações de dióxido de carbono e dióxido de enxofre com a água, dando origem aos ácidos correspondentes.

b) A chuva acidificada pela poluição reage com o carbonato de cálcio, principal componente de rochas calcárias, provocando a dissolução lenta dessas rochas. Escreva a equação química balanceada entre o carbonato de cálcio e os íons H^+ presentes na chuva acidificada.

54. Em seu caderno, complete e balanceie as equações químicas:

a) $Zn (s) + Cu^{2+} (aq) \rightarrow$ produtos

b) $Mg (s) + Ag^+ (aq) \rightarrow$ produtos

c) $Zn (s) + H^+ (aq) \rightarrow$ produtos

d) $Al (s) + H^+ (aq) \rightarrow$ produtos

55. (UFS-SE) Há formação de precipitado quando uma solução diluída de ácido clorídrico é adicionada a uma solução que contém íons:

a) H^+ (aq)
b) Ag^+ (aq)
c) Ca^{2+} (aq)
d) Mg^{2+} (aq)
e) Na^+ (aq)

56. (UFSM-RS)

$$\xrightarrow{\qquad\qquad\qquad\qquad}$$
Zn Fe Ni Cu Ag Pt Au
$$\xleftarrow{\qquad\qquad\qquad\qquad}$$

Segundo a série de reatividade química, a seta para a direita indica o aumento da facilidade de redução dos íons e a seta para a esquerda indica o aumento da facilidade de oxidação dos metais [reatividade]. Assim, ocorre, espontaneamente, somente a reação:

a) $Cu + Fe^{2+} \rightarrow$
b) $Fe + Zn^{2+} \rightarrow$
c) $Ni + Au^+ \rightarrow$
d) $Ag + Ni^{2+} \rightarrow$
e) $Pt + Cu^{2+} \rightarrow$

57. (FEI-SP) Têm-se quatro tubos de ensaio contendo, respectivamente, soluções com íons dos seguintes metais: Al, Cu, Mg e Zn. Uma amostra de um desses metais é dividida em quatro partes, que são colocadas nos tubos de ensaio citados. Observou-se reação com precipitação de metal em três tubos de ensaio. A amostra escolhida é do metal:

a) Al

b) Mg

c) Zn

d) Cu

e) Não dá para determinar.

Capítulo 13

Mol

DARWIN WIGGETT/FIRST LIGHT/CORBIS/LATINSTOCK

▲ Pode-se calcular que, em uma gota de água de 0,05 mL, como a da foto, há 1,67 sextilhão de moléculas de água. Como fazer tal cálculo?

Alguns conteúdos importantes:

- ✔ Unidade de massa atômica
- ✔ Massa atômica de elemento químico
- ✔ Massa molecular
- ✔ Massa de íons
- ✔ Relação entre grama e unidade de massa atômica
- ✔ Quantidade de matéria
- ✔ Constante de Avogadro
- ✔ Constante de Avogadro e mol
- ✔ Massa molar
- ✔ Interpretação de fórmulas químicas (molecular, mínima e porcentual) usando os conceitos de quantidade de matéria e massa molar

1 Estabelecendo relação entre massa e quantidade

1.1 A unidade de massa atômica

Átomos são pequenos demais para ter sua massa individualmente determinada em balanças comuns. No final do século XIX, os cientistas começaram a desenvolver um aparelho denominado *espectrômetro de massa*, que permite a comparação da massa de átomos (e também de íons e de moléculas) com uma unidade previamente estabelecida.

Guia de estudo

O grama e seus múltiplos e submúltiplos não são as unidades mais adequadas para a massa de átomos, pois são unidades grandes demais para expressar tais grandezas.

Por uma questão de conveniência, que tem a ver com o complexo funcionamento dos espectrômetros de massa, foi escolhido como unidade de massa atômica (u) um doze avos da massa do isótopo do carbono de número de massa 12, isto é, 1/12 da massa do ^{12}C.

A **unidade de massa atômica**, cujo símbolo é **u**, é definida como sendo igual a 1/12 da massa de um átomo do isótopo ^{12}C.

JAMES HOLMES/SCIENCE PHOTO LIBRARY/LATINSTOCK

Químico observa, na tela do computador, o resultado da análise em um espectrômetro de massa.

1.2 Introdução ao conceito de massa atômica: análise de elementos com um só isótopo natural

Como vimos no capítulo 5, os átomos de um elemento químico apresentam o mesmo número atômico, isto é, o mesmo número de prótons. Também vimos que alguns elementos químicos existem na natureza sob a forma de mais de um isótopo, sendo que os isótopos de um elemento têm o mesmo número de prótons (pois são do mesmo elemento), mas diferentes números de nêutrons, o que acarreta diferentes números de massa.

De todos os elementos químicos conhecidos de ocorrência natural, apenas vinte não apresentam dois ou mais isótopos naturais. Em um espectrômetro de massa, pode-se determinar experimentalmente a massa dos átomos desses elementos. Os resultados das medidas são mostrados na tabela 1.

TABELA 1 **Massa atômica dos vinte elementos químicos que são encontrados na natureza sob a forma de um único tipo de átomo**

Átomo	Massa atômica (u)	Átomo	Massa atômica (u)
Berílio, $^{9}_{4}Be$	9,012182	Nióbio, $^{93}_{41}Nb$	92,906378
Flúor, $^{19}_{9}F$	18,998403	Ródio, $^{103}_{45}Rh$	102,905504
Sódio, $^{23}_{11}Na$	22,989770	Iodo, $^{127}_{53}I$	126,904468
Alumínio, $^{27}_{13}Al$	26,981538	Césio, $^{133}_{55}Cs$	132,905447
Fósforo, $^{31}_{15}P$	30,973762	Praseodímio, $^{141}_{59}Pr$	140,907648
Escândio, $^{45}_{21}Sc$	44,955910	Térbio, $^{159}_{65}Tb$	158,925343
Manganês, $^{55}_{25}Mn$	54,938050	Hôlmio, $^{165}_{67}Ho$	164,930319
Cobalto, $^{59}_{27}Co$	58,933200	Túlio, $^{169}_{69}Tm$	168,934211
Arsênio, $^{75}_{33}As$	74,921596	Ouro, $^{197}_{79}Au$	196,966552
Ítrio, $^{89}_{39}Y$	88,905848	Bismuto, $^{209}_{83}Bi$	208,980383

Fonte: LIDE, D. R. (ed.). *CRC Handbook of Chemistry and Physics*. 84. ed. Boca Raton: CRC Press, 2003. p. **1**-15ss.

De modo aproximado, esses valores podem ser escritos assim:

$^{9}_{4}Be$ — 9 u | $^{45}_{21}Sc$ — 45 u | $^{93}_{41}Nb$ — 93 u | $^{159}_{65}Tb$ — 159 u

$^{19}_{9}F$ — 19 u | $^{55}_{25}Mn$ — 55 u | $^{103}_{45}Rh$ — 103 u | $^{165}_{67}Ho$ — 165 u

$^{23}_{11}Na$ — 23 u | $^{59}_{27}Co$ — 59 u | $^{127}_{53}I$ — 127 u | $^{169}_{69}Tm$ — 169 u

$^{27}_{13}Al$ — 27 u | $^{75}_{33}As$ — 75 u | $^{133}_{55}Cs$ — 133 u | $^{197}_{79}Au$ — 197 u

$^{31}_{15}P$ — 31 u | $^{89}_{39}Y$ — 89 u | $^{141}_{59}Pr$ — 141 u | $^{209}_{83}Bi$ — 209 u

O fato de a massa de um átomo de flúor ser 19 u significa que seus átomos têm massa 19 vezes maior que 1/12 da massa de um átomo de ^{12}C. Analogamente, um átomo de sódio tem massa 23 vezes maior que 1/12 da massa do ^{12}C, e assim por diante.

- **Massa atômica** é a massa de um átomo. Por questão de conveniência, ela costuma ser expressa em unidades de massa atômica (u).

Você pode ter se perguntado: há alguma diferença no tratamento dos elementos que existem na natureza sob a forma de dois ou mais isótopos? Responderemos logo mais à frente.

1.3 Não confunda número de massa com massa atômica

Evidências experimentais mostraram que a massa do próton e a do nêutron são próximas, mas não exatamente iguais, e que a massa do elétron é significativamente menor que ambas:

$$\begin{aligned} \text{Massa de um próton} &= 1{,}007276\ \text{u} \\ \text{Massa de um nêutron} &= 1{,}008665\ \text{u} \\ \text{Massa de um elétron} &= 0{,}000549\ \text{u} \end{aligned}$$

Os elétrons contribuem muito pouco para a massa dos átomos. Prótons e nêutrons, por sua vez, apresentam contribuições significativas. Por isso, foi criado o conceito de **número de massa** (simbolizado por A), que corresponde à soma dos números de prótons e de nêutrons de um átomo. O número de massa é, portanto, inteiro, maior que zero e desprovido de unidade.

Já **massa atômica** é a massa de um átomo. Para expressar corretamente essa grandeza devemos utilizar um número (que normalmente não é inteiro) acompanhado de uma unidade que, por conveniência, é a unidade de massa atômica (u).

Então não confunda número de massa com massa atômica.

No caso do alumínio ($^{27}_{13}Al$), por exemplo, o número de massa é 27 e a massa atômica é 26,981538 u, conforme a tabela 1.

A massa atômica não é exatamente igual ao número de massa porque as massas de prótons e nêutrons não são exatamente iguais entre si e porque existe a pequena contribuição dos elétrons. Além disso, quando prótons e nêutrons fazem parte do núcleo de um átomo, a massa total do conjunto é ligeiramente inferior à massa que esses prótons e nêutrons teriam se estivessem separados. Isso se deve a um fenômeno denominado *efeito de empacotamento*. A explicação desse efeito está além do propósito deste livro (uma noção básica sobre esse assunto é fornecida no material complementar).

- O importante é você perceber que, quando o valor da massa de um átomo, expresso em u, é arredondado para o número inteiro mais próximo, o resultado desse arredondamento coincide numericamente com o número de massa. Isso você pode comprovar analisando os vinte exemplos dados anteriormente.

Biblioteca do estudante
Texto complementar:
Massa atômica e defeito de massa

2 Massa atômica de um elemento e massa molecular

2.1 Completando o conceito de massa atômica: análise de elementos com dois ou mais isótopos naturais

A maioria dos elementos químicos apresenta-se na natureza sob a forma de dois ou mais isótopos diferentes. Exemplos estão na tabela 2.

O elemento boro, por exemplo, existe sob a forma de dois isótopos naturais, ^{10}B e ^{11}B. O primeiro tem massa 10 u e abundância de aproximadamente 20% e o segundo tem massa 11 u e abundância de aproximadamente 80%.

Consideremos uma amostra de 100 átomos desse elemento, na qual há 20 átomos de ^{10}B (isto é, 20% dos átomos na amostra) e 80 átomos de ^{11}B.

Massa de 20 átomos de 10 u = 20 · 10 u = 200 u

Massa de 80 átomos de 11 u = 80 · 11 u = 880 u

Massa total dos 100 átomos = 200 u + 880 u = 1.080 u

Se 100 átomos de boro têm massa 1.080 u, então cada átomo desse elemento tem, em média, massa 10,8 u. Esse cálculo também poderia ter sido indicado como uma média ponderada:

$$\text{Massa média do átomo de boro} = \frac{20 \cdot 10\ u + 80 \cdot 11\ u}{100} = 10{,}8\ u$$

Da mesma maneira, os químicos determinaram a abundância dos isótopos naturais de todos os elementos e suas respectivas massas. De posse desses dados, puderam ser calculadas as massas médias de seus átomos, expressas em unidades de massa atômica. Esses valores são conhecidos como *massas atômicas dos elementos* e aparecem relacionados na tabela periódica.

- A **massa atômica de um elemento químico** é a massa média de seus átomos. Por conveniência, essa grandeza é geralmente expressa em unidades de massa atômica (u).

TABELA 2 Massa atômica e abundância dos isótopos naturais de alguns elementos químicos

Átomo	Massa atômica (u)
Boro-10, $^{10}_{5}B$ (19,9%)	10,012937
Boro-11, $^{11}_{5}B$ (80,1%)	11,009306
Oxigênio-16, $^{16}_{8}O$ (99,757%)	15,994915
Oxigênio-17, $^{17}_{8}O$ (0,038%)	16,999132
Oxigênio-18, $^{18}_{8}O$ (0,205%)	17,999160
Neônio-20, $^{20}_{10}Ne$ (90,48%)	19,992440
Neônio-21, $^{21}_{10}Ne$ (0,27%)	20,993847
Neônio-22, $^{22}_{10}Ne$ (9,25%)	21,991386
Cloro-35, $^{35}_{17}Cl$ (75,78%)	34,968853
Cloro-37, $^{37}_{17}Cl$ (24,22%)	36,965903
Bromo-79, $^{79}_{35}Br$ (50,69%)	78,918338
Bromo-81, $^{81}_{35}Br$ (49,31%)	80,916291

Fonte: LIDE, D. R. (ed.). *CRC Handbook of Chemistry and Physics*. 84. ed. Boca Raton: CRC Press, 2003. p. **1**-15ss.

No caso de elementos que têm apenas um isótopo natural, a massa atômica é a própria massa desses átomos, já que não há necessidade de calcular a massa média.

2.2 Massa molecular

Quando dois ou mais átomos se unem por ligação covalente, o resultado é uma molécula. A massa de uma molécula pode ser calculada somando-se as massas dos átomos que a constituem.

- **Massa molecular** de uma substância é o nome dado à massa de uma molécula dessa substância. Por conveniência, essa grandeza é geralmente expressa em unidades de massa atômica (u).

Vejamos, como exemplos, os casos de água, amônia e dióxido de enxofre.

Cada molécula de água, substância de fórmula molecular H_2O, é formada por dois átomos de hidrogênio (de 1 u cada) e um átomo de oxigênio (de 16 u). Assim, a massa molecular da água é 18 u.

Cada molécula de amônia, substância de fórmula molecular NH_3, é formada por um átomo de nitrogênio (de 14 u) e três átomos de hidrogênio (de 1 u cada). Assim, a massa molecular da amônia é 17 u.

Cada molécula de dióxido de enxofre, substância de fórmula molecular SO_2, é formada por um átomo de enxofre (de 32 u) e dois átomos de oxigênio (de 16 u cada). Assim, a massa molecular do SO_2 é 64 u.

2.3 As massas atômicas e as massas moleculares a partir da tabela periódica

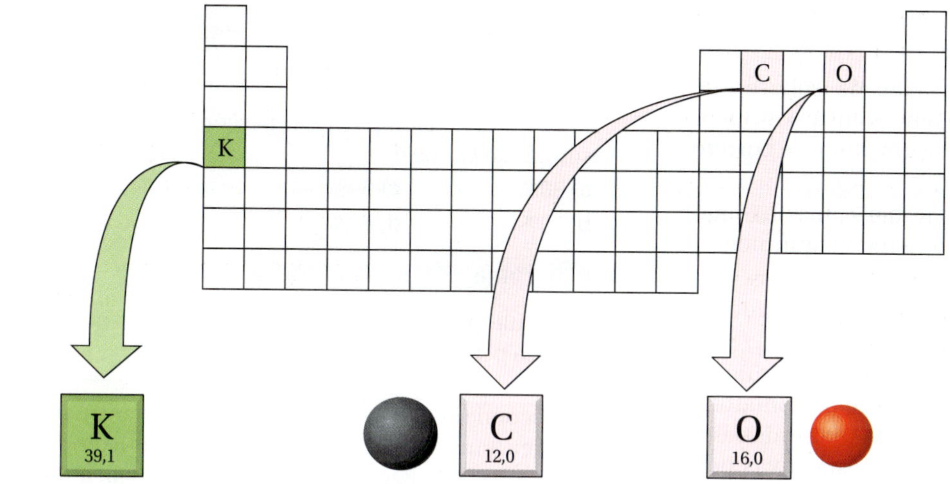

A massa de um átomo do elemento potássio é aproximadamente 39 u.

A massa de um átomo do elemento carbono é aproximadamente igual a 12 u.

A massa de um átomo do elemento oxigênio é aproximadamente igual a 16 u.

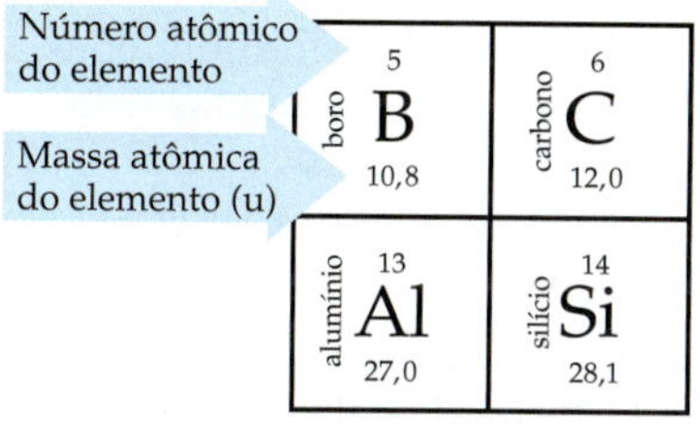

Na tabela periódica, encontramos o número atômico e a massa atômica dos elementos.

A massa de uma molécula da substância oxigênio é aproximadamente igual a 32 u.

A massa de uma molécula da substância gás carbônico é aproximadamente igual a 44 u.

3 Massa de íons e massa fórmula

A massa atômica do sódio é 23 u. Qual será a massa de um íon Na^+?

A diferença entre um átomo neutro de sódio e um íon Na^+ é que o íon tem um elétron a menos. Acontece que a massa de um elétron é totalmente desprezível perante a massa do átomo.

Assim, para efeitos práticos, a massa do íon Na^+ é 23 u.

Podemos proceder de modo análogo para ânions. Assim, por exemplo, como a massa atômica do cloro é 35,5 u, podemos afirmar que a massa de um íon Cl^- é 35,5 u.

Compostos iônicos **não** são formados por moléculas, mas por íons que constituem um retículo cristalino iônico (capítulo 8). Para esse tipo de composto podemos calcular a **massa fórmula**, que é a massa do conjunto de íons que aparece na fórmula da substância. Assim, por exemplo, a massa fórmula do cloreto de sódio, NaCl, é 58,5 u, valor calculado por meio da soma de 23,0 u (do Na^+) com 35,5 u (do Cl^-).

Exercícios essenciais

A critério do(a) professor(a) esta lista de exercícios poderá ser realizada em classe ou em casa.

1. (Fefisa-SP) Atualmente tem-se como padrão internacional da escala de massas atômicas:

a) a mistura isotópica natural do oxigênio.
b) a mistura isotópica natural do carbono.
c) o isótopo carbono-12.
b) o isótopo oxigênio-16.

2. Esta questão pretende exercitar a consulta à tabela periódica. Procure nela e escreva em seu caderno a massa atômica dos elementos: lítio, oxigênio, nitrogênio, cloro, cálcio e ferro.

3. (UFMS) Considerando os conceitos de isóbaros, de isótonos, de isótopos e as diferenças entre o número de massa e a massa atômica de um átomo, é correto afirmar que:

01. isótopos são átomos de mesmo Z, mas não necessariamente do mesmo elemento químico.
02. isóbaros são átomos diferentes dos isótonos, possuindo a mesma massa atômica e propriedades químicas e físicas diferentes.
04. a massa atômica de um elemento químico é constituída pela centésima parte do somatório das massas atômicas dos isótopos naturais desse elemento, multiplicadas pelas respectivas porcentagens de abundância.
08. a massa de um átomo é calculada pela soma das massas dos prótons, nêutrons e elétrons que o átomo possui.
16. o número de massa A não é uma massa, é um número inteiro que indica a quantidade de prótons e nêutrons existentes no núcleo do átomo.

Responda com a soma dos números dos itens corretos.

Exercício Resolvido

4. (UFRRJ) Um elemento M apresenta os isótopos ^{79}M e ^{81}M. Sabendo que a massa atômica do elemento M é 79,90 u, determine os percentuais de cada isótopo do elemento M.

➤ Resolução

Seja x a porcentagem de ^{79}M e $(100 - x)$ a porcentagem de ^{81}M.

Temos que:

$$79{,}90 = \frac{79x + 81(100 - x)}{100}$$

$$7.990 = 79x + 8.100 - 81x$$

$$2x = 110$$

$$x = 55\%$$

Assim, há

55% de ^{79}M

e

45% de ^{81}M.

5. (FGV-SP) Na figura, é representado o espectro de massa dos isótopos naturais do elemento gálio.

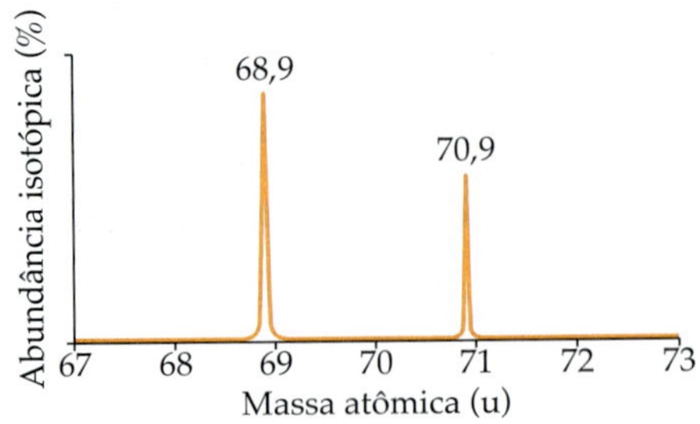

A abundância isotópica, em percentual inteiro, do isótopo do Ga-69 é:

a) 50%
b) 55%
c) 60%
d) 65%
e) 70%

Comentário dos autores:

Consulte a massa atômica do elemento gálio na tabela periódica.

6. (F. Visconde de Cairu-BA) Um elemento X tem massa atômica igual a 35,5 e é constituído de dois isótopos: X_1, de massa 35,8, e X_2, de massa 35,4. Logo, a porcentagem do isótopo X_1 é igual a:

a) 5
b) 10
c) 20
d) 25
e) 50

7. Calcule a massa molecular ou a massa fórmula, conforme o caso, das substâncias representadas pelas seguintes fórmulas:

N_2, O_2, O_3, H_2O, CH_4, CO_2, SO_2, SO_3, Cl_2, H_2SO_4, HNO_3, $C_6H_{12}O_6$, $Fe_2(SO_4)_3$, $Ca_5(PO_4)_3OH$.

8. (UFRGS-RS – adaptada) A "água pesada" é uma espécie de fórmula D_2O, formada pela combinação entre deutério e oxigênio. O deutério é um isótopo do hidrogênio que apresenta um próton e um nêutron no núcleo. A partir dessas informações, considere as afirmações abaixo.

I. A massa molecular da água pesada é aproximadamente igual a 20 unidades de massa atômica.
II. Volumes iguais de água pesada e água comum apresentam massas diferentes.

Dado: Massa atômica do oxigênio = 16 u.

Quais estão corretas?

a) Apenas I.
b) Apenas II.
c) Nenhuma.
d) I e II.

9. Qual é a massa de um átomo de alumínio que está eletricamente neutro? E de um íon Al^{3+}?

10. Determine a massa de um íon nitrato (NO_3^-) e de um íon sulfato (SO_4^{2-}).

Exercícios adicionais

Seu(sua) professor(a) indicará quais exercícios deste bloco você deve fazer.

11. (Fuvest-SP) O processo de enriquecimento do urânio natural consiste em aumentar a razão $^{235}U/^{238}U$. Em relação à amostra de urânio natural, a amostra de urânio enriquecido tem:

a) átomos com menor número de prótons.
b) menor massa atômica média.
c) átomos com maior número de elétrons.
d) átomos com maior número de prótons.
e) maior massa atômica média.

12. (UEPG-PR) Com base no quadro abaixo, que traz a representação dos isótopos do magnésio e sua ocorrência na natureza, assinale o que for correto.

Isótopos do magnésio	Ocorrência na natureza (% em massa)
$^{24}_{12}Mg$	79%
$^{25}_{12}Mg$	10%
$^{26}_{12}Mg$	11%

(01) A massa atômica do elemento químico magnésio é 24,32 u.
(02) Átomos de magnésio no estado fundamental apresentam 12 elétrons em sua eletrosfera.
(04) Os núcleos dos átomos de todos os isótopos de magnésio no estado fundamental têm 12 nêutrons.
(08) Os núcleos de átomos de magnésio podem apresentar entre 12 e 14 prótons.
(16) Os átomos de magnésio apresentam a tendência de formar cátions monovalentes.

13. (Unifesp) O hidrogênio natural é encontrado na forma de três isótopos de números de massa 1, 2 e 3, respectivamente: $^{1}_{1}H$, $^{2}_{1}H$ e $^{3}_{1}H$.

As tabelas periódicas trazem o valor 1,008 para a sua massa atômica, referida ao isótopo 12 do carbono. Utilizando esses dados, responda, para cada uma das frases apresentadas abaixo, se ela é verdadeira (**V**) ou falsa (**F**).

a) O isótopo mais abundante deve ser o $^{2}_{1}H$.
b) Os comportamentos químicos dos isótopos devem ser diferentes entre si.
c) Um átomo $^{2}_{1}H$ deve pesar 1/12 de um átomo $^{12}_{6}C$.

14. (UFPE) Consultando as massas atômicas na tabela periódica, quais das afirmações seguintes são corretas em relação à glicose ($C_6H_{12}O_6$)?

I. Uma molécula de glicose pesa 180 g.
II. Uma molécula de glicose pesa 180 u.
III. Uma molécula de glicose pesa 180 vezes mais que um átomo de ^{12}C.
IV. Uma molécula de glicose pesa 180 vezes mais que 1/12 do átomo de ^{12}C.
V. Uma molécula de glicose pesa 15 vezes mais que um átomo de ^{12}C.

15. (ITA-SP) Pouco após o ano de 1800, existiam tabelas de pesos atômicos relativos nas quais o oxigênio tinha peso atômico 100 exato. Com base nesse tipo de tabela, o peso molecular relativo do SO_2 seria:

a) 64
b) 232
c) 250
d) 300
e) 400

16. Consulte a tabela periódica e determine a massa molecular do ácido fosfórico, H_3PO_4, e a massa fórmula do sulfato de alumínio, $Al_2(SO_4)_3$, isto é, a massa do conjunto de íons $[Al^{3+}]_2[SO_4^{2-}]_3$.

4 Relação entre u e grama

O número $6 \cdot 10^{23}$ (obtido experimentalmente por meio de diferentes procedimentos envolvendo, por exemplo, gases, cristais, fenômenos radioativos e processos de galvanoplastia) é o fator de conversão entre o grama (g), que corresponde ao nível macroscópico, e a unidade de massa atômica (u), que corresponde ao nível microscópico.

$$\mathbf{1\ g = 6 \cdot 10^{23}\ u}$$

Ele será bastante útil para relacionar massas de entidades microscópicas com massas medidas macroscopicamente.

- Expressar a quantidade de entidades microscópicas presentes em uma amostra de matéria é muito importante, pois permite comparar amostras, interpretar fenômenos e fazer previsões acerca desses fenômenos.

Importância histórica das massas atômicas

O estabelecimento da relação entre grama e unidade de massa atômica deveu-se ao trabalho de muitos cientistas ao longo das últimas décadas do século XIX e início do século XX.

Conhecer essa relação, e também a massa atômica dos elementos, foi um passo fundamental na história da Química porque permitiu utilizar uma balança para "contar" átomos ou, melhor dizendo, permitiu empregar medidas de massa para calcular a quantidade de átomos de um certo elemento presente em uma amostra.

Essa é uma das mais importantes conquistas da Química, que propicia uma conexão entre o mundo microscópico (átomos, moléculas, íons) e o macroscópico (medidas da massa de amostras). Os desdobramentos desse avanço serão estudados neste e em outros capítulos.

5 Quantidade de matéria (n)

A tabela abaixo mostra as sete unidades fundamentais do Sistema Internacional de Unidades (SI).

Grandeza	Unidade	Símbolo
Comprimento	metro	m
Massa	quilograma	kg
Tempo	segundo	s
Corrente elétrica	ampère	A
Temperatura	kelvin	K
Intensidade luminosa	candela	Cd
Quantidade de matéria	**mol**	**mol**

Entre as grandezas mencionadas, a Química tem particular interesse na grandeza quantidade de matéria.

Para que os químicos possam especificar o número de átomos em uma amostra não como átomos individuais, mas preferencialmente em termos de "pacotes" contendo um determinado número de átomos, foi criada uma grandeza denominada "**quantidade de matéria**". Anteriormente, a grandeza quantidade de matéria era denominada número de mols.

A unidade do SI para a grandeza quantidade de matéria é o **mol**.

- O **mol** é definido como "a quantidade de matéria de um sistema que contém tantas unidades elementares quantos forem os átomos contidos em 0,012 kg (12 g) de carbono-12".

E quantos são os átomos contidos em 0,012 kg (isto é, 12 g) de carbono-12?

$12 \cdot g = 12 \cdot 6 \cdot 10^{23} \cdot u$ (substituímos g por $6 \cdot 10^{23} \cdot u$)

$12 \cdot 6 \cdot 10^{23} \cdot u = 6 \cdot 10^{23} \cdot 12 \cdot u$

$6 \cdot 10^{23} \cdot \underbrace{12 \cdot u}$ = massa de $6 \cdot 10^{23}$ átomos de C

Esta é a massa de um único átomo de carbono

Resposta: 12 g (ou 0,012 kg) correspondem à massa de $6 \cdot 10^{23}$ átomos de C.

Quantidade de matéria é expressa na unidade mol

O mol é definido como "a quantidade de matéria de um sistema que contém $6 \cdot 10^{23}$ unidades elementares".

Pela definição, qualquer quantidade de matéria que contenha $6 \cdot 10^{23}$ entidades elementares é 1 mol. Assim, pode-se ter 1 mol de átomos, de moléculas, de íons, de prótons, de elétrons, de outras partículas etc.

O emprego dessa definição de mol tornou obsoletos e colocou em desuso diversos termos, como número de mols, número de moléculas-grama, número de átomos-grama (todos substituídos pela denominação quantidade de matéria).

5.1 O que acontece quando substituímos u por grama?

Considere a massa de um átomo de carbono, de uma molécula de água e de um íon sódio:

Massa de um átomo de carbono = 12 u
Massa de uma molécula de água = 18 u
Massa de um íon sódio = 23 u

Vamos manter esses números (12, 18 e 23), mas substituir a unidade de massa atômica (u) pela unidade grama (g).

Deixaremos de ter a massa de um átomo de carbono, de uma molécula de água e de um íon sódio, certo?

Então pense por um momento antes de prosseguir sua leitura:

12 g é a massa de quantos átomos de carbono?
18 g é a massa de quantas moléculas de água?
23 g é a massa de quantos íons sódio?

Para responder a essas perguntas, podemos repetir algo semelhante ao que fizemos na página anterior.

Comecemos com os 12 g de carbono. Lembre-se de que $1\ g = 6 \cdot 10^{23}\ u$.

$12 \cdot g = 12 \cdot 6 \cdot 10^{23} \cdot u$ — **Substituímos g por $6 \cdot 10^{23} \cdot u$**

$12 \cdot 6 \cdot 10^{23} \cdot u = 6 \cdot 10^{23} \cdot 12 \cdot u$ — **Apenas alteramos a ordem dos fatores**

$6 \cdot 10^{23} \cdot \underbrace{12 \cdot u}$ = massa de $6 \cdot 10^{23}$ átomos de carbono

Esta é a massa de um único átomo de carbono

Concluímos, portanto, que 12 g é a massa de $6 \cdot 10^{23}$ átomos de carbono.

Analogamente, no caso de 18 g de água:

$18 \cdot g = 18 \cdot 6 \cdot 10^{23} \cdot u$ — **Substituímos g por $6 \cdot 10^{23} \cdot u$**

$18 \cdot 6 \cdot 10^{23} \cdot u = 6 \cdot 10^{23} \cdot 18 \cdot u$ — **Apenas alteramos a ordem dos fatores**

$6 \cdot 10^{23} \cdot \underbrace{18 \cdot u}$ = massa de $6 \cdot 10^{23}$ moléculas de água

Esta é a massa de uma única molécula de água

Concluímos, portanto, que 18 g é a massa de $6 \cdot 10^{23}$ moléculas de água.

E, finalmente, considerando 23 g de íons sódio:

$23 \cdot g = 23 \cdot 6 \cdot 10^{23} \cdot u$ — **Substituímos g por $6 \cdot 10^{23} \cdot u$**

$23 \cdot 6 \cdot 10^{23} \cdot u = 6 \cdot 10^{23} \cdot 23 \cdot u$ — **Apenas alteramos a ordem dos fatores**

$6 \cdot 10^{23} \cdot \underbrace{23 \cdot u}$ = massa de $6 \cdot 10^{23}$ íons sódio

Esta é a massa de um único íon sódio

Concluímos, portanto, que 23 g é a massa de $6 \cdot 10^{23}$ íons sódio.

Para os químicos, existe uma importante generalização decorrente do que acabamos de mostrar.

> Se, partindo da massa de um átomo, uma molécula ou um íon expressa em unidades de massa atômica, substituirmos **u** por **g**, mantendo o mesmo número, passaremos a ter não mais a massa de um só átomo, molécula ou íon, mas sim de $6 \cdot 10^{23}$ átomos, moléculas ou íons, ou seja, a massa de **1 mol** de átomos, moléculas ou íons.

Vejamos mais alguns exemplos para reforçar essa ideia:

- A massa de um único átomo de alumínio (Al) é 27 u e a massa de $6 \cdot 10^{23}$ átomos de alumínio (**1 mol** de átomos de alumínio) é 27 g.

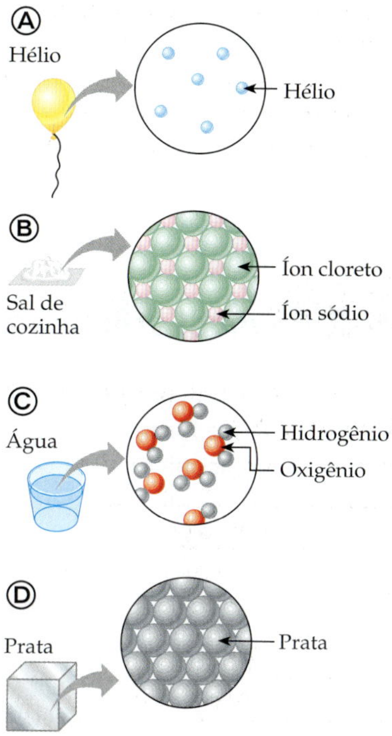

▲ Para o perfeito entendimento deste capítulo, convém lembrar, conforme visto no capítulo 8, que os átomos de gases nobres não têm tendência a se combinar quimicamente. Já os átomos dos demais elementos tendem a unir-se formando substâncias iônicas, moleculares ou metálicas, conforme o caso. O hélio, Ⓐ, é um exemplo de gás nobre. No sal de cozinha, Ⓑ, há íons sódio e íons cloreto formando um retículo cristalino iônico. Na água, Ⓒ, há átomos de hidrogênio e oxigênio unidos por ligação covalente formando moléculas. E na prata, Ⓓ, os átomos de prata se unem por ligação metálica, formando um retículo cristalino metálico.

Ao estudar e ao fazer exercícios, lembre-se de que a tabela periódica é um instrumento de consulta!

- A massa de uma única molécula de amônia (NH_3) é 17 u e a massa de $6 \cdot 10^{23}$ moléculas de amônia (**1 mol** de moléculas de amônia) é 17 g.
- A massa de um único íon sulfeto (S^{2-}) é 32 u e a massa de $6 \cdot 10^{23}$ íons sulfeto (**1 mol** de íons sulfeto) é 32 g.
- A massa de um par de íons $[Na^+][Cl^-]$ é 58,5 u e a massa de $6 \cdot 10^{23}$ pares de íons $[Na^+][Cl^-]$ (**1 mol** de cloreto de sódio) é 58,5 g.

SÉRGIO DOTTA JR./CID

▸ Cada amostra consiste em 1 mol de átomos do elemento. No sentido horário, desde o centro em cima, estão 32 g de enxofre, 201 g de mercúrio, 207 g de chumbo, 64 g de cobre e 12 g de carbono.

5.2 Do nível atômico ao nível macroscópico

Vamos usar como exemplo a substância água, constituída por moléculas H_2O. Uma molécula de água, H_2O, é formada por dois átomos de hidrogênio e um átomo de oxigênio. Em nível laboratorial (macroscópico) pode-se trabalhar com 1 mol de moléculas H_2O (18 g), que é constituído por 2 mol de átomos de hidrogênio (2 g) e 1 mol de átomos de oxigênio (16 g). Observe a comparação no esquema abaixo:

Fórmula química	H_2O	consiste em	2 H	e	1 O
Nível atômico	1 molécula de H_2O (18 u)		2 átomos de H $2 \cdot (1\ u)$		1 átomo de O (16 u)
	↓ $\times 6 \cdot 10^{23}$		↓ $\times 6 \cdot 10^{23}$		↓ $\times 6 \cdot 10^{23}$
Amostra em escala de laboratório (em gramas)	$6 \cdot 10^{23}$ moléculas de H_2O 1 mol de moléculas de H_2O 18 g de H_2O		$2 \cdot (6 \cdot 10^{23})$ átomos de H 2 mol de átomos de H 2 g de H		$6 \cdot 10^{23}$ átomos de O 1 mol de átomos de O 16 g de O

Exercícios essenciais

A critério do(a) professor(a) esta lista de exercícios poderá ser realizada em classe ou em casa.

17. Um organismo humano contém algo em torno de uma centena de trilhão de células (10^{14} células).
Na virada do século, a população mundial era de seis bilhões de pessoas ($6 \cdot 10^9$ pessoas).
Quantas células humanas havia na virada do século?

18. Com base na questão anterior, responda: na virada do século, qual é a quantidade em mols de células humanas?

19. Calcule o número de átomos presentes nas seguintes amostras:
a) 5,4 g de alumínio;
b) $197 \cdot 10^{-2}$ g de ouro;
c) $9,2 \cdot 10^2$ g de sódio.

20. Sabendo que a massa atômica do magnésio é igual a 24 u, determine a massa, expressa em gramas, de um único átomo de magnésio.

21. Entre as amostras listadas abaixo, indique aquela que possui a maior quantidade de matéria:
a) 10,8 g de prata;
b) 4,0 g de cálcio;
c) 20,7 g de chumbo.

22. (Fatec-SP) A química bioinorgânica pode ser tentativamente definida como a parte da química que estuda os elementos químicos dentro do contexto especial dos organismos vivos, sejam eles essenciais à vida, ou necessários em pequeníssima escala.
A função básica dos íons sódio e potássio é a de contrabalancear as cargas negativas associadas a grupos funcionais orgânicos em proteínas, além de manter a pressão osmótica dentro de nossas células, evitando que elas entrem em colapso.
(Stanlei Ivair Klein – iq.unesp.)

Com relação ao sódio e ao potássio, são feitas as seguintes afirmações:

I. o potássio é um metal alcalinoterroso de elevado potencial de ionização;

II. o sódio forma com o flúor um composto iônico de fórmula NaF;

III. o potássio forma cátion monovalente, que é isoeletrônico do átomo de argônio;

IV. 11 g de sódio contêm 1 mol de átomos de sódio.

Dados: números atômicos:

Na = 11; F = 9; Ar = 18; K = 19.

Está correto o contido apenas em:

a) I **c)** II e III **e)** I, III e IV
b) I e II **d)** III e IV

23. Calcule o número de moléculas presentes nas seguintes amostras:

a) 3,6 g de água (H_2O);

b) $98 \cdot 10^{-3}$ g de ácido sulfúrico (H_2SO_4);

c) $180 \cdot 10^2$ g de glicose ($C_6H_{12}O_6$).

Exercício Resolvido

24. (Furg-RS) Qual é a quantidade de matéria em átomos de hidrogênio que está presente em um mol do composto benzoato de amônio ($NH_4C_7H_5O_2$)?

a) 4 mol **c)** 9 mol **e)** 11 mol
b) 5 mol **d)** $5,4 \cdot 10^{24}$ mol

Resolução

$NH_4C_7H_5O_2$

Em um mol do composto há nove mols de hidrogênio.

Alternativa **c**.

25. (Ceub-DF) Em uma amostra de 4,3 g de hexano (C_6H_{14}) encontramos aproximadamente:

a) $6,00 \cdot 10^{23}$ moléculas e $1,20 \cdot 10^{25}$ átomos.
b) $3,00 \cdot 10^{22}$ moléculas e $6,00 \cdot 10^{23}$ átomos.
c) $3,00 \cdot 10^{23}$ moléculas e $6,00 \cdot 10^{24}$ átomos.
d) $1,50 \cdot 10^{23}$ moléculas e $3,00 \cdot 10^{24}$ átomos.
e) $1,50 \cdot 10^{22}$ moléculas e $3,00 \cdot 10^{23}$ átomos.

26. (FEI-SP) Determine o número de átomos de hidrogênio contidos em 100,0 g de álcool etílico (C_2H_6O).

27. (UFRRJ) Um balão de oxigênio contendo $3,01 \cdot 10^{26}$ átomos foi completamente utilizado por uma equipe médica durante uma cirurgia. Admitindo que havia apenas gás oxigênio nesse balão, a massa utilizada do referido gás foi equivalente a: (O = 16)

a) 8,0 kg **c)** 12,0 kg **e)** 10,0 kg
b) 4,0 kg **d)** 16,0 kg

28. (Vunesp) No ar poluído de uma cidade, detectou-se uma concentração de NO_2 correspondente a $1,0 \cdot 10^{-8}$ mol/L. Supondo que uma pessoa inale 3 litros de ar, o número de moléculas de NO_2 por ela inalada é:

a) $1,0 \cdot 10^8$ **c)** $1,8 \cdot 10^{16}$ **e)** $6,0 \cdot 10^{23}$
b) $6,0 \cdot 10^{15}$ **d)** $2,7 \cdot 10^{22}$

29. (Mackenzie-SP) Dispõe-se de cinco recipientes (fechados), contendo massas iguais de:

Recipiente				
I	II	III	IV	V
H_2	O_2	H_2S	H_2SO_3	$H_2S_2O_3$

Entre eles, aquele que contém o menor número de moléculas é o recipiente: (H = 1; O = 16; S = 32)

a) IV **b)** III **c)** V **d)** I **e)** II

Exercícios adicionais

Seu(sua) professor(a) indicará quais exercícios deste bloco você deve fazer.

30. (UEM-PR) Considere uma barra de ouro puro de dimensões 20 cm × 5 cm × 2 cm com o grama de ouro cotado a R$ 40,00. Uma pessoa gasta R$ 77.200,00 na compra de uma certa quantidade da barra.

Considerando que a densidade do ouro puro é 19,3 g/cm³, assinale a alternativa correta.

a) A pessoa poderá comprar aproximadamente 9,8 mol de ouro.

b) A pessoa poderá comprar aproximadamente um quinto da barra.

c) A pessoa poderá comprar um quarto da barra.

d) A pessoa poderá comprar aproximadamente 4,9 mol de ouro.

e) A pessoa poderá comprar um terço da barra.

31. (UEM-PR) Uma gota de mercúrio esférica de raio igual a 0,5 mm contém, aproximadamente:

(**Dados:** densidade do mercúrio = 13.600 kg/m³; $\pi \cong 3,14$.)

a) $6,02 \cdot 10^{23}$ átomos de mercúrio.

b) $6,02 \cdot 10^{21}$ átomos de mercúrio.

c) $2,1 \cdot 10^{19}$ átomos de mercúrio.

d) $2,1 \cdot 10^{19}$ mol de átomos de mercúrio.

e) $7,7 \cdot 10^{23}$ átomos de mercúrio.

Comentário dos autores:

O volume *V* de uma esfera é dado por $V = \frac{4}{3}\pi r^3$, em que *r* é o raio da esfera.

32. (UFS-SE) Quantos mols de hidrogênio há em 300 g de hidreto de alumínio (AlH_3)?

a) 3,0 **c)** 10 **e)** 30
b) 6,0 **d)** 15

33. (Unifor-CE) Um recipiente contém $6{,}0 \cdot 10^{24}$ moléculas de H_2O e 0,50 mol de éter dimetílico, C_2H_6O. A massa da mistura, em gramas, vale:

a) 18,5
b) 51,0
c) 185
d) 203
e) 226

34. (Uece) A região metropolitana de Fortaleza tem cerca de 336 km^2. Um automóvel emite diariamente cerca de 20,16 mol de CO, gás venenoso para o ser humano. Supondo que esse gás se distribua uniformemente por toda a área metropolitana, até uma altura de 1,0 km, qual é o número de moléculas de CO emitidas por 100.000 automóveis em 1,0 m^3 do ar metropolitano?

35. (FEI-SP) A 4 °C, a densidade da água é 1,00 g/mL. Quantas moléculas de água existem em 1,8 mL a essa temperatura?
Dados: H = 1; O = 16.

a) $6 \cdot 10^{22}$
b) $6 \cdot 10^{15}$
c) $6 \cdot 10^{99}$
d) 6
e) $6 \cdot 10^{-23}$

36. (UFG-GO) A palavra "mol" foi introduzida em química, nos idos de 1896, pelo químico alemão Wilhelm Ostwald, que tirou o termo do latim, *moles*. O mol tem como símbolo a palavra **mol** e é:

1. a unidade no SI de quantidade de substância.
2. a quantidade de substância que contém tantas entidades elementares (átomos, moléculas ou outras partículas) quantos forem os átomos contidos em exatamente 12 g do isótopo 12 do carbono.
3. a quantidade que contém sempre o mesmo número de partículas, qualquer que seja a substância.
4. o número atômico expresso em gramas.

Qual(is) das afirmações está(ão) correta(s)?

37. (F. Santo André-SP) Considerando o mol a quantidade de matéria que existe em um sistema que contém tantas entidades elementares quantos são os átomos existentes em 0,012 quilograma (12 g) do carbono-12, quantos átomos de cada elemento são necessários para formar 1 mol de Na_2CO_3 (carbonato de sódio, produto químico usado na manufatura do vidro)?

a) 24 átomos de Na, 12 átomos de C e 36 átomos de O.
b) 2 mol de átomos de Na, 3 mol de átomos de C e 3 mol de átomos de O.
c) $1{,}20 \cdot 10^{24}$ átomos de Na, $6{,}02 \cdot 10^{23}$ átomos de C e $1{,}80 \cdot 10^{24}$ átomos de O.
d) 12 mol de átomos de Na, 6 mol de átomos de C e 18 mol de átomos de O.
e) $6{,}02 \cdot 10^{23}$ átomos de Na, $3{,}01 \cdot 10^{23}$ átomos de C e $9{,}03 \cdot 10^{23}$ átomos de O.

6 Constante de Avogadro (N_A)

Por menores que sejam, amostras de substâncias são formadas por um número extremamente grande de entidades (átomos, moléculas, íons). A essas amostras está associada uma determinada quantidade de matéria (quantidade em mols). Existe uma relação de proporcionalidade entre o número de entidades na amostra e sua quantidade de matéria.

A Constante de Avogadro (N_A) é o número de entidades por unidade de quantidade de matéria, isto é, o número de entidades em um mol.

Seu valor pode ser medido experimentalmente e o valor obtido é $6{,}02214 \cdot 10^{23}\ mol^{-1}$. Ela é frequentemente aproximada para $6 \cdot 10^{23}\ mol^{-1}$, conforme faremos geralmente neste livro.

Conhecendo a Constante de Avogadro e as massas atômicas, é possível calcular não apenas o número de átomos em uma amostra, mas também o número de moléculas ou de íons, quando for o caso (substância molecular ou substância iônica).

Um mol de entidades corresponde a um número de entidades igual à Constante de Avogadro:

- Um mol de átomos de carbono são $6 \cdot 10^{23}$ átomos de carbono.
- Um mol de átomos de alumínio são $6 \cdot 10^{23}$ átomos de alumínio.
- Um mol de moléculas de água são $6 \cdot 10^{23}$ moléculas de água.
- Um mol de íons sódio são $6 \cdot 10^{23}$ íons sódio.
- Um mol de elétrons são $6 \cdot 10^{23}$ elétrons.

A denominação "Constante de Avogadro" é uma homenagem a Amedeo Avogadro (1776-1856), cientista italiano que lançou as ideias básicas que permitiram, com a evolução histórica da Química, a determinação dessa constante no início do século XX.

A Constante de Avogadro é uma constante com unidade, e não um número puro. Seu valor é igual a $6{,}02214 \cdot 10^{23}\ mol^{-1}$.

Exercícios essenciais

A critério do(a) professor(a) esta lista de exercícios poderá ser realizada em classe ou em casa.

38. Uma panela de alumínio contém 810 g desse metal.

TKEMOT/SHUTTERSTOCK

Pergunta-se:

a) Quantos átomos de alumínio constituem a referida panela?

b) Escreva o resultado obtido em palavras (mil, milhão, bilhão, trilhão, quatrilhão etc.).

39. O silício é um semimetal utilizado na elaboração de componentes eletrônicos. Calcule quantos átomos de silício há em um cristal de 56 mg desse elemento.

40. Esta questão pretende mostrar que, mesmo nas balanças muito sensíveis, o que se determina ao pesar um objeto macroscópico é a massa de um enorme conjunto de átomos. Uma balança bastante sensível, usada em laboratórios, é capaz de medir massas da ordem de $1{,}0 \cdot 10^{-6}$ g. Essa massa corresponde, aproximadamente, à massa de quantos átomos de:

a) lítio? **b)** magnésio? **c)** mercúrio?

41. A massa de um bilhão (10^9) de moléculas de álcool comum (C_2H_6O) poderia ser determinada com uma balança cuja sensibilidade máxima é 0,1 mg? Justifique. (Dizer que a "sensibilidade máxima" da balança é 0,1 mg significa dizer que essa é a **menor** massa que ela mede. Em outras palavras, a balança não tem sensibilidade para detectar uma massa inferior a essa.)

Exercício Resolvido

42. (UFV-MG) O cloreto de vinila (C_2H_3Cl) é matéria-prima para muitos plásticos (PVC) e fibras. Em 93,75 g de cloreto de vinila, determine:
(Constante de Avogadro $= 6 \cdot 10^{23}\ mol^{-1}$)

a) a quantidade em mol de moléculas de C_2H_3Cl

b) a quantidade em mol de átomos de carbono

c) o número de átomos de carbono

Resolução

a) Grandezas: **Massa de C_2H_3Cl** — **Quantidade em mols de C_2H_3Cl**

62,5 g ——— 1 mol
93,75 g ——— x ⇒

$\Rightarrow x = 1{,}5$ mol

b) Grandezas: **Quantidade em mols de C_2H_3Cl** — **Quantidade em mols de C**

1 mol ——— 2 mol
1,5 mol ——— y ⇒

$\Rightarrow y = 3$ mol

c) Grandezas: **Quantidade em mols de C** — **Número de átomos de C**

1 mol ——— $6 \cdot 10^{23}$ átomos
3 mol ——— z ⇒

$\Rightarrow z = 1{,}8 \cdot 10^{24}$ átomos

43. Aproximadamente quantas vezes um átomo de mercúrio é mais pesado que um átomo de hélio?

44. Além do silício, o germânio é outro semimetal empregado em eletrônica. Para serem usados em determinados componentes, cristais de germânio são purificados até que apenas um átomo em cada bilhão (10^9) seja impureza, isto é, seja átomo de outro elemento. Faça uma estimativa de quantos átomos não são de germânio em um cristal de 73 mg desse elemento.

PHOTODISC/GETTY IMAGES

45. O DDT é um inseticida cujo uso foi muito difundido no passado, mas que, em função do risco que representa para o ambiente, foi proibido total ou parcialmente em muitos lugares do mundo. Trata-se de uma substância pouco solúvel em água; o máximo de DDT que se dissolve em cada litro de água é $1{,}0 \cdot 10^{-6}$ g. A massa de uma molécula de DDT é 354 u. Aproximadamente quantas moléculas de DDT podem se dissolver, no máximo, em um litro de água?

46. A principal função da hemoglobina no organismo humano é o transporte sanguíneo de oxigênio. Sua molécula, que tem massa 65.000 u, é formada por mais de nove mil átomos.
Avalie a seguinte afirmação, encontrada em um trabalho escolar: "A hemoglobina é muito importante para a saúde. Cerca de um mol dela está presente no sangue de uma pessoa".

Exercícios adicionais

Seu(sua) professor(a) indicará quais exercícios deste bloco você deve fazer.

47. (Cefet-CE) Cada página de um livro de Química Geral de 200 páginas consumiu em média 10 mg de tinta. O número de átomos de carbono, em média, utilizados para a impressão desse livro, supondo que 90% da massa de tinta seja constituída pelo elemento carbono, é:
Dado: Constante de Avogadro = $6{,}0 \cdot 10^{23}$ mol^{-1}; C = 12 g/mol.

a) $9{,}0 \cdot 10^{25}$
b) $1{,}2 \cdot 10^{24}$
c) $6{,}0 \cdot 10^{23}$
d) $9{,}0 \cdot 10^{22}$
e) $6{,}0 \cdot 10^{25}$

48. (UFU-MG) Acerca das informações apresentadas, julgue cada afirmativa abaixo como (**V**) verdadeira ou (**F**) falsa.
Dados: Constante de Avogadro = $6{,}02 \cdot 10^{23}$ mol^{-1} e os valores constantes na tabela periódica.

1. A massa do átomo de oxigênio é 16 vezes maior do que a massa do átomo de ^{12}C.
2. 64,0 gramas do gás oxigênio correspondem a 2 mol de oxigênio.
3. 1 mol do gás oxigênio possui $2 \cdot 6{,}02 \cdot 10^{23}$ moléculas.
4. 1 mol do gás oxigênio contém 2 átomos.

49. (FGV-SP) A concentração crítica de elementos essenciais nas plantas é a concentração mínima necessária para o seu crescimento, e pode haver variação de uma espécie para outra. Sobre as necessidades gerais das plantas, na tabela são apresentadas as concentrações típicas (massa do elemento/massa da planta seca) para alguns elementos essenciais.

Elemento	mg/kg
N	$1{,}5 \cdot 10^4$
K	$1{,}0 \cdot 10^4$
Ca	$5{,}0 \cdot 10^3$
Mg	$2{,}0 \cdot 10^3$
P	$2{,}0 \cdot 10^3$
S	$1{,}0 \cdot 10^3$
Fe	$1{,}0 \cdot 10^2$
Mn	$5{,}0 \cdot 10^1$

Dado: Constante de Avogadro = $6{,}0 \cdot 10^{23}$ mol^{-1}.
A partir dos dados da tabela, pode-se afirmar que a concentração típica de manganês e o número aproximado de átomos de fósforo para 100 kg de planta seca são, respectivamente:

a) 50 ppm e $1{,}5 \cdot 10^{25}$
b) 50 ppm e $3{,}9 \cdot 10^{24}$
c) 2 000 ppm e $1{,}5 \cdot 10^{25}$
d) 2 000 ppm e $3{,}9 \cdot 10^{24}$
e) 5 000 ppm e $3{,}9 \cdot 10^{25}$

Comentário dos autores:

A simbologia ppm, presente nas alternativas, designa "partes por milhão". No caso dessa questão, trata-se da massa de manganês, em miligramas (mg), que existe em um milhão de miligramas (10^6 mg) de massa seca da planta.
Perceba que 10^6 mg = 1 kg.

50. (Vunesp) Ligas constituídas de platina e de ródio, com diferentes composições, são utilizadas como sensores de temperatura. Para 1,00 g de uma liga contendo apenas platina e ródio, na proporção de 10% em massa de ródio, calcule a massa e o número de átomos de platina.
(**Dados:** massas atômicas: Rh = 103 e Pt = 195; Constante de Avogadro = $6{,}0 \cdot 10^{23}$ mol^{-1}.)

51. (Unifesp) As lâmpadas fluorescentes estão na lista de resíduos nocivos à saúde e ao meio ambiente, já que essas lâmpadas contêm substâncias, como o mercúrio (massa molar 200 g/mol), que são tóxicas. Ao romper-se, uma lâmpada fluorescente emite vapores de mercúrio da ordem de 20 mg, que são absorvidos pelos seres vivos, e, quando lançados em aterros, contaminam o solo, podendo atingir os cursos de água. A legislação brasileira estabelece como limite de tolerância para o ser humano 0,04 mg de mercúrio por metro cúbico de ar. Num determinado ambiente, ao se romper uma dessas lâmpadas fluorescentes, o mercúrio se difundiu de forma homogênea no ar, resultando em $3{,}0 \cdot 10^{17}$ átomos de mercúrio por metro cúbico de ar. Dada a Constante de Avogadro $6{,}0 \cdot 10^{23}$ mol^{-1}, pode-se concluir que, para esse ambiente, o volume de ar e o número de vezes que a concentração de mercúrio excede ao limite de tolerância são, respectivamente:

a) 50 m^3 e 10
b) 100 m^3 e 5
c) 200 m^3 e 2,5
d) 250 m^3 e 2
e) 400 m^3 e 1,25

52. (UFABC) **Cientistas desenvolvem droga contra câncer de próstata**
Um grupo de cientistas britânicos desenvolveu um medicamento contra o câncer de próstata, que é considerado a descoberta mais importante em 60 anos. A substância chamada de abiraterona possui a propriedade de inibir a formação de testosterona, sendo capaz de reverter a forma mais agressiva do câncer. Cerca de 70% dos pacientes que usaram a droga apresentaram melhora significativa. O medicamento bloqueia os hormônios que nutrem as células cancerígenas.

(Band News, jul. 2008.)

Fórmula estrutural da abiraterona

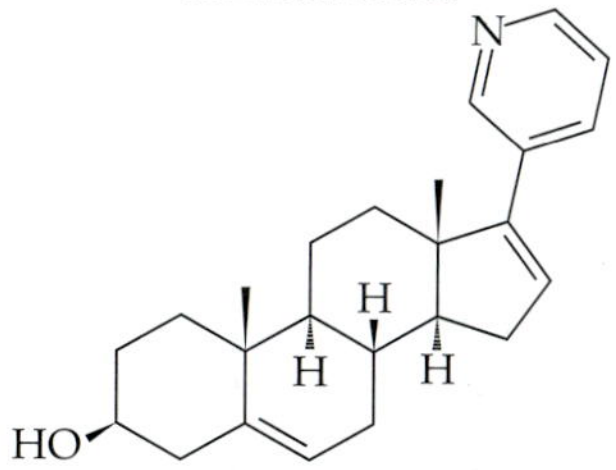

Dados: massa molar: 350 g/mol; fórmula molecular: $C_{24}H_{31}ON$; Constante de Avogadro = $6{,}0 \cdot 10^{23}\ mol^{-1}$.

A massa de uma única molécula de abiraterona é:

a) $5{,}8 \cdot 10^{-22}$ g
b) $6{,}0 \cdot 10^{-23}$ g
c) $1{,}2 \cdot 10^{-24}$ kg
d) 350 g
e) $350 \cdot (6 \cdot 10^{23})$ g

7 Massa molar (M)

Para qualquer amostra de substância, sua massa (m) é diretamente proporcional a sua quantidade de matéria (n), isto é:

$$m = M \cdot n$$

A constante de proporcionalidade que permite a passagem de quantidade de matéria para massa, conhecida como "massa molar" (M), nada mais é que a *massa da substância* por *unidade de quantidade de matéria*.

Assim, $m = M \cdot n \Rightarrow n = \frac{m}{M}$

Exemplos:

A massa molecular do CO_2 é 44,0 u.

Para n = 1 mol, temos m = 44,0 g e, portanto:

$$M = \frac{m\,(\text{gramas})}{n\,(\text{mol})} = \frac{44{,}0\ g}{1\ mol} \Rightarrow M(CO_2) = 44{,}0\ g/mol$$

Significado: 1 mol de CO_2 tem massa de 44,0 g.

Massa molar de determinada entidade química é a massa de um mol de unidades dessa entidade química. A massa molar pode se referir a moléculas, átomos, íons, elétrons etc.:

- **Para elemento químico** — é a massa de um mol de átomos desse elemento.

  M(C) = 12 g/mol M(Al) = 27 g/mol

- **Para substância molecular** — é a massa de um mol de moléculas dessa substância.

  $M(H_2O) = 18$ g/mol $M(NH_3) = 17$ g/mol

- **Para íon** — é a massa de um mol desse íon.

  $M(Na^+) = 23$ g/mol

- **Para substância iônica** — é a massa de um mol de fórmulas, ou seja, o conjunto de íons que figura na fórmula usada para representar a substância.

  $M([Na^+][Cl^-]) = 58{,}5$ g/mol $M([Ca^{2+}][F^-]_2) = 78{,}1$ g/mol

- **Para substância metálica** — é a massa de um mol de átomos do elemento metálico na forma de substância.

  M(Al) = 27 g/mol

A expressão correta para se referir à massa de uma porção de substância cuja quantidade de matéria é um mol é **massa molar** (M).

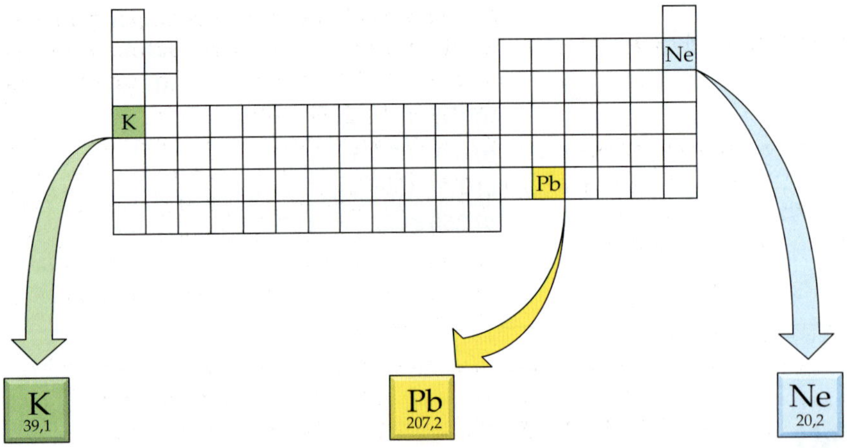

39,1 u é a massa média de 1 átomo de K

↓

$M(K) = 39{,}1\ g \cdot mol^{-1}$
39,1 g é a massa de $6 \cdot 10^{23}$ átomos, ou seja, de 1 mol

207,2 u é a massa média de 1 átomo de Pb

↓

$M(Pb) = 207{,}2\ g \cdot mol^{-1}$
207,2 g é a massa de $6 \cdot 10^{23}$ átomos, ou seja, de 1 mol

20,2 u é a massa média de 1 átomo de Ne

↓

$M(Ne) = 20{,}2\ g \cdot mol^{-1}$
20,2 g é a massa de $6 \cdot 10^{23}$ átomos, ou seja, de 1 mol

Conhecendo a Constante de Avogadro e as massas atômicas (ou, alternativamente, as massas molares), é possível calcular não apenas o número de átomos em uma amostra, mas também o número de moléculas ou de íons, quando for o caso (substância molecular ou substância iônica).

Os exercícios a seguir ilustram algumas das inúmeras possibilidades de cálculos viabilizados pelo conhecimento dessas grandezas.

Lembre-se sempre de **procurar na tabela periódica** os dados de que necessitar.

Exercícios essenciais

A critério do(a) professor(a) esta lista de exercícios poderá ser realizada em classe ou em casa.

53. Consulte a tabela periódica e escreva em seu caderno a massa molar dos seguintes elementos: lítio, oxigênio, nitrogênio, cloro, cálcio e ferro.

54. Calcule a massa molar das substâncias moleculares representadas pelas seguintes fórmulas: N_2, O_2, O_3, H_2O, CH_4, CO_2, SO_2, SO_3, Cl_2, H_2SO_4, HNO_3 e $C_6H_{12}O_6$.

55. Determine a massa molar do íon nitrato (NO_3^-) e a massa molar do íon sulfato (SO_4^{2-}).

56. O carbonato de cálcio, $CaCO_3$, substância iônica formada pelos íons cálcio e pelos íons carbonato, é o principal constituinte do calcário e do mármore. Qual é a massa molar do $CaCO_3$?

Exercício Resolvido

57. A massa molar da prata é diferente da massa molar do ouro. Duas amostras metálicas de mesma massa, uma de ouro e outra de prata, possuem o mesmo número de átomos? Em caso negativo, qual apresenta mais átomos? Justifique.

➤ Resolução

Não. A amostra de prata apresenta mais átomos. Como a massa molar da prata (108 g/mol) é menor que a do ouro (197 g/mol), há maior quantidade de matéria (em mols de átomos) numa certa massa de prata do que em uma mesma massa de ouro.

A quantidade em mols é tanto maior... $\mathbf{n} = \frac{m}{\mathbf{M}}$ ... quanto menor for a massa molar.

Exercício Resolvido

58. A água e o etanol (C_2H_6O) são ambos líquidos incolores. Duas amostras de mesma massa, uma de cada um desses líquidos, possuem o mesmo número de moléculas? Em caso negativo, qual apresenta mais moléculas? Por quê?

➤ Resolução

Não. A amostra de água apresenta mais moléculas. Como a massa molar da água (18 g/mol) é menor que a do etanol (46 g/mol), há maior quantidade de matéria (em mols de moléculas) numa certa massa de água do que em uma mesma massa de etanol.

59. (Vunesp) No preparo de um material semicondutor, uma matriz de silício ultrapuro é impurificada com quantidades mínimas de gálio, através de um processo conhecido como dopagem. Numa preparação típica, foi utilizada uma massa de 2,81 g de silício ultrapuro, contendo $6{,}0 \cdot 10^{22}$ átomos de Si. Nessa matriz, foi introduzido gálio suficiente para que o número de seus átomos fosse igual a 0,01% do número de átomos de silício. Sabendo que a massa molar do gálio vale 70 g/mol e a Constante de Avogadro vale $6{,}0 \cdot 10^{23}$ mol^{-1}, a massa de gálio empregada na preparação é igual a:

a) 70 g
b) 0,70 g
c) 0,0281 g
d) $7{,}0 \cdot 10^{-4}$ g
e) $6{,}0 \cdot 10^{-23}$ g

60. O cloreto de sódio (NaCl) é formado pelos íons sódio (Na^+) e cloreto (Cl^-). O cloreto de potássio (KCl) é formado pelos íons potássio (K^+) e cloreto (Cl^-). Ambos são sólidos brancos. Duas amostras de mesma massa, uma de cada um desses sais, possuem o mesmo número total de íons? Em caso negativo, qual apresenta mais íons? Explique como você concluiu.

61. O mercado do ouro

PHOTODISC/GETTY IMAGES

Existem no mundo aproximadamente 125 mil toneladas de ouro garimpado. A produção anual das minas gira atualmente em torno de 2.200 toneladas e vem apresentando um crescimento médio de 4,3% ao ano na última década.

O contrato mais negociado hoje é o padrão (250 gramas) à vista (disponível).

Em determinados dias, ele representa 100% dos negócios fechados. O lote padrão negociado é de 249,75 gramas de ouro fino, correspondente a uma barra de 250 gramas. O teor de pureza é de 999 partes de ouro puro para cada 1.000 partes de metal.

As cotações são sempre em reais por grama, e não há um limite de oscilação diária, exceto se, excepcionalmente, a BM&F decidir fixar algum teto. A liquidação financeira (pagamento) pelo comprador será efetuada no dia útil seguinte ao da operação no pregão.

Suponha que um determinado investidor tenha guardado o equivalente a 25 L de ouro. Conhecendo os seguintes dados: massa molar do ouro = $197\ g \cdot mol^{-1}$; Constante de Avogadro = $6 \cdot 10^{23}$ mol^{-1}; densidade do ouro = $19{,}3\ g \cdot cm^{-3}$; grama do ouro = = R$ 50,00, calcule:

a) a massa de ouro guardada pelo investidor.

b) o valor em reais correspondente aos 25 L de ouro.

c) a quantidade de matéria presente nos 25 L de ouro.

62. A gasolina é uma mistura de muitas substâncias diferentes, a maioria das quais é constituída apenas pelos elementos carbono e hidrogênio. O octano, uma dessas substâncias, tem moléculas com oito átomos de carbono e dezoito de hidrogênio.

a) Represente o octano com uma fórmula molecular.

b) Calcule a massa molar do octano.

c) Em um litro de determinada gasolina há 22,8 g de octano. A quantas moléculas de octano isso corresponde?

63. Um recipiente contém $3{,}01 \cdot 10^{26}$ moléculas de água no seu interior. Admitindo que só exista água nesse recipiente, calcule o número de átomos de hidrogênio e o de oxigênio presentes. **Dados:** Constante de Avogadro: $6{,}02 \cdot 10^{23}$ mol^{-1}; massa molar da água: $18\ g \cdot mol^{-1}$.

64. (UFBA) “O mol, definição moderna do número de partículas, foi resultado dos estudos de diversos cientistas, incluindo-se entre estes Amedeo Avogadro. Esse conceito abriu as portas para o conhecimento da massa atômica e das fórmulas para os compostos químicos.”

Joesten

Em relação às informações do texto acima, pode-se afirmar:

(01) Um mol de uma substância química é sua massa molar expressa em gramas.

(02) $6{,}02 \cdot 10^{23}$ é o número de partículas existentes em 1 mol de substância química.

(04) 1 mol de alumínio e 1 mol de ferro contêm diferentes números de átomos.

(08) Para calcular a quantidade de matéria com base no número de partículas, é necessário conhecer a Constante de Avogadro.

(16) 1 mol de ácido sulfúrico contém $1{,}2 \cdot 10^{24}$ átomos de hidrogênio.

(32) Se a massa de um átomo de flúor é $3{,}155 \cdot 10^{-23}$ g, então a massa molar do flúor é 19.

(64) ${}^{12}_{6}C$ e ${}^{14}_{6}C$ apresentam a mesma massa atômica.

Dê como resposta a soma dos números associados às afirmações corretas.

Exercícios adicionais

Seu(sua) professor(a) indicará quais exercícios deste bloco você deve fazer.

65. (Unicamp-SP) O sabão, apesar de sua indiscutível utilidade, apresenta o inconveniente de precipitar o respectivo sal orgânico insolúvel em água que contenha íons cálcio dissolvidos. Em época recente, foram desenvolvidos os detergentes, conhecidos genericamente como alquilsulfônicos, solúveis em água e que não precipitam na presença de íons cálcio. Considerando que a fórmula de um certo detergente alquilsulfônico é $C_{12}H_{25}O_4XNa$, cuja massa molar é 288 g/mol, calcule a massa molar do elemento X.
Dados: massas molares em g/mol: H = 1; C = 12; O = 16; Na = 23.

66. (UFMG) Analise este quadro, em que se apresenta o número de prótons, de nêutrons e de elétrons de quatro espécies químicas:

Espécie	Número de prótons	Número de nêutrons	Número de elétrons
I	1	0	0
II	9	10	10
III	11	12	11
IV	20	20	18

Considerando-se as quatro espécies apresentadas, é **INCORRETO** afirmar que:

a) I é o cátion H^+.
b) II é o ânion F^-.
c) III tem massa molar de 23 g/mol.
d) IV é um átomo neutro.

67. (PUC-RS) “Eu, filho do carbono e do amoníaco,
Monstro de escuridão e rutilância,
Sofro, desde a epigênese da infância,
A influência má dos signos do zodíaco.”

Parte do soneto “Psicologia de um vencido”, de Augusto de Carvalho Rodrigues dos Anjos, Paraíba, 1909.

I. As substâncias químicas referidas pelo autor são inorgânicas e simples.
II. As massas molares, em gramas, das substâncias referidas são, respectivamente, 12 e 14.
III. Os elementos que constituem as substâncias referidas **não** se localizam todos no mesmo período da tabela periódica.
IV. O autor refere-se a compostos que deram origem à formação da vida.

Em relação ao texto, estão corretas apenas as afirmativas:

a) I e II
b) I e III
c) II e III
d) II e IV
e) III e IV

68. (Vunesp) Como o dióxido de carbono, o metano exerce também um efeito estufa na atmosfera. Uma das principais fontes desse gás provém do cultivo de arroz irrigado por inundação. Segundo a Embrapa, estima-se que esse tipo de cultura, no Brasil, seja responsável pela emissão de cerca de 288 Gg ($1\ Gg = 1 \cdot 10^9$ gramas) de metano por ano.
Calcule o número de moléculas de metano correspondente.
Dados: massas molares, $g \cdot mol^{-1}$: H = 1 e C = 12; e Constante de Avogadro = $6{,}0 \cdot 10^{23}\ mol^{-1}$.

69. (UFS-SE) $1{,}8 \cdot 10^{23}$ moléculas de uma substância **A** têm massa igual a 18,0 g. A massa molar de **A**, em g/mol, vale:

a) 18,0
b) 60,0
c) 75,0
d) 90,0
e) 120

70. (Mackenzie-SP) O gambá, ao sentir-se acuado, libera uma mistura de substâncias de odor desagradável, entre elas o gás sulfídrico. Desse gás, é **INCORRETO** afirmar que:

Dados: número atômico H = 1, S = 16
massa molar (g/mol) H = 1, S = 32

a) possui fórmula molecular HS.
b) H—S é sua fórmula estrutural.
      |
      H
c) em água, produz uma solução ácida.
d) apresenta cheiro de ovo podre.
e) tem massa molar igual a 34 g/mol.

71. (Uerj – modificado) Algumas doenças infecciosas, como a dengue, são causadas por um arbovírus da família *Flaviridae*.
São conhecidos quatro tipos de vírus da dengue, denominados DEN 1, DEN 2, DEN 3 e DEN 4; os três primeiros já produziram epidemias no Brasil.
A doença, transmitida ao homem pela picada da fêmea infectada do mosquito *Aedes aegypti*, não tem tratamento específico, mas os medicamentos frequentemente usados contra febre e dor devem ser prescritos com cautela. Um medicamento que não deve ser prescrito em caso de dengue é o ácido acetilsalicílico, cuja fórmula molecular é $C_9H_8O_4$ e cuja massa molar é $180\ g \cdot mol^{-1}$.
O número de átomos existente em uma amostra de 1 g de ácido acetilsalicílico é igual a:

a) $3{,}3 \cdot 10^{21}$
b) $7{,}0 \cdot 10^{22}$
c) $6{,}0 \cdot 10^{23}$
d) $1{,}3 \cdot 10^{25}$

Contando átomos

O metal de maior ductibilidade e maleabilidade é o ouro. Ele pode ser reduzido a folhas tão finas que correspondem, em espessura, a aproximadamente 300 átomos. Essas folhas são tão finas que podem ser parcialmente atravessadas por certos feixes de luz. São comercializadas com o nome de "folhas de ouro". Elas ainda retêm a cor e a aparência do ouro. Para se ter uma ideia do quanto o ouro é maleável e dúctil, com 1 g de ouro é possível recobrir uma área de 1 m^2 (maleabilidade) ou transformá-lo em um fio de 2 km de comprimento (ductibilidade).

Essas "folhas de ouro" fornecem uma considerável proteção decorativa e são muito utilizadas para tornar mais vistosos alguns edifícios públicos, catedrais e templos, para decorar livros, vitrines, vasos, estátuas etc.

São usadas na área de eletrônica para placas de contato em chaves elétricas, relés e conexões, assim como em computadores e outros dispositivos microeletrônicos, tendo em vista sua excelente condutividade e resistência à corrosão.

As "folhas de ouro", no meio científico, tiveram grande importância ao serem utilizadas por Rutherford em seu famoso experimento.

JEAN-PAUL DUMONTIER/AKG-IMAGES/LATINSTOCK

▸ Tente imaginar qual foi a razão de Rutherford ter utilizado lâmina de ouro em sua experiência. Na foto, artesão aplicando revestimento de ouro em peça decorativa.

8 Mol e massa molar na determinação de fórmulas

8.1 Fórmula química e quantidade em mols dos elementos

A fórmula molecular da água, H_2O, indica que cada molécula dessa substância é constituída por dois átomos de hidrogênio e um de oxigênio, totalizando três átomos.

Em duas moléculas de água há quatro átomos de hidrogênio e dois átomos de oxigênio, num total de seis átomos.

Em dez moléculas de água há vinte átomos de hidrogênio e dez átomos de oxigênio, totalizando trinta átomos.

Em $6 \cdot 10^{23}$ moléculas de água há $2 \cdot 6 \cdot 10^{23}$ átomos de hidrogênio e $1 \cdot 6 \cdot 10^{23}$ átomos de oxigênio, perfazendo um total de $3 \cdot 6 \cdot 10^{23}$ átomos.

Como já sabemos, a quantidade de $6 \cdot 10^{23}$ entidades corresponde a um mol dessas entidades. Assim, podemos dizer que:

- Em 1 mol de moléculas de H_2O há dois mols de átomos de hidrogênio e um mol de átomos de oxigênio, totalizando três mols de átomos.

Considerando a fórmula de outras substâncias, podemos tirar conclusões análogas, como as seguintes:

- Em 1 mol de moléculas de álcool comum, C_2H_6O, há dois mols de átomos de carbono, seis mols de átomos de hidrogênio e um mol de átomos de oxigênio, totalizando nove mols de átomos.
- Em 1 mol de cloreto de sódio, $[Na^+][Cl^-]$, há um mol de íons sódio, Na^+, e um mol de íons cloreto, Cl^-, totalizando dois mols de íons.
- Em 1 mol de fosfato de cálcio, $[Ca^{2+}]_3[PO_4^{3-}]_2$, há três mols de íons cálcio, Ca^{2+}, e dois mols de íons fosfato, PO_4^{3-}, totalizando cinco mols de íons.

8.2 Fórmula molecular, fórmula mínima e fórmula porcentual

Quando átomos se unem por ligação covalente, formam entidades denominadas moléculas.

- A **fórmula molecular** indica quais e quantos átomos de cada elemento constituem uma molécula de determinada substância.

As moléculas de uma substância também podem ser representadas pela fórmula eletrônica ou pela fórmula estrutural, ambas discutidas no capítulo 8. Não é hábito empregar a expressão "fórmula molecular" para substâncias iônicas ou metálicas, pois elas não são constituídas por moléculas.

Os três tipos de substâncias — iônicas, moleculares e metálicas — podem ser representados pela fórmula mínima.

- A **fórmula mínima** (ou **empírica**) indica a proporção entre o número de átomos dos elementos que constituem uma substância. Essa proporção é expressa pelo conjunto dos **menores números inteiros** possíveis.

A glicose, por exemplo, tem fórmula molecular $C_6H_{12}O_6$. A proporção entre os números de átomos formadores dessa substância é 6 : 12 : 6. Essa mesma proporção, expressa por meio dos menores números inteiros possíveis, é 1 : 2 : 1. Assim, a fórmula mínima da glicose é CH_2O.

A tabela 3 mostra alguns exemplos de substâncias e suas fórmulas mínimas. Note que, em alguns casos, a fórmula mínima coincide com a fórmula molecular. Note, também, que no caso das substâncias iônicas (cloreto de sódio, sulfato de potássio) e metálicas (ouro, prata) não há fórmula molecular, pois essas substâncias não são constituídas por moléculas.

Os três tipos de substâncias — iônicas, moleculares e metálicas — também podem ser representados pela fórmula porcentual (ou centesimal).

- A **fórmula porcentual** (ou **centesimal**) indica os elementos formadores da substância e suas porcentagens em massa.

No caso da glicose (fórmula molecular $C_6H_{12}O_6$), um mol de moléculas (180 g) contém seis mols de átomos de carbono (6 · 12 g = 72 g), doze mols de átomos de hidrogênio (12 · 1 g = 12 g) e seis mols de átomos de oxigênio (6 · 16 g = 96 g).

Massa		Porcentagem		
180 g	———	100%	⇒	$x = 40,0\%$
72 g	———	x		
180 g	———	100%	⇒	$y = 6,7\%$
12 g	———	y		
180 g	———	100%	⇒	$z = 53,3\%$
96 g	———	z		

Assim, a fórmula porcentual da glicose é $C_{40,0\%}H_{6,7\%}O_{53,3\%}$.

Biblioteca do estudante
Informe-se sobre a Química:
Tentando avaliar a dimensão da Constante de Avogadro

TABELA 3 Fórmula molecular e fórmula mínima de algumas substâncias

Nome da substância	Fórmula molecular	Fórmula mínima
Água	H_2O	H_2O
Peróxido de hidrogênio	H_2O_2	HO
Glicose	$C_6H_{12}O_6$	CH_2O
Ácido sulfúrico	H_2SO_4	H_2SO_4
Sacarose	$C_{12}H_{22}O_{11}$	$C_{12}H_{22}O_{11}$
Cloreto de sódio	—	NaCl
Sulfato de potássio	—	K_2SO_4
Ouro	—	Au
Prata	—	Ag

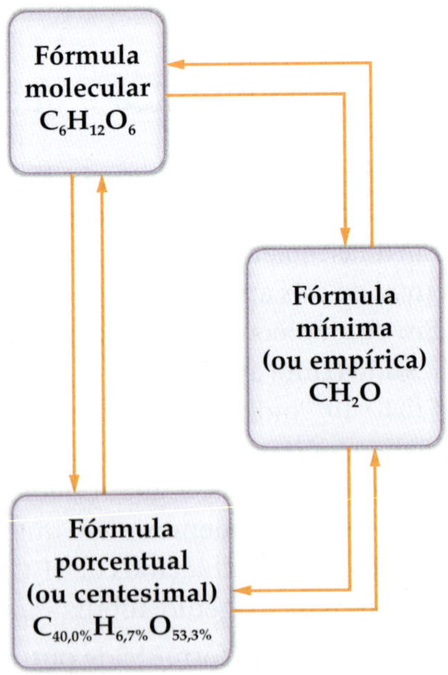

Visão do especialista

Revisão

Exercícios essenciais

A critério do(a) professor(a) esta lista de exercícios poderá ser realizada em classe ou em casa.

72. A hidrazina, combustível utilizado em foguetes, é constituída apenas por dois elementos químicos. Em um mol dessa substância há dois mols de nitrogênio e quatro mols de hidrogênio.

a) Qual é a fórmula molecular da hidrazina?

b) Qual é a massa molar da hidrazina?

c) Da massa molar da hidrazina, quantos gramas se devem ao nitrogênio e quantos ao hidrogênio?

Exercício Resolvido

73. O magnésio pode ser obtido, por meios industriais adequados, a partir do cloreto de magnésio extraído da água do mar.

a) Qual é a porcentagem, em massa, de magnésio no cloreto de magnésio ($MgCl_2$)?

b) Qual é a massa de magnésio presente em 100 kg desse sal?

Resolução

a) **Grandezas:**

Massa		**Porcentagem**
95 g	—	100%
24 g	—	x

$x = 25\%$

b) **Grandezas:**

Massa do sal		**Massa de Mg**
95 g	—	24 g
100 kg	—	y

$y = 25$ kg

ou

Grandezas:

Massa		**Porcentagem**
100 kg	—	100%
y	—	25%

$y = 25$ kg

74. As indústrias siderúrgicas obtêm aço, que é constituído predominantemente por ferro, a partir de minérios de ferro, tais como a hematita (Fe_2O_3) e a magnetita (Fe_3O_4).
Em qual desses minérios a porcentagem de ferro é maior?

75. Fertilizantes devem fornecer alguns elementos químicos necessários aos vegetais, entre os quais está o nitrogênio. As seguintes substâncias nitrogenadas são empregadas como componentes de fertilizantes:

- Ureia, CH_4N_2O.
- Nitrato de amônio, NH_4NO_3.

Qual delas apresenta maior quantidade de nitrogênio por grama do composto?

76. A vanilina, composto existente em uma determinada variedade de orquídea, é a substância que tem o aroma natural de baunilha.
A molécula de vanilina é formada por oito átomos de carbono, oito de hidrogênio e três de oxigênio.
É correto afirmar que a fórmula molecular da vanilina é igual à sua fórmula mínima?

CHRIS HELLIER/SCIENCE PHOTO LIBRARY/LATINSTOCK

Foto de orquídea na qual se encontra vanilina.

77. A nicotina, substância presente no cigarro, é formada pelos elementos carbono, hidrogênio e nitrogênio. O estudo de uma amostra de nicotina revelou a seguinte proporção:
0,25 mol de carbono : 0,35 mol de hidrogênio : 0,05 mol de nitrogênio.

a) Escreva a fórmula mínima da nicotina.

b) Uma determinação da massa molecular da nicotina forneceu o valor 162 u. Qual é a fórmula molecular dela?

78. A fórmula molecular da glicose é $C_6H_{12}O_6$, a do ácido acético é $C_2H_4O_2$ e a do formaldeído (que, misturado com água, é conhecido como formol) é CH_2O.

a) Escreva a fórmula mínima de cada um deles.

b) O aroma característico do vinagre e seu sabor azedo devem-se ao ácido acético. Determine a formula porcentual dessa substância.

c) Compare a fórmula porcentual da glicose, deduzida no item 8.2, com a do ácido acético, que você determinou no item **b**. Que conclusão você tira?

d) Sem fazer nenhum cálculo adicional, preveja a fórmula porcentual do formaldeído.

Exercício Resolvido

79. A hidroquinona é uma substância empregada na revelação de radiografias. Sua composição porcentual, em massa, é 65,4% de carbono, 5,5% de hidrogênio e 29,1% de oxigênio. Qual é a fórmula mínima da hidroquinona?

Resolução

Determinar a fórmula mínima nada mais é que determinar a proporção entre o número de átomos dos elementos constituintes ou, de modo análogo, a proporção entre as quantidades em mols de átomos desses elementos.
Vamos, então, considerar uma amostra qualquer da substância e determinar as quantidades em mols de cada elemento que nela existem.
Para simplificar, consideremos 100 g de hidroquinona, em que há, de acordo com as porcentagens apresentadas, 65,4 g de carbono, 5,5 g de hidrogênio e 29,1 g de oxigênio.

Carbono: $n = \dfrac{m}{M} = \dfrac{65,4\ g}{12\ g/mol} = 5,5\ mol$

Hidrogênio: $n = \frac{m}{M} = \frac{5,4\ g}{1\ g/mol} = 5,5\ mol$

Oxigênio: $n = \frac{m}{M} = \frac{29,1\ g}{16\ g/mol} = 1,8\ mol$

Assim, há 5,5 mol de carbono, 5,5 mol de hidrogênio e 1,8 mol de oxigênio em 100 g de hidroquinona. A fórmula poderia ser escrita como $C_{5,5}H_{5,5}O_{1,8}$. Porém, na fórmula mínima devem-se usar números inteiros (e os menores possíveis). O restante da resolução consiste em descobrir quais são os menores números inteiros que guardam entre si a mesma proporção que 5,5 : 5,5 : 1,8.

Dividir uma proporção toda por um mesmo número não altera essa proporção. Vamos, então, dividi-la pelo menor dos números encontrados. Essa estratégia normalmente conduz a números inteiros ou à metade deles.

$$\frac{5,5}{1,8} : \frac{5,5}{1,8} : \frac{1,8}{1,8} \Rightarrow 3:3:1$$

Assim, a fórmula mínima pedida é: C_3H_3O

80. Dois óxidos de enxofre têm a seguinte composição em massa:

Óxido A – 40% de enxofre e 60% de oxigênio

Óxido B – 50% de enxofre e 50% de oxigênio

Sabe-se que, para ambos, a fórmula mínima coincide com a molecular. Determine a fórmula molecular desses óxidos.

81. A molécula da clorofila tem massa 892 u e é formada por 137 átomos de cinco elementos diferentes. Sabe-se que 6,3% da massa da clorofila se deve a nitrogênio e 9,0% a oxigênio.

Quantos átomos de nitrogênio existem em uma molécula de clorofila? E de oxigênio?

82. A molécula de hemoglobina é muito grande e tem massa 65.000 u. Sabendo que o elemento enxofre corresponde a 0,394% da massa de sua molécula, determine quantos átomos de enxofre há na molécula de hemoglobina.

83. A alicina, uma das substâncias que dão aroma característico ao alho, tem massa molar 162 g/mol. Deduza sua fórmula molecular, sabendo que sua composição em massa é:

44,4% C, 6,2% H, 39,5% S e 9,9% O

Exercícios adicionais

Seu(sua) professor(a) indicará quais exercícios deste bloco você deve fazer.

84. (Unicamp-SP) Um artigo publicado no *The Agronomy Journal* de 2006 trata de um estudo relacionado à fixação de nitrogênio por uma planta forrageira que se desenvolve bem em um solo ácido. Essa planta tem o crescimento limitado pela baixa fixação de nitrogênio. O objetivo central do trabalho era verificar como uma cultura de alfafa, cultivada junto à forrageira citada, poderia melhorar o crescimento da forrageira, aumentando a fixação de nitrogênio. Relata o artigo que o terreno a ser adubado foi subdividido em cinco partes. Cada parte foi adubada com as seguintes quantidades fixas de nitrato de amônio a cada vez: 0; 28; 56; 84; 112 kg/ha. As adubações foram repetidas por 15 vezes em períodos regulares, iniciando-se no começo de 1994 e encerrando-se no final de 1996. Para monitorar a fixação de nitrogênio, os pesquisadores adicionaram uma pequeníssima quantidade conhecida de nitrato de amônio marcado ($^{15}NH_4{}^{15}NO_3$) ao nitrato de amônio comercial a ser aplicado na plantação.

a) Do ponto de vista da representação química, o que significa o sobrescrito 15 junto ao símbolo N?

b) Suponha duas amostras de mesma massa, uma de $^{15}NH_4{}^{15}NO_3$ e a outra de NH_4NO_3. A quantidade de nitrogênio (em mol) na amostra de NH_4NO_3 é maior, igual ou menor do que na amostra de $^{15}NH_4{}^{15}NO_3$? Justifique sua resposta.

c) Considere que na aplicação regular de 28 kg/ha não sobrou nem faltou adubo para as plantas. Determine, em mol/ha, que quantidade desse adubo foi aplicada em excesso na parte que recebeu 112 kg/ha, ao final do primeiro ano de estudo.

85. (Fuvest-SP) Um determinado agente antimofo consiste em um pote com tampa perfurada, contendo 80 g de cloreto de cálcio anidro que, ao absorver água, se transforma em cloreto de cálcio di-hidratado ($CaCl_2 \cdot 2\ H_2O$). Em uma experiência, o agente foi mantido durante um mês em ambiente úmido. A cada 5 dias, o pote foi pesado e registrado o ganho de massa:

dias	ganho de massa/g
0	0
5	7
10	15
15	22
20	30
25	37
30	45

Dados: massas molares (g/mol)
água 18
cloreto de cálcio 111

a) Construa o gráfico que representa o ganho de massa *versus* o número de dias.

b) Qual é o ganho de massa quando todo o cloreto de cálcio contido no pote tiver se transformado em cloreto de cálcio di-hidratado? Mostre os cálculos.

c) A quantos dias corresponde o ganho de massa calculado no item anterior? Indique no gráfico, utilizando linhas de chamada.

86. (UFC-CE) A escassez mundial de água potável é uma dura realidade em alguns países ricos, que já reciclam quimicamente a água utilizada. Tal procedimento tem causado surpresas nas populações humanas, resultando em dificuldades na aceitação de consumo. Contudo, a quase totalidade da água disponível no planeta Terra tem sido naturalmente reciclada, desde a formação do planeta, há bilhões de anos. Você não deve se espantar caso o seu próximo copo de água contenha algumas moléculas que já foram ingeridas por Dom Pedro I ou mesmo por Aristóteles.
Identifique a alternativa correta.

a) O processo de reciclagem natural da água (chuvas) é representativo exclusivamente de um fenômeno químico.

b) A água é uma substância química de difícil purificação, pois entra em ebulição a 0 °C, a 1 atm de pressão.

c) A água proveniente das chuvas e de processos artificiais de purificação é sempre considerada uma mistura heterogênea de hidrogênio e oxigênio.

d) A água é considerada um líquido não volátil, pois, a 25 °C, não experimenta o processo de evaporação.

e) A água pura é constituída, quanto à massa, de 11,11% de hidrogênio e 88,89% de oxigênio.

87. (UFF-RJ) Em 11 de novembro de 1999, trinta e três pessoas morreram em Salvador em razão da ingestão de cachaça de fabricação clandestina. Segundo os médicos, os sintomas eram dor de cabeça, hipertensão e vertigem, o que levou a crer que a cachaça tenha sido contaminada com metanol. Um laboratório confirmou tal hipótese. Durante muito tempo, a única maneira de produzir metanol era destilando a madeira a seco e na ausência de ar, daí o nome "álcool da madeira", que alguns comerciantes inescrupulosos vendiam como sendo álcool etílico. Atualmente, é produzido em escala industrial a partir do carvão e da água, sendo monitorado pelos órgãos do governo a fim de que não seja utilizado incorretamente.
Com base nas informações, assinale a opção correta:

a) A destilação é um processo físico de separação.

b) O metanol, assim obtido, constitui uma mistura heterogênea.

c) A cachaça é uma substância pura.

d) Toda substância pura é constituída por apenas dois tipos de elementos químicos.

e) O percentual de carbono no metanol é maior do que no etanol.

Comentário dos autores:

Sobre o exercício 87, a fórmula molecular do metanol é CH_4O e a do etanol é C_2H_6O.
A "destilação" a seco da madeira consiste em aquecê-la, provocando reações de decomposição pelo calor (pirólise) de seus constituintes.
O metanol é um dos produtos dessas reações.

88. (UFPE) O rótulo de um produto alimentício contém as seguintes informações nutricionais:

Porção de 150 g		
Quantidade por porção		**% VD (*)**
Carboidratos	6 g	2%
Proteínas	1 g	2%
Gorduras totais	1 g	3%
Sódio	50 mg	2%

(*) Valor diário (para satisfazer às necessidades de uma pessoa). Percentual com base em uma dieta de 2.000 cal diárias.

Com base nessa tabela, avalie as afirmativas abaixo [julgando-as verdadeiras ou falsas].

0) O percentual, em massa, de carboidratos nesse alimento é de (6/150) · 100.

1) Na dieta de 2.000 cal, são necessárias 50 g de proteínas diariamente.

2) A tabela contém somente 10% dos ingredientes que compõem esse alimento.

3) Para satisfazer às necessidades diárias de sódio, somente com esse produto, uma pessoa deveria ingerir 7,5 kg do produto.

4) Esse produto contém um percentual em massa de proteína igual ao de carboidratos.

89. (UFABC) Utilize a tabela seguinte e responda à questão.

Minerais na polpa de açaí em mg/100 g de polpa desidratada	
Sódio	56,4
Potássio	932,0
Cálcio	286,0
Magnésio	174,0
Ferro	1,5
Cobre	1,7
Zinco	7,0
Fósforo	124,0

Um estudante tomou um suco preparado com 100 g de polpa desidratada de açaí. Considere que 90% do cálcio contido na bebida são armazenados no organismo, na forma de fosfato de cálcio, $Ca_3(PO_4)_2$. Dadas as massas molares (g/mol): Ca = 40, O = 16 e P = 31, a massa de fosfato de cálcio que poderá ser formada é, aproximadamente:

a) 0,29 g
b) 0,52 g
c) 0,67 g
d) 0,96 g
e) 1,90 g

90. (PUC-SP) O elemento X forma com o oxigênio um óxido básico de fórmula XO, enquanto o elemento J forma com o oxigênio um óxido de ácido de fórmula J_2O.
O composto formado pelos elementos X e J é:

a) metálico e apresenta fórmula mínima XJ.
b) molecular e apresenta fórmula molecular X_2J_3.
c) molecular e apresenta fórmula molecular XJ_2.
d) iônico e apresenta fórmula mínima X_2J.
e) iônico e apresenta fórmula mínima XJ_2.

91. (UFU-MG) Um óxido de nitrogênio foi analisado e apresentou as seguintes porcentagens em massa: 25,9% de nitrogênio e 74,1% de oxigênio.
Tendo em vista as informações acima, faça o que se pede.

a) Dê a fórmula empírica desse composto, demonstrando os cálculos utilizados.
b) O óxido apresentado acima é um óxido molecular ou iônico? Justifique sua resposta.
c) Escreva a equação que representa a reação entre esse óxido e a água.

92. (FMTM-MG) O titânio, Ti, é um metal constituinte de diversas ligas "leves" e resistentes utilizadas em medicina e odontologia, além de outras aplicações. As principais fontes naturais de titânio são os minerais rutilo e ilmenita, que são constituídos principalmente pelos óxidos TiO_2 e $FeO \cdot TiO_2$, respectivamente.
A massa molar do Ti é $48 \text{ g} \cdot \text{mol}^{-1}$, a do TiO_2 é $80 \text{ g} \cdot \text{mol}^{-1}$ e a do FeO é $72 \text{ g} \cdot \text{mol}^{-1}$.
Comparando as porcentagens em massa de titânio nesses dois minerais, pode-se afirmar que, no rutilo, ela é, aproximadamente:

a) um terço.
b) a metade.
c) igual.
d) o dobro.
e) o triplo.

93. (Ufal) O coala, um dos animais ameaçados de extinção, alimenta-se exclusivamente de folhas de eucalipto. Seu sistema digestivo inativa o óleo de eucalipto, que é tóxico para outros animais. O principal constituinte do óleo de eucalipto é o eucaliptol, que contém 77,87% de carbono, 11,76% de hidrogênio e o restante de oxigênio. Se a massa molar do eucaliptol é 154 g/mol, sua fórmula molecular será:

a) $C_{11}H_{16}O$
b) $C_{10}H_{18}O$
c) $C_9H_{21}O$
d) $C_8H_{15}O_2$
e) $C_7H_{14}O_2$

94. (Cefet-AM) Um composto formado por nitrogênio e oxigênio, emitido pelo escapamento dos carros, apresenta 30,4% em massa do elemento menos eletronegativo. Assim, a proporção entre os números de átomos de nitrogênio e oxigênio na molécula deverá ser, respectivamente, igual a:

a) 1 : 2
b) 1 : 1
c) 2 : 3
d) 2 : 5
e) 2 : 1

95. (UFPel-RS) A nicotina, uma das substâncias presentes nos cigarros, é considerada uma droga psicoativa, responsável pela dependência do fumante. Além de estimular o sistema nervoso central, a nicotina altera o ritmo cardíaco e a pressão sanguínea, sendo, por isso, o tabagismo incluído no Código Internacional de Doenças (CID-10). Na fumaça de um cigarro, podem existir até 6 mg de nicotina e, através de pesquisas, descobriu-se que cada miligrama dessa substância contém, aproximadamente, 74,1% de C; 8,6% de H e 17,2% de N.

http://www.tabagismoumadoenca.hpg.ig.com.br/fumaca_cigarro.htm (adapt.)

Com base no texto e em seus conhecimentos:

a) sabendo que a massa molar da nicotina é 162 g/mol, represente sua fórmula molecular.
b) calcule a massa, em gramas, de 1 molécula de nicotina.

96. (ITA-SP) Uma amostra de 1,222 g de cloreto de bário hidratado ($BaCl_2 \cdot nH_2O$) é aquecida até a eliminação total da água de hidratação, resultando em uma massa de 1,042 g.
Com base nas informações fornecidas e mostrando os cálculos efetuados, determine:

a) o número de mols de cloreto de bário;
b) o número de mols de água;
c) a fórmula molecular do sal hidratado.

Capítulo 14

O comportamento físico dos gases

Alguns conteúdos importantes:

- Variáveis de estado
- Lei de Boyle
- Leis de Charles e Gay-Lussac
- Escala kelvin de temperatura
- Gás real e gás ideal
- Princípio de Avogadro
- Lei do Gás Ideal
- Misturas gasosas: pressão parcial e volume parcial
- Densidade de gases

KRISTIJAN ZONTAR/SHUTTERSTOCK

▲ O gás hélio é menos denso que o ar e não é inflamável. Por isso, é utilizado para encher balões de festa que flutuam no ar.

1 Considerações iniciais

1.1 Substâncias gasosas nas condições ambientes são moleculares

Guia de estudo

As substâncias podem ser fundamentalmente de três tipos: iônica, molecular ou metálica, como vimos anteriormente. Nas condições ambientes, as substâncias iônicas e as metálicas (exceto o mercúrio) são sólidas. Porém, entre as substâncias moleculares, encontramos as que são sólidas, as que são líquidas e as que são gasosas nas condições ambientes.

Assim, se uma determinada substância é gasosa nas condições ambientes, podemos deduzir que ela é formada por moléculas (no caso dos gases nobres, as entidades moleculares são formadas por apenas um átomo).

No estado gasoso, as moléculas encontram-se muito mais separadas umas das outras do que nos estados líquido e sólido. Isso ocorre porque a coesão entre as moléculas no estado gasoso é muito pequena. Essa é a explicação científica para o fato de uma mesma massa de uma substância molecular ocupar um volume muitíssimo maior no estado gasoso do que nos estados líquido e sólido.

HENRYK T. KAISER/AGE/GRUPO KEYSTONE

◄ Considere o gás oxigênio, O_2, a 25 °C e pressão igual à da atmosfera ao nível do mar. Evidências científicas indicam que a distância média entre as moléculas é aproximadamente quinze vezes o tamanho da molécula. As moléculas movimentam-se com velocidades da ordem de 350 m/s e colidem com outras a cada 10^{-9} s, em média. Entre duas colisões sucessivas, uma molécula percorre, em linha reta, algo entre cem e mil vezes o seu tamanho.
Apenas para comparar, se uma molécula desse gás fosse do tamanho de uma bola de tênis com 6,5 cm de diâmetro, estaria em média a 1 m de distância das vizinhas e percorreria de 6,5 m a 65 m antes de colidir com outra.

1.2 A experiência de Torricelli e a unidade de pressão mmHg

Em 1643, o matemático e físico italiano Evangelista Torricelli realizou a seguinte experiência: encheu um tubo de vidro (com cerca de 1 m de comprimento) com mercúrio, tapou sua extremidade com o dedo (figura Ⓐ) e a destapou dentro de uma tigela também contendo mercúrio. Notou que o mercúrio começou a descer, até se estabilizar, como mostra a figura Ⓑ, que se refere ao experimento feito em local **ao nível do mar**.

O que fez o mercúrio descer? A resposta é simples: foi seu próprio peso.

Por que ele chega a um ponto em que para de descer? No momento em que a coluna de mercúrio se estabiliza, atinge-se uma situação de equilíbrio entre a pressão decorrente do peso da coluna, que força o mercúrio a sair do tubo, e a **pressão atmosférica**, que o força a entrar, como ilustra a figura Ⓒ.

Por meio dessa experiência, Torricelli comprovou que a atmosfera exerce pressão e percebeu que a pressão atmosférica pode ser medida por meio da altura da coluna de mercúrio sustentada por ela. Estava criada a primeira unidade para medir pressão: a altura, em milímetros, de uma coluna de mercúrio, simbolizada por **mmHg**. A montagem mostrada na figura Ⓒ é conhecida como **barômetro de Torricelli**.

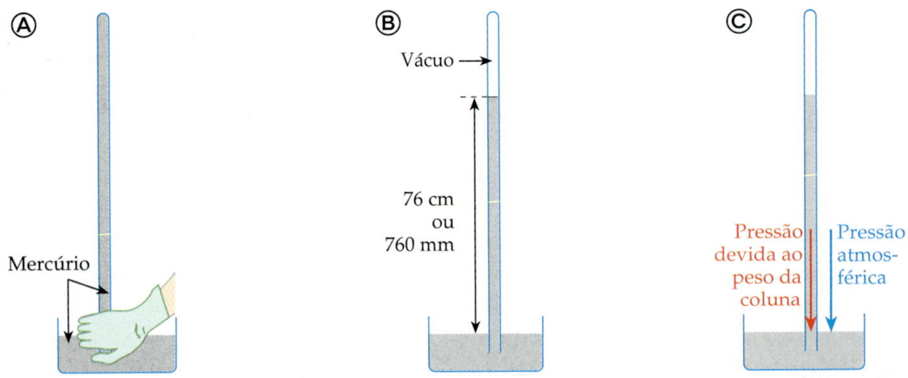

ATENÇÃO

O mercúrio é um metal tóxico e de efeito cumulativo no corpo humano. Seus vapores são facilmente absorvidos pelo organismo, razão pela qual NÃO SE RECOMENDA a realização do experimento de Torricelli.

A figura Ⓑ mostra que a pressão atmosférica ao nível do mar é 760 mmHg. Se a experiência de Torricelli for repetida no alto de uma montanha, a altura da coluna de mercúrio será menor que 760 mm, o que revela que a pressão atmosférica nesse local é menor que 760 mmHg.

Em homenagem a Torricelli, o mmHg é também simbolizado por **torr**:

- 1 mmHg = 1 torr

1.3 A unidade de pressão *atmosfera*

Ao nível do mar, a pressão atmosférica média é de 760 mmHg. Esse valor serviu de base para a definição de uma outra unidade para expressar pressão, a **atmosfera**, simbolizada por **atm**. A pressão de uma atmosfera (1 atm) equivale à pressão de 760 mmHg. Assim:

• 1 atm = 760 mmHg

Os significados da palavra atmosfera

Você não deve confundir os significados da palavra **atmosfera** quando usada em Ciência. Essa palavra pode se referir ao meio gasoso que envolve um certo planeta (por exemplo, a atmosfera terrestre, a atmosfera do planeta Marte etc.), mas também é usada como o nome de uma unidade de pressão.

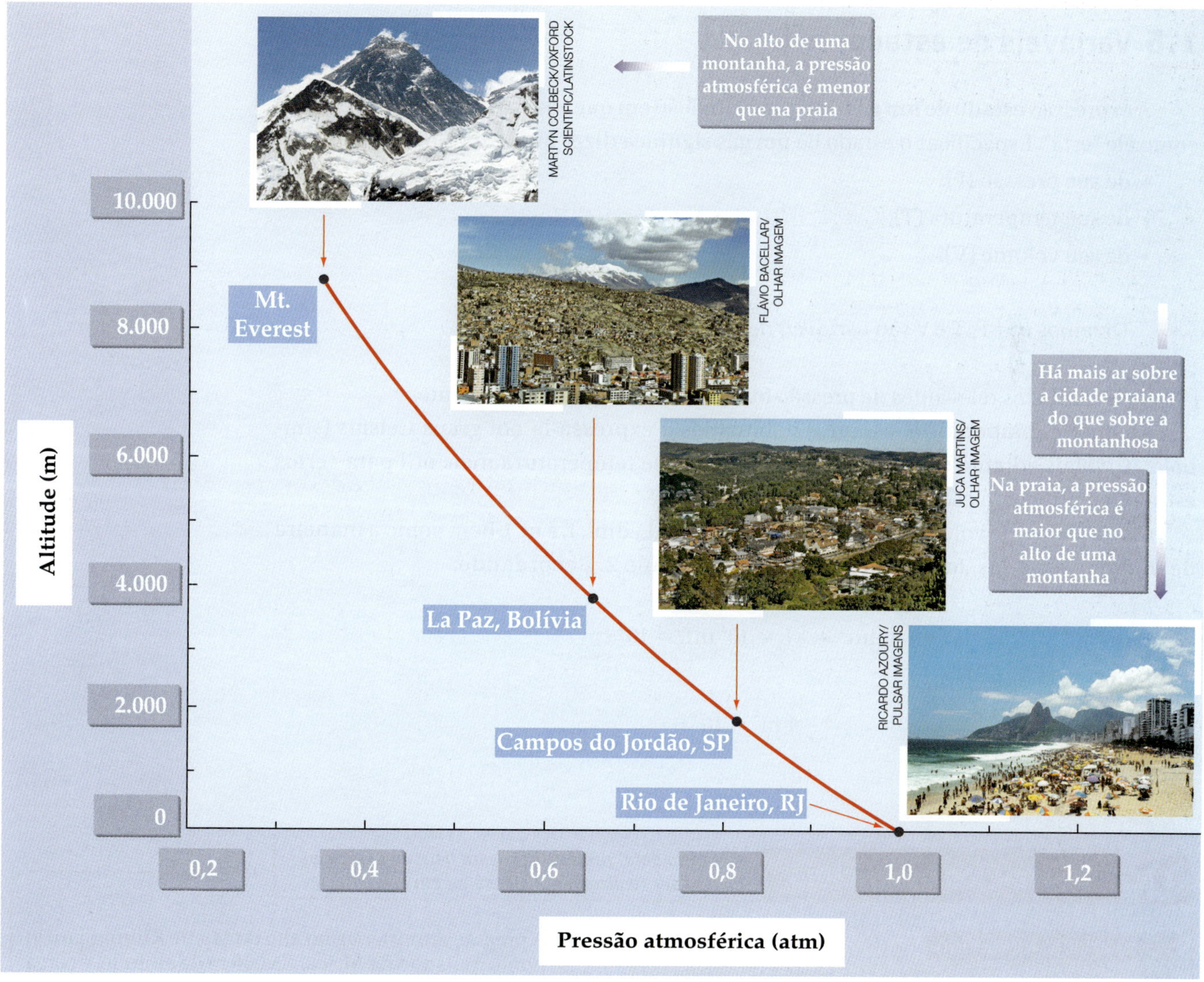

1.4 A unidade de pressão *pascal*

A **pressão** é uma grandeza conceituada em Física como o resultado da divisão da força que atua perpendicularmente a uma superfície pela área dessa superfície. Por exemplo, seus pés exercem uma pressão sobre o solo, que pode ser calculada dividindo a força aplicada por seu corpo no solo pela área de contato entre seus pés e o solo.

No SI (Sistema Internacional de Unidades), a força é expressa em *newton* (N) e a área é expressa em *metro quadrado* (m^2).

Surge, da definição de pressão, a unidade do SI para expressar essa grandeza: *newton por metro quadrado* (N/m^2), que é chamada de **pascal** e simbolizada por **Pa**.

Na prática, é muito usado o quilopascal (kPa), que corresponde a 10^3 Pa.

Verifica-se experimentalmente que 1 atm equivale a 101,3 kPa.

- $1\ N/m^2 = 1$ pascal $= 1$ Pa

- 1 atm = 760 mmHg = 101,3 kPa

1.5 Variáveis de estado

A expressão **estado de um gás** designa a situação em que esse gás se encontra, ou seja, como ele "está". Especificar o estado de um gás significa dizer qual é o valor:

- de sua pressão (P);
- de sua temperatura (T);
- de seu volume (V).

- Dizemos que P, T e V são *variáveis de estado.*

Três unidades relevantes de pressão foram comentadas anteriormente.

Quanto à temperatura, estamos habituados a expressá-la em graus Celsius (símbolo: °C). Mais adiante conheceremos uma escala de temperatura mais útil para certos estudos científicos, a escala kelvin.

As unidades de volume mais relevantes (cm^3, mL, dm^3, L e m^3), bem como a maneira de interconvertê-las, foram apresentadas no capítulo 2. Recordando:

- $1\ dm^3 = 1\ L = 10^3\ mL = 10^3\ cm^3$

- $1\ m^3 = 10^3\ L$

Exercícios essenciais

A critério do(a) professor(a) esta lista de exercícios poderá ser realizada em classe ou em casa.

Exercício Resolvido

1. Expresse a pressão de 190 mmHg na unidade atm.

➤ Resolução

Em mmHg		Em atm
760 mmHg	———	1 atm
190 mmHg	———	x

$\Rightarrow$ $x = 0{,}25$ atm

2. O pneu de um automóvel foi calibrado com 1.520 mmHg. Expresse essa pressão em:

a) atm; **b)** kPa; **c)** torr.

3. A pressão atmosférica no alto do Monte Kilimanjaro, o ponto mais alto da África, a 5.000 m de altitude, é cerca de 0,5 atm. Expresse essa pressão em:

a) kPa; **b)** mmHg; **c)** torr.

4. Um balão publicitário, enchido com hélio, tem volume interno de $10\ m^3$. Expresse esse volume em:

a) L; **c)** mL;
b) dm^3; **d)** cm^3.

5. O volume interno de um balão de festa é 5 L. Expresse esse volume em mL e em cm^3.

Considerações matemáticas sobre proporção direta e proporção inversa

Considere os seguintes pares de dados:

y	x
1,5	0,5
3	1
4,5	1,5
6	2
7,5	2,5
9	3

Perceba que, se x duplica, y também duplica; se x triplica, o mesmo acontece com y; se x é dividido por 2, y também é. Dizemos que duas grandezas, nessas condições, são **grandezas diretamente proporcionais**. Colocando esses valores em um gráfico, obtemos uma reta que passa pela origem, isto é, pelo ponto (0, 0).

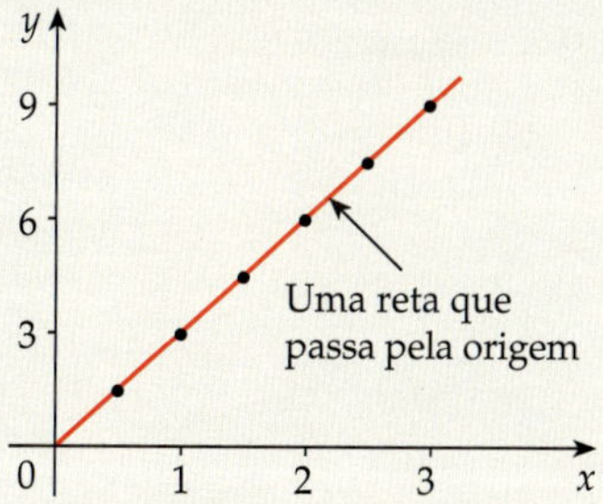

Podemos expressar a proporção direta entre duas grandezas, x e y, do seguinte modo:

$$\frac{y}{x} = \text{k} \quad \text{ou} \quad y = \text{k} \cdot x$$

em que "k" representa um valor numérico constante.

Considere, agora, um outro exemplo:

y	x
12	1
6	2
4	3
3	4
2	6
1,5	8

Perceba que, nesse caso, se x duplica, y fica dividido por 2; se x triplica, y fica dividido por 3. Quando x é dividido por 2, y fica duplicado. Dizemos que x e y são **grandezas inversamente proporcionais**. Colocando esses valores em um gráfico, obtemos uma curva chamada de hipérbole equilátera.

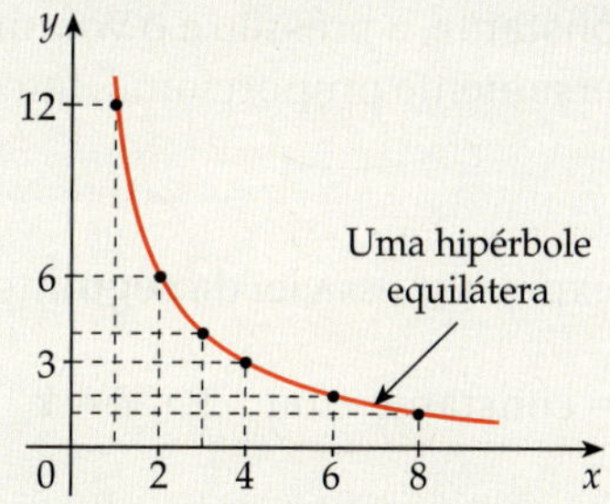

A proporção inversa entre duas grandezas, x e y, pode ser expressa matematicamente da seguinte forma:

$$x \cdot y = \text{k} \quad \text{ou} \quad y = \frac{\text{k}}{x}$$

em que "k" representa um valor numérico constante.

2 Transformações envolvendo massa fixa de gás

2.1 Transformações isotérmicas e Lei de Boyle

Considere uma amostra de gás em um recipiente fechado provido de êmbolo (uma "tampa" bem justa que pode deslizar sem atrito) sobre o qual são colocados objetos de pesos conhecidos.

Mantendo constante a temperatura do gás, para cada peso diferente colocado sobre o êmbolo é anotado o respectivo volume. Verifica-se que, quanto maior for o peso colocado, menor será o volume e maior a pressão lida no manômetro, conforme ilustram as figuras esquemáticas a seguir.

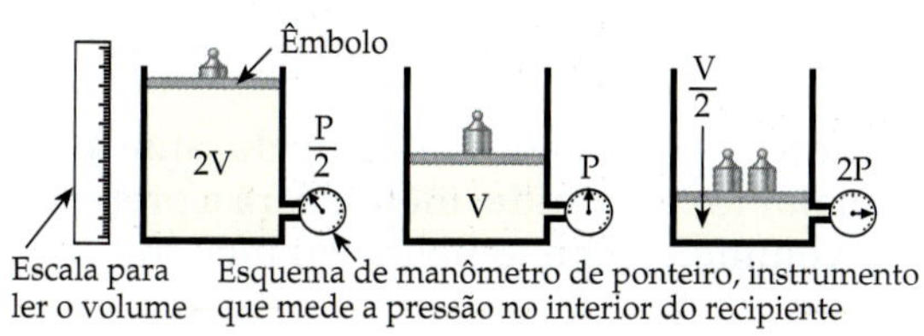

Com os valores anotados para pressão e volume pode-se construir um gráfico da pressão do gás em função do volume.

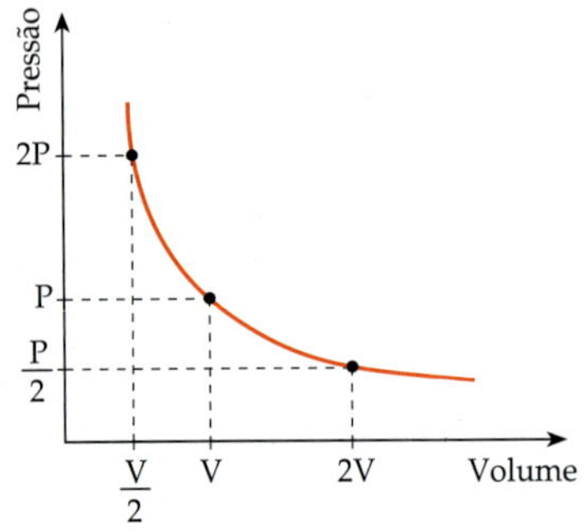

Repetindo essa experiência com diferentes amostras de diversos gases, mas sempre mantendo a amostra de gás confinada e a temperatura constante, verifica-se que o aspecto do gráfico é o mesmo. A curva que aparece no gráfico é uma hipérbole equilátera. Isso evidencia que:

- Mantendo a temperatura constante, a pressão e o volume de uma amostra de gás variam de modo inversamente proporcional, fato conhecido como **Lei de Boyle**.

Matematicamente podemos expressar essa lei da seguinte maneira:

$$P \cdot V = \text{constante} \quad \text{ou} \quad P \cdot V = k$$

em que "k" representa um valor numérico constante.

Podemos também dizer que:

- $P_1 \cdot V_1 = P_2 \cdot V_2$ **Lei de Boyle**

em que os índices 1 e 2 representam os estados inicial e final de uma **transformação isotérmica**, ou seja, uma transformação que ocorre a uma temperatura constante. (*Isotérmica* vem do grego *iso*, "mesmo", e *termos*, "calor".)

Validade da equação

A equação matemática $P_1 \cdot V_1 = P_2 \cdot V_2$ expressa uma lei natural, ou seja, a generalização de uma regularidade observada. Essa equação se aplica:

- a substâncias no estado gasoso, cuja quantidade permaneça inalterada;
- com T permanecendo constante;
- com P na mesma unidade em ambos os membros;
- com V na mesma unidade em ambos os membros.

Vejamos um exemplo de aplicação da ideia que está por trás dessa lei.

É provável que você já tenha visto alguém soltar um balão de borracha preenchido com hélio, desses comprados em parques de diversão ou em centros de compras, para vê-lo subir ao ar livre. Entretanto, ao chegar a uma certa altura (muitas vezes ainda ao nosso alcance visual), ele estoura. Por que isso ocorre?

Considerando que a temperatura do gás contido no balão seja constante durante a subida, podemos aplicar a Lei de Boyle. Quanto maior for a altitude, menor será a pressão sobre o balão e, consequentemente, maior o volume. Assim, o balão vai inchando até estourar.

2.2 Mais uma vez, leis, teorias e modelos. É o método científico!

No capítulo 1, comentamos que os cientistas utilizam um método organizado para estudar a natureza: o método científico.

Uma das características desse método é fazer observações criteriosas ao realizar experimentos e, uma vez que tenha sido observada alguma regularidade, enunciá-la por meio de palavras e/ou equações matemáticas.

O irlandês Robert Boyle (1627-1691) descobriu, no século XVII, uma regularidade da natureza que pode ser enunciada com palavras ou com uma equação matemática. O enunciado de uma regularidade natural é uma **lei**.

Em palavras: **Para uma massa fixa de gás a uma dada temperatura constante, a pressão e o volume são inversamente proporcionais.**

Em equação: $P \cdot V = \text{constante}$ ou $P_1 \cdot V_1 = P_2 \cdot V_2$

Após enunciar uma lei, os cientistas geralmente tentam explicá-la. Uma proposta de explicação para uma ou mais leis é uma **teoria**. E quando uma teoria envolve entidades a que não temos acesso direto (por exemplo, as moléculas, que não são visíveis nos microscópios usuais), então ela se faz acompanhar de um **modelo**, ou seja, de como imaginamos que seja aquilo a que não temos acesso direto.

A começar de agora, veremos propostas de explicação para o comportamento dos gases associadas a um modelo em nível molecular.

2.3 Interpretação molecular da pressão de um gás

- A **pressão de um gás** é decorrente das colisões de suas moléculas com a parede do recipiente que contém esse gás.

O movimento das moléculas de um gás pode ser comparado ao de bolas de bilhar. Durante uma partida, essas bolas se movem em linha reta, colidem umas com as outras e colidem com as laterais da mesa.

Contudo, há uma diferença entre o movimento das moléculas de gás e o das bolas de bilhar. Após algum tempo, as bolas cessam seu movimento, e as moléculas não. Se as moléculas de gás parassem de se movimentar, um pneu murcharia sozinho algum tempo depois de calibrado.

As bolas de bilhar em movimento estão submetidas ao atrito contra o tecido da mesa e contra o ar. Isso faz com que elas, aos poucos, tenham o seu movimento amortecido.

Já as moléculas estão em movimento perpétuo porque não são bolinhas rolando sobre uma superfície (uma superfície é formada por moléculas!) e também não estão submetidas ao atrito contra o ar (entre as moléculas não há nada, ou seja, é espaço vazio, vácuo!).

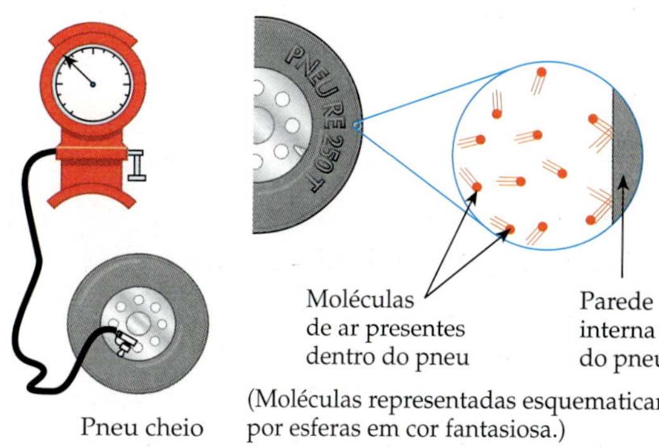

(Moléculas representadas esquematicamente por esferas em cor fantasiosa.)

2.4 Interpretação molecular de uma transformação isotérmica

Podemos usar o modelo que acabamos de apresentar para interpretar, do ponto de vista microscópico, a Lei de Boyle.

Quanto menor for o volume, maior o número de colisões das moléculas com as paredes do recipiente. Assim, a diminuição do volume acarreta aumento na pressão do gás, como esquematizado ao lado.

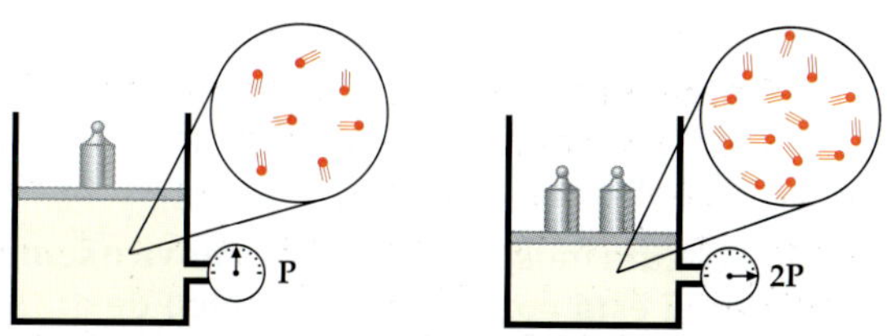

▲ Quando o volume se reduz, as moléculas de uma amostra gasosa ficam confinadas num espaço menor. Por isso, colidem com maior frequência com as paredes do recipiente, o que acarreta aumento da pressão.

Exercícios essenciais

A critério do(a) professor(a) esta lista de exercícios poderá ser realizada em classe ou em casa.

Exercício Resolvido

6. Uma amostra de gás nitrogênio está submetida a 0,3 atm em um recipiente de 2,0 L. Mantendo a temperatura fixa, o volume é alterado até a pressão atingir 1,2 atm. Qual é o volume final?

Resolução

Estão satisfeitas as condições para usar a Lei de Boyle.

Com $P_1 = 0{,}3$ atm, $V_1 = 2{,}0$ L e $P_2 = 1{,}2$ atm, temos:

$P_1 \cdot V_1 = P_2 \cdot V_2$

$0{,}3 \text{ atm} \cdot 2{,}0 \text{ L} = 1{,}2 \text{ atm} \cdot V_2 \Rightarrow \boxed{V_2 = 0{,}5 \text{ L}}$

7. Se uma amostra de gás, submetida a temperatura constante, tem o seu volume triplicado, o que acontece com a pressão?

Exercício Resolvido

8. (Uece) A figura mostra dois balões interligados por uma torneira. A interligação tem volume desprezível e no balão I a pressão é de 3 atm.

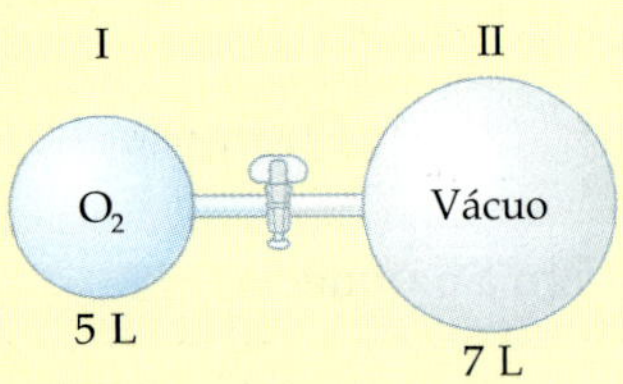

Abrindo a torneira e mantendo a temperatura constante, a pressão final do sistema será de:

a) 1,25 atm
b) 0,80 atm
c) 7,20 atm
d) 2,14 atm

Resolução

Aplicando a Lei de Boyle ao gás oxigênio (1 indica situação inicial e 2 indica situação final):

$P_1 \cdot V_1 = P_2 \cdot V_2$

$3 \text{ atm} \cdot 5 \text{ L} = P_2 \cdot 12 \text{ L}$

$\boxed{P_2 = 1{,}25 \text{ atm}}$

Alternativa **a**.

9. Uma amostra de gás oxigênio está num recipiente de 5,0 L e sua pressão é 130 kPa. Se, isotermicamente, essa amostra é comprimida até o volume de 0,5 L, qual será sua pressão final?

10. A figura mostra uma seringa **nova e sem agulha** na qual está confinado um pouco de ar. Admitindo que a temperatura permaneça constante, o que se deve fazer com o êmbolo para que a pressão interna duplique?

Que lei científica você usou?

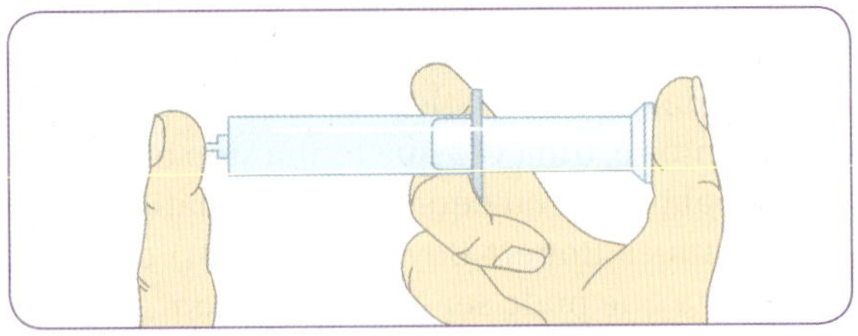

11. (PUC-SP) Uma amostra de gás oxigênio (O_2) a 25 °C está em um recipiente fechado com um êmbolo móvel. Indique qual dos esquemas abaixo melhor representa um processo de expansão isotérmica.

a)

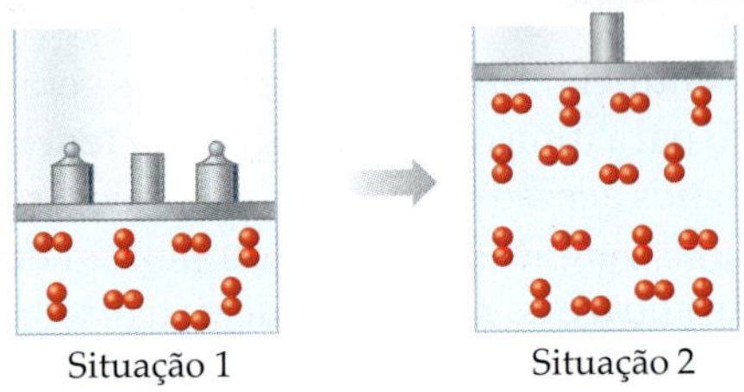

b)

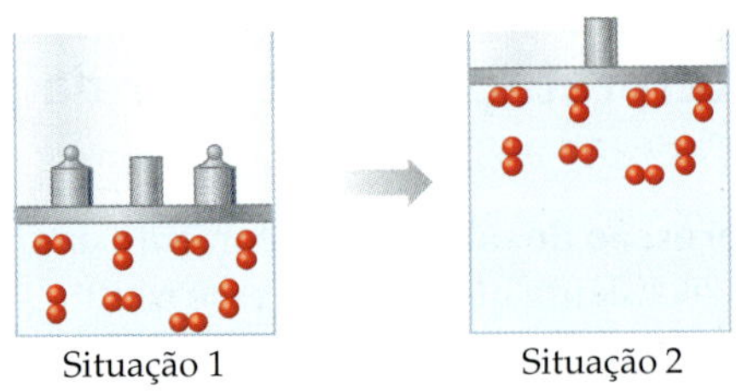

c)

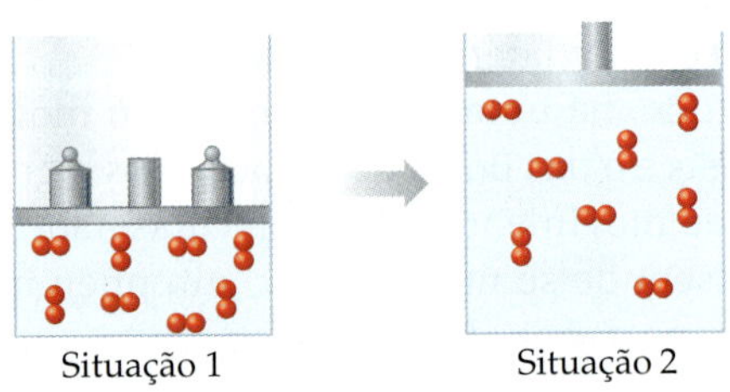

d)

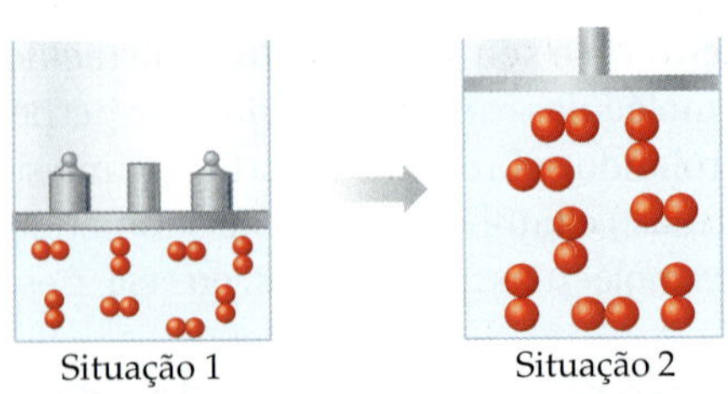

e)

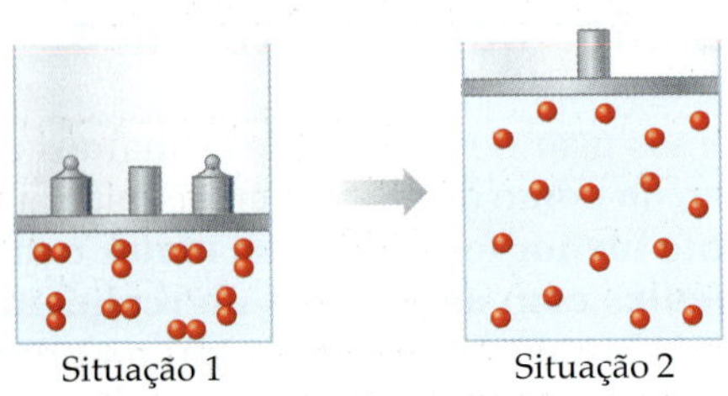

Exercícios adicionais

Seu(sua) professor(a) indicará quais exercícios deste bloco você deve fazer.

12. (Uneb-BA) Um balão-propaganda cheio de gás hélio, ao nível do mar, ocupa um volume de 250 L. Seu volume, após lançamento, numa altitude de 3.000 m será (obs.: admitindo-se que a temperatura tenha se mantido constante):

a) menor, pois a pressão externa aumenta com a altitude.
b) maior, pois a pressão externa diminui com a altitude.
c) permanecerá constante, pois a pressão não varia com a altitude.
d) permanecerá constante, pois a temperatura se manteve constante.
e) maior, pois a pressão externa aumenta com a altitude.

13. (PUC-RS) De acordo com a Lei de Robert Boyle (1660), para proporcionar um aumento na pressão de uma determinada amostra gasosa numa transformação isotérmica, é necessário:

a) aumentar o seu volume.
b) diminuir a sua massa.
c) aumentar a sua temperatura.
d) diminuir o seu volume.
e) aumentar a sua massa.

14. (Unirio-RJ) Você brincou de encher, com ar, um balão de gás, na beira da praia, até um volume de 1 L e o fechou. Em seguida, subiu uma encosta próxima carregando o balão, até uma altitude de 900 m, onde a pressão atmosférica é 10% menor do que a pressão ao nível do mar.

Considerando que a temperatura na praia e na encosta seja a mesma, o volume de ar no balão, em L, após a subida, será de:

a) 0,8 **b)** 0,9 **c)** 1,0 **d)** 1,1 **e)** 1,2

15. (FEI-SP) Um gás que ocupa um volume de 750 mL à pressão de 0,990 atm é expandido, à temperatura constante, até que sua pressão se torne 0,330 atm. O volume final (em mililitros) ocupado pelo gás é:

a) 250
b) 750
c) 500
d) 2.250
e) 1.000

16. (UFRGS-RS) Um mol de gás ideal confinado no recipiente A de volume V_1 expande para o recipiente B de volume $V_2 = 2V_1$ ao ser aberta a válvula X. Veja o diagrama abaixo:

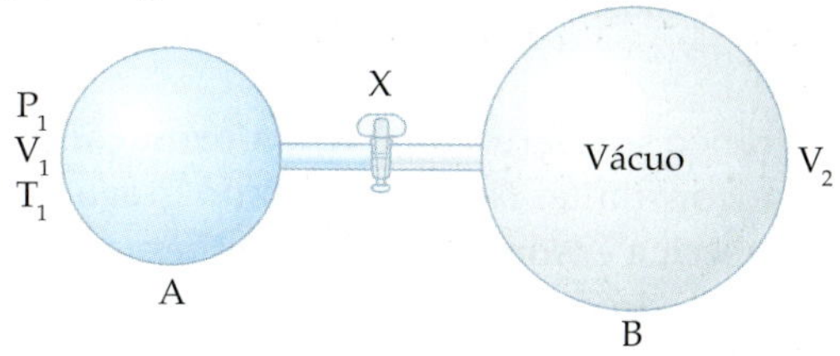

Se o processo ocorreu isotermicamente, pode-se afirmar que a pressão final do gás é:

a) $P_1/2$
b) $2P_1$
c) $P_1(V_1 + V_2)/2$
d) $P_1/3$
e) $3P_1$

17. (UFC-CE) O gráfico abaixo ilustra o comportamento referente à variação da pressão, em função do volume, de um gás ideal, à temperatura constante.

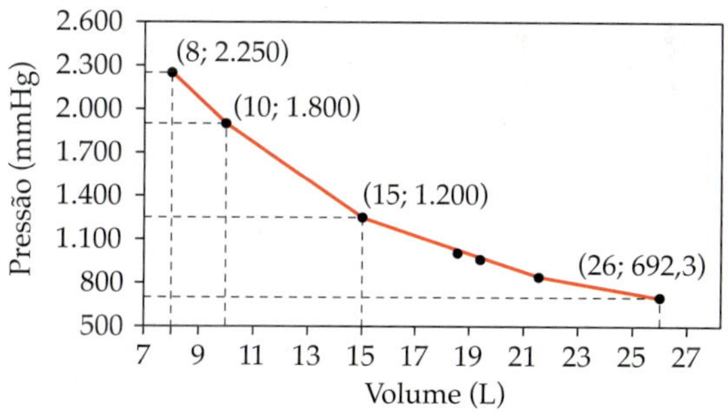

Analise o gráfico e indique a alternativa correta.

a) Quando o gás é comprimido nessas condições, o produto da pressão pelo volume permanece constante.
b) Ao comprimir o gás a um volume correspondente à metade do volume inicial, a pressão diminuirá por igual fator.
c) Ao diminuir a pressão a um valor correspondente a 1/3 da pressão inicial, o volume diminuirá pelo mesmo fator.
d) O volume da amostra do gás duplicará quando a pressão final for o dobro da pressão inicial.
e) Quando a pressão aumenta por um fator correspondente ao triplo da inicial, a razão P/V será sempre igual à temperatura.

2.5 Transformações isocóricas

Uma amostra de gás é confinada em um recipiente indeformável (volume constante). A finalidade do experimento é medir a pressão dessa amostra gasosa em diferentes temperaturas. Para tanto, a temperatura da amostra é modificada sucessivas vezes e, em cada nova temperatura, é registrado o valor medido para a pressão.

Os valores de pressão e de temperatura obtidos foram colocados em um gráfico, cujo aspecto está esboçado na página a seguir.

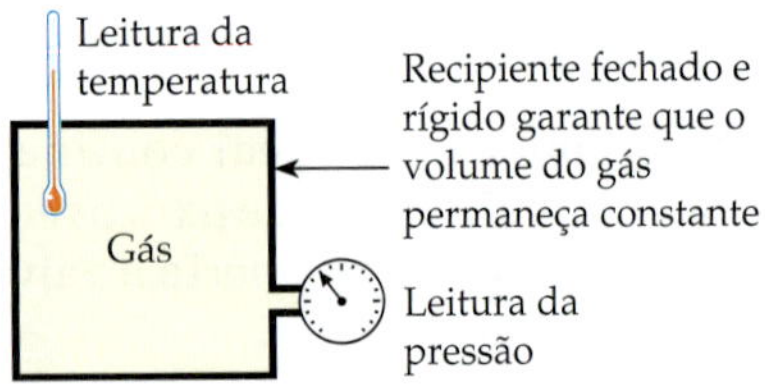

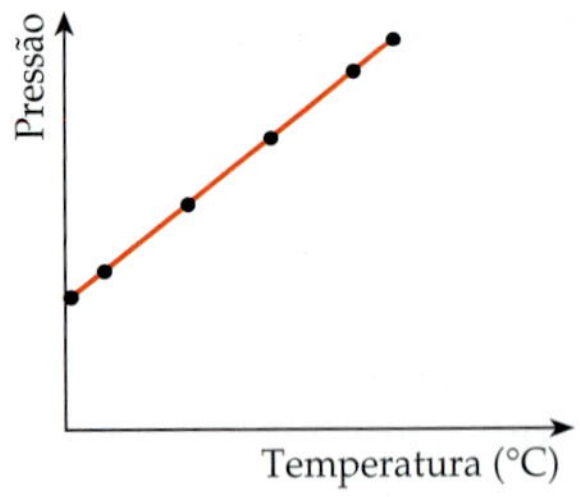

O gráfico se refere a uma **transformação isocórica**, isto é, uma alteração que ocorre a volume constante. *Isocórica* vem do grego *iso*, "mesmo", e *coros*, "volume". Os termos **isovolumétrica** e **isométrica** são também usados como sinônimos de isocórica.

O resultado do experimento mostra que, **nesse tipo de transformação, um aquecimento provoca um aumento de pressão da amostra gasosa, e o resfriamento, uma diminuição de sua pressão**. Mais do que isso, o gráfico mostra que a variação da pressão em função da temperatura, expressa em graus Celsius, é linear, ou seja, o gráfico é uma linha reta.

Um pneu velho e desgastado, após rodar grandes distâncias em um dia quente, pode estourar. Como podemos explicar isso?

Ao rodar grandes distâncias, o pneu e o ar nele contido sofrem aquecimento. De acordo com o experimento que acabamos de analisar, isso acarreta aumento da pressão interna. Esse aumento pode prosseguir até que a parede do pneu, fragilizada devido ao desgaste, seja rompida.

2.6 Interpretação microscópica de uma transformação isocórica

- A **temperatura** de uma substância molecular expressa o grau de agitação térmica das moléculas dessa substância.

Essa concepção microscópica de temperatura permite explicar o comportamento de um gás numa transformação isocórica. Quanto maior for o aquecimento, maior será a energia introduzida na amostra de gás e, em consequência, maior a velocidade das moléculas (veja o esquema a seguir). Assim, **o aquecimento faz com que as moléculas colidam com maior violência com as paredes internas do recipiente, acarretando o aumento de pressão**.

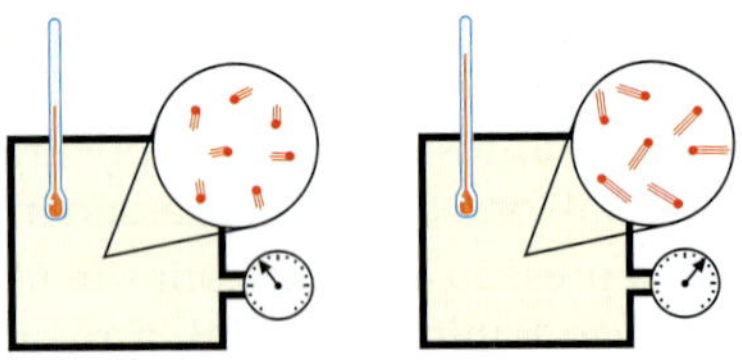

◄ O aquecimento aumenta a energia das moléculas. Por isso elas passam a colidir com maior violência com as paredes do recipiente, aumentando a pressão.

No caso do exemplo do pneu velho, ele pode estourar devido à violência das colisões moleculares do gás aquecido com sua parede interna.

2.7 Transformações isobáricas

Uma amostra de gás é confinada em um recipiente provido de êmbolo, como o ilustrado na página a seguir. A finalidade do experimento é medir o volume dessa amostra gasosa em diferentes temperaturas, mantendo a pressão constante. A temperatura da amostra é modificada sucessivas vezes e, em cada nova temperatura, é registrado o valor medido para o volume.

Os valores de volume e de temperatura obtidos foram colocados num gráfico, cujo aspecto está esboçado a seguir.

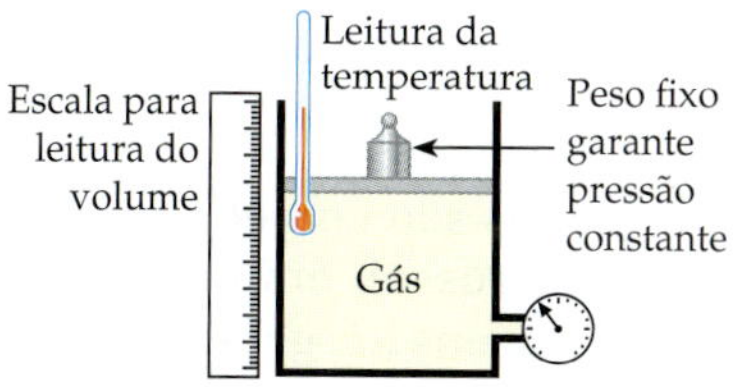

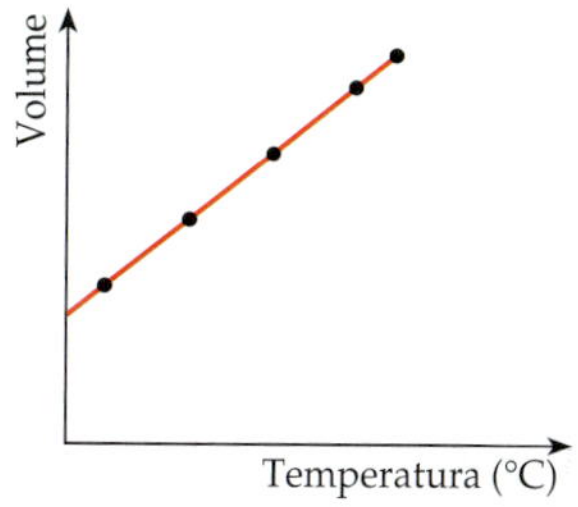

Na experiência em questão, o gás está sofrendo uma **transformação isobárica**, ou seja, uma transformação em que a pressão permanece constante. (*Isobárica* vem do grego *iso*, "mesmo", e *baros*, "pressão".)

O experimento revela que o aquecimento provoca a expansão do gás, e o resfriamento, sua contração. A reta crescente que aparece no gráfico informa que o volume de uma amostra gasosa, mantida a pressão constante, varia linearmente com a temperatura expressa em graus Celsius.

2.8 Interpretação microscópica de uma transformação isobárica

O aumento de temperatura aumenta a velocidade das moléculas. Se o volume fosse constante, a pressão aumentaria, como discutimos há pouco.

Contudo, para que a pressão permaneça constante, o aumento de volume faz com que uma molécula, em média, tenha de percorrer uma distância maior até atingir as paredes internas do recipiente.

Assim, podemos dizer que, **ao aquecer a amostra gasosa, o aumento da violência das colisões das moléculas com as paredes internas do recipiente é compensado pela diminuição da frequência com que essas colisões ocorrem**. Dessa forma, **a pressão permanece constante**. Isso está esquematizado na figura abaixo.

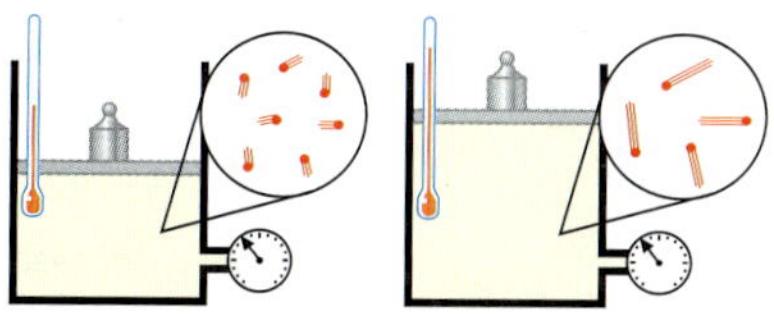

◄ O aumento do volume faz com que as moléculas percorram um caminho mais longo até colidir com as paredes do recipiente. Embora o aquecimento faça as moléculas se moverem mais rapidamente e se chocarem mais violentamente com a parede interna, o maior volume reduz a frequência dessas colisões. Assim, um fator compensa o outro e a pressão medida permanece constante.

Exercícios essenciais

A critério do(a) professor(a) esta lista de exercícios poderá ser realizada em classe ou em casa.

18. Em um dia quente uma pessoa usou um desodorante, fechou e guardou a embalagem plástica no armário do banheiro. Alguns dias depois, em um dia frio, essa pessoa procurou pelo desodorante e surpreendeu-se ao ver que a embalagem estava murcha. Proponha uma explicação para esse fato.

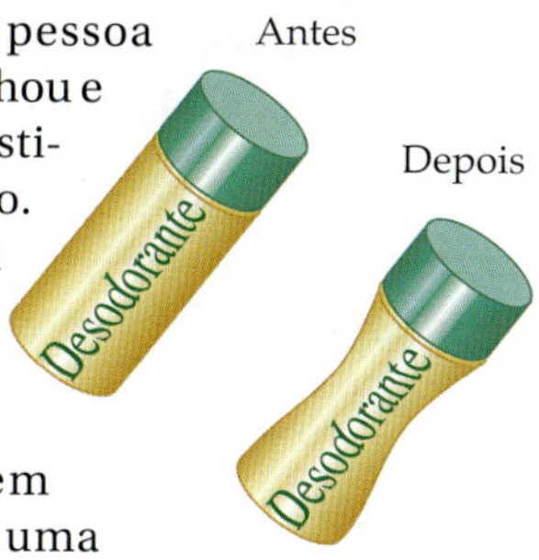

19. Um balão de borracha foi amarrado na boca de uma "garrafa vazia", como mostra a figura Ⓐ. Essa garrafa foi colocada em água quente e observou-se o que está esquematizado em Ⓑ. Esperou-se a garrafa voltar à temperatura ambiente e, finalmente, gelo foi colocado ao seu redor. Observou-se o que aparece na figura Ⓒ.

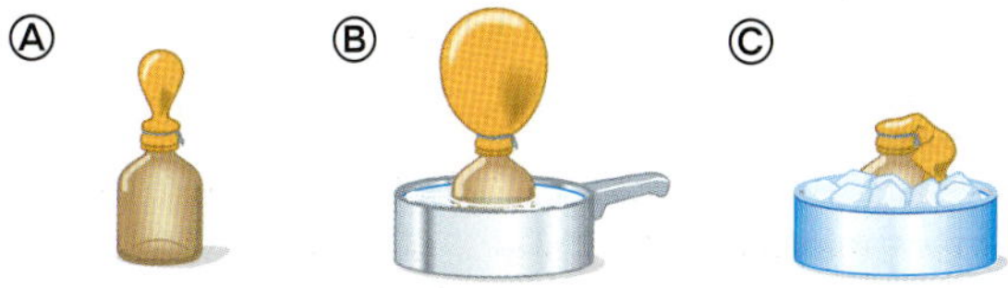

a) A "garrafa vazia" estava realmente vazia?

b) Explique o comportamento do balão na figura Ⓑ.

c) Explique o comportamento do balão na figura Ⓒ.

20. Durante uma festa infantil, algumas bexigas (balões de borracha) que estavam penduradas próximo a uma lâmpada acesa estouraram. Proponha uma explicação para esse fato.

21. Uma garrafa plástica "vazia" de 2 L de refrigerante, bem fechada com a tampa de rosca, é colocada no interior do *freezer* (veja a foto abaixo), onde deverá permanecer por 4 horas. A seguir será retirada e colocada sobre a mesa.

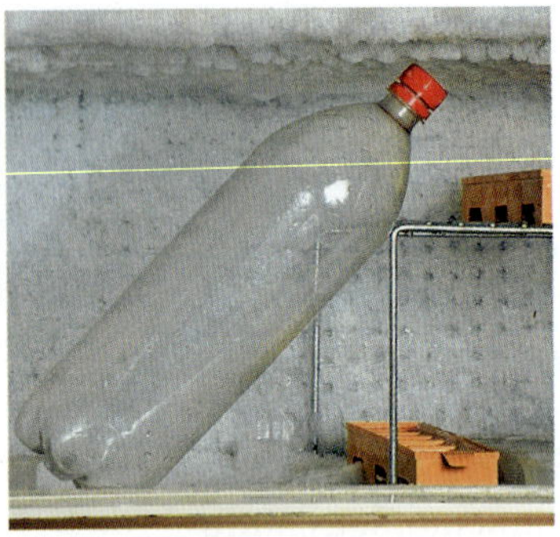
EDUARDO SANTALIESTRA/CID

A garrafa no início da experiência.

a) Faça uma previsão do que será observado após retirar a garrafa do *freezer*.

b) O resultado seria diferente se a garrafa estivesse sem tampa desde o começo? Explique por quê.

c) Faça essas experiências para verificar suas previsões.

22. Certos produtos são comercializados sob a forma de *spray* de aerossol, em embalagens metálicas. Nessas embalagens há, geralmente, alguma inscrição do tipo:

> Não coloque esta embalagem no fogo ou no incinerador, mesmo depois de terminado o produto.

Explique a razão desse aviso, deixando claro o risco que existe em contrariar a instrução nele expressa.

Algo mais sobre proporções diretas

Considere os gráficos Ⓐ e Ⓑ ao lado. Nos dois casos vemos que, quando *x* aumenta, *y* também aumenta. Como em ambas as situações temos gráficos que são linhas retas, podemos dizer que, tanto em Ⓐ quanto em Ⓑ, *y* **varia linearmente** com *x*.

Contudo apenas em Ⓐ podemos dizer que *y* é **diretamente proporcional** a *x*. Em Ⓑ isso não ocorre.

Para entender, perceba que no caso do gráfico Ⓐ, quando *x* duplica, *y* também duplica, ao passo que, no caso do gráfico Ⓑ, quando *x* duplica, *y* aumenta, mas não chega a duplicar.

Resumindo, um gráfico da grandeza *y* em função da grandeza *x* que corresponda a uma linha reta expressa uma **variação linear**. Se, além de ser uma linha reta, o gráfico passar pela origem — ponto (0, 0) —, então, além de uma variação linear, o gráfico também expressará um caso de **proporção direta**.

Ⓐ

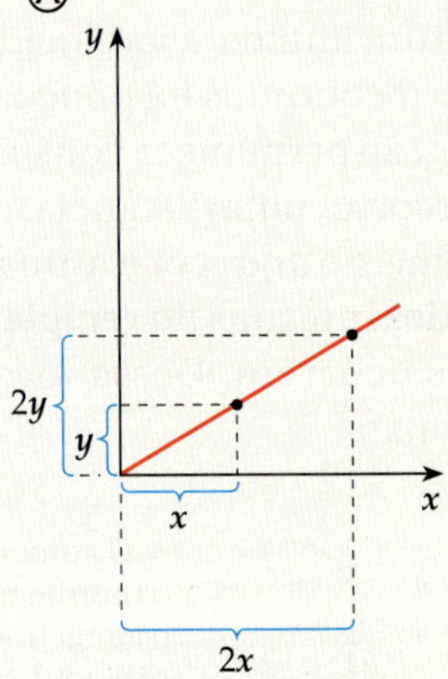

É um caso de proporção direta

Ⓑ

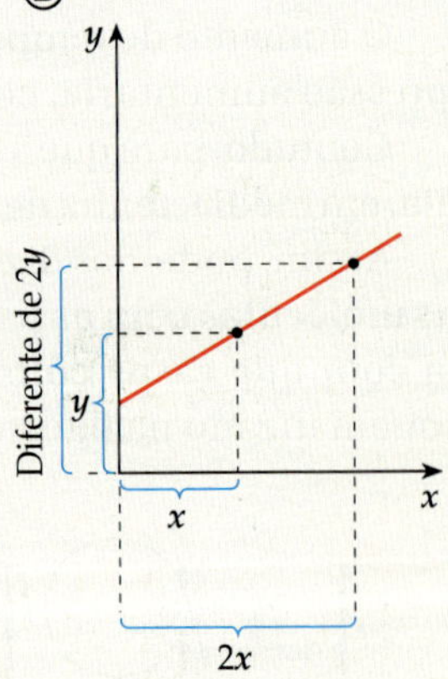

Não é um caso de proporção direta

2.9 A escala kelvin de temperatura

Em 1851, o inglês William Thomson (1824-1907), mais tarde possuidor do título de lorde Kelvin, propôs **a escala kelvin de temperatura**, hoje também conhecida como **escala termodinâmica de temperatura** (expressa em kelvins, símbolo K). Os valores dessa escala estão relacionados com os da escala Celsius (símbolo °C) por meio do seguinte enunciado:

Em palavras: **A temperatura na escala termodinâmica (em kelvins, K) é igual ao valor da temperatura em graus Celsius (°C) acrescido de 273.**

Em equação: • $T = t + 273$

O esquema abaixo compara algumas temperaturas em ambas as escalas.

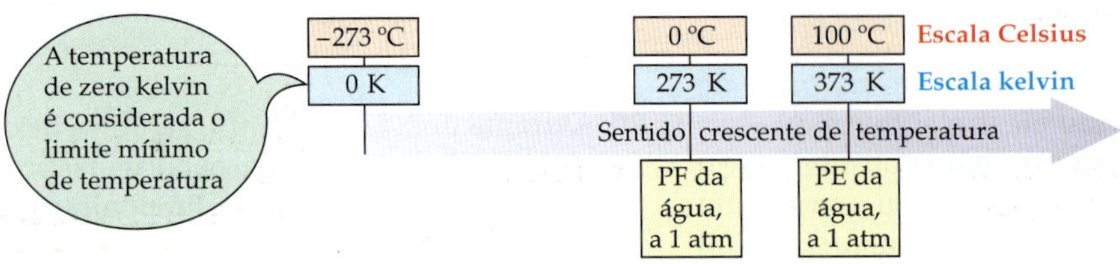

2.10 As Leis de Charles e Gay-Lussac

Em 1787, o francês Jacques Charles (1746-1823), interessado na construção de balões de ar quente, investigou o comportamento dos gases quando submetidos a variações de temperatura. Em 1802, outro francês, Joseph-Louis Gay-Lussac (1778-1850), formalizou os resultados de Charles na forma dos gráficos das transformações isocóricas e isobáricas que discutimos há pouco.

A escala kelvin de temperatura, proposta em 1851, tornou esses gráficos muito mais simples. Compare os gráficos Ⓐ e Ⓑ ao lado, referentes a uma transformação isocórica.

Como você pode perceber, **a pressão é diretamente proporcional à temperatura em kelvins**, mas não à temperatura em graus Celsius. Trata-se de uma regularidade da natureza que pode ser enunciada, constituindo-se em uma lei.

Ⓐ
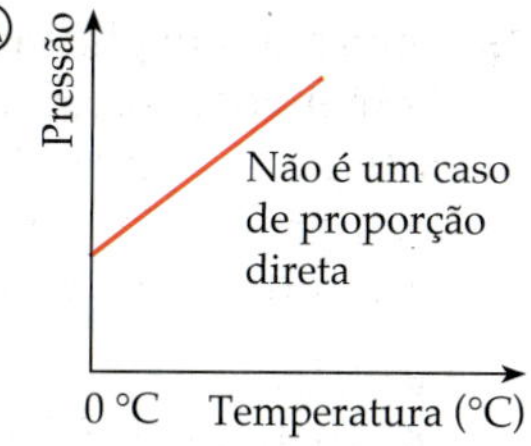

Ⓑ
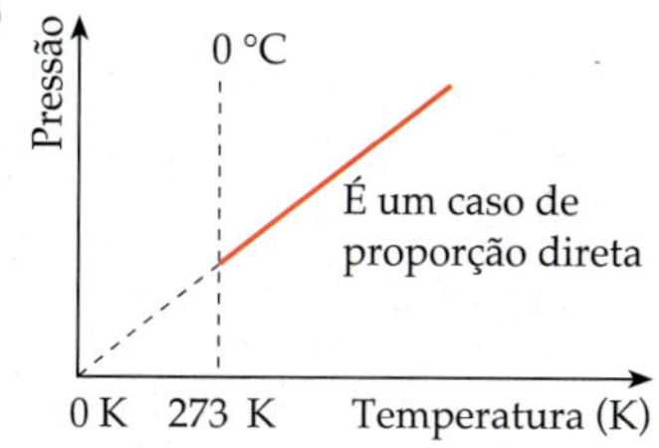

Em palavras: **A pressão de uma amostra gasosa, mantida a volume constante, é diretamente proporcional à temperatura na escala kelvin.**

Em equação: $\frac{P}{T} = \text{constante}$ ou $\frac{P_1}{T_1} = \frac{P_2}{T_2}$

Validade da equação

Essa última equação se aplica:

- a substâncias no estado gasoso, cuja quantidade permaneça inalterada;
- com V permanecendo constante;
- com P na mesma unidade em ambos os membros;
- com T na escala kelvin, obrigatoriamente.

Algo semelhante acontece com os gráficos relativos à transformação isobárica. Comparando os gráficos Ⓒ e Ⓓ ao lado, você pode perceber que **o volume é diretamente proporcional à temperatura na escala kelvin**. Assim, temos outra lei científica.

Ⓒ
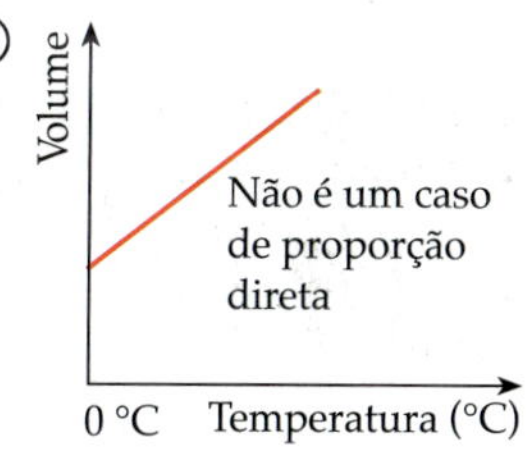

Ⓓ
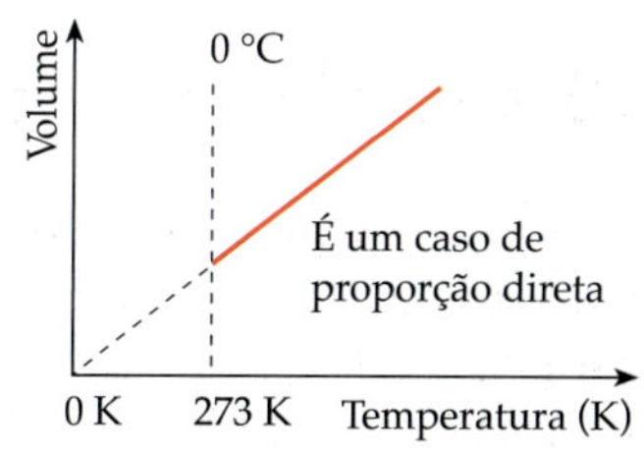

Em palavras: **O volume de uma amostra gasosa, mantida a pressão constante, é diretamente proporcional à temperatura na escala kelvin.**

Em equação: $\frac{V}{T} = \text{constante}$ ou $\frac{V_1}{T_1} = \frac{V_2}{T_2}$

Validade da equação

Essa última equação se aplica:

- a substâncias no estado gasoso, cuja quantidade permaneça inalterada;
- com P permanecendo constante;
- com V na mesma unidade em ambos os membros;
- com T na escala kelvin, obrigatoriamente.

Ambas as leis que acabamos de mostrar são conhecidas como **Leis de Charles e Gay-Lussac.**

Biblioteca do estudante
Texto complementar:
As leis dos gases e a embolia gasosa

Exercícios essenciais

A critério do(a) professor(a) esta lista de exercícios poderá ser realizada em classe ou em casa.

Exercício Resolvido

23. Uma amostra de gás encontra-se num recipiente fechado e indeformável, a −73 °C e 60 kPa. Se a temperatura for elevada até 77 °C, qual será a nova pressão?

Resolução

O fato de o recipiente ser "fechado e indeformável" significa que o volume permanece constante, isto é, trata-se de uma transformação isocórica. Assim, podemos usar a expressão:

$$\frac{P_1}{T_1} = \frac{P_2}{T_2}$$

com $P_1 = 60$ kPa e com as temperaturas na escala kelvin:

$T_1 = -73 + 273 = 200\,K$

$T_2 = 77 + 273 = 350\,K$

$$\frac{P_1}{T_1} = \frac{P_2}{T_2} \Rightarrow \frac{60\,kPa}{200\,K} = \frac{P_2}{350\,K} \Rightarrow \boxed{P_2 = 105\,kPa}$$

24. Uma amostra de gás, em um recipiente fechado e indeformável, é aquecida até que sua temperatura em kelvin triplique. O que se pode afirmar sobre a pressão final dessa amostra?

25. Uma massa de nitrogênio gasoso encontra-se a 27 °C e 1,0 atm. Se essa amostra sofrer uma transformação isocórica até chegar a 177 °C, qual será sua pressão final?

26. Se uma amostra de 12,5 L de gás oxigênio, a −23 °C, for aquecida até 227 °C, mantendo sua pressão constante, qual será o volume final?

27. Considere uma determinada quantidade de gás carbônico confinada em um recipiente de 15 m^3, a 1 atm e 57 °C. Se esse gás for inteiramente transferido para outro recipiente de 20 m^3, qual deverá ser a temperatura final (em °C) a fim de que a pressão não se altere?

28. (EEM-SP) De um estado inicial de 4 L, 2 atm e 300 K, um gás perfeito é submetido a uma expansão isobárica até duplicar seu volume. Em seguida, é comprimido isotermicamente até seu volume original e, finalmente, a volume constante, é resfriado até sua pressão inicial.

1. Represente as transformações num diagrama *P* em função de *V*.
2. Calcule a temperatura do gás durante a compressão isotérmica e a pressão por ele atingida ao seu final.

Exercícios adicionais

Seu(sua) professor(a) indicará quais exercícios deste bloco você deve fazer.

29. (UEFS-BA) O gráfico evidencia a relação pressão-volume de uma mesma massa constante de gás e o ciclo de transformações representado pela área QSUW. A temperatura inicial, no ponto Q, é de 600 K.

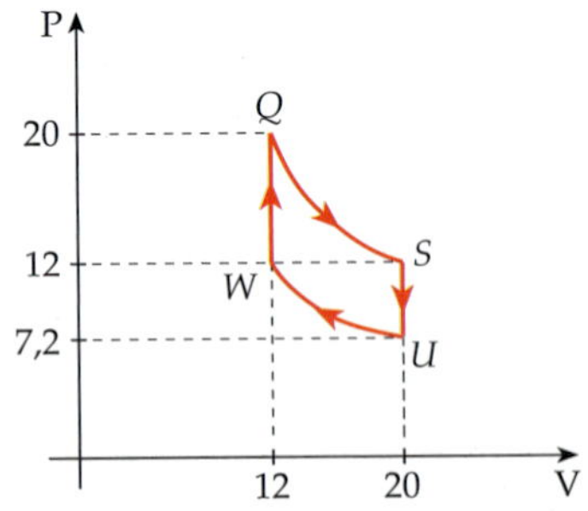

Considerando-se essas informações e os conhecimentos sobre gases, pode-se afirmar que a temperatura em:

a) S é 360 K e a transformação Q → S é isocórica.
b) U é 360 K e a transformação Q → S é isotérmica.
c) W é 400 K e a transformação U → W é isobárica.
d) S é 600 K e a transformação W → Q é isotérmica.
e) U é 600 K e a transformação S → U é isobárica.

30. (UFC-CE) O gráfico abaixo representa um processo cíclico (ciclo) a que é submetido um gás ideal:

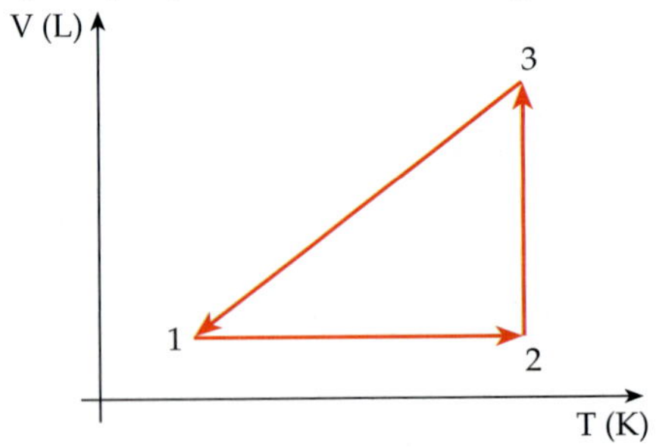

Analise-o. A opção em que aparece a correspondência das etapas numeradas (1 → 2, 2 → 3 e 3 → 1) com suas respectivas denominações é:

a) Isobárica, Adiabática e Isotérmica.
b) Isovolumétrica, Isobárica e Isotérmica.
c) Isovolumétrica, Isotérmica e Isobárica.
d) Isotérmica, Isobárica e Isovolumétrica.
e) Isovolumétrica, Isobárica e Adiabática.

31. (Furg-RS) Considere a transformação isocórica para uma determinada massa de gás. A seguir são apresentados os valores de pressões e de temperaturas para essa transformação.

Pressão (mmHg)	T (K)
1.500	300
500	x
y	12
z	5

Os valores de x, y e z que completam a tabela são, respectivamente:

a) 100, 60, 25
b) 900, 37.500, 90.000
c) 150, 300, 100
d) 120, 250, 120
e) 150, 200, 100

32. (FEI-SP) Um pneu de automóvel foi calibrado com pressão interna equivalente a 3 atm, a uma temperatura de 27 °C. Ao rodar, a temperatura do pneu alcançou o valor de 47 °C. Considerando que o volume do pneu não variou e o comportamento do gás é ideal, qual a pressão interna (em atm) do pneu?

a) 32
b) 0,32
c) 16
d) 3,2
e) 3,0

33. (Ufal) O estudo dos gases é fundamental para os seres vivos. Estamos imersos numa atmosfera constituída por uma mistura de gases, que denominamos ar. Respiramos o ar atmosférico para absorver o oxigênio, que suporta a nossa vida. Também encontramos gases em incontáveis situações. Por exemplo, na medicina, como anestésicos, no combate a incêndios, na engenharia química industrial, como combustíveis etc. Considere a seguinte transformação que ocorre com uma amostra gasosa de massa *m*, apresentando comportamento de gás ideal.

Estado inicial
T_1, P_1, V_1

Estado final
$T_2 = 2T_1$
$P_2 = P_1$
$V_2 = 2V_1$

Marque a alternativa que corresponde a essa transformação:

a)
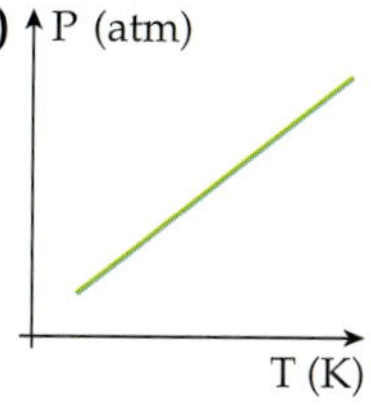

b)
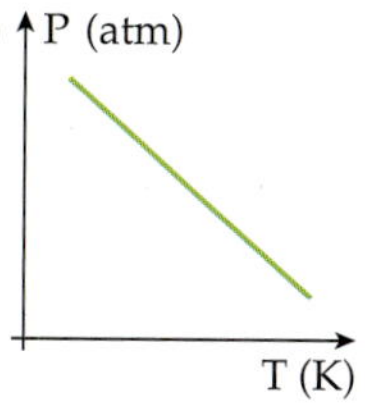

c)
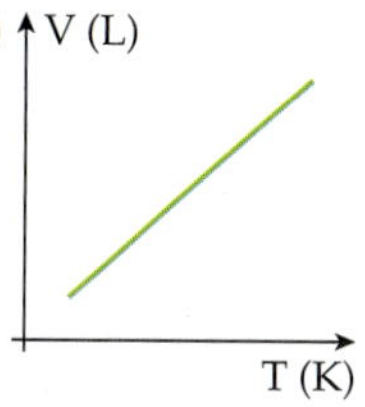

d)
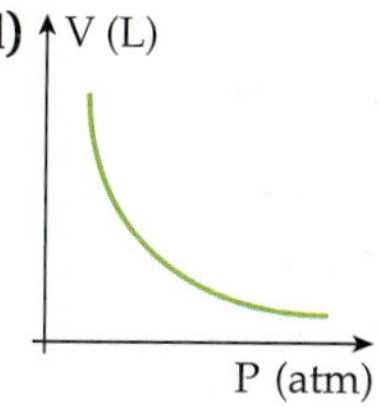

e)
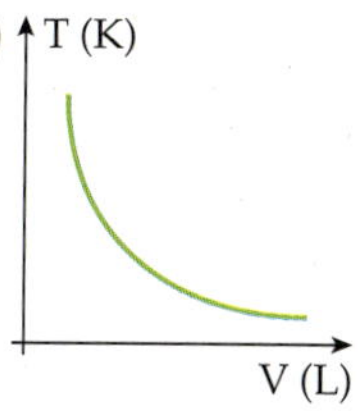

34. (PUC-RJ) Um pneu de bicicleta é calibrado a uma pressão de 4 atm em um dia frio, à temperatura de 7 °C. Supondo que o volume e a quantidade de gás injetada são os mesmos, qual será a pressão de calibração nos dias em que a temperatura atinge 37 °C?

a) 21,1 atm
b) 4,4 atm
c) 0,9 atm
d) 760 mmHg
e) 2,2 atm

35. (UFJF-MG) A calibração dos pneus de um automóvel deve ser feita periodicamente. Sabe-se que o pneu deve ser calibrado a uma pressão de 30 lb/pol^2 em um dia quente, a uma temperatura de 27 °C. Supondo que o volume e o número de mol injetados são os mesmos, qual será a pressão de calibração (**em atm**) nos dias mais frios, em que a temperatura atinge 12 °C?

Dado: considere 1 atm ≅ 15 lb/pol^2.

a) 1,90 atm
b) 2,11 atm
c) 4,50 atm
d) 0,89 atm
e) 14,3 atm

3 Equação geral dos gases

A Lei de Boyle e as Leis de Charles e Gay-Lussac podem ser reunidas em uma única expressão, conhecida como **equação geral dos gases**:

$$\frac{P_1 \cdot V_1}{T_1} = \frac{P_2 \cdot V_2}{T_2}$$

Validade da equação

Essa equação se aplica:

- a substâncias no estado gasoso, cuja quantidade permaneça inalterada;
- com P na mesma unidade em ambos os membros;
- com V na mesma unidade em ambos os membros;
- com T na escala kelvin, obrigatoriamente.

Quando uma das três variáveis de estado — P, V ou T — permanece constante, essa equação se reduz a uma das três expressões estudadas anteriormente:

$$\frac{P_1 \cdot V_1}{T_1} = \frac{P_2 \cdot V_2}{T_2} \xrightarrow{\text{T constante}} \frac{P_1 \cdot V_1}{\cancel{T_1}} = \frac{P_2 \cdot V_2}{\cancel{T_2}} \Rightarrow P_1 \cdot V_1 = P_2 \cdot V_2$$

$$\frac{P_1 \cdot V_1}{T_1} = \frac{P_2 \cdot V_2}{T_2} \xrightarrow{\text{V constante}} \frac{P_1 \cdot \cancel{V_1}}{T_1} = \frac{P_2 \cdot \cancel{V_2}}{T_2} \Rightarrow \frac{P_1}{T_1} = \frac{P_2}{T_2}$$

$$\frac{P_1 \cdot V_1}{T_1} = \frac{P_2 \cdot V_2}{T_2} \xrightarrow{\text{P constante}} \frac{\cancel{P_1} \cdot V_1}{T_1} = \frac{\cancel{P_2} \cdot V_2}{T_2} \Rightarrow \frac{V_1}{T_1} = \frac{V_2}{T_2}$$

É importante você perceber que a equação geral não se aplica apenas a transformações isotérmicas, isocóricas ou isobáricas. Ela pode ser utilizada sempre que uma massa fixa de gás estiver sofrendo uma mudança em duas ou três de suas variáveis de estado: pressão, volume e temperatura.

Exercícios essenciais

A critério do(a) professor(a) esta lista de exercícios poderá ser realizada em classe ou em casa.

Exercício Resolvido

36. (F. Ruy Barbosa-BA) Um balão meteorológico com 50 L de gás hélio, a 20 °C e ao nível do mar, é lançado na atmosfera. Ao atingir a estratosfera, a pressão desse gás torna-se 0,4 atm e a temperatura −50 °C. Determine, em L, a capacidade que o balão deve ter antes do lançamento.

➤ Resolução

Como o gás presente no balão sofre expansão (veja cálculo a seguir), concluímos que, quando ele é lançado, não está expandido ao máximo de sua capacidade. Esse balão deve ter uma capacidade que seja, no mínimo, igual ao volume atingido na situação final descrita no enunciado, calculado a seguir:

$$\frac{P_1 \cdot V_1}{T_1} = \frac{P_2 \cdot V_2}{T_2}$$

$$\frac{1\ \text{atm} \cdot 50\ \text{L}}{293\ \text{K}} = \frac{0,4\ \text{atm} \cdot V_2}{223\ \text{K}}$$

$$\boxed{V_2 = 95,1\ \text{L}}$$

37. (UFV-MG) Considere uma amostra de gás contida num cilindro com pistão nas condições normais de temperatura e pressão (0 °C ou 273 K e 1 atm), conforme figura a seguir. Suponha que a pressão sobre o gás seja dobrada (2 atm) e que a temperatura seja aumentada para 273 °C. Se o gás se comporta como gás ideal, nessas novas condições, a figura que melhor representa a amostra gasosa no cilindro com pistão é:

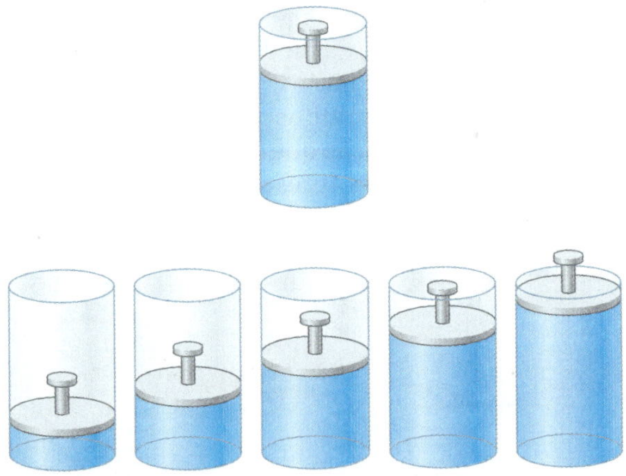

a) b) c) d) e)

38. Uma amostra gasosa tem volume e temperatura em kelvin duplicados. O que se espera que aconteça com sua pressão?

39. (Unicamp-SP) Uma garrafa de 1,5 litro, indeformável e seca, foi fechada com uma tampa plástica. A pressão ambiente era de 1,0 atmosfera e a temperatura de 27 °C. Em seguida, essa garrafa foi colocada ao sol e, após certo tempo, a temperatura em seu interior subiu para 57 °C e a tampa foi arremessada pelo efeito da pressão interna.

a) Qual era a pressão no interior da garrafa no instante imediatamente anterior à expulsão da tampa plástica?

b) Qual é a pressão no interior da garrafa após a saída da tampa? Justifique.

Exercícios adicionais

Seu(sua) professor(a) indicará quais exercícios deste bloco você deve fazer.

40. (UFSC) Suponha que 57 litros de um gás ideal a 27 °C e 1,00 atmosfera sejam simultaneamente aquecidos e comprimidos até que a temperatura seja 127 °C e a pressão, 2,00 atmosferas. Qual o volume final, em litros?

41. (UFPE) Uma certa quantidade de gás ideal ocupa 30 litros à pressão de 2 atm e à temperatura de 300 K. Que volume passará a ocupar se a temperatura e a pressão tiverem seus valores dobrados?

42. (UFPE) Uma lata de um *spray* qualquer foi utilizada até não mais liberar seu conteúdo. Nesse momento, podemos dizer:

1. a pressão de gases no interior da lata é zero.
2. a pressão de gases no interior da lata é igual à pressão atmosférica.
3. existe vácuo no interior da lata.
4. ao aquecermos a lata, a pressão no seu interior não varia.
5. ao aquecermos a lata e pressionarmos sua válvula, gases sairão novamente da mesma.

Quais são as afirmações verdadeiras? E as falsas?

43. (UFU-MG) A atmosfera é composta por uma camada de gases que se situam sobre a superfície da Terra. Imediatamente acima do solo ocorre uma região da atmosfera conhecida como troposfera, na qual ocorrem as nuvens, os ventos e a chuva. Ela tem uma altura aproximada de 10 km, a temperatura no seu topo é cerca de −50 °C e sua pressão é de 0,25 atm. Se um balão resistente a altas pressões, cheio com gás hélio até um volume de 10,0 L, a 1,00 atm e 27 °C, é solto, o volume desse balão, quando chegar ao topo da troposfera, será de:

Dado: 0 kelvin = −273 °C.

a) 40,0 L
b) 74,1 L
c) 36,3 L
d) 29,7 L
e) 52,5 L

44. (EEM-SP) Uma determinada massa gasosa, confinada em um recipiente de volume igual a 6,0 L, está submetida a uma pressão de 2,5 atm e sob temperatura de 27 °C. Quando a pressão é elevada em 0,5 atm, nota-se uma contração no volume de 1,0 L.

a) Qual a temperatura em que o gás se encontra?
b) Que tipo de transformação ocorreu?

45. (FURRN) No alto de uma montanha, o termômetro marca 15 °C e o barômetro, 600 mmHg. Ao pé da montanha, a temperatura é de 25 °C, e a pressão é 760 mmHg. A relação entre os volumes ocupados pela mesma massa de gás no alto da montanha e no pé da montanha é:

a) 2,1
b) 2
c) 12
d) 2
e) 1,2

4 Volume molar dos gases

Assim como usamos os termos *massa molar* para designar a *massa de 1 mol*, vamos utilizar a expressão **volume molar** para nos referirmos ao **volume ocupado por 1 mol de uma determinada substância**. Observe a seguinte definição:

- CNTP, TPN ou CN são siglas utilizadas para designar as **condições normais de temperatura e pressão**, 0 °C (273 K) e 1 atm (760 mmHg).

Alguns dados experimentais de volume molar

Gases

2 g	de H_2	(1 mol) a 0 °C e 1 atm ocupam um volume de 22,4 L
28 g	de N_2	(1 mol) a 0 °C e 1 atm ocupam um volume de 22,4 L
32 g	de O_2	(1 mol) a 0 °C e 1 atm ocupam um volume de 22,4 L
48 g	de O_3	(1 mol) a 0 °C e 1 atm ocupam um volume de 22,4 L
64 g	de SO_2	(1 mol) a 0 °C e 1 atm ocupam um volume de 22,4 L

Líquidos

18 g	de H_2O	(1 mol) a 0 °C e 1 atm ocupam um volume de 0,018 L
76 g	de CS_2	(1 mol) a 0 °C e 1 atm ocupam um volume de 0,060 L
160 g	de Br_2	(1 mol) a 0 °C e 1 atm ocupam um volume de 0,052 L

Sólidos

12 g	de C (diam.)	(1 mol) a 0 °C e 1 atm ocupam um volume de 0,003 L
12 g	de C (graf.)	(1 mol) a 0 °C e 1 atm ocupam um volume de 0,005 L
254 g	de I_2	(1 mol) a 0 °C e 1 atm ocupam um volume de 0,051 L

Pelos dados experimentais mostrados no quadro da página anterior, notamos que:

- Quando 1 mol de um gás se encontra nas CNTP, ele ocupa um volume de 22,4 L. Isso independe do gás (desprezando os desvios da idealidade). Notamos também que líquidos e sólidos não apresentam a mesma regularidade.

A outras temperaturas e pressões, o volume molar dos gases assume outros valores, mas continua sendo o mesmo para todos os gases. Alguns desses valores aparecem na tabela 1.

TABELA 1 **Volume molar dos gases a 1 atm e em algumas temperaturas selecionadas**

Temperatura (°C)	Volume (L)
0	22,4
10	23,2
15	23,6
20	24,0
25	24,5
30	24,9

EDUARDO SANTALIESTRA/CID

▲ O volume desse cubo (ao lado de uma bola de futebol apenas para comparação) é de 22,4 litros.

5 O Princípio de Avogadro

O italiano Amedeo Avogadro (1776-1856) estudou Direito e exerceu a profissão por alguns anos. Em 1800, abandonou a advocacia e passou a se dedicar à Ciência. Em 1811, ele sugeriu pela primeira vez o princípio que leva o seu nome, o **Princípio de Avogadro**, também chamado **Hipótese de Avogadro**:

- Volumes iguais de dois gases quaisquer, nas mesmas condições de pressão e temperatura, contêm igual número de moléculas.

A partir dessa ideia, Avogadro foi capaz de:

- mostrar que a fórmula da água é H_2O e não HO, como pensava Dalton;
- distinguir átomos de moléculas (aliás, alguns historiadores atribuem a Avogadro a introdução da palavra *molécula* para designar conjuntos de átomos unidos; outros atribuem essa introdução a Gay-Lussac);
- distinguir massa atômica de massa molecular.

A comunidade científica só aceitou o Princípio de Avogadro alguns anos após a sua morte, quando outro italiano, Stanislao Cannizzaro (1826-1910), o defendeu vigorosamente num congresso internacional na Alemanha, em 1860.

Na evolução histórica da Química, o Princípio de Avogadro conduziu ao moderno conceito de mol. A Constante de Avogadro, que expressa quantas entidades há em um mol, tem esse nome em homenagem ao cientista cujo trabalho abriu caminho para muitos progressos na Química, entre eles os experimentos que permitiram determinar o valor dessa constante.

Uma das primeiras determinações confiáveis da Constante de Avogadro foi feita, nas primeiras décadas do século XX, pelo francês Jean Baptiste Perrin (1870-1942). Por suas contribuições à Ciência, Perrin recebeu o Prêmio Nobel de Física em 1926.

Graças a Perrin e a muitos outros cientistas, hoje sabemos que a "hipótese" admitida por Avogadro pode ser comprovada. No entanto, como ela foi usada por Avogadro como conjectura a partir da qual fez deduções importantes, o nome "hipótese" ainda é empregado por razões históricas.

Exercícios essenciais

A critério do(a) professor(a) esta lista de exercícios poderá ser realizada em classe ou em casa.

Exercícios Resolvidos

46. Qual é o volume ocupado por 0,75 mol de gás nitrogênio nas condições normais de temperatura e pressão (CNTP)?

➤ Resolução

A uma certa pressão e a uma certa temperatura, o volume de uma amostra gasosa é diretamente proporcional à quantidade de gás. Assim, podemos resolver por uma regra de três:

Quantidade de gás		Volume (nas CNTP)
1 mol	———	22,4 L
0,75 mol	———	x

$\Rightarrow x = 16{,}8\ L$

47. Qual é o volume ocupado por 21 g de gás nitrogênio nas condições normais de temperatura e pressão (CNTP)?

➤ Resolução

Vamos resolver por uma regra de três. Para fazer sua montagem, devemos ter uma relação conhecida entre a massa do gás e seu volume nas CNTP.

Consultando a massa atômica do nitrogênio na tabela periódica encontramos 14 u, o que nos permite calcular a massa molar do gás nitrogênio, N_2, obtendo 28 g/mol. Assim:

Massa de gás		Volume (nas CNTP)
28 g	———	22,4 L
21 g	———	x

$\Rightarrow x = 16{,}8\ L$

Note que essa questão conduz exatamente ao mesmo resultado que a anterior, porque 21 g de N_2 correspondem a 0,75 mol desse gás.

Poderíamos resolver essa questão de um outro modo. Inicialmente, calcularíamos a quantidade em mols de N_2 presentes em 21 g dessa substância. A seguir, montaríamos uma regra de três entre a quantidade em mols de gás e o volume nas CNTP, como na questão anterior.

48. Por que o volume de um mol de água nas CNTP é muitíssimo menor que 22,4 L?

49. Um balão meteorológico foi preenchido com gás hidrogênio, H_2, que está a 1,5 atm e 20 °C e ocupa 8 m^3. Sabendo que, nessas condições de pressão e temperatura, o volume molar dos gases é 16 L, determine:

a) a quantidade em mols de hidrogênio dentro do balão;
b) a massa de hidrogênio dentro do balão.

50. Em um laboratório, uma substância gasosa foi isolada e purificada. Verificou-se, experimentalmente, que 70 g dessa substância ocupam 56 L nas CNTP e que a fórmula mínima da substância é CH_2. Determine a fórmula molecular dessa substância.

51. Use a equação geral dos gases e a informação de que o volume molar dos gases nas CNTP é 22,4 L para estimar o volume molar dos gases a:

a) 2 atm e 0 °C;
b) 2 atm e 273 °C;
c) 0,5 atm e 273 °C.

52. (Unicamp-SP) O Princípio de Avogadro estabeleceu que: "Gases quaisquer, ocupando o mesmo volume, nas mesmas condições de temperatura e pressão, contêm o mesmo número de moléculas". Considere volumes iguais de CO, CO_2, C_2H_4 e H_2, todos à mesma temperatura e pressão.

Pergunta-se: onde há maior número de átomos de:

a) oxigênio?
b) carbono?
c) hidrogênio?

Justifique suas respostas.

53. (Unimontes-MG) Dois balões de mesmo volume foram enchidos com os gases nitrogênio e metano. O laboratorista informou que foram necessários 4 g de metano e que as condições de temperatura e pressão foram as mesmas nos dois balões. Com base nesses dados, um estudante chegou às seguintes conclusões:

I. A massa de nitrogênio foi calculada como sendo 7 g.
II. O número de átomos presentes no balão contendo nitrogênio é o mesmo daquele presente no balão contendo metano.
III. Vinte e oito gramas do gás nitrogênio possuem $6{,}02 \cdot 10^{23}$ moléculas.

Indique a alternativa que inclui apenas conclusões **CORRETAS**.

a) I e II **b)** I e III **c)** II e III **d)** I, II e III

54. (Fatec-SP) Três recipientes idênticos, fechados, I, II e III, mantidos nas mesmas condições de temperatura e pressão, contêm moléculas dos gases oxigênio (O_2), monóxido de carbono (CO) e dióxido de carbono (CO_2), respectivamente. O Princípio de Avogadro permite-nos afirmar que:

a) o número de átomos de oxigênio é maior em I.
b) o número de átomos de carbono é maior em II.
c) o número total de átomos é igual em II e III.
d) o número de moléculas é maior em III.
e) o número de moléculas é igual em I, II e III.

55. (Fuvest-SP) Certo gás X é formado apenas por nitrogênio e oxigênio. Para determinar sua fórmula molecular, comparou-se esse gás com o metano (CH_4). Verificou-se que volumes iguais dos gases X e metano, nas mesmas condições de pressão e temperatura, pesaram, respectivamente, 0,88 g e 0,32 g. Qual a fórmula molecular do gás X?

a) NO
b) N_2O
c) NO_2
d) N_2O_3
e) N_2O_5

Massas molares (g/mol)	
H	1
C	12
N	14
O	16

Exercícios adicionais

Seu(sua) professor(a) indicará quais exercícios deste bloco você deve fazer.

56. (UFRGS-RS) Dois recipientes idênticos, mantidos na mesma temperatura, contêm o mesmo número de moléculas gasosas. Um dos recipientes contém hidrogênio, enquanto o outro contém hélio. Qual das afirmações abaixo está correta?

a) A massa de gás em ambos os recipientes é idêntica.

b) A pressão é a mesma nos dois recipientes.

c) Ambos os recipientes contêm o mesmo número de átomos.

d) A massa gasosa no recipiente que contém hidrogênio é o dobro da massa gasosa no recipiente que contém hélio.

e) A pressão no recipiente que contém hélio é o dobro da pressão no recipiente que contém hidrogênio.

57. (Ufes) Três balões contêm H_2, N_2 e O_2, conforme ilustrado abaixo:

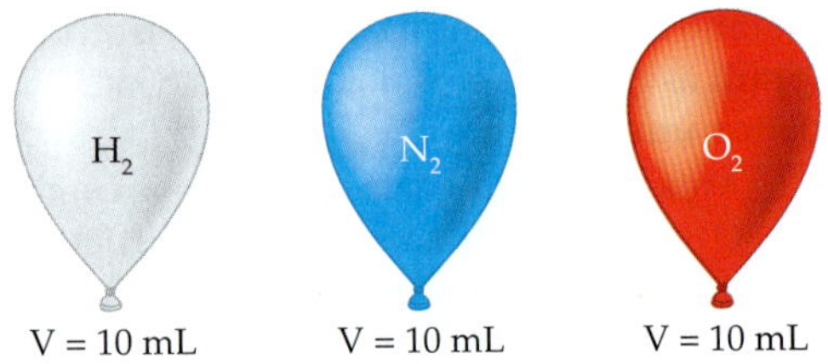

Considerando-se que os gases estão sob pressão de 1 atm e à mesma temperatura, assinale a alternativa com o número possível de moléculas de H_2, N_2 e O_2 contidas nos balões.

a) $1 \cdot 10^{23}$, $7 \cdot 10^{23}$ e $8 \cdot 10^{23}$

b) $1 \cdot 10^{23}$, $14 \cdot 10^{23}$ e $16 \cdot 10^{23}$

c) $2 \cdot 10^{23}$, $2 \cdot 10^{23}$ e $2 \cdot 10^{23}$

d) $2 \cdot 10^{23}$, $28 \cdot 10^{23}$ e $32 \cdot 10^{23}$

e) $2 \cdot 10^{23}$, $32 \cdot 10^{23}$ e $32 \cdot 10^{23}$

58. Um balão de festa contém 5 L de gás hélio, He, em condições de pressão e temperatura tais que o volume molar dos gases é 20 L. Faça uma estimativa:

a) da massa de gás hélio que há dentro do balão;

b) do número de átomos de hélio que há dentro do balão.

Observação: Lembre-se de que o hélio é formado por moléculas monoatômicas (isto é, com um só átomo) e de que a Constante de Avogadro é $6 \cdot 10^{23} \cdot mol^{-1}$.

59. (Unicamp-SP) A partir de dados enviados de Vênus por sondas espaciais norte-americanas e soviéticas, pode-se considerar que, em certos pontos da superfície desse planeta, a temperatura é de 327 °C e a pressão atmosférica é de 100 atm. Sabendo-se que na superfície da Terra o volume molar de um gás ideal é 24,6 L a 27 °C e 1,00 atm, qual seria o valor desse volume nesses pontos de Vênus?

60. Empregue o Princípio de Avogadro para determinar qual dos recipientes esquematizados abaixo, todos contendo amostras gasosas nas mesmas condições de pressão e de temperatura, contém maior número de:

a) moléculas;

b) átomos.

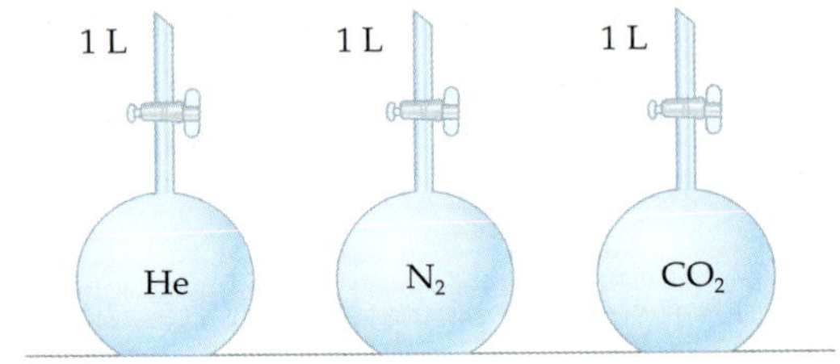

61. Empregue o Princípio de Avogadro para determinar em qual dos recipientes esquematizados abaixo, todos contendo amostras gasosas nas mesmas condições de pressão e de temperatura, há maior número de:

a) moléculas;

b) átomos.

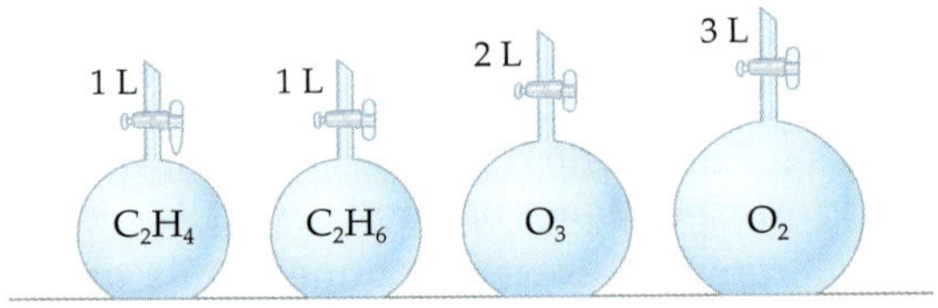

62. (UnB-DF) Um mol de gás hélio ocupa um volume de 22,4 L na praia de Ipanema, no Rio de Janeiro, a 0 °C. Em Brasília, pressão atmosférica a 700 mmHg, o volume ocupado a 27 °C será:

a) 24,3 L

b) 24,6 L

c) 26,7 L

d) 27,6 L

e) mesmo valor que no Rio de Janeiro.

63. (UCSal-BA) Que volume ocupam 100 mol de oxigênio nas condições ambientes de temperatura e pressão? (Volume molar de gás nas condições ambientes de temperatura e pressão = 25 L/mol)

a) 0,25 L

b) 2,5 L

c) $2,5 \cdot 10^2$ L

d) $2,5 \cdot 10^3$ L

e) $2,5 \cdot 10^4$ L

6 Lei do Gás Ideal

6.1 A Lei do Gás Ideal e a constante universal dos gases

Como vimos, para certa massa de gás vale a seguinte relação:

$$\frac{P \cdot V}{T} = \text{constante}$$

Quanto vale essa constante? A resposta não depende do gás, mas da sua quantidade em mols. Com o que sabemos sobre volume molar nas CNTP, podemos determinar esse valor para 1 mol:

$$\frac{P \cdot V}{T} = \frac{1 \cdot 22,4}{273} = 0,082$$ **Para 1 mol de gás ideal**

Uma vez que esse valor é constante desde que a quantidade de gás também o seja, essa relação será válida **quaisquer** que sejam as condições de temperatura e pressão em que 1 mol de gás se encontre.

E para 2 mol de gás? Nesse caso, podemos repetir o que acabamos de fazer, porém o volume utilizado no cálculo será duas vezes 22,4 L:

$$\frac{P \cdot V}{T} = \frac{1 \cdot 2 \cdot 22,4}{273} = 2 \cdot (0,082)$$ **Para 2 mol de gás ideal**

O mesmo que fizemos para 1 mol e 2 mol pode ser feito para 3 mol, 4 mol, 5 mol, 6 mol ou até mesmo, de modo geral, para n mol:

$$\frac{P \cdot V}{T} = \frac{1 \cdot 3 \cdot 22,4}{273} = 3 \cdot (0,082)$$ **Para 3 mol de gás ideal**

$$\frac{P \cdot V}{T} = \frac{1 \cdot n \cdot 22,4}{273} = n \cdot (0,082)$$ **Para n mol de gás ideal**

Dessa última expressão surge a **equação de estado dos gases perfeitos**, ou simplesmente **Lei do Gás Ideal**:

$$\frac{P \cdot V}{T} = n \cdot (0,082) \quad \Rightarrow \quad P \cdot V = n \cdot R \cdot T$$ **Lei do Gás Ideal***

em que: $n = \text{quantidade em mols} = \dfrac{\text{massa (m)}}{\text{massa molar (M)}}$

R = constante universal dos gases

O valor numérico de R depende do conjunto de unidades utilizadas.

Veja alguns exemplos de valores de R acompanhados das unidades:

$$R = 0,082\ \frac{\text{atm} \cdot \text{L}}{\text{mol} \cdot \text{K}} \qquad R = 62,3\ \frac{\text{mmHg} \cdot \text{L}}{\text{mol} \cdot \text{K}} \qquad R = 8,315\ \frac{\text{kPa} \cdot \text{L}}{\text{mol} \cdot \text{K}}$$

A Lei do Gás Ideal se aplica a substâncias no estado gasoso (de comportamento ideal), com a temperatura necessariamente na escala kelvin e com P e V nas mesmas unidades que R.

Essa equação apresenta duas importantíssimas diferenças que a tornam mais abrangente que a equação geral dos gases. Não há necessidade da existência de estados inicial e final, isto é, **ela se aplica ao gás como ele está, mesmo que não esteja sofrendo uma transformação**. Além disso, ela **pode ser aplicada a transformações em que a massa de gás varia**, ou seja, quando ocorre entrada ou saída de gás em um recipiente (basta aplicá-la duas vezes: à situação inicial e à situação final).

* Alguns livros de ensino médio no Brasil costumam chamar a expressão P · V = n · R · T de *Equação de Clapeyron*. Apesar de esse nome ser bastante difundido, na Química universitária ele **não** costuma ser utilizado.

6.2 Explorando a Lei do Gás Ideal

A Lei do Gás Ideal, expressa pela equação $P \cdot V = n \cdot R \cdot T$, envolve uma série de interessantes relações que já foram vistas neste capítulo. Há quatro variáveis nessa equação: pressão, volume, quantidade de matéria (quantidade em mols) e temperatura termodinâmica (isto é, em kelvins).

Vamos considerar que duas dessas variáveis sejam constantes a fim de verificar a interdependência entre as outras duas. Nas demonstrações a seguir, "k" representa um valor constante, mas que **não é o mesmo em cada uma das situações**.

Importante

Neste item, "k" representa um valor constante, mas que **não** é o mesmo em cada situação.

Uma amostra de gás (n constante) a temperatura constante

Em equação: $P = \frac{n \cdot R \cdot T}{V}$ (constante (k): $n \cdot R \cdot T$) $\Rightarrow$ $P = k \cdot \frac{1}{V}$

Em palavras: **Para uma quantidade fixa de gás ideal a uma dada temperatura constante, a pressão e o volume são inversamente proporcionais.**

Comentário: É a Lei de Boyle.

Não memorize essas equações. Compreenda seu significado.

Uma amostra de gás (n constante) a volume constante

Em equação: $P = \frac{n \cdot R \cdot T}{V}$ (constante (k): $\frac{n \cdot R}{V}$) $\Rightarrow$ $P = k \cdot T$

Em palavras: **Para uma quantidade fixa de gás ideal, mantida a volume constante, a pressão é diretamente proporcional à temperatura na escala kelvin.**

Comentário: É uma das Leis de Charles e Gay-Lussac.

Uma amostra de gás (n constante) a pressão constante

Em equação: $V = \frac{n \cdot R \cdot T}{P}$ (constante (k): $\frac{n \cdot R}{P}$) $\Rightarrow$ $V = k \cdot T$

Em palavras: **Para uma quantidade fixa de gás ideal, mantida a pressão constante, o volume é diretamente proporcional à temperatura na escala kelvin.**

Comentário: É a outra das Leis de Charles e Gay-Lussac.

Comparando amostras de gás a P e T constantes

Em equação: $V = \frac{n \cdot R \cdot T}{P}$ (constante (k): $\frac{R \cdot T}{P}$) $\Rightarrow$ $V = k \cdot n$

Em palavras: **Para gás ideal, a pressão e temperatura constantes, o volume e a quantidade em mols na amostra são diretamente proporcionais.**

Comentário: É uma maneira alternativa de expressar o Princípio de Avogadro.

Comparando amostras de gás a V e T constantes

Em equação: $P = \frac{n \cdot R \cdot T}{V}$ constante (k) $\Rightarrow$ $P = k \cdot n$

Em palavras: **Para gás ideal, a volume e temperatura constantes, a pressão e a quantidade em mols na amostra são diretamente proporcionais.**

Comentário: Pense na situação de calibrar um pneu injetando mais ar dentro dele.

Comparando amostras de gás a P e V constantes

Em equação: $n = \frac{P \cdot V}{R \cdot T}$ constante (k) $\Rightarrow$ $n = k \cdot \frac{1}{T}$

Em palavras: **Para gás ideal, a pressão e volume constantes, a quantidade em mols na amostra e a temperatura (em kelvin) são inversamente proporcionais.**

Comentário: Reflita sobre essa relação após acompanhar a resolução da questão 68.

Biblioteca do estudante
Texto complementar:
Gás ideal *versus* gás real

Respiração e Lei do Gás Ideal

Quando estamos em repouso, inspiramos e expiramos cerca de doze vezes por minuto.

Ao inspirarmos, o volume da cavidade torácica aumenta, expandindo o volume de nossos pulmões. Isso faz com que a pressão do ar dentro dos pulmões diminua. Como a pressão do ar externo é agora maior que a interna, há fluxo de ar para dentro dos pulmões.

O inverso ocorre quando expiramos: o volume torácico diminui, o que aumenta a pressão do ar nos pulmões. O ar está agora a uma pressão maior do que no exterior e, então, há fluxo de ar para fora.

Fonte: SISKA, P. *University Chemistry*. Upper Sadde River: Pearson International Edition, 2006. (Tradução dos autores.)

Exercícios essenciais

A critério do(a) professor(a) esta lista de exercícios poderá ser realizada em classe ou em casa.

64. Três isocóricas para uma mesma amostra de gás ideal aparecem abaixo, cada qual se referindo a um volume.

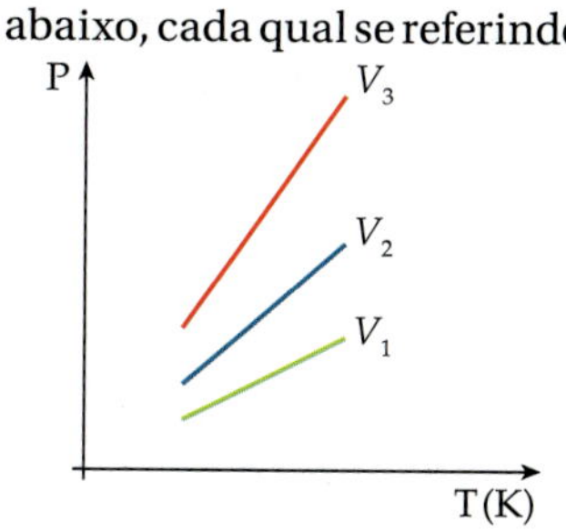

a) Coloque V_1, V_2 e V_3 em ordem crescente.

b) Se as curvas forem extrapoladas a baixas pressões e temperaturas, em que valor interceptam o eixo da temperatura?

65. Uma amostra de 2,2 g de gelo-seco, dióxido de carbono (CO_2) sólido, sublima e, uma vez no estado gasoso, é colocada em um recipiente fechado de 1 L e submetida à temperatura de 27 °C. Determine a pressão dessa amostra gasosa, expressa em atmosferas (atm).

66. (Unifesp) A oxigenoterapia, tratamento terapêutico com gás oxigênio, é indicada para pacientes que apresentam falta de oxigênio no sangue, tais como portadores de doenças pulmonares. O gás oxigênio usado nesse tratamento pode ser comercializado em cilindros a elevada pressão, nas condições mostradas na figura.

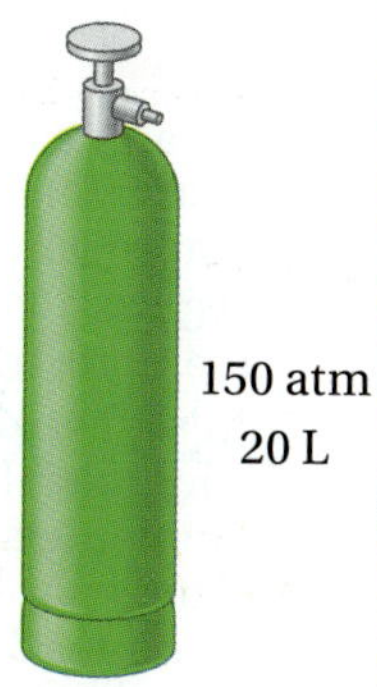

No cilindro, está indicado que o conteúdo corresponde a um volume de 3 m^3 de oxigênio nas condições ambientes de pressão e temperatura, que podem ser consideradas como 1 atm e 300 K, respectivamente.

Dado $R = 0{,}082\ atm \cdot L \cdot K^{-1} \cdot mol^{-1}$, a massa de oxigênio, em kg, armazenada no cilindro de gás representado na figura é, aproximadamente:

a) 0,98
b) 1,56
c) 1,95
d) 2,92
e) 3,90

67. (Vunesp) Para determinar a massa molar de uma substância desconhecida, porém líquida, pura e com ponto de ebulição inferior a 100 °C, pode-se utilizar uma técnica que consiste em introduzir a amostra em um bulbo de Dumas e submetê-lo a aquecimento em banho-maria.

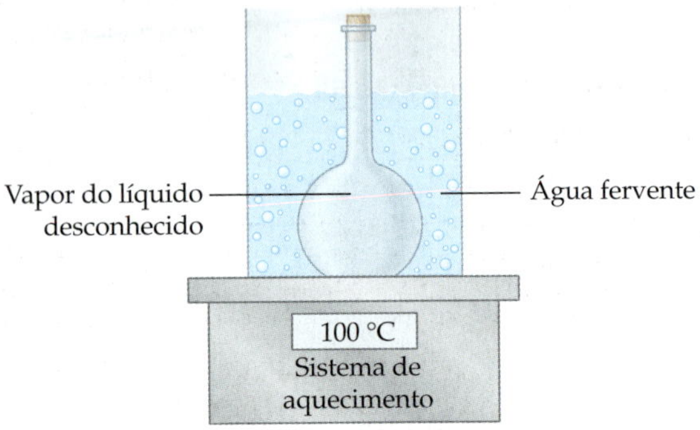

Um experimento nesse procedimento forneceu os seguintes resultados: massa de vapor = 1,0 g; volume do bulbo = 410 cm^3; pressão = 1 atm e temperatura = = 90 °C. Calcule a massa molar da substância.

Dado: $R = 0{,}082\ atm \cdot L \cdot mol^{-1} \cdot K^{-1}$

Exercício Resolvido

68. Uma garrafa de vidro sem tampa está "vazia", ou melhor, cheia de ar, e encontra-se a 21 °C. Ela é colocada dentro de um forno a 217 °C. Como consequência do aquecimento, o ar contido em seu interior se expande e, com essa dilatação, uma parte dele é expulsa da garrafa.

Considerando que inicialmente há **n** mol de ar na garrafa, quanto haverá após o aquecimento?

➤ Resolução

Essa questão ilustra uma das muitas situações aparentemente complexas que podemos resolver empregando a Lei do Gás Ideal duas vezes e, a seguir, dividindo ambas as equações membro a membro, a fim de cancelar fatores comuns.

Nesse caso específico, vamos aplicar a lei às situações inicial e final: a pressão é a mesma (a pressão ambiente no local da experiência, que simbolizaremos por P_{atm}), o volume da garrafa é o mesmo (estamos desconsiderando a ligeira dilatação do vidro) e a constante dos gases é a mesma (desde que estejamos trabalhando num mesmo conjunto de unidades). Alteram-se a temperatura (de 294 K vai para 490 K) e a quantidade em mols de ar que se encontra no interior da garrafa.

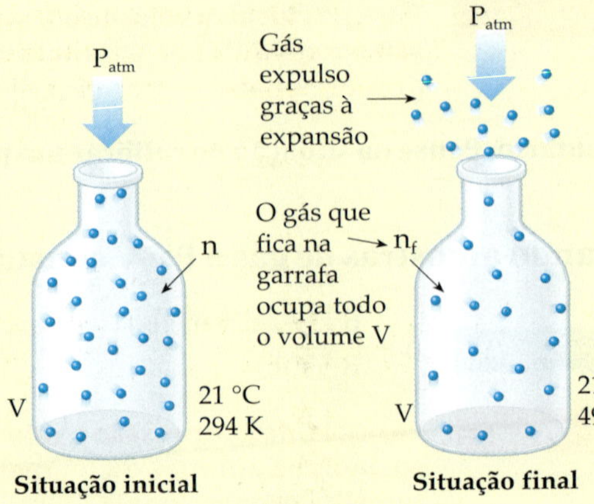

Assim:

Inicial: $P_{atm} \cdot V = n \cdot R \cdot 294$

Final: $P_{atm} \cdot V = n_f \cdot R \cdot 490$

Dividindo essas equações membro a membro, temos:

$$\frac{\cancel{P_{atm}} \cdot \cancel{V}}{\cancel{P_{atm}} \cdot \cancel{V}} = \frac{n \cdot \cancel{R} \cdot 294}{n_f \cdot \cancel{R} \cdot 490} \Rightarrow \boxed{n_f = 0{,}6 \cdot n}$$

69. Um gás está confinado num recipiente de aço, a 20 °C e sob pressão de 5,0 atm.

a) Qual será a pressão do gás quando o recipiente for imerso em água a 100 °C e ficar em equilíbrio térmico?

b) Se o gás escapar do recipiente até que a sua pressão retorne a 5,0 atm, que fração do gás original (em massa) terá escapado?

c) Se a temperatura do gás remanescente no recipiente retornar a 20 °C, qual será a pressão final?

70. (PUC-RS) Por vários motivos, o hidrogênio — queimado ou utilizado em células de combustível — é uma opção atraente para abastecer os automóveis do futuro. Diversas matérias-primas e fontes de energia (renovável, nuclear ou fóssil) podem ser utilizadas para produzi-lo. Além disso, o hidrogênio e o produto de sua combustão, a água, não são tóxicos e não poluem. Não há liberação de dióxido de carbono, um potente gás responsável pelo efeito estufa. [...]

Mas ainda não existe maneira totalmente segura e prática de abastecer um carro a hidrogênio. O hidrogênio contém três vezes mais energia que a gasolina por unidade de massa, mas atualmente é impossível armazenar o gás de forma tão compacta e simples quanto o combustível líquido tradicional. Assim, é difícil transportar de forma segura e eficiente uma quantidade de hidrogênio a bordo que garanta autonomia e desempenho satisfatórios. É preciso resolver esse problema — ou seja, estocar hidrogênio suficiente para assegurar a autonomia mínima aceitável de hoje (cerca de 500 km) sem que o volume do tanque de combustível comprometa o espaço para os passageiros e a bagagem.

SATYAPAL, Sunita; PETROVIC, John; THOMAS, George. Abastecendo com hidrogênio. *Scientific American*, ano 5, n. 6, p. 79, maio 2007 (com adaptações).

Considere-se que o tanque de combustível de um automóvel tem capacidade para 36,0 L de gasolina (densidade = 0,75 g/mL) e que sua autonomia é de 500 km. A partir do que refere o texto, é correto afirmar que, para obter-se a mesma autonomia, o volume de gás hidrogênio nas CNTP, em litros, é de:

a) 100,8
b) 302,4
c) 9.000,0
d) 100.800,0
e) 302.400,0

Exercícios adicionais

Seu(sua) professor(a) indicará quais exercícios deste bloco você deve fazer.

71. Considere duas amostras:

Amostra 1 – 1 mol de gás ideal.

Amostra 2 – 2 mol de gás ideal.

Esboce, em um mesmo sistema de eixos P *versus* T, as curvas que representam as isocóricas para essas duas amostras, submetidas a **volumes iguais**.

72. (FGV-SP) Muitas frutas são colhidas ainda verdes, para que não sejam danificadas durante o seu transporte. São deixadas em armazéns refrigerados até o momento de sua comercialização, quando são colocadas em um local com gás eteno por determinado período, para que o seu amadurecimento ocorra mais rapidamente.

As reações I e II representam dois métodos diferentes na produção de eteno.

I. $CH_3 - CH_3 \xrightarrow{\text{catal. T}} CH_2 = CH_2 + H_2$

II. $CH_3 - CH_2OH \xrightarrow{H_2SO_4,\ 170\ °C} CH_2 = CH_2 + H_2O$

A massa aproximada de eteno, equivalente a 50,0 L desse gás contido num cilindro a 300 K e 2,00 atm, é igual a:

Dado: $R = 0{,}082\ atm \cdot L \cdot K^{-1} \cdot mol^{-1}$

a) 4.000 g
b) 2.050 g
c) 816 g
d) 224 g
e) 112 g

73. (Unicamp-SP)* Rango, logo depois de servir o bolo, levou os convidados de volta ao bar. Lá, para entreter os convidados, Dina acomodou um ovo sobre um suporte plástico. Esse ovo tinha fitas de vedação nas duas extremidades, tapando pequenos furos. Dina retirou as vedações, apoiou o ovo novamente no suporte plástico e levou um palito de fósforo aceso próximo a um dos furos: de imediato, ouviu-se um pequeno barulho, parecido a um fino assovio; surgiu, então, uma chama quase invisível e o ovo explodiu. Todos aplaudiam, enquanto Dina explicava que, no interior do ovo (na verdade era só a casca dele), ela havia colocado gás hidrogênio e que o que eles tinham acabado de ver era uma reação química. Aplausos novamente.

a) Se o gás que ali estava presente era o hidrogênio, a que reação química Dina fez referência? Responda com a equação química correspondente.

b) Se a quantidade (em mols) dos gases reagentes foi maior que a do produto gasoso, então o ovo deveria implodir, e não explodir. Como se pode, então, explicar essa explosão?

74. (Mackenzie-SP) A massa de 355 g de um certo gás X_n ocupa 112,0 L medidos nas CNTP. Se a massa atômica de X é 35,5 u, então o gás tem fórmula molecular:

Dado: volume molar nas CNTP = 22,4 L/mol.

a) X_{10} **b)** X_8 **c)** X_4 **d)** X_3 **e)** X_2

75. (Ufal) Os gases têm inúmeros usos, e muitas reações químicas ocorrem em fase gasosa, como, por exemplo, no combate a incêndios e na engenharia química industrial. Com o objetivo de determinar a massa molecular de um gás *X*, um pesquisador introduziu em um recipiente de volume V, que se encontrava inicialmente vazio, 6,0 g do referido gás e observou o surgimento de uma pressão P, sob a temperatura T. A seguir, utilizando outro recipiente de volume igual ao primeiro, verificou que era necessário introduzir a massa de 8,0 gramas de nitrogênio para que, na mesma temperatura, fosse gerada a mesma pressão observada no primeiro recipiente. Calcule a massa molar do gás em estudo.

a) 34 g/mol
b) 21 g/mol
c) 16 g/mol
d) 10,5 g/mol
e) 6,9 g/mol

76. (UFU-MG) Atente-se para o enunciado a seguir:

A água oxigenada, normalmente comercializada em farmácias, é uma solução aquosa de peróxido de hidrogênio [H_2O_2 (aq)].

Considere a reação de decomposição da água oxigenada em condições normais de temperatura e pressão e marque para as alternativas abaixo (**V**) verdadeira ou (**F**) falsa.

1) 1,0 mol de O_2 (g) ocupa um volume de 22,4 litros.
2) O volume ocupado por 10 g de oxigênio é 7,0 litros.
3) A água oxigenada é vendida em frascos escuros ou em plásticos opacos. Isso se deve ao fato de a luz ser um dos fatores responsáveis pela sua decomposição (fotólise), na qual ocorre liberação de gás hidrogênio.

* Questão extraída de uma prova que envolve uma narrativa ficcional. As perguntas que aparecem na história são as questões a serem respondidas.

77. (UFPI) Compressores são máquinas que, na pressão atmosférica local, captam o ar, comprimindo-o até atingir a pressão de trabalho desejada. Ao nível do mar, a pressão atmosférica normal é 1,0 bar. Em equipamentos pneumáticos, a 25 °C, a pressão mais utilizada é a de 6,0 bar. Nessas condições, e considerando o oxigênio (O_2) como um gás ideal, calcule a massa aproximada de O_2, em gramas, contida em um compressor de volume igual a 5,0 litros. (A constante R vale 0,082 bar · L · mol^{-1} · K^{-1}; M(O_2) = 32 g/mol.)

a) 8,0 **b)** 16 **c)** 39 **d)** 47 **e)** 55

78. (UFC-CE) O monóxido de carbono é um dos poluentes do ar presentes, especialmente, em zona urbana. A pressão do monóxido de carbono de 0,004 atm no ar resulta em morte em pouco tempo. Um carro ligado, porém parado, pode produzir, entre outros gases, 0,60 mol de monóxido de carbono por minuto. Se uma garagem a 27 °C tem volume de 4,1 · 10^4 L, em quanto tempo, na garagem fechada, atinge-se a concentração letal de CO?

Obs.: Considere que a pressão, na garagem, permanece constante e que nela não há inicialmente monóxido de carbono presente.

Dado: constante dos gases = 0,082 L · atm/mol · K.

79. Uma amostra de gás é colocada em um cilindro que contém um pistão móvel. A 25 °C, a parte inferior do pistão está a 20,0 cm do fundo do cilindro.

a) A que temperatura o pistão estará 10,0 cm acima dessa posição?

b) A que temperatura o pistão estará 10,0 cm abaixo dessa posição?

7 Misturas gasosas

7.1 Pressão parcial

Considere quantidades quaisquer de três gases diferentes, A, B e C, todos em recipientes de mesmo volume e à mesma temperatura. Se colocarmos todos eles em outro recipiente também de mesmo volume, a pressão final da mistura gasosa será, obviamente, maior do que as pressões de cada componente quando isolado.

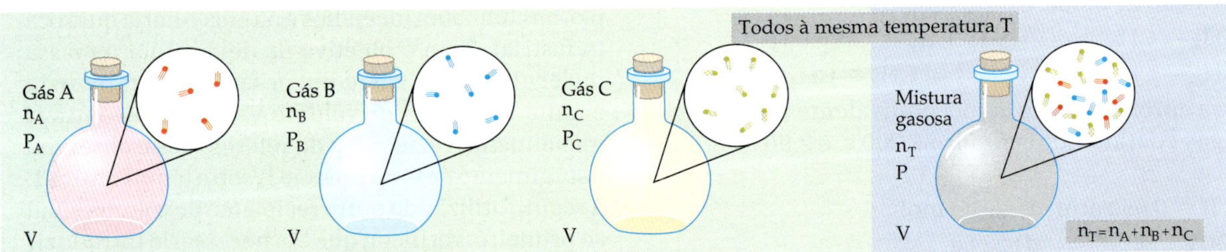

As pressões P_A, P_B e P_C são chamadas de **pressões parciais** dos componentes A, B e C.

- **Pressão parcial** de um componente de mistura gasosa é a pressão que ele possuiria se estivesse sozinho, no mesmo volume e à mesma temperatura em que se encontra a mistura.

Aplicando a Lei do Gás Ideal ao componente A isolado: $P_A \cdot V = n_A \cdot R \cdot T$, e à mistura gasosa como um todo: $P \cdot V = n_T \cdot R \cdot T$.

Dividindo essas equações membro a membro:

$$\frac{P_A \cdot \cancel{V}}{P \cdot \cancel{V}} = \frac{n_A \cdot \cancel{R} \cdot \cancel{T}}{n_T \cdot \cancel{R} \cdot \cancel{T}} \Rightarrow P_A = \frac{n_A}{n_T} \cdot P$$

O quociente n_A/n_T é chamado, por definição, de **fração em quantidade de matéria** ou **fração em mols** do componente A e simbolizado por x_A.

Assim: $P_A = x_A \cdot P$, em que $x_A = \frac{n_A}{n_T}$

e, analogamente, temos:

$P_B = x_B \cdot P$ e $P_C = x_C \cdot P$, em que $x_B = \frac{n_B}{n_T}$ e $x_C = \frac{n_C}{n_T}$

Reflita

- Por que a fração em mols é sempre um número entre zero e um?
- A fração em mols nos informa a porcentagem das moléculas de uma mistura que é de um certo componente. Explique por quê.
- Por que a pressão parcial de um componente nunca é maior que a pressão total?

Outra expressão importante pode ser deduzida a partir da seguinte soma, que expressa que a quantidade em mols na mistura é a soma da quantidade em mols dos componentes: $n_T = n_A + n_B + n_C$.

Aplicando a Lei do Gás Ideal a A, B, C e à mistura como um todo, temos:

$$n_T = \frac{P \cdot V}{R \cdot T} \qquad n_A = \frac{P_A \cdot V}{R \cdot T} \qquad n_B = \frac{P_B \cdot V}{R \cdot T} \qquad n_C = \frac{P_C \cdot V}{R \cdot T}$$

Substituindo na equação $n_T = n_A + n_B + n_C$, vem que:

$$\frac{P \cdot V}{R \cdot T} = \frac{P_A \cdot V}{R \cdot T} + \frac{P_B \cdot V}{R \cdot T} + \frac{P_C \cdot V}{R \cdot T} \Rightarrow$$

$$\Rightarrow \quad P \cdot \frac{V}{R \cdot T} = (P_A + P_B + P_C) \cdot \frac{V}{R \cdot T}$$

- $P = P_A + P_B + P_C$ **Lei de Dalton das pressões parciais**

Essa expressão é conhecida como **Lei de Dalton das pressões parciais**. Ela nos mostra que a pressão total de uma mistura gasosa é igual à soma das pressões parciais de seus componentes. Cada componente, portanto, é o responsável por *parte* da pressão total, e daí surgiu a expressão *pressão parcial*.

7.2 Volume parcial

Considere quantidades quaisquer de três gases diferentes, A, B e C, todos em iguais condições de pressão e de temperatura (vamos apresentar uma discussão parecida com aquela sobre pressão parcial, só que agora para o *volume parcial*).

Reunindo esses gases em um único recipiente, nas mesmas condições de pressão e temperatura, certamente o volume total será maior que o volume de cada componente isolado.

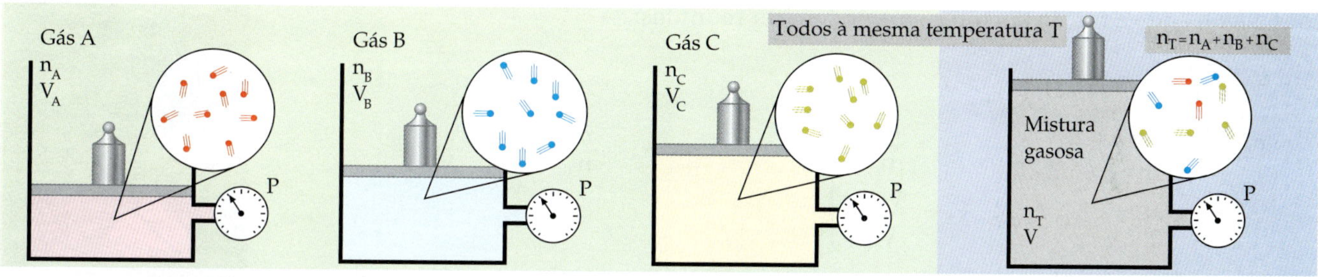

Os volumes V_A, V_B e V_C são chamados de **volumes parciais**.

- **Volume parcial** de um componente de mistura gasosa é o volume que ele possuiria se estivesse sozinho, à mesma pressão e à mesma temperatura em que se encontra a mistura.

Reflita

- Por que o volume parcial de um componente nunca é maior que o volume total?

Aplicando a Lei do Gás Ideal ao componente A isolado: $P \cdot V_A = n_A \cdot R \cdot T$, e à mistura gasosa como um todo: $P \cdot V = n_T \cdot R \cdot T$.

Dividindo essas equações membro a membro:

$$\frac{P \cdot V_A}{P \cdot V} = \frac{n_A \cdot R \cdot T}{n_T \cdot R \cdot T} \Rightarrow V_A = \frac{n_A}{n_T} \cdot V$$

O quociente n_A/n_T é chamado de **fração em mols** do componente A (x_A).

Assim, temos para o componente A e, analogamente, para B e C:

- $V_A = x_A \cdot V$
- $V_B = x_B \cdot V$ e
- $V_C = x_C \cdot V$

Outra relação pode ser obtida a partir de $n_T = n_A + n_B + n_C$.

Aplicando a Lei do Gás Ideal a A, B, C e à mistura como um todo, temos:

$$n_T = \frac{P \cdot V}{R \cdot T} \qquad n_A = \frac{P \cdot V_A}{R \cdot T} \qquad n_B = \frac{P \cdot V_B}{R \cdot T} \qquad n_C = \frac{P \cdot V_C}{R \cdot T}$$

Substituindo na equação $n_T = n_A + n_B + n_C$, vem que:

$$\frac{P \cdot V}{R \cdot T} = \frac{P \cdot V_A}{R \cdot T} + \frac{P \cdot V_B}{R \cdot T} + \frac{P \cdot V_C}{R \cdot T} \quad \Rightarrow \quad \frac{\cancel{P}}{\cancel{R \cdot T}} \cdot V = \frac{\cancel{P}}{\cancel{R \cdot T}} \cdot (V_A + V_B + V_C)$$

$$V = V_A + V_B + V_C$$ **Lei de Amagat dos volumes parciais**

Essa expressão, conhecida como **Lei de Amagat**, indica que o volume total de uma mistura gasosa é igual à soma dos volumes parciais de seus componentes. Assim, podemos imaginar que, ao fazer uma mistura gasosa, é como se cada gás fosse o responsável por *parte* do volume total. Daí, a expressão *volume parcial*.

Contudo, é importantíssimo perceber que uma **mistura de gases é homogênea**, ou seja, apresenta uma única fase. Isso significa que todos os pontos da mistura apresentam a mesma composição, ou seja, os gases estão completamente misturados e cada um deles se encontra disperso por todo o interior do recipiente.

Assim, não entenda errado a definição de volume parcial apresentada anteriormente. Você **não** deve imaginar a mistura como se cada gás estivesse confinado em uma parte do recipiente, ocupando apenas parte do volume total. O volume parcial é o volume que um gás componente da mistura **teria** se estivesse **sozinho**, na mesma pressão e na mesma temperatura da mistura.

Reflita

Por que a soma das frações em mols de todos os componentes é sempre igual a 1?

7.3 Fração em mols e porcentagem em volume

Para um componente A qualquer de uma mistura gasosa, temos as seguintes expressões envolvendo a fração em mols, que podem ser reunidas:

$$x_A = \frac{n_A}{n_T}$$

$$P_A = x_A \cdot P \quad \Rightarrow \quad x_A = \frac{P_A}{P}$$

$$V_A = x_A \cdot V \quad \Rightarrow \quad x_A = \frac{V_A}{V}$$

$$\Rightarrow \quad x_A = \frac{n_A}{n_T} = \frac{P_A}{P} = \frac{V_A}{V}$$

FERNANDO FAVORETTO/CID

▲ Como a fração em mols do oxigênio (O_2) no ar utilizado para calibrar pneus é 0,21, podemos afirmar que o volume parcial desse gás dentro do pneu é 21% do volume interno do pneu.

De modo especial, interessa-nos agora a relação entre fração em mols e volume. Consideremos o ar atmosférico seco e isento de poluentes, que é formado em sua quase totalidade por nitrogênio (N_2), oxigênio (O_2) e argônio (Ar). De modo aproximado, podemos dizer que em 100 L dessa amostra gasosa o volume parcial do nitrogênio é 78 L, o do oxigênio é 21 L e o do argônio é 1 L.

Vamos calcular a fração em mols de cada um deles:

Nitrogênio (N_2): $x_{nitrogênio} = \frac{V_{nitrogênio}}{V} = \frac{78\ L}{100\ L} = 0{,}78$ ou 78%

Oxigênio (O_2): $x_{oxigênio} = \frac{V_{oxigênio}}{V} = \frac{21\ L}{100\ L} = 0{,}21$ ou 21%

Argônio (Ar): $x_{argônio} = \frac{V_{argônio}}{V} = \frac{1\ L}{100\ L} = 0{,}01$ ou 1%

Com esse exemplo pode-se perceber que:

A **fração em mols** de um componente em uma mistura gasosa, quando expressa em porcentual, indica a **porcentagem em volume** desse componente na mistura.

Biblioteca do estudante
Texto complementar:
A pressão parcial e os mergulhadores

Biblioteca do estudante
Texto complementar:
Pressurização de cabine de avião

Exercícios essenciais

A critério do(a) professor(a) esta lista de exercícios poderá ser realizada em classe ou em casa.

Exercício Resolvido

80. Uma mistura gasosa, constituída por 12 g de hidrogênio (H_2) e 32 g de metano (CH_4), ocupa um recipiente de 100 L e exerce uma pressão de 2 atm. Determine para cada componente:

a) a fração em mols;
b) a pressão parcial;
c) o volume parcial;
d) a porcentagem em volume.

Resolução

a) Cálculo das quantidades em mols:

$$n_{H_2} = \frac{12\ g}{2\ g/mol} = 6\ mol$$

$$n_{CH_4} = \frac{32\ g}{16\ g/mol} = 2\ mol$$

Cálculo das frações em mols:

$$x_{H_2} = \frac{6\ mol}{8\ mol} \Rightarrow \boxed{x_{H_2} = 0{,}75}$$

$$x_{CH_4} = \frac{2\ mol}{8\ mol} \Rightarrow \boxed{x_{CH_4} = 0{,}25}$$

Note que a fração em mols não tem unidade, é adimensional.

b) Cálculo das pressões parciais:

$$P_{H_2} = x_{H_2} \cdot P = 0{,}75 \cdot 2\ atm \Rightarrow \boxed{P_{H_2} = 1{,}5\ atm}$$

$$P_{CH_4} = x_{CH_4} \cdot P = 0{,}25 \cdot 2\ atm \Rightarrow \boxed{P_{CH_4} = 0{,}5\ atm}$$

c) Cálculo dos volumes parciais:

$$V_{H_2} = x_{H_2} \cdot V = 0{,}75 \cdot 100\ L \Rightarrow \boxed{V_{H_2} = 75\ L}$$

$$V_{CH_4} = x_{CH_4} \cdot V = 0{,}25 \cdot 100\ L \Rightarrow \boxed{V_{CH_4} = 25\ L}$$

d) As porcentagens em volume podem ser inferidas diretamente das frações em mols. Como a fração em mols do hidrogênio é 0,75, então sua porcentagem em volume é 75%.
Observe que, coerentemente, o volume parcial do hidrogênio (75 L) representa 75% do volume total (100 L). Analogamente, a porcentagem em volume do metano é 25%.

81. (FEI-SP) Uma mistura de ar sintético, composto por 79% de nitrogênio gasoso e 21% de oxigênio gasoso (em porcentagem molar), é armazenada num cilindro a 10 atm. As pressões parciais do nitrogênio e do oxigênio (em atm) no interior do cilindro são, respectivamente:

a) 5,0 e 5,0
b) 10 e 0
c) 9,9 e 0,1
d) 6,0 e 4,0
e) 7,9 e 2,1

82. (PUC-SP) Uma mistura gasosa, constituída por 14 g de nitrogênio (N_2) e 9 g de hidrogênio (H_2), está em um recipiente fechado, exercendo uma pressão de 1,0 bar. As pressões parciais de nitrogênio e de hidrogênio exercidas nas paredes desse recipiente são, respectivamente:

a) 0,5 bar e 0,5 bar.
b) 1,0 bar e 1,0 bar.
c) 0,1 bar e 0,9 bar.
d) 0,61 bar e 0,39 bar.
e) 0,75 bar e 0,25 bar.

Comentário dos autores:

Para seu conhecimento, a unidade de pressão **bar** equivale a 100 kPa.

Exercício Resolvido

83. (ITA-SP) Temos um recipiente com N_2 puro e outro com O_2 puro. Volumes e pressões iniciais estão assinalados no esquema abaixo.

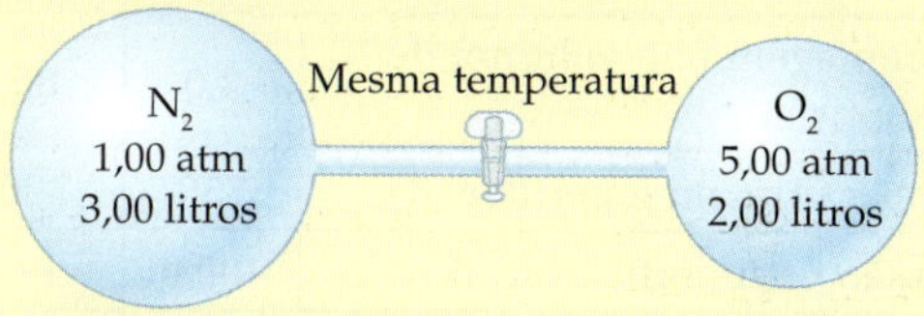

Abrindo-se a torneira que separa os dois gases e mantendo-se a temperatura, a pressão interna estabiliza-se no valor de:

a) 6,00 atm
b) 3,00 atm
c) 2,60 atm
d) 2,50 atm
e) 2,17 atm

Resolução

Sabemos que:

$$n_T = n_A + n_B$$

$$\frac{P \cdot V}{R \cdot T} = \frac{P_A \cdot V_A}{R \cdot T_A} + \frac{P_B \cdot V_B}{R \cdot T_B}$$

Como a temperatura é constante, temos:

$$P \cdot V = P_A \cdot V_A + P_B \cdot V_B$$

$$P \cdot 5\ L = 1\ atm \cdot 3\ L + 5\ atm \cdot 2\ L \Rightarrow \boxed{P = 2{,}6\ atm}$$

Alternativa **c**.

84. (UFPE) Dois frascos, contendo diferentes gases que não reagem entre si, são interligados através de uma válvula. Sabendo-se que:

- não há variação de temperatura;
- a pressão inicial do gás A é o triplo da pressão inicial do gás B;
- o volume do frasco A é o dobro do frasco B;

qual será a pressão do sistema (frasco A + B) quando a válvula for aberta?

a) O dobro da pressão do frasco B.
b) 7/3 da pressão do frasco B.
c) 5/3 da pressão do frasco B.
d) 2/3 da pressão do frasco A.
e) 1/3 da pressão do frasco A.

85. (UFRJ) Dois gramas de hélio e *x* gramas de hidrogênio estão contidos num frasco de volume igual a 22,4 litros, nas CNTP.

Dados: H = 1; He = 4;
$R = 0{,}082\ atm \cdot L \cdot mol^{-1} \cdot K^{-1}$.

a) Determine o valor de *x*.

b) Qual será a pressão se essa mistura for transferida para um vaso de volume igual a 5,6 litros a 0 °C?

86. (Fuvest-SP) Dois frascos A e B, mantidos à temperatura ambiente, contêm, respectivamente, 1 litro de nitrogênio a 2 atmosferas de pressão e 3 litros de dióxido de carbono a 3 atmosferas de pressão.

a) Qual é a razão entre o número de moléculas nos frascos A e B?

b) Se os gases forem transferidos para um frasco de 10 litros, à mesma temperatura ambiente, qual será a pressão da mistura gasosa resultante?

Exercícios adicionais

Seu(sua) professor(a) indicará quais exercícios deste bloco você deve fazer.

87. (Fuvest-SP) Dados referentes aos planetas Vênus e Terra:

	Vênus	Terra
Porcentagem (em volume) de N_2 na atmosfera	4,0	80
Temperatura na superfície (K)	750	300
Pressão na superfície (atm)	100,0	1,0

A relação entre o número de moléculas de N_2, em volumes iguais, das atmosferas de Vênus e da Terra é:

a) 0,10
b) 0,28
c) 2,0
d) 5,7
e) 40

88. (Mackenzie-SP-adaptado) Num balão fechado, a certa temperatura e pressão, há em equilíbrio 6,4 g de gás oxigênio e 28,8 g de gás ozônio. Nesse equilíbrio:

a) a porcentagem em volume de ozônio na mistura é de 75%.

b) a quantidade total de moléculas da mistura é de $6{,}02 \cdot 10^{23}$.

c) a quantidade, em mol, de ozônio na mistura é o dobro da de gás oxigênio.

d) há, no total, 2,1 mol de moléculas na mistura.

Dado: massa molar do O = 16 g/mol

89. (Unifor-CE) Amostras de ar atmosférico, não poluído e seco, contêm cerca de $3{,}5 \cdot 10^{-2}$%, em mols, de dióxido de carbono. Assim sendo, a pressão parcial desse composto, nessa amostra de ar atmosférico, é da ordem de:

Dado: a amostra foi coletada à pressão de 700 mmHg.

a) 25 mmHg
b) 3,5 mmHg
c) 2,5 mmHg
d) 0,35 mmHg
e) 0,25 mmHg

90. (Unicamp-SP)* Após a limpeza do banheiro, Rango foi à sala e removeu todos os móveis e, de tão feliz e apaixonado, começou a cantarolar: "Beijando teus lindos cabelos, Que a neve do tempo marcou... Estavas vestida de noiva, Sorrindo e querendo chorar...". De repente, volta à realidade lembrando que tinha que limpar aquela sala de 50 m² e de 3 m de altura, antes que Dina voltasse. "Hoje a temperatura está em 32 °C e a pressão atmosférica na sala deve ser, aproximadamente, 4 vezes o valor da minha pressão arterial sistólica (180 mmHg ou aproximadamente 21.000 Pa), sem medicação. Ah, se eu fosse tão leve quanto o ar desta sala!", pensava Rango...

a) "Se o ar se comporta como um gás ideal, quantos mols dessa mistura gasosa devem estar presentes aqui na sala?"

b) "Se minha massa corpórea é de 120 kg, e eu acho que estou fora do peso ideal, então, se eu tivesse a mesma massa que o ar desta sala, eu estaria melhor? Por quê?"

Dados: constante dos gases $= 8{,}314\ Pa \cdot m^3 \cdot mol^{-1} \cdot K^{-1}$, T/K = 273 + t/°C; o ar é composto de, aproximadamente, 78% em massa de nitrogênio, 21% de oxigênio, 1,0% de argônio.

* Questão extraída de uma prova que envolve uma narrativa ficcional. As perguntas que aparecem na história são as questões a serem respondidas.

91. (PUC-RJ) Considere o seguinte esquema de procedimento industrial para obtenção de gás nitrogênio ou azoto (N_2):

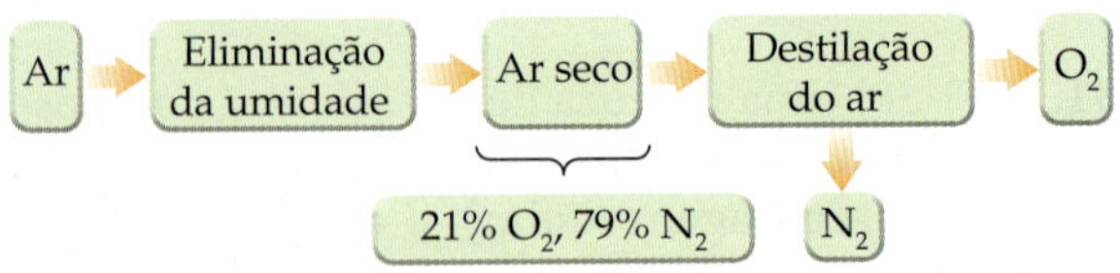

Partindo de 200 L de ar contendo 5% de umidade e, sendo a porcentagem dos gases no ar seco em volumes, a opção que **mais se aproxima do volume máximo** de N_2 obtido em rendimento de 70% é:

a) 105 L
b) 120 L
c) 133 L
d) 150 L
e) 158 L

92. (UFMS) Um compartimento de 7.600 litros em uma cápsula espacial, mantido a uma temperatura de 27 °C, é projetado para manter um astronauta. O corpo humano descarrega 960 g de CO_2 (g) (massa molar = 44 g/mol) por dia. Sabendo-se que a pressão parcial inicial de CO_2, no compartimento, é zero e que R = 0,082 (L · atm)/(mol · K), determine o número total de mol de CO_2 que deve ser retirado do compartimento durante o primeiro dia de uso da cápsula, para manter uma pressão parcial de CO_2 (g) não superior a $5{,}89 \cdot 10^{-3}$ atm. Para efeito de cálculo, expresse a massa limite de CO_2, no compartimento da cápsula, apenas com o número inteiro de grama, ignorando a parte decimal.

93. (Vunesp) A maior parte dos mergulhos recreativos é realizada no mar, utilizando cilindros de ar comprimido para a respiração. Sabe-se que:

I. O ar comprimido é composto por aproximadamente 20% de O_2 e 80% de N_2 em volume.

II. A cada 10 metros de profundidade, a pressão aumenta 1 atm.

III. A pressão total a que o mergulhador está submetido é igual à soma da pressão atmosférica mais a da coluna de água.

IV. Para que seja possível a respiração debaixo da água, o ar deve ser fornecido à mesma pressão a que o mergulhador está submetido.

V. Em pressões parciais de O_2 acima de 1,2 atm, o O_2 tem efeito tóxico, podendo levar à convulsão e morte.

A profundidade máxima em que o mergulho pode ser realizado empregando ar comprimido, sem que seja ultrapassada a pressão parcial máxima de O_2, é igual a:

a) 12 metros.
b) 20 metros.
c) 30 metros.
d) 40 metros.
e) 50 metros.

94. (UFRGS-RS) Se o sistema representado a seguir for mantido a uma temperatura constante, e se os três balões possuírem o mesmo volume, após se abrirem as válvulas A e B, a pressão total nos três balões será:

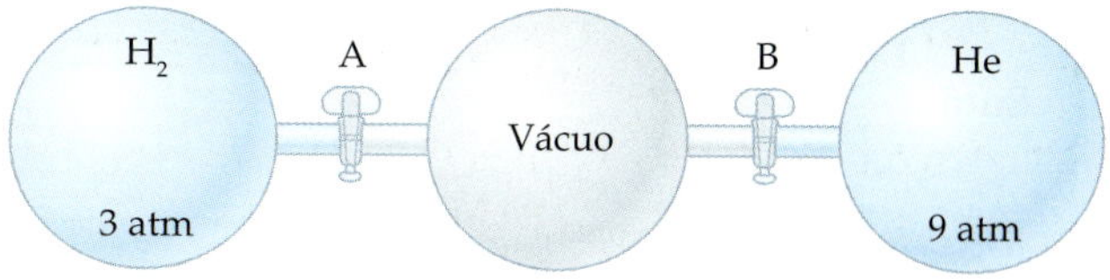

a) 3 atm
b) 4 atm
c) 6 atm
d) 9 atm
e) 12 atm

8 Densidade de gases

Ⓐ

DORLING KINDERSLEY/GETTY IMAGES

Ⓑ

JIJI PRESS/AFP/GETTY IMAGES

Ⓐ Os balões vendidos em parques de diversão são enchidos com hélio. Por que eles sobem quando os soltamos e os balões que enchemos com o gás expelido pelos pulmões não?
Ⓑ Outra pergunta: Por que os balões de ar quente sobem?

A resposta às perguntas formuladas na legenda das fotos acima tem relação com o conceito de **densidade absoluta** ou, simplesmente, **densidade** (d), propriedade apresentada no capítulo 2 e definida como a razão entre a massa (m) e o volume (V) de uma amostra de matéria:

$$d = \frac{m}{V}$$

Definição geral de densidade, válida para sólidos, líquidos e gases

8.1 Densidade absoluta de um gás

Conhecendo o volume molar dos gases nas condições em que uma certa substância gasosa se encontra, podemos calcular sua densidade fazendo uso da definição apresentada anteriormente:

$$d = \frac{M}{V} = \frac{\text{massa molar da substância gasosa}}{\text{volume molar da substância gasosa}}$$

Particularmente, se estivermos trabalhando nas CNTP, sabemos que 1 mol ocupa o volume de 22,4 L e, dessa maneira, basta dividir a massa molar do gás (M) pelo volume molar nas CNTP (22,4 L).

Outro modo de calcular densidades absolutas é por meio de uma expressão mais genérica que relaciona densidade com pressão, com massa molar e com temperatura. Essa expressão pode ser deduzida a partir da Lei do Gás Ideal:

$$P \cdot V = n \cdot R \cdot T \quad \Rightarrow \quad P \cdot V = \frac{m}{M} \cdot R \cdot T \quad \Rightarrow \quad \frac{m}{V} = \frac{P \cdot M}{R \cdot T}$$

Então:

$$d = \frac{P \cdot M}{R \cdot T}$$

Equação para o cálculo de densidade; vale apenas para gás (suposto ideal)

Com auxílio dessa equação, podemos explicar por que um balão de ar quente sobe. Quando aumentamos a temperatura no interior do balão, a densidade do ar nele contido diminui. Assim, podemos dizer que o balão sobe porque sua densidade é menor que a do ar exterior.

Em equação: $d = \frac{P \cdot M}{R \cdot T}$ constante (k) $\Rightarrow \quad d = k \cdot \frac{1}{T}$

Em palavras: **Para um gás ideal, a pressão constante, a densidade é inversamente proporcional à temperatura na escala kelvin.**

PAULO FRIDMAN/PULSAR IMAGENS

▸ Por que a fumaça sobe?
A fumaça sobe porque contém gases que, graças à sua alta temperatura, são menos densos que o ar atmosférico.

8.2 Densidade relativa de gases

Neste contexto, a palavra **relativa** está sendo usada como sinônimo de **em relação a** ou de **comparando com**.

Assim, entende-se por **densidade de um gás A em relação a um gás B** o quociente entre as densidades de A e B, **ambas nas mesmas condições de temperatura e pressão**. Esse quociente pode ser simbolizado por $d_{A,B}$:

$$\text{Densidade do gás A em relação ao gás B} = d_{A,B} = \frac{d_A}{d_B}$$

A partir da expressão deduzida anteriormente, podemos obter uma fórmula simples para calcular densidades relativas:

$$\frac{d_A}{d_B} = \frac{\frac{\cancel{P} \cdot M_A}{\cancel{R \cdot T}}}{\frac{\cancel{P} \cdot M_B}{\cancel{R \cdot T}}} \quad \Rightarrow \quad \frac{d_A}{d_B} = \frac{M_A}{M_B}$$

Densidade de um gás em relação a outro

Vamos calcular, como exemplo, a densidade do gás oxigênio, O_2, em relação ao gás hidrogênio, H_2:

$$\frac{d_{O_2}}{d_{H_2}} = \frac{M_{O_2}}{M_{H_2}} = \frac{32\ \text{g/mol}}{2\ \text{g/mol}} = 16$$

Esse resultado possui a seguinte interpretação: o gás oxigênio é dezesseis vezes mais denso que o gás hidrogênio, estando ambos nas mesmas condições de pressão e temperatura. Note que a densidade relativa não possui unidade. É uma grandeza adimensional.

Um caso de particular interesse é o da densidade de um gás em relação ao ar:

Biblioteca do estudante
Informe-se sobre a Química:
Como são feitas as bolas de tênis?

$$\frac{d_{gás}}{d_{ar}} = \frac{M_{gás}}{M_{ar}} \Rightarrow \frac{d_{gás}}{d_{ar}} = \frac{M_{gás}}{28,9\ \text{g/mol}}$$

Densidade de um gás em relação ao ar

O valor 28,9 g/mol é chamado de **massa molar média do ar**. É calculado por meio de uma média ponderada, a partir da composição do ar seco e isento de poluentes.

Visão do especialista

Com o auxílio dessa expressão para cálculo da densidade de um gás em relação ao ar podemos responder por que um balão cheio de hélio sobe, mas outro cheio de gás carbônico desce. Quando comparados ao ar, o hélio apresenta densidade menor e o gás carbônico densidade maior.

$$\frac{d_{He}}{d_{ar}} = \frac{M_{He}}{M_{ar}} = \frac{4,0\ \text{g/mol}}{28,9\ \text{g/mol}} < 1 \Rightarrow d_{He} < d_{ar}$$

$$\frac{d_{CO_2}}{d_{ar}} = \frac{M_{CO_2}}{M_{ar}} = \frac{44,0\ \text{g/mol}}{28,9\ \text{g/mol}} > 1 \Rightarrow d_{CO_2} > d_{ar}$$

ROGÉRIO REIS/PULSAR IMAGENS

▶ Os modernos balões dirigíveis são enchidos com hélio, que substituiu o hidrogênio, usado antigamente. Isso porque o hidrogênio, apesar de ser o gás menos denso que existe, é extremamente inflamável e explosivo.

Revisão

Inversão térmica e dispersão dos poluentes

Os gases expelidos pelos automóveis e chaminés das fábricas estão, geralmente, mais quentes que o ar atmosférico que se encontra sobre o local. Assim, eles são menos densos e sobem. Isso está esquematizado na figura Ⓐ.

Contudo, em certas circunstâncias decorrentes da complexa movimentação das massas de ar (assunto estudado pela Meteorologia), a camada de ar acima de uma cidade pode ficar mais quente que a inferior, conforme aparece no esquema da figura Ⓑ.

HÉLVIO ROMERO/AGÊNCIA ESTADO

▲ São Paulo em dia de inversão térmica. Note o manto cinzento de poluentes sobre a cidade.

Nessa situação, chamada de **inversão térmica**, os gases poluentes não conseguem subir, pois estão mais densos que essa camada superior. Assim, quando ocorre o fenômeno meteorológico da inversão térmica, a dispersão dos poluentes é grandemente dificultada, o que é especialmente prejudicial nos grandes centros urbanos.

Ⓐ Ⓑ

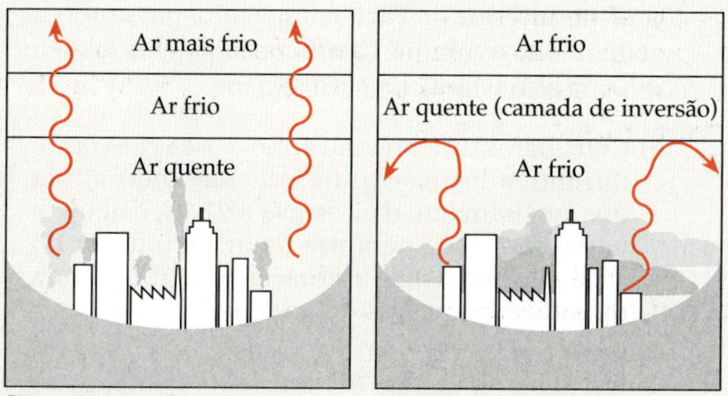

Situação normal. Inversão térmica.

Exercícios essenciais

A critério do(a) professor(a) esta lista de exercícios poderá ser realizada em classe ou em casa.

95. Há um certo tipo de balão popular na época das festas juninas. Contudo, esse tipo é um sério risco à população e ao ambiente. Soltá-lo é considerado crime em nosso país.

a) Esses balões são abertos ou fechados?

b) Explique por que eles sobem.

c) Que risco representam para as pessoas? E para o ambiente?

96. Nas cidades de clima quente, os aparelhos de ar condicionado são empregados para resfriar o ar da sala. Em algumas localidades mais frias, contudo, o aparelho de ar condicionado é usado para esquentar o ambiente.

Observe os desenhos abaixo e decida, justificando, qual é o desenho que mostra a maneira mais correta (garantindo maior eficiência para aquilo que se deseja) de se instalar o aparelho de ar condicionado em uma localidade de clima:

a) quente. **b)** frio.

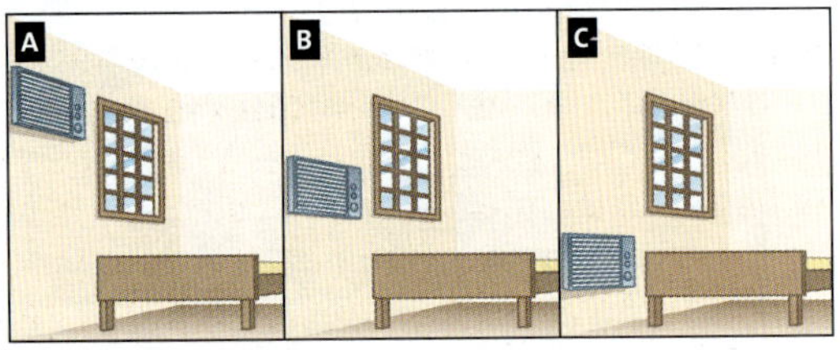

97. Apresente uma justificativa para o fato de hidrogênio e hélio, quando usados para encher um balão, favorecerem a subida desse balão, mas dióxido de carbono e dióxido de enxofre não.

98. Nas mesmas condições de pressão e temperatura, qual é mais denso, hélio (He) ou metano (CH_4)? Quantas vezes mais denso?

Exercício Resolvido

99. (Unicamp-SP) Durante os dias quentes de verão, uma brincadeira interessante consiste em pegar um saco plástico, leve e de cor preta, encher 3/4 de seu volume com ar, amarrar hermeticamente a sua boca, expondo-o, em seguida, aos raios solares. O ar no interior do saco é aquecido, passando a ocupar todo o volume. Como consequência, o saco sobe na atmosfera como um balão.

a) Considerando a pressão atmosférica constante durante a brincadeira e considerando ainda que inicialmente o ar estava a 27 °C, calcule a variação da temperatura do ar no interior do saco plástico, entre a situação inicial e a final, quando o gás ocupa todo o volume.

b) Qual é a relação entre as densidades do ar no início e no instante em que todo o volume do saco é ocupado?

Resolução

a) Situação inicial $\xrightarrow{\text{Aquecimento}}$ **Situação final**

Situação inicial	Situação final
$V_i = \frac{3}{4}V_f$	V_f
$T_i = 27\ °C = 300\ K$	T_f
n	n
P_{atm}	P_{atm}

Fazendo uso da **Lei do Gás Ideal** para os estados **inicial** e **final**, temos:

$$\frac{P_{atm} \cdot V_f}{P_{atm} \cdot V_i} = \frac{n \cdot R \cdot T_f}{n \cdot R \cdot T_i}$$

Dividindo as duas equações:

$$\frac{\cancel{P_{atm}} \cdot V_f}{\cancel{P_{atm}} \cdot V_i} = \frac{\cancel{n} \cdot \cancel{R} \cdot T_f}{\cancel{n} \cdot \cancel{R} \cdot T_i}$$

Como $\frac{V_f}{V_i} = \frac{4}{3}$

$$T_f = \frac{4 \cdot 300}{3} = 400\ K\ (127\ °C)$$

Portanto, a variação da temperatura é de 100 °C.

b) $$\frac{d_f}{d_i} = \frac{\frac{\cancel{m}}{V_f}}{\frac{\cancel{m}}{V_i}} = \frac{\frac{1}{\cancel{V_f}}}{\frac{1}{\frac{3}{4}\cancel{V_f}}} = \frac{3}{4}$$

$$\boxed{\frac{d_f}{d_i} = \frac{3}{4}} \quad \text{ou} \quad \boxed{\frac{d_i}{d_f} = \frac{4}{3}}$$

100. Dentro de um balão meteorológico há gás hidrogênio (H_2) submetido a 1,5 atm e 20 °C. Calcule a densidade desse gás, nessas condições, em g/L.

101. Logo após a explosão de uma bomba atômica na superfície da Terra, sobe uma enorme quantidade de poeira e cinzas, compondo o chamado *cogumelo atômico* (veja a foto abaixo). Explique como se forma o cogumelo atômico.

US DEPT. OF ENERGY/SCIENCE PHOTO LIBRARY/LATINSTOCK

102. Se a atmosfera da Terra fosse exclusivamente formada por gás oxigênio, quais dos seguintes gases poderiam, pelo menos em princípio, ser usados para fazer um balão subir?

N_2, CO, CO_2, SO_2, SO_3, Ar, Kr, Xe.

103. Nas mesmas condições de pressão e temperatura, quantas vezes o gás butano (C_4H_{10}) é mais denso que o ar?

Exercícios adicionais

Seu(sua) professor(a) indicará quais exercícios deste bloco você deve fazer.

104. (UEL-PR) As figuras abaixo representam recipientes contendo gases considerados ideais. Os volumes de A, B e C são iguais; o volume de D é a metade do volume de C; todos os recipientes contêm o mesmo número de moléculas. Informações adicionais são dadas sob cada figura.

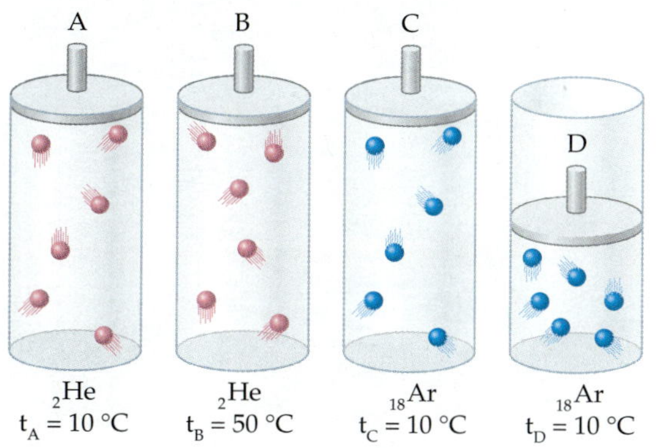

Com relação à densidade e à pressão dos gases contidos nos recipientes, é **incorreto** afirmar que:

a) a pressão do gás contido em C é maior do que a do gás contido em A.

b) o argônio contido em D é o gás de maior densidade.

c) o gás contido em C é mais denso do que o contido em A.

d) a densidade do gás contido em A é igual à do gás contido em B.

e) a pressão do gás contido em D é o dobro da pressão do gás contido em A.

105. (Mackenzie-SP) Quatro balões idênticos foram enchidos com um mol de gás e colocados em uma caixa fechada, conforme a figura abaixo. Todos os gases encontram-se à P = 1 atm e T = 25 °C.

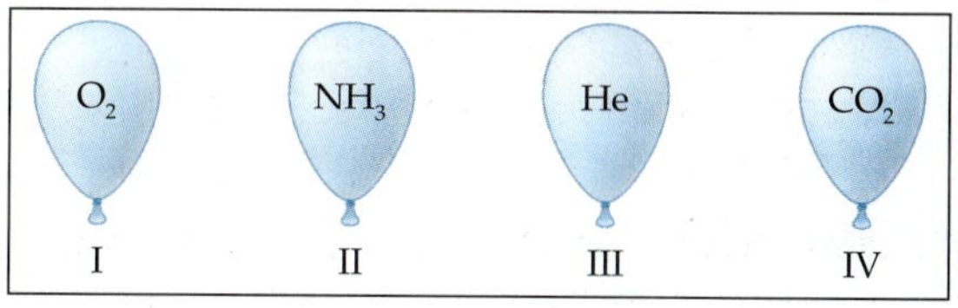

Se abrirmos a caixa, os balões que vão subir são:

a) I e III, apenas.

b) II e III, apenas.

c) I e IV, apenas.

d) II e IV, apenas.

e) I, II e III, apenas.

Dados: massa molar (g/mol) H = 1; He = 4; C = 12; N = 14; O = 16. Massa aparente do ar = 28,96 g/mol.

106. (UFC-CE) Ao desejar identificar o conteúdo de um cilindro contendo um gás monoatômico puro, um estudante de Química coletou uma amostra desse gás e determinou sua densidade, d = 5,38 g/L, nas seguintes condições de temperatura e pressão: 15 °C e 0,97 atm. Com base nessas informações e assumindo o modelo do gás ideal:

a) calcular a massa molar do gás.

b) identificar o gás.

$R = 0{,}082 \text{ atm} \cdot L \cdot mol^{-1} \cdot K^{-1}$

Capítulo 15

Aspectos quantitativos das reações químicas

Alguns conteúdos importantes:

- Relação entre os coeficientes estequiométricos e as quantidades em mols dos participantes de uma reação
- Lei Volumétrica de Gay-Lussac
- Estabelecimento de relações estequiométricas envolvendo quantidade em mols, massa, volume (no caso de substância gasosa), número de moléculas e outras grandezas correlatas
- Excesso de reagente
- Reagentes que contenham impurezas
- Rendimento de uma reação

▲ Na produção de determinado tipo de automóvel, há uma proporção fixa entre as diversas peças utilizadas. Ao produzir maior ou menor número de unidades desse veículo, as quantidades de peças são alteradas, mas não a proporção entre elas. Em Química, existe uma proporção bem definida entre as quantidades dos participantes de uma reação. A compreensão dessa proporção é o ponto fundamental dos cálculos estequiométricos.

Usaremos a síntese da amônia várias vezes como exemplo neste capítulo

Guia de estudo

A amônia, NH_3, é uma substância muito importante para as indústrias químicas e para a sociedade. Ela é matéria-prima para a produção de certas variedades de plásticos, fibras têxteis, corantes, explosivos (que, ao contrário do que muita gente pensa, possuem também aplicações pacíficas e benéficas), ração para gado, medicamentos, produtos de limpeza e espuma para colchões e travesseiros. A amônia também é empregada na fabricação de ácido nítrico.

Socialmente, talvez a mais importante das aplicações da amônia seja na produção de fertilizantes. Em um mundo em que 90% ou mais da alimentação mundial vem da agricultura, a produção de fertilizantes é essencial para a agricultura em larga escala.

Nas fábricas de amônia, a produção dessa substância é feita por meio da reação entre os gases nitrogênio e hidrogênio, realizada sob condições apropriadas em um reator (recipiente projetado para a ocorrência de determinada reação química). O nitrogênio usado provém do ar atmosférico e o hidrogênio é obtido da decomposição da água pela passagem de corrente elétrica.

Um grupo de engenheiros químicos está projetando uma indústria de amônia, na qual se deseja produzir diariamente oito toneladas e meia dessa substância ($8{,}5\ t = 8{,}5 \cdot 10^6\ g$).

Os engenheiros devem estimar as quantidades das matérias-primas nitrogênio e hidrogênio necessárias, a cada dia, para atingir a meta desejada. Vamos abordar o problema desse cálculo em várias situações neste capítulo, ressaltando um ponto importante em cada uma delas.

VLADIMIR MALYGIN/ITAR-TASS/NEWSCOM

Fábrica de amônia.

1 Relações estequiométricas fundamentais

Revise

Releia os capítulos 3 e 4, especialmente as partes referentes à Lei de Lavoisier, à Lei de Proust, à Teoria Atômica de Dalton e ao balanceamento de equações químicas.

Esteja certo de aplicar tudo o que aprendeu naqueles capítulos ao estudar este.

1.1 Coeficientes estequiométricos

A síntese da amônia pode ser equacionada da seguinte maneira:

$$N_2(g) + 3\,H_2(g) \rightarrow 2\,NH_3(g)$$

Numa equação química, os números colocados antes da fórmula de cada substância, seja reagente ou produto, são os **coeficientes estequiométricos** ou, simplesmente, **coeficientes**.

Átomos não são criados nem destruídos numa reação química. Assim, os coeficientes devem ser corretamente escolhidos a fim de que o número de átomos de um certo elemento químico seja o mesmo em ambos os membros da equação química. Quando os coeficientes estão adequadamente colocados, diz-se que a equação química está corretamente **balanceada**.

Na reação equacionada acima, os coeficientes são um, três e dois. Esses coeficientes informam que uma molécula de nitrogênio reage com três moléculas de hidrogênio produzindo duas moléculas de amônia.

$1\ N_2\ (g) \quad + \quad 3\ H_2\ (g) \quad \rightarrow \quad 2\ NH_3\ (g)$

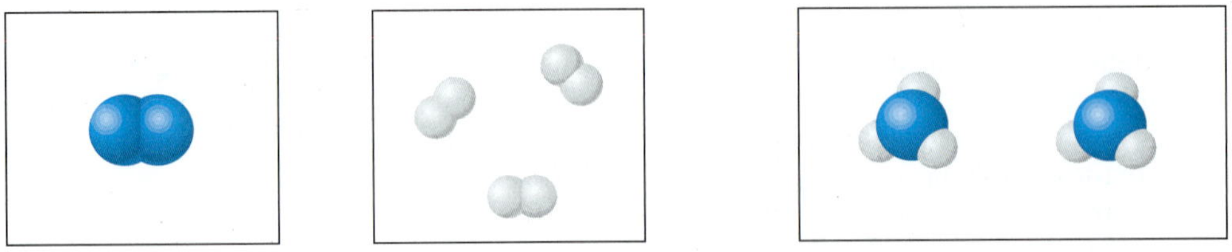

1 molécula + 3 moléculas → 2 moléculas

E se forem duas moléculas de N_2 reagindo? Ora, duas moléculas de N_2 reagem com seis de H_2 e produzem quatro de NH_3.

$1\ N_2\ (g) \quad + \quad 3\ H_2\ (g) \quad \rightarrow \quad 2\ NH_3\ (g)$

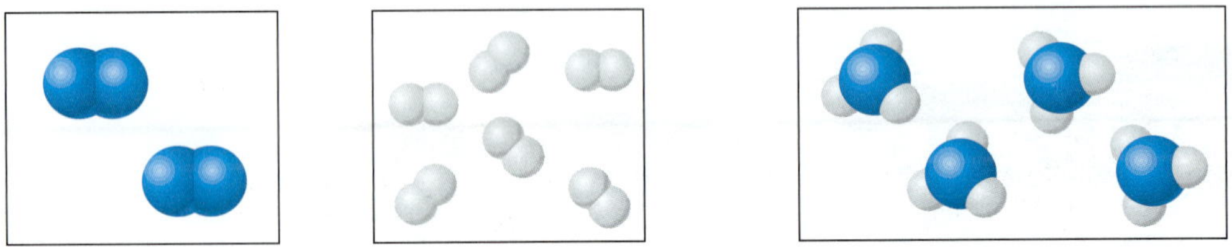

2 moléculas + 6 moléculas → 4 moléculas

Analogamente, três moléculas de N_2 reagem com nove de H_2 e produzem seis de NH_3.

$1\ N_2\ (g) \quad + \quad 3\ H_2\ (g) \quad \rightarrow \quad 2\ NH_3\ (g)$

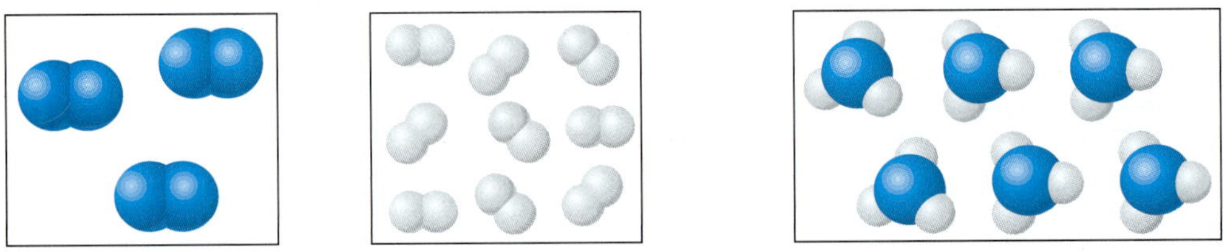

3 moléculas + 9 moléculas → 6 moléculas

- Então, é importante perceber que **os coeficientes estequiométricos não indicam necessariamente a quantidade de moléculas que reagem ao realizar uma reação. Eles indicam a proporção entre os números de moléculas que tomam parte na reação.**

1.2 Proporção estequiométrica entre quantidades em mols

Como já foi visto, moléculas são entidades muitíssimo pequenas. Na menor amostra de uma substância molecular que conseguimos ver há uma quantidade extremamente grande de moléculas.

Assim, embora os coeficientes nos informem a proporção entre as moléculas que reagem, do ponto de vista de utilidade macroscópica **é mais vantajoso considerar os coeficientes como indicadores da proporção entre a quantidade em mols dos participantes de uma reação**.

O raciocínio para isso é simples. No caso da síntese da amônia, por exemplo, se uma molécula de N_2 reage com três de H_2 para formar duas de NH_3, podemos dizer que $6 \cdot 10^{23}$ moléculas de N_2 reagirão com $3 \cdot 6 \cdot 10^{23}$ moléculas de H_2 produzindo $2 \cdot 6 \cdot 10^{23}$ moléculas de NH_3. Ora, como $6 \cdot 10^{23}$ moléculas são 1 mol de moléculas, podemos dizer que 1 mol de moléculas de N_2 reage com 3 mol de moléculas de H_2 produzindo 2 mol de moléculas de NH_3.

$1\ N_2(g)$	+	$3\ H_2(g)$	→	$2\ NH_3(g)$
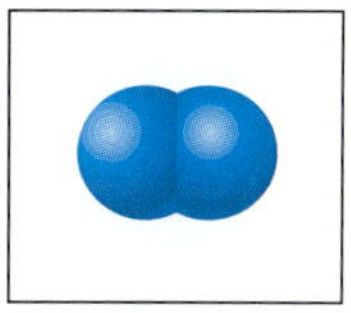		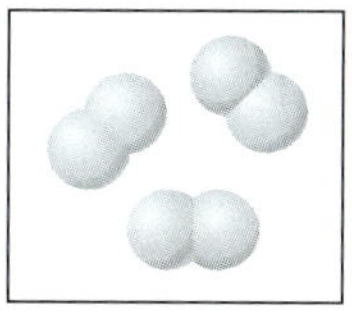		
1 molécula		3 moléculas		2 moléculas
↓ $6 \cdot 10^{23}$		↓ $6 \cdot 10^{23}$		↓ $6 \cdot 10^{23}$
$1 \cdot 6 \cdot 10^{23}$ moléculas		$3 \cdot 6 \cdot 10^{23}$ moléculas		$2 \cdot 6 \cdot 10^{23}$ moléculas
↓		↓		↓
1 mol		3 mol		2 mol

- Os **coeficientes estequiométricos** informam a **proporção entre as quantidades em mols** dos participantes de uma dada reação química, denominada **proporção estequiométrica** dessa reação química.

É fundamental perceber que, ao realizar a síntese da amônia, não é apenas uma molécula de N_2 que reage com três de H_2 produzindo duas de NH_3. Há um número muitíssimo grande de moléculas reagindo e sendo formadas. Mas há uma lei da natureza que é seguida por essa reação. A **proporção** entre os números de moléculas dos participantes, assim como a **proporção** entre as quantidades em mols, é expressa pelos coeficientes estequiométricos.

	N_2	+	$3\ H_2$	→	$2\ NH_3$
Proporção entre moléculas:	**1**	**:**	**3**	**:**	**2**
Proporção entre mols de moléculas:	**1**	**:**	**3**	**:**	**2**

1.3 Relação entre quantidades em mols

Já estamos em condições de dar uma primeira resposta ao problema proposto no início do capítulo, determinando as quantidades em mols de nitrogênio e hidrogênio. Inicialmente, vamos calcular a quantidade em mols de amônia que se deseja produzir. A massa molar da amônia, calculada a partir da consulta à tabela periódica, é 17 g/mol. E a massa de amônia que se deseja produzir diariamente na indústria é de $8{,}5 \cdot 10^6$ g. Assim:

Massa		**Quantidade de matéria**
17 g	———	1 mol
$8{,}5 \cdot 10^6$ g	———	x

$$\Rightarrow x = 5{,}0 \cdot 10^5 \text{ mol}$$

Agora podemos estabelecer regras de três partindo da proporção em mols expressa pelos coeficientes estequiométricos da equação química:

	N_2	+	$3\ H_2$	→	$2\ NH_3$
Proporção:	**1 mol**		**3 mol**		**2 mol**
Grandezas envolvidas:	**Quantidade de matéria**		**Quantidade de matéria**		**Quantidade de matéria**
	1 mol	———	3 mol	———	2 mol
	y	———	z	———	$5{,}0 \cdot 10^5$ mol

Reação química
↓ representada por
Equação química
↓ na qual há
Coeficientes estequiométricos
↓ que expressam
Proporção entre os participantes da reação
↓ essa proporção envolve, em princípio, a
Quantidade em mols

Temos, então, uma regra de três que permite determinar o valor de y e outra que permite determinar o valor de z.

$$\left.\begin{matrix} 1\ \text{mol} & \text{———} & 2\ \text{mol} \\ y & \text{———} & 5{,}0 \cdot 10^5\ \text{mol} \end{matrix}\right\} \qquad \left.\begin{matrix} 3\ \text{mol} & \text{———} & 2\ \text{mol} \\ z & \text{———} & 5{,}0 \cdot 10^5\ \text{mol} \end{matrix}\right\}$$

$$y = 2{,}5 \cdot 10^5\ \text{mol} \qquad z = 7{,}5 \cdot 10^5\ \text{mol}$$

Assim, para produzir diariamente $5{,}0 \cdot 10^5$ mol de amônia, a indústria gastará, também diariamente, $2{,}5 \cdot 10^5$ mol do reagente gás nitrogênio e $7{,}5 \cdot 10^5$ mol do reagente gás hidrogênio. Resolvemos o problema proposto no início do capítulo, expressando as respostas em quantidade de matéria.

Exercícios essenciais

A critério do(a) professor(a) esta lista de exercícios poderá ser realizada em classe ou em casa.

Exercício Resolvido

1. As reações de neutralização ácido-base são muito importantes na Química. Qual é a quantidade em mols de NaOH necessária à completa neutralização de 5 mol de H_2SO_4?

Resolução

Inicialmente, vamos fazer a equação do processo e balanceá-la corretamente:

$$H_2SO_4 + 2\,NaOH \rightarrow Na_2SO_4 + 2\,H_2O$$

Por meio dessa equação, sabemos que a proporção estequiométrica é de 1 mol de H_2SO_4 para 2 mol de NaOH. Assim, podemos montar uma regra de três:

	H_2SO_4	+ $2\,NaOH$	$\rightarrow Na_2SO_4 + 2\,H_2O$
Proporção:	**1 mol**	**2 mol**	
Grandezas envolvidas:	**Quantidade de matéria**	**Quantidade de matéria**	

$$\left.\begin{matrix} 1\ \text{mol} & \text{——} & 2\ \text{mol} \\ 5\ \text{mol} & \text{——} & x \end{matrix}\right\} \Rightarrow x = 10\ \text{mol}$$

Assim, são necessários 10 mol de NaOH para neutralizar 5 mol de H_2SO_4.
Note que essa resposta nada mais é que uma consequência da proporção estequiométrica, que revela ser necessário, em mols, o dobro de NaOH em relação a H_2SO_4.

2. O caso mais conhecido de neutralização ácido-base é a reação entre ácido clorídrico e hidróxido de sódio.

a) Equacione essa reação.

b) Qual é a proporção estequiométrica entre as quantidades em mols de reagentes e produtos?

3. (UFMS) O gás butano, C_4H_{10}, é um dos componentes do gás de cozinha. Considerando a combustão completa de dois mols de butano, em presença de quantidade suficiente de O_2 (g), qual o número total de mols dos reagentes e produtos envolvidos na reação?

Comentário dos autores:

A equação da reação é:

$$C_4H_{10}(g) + \frac{13}{2}O_2(g) \rightarrow 4\,CO_2(g) + 5\,H_2O(g)$$

4. (Mackenzie-SP) Uma parte da plataforma de gelo Wilkins, localizada na Península Antártida, entrou em colapso, em um processo de desintegração que especialistas afirmam ter sido provocado pelo aquecimento global. A região mais atingida tem 13.680 km², mas toda a área afetada chega a 414 mil km². A plataforma, um grande lençol gelado que flutua no oceano, se localiza na Antártida Ocidental. Essa é a região do planeta onde foi registrado o maior incremento de temperatura nos últimos 50 anos — cerca de 0,5 °C por década.

O Estado de S. Paulo, 26/3/2008.

Pesquisadores do clima mundial afirmam que o aquecimento global está ocorrendo em função do aumento da emissão de gases poluentes, principalmente, derivados da queima de combustíveis fósseis (gasolina, *diesel* etc.), na atmosfera. Esses gases (ozônio, dióxido de carbono, metano, óxido nitroso e monóxido de carbono) formam uma camada de poluentes, de difícil dispersão, causando o famoso efeito estufa. Uma das soluções para diminuir o impacto do aquecimento global é a utilização de combustíveis de fontes renováveis (biodiesel, etanol) em substituição aos combustíveis fósseis.
Quando um mol de etanol e um mol de gasolina sofrem, separadamente, combustão total, a contribuição da gasolina na geração de dióxido de carbono, em relação ao etanol, é:

a) duas vezes maior.

b) três vezes maior.

c) quatro vezes maior.

d) cinco vezes maior.

e) seis vezes maior.

NOTA: Admita que a gasolina seja composta somente por *n*-octano (C_8H_{18}).

Comentário dos autores:

As equações que representam as combustões envolvidas são:

$$C_2H_6O + 3\,O_2 \rightarrow 2\,CO_2 + 3\,H_2O$$

$$C_8H_{18} + \frac{25}{2}O_2 \rightarrow 8\,CO_2 + 9\,H_2O$$

Exercícios adicionais

Seu(sua) professor(a) indicará quais exercícios deste bloco você deve fazer.

5. (Mackenzie-SP)

$$C_2H_6O + 3\,O_2 \rightarrow 2\,CO_2 + 3\,H_2O$$

A equação acima representa a combustão do etanol. Se após 2 horas de reação forem produzidos 48 mol de CO_2, a quantidade em mol de etanol consumido em 1 minuto é de:

a) 0,5 mol
b) 24,0 mol
c) 0,04 mol
d) 0,2 mol
e) 12,0 mol

6. (Unifor-CE) Considere a reação representada por:

$$2\,NH_4^+\,(aq) + H_2PtCl_6\,(aq) \rightarrow$$
$$\rightarrow (NH_4)_2PtCl_6\,(s) + 2\,H^+\,(aq)$$

precipitado amarelo

Esse precipitado amarelo, quando aquecido, libera cloro, Cl_2 (g), amônia, NH_3 (g), e HCl (g) (esses últimos podem produzir NH_4Cl (s)), restando Pt (s) como resíduo. Na decomposição total de 1 mol de $(NH_4)_2PtCl_6$ (s) a quantidade, em mols, de cloro (g), amônia (g) e cloreto de hidrogênio (g) é, respectivamente, igual a:

a) 2, 2 e 2
b) 2, 2 e 1
c) 2, 1 e 2
d) 1, 3 e 2
e) 1, 2 e 3

7. (Fatec-SP) Em um mundo onde as fronteiras estão cada vez mais próximas, a competitividade do álcool frente aos combustíveis fósseis aumenta significativamente as possibilidades de intercâmbio comercial e tecnológico e se transforma num dos mais importantes negócios da agroindústria de cana-de-açúcar neste século. Uma das vantagens da utilização do álcool como combustível é a emissão de CO_2. Sabe-se que, para liberar a mesma quantidade de energia que 10 L de gasolina, são necessários cerca de 17 L de etanol, o que corresponde a 65 mol de octano e 280 mol de etanol, respectivamente. Admitindo combustão completa com rendimento de 100%, as quantidades de CO_2, em mols, produzidas por 1,7 L de álcool hidratado e 1,0 L de gasolina são, respectivamente:

Dado: considere para a reação de combustão: etanol (C_2H_6O) como o componente do álcool hidratado e octano (C_8H_{18}) como o da gasolina.

a) 6,5 e 28
b) 5,6 e 5,2
c) 28 e 65
d) 56 e 52
e) 560 e 520

Comentário dos autores:

As equações que representam as combustões envolvidas são:

$$C_2H_6O + 3\,O_2 \rightarrow 2\,CO_2 + 3\,H_2O$$
$$C_8H_{18} + \frac{25}{2}\,O_2 \rightarrow 8\,CO_2 + 9\,H_2O$$

8. (PUC-RJ) A energia produzida na forma de trabalho e a quantidade emitida de gases que contribuem com o aquecimento global são dois fatores importantes na escolha de um combustível para veículos automotores. A quantidade de energia produzida na forma de trabalho pode ser avaliada pela diferença entre quantidades de produtos e de reagentes gasosos das reações de combustão.
Quanto maior for essa diferença, mais trabalho é realizado.

$$CH_3CH_2OH\,(l) + 3\,O_2\,(g) \rightarrow 2\,CO_2\,(g) + 3\,H_2O\,(g)$$
$$2\,C_8H_{18}\,(l) + 25\,O_2\,(g) \rightarrow 16\,CO_2\,(g) + 18\,H_2O\,(g)$$

Comparando a combustão completa do etanol (CH_3CH_2OH) e da gasolina (representada pelo hidrocarboneto C_8H_{18}), nas equações acima, é correto afirmar que:

a) quantidades iguais, em mol, de gasolina e de etanol produzem a mesma quantidade de energia na forma de trabalho.
b) a gasolina produz oito vezes mais trabalho que uma quantidade, em mol, equivalente de etanol.
c) o etanol produz aproximadamente 25% do trabalho produzido por quantidade, em mol, equivalente de gasolina.
d) a gasolina produz quatro vezes mais gases que contribuem para o aquecimento global do que uma quantidade, em mol, equivalente de etanol.
e) os dois combustíveis são equivalentes em termos de poluição e de eficiência energética, quando se consideram quantidades equivalentes em mol.

1.4 Relação entre massas

No item 1.3 calculamos as quantidades em mols de nitrogênio e hidrogênio necessárias à produção de $8{,}5 \cdot 10^6$ g de amônia.

Se a intenção é determinar a massa de cada um desses reagentes, uma maneira de fazer isso é:

	N_2	+	$3\,H_2$	→	$2\,NH_3$
Proporção:	**1 mol**		**3 mol**		**2 mol**
	↓ **A massa de 1 mol de N_2 é 28 g**		↓ **A massa de 1 mol de H_2 é 2 g**		↓ **A massa de 1 mol de NH_3 é 17 g**
Grandezas envolvidas:	**Massa**		**Massa**		**Massa**
	28 g	——	$3 \cdot 2$ g	——	$2 \cdot 17$ g
	x	——	y	——	$8{,}5 \cdot 10^6$ g

Temos, então, uma regra de três que permite determinar a massa de nitrogênio (x) e outra que permite determinar a massa de hidrogênio (y), necessárias à produção de $8{,}5 \cdot 10^6$ g de amônia.

$$\left.\begin{array}{lcl} 28\text{ g} & \text{———} & 2 \cdot 17\text{ g} \\ x & \text{———} & 8{,}5 \cdot 10^6\text{ g} \end{array}\right\} \quad x = 7{,}0 \cdot 10^6\text{ g}$$

$$\left.\begin{array}{lcl} 3 \cdot 2\text{ g} & \text{———} & 2 \cdot 17\text{ g} \\ y & \text{———} & 8{,}5 \cdot 10^6\text{ g} \end{array}\right\} \quad y = 1{,}5 \cdot 10^6\text{ g}$$

Assim, para produzir diariamente 8,5 t de amônia, a indústria gastará, também diariamente, 7,0 t de gás nitrogênio e 1,5 t de gás hidrogênio (1 t = 10^6 g).

Ao estudar e ao fazer exercícios, lembre-se de que a tabela periódica é um instrumento de consulta!

Exercícios essenciais

A critério do(a) professor(a) esta lista de exercícios poderá ser realizada em classe ou em casa.

Exercício Resolvido

9. (FGV-SP) Balanceando-se a equação

$$Al_2(SO_4)_3 + 3\,Ca(OH)_2 \rightarrow \mathbf{y}\,Al(OH)_3 + \mathbf{z}\,CaSO_4$$

corretamente, obtêm-se os valores de **y** e **z**.

Qual a massa necessária de $Ca(OH)_2$ para reagir completamente com **w** quilogramas de $Al_2(SO_4)_3$?

Dados:
Massas molares de $Al_2(SO_4)_3 = 342\text{ g} \cdot \text{mol}^{-1}$, $Ca(OH)_2 = 74\text{ g} \cdot \text{mol}^{-1}$ e **w = y + z**

a) 3,25 quilogramas
b) 5,40 quilogramas
c) 4,62 quilogramas
d) 1,08 quilogramas
e) 67,57 gramas

Resolução

A equação corretamente balanceada é:

$$Al_2(SO_4)_3 + 3\,Ca(OH)_2 \rightarrow 2\,Al(OH)_3 + 3\,CaSO_4$$

Assim, **y** = 2, **z** = 3 e **w** = 5. O enunciado informa que **w** kg (isto é, 5 kg) de $Al_2(SO_4)_3$ reagem.
Portanto:

	$1\,Al_2(SO_4)_3$	$3\,Ca(OH)_2$
Proporção:	**1 mol**	**3 mol**
Grandezas:	**Massa**	**Massa**

$$\left.\begin{array}{lcl} 342\text{ g} & \text{——} & 3 \cdot 74\text{ g} \\ 5\text{ kg} & \text{——} & x \end{array}\right\} \Rightarrow x = 3{,}25\text{ kg}$$

Alternativa **a**.

10. Observe os seguintes modelos que representam, em nível molecular, um sistema gasoso antes e depois de uma reação química. As esferas vermelhas representam átomos de oxigênio, as pretas, átomos de carbono, e as azuis, átomos de nitrogênio. Sobre o sistema, responda às questões.

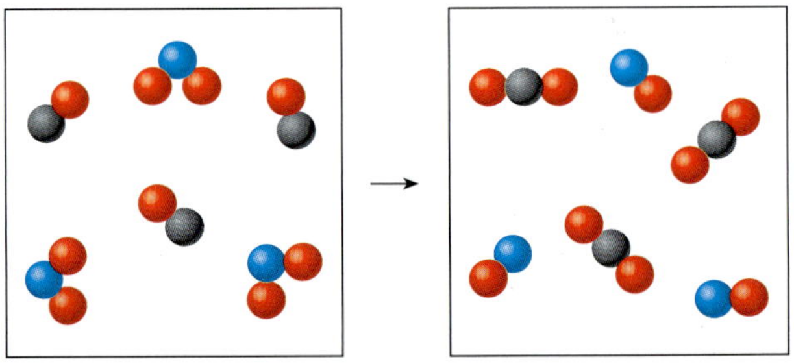

a) Equacione a reação envolvida.

b) Admita que, no início, haja 1 mol de moléculas de cada reagente. Qual a massa total dos reagentes? E a massa total dos produtos?

c) Compare as respostas do item anterior e diga se estão de acordo com a Lei de Lavoisier.

11. (Unicamp-SP) As provas de natação da Olimpíada de Beijing foram realizadas no complexo aquático denominado "Water Cube". O volume de água de 16.000 m^3 desse conjunto passa por um duplo sistema de filtração e recebe um tratamento de desinfecção, o que permite a recuperação quase total da água. Além disso, um sistema de ventilação permite a eliminação de traços de aromas das superfícies aquáticas.

a) O texto acima relata um processo de separação de misturas. Dê o nome desse processo e explique que tipo de mistura ele permite separar.

b) A desinfecção da água é realizada por sete máquinas que transformam o gás oxigênio puro em ozônio. Cada máquina é capaz de produzir cerca de 240 g de ozônio por hora. Considerando-se essas informações, qual a massa de gás oxigênio consumida por hora no tratamento da água do complexo?

12. (UFF-RJ) Acompanhando a evolução dos transportes aéreos, as modernas caixas-pretas registram centenas de parâmetros a cada segundo, constituindo recurso fundamental na determinação das causas de acidentes aeronáuticos. Esses equipamentos devem suportar ações destrutivas e o titânio, metal duro e resistente, pode ser usado para revesti-los externamente.

O titânio é um elemento possível de ser obtido a partir do tetracloreto de titânio por meio da reação **não balanceada**:

$$TiCl_4\,(g) + Mg\,(s) \rightarrow MgCl_2\,(l) + Ti\,(s)$$

Considere que essa reação foi iniciada com 9,5 g de $TiCl_4$ (g). Supondo que tal reação seja total, a massa de titânio obtida será, aproximadamente:

Dados: Ti = 48 u; Cl = 35,5 u; Mg = 24 u.

a) 1,2 g **b)** 2,4 g **c)** 3,6 g **d)** 4,8 g **e)** 7,2 g

Exercícios adicionais

Seu(sua) professor(a) indicará quais exercícios deste bloco você deve fazer.

13. (Fatec-SP) Quando se aquece uma porção de esponja de aço, constituída principalmente por ferro (Fe), em presença de oxigênio do ar, ela entra em combustão formando óxido de ferro (III) como único produto. Logo, se 1 g de esponja de aço for aquecido e sofrer combustão total, a massa do produto sólido resultante será:

a) menor do que 1 g, pois na combustão forma-se também CO_2 (g).

b) menor do que 1 g, pois o óxido formado é muito volátil.

c) igual a 1 g, pois a massa se conserva nas transformações químicas.

d) maior do que 1 g, pois o ferro é mais denso do que o oxigênio.

e) maior que 1 g, pois átomos de oxigênio se ligam aos de ferro.

14. (UFPR) No processo Mond, utilizado para a purificação de níquel metálico, esse metal reage com monóxido de carbono para formar um composto carbonilo volátil, $Ni(CO)_4$, segundo a equação:

$$Ni\,(s) + 4\,CO\,(g) \rightarrow Ni(CO)_4\,(g)$$

Dados: M ($g \cdot mol^{-1}$); Ni = 59, C = 12, O = 16.

Sobre esse processo, responda:

a) Qual é a massa, em kg, de monóxido de carbono para que 10,0 kg de níquel metálico sejam volatilizados?

b) Qual é a massa, em kg, obtida de $Ni(CO)_4$?

15. (FEI-SP) A obtenção de prata (Ag) pura consiste na decomposição térmica de seu carbonato (Ag_2CO_3). Quanto de massa de prata (em g) é obtida pela decomposição de 276 g de Ag_2CO_3?

Dados: C = 12; O = 16; Ag = 108.

$$Ag_2CO_3 \rightarrow 2\,Ag + CO_2 + \frac{1}{2}\,O_2$$

a) 216 **c)** 200 **e)** 101

b) 276 **d)** 100

16. (Fatec-SP) Os carboidratos são uma importante fonte de energia em nossa dieta alimentar. Nas células, as moléculas de monossacarídeos são metabolizadas pelo organismo, num processo que libera energia, representado pela equação:

$$C_6H_{12}O_6 + 6\,O_2 \rightarrow 6\,CO_2 + 6\,H_2O + \text{energia}$$

Essa equação química corresponde ao processo global popularmente denominado "queima da glicose". Cada grama desse açúcar metabolizado libera cerca de 4 kcal de energia, usada para movimentar músculos, fazer reparos nas células, manter constante a temperatura corporal etc.

A massa de oxigênio consumida, em gramas, quando a "queima" desse açúcar metabolizado liberar 1.200 kcal é:

Dados: massas molares (g/mol):
H = 1; C = 12; O = 16.

a) 300 **c)** 400 **e)** 1.800

b) 320 **d)** 800

17. (UFPR) Um recipiente contendo magnésio metálico pesou 100 g. O magnésio metálico contido no recipiente foi submetido à queima em atmosfera saturada com O_2 e, após a reação ter-se completado, o peso foi de 120 g.

Dados: M ($g \cdot mol^{-1}$); Mg = 24; O = 16.

a) Escreva a equação química que representa a transformação ocorrida durante a queima do magnésio metálico.

b) Qual é a massa do recipiente?

18. (Fuvest-SP) Coletou-se água do Rio Tietê, na cidade de São Paulo. Para oxidar completamente toda a matéria orgânica contida em 1,00 L dessa amostra, microrganismos consumiram 48,0 mg de oxigênio (O_2). Admitindo que a matéria orgânica possa ser representada por $C_6H_{10}O_5$ e sabendo que sua oxidação completa produz CO_2 e H_2O, qual a massa de matéria orgânica por litro de água do rio?

a) 20,5 mg **c)** 80,0 mg **e)** 200 mg

b) 40,5 mg **d)** 160 mg

1.5 Relação entre quantidades em mols, massas, moléculas, fórmulas e átomos

Como já sabemos, os coeficientes da equação nos fornecem a proporção em quantidade de matéria (expressa em mols). Conhecida a proporção em mols, é possível relacioná-la com massas, moléculas (compostos moleculares), fórmulas (compostos iônicos) ou até mesmo átomos das substâncias participantes da reação. Vejamos um exemplo bastante ilustrativo de como isso é possível.

Observe a equação abaixo que representa a reação entre prata e ácido nítrico, ocorrida em condições ambientes.

$$3\,Ag\,(s) + 4\,HNO_3\,(aq) \rightarrow 3\,AgNO_3\,(aq) + 1\,NO\,(g) + 2\,H_2O\,(l)$$

Fazendo-se reagir $3{,}6 \cdot 10^{22}$ átomos de prata com quantidade suficiente de ácido nítrico, calcule:

a) a massa do ácido nítrico que reagiu;
b) o número de fórmulas do nitrato de prata formado;
c) o número de moléculas de NO gasoso formado;
d) a quantidade de matéria, expressa em mols, de água formada.

	$3\,Ag\,(s)$	$+\ 4\,HNO_3\,(aq)$	$\rightarrow 3\,AgNO_3\,(aq)$	$+\ 1\,NO\,(g)$	$+\ 2\,H_2O\,(l)$
Proporção:	3 mol	4 mol	3 mol	1 mol	2 mol
Grandezas envolvidas:	Número de átomos	Massa	Número de fórmulas	Número de moléculas	Mols
Transformando mol em:	$3 \cdot 6 \cdot 10^{23}$ átomos —	$4 \cdot 63$ g massa —	$3 \cdot 6 \cdot 10^{23}$ fórmulas —	$1 \cdot 6 \cdot 10^{23}$ moléculas —	2 mol mols
Dados do problema:	$3{,}6 \cdot 10^{22}$ átomos —	x massa —	y fórmulas —	z moléculas —	w mols

Teremos, assim, quatro regras de três que nos permitirão determinar a massa de HNO_3 (x), o número de fórmulas de $AgNO_3$ (y), o número de moléculas de NO (z) e a quantidade de matéria, expressa em mol, de H_2O (w).

$$3 \cdot 6 \cdot 10^{23} \;—\; 4 \cdot 63\text{ g} \;—\; 3 \cdot 6 \cdot 10^{23} \;—\; 6 \cdot 10^{23} \;—\; 2\text{ mol}$$

$$3{,}6 \cdot 10^{22} \;—\; x \;—\; y \;—\; z \;—\; w$$

$x = 5{,}04$ g $y = 3{,}6 \cdot 10^{22}$ fórmulas $z = 1{,}2 \cdot 10^{22}$ moléculas $w = 0{,}04$ mol

Reação química
↓ representada por
Equação química
↓ na qual há
Coeficientes estequiométricos
↓ que expressam
Proporção entre os participantes da reação
↓ conforme a conveniência, pode ser expressa em
Quantidade em mols | Massa | Número de átomos | Número de moléculas | Número de fórmulas

Exercícios essenciais

A critério do(a) professor(a) esta lista de exercícios poderá ser realizada em classe ou em casa.

Exercício Resolvido

19. O gás cloro é produzido industrialmente a partir do cloreto de sódio. Em laboratório, contudo, quando é necessária pequena quantidade desse gás, pode-se obtê-lo por meio da reação entre o dióxido de manganês e o ácido clorídrico, que pode ser assim equacionada:

$$MnO_2\,(s) + 4\,HCl\,(aq) \rightarrow MnCl_2\,(aq) + 2\,H_2O\,(l) + Cl_2\,(g)$$

Nessa reação, deseja-se utilizar 29 g de dióxido de manganês.

a) Quantos mols de HCl são necessários?

b) Quantas moléculas de cloro serão produzidas?

Resolução

	MnO_2	4 HCl	Cl_2
Proporção:	**1 mol**	**4 mol**	**1 mol**
Grandezas:	**Massa**	**Quantidade de matéria**	**Número de moléculas**
	87 g	— 4 mol —	$6 \cdot 10^{23}$ moléculas
	29 g	— x —	y

$x = 1{,}3$ mol $y = 2 \cdot 10^{23}$ moléculas

a) É necessário 1,3 mol de HCl.

b) São produzidas $2 \cdot 10^{23}$ moléculas de Cl_2.

20. (Uerj) O teor de óxido de alumínio na terra é cerca de 2,5 vezes maior do que o de óxidos de ferro (Fe_2O_3, FeO). Contudo, o custo do alumínio é maior que o do ferro. No passado (início do século XIX), o metal alumínio era mais caro que o ouro. Reis se destacaram por dar banquetes com baixelas de alumínio em lugar do ouro. Contudo, a partir de 1886, uma nova tecnologia de produção do metal alumínio reduziu-lhe o preço cerca de duas mil vezes, permitindo que um maior número de pessoas usasse utensílios desse metal, acabando com o privilégio dos reis. A reação química global do novo processo pode ser representada pela equação:

$$2\,Al_2O_3 + 3\,C \rightarrow 4\,Al + 3\,CO_2$$

Levando-se em conta as proporções da equação global, a quantidade em mols de carbono necessária à produção de 2.700 kg de alumínio, considerando um rendimento de 100%, é igual a:

a) $7{,}5 \cdot 10^4$

b) $1{,}0 \cdot 10^5$

c) $5{,}0 \cdot 10^4$

d) $7{,}5 \cdot 10$

e) $1{,}0 \cdot 10^2$

Massa molar: Al (27 g/mol).

21. (UFSCar-SP) Um homem exala cerca de 25 mol de dióxido de carbono por dia em sua respiração. O acúmulo de dióxido de carbono em recintos fechados pode tornar impossível a sobrevivência de seres vivos, tornando-se necessário controlar seu nível no ambiente.

Durante a primeira viagem de balão sem escala ao redor da Terra, realizada em 1999, o nível de dióxido de carbono na cabina do balão foi controlado pelo uso de hidróxido de lítio sólido. No processo, ocorre reação entre o hidróxido de lítio e o dióxido de carbono, formando carbonato de lítio sólido e água como produtos.

ARCIERI/REUTERS/NEWSCOM

a) Escreva a equação balanceada da reação entre hidróxido de lítio e dióxido de carbono.

b) Calcule a massa de hidróxido de lítio (massa molar = 24 g/mol) necessária para reagir com todo o dióxido de carbono exalado na respiração de um homem durante um dia. Suponha que a reação de absorção do dióxido de carbono ocorra com 100% de rendimento.

Comentário dos autores:

Lembre-se das reações características de óxidos ácidos, como é o caso do CO_2 (capítulo 11).

22. (Unicamp-SP) Duas amostras de carbono, C, de massas iguais, foram totalmente queimadas separadamente, empregando-se oxigênio, O_2, num dos casos, e ozônio, O_3, no outro. Houve sempre combustão completa, produzindo somente CO_2.

a) A massa de dióxido de carbono, CO_2, que se forma é a mesma nos dois casos? Justifique sua resposta.

b) São iguais as quantidades, em mols, de O_2 e de O_3 consumidas nas duas reações? Justifique sua resposta.

Exercícios adicionais

Seu(sua) professor(a) indicará quais exercícios deste bloco você deve fazer.

23. (FMTM-MG) No motor de um carro a álcool, o vapor do combustível é misturado com o ar e se queima à custa de faísca elétrica produzida pela vela no interior do cilindro. A queima do álcool pode ser representada pela equação:

$$C_2H_6O\,(g) + 3\,O_2\,(g) \rightarrow$$
$$\rightarrow 2\,CO_2\,(g) + 3\,H_2O\,(g) + \text{energia}$$

A quantidade, em mols, de água formada na combustão completa de 138 gramas de etanol é igual a:

a) 1 **b)** 3 **c)** 6 **d)** 9 **e)** 10

(**Dado:** massa molar C_2H_6O = 46 g/mol.)

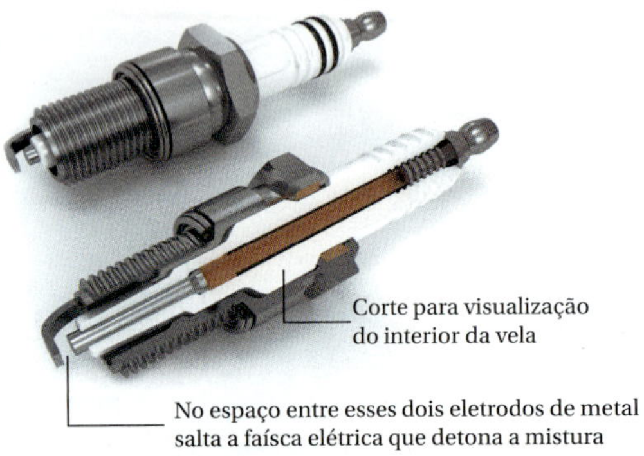

RAZLOMOV/SHUTTERSTOCK

▲ A vela é um componente dos motores a álcool e/ou a gasolina que, no momento adequado, provoca a ignição da mistura de ar e combustível por meio de uma faísca elétrica.

24. (UFRJ) A acidez estomacal é causada pelo excesso de ácido clorídrico. Os medicamentos à base de hidróxido de alumínio vêm sendo cada vez mais utilizados com o objetivo de diminuir essa acidez. A posologia recomendada para um adulto é de 10 a 14 colheres de 5 mL, ao dia, contendo cada uma delas 0,3 g de hidróxido de alumínio.

a) Qual a fórmula e o nome do sal formado no estômago pela ação do medicamento que contém o hidróxido de alumínio?

b) Quantos mols de ácido são neutralizados quando se tem um consumo diário de 13 colheres, de 5 mL, do medicamento?

Dados: massas molares em g/mol:
Al (27); O (16); H (1).

25. (UFPR) O dióxido de carbono (CO_2), presente naturalmente na atmosfera, ajuda a manter a temperatura de nosso planeta adequada, em média de 15 °C. Isso ocorre porque o CO_2 absorve parte da radiação eletromagnética na região do infravermelho refletida pela Terra. Todavia, o aumento da concentração de CO_2 na atmosfera tem aumentado o efeito estufa, elevando a temperatura média da superfície da Terra ao longo dos anos. A medição do teor de CO_2 em um ambiente é feita borbulhando-se uma amostra do ar, por um período de 24 horas, em uma solução contendo íons cálcio em meio alcalino. Observa-se a formação de uma fase sólida de cor branca, o carbonato de cálcio ($CaCO_3$). Segue, abaixo, o esquema empregado, bem como a reação química envolvida no processo.

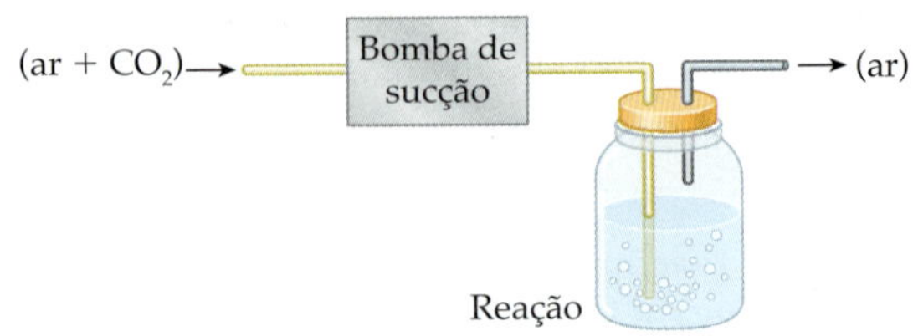

$$CO_2\,(g) + Ca^{2+}\,(aq) + 2\,OH^-\,(aq) \rightarrow CaCO_3\,(s) + H_2O\,(l)$$

Admitindo que todo o dióxido de carbono succionado tenha reagido, formando 200 mg de $CaCO_3$, e que esse último tenha sido a única fase sólida formada, pede-se:

a) Quais os valores de massa molar do dióxido de carbono e do carbonato de cálcio?

b) Qual o número de mols de $CaCO_3$ formado no período de amostragem?

c) Calcule a massa de CO_2, em gramas, succionada no período de amostragem. (Massas molares (g/mol): C = 12, O = 16 e Ca = 40.)

26. (UFSCar-SP) No Brasil, os dois combustíveis mais utilizados são a gasolina e o álcool hidratado, cujos principais componentes são C_8H_{18} e C_2H_5OH, respectivamente. Para liberar a mesma quantidade de energia que 1 L de gasolina, é necessário 1,7 L de álcool, o que corresponde a 6,5 mol de octano e 28,0 mol de etanol, respectivamente. Considerando combustão completa com 100% de eficiência, a relação entre as quantidades de CO_2 produzidas por 1,7 L de álcool hidratado e 1 L de gasolina será:

a) 0,23 **d)** 2,54
b) 0,39 **e)** 4,31
c) 1,08

ANNA LURYE/SHUTTERSTOCK

▲ Álcool e gasolina são combustíveis automotivos largamente utilizados no Brasil.

2 Relações estequiométricas com volume de gás

2.1 Lei Volumétrica de Gay-Lussac

No início do século XIX, o cientista francês Gay-Lussac realizou uma série de experiências nas quais mediu, nas **mesmas condições de pressão e temperatura**, o volume de gases envolvidos em reações químicas. Veja exemplos de dados experimentais:

Diversos experimentos:	nitrogênio	+	hidrogênio	→	amônia
1º	50 mL		150 mL		100 mL
2º	100 mL		300 mL		200 mL
3º	500 mL		1.500 mL		1.000 mL
4º	1 L		3 L		2 L
5º	2 L		6 L		4 L
6º	3 L		9 L		6 L
7º	4 L		12 L		8 L

De uma repetição para a outra, variam os volumes dos participantes gasosos. Mas a **proporção** entre os volumes desses participantes é constante.

	N_2	+	$3\,H_2$	→	$2\,NH_3$
Proporção entre volumes:	**1**	**:**	**3**	**:**	**2**

Fundamentado em resultados experimentais como esses que utilizamos como exemplo, Gay-Lussac pôde enunciar uma lei natural.

> Os volumes de substâncias gasosas participantes de uma determinada reação química, quando medidos nas mesmas condições de pressão e temperatura, mantêm entre si uma **proporção fixa**. Essa proporção pode ser expressa por meio de **números inteiros e pequenos**. Essa é a **Lei Volumétrica de Gay-Lussac**.

2.2 Interpretação da Lei Volumétrica de Gay-Lussac

Com base nas ideias aceitas atualmente, pode-se propor uma explicação para a Lei de Gay-Lussac. Primeiramente, perceba que a proporção entre volumes dos participantes gasosos é a mesma que a existente entre mols:

	N_2	+	$3\,H_2$	→	$2\,NH_3$
Proporção entre volumes:	**1**	**:**	**3**	**:**	**2**
Proporção entre mols:	**1**	**:**	**3**	**:**	**2**

A partir da Lei do Gás Ideal, temos:

Em equação: $V = \frac{n \cdot R \cdot T}{P}$ constante (k) $\Rightarrow V = k \cdot n$

Em palavras: **Para gás ideal, a pressão e temperatura constantes, o volume e a quantidade em mols na amostra são diretamente proporcionais.**

Então, como o volume é diretamente proporcional à quantidade em mols (com pressão e temperatura constantes), a **proporção** entre os volumes de gases que participam de uma reação (com pressão e temperatura constantes) é a mesma **proporção** que existe entre as quantidades em mols desses participantes. Essa é uma interpretação moderna para a Lei Volumétrica de Gay-Lussac.

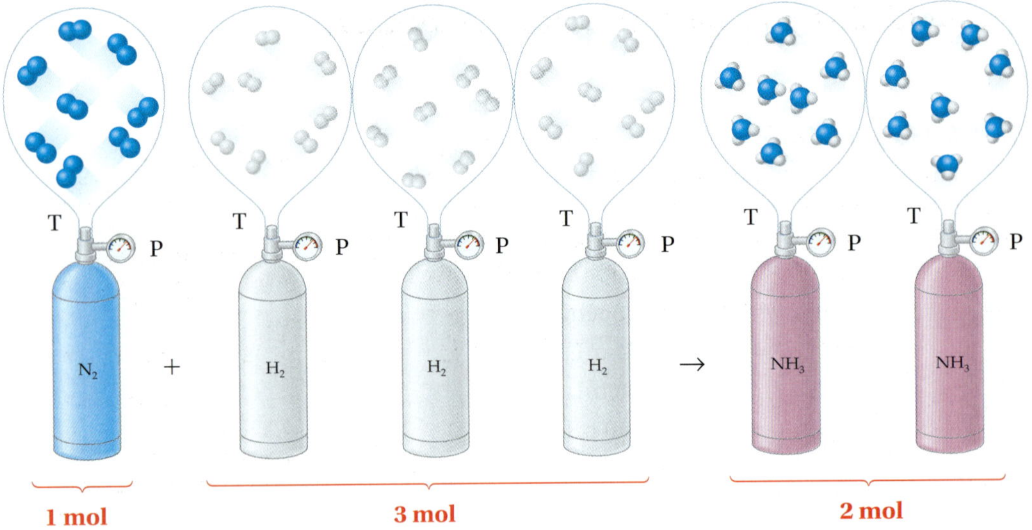

Reflita

Por que a Lei Volumétrica de Gay-Lussac não vale para os líquidos e os sólidos participantes de uma reação química?

2.3 Relação entre volumes

Voltemos ao problema proposto no início deste capítulo. Anteriormente, calculamos as quantidades em mols e também as massas de nitrogênio e hidrogênio necessárias à produção de 8,5 t de amônia.

Se a intenção é determinar o volume de cada um desses reagentes, podemos aproveitar o fato de que os volumes de substâncias gasosas são proporcionais à quantidade em mols e incorporar o volume na elaboração de regras de três. Digamos que se deseje determinar os volumes de N_2 e de H_2, medidos a 25 °C e 1 atm, necessários à produção de 8,5 t de NH_3.

A montagem pode ser feita como segue, em que utilizamos a informação de que o volume molar dos gases, a 25 °C e 1 atm, é 24,5 L. Essa informação é tabelada (veja, por exemplo, a tabela 1 no item 4 do capítulo 14) ou pode ser calculada empregando a Lei do Gás Ideal com n = 1 mol, P = 1 atm e T = 298 K.

	N_2	+	$3\ H_2$	→	$2\ NH_3$
Proporção:	**1 mol**		**3 mol**		**2 mol**
	↓ **O volume molar de gás a 25 °C e 1 atm é 24,5 L**		↓ **O volume molar de gás a 25 °C e 1 atm é 24,5 L**		↓ **A massa de 1 mol de NH_3 é 17 g**
Grandezas envolvidas:	**Volume**		**Volume**		**Massa**
	24,5 L	———	$3 \cdot 24,5$ L	———	$2 \cdot 17$ g
	x	———	y	———	$8,5 \cdot 10^6$ g

Temos, então, uma regra de três que permite determinar o volume de nitrogênio (x) e outra que permite determinar o volume de hidrogênio (y), ambos medidos a 25 °C e 1 atm, necessários à produção de $8,5 \cdot 10^6$ g de amônia.

$$\left.\begin{array}{lcl} 24,5\ \text{L} & \text{———} & 2 \cdot 17\ \text{g} \\ x & \text{———} & 8,5 \cdot 10^6\ \text{g} \end{array}\right\} \quad x = 6,1 \cdot 10^6\ \text{L}$$

$$\left.\begin{array}{lcl} 3 \cdot 24,5\ \text{L} & \text{———} & 2 \cdot 17\ \text{g} \\ y & \text{———} & 8,5 \cdot 10^6\ \text{g} \end{array}\right\} \quad y = 1,8 \cdot 10^7\ \text{L}$$

Assim, para produzir diariamente 8,5 t de amônia, a indústria gastará diariamente $6,1 \cdot 10^6$ L de gás nitrogênio e $1,8 \cdot 10^7$ L de gás hidrogênio, volumes medidos a 25 °C e 1 atm. Se desejássemos determinar esses volumes em outras condições de pressão e temperatura bastaria empregar, no lugar de 24,5 L, o volume molar de gás nas condições desejadas.

2.4 Relação entre quantidades em mols, massas, moléculas, átomos e volumes

Como já sabemos, os coeficientes da equação nos fornecem a proporção em quantidade de matéria (expressa em mols). Conhecida a proporção em mols, vimos que é possível relacioná-la com massas, moléculas, fórmulas ou até mesmo átomos das substâncias participantes da reação. Vejamos agora um exemplo bastante ilustrativo de como é possível também relacionar coeficientes da equação com volumes, quando houver participante(s) no estado gasoso.

Observe a equação abaixo que representa a reação entre sódio metálico e água, ocorrida em condições ambientes.

(Considere o volume molar nas condições ambientes = $24\ L \cdot mol^{-1}$.)

$$2\ Na\ (s) + 2\ H_2O\ (l) \rightarrow 2\ NaOH\ (aq) + 1\ H_2\ (g)$$

Fazendo-se reagir $7{,}2 \cdot 10^{22}$ átomos de sódio com quantidade suficiente de água, calcule:

a) o número de moléculas de água que reagiu;

b) a massa do hidróxido de sódio formado;

c) o volume de H_2 gasoso formado nas condições ambientes.

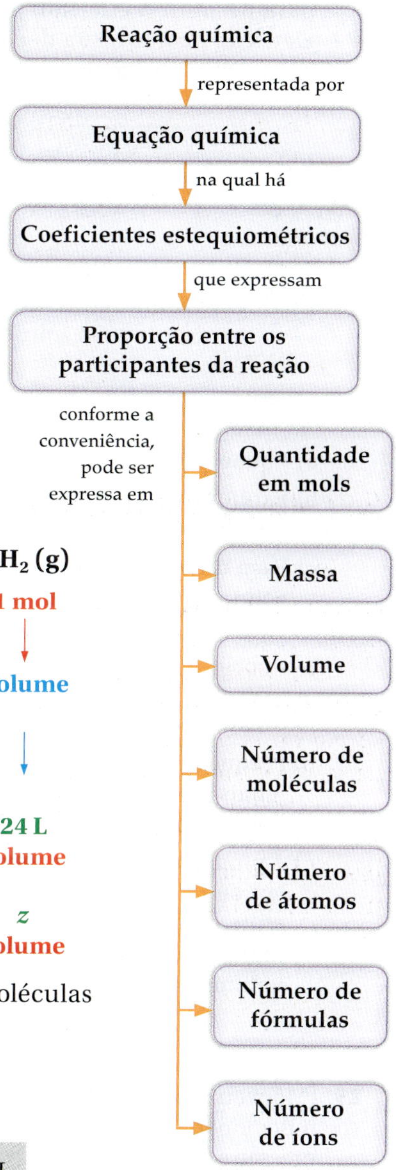

	$2\ Na\ (s)$	+	$2\ H_2O\ (l)$	→	$2\ NaOH\ (aq)$	+	$1\ H_2\ (g)$
Proporção:	2 mol		2 mol		2 mol		1 mol
Grandezas envolvidas:	Número de átomos		Número de moléculas		Massa		Volume
Transformando mol em:	$2 \cdot 6 \cdot 10^{23}$ átomos	—	$2 \cdot 6 \cdot 10^{23}$ moléculas	—	$2 \cdot 40$ g massa	—	24 L volume
Dados do problema:	$7{,}2 \cdot 10^{22}$ átomos	—	x moléculas	—	y massa	—	z volume

Teremos, assim, regras de três que nos permitirão determinar o número de moléculas de H_2O (x), a massa de NaOH (y) e o volume de H_2 (z).

$2 \cdot 6 \cdot 10^{23}$	—	$2 \cdot 6 \cdot 10^{23}$	—	$2 \cdot 40$ g	—	24 L
$7{,}2 \cdot 10^{22}$	—	x	—	y	—	z

$x = 7{,}2 \cdot 10^{22}$ moléculas $y = 4{,}8$ g $z = 1{,}44$ L

Exercícios essenciais

A critério do(a) professor(a) esta lista de exercícios poderá ser realizada em classe ou em casa.

27. (Fuvest-SP) Em um artigo publicado em 1808, Gay-Lussac relatou que dois volumes de hidrogênio reagem com um volume de oxigênio, produzindo dois volumes de vapor de água (volumes medidos nas mesmas condições de pressão e temperatura).
Em outro artigo, publicado em 1811, Avogadro afirmou que volumes iguais, de quaisquer gases, sob as mesmas condições de pressão e temperatura, contêm o mesmo número de moléculas.
Dentre as representações a seguir, a que está de acordo com o exposto e com as fórmulas moleculares atuais do hidrogênio e do oxigênio é:

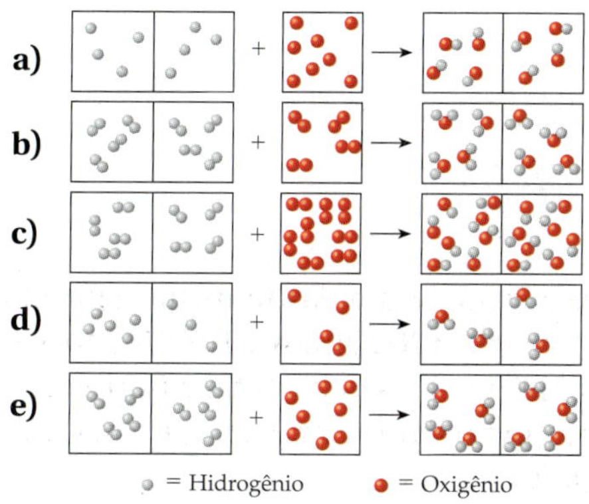

Exercício Resolvido

28. Quando se faz passar corrente elétrica pela água (contendo um pouco de sulfato de sódio, apenas para permitir a eficiente passagem da corrente elétrica), ocorre a sua decomposição nos gases hidrogênio e oxigênio.

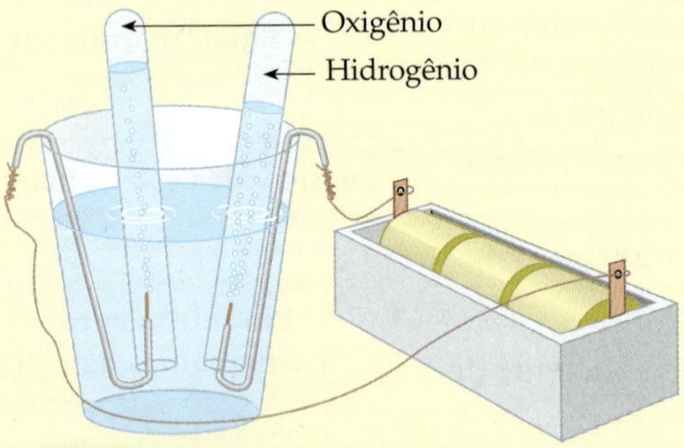

a) Equacione a reação envolvida.

b) Explique por que os volumes dos produtos não são iguais.

c) Faça uma previsão sobre a relação entre esses volumes.

Resolução

a) $2\,H_2O\,(l) \rightarrow 2\,H_2\,(g) + O_2\,(g)$

b) Porque os coeficientes estequiométricos não são iguais, ou seja, porque as quantidades em mols dos produtos formados não são iguais.

c) A proporção entre os coeficientes estequiométricos de H_2 (g) e O_2 (g) é 2 : 1. Assim, a proporção entre os volumes de H_2 (g) e O_2 (g) produzidos também é 2 : 1, o que significa que a relação **volume de H_2/volume de O_2** vale **2**.

29. (Mackenzie-SP) Todos os componentes da reação mencionada são gases e foram medidos à mesma pressão e temperatura. Na combustão total de 40 litros da substância C_3H_8, o volume de ar usado e o volume total de produtos obtidos, em litros, são iguais a:

$$1\,C_3H_8 + 5\,O_2 \rightarrow 3\,CO_2 + 4\,H_2O$$

Observação: Considerar a composição volumétrica do ar: 80% de N_2 e 20% de O_2.

a) 112 L e 152 L
b) 1.000 L e 280 L
c) 200 L e 240 L
d) 40 L e 80 L
e) 560 L e 600 L

30. Durante um churrasco, foram queimados 2,4 kg de carbono grafite, C (graf), constituinte principal do carvão. Essa queima ocorre de acordo com a seguinte equação química:

$$C\,(graf) + O_2\,(g) \rightarrow CO_2\,(g)$$

Juntamente com o carbono, gás oxigênio é consumido e gás carbônico é produzido. Considere que os volumes desses gases fossem medidos a 25 °C e 1 atm, situação em que o volume molar dos gases é 24,5 L.

a) Determine o volume do oxigênio consumido.

b) Determine o volume de gás carbônico produzido.

31. (Cesgranrio-RJ) Numa estação espacial, emprega-se óxido de lítio para remover o CO_2 no processo de renovação do ar de respiração, segundo a equação:

$$Li_2O + CO_2 \rightarrow Li_2CO_3$$

(**Dados:** C = 12; O = 16; Li = 7.)

Sabendo-se que são utilizadas unidades de absorção contendo 1,8 kg de Li_2O, o volume máximo de CO_2, medido nas CNTP, que cada uma delas pode absorver é:

a) 1.800 L
b) 1.344 L
c) 1.120 L
d) 980 L
e) 672 L

32. (UFRN) Em todo o mundo, os índices de acidentes de trânsito têm levado os órgãos responsáveis a tomar medidas reguladoras, entre elas campanhas educativas. Paralelamente, a indústria automobilística desenvolveu o *air-bag*, um balão que infla rapidamente para diminuir o impacto do passageiro com as partes internas do veículo. Em caso de colisão, a reação química principal a ocorrer no interior do balão é:

$$\underset{\text{azida de sódio}}{2\,NaN_3\,(s)} \rightarrow 2\,Na\,(s) + 3\,N_2\,(g)$$

A massa de azida de sódio necessária para produzir gás suficiente que ocupe um balão com 74 litros de volume, a uma temperatura de 27 °C e 1,0 atm de pressão, é aproximadamente:

a) 130 g
b) 1.440 g
c) 195 g
d) 65 g

33. (PUC-RS) Um dos efeitos da chamada "chuva ácida" causada pelo SO_2 (g) lançado na atmosfera é a transformação do mármore, $CaCO_3$ (s), em gesso, $CaSO_4$ (s), que pode ser representada pelas seguintes equações:

$$2\,SO_2\,(g) + O_2\,(g) \rightarrow 2\,SO_3\,(g)$$

$$SO_3\,(g) + H_2O\,(l) \rightarrow H_2SO_4\,(aq)$$

$$H_2SO_4\,(aq) + CaCO_3\,(s) \rightarrow$$
$$\rightarrow CaSO_4\,(s) + H_2O\,(l) + CO_2\,(g)$$

A quantidade de gesso que pode ser formada, no máximo, pela reação de 44,8 litros de SO_2 (g) lançado na atmosfera, nas CNTP, é:

a) 34 g
b) 68 g
c) 136 g
d) 272 g
e) 340 g

Exercícios adicionais

Seu(sua) professor(a) indicará quais exercícios deste bloco você deve fazer.

34. (Fuvest-SP) As florestas, que cobrem partes de nosso planeta, participam da remoção do dióxido de carbono do ar atmosférico que respiramos. No entanto, em uma nave espacial, é preciso utilizar determinadas substâncias para retirar o dióxido de carbono do ar que os astronautas respiram. Isso pode ser feito por meio de qualquer das seguintes transformações:

peróxido de sódio + dióxido de carbono → carbonato de sódio + oxigênio

hidróxido de magnésio + dióxido de carbono → carbonato de magnésio + água

hidróxido de lítio + dióxido de carbono → carbonato de lítio + água

a) Utilizando fórmulas químicas, escreva as equações balanceadas que representam essas transformações.

b) Uma nave espacial deve carregar o mínimo de carga. Assim, qual dos reagentes das três transformações acima seria o mais adequado para uma viagem interplanetária? Explique.

c) Um astronauta produz cerca de 400 L de CO_2, medidos a 25 °C e 1 atm, a cada 24 horas.
Calcule a massa do reagente, escolhido no item **b**, que será necessária para remover esse volume de CO_2.
Volume molar de gás a 25 °C e 1 atm: 25 L/mol.
Massas molares (g/mol): H = 1,0; Li = 7,0; C = 12; O = 16; Na = 23; Mg = 24.

35. (UFC-CE) A indústria automobilística tem utilizado um novo dispositivo de segurança, instalado nos carros, que é constituído por um balão inflável (*air-bag*), o qual, após impacto do veículo, infla em quarenta milissegundos pela injeção de nitrogênio gasoso. Esse gás é originado do composto NaN_3 (s), armazenado no balão, o qual se decompõe através da reação:

$$2\,NaN_3\,(s) \rightarrow 2\,Na\,(s) + 3\,N_2\,(g)$$

Calcule a quantidade de NaN_3 (s) necessária para gerar um volume de 50 L à temperatura de 27 °C e pressão de 2 atm.
Constante universal dos gases:
R = 0,082 L · atm/mol · K; Na = 23; N = 14.

36. (Vunesp) O governo escolheu a floresta Amazônica como uma das áreas prioritárias para assentar milhares de famílias. Essa política agrária tem provocado devastação. Hoje, observam-se imensas áreas com árvores que se tornaram tocos carbonizados. Pesquisadores afirmam que os assentamentos já respondem por uma considerável área do desmatamento na floresta. Suponha que uma tora de jatobá apresente o volume de $8 \cdot 10^6\ cm^3$. Considere, simplificadamente, que o jatobá tenha a fórmula empírica CH_2O e densidade igual a $0{,}72\ g \cdot cm^{-3}$. A partir da equação balanceada da reação de combustão completa do jatobá, calcule o volume de dióxido de carbono produzido (a 25 °C, 1 atm) por essa tora de madeira.
Massas molares, em $g \cdot mol^{-1}$: H = 1, C = 12, O = 16.
Volume molar de gás (25 °C, 1 atm) = $25{,}0\ L \cdot mol^{-1}$.

37. (UFF-RJ) O processo industrial da síntese da amônia (NH_3) pelo método de Haber envolve a seguinte reação:

$$H_2\,(g) + N_2\,(g) \rightarrow NH_3\,(g)$$

Considerando a informação acima, pede-se:

a) equilibrar a equação.

b) informar por meio de cálculos o número de mols, a massa em gramas e o volume em litros de hidrogênio necessários para reagir com 725 L de nitrogênio, inicialmente a 740 torr e 25 °C, para produzir amônia.

38. (Funrei-MG) Leia o texto a seguir.
O funcionamento dos *air-bags* nos automóveis é resultado de esforços combinados de químicos e engenheiros e já salvou milhares de vidas no mundo. O sistema é ativado por sensores que detectam uma colisão e iniciam a explosão elétrica de uma pequena carga. Isso, por sua vez, desencadeia a tranformação química de uma substância, produzindo um gás, que preenche uma bolsa plástica. Uma das substâncias utilizadas é o azoteto de sódio, NaN_3. Essa substância se decompõe no *air-bag* de acordo com a seguinte reação:

$$2\,NaN_3\,(s) \rightarrow 2\,Na\,(s) + 3\,N_2\,(g)$$

Que massa aproximada de azoteto de sódio, em gramas, é capaz de produzir um volume igual a 11,2 litros de gás, nas Condições Normais de Temperatura e Pressão? (Considere que 1 mol de gás ocupe 22,4 litros nas CNTP.) Massas atômicas aproximadas (em u): Na = 23; N = 14.

a) 44,8 **b)** 32,5 **c)** 21,6 **d)** 84,5

39. (Unicamp-SP)* Vamos mudar um pouco de assunto. Lembra-se daquele experimento feito em classe pela professora? Ele é muito bom para exercitarmos um pouco de estequiometria — diz Naná. — Temos aí as reações de magnésio metálico e de alumínio metálico com ácido clorídrico. As quantidades em mols dos sólidos são iguais. Olhe aqui! O alumínio está do lado A e o magnésio do lado B. Agitam-se as garrafas para virar os recipientes contendo ácido de modo a iniciar as reações.

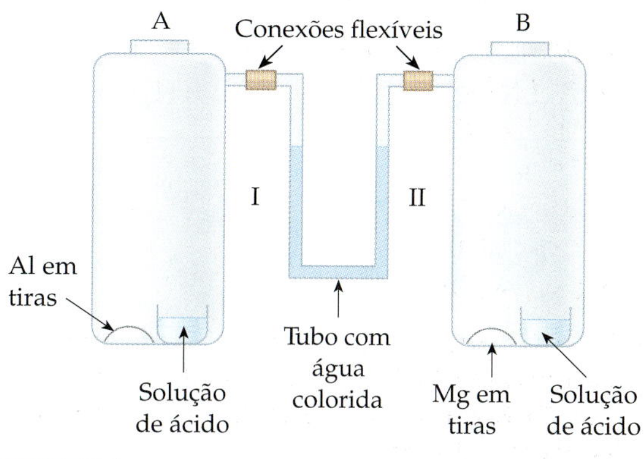

* Questão extraída de uma prova que envolve um diálogo fictício entre dois estudantes, Naná e Chuá.

a) Escreva a equação que representa a reação entre o alumínio e o ácido.

b) Após a reação ter-se completado, os níveis das colunas I e II do líquido no tubo em forma de U irão se alterar? Explique.

40. (Fuvest-SP) O equipamento de proteção conhecido como *air-bag*, usado em automóveis, contém substâncias que se transformam, em determinadas condições, liberando N_2, que infla um recipiente de plástico. As equações das reações envolvidas no processo são:

$$\underbrace{2\,NaN_3}_{\text{azoteto de sódio}} \rightarrow 2\,Na + 3\,N_2$$

$$10\,Na + 2\,KNO_3 \rightarrow K_2O + 5\,Na_2O + N_2$$

a) Considerando que N_2 é gerado nas duas reações, calcule a massa de azoteto de sódio necessária para que sejam gerados 80 L de nitrogênio, nas condições ambientes.

b) Os óxidos formados, em contato com a pele, podem provocar queimadura. Escreva a equação da reação de um desses óxidos com a água contida na pele.

(**Dados:** Volume molar do gás nas condições ambientes = 25 L/mol; massa molar do NaN_3 = 65 g/mol.)

41. (Enem-MEC) Atualmente, sistemas de purificação de emissões poluidoras estão sendo exigidos por lei em um número cada vez maior de países. O controle das emissões de dióxido de enxofre gasoso, provenientes da queima de carvão que contém enxofre, pode ser feito pela reação desse gás com uma suspensão de hidróxido de cálcio em água, sendo formado um produto não poluidor do ar.
A queima do enxofre e a reação do dióxido de enxofre com o hidróxido de cálcio, bem como as massas de algumas das substâncias envolvidas nessas reações, podem ser assim representadas:

enxofre (32 g) + oxigênio (32 g) → dióxido de enxofre (64 g)

dióxido de enxofre (64 g) + hidróxido de cálcio (74 g) → produto não poluidor

Dessa forma, para absorver todo o dióxido de enxofre produzido pela queima de uma tonelada de carvão (contendo 1% de enxofre), é suficiente a utilização de uma massa de hidróxido de cálcio de, aproximadamente:

a) 23 kg **b)** 43 kg **c)** 64 kg **d)** 74 kg **e)** 138 kg

42. (UnB-DF) Um aluno decidiu realizar um projeto de Química para sua escola, investigando o teor de iodato de potássio em uma marca de sal. Uma amostra de massa igual a 1,0 g do sal de cozinha foi dissolvida em água e o iodo foi precipitado na forma de iodeto de prata (AgI), conforme representado pelas seguintes equações:

$$KIO_3\,(aq) + 3\,H_2SO_3\,(aq) \rightarrow KI\,(aq) + 3\,H_2SO_4\,(aq)$$
$$KI\,(aq) + AgNO_3\,(aq) \rightarrow AgI\,(s) + KNO_3\,(aq)$$

Sabendo que a massa de iodeto de prata obtida foi de $4{,}70 \cdot 10^{-5}$ g e considerando que $M(KIO_3) = 214$ g/mol e $M(AgI) = 235$ g/mol, calcule, em gramas, a massa de iodato de potássio presente em uma tonelada de sal. Despreze a parte fracionária de seu resultado, caso exista.

3 Reagente limitante e reagente em excesso

3.1 Excesso de reagente verificado pela proporção entre mols

Voltemos à síntese da amônia. Para uma dada quantidade de N_2, se colocarmos mais H_2 que o necessário, as moléculas de H_2 em excesso não reagirão porque não há moléculas disponíveis de N_2 para reagir com elas. O esquema a seguir ilustra a síntese da amônia acontecendo na presença de **excesso do reagente** gás hidrogênio. Como você pode perceber, quando a reação se completa, o excesso de um reagente permanece sem reagir.

$$1\,N_2\,(g) + 3\,H_2\,(g) \rightarrow 2\,NH_3\,(g)$$

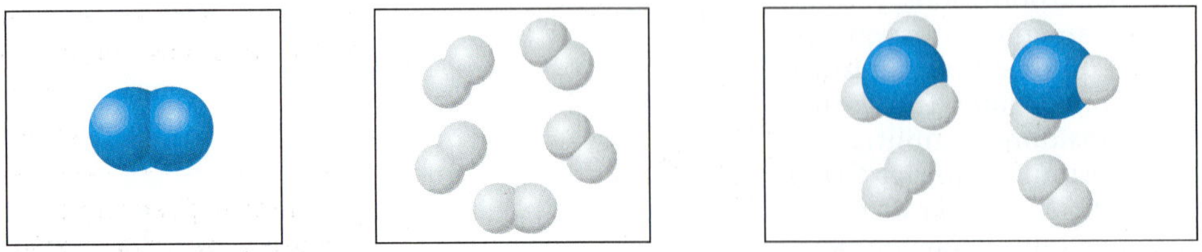

Podemos avaliar a presença de excesso consultando a proporção em mols, expressa pelos coeficientes estequiométricos.

	N_2	+	$3\,H_2$	→	$2\,NH_3$
Proporção entre mols de reagentes:	**1 mol**		**3 mol**		

- Se as quantidades em mols dos reagentes estiverem presentes exatamente na proporção estequiométrica, então dizemos que não há excesso de nenhum deles. Contudo, se eles **não** estiverem presentes nessa proporção, então um deles estará em **excesso**.

Por exemplo, se forem colocados para reagir 10 mol de N_2 e 40 mol de H_2, haverá excesso de 10 mol de H_2. E, se forem colocados para reagir 20 mol de N_2 e 30 mol de H_2, haverá excesso de 10 mol de N_2.

- Denomina-se **reagente limitante** o reagente consumido totalmente em uma reação química. Após o consumo do reagente limitante não se pode formar mais produto na reação, ou seja, a reação termina.
  Denomina-se **reagente em excesso** o reagente presente numa quantidade superior à necessária para reagir com a quantidade presente do reagente limitante.

A presença de excesso de um reagente é similar à construção de bicicletas, envolvendo rodas, quadros e conjuntos de pedais. Façamos uma analogia com as ilustrações Ⓐ e Ⓑ. A imagem Ⓐ mostra que, na montagem de uma bicicleta, há uma proporção entre rodas, quadros e conjuntos de pedais. Observe que, no caso Ⓑ, há excesso de 1 roda e 1 conjunto de pedais. Após o término dos 2 quadros (2 bicicletas) é impossível construir mais bicicletas. Os quadros, no caso, **limitam** a obtenção de mais bicicletas.

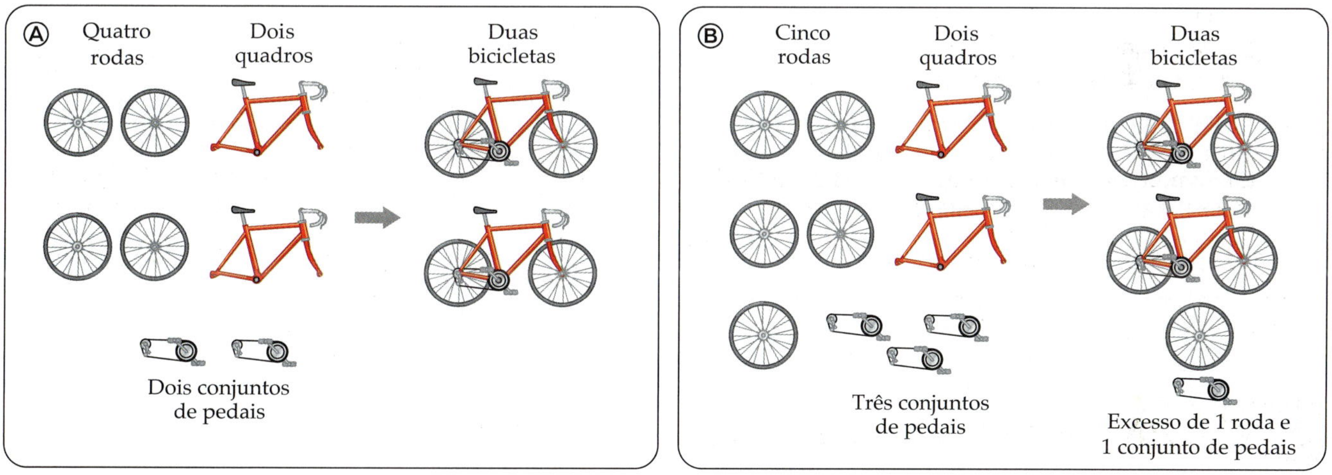

Fonte: Figuras elaboradas com base em ilustrações do livro: OLMSTED III, J.; WILLIAMS, G. M. *Chemistry*. 3. ed. Nova York: John Wiley, 2002. p. 148.

3.2 Excesso de reagente verificado pela proporção entre massas

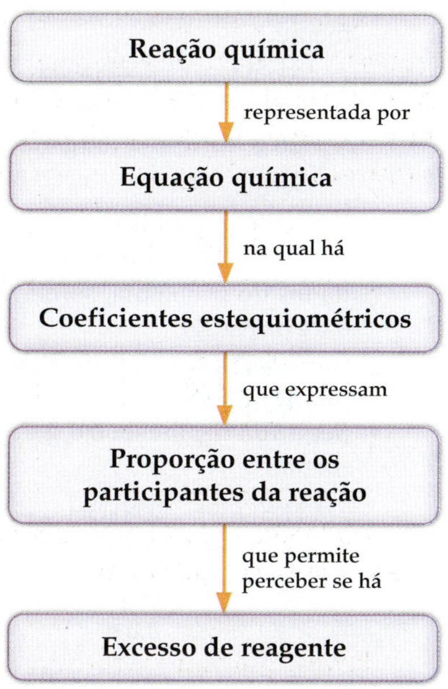

Podemos verificar a eventual presença de excesso de um reagente consultando a proporção em mols entre os reagentes, como fizemos no item 3.1, e também usando a proporção entre as massas dos reagentes, como mostraremos agora.

$$N_2 + 3\,H_2 \rightarrow 2\,NH_3$$

Proporção entre mols de reagentes: 1 mol 3 mol

A massa de 1 mol de N_2 é 28 g **A massa de 1 mol de H_2 é 2 g**

Proporção entre massas de reagentes: 28 g 6 g

Assim, por exemplo, se colocarmos para reagir 14 g de N_2 e 3 g de H_2, ambos os reagentes estarão na proporção estequiométrica.

Porém, se colocarmos 14 g de N_2 e 5 g de H_2, haverá excesso de 2 g de H_2. E, se colocarmos 16 g de N_2 e 3 g de H_2, haverá excesso de 2 g de N_2.

Exercícios essenciais

A critério do(a) professor(a) esta lista de exercícios poderá ser realizada em classe ou em casa.

43. Observe os seguintes modelos que representam, em nível molecular, um sistema gasoso antes e depois da ocorrência de uma reação química. As esferas vermelhas representam átomos de oxigênio e as azuis, átomos de nitrogênio.

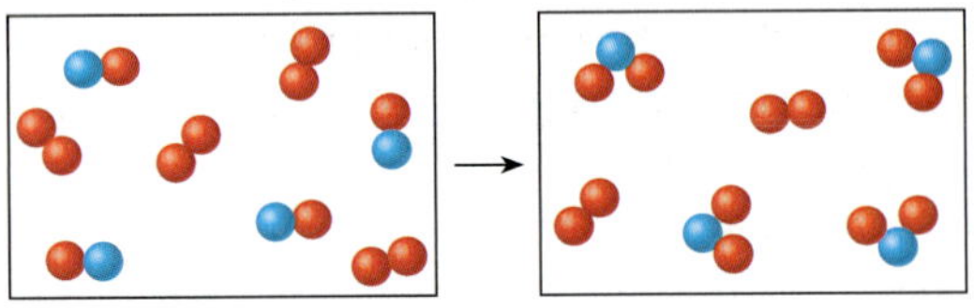

a) Equacione a reação envolvida.

b) Há algum reagente em excesso? Em caso afirmativo, qual é ele? Em caso negativo, justifique como concluiu.

c) Defina os termos *reagente limitante* e *reagente em excesso*.

d) Por que as quantidades de produtos formadas em uma reação química são determinadas somente pela quantidade do reagente limitante?

Exercício Resolvido

44. Calcule a massa de Na_2SO_4 formada pela mistura de 10 g de H_2SO_4 com 8,0 g de NaOH. **Dados:** Massa molar do H_2SO_4 = 98 g/mol, do NaOH = 40 g/mol, do Na_2SO_4 = 142 g/mol.

➤ Resolução

	$1\ H_2SO_4$	+	$2\ NaOH$	→	$1\ Na_2SO_4 + 2\ H_2O$	
	1 mol	—	2 mol	—	1 mol	
	98 g	—	80 g	—	142 g	Proporção correta
Dados do problema	10 g	—	8,0 g			

Para descobrir se os dados do problema estão na proporção correta ou se há reagente em excesso, a sugestão é analisar as duas hipóteses que mostramos a seguir.

Primeira hipótese: 10 g de H_2SO_4 reagirão totalmente.

$1\ H_2SO_4$	+	$2\ NaOH$	→	$Na_2SO_4 + 2\ H_2O$
1 mol	—	2 mol		
98 g	—	80 g	⇒	$x = 8{,}16$ g
10 g	—	x		

Supondo que os 10 g de H_2SO_4 tomem parte da reação, serão necessários 8,16 g de NaOH. Segundo os dados do problema, somente existem disponíveis 8,0 g de NaOH.

Conclusão: Os 10 g de H_2SO_4 **não** reagirão totalmente.

Segunda hipótese: 8,0 g de NaOH reagirão totalmente.

$1\ H_2SO_4$	+	$2\ NaOH$	→	$Na_2SO_4 + 2\ H_2O$
1 mol	—	2 mol		
98 g	—	80 g		
y	—	8,0 g	⇒	$y = 9{,}8$ g

Supondo que os 8,0 g de NaOH reajam completamente, serão consumidos 9,8 g de H_2SO_4 para manter a proporção entre suas massas. Isso **é possível**, pois segundo os dados do problema há 10 g de H_2SO_4 disponíveis. Assim restará um excesso de H_2SO_4 de 0,2 g.

Portanto, pelas duas hipóteses testadas, concluímos que o NaOH é o reagente limitante e que o H_2SO_4 é o reagente em excesso.

Finalmente, podemos calcular a massa de Na_2SO_4 formada. Equacionando, temos:

$1\ H_2SO_4$	+	$2\ NaOH$	→	$1\ Na_2SO_4 + 2\ H_2O$
1 mol	—	2 mol	—	1 mol
98 g	—	80 g	—	142 g
9,8 g	—	8,0 g	—	z

$z = 14{,}2$ g

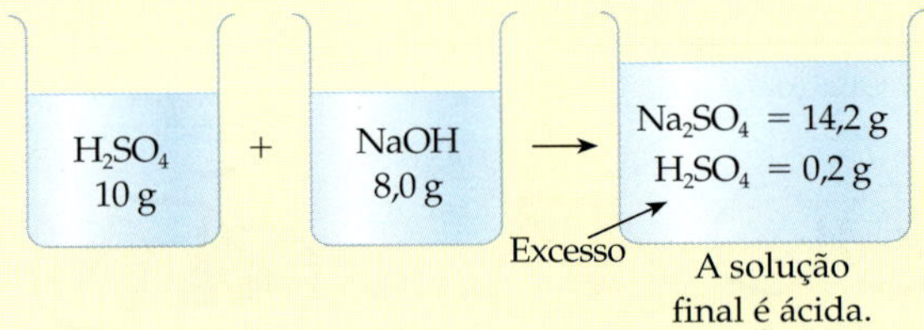

45. O bicarbonato de amônio, NH_4HCO_3, é um sal usado como fermento nas fábricas de biscoito. Sua produção industrial envolve a reação, sob condições apropriadas, de amônia, água e dióxido de carbono, de acordo com a equação:

$$NH_3(aq) + H_2O(l) + CO_2(aq) \rightarrow NH_4HCO_3(s)$$

Deseja-se produzir o sal a partir de 55 g de amônia, 110 g de dióxido de carbono e de quanta água for necessária.

a) Qual dos reagentes, amônia ou dióxido de carbono, está em excesso?

b) Qual a massa de água que será consumida na reação?

c) Qual a massa de sal produzida?

46. (Unifesp) Amostras dos gases oxigênio e dióxido de enxofre foram coletadas nos frascos idênticos A e B, respectivamente. O gás trióxido de enxofre pode se formar se ocorrer uma reação entre os gases dos frascos A e B, quando estes são misturados em um frasco C.

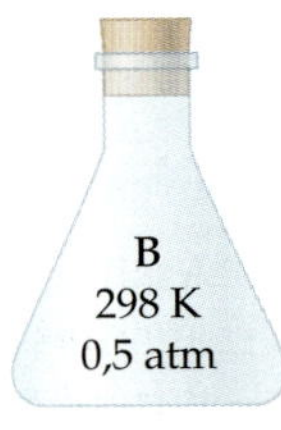

Sobre esses gases, são feitas as seguintes afirmações:

I. O frasco A apresenta o dobro de moléculas em relação ao frasco B.

II. O número de átomos do frasco B é o dobro do número de átomos do frasco A.

III. Ambos os frascos, A e B, apresentam a mesma massa.

IV. Considerando que a reação ocorreu por completo, o frasco C ainda contém gás oxigênio.

São corretas as afirmações:

a) I, II, III e IV.
b) I, II e III, somente.
c) I, II e IV, somente.
d) I, III e IV, somente.
e) II, III e IV, somente.

47. (UFC-CE) A cisplatina, um complexo inorgânico utilizado no tratamento do câncer de testículos, é preparada através da reação da amônia com o tetracloroplatinato de potássio, segundo a reação:

$$K_2PtCl_4 + 2\,NH_3 \rightarrow Pt(NH_3)_2Cl_2 + 2\,KCl$$

Ao utilizarem-se 10 g de cada um dos reagentes dados na preparação dessa metalodroga, pede-se:

a) A quantidade máxima de cisplatina que será formada.
b) Identificar o reagente que estará presente em excesso na reação, e o que será completamente consumido (reagente limitante).
c) A quantidade máxima do reagente em excesso que será consumida.

Exercícios adicionais

Seu(sua) professor(a) indicará quais exercícios deste bloco você deve fazer.

48. (UFRN) Baseando-se na equação $2\,NO_2\,(g) + O_3\,(g) \rightarrow N_2O_5\,(g) + O_2\,(g)$ e nos diagramas a seguir, que representam a mistura de reagentes e também duas situações alternativas para os produtos de reação [diagramas (I) e (II)],

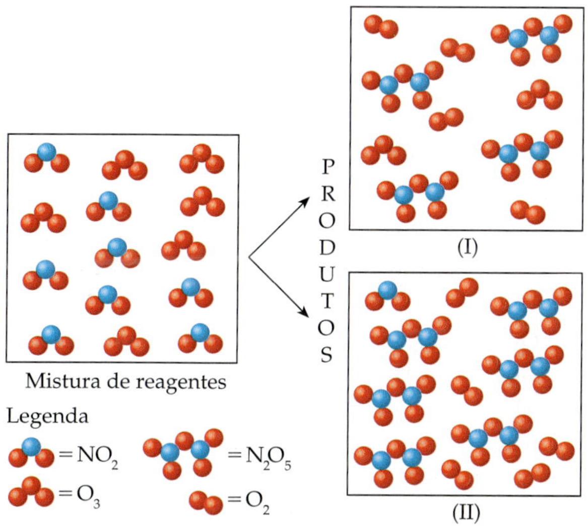

pode-se afirmar que o produto da reação para a mistura de reagentes acima é corretamente representado por:

a) II, em que NO_2 é o reagente limitante.
b) I, em que NO_2 é o reagente limitante.
c) II, em que O_3 é o reagente limitante.
d) I, em que O_3 é o reagente limitante.

49. Considere a síntese da água pela reação entre os gases hidrogênio e oxigênio.

a) Quantos mols de água podem ser obtidos a partir de uma mistura que contenha 10 mol de cada reagente?
b) Qual o reagente em excesso?

50. (Vunesp) Considere a reação em fase gasosa:

$$N_2 + 3\,H_2 \rightarrow 2\,NH_3$$

Fazendo reagir 4 L de N_2 com 9 L de H_2 em condições de pressão e temperatura constantes, pode-se afirmar que:

a) os reagentes estão em quantidades estequiométricas.
b) o N_2 está em excesso.
c) após o término da reação, os reagentes serão totalmente convertidos em amônia.
d) a reação se processa com aumento do volume total.
e) após o término da reação, serão formados 8 L de NH_3.

51. (UFMA) O químico suíço J. J. Berzelius (1779-1848) constatou experimentalmente que, para 10,00 g de chumbo, é necessário exato 1,56 g de enxofre para formar 11,56 g de sulfeto de chumbo. Tal experimento comprovou as afirmações do francês Antoine Lavoisier (1734-1794) para a "Lei de conservação das massas" e de J. L. Proust (1754-1826) para a "Lei das proporções definidas ou Lei da composição constante". O experimento de Berzelius também interpreta, em parte, a teoria atômica proposta pelo químico inglês John Dalton (1766-1844) que, em 1803, apresentou a "Lei das proporções múltiplas". Considerando os fundamentos das leis químicas citadas e a correlação de valência de átomos, indique qual item faz a representação química do experimento de Berzelius.

a)

b)
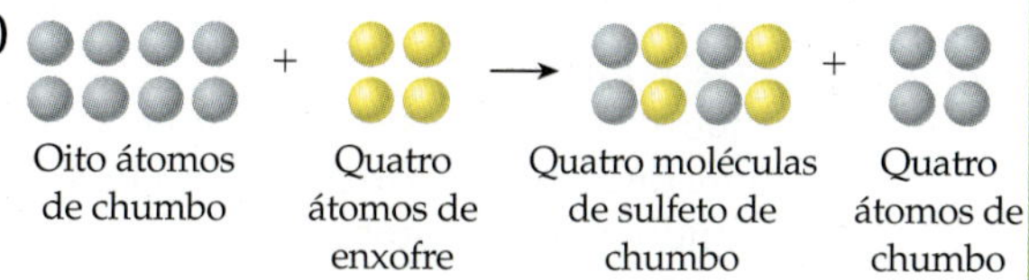

c)
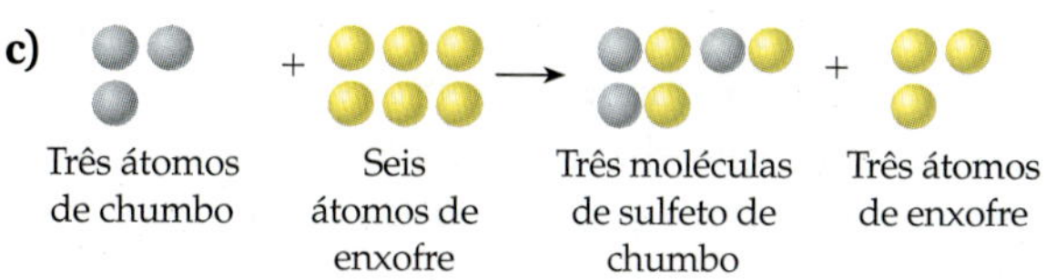

d) 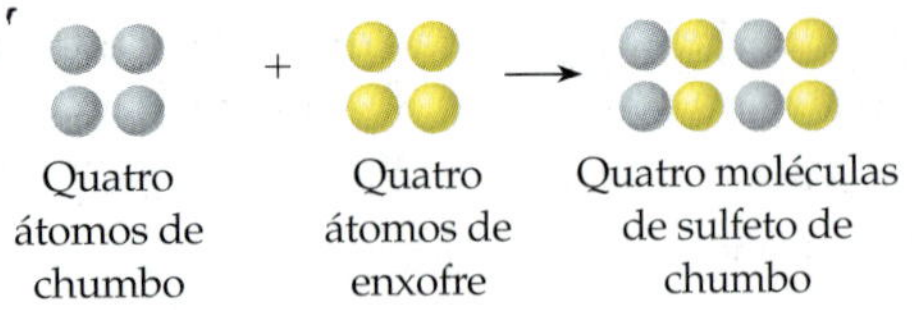

e) 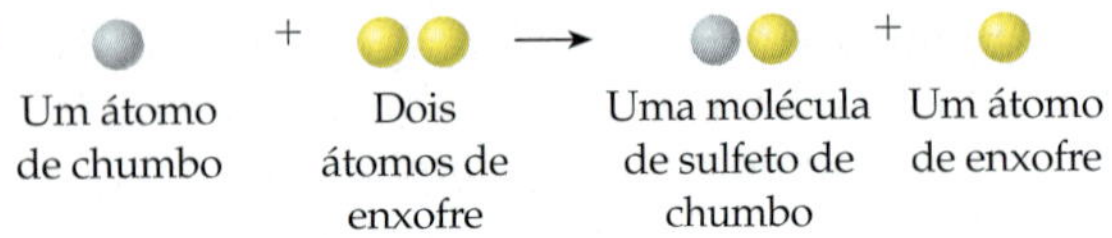

52. (Fuvest-SP) Em três balanças aferidas A, B e C, foram colocados três béqueres de mesma massa, um em cada balança. Nos três béqueres, foram colocados volumes iguais da mesma solução aquosa de ácido sulfúrico. Foram separadas três amostras, de massas idênticas, dos metais magnésio, ouro e zinco, tal que, havendo reação com o ácido, o metal fosse o reagente limitante. Em cada um dos béqueres, foi colocada uma dessas amostras, ficando cada béquer com um metal diferente. Depois de algum tempo, não se observando mais nenhuma transformação nos béqueres, foram feitas as leituras de massa nas balanças, obtendo-se os seguintes resultados finais:

balança A: 327,92 g
balança B: 327,61 g
balança C: 327,10 g

Dados:

metal	massa molar/g · mol^{-1}
Mg	24,3
Au	197,0
Zn	65,4

As massas lidas nas balanças permitem concluir que os metais magnésio, ouro e zinco foram colocados, respectivamente, nos béqueres das balanças:

a) A, B e C
b) A, C e B
c) B, A e C
d) B, C e A
e) C, A e B

53. (Cesgranrio-RJ) Os gases dióxido de enxofre e oxigênio, em condições apropriadas, reagem para formar trióxido de enxofre. Usando volumes iguais de reagentes, haverá excesso de um dos gases.

Indique a porcentagem, em volume, desse excesso em relação ao volume inicial dos reagentes:

$$2\ SO_2 + 1\ O_2 \rightarrow 2\ SO_3$$

a) 25% O_2
b) 25% SO_2
c) 50% O_2
d) 75% O_2
e) 80% O_2

54. (Fuvest-SP) H_2 (g) e Cl_2 (g) estão contidos em balões interligados por meio de um tubo com torneira, nas condições indicadas no desenho. Ao se abrir a torneira, os gases se misturam e a reação entre eles é iniciada por exposição à luz difusa. Forma-se então HCl (g), em uma reação completa, até desaparecer totalmente pelo menos um dos reagentes.

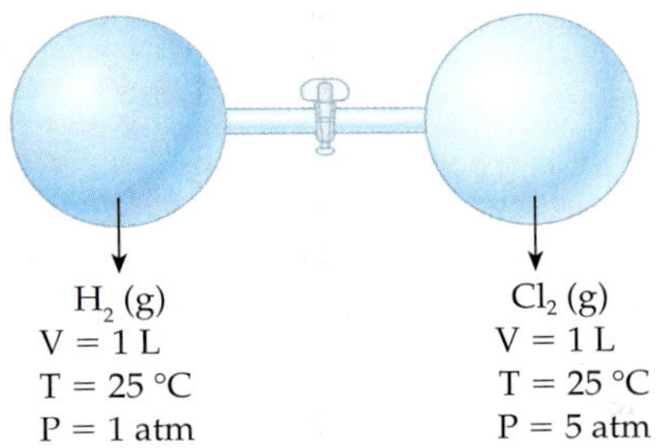

Quanto vale a razão entre as quantidades, em mols, de Cl_2 (g) e de HCl (g) após o término da reação?

a) 1
b) 2
c) 3
d) 4
e) 6

4 Reagentes que contêm "impurezas"

Uma nova situação. Pense nela

No item 2.3, pudemos concluir que, para produzir diariamente 8,5 t de amônia, a indústria gastará, também diariamente, $6,1 \cdot 10^6$ L de gás nitrogênio e $1,8 \cdot 10^7$ L de gás hidrogênio, volumes medidos a 25 °C e 1 atm.

Acontece que o nitrogênio é proveniente do ar, no qual está presente em 78% em volume. Assim, qual é o volume de ar necessário para a produção de 8,5 t de amônia?

Tente responder antes de prosseguir a leitura.

Em Química, quando dizemos que uma amostra contém "impurezas", isso não significa necessariamente que ela contém sujeiras ou substâncias tóxicas (embora isso possa muitas vezes acontecer). Significa que a amostra contém, além de uma determinada substância de interesse, outras que não são úteis naquele momento ou naquele contexto em que se está trabalhando.

No caso proposto, o nitrogênio é o componente do ar que interessa a uma fábrica de amônia. **Nesse** contexto, em que se encara o ar como uma fonte da matéria-prima gás nitrogênio, os demais componentes podem ser considerados "impurezas", ou seja, componentes da mistura que não são de interesse **nessa** determinada situação.

Podemos determinar a quantidade de ar necessária para se obterem $6{,}1 \cdot 10^6$ L de gás nitrogênio mediante uma regra de três. Esse volume representa 78% do volume do ar necessário. Qual será o volume da amostra toda (x), ou seja, de 100% dela?

Volume		Porcentagem
$6{,}1 \cdot 10^6$ L	———	78%
x	———	100%

$\Rightarrow$ $x = 7{,}8 \cdot 10^6$ L

Acabamos de comentar um caso em que a presença de "impurezas" estava relacionada a uma porcentagem em volume.

- É muito frequente expressar-se o grau de **pureza** de uma amostra em **porcentagem em massa**, que é a **porcentagem da massa da amostra que se deve à substância de interesse**.

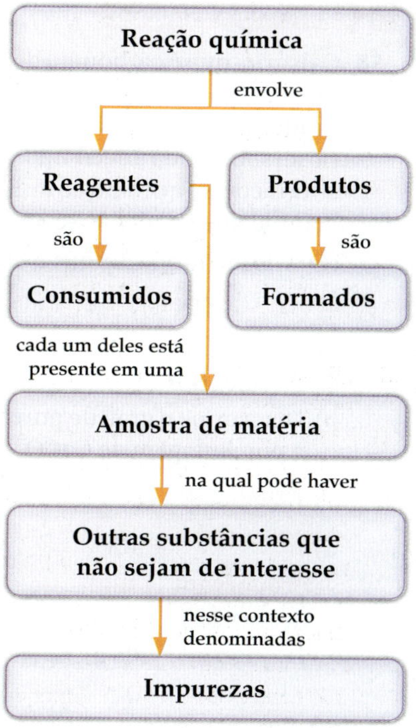

Exercícios essenciais

A critério do(a) professor(a) esta lista de exercícios poderá ser realizada em classe ou em casa.

Exercício Resolvido

55. Determine a massa de ferro que pode ser obtida a partir de 1.000 t de minério hematita contendo 80% de Fe_2O_3:

$$Fe_2O_3\,(s) + 3\,CO\,(g) \rightarrow 2\,Fe\,(s) + 3\,CO_2\,(g)$$

Resolução

Primeiramente vamos calcular a massa de Fe_2O_3 presente em 1.000 t (isto é, $1{,}0 \cdot 10^9$ g) do minério:

Porcentagem		Massa
100%	———	$1{,}0 \cdot 10^9$ g
80%	———	x

$\Rightarrow x = 8{,}0 \cdot 10^8$ g

Para calcular a massa de ferro, **consultamos a tabela periódica**, a fim de obter as massas molares do Fe_2O_3 (160 g/mol) e do Fe (56 g/mol).

$$Fe_2O_3 + 3\,CO \rightarrow 2\,Fe + 3\,CO_2$$

	Fe_2O_3		Fe
Proporção:	1 mol		2 mol
Grandezas:	Massa		Massa
	160 g	———	$2 \cdot 56$ g
	$8{,}0 \cdot 10^8$ g	———	y

$y = 5{,}6 \cdot 10^8$ g ou $y = 560$ t

56. (PUC-RJ) A tecnologia mais comumente empregada na produção industrial de ácido sulfúrico é o processo de contato, que envolve três etapas:

I. obtenção do dióxido de enxofre (SO_2) a partir do enxofre como matéria-prima.

$$2\,S\,(s) + 2\,O_2\,(g) \rightarrow 2\,SO_2\,(g) + \text{calor}$$

II. conversão catalítica do dióxido de enxofre em trióxido de enxofre (SO_3).

$$2\,SO_2\,(g) + O_2\,(g) \rightarrow 2\,SO_3\,(g) + \text{calor}$$

III. reação do trióxido de enxofre com a água produzindo o ácido sulfúrico.

$$2\,SO_3\,(g) + 2\,H_2O\,(l) \rightarrow 2\,H_2SO_4\,(aq) + \text{calor}$$

Utilizando como matéria-prima 500 kg de enxofre, com 90% de pureza, calcule a quantidade máxima de SO_2, em quilograma, que pode ser obtida.

57. (PUC-SP) A pirolusita é um minério do qual se obtém o metal manganês (Mn), muito utilizado em diversos tipos de aços resistentes. O principal componente da pirolusita é o dióxido de manganês (MnO_2).
Para se obter o manganês metálico com elevada pureza, utiliza-se a aluminotermia, processo no qual o óxido reage com o alumínio metálico, segundo a equação:

$$3\,MnO_2\,(s) + 4\,Al\,(s) \rightarrow 2\,Al_2O_3\,(s) + 3\,Mn\,(s)$$

Considerando que determinado lote de pirolusita apresenta teor de 80% de dióxido de manganês (MnO_2), a massa mínima de pirolusita necessária para se obter 1,10 t de manganês metálico é:

a) 1,09 t
b) 1,39 t
c) 1,74 t
d) 2,18 t
e) 2,61 t

Exercício Resolvido

58. Calcário, que é carbonato de cálcio impuro, é empregado para a obtenção de cal viva, importante produto industrial. Uma amostra de 25 g de calcário foi submetida à decomposição por aquecimento e verificou-se a produção de 5,0 L de gás carbônico, volume que foi medido a 30 °C e 1 atm.

(O volume molar de gás a 30 °C e 1 atm é 25 L.)

$$CaCO_3\,(s) \rightarrow CaO\,(s) + CO_2\,(s)$$

a) Qual é a massa de $CaCO_3$ presente na amostra de calcário?

b) Determine o grau de pureza da amostra (isto é, a porcentagem de $CaCO_3$ nessa amostra).

Resolução

a)

	$CaCO_3$	CO_2
Proporção:	**1 mol**	**1 mol**
Grandezas:	**Massa**	**Volume**
	100 g	25 L
	x	5,0 L

$\Rightarrow$ $x = 20$ g

b) Temos a massa de $CaCO_3$, calculada no item anterior, e a massa total da amostra (25 g) de calcário. Assim, podemos determinar a porcentagem de $CaCO_3$:

Grandezas:	**Massa**	**Porcentagem**
	25 g	100%
	20 g	y

$\Rightarrow$ $y = 80\%$

59. (PUC-RJ) Uma aliança de 10 g contém uma quantidade desconhecida de prata. Para se determinar essa quantidade, a aliança foi tratada com solução aquosa de ácido nítrico, de modo a transformar toda a prata presente em íons Ag^+ (aq). Em seguida, foi adicionado excesso de cloreto (Cl^-) para precipitar o Ag^+(aq), na forma de cloreto de prata, AgCl (s), conforme equação abaixo:

$$Ag^+\,(aq) + Cl^-\,(aq) \rightarrow AgCl\,(s)$$

Sendo a massa de cloreto de prata igual a 2,87 g, após filtração e secagem, é correto afirmar que a opção que mais se aproxima da percentagem de prata na aliança é:

a) 10%
b) 22%
c) 48%
d) 75%
e) 99%

60. (Unifesp) O $CaCO_3$ é um dos constituintes do calcário, importante matéria-prima utilizada na fabricação do cimento. Uma amostra de 7,50 g de carbonato de cálcio impuro foi colocada em um cadinho de porcelana de massa 38,40 g e calcinada a 900 °C, obtendo-se como resíduo sólido somente o óxido de cálcio. Sabendo que a massa do cadinho com o resíduo foi de 41,97 g, a amostra analisada apresenta um teor percentual de $CaCO_3$ igual a:

a) 70%
b) 75%
c) 80%
d) 85%
e) 90%

Comentário dos autores:

Calcinação é o aquecimento a temperatura suficientemente alta para causar a pirólise de substâncias e a eliminação dos produtos que forem voláteis, restando, como resíduo, substância(s) não volátil(eis).

Exercícios adicionais

Seu(sua) professor(a) indicará quais exercícios deste bloco você deve fazer.

61. (Mackenzie-SP) O gás acetileno (C_2H_2) pode ser produzido pela reação do carbeto de cálcio (CaC_2) com água em geradores especiais, obtendo-se também o hidróxido de cálcio como subproduto, conforme a equação abaixo não balanceada.

$$CaC_2\,(g) + H_2O\,(l) \rightarrow Ca(OH)_2\,(aq) + C_2H_2\,(g)$$

O volume de gás acetileno obtido, nas CNTP, a partir da reação de 400 g de carbeto de cálcio com 80% de pureza e rendimento total é igual a:

Dados: massa molar em (g/mol) H = 1, C = 12, O = 16 e Ca = 40.

a) 112,0 L
b) 140,0 L
c) 137,0 L
d) 44,8 L
e) 22,4 L

62. (Cefet-PE) O polímero poliacetato de vinila (PVA) é empregado na produção industrial de vários produtos como tintas, colas, calçados e filmes para embalagens. No processo industrial o acetato de vinila é produzido a partir de uma mistura na fase gasosa de eteno, ácido acético e oxigênio, conforme reação equacionada a seguir. Qual a massa de acetato de vinila, em toneladas, produzida por 60 toneladas de ácido acético com 50% de pureza?

Dados: massa molar (g/mol) C = 12, H = 1 e O = 16.

$$H_2C{=}CH_2 + H_3C{-}COOH + \frac{1}{2}\,O_2 \rightarrow$$
$$\rightarrow H_3C{-}COO{-}CH{=}CH_2 + H_2O$$

a) 172
b) 150
c) 86
d) 50
e) 43

63. (UFABC) O teor de cálcio em uma amostra de conchas de massa igual a 5,0 g foi determinado da seguinte maneira:

- trituração das conchas;
- aquecimento do material triturado com HCl;
- filtração;
- precipitação de íons Ca^{2+} sob forma de oxalato de cálcio monoidratado, $CaC_2O_4 \cdot H_2O$, utilizando-se oxalato de amônio, $(NH_4)_2C_2O_4$, como reagente;
- filtração e secagem do oxalato de cálcio monoidratado;

- calcinação em mufla, produzindo-se 2,0 g de CaO como único resíduo sólido.

a) Para cada uma das filtrações, indique o que é retido no filtro e o que constitui o filtrado.

b) Escreva a equação da reação química que ocorre quando oxalato de cálcio monoidratado é aquecido na mufla.

c) Admitindo que todo o cálcio presente nas conchas esteja sob a forma de $CaCO_3$ e que os outros componentes dessas conchas não interferem nos procedimentos da análise, calcule a porcentagem em massa de carbonato de cálcio na amostra de conchas analisada. Mostre os cálculos.

Comentário dos autores:

Mufla é um forno elétrico, de paredes refratárias, usado para submeter substâncias e materiais a altas temperaturas.

64. (UFABC) O hexafluoreto de urânio empobrecido ($^{238}UF_6$), produto residual do processo de enriquecimento do urânio, é geralmente armazenado em cilindros de aço em áreas abertas próximas às usinas de enriquecimento. Os cilindros são examinados regularmente, pois qualquer vazamento pode causar danos à saúde e contaminação do meio ambiente, principalmente por causa dos produtos tóxicos formados quando o material interage com a água, ainda que em quantidade muito pequena. Uma amostra de 4,22 g de $^{238}UF_6$, em contato com água, produziu 3,7 g de sólido *X* que contém U, O e F e 0,96 g de um gás *Y* que contém 95% de flúor e 5% de hidrogênio.

a) Determine a fórmula do produto sólido *X*.

b) Calcule a percentagem do flúor contido no $^{238}UF_6$ que é convertido em *Y*.

5 Reações que não apresentam rendimento total

Pense nesta outra situação

Os químicos descobriram que a reação entre nitrogênio e hidrogênio para produzir amônia não ocorre de modo completo; ela aparentemente para antes que os reagentes, mesmo presentes na proporção estequiométrica, sejam completamente consumidos.

Se os engenheiros dispõem da informação de que, nas condições em que a fábrica vai operar, apenas 60% da quantidade dos reagentes nitrogênio e hidrogênio colocados para reagir de fato se transformam em amônia, em que isso afeta as previsões de massas feitas no item 1.4?

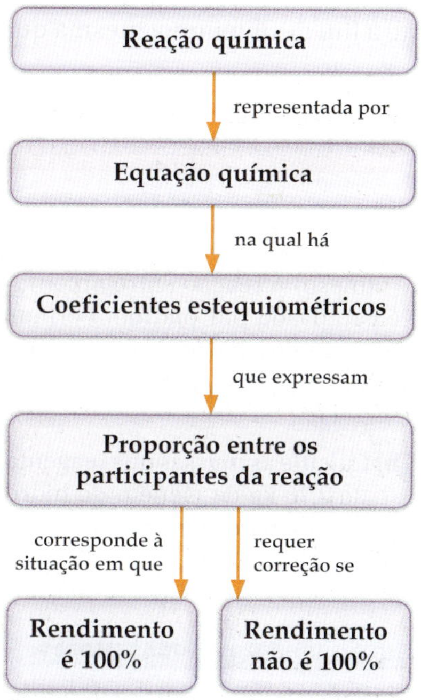

- Na prática, **muitas reações químicas não se completam**, ou seja, **não apresentam rendimento 100%**. Há vários motivos possíveis para o rendimento de uma reação não ser total. Um dos mais importantes é o fato de as reações tenderem à situação de equilíbrio químico, assunto estudado na Físico-Química.

Quando se diz que o rendimento de uma reação é 60%, isso significa dizer que apenas 60% da quantidade que se esperava obter é de fato obtida na prática. Baseando-se nessa ideia, pode-se realizar uma previsão da quantidade de produto que será formado levando em conta o rendimento de uma reação.

No item 1.4, a fim de calcular as massas dos reagentes necessárias à síntese de 8,5 t de amônia, partimos da relação entre as quantidades em mols, que foi transformada em uma relação entre massas. Vamos repetir o procedimento, mas, ainda na proporção em mols, vamos fazer uma pequena correção levando em conta o rendimento de 60%.

	N_2	+	$3\,H_2$	→	$2\,NH_3$
Proporção:	**1 mol**		**3 mol**		**2 mol**
					↓ **Como o rendimento é de 60%, formam-se 0,60 · 2 mol**
Proporção:	**1 mol**		**3 mol**		**1,2 mol**
	↓ **A massa de 1 mol de N_2 é 28 g**		↓ **A massa de 1 mol de H_2 é 2 g**		↓ **A massa de 1 mol de NH_3 é 17 g**
Grandezas envolvidas:	**Massa**		**Massa**		**Massa**
	28 g	——	$3 \cdot 2$ g	——	$1{,}2 \cdot 17$ g
	x	——	y	——	$8{,}5 \cdot 10^6$ g

Temos, então, uma regra de três que permite determinar a massa de nitrogênio (x) e outra que permite determinar a massa de hidrogênio (y), necessárias à produção de 8,5 t de amônia.

$$\left.\begin{matrix} 28\text{ g} & \text{———} & 1{,}2 \cdot 17\text{ g} \\ x & \text{———} & 8{,}5 \cdot 10^6\text{ g} \end{matrix}\right\} \qquad x = 1{,}2 \cdot 10^7\text{ g}$$

$$\left.\begin{matrix} 3 \cdot 2\text{ g} & \text{———} & 1{,}2 \cdot 17\text{ g} \\ y & \text{———} & 8{,}5 \cdot 10^6\text{ g} \end{matrix}\right\} \qquad y = 2{,}5 \cdot 10^6\text{ g}$$

Assim, para produzir diariamente 8,5 t de amônia, com rendimento de 60%, a indústria gastará, também diariamente, 12 t de gás nitrogênio e 2,5 t de gás hidrogênio. Note que, em relação aos valores calculados anteriormente (7,0 t e 1,5 t), esses são maiores. Isso é compreensível, pois, já que o rendimento da reação não é total, necessita-se de mais reagente a fim de obter uma mesma quantidade de produto.

Biblioteca do estudante
Informe-se sobre a Química:
A estequiometria do CO_2 e o efeito estufa

Visão do especialista

Revisão

Exercícios essenciais

A critério do(a) professor(a) esta lista de exercícios poderá ser realizada em classe ou em casa.

Exercício Resolvido

65. (Vunesp) A reação entre amônia e metano (CH_4) é catalisada por platina. Formam-se cianeto de hidrogênio e hidrogênio gasosos.

a) Escreva a equação química balanceada da reação.

b) Calcule as massas dos reagentes para obtenção de 2,70 kg de cianeto de hidrogênio, supondo 80% de rendimento da reação.

(**Dados:** H = 1 g/mol; N = 14 g/mol; C = 12 g/mol.)

Comentário dos autores:

Dizer que a reação é "catalisada por platina" significa que a presença de platina promove aumento da velocidade da reação.

Resolução

a) $NH_3\,(g) + CH_4\,(g) \rightarrow HCN\,(g) + 3\,H_2\,(g)$

b)

	NH_3		CH_4		HCN
Proporção:	**1 mol**		**1 mol**		**1 mol** ↓ **80%**
Proporção:	**1 mol**		**1 mol**		**0,80 mol**
Grandezas:	**Massa**		**Massa**		**Massa**
	17 g	—	16 g	—	$0{,}80 \cdot 27$ g
	x	—	y	—	2,70 kg

$x = 2{,}125$ kg $\qquad y = 2{,}000$ kg

66. (Ufes) A equação

$$2\,NaCl + MnO_2 + 2\,H_2SO_4 \rightarrow Na_2SO_4 + MnSO_4 + Cl_2 + 2\,H_2O$$

representa a reação que se passa para obtermos o cloro. Considerando que ela teve um rendimento de 85%, que foi realizada na temperatura de 27 °C e a uma pressão de 1,5 atm, e que utilizamos 500 g de sal, o volume de cloro obtido, em litros, é:

a) 59,6
b) 82,5
c) 119,2
d) 280,5
e) 1.650,0

67. (PUC-RJ) Assinale a opção que mais se aproxima da massa de SO_2 e que resulta da queima de 20,0 mL de sulfeto de carbono (líquido com densidade igual a 1,43 g · mL^{-1}) em atmosfera com excesso de gás oxigênio, tendo essa reação 80% de rendimento.

$$CS_2\,(l) + 3\,O_2\,(g) \rightarrow CO_2\,(g) + 2\,SO_2\,(g)$$

a) 5,6 g
b) 9,5 g
c) 18,9 g
d) 38,5 g
e) 62,3 g

Exercício Resolvido

68. O álcool comercializado como combustível, o etanol, é obtido a partir da sacarose, açúcar proveniente da cana, por meio da reação assim equacionada:

$$\underset{\text{sacarose}}{C_{12}H_{22}O_{11}\,(aq)} + H_2O\,(l) \rightarrow \underset{\text{etanol}}{4\,C_2H_6O\,(aq)} + 4\,CO_2\,(g)$$

Realizando essa reação em um laboratório que simula processos industriais, um grupo de estudantes universitários obteve 900 L de gás carbônico, medidos a 30 °C e 1 atm, a partir de 6,840 g de sacarose. Qual é o rendimento da reação?
(Massas molares:
sacarose = 342 g/mol; etanol = 46 g/mol.
Volume molar de gás a 30 °C e 1 atm = 25 L.)

Resolução

	$C_{12}H_{22}O_{11}$		$4\,CO_2$
Proporção:	**1 mol**		**4 mol**
Grandezas:	**Massa**		**Volume**
	342 g	———	4 · 25 L
	6.840 g	———	x

x = 2.000 L

Esse é o volume de gás que seria liberado se o rendimento fosse total. Com base nele, vamos calcular o rendimento:

Grandezas:	**Volume**		**Rendimento**
	2.000 L	———	100%
	900 L	———	y

y = 45%

69. (UFRGS-RS) O carbonato de cálcio decompõe-se por aquecimento segundo a equação abaixo.

$$CaCO_3\,(s) \rightarrow CaO\,(s) + CO_2\,(g)$$

Numa experiência típica, 10,0 g de carbonato de cálcio são aquecidos em sistema aberto, obtendo-se 7,80 g de resíduo sólido. A porcentagem de decomposição do carbonato foi de:

a) 22%
b) 28%
c) 39%
d) 50%
e) 78%

(Massas molares, em g/mol: Ca = 40; C = 12; O = 16.)

70. (Fatec-SP) A ureia, $CO(NH_2)_2$, substância utilizada como fertilizante, é obtida pela reação entre CO_2 e NH_3, conforme mostra a equação:

$$CO_2\,(g) + 2\,NH_3\,(g) \rightarrow CO(NH_2)_2\,(s) + H_2O\,(g)$$

Dados: C = 12 g/mol; O = 16 g/mol; N = 14 g/mol; H = 1 g/mol.
Se 340 toneladas de amônia produzem 540 toneladas de ureia, o rendimento desse processo é:

a) 80%
b) 85%
c) 90%
d) 95%
e) 100%

Exercícios adicionais

Seu(sua) professor(a) indicará quais exercícios deste bloco você deve fazer.

71. (PUC-PR) O ouro metálico é em geral encontrado relativamente puro na natureza. Como os depósitos concentrados de ouro elementar têm sido exauridos, fontes de grau mais baixo têm se tornado mais importantes. O ouro de minérios de grau mais baixo pode ser concentrado quando se coloca o minério triturado em lajes de concreto grandes e se borrifa uma solução de NaCN sobre ele. Na presença de CN^- e ar, o ouro é oxidado, formando o íon estável $Au(CN)_2^-$, solúvel em água:

$$4\,Au\,(s) + 8\,CN^-\,(aq) + O_2\,(g) + 2\,H_2O\,(l) \rightarrow$$
$$\rightarrow 4\,Au(CN)_2^-\,(aq) + 4\,OH^-\,(aq)$$

Depois que um íon metálico é lixiviado seletivamente de seu minério, ele é precipitado da solução como metal livre ou como composto iônico insolúvel. O ouro, por exemplo, é obtido a partir de seu complexo cianeto pela redução com zinco em pó.

$$2\,Au(CN)_2^-\,(aq) + Zn\,(s) \rightarrow Zn(CN)_4^{2-} + 2\,Au\,(s)$$

Fonte: BROWN, T. L. *Química: a ciência central.* São Paulo: Prentice Hall, 2005.

Que massa de ouro poderá ser obtida a partir de 100 quilogramas de NaCN, sendo o rendimento da reação de 75%?
Dados: Au = 197, Na = 23, C = 12, N = 14.

a) 15,076 kg de Au
b) 201,02 kg de Au
c) 100,51 kg de Au
d) 75,38 kg de Au
e) 150,76 kg de Au

72. (UFRJ) O carbonato de bário é um insumo importante na indústria eletroeletrônica, onde é utilizado na fabricação de cinescópios de televisores e de monitores para computadores.

O carbonato de bário pode ser obtido a partir da barita, um mineral rico em sulfato de bário, pelo processo esquematizado a seguir.

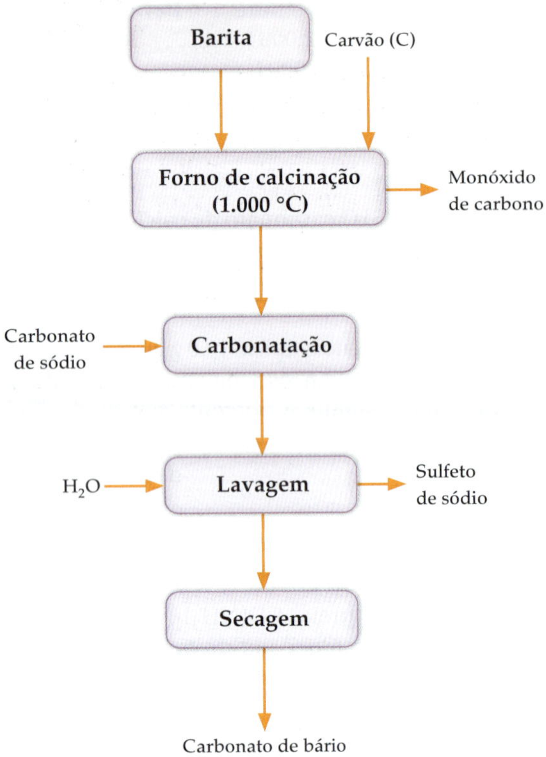

a) Escreva a reação que ocorre no forno de calcinação.

b) Sabendo que o rendimento global do processo é de 50%, calcule a quantidade, em kg, de carbonato de bário puro obtida a partir do processamento de 4,66 kg de sulfato de bário.

Dados: C = 12; O = 16; S = 32; Ba = 137.

73. (Unirio-RJ) A hidrazina, N_2H_4, e o peróxido de hidrogênio, H_2O_2, têm sido usados como combustíveis de foguetes. Eles reagem de acordo com a equação:

$$7\,H_2O_2 + N_2H_4 \rightarrow 2\,HNO_3 + 8\,H_2O$$

A reação de hidrazina com 75% de pureza com peróxido de hidrogênio suficiente produziu 3,78 kg de ácido nítrico, com rendimento de 80%.
(**Dados:** massas atômicas: H = 1 u; O = 16 u; N = 14 u.)

a) Determine a massa, em gramas, de hidrazina impura utilizada.

b) Determine a massa, em gramas, de água formada.

74. (UFC-CE) O manganês é um metal de transição com elevada importância na indústria siderúrgica, sendo utilizado na composição de ligas metálicas para a produção de aço. Na natureza, sua principal fonte é o minério pirolusita (MnO_2), que é empregado para a obtenção de ferromanganês, de acordo com a seguinte reação:

$$MnO_2\,(s) + Fe_2O_3\,(s) + 5\,C\,(s) \rightarrow$$
$$\rightarrow \underbrace{Mn\,(s) + 2\,Fe\,(s)}_{\text{“ferromanganês”}} + 5\,CO\,(g)$$

Em uma reação com 70% de rendimento, qual é a massa (em gramas) de ferro que é obtida a partir de 173,8 g de pirolusita com 20% de impurezas?

75. (Cesgranrio-RJ) Fazendo-se reagir 158 g de $Na_2S_2O_3$ com quantidade suficiente de I_2, segundo a equação

$$2\,Na_2S_2O_3 + I_2 \rightarrow 2\,NaI + Na_2S_4O_6$$

obtiveram-se 105 g de $Na_2S_4O_6$. O rendimento dessa reação foi de, aproximadamente:

a) 100%
b) 80%
c) 40%
d) 30%
e) 10%

(Massas molares, em g/mol: O = 16; Na = 23; S = 32; I = 127.)

76. (Unifesp) A prata é um elemento muito utilizado nas indústrias de fotografia e imagem e seu descarte no meio ambiente representa risco para organismos aquáticos e terrestres. Por ser um dos metais com risco de escassez na natureza, apresenta um alto valor agregado. Nesses aspectos, a recuperação da prata de resíduos industriais e de laboratórios associa a mitigação do impacto ambiental à econômica. O fluxograma representa o tratamento de um resíduo líquido que contém íons de prata (Ag^+) e de sulfato (SO_4^{2-}) em meio aquoso.

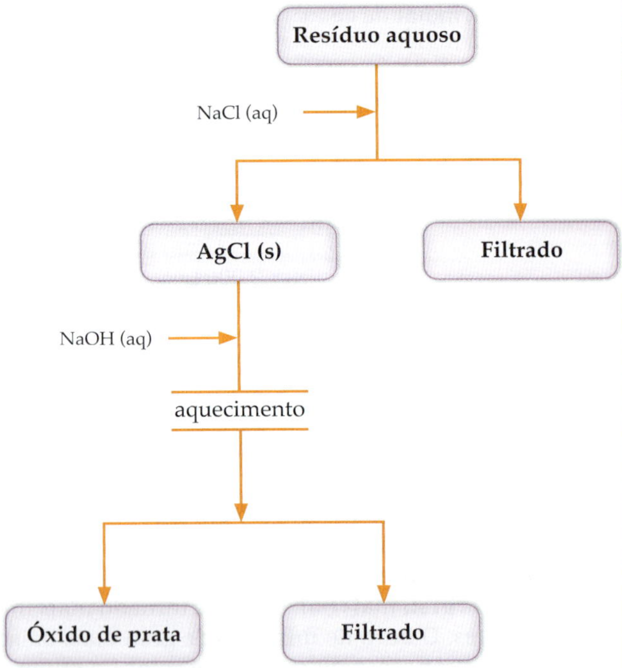

a) Escreva as equações das reações, devidamente balanceadas, da formação do cloreto de prata e do óxido de prata.

b) No tratamento de um resíduo aquoso que continha 15,6 g de sulfato de prata, foram obtidos 8,7 g de óxido de prata. Calcule o rendimento em Ag_2O desse processo.

77. (Enem-MEC) A composição média de uma bateria automotiva esgotada é de aproximadamente 32% Pb, 3% PbO, 17% PbO_2 e 36% $PbSO_4$. A média de massa da pasta residual de uma bateria usada é de 6 kg, onde 19% é PbO_2, 60% é $PbSO_4$ e 21% é Pb. Entre todos os compostos de chumbo presentes na pasta, o que mais preocupa é o sulfato de chumbo (II), pois nos processos pirometalúrgicos, em que os compostos de chumbo (placas das baterias) são fundidos, há a conversão de sulfato em dióxido de enxofre, gás muito poluente. Para reduzir o problema das emissões de SO_2 (g), a indústria pode utilizar uma planta mista, ou seja, utilizar o processo hidrometalúrgico, para a dessulfuração antes da fusão do composto de chumbo. Nesse caso, a redução de sulfato presente no $PbSO_4$ é feita via lixiviação com solução de carbonato de sódio (Na_2CO_3) 1 M a 45 °C, em que se obtém o carbonato de chumbo (II) com rendimento de 91%. Após esse processo, o material segue para a fundição para obter o chumbo metálico.

$$PbSO_4 + Na_2CO_3 \rightarrow PbCO_3 + Na_2SO_4$$

Dados: Massas molares em g/mol: Pb = 207; S = 32; Na = 23; O = 16; C = 12.

ARAÚJO, R. V. V.; TINDADE, R. B. E.; SOARES, P. S. M. Reciclagem de chumbo de bateria automotiva: estudo de caso. Disponível em: http://www.iqsc.usp.br. Acesso em: 17 abr. 2010 (adaptado).

Segundo as condições do processo apresentado para a obtenção de carbonato de chumbo (II) por meio da lixiviação por carbonato de sódio e considerando uma massa de pasta residual de uma bateria de 6 kg, qual quantidade aproximada, em quilogramas, de $PbCO_3$ é obtida?

a) 1,7 kg

b) 1,9 kg

c) 2,9 kg

d) 3,3 kg

e) 3,6 kg

Capítulo 16

Expressando a concentração de soluções aquosas

Alguns conteúdos importantes:

- ✔ Conceitos de solução, solvente e soluto
- ✔ Método para o preparo laboratorial de uma solução aquosa de concentração conhecida
- ✔ Concentração comum
- ✔ Distinção entre concentração comum de uma solução e densidade de uma solução
- ✔ Concentração em quantidade de matéria (em mol/L)
- ✔ Título, porcentagem e ppm (em massa e em volume)
- ✔ Diluição de soluções
- ✔ Cálculo estequiométrico envolvendo reagentes em solução, com destaque para a titulação ácido-base

FABIO YOSHIHITO MATSUURA/CID

◄ Para a limpeza de pisos cerâmicos, algumas pessoas adicionam um pouco de desinfetante líquido (que é uma solução aquosa de diversos solutos) a um balde com água. Nesse processo, a solução de desinfetante sofre diluição.

1 Recordando os conceitos de solução, solvente e soluto

Guia de estudo

Quando você coloca um pouco de açúcar na água e mexe até obter uma só fase, está fazendo uma solução. O mesmo acontece se você adicionar um pouquinho de sal à água e misturar bem. **Solução** é o nome dado a qualquer mistura homogênea (que apresenta uma única fase, ou seja, tem as mesmas propriedades em todos os seus pontos).

Podemos usar o verbo "dissolver" para nos referir ao ato praticado por uma pessoa ao fazer uma solução. Uma frase como "eu dissolvi o açúcar em água" exemplifica esse uso. Outro modo de usar o verbo "dissolver" é aplicá-lo a uma substância a fim de expressar a propriedade que a substância tem de misturar-se a outra, originando uma solução. Numa frase como "a água dissolve o açúcar", temos um exemplo desse tipo de uso.

Quando uma substância é capaz de dissolver outra, costumamos chamá-la de **solvente**. Assim, por exemplo, a água é um solvente para o açúcar, para o sal, para o álcool e para várias outras substâncias. A substância que é dissolvida num solvente, a fim de fazer uma solução, é denominada **soluto**.

Se uma solução é preparada com o solvente água, dizemos que é uma **solução aquosa**. Ao dissolver açúcar em água, por exemplo, obtemos uma solução aquosa de açúcar, na qual a água é o solvente e o açúcar é o soluto.

COMSTOCK/STOCK PHOTOS

BAGCI/SHUTTERSTOCK

◂ Embora a maior parte das soluções esteja no estado líquido, existem também soluções gasosas e soluções sólidas.

Ⓐ O ar atmosférico, convenientemente filtrado para eliminar partículas nele dispersas, é um exemplo de solução gasosa, na qual predominam o gás nitrogênio (cerca de 78%) e o gás oxigênio (cerca de 21%).

Ⓑ Entre as soluções sólidas está o ouro usado pelos joalheiros (mistura de ouro e cobre em proporção adequada).

Nos laboratórios, ao se trabalhar com soluções aquosas, há frequentemente a necessidade de conhecer a quantidade de soluto presente numa certa solução. Por esse motivo, além de ser necessário determinar a massa de solutos (caso sejam sólidos), o que é possível com o uso de balanças de precisão, há também a necessidade de se medir com exatidão o volume de líquidos.

O quadro a seguir ilustra alguns dos principais equipamentos de laboratório e os procedimentos nos quais são mais utilizados.

FOTOS: SÉRGIO DOTTA JR./CID

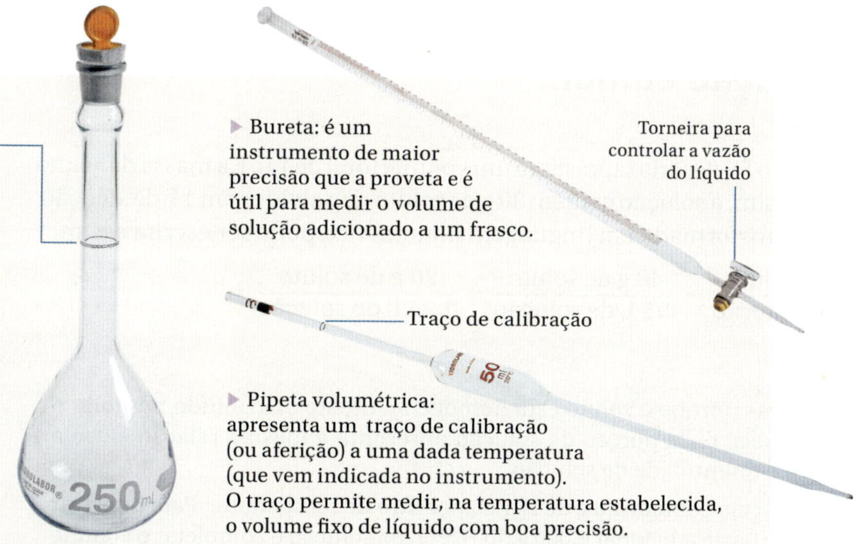

▸ Balão volumétrico: apresenta um traço de calibração a uma certa temperatura. Assim como a pipeta volumétrica, esse balão permite medir com boa precisão, na temperatura indicada, um dado volume de líquido. Nos laboratórios são comuns balões de 50 mL, 100 mL, 250 mL, 500 mL, 1.000 mL e 2.000 mL.

▸ Bureta: é um instrumento de maior precisão que a proveta e é útil para medir o volume de solução adicionado a um frasco.

▸ Pipeta volumétrica: apresenta um traço de calibração (ou aferição) a uma dada temperatura (que vem indicada no instrumento). O traço permite medir, na temperatura estabelecida, o volume fixo de líquido com boa precisão.

1.1 O preparo de uma solução aquosa em laboratório

Observe nas fotos abaixo o preparo de uma solução aquosa de NaOH.

FOTOS: SÉRGIO DOTTA JR./CID

▴ Massa de soluto = 80 g
M(NaOH) = 40 g · mol^{-1}

O soluto é transferido para o frasco e, em seguida, adiciona-se um pouco de água destilada e agita-se até que todo o sólido se dissolva.

Finalmente, acrescenta-se água com auxílio de uma pisseta até atingir a marca de 1.000 mL.

▴ Adição de água destilada até a marca de 1 L.

▴ A solução preparada contém 80 g de soluto dissolvidos em 1,0 L de solução.

ATENÇÃO

NaOH não deve ser manipulado sem orientação e supervisão adequada.

É um sólido branco que provoca queimaduras na pele e nos olhos. Se ingerido, causa sérias lesões internas.

Sua solução aquosa também oferece esses riscos e **NÃO** deve ter contato com a pele, as mucosas e os olhos. Óculos de segurança, luvas e aventais protetores são obrigatórios.

Os químicos possuem uma **linguagem verbal** específica para representar a solução preparada. Observe a seguir que existem diferentes maneiras de se referir a uma determinada solução:

- A solução preparada contém 80 g de soluto dissolvidos em 1.000 mL de solução.
- A solução preparada contém 80 g de soluto dissolvidos em uma quantidade de água suficiente para 1,0 L de solução.
- A solução preparada contém 80 g de soluto dissolvidos em 1,0 L de solução.
- A solução preparada contém 40 g de soluto dissolvidos em 0,5 L de solução.
- A solução preparada contém 20 g de soluto dissolvidos em 0,25 L de solução.

As frases acima, embora diferentes, dizem respeito à mesma solução.

ATENÇÃO

Os experimentos descritos neste capítulo são enfocados por sua importância para o estudo da Química. **Nenhum** experimento deve ser realizado por conta própria.

A eventual realização deve ter **autorização** e **supervisão** do(a) professor(a).

O frasco com a solução preparada deve ser tampado e **rotulado** para indicar o conteúdo.

Assim, os químicos, ao rotularem um frasco para informar o conteúdo, em vez de frases, adotam uma **linguagem matemática**, que utiliza **frações** com a finalidade de **representar quantitativamente os componentes da solução**, ou seja, a **concentração da solução**.

O estudo dessa linguagem matemática é chamado em química de **estudo da concentração das soluções**.

2 Concentração comum

A solução cujo preparo foi descrito apresenta um volume total de 1 L. E a massa de soluto nela presente é de 80 g. Assim, a solução contém 80 g de soluto dissolvidos em 1 L de solução, informação que ao ser transformada em linguagem matemática pode ser escrita assim:

$$\frac{80\ \text{g de soluto}}{1,0\ \text{L de solução}} = \frac{40\ \text{g de soluto}}{0,5\ \text{L de solução}} = \frac{20\ \text{g de soluto}}{0,25\ \text{L de solução}} = \ldots$$

As frações são idênticas porque o soluto está homogeneamente distribuído por todo o volume da solução, ou seja, cada porção da solução apresenta a mesma relação entre a quantidade de soluto e a quantidade de solução.

Certo refrigerante tipo cola contém 1,0 g de H_3PO_4 por litro de refrigerante. Para preparar 8.000 L desse refrigerante basta adicionar 8.000 g do H_3PO_4 na solução e completar o volume até 8.000 L.

Generalizando, uma das maneiras usadas pelos químicos para expressar a **concentração** de uma solução é por meio da massa de soluto dissolvida em certo volume dessa solução, grandeza que no ensino médio brasileiro é frequentemente denominada **concentração comum**.

Em palavras: **A concentração comum de uma solução expressa a massa de soluto presente num certo volume de solução.**

Em equação:

$$C = \frac{m_{\text{soluto}}}{V_{\text{solução}}}$$

Dois comentários são importantes sobre esse conceito.

Primeiro, a unidade da concentração comum será composta de uma unidade de massa qualquer (mg, g, kg, t etc.) dividida por uma unidade de volume qualquer (cm^3, mL, dm^3, L, m^3 etc.).

Segundo, o volume que se leva em conta nessa definição **não** é o volume de solvente usado para fazer a solução, mas **sim** o **volume da solução**.

Vejamos agora **a leitura do rótulo** identificador de uma solução aquosa contida em um frasco.

No rótulo do frasco estão as seguintes informações:

NaOH (aq)
C = 80 g/L

NaOH (aq) indica que a substância dissolvida (soluto) é o NaOH e que o solvente é a água. **C = 80 g/L** indica uma solução aquosa de NaOH de concentração igual a 80 g/L.

Um ponto importante referente ao tema deste capítulo é a correta interpretação de informações contidas em rótulos que expressem concentração de soluções. Se, no rótulo de um frasco que contém uma solução aquosa, está a informação de que ela tem concentração 80 g/L, isso deve ser interpretado como: existem 80 g de soluto em cada litro de solução. Abaixo você encontra um exemplo de rótulo para interpretar. Outros exemplos aparecerão ao longo do capítulo.

Interprete o rótulo do frasco

Dê especial importância aos seguintes pontos:

- ✔ Qual é o solvente?
- ✔ Qual é o soluto?
- ✔ Quanto há de soluto em cada litro de solução?
- ✔ Quantos mg de soluto há em cada mL de solução?
- ✔ Como pode ter sido preparada essa solução?

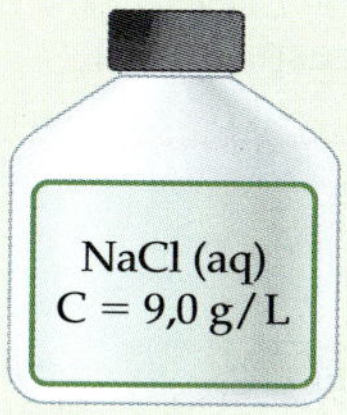

Exercícios essenciais

A critério do(a) professor(a) esta lista de exercícios poderá ser realizada em classe ou em casa.

1. (UFRN) Uma das potencialidades econômicas do Rio Grande do Norte é a produção de sal marinho. O cloreto de sódio é obtido a partir da água do mar nas salinas construídas nas proximidades do litoral. De modo geral, a água do mar percorre diversos tanques de cristalização até alcançar uma concentração determinada. Suponha que, numa das etapas do processo, um técnico retirou 3 amostras de 500 mL de um tanque de cristalização, realizou a evaporação com cada amostra e anotou a massa de sal resultante na tabela a seguir:

Amostra	Volume da amostra (mL)	Massa de sal (g)
1	500	22
2	500	20
3	500	24

A concentração média das amostras será de:

a) 48 g/L **c)** 42 g/L
b) 44 g/L **d)** 40 g/L

2. (Cefet-CE) Com o objetivo de tornar mais agradáveis os refrigerantes do tipo "cola", é adicionado ácido fosfórico numa concentração de 0,6 g/litro de refrigerante. O número máximo de latinhas de 350 mL desses refrigerantes que um indivíduo de 84 kg pode ingerir, por dia, é:

Nota: é recomendado que o limite máximo de ingestão diária de ácido fosfórico seja de 5 mg/kg de peso corporal.

a) 1 **b)** 2 **c)** 3 **d)** 4 **e)** 5

3. (Mackenzie-SP) Têm-se cinco recipientes contendo soluções aquosas de cloreto de sódio.

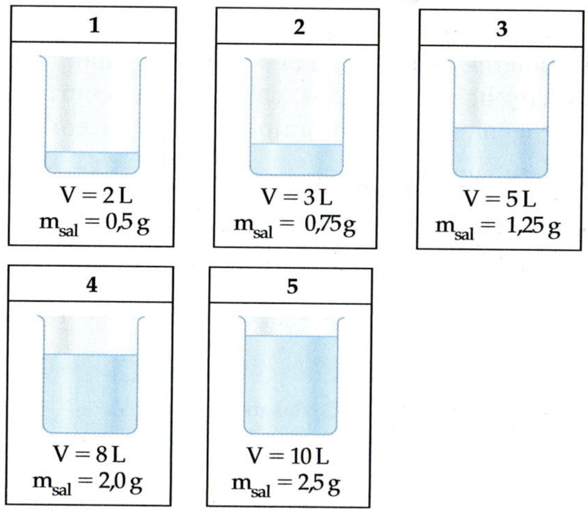

É correto afirmar que:

a) o recipiente 5 contém a solução menos concentrada.
b) o recipiente 1 contém a solução mais concentrada.
c) somente os recipientes 3 e 4 contêm soluções de igual concentração.
d) as cinco soluções têm a mesma concentração.
e) o recipiente 5 contém a solução mais concentrada.

4. (Enem-MEC) Os acidentes de trânsito, no Brasil, em sua maior parte são causados por erro do motorista. Em boa parte deles, o motivo é o fato de dirigir após o consumo de bebida alcoólica. A ingestão de uma lata de cerveja provoca uma concentração de aproximadamente 0,3 g/L de álcool no sangue. A tabela ao lado mostra os efeitos sobre o corpo humano provocados por bebidas alcoólicas em função de níveis de concentração de álcool no sangue.

Uma pessoa que tenha tomado três latas de cerveja provavelmente apresenta:

a) queda de atenção, de sensibilidade e das reações motoras.

b) aparente normalidade, mas com alterações clínicas.

c) confusão mental e falta de coordenação motora.

d) disfunção digestiva e desequilíbrio ao andar.

e) estupor e risco de parada respiratória.

Concentração de álcool no sangue (g/L)	Efeitos
0,1 — 0,5	Sem influência aparente, ainda que com alterações clínicas
0,3 — 1,2	Euforia suave, sociabilidade acentuada e queda da atenção
0,9 — 2,5	Excitação, perda de julgamento crítico, queda da sensibilidade e das reações motoras
1,8 — 3,0	Confusão mental e perda da coordenação motora
2,7 — 4,0	Estupor, apatia, vômitos e desequilíbrio ao andar
3,5 — 5,0	Coma e morte possível

(*Revista Pesquisa FAPESP*, nº 57, setembro 2000)

Exercícios adicionais

Seu(sua) professor(a) indicará quais exercícios deste bloco você deve fazer.

5. (Vunesp) Visando determinar a concentração de oxigênio dissolvido, um estudante colocou um pedaço de palha de aço (Fe^0) de massa conhecida dentro de uma garrafa PET, completou o volume com uma amostra de água de um lago e fechou a garrafa. Após uma semana, quando todo o oxigênio dissolvido já havia reagido com parte da palha de aço, o estudante abriu a garrafa e separou todo o sólido ($Fe^0 + Fe_2O_3$) por meio de filtração para uma nova determinação de massa. Os dados do experimento podem ser assim resumidos: volume da amostra de água = 2,0 L; massa inicial de Fe^0 = 3,0 g; massa final ($Fe^0 + Fe_2O_3$) = 3,12 g; massas molares: Fe = 56 g · mol^{-1} e O = 16 g · mol^{-1}.
Com base nos dados, calcule a concentração de oxigênio dissolvido na amostra de água, em mg · L^{-1}.

6. (PAS-USP) Os gráficos a seguir mostram a presença de álcool, detectada no sangue de 3 homens adultos, que pesam, em média, 75 kg. As curvas ilustram como seria a variação da concentração de álcool no sangue, em função do tempo, após a ingestão de cerveja.

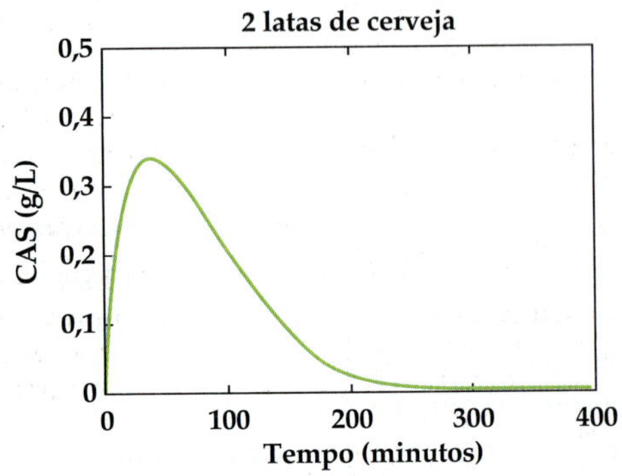

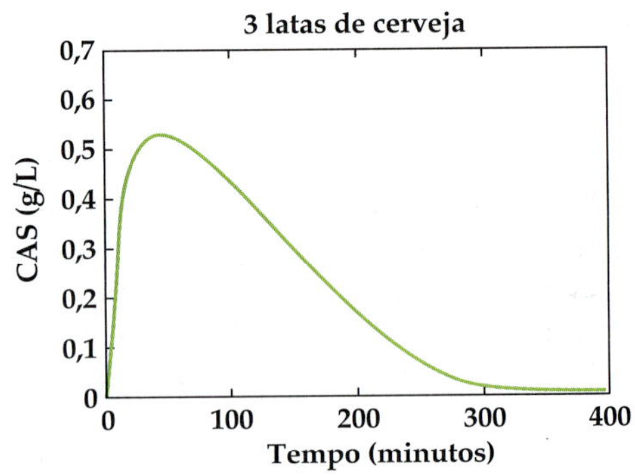

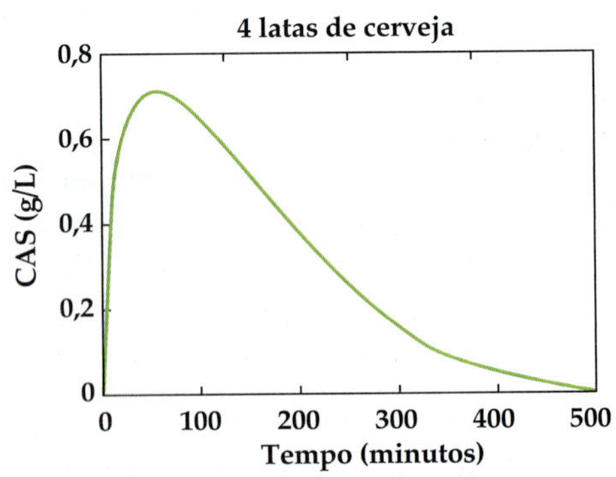

CAS = Concentração de álcool no sangue
1 lata = 350 mL

Escolha a alternativa que indica quanto tempo leva, aproximadamente, para que a concentração de álcool detectada no sangue volte a ser inferior a 0,1 g/L após o consumo, de forma ininterrupta, de 2, 3 e 4 latas de cerveja, respectivamente.

a) 1 hora, 1 hora e meia, 2 horas

b) 1 hora e meia, 2 horas, 4 horas

c) 2 horas, 3 horas, 4 horas

d) 2 horas, 4 horas, 5 horas e meia

e) 3 horas, 5 horas, 7 horas

7. (Enem-MEC) Todos os organismos necessitam de água e grande parte deles vive em rios, lagos e oceanos. Os processos biológicos, como respiração e fotossíntese, exercem profunda influência na química das águas naturais em todo o planeta. O oxigênio é ator dominante na química e na bioquímica da hidrosfera. Devido a sua baixa solubilidade em água (9,0 mg/L a 20 °C) a disponibilidade de oxigênio nos ecossistemas aquáticos estabelece o limite entre a vida aeróbica e anaeróbica. Nesse contexto, um parâmetro chamado Demanda Bioquímica de Oxigênio (DBO) foi definido para medir a quantidade de matéria orgânica presente em um sistema hídrico. A DBO corresponde à massa de O_2 em miligramas necessária para realizar a oxidação total do carbono orgânico em um litro de água.

BAIRD, C. *Química ambiental*. Bookmam, 2005 (adaptado).

Dados: Massas molares em g/mol: C = 12; H = 1; O = 16.

Suponha que 10 mg de açúcar (fórmula mínima CH_2O e massa molar igual a 30 g/mol) são dissolvidos em um litro de água; em quanto a DBO será aumentada?

a) 0,4 mg de O_2/litro
b) 1,7 mg de O_2/litro
c) 2,7 mg de O_2/litro
d) 9,4 mg de O_2/litro
e) 10,7 mg de O_2/litro

Comentário dos autores:

A equação química da oxidação do açúcar é:
$CH_2O + O_2 \rightarrow CO_2 + H_2O$

3 Densidade de solução × concentração comum

O conceito de densidade pode ser aplicado a uma substância pura ou a uma mistura. Pode, portanto, ser aplicado a uma mistura homogênea (solução).

Em palavras: **A densidade de uma solução é o resultado da divisão da sua massa pelo seu volume.**

Em equação:

$$d = \frac{m_{\text{solução}}}{V_{\text{solução}}}$$

Esteja atento para não confundir a concentração comum com a densidade da solução. A **concentração comum** expressa a **massa de soluto** presente em um certo volume de solução. Já a **densidade** de uma solução expressa a **massa total** (isto é, a de soluto mais a de solvente) de um certo volume de solução.

A densidade não é propriamente, portanto, uma maneira de expressar a concentração de uma solução, mas está relacionada a ela, pois, quando a concentração de soluto sofre variação, a densidade também varia.

A unidade empregada para a grandeza densidade é sempre composta de uma unidade de massa dividida por uma unidade de volume. Assim, podemos expressá-la em g/cm³, g/mL, kg/L, t/m³ etc.

Interprete o rótulo do frasco abaixo

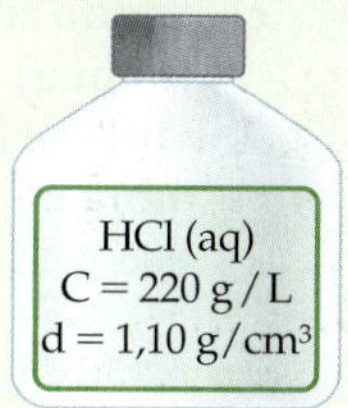

- Qual é o solvente?
- Qual é o soluto?
- Qual é a massa de cada cm³ de solução?
- Qual é a massa de cada dm³ de solução?
- Qual é a massa de soluto em cada dm³ de solução?

O densímetro

Existe mais de um modo de determinar a densidade de uma porção de matéria. Podemos, por exemplo, determinar massa e volume e dividir uma grandeza pela outra.

No caso de amostras líquidas, como é o caso das soluções aquosas, um método bastante conveniente é usar o **densímetro**. Trata-se de um tubo que flutua nos líquidos em geral. Quanto maior a densidade do líquido, maior a parte do densímetro que fica acima da superfície. A densidade do líquido é lida na escala graduada que existe no densímetro.

A urina é uma solução aquosa de vários solutos, entre os quais os mais abundantes são a ureia, o ácido úrico, a creatinina (esses três são produzidos quando o corpo processa substâncias que contêm nitrogênio, como é o caso das proteínas) e o cloreto de sódio.

A densidade da urina normal pode variar de 1,01 g/cm³ a 1,03 g/cm³. Algumas doenças podem provocar alterações nessa densidade. Pacientes diabéticos, por exemplo, produzem urina contendo concentração apreciável de glicose, o que faz com que a densidade dessa solução seja maior que a normal.

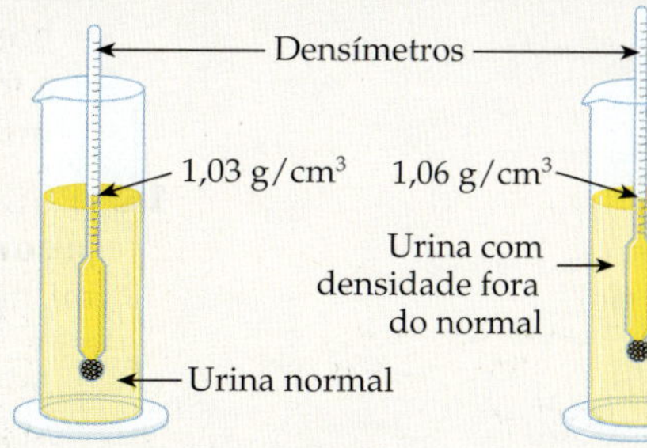

ATENÇÃO

O ácido clorídrico (solução aquosa do gás HCl) é extremamente corrosivo e desprende vapores tóxicos, que irritam a pele, os olhos, as mucosas e o sistema respiratório.

Sua manipulação é perigosa e NUNCA deve ser feita sem autorização e supervisão do(a) professor(a).

Óculos de segurança, luvas e aventais protetores são obrigatórios.

Exercícios essenciais

A critério do(a) professor(a) esta lista de exercícios poderá ser realizada em classe ou em casa.

Exercício Resolvido

8. Um frasco contém o seguinte rótulo:

H_2SO_4 (aq)
C = 165 g/L
d = 1,10 g/cm^3

a) Qual é a massa de 1,0 L dessa solução?

b) Qual é a massa de ácido presente em 1,0 L dessa solução?

c) Qual é a massa de água em 1,0 L dessa solução?

Resolução

a) A densidade informa que 1 cm^3 dessa solução tem massa 1,10 g. Assim, 1,0 L (1.000 cm^3) tem massa 1.100 g, ou 1,10 kg.

b) A concentração informa que cada litro de solução contém 165 g de soluto.

c) Sendo conhecida a massa de 1,0 L de solução (item **a**) e a massa de soluto presente nesse volume (item **b**), deduzimos que a massa de água é igual a 1.100 g menos 165 g, ou seja, 935 g.

9. 200 g de KOH ao serem dissolvidos em 800 mL de água forneceram 840 mL de solução. Calcule:

a) a concentração da solução expressa em g/L.

b) a densidade da solução expressa em g/L e em g/cm^3.

10. Uma solução cuja densidade é igual a 1,25 g/cm^3 foi preparada pela adição de 160 g de KI em 760 mL de água. Determine a concentração dessa solução expressa em g/dm^3.

11. Duas bolinhas, de cores e densidades diferentes, foram colocadas em três recipientes, totalmente preenchidos com álcool (d = 0,8 g/mL), água (d = 1 g/mL) e uma mistura de água e álcool. As três figuras representam a posição das bolinhas em cada caso, mas não necessariamente nessa ordem. Deduza, e justifique, qual o líquido presente em cada caso.

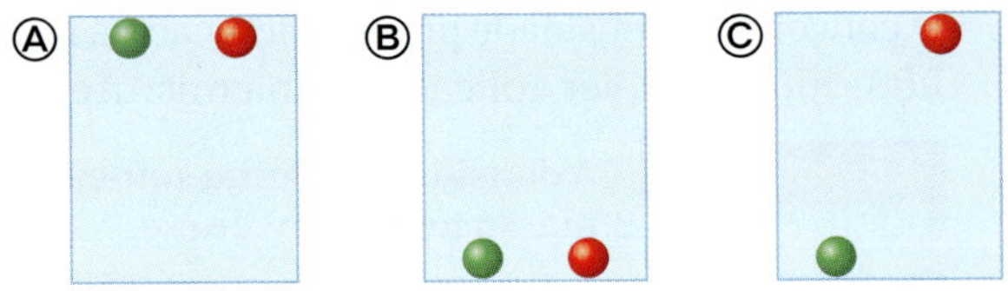

Exercícios adicionais

Seu(sua) professor(a) indicará quais exercícios deste bloco você deve fazer.

12. O líquido bastante corrosivo encontrado no interior de baterias de automóveis é, na realidade, uma solução aquosa de H_2SO_4 de densidade igual a 1,26 g/cm^3. Uma fábrica de baterias, após receber um lote da referida solução, usou um densímetro para verificar se a densidade dessa solução atendia às especificações. O resultado aparece ilustrado abaixo. Sabendo-se que a solução da bateria contém somente H_2SO_4 e água destilada, e que a densidade do ácido puro é maior que a da água pura, como o dono da fábrica de baterias poderá contornar o problema fazendo com que a solução tenha a densidade desejada?

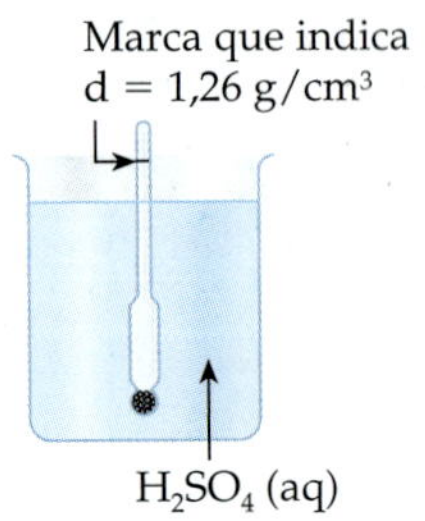

13. (UFJF-MG) Uma solução de amoníaco (hidróxido de amônio) é preparada a partir da dissolução do gás amônia em água, de acordo com a seguinte reação:

$$NH_3\,(g) + H_2O\,(l) \rightleftharpoons NH_4OH\,(aq) \rightleftharpoons NH_4^+\,(aq) + OH^-\,(aq)$$

a) A solução comercial de hidróxido de amônio tem d = 0,91 g/cm^3. Qual é a massa da solução, em gramas, que corresponde a 1,5 L dessa solução?

b) O que aconteceria se adicionássemos algumas gotas de uma solução de fenolftaleína à solução comercial de hidróxido de amônio?

c) Classifique a ligação N—H, do NH_3, quanto a sua polaridade. Escreva a fórmula de Lewis ou fórmula eletrônica do íon amônio.

d) A reação entre o hidróxido de amônio e o ácido carbônico forma o carbonato de amônio e água. Escreva a fórmula do carbonato de amônio e a qual função inorgânica ele pertence.

14. (PUC-PR) O Brasil é o maior produtor de suco de laranja do mundo, com um volume de aproximadamente 1,2 milhão de toneladas por ano. Um composto de grande interesse bioquímico presente nesse suco é o ácido ascórbico ou vitamina C ($C_6H_8O_6$). De acordo com o químico Linus Pauling (Prêmio Nobel de Química em 1954), com uma ingestão diária de 10 g dessa vitamina, observaríamos um grande efeito de longevidade devido às suas propriedades antioxidantes. No entanto, o ácido ascórbico presente no suco de laranja pode ser facilmente oxidado pelo oxigênio do ar segundo a reação:

Desconsiderando esse processo oxidativo e levando-se em conta que cada 100 g de suco de laranja apresenta, em média, 40 mg de ácido ascórbico, qual seria a quantidade de suco de laranja (d = 1,12 g · mL^{-1}) a ser consumida diariamente para a obtenção da dose sugerida por Pauling?

a) 2,5 L
b) 10 kg
c) 22,3 L
d) 5 laranjas
e) 1.400 mg

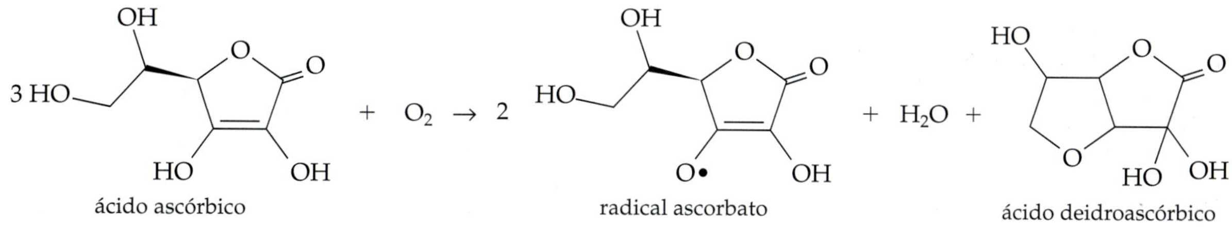

4 Concentração em quantidade de matéria

No SI, a quantidade de matéria (n) é expressa por meio da unidade **mol**. Veja, a seguir, algumas das vantagens de se conhecer a quantidade de matéria (expressa em mol) de uma substância:

- Está diretamente relacionada à quantidade de partículas microscópicas (átomos, moléculas, íons etc.).
- As quantidades em mols de reagentes e produtos de uma reação química obedecem à proporção revelada pelos coeficientes estequiométricos na equação.

Assim, uma maneira extremamente conveniente de expressar a concentração de uma solução é por meio da quantidade de matéria (expressa em mol) de soluto presente em um certo volume de solução.

Observe abaixo o preparo de uma solução aquosa.

▲ Massa do soluto = 80 g
M(NaOH) = 40 g · mol^{-1}
n_{soluto} = 2 mol

O soluto é transferido para o frasco e, em seguida, adiciona-se um pouco de água destilada e agita-se até que todo o sólido se dissolva.

Finalmente, acrescenta-se água com auxílio de uma pisseta até atingir a marca de 1.000 mL.

▲ Adição de água destilada até a marca de 1 L.

NaOH (aq) indica que a substância dissolvida (soluto) é o NaOH e que o solvente é a água.

A solução preparada contém 80 g ou 2 mol de soluto dissolvidos em 1 L de solução.

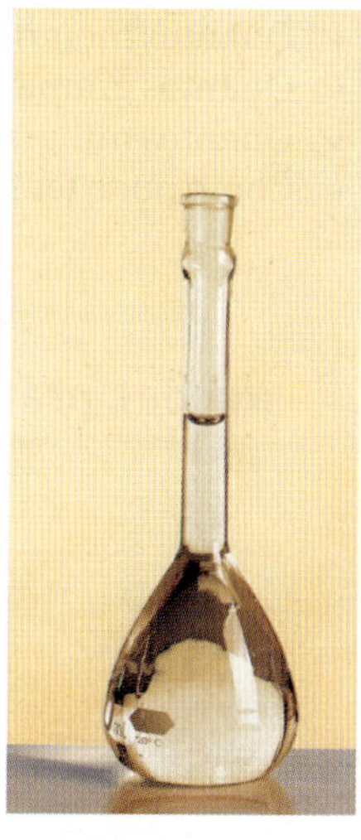

▲ NaOH (aq)

FOTOS: SÉRGIO DOTTA JR./CID

Vamos novamente utilizar uma **linguagem matemática** para representar a solução preparada, ou seja, uma nova expressão de concentração. Essa solução contém 2 mol de soluto dissolvidos em 1,0 L de solução:

$$\frac{2 \text{ mol de soluto}}{1{,}0 \text{ L de solução}} = \frac{1 \text{ mol de soluto}}{0{,}5 \text{ L de solução}} = \frac{0{,}5 \text{ mol de soluto}}{0{,}25 \text{ L de solução}} = \ldots$$

As frações são idênticas porque o soluto está homogeneamente distribuído por todo o volume da solução.

Expressar a **concentração em quantidade de matéria** de uma solução nada mais é do que dizer quantos mols de soluto há em cada litro de solução.

Anteriormente, a concentração em quantidade de matéria recebia outros nomes: **molaridade** ou **concentração molar**. Essas terminologias **não são recomendadas**. Porém, ainda são usadas por alguns químicos e é conveniente acostumar-se também com elas.

Neste livro, vamos usar o símbolo $\mathcal{M}$ para representar a grandeza concentração em quantidade de matéria.

Em palavras: **A concentração em quantidade de matéria de uma solução expressa a quantidade em mols de soluto presente em cada decímetro cúbico de solução.**

Em equação:

$$\mathcal{M} = \frac{n_{\text{soluto}}}{V_{\text{solução}}}$$

Nessa expressão, o volume da solução deve ser em **decímetro cúbico**, ou **litro**. Assim, a unidade para expressar a concentração em quantidade de matéria é **mol/dm³**, ou **mol/L**.

No passado foi comum chamar a unidade mol/L de "molar" e representá-la por "M". Assim, a concentração 2,0 mol/L era representada por 2,0 M (lê-se: dois molar). Embora **não se recomende** mais usar a expressão molar e o símbolo M (mas sim mol/dm³), ainda é costume de alguns químicos fazê-lo, razão pela qual é útil conhecer também essa representação.

Interprete o rótulo do frasco

- ✔ Qual é o solvente?
- ✔ Qual é o soluto?
- ✔ Quantos mols de soluto há por litro de solução?
- ✔ Quantos gramas de soluto há por litro de solução?
- ✔ Quantos miligramas de soluto há em cada mililitro de solução?
- ✔ Como pode ter sido preparada essa solução?

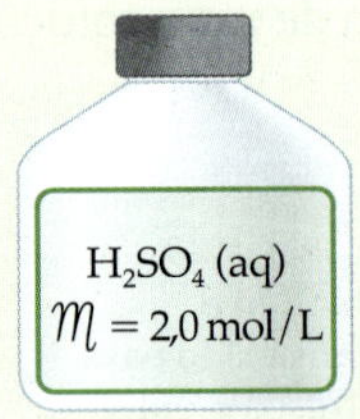

Noções práticas com materiais caseiros

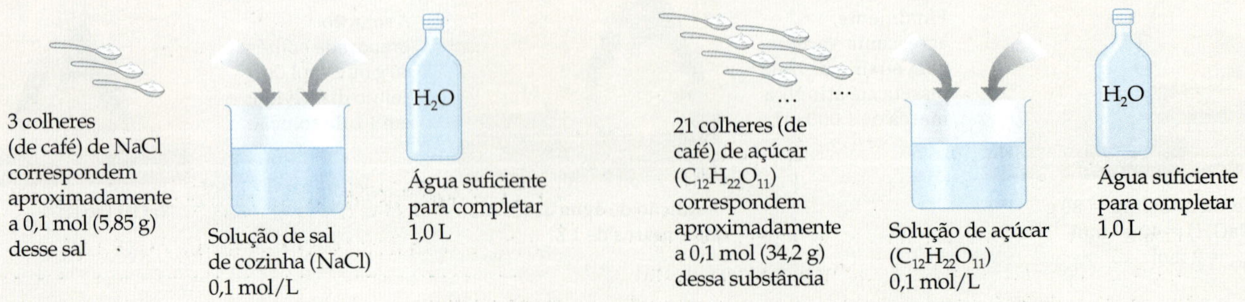

Exercícios essenciais

A critério do(a) professor(a) esta lista de exercícios poderá ser realizada em classe ou em casa.

15. No rótulo de um frasco de laboratório, contendo um líquido incolor, lê-se o seguinte:

HNO_3 (aq) $\mathcal{M} = 0,1$ mol/L

Acerca do conteúdo desse frasco:

a) qual é o soluto e qual é o solvente?

b) quantos mols de soluto há em um litro de solução?

c) qual é a massa da quantidade respondida no item anterior?

d) quantos mols de soluto há em 500 mL de solução?

e) qual é a massa da quantidade respondida no item anterior?

f) expresse a concentração dessa solução em g/L.

16. Explique como você procederia, em um laboratório adequadamente equipado, para preparar uma solução aquosa 0,10 mol/L de sacarose (açúcar de cana, $C_{12}H_{22}O_{11}$). A massa molar da sacarose é 342 g/mol.

17. Para preparar uma solução aquosa destinada à administração endovenosa ("dentro da veia"), um técnico pesou 30 g de um medicamento sólido, transferiu essa amostra para um balão volumétrico de 200 mL, acrescentou um pouco de água destilada e agitou até que o sólido se dissolvesse totalmente. A seguir, completou com água destilada até a marca do balão. Tudo isso foi feito em condições laboratoriais adequadas de assepsia (ausência de microrganismos e impurezas).

a) Expresse a concentração da solução em g/L.

b) Qual é o volume dessa solução que deve ser administrado em um paciente a fim de que ele receba a dose de 750 mg do medicamento?

c) A massa molar desse medicamento é 120 g/mol. Expresse a concentração da solução preparada, em mol/L.

18. (Enem-MEC) Ao colocar um pouco de açúcar na água e mexer até a obtenção de uma só fase, prepara-se uma solução. O mesmo acontece ao se adicionar um pouquinho de sal à água e misturar bem. Uma substância capaz de dissolver o soluto é denominada solvente; por exemplo, a água é um solvente para o açúcar, para o sal e para várias outras substâncias. A figura a seguir ilustra essa citação.

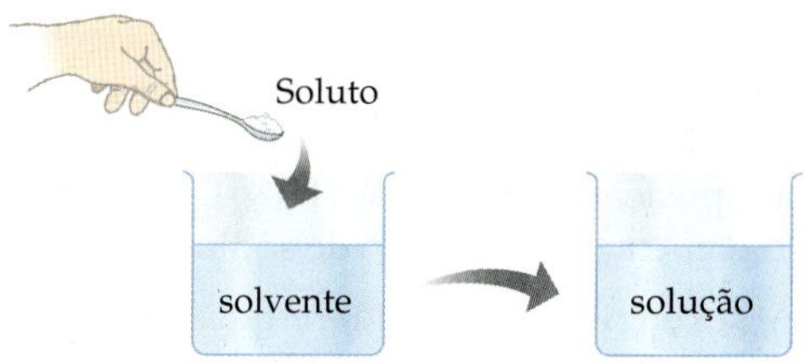

Disponível em: www.sobiologia.com.br. Acesso em: 27 abr. 2010.

Suponha que uma pessoa, para adoçar seu cafezinho, tenha utilizado 3,42 g de sacarose (massa molar igual a 342 g/mol) para uma xícara de 50 mL do líquido. Qual é a concentração final, em mol/L, de sacarose nesse cafezinho?

a) 0,02 **b)** 0,2 **c)** 2 **d)** 200 **e)** 2.000

19. (PUC-MG) O permanganato de potássio ($KMnO_4$) pode ser utilizado como germicida no tratamento de queimaduras e feridas de um modo geral. A massa de permanganato de potássio necessária para prepararmos 500 mL de solução 0,01 mol/L, utilizada para esse fim, em gramas, é:

a) 0,79 **b)** 1,58 **c)** 7,90 **d)** 15,8

20. (Ufal) O oxalato de cálcio, CaC_2O_4, é encontrado nas folhas do espinafre, nas sementes do tomate e é um dos constituintes das pedras formadas nos rins (cálculo renal). Sabendo que 60 mL de uma solução contêm 0,1536 g de oxalato de cálcio, determine a concentração desse sal em mol/L.

a) 2,0 **b)** 1,50 **c)** 0,68 **d)** 0,02 **e)** 0,04

21. (Unicamp-SP)* Bem de manhã, Dina foi muito enfática: "Não se esqueça de verificar o resultado do exame de sangue do Pipetão antes de escolher a ração adequada. Lembre-se de que os níveis de ureia e de creatinina são importantes na avaliação da saúde do animal!" Omar deu uma olhada no exame e o resultado indicava $1,20 \cdot 10^{-4}$ mol de creatinina por litro de sangue. Os valores de referência, como Rango sabia, seriam aceitáveis na faixa de 0,5 a 1,5 mg $\cdot$ dL^{-1}. A comparação permitiu que ele decidisse entre uma ração normal e uma indicada para cães com insuficiência renal.

a) Qual foi o tipo de ração escolhido por Omar na alimentação do Pipetão? Justifique.

b) Dina disse que o exame de sangue pode avaliar o nível de ureia. Sabe-se que esse nível é influenciado pela dieta alimentar. Nas embalagens de rações para animais, são dadas informações quantitativas de: umidade, proteína bruta, fibras, gorduras, matéria inorgânica, cálcio e fósforo. Se o Pipetão estivesse com o nível de ureia no sangue acima do limite normal, com qual dessas informações Rango deveria se preocupar ao escolher a ração mais adequada? Justifique.

Dado: Fórmula estrutural da creatinina:

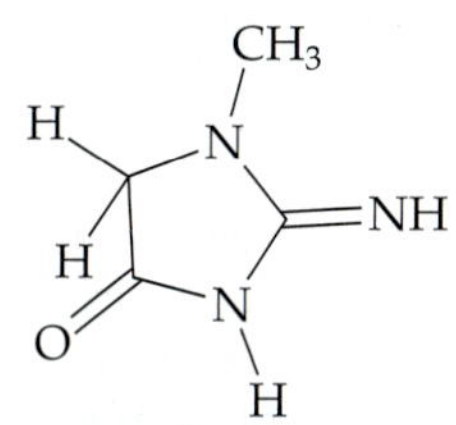

Comentário dos autores:

A fórmula molecular da creatinina é $C_4H_7N_3O$.

* Questão extraída de uma prova que envolve uma narrativa ficcional. As perguntas que aparecem na história são as questões a serem respondidas.

Comentário dos autores:

Nos exercícios a seguir, você trabalhará com a concentração em quantidade de matéria de íons em solução aquosa.

Exercícios Resolvidos

22. Calcule a concentração em quantidade de matéria dos íons Ca^{2+} (aq) e Cl^{-} (aq) em uma solução 1,0 mol/L de $CaCl_2$ (aq).

➤ Resolução

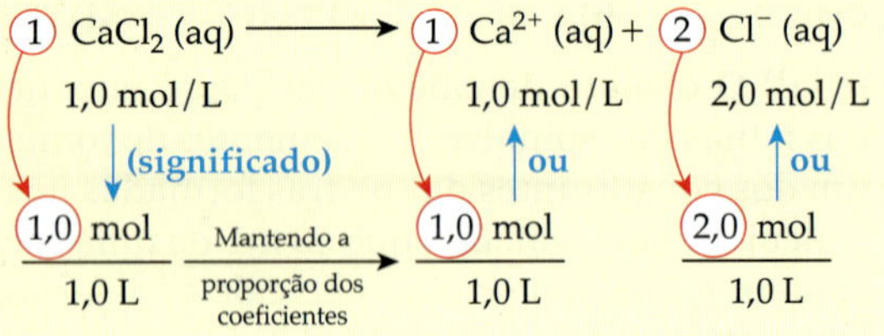

$[Ca^{2+}] = 1{,}0$ mol/L $[Cl^{-}] = 2{,}0$ mol/L

A simbologia [ ] representa a concentração em quantidade de matéria da espécie indicada entre colchetes. Assim, por exemplo, $[Ca^{2+}]$ é o mesmo que $\mathcal{M}(Ca^{2+})$.

23. Calcule a concentração em quantidade de matéria dos íons Ce^{3+} (aq) e SO_4^{2-} (aq) em uma solução 2,0 mol/L de $Ce_2(SO_4)_3$ (aq).

➤ Resolução

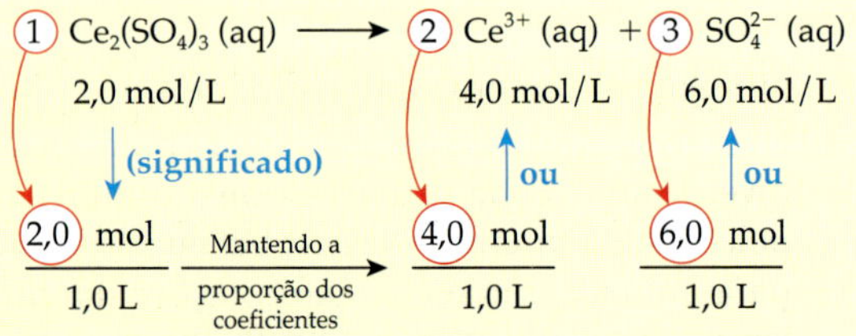

$[Ce^{3+}] = 4{,}0$ mol/L $[SO_4^{2-}] = 6{,}0$ mol/L

24. Dissolveu-se carbonato de sódio em água, obtendo-se uma solução 0,3 mol/L. Qual é a concentração, em mol/L, de íons sódio e de íons carbonato nessa solução?

25. (PUC-RJ) É possível conhecer a concentração de uma espécie iônica em solução aquosa a partir do conhecimento da concentração de soluto e se o soluto dissolvido dissocia-se ou ioniza-se por completo.
Uma solução de sulfato de sódio, Na_2SO_4, possui concentração em quantidade de matéria igual a 0,3 mol · L^{-1}. Nessa solução, a concentração em quantidade de matéria da espécie Na^{+} é:

a) 0,2 mol · L^{-1}
b) 0,3 mol · L^{-1}
c) 0,6 mol · L^{-1}
d) 0,8 mol · L^{-1}
e) 0,9 mol · L^{-1}

26. (ITA-SP) Nas condições ambientes, a 1 L de água pura, adiciona-se 0,01 mol de cada uma das substâncias A e B descritas nas opções abaixo. Dentre elas, qual solução apresenta a maior condutividade elétrica?

a) A = NaCl e B = $AgNO_3$
b) A = HCl e B = NaOH
c) A = HCl e B = CH_3COONa
d) A = KI e B = $Pb(NO_3)_2$
e) A = $Cu(NO_3)_2$ e B = $ZnCl_2$

Comentário dos autores:

Pode haver reação entre os solutos, produzindo precipitado ou produto pouco ionizado/dissociado (um ácido fraco, por exemplo).

A condutividade elétrica de uma solução é proporcional à concentração em mol/L de cargas elétricas dos íons dissolvidos. (Por exemplo, um íon bivalente aquoso contribui mais para a condutividade elétrica do que um íon monovalente aquoso.) Tanto faz considerar a concentração em mol/L de carga positiva ou a de carga negativa, pois são iguais; uma solução é eletricamente neutra.

Exercícios adicionais

Seu(sua) professor(a) indicará quais exercícios deste bloco você deve fazer.

27. (Vunesp) O teor de vitamina C em uma determinada bebida de soja com sabor morango foi determinado como sendo de 30 mg em uma porção de 200 mL. Dada a massa molar da vitamina C, 176 g · mol^{-1}, qual a sua concentração nessa bebida, em mmol · L^{-1}?

a) 0,15 **c)** 0,85 **e)** 17
b) 0,17 **d)** 8,5

Comentário dos autores:

1 mmol = 1 milimol = 10^{-3} mol

28. (UFRRJ) Calcule a massa de sal necessária para produzir 10,0 litros de soro caseiro, sabendo-se que na sua composição utilizam-se 11,0 g/L de sacarose e que a concentração de cloreto de sódio é 0,06 M.

29. (Mackenzie-SP) Considere que a concentração de NaCl na água do mar é de 0,45 mol/L. A partir de 40 m^3 de água do mar, a quantidade máxima de NaCl que pode ser obtida é:

Dado: massa molar (g/mol) Na = 23, Cl = 35,5

a) 26,3 kg
b) 1.053,0 kg
c) 58,5 kg
d) 18,0 kg
e) 2.630,0 kg

30. (Ufal) As reações biológicas quase sempre ocorrem na presença de enzimas, que são catalisadores poderosos. A anidrase carbônica é uma enzima que catalisa a hidratação do CO_2:

$$CO_2\,(g) + H_2O\,(l) \rightarrow H_2CO_3\,(aq)$$

Esta é uma reação crítica, presente na transferência do dióxido de carbono nos tecidos para os pulmões, por intermédio da corrente sanguínea. Uma molécula da enzima hidrata cerca de 10^6 moléculas de CO_2 por segundo. Quantos quilogramas de CO_2 são hidratados em 1 h, em 1,0 L de solução $5 \cdot 10^{-6}$ M na enzima?

a) 80 kg/L · h
b) 120 kg/L · h
c) 200 kg/L · h
d) 500 kg/L · h
e) 800 kg/L · h

31. (UEL-PR) Um químico ambiental, para analisar fósforo e nitrogênio numa amostra de água coletada no lago Igapó, situado na cidade de Londrina, necessita preparar duas soluções: uma de fosfato diácido de potássio (KH_2PO_4) e outra de nitrato de potássio (KNO_3), ambas de mesma concentração em mol/L. Uma das soluções é preparada adicionando-se água a 13,6 g de KH_2PO_4 até o volume final de 500 mL. A outra deve ser preparada pela adição de água ao KNO_3 para obter 200 mL de solução. Massas molares (g/mol): KH_2PO_4 = 136; KNO_3 = 101. Com base nas informações, é correto afirmar que a massa necessária de KNO_3 é:

a) 13,6 g
b) 10,1 g
c) 5,44 g
d) 5,05 g
e) 4,04 g

32. (Unicamp-SP) Apesar dos problemas que traz, o automóvel é um grande facilitador de comunicação. Já em meados do século XX, a participação do automóvel na sociedade humana estava muito bem estabelecida. Até recentemente, para aumentar a octanagem da gasolina (e por interesses de grupos econômicos), nela era adicionado um composto de chumbo. Quando a sociedade percebeu os males que o chumbo liberado na atmosfera trazia, ocorreram pressões sociais que levaram, pouco a pouco, ao abandono desse aditivo.

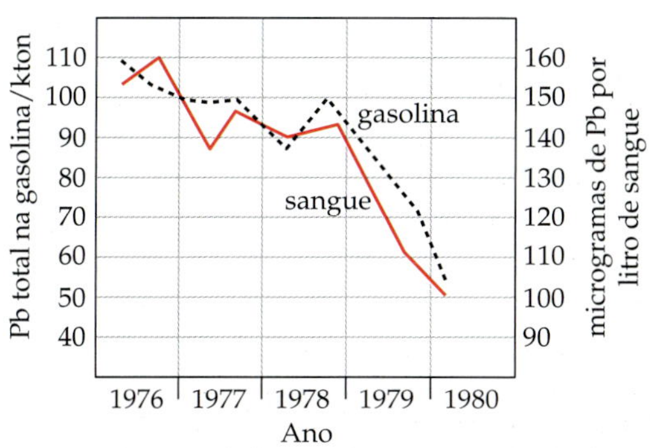

O gráfico mostra uma comparação entre a concentração média de chumbo, por indivíduo, encontrada no sangue de uma população, em determinado lugar, e a quantidade total de chumbo adicionado na gasolina, entre os anos de 1976 e 1980.

a) Sabendo-se que o composto de chumbo usado era o tetraetilchumbo [$Pb(C_2H_5)_4$] e que esse entrava na corrente sanguínea sem se alterar, qual era a concentração média (em mol · L^{-1}) desse composto no sangue de um indivíduo em meados de 1979?

b) "O fato de a curva referente à gasolina quase se sobrepor à do sangue significa que todo o chumbo emitido pela queima da gasolina foi absorvido pelos seres humanos." Você concorda com essa afirmação? Responda sim ou não e justifique com base apenas no gráfico.

33. (PUC-RS) Para responder a esta questão, analise as concentrações dos íons abaixo, que estão expressas em mg/L no rótulo de uma garrafa de água mineral.
1 – Nitrato (NO_3^-) = 6,0
2 – Sódio (Na^+) = 18,0
3 – Cálcio (Ca^{2+}) = 20,0
A ordem **crescente** das concentrações dos íons presentes na água mineral, em mol/L, é:

a) 1, 2, 3
b) 1, 3, 2
c) 2, 1, 3
d) 2, 3, 1
e) 3, 1, 2

34. (Mackenzie-SP) Estudo realizado pela Faculdade de Odontologia da USP de Bauru encontrou em águas engarrafadas, comercializadas na cidade de São Paulo, níveis de flúor acima do permitido pela lei.
Se consumido em grande quantidade, o flúor provoca desde manchas até buracos nos dentes. A concentração máxima de íons fluoreto na água para beber é de $4,2 \cdot 10^{-5}$ mol/L, quantidade essa que corresponde aproximadamente a:

Dado: massa molar do flúor: 19 g/mol

a) $4,2 \cdot 10^{-2}$ mg/L
b) $2,2 \cdot 10^{-2}$ mg/L
c) $1,6 \cdot 10^{-1}$ mg/L
d) $1,9 \cdot 10^{-4}$ mg/L
e) $8,0 \cdot 10^{-1}$ mg/L

35. (Fatec-SP) Pacientes com anemia nutricional por carência de ferro recebem suplemento de ferro gratuitamente nos postos de saúde. Na embalagem de um suplemento de ferro lê-se que em cada copo-medida (20 mL) há 27,8 mg de sulfato ferroso hepta-hidratado. A concentração, em mol/L, de íons Fe^{+2} (aq) nesse suplemento é, aproximadamente:
Dados: Massas molares (g/mol): H = 1; O = 16; S = 32; Fe = 56

a) $2,0 \cdot 10^{-1}$
b) $2,5 \cdot 10^{-2}$
c) $5 \cdot 10^{-3}$
d) $4 \cdot 10^{-4}$
e) $3 \cdot 10^{-5}$

36. (Enem-MEC) Para testar o uso do algicida sulfato de cobre em tanques para criação de camarões, estudou-se, em aquário, a resistência desses organismos a diferentes concentrações de íons cobre (representados por Cu^{2+}). Os gráficos relacionam a mortandade de camarões com a concentração de Cu^{2+} e com o tempo de exposição a esses íons.

GRÁFICO I

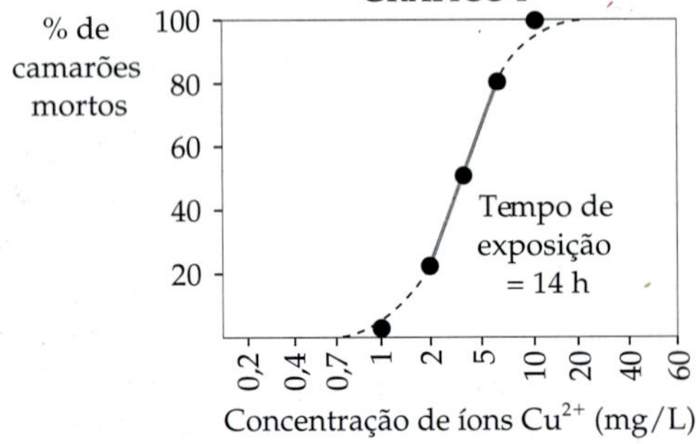

GRÁFICO II

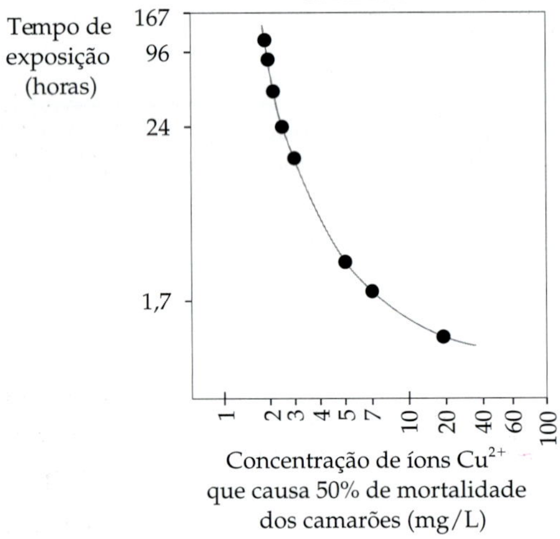

Adaptado de VOWLES, P. D. e CONNELL, D. W. *Experiments in environmental chemistry*: a laboratory manual. Oxford: Pergamon Press, 1980.

Se os camarões utilizados na experiência fossem introduzidos num tanque de criação contendo 20.000 L de água tratada com sulfato de cobre, em quantidade suficiente para fornecer 50 g de íons cobre, estariam vivos, após 24 horas, cerca de:

a) 1/5
b) 1/4
c) 1/2
d) 2/3
e) 3/4

37. (PUC-RJ) Água potável é a água considerada apropriada para consumo humano. Água mineral natural são águas provenientes de fontes naturais, própria para consumo humano, devendo ter características higiênicas naturais.

A análise de uma água mineral natural apresentou o seguinte laudo no que se refere à sua composição:

Composição química (mg/L)	
Estrôncio	0,067
Cálcio	17,48
Magnésio	6,54
Potássio	3,50
Sódio	8,74
Sulfatos	5,64
Bicarbonatos	103,7
Fluoretos	0,191
Nitratos	0,47
Cloretos	0,79
Fosfatos	0,09

Com auxílio da tabela periódica dos elementos e com as informações contidas no laudo, é correto afirmar que:

a) átomos de estrôncio, cálcio e magnésio possuem somente um elétron na camada de valência.

b) a maioria dos sais contendo íons potássio e sódio é muito pouco solúvel em água.

c) uma garrafa contendo 300 mL de água mineral contém 1,69 g de SO_4^{2-}.

d) a concentração em quantidade de matéria do bicarbonato (HCO_3^-) é $1,7 \cdot 10^{-3}$ mol · L^{-1}.

e) fluoretos são espécies que possuem oxigênio em sua composição química.

5 Título, porcentagem e partes por milhão

5.1 Título em massa

Imagine que você tenha adicionado 10 g de açúcar a 90 g de água e tenha mexido bem até total dissolução do açúcar. A massa total dessa solução será 100 g, dos quais 10 g é a parte correspondente ao soluto, o açúcar.

Em 50 g dessa solução há 5 g de açúcar. Em 20 g de solução há 2 g de açúcar e assim por diante.

$$\frac{\text{massa de soluto}}{\text{massa de solução}} = \frac{10\text{ g}}{100\text{ g}} = \frac{5\text{ g}}{50\text{ g}} = \frac{2\text{ g}}{20\text{ g}} = \dots = 0,10$$

Como se vê, a **relação** entre a massa de soluto presente em uma amostra dessa solução e a massa dessa amostra é sempre 0,10. A essa relação os químicos dão o nome de **título em massa**, grandeza que vamos representar por τ_m.

Em palavras: **O título em massa de uma solução expressa a relação entre a massa de soluto presente em uma amostra dessa solução e a massa total dessa amostra de solução.**

Em equação:

$$\tau_m = \frac{m_{soluto}}{m_{solução}}$$

5.2 Porcentagem em massa

Em uma solução aquosa de açúcar com $\tau_m = 0{,}10$, podemos dizer que a **porcentagem em massa** do soluto nessa solução é 10%.

$$\frac{\text{massa de soluto}}{\text{massa de solução}} = \frac{10\ g}{100\ g} = \frac{5\ g}{50\ g} = \frac{2\ g}{20\ g} = \cdots = 0{,}10 = \frac{10}{100} = 10\%$$

Quando o título em massa (τ_m) — que é um número adimensional (sem unidade), maior que zero e menor que um — é expresso em porcentagem, tem-se a **porcentagem em massa** do soluto na solução.

Interprete o rótulo do frasco abaixo

Quais as massas de solvente, de soluto e de solução presentes no frasco?

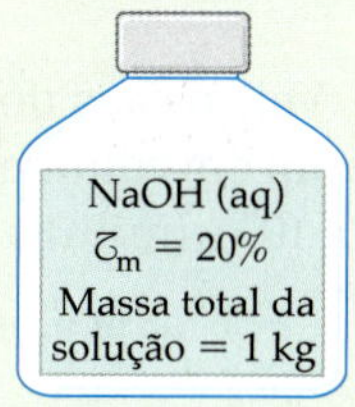

5.3 Título em volume

O **título em volume** (que simbolizaremos por τ_V) é uma grandeza que nos informa a fração do volume de uma solução que corresponde ao soluto. Assim, temos a seguinte definição:

Em palavras: **O título em volume de uma solução expressa a relação entre o volume de soluto presente em uma amostra dessa solução e o volume total dessa amostra de solução.**

Em equação:

$$\tau_V = \frac{V_{soluto}}{V_{solução}}$$

Imagine uma solução aquosa de álcool na qual o título em volume do álcool seja 0,25. Isso quer dizer que o volume de álcool corresponde a 0,25 do volume total da solução.

$$\frac{\text{volume de soluto}}{\text{volume de solução}} = \frac{25\ L}{100\ L} = \frac{12{,}5\ L}{50\ L} = \frac{25\ mL}{100\ mL} = \frac{2{,}5\ mL}{10\ mL} = \cdots = 0{,}25$$

Interprete o rótulo do frasco abaixo

Admita que a água é o solvente (apesar de presente em menor quantidade que o álcool) e que não haja contração de volume na mistura de água e álcool.

Quais os volumes de água e de álcool presentes no frasco?

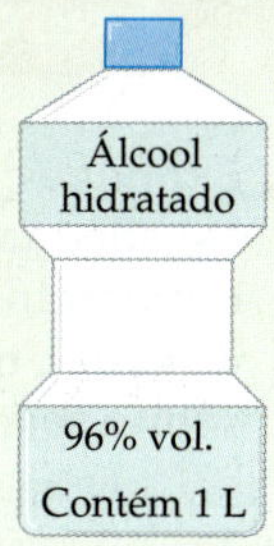

5.4 Porcentagem em volume

Na solução aquosa de álcool de $\tau_V = 0{,}25$ podemos (de modo análogo ao que fizemos com o título em massa) dizer que a porcentagem em volume do álcool nessa solução é 25%.

Quando o título em volume (τ_V) é expresso em porcentagem, tem-se a **porcentagem em volume** do soluto na solução.

5.5 Partes por milhão (ppm) em massa e em volume

Para um soluto em concentração muito pequena, o título ou a porcentagem são números muito pequenos. É comum, nessas situações, o uso da unidade **partes por milhão**, representada por **ppm**, que pode se referir ao título em massa ou ao título em volume. Vejamos um exemplo de cada.

Biblioteca do estudante
Texto complementar:
°INPM *versus* °GL

No controle de qualidade da água, há vários critérios para considerá-la própria ao consumo humano. Entre esses critérios está a concentração de íons chumbo (II) (Pb^{2+}), que não pode ser superior a 0,05 ppm **em massa**.

Isso significa que, se houver mais de 0,05 g de íons chumbo em 10^6 g (um milhão de gramas) de líquido, essa "água" é considerada imprópria para consumo. A concentração de 0,05 ppm em massa equivale a 0,000005% em massa, como demonstrado a seguir:

0,05 ppm em massa

$$\frac{\text{massa de soluto}}{\text{massa de solução}} = \frac{0{,}05\ \text{g}}{1.000.000\ \text{g}} = \frac{0{,}000005\ \text{g}}{100\ \text{g}} = \frac{0{,}000005}{100} = 0{,}000005\%$$

(numerador e denominador: $\div\ 10^4$)

Veja o caso do poluente CO no ar das cidades. Quando a concentração de CO atinge 30 ppm em volume, tem-se o estado de alerta. Essa concentração equivale a 30 L de CO em cada 10^6 L (milhão de litros) de ar, ou seja, a 0,003% em volume:

30 ppm em volume

$$\frac{\text{volume de soluto}}{\text{volume de solução}} = \frac{30\ \text{L}}{1.000.000\ \text{L}} = \frac{0{,}0030\ \text{L}}{100\ \text{L}} = \frac{0{,}0030}{100} = 0{,}003\%$$

(numerador e denominador: $\div\ 10^4$)

RENATO STOCKLER/FOLHAPRESS

▲ A concentração de poluentes do ar e da água é, por conveniência, frequentemente expressa em ppm, já que se trata de um valor que, se expresso em título ou porcentagem, é muito pequeno. Apesar da concentração relativamente "baixa", poluentes são suficientemente tóxicos para, com a exposição prolongada, produzirem sérios problemas de saúde.

Assim, estamos em condições de resolver o seguinte problema: quantos litros de CO uma pessoa inala em 9 mil litros de ar contendo 30 ppm de CO?

O cálculo pode ser feito por meio da seguinte regra de três:

Volume de ar		Volume de CO
$1 \cdot 10^6$ L	——	30 L
$9 \cdot 10^3$ L	——	x

$\Rightarrow x = 0{,}27\ \text{L} = 270\ \text{mL}$

Como você percebe, a unidade **ppm** é útil para expressar a concentração de soluções com baixa concentração de solutos. Para concentrações ainda menores, os químicos empregam as unidades **ppb** (partes por bilhão) e **ppt** (partes por trilhão). É útil lembrar que um milhão é 10^6, um bilhão é 10^9 e um trilhão é 10^{12}.

Biblioteca do estudante
Texto complementar:
O risco do monóxido de carbono

Exercícios essenciais

A critério do(a) professor(a) esta lista de exercícios poderá ser realizada em classe ou em casa.

38. Explique como você procederia, em um laboratório adequadamente equipado, para preparar um quilograma de solução aquosa de sacarose (açúcar de cana), na qual a porcentagem em massa desse soluto seja 10%.

Exercício Resolvido

39. Um frasco tem o rótulo mostrado abaixo. Determine a porcentagem em massa do soluto na solução.

H_2SO_4 (aq)
C = 165 g/L
d = 1,10 g/cm^3

Resolução

Vamos considerar uma amostra de um litro dessa solução. A densidade informa que 1 cm^3 dessa solução tem massa 1,10 g. Assim, 1 L (1.000 cm^3) dessa solução tem massa 1.100 g. E a concentração informa que cada litro de solução contém 165 g de soluto.

Dessa maneira, conhecemos a massa total da amostra de um litro de solução e também a massa de soluto nela presente. Assim:

Grandezas:	Massa		Porcentagem
	1.100 g	——	100%
	165 g	——	x

$\Rightarrow x = 15\%$

40. (UFSCar-SP) Para o combate da dengue, as Secretarias de Saúde orientam as pessoas para que não deixem água parada em vasos e plantas; estas devem ser regadas com solução de água sanitária contendo cerca de uma colher de sopa de água sanitária por litro de água. Um litro de água sanitária contém cerca de 0,34 mol de hipoclorito de sódio (NaOCl).
Qual é o teor percentual em massa de NaOCl (massa molar 74,5 g/mol) na água sanitária que tem densidade igual a 1,0 g/mL?

41. (Acafe-SC) A partir da análise de uma amostra de vinagre (solução aquosa de ácido acético), um químico anotou, no rótulo de uma embalagem, a seguinte informação: 4% *em v*.
Esse dado representa que:

a) há 4 mL de ácido acético em 1 L de água.

b) para cada 100 unidades volumétricas de água, 4 unidades correspondem ao ácido acético.

c) há 4 mg de ácido acético em 1 L de água.

d) para cada 100 unidades volumétricas de vinagre, 4 unidades correspondem ao ácido acético.

e) o ácido acético é concentrado.

Exercício Resolvido

42. Em 50 L de ar seco e isento de poluentes há 39 L de gás nitrogênio. Qual é o título em volume do nitrogênio no ar?

Resolução

Empregando a definição de título em volume, temos:

$$\tau_V = \frac{V_{soluto}}{V_{solução}} = \frac{39\ L}{50\ L} \Rightarrow \boxed{\tau_V = 0{,}78}$$

43. (Furg-RS) O rótulo de uma garrafa de 700 mL de vinho traz a sua graduação alcoólica: 10,8% em volume. Isso indica que, com relação à quantidade de álcool nesse vinho:

a) cada litro contém 10,8 mL.

b) cada garrafa contém 108,0 mL.

c) cada garrafa contém menos de 10,8 mL.

d) cada garrafa contém mais de 108,0 mL.

e) cada litro contém 108,0 mL.

44. (Ufes) Ao ser ingerido, o cianeto se distribui rapidamente pelos tecidos do corpo humano, ligando-se à hemoglobina. Um dos antídotos utilizados é o nitrito de sódio. Em uma pessoa intoxicada por cianeto, foram administrados intravenosamente 10 mL de nitrito de sódio a 3% p/v. A quantidade de nitrito de sódio, em mg, administrada a essa pessoa foi de:

a) 10 **b)** 30 **c)** 100 **d)** 300 **e)** 600

Comentário dos autores:

No exercício 44, a indicação "3% p/v" significa que a massa de soluto (g) dividida pelo volume de solução (mL) é igual a 0,03.

Exercício Resolvido

45. Em uma amostra de 100 L do ar de uma cidade há $2 \cdot 10^{-8}$ L do poluente SO_2. A quantas ppm, em volume, isso corresponde?

Resolução

Determinar a concentração de SO_2 expressa em ppm (partes por milhão) em volume consiste em determinar quantos litros de SO_2 estão presentes em um milhão de litros ($1 \cdot 10^6$ L) de ar. Assim:

Grandezas:

Volume de ar		**Volume de SO_2**
100 L	—	$2 \cdot 10^{-8}$ L
$1 \cdot 10^6$ L	—	x

$$\Rightarrow \boxed{x = 2 \cdot 10^{-4}\ L}$$

Então, se $2 \cdot 10^{-4}$ L de SO_2 estão presentes em um milhão de litros de ar, a concentração desse poluente é de $2 \cdot 10^{-4}$ ppm em volume.

46. (Univali-SC) A água potável não pode conter mais do que $5{,}0 \cdot 10^{-4}$ mg de mercúrio (Hg) por grama de água. Para evitar o inconveniente de usar números tão pequenos, o químico utiliza um recurso matemático, surgindo assim uma nova unidade de concentração: ppm (partes por milhão).

$$ppm = \frac{\text{massa do soluto em mg}}{\text{massa do solvente em kg}}$$

A quantidade máxima permitida de mercúrio na água potável corresponde a:

a) 0,005 ppm **b)** 0,05 ppm **c)** 0,5 ppm **d)** 5 ppm **e)** 50 ppm

47. (Unicamp-SP-modificada) O aquarismo é uma atividade que envolve a criação de espécies aquáticas em ambiente confinado. O bom funcionamento do aquário depende do controle de uma série de parâmetros, como temperatura, matéria orgânica dissolvida, oxigênio dissolvido, pH, entre outros. Para testar seus conhecimentos químicos, responda à seguinte questão:
Para peixes de água fria, a concentração ideal de gás oxigênio dissolvido na água é de 5 ppm. Considerando-se esse valor e um aquário contendo 250 kg de água, quantos mols de gás oxigênio estão dissolvidos nessa água?
Dados: 1 ppm significa que há 1 grama de gás oxigênio dissolvido em 1.000 quilogramas de água; massa molar do gás oxigênio = $32\ g \cdot mol^{-1}$.

Exercícios adicionais

Seu(sua) professor(a) indicará quais exercícios deste bloco você deve fazer.

48. (Mackenzie-SP) Determine as massas em kg de HNO_3 e H_2O, respectivamente, que devem ser misturadas para preparar 2.000 g de solução a 15% de ácido nítrico.

a) 0,300 e 1,700
b) 700 e 300
c) 1,700 e 300
d) 0,150 e 0,850
e) 1,700 e 0,300

49. (Vunesp) Os frascos utilizados no acondicionamento de soluções de ácido clorídrico comercial, também conhecido como ácido muriático, apresentam as seguintes informações em seus rótulos: solução 20% m/m (massa percentual); densidade = 1,10 g/mL; massa molar = 36,50 g/mol. Com base nessas informações, a concentração da solução comercial desse ácido será:

a) 7 mol/L
b) 6 mol/L
c) 5 mol/L
d) 4 mol/L
e) 3 mol/L

50. (PUC-MG) A concentração em mol/L dos íons sódio (Na^+), presentes numa solução 5,3% p/v de carbonato de sódio, é igual a:

a) 0,2 **b)** 0,5 **c)** 1,0 **d)** 2,0

51. (Unifesp) O índice de gasolina em não conformidade com as especificações da ANP (Agência Nacional de Petróleo, Gás Natural e Biocombustíveis) é um dado preocupante, já que alguns postos estavam vendendo gasolina com mais de 85% de álcool anidro. Todo posto de gasolina deve ter um *kit* para testar a qualidade da gasolina, quando solicitado pelo consumidor. Um dos testes mais simples, o "teste da proveta", disposto na Resolução ANP nº 9, de 7 de março de 2007, é feito com solução aquosa de cloreto de sódio (NaCl), na concentração de 10% p/v (100 g de sal para cada litro de água). O teste consiste em colocar 50 mL de gasolina numa proveta de 100 mL com tampa, completar o volume com 50 mL da solução de cloreto de sódio, misturar por meio de 10 inversões e, após 15 minutos de repouso, fazer a leitura da fase aquosa. O cálculo do teor de álcool é determinado pela expressão: $T = (A \cdot 2) + 1$, onde T: teor de álcool na gasolina, e

A: aumento em volume da camada aquosa (álcool e água).

O teste aplicado em uma amostra X de gasolina de um determinado posto indicou o teor de 53%. O volume, em mL, da fase aquosa obtida quando o teste foi realizado corretamente com a amostra X foi:

a) 76
b) 53
c) 40
d) 26
e) 24

52. (Enem-MEC) Pelas normas vigentes, o litro do álcool hidratado que abastece os veículos deve ser constituído de 96% de álcool puro e 4% de água (em volume). As densidades desses componentes são dadas na tabela.

Substância	Densidade (g/L)
Água	1.000
Álcool	800

Um técnico de um órgão de defesa do consumidor inspecionou cinco postos suspeitos de venderem álcool hidratado fora das normas. Colheu uma amostra do produto em cada posto e mediu a densidade de cada uma, obtendo:

Posto	Densidade do combustível (g/L)
I	822
II	820
III	815
IV	808
V	805

A partir desses dados, o técnico pôde concluir que estavam com o combustível adequado somente os postos:

a) I e II
b) I e III
c) II e IV
d) III e V
e) IV e V

53. (UFJF-MG) Concentrações excessivas de íons fluoreto podem levar a uma doença chamada fluorose. Algumas regiões da Índia apresentam uma concentração natural de 40 ppm de íons fluoreto na água. A que massa, em gramas, de fluoreto de sódio corresponde essa concentração de íons fluoreto em 1,0 L de água?
(**Dado:** densidade da água com flúor 1,00 g/cm^3)

a) 88
b) 0,088
c) 0,76
d) 1,68
e) 0,92

54. (Unifesp) A contaminação de águas e solos por metais pesados tem recebido grande atenção dos ambientalistas, devido à toxicidade desses metais ao meio aquático, às plantas, aos animais e à vida humana. Dentre os metais pesados há o chumbo, que é um elemento relativamente abundante na crosta terrestre, tendo uma concentração ao redor de 20 ppm (partes por milhão). Uma amostra de 100 g da crosta terrestre contém um valor médio, em mg de chumbo, igual a:

a) 20
b) 10
c) 5
d) 2
e) 1

55. (PUC-Campinas-SP) Entre os nossos cinco sentidos, é o olfato que permite perceber a presença de substâncias odoríferas no ar, algumas em concentrações muito baixas. É o caso da vanilina (aroma de baunilha; massa molar $1{,}5 \cdot 10^2$ g/mol), que pode ser detectada na concentração de $2{,}0 \cdot 10^{-13}\ mol \cdot L^{-1}$ de ar. Expressando essa concentração em ppb (m/v), ou seja, massa em quilogramas do soluto por 1 bilhão (10^9) de litros de solvente, tem-se:

a) $3 \cdot 10^{-5}$ **c)** $3 \cdot 10^{-2}$ **e)** $5 \cdot 10^{-5}$
b) $3 \cdot 10^{-4}$ **d)** $5 \cdot 10^{-4}$

56. (PAS-USP) A tabela abaixo apresenta o pH e as concentrações de alguns íons e do gás oxigênio dissolvidos no sedimento depositado no fundo de um oceano, em unidades definidas como ppm (partes por milhão).

Profundidade cm	pH	SO_4^{2-} (Sulfato)	S^{2-} (Sulfeto)	Fe^{3+} (Ferro (III))	Fe^{2+} (Ferro (II))	O_2 (Oxigênio)
0	7,0	7,0	0,0	4,0	0,5	2,0
5	6,5	5,0	2,0	1,5	1,5	1,0
10	6,0	3,5	3,5	3,0	2,0	0,5
15	5,5	3,3	3,8	0,8	3,8	0,3
20	5,0	3,0	4,0	0,5	4,0	0,0

Tabela adaptada de ATLAS, R. M. e BARTHA, R. *Microbial Ecology: Fundamentals and Applications*, 1981.

Como se observa na tabela, a tendência de variação das concentrações de S^{2-} e Fe^{2+} é oposta à das concentrações de SO_4^{2-} e Fe^{3+}, em função da profundidade e, ao mesmo tempo, a concentração dessas quatro espécies químicas é dependente da concentração de O_2 disponível. O que seria esperado se O_2 fosse borbulhado em uma amostra de sedimento coletada a 20 cm?

a) Aumento gradativo nas concentrações de SO_4^{2-} e Fe^{3+}.
b) Aumento gradativo nas concentrações de Fe^{2+} e Fe^{3+}.
c) Aumento gradativo nas concentrações de SO_4^{2-} e S^{2-}.
d) Diminuição gradativa nas concentrações de SO_4^{2-} e Fe^{3+}.
e) Não haveria mudança na concentração das quatro espécies citadas.

6 Outras expressões de concentração

6.1 A concentração da água oxigenada, H_2O_2 (aq)

O peróxido de hidrogênio, H_2O_2, é um líquido mais denso que a água ($d = 1{,}44\ g \cdot mL^{-1}$ a 25 °C).

É comum, nos frascos de água oxigenada, sua concentração ser expressa em **volumes**. Por exemplo, água oxigenada a 10 volumes, a 20 volumes etc.

O significado dessa forma de expressar a concentração corresponde ao número de litros de oxigênio, nas condições normais de temperatura e pressão, que se obtém pela decomposição completa do H_2O_2, contido em 1,0 litro de solução. Assim:

$$1\ H_2O_2 \rightarrow 1\ H_2O + \frac{1}{2}\ O_2$$

$$1\ \text{mol} \qquad\qquad \frac{1}{2}\ \text{mol}$$

$$\downarrow \qquad\qquad \downarrow$$

$$34\ g \qquad\qquad 11{,}2\ L\ (\text{CNTP})$$

A massa molar de H_2O_2 é 34 g/mol

O volume de 0,5 mol de gás nas CNTP é 11,2 L

Interpretação: Uma solução de água oxigenada a 11,2 volumes corresponde a uma solução aquosa contendo 1,0 mol de peróxido de hidrogênio dissolvido em 1,0 L de solução. A decomposição completa de 1,0 mol do peróxido de hidrogênio nas CNTP libera 11,2 L de O_2 (g), daí a expressão 11,2 volumes.

6.2 Fração em quantidade de matéria

A **fração em quantidade de matéria** ou **fração em mol** (anteriormente denominada fração molar), representada por **x**, expressa a razão entre a quantidade de matéria de um dos componentes da solução e a quantidade de matéria total na solução.

$$x_{soluto} = \frac{n_{soluto}}{n_{soluto} + n_{solvente}} \qquad x_{solvente} = \frac{n_{solvente}}{n_{soluto} + n_{solvente}}$$

Nessas expressões, x_{soluto} é a fração em quantidade de matéria do soluto e $x_{solvente}$ é a fração em quantidade de matéria do solvente.

Vejamos, a seguir, algumas observações importantes sobre essa expressão de concentração das soluções:

- A fração em quantidade de matéria é um número adimensional (não tem unidades).
- A soma das frações em quantidade de matéria dos componentes da solução é igual a 1 ($x_{soluto} + x_{solvente} = 1$).
- A fração em quantidade de matéria é uma expressão muito útil quando se trabalha com gases. Sua utilização é relativamente restrita quando se trabalha com soluções aquosas.

6.3 Molalidade

A **molalidade** de uma solução (representada por W) é numericamente igual à quantidade de matéria de soluto (n_{soluto} expressa em mol) por quilograma de solvente ($m_{solvente}$ expressa em kg). A unidade de W é mol/kg, também conhecida como *molal*.

$$W = \frac{n_{soluto}\ (mol)}{m_{solvente}\ (kg)}$$

Exemplo:

Uma solução foi preparada misturando-se 2,0 mol (80 g) de NaOH e 1,0 kg (1.000 g ou 1,0 L) de água. Determine sua molalidade.

$$W = \frac{n_{soluto}\ (mol)}{m_{solvente}\ (kg)} = \frac{2,0\ mol}{1,0\ kg} = 2,0\ mol \cdot kg^{-1} = 2,0\ molal$$

Exercícios essenciais

A critério do(a) professor(a) esta lista de exercícios poderá ser realizada em classe ou em casa.

57. (UEPB-adaptado) O peróxido de hidrogênio é uma substância que se decompõe naturalmente segundo a equação: $2\ H_2O_2 \rightarrow 2\ H_2O + O_2$. A produção de oxigênio, segundo essa reação, originou o uso convencional da concentração da água oxigenada em 10 volumes, que significa: 1 litro dessa água oxigenada produzirá 10 litros de gás oxigênio nas CNTP. Qual a quantidade de oxigênio produzida a partir de 34,0 g de peróxido de hidrogênio? **Dados:** H = 1; O = 16

a) 68 g
b) 16 g
c) 32 g
d) 34 g
e) 160 g

58. (UFMG) Um frasco que contém 1 litro de água oxigenada, H_2O_2 (aq), na concentração de 1 mol/L, foi armazenado durante um ano.

Após esse período, verificou-se que 50% dessa água oxigenada se tinha decomposto, como mostrado nesta equação:

$$2\ H_2O_2\ (aq) \rightarrow 2\ H_2O\ (l) + O_2\ (g)$$

Considerando-se essas informações, é **CORRETO** afirmar que a massa de oxigênio produzida nesse processo é:

a) 8 g
b) 16 g
c) 17 g
d) 32 g

59. (Cefet-PR) O peróxido de hidrogênio vendido em farmácia é uma solução aquosa diluída dessa substância, sendo conhecido como água oxigenada. Tal produto é vendido como água oxigenada 10 V (dez volumes) ou 20 V (vinte volumes). Isso é devido à sua tendência à decomposição, gerando oxigênio molecular e água:

$$2\ H_2O_2\ (aq) \rightarrow 2\ H_2O\ (l) + O_2\ (g)$$

Ou seja, uma água oxigenada 10 V corresponde a uma solução aquosa de peróxido de hidrogênio em que 1 litro dessa solução é capaz de fornecer 10 litros de O_2 (nas CNTP).

Com base no exposto acima, qual será a concentração em mol/L e em g/L e a porcentagem em massa de uma água oxigenada 100 V (uso industrial)?

Dados:

- M(H) = 1 g/mol e M(O) = 16 g/mol.
- Volume molar do O_2 nas CNTP: 22,4 L/mol.
- Densidade da solução de peróxido de hidrogênio: 1,2 g/cm³.

a) 8,9; 303,6 e 0,25%
b) 0,89; 30,36 e 2,5%
c) 0,89; 303,6 e 0,25%
d) 8,9; 30,36 e 25%
e) 8,9; 303,6 e 25%

60. (FUERN) Uma solução preparada tomando-se 1 mol de glicose ($C_6H_{12}O_6$) e 99 mol de água (H_2O) apresenta frações molares de soluto e solvente, respectivamente, iguais a:

a) 0,18 e 0,82
b) 0,82 e 0,18
c) 0,90 e 0,10
d) 0,10 e 0,90
e) 0,01 e 0,99

61. (Uece) A concentração em quantidade de matéria (molaridade) e a fração em quantidade de matéria (fração molar) do soluto de uma solução de hidróxido de sódio cujo título é 40% e cuja densidade absoluta é 1,8 g/mL são, respectivamente, em valores aproximados:

a) 9,0 mol/L e 0,23
b) 9,0 mol/L e 0,36
c) 18,0 mol/L e 0,23
d) 18,0 mol/L e 0,36

62. (PUC-MG) Quando 39,2 g de ácido sulfúrico são dissolvidos em 200 mL de água, obtém-se uma solução de volume igual a 220 mL. A molalidade (W) e a molaridade ($\mathcal{M}$) dessas soluções são iguais a:

a) 0,5 molar e 0,5 molal
b) 1,0 molal e 2,0 molar
c) 1,0 molar e 2,0 molal
d) 2,0 molar e 1,8 molal
e) 2,0 molal e 1,8 molar

63. (UFMS) Numa Olimpíada de Química, pedia-se para calcular várias unidades de concentração da solução formada por 0,342 mol de ureia, $(NH_2)_2CO$, dissolvidos totalmente em 100,0 mL de água, a 25 °C. Nessa mesma temperatura, a densidade da solução é 1,045 $g \cdot mL^{-1}$ e a da água é 1,00 $g \cdot mL^{-1}$. A respeito dessa solução, considerando-se as massas atômicas: C = 12,0; N = 14,0; O = 16,0 e H = 1,00, é correto afirmar que:

01) sua concentração em quantidade de matéria é 2,97 $mol \cdot L^{-1}$.
02) sua molalidade é 0,342 $mol \cdot kg^{-1}$.
04) a fração em quantidade de matéria do soluto é $5,80 \cdot 10^{-1}$.
08) a fração em quantidade de matéria do solvente é $9,42 \cdot 10^{-1}$.
16) o título em massa do soluto é $1,70 \cdot 10^{-2}$.

7 Diluição de soluções

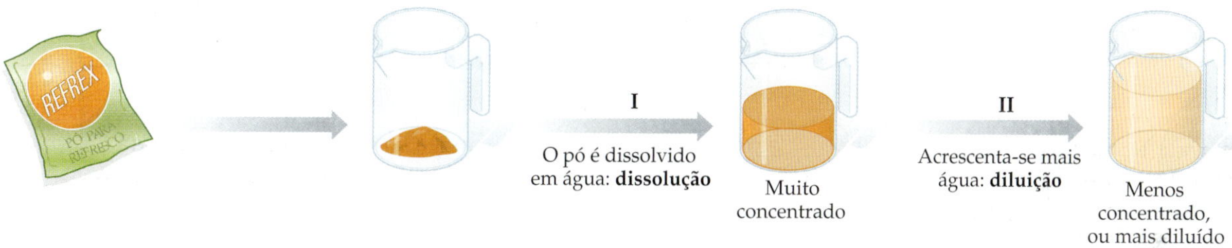

Não confunda dissolver com diluir!

Ao se misturar o pó para refresco em água e mexer bem, o pó está sendo dissolvido no solvente água, conforme indicado na figura em I.

Ao se acrescentar mais solvente à solução para diminuir a concentração, estará ocorrendo uma diluição, conforme indicado na figura em II.

- **Diluição** é o processo de acrescentar mais solvente a uma solução.

Num laboratório de Química **não** existem soluções de todas as concentrações possíveis e imagináveis. Geralmente são preparadas e armazenadas soluções de concentração elevada e, a partir delas, podem-se obter outras mais diluídas (isto é, menos concentradas) por meio da diluição.

SÉRGIO DOTTA JR./CID

▸ A diluição de soluções é procedimento comum em laboratórios químicos. Soluções de estoque, normalmente, apresentam concentrações elevadas.

7.1 Diluição de soluções (nível macroscópico e microscópico)

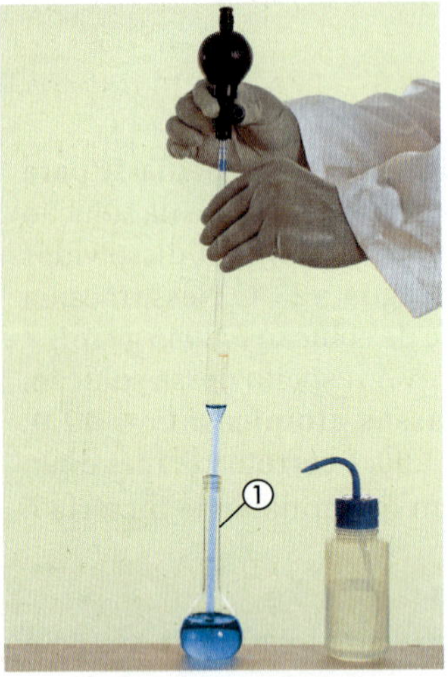

▲ Da solução aquosa de $CuCl_2$ de concentração 2,0 mol/L, que está no balão ①, é retirada uma alíquota de 25,0 mL com uma pipeta volumétrica.

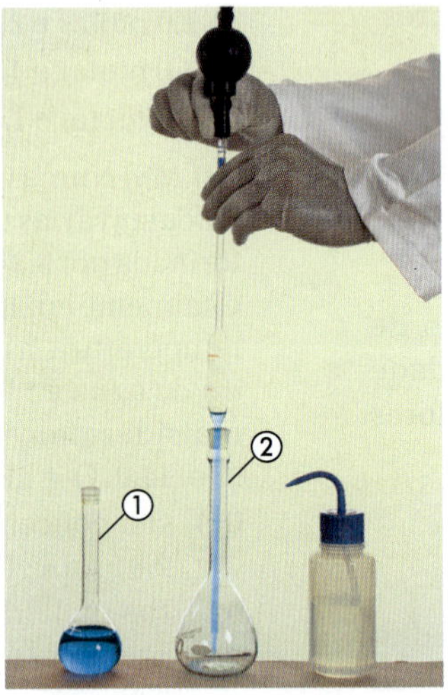

▲ Essa alíquota de 25,0 mL é transferida para o balão volumétrico ②, de capacidade 250 mL.

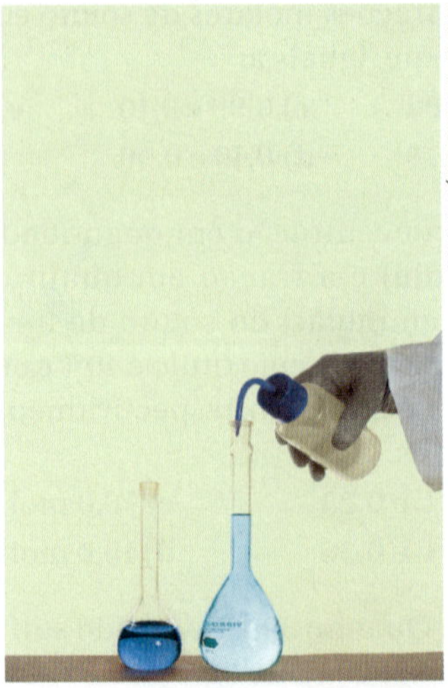

▲ A seguir completa-se com água destilada até atingir a marca de 250 mL existente no gargalo do balão.

FOTOS: SÉRGIO DOTTA JR./CID

Quando uma solução concentrada de $CuCl_2$ (aq) é diluída pela adição de solvente, o resultado é uma nova solução que contém o mesmo número de íons Cu^{2+} e Cl^-, porém em um volume maior de solução.

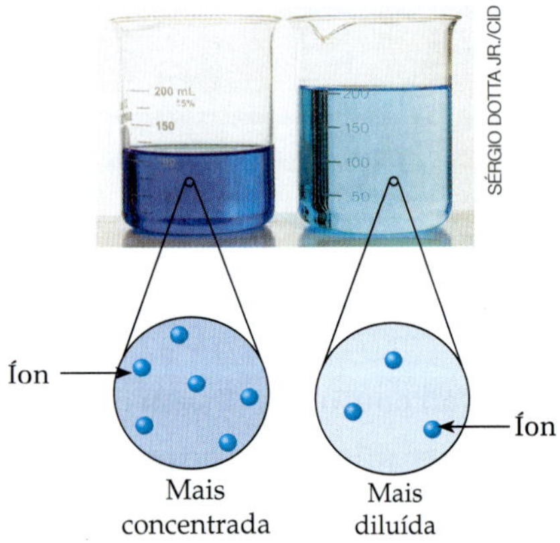

A solução é mais diluída porque o mesmo número de entidades (íons) está presente num volume maior de solvente e, consequentemente, de solução.

7.2 Diluição de soluções (os cálculos)

Como, na diluição, a quantidade do soluto não se altera, podemos afirmar que a quantidade de matéria (n) de soluto existente na alíquota está presente na nova solução obtida pela diluição da alíquota.

Usando índice **i** para a alíquota inicial e **f** para a alíquota final, temos:

$n_{i\,soluto} = n_{f\,soluto}$	$m_{i\,soluto} = m_{f\,soluto}$	$m_{i\,soluto} = m_{f\,soluto}$
$\mathcal{M}_i \cdot V_i = \mathcal{M}_f \cdot V_f$	$C_i \cdot V_i = C_f \cdot V_f$	$\tau_i \cdot m_i = \tau_f \cdot m_f$

Dessa maneira é possível justificar por que as soluções de estoque, normalmente, são concentradas.

Ao se diluir uma solução a quantidade de soluto dissolvida não se altera, porém o volume total da solução aumenta e a massa total da solução também aumenta.

Então, como decorrência desse aumento, a concentração da solução diminui. Assim:

$$\downarrow C = \frac{m_{soluto}}{V_{solução}\uparrow} \quad \downarrow \mathcal{M} = \frac{n_{soluto}}{V_{solução}\uparrow} \quad \downarrow \tau_m = \frac{m_{soluto}}{m_{solução}\uparrow} \quad \downarrow \tau_v = \frac{V_{soluto}}{V_{solução}\uparrow}$$

Na diluição mostrada nas fotos do item 7.1, não foi determinada a concentração da solução final. Como isso poderia ser feito?

A partir da definição de concentração em quantidade de matéria, podemos afirmar que a quantidade em mols de soluto é dada por $n_{soluto} = \mathcal{M} \cdot V$, em que $\mathcal{M}$ é a concentração da solução em mol/L e V é o volume da solução em L.

Uma vez que, na diluição, a quantidade do soluto não se altera, podemos afirmar que o mesmo n_{soluto} presente na alíquota de 25,0 mL está presente na nova solução obtida pela diluição da alíquota.

Usando índice **i** para a alíquota (situação inicial) e **f** para a nova solução (situação final), temos:

$$n_{i\,soluto} = n_{f\,soluto}$$

$$\mathcal{M}_i \cdot V_i = \mathcal{M}_f \cdot V_f$$

$$2{,}0\ mol/L \cdot 0{,}025\ L = \mathcal{M}_f \cdot 0{,}250\ L \quad \Rightarrow \quad \mathcal{M}_f = 0{,}2\ mol/L$$

Os termos **diluída** e **concentrada** são usados em comparação entre soluções:

- a expressão **solução diluída** significa solução com concentração relativamente pequena de soluto;
- a expressão **solução concentrada** significa solução com concentração relativamente elevada de soluto.

Exercícios essenciais

A critério do(a) professor(a) esta lista de exercícios poderá ser realizada em classe ou em casa.

64. Este exercício envolve a interpretação de modelos. A ilustração Ⓐ representa 100 mL de uma solução aquosa de açúcar de cana (sacarose). A ilustração Ⓑ representa o sistema após adição de 100 mL de água pura.

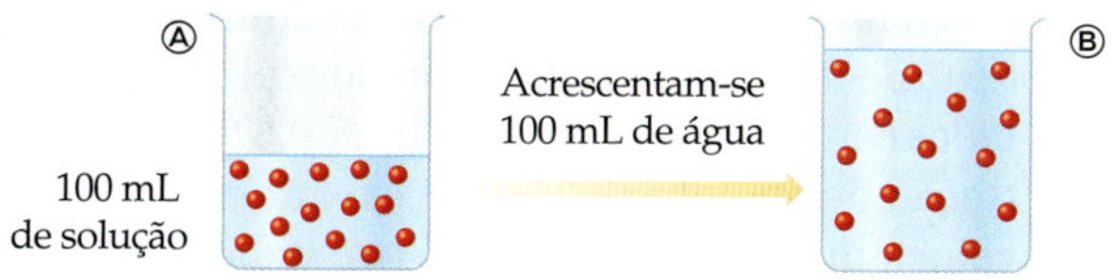

a) Nos modelos, as bolinhas representam, de modo mais correto, as moléculas do soluto ou do solvente? Justifique.

b) As expressões "diluído" e "concentrado" só fazem sentido quando usadas para estabelecer comparação entre soluções. Aplique esses termos às soluções das ilustrações.

c) Enumere algumas situações do seu dia a dia em que a operação diluição de soluções é observada.

65. Estabeleça uma comparação entre os sistemas representados pelas figuras Ⓐ e Ⓑ da questão anterior quanto:

a) à massa de soluto.

b) à quantidade em mols de soluto.

c) ao volume da solução.

d) à concentração em g/L.

e) à concentração em mol/L.

Exercício Resolvido

66. Acrescentam-se 300 mL de água a 200 mL de uma solução 10 g/L de cloreto de sódio.
Qual a concentração final dessa solução?

➤ Resolução

Com a adição da água, o volume, que inicialmente é de 200 mL, aumenta para 500 mL. Com efeito, temos:

$$C_i \cdot V_i = C_f \cdot V_f$$

$$10\ g/L \cdot 200\ mL = C_f \cdot 500\ mL$$

$$C_f = 4\ g/L$$

67. (Uninove-SP) Em um frasco há uma solução aquosa de H_2SO_4 com concentração inicial $C_i = 196$ g/L. O volume de 0,5 L dessa solução foi transferido para um béquer, e essa solução foi diluída acrescentando-se 1,5 L de água pura.

a) A concentração final C_f da solução será igual a 196 g/L e essa é uma solução neutra.

b) A concentração final C_f da solução será aproximadamente 65,3 g/L e essa é uma solução ácida.

c) A concentração final C_f da solução será igual a 49 g/L e essa é uma solução ácida.

d) A concentração final C_f da solução será igual a 98 g/L e essa é uma solução alcalina.

e) A concentração final C_f da solução será igual a 196 g/L e essa é uma solução ácida.

Exercício Resolvido

68. Um técnico tem 500 mL de uma solução de um medicamento e precisa reduzir a concentração, em mol/L, a 1/4 do valor inicial. Como ele deve proceder?

➤ Resolução

Para que a concentração em mol/L fique reduzida a um quarto do valor inicial, o volume deve ser quadruplicado por adição do solvente água. O técnico pode colocar os 500 mL em um balão volumétrico de 2 L e adicionar água destilada até a marca que existe no gargalo do balão.

69. (UFRGS-RS) O volume, em mililitros, de uma solução 0,5 mol/L de $AgNO_3$ necessário para preparar 200 mililitros de uma solução 0,1 mol/L desse sal é igual a:

a) 10
b) 20
c) 25
d) 40
e) 50

70. (UFMG) Uma mineradora de ouro, na Romênia, lançou 100.000 m^3 de água e lama contaminadas com cianeto, CN^- (aq), nas águas de um afluente do segundo maior rio da Hungria. A concentração de cianeto na água atingiu, então, o valor de 0,0012 mol/litro. Essa concentração é muito mais alta que a concentração máxima de cianeto que ainda permite o consumo doméstico da água, igual a 0,01 miligrama/litro.

Considerando-se essas informações, para que essa água pudesse servir ao consumo doméstico, ela deveria ser diluída, aproximadamente:

a) 32.000 vezes.
b) 3.200 vezes.
c) 320 vezes.
d) 32 vezes.

Exercícios adicionais

Seu(sua) professor(a) indicará quais exercícios deste bloco você deve fazer.

71. (Furg-RS) Adicionando 50 mL de água destilada a 100 mL de uma solução de ácido clorídrico 0,10 mol/L, pode-se afirmar que:

a) o número de íons H^+ e Cl^- por cm^3 diminui.
b) o número de íons H^+ e Cl^- por cm^3 aumenta.
c) o número total de íons diminui.
d) o número total de íons aumenta.
e) a condutividade elétrica do meio não é alterada.

72. (UFSC) Uma solução de $Al_2(SO_4)_3$ foi preparada em laboratório e armazenada em um recipiente apropriado, conforme a ilustração.

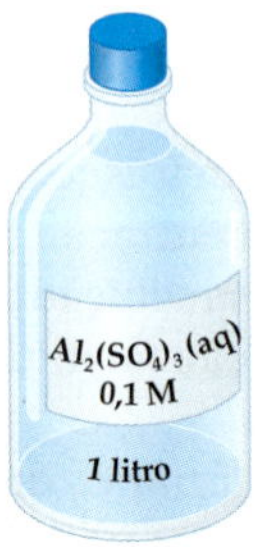

Sobre a solução preparada, é correto afirmar que:

01. A solução contém mais de 33 gramas do soluto.
02. O número de mols do soluto, presente na solução, é igual a 2 (dois).
04. Transferindo 25 mL da solução para um balão volumétrico de 250 mL e completando-se seu volume com água, a solução resultante fica 4 (quatro) vezes mais diluída.
08. Separando a solução em dois recipientes, contendo quantidades iguais da mesma, cada nova solução terá uma concentração de soluto que vale a metade da concentração inicial.

Dê como resposta a soma dos números associados às afirmações corretas.

73. (Unifor-CE) Considere uma solução aquosa contendo 40 mg de $AgNO_3$ por cm^3 de solução. Por diluição, com água, pretende-se obter uma nova solução aquosa, agora contendo 16 mg de $AgNO_3$ por cm^3 de solução. Para isso, cada cm^3 da solução original deve ser diluído a um volume de:

a) 1,5 cm^3
b) 2,0 cm^3
c) 2,5 cm^3
d) 3,0 cm^3
e) 5,0 cm^3

74. (Unifesp) No mês de maio de 2007, o governo federal lançou a Política Nacional sobre Álcool. A ação mais polêmica consiste na limitação da publicidade de bebidas alcoólicas nos meios de comunicação. Pelo texto do decreto, serão consideradas alcoólicas as bebidas com teor de álcool a partir de 0,5 °GL. A concentração de etanol nas bebidas é expressa pela escala centesimal Gay Lussac (°GL), que indica a percentagem em volume de etanol presente em uma solução. Pela nova Política, a bebida alcoólica mais consumida no país, a cerveja, sofreria restrições na sua publicidade. Para que não sofra as limitações da legislação, o preparo de uma nova bebida, a partir da diluição de uma dose de 300 mL de uma cerveja que apresenta teor alcoólico 4 °GL, deverá apresentar um volume final, em L, acima de:

a) 1,0
b) 1,4
c) 1,8
d) 2,0
e) 2,4

75. (Mackenzie-SP)

Água demais pode fazer mal e até matar

"Um estudo de 2005 do *New England Journal of Medicine* revelou que cerca de um sexto dos maratonistas desenvolvem algum grau de hiponatremia, ou diluição do sangue, que acontece quando se bebe água em demasia."

Ao pé da letra, hiponatremia quer dizer "sal insuficiente no sangue", ou seja, uma concentração de sódio abaixo de 135 milimol por litro de sangue — a concentração normal permanece entre 135 e 145 milimol por litro. "Casos graves de hiponatremia podem levar à intoxicação por água, uma doença cujos sintomas incluem dores de cabeça, fadiga, náusea, vômito, urinação frequente e desorientação mental."

Scientific American Brasil – 5/9/2007

Antes de iniciar uma competição, um maratonista de 1,75 m de altura e 75 kg possui, aproximadamente, 5 L de sangue com uma concentração de sódio no limite máximo da concentração normal. Após a conclusão da prova, esse atleta ingeriu um excesso de água, durante a sua hidratação. Esse excesso gerou, depois de algumas horas, uma redução na concentração de sódio para 115 milimol por litro de sangue, atingindo um quadro de hiponatremia. Com base nessas informações, os valores mais próximos da massa de sódio presente no sangue do atleta, antes de iniciar a prova, e do volume de água absorvido pela corrente sanguínea após a sua hidratação são, respectivamente:

Dado: Massa molar (Na = 23 g/mol)

a) 15,5 g e 1,3 L
b) 16,7 g e 6,3 L
c) 15,5 g e 4,6 L
d) 16,7 g e 1,3 L
e) 15,5 g e 6,3 L

8 Cálculos estequiométricos envolvendo solutos: titulação ácido-base

Os coeficientes estequiométricos de uma equação química corretamente balanceada permitem inferir a proporção entre as quantidades em mols dos participantes da reação química representada por essa equação.

É bastante comum que reações químicas envolvam substâncias dissolvidas, ou seja, solutos. Assim, como vimos anteriormente, saber a concentração expressa em mol/L é muito útil, pois, conhecido também o volume da solução, podemos calcular quantos mols há do soluto por meio da expressão $n_{soluto} = \mathcal{M} \cdot V_{solução}$.

Dessa forma, conhecer $\mathcal{M}$ permite fazer cálculos estequiométricos. Um dos casos mais interessantes e comuns em laboratório é o da **titulação ácido-base**, processo que permite determinar experimentalmente a concentração de uma solução de ácido ou de base. Trata-se de uma técnica corriqueira em alguns laboratórios de análise, que usaremos para exemplificar a realização de um cálculo estequiométrico envolvendo substâncias em solução.

Digamos que um laboratório escolar possua grande estoque de uma solução aquosa de NaOH, mas, circunstancialmente, o rótulo está rasgado e a parte que indicava a concentração foi perdida. É possível determinar essa concentração? A resposta é afirmativa, e a sequência abaixo ilustra as etapas necessárias.

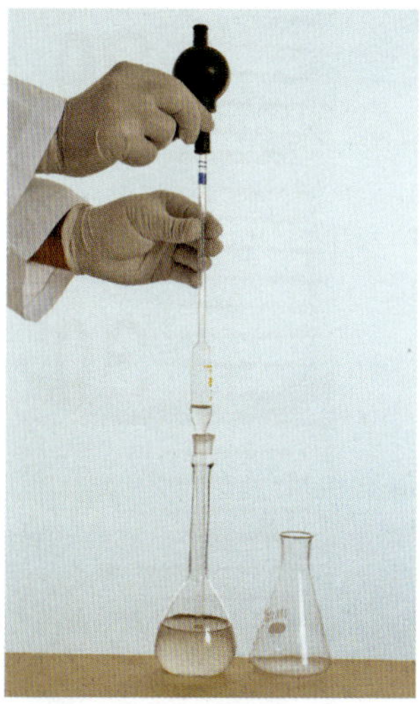

▲ Uma alíquota de volume conhecido (20 mL) e concentração em mol/L desconhecida é retirada com auxílio de uma pipeta volumétrica.

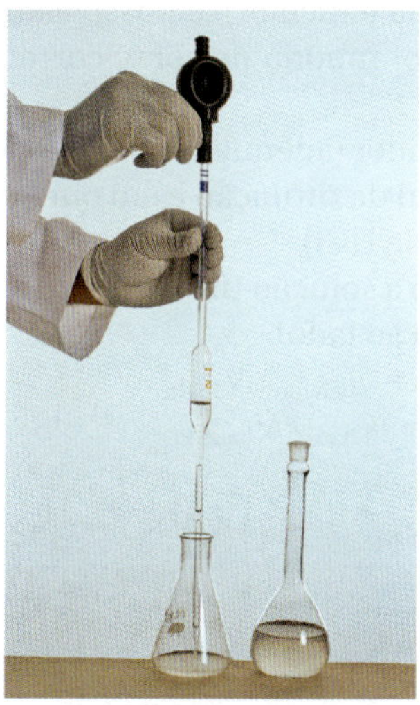

▲ Essa alíquota é transferida para um frasco erlenmeyer.

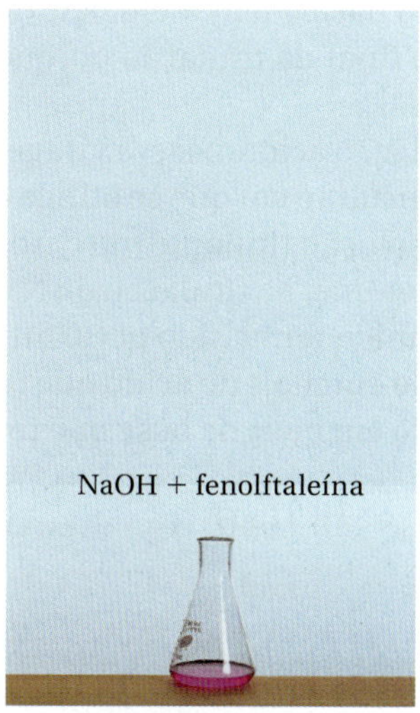

▲ São acrescentadas algumas gotas de fenolftaleína, indicador ácido-base que adquire coloração rósea em meio básico.
$V_{base} = 20$ mL
$\mathcal{M}_{base} = ?$

FOTOS: SÉRGIO DOTTA JR./CID

Note que sabemos o volume da alíquota, mas não o valor de $\mathcal{M}_{base}$.

Uma bureta é preenchida com solução de HCl que foi preparada no laboratório e que apresenta um valor previamente conhecido de $\mathcal{M}_{ácido}$. Digamos que esse valor seja 0,50 mol/L, conforme ilustrado abaixo.

SÉRGIO DOTTA JR./CID

◄ A bureta é preenchida com uma solução 0,50 mol/L de HCl (aq). No erlenmeyer está a alíquota da solução de NaOH de concentração desconhecida.

A técnica da titulação ácido-base consiste em adicionar lentamente a solução do ácido (**solução titulante**) à da base (**solução titulada**), fazendo uso da torneira da bureta, até que a reação se complete. Quando ela se completar, poderemos determinar, por leitura na escala da bureta, o volume consumido de solução ácida. De posse desse resultado, é possível calcular, por estequiometria, o valor de $\mathcal{M}_{base}$.

Mas como saber que a reação chegou ao final e parar de adicionar ácido?

No **ponto de equivalência**, ou seja, no ponto em que a reação acabou de se completar, toda a base inicialmente presente no erlenmeyer foi neutralizada pelo ácido adicionado. Nesse momento, o meio deixou de ser básico. E, como a fenolftaleína é róseo-avermelhada apenas em meio básico (em meio neutro ou ácido ela é incolor), é possível inferir que se atingiu o ponto final da titulação porque o indicador mudou de cor. Ocorreu a **viragem do indicador**.

Numa titulação ácido-base, a viragem do indicador (adequadamente escolhido) permite avaliar o instante em que se atinge o ponto final da titulação e em que se deve parar de adicionar a solução titulante (no caso, a solução de HCl).

Imaginemos que, na titulação de NaOH usando a solução titulante de HCl, o volume de ácido consumido tenha sido de 30 mL (veja a foto ao lado).

Quantidade em mols de ácido que reagiu: $n_{ácido} = \mathcal{M}_{ácido} \cdot V_{ácido}$

Quantidade em mols de base que reagiu: $n_{base} = \mathcal{M}_{base} \cdot V_{base}$

$$HCl\ (aq) \quad + \quad NaOH\ (aq) \rightarrow NaCl\ (aq) + H_2O\ (l)$$

	HCl (aq)	NaOH (aq)
Proporção:	**1 mol**	**1 mol**
Grandezas:	**Quantidade de matéria**	**Quantidade de matéria**
	1 mol ———	1 mol
	$\mathcal{M}_{ácido} \cdot V_{ácido}$ ———	$\mathcal{M}_{base} \cdot V_{base}$

$$\Rightarrow \mathcal{M}_{ácido} \cdot V_{ácido} = \mathcal{M}_{base} \cdot V_{base}$$

Substituindo os valores numéricos, temos:

$$0{,}50\ mol/L \cdot 0{,}030\ L = \mathcal{M}_{base} \cdot 0{,}020\ L \quad \Rightarrow \quad \mathcal{M}_{base} = 0{,}75\ mol/L$$

CARLOS LUVIZARI/CID

▲ O volume da solução ácida consumido pode ser determinado por leitura na escala da bureta. No exemplo, esse volume foi de 30 mL.

8.1 A titulação ácido-base em nível macroscópico

▲ Antes do ponto final, a solução básica contendo o indicador fenolftaleína é rósea.

▲ À medida que se aproxima do ponto final, a cor rósea desaparece onde o ácido é adicionado, mas reaparece com a agitação.

▲ No ponto final, a solução permanece incolor após a agitação. Ocorreu a viragem do indicador.

FOTOS: SÉRGIO DOTTA JR./CID

Quando ocorre a viragem do indicador, para-se de adicionar solução titulante. Atingiu-se o ponto final da titulação.

8.2 A titulação ácido-base em nível microscópico

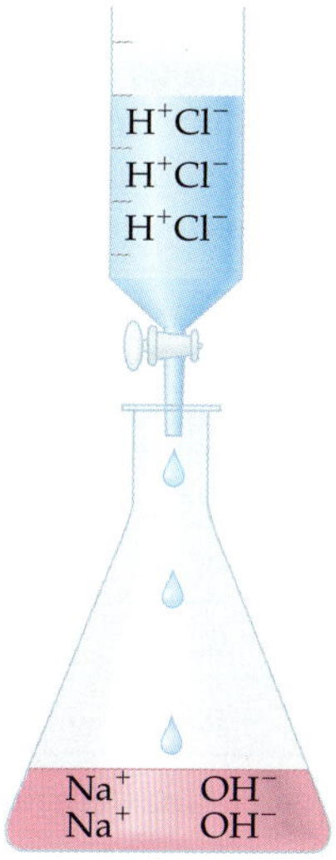

Fenolftaleína + NaOH (aq) (vermelho)

No início havia OH^- da base

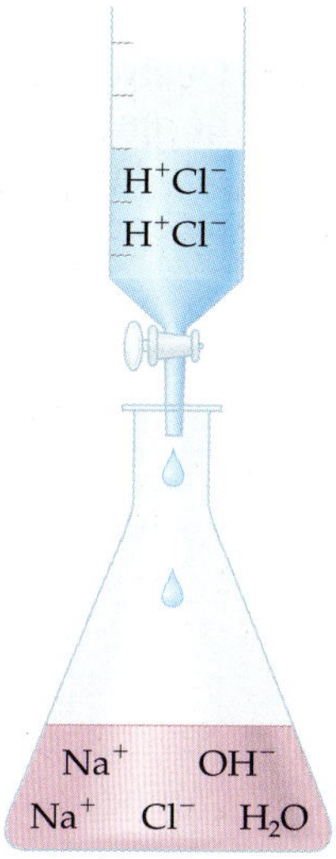

Fenolftaleína + NaOH (aq) (vermelho)

Os íons OH^- vão sendo neutralizados por íons H^+

$H^+ (aq) + OH^- (aq) \rightarrow H_2O (l)$

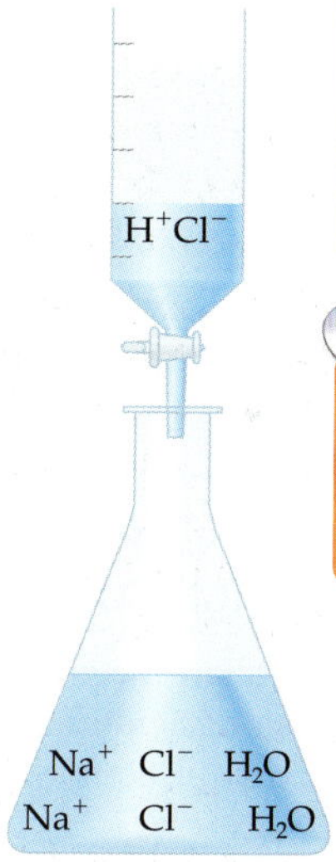

(incolor)

Todos os íons OH^- foram neutralizados por íons H^+

O ponto de equivalência é o ponto em que toda a base foi neutralizada pelo ácido adicionado, e vice-versa.

Biblioteca do estudante
Informe-se sobre a Química:
Oceanos: uma solução de eletrólitos

Visão do especialista

Revisão

Exercícios essenciais

A critério do(a) professor(a) esta lista de exercícios poderá ser realizada em classe ou em casa.

76. Esta questão é sobre a interpretação de modelos. Analise as ilustrações ①, ②, ③ e ④ e responda às perguntas, que se referem à titulação de uma solução de hidróxido de sódio usando como solução titulante uma solução de ácido clorídrico e, como indicador, a fenolftaleína. O azul-claro indica solução incolor e o cor-de-rosa indica uma solução róseo-avermelhada, típica da fenolftaleína em meio básico.

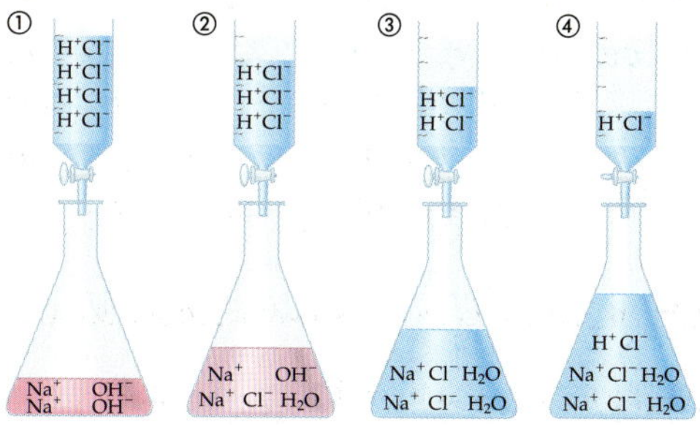

a) Qual dos modelos se refere à situação inicial?

b) Qual deles se refere a uma situação durante a titulação, mas antes do ponto de equivalência?

c) Qual dos modelos é mais adequado para o ponto de equivalência?

d) Um dos modelos não é resposta dos itens anteriores. A que corresponderia esse modelo?

77. Ainda sobre a titulação da questão anterior, que dados são necessários para calcular a concentração, em mol/L, da solução que é titulada?

Exercício Resolvido

78. O vinagre é uma solução aquosa de ácido acético (CH_3COOH), substância cuja massa molar é 60 g/mol. Uma amostra de 20 mL de um vinagre de densidade 1,0 g/mL foi titulada com solução de NaOH 0,40 mol/L. Foram necessários 25 mL da solução básica para atingir o ponto final.

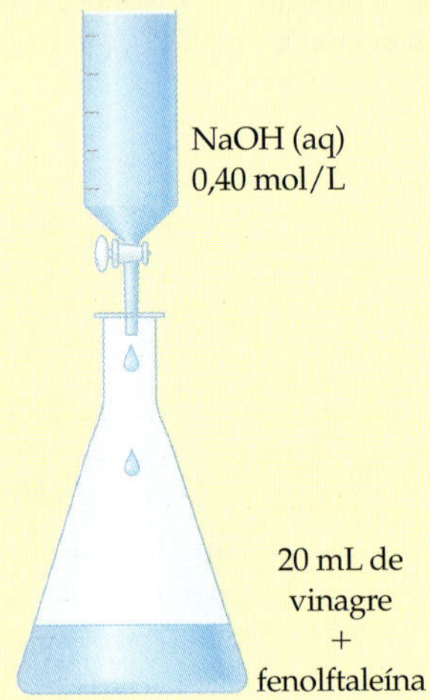

A equação da reação de neutralização ácido-base entre ácido acético e hidróxido de sódio é:

$$CH_3COOH\,(aq) + NaOH\,(aq) \rightarrow$$
$$\rightarrow Na(CH_3COO)\,(aq) + H_2O\,(l)$$

O fabricante desse vinagre alega que ele contém pelo menos 4%, em massa, de ácido acético. Essa afirmação está correta? Explique como você concluiu.

Resolução

A equação da reação fornece as proporções estequiométricas entre ácido acético e hidróxido de sódio.

	CH_3COOH	NaOH
Proporção:	**1 mol**	**1 mol**
Grandezas:	**Quantidade de matéria**	**Quantidade de matéria**

1 mol ——— 1 mol

$\mathcal{M}_{ácido} \cdot V_{ácido}$ ——— $\mathcal{M}_{base} \cdot V_{base}$

$$\mathcal{M}_{ácido} \cdot V_{ácido} = \mathcal{M}_{base} \cdot V_{base}$$

Substituindo valores fornecidos:

$$\mathcal{M}_{ácido} \cdot V_{ácido} = \mathcal{M}_{base} \cdot V_{base}$$
$$\mathcal{M}_{ácido} \cdot 20\text{ mL} = 0{,}40\text{ mol/L} \cdot 25\text{ mL}$$
$$\mathcal{M}_{ácido} = 0{,}50\text{ mol/L}$$

Esse resultado indica que em um litro de vinagre há 0,50 mol de ácido acético. Como a massa molar desse ácido é 60 g/mol, deduzimos que há 30 g de ácido acético em um litro de vinagre.

E a densidade do vinagre, 1,0 g/L, informa que cada mililitro tem massa 1,0 g e que um litro (1.000 mL) tem massa 1.000 g.

Assim, podemos estabelecer uma relação para determinar a que porcentagem da massa de um litro de vinagre corresponde a massa de ácido acético.

Grandezas:

Massa	**Porcentagem**
1.000 g ———	100%
30 g ———	x

$\Rightarrow$ $x = 3\%$

Concluímos, portanto, que a afirmação do fabricante **não** está correta, pois a amostra analisada contém menos de 4%, em massa, de ácido acético.

79. (UFMG) O rótulo de uma garrafa de vinagre indica que a concentração de ácido acético (CH_3COOH) é 42 g/L. A fim de verificar se a concentração da solução ácida corresponde à indicada no rótulo, 10,00 mL da mesma solução foram titulados com hidróxido de sódio 0,100 mol/L, gastando-se 25,00 mL da base para a neutralização.

Quatro grupos de estudantes realizaram os cálculos de ambas as concentrações, a indicada no rótulo e a obtida através da titulação. Os resultados encontrados pelos quatro grupos estão apresentados no quadro.

Grupo	Concentração indicada no rótulo (mol/L)	Concentração calculada a partir da titulação (mol/L)
I	0,25	0,25
II	0,25	0,70
III	0,70	0,25
IV	0,70	0,70

Ambas as concentrações foram calculadas corretamente pelo grupo:

a) IV **b)** I **c)** III **d)** II

80. (Fuvest-SP) Uma solução aquosa de NaOH (base forte), de concentração $0{,}10\text{ mol} \cdot L^{-1}$, foi gradualmente adicionada a uma solução aquosa de HCl (ácido forte), de concentração $0{,}08\text{ mol} \cdot L^{-1}$. O gráfico que fornece as concentrações das diferentes espécies durante essa adição é:

a)

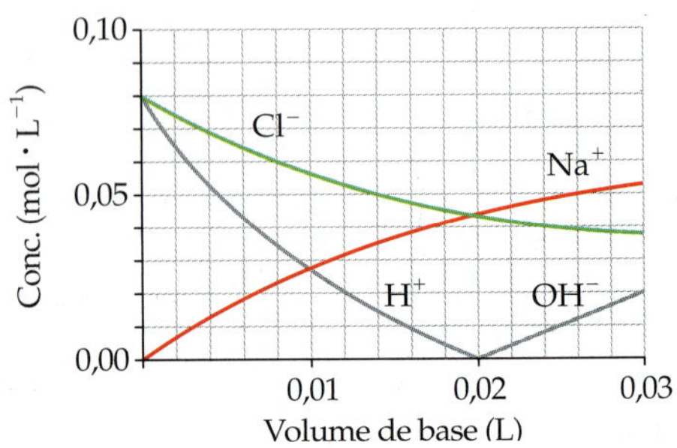

b)

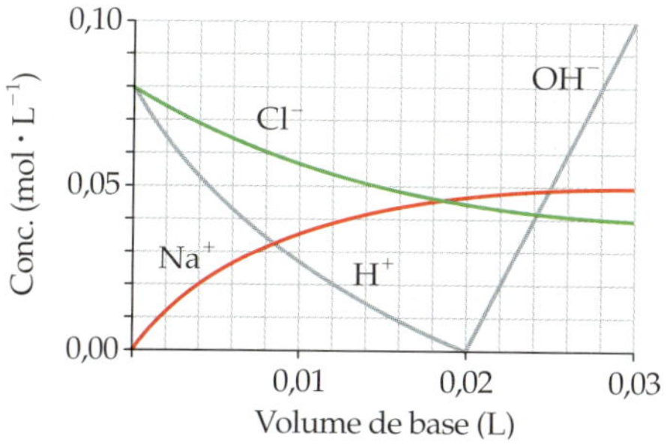

c)

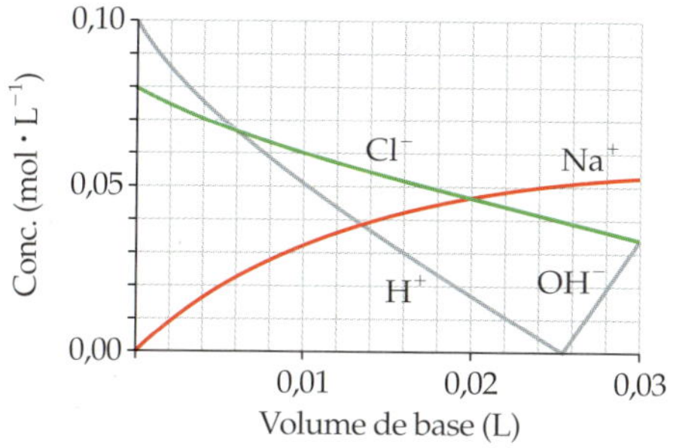

d)

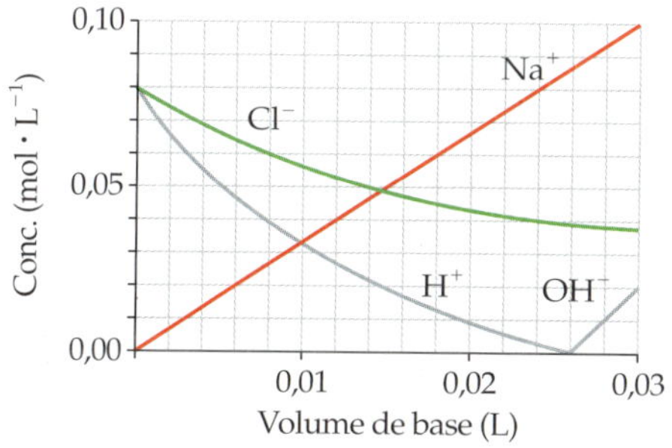

e)

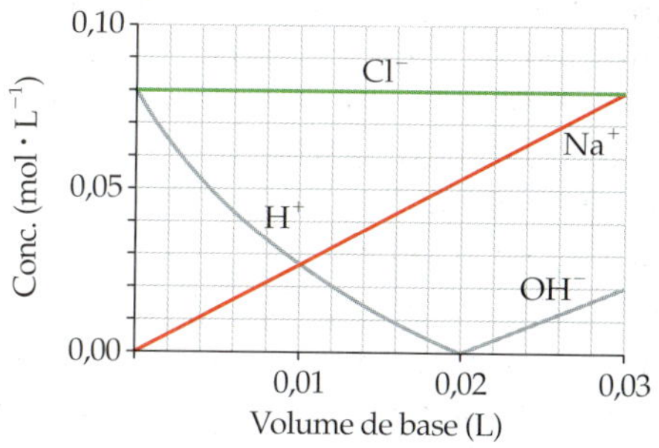

81. (UFF-RJ) Cerca de 10,0 mL de ácido clorídrico concentrado foram transferidos para um recipiente com capacidade de 1,0 L. Completou-se o volume do recipiente com água destilada. Quando essa solução foi utilizada para titular uma amostra de carbonato de sódio puro de massa 0,3054 g, gastaram-se 35,09 mL para a sua completa neutralização.
Tendo em vista o que foi dito acima, pede-se:

a) escrever a equação química balanceada representativa da reação.

b) informar por meio de cálculos a molaridade da solução do HCl.

82. (Vunesp) O ácido tartárico ($H_2C_4H_4O_6$) é um ácido diprótico que pode ser utilizado como acidulante na indústria alimentícia e é encontrado naturalmente em uvas, por exemplo. Na determinação de seu teor em suco de uvas, uma fração de 40,0 mL desse suco consumiu 20,0 mL de solução de hidróxido de sódio (NaOH) 0,2 $mol \cdot L^{-1}$. Dadas as massas molares: $H = 1\ g \cdot mol^{-1}$, $C = 12\ g \cdot mol^{-1}$ e $O = 16\ g \cdot mol^{-1}$, calcule a concentração, em $g \cdot L^{-1}$, de ácido tartárico no suco de uvas.

Exercícios adicionais

Seu(sua) professor(a) indicará quais exercícios deste bloco você deve fazer.

83. (Uerj) Segundo a legislação brasileira, o vinagre é uma solução aquosa que deve conter entre 0,9 e 1,8 $mol \cdot L^{-1}$ de ácido etanoico. A análise de 10 mL de uma amostra de determinada marca desse produto indicou que foram necessários 20 mL de solução de hidróxido de sódio, com concentração igual a 0,2 $mol \cdot L^{-1}$, para a neutralização de todo o ácido etanoico presente. Calcule a concentração em quantidade de matéria, $mol \cdot L^{-1}$, do ácido etanoico da amostra e classifique-a como adequada ou não à legislação brasileira.

84. (UFJF-MG) O controle de qualidade para amostras de vinagre, que contém ácido acético (H_3CCOOH), é feito a partir da reação deste com hidróxido de sódio. Sabendo-se que, de um modo geral, os vinagres comercializados possuem 3 g de ácido acético a cada 100,0 mL de vinagre, qual seria o volume, em litros, de NaOH 0,5 mol/L gasto para neutralizar 100,0 mL desse vinagre?

a) 1,0
b) 0,5
c) 0,1
d) 0,2
e) 0,25

85. (Fuvest-SP) Para se determinar o conteúdo de ácido acetilsalicílico ($C_9H_8O_4$) num comprimido analgésico, isento de outras substâncias ácidas, 1,0 g do comprimido foi dissolvido numa mistura de etanol e água. Essa solução consumiu 20 mL de solução aquosa de NaOH, de concentração 0,10 mol/L, para reação completa. Ocorreu a seguinte transformação química:

$$C_9H_8O_4\ (aq) + NaOH\ (aq) \rightarrow$$
$$\rightarrow NaC_9H_7O_4\ (aq) + H_2O\ (l)$$

Logo, a porcentagem em massa de ácido acetilsalicílico no comprimido é de, aproximadamente:

a) 0,20%
b) 2,0%
c) 18%
d) 36%
e) 55%

Massa molar do $C_9H_8O_4$ = 180 g/mol

86. (FMTM-MG) Diz a bula de determinado medicamento antiácido que este contém 350 mg de hidróxido de magnésio em cada 5 mL de suspensão aquosa.

a) Que quantidade, em mol, de hidróxido de magnésio há nesses 5 mL de suspensão?

b) Caso as informações da bula estejam corretas, que volume de HCl 1 mol/L deve ser utilizado na titulação de uma alíquota de 5 mL dessa suspensão?

87. (Unifesp) Pela legislação brasileira, a cachaça deve obedecer ao limite de 5 mg/L, quanto ao teor de cobre. Para saber se tal limite foi obedecido, 5,0 mL de uma certa cachaça foram titulados com solução de sal de sódio do EDTA (ácido etileno diamino tetra-acético), $1{,}0 \cdot 10^{-3}$ mol $\cdot$ L^{-1}, gastando-se 4,0 mL na titulação. Sabendo-se que a massa molar do cobre é 63,5 g/mol e que o cobre reage com o EDTA na proporção, em mol, de 1 : 1, a concentração de cobre nessa cachaça, em mg/L, é, aproximadamente:

a) 5

b) 10

c) 25

d) 50

e) 500

88. (Fesp-SP) Os dados do rótulo de um frasco de eletrólito de bateria de automóvel informam que cada litro da solução deve conter aproximadamente 390 g de H_2SO_4 puro. Com a finalidade de verificar se a concentração de H_2SO_4 atende às especificações, 4,00 mL desse produto foram titulados com solução de NaOH 0,800 mol/L. Para consumir todo o ácido sulfúrico dessa amostra foram gastos 40,0 mL da solução de NaOH.

Dado: Massa molar de H_2SO_4 = 98,0 g/mol.

a) Com base nos dados obtidos na titulação, discuta se a especificação do rótulo é atendida.

b) Escreva a fórmula e o nome oficial do produto que pode ser obtido pela evaporação total da água contida na solução resultante do processo de titulação efetuado.

89. (Furg-RS) Sabendo-se que:

I. 10 mL de uma solução ácida **A** foi diluída a 100 mL em balão volumétrico. A seguir, retirou-se uma alíquota de 10 mL e gastaram-se 8 mL de NaOH 0,1 mol/L para neutralizar o ácido contido, usando fenolftaleína como indicador do ponto final.

II. 25 mL de uma solução ácida **B** foi diluída a 50 mL em balão volumétrico. A seguir, retirou-se uma alíquota de 10 mL e gastaram-se 2,5 mL de NaOH 0,2 mol/L para neutralizar o ácido contido, usando fenolftaleína como indicador do ponto final.

Pode-se afirmar que a razão entre a concentração da solução ácida **A** em relação à concentração da solução ácida **B** é de:

a) 8

b) 6

c) 7

d) 4

e) 1,6

90. (UFMG) Para determinar-se a quantidade de íons carbonato, CO_3^{2-}, e de íons bicarbonato, HCO_3^-, em uma amostra de água, adiciona-se a esta uma solução de certo ácido.

As duas reações que, então, ocorrem estão representadas nestas equações:

I. $CO_3^{2-}(aq) + H^+(aq) \rightarrow HCO_3^-(aq)$

II. $HCO_3^-(aq) + H^+(aq) \rightarrow H_2CO_3(aq)$

Para se converterem os íons carbonato e bicarbonato dessa amostra em ácido carbônico, H_2CO_3, foram consumidos 20 mL da solução ácida. Pelo uso de indicadores apropriados, é possível constatar-se que, na reação I, foram consumidos 5 mL dessa solução ácida e, na reação II, os 15 mL restantes.

Considerando-se essas informações, é **CORRETO** afirmar que, na amostra de água analisada, a proporção **inicial** entre a concentração de íons carbonato e a de íons bicarbonato era de:

a) 1 : 1

b) 1 : 2

c) 1 : 3

d) 1 : 4

Capítulo 17

Propriedades coligativas

Alguns conteúdos importantes:

- Diagrama de fases de uma substância pura
- Pressão de vapor
- Volatilidade e pressão de vapor
- Temperatura de ebulição de um líquido
- Propriedades coligativas para soluções de solutos não voláteis e não eletrólitos
- Efeito tonoscópico
- Efeito ebulioscópico
- Efeito crioscópico
- Osmose
- Pressão osmótica
- Purificação da água por osmose reversa
- Dessalinizadores
- Propriedades coligativas para soluções de eletrólitos não voláteis

PHOTOCUISINE/CORBIS/LATINSTOCK

▲ O funcionamento de uma cafeteira italiana consiste no aumento da pressão de vapor da água mediante aquecimento. Ao aquecer, a pressão de vapor é suficiente para forçar a subida da água por um tubo e fazê-la atravessar o pó de café, contido numa câmara no centro da cafeteira. Em seguida, passando por um filtro que retém o pó, o café chega à parte superior, e está pronto para ser servido.

Prezado aluno, o conteúdo desse capítulo está em seu DVD. Você pode encontrá-lo na *Biblioteca do estudante* na aba *Capítulos complementares*. A abordagem dos assuntos relacionados a esse capítulo em sala de aula fica a critério do professor, que vai decidir de acordo com as necessidades e as prioridades da grade curricular. De qualquer modo, ele está disponível para que você possa estudá-lo e aprender seu conteúdo.

Capítulo 18

Processos de oxirredução

SNEHIT/SHUTTERSTOCK

Alguns conteúdos importantes:

- ✔ Oxidação e redução
- ✔ Número de oxidação
- ✔ Reação de oxirredução
- ✔ Agente oxidante e agente redutor
- ✔ Sugestões para balancear uma equação de oxirredução (isto é, uma equação química que representa uma reação de oxirredução)

▲ A formação da ferrugem é uma reação de oxirredução, na qual o ferro sofre oxidação e o oxigênio sofre redução.

1 Transferência de elétrons, oxidação e redução

1.1 Analisando a obtenção de hidrogênio em laboratório

Uma maneira de obter hidrogênio em laboratório é pela reação entre o zinco metálico e uma solução aquosa de ácido clorídrico.

Observações macroscópicas

O zinco metálico sofre corrosão, enquanto na superfície do metal surgem bolhas gasosas que escapam da solução.

ATENÇÃO

Não faça experimentos por conta própria. O experimento descrito ao lado está sendo **APENAS RELATADO** para permitir a compreensão dos temas da Química tratados a seguir.

Sua eventual realização, em laboratório, requer autorização e supervisão do(a) professor(a) para evitar acidentes envolvendo o gás hidrogênio, altamente inflamável e explosivo, e o ácido clorídrico, corrosivo e cujos vapores são tóxicos.

Óculos de segurança, luvas e aventais protetores são obrigatórios.

Guia de estudo

Análise microscópica

(Por simplicidade, os íons Cl^-, que não participam da reação, não foram representados neste esquema.)

A formação de bolhas gasosas na superfície do zinco ocorre quando os íons H^+ (aq), presentes na solução, tomam contato com o pedaço de zinco, recebem elétrons do metal e se transformam em gás hidrogênio, H_2 (g).

A corrosão do zinco acontece porque átomos desse metal, presentes no sólido, ao perderem elétrons para os íons H^+ (aq), transformam-se em íons Zn^{2+} (aq), que deixam o sólido e migram para a solução, provocando a corrosão da lâmina.

Essa reação química pode ser assim equacionada:

$$Zn\,(s) + \underbrace{2\,HCl\,(aq)} \rightarrow H_2\,(g) + \underbrace{ZnCl_2\,(aq)}$$

$$Zn + 2\,H^+ + \cancel{2\,Cl^-} \rightarrow H_2 + Zn^{2+} + \cancel{2\,Cl^-}$$

$$\underset{\text{Sólido}}{Zn\,(s)} + \underset{\text{Solução}}{2\,H^+\,(aq)} \rightarrow \underset{\text{Gás}}{H_2\,(g)} + \underset{\text{Solução}}{Zn^{2+}\,(aq)}$$

Os íons Cl^- não participam, de fato, da reação. São considerados íons espectadores.

Representando o elétron por e^-, podemos indicar nessa equação química a transferência de elétrons do zinco para os íons hidrogênio:

$$Zn\,(s) \xrightarrow{\;2\,e^-\;} 2\,H^+\,(aq) \quad\quad Zn\,(s) + 2\,H^+\,(aq) \rightarrow H_2\,(g) + Zn^{2+}\,(aq)$$

1.2 O conceito de oxidação e o de redução

Em Química há várias reações que, como a equacionada acima, envolvem a transferência de elétrons.

- Denomina-se **oxidação** a perda de elétrons por uma espécie química.

Por exemplo, na reação com H^+, cada átomo de zinco perde 2 elétrons:

$$Zn\,(s) \rightarrow Zn^{2+}\,(aq) + 2\,e^-$$

- Denomina-se **redução** o ganho de elétrons por uma espécie química.

Por exemplo, na reação com Zn (s), cada íon H^+ (aq) ganha 1 elétron:

$$2\,H^+\,(aq) + 2\,e^- \rightarrow H_2\,(g)$$

Podemos somar ambas as equações, a da oxidação do zinco e a da redução dos íons hidrogênio, obtendo a equação global do processo.

$$\begin{array}{lr} Zn\,(s) \rightarrow Zn^{2+}\,(aq) + \cancel{2\,e^-} & \textbf{Oxidação} \\ 2\,H^+\,(aq) + \cancel{2\,e^-} \rightarrow H_2\,(g) & \textbf{Redução} \\ \hline Zn\,(s) + 2\,H^+\,(aq) \rightarrow H_2\,(g) + Zn^{2+}\,(aq) & \textbf{Equação global} \end{array}$$

Os conceitos de oxidação e de redução são fáceis de aplicar na reação entre zinco metálico com solução aquosa de ácido clorídrico, pois a transferência de elétrons do Zn para o H^+ é relativamente fácil de ser percebida.

Existem, porém, processos de oxidação/redução em que a transferência de elétrons não é tão evidente na equação química. É o caso, por exemplo, da reação representada por:

$$4\,NH_3 + 5\,O_2 \rightarrow 4\,NO + 6\,H_2O$$

Casos como esse evidenciam a necessidade de formular um outro conceito para tornar mais clara a identificação da ocorrência de oxidação/redução.

Esse conceito é o de *número de oxidação*, introduzido na Química para facilitar a análise de processos de transferência de elétrons.

Oxidação e redução ocorrem ao mesmo tempo, não existindo uma sem a outra, pois o total de elétrons perdidos por uma espécie química deve ser igual ao total de elétrons ganhos por outra espécie, ou seja, o número de elétrons permanece inalterado (eles não "aparecem" do nada nem "desaparecem").

2 O conceito de número de oxidação

O **número de oxidação** é um número **associado aos átomos de um determinado elemento, presente em uma determinada substância**, que está relacionado à carga elétrica que esses átomos apresentam nessa substância. Essa carga elétrica pode ser uma carga real — é o caso da carga de íons (Na^+, S^{2-}, Al^{3+} etc.) — ou uma carga imaginária, que se atribui aos átomos em função do ambiente eletrônico ao seu redor, na substância de que tomam parte.

Lembre-se de que, à exceção dos seis gases nobres, em todas as substâncias há átomos unidos por ligações químicas. Os átomos que formam uma dada substância podem ser de um mesmo elemento químico (*substância simples*) ou de elementos diferentes (*substância composta* ou *composto químico* ou, simplesmente, *composto*).

Tradicionalmente, encara-se o número de oxidação (representado, em diferentes publicações, por N_{ox}, n_{ox}, Nox, nox ou NOX) como o resultado da aplicação de um conjunto de regras. Essas regras têm, contudo, uma motivação lógica que permite que sejam compreendidas. **Assim, antes de apresentar regras, vamos apresentar a motivação que deu origem a elas.**

2.1 Número de oxidação em íons monoatômicos

Quando átomos de um elemento metálico se unem por ligação iônica a átomos de um elemento não metálico, essa união envolve cátions e ânions que compõem um retículo cristalino iônico. No composto iônico formado, os átomos dos elementos estão presentes, de fato, sob a forma de íons. Cada um deles apresenta, portanto, uma carga elétrica real.

O valor algébrico da carga elétrica dos íons de um elemento em um composto iônico informa o número de oxidação desse elemento no composto.

Exemplos de compostos iônicos são NaCl, $MgBr_2$, CaS e Al_2O_3:

$$[Na^{+}]_1[Cl^{-}]_1 \qquad [Mg^{2+}]_1[Br^{-}]_2 \qquad [Ca^{2+}]_1[S^{2-}]_1 \qquad [Al^{3+}]_2[O^{2-}]_3$$

No NaCl, o número de oxidação do elemento sódio é +1 e o do elemento cloro é −1. No $MgBr_2$, o número de oxidação do magnésio é +2 e o do bromo é −1. No CaS, o número de oxidação do cálcio é +2 e o do enxofre é −2. E, no Al_2O_3, o número de oxidação do alumínio é +3 e o do oxigênio é −2.

2.2 Número de oxidação em espécies com ligação covalente

O conceito de eletronegatividade (reveja o item 2.1 do capítulo 9) permite comparar os átomos dos elementos químicos no que diz respeito à diferente tendência para atrair elétrons.

Considere, por exemplo, uma molécula de HCl. Consultando a fila de eletronegatividade, verificamos que o cloro é mais eletronegativo que o hidrogênio. Isso significa que o cloro exerce maior atração sobre o par de elétrons compartilhado do que o hidrogênio.

Podemos dizer que esse par de elétrons, que é **compartilhado** por ambos os átomos, passa a **maior parte do tempo** nas imediações do cloro do que nas do hidrogênio. Como consequência, os químicos atribuem ao cloro, nessa substância, o número de oxidação −1 e ao hidrogênio o número de oxidação +1.

Note que a ligação no HCl **não é iônica**, mas **sim covalente**. Contudo, o compartilhamento eletrônico não é igualitário. Os números de oxidação espelham simplesmente que o elétron do hidrogênio passa a maior parte do tempo com o cloro do que com o próprio hidrogênio. **A ilustração ao lado é meramente uma representação esquemática** que tenta evidenciar o compartilhamento não igualitário do par eletrônico no HCl.

Como próximo exemplo, vamos considerar a molécula de água. O compartilhamento eletrônico também é desigual, pois o oxigênio é mais eletronegativo que o hidrogênio. Assim, os dois pares eletrônicos — cada qual formado por um elétron do oxigênio e um do hidrogênio — passam a maior parte do tempo nas proximidades do oxigênio. Por isso, a ele atribuímos número de oxidação −2 e ao hidrogênio +1. O esquema ao lado representa essa situação.

Agora, considere a molécula de amônia, NH_3. O nitrogênio é mais eletronegativo que o hidrogênio e exerce maior atração sobre os pares eletrônicos das três ligações covalentes. Assim, o elétron de cada átomo de hidrogênio passa a maior parte do tempo nas proximidades do nitrogênio, razão pela qual se atribui a ele o número de oxidação −3. E a cada hidrogênio atribui-se +1. Essa discussão sobre a molécula de amônia também está representada ao lado.

Como você pode perceber, quando há diferença de eletronegatividade, os elétrons das ligações covalentes não são igualmente compartilhados. Podemos atribuir a cada um dos átomos de uma molécula uma carga elétrica fictícia decorrente desse compartilhamento não igualitário de elétrons.

E se átomos de um mesmo elemento químico estiverem unidos por ligação covalente? Vamos considerar, como exemplo, a molécula de gás hidrogênio, H_2. Como ambos os átomos têm a mesma eletronegatividade, o compartilhamento dos elétrons é igualitário, ou seja, os elétrons permanecem o mesmo tempo nas proximidades de cada um dos átomos. Por isso, atribui-se a cada um deles o número de oxidação zero (veja o esquema ao lado).

Podemos, agora, tentar formalizar o conceito de número de oxidação de um elemento em uma espécie química na qual há ligação covalente.

▼ Os esquemas abaixo **não são representações científicas padrão**. São **meramente esquemas** com a preocupação didática de auxiliar o estudante no entendimento do conceito de número de oxidação em espécies nas quais há ligação covalente.

Eletronegatividade: Cl > H

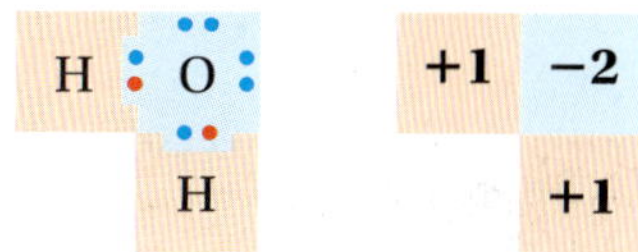

Eletronegatividade: O > H

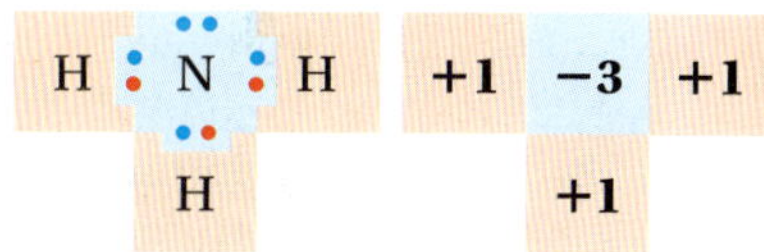

Eletronegatividade: N > H

Eletronegatividade: H = H

- Em espécies químicas nas quais há ligação covalente*, o número de oxidação de um elemento expressa a carga parcial de cada átomo desse elemento na molécula, gerada pela distribuição não igualitária dos elétrons das ligações covalentes em decorrência das diferenças de eletronegatividade.

Para um par de átomos unidos covalentemente, o número de oxidação negativo é atribuído ao átomo do elemento mais eletronegativo (que atrai mais intensamente os elétrons da ligação) e o número de oxidação positivo é atribuído ao átomo do elemento menos eletronegativo (que atrai menos intensamente os elétrons da ligação).

* Isso engloba, além das moléculas, os íons formados por dois ou mais átomos unidos covalentemente (íons poliatômicos), tais como NO_3^-, SO_4^{2-}, PO_4^{3-}, O_2^{2-} etc., que serão considerados mais à frente.

Exercícios essenciais

A critério do(a) professor(a) esta lista de exercícios poderá ser realizada em classe ou em casa.

Exercício Resolvido

1. Determine o número de oxidação de cada um dos elementos presentes na molécula de H_2SO_4.

➤ Resolução

Primeiramente, escrevemos a fórmula eletrônica da molécula de H_2SO_4. Em seguida, consultamos a **fila de eletronegatividade**, que nos informa que o oxigênio é mais eletronegativo que o enxofre e o hidrogênio. Com base nisso, podemos elaborar o esquema:

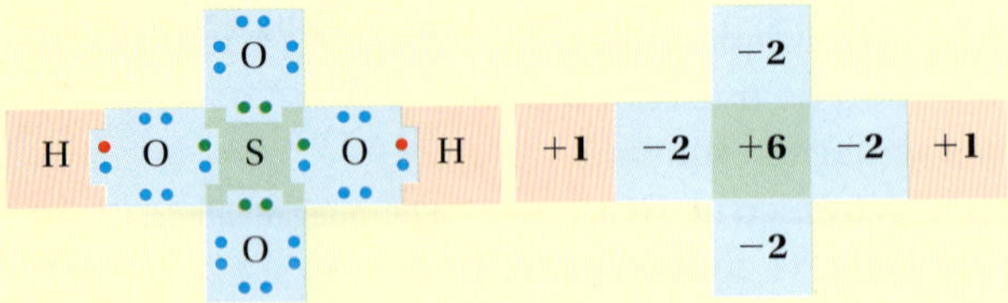

Assim, na molécula de H_2SO_4, o número de oxidação do:

- hidrogênio é +1;
- oxigênio é −2;
- enxofre é +6.

2. Utilizando as fórmulas eletrônicas ou estruturais, determine o número de oxidação de cada um dos elementos presentes nas substâncias representadas a seguir.

a) Cl_2	**g)** CH_2F_2	**m)** NF_3	**s)** SO_3
b) O_2	**h)** CHF_3	**n)** HNO_2	**t)** HCl
c) N_2	**i)** CF_4	**o)** HNO_3	**u)** HClO
d) HF	**j)** CO_2	**p)** H_2S	**v)** $HClO_2$
e) CH_4	**k)** H_2CO	**q)** S_8	**w)** $HClO_3$
f) CH_3F	**l)** NH_3	**r)** SO_2	**x)** $HClO_4$

3. (PUC-MG) Nos compostos CCl_4, $CHCl_3$, CH_2Cl_2, CH_3Cl e CH_4, os números de oxidação dos carbonos são respectivamente:

a) +4, +2, 0, −2, −4.
b) −4, −2, 0, +2, +4.
c) +4, +2, +1, −2, +4.
d) −2, +4, 0, +2, +4.
e) −2, −4, −2, +2, −4.

4. O carbono pertence ao grupo 14 da tabela periódica. Isso significa que seus átomos apresentam quatro elétrons na camada de valência.

Com base nessa informação, reflita e responda às perguntas.

Qual deve ser o maior número de oxidação possível para o carbono? E o menor? Explique como chegou às respostas.

Sugestão: Inspire-se no exercício 2.

5. Repita a resolução da questão anterior para os elementos:

a) nitrogênio (grupo 15 da tabela periódica);
b) enxofre (grupo 16);
c) cloro (grupo 17).

Exercícios adicionais

Seu(sua) professor(a) indicará quais exercícios deste bloco você deve fazer.

6. (UFC-CE) A força dos ácidos varia em função de uma série de propriedades, tais como: constituintes químicos, geometria da molécula, estado de oxidação das espécies envolvidas etc. Considerando os ácidos HClO , HBrO e HIO, é correto afirmar que:

a) O HClO é um ácido mais fraco do que o HIO.
b) O HBrO é um ácido mais forte do que o HClO.
c) a ordem crescente de acidez é HIO, HBrO, HClO.
d) a ordem decrescente de acidez é HIO, HClO, HBrO.
e) os estados de oxidação do Cl, Br e I são −1, −2 e −3, respectivamente.

7. (UFPR) O nitrogênio (N) é capaz de formar compostos com estados de oxidação que variam de −3 a +5. Cinco exemplos das inúmeras moléculas que o N pode formar são apresentados abaixo. Dados os números atômicos do N (= 7), do H (= 1) e do O (= 8), numere a coluna da direita de acordo com a coluna da esquerda.

1. NO	( ) −2
2. N_2O	( ) −3
3. NH_3	( ) +4
4. N_2H_4	( ) +2
5. NO_2	( ) +1

Assinale a alternativa que apresenta a numeração correta da coluna da direita, de cima para baixo.

a) 1 - 4 - 2 - 5 - 3
b) 4 - 3 - 5 - 1 - 2
c) 1 - 2 - 4 - 3 - 5
d) 2 - 4 - 3 - 1 - 5
e) 3 - 5 - 1 - 2 - 4

8. (UFJF-MG) É comum os nossos olhos lacrimejarem ao cortarmos uma cebola. Isso ocorre devido à evaporação de compostos derivados do enxofre presentes na cebola. Dentre eles, estão os óxidos de enxofre que, em contato com a umidade, dão origem a ácidos.

a) Quais são os nomes dos dois principais óxidos de enxofre e suas respectivas fórmulas moleculares?
b) Quais são as fórmulas moleculares dos ácidos formados pelos dois principais óxidos de enxofre?
c) Escreva a configuração eletrônica do enxofre. Qual é o número de oxidação do enxofre nos dois óxidos?
d) Com base nas informações do texto, explique por que, quando colocamos a cebola na geladeira ou em água, antes de cortá-la, lacrimejamos menos.

2.3 Regras para a determinação do número de oxidação

Como mostramos nas páginas anteriores, é possível determinar o número de oxidação de um elemento observando a fórmula da substância em que ele se encontra. Tradicionalmente, os químicos entendem por número de oxidação o resultado da aplicação de um conjunto de regras, que mostraremos agora.

Julgamos importante que você tente compreender a lógica envolvida em cada uma das regras, o que torna mais fácil aprendê-las. Para isso, ao estudar esta seção, **tenha sempre em mente o que estudou nas páginas anteriores**. Lembre-se, também, de **consultar a fila de eletronegatividade**.

1ª regra: Sobre substâncias simples

Em uma substância simples, como os átomos são todos do mesmo elemento, não há diferença de eletronegatividade entre eles e, assim, o número de oxidação do elemento é zero.

Como exemplos de substâncias simples formadas por elementos metálicos (portanto, substâncias metálicas), podemos citar Fe, Zn, Cu, Au, Ag e Pb. E, como exemplos de substâncias simples formadas por elementos não metálicos (portanto, substâncias moleculares), podemos citar H_2, O_2, O_3, N_2, F_2, Cl_2, Br_2, I_2, P_4, P (verm), S_8, C (diam) e C (graf).

Assim, podemos enunciar que:

- Nas **substâncias simples**, o número de oxidação do elemento que forma a substância é zero.

EDUARDO SANTALIESTRA/CID

Algumas substâncias simples: alumínio (na forma de papel-alumínio), hélio (no balão azul), oxigênio (no balão vermelho), ferro (como palha de aço), prata (no talher), mercúrio (líquido metálico) e enxofre (pó amarelo).

2ª regra: Sobre o hidrogênio em seus compostos

Compostos químicos (substâncias compostas) são formados por dois ou mais elementos químicos. Quando o hidrogênio se liga aos não metais (o que ocorre por ligação covalente, veja o exemplo Ⓐ), que são mais eletronegativos que ele, atrairá menos seu elétron que eles. Assim, seu número de oxidação será +1. Ao se ligar aos metais, formando os hidretos metálicos (exemplo Ⓑ), o hidrogênio, por ser mais eletronegativo que eles, adquirirá carga −1.

Assim, podemos enunciar que:

- O número de oxidação do hidrogênio em seus **compostos** é +1, exceto nos **hidretos metálicos**, nos quais é −1.

Ⓐ

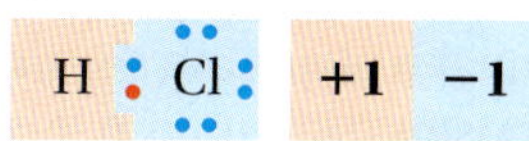

Eletronegatividade: Cl > H

Ⓑ

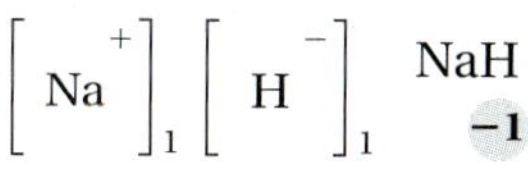

Eletronegatividade: H > Na

3ª regra: Sobre o oxigênio em seus compostos

O oxigênio está no grupo 16 (ou 6A) da tabela periódica. Apresenta seis elétrons na camada de valência e completa o octeto ao receber ou compartilhar dois elétrons.

No caso de ligação iônica, o oxigênio recebe dois elétrons para completar o octeto, transforma-se em íon O^{2-} (íon óxido) e adquire número de oxidação −2. É, por exemplo, o caso dos óxidos iônicos Na_2O e CaO (veja Ⓒ e Ⓓ).

No caso de ligação covalente, o oxigênio estabelece duas delas para completar o octeto. Acontece que, como o oxigênio só não é mais eletronegativo que o flúor, ao se combinar com todos os demais elementos, atrairá os elétrons compartilhados mais do que eles e ficará com número de oxidação −2. É o que acontece, por exemplo, em H_2O e CO_2 (veja Ⓔ e Ⓕ).

Assim, o oxigênio, em substâncias compostas, adquire em geral número de oxidação −2. Porém, ao se ligar ao flúor, a situação se inverte, pois o flúor é mais eletronegativo que ele. No OF_2, portanto, o número de oxidação do oxigênio é +2 (veja Ⓖ).

Outra situação que destoa do valor −2 para o oxigênio é nos peróxidos. O H_2O_2, peróxido de hidrogênio — comercializado em solução aquosa com o nome de água oxigenada —, é um peróxido molecular cuja estrutura está mostrada em Ⓗ. Por causa dessa estrutura, o número de oxidação do oxigênio é −1. O oxigênio é mais eletronegativo que o hidrogênio, mas "empata" com o outro oxigênio. Na estrutura dos peróxidos dos metais alcalinos (veja Ⓘ) e alcalinoterrosos (veja Ⓙ), existe o íon O_2^{2-} (íon peróxido). Já que, nesse íon, dois átomos de oxigênio têm carga −2, concluímos que cada um deles tem número de oxidação −1.

Assim, podemos enunciar que:

- O número de oxidação do oxigênio em seus **compostos** é, em geral, −2. Exceções são o **fluoreto de oxigênio**, OF_2, em que é +2, e os **peróxidos**, nos quais é −1.

Ⓒ $[Na^{+}]_2\,[O^{2-}]_1$ — Na_2O: **−2**

Ⓓ $[Ca^{2+}]_1\,[O^{2-}]_1$ — CaO: **−2**

Ⓔ

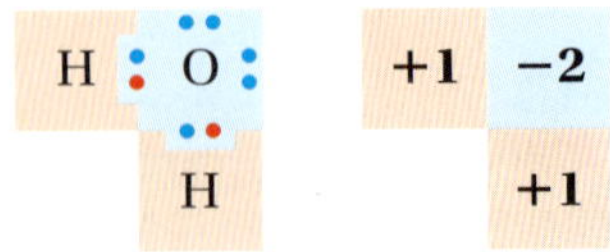

Eletronegatividade: O > H

Ⓕ

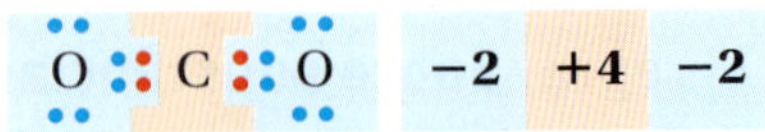

Eletronegatividade: O > C

Ⓖ

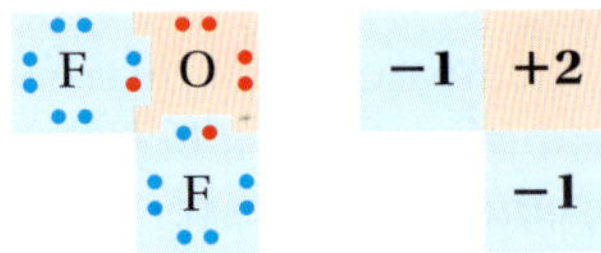

Eletronegatividade: F > O

Ⓗ

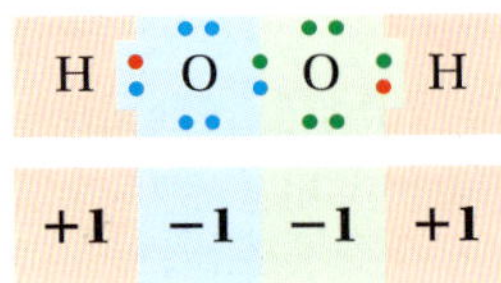

Eletronegatividade: O > H

4ª regra: Sobre outros exemplos de elementos que possuem, quase sempre, o mesmo número de oxidação em seus compostos

Os metais alcalinos (grupo 1, ou 1A, da tabela periódica), ao se combinarem ionicamente, formam cátions monovalentes, pois completam o octeto quando perdem um elétron (o lítio, de número atômico 3, não completa o octeto, mas adquire eletrosfera semelhante à do hélio). Assim, nos compostos em que há metal alcalino, seu número de oxidação é +1. Exemplos desses compostos são NaOH (veja Ⓚ), KBr, Na_2S, NaCl, K_2O, $LiNO_3$ e Na_2SO_4.

Os metais alcalinoterrosos (grupo 2, ou 2A), ao tomarem parte de compostos iônicos, o fazem como cátions bivalentes. Isso porque, ao perderem dois elétrons, completam o octeto. Assim, o número de oxidação desses metais, nessas substâncias compostas, é +2. Exemplos de compostos de metais alcalinoterrosos são CaO, $Ca(OH)_2$ (veja Ⓛ), $Ba(NO_3)_2$, $SrCl_2$, $CaCO_3$ e $BaSO_4$.

O alumínio (grupo 13, ou 3A) apresenta três elétrons na camada de valência. Em seus compostos iônicos apresenta-se, portanto, sob a forma de íon Al^{3+}, no qual o elemento se encontra com número de oxidação +3. Exemplos de compostos de alumínio são Al_2O_3 (veja Ⓜ) e $Al(OH)_3$.

Prata e zinco combinam-se ionicamente com elementos não metálicos sob a forma de íons Ag^+ e Zn^{2+}. Assim, em substâncias compostas, apresentam, respectivamente, números de oxidação +1 e +2. Como exemplos, podemos citar AgBr, Ag_2O, $AgNO_3$ (veja Ⓝ), $ZnCl_2$, ZnO e $ZnSO_4$ (veja Ⓞ).

O flúor pertence ao grupo 17 (ou 7A) da tabela periódica. Apresenta sete elétrons na última camada e completa o octeto ao receber ou compartilhar um elétron. Ao receber um elétron, em ligação iônica, transforma-se no ânion F^- e fica com número de oxidação −1. Ao fazer uma ligação covalente, como é o mais eletronegativo dos elementos, atrai os elétrons da ligação mais do que o átomo de outro elemento ao qual se liga, adquirindo número de oxidação −1 (veja Ⓖ).

Ⓘ $[Na^{+}]_2\,[O_2^{2-}]_1$ — Na_2O_2: **−1**

Ⓙ $[Ca^{2+}]_1\,[O_2^{2-}]_1$ — CaO_2: **−1**

Ⓚ $[Na^{+}]_1\,[OH^{-}]_1$ — NaOH: **+1**

Ⓛ $[Ca^{2+}]_1\,[OH^{-}]_2$ — $Ca(OH)_2$: **+2**

Ⓜ $[Al^{3+}]_2\,[O^{2-}]_3$ — Al_2O_3: **+3**

Ⓝ $[Ag^{+}]_1\,[NO_3^{-}]_1$ — $AgNO_3$: **+1**

Ⓞ $[Zn^{2+}]_1\,[SO_4^{2-}]_1$ — $ZnSO_4$: **+2**

Assim, podemos enunciar que:

- Há alguns elementos que, de modo geral, apresentam sempre o mesmo número de oxidação em seus **compostos**. Entre eles, podemos citar os metais **alcalinos** (+1), os metais **alcalinoterrosos** (+2), a **prata** (+1), o **zinco** (+2), o **alumínio** (+3) e o **flúor** (−1).

5ª regra: Sobre a soma algébrica dos números de oxidação em uma espécie química eletricamente neutra

Uma molécula é uma espécie química eletricamente neutra. Como elétrons não "aparecem" nem "desaparecem", para cada carga positiva atribuída dentro de uma molécula deve-se atribuir também uma carga negativa. Em outras palavras, quando somamos os números de oxidação de todos os átomos que tomam parte de uma molécula, necessariamente obteremos zero como resultado. Veja os exemplos esquemáticos Ⓟ a Ⓡ.

Ⓟ

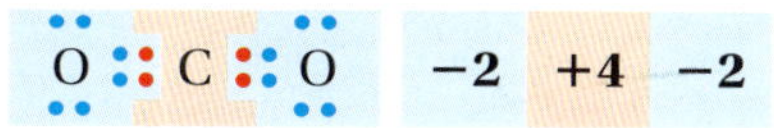

Número de oxidação dos elementos → / Soma dos números de oxidação dos átomos de cada elemento → / Soma total

C	O_2
+4	**−2**
+4	−4 = 0

Ⓠ

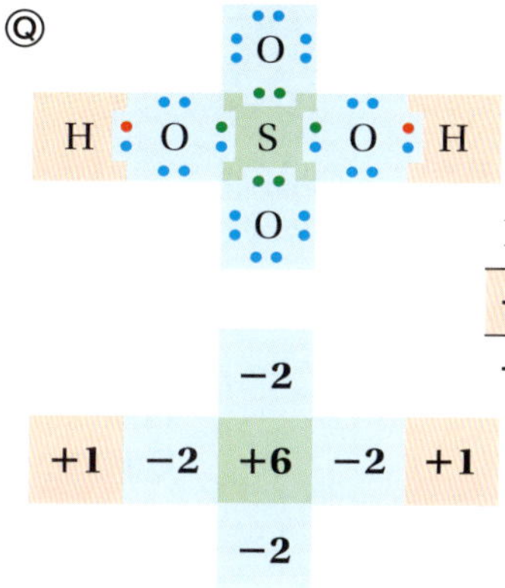

H_2	S	O_4
+1	**+6**	**−2**
+2	+6	−8 = 0

Ⓡ

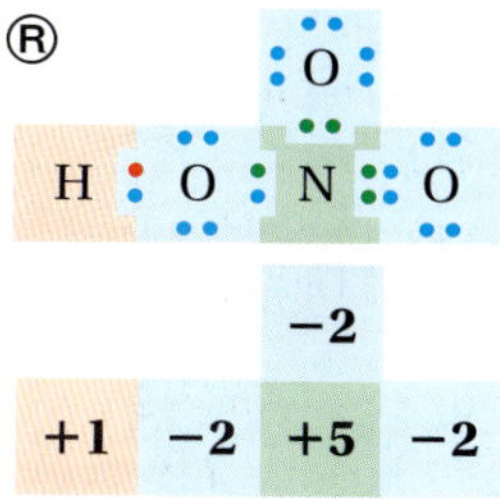

H	N	O_3
+1	**+5**	**−2**
+1	+5	−6 = 0

Um composto iônico, considerado um todo, é um conjunto de cátions e ânions que, individualmente, apresentam carga elétrica: os cátions são positivos e os ânions negativos. Contudo, o total de cargas positivas deve contrabalançar o total de negativas, resultando em um composto eletricamente neutro, ou seja, no qual a carga elétrica total é nula. Veja os exemplos esquemáticos Ⓢ a Ⓤ.

Ⓢ $[Na^{+}]_2\,[O^{2-}]_1$

Na_2	O
+1	**−2**
+2	−2 = 0

Ⓣ $[Fe^{3+}]_2\,[O^{2-}]_3$

Fe_2	O_3
+3	**−2**
+6	−6 = 0

Ⓤ $[Ca^{2+}]_1\,[SO_4^{2-}]_1$

Ca	S	O_4
+2	**+6**	**−2**
+2	+6	−8 = 0

Assim, podemos enunciar que:

- A soma algébrica de todos os números de oxidação dos elementos presentes em uma **espécie química eletricamente neutra** é igual a **zero**.

A 5ª e a 6ª regras são muito úteis para determinar o número de oxidação daqueles elementos que apresentam número de oxidação bastante variável de um composto para outro. Esse é o caso, por exemplo, de nitrogênio, cloro, enxofre, carbono e fósforo.

6ª regra: Sobre a soma algébrica dos números de oxidação em um íon poliatômico

Essa regra, como a anterior, envolve a ideia de contabilidade de elétrons. Se uma espécie é eletricamente neutra, a soma dos números de oxidação dos átomos que a compõem é igual a zero, que é a carga total da espécie.

Por sua vez, se estamos diante de uma espécie química eletricamente carregada — íons poliatômicos, tais como NO_3^-, SO_4^{2-}, PO_4^{3-}, O_2^{2-} e NH_4^+ —, a soma de todos os números de oxidação deve resultar na carga elétrica dessa espécie química.

Veja os exemplos esquemáticos Ⓥ e Ⓦ:

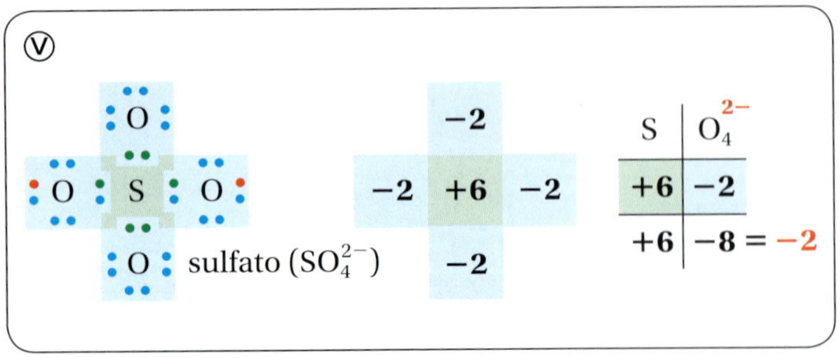

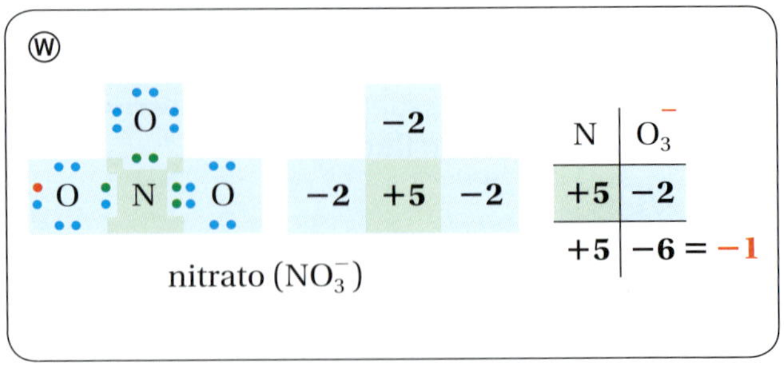

Assim, podemos enunciar a última das regras:

- A soma algébrica dos números de oxidação dos elementos constituintes de um **íon poliatômico** é igual à **carga desse íon**.

Exercícios essenciais

A critério do(a) professor(a) esta lista de exercícios poderá ser realizada em classe ou em casa.

9. Determine o número de oxidação dos elementos destacados em negrito nas fórmulas a seguir.

a) K**Mn**O_4

b) K_2**Cr**$_2O_7$

c) Ca_3(**P**O_4)$_2$

10. Na **questão 2** você determinou o número de oxidação dos elementos presentes em algumas substâncias. Para treinar o uso das regras, **repita** essa determinação naquelas substâncias, porém dessa vez empregando diretamente as regras em vez da fórmula eletrônica ou estrutural.

11. Abaixo aparecem as fórmulas de alguns ácidos inorgânicos oxigenados.
Busque uma maneira lógica de relacionar o nome desses ácidos com o número de oxidação do elemento em negrito em cada uma das fórmulas.

H**Cl**O_4 Ácido perclórico	———	———	———
H**Cl**O_3 Ácido clórico	H_2**S**O_4 Ácido sulfúrico	H**N**O_3 Ácido nítrico	H_3**P**O_4 Ácido fosfórico
H**Cl**O_2 Ácido cloroso	H_2**S**O_3 Ácido sulfuroso	H**N**O_2 Ácido nitroso	H_3**P**O_3 Ácido fosforoso
H**Cl**O Ácido hipocloroso	———	———	H_3**P**O_2 Ácido hipofosforoso

12. Compare o número de oxidação do carbono no ácido carbônico (H_2CO_3) e nos íons provenientes de sua ionização, o bicarbonato (HCO_3^-) e o carbonato (CO_3^{2-}). Que conclusão você tira?

McCONNELL & McNAMARA/ STOCKFOOD/LATINSTOCK

◄ O ácido carbônico está presente nos refrigerantes.

13. Compare o número de oxidação do fósforo no ácido fosfórico (H_3PO_4) com o número de oxidação desse mesmo elemento nos ácidos provenientes da desidratação do ácido fosfórico, que são o metafosfórico (HPO_3) e o pirofosfórico ($H_4P_2O_7$). Que conclusão você tira?

14. O propano (C_3H_8) e o butano (C_4H_{10}) são os componentes principais do gás de cozinha. Suas fórmulas estruturais são:

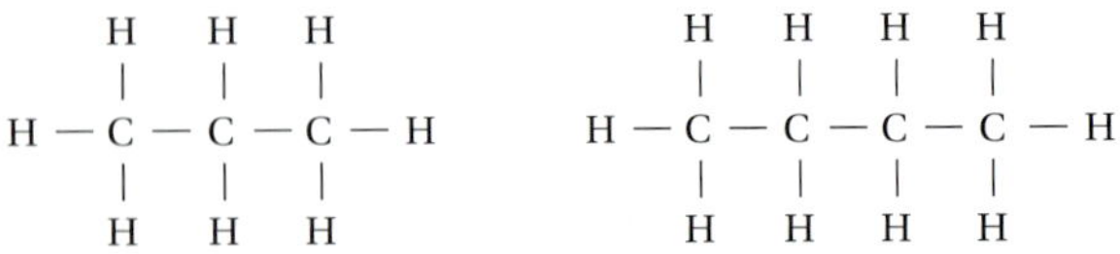

Determine o número de oxidação do carbono em cada um desse compostos por meio da fórmula eletrônica e também por meio das regras que apresentamos. Há divergência entre os resultados? Que conclusão você tira desse exercício?

Exercícios adicionais

Seu(sua) professor(a) indicará quais exercícios deste bloco você deve fazer.

15. (Uerj) Alguns compostos químicos são empregados como coagulantes na remoção de impurezas em processos de tratamento de água.
Um sal inorgânico, largamente utilizado em tais processos, pode ser obtido por meio da neutralização total entre as seguintes substâncias:
- hidróxido do metal de maior eletronegatividade do terceiro período da tabela periódica;
- oxiácido contendo o elemento enxofre em seu estado de oxidação mais alto.

A fórmula desse sal está indicada em:

a) $Al_2(SO_3)_3$
b) $Al_2(SO_4)_3$
c) $Ga_2(SO_4)_3$
d) $Ga_2(SO_3)_3$

16. (Cefet-PA) O manganês é considerado em oligoterapia um carro-chefe: ele é básico no tratamento da diátese alérgica. Em todo caso, sabe-se agora que a distribuição do manganês é grande nos tecidos e líquidos do organismo, notadamente onde a atividade dos mitocôndrios (centro respiratório das células) é maior. São conhecidos diversos compostos em que o manganês se faz presente. Assinale a alternativa na qual esse elemento apresenta-se com menor valor para o seu Nox.

a) $KMnO_4$
b) $MnCl_2$
c) MnO_2
d) $Ca(MnO_3)_2$
e) Mn_2O_3

17. (Vunesp) O nitrogênio pode existir na natureza em vários estados de oxidação. Em sistemas aquáticos, os compostos que predominam e que são importantes para a qualidade da água apresentam o nitrogênio com números de oxidação −3, 0, +3 ou +5. Assinale a alternativa que apresenta as espécies contendo nitrogênio com os respectivos números de oxidação, na ordem descrita no texto.

a) NH_3, N_2, NO_2^-, NO_3^-
b) NO_2^-, NO_3^-, NH_3, N_2
c) NO_3^-, NH_3, N_2, NO_2^-
d) NO_2^-, NH_3, N_2, NO_3^-
e) NH_3, N_2, NO_3^-, NO_2^-

18. (UFMS – modificado) Considerando os íons: nitrato, NO_3^-, periodato, IO_4^-, dicromato, $Cr_2O_7^{2-}$ e pirofosfato, $P_2O_7^{4-}$, é correto afirmar que os números de oxidação dos respectivos elementos ligados ao oxigênio são:

a) +5; +7; +6; +5
b) +7; +5; +6; +5
c) +6; +7; +5; +5
d) +7; +7; +5; +5
e) +5; +5; +7; +6

3 Reações de oxirredução

3.1 Oxidação, redução e número de oxidação

O conceito de número de oxidação torna mais prática a identificação da ocorrência de oxidação/redução, como veremos agora.

- Um aumento algébrico do número de oxidação indica **oxidação**.
  Uma diminuição algébrica do número de oxidação indica **redução**.

3.2 Definição de reação de oxirredução

- Quando um ou mais elementos sofrem variações em seus números de oxidação no transcorrer de uma reação química, dizemos que se trata de uma reação de **oxirredução**, também denominada reação de **oxidorredução** ou **redox**.

Oxidação e redução ocorrem sempre de modo simultâneo, já que elétrons se conservam (não "aparecem" nem "desaparecem"). Em outras palavras, se uma espécie química recebe elétrons é porque alguma espécie química os perdeu. Assim, em uma

Biblioteca do estudante
Texto complementar:
Oxidação de tintas

reação de oxirredução sempre haverá aumento e diminuição de número de oxidação de elemento(s) químico(s) envolvido(s), caracterizando a ocorrência simultânea de oxidação e redução. Vejamos alguns exemplos de equações químicas que representam reações de oxirredução.

- Corrosão do zinco pelo ácido clorídrico em solução aquosa:

$$Zn\,(s) + 2\,H^+\,(aq) \rightarrow H_2\,(g) + Zn^{2+}\,(aq)$$

0   +1   0   +2

redução (+1 → 0)

oxidação (0 → +2)

Dizemos que o zinco sofreu oxidação porque perdeu elétrons e, por isso, seu número de oxidação aumentou.

Dizemos que o íon H^+ sofreu redução porque recebeu elétron e, por isso, seu número de oxidação diminuiu.

- Produção de ferro em altos-fornos por meio da redução do Fe_2O_3 pelo monóxido de carbono (CO):

$$Fe_2O_3\,(s) + 3\,CO\,(g) \rightarrow 2\,Fe\,(s) + 3\,CO_2\,(g)$$

+3   +2   0   +4

redução (+3 → 0)

oxidação (+2 → +4)

- Produção de gás cloro em laboratório por meio da oxidação do ácido clorídrico pelo permanganato de potássio:

$$2\,KMnO_4\,(aq) + 16\,HCl\,(aq) \rightarrow 2\,KCl\,(aq) + 2\,MnCl_2\,(aq) + 8\,H_2O\,(l) + 5\,Cl_2\,(g)$$

+7   −1   +2   0

redução (+7 → +2)

oxidação (−1 → 0)

DELFIM MARTINS/PULSAR IMAGENS

▲ O ferro (Fe) é um importante metal para nossa civilização. Entre muitas outras aplicações, é usado na estrutura de edificações, como mostra esta foto. Esse metal é obtido de um óxido natural (Fe_2O_3) por meio da reação de oxirredução assim equacionada: $Fe_2O_3 + 3\,CO \rightarrow 2\,Fe + 3\,CO_2$

Exercícios essenciais

A critério do(a) professor(a) esta lista de exercícios poderá ser realizada em classe ou em casa.

19. (Vunesp) Das transformações abaixo, a única em que **NÃO** ocorre reação de oxirredução é:

a) $H_2SO_4 + Na_2CO_3 \rightarrow Na_2SO_4 + H_2O + CO_2$

b) $Cl_2 + 2\,NaBr \rightarrow Br_2 + 2\,NaCl$

c) $2\,H_2O_2 \rightarrow 2\,H_2O + O_2$

d) $SnCl_2 + 2\,FeCl_3 \rightarrow SnCl_4 + 2\,FeCl_2$

e) $2\,Cu(NO_3)_2 \rightarrow 2\,CuO + 4\,NO_2 + O_2$

20. (Unicamp-SP)* Também para mostrar suas habilidades químicas, Rango colocou sobre o balcão uma folha de papel que exalava um cheiro de ovo podre e que fazia recuar os “mais fracos de estômago”. Sobre essa folha via-se um pó branco misturado com limalhas de um metal de cor prateada. Após algumas palavras mágicas de Rango, ouviu-se uma pequena explosão acompanhada de uma fumaça branca pairando no ar.

a) Sabendo que naquela mistura maluca e malcheirosa uma das reações ocorreu entre o clorato de potássio ($KClO_3$) e raspas de magnésio metálico e que o pó branco formado era cloreto de potássio misturado a óxido de magnésio, teria havido ali uma reação com transferência de elétrons? Justifique.

b) A mistura malcheirosa continha fósforo branco (P_4) dissolvido em CS_2, o que permitiu a ocorrência da reação entre o $KClO_3$ e o magnésio. A molécula P_4 é tetraédrica. A partir dessa informação, faça um desenho representando essa molécula, evidenciando os átomos e as ligações químicas.

21. (ITA-SP) Considere as seis reações equacionadas a seguir:

I. $CaCO_3 + H^+ \rightarrow Ca^{2+} + HCO_3^-$

II. $Ca + 2\,H^+ \rightarrow Ca^{2+} + H_2$

III. $2\,KClO_3 \rightarrow KCl + KClO_4 + O_2$

IV. $Mg(OH)_2 \rightarrow MgO + H_2O$

V. $CuSO_4 \cdot 5\,H_2O \rightarrow CuSO_4 + 5\,H_2O$

VI. $HClO_4 \rightarrow H^+ + ClO_4^-$

* Questão extraída de uma prova que envolve uma narrativa ficcional.

São reações de oxidorredução somente:

a) I e II
b) II e III
c) III e IV
d) IV e V
e) V e VI

22. (UFRJ) O fósforo pode ser produzido industrialmente por meio de um processo eletrotérmico no qual fosfato de cálcio é inicialmente misturado com areia e carvão; em seguida, essa mistura é aquecida em um forno elétrico onde se dá a reação, representada a seguir:

$$Ca_3(PO_4)_2 + 3\,SiO_2 + 5\,C \rightarrow 3\,CaSiO_3 + 5\,CO + P_2$$

a) Calcule a variação do número de oxidação do elemento que sofre redução.
b) Determine a quantidade máxima, em mols, de fósforo formado quando são colocados para reagir 8 mol de $Ca_3(PO_4)_2$ com 18 mol de SiO_2 e 45 mol de carbono.

Exercícios adicionais

Seu(sua) professor(a) indicará quais exercícios deste bloco você deve fazer.

23. (Fuvest-SP) A pólvora é o explosivo mais antigo conhecido pela humanidade. Consiste na mistura de nitrato de potássio, enxofre e carvão. Na explosão, ocorre uma reação de oxirredução, formando-se sulfato de potássio, dióxido de carbono e nitrogênio molecular.
Nessa transformação, o elemento que sofre maior variação de número de oxidação é o:

a) carbono.
b) enxofre.
c) nitrogênio.
d) oxigênio.
e) potássio.

24. (Uece) "O engenheiro fez uma fogueira e nela colocou as piritas, cuja composição era carvão, sílica, alumínio e sulfeto de ferro (II). Em dez ou doze dias, o sulfeto de ferro (II) se transformaria em sulfato de ferro (II) e o alumínio em sulfato de alumínio, substância solúvel, ao contrário dos outros produtos da operação, como a sílica e o carvão." (*A ilha misteriosa* – Júlio Verne). A partir das informações do texto e, também, de seus conhecimentos, assinale o correto.

a) A pirita ou **ouro de tolo** é minério constituído de ferro, enxofre e alumínio.
b) Na hipótese de ocorrer a formação de sulfato de ferro a partir do sulfeto de ferro, o ferro sofreria uma reação de redução.
c) O sulfato de alumínio anidro tem composição percentual aproximada de 16 partes de alumínio, 28 partes de enxofre e 56 partes de oxigênio.
d) O carvão e o alumínio são substâncias simples e a sílica é uma mistura heterogênea de quartzo, mica e feldspato.

25. (Vunesp) O etilômetro (popular "bafômetro") deverá ser muito utilizado pelos policiais para o controle do teor de álcool etílico ingerido pelos motoristas, de acordo com a Lei nº 11.705 (chamada "Lei Seca"). Num dos tipos de "bafômetro", a medida baseia-se na alteração da cor alaranjada para verde dos sais de cromo, decorrente da seguinte reação:

$$3\,CH_3CH_2OH + 2\,K_2Cr_2O_7 + 8\,H_2SO_4 \rightarrow$$
$$\rightarrow 3\,CH_3COOH + 2\,Cr_2(SO_4)_3 + 2\,K_2SO_4 + 11\,H_2O$$

sobre a qual pode-se afirmar que:

a) o íon dicromato se oxida e muda de cor.
b) o álcool se reduz e forma o ácido.
c) o número de oxidação dos sais de cromo varia de 5 unidades.
d) o número de oxidação do cromo no reagente é +6 e no produto +3.
e) o número de oxidação do cromo varia de +7 para +3.

26. (UFPE) O ferro é um elemento muito comum em nosso planeta. Diversos compostos podem ser obtidos a partir dele. Um composto bastante interessante é o azul da prússia, que possui uma intensa coloração azul. Sua fórmula é $Fe_4[Fe(CN)_6]_3$. Ele é facilmente obtido pela reação de íons Fe^{3+} com ferrocianeto de potássio $K_4[Fe(CN)_6]$.
As massas molares dos elementos que participam nestes compostos são:
$Fe = 55{,}85\ g \cdot mol^{-1}$, $K = 39{,}10\ g \cdot mol^{-1}$,
$C = 12{,}01\ g \cdot mol^{-1}$, $N = 14{,}01\ g \cdot mol^{-1}$,
o que corresponde a uma massa de $859{,}3\ g \cdot mol^{-1}$ para o azul da prússia. Quanto a essa questão, podemos afirmar que [julgue os itens em verdadeiros ou falsos]:

0) no azul da prússia, o ferro está presente nos estados de oxidação +2 e +3.
1) no ferrocianeto de potássio, existe ligação iônica entre K^+ e $[Fe(CN)_6]^{4-}$.
2) a ligação entre C e N é covalente apolar, em todos os compostos apresentados acima.
3) o percentual (m/m) de ferro no azul da prússia é de $(4 \cdot 55{,}85/859{,}3) \cdot 100$.
4) a reação de formação do azul da prússia é do tipo redox.

3.3 Agente oxidante e agente redutor

Em reações de oxirredução, é frequente usarmos as expressões *agente redutor* e *agente oxidante*.

- **Agente redutor** (ou, simplesmente, **redutor**) é a espécie química que age causando a redução de algum elemento presente nos reagentes. O agente redutor é, portanto, a espécie que contém o elemento que perde elétrons, ou seja, que sofre oxidação.

  Agente oxidante (ou, simplesmente, **oxidante**) é a espécie química que age causando a oxidação de algum elemento presente nos reagentes. O agente oxidante é, portanto, a espécie que contém o elemento que recebe elétrons, ou seja, que sofre redução.

SÉRGIO DOTTA JR./CID

▲ Soluções aquosas de permanganato de potássio ($KMnO_4$), à esquerda, e de dicromato de potássio ($K_2Cr_2O_7$), à direita. Ambas são poderosos agentes oxidantes utilizados em laboratório.

O agente oxidante e o agente redutor em uma reação de oxirredução figuram entre seus reagentes, não entre seus produtos. Vamos exemplificar aproveitando as equações químicas mostradas no item 3.2.

$$Zn(s) + 2\,H^+(aq) \rightarrow H_2(g) + Zn^{2+}(aq)$$

Zn (s): **Agente redutor** — H^+ (aq): **Agente oxidante**

$$Fe_2O_3(s) + 3\,CO(g) \rightarrow 2\,Fe(s) + 3\,CO_2(g)$$

Fe_2O_3 (s): **Agente oxidante** — CO (g): **Agente redutor**

$$2\,KMnO_4(aq) + 16\,HCl(aq) \rightarrow 2\,KCl(aq) + 2\,MnCl_2(aq) + 8\,H_2O(l) + 5\,Cl_2(g)$$

$KMnO_4$ (aq): **Agente oxidante** — HCl (aq): **Agente redutor**

ATENÇÃO

Permanganato de potássio e dicromato de potássio são irritantes, tóxicos e corrosivos.

Não devem ser manipulados sem autorização e supervisão adequada.

Óculos de segurança, luvas e aventais protetores são obrigatórios.

Fique ligado nos casos mais frequentes!

Casos comuns de redução envolvem:

- **Cátions metálicos:**
  Exemplo: $Cu^{2+} + 2\,e^- \rightarrow Cu^0$
- **Elementos não metálicos:**
  Exemplo: $Cl_2 + 2\,e^- \rightarrow 2\,Cl^-$

Nesses exemplos, Cu^{2+} e Cl_2 atuam como oxidantes.

Casos comuns de oxidação envolvem:

- **Elementos metálicos:**
  Exemplo: $Zn^0 \rightarrow Zn^{2+} + 2\,e^-$
- **Ânions não metálicos:**
  Exemplo: $2\,I^- \rightarrow I_2 + 2\,e^-$
- **Cátions metálicos:**
  Exemplo: $Fe^{2+} \rightarrow Fe^{3+} + 1\,e^-$

Nesses exemplos, Zn, I^- e Fe^{2+} atuam como redutores.

Biblioteca do estudante
Texto complementar:
O cloro, um poderoso bactericida e alvejante

Biblioteca do estudante
Texto complementar:
Oxidação de metais por ácidos ou por sais específicos

O bafômetro de dicromato

Bafômetro é o nome dado a um aparelho usado pelos policiais para estimar o nível de embriaguez de motoristas suspeitos de dirigir alcoolizados.

O motorista deve soprar com força em um canudinho encaixado ao aparelho, que conduz o ar que sai de seus pulmões (ar expirado) para um dispositivo que analisa a concentração de álcool presente nessa amostra de ar.

Um dos tipos de bafômetro existentes contém uma solução ácida de dicromato de potássio ($K_2Cr_2O_7$) pela qual borbulha o ar expirado pelo motorista ao assoprar no canudinho.

O álcool (etanol, CH_3CH_2OH) presente nesse ar expirado é convertido em ácido acético (CH_3COOH), em uma reação de oxirredução equacionada a seguir.

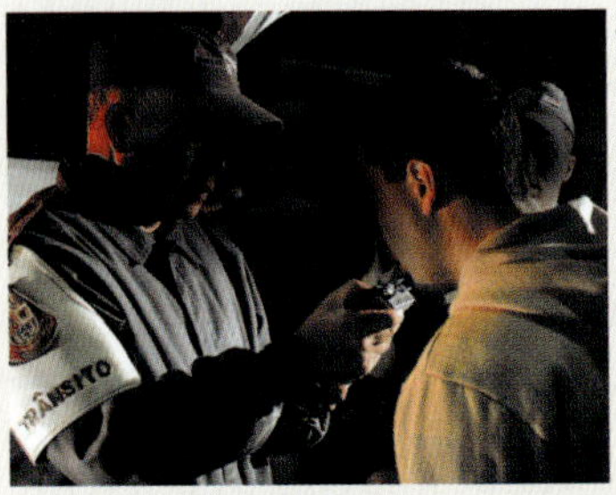
LEANDRO MORAES/FOLHAPRESS

▲ Bafômetro sendo utilizado.

Nesta reação, o etanol é oxidado a ácido acético. E o cromo, inicialmente presente no ânion dicromato ($Cr_2O_7^{2-}$), alaranjado, é reduzido ao íon cromo (III), verde. Medindo a alteração da intensidade de cor da solução (o que é feito por um medidor contido no bafômetro), é possível estimar o nível de álcool no sangue do motorista.

$$3\,CH_3CH_2OH + \underbrace{2\,K_2Cr_2O_7}_{\text{alaranjado}} + 8\,H_2SO_4 \rightarrow 3\,CH_3COOH + \underbrace{2\,Cr_2(SO_4)_3}_{\text{verde}} + 2\,K_2SO_4 + 11\,H_2O$$

Nox: C em CH_3CH_2OH: −1 → C em CH_3COOH: +3 (**oxidação**); Cr em $K_2Cr_2O_7$: +6 → Cr em $Cr_2(SO_4)_3$: +3 (**redução**)

Exercícios essenciais

A critério do(a) professor(a) esta lista de exercícios poderá ser realizada em classe ou em casa.

27. (UPF-RS) Quanto ao fenômeno de oxirredução, é correto afirmar que:

1. A oxidação é o fenômeno de perda de elétrons.
2. A redução é o fenômeno de ganho de elétrons.
3. O oxidante é a espécie química que recebe elétrons.
4. O redutor é a espécie química que recebe elétrons.
5. Na reação $Ag^{1+} + e^- \rightarrow Ag$, o íon prata se oxida.

Considerando as afirmações anteriores, a alternativa **correta** é:

a) 1, 3, 5
b) 1, 2, 3
c) 2, 4, 5
d) 2, 3, 4
e) 3, 4, 5

28. Indique nas equações abaixo a espécie que se oxida (doa e^-), a que se reduz (recebe e^-), a espécie oxidante e a espécie redutora.

a) $2\,Ag^+\,(aq) + Cu\,(s) \rightarrow 2\,Ag\,(s) + Cu^{2+}\,(aq)$
b) $2\,K\,(s) + Cl_2\,(g) \rightarrow 2\,K^+\,(aq) + 2\,Cl^-\,(aq)$
c) $Mg\,(s) + Fe^{2+}\,(aq) \rightarrow Mg^{2+}\,(aq) + Fe\,(s)$
d) $Cu^{2+}\,(aq) + Zn\,(s) \rightarrow Cu\,(s) + Zn^{2+}\,(aq)$

29. Complete as equações abaixo e indique, no caso de a reação ocorrer, a espécie que sofrerá oxidação e a que sofrerá redução. Mostre também, em cada caso, a espécie oxidante e a espécie redutora.

a) $Zn\,(s) + Ag^+\,(aq) \rightarrow$
b) $K^+\,(aq) + Fe\,(s) \rightarrow$
c) $HCl\,(aq) + Ni\,(s) \rightarrow$
d) $Ag\,(s) + 2\,H^+\,(aq) \rightarrow$
e) $AgNO_3\,(aq) + Cu\,(s) \rightarrow$
f) $Cu\,(s) + NaCl\,(aq) \rightarrow$

30. (PUC-RJ) O fenômeno da oxirredução ocorre em reações com transferência de elétrons. Sobre a reação do permanganato de potássio com peróxido de hidrogênio em meio ácido, representada pela equação não balanceada abaixo, uma espécie doa elétrons e a outra recebe esses elétrons de maneira espontânea, o que pode ser verificado pela variação do número de oxidação.

$$KMnO_4\,(aq) + H_2O_2\,(aq) + H_2SO_4\,(aq) \rightarrow MnSO_4\,(aq) + O_2\,(g) + K_2SO_4\,(aq) + H_2O\,(l)$$

Sobre essa reação, é correto afirmar que:

a) o manganês no permanganato de potássio tem Nox 5+.
b) permanganato de potássio é a substância oxidante.
c) ácido sulfúrico é o agente redutor.
d) o oxigênio no peróxido de hidrogênio tem Nox médio 1+.
e) peróxido de hidrogênio é a substância que sofre redução.

31. (UCB-DF) O elemento fósforo é encontrado na crosta terrestre na forma de fosfato de cálcio, $Ca_3(PO_4)_2$, sendo esse sal muito utilizado na indústria de fertilizantes. O fósforo pode ser obtido a partir do $Ca_3(PO_4)_2$, juntando-se areia e coque a esse sal a uma alta temperatura, de acordo com a equação abaixo:

$$2\,Ca_3(PO_4)_2 + 6\,SiO_2 + 10\,C \xrightarrow{\Delta} 6\,CaSiO_3 + 10\,CO + P_4$$

Julgue as afirmativas seguintes, indicando V para as verdadeiras e F para as falsas.

0. O papel químico do coque (carvão) na reação de obtenção do fósforo elementar é de agente redutor.
1. O fósforo é reduzido de +5 para zero.
2. O silício é oxidado de +4 para +6.
3. Para a obtenção de 1 mol de fósforo, é necessário o consumo de 6 mol de fosfato de cálcio.
4. O silicato de cálcio é um ácido inorgânico que reage violentamente com hidróxido de sódio.

Exercícios adicionais

Seu(sua) professor(a) indicará quais exercícios deste bloco você deve fazer.

32. (PUC-MG) Uma bateria muito comum utilizada na medicina é o marca-passo, que é colocado sob a pele de pessoas com problemas cardíacos, com a finalidade de regular as batidas do coração. A reação responsável pela produção de corrente elétrica pode ser representada pela equação:

$$HgO\,(s) + Zn\,(s) + H_2O\,(l) \rightarrow Zn(OH)_2\,(aq) + Hg\,(l)$$

A partir dessas informações, assinale a afirmativa **INCORRETA**.

a) O mercúrio do HgO sofre uma redução.
b) O metal zinco atua como agente oxidante.
c) A variação do número de oxidação do mercúrio na reação é de +2 para 0.
d) O zinco aumenta o seu número de oxidação na reação.

33. (Cefet-PA) A mineradora Vale pretende processar os dirigentes do MST e da Via Campesina que, desde sábado, já comandaram duas invasões à empresa. Na última, 800 ativistas ocuparam ontem, por 12 horas, os trilhos de uma das principais ferrovias da Vale, em Resplendor, município mineiro do Vale do Rio Doce. Cerca de 300 mil toneladas de minério de ferro deixaram de ser transportadas, afetando a programação de exportações da empresa no Porto de Tubarão (ES). Ao condenar as ações, o diretor-executivo de Assuntos Corporativos e Energia da Vale, Tito Martins, chamou os dirigentes do MST de "bandidos, criminosos, que querem perturbar a ordem".
O beneficiamento do minério pode ser exemplificado segundo a reação:
$Fe_3O_4 + 4\,CO \rightarrow 3\,Fe + 4\,CO_2$, utilizada na siderurgia para a obtenção de ferro metálico. Sobre a reação mencionada, é correto afirmar que:

a) O carbono e o ferro são oxidados.
b) O carbono é o oxidante.
c) O ferro é o redutor.
d) O ferro é oxidado e o carbono é reduzido.
e) O ferro é reduzido e o carbono é oxidado.

34. (PUC-RJ) O equipamento conhecido como bafômetro permite determinar a quantidade de álcool no sangue através do ar expirado por uma pessoa. O ar é passado por uma solução de dicromato de potássio, de coloração amarela, acidulada com ácido sulfúrico. Caso o etanol esteja presente no ar expirado, este reage com o dicromato em meio ácido produzindo Cr^{3+}, de coloração verde, conforme a reação indicada abaixo:

$$3\,CH_3CH_2OH\,(g) + 2\,K_2Cr_2O_7\,(aq) + 8\,H_2SO_4\,(aq) \rightarrow$$
$$\rightarrow 3\,CH_3COOH\,(aq) + 2\,Cr_2(SO_4)_3\,(aq) +$$
$$+ 2\,K_2SO_4\,(aq) + 11\,H_2O\,(l)$$

De acordo com as informações, é **incorreto** afirmar que:

a) o estado de oxidação do cromo no dicromato de potássio é 6+.
b) na reação, $K_2Cr_2O_7$ é o agente redutor.
c) a mudança de coloração, decorrente da reação de oxirredução, identifica a presença de etanol.
d) o SO_4^{2-} originário do ácido sulfúrico, em solução aquosa, é um íon espectador, pois não sofre qualquer tipo de alteração na reação.
e) no sulfato de potássio, o potássio tem número de oxidação 1+.

35. (ITA-SP) Considere as reações envolvendo o sulfeto de hidrogênio representadas pelas equações seguintes:

I. $2\,H_2S\,(g) + H_2SO_3\,(aq) \rightarrow 3\,S\,(s) + 3\,H_2O\,(l)$
II. $H_2S\,(g) + 2\,H^+\,(aq) + SO_4^{2-}\,(aq) \rightarrow SO_2\,(g) + S\,(s) + 2\,H_2O\,(l)$
III. $H_2S\,(g) + Pb\,(s) \rightarrow PbS\,(s) + H_2\,(g)$
IV. $2\,H_2S\,(g) + 4\,Ag\,(s) + O_2\,(g) \rightarrow 2\,Ag_2S\,(s) + 2\,H_2O\,(l)$

Nas reações representadas pelas equações acima, o sulfeto de hidrogênio é agente redutor em:

a) apenas I.
b) apenas I e II.
c) apenas III.
d) apenas III e IV.
e) apenas IV.

36. (UFSCar-SP) A geração de energia elétrica por reatores nucleares vem enfrentando grande oposição por parte dos ambientalistas e da população em geral ao longo de várias décadas em função dos acidentes ocorridos nas usinas nucleares e da necessidade de controle dos resíduos radioativos por um longo período de tempo. Recentemente, o agravamento da crise energética, aliado à poluição e ao efeito estufa resultantes do uso de combustíveis fósseis e à redução dos resíduos produzidos nas usinas nucleares, têm levado até mesmo os críticos a rever suas posições.
O funcionamento da maioria dos reatores nucleares civis baseia-se no isótopo 235 do urânio, ${}^{235}_{92}U$. O urânio natural apresenta uma distribuição isotópica de aproximadamente 0,72% de ${}^{235}U$ e 99,27% de ${}^{238}U$. Para sua utilização em reatores, o urânio deve ser enriquecido até atingir um teor de 3 a 4% em ${}^{235}U$.
Um dos métodos utilizados nesse processo envolve a transformação do minério de urânio em U_3O_8 sólido ("yellow cake"), posteriormente convertido em UO_2 sólido e, finalmente, em UF_6 gasoso, segundo as reações representadas pelas equações:

$UO_2\,(s) + 4\,HF\,(g) \rightarrow UF_4\,(s) + 2\,H_2O\,(g)$ (reação 1)
$UF_4\,(s) + F_2\,(g) \rightarrow UF_6\,(g)$ (reação 2)
$UO_2\,(s) + 4\,HF\,(g) + F_2\,(g) \rightarrow UF_6\,(g) + 2\,H_2O\,(g)$ (reação global)

Com relação ao processo de transformação de UO_2 (s) em UF_6 (g), pode-se afirmar que:

a) as reações 1 e 2 envolvem processos de oxirredução.

b) apenas a reação 1 envolve processo de oxirredução.

c) o agente oxidante na reação 2 é o UF_4 sólido.

d) o agente redutor da reação global é o HF gasoso.

e) na reação global estão envolvidos os estados +4 e +6 do urânio.

37. (UFJF-MG) Os alvejantes, utilizados para o branqueamento de tecidos e para a limpeza em geral, são soluções constituídas principalmente por hipoclorito de sódio. O efeito descorante dos alvejantes é causado pela liberação do chamado "cloro ativo", Cl_2 (g), que é formado a partir da decomposição dos hipocloritos e cloretos constituintes da solução. A equação a seguir representa esta decomposição:

$$NaClO\,(aq) + NaCl\,(aq) + H_2SO_4\,(aq) \rightarrow$$
$$\rightarrow Na_2SO_4\,(aq) + H_2O\,(l) + Cl_2\,(g)$$

Com base nas informações apresentadas, responda aos itens abaixo:

a) Dentre os produtos da reação mostrada, indique as substâncias que são iônica(s), covalente(s) polar(es) e covalente(s) apolar(es).

b) Escreva as semirreações de oxirredução do sistema e indique o elemento químico que sofre oxidação e o que sofre redução.

4 Balanceamento de equações de oxirredução

Em uma reação de oxirredução há transferência de elétrons. Uma vez que estes se conservam, o número total de elétrons cedidos pelo agente redutor (que contém o elemento que se oxida) deve ser igual ao número total de elétrons recebidos pelo agente oxidante (que contém o elemento que se reduz). Utilizando esse simples princípio, o balanceamento de equações complexas de oxirredução pode ser bastante facilitado. Considere a equação da reação entre Zn e H^+:

$$Zn\,(s) + 2\,H^+\,(aq) \rightarrow H_2\,(g) + Zn^{2+}\,(aq)$$

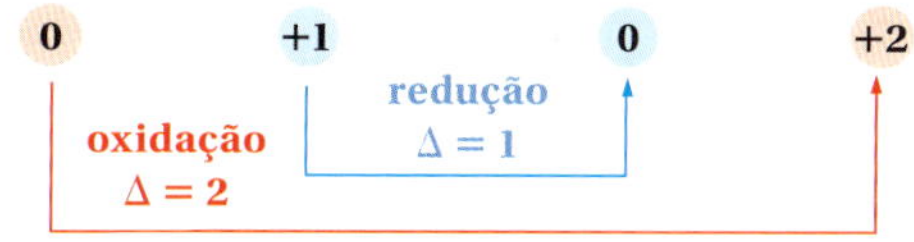

Cada átomo de zinco perde dois elétrons e cada íon H^+ recebe um elétron.

O número de elétrons perdidos ou recebidos é dado pelo **módulo da variação do número de oxidação** dos elementos, **representado por** Δ.

De acordo com o balanceamento, dois íons H^+ reagem com um átomo de zinco. Ambos os H^+ recebem dois elétrons, o mesmo número de elétrons perdidos pelo átomo de zinco. **Esquematicamente**:

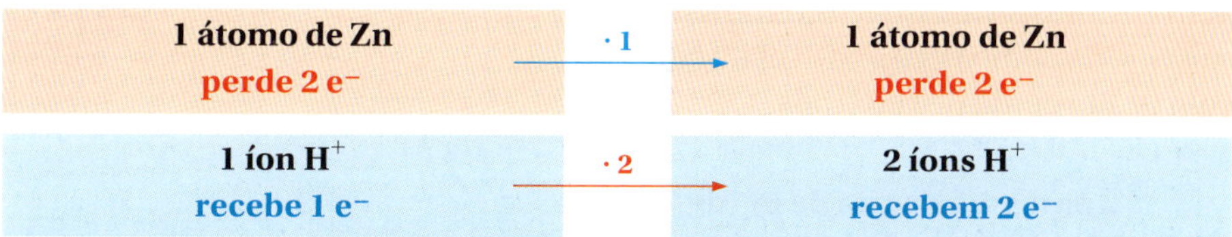

Perceba que, empregando o Δ do elemento zinco como coeficiente do H^+ e o Δ do elemento hidrogênio como coeficiente do Zn, realizamos o correto balanceamento da equação, que, nesse caso, expressa a **conservação dos átomos** e também a **conservação dos elétrons**. Vejamos a seguir exemplos do balanceamento de equações de oxirredução seguindo esse princípio.

1º exemplo

$$H_2S + HNO_3 \rightarrow H_2SO_4 + NO + H_2O$$

Primeiro determinamos o número de oxidação de todos os elementos presentes, tanto nos reagentes quanto nos produtos (pare a leitura por um momento e faça isso como exercício). A seguir, registramos os números de oxidação que variam e o módulo dessas variações (Δ):

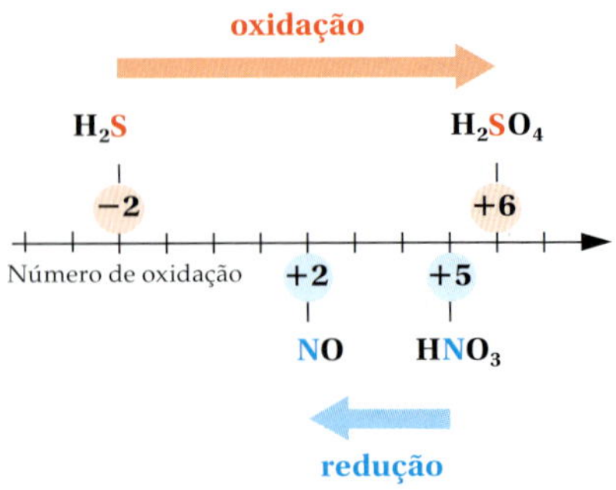

$$\underset{-2}{H_2S} + \underset{+5}{HNO_3} \rightarrow \underset{+6}{H_2SO_4} + \underset{+2}{NO} + H_2O$$

oxidação: Δ = 8
redução: Δ = 3

Assim temos, esquematicamente, o seguinte:

1 átomo de S (de 1 H_2S) perde 8 e^-	· 3 →	**3 átomos de S (de 3 H_2S) perdem 24 e^-**
1 átomo de N (de 1 HNO_3) recebe 3 e^-	· 8 →	**8 átomos de N (de 8 HNO_3) recebem 24 e^-**

Portanto, colocando o coeficiente 3 na frente do H_2S e o coeficiente 8 na frente do HNO_3, asseguramos que o balanceamento expresse que o número de elétrons perdidos é igual ao número de elétrons recebidos.

$$3\,H_2S + 8\,HNO_3 \rightarrow H_2SO_4 + NO + H_2O$$

O restante do balanceamento pode ser feito, sem dificuldade, por meio de tentativa e erro, como estamos acostumados a fazer.

A equação corretamente balanceada é:

$$3\,H_2S + 8\,HNO_3 \rightarrow 3\,H_2SO_4 + 8\,NO + 4\,H_2O$$

Confira!

Em ambos os membros há:
3 átomos de S
8 átomos de N
14 átomos de H
24 átomos de O

2º exemplo

$$Br_2 + HClO + H_2O \rightarrow HBrO_3 + HCl$$

Determinando o número de oxidação de todos os elementos envolvidos, concluímos que o do bromo e o do cloro são os únicos que variam:

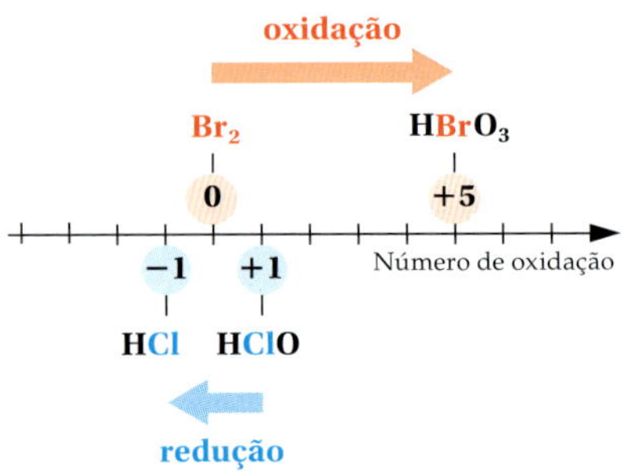

$$\underset{0}{Br_2} + \underset{+1}{HClO} + H_2O \rightarrow \underset{+5}{HBrO_3} + \underset{-1}{HCl}$$

oxidação: Δ = 5 · 2 = 10
redução: Δ = 2

Temos agora um complicador. O índice de atomicidade do bromo na molécula de Br_2 é 2, o que significa que o número de átomos de bromo no primeiro membro será o dobro do valor do coeficiente que colocarmos no Br_2. Para que a nossa contabilidade de elétrons fique correta, precisamos levar isso em conta. Assim, ao calcular o Δ para o bromo, multiplicamos 5 por 2, como você pode ver na equação anterior. Isso significa que uma molécula de Br_2 perde dez elétrons.

1 par de átomos de Br (de 1 Br_2) perde 10 e^-	· 2 →	**2 pares de átomos de Br (de 2 Br_2) perdem 20 e^-**
1 átomo de Cl (de 1 HClO) recebe 2 e^-	· 10 →	**10 átomos de Cl (de 10 HClO) recebem 20 e^-**

Nesse estágio, até poderíamos simplificar 2 e 10, utilizando 1 e 5 como coeficientes. Podemos, também, utilizar 2 e 10 como coeficientes e, ao final, simplificar todos os coeficientes a fim de deixar a equação balanceada com os menores coeficientes inteiros. Assim, colocando os coeficientes 2 e 10 e balanceando o restante, chegamos a:

$$2\,Br_2 + 10\,HClO + 2\,H_2O \rightarrow 4\,HBrO_3 + 10\,HCl$$

Simplificando os coeficientes (dividindo-os por 2), obtemos, finalmente:

$$Br_2 + 5\,HClO + H_2O \rightarrow 2\,HBrO_3 + 5\,HCl$$

Confira!

Em ambos os membros há:
2 átomos de Br
5 átomos de Cl
6 átomos de O
7 átomos de H

3º exemplo

$$Cu + HNO_3 \rightarrow Cu(NO_3)_2 + NO_2 + H_2O$$

Determinando o número de oxidação de todos os elementos envolvidos, concluímos que o do cobre e o do nitrogênio são os únicos que variam:

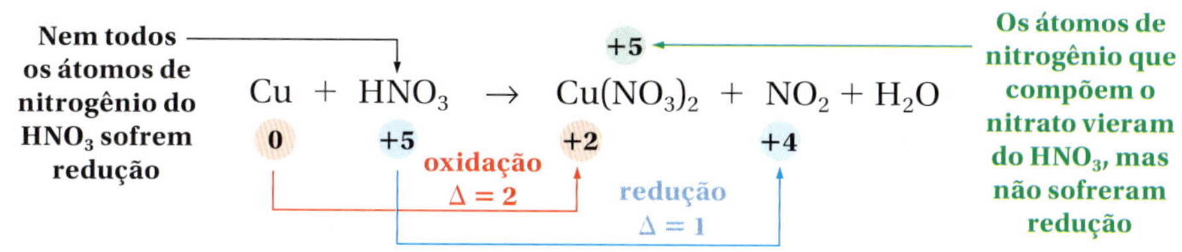

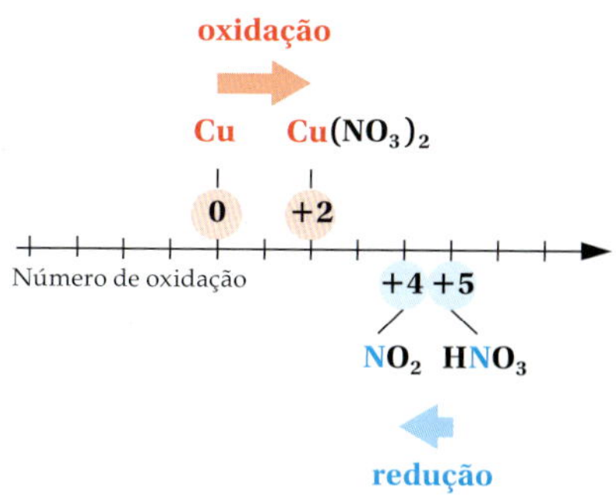

Dessa vez, o complicador é o fato de que apenas os átomos de nitrogênio que vão do HNO_3 para o NO_2 é que sofreram redução. Os que vão do HNO_3 para o $Cu(NO_3)_2$ não sofrem oxidação nem redução! Como solucionar esse problema?

Basta lembrar-se de que a ideia básica é a da contabilidade de elétrons. Se apenas os átomos de nitrogênio que vão do HNO_3 para o NO_2 é que participaram da transferência de elétrons, então vamos pensar somente neles ao fazer a contabilidade! Esquematicamente, temos:

1 átomo de Cu **perde 2 e⁻**	· 1 →	**1 átomo de Cu** **perde 2 e⁻**
1 átomo de N que vai de HNO_3 para NO_2 **recebe 1 e⁻**	· 2 →	**2 átomos de N que vão de HNO_3 para NO_2** **recebem 2 e⁻**

Portanto, colocando o coeficiente 1 na frente do cobre e o coeficiente 2 na frente do NO_2, asseguramos que o balanceamento expresse que o número de elétrons perdidos é igual ao número de elétrons recebidos.

$$1\,Cu + HNO_3 \rightarrow Cu(NO_3)_2 + 2\,NO_2 + H_2O$$

O restante do balanceamento pode ser feito, sem dificuldade, por meio de tentativa e erro, como estamos acostumados a fazer.

A equação corretamente balanceada é a seguinte:

$$Cu + 4\,HNO_3 \rightarrow Cu(NO_3)_2 + 2\,NO_2 + 2\,H_2O$$

Confira!

Em ambos os membros há:
1 átomo de Cu
4 átomos de N
4 átomos de H
12 átomos de O

Talvez você ache estranho termos colocado inicialmente o coeficiente num produto (o NO_2) e não no reagente (o HNO_3). Acontece que o coeficiente final colocado no HNO_3 leva em conta "dois tipos" de átomos de nitrogênio presentes nesse reagente: os átomos que participaram da transferência de elétrons, formando NO_2, e os que não participaram, formando $Cu(NO_3)_2$. Para que você entenda melhor, analise atentamente este esquema:

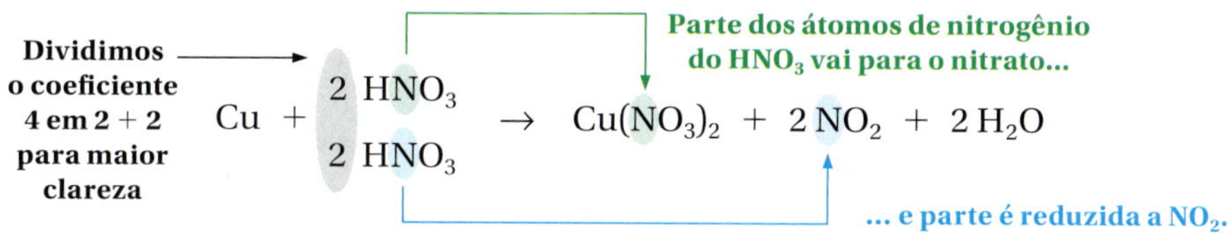

4º exemplo

$$NH_3 + O_2 \rightarrow NO + H_2O$$

Determinando o número de oxidação de todos os elementos envolvidos, concluímos que o do nitrogênio e o do oxigênio são os únicos que variam:

$$NH_3 + O_2 \rightarrow NO + H_2O$$

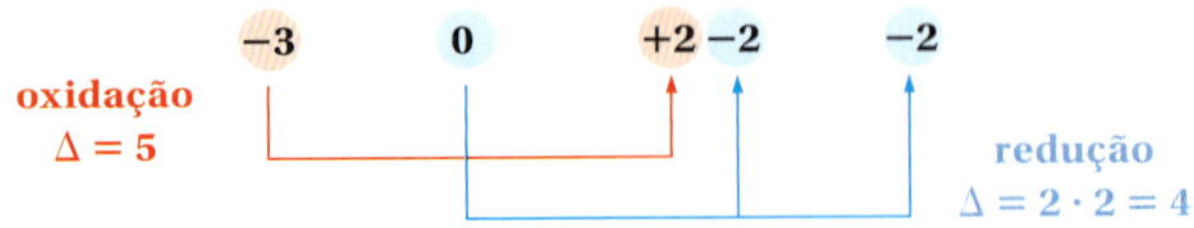

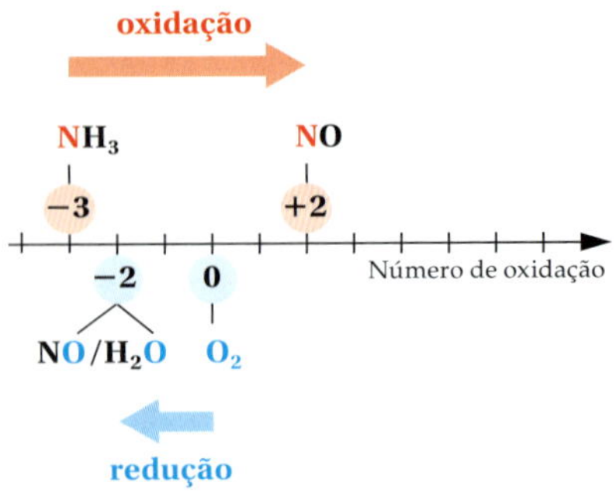

Note que todos os átomos de oxigênio sofrem redução. Contudo, eles figuram, nos produtos, em duas substâncias diferentes, NO e H_2O. Isso não é um problema, pois nossa atenção estará voltada para a molécula de O_2, na frente da qual será colocado um coeficiente determinado pela contabilidade de elétrons. O esquema a seguir sugere que coloquemos o coeficiente 4 na frente do NH_3 e o coeficiente 5 na frente do O_2.

1 átomo de N (de 1 NH_3) **perde 5 e^-**	→ · 4	**4 átomos de N (de 4 NH_3)** **perdem 20 e^-**
1 par de átomos de O (de 1 O_2) **recebe 4 e^-**	→ · 5	**5 pares de átomos de O (de 5 O_2)** **recebem 20 e^-**

Colocando os coeficientes 4 e 5 e balanceando o restante, chegamos a:

$$4\,NH_3 + 5\,O_2 \rightarrow 4\,NO + 6\,H_2O$$

Confira!

Em ambos os membros há:

4 átomos de N

10 átomos de O

12 átomos de H

5º exemplo

$$Cr_2O_7^{2-} + Cl^- + H^+ \rightarrow Cr^{3+} + H_2O + Cl_2$$

Trata-se de uma equação química na qual figuram íons, denominada **equação iônica** (você pode rever o que é uma equação iônica no capítulo 12).

No balanceamento de equações iônicas, o procedimento é o mesmo adotado nos casos anteriores. Ao final do balanceamento, é conveniente verificar se a carga total é igual em ambos os lados da equação. (Às vezes, até auxilia o balanceamento saber que a carga elétrica se conserva em uma reação química, ou seja, que a carga total é a mesma em ambos os membros da equação.)

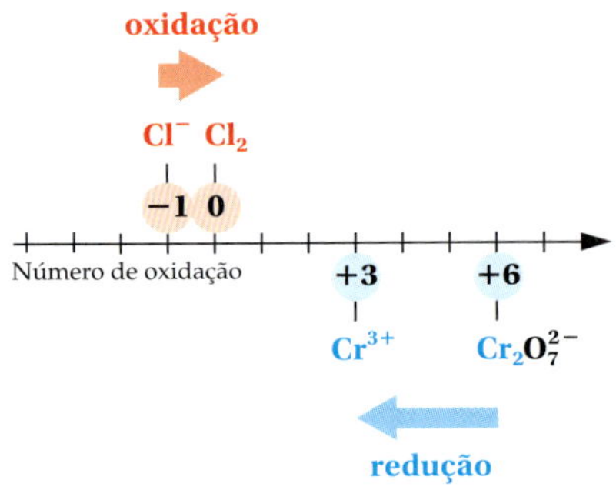

$$Cr_2O_7^{2-} + Cl^- + H^+ \rightarrow Cr^{3+} + H_2O + Cl_2$$

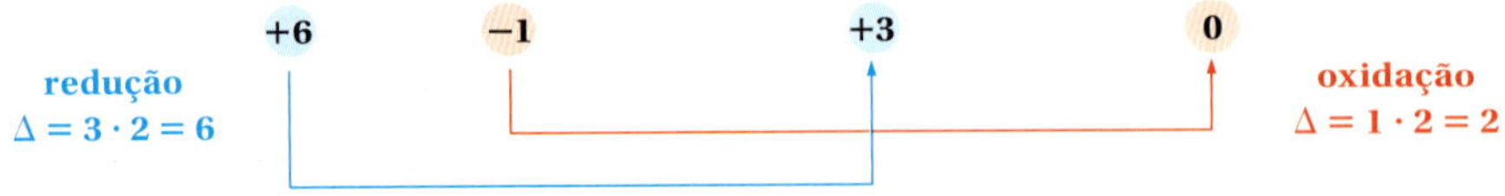

O seguinte esquema nos permite encontrar os coeficientes para colocar na frente de $Cr_2O_7^{2-}$ e Cl_2:

1 par de átomos de Cl **(vai para 1 Cl_2)** **perde 2 e^-**	→ · 6	**6 pares de átomos de Cl** **(vão para 6 Cl_2)** **perdem 12 e^-**
1 par de átomos de Cr **(de 1 $Cr_2O_7^{2-}$)** **recebe 6 e^-**	→ · 2	**2 pares de átomos de Cr** **(de 2 $Cr_2O_7^{2-}$)** **recebem 12 e^-**

Colocando o coeficiente 2 no $Cr_2O_7^{2-}$ e o 6 no Cl_2, temos:

$$\mathbf{2}\ Cr_2O_7^{2-} + Cl^- + H^+ \rightarrow Cr^{3+} + H_2O + \mathbf{6}\ Cl_2$$

Escolhemos **trabalhar com as espécies químicas de maior índice de atomicidade**, como foi feito no 2º e no 4º exemplos. Concluindo o balanceamento, temos:

$$2\ Cr_2O_7^{2-} + 12\ Cl^- + 28\ H^+ \rightarrow 4\ Cr^{3+} + 14\ H_2O + 6\ Cl_2$$

Podemos dividir os coeficientes por 2, pois assim obteremos os menores coeficientes inteiros, o que é habitual ao balancear equações químicas. Fazendo isso, chegamos a:

$$Cr_2O_7^{2-} + 6\ Cl^- + 14\ H^+ \rightarrow 2\ Cr^{3+} + 7\ H_2O + 3\ Cl_2$$

Confira!

Em ambos os membros há:
2 átomos de Cr
6 átomos de Cl
7 átomos de O
14 átomos de H

Perceba que a simplificação já poderia ter sido feita na etapa em que encontramos os coeficientes 2 e 6 que, simplificados para os menores inteiros, fornecem 1 e 3.

Para conferir o balanceamento a que chegamos, além de verificar o número de átomos de cada elemento em ambos os membros, podemos conferir se a carga elétrica total é a mesma antes e depois. (Se não for, o balanceamento está errado!) Conferindo as cargas, temos:

$Cr_2O_7^{2-}$	+ $6\ Cl^-$	+ $14\ H^+$	→ $2\ Cr^{3+}$	+ $7\ H_2O$	+ $3\ Cl_2$
1 · (−2)	**6 · (−1)**	**14 · (+1)**	**2 · (+3)**	**(zero)**	**(zero)**
−2	**−6**	**+14**	**+6**	**0**	**0**
total = +6			**total = +6**		

Biblioteca do estudante
Informe-se sobre a Química:
O processo fotográfico tradicional em preto e branco

Revisão

Exercícios essenciais

A critério do(a) professor(a) esta lista de exercícios poderá ser realizada em classe ou em casa.

Exercício Resolvido

38. O esquema a seguir representa um sistema antes e depois de uma reação química. As esferas vermelhas indicam átomos de oxigênio e as azuis, átomos de nitrogênio.

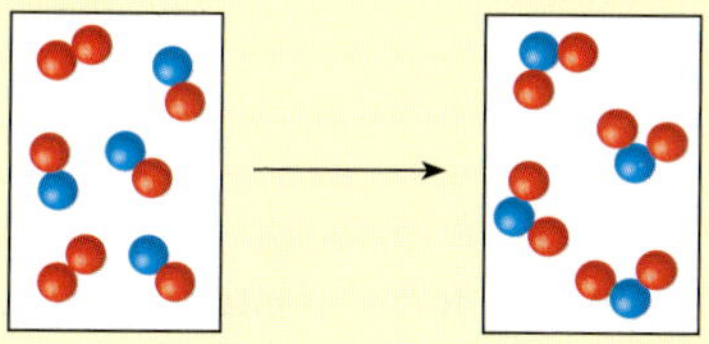

a) Represente as fórmulas dos reagentes e do produto.

b) Represente a reação que ocorreu por meio de uma equação química balanceada.

c) Explique por que esse é um processo de oxirredução.

d) Demonstre que o número de elétrons cedido pela espécie que se oxida é igual ao recebido pela que se reduz.

e) Qual é o oxidante e qual é o redutor nesse processo?

➤ Resolução

a) Reagentes: NO e O_2; produto: NO_2

b) $2\ NO + O_2 \rightarrow 2\ NO_2$

c) Porque houve alteração do número de oxidação de elementos químicos envolvidos. O número de oxidação do nitrogênio se alterou de +2 para +4 e o do oxigênio, de zero para −2.

$$\underset{+2}{2\ NO} + \underset{0}{O_2} \rightarrow \underset{+4\ -2}{2\ NO_2}$$

d) Cada átomo de nitrogênio perde 2 e^-. Assim, os átomos de nitrogênio de duas moléculas de NO perdem 4 e^-. Cada átomo de oxigênio (do O_2) recebe 2 e^-. Então, uma molécula de O_2 recebe 4 e^-.

e) O agente oxidante é O_2 (substância que contém o elemento que sofre redução, o oxigênio). E o agente redutor é NO (substância que contém o elemento que sofre oxidação, o nitrogênio).

Exercício Resolvido

39. Em certas reações, o peróxido de hidrogênio (H_2O_2) pode funcionar como redutor; já em outras pode funcionar como oxidante. Como exemplos, podemos equacionar:

I. $H_2O_2 + HNO_2 \rightarrow HNO_3 + H_2O$

II. $MnO_2 + H_2SO_4 + H_2O_2 \rightarrow MnSO_4 + 2H_2O + O_2$

a) Em qual desses processos o H_2O_2 é oxidante e em qual é redutor?

b) Justifique, consultando uma tabela periódica, por que HNO_3 e H_2SO_4 somente podem agir como oxidantes, mas nunca como redutores.

Resolução

a) No processo I, o peróxido de hidrogênio atua como agente oxidante, pois o oxigênio nele contido se reduz:

$$\underset{-1}{H_2O_2} + \underset{+3}{HNO_2} \rightarrow \underset{+5}{HNO_3} + \underset{-2}{H_2O}$$

redução: O de −1 (em H_2O_2) para −2 (em H_2O); oxidação: N de +3 (em HNO_2) para +5 (em HNO_3)

No processo II, o peróxido de hidrogênio atua como agente redutor, pois o oxigênio nele contido se oxida:

$$\underset{+4}{MnO_2} + H_2SO_4 + \underset{-1}{H_2O_2} \rightarrow \underset{+2}{MnSO_4} + 2\,H_2O + \underset{0}{O_2}$$

redução: Mn de +4 (em MnO_2) para +2 (em $MnSO_4$); oxidação: O de −1 (em H_2O_2) para 0 (em O_2)

b) Porque para HNO_3 e H_2SO_4 atuarem como redutores, o enxofre e o nitrogênio deveriam oxidar-se. Porém, nessas substâncias, esses elementos já se encontram com o maior número de oxidação possível (+5 para o nitrogênio, grupo 15, e +6 para o enxofre, grupo 16).

40. (PUC-MG) "Air-bags" de automóveis são projetados para inflarem rapidamente uma bolsa de gás em caso de colisão do veículo, protegendo o motorista. O gás utilizado é gerado pela reação, representada pela seguinte equação não balanceada:

$$NaN_3(s) + Fe_2O_3(s) \rightarrow Na_2O(s) + Fe(s) + N_2(g)$$

Considerando-se essas informações, é **INCORRETO** afirmar que:

a) o nitrogênio, do NaN_3, sofre uma oxidação.

b) um dos produtos da reação é um óxido alcalino.

c) a reação de 6 mol de NaN_3 produz 134,4 L de gás na CNTP.

d) a soma dos menores coeficientes inteiros do balanceamento da equação é igual a 21.

41. (UFPR) Considere a reação abaixo e as afirmativas sobre ela, a seguir.

$$K_2Cr_2O_7 + SnCl_2 + HCl \rightarrow KCl + CrCl_3 + SnCl_4 + H_2O$$

I. A sequência correta dos coeficientes estequiométricos de cada uma das substâncias, na ordem em que aparecem na reação acima, é 1, 3, 14, 2, 2, 3, 7.

II. O agente redutor é o dicromato de potássio.

III. O ácido clorídrico é o agente oxidante.

IV. O estanho oxida-se e o cromo reduz-se.

Assinale a alternativa correta:

a) Somente as afirmativas I e IV são verdadeiras.

b) Somente a afirmativa II é verdadeira.

c) Somente as afirmativas II e IV são verdadeiras.

d) Somente a afirmativa I é verdadeira.

e) Somente as afirmativas II e III são verdadeiras.

42. (UEL-PR) O peróxido de hidrogênio puro é líquido, incolor, xaroposo e muito reativo. É comercializado como reagente químico em solução aquosa e dependendo da concentração, pode ser empregado como antisséptico ou como alvejante. Considere as duas seguintes equações não equilibradas como exemplos de reações que ocorrem ao se utilizar o peróxido de hidrogênio e analise as afirmativas a seguir:

1ª) $H_2O_2 + KMnO_4 + H_2SO_4 \rightarrow KHSO_4 + MnSO_4 + H_2O + O_2$

2ª) $H_2O_2 + KI \rightarrow I_2 + KOH$

I. O peróxido de hidrogênio é agente redutor em ambas as equações.

II. O peróxido de hidrogênio atua como agente redutor na primeira reação e como agente oxidante na segunda reação.

III. O número de elétrons envolvidos na semirreação do peróxido de hidrogênio na segunda reação é 2.

IV. A soma algébrica dos coeficientes mínimos inteiros para a primeira reação equilibrada é 26.

São corretas as afimativas:

a) I, III e IV

b) II, III e IV

c) II e III

d) I e III

e) II e IV

43. (UFF-RJ) Todo o ferro existente em 2,00 g de uma amostra de rocha foi dissolvido em solução ácida e convertido a Fe^{2+}, o qual foi titulado com $KMnO_4$ 0,10 M, conforme equação não balanceada:

$$Fe^{2+} + MnO_4^- + H^+ \rightarrow Fe^{3+} + Mn^{2+} + H_2O$$

Sabendo-se que foram necessários 27,45 mL da solução de permanganato, pede-se:

a) os números que tornam a equação balanceada;

b) a massa de ferro (em g) existente na amostra original;

c) a percentagem de ferro na amostra original;

d) a percentagem em peso de óxido na amostra original, se o ferro estiver presente como Fe_2O_3.

Exercícios adicionais

Seu(sua) professor(a) indicará quais exercícios deste bloco você deve fazer.

44. (Vunesp) O teor de oxigênio dissolvido na água é um parâmetro importante na determinação das propriedades químicas e biológicas da água. Para se determinar a concentração de oxigênio, pode-se utilizar pequenas porções de palha de aço. Colocando uma porção de palha de aço em contato com 1 litro de água, por 5 dias em um recipiente fechado, observou-se que a massa de ferrugem (óxido de ferro III) formada foi de 32 mg. Escreva a equação química para a reação de oxidação do ferro metálico e determine a concentração, em $g \cdot L^{-1}$, de O_2 na água analisada. Massas molares, em $g \cdot mol^{-1}$: Fe = 56 e O = 16.

45. (Mackenzie-SP)
Se beber não dirija. Se for dirigir não beba.

$$K_2Cr_2O_7\,(aq) + 4\,H_2SO_4\,(aq) + 3\,C_2H_5OH\,(v) \rightarrow$$
$$\rightarrow 3\,C_2H_4O\,(g) + K_2SO_4\,(aq) +$$
$$+ Cr_2(SO_4)_3\,(aq) + x\,H_2O\,(l)$$

Um modo simples de simular o funcionamento do bafômetro, aparelho usado para identificar motoristas que dirigem após a ingestão de bebidas alcoólicas, consiste em borrifar álcool (colocado, por exemplo, em uma pisseta) em uma solução de dicromato de potássio em meio ácido, contida em um tubo de ensaio. O dicromato, que é alaranjado, em contato com o vapor de álcool, se transforma em uma substância de cor verde, conforme a equação dada acima.
Dessa reação de oxirredução, é correto afirmar que:

a) o número de oxidação do cromo não varia.
b) o valor de x que torna a equação corretamente balanceada é 7.
c) K_2SO_4 é a fórmula do sal de cor verde.
d) C_2H_5OH e C_2H_4O são fórmulas da mesma substância, ou seja, do etanol.
e) o meio ácido significa que a solução tem $pH > 7$.

46. (UCG-GO) Sobre a seguinte equação química não balanceada,

$$Zn + HNO_3 \rightarrow Zn(NO_3)_2 + NH_4NO_3 + H_2O,$$

julgue as proposições, classificando-as em verdadeiras ou falsas.

1. o HNO_3 é o agente oxidante;
2. os produtos da reação são nitrato de zinco, nitrato de amônio e peróxido de hidrogênio;
3. balanceando-se a equação com os menores números inteiros possíveis, conclui-se que a soma dos coeficientes dos reagentes é igual à soma dos coeficientes dos produtos;
4. verifica-se que o zinco metálico sofre oxidação na presença de ácidos, isto é, seu número de oxidação varia de 0 a +2;
5. trata-se de uma reação de dupla troca;
6. nessa equação há 5 substâncias compostas.

47. (Unicamp-SP) A quantidade de gás oxigênio dissolvido na água pode ser monitorada através de um teste químico, em que, inicialmente, faz-se o seguinte: a uma amostra de 5 mL de água do aquário, adicionam-se 2 gotas de solução de Mn^{2+} e 2 gotas de uma solução de I^- (em meio básico), agitando-se a mistura. Na sequência, adiciona-se uma solução para tornar o meio ácido e agita-se a mistura resultante. Sabe-se que, em meio básico, o íon Mn^{2+} se transforma em Mn^{4+} ao reagir com o oxigênio dissolvido na água. Em meio ácido, o Mn^{4+} da reação anterior reage com o I^-, produzindo I_2 e Mn^{2+}. Quando não há oxigênio dissolvido, as reações anteriormente descritas não ocorrem.
Dados:

Espécie química em solução	Mn^{2+}	Mn^{4+}	I^-	I_2
cor	rosa-claro	preto	incolor	castanho-escuro

a) Correlacione a presença ou a ausência de oxigênio dissolvido com a coloração (clara/escura) do teste. Justifique sua resposta, indicando a espécie responsável pela coloração em cada caso.
b) Escreva a equação química balanceada para a reação do Mn^{4+} com o I^-, conforme se descreve no texto da questão.

48. (UFV-MG) Considere a reação de oxirredução representada pela equação iônica:

$$Cr_2O_7^{2-} + I^- + H^+ \rightarrow Cr^{3+} + I_2 + H_2O$$

Nos espaços em branco da tabela abaixo, escreva os termos adequados ou as informações corretas que se referem a cada uma das espécies da primeira coluna.

Espécies	Agente oxidante ou redutor	Número de oxidação do elemento	Ganha ou perde elétrons	Coeficientes na equação
$Cr_2O_7^{2-}$				
I^-				
Cr^{3+}	—		—	
I_2	—		—	

Capítulo 19

Eletroquímica: celas galvânicas

Alguns conteúdos importantes:

- Celas galvânicas (pilhas)
- Semicela e potencial-padrão de semicela
- Força eletromotriz de uma pilha
- Força de oxidantes e redutores
- Espontaneidade de reações de oxirredução
- Algumas pilhas e baterias comerciais comuns

▲ A existência de diferença de potencial elétrico entre placas de metais distintos, mergulhadas em soluções iônicas, é o princípio em que se baseiam as pilhas elétricas. Na foto, mede-se a diferença de potencial elétrico entre uma placa de cobre e uma de zinco, ambas parcialmente mergulhadas em uma solução eletrolítica, o suco da melancia.

1 Celas eletroquímicas

A **Eletroquímica** é a parte da Química que estuda a relação entre a corrente elétrica e as reações químicas de transferência de elétrons (reações de oxirredução).

Há dois casos de particular interesse para a Eletroquímica.

O primeiro deles é o emprego controlado de reações espontâneas de oxirredução para gerar corrente elétrica. É o que acontece nas pilhas e baterias.

Denomina-se **cela** (ou **célula**) **galvânica** (ou **voltaica**) um dispositivo no qual a ocorrência espontânea de uma reação de oxirredução permite a geração de corrente elétrica.

Como a primeira cela galvânica, construída pelo cientista italiano Alessandro Volta, era uma pilha de discos metálicos intercalados, uma cela galvânica também costuma ser denominada **pilha**. As pilhas atuais não têm mais o aspecto de uma pilha, mas mantêm esse nome.

O termo **bateria**, por sua vez, é reservado para a associação de duas ou mais pilhas. É o caso, por exemplo, da bateria de automóvel, que corresponde à associação de várias pilhas iguais, fornecendo uma voltagem maior do que uma só das pilhas presentes

Guia de estudo

ATENÇÃO

A eventual realização de experimentos de eletroquímica precisa ter a autorização e a supervisão do(a) professor(a).

Entre outros possíveis perigos, tais experimentos envolvem riscos relacionados ao choque elétrico e à manipulação de substâncias tóxicas e/ou corrosivas.

em seu interior seria capaz de fornecer. Na linguagem corriqueira, contudo, os termos bateria e pilha são empregados indistintamente.

Um segundo caso de interesse da Eletroquímica é o uso da corrente elétrica (gerada, por exemplo, por uma cela galvânica) para forçar a ocorrência de uma reação de oxirredução que não acontece espontaneamente, mas que é de interesse prático.

Uma reação não espontânea de oxirredução que ocorre de modo forçado é denominada **eletrólise**. O dispositivo em que esse processo acontece é chamado de **cela eletrolítica**.

As celas galvânicas e as celas eletrolíticas, por serem ambas de interesse da Eletroquímica, são conjuntamente denominadas **celas eletroquímicas**. O mapa conceitual abaixo ajuda a organizar essas terminologias. A seguir, estudaremos as celas galvânicas e, no capítulo 20, as eletrolíticas.

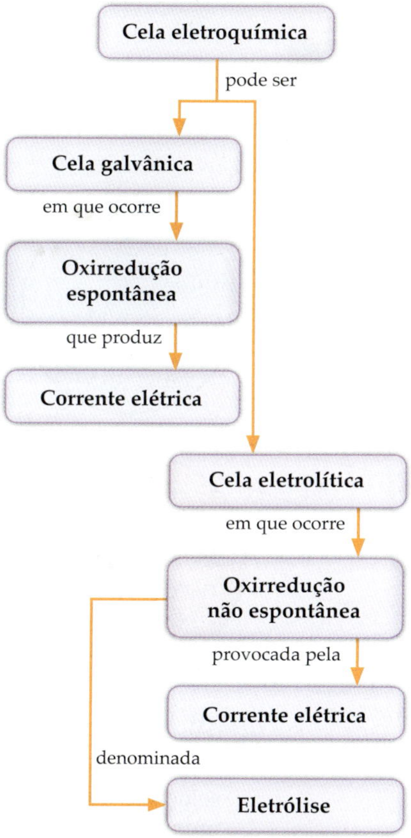

Ⓐ

PAUL WOOTTON/SCIENCE PHOTO LIBRARY/LATINSTOCK

Ⓑ

VBLINOV/SHUTTERSTOCK

Ⓐ As pilhas comuns, usadas em controles remotos e brinquedos, são exemplos cotidianos de celas galvânicas.

Ⓑ Bijuterias podem ser revestidas por uma fina camada de ouro por meio de eletrólise, processo que ocorre em uma cela eletrolítica.

2 Estudo das celas galvânicas

2.1 A pilha de Daniell: um modelo para começar

Do ponto de vista didático, uma das celas galvânicas cujo funcionamento é mais simples de se entender é a *pilha de Daniell*, construída pelo cientista inglês John Daniell em 1836, numa época em que a expansão dos telégrafos com fio exigia fontes de corrente elétrica para uso nesse meio de comunicação.

Vamos apresentar o raciocínio de Daniell, em linguagem atual. Sabemos que os íons cobre (II) em solução aquosa reagem espontaneamente com o zinco metálico.

Zn metálico mergulhado em uma solução de $CuSO_4$ (aq)

Observe a seguinte indicação de reação em nível macroscópico:

zinco metálico + sulfato de cobre (II) (aq) $\rightarrow$ cobre metálico + sulfato de zinco (aq)

A solução de sulfato de cobre (II), inicialmente azulada, com o passar do tempo vai perdendo a coloração azul e a placa de zinco, inicialmente cinza metálica, tem a sua superfície recoberta por um depósito metálico escuro.

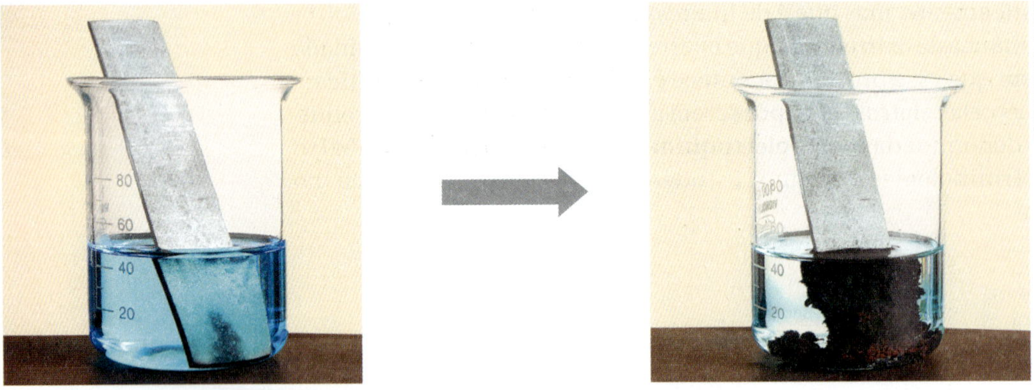

Veja, a seguir, uma análise da reação em nível microscópico:

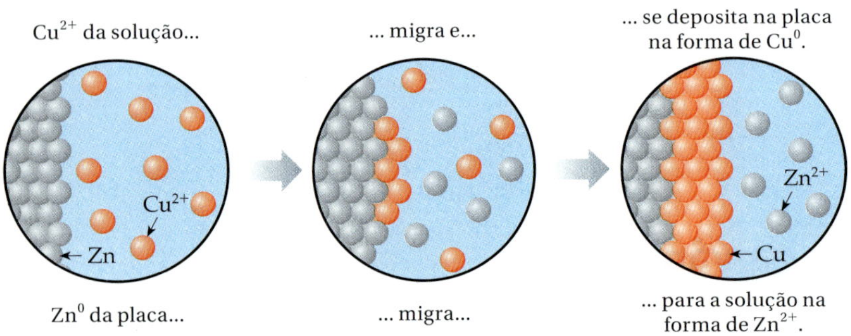

Íons cobre (II), em solução, reagem com uma placa de zinco metálico. São produzidos íons zinco, em solução, e um depósito de cobre metálico. Os íons Cu^{2+} conferem cor azulada à solução. No esquema ao lado, parte desses íons é consumida na reação com a placa de zinco.

A equação que representa a reação é:

$$Zn\,(s) + Cu^{2+}\,(aq) \rightarrow Cu\,(s) + Zn^{2+}\,(aq)$$

Placa | **Solução** | **Depósito** | **Solução**

Trata-se de uma reação de oxirredução na qual o zinco sofre oxidação e os íons cobre (II) sofrem redução:

$$\underset{0}{Zn\,(s)} + \underset{+2}{Cu^{2+}\,(aq)} \rightarrow \underset{0}{Cu\,(s)} + \underset{+2}{Zn^{2+}\,(aq)}$$

redução

oxidação

O zinco sofreu oxidação: perdeu elétrons e seu número de oxidação aumentou.

O íon Cu^{2+} sofreu redução: recebeu elétrons e seu número de oxidação diminuiu.

Em uma oxirredução, a espécie que se oxida — o zinco, no caso — transfere elétrons para a que se reduz — os íons cobre (II), no caso. E se conseguirmos fazer com que essa transferência ocorra por meio de um fio metálico? Seria estabelecida uma corrente elétrica!

Para conseguir isso, considere uma placa de zinco mergulhada numa solução aquosa contendo 1,0 mol/L de íons zinco (de um sal solúvel de zinco, como sulfato de zinco, $ZnSO_4$). Esse conjunto será denominado **semicela** (ou meia-cela) e será representado por Zn^{2+}/Zn^0.

Considere, também, uma placa de cobre mergulhada numa solução aquosa contendo 1,0 mol/L de íons cobre (II) (por exemplo, uma solução de sulfato de cobre (II), $CuSO_4$). Essa semicela é representada por Cu^{2+}/Cu^0.

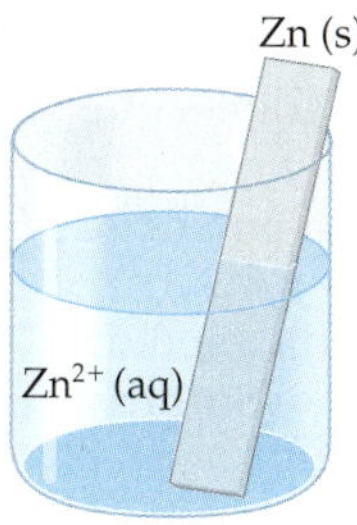

▶ Esquema da semicela Zn^{2+}/Zn^0. Na solução há também ânions de um sal solúvel de zinco (por exemplo, sulfato ou nitrato).

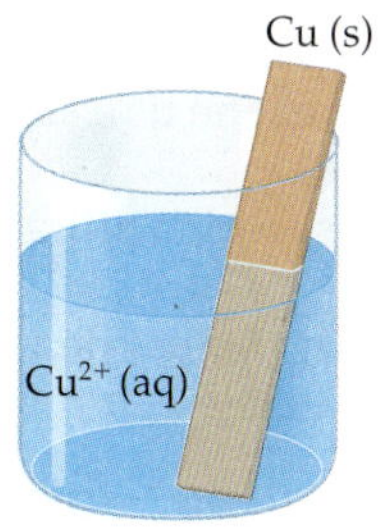

◀ Esquema da semicela Cu^{2+}/Cu^0. Na solução há também ânions de um sal solúvel de cobre (II) (por exemplo, sulfato ou nitrato).

Ao conectar as placas metálicas (eletrodos) de ambas as semicelas, usando fios metálicos e uma lâmpada (de 1,5 V), e colocar uma ponte salina (falaremos sobre ela mais à frente), verificamos que a lâmpada acende! Essa montagem é a pilha de Daniell.

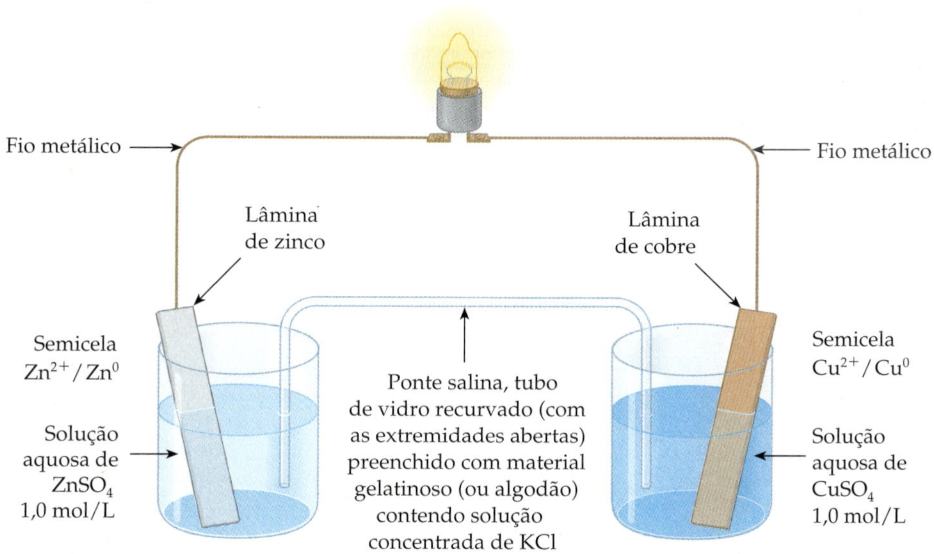

2.2 O funcionamento da pilha de Daniell

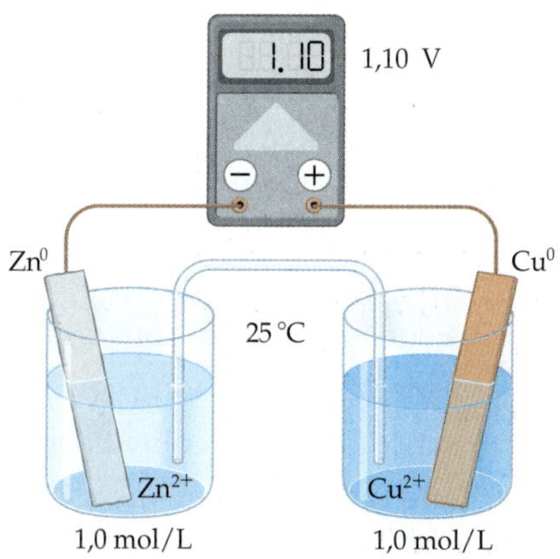

Se a lâmpada acendeu é porque o conjunto de eletrodos, fios metálicos e ponte salina forneceu as condições para a movimentação ordenada de cargas elétricas, originando uma corrente elétrica.

O fato de a lâmpada acender também revela que há uma diferença de potencial elétrico entre as placas metálicas de cobre e de zinco.

Substituindo a lâmpada por um voltímetro, verifica-se (a 25 °C e com 1 mol/L de Cu^{2+} e 1 mol/L de Zn^{2+}) que:

- a diferença de potencial elétrico é de 1,10 V;
- o potencial do eletrodo de cobre é **maior** que o do eletrodo de zinco.

Diferença de potencial e corrente elétrica

Diferença de potencial nos polos de uma pilha ou bateria

Vamos agora interpretar os resultados de medidas feitas com o voltímetro.

O potencial elétrico é uma grandeza associada a um ponto. Para nós, nesse momento, interessa saber que cada ponto de um circuito elétrico apresenta um potencial elétrico.

O resultado de uma medida feita com um voltímetro **não** fornece o valor do potencial elétrico de um certo ponto, mas **sim** a **diferença de potencial** (ddp) entre dois pontos, grandeza que é expressa, no Sistema Internacional de Unidades, na unidade **volt** (**V**).

O resultado informa que a diferença de potencial elétrico entre os polos positivo e negativo da pilha de Daniell é de 1,10 V.

Assim, **além de medir a diferença de potencial elétrico (ddp) entre dois pontos, o voltímetro permite concluir qual deles apresenta o maior potencial**.

De fato, o polo de uma pilha ou bateria que recebe a designação **positivo** é aquele que apresenta, entre ambos, o **maior** potencial elétrico.

Dessa forma podemos concluir que o polo positivo da pilha de Daniell tem um potencial elétrico 1,10 V **maior** que o polo negativo.

A diferença de potencial elétrico nos terminais (polos) de uma pilha ou bateria, medida quando ela não está em uso para produzir corrente elétrica, é denominada **força eletromotriz** (fem) dessa pilha ou bateria.

Diferença de potencial e movimento de elétrons em um fio

Corrente elétrica é o nome dado a um fluxo ordenado de cargas elétricas.

O fluxo de elétrons que se estabelece em um fio metálico sempre vai do ponto de menor potencial elétrico para o ponto de maior potencial elétrico.

Veja os esquemas a seguir.

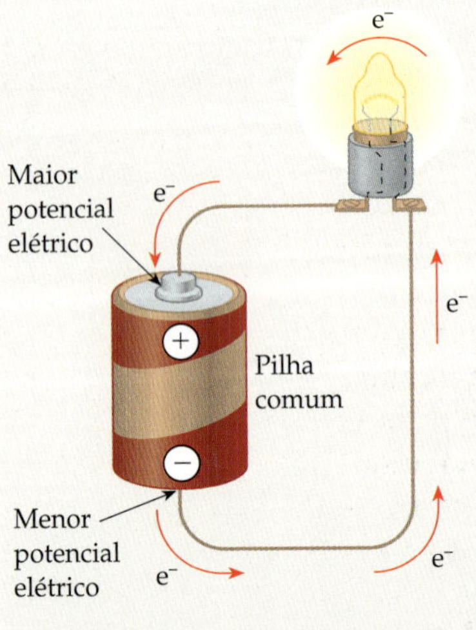

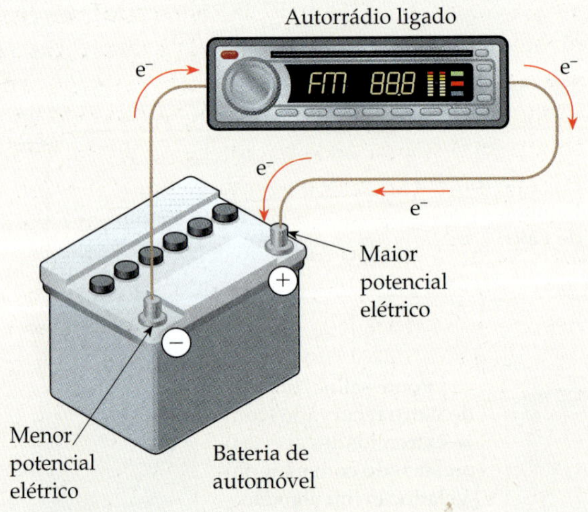

Lembre-se, então, de uma conclusão muito importante:

Elétrons movimentam-se em um fio metálico de um ponto de menor potencial elétrico em direção a um ponto de maior potencial elétrico.

ATENÇÃO

A voltagem de uma bateria de automóvel (12 volts) é suficiente para causar choque elétrico.

Estudos mais detalhados sobre o funcionamento da pilha de Daniell esquematizada na página anterior (com a lâmpada e sem o voltímetro) revelam que, com o passar do tempo, à medida que a lâmpada permanece acesa:

- a concentração de íons cobre (II) diminui na solução da direita;
- a concentração de íons zinco aumenta na solução da esquerda;
- a placa de zinco sofre corrosão (desgaste);
- sobre a placa de cobre deposita-se mais cobre metálico.

Esses fatos indicam que elétrons fluem, pelo fio metálico, da placa de zinco (menor potencial) para a de cobre (maior potencial).

Mas como a placa de zinco poderia "emitir" elétrons? O fato de a concentração de íons Zn^{2+} na solução aumentar e de a placa sofrer corrosão revela que está ocorrendo a oxidação do zinco, que pode ser assim equacionada:

$Zn\ (s)$	$\rightarrow$	$Zn^{2+}\ (aq)$	$+$	$2\ e^-$
Placa		**Vai para a solução**		**Vão para o fio metálico**

E para onde vão os elétrons recebidos pela placa de cobre? O fato de a concentração de íons Cu^{2+} diminuir e haver depósito de cobre metálico indica que íons cobre (II) da solução estão sofrendo redução:

$Cu^{2+}\ (aq)$	$+$	$2\ e^-$	$\rightarrow$	$Cu\ (s)$
Solução		**Vêm do fio metálico**		**Deposita-se na placa**

O eletrodo de zinco, por apresentar menor potencial elétrico, atua como o polo negativo da pilha. E o eletrodo de cobre, que exibe o maior potencial elétrico, atua como polo positivo. Para entender bem, observe os desenhos ao lado, que permitem **comparar** a pilha de Daniell com uma pilha de lanterna.

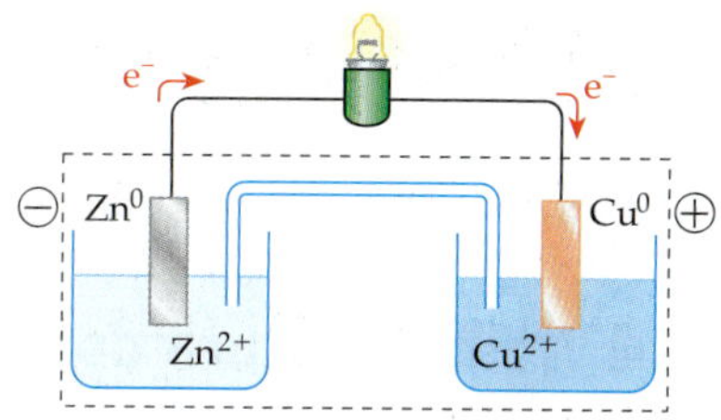

Pilha de Daniell

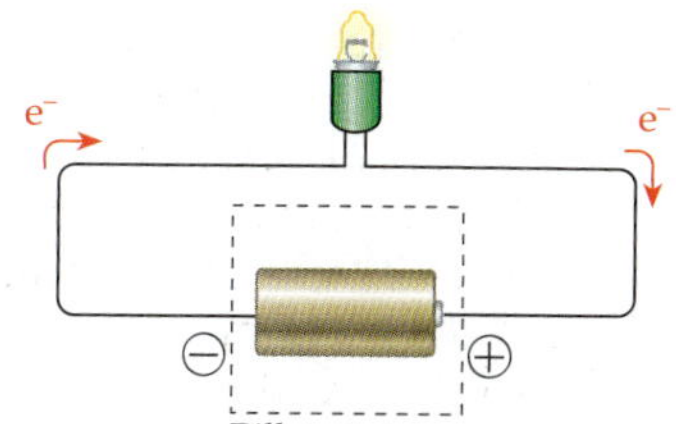

Pilha comum

2.3 O papel da ponte salina

Cada átomo de Zn^0, que manda dois elétrons para o circuito externo, sai da placa e passa para a solução na forma de Zn^{2+}, provocando a corrosão da placa e fazendo a solução ficar mais concentrada de íons zinco. Isso tende a fazer com que essa solução fique com excesso de cargas positivas (os íons sulfato, SO_4^{2-}, não participam da reação). Simultaneamente, a outra solução fica menos concentrada em íons Cu^{2+} e tende a ter acúmulo de cargas negativas.

Se isso ocorresse, o funcionamento da pilha rapidamente iria cessar, pois o acúmulo de carga positiva na solução da esquerda iria atrair os elétrons do fio metálico para a placa de zinco (cargas de sinais opostos se atraem) e o acúmulo de carga negativa na solução da direita iria repelir os elétrons do fio metálico (cargas de mesmo sinal se repelem), impedindo-os de chegar à placa de cobre.

O acúmulo de cargas elétricas nas soluções é evitado pela ponte salina, um tubo de vidro recurvado preenchido com material gelatinoso e contendo alta concentração de um sal que não interfira no processo (KCl, por exemplo).

O excesso de cátions (portadores de cargas positivas) no frasco da esquerda pode passar pela ponte salina em direção ao frasco da direita. E o excesso de ânions (portadores de cargas negativas) no frasco da direita pode migrar pela ponte salina em direção ao frasco da esquerda. Assim, a presença da ponte salina permite que a pilha continue funcionando.

De fato, caso a ponte salina seja retirada, verifica-se que a lâmpada apaga imediatamente. Isso porque o excesso de íons acumulados nas soluções rapidamente impede o fluxo de elétrons através da parte metálica do circuito.

É importante perceber que o circuito elétrico inclui o interior da pilha, porém não é um condutor metálico que conduz a corrente dentro dela, mas sim outro tipo de condutor elétrico: soluções aquosas.

As soluções de ambos os frascos e também a solução presente na ponte salina permitem que o circuito elétrico esteja totalmente fechado. Lembre-se de que corrente elétrica é um fluxo ordenado de **cargas elétricas**. No fio metálico, são os elétrons (portadores de carga elétrica negativa) que se movimentam. Nas soluções **não** são elétrons que se movimentam, mas sim cátions e ânions.

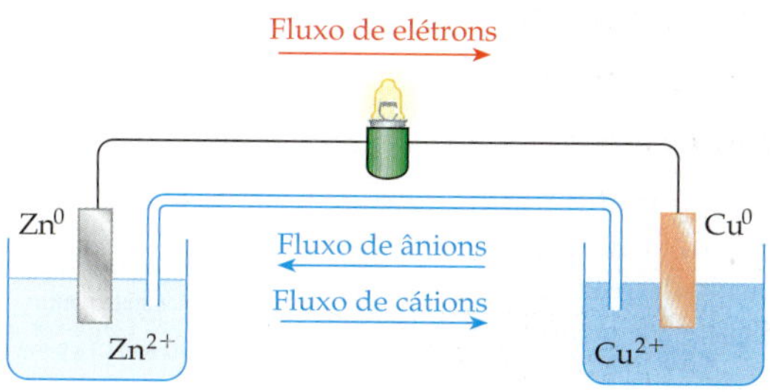

◀ Representação esquemática do fluxo de cargas elétricas durante o funcionamento da pilha de Daniell.

Assim, a experiência de acender uma lâmpada com uma pilha de Daniell envolve um circuito elétrico fechado que consiste basicamente de duas partes: uma parte externa à pilha, formada por fios metálicos, e uma parte interna à pilha, na qual a corrente elétrica que atravessa as soluções aquosas é um fluxo ordenado de cátions e ânions.

2.4 Nomenclatura dos eletrodos em uma cela galvânica

As placas metálicas existentes em uma pilha, que fazem a sua conexão com a parte do circuito elétrico externa à pilha, são denominadas **eletrodos**. É também frequente, em Química, encontrarmos a palavra eletrodo sendo usada como sinônimo não apenas da placa metálica, mas de toda a semicela.

Para todas as celas eletroquímicas, vale a seguinte convenção:

- O eletrodo no qual ocorre processo de **oxidação** é denominado **ânodo**.
  O eletrodo no qual ocorre processo de **redução** é denominado **cátodo**.

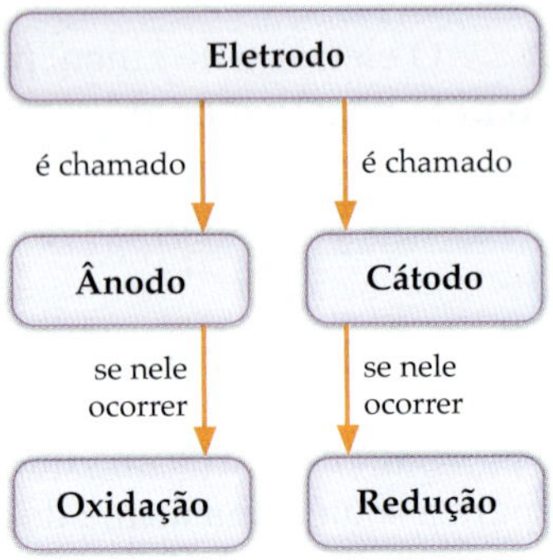

Na pilha de Daniell, o ânodo é o eletrodo de zinco e o cátodo é o eletrodo de cobre. O que ocorre em cada um desses eletrodos é denominado **semirreação**, que pode ser representada por meio de uma equação química. Se somarmos as equações das semirreações anódica e catódica, obteremos a equação global da reação de oxirredução que ocorre na pilha:

No ânodo: $Zn\,(s) \rightarrow Zn^{2+}\,(aq) + \cancel{2\,e^-}$ **Oxidação**

No cátodo: $Cu^{2+}\,(aq) + \cancel{2\,e^-} \rightarrow Cu\,(s)$ **Redução**

Equação global: $Zn\,(s) + Cu^{2+}\,(aq) \rightarrow Cu\,(s) + Zn^{2+}\,(aq)$

2.5 Representação esquemática para uma cela galvânica

A União Internacional de Química Pura e Aplicada (IUPAC) propôs uma maneira esquemática para representar uma cela galvânica. Tal representação é bastante útil, pois permite descrever de modo rápido e simples esse tipo de dispositivo sem a necessidade de desenhá-lo.

Vamos exemplificar essa representação para a pilha de Daniell:

$$Zn\,(s)\,|\,Zn^{2+}\,(aq)\,\|\,Cu^{2+}\,(aq)\,|\,Cu\,(s)$$

A barra vertical simples (|) indica a fronteira que separa duas fases, e a barra vertical dupla (||) indica a ponte salina. Do lado esquerdo é representada a semicela em que ocorre a oxidação (ânodo) e do lado direito a semicela em que ocorre a redução (cátodo).

Assim:

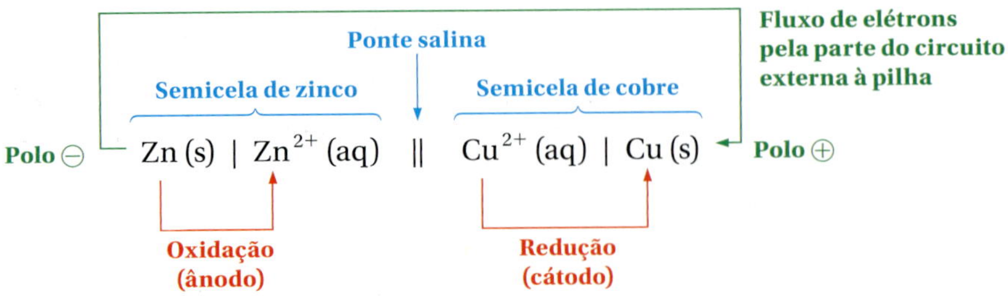

Observe que há uma relação estequiométrica entre a massa de metal perdida no ânodo e a massa de metal ganha no cátodo. Utilizando seus conhecimentos em estequiometria, calcule a massa de metal corroída na semicela de zinco da pilha de Daniell, caso na semicela de cobre tenham se depositado 12,7 g de metal.

Biblioteca do estudante
Texto complementar:
Os 200 anos da pilha elétrica

Exercícios essenciais

A critério do(a) professor(a) esta lista de exercícios poderá ser realizada em classe ou em casa.

1. (UFMG) João e Maria estavam fazendo experiências no laboratório de Química.
Nestas figuras, estão representados, esquematicamente, os materiais então utilizados por eles:

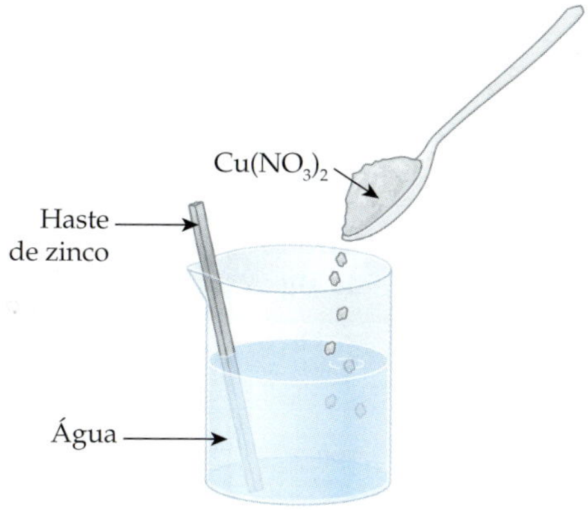

Experimento realizado por João

Experimento realizado por Maria

Para facilitar a dissolução de nitrato de cobre em água, João usou uma haste de zinco. No final do experimento, a haste estava corroída e formou-se uma solução incolor e um sólido, que, após algum tempo, se depositou no fundo do recipiente.
Maria, por sua vez, utilizou uma haste de cobre para dissolver nitrato de zinco em água. No final do experimento, ela obteve uma solução incolor e a haste manteve-se intacta.
Sabe-se que as soluções aquosas de nitrato de cobre (II), $Cu(NO_3)_2$, são azuis e que as de nitrato de zinco (II), $Zn(NO_3)_2$, são incolores.

Considerando os dois experimentos descritos, é **CORRETO** afirmar que:

a) João obteve uma solução aquosa de nitrato de zinco.

b) Maria obteve uma solução aquosa de nitrato de cobre.

c) o cobre metálico é oxidado na dissolução do nitrato de zinco.

d) o precipitado formado na dissolução do nitrato de cobre (II) é zinco metálico.

Exercício Resolvido

2. O esquema abaixo ilustra uma cela galvânica (pilha), ressaltando o sentido de movimentação dos elétrons.

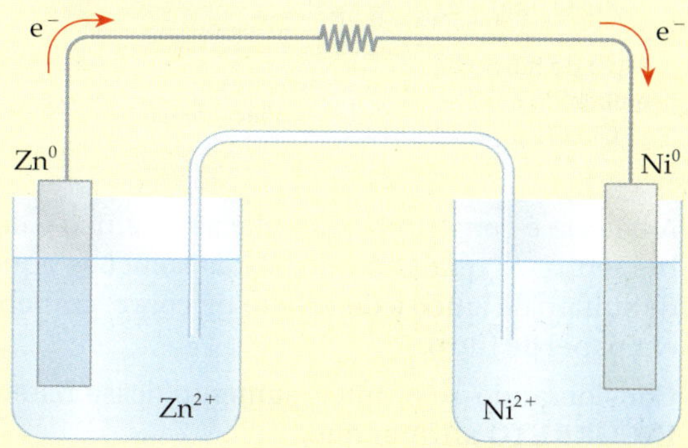

Sobre essa pilha, responda às questões:

a) Qual dos eletrodos é o ânodo? Qual é o cátodo?

b) Qual dos eletrodos é o polo negativo? E o positivo?

c) Qual é a espécie química que sofre oxidação? E a que sofre redução?

d) Qual é a placa que sofre corrosão?

e) Qual é a placa em que se deposita sólido?

f) Equacione a semirreação anódica.

g) Equacione a semirreação catódica.

h) Equacione a reação global da pilha.

i) Qual é o sentido de movimentação dos íons na ponte salina?

Resolução

a) O ânodo é o eletrodo de zinco e o cátodo é o eletrodo de níquel.

b) O polo negativo é o eletrodo de zinco e o polo positivo é o eletrodo de níquel.

c) A espécie que se oxida é o zinco metálico, Zn^0, e a espécie que se reduz é o cátion níquel (II), Ni^{2+}.

d) A placa de zinco sofre corrosão, em função da oxidação de Zn^0 a Zn^{2+}, que passa para a solução.

e) Níquel sólido se deposita sobre a placa de níquel, em função da redução de Ni^{2+} da solução a Ni^0.

f) $Zn\,(s) \rightarrow Zn^{2+}\,(aq) + 2\,e^-$

g) $Ni^{2+}\,(aq) + 2\,e^- \rightarrow Ni\,(s)$

h)

$$\begin{array}{l} Zn\,(s) \rightarrow Zn^{2+}\,(aq) + \cancel{2\,e^-} \\ Ni^{2+}\,(aq) + \cancel{2\,e^-} \rightarrow Ni\,(s) \\ \hline Zn\,(s) + Ni^{2+}\,(aq) \rightarrow Zn^{2+}\,(aq) + Ni\,(s) \end{array}$$

i) O fluxo efetivo de cátions é da semicela de zinco para a de níquel e o de ânions é da semicela de níquel para a de zinco.

3. (UFMG) Nesta figura, está representado um circuito elétrico formado por uma bateria conectada a uma lâmpada:

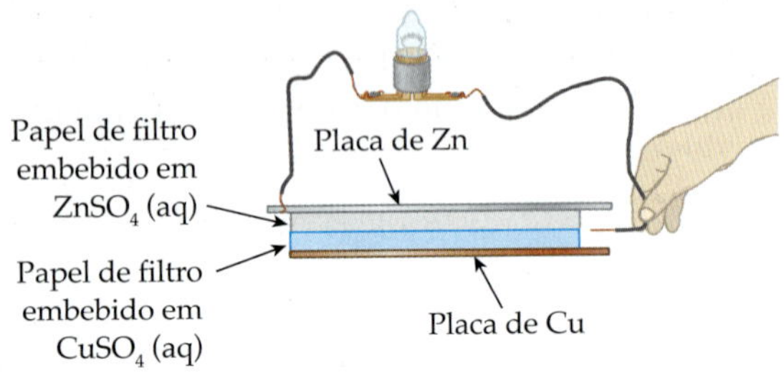

A bateria é construída com placas de zinco e de cobre, entre as quais são dispostas soluções aquosas de sulfato de zinco e de sulfato de cobre, embebidas em papel de filtro.

Considerando-se o funcionamento dessa bateria, é **INCORRETO** afirmar que,

a) durante o funcionamento da bateria, energia química é convertida em energia elétrica.

b) durante o funcionamento da bateria, íons são transformados em átomos neutros.

c) se o circuito elétrico externo for fechado sobre a placa de zinco, a lâmpada não se acenderá.

d) se o circuito elétrico externo for fechado sobre a placa de cobre, haverá passagem de íons Cu^{2+} pelo fio.

4. (Fuvest-SP) Foi montada uma pilha em que o polo positivo era constituído por um bastão de paládio, mergulhado numa solução de cloreto de paládio, e o polo negativo, por um bastão de níquel, mergulhado numa solução de sulfato de níquel. As semirreações que representam os eletrodos são:

$$Pd^{2+} + 2\,e^- \rightleftarrows Pd$$

$$Ni^{2+} + 2\,e^- \rightleftarrows Ni$$

a) Escreva a equação que representa a reação química que ocorre quando a pilha está funcionando (sentido espontâneo).

b) O que acontece com as concentrações de Pd^{2+} e Ni^{2+} durante o funcionamento da pilha? Explique.

5. (Mackenzie-SP) Observe a tabela de reatividade abaixo.

Soluções (1 mol/L)	Eletrodo de Mg	Eletrodo de Cu	Eletrodo de Cr
$Mg(NO_3)_2$	–	não reage	não reage
$CuSO_4$	reage	–	reage
$Cr_2(SO_4)_3$	reage	não reage	–

Se forem montadas pilhas nas quais o magnésio seja sempre um dos eletrodos, é correto afirmar que:

a) o eletrodo de magnésio terá sua massa aumentada.

b) os elétrons irão fluir do cobre ou do cromo para o magnésio.

c) numa das pilhas a solução de sulfato de cromo III irá se concentrar.

d) o eletrodo de magnésio atuará como ânodo.

e) a solução de nitrato de magnésio irá diluir-se em qualquer uma das pilhas.

Exercícios adicionais

Seu(sua) professor(a) indicará quais exercícios deste bloco você deve fazer.

6. (UFRGS-RS) Considere as seguintes afirmações sobre células galvânicas.

I. O eletrodo onde ocorre a redução atua como polo positivo.

II. Os elétrons circulam do polo positivo para o polo negativo.

III. No polo negativo ocorrem semirreações de oxidação.

Quais estão corretas?

a) Apenas I.
b) Apenas II.
c) Apenas III.
d) Apenas I e III.
e) Apenas II e III.

7. (UFMG) Considere as seguintes equações:

$$Zn^{2+}\,(aq) + 2\,e^- \rightleftarrows Zn\,(s)$$

$$Cu^{2+}\,(aq) + 2\,e^- \rightleftarrows Cu\,(s)$$

A reação global da célula galvânica correspondente, geradora de eletricidade, é:

$$Zn\,(s) + Cu^{2+}\,(aq) \rightarrow Zn^{2+}\,(aq) + Cu\,(s)$$

O esquema que representa corretamente o funcionamento dessa célula galvânica é:

a)

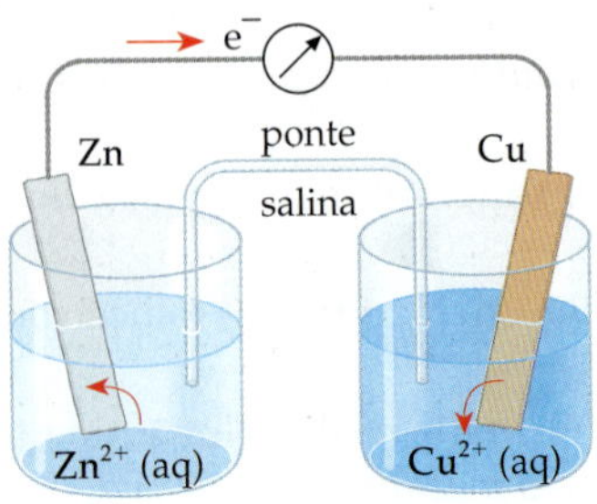

b)

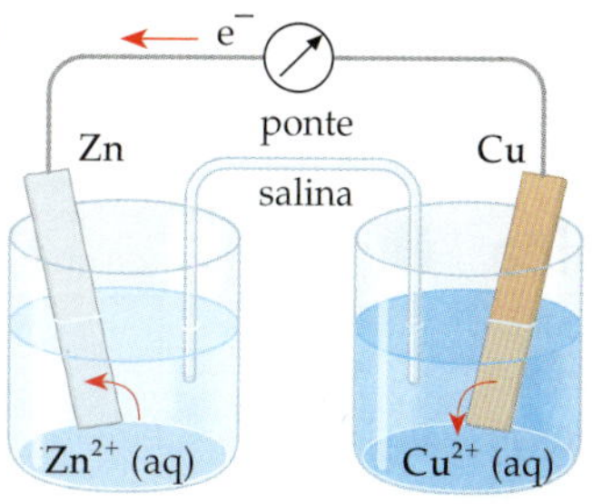

c)

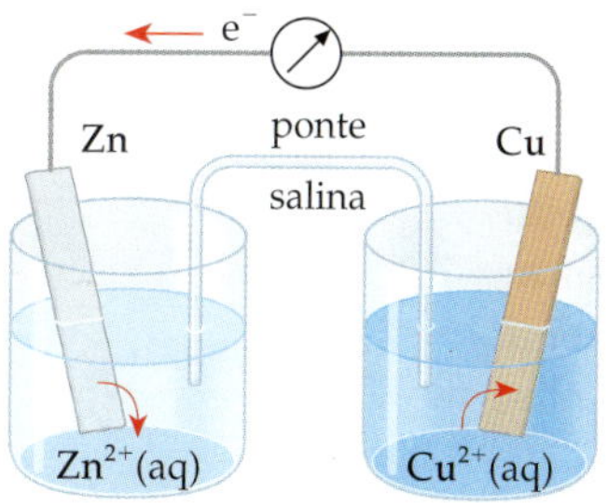

d)

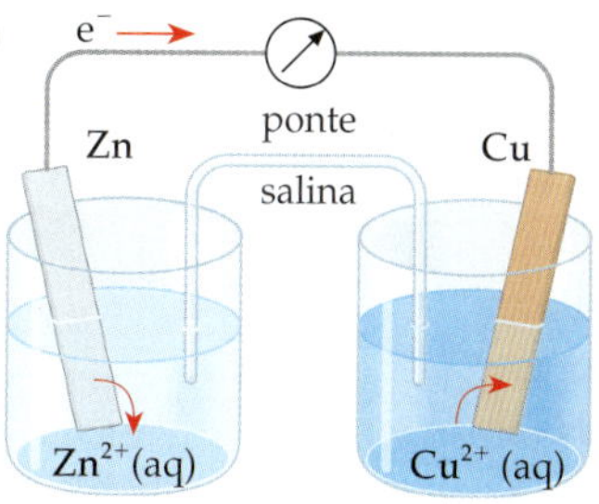

8. (Vunesp) A reação entre crômio metálico e íons ferro (II) em água, produzindo íons crômio (III) e ferro metálico, pode ser utilizada para se montar uma pilha eletroquímica.

a) Represente as semirreações que ocorrem na pilha, identificando a semirreação de oxidação e a semirreação de redução.

b) Represente a equação química global correspondente à pilha em funcionamento.

ADAM PRZEZAK/SHUTTERSTOCK

▲ Carro elétrico passando por recarga de bateria, conectado à tomada em poste, na rua, em Oslo, Noruega. Um exemplo de célula galvânica usada em veículos elétricos é o tema da questão 9.

9. (Ufal) As células galvânicas comerciais, que conhecemos como baterias, são no momento objeto de pesquisa entre os cientistas, que veem seu potencial para resolver problemas de meio ambiente, saúde, comunicação e transporte. Entre elas, encontra-se a célula de sódio e enxofre, cuja aplicação mais comum é em veículos elétricos. Essa é uma das baterias mais surpreendentes. Possui reagentes líquidos (sódio e enxofre) e eletrólito sólido (uma cerâmica porosa de óxido de alumínio). Essa bateria é a fonte de energia do *Ecostar*, o carro elétrico da Ford. A reação global de descarga de uma bateria de sódio e enxofre pode ser representada por:

$$16\ Na\ (l) + S_8\ (l) \rightarrow 16\ Na^+\ (\text{solução}) + 8\ S^{2-}\ (\text{solução})$$

A partir da análise dessa reação, é correto afirmar que:

a) 1 mol de enxofre recebe 16 mol de elétrons.

b) o sódio é o agente oxidante.

c) o enxofre sofre oxidação.

d) o material do cátodo é constituído do metal sódio.

e) os elétrons migram, na descarga, do eletrodo de enxofre para o eletrodo de sódio.

10. (UFBA)

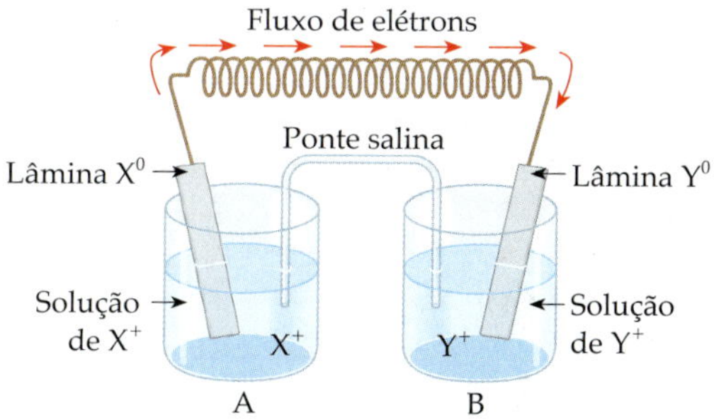

Pilha X^0 | X^+ (1 mol/L) || Y^+(1 mol/L) | Y^0 (25 °C)

Com base no processo eletroquímico representado na figura acima, pode-se afirmar que:

(01) a massa da lâmina X^0 diminui com o tempo.

(02) nesse processo, há absorção de energia.

(04) o ânodo da pilha é X^0/X^+.

(08) a reação global da pilha é

$$X^0\ (s) + Y^+\ (aq) \rightarrow X^+\ (aq) + Y^0\ (s)$$

(16) X^0 é o oxidante.

(32) durante o processo eletroquímico, a concentração das soluções, em A e em B, permanece inalterada.

(64) a função da ponte salina é permitir a migração de íons de uma solução para outra.

Dê como resposta, no caderno, a soma dos números associados às afirmações corretas.

3 Potencial-padrão de semicela

3.1 A semicela adotada como referencial em Eletroquímica

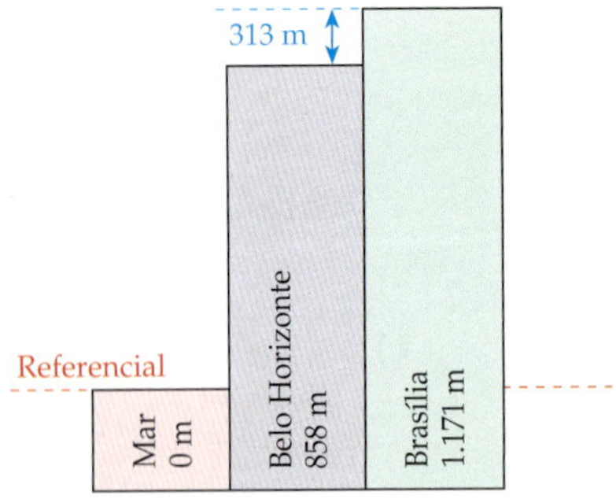

Quando alguém diz que "a altitude de Brasília é de 1.171 m acima do nível do mar" ou que "a altitude de Belo Horizonte é de 858 m acima do nível do mar", esse alguém está deixando claro que as medidas são feitas em relação a um **referencial** que, no caso, é o nível do mar.

Conhecendo as altitudes de Brasília e de Belo Horizonte em relação a esse referencial, pode-se calcular que Brasília está 313 m mais alta que Belo Horizonte, como mostra o esquema ao lado.

Analogamente, como o voltímetro fornece apenas diferenças de potencial, toda medida feita com ele compara o potencial elétrico de um polo com o do outro. A fim de poderem comparar as diversas semicelas, os químicos resolveram medir e tabelar as diferenças de potencial de todas elas em relação a um único referencial.

- O **referencial** escolhido para expressar potencial elétrico, em experimentos de Eletroquímica, é o **eletrodo-padrão de hidrogênio**.

Evidências mostraram aos cientistas que a platina (metal nobre, que dificilmente reage com outras substâncias) tem a propriedade de *adsorver* o gás hidrogênio, ou seja, de *reter em sua superfície* as moléculas desse gás.

Ao usar a semicela H^+/H_2, a placa de platina serve como elemento metálico capaz de receber elétrons vindos do circuito externo ou enviar elétrons para ele. As espécies químicas que, de fato, participam do processo de oxirredução são H_2 e H^+. Se a semicela H^+/H_2 atuar como ânodo, a semirreação será a de oxidação de H_2 a H^+; se atuar como cátodo, será a de redução de H^+ a H_2.

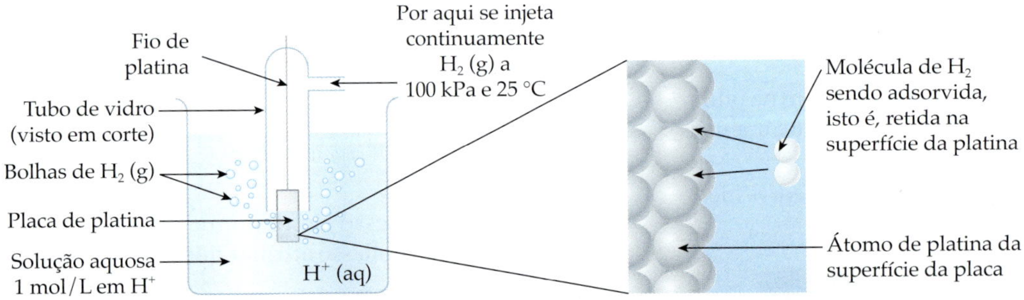

Se essa semicela atuar como **ânodo**:

$$H_2 \longrightarrow 2\,e^- + 2\,H^+$$

Se essa semicela atuar como **cátodo**:

$$2\,H^+ + 2\,e^- \longrightarrow H_2$$

3.2 O conceito de potencial-padrão de semicela

A diferença de potencial elétrico entre os polos de uma cela galvânica, medida com voltímetro numa situação em que a cela não esteja fornecendo corrente elétrica para um circuito, é representada por ΔE.

Se essa diferença de potencial for medida nas **condições-padrão** (convencionadas como 1,0 mol/L e 100 kPa*) e em uma temperatura de interesse (geralmente 25 °C), ela é denominada **diferença de potencial-padrão** e representada por $\Delta E°$.

* Anteriormente, a pressão das condições-padrão para as medidas de potenciais de semicela era de 1 atm e não de 100 kPa (cem quilopascals). Como a unidade atm não faz parte do Sistema Internacional, convencionou-se, há alguns anos, mudar a pressão-padrão de 1 atm para 100 kPa (= 1 bar). Na prática, isso não envolveu grandes alterações nos valores já conhecidos e tabelados, pois 1 atm = 101,3 kPa, o que é muito próximo de 100 kPa.

Já sabemos que o potencial elétrico do cátodo é maior que o do ânodo. Assim, podemos dizer que o valor de $\Delta E°$ é dado por:

$$\Delta E° = E°_{cátodo} - E°_{ânodo}$$

em que $E°_{cátodo}$ e $E°_{ânodo}$ representam, respectivamente, os potenciais elétricos do cátodo e do ânodo.

Como já foi dito, o voltímetro não mede valores de potencial, mas sim diferenças de potencial. Assim, não há um modo de medir isoladamente $E°_{cátodo}$ ou $E°_{ânodo}$. Apenas medimos a diferença entre ambos ($\Delta E°$).

A escolha de um eletrodo como referencial (o eletrodo-padrão de hidrogênio) permite superar a impossibilidade de tabelar potenciais individuais.

- O valor de E° para o **eletrodo-padrão de hidrogênio** foi convencionado como **0 V** (zero volt), quer ele atue como ânodo, quer como cátodo.

3.3 Medida do potencial-padrão de uma semicela

a) Medida do potencial-padrão da semicela de prata

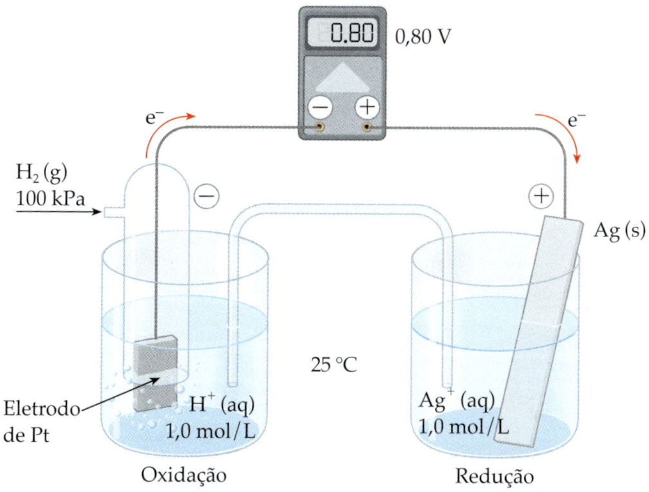

$Pt (s) \mid H_2 (g) \mid H^+ (aq) \parallel Ag^+ (aq) \mid Ag (s)$

$$\Delta E° = E°_{cátodo} - E°_{ânodo}$$
$$0{,}80\ V = E° (Ag^+/Ag^0) - E° (H^+/H_2)$$
$$0{,}80\ V = E° (Ag^+/Ag^0) - zero$$

- $E° (Ag^+/Ag^0) = +0{,}80\ V$

b) Medida do potencial-padrão da semicela de zinco

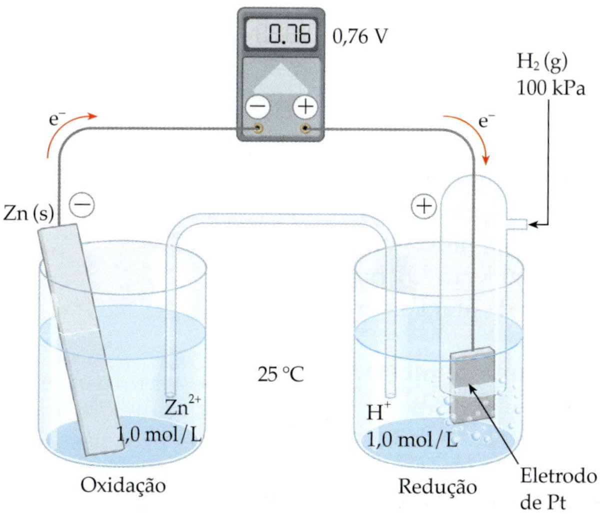

$Zn (s) \mid Zn^{2+} (aq) \parallel H^+ (aq) \mid H_2 (g) \mid Pt (s)$

$$\Delta E° = E°_{cátodo} - E°_{ânodo}$$
$$0{,}76\ V = E° (H^+/H_2) - E° (Zn^{2+}/Zn^0)$$
$$0{,}76\ V = zero - E° (Zn^{2+}/Zn^0)$$

- $E° (Zn^{2+}/Zn^0) = -0{,}76\ V$

- O potencial-padrão de uma semicela é obtido a partir da diferença de potencial elétrico, nas condições-padrão (1 mol/L e 100 kPa) e em uma temperatura de interesse (geralmente 25 °C), entre o eletrodo dessa semicela e o eletrodo-padrão de hidrogênio.

3.4 Interpretação dos potenciais-padrão de semicela

O fato de o potencial-padrão da semicela Ag^+/Ag^0 ser +0,80 V indica que, na pilha formada por Ag^+/Ag^0 e H^+/H_2, o eletrodo de hidrogênio atua como polo negativo e o de prata, como polo positivo. Isso porque os elétrons se deslocarão, pelo fio, do eletrodo de hidrogênio (de menor potencial elétrico) para o de prata (de maior potencial). Teremos, para essa pilha, a situação ilustrada esquematicamente na figura Ⓐ. Há oxidação do H_2 e redução dos íons Ag^+.

Ⓐ

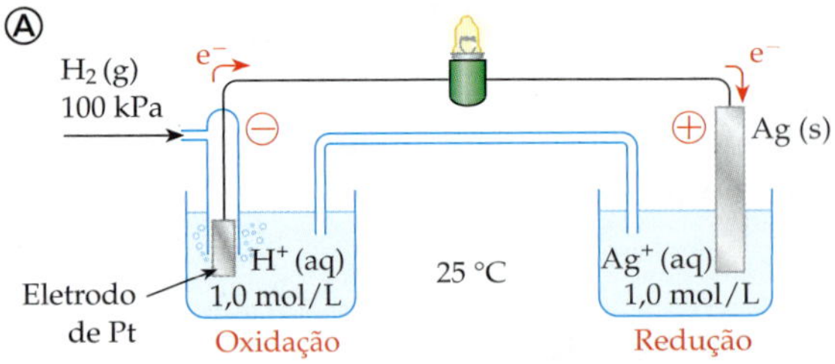

A pilha Pt(s) | H_2(g) | H^+ (aq) ‖ Ag^+ (aq) | Ag (s)

No caso da semicela Zn^{2+}/Zn^0, a situação se inverte, pois o seu potencial, −0,76 V, é inferior ao do eletrodo-padrão de hidrogênio. O eletrodo de zinco (menor potencial elétrico) funcionará como polo negativo, emitindo elétrons pelo circuito metálico para o eletrodo de hidrogênio (maior potencial elétrico). A pilha funciona de acordo com o esquema Ⓑ, com oxidação do Zn^0 e redução dos íons H^+.

Ⓑ

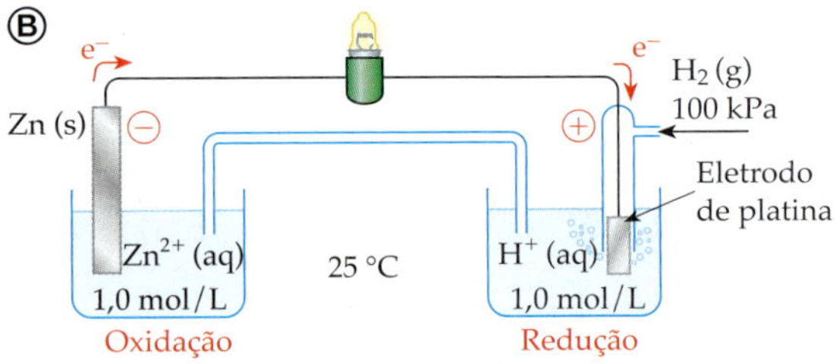

A pilha Zn (s) | Zn^{2+} (aq) ‖ H^+ (aq) | H_2 (g) | Pt (s)

O esquema Ⓒ resume essa discussão.

Quando uma pilha é usada para gerar corrente elétrica em um circuito, os elétrons se movimentam, na parte metálica do circuito, do eletrodo de menor potencial para o de maior potencial elétrico.

O esquema também nos permite fazer previsões.

Por exemplo, podemos prever que a diferença de potencial entre as semicelas Cu^{2+}/Cu^0 e Zn^{2+}/Zn^0, que tomam parte da pilha de Daniell, é de 1,10 V (valor destacado em azul, em Ⓒ). Esse é, de fato, o valor experimentalmente determinado, como foi mostrado no item 2.2.

Ao comparar as semicelas Zn^{2+}/Zn^0 e Ag^+/Ag^0, percebemos que a diferença de potencial-padrão entre ambas é de 1,56 V, sendo o potencial da semicela de prata maior que o da semicela de zinco. Ambas semicelas formariam, portanto, uma pilha com diferença de potencial elétrico de 1,56 V (valor também destacado em azul, em Ⓒ), na qual o polo negativo é o eletrodo de zinco e o polo positivo é o eletrodo de prata. Essa previsão também é confirmada experimentalmente!

Podemos concluir que, quanto maior o potencial-padrão de uma semicela, maior é a tendência de ela receber elétrons e de nela acontecer redução.

Ⓒ

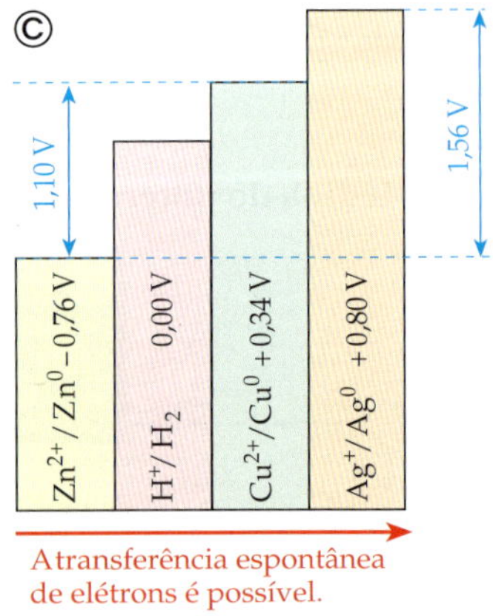

Consultando o esquema acima, o que podemos prever sobre a diferença de potencial da pilha formada pelas semicelas Cu^{2+}/Cu^0 e Ag^+/Ag^0?

- Quanto **maior o potencial-padrão** de uma semicela (E°), maior a tendência de ela receber elétrons, ou seja, **maior a tendência** de nela ocorrer **redução**. Por isso, essa grandeza também é conhecida como **potencial-padrão de redução** e simbolizada por E°_{red} ou E°(red).

A tabela 1, a seguir, apresenta os valores de potencial-padrão para algumas semicelas. O símbolo ⇄ indica que uma semirreação pode, em princípio, ocorrer no sentido da redução ou no da oxidação, dependendo da outra semicela presente.

TABELA 1 **Potencial-padrão (1,0 mol/L e 100 kPa) para algumas semicelas, a 25 °C**

Equação da semirreação	E° (V)
$Li^+ (aq) + e^- \rightleftarrows Li (s)$	−3,05
$K^+ (aq) + e^- \rightleftarrows K (s)$	−2,93
$Ca^{2+} (aq) + 2 e^- \rightleftarrows Ca (s)$	−2,87
$Na^+ (aq) + e^- \rightleftarrows Na (s)$	−2,71
$Mg^{2+} (aq) + 2 e^- \rightleftarrows Mg (s)$	−2,38
$Al^{3+} (aq) + 3 e^- \rightleftarrows Al (s)$	−1,68
$2 H_2O (l) + 2 e^- \rightleftarrows H_2 (g) + 2 OH^- (aq)$	−0,83
$Zn^{2+} (aq) + 2 e^- \rightleftarrows Zn (s)$	−0,76
$Fe^{2+} (aq) + 2 e^- \rightleftarrows Fe (s)$	−0,44
$Cd^{2+} (aq) + 2 e^- \rightleftarrows Cd (s)$	−0,40
$Sn^{2+} (aq) + 2 e^- \rightleftarrows Sn (s)$	−0,14
$Pb^{2+} (aq) + 2 e^- \rightleftarrows Pb (s)$	−0,13
$Fe^{3+} (aq) + 3 e^- \rightleftarrows Fe (s)$	−0,04
$2 H^+ (aq) + 2 e^- \rightleftarrows H_2 (g)$	0,00
$Sn^{4+} (aq) + 2 e^- \rightleftarrows Sn^{2+} (aq)$	+0,15
$Cu^{2+} (aq) + 2 e^- \rightleftarrows Cu (s)$	+0,34
$O_2 (aq) + 2 H_2O (l) + 4 e^- \rightleftarrows 4 OH^- (aq)$	+0,40
$Cu^+ (aq) + e^- \rightleftarrows Cu (s)$	+0,52
$I_2 (s) + 2 e^- \rightleftarrows 2 I^- (aq)$	+0,54
$MnO_4^- (aq) + 2 H_2O (l) + 3 e^- \rightleftarrows MnO_2 (s) + 4 OH^- (aq)$	+0,59
$Fe^{3+} (aq) + e^- \rightleftarrows Fe^{2+} (aq)$	+0,77
$Ag^+ (aq) + e^- \rightleftarrows Ag (s)$	+0,80
$Br_2 (l) + 2 e^- \rightleftarrows 2 Br^- (aq)$	+1,07
$O_2 (aq) + 4 H^+ (aq) + 4 e^- \rightleftarrows 2 H_2O (l)$	+1,23
$Cl_2 (g) + 2 e^- \rightleftarrows 2 Cl^- (aq)$	+1,36
$Au^{3+} (aq) + 3 e^- \rightleftarrows Au (s)$	+1,42
$MnO_4^- (aq) + 8 H^+ (aq) + 5 e^- \rightleftarrows Mn^{2+} (aq) + 4 H_2O (l)$	+1,49
$F_2 (g) + 2 e^- \rightleftarrows 2 F^- (aq)$	+2,87

Biblioteca do estudante
Texto complementar:
Problemas causados por obturações dentárias

Fontes: MORTIMER, R. G. *Physical Chemistry.* 2. ed. Orlando: Harcourt, 2000. p. 992; LEVINE, I. *Physical Chemistry.* 6. ed. Nova York: McGraw-Hill, 2009. p. 419.

4 Aplicações da tabela de potenciais-padrão

A tabela de potenciais apresenta várias aplicações importantes. A seguir, apresentaremos as mais relevantes para a Química do Ensino Médio.

4.1 Previsão da força eletromotriz de uma pilha

A força eletromotriz (fem) de uma pilha é a diferença de potencial elétrico medida entre os seus terminais quando ela não está sendo usada para gerar corrente. Quanto maior o valor dessa grandeza (representada, neste livro, por $\Delta E°$), maior a tendência de a pilha gerar corrente elétrica.

Em palavras: **A força eletromotriz de uma pilha nas condições-padrão ($\Delta E°$) é dada pela diferença dos potenciais-padrão das semicelas dessa pilha.**

Em equação: • $\Delta E° = E°_{\text{eletrodo que recebe } e^-} - E°_{\text{eletrodo que perde } e^-}$

Por exemplo, no caso da pilha de Daniell, temos:

$E° = E°(Cu^{2+}/Cu^0) - E°(Zn^{2+}/Zn^0) = +0{,}34\,V - (-0{,}76\,V) = 1{,}10\,V$

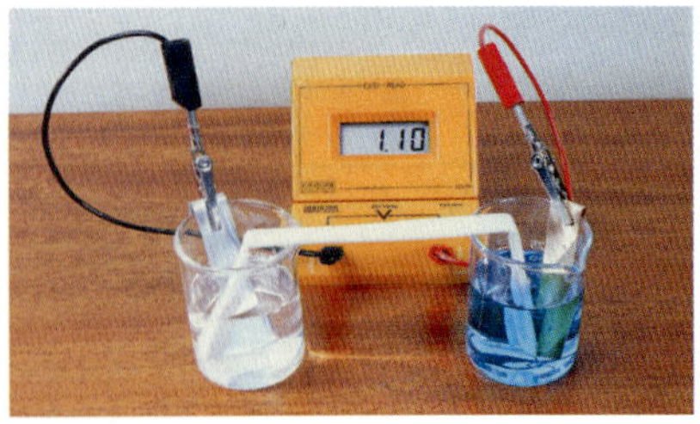

THE ANDREW LAMBERT PHOTOGRAPHY/ SCIENCE PHOTO LIBRARY/LATINSTOCK

▲ Medida da força eletromotriz da pilha de Daniell, nas condições-padrão.

Exercícios essenciais

A critério do(a) professor(a) esta lista de exercícios poderá ser realizada em classe ou em casa.

Exercício Resolvido

11. (Uece) A respeito do eletrodo-padrão de hidrogênio é correto dizer-se que:

a) São as seguintes condições de padronização estabelecidas por convenção para o mesmo:

Temperatura	Concentração H^+	Pressão
0 °C	0,1 mol/L	1 atm H_2

b) Em uma pilha que tenha um dos polos constituído por um eletrodo-padrão de hidrogênio e o outro formado por uma lâmina de zinco metálico na qual ocorra a semirreação:

$Zn^0\,(s) \rightarrow Zn^{2+}\,(aq) + 2\,e^-$, o zinco funcionará como polo negativo.

c) O potencial do eletrodo-padrão, E°, é o ponto inicial de uma escala de valores absolutos.

d) A seguinte semirreação

$Cu^{2+}\,(aq) + 2\,e^- \rightarrow Cu^0\,(s)$ implica que a semirreação complementar que deve ocorrer no eletrodo-padrão de hidrogênio deva ser:

$2\,H^+\,(aq) + 2\,e^- \rightarrow H_2\,(g)$

➤ Resolução

O eletrodo no qual ocorre uma reação de oxidação é o ânodo da pilha e consequentemente o polo negativo. É bom lembrar que se o eletrodo ligado ao eletrodo de hidrogênio sofrer reação de oxidação é porque o $E°_{red}$ do eletrodo de hidrogênio é maior. Assim, o $E°_{red}$ do referido eletrodo terá valor negativo.

Alternativa **b**.

12. (UEL-PR) Potenciais-padrão de redução:

$H^+, \frac{1}{2}H_2$ .... $E = 0$

Cu^{2+}, Cu .... $E = +0{,}34$ volt

Fe^{2+}, Fe .... $E = -0{,}44$ volt

Se em vez do par $H^+, \frac{1}{2}H_2$, escolhido como tendo potencial-padrão de redução igual a zero, fosse escolhido o par Fe^{2+}, Fe como padrão, fixando-se a este o valor zero, nessa nova escala, os potenciais-padrão de redução, dos pares Cu^{2+}, Cu e $H^+, \frac{1}{2}H_2$, seriam, respectivamente, em volt:

a) +0,10 e +0,34
b) −0,10 e −0,34
c) −0,78 e −0,44
d) −0,78 e +0,44
e) +0,78 e +0,44

13. (Cefet-CE) Uma pilha, formada pelos eletrodos de Fe/Fe^{2+} (uma lâmina de ferro em contato com uma solução de íons Fe^{2+}) e Cu/Cu^{2+} (uma lâmina de cobre em contato com uma solução de íons Cu^{2+}), apresenta $E°_{pil}$ de 0,78 V.
Sabendo-se que $Cu^{2+} + 2\,e^- \rightleftarrows Cu\,(s)\ E° = 0{,}34\,V$ e que a lâmina de ferro se dissolve, o potencial-padrão de redução do eletrodo Fe/Fe^{2+} é:

a) 0,44 V
b) 1,12 V
c) −0,44 V
d) −1,22 V
e) 0,56 V

14. (UEPG-PR) Considere a célula eletrolítica representada a seguir.

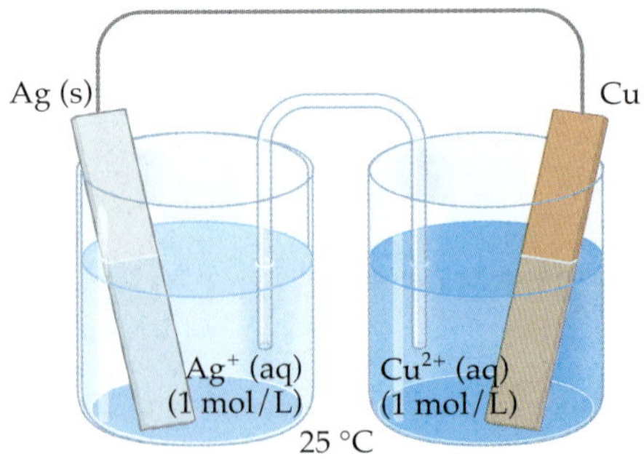

$Ag^+\,|\,Ag^0\quad E° = 0{,}80\,V \qquad Cu^{2+}\,|\,Cu^0\quad E° = 0{,}34\,V$

Com base nas informações contidas na figura, dê como resposta a soma dos números das afirmações corretas.

(01) A oxidação ocorre no eletrodo de cobre.

(02) No circuito externo, os elétrons deslocam-se do eletrodo de prata para o eletrodo de cobre.

(04) O eletrodo de prata é o cátodo.

(08) O potencial da célula nas condições descritas anteriormente é igual a +0,46 V.

(16) A célula em questão pode ser representada por:

$Ag(s) | Ag^+ (aq) (1 \text{ mol } L^{-1}) \| Cu^{2+} (aq) (1 \text{ mol } L^{-1}) | Cu(s)$ a 25 °C.

15. (FMTM) Para responder a esta questão, considere os seguintes materiais: lâmina de prata, lâmina de cobre, solução aquosa de nitrato de prata 1,0 mol/L, solução aquosa de nitrato de cobre (II) 1,0 mol/L, ponte salina, fios de ligação e voltímetro.

a) Faça um desenho representativo de uma pilha eletroquímica construída com esses materiais, indicando: a semicélula que constitui o ânodo e a semicélula que constitui o cátodo, o polo positivo e o polo negativo.

b) Escreva as equações das semirreações de oxidação e de redução da pilha que representou, a equação global e calcule a tensão elétrica dessa pilha nas condições-padrão.

Dados:

$Ag^+ (aq) + e^- \rightleftarrows Ag(s) \quad E°/V = +0,80 \text{ V}$

$Cu^{2+} (aq) + 2e^- \rightleftarrows Cu(s) \quad E°/V = +0,34 \text{ V}$

Exercícios adicionais

Seu(sua) professor(a) indicará quais exercícios deste bloco você deve fazer.

16. (Furg-RS) Pretendeu-se estudar pares galvânicos obtidos da combinação de três metais.
Em três frascos distintos, foram colocadas soluções aquosas de sais dos metais **A**, **B** e **C** juntamente com um pedaço do metal correspondente, como apresentado abaixo.

A = pedaço de prata (Ag) em contato com a solução de $AgNO_3$ 1,0 mol/L
B = pedaço de chumbo (Pb) em contato com a solução de $Pb(NO_3)_2$ 1,0 mol/L
C = pedaço de zinco (Zn) em contato com a solução de $ZnSO_4$ 1,0 mol/L

Considerando a Tabela 1,

TABELA 1 — Potenciais de redução padrão, $E°_{red}$ (298 K)

	Reação eletródica	E°
$Ag^+ (aq) / Ag(s)$	$Ag^+ (aq) + 1e^- \rightarrow Ag(s)$	+0,80 V
$Pb^{2+} (aq) / Pb(s)$	$Pb^{2+} (aq) + 2e^- \rightarrow Pb(s)$	−0,13 V
$Zn^{2+} (aq) / Zn(s)$	$Zn^{2+} (aq) + 2e^- \rightarrow Zn(s)$	−0,76 V

pode-se afirmar que, ao medir-se a diferença de potencial (ddp) entre **A** e **B** e entre **B** e **C**, com a ajuda de um voltímetro e mediante o uso de pontes salinas, os valores encontrados serão, respectivamente, de:

a) −0,67 V e +0,89 V
b) +0,93 V e +0,63 V
c) +1,29 V e +0,89 V
d) +0,87 V e +0,89 V
e) −1,47 V e −0,63 V

17. (PUC-MG) Observe as semirreações a seguir.

$Cl_2(g) + 2e^- \rightleftarrows 2Cl^- (aq) \quad E° = +1,36 \text{ V}$

$Fe^{3+} (aq) + e^- \rightleftarrows Fe^{2+} (aq) \quad E° = +0,77 \text{ V}$

O potencial-padrão da reação

$2Fe^{2+} (aq) + Cl_2(g) \rightleftarrows 2Fe^{3+} (aq) + 2Cl^- (aq)$

será:

a) +0,08 V **c)** +0,59 V
b) −0,08 V **d)** −0,59 V

18. (PUC-RJ) O trabalho produzido por uma pilha é proporcional à diferença de potencial (ddp) nela desenvolvida quando se une uma meia-pilha onde a reação eletrolítica de redução ocorre espontaneamente (cátodo) com outra meia pilha onde a reação eletrolítica de oxidação ocorre espontaneamente (ânodo).

$Ag \rightarrow Ag^+ + e^- \quad E = -0,80 \text{ V}$

$Cu \rightarrow Cu^{2+} + 2e^- \quad E = -0,34 \text{ V}$

$Cd \rightarrow Cd^{2+} + 2e^- \quad E = +0,40 \text{ V}$

$Fe \rightarrow Fe^{2+} + 2e^- \quad E = +0,44 \text{ V}$

$Zn \rightarrow Zn^{2+} + 2e^- \quad E = +0,76 \text{ V}$

Com base nas semirreações eletrolíticas acima, colocadas no sentido da oxidação, e seus respectivos potenciais, assinale a opção que indica os metais que produzirão maior valor de ddp quando combinados para formar uma pilha.

a) Cobre como cátodo e prata como ânodo.
b) Prata como cátodo e zinco como ânodo.
c) Zinco como cátodo e cádmio como ânodo.
d) Cádmio como cátodo e cobre como ânodo.
e) Ferro como cátodo e zinco como ânodo.

Comentário dos autores:

As semirreações do enunciado são de oxidação. Assim, os potenciais fornecidos são "**potenciais de oxidação**". Para obter os potenciais de redução é necessário inverter os sinais. Portanto, $E°_{red} (Ag^+/Ag^0) = +0,80$ V, e assim por diante.

19. (PUC-SP) Um aluno realizou uma série de testes envolvendo reações de oxirredução em solução aquosa. Em uma síntese de suas observações, o aluno anotou:

- O metal zinco (Zn) reage com solução diluída de HCl.

- O metal estanho (Sn) reage com solução aquosa de HCl.
- O metal prata (Ag) não reage com solução aquosa de HCl.
- O metal estanho (Sn) não reage com solução aquosa de íons Zn^{2+}.

Analisando os dados obtidos pelos alunos, a pilha de maior ddp que se pode obter a partir das espécies analisadas é:

	cátodo	ânodo
a)	Pt, H^+ (1 mol/L) / H_2	Sn / Sn^{2+} (1 mol/L)
b)	Zn^{2+} (1 mol/L) / Zn	Ag / Ag^+ (1 mol/L)
c)	Sn^{2+} (1 mol/L) / Zn	Zn / Zn^{2+} (1 mol/L)
d)	Ag^+ (1 mol/L) / Ag	Sn / Sn^{2+} (1 mol/L)
e)	Ag^+ (1 mol/L) / Ag	Zn / Zn^{2+} (1 mol/L)

4.2 Comparação da força de oxidantes e redutores

Em um mesmo eletrodo pode haver oxidação ou redução. Depende da situação. O esquema abaixo mostra que, por meio dos valores de potenciais de redução, podemos **comparar** a tendência de espécies químicas atuarem como agente oxidante ou agente redutor em processos de oxirredução:

Zn é melhor agente redutor que Fe e Cu

Cresce tendência para sofrer redução (↓) | **Cresce caráter oxidante** (↓)

$Zn^{2+} + 2\,e^- \rightleftarrows Zn\,(s)$ $E° = -0{,}76\ V$

$Fe^{2+} + 2\,e^- \rightleftarrows Fe\,(s)$ $E° = -0{,}44\ V$

$Cu^{2+} + 2\,e^- \rightleftarrows Cu\,(s)$ $E° = +0{,}34\ V$

Cresce tendência para sofrer oxidação (↑) | **Cresce caráter redutor** (↑) | **Cresce E°** (↓)

Cu^{2+} é melhor agente oxidante que Fe^{2+} e Zn^{2+}

Assim, de modo geral, podemos dizer que:

Alto E° → Alta tendência de sofrer redução (receber elétrons) → Alta tendência para atuar como agente oxidante

Baixo E° → Baixa tendência de sofrer redução (receber elétrons) → Alta tendência de sofrer oxidação (perder elétrons) → Alta tendência para atuar como agente redutor

Biblioteca do estudante
Texto complementar:
Não confunda potencial-padrão de redução com eletronegatividade

Biblioteca do estudante
Texto complementar:
Uso de um agente redutor para a limpeza da prata metálica escurecida

- Os E°_{red} estão relacionados às tendências das espécies em funcionarem como agentes oxidantes ou redutores.
  As espécies do lado esquerdo das semirreações de redução podem funcionar como agentes oxidantes; as do lado direito podem agir como redutores.
  À medida que o E°_{red} torna-se mais positivo, a força oxidante das espécies à esquerda aumenta.
  Conforme E°_{red} torna-se mais negativo, a força redutora das espécies à direita aumenta.

A interpretação do potencial-padrão de redução (E°)

O potencial-padrão de redução é uma propriedade de um sistema macroscópico, por exemplo, de um metal e seu respectivo íon em solução.

Para um par redox metálico, tem-se:

$M^{n+}\,(aq) + n\,e^- \rightleftarrows M\,(s) \qquad E°$

Os valores de potencial-padrão de redução refletem somente a propriedade redox das espécies envolvidas. Assim, quanto mais positivo o valor de E°, mais forte é o agente oxidante (espécie que se reduz, que recebe elétrons), no caso M^{n+} (aq). Quanto mais negativo for o valor de E°, mais forte será o agente redutor (espécie que se oxida, que doa elétrons), no caso M (s).

Exercícios essenciais

A critério do(a) professor(a) esta lista de exercícios poderá ser realizada em classe ou em casa.

20. Indique para cada uma das semirreações abaixo, no sentido indicado, a função oxidante ou redutora da espécie reagente envolvida.

a) $Au^{3+}(aq) + 3\,e^- \rightarrow Au(s)$

b) $Fe(s) \rightarrow Fe^{2+}(aq) + 2\,e^-$

c) $2\,F^-(aq) \rightarrow F_2(g) + 2\,e^-$

d) $2\,H^+(aq) + 2\,e^- \rightarrow H_2(g)$

e) $H_2(g) \rightarrow 2\,H^+(aq) + 2\,e^-$

Exercício Resolvido

21. Os halogênios são úteis em processos de oxirredução realizados em laboratório. Com base nos dados abaixo, compare:

a) as substâncias F_2, Cl_2, Br_2 e I_2 quanto ao poder oxidante.

b) os íons F^-, Cl^-, Br^- e I^- quanto ao poder redutor.

$I_2(s) + 2\,e^- \rightleftarrows 2\,I^-(aq) \qquad E° = +0,54\,V$

$Br_2(l) + 2\,e^- \rightleftarrows 2\,Br^-(aq) \qquad E° = +1,07\,V$

$Cl_2(g) + 2\,e^- \rightleftarrows 2\,Cl^-(aq) \qquad E° = +1,36\,V$

$F_2(g) + 2\,e^- \rightleftarrows 2\,F^-(aq) \qquad E° = +2,87\,V$

Resolução

a) O poder oxidante de uma substância (isto é, a tendência de essa substância atuar como agente oxidante) é tanto maior quanto maior for a tendência de ela sofrer redução. E a tendência a sofrer redução aumenta na mesma ordem em que aumenta E°.
Portanto, a ordem **crescente** de poder oxidante é:

$$I_2 < Br_2 < Cl_2 < F_2$$

b) O poder redutor de uma espécie química (isto é, a tendência de essa substância atuar como agente redutor) é tanto maior quanto maior for a tendência de ela sofrer oxidação. E a tendência a sofrer oxidação aumenta na mesma ordem em que diminui E°.
Portanto, a ordem **crescente** de poder redutor é:

$$F^- < Cl^- < Br^- < I^-$$

22. É fato bastante conhecido da Química que soluções de ácidos corroem alguns metais, embora não todos. Dos metais envolvidos nas semirreações equacionadas a seguir, responda às perguntas dos itens.

$Mg^{2+}(aq) + 2\,e^- \rightleftarrows Mg(s) \qquad E° = -2,36\,V$

$Zn^{2+}(aq) + 2\,e^- \rightleftarrows Zn(s) \qquad E° = -0,76\,V$

$Fe^{2+}(aq) + 2\,e^- \rightleftarrows Fe(s) \qquad E° = -0,44\,V$

$Pb^{2+}(aq) + 2\,e^- \rightleftarrows Pb(s) \qquad E° = -0,13\,V$

$2\,H^+(aq) + 2\,e^- \rightleftarrows H_2(g) \qquad E° = 0,00\,V$

$Cu^{2+}(aq) + 2\,e^- \rightleftarrows Cu(s) \qquad E° = +0,34\,V$

$Ag^+(aq) + e^- \rightleftarrows Ag(s) \qquad E° = +0,80\,V$

$Au^{3+}(aq) + 3\,e^- \rightleftarrows Au(s) \qquad E° = +1,42\,V$

a) Quais são atacados pelos íons H^+ de uma solução de HCl 1,0 mol/L?

b) Quais são mais nobres que o hidrogênio, ou seja, resistem ao ataque mencionado no item anterior?

c) Coloque os metais Mg, Zn, Fe, Pb, Cu, Ag e Au em ordem crescente de tendência para sofrer oxidação.

d) Compare sua resposta aos itens anteriores com a fila de reatividade dos metais, reproduzida abaixo. Que conclusão você tira?

← **Aumenta a reatividade**

Li K Ca Na Mg Al Zn Cr Fe Ni Sn Pb **H** Cu Hg Ag Pt Au

Aumenta a nobreza →

23. (UFJF-MG) A vitamina C, ácido ascórbico, presente em grande concentração nos frutos cítricos, é essencial para os seres humanos. Suas propriedades redutoras (ou antioxidantes) são bastante conhecidas e podem ser evidenciadas através de sua reação com iodo (I_2). A solução de iodo, de coloração castanha, torna-se incolor após a adição de suco de limão, devido à formação de íon iodeto.

VIKTAR MALYSHCHYTS/SHUTTERSTOCK

▲ Limões contêm vitamina C.

Assinale a alternativa que apresenta a afirmativa **ERRADA**:

a) A reação de redução do iodo pode ser representada por $I_2 + 2\,e^- \rightarrow 2\,I^-$

b) O iodo tem maior potencial normal de redução do que a vitamina C.

c) A vitamina C oxida o iodo a iodeto.

d) O caráter redutor da vitamina C deve ser maior do que o caráter redutor do iodo.

e) A vitamina C perde elétrons na reação mencionada.

Exercícios adicionais

Seu(sua) professor(a) indicará quais exercícios deste bloco você deve fazer.

24. (Fuvest-SP) A equação abaixo representa, de forma genérica, a reação de oxirredução entre um halogênio e um haleto:

$$A_2 + 2B^- \rightarrow 2A^- + B_2$$

Em nove tubos de ensaio foram realizados testes de reatividade, misturando-se soluções aquosas de halogênios e de haletos, em proporção estequiométrica. Posteriormente, foi colocado $CHCl_3$ nos tubos e observada a cor da fase orgânica.

Os resultados são apresentados abaixo:

B^- \ A_2	Cl_2	Br_2	I_2
Cl^-	incolor	castanho	violeta
Br^-	castanho	castanho	violeta
I^-	violeta	violeta	violeta

(Informação: cor dos halogênios em $CHCl_3$: Cl_2 = incolor; Br_2 = castanho; I_2 = violeta)

Essa experiência evidencia que o poder oxidante dos três halogênios decresce na ordem:

a) $Cl_2 > Br_2 > I_2$
b) $Cl_2 > I_2 > Br_2$
c) $Br_2 > I_2 > Cl_2$
d) $I_2 > Cl_2 > Br_2$
e) $I_2 > Br_2 > Cl_2$

25. (PUC-RJ) Considere o esquema abaixo que representa uma pilha constituída de metal cobre em solução aquosa de sulfato de cobre e metal cádmio em solução de sulfato de cádmio.

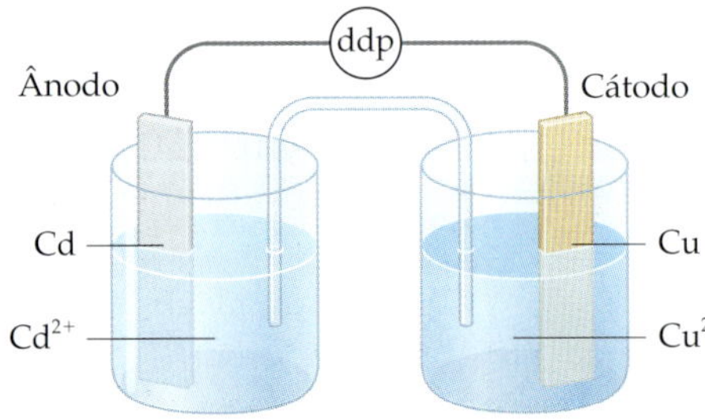

Uma tabela fornece a informação de que os potenciais-padrão de redução do Cu^{2+} e do Cd^{2+} são, respectivamente, +0,34 V e −0,40 V e que a prata é um elemento mais nobre que o cobre.

Assinale a opção que mostra a ordem decrescente de facilidade de oxidação dos três metais citados e a diferença de potencial (ddp) da pilha indicada na figura.

a) Cu > Ag > Cd; −0,74 V
b) Cd > Cu > Ag; +0,74 V
c) Ag > Cu > Cd; −0,06 V
d) Cd > Cu > Ag; +0,06 V
e) Ag > Cd > Cu; −0,74 V

26. (UFPR) A pilha é um dispositivo prático para se gerar energia elétrica a partir de uma reação de oxirredução. Esse tipo de reação química envolve a transferência de elétrons de uma substância conhecida como agente redutor para uma outra, que é o agente oxidante. Quanto maior for a diferença de potencial (ΔE, cuja unidade é volt) da pilha, maior será a tendência da reação de ocorrer de forma espontânea. Considere a tabela abaixo, contendo algumas semirreações de redução e os respectivos valores de potenciais-padrão (E°).

Semirreação de redução	E°/V
$Bi^{3+} + 3e^- \rightarrow Bi$	+0,20
$Cd^{2+} + 2e^- \rightarrow Cd$	−0,40
$Cl_2 + 2e^- \rightarrow 2Cl^-$	+1,36
$ClO^- + H_2O + 2e^- \rightarrow Cl^- + 2OH^-$	+0,89
$Ti^{4+} + e^- \rightarrow Ti^{3+}$	0,00
$Ti^{2+} + 2e^- \rightarrow Ti^0$	−1,63

Com base nessa tabela, responda às seguintes questões:

a) Qual é o agente redutor mais forte da tabela e o agente oxidante mais forte?

b) Qual das combinações de semirreações possíveis na tabela produz o maior valor de diferença de potencial (ΔE) numa pilha? Escreva a equação química e o valor de ΔE correspondente.

4.3 Espontaneidade de reações de oxirredução

Em uma reação de oxirredução que ocorra espontaneamente, os elétrons são transferidos de uma espécie química com menor potencial de redução para outra com maior potencial de redução. Portanto, se calcularmos a diferença de potencial para esse processo, chegaremos a um valor positivo.

- Reação de oxirredução **espontânea**:

$$E^\circ_{\text{espécie que recebe } e^-} - E^\circ_{\text{espécie que perde } e^-} > 0$$

O resultado positivo dessa subtração expressa simplesmente a tendência de elétrons serem transferidos da espécie de menor para a de maior potencial de redução.

Se, por outro lado, a subtração resultasse em um valor menor que zero, isso significaria que elétrons estariam sendo transferidos de uma espécie com maior potencial de redução para outra com menor potencial de redução. E isso não está de acordo com a tendência natural de transferência de elétrons.

- Reação de oxirredução **não espontânea**:

$$E^{\circ}_{\text{espécie que recebe } e^-} - E^{\circ}_{\text{espécie que perde } e^-} < 0$$

Prever se uma reação de oxirredução pode ocorrer espontaneamente permite que os químicos antecipem reações indesejáveis (por exemplo, a corrosão dos metais) e tomem providências para evitar que ocorram.

Por exemplo, por meio do potencial da semicela Cu^{2+}/Cu^0, que é +0,34 V, e da semicela Fe^{2+}/Fe^0, que é −0,44 V, podemos prever que a corrosão do ferro por íons cobre (II) é espontânea, mas a corrosão do cobre por íons ferro (II) não é. Veja os cálculos:

$Fe(s) + Cu^{2+}(aq) \rightarrow Cu(s) + Fe^{2+}(aq)$ **Reação espontânea**

$E^{\circ}(Cu^{2+}/Cu^0) - E^{\circ}(Fe^{2+}/Fe^0) = +0{,}34\,V - (-0{,}44\,V) = +0{,}78\,V$

$Cu(s) + Fe^{2+}(aq) \rightarrow Fe(s) + Cu^{2+}(aq)$ **Reação não espontânea**

$E^{\circ}(Fe^{2+}/Fe^0) - E^{\circ}(Cu^{2+}/Cu^0) = -0{,}44\,V - (+0{,}34\,V) = -0{,}78\,V$

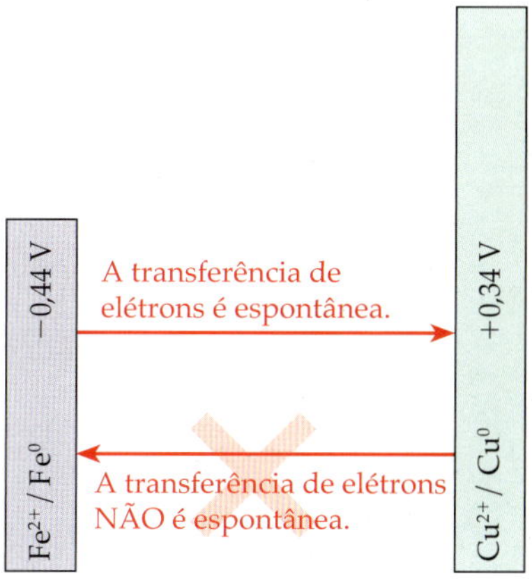

Exercícios essenciais

A critério do(a) professor(a) esta lista de exercícios poderá ser realizada em classe ou em casa.

Exercício Resolvido

27. (UFRJ) Podemos prever se uma reação de simples troca ocorre ou não com base na série de reatividade decrescente dos metais.
Mergulhando-se uma lâmina de zinco em uma solução de ácido clorídrico, o zinco deslocará o hidrogênio por ser mais reativo do que ele. Se o cobre é usado no lugar do zinco, não ocorre reação.
Outra forma de se prever a espontaneidade de uma reação é utilizar escalas de potenciais de redução como a da tabela a seguir, que deve ser usada para resolver os itens **a** e **b**.

Potenciais-padrão de redução	volts
$Zn^{2+} + 2\,e^- \rightarrow Zn^0$	−0,76
$Ni^{2+} + 2\,e^- \rightarrow Ni^0$	−0,23
$Cu^{2+} + 2\,e^- \rightarrow Cu^0$	+0,34

a) Mencione se a equação $Cu^0 + Ni^{2+} \rightarrow Cu^{2+} + Ni^0$ corresponde a uma reação espontânea. Justifique sua resposta.

b) Represente a equação da reação que ocorre no ânodo e calcule a força eletromotriz (ddp-padrão) de uma pilha níquel/zinco.

Resolução

a) Os potenciais indicam que a redução de Cu^{2+} a Cu^0 (maior E°) tem maior tendência para ocorrer do que a redução de Ni^{2+} a Ni^0. Assim, a reação apresentada **não** é espontânea.

Outra maneira de demonstrar a **não** espontaneidade é calculando o ΔE° do processo e verificando que é **menor** que zero:

$\Delta E^{\circ} = E^{\circ}_{\text{eletrodo que recebe elétrons}} - E^{\circ}_{\text{eletrodo que perde elétrons}}$

$\Delta E^{\circ} = -0{,}23\,V - (+0{,}34\,V)$

$\Delta E^{\circ} = -0{,}57\,V \Rightarrow \Delta E^{\circ} < 0$

b) Na pilha níquel/zinco, o eletrodo de níquel recebe elétrons (maior E°) e o de zinco perde elétrons (menor E°). Assim, a semirreação anódica (oxidação) é:

$Zn \rightarrow Zn^{2+} + 2\,e^-$

e a ddp-padrão (ΔE°) é calculada como segue:

$\Delta E^{\circ} = E^{\circ}_{\text{eletrodo que recebe elétrons}} - E^{\circ}_{\text{eletrodo que perde elétrons}}$

$\Delta E^{\circ} = -0{,}23\,V - (-0{,}76\,V)$

$\Delta E^{\circ} = +0{,}53\,V$

28. (PUC-RS) Para responder, considere os seguintes potenciais-padrão de redução.

$Cu^{2+}/Cu^0 = 0{,}34\,V$ $Ni^{2+}/Ni^0 = -0{,}24\,V$
$Fe^{2+}/Fe^0 = -0{,}44\,V$ $Mg^{2+}/Mg^0 = -2{,}37\,V$
$Sn^{2+}/Sn^0 = -0{,}14\,V$ $Zn^{2+}/Zn^0 = -0{,}76\,V$

A reação $M^0 + N^{2+} \rightarrow M^{2+} + N^0$ será espontânea se M^0 for ▒ e N^{2+} for ▒.

a) Cu^0 Fe^{2+}
b) Sn^0 Zn^{2+}
c) Mg^0 Cu^{2+}
d) Sn^0 Ni^{2+}
e) Ni^0 Zn^{2+}

29. (UFF-RJ) O uso do alumínio é muito importante economicamente. O alumínio puro é maleável e frágil, porém suas ligas com pequenas quantidades de cobre, manganês, silício, magnésio e outros elementos apresentam características adequadas às mais diversas aplicações. Uma dessas é no uso de latinhas de refrigerantes, as quais representam, no Brasil, liderança de reciclagem, servindo como segunda fonte de renda para algumas famílias.
Com relação aos elementos citados no texto, pode-se afirmar que:

I. os elementos cobre e alumínio deslocam o hidrogênio de ácidos;

II. o silício é um semimetal, enquanto o cobre, o manganês, o magnésio e o alumínio são metais;

III. o alumínio não tem potencial de oxidação grande o suficiente para reduzir o íon Cu^{2+} de uma solução a cobre metálico.

Dados:

$Al^{3+} + 3\,e^- \rightleftarrows Al \quad (E° = -1{,}66\ V)$ e

$Cu^{2+} + 2\,e^- \rightleftarrows Cu \quad (E° = +0{,}34\ V)$;

IV. os números de oxidação do alumínio no metal e no mineral bauxita (Al_2O_3), usado para obter o alumínio, são, respectivamente, zero e +3;

V. a configuração eletrônica do alumínio é $1s^2 2s^2 2p^6 3s^2 3p^1$ e a do magnésio é $1s^2 2s^2 2p^6 3s^2$.

Assinale a opção correta.

a) Apenas as afirmativas I, II e V estão corretas.

b) Apenas as afirmativas I, III e V estão corretas.

c) Apenas as afirmativas II e III estão corretas.

d) Apenas as afirmativas II, IV e V estão corretas.

e) Apenas a afirmativa IV está correta.

30. (Furg-RS) Deixou-se por um determinado tempo um fio de estanho e um fio de ferro mergulhados em uma solução aquosa de sulfato de cobre ($CuSO_4$). A respeito desse experimento pode-se afirmar que:

I. o fio de estanho aumentará de massa, enquanto o fio de ferro não sofrerá alteração em sua massa.

II. haverá deposição de cobre em ambos os fios.

III. a solução terá a concentração aumentada em íons Sn^{++} e Fe^{++}.

IV. o fio de estanho aumentará de massa, enquanto o fio de ferro terá sua massa reduzida.

Dados eletroquímicos:

Reação eletródica	Potencial-padrão de redução (E°)
$Cu^{++}(aq) + 2\,e^- \rightarrow Cu(s)$	+0,34 V
$Sn^{++}(aq) + 2\,e^- \rightarrow Sn(s)$	−0,14 V
$Fe^{++}(aq) + 2\,e^- \rightarrow Fe(s)$	−0,44 V

Com base no exposto acima, assinale a alternativa que apresenta a(s) afirmativa(s) correta(s).

a) III e IV **b)** II e IV **c)** I e III **d)** II e III **e)** I

Exercícios adicionais

Seu(sua) professor(a) indicará quais exercícios deste bloco você deve fazer.

31. (Fatec-SP) Considere os seguintes dados sobre potenciais-padrão de eletrodo:

Semirreação	Potencial-padrão de redução (V)
$Cu^{2+}(aq) + 2\,e^- \rightarrow Cu(s)$	+0,36
$Fe^{3+}(aq) + e^- \rightarrow Fe^{2+}(aq)$	+0,77
$\frac{1}{2}Cl_2(g) + e^- \rightarrow Cl^-(aq)$	+1,36
$H^+(aq) + e^- \rightarrow \frac{1}{2}H_2(g)$	0,00
$Fe^{2+}(aq) + 2\,e^- \rightarrow Fe(s)$	−0,44

Se uma lâmina de cobre puro for mergulhada em uma solução ácida de cloreto de ferro (III), a 1 mol/L nas condições-padrão, haverá, num primeiro momento:

a) dissolução do cobre da lâmina.

b) formação de cloro gasoso.

c) liberação de hidrogênio gasoso.

d) depósito de ferro metálico.

e) formação de mais íons cloreto.

32. (Mackenzie-SP)

$$Ag_2S + Al \xrightarrow[\Delta]{\text{água}} Al_2S_3 + Ag$$

(equação não balanceada)

O escurecimento de uma corrente de prata, devido à formação de sulfeto de prata, decorre de sua exposição ao ar. Esse escurecimento pode ser eliminado, colocando-se a corrente, por certo tempo, em uma panela de alumínio contendo solução aquosa de bicarbonato de sódio ($NaHCO_3$). Desse processo, equacionado acima, pode-se afirmar que:

a) o alumínio é menos eletropositivo que a prata, deslocando-a.

b) após a retirada das manchas escuras, a massa de prata da corrente será bem menor que a massa de prata inicial.

c) forma-se sulfato de alumínio.

d) a prata é reduzida, voltando a depositar-se na corrente, de modo que a massa final de prata na corrente é igual à massa inicial.

e) o bicarbonato de sódio em água torna o meio ácido, protegendo a panela.

33. (Vunesp) Pode-se montar um circuito elétrico com um limão, uma fita de magnésio, um pedaço de fio de cobre e um relógio digital, como mostrado na figura.

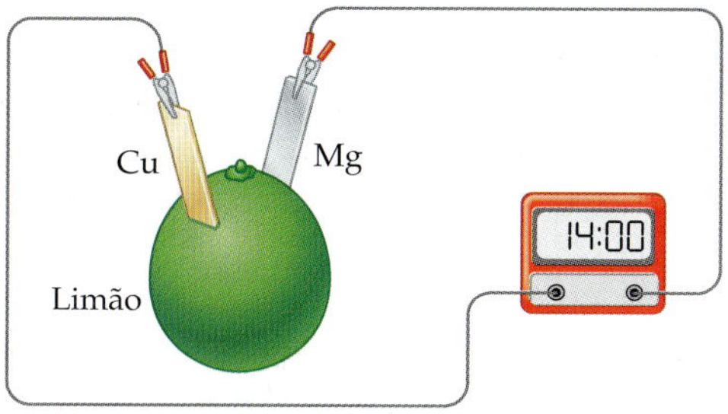

O suco ácido do limão faz o contato entre a fita de magnésio e o fio de cobre, e a corrente elétrica produzida é capaz de acionar o relógio.

Dados:

$Mg^{2+} + 2e^- \rightleftarrows Mg(s)$ $E° = -2,36\ V$

$2H^+ + 2e^- \rightleftarrows H_2(g)$ $E° = 0,00\ V$

$Cu^{2+} + 2e^- \rightleftarrows Cu(s)$ $E° = +0,34\ V$

Com respeito a esse circuito, pode-se afirmar que:

a) se o fio de cobre for substituído por um eletrodo condutor de grafite, o relógio não funcionará.

b) no eletrodo de magnésio ocorre a semirreação
$Mg(s) \rightarrow Mg^{2+} + 2e^-$

c) no eletrodo de cobre ocorre a semirreação
$Cu^{2+} + 2e^- \rightarrow Cu(s)$

d) o fluxo de elétrons pelo circuito é proveniente do eletrodo de cobre.

e) a reação global que ocorre na pilha é
$Cu^{2+} + Mg(s) \rightarrow Cu(s) + Mg^{2+}$

34. (Vunesp) O iodo é um elemento menos abundante que os halogênios mais leves. Na forma molecular é muito utilizado na indústria farmacêutica, para produção de medicamentos, e também na tintura de iodo como antisséptico. Atualmente, o maior produtor é o Japão, onde é encontrado como iodetos nos poços de salmouras naturais, em concentrações de até 100 ppm.

É possível obter o iodo, a partir das salmouras naturais, borbulhando-se cloro gasoso. Justifique por que e escreva as equações que representam o processo.

Dados:

$Cl_2(g) + 2e^- \rightarrow 2Cl^-(aq)$ $E° = 1,36\ V$

$I_2(s) + 2e^- \rightarrow 2I^-(aq)$ $E° = 0,53\ V$

35. (Unicamp-SP) A festa já estava para terminar, mas nenhum dos convidados sabia o motivo dela... Sobre o balcão, Dina pousou nove copos com diferentes soluções e nelas colocou pequenos pedaços dos metais cobre, prata e ferro, todos recentemente polidos, como mostra o desenho na situação inicial:

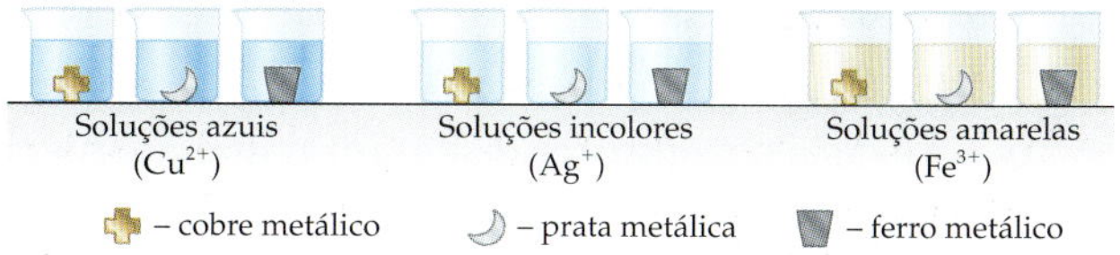

"Para que a festa seja completa e vocês tenham mais uma pista do motivo da comemoração, respondam às perguntas", bradava Dina, eufórica, aos interessados:

a) "Em todos os casos onde há reação, um metal se deposita sobre o outro, enquanto parte desse último vai para a solução. Numa das combinações, a cor do depósito não ficou muito diferente da cor do metal antes de ocorrer a deposição. Qual é o símbolo químico do metal que se depositou nesse caso? Justifique usando seus conhecimentos de química e os dados da tabela fornecida."

b) "A solução que mais vezes reagiu tornou-se azulada, numa das combinações. Que solução foi essa? Qual é a equação química da reação que aí ocorreu?"

Dados:

Par	Potencial-padrão de redução/volts
Cu^{2+}/Cu	0,34
Fe^{3+}/Fe	−0,04
Ag^+/Ag	0,80

4.4 O fenômeno da corrosão

A **corrosão metálica** é a oxidação não desejada de um metal. Ela diminui a vida útil de produtos de aço, tais como pontes e automóveis, e a substituição do metal corroído acarreta, todos os anos, grande gasto de dinheiro em todo o mundo.

A corrosão é um processo eletroquímico, e a série eletroquímica nos dá uma indicação de por que a corrosão ocorre e como ela pode ser prevenida. O principal responsável pela corrosão é a água com oxigênio dissolvido ou o ar úmido.

O fenômeno da corrosão do ferro

O ferro, na presença da água isenta de ar (ausência de gás oxigênio) ou na presença de ar seco (ausência de umidade), praticamente não enferruja (ausência de corrosão). Contudo, o que ocorre normalmente é o ferro ficar exposto à água contendo oxigênio dissolvido, e é aí que está o problema.

O mecanismo de corrosão

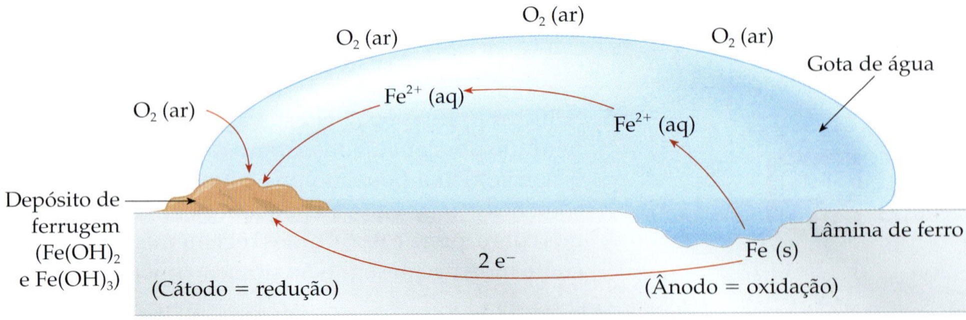

◀ Uma gota de água na superfície do ferro pode originar o meio aquoso eletrolítico para a corrosão em uma pequena cela eletroquímica. A oxidação do ferro acontece em um ponto fora de contato com o oxigênio do ar, e a superfície do metal age como um ânodo de uma célula galvânica minúscula.

As equações a seguir representam o que acontece na corrosão do ferro (ou do aço, uma liga de ferro com um pouco de carbono) na presença de água que contenha oxigênio dissolvido ou na presença de ar úmido.

Oxidação do ferro: $Fe\ (s) \rightarrow Fe^{2+}\ (aq) + 2\ e^-$

Redução do O_2: $\frac{1}{2}\ O_2\ (g) + H_2O\ (l) + 2\ e^- \rightarrow 2\ OH^-\ (aq)$

Equação global da formação de $Fe(OH)_2$: $Fe\ (s) + \frac{1}{2}\ O_2\ (g) + H_2O\ (l) \rightarrow Fe(OH)_2\ (s)$

Oxidação a $Fe(OH)_3$: $2\ Fe(OH)_2\ (s) + \frac{1}{2}\ O_2\ (g) + H_2O\ (l) \rightarrow 2\ Fe(OH)_3\ (s)$

A **ferrugem**, que pode ser encarada como uma mistura de $Fe(OH)_2$ e $Fe(OH)_3$, ao ser formada na superfície do ferro ou do aço, solta-se em flocos, deixando o ferro novamente exposto e sujeito à oxidação.

A corrosão do ferro é eletroquímica por natureza. Não apenas o processo de corrosão envolve a oxidação e a redução, mas também o metal por si só conduz eletricidade. Portanto, os elétrons podem mover-se por ele de uma região onde ocorre oxidação para outra na qual há redução, como em células voltaicas. Assim, uma parte do Fe pode atuar como ânodo, no qual ocorre a oxidação de Fe a Fe^{2+}. Os elétrons produzidos migram pelo metal para a outra parte da superfície, que atua como cátodo, no qual o O_2 é reduzido.

4.5 A proteção de uma superfície metálica

Um procedimento possível para proteger o ferro da corrosão em ambientes nos quais esteja exposto à água e ao gás oxigênio é a **galvanização**. Galvanizar o ferro ou o aço consiste em revesti-lo com zinco metálico (como se fosse uma fina película de tinta) para evitar sua corrosão. O zinco foi escolhido por ser um redutor mais forte que o ferro. Vejamos:

$$Zn^{2+}\ (aq) + 2\ e^- \rightleftarrows Zn\ (s) \qquad E° = -0{,}76\ V$$

$$Fe^{2+}\ (aq) + 2\ e^- \rightleftarrows Fe\ (s) \qquad E° = -0{,}44\ V$$

O zinco reveste a superfície do ferro como se fosse uma camada de tinta, impedindo seu contato com o ar úmido ou com a água que contém oxigênio. Esse zinco também atua, com relação ao ferro, como se fosse o ânodo de uma pilha.

Se o **ferro galvanizado** fosse "riscado" e exposto ao ar e à umidade, ele estaria sujeito a ser oxidado a Fe^{2+}. Este seria imediatamente reduzido a Fe pelo zinco, impedindo o aparecimento da ferrugem.

$$Zn\ (s) + Fe^{2+}\ (aq) \xrightarrow{} Fe\ (s) + Zn^{2+}\ (aq) \quad (2\ e^- \text{ transferidos de Zn para } Fe^{2+})$$

Proteção catódica do ferro em contato com o zinco

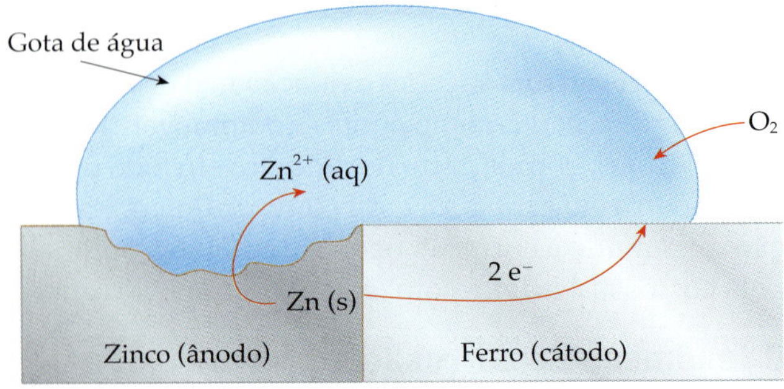

$Zn\ (s) \rightarrow Zn^{2+}\ (aq) + 2\ e^-$ $\qquad H_2O\ (l) + \frac{1}{2}\ O_2\ (g) + 2\ e^- \rightarrow 2\ OH^-\ (aq)$

▲ Representação esquemática de proteção catódica do ferro por um ânodo de sacrifício de zinco.

Porém, como o zinco tem mais facilidade para se oxidar que o ferro (pois tem menor potencial de redução), ele tende a se oxidar preferencialmente, mesmo que o ferro esteja exposto. Em outras palavras, se a película protetora de zinco for danificada e o ferro estiver exposto, o zinco atuará como **metal de sacrifício**, ou seja, um metal propositalmente colocado em contato com o ferro para que seja oxidado em lugar dele, preservando-o.

LUCY BALDWIN/SHUTTERSTOCK

IMAGINECHINA/CORBIS/LATINSTOCK

Ⓐ A ferrugem se forma, de modo espontâneo, na reação entre ferro, oxigênio e água. Ⓑ Cascos metálicos de navios são protegidos da corrosão mediante a colocação de placas de zinco, que se oxidam mais facilmente que o ferro.

Biblioteca do estudante
Texto complementar:
Protegendo o casco de uma embarcação

Biblioteca do estudante
Texto complementar:
Protegendo encanamentos subterrâneos

Exercícios essenciais

A critério do(a) professor(a) esta lista de exercícios poderá ser realizada em classe ou em casa.

36. (PUC-MG) Para estudar o surgimento da ferrugem, um estudante utilizou cinco tubos de ensaio limpos e colocou, em cada um, um prego polido nas seguintes condições:

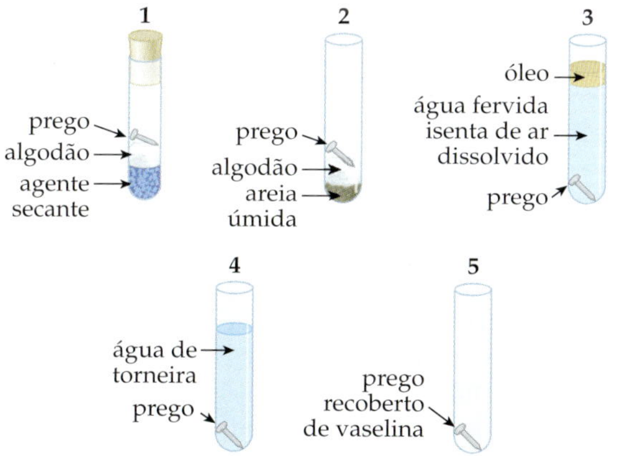

Tubo ❶: o prego ficou em contato com o ar seco;

Tubo ❷: o prego ficou em contato com ar úmido;

Tubo ❸: o prego ficou em contato com água isenta de ar dissolvido;

Tubo ❹: o prego ficou em contato com água e ar;

Tubo ❺: o prego foi protegido por uma camada de vaselina.

Após alguns dias, o estudante observou a formação de ferrugem nos tubos de ensaio 2 e 4. Uma conclusão **CORRETA**, proposta pelo estudante, com base apenas na experiência, é:

a) A ferrugem ocorre devido à oxidação do ferro pela areia e pela água.

b) A equação que representa a formação da ferrugem é

$$Fe(s) \ + \ \frac{1}{2} O_2(g) \ \rightarrow \ FeO(s).$$

c) A ferrugem ocorre devido à oxidação do ferro pelo oxigênio do ar úmido.

d) A camada de vaselina reage com o oxigênio e a umidade, protegendo o ferro.

37. (Unifor-CE) O esquema seguinte refere-se à corrosão do ferro pela ação do oxigênio do ar, em presença de água.

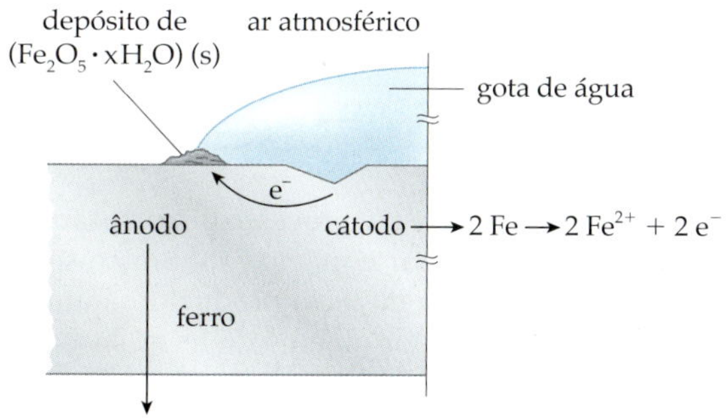

$$\left\{ \begin{array}{l} O_2 + 4\,H^+ + 4\,e^- \rightarrow 2\,H_2O \\ \text{ou} \\ O_2 + 2\,H_2O + 4\,e^- \rightarrow 4\,OH^- \end{array} \right.$$

O examinador de um vestibular deu à digitadora o esquema correto da corrosão do ferro. Entretanto, a digitadora cometeu vários erros e liberou o esquema acima, em que:

I. trocou as palavras ânodo e cátodo;

II. escreveu errado uma das reações de oxirredução;

III. escreveu errado a fórmula do composto de ferro depositado na superfície.

Está correto o que se afirma em:

a) I, somente.
b) II, somente.
c) III, somente.
d) I e II, somente.
e) I, II e III.

38. (Vunesp) Os sais de chumbo constituem-se num grave problema ambiental, pois se ingeridos provocam doenças neurológicas irreversíveis. Uma indústria quer desenvolver um método eletroquímico para depositar chumbo metálico no tratamento do seu efluente. Considere os seguintes valores de potenciais-padrão de redução em meio ácido:

$Ag^{+} + e^{-} \rightarrow Ag$ $E° = +0,80\ V$
$Cu^{2+} + 2\,e^{-} \rightarrow Cu$ $E° = +0,34\ V$
$Pb^{2+} + 2\,e^{-} \rightarrow Pb$ $E° = -0,13\ V$
$Ni^{2+} + 2\,e^{-} \rightarrow Ni$ $E° = -0,25\ V$
$Zn^{2+} + 2\,e^{-} \rightarrow Zn$ $E° = -0,76\ V$
$Al^{3+} + 3\,e^{-} \rightarrow Al$ $E° = -1,66\ V$

O metal mais adequado dentre estes, para ser utilizado como ânodo no processo, é:

a) o cobre.
b) a prata.
c) o níquel.
d) o zinco.
e) o alumínio.

39. (UFMG) Para diminuir a velocidade da corrosão das placas de aço (uma liga de ferro) do casco de navios, grossas placas de zinco são rebitadas no lado externo do casco, abaixo da superfície da água. Essa técnica é conhecida como proteção catódica.

Supondo que o aço possa ser representado por Fe (s), considere as seguintes forças eletromotrizes de redução:

$Zn^{2+}(aq) + 2\,e^{-} \rightarrow Zn(s)$ $E° = -0,76\ V$
$Fe^{2+}(aq) + 2\,e^{-} \rightarrow Fe(s)$ $E° = -0,44\ V$
$Cu^{2+}(aq) + 2\,e^{-} \rightarrow Cu(s)$ $E° = +0,34\ V$
$\frac{1}{2}O_2(g) + 2\,H^{+} + 2\,e^{-} \rightarrow H_2O(l)$ $E° = +1,23\ V$

1 — **JUSTIFIQUE** a utilização do zinco para proteção de cascos de navios, usando equações e cálculos eletroquímicos.

2 — **JUSTIFIQUE** a **não utilização** de placas de cobre no lugar das placas de zinco.

40. (Uenf-RJ) Para evitar a corrosão das plataformas marítimas situadas na Bacia de Campos, emprega-se a proteção catódica, método que requer a utilização de um metal de sacrifício em contato com o metal da plataforma que se deseja proteger. Esse conjunto forma um sistema eletroquímico denominado pilha.
Observe o quadro abaixo:

Semirreações	**Potenciais-padrão de redução (1 M, 25 °C)**
$Zn^{2+}(aq) + 2\,e^{-} \rightarrow Zn(s)$	−0,76 V
$Mg^{2+}(aq) + 2\,e^{-} \rightarrow Mg(s)$	−2,37 V
$Fe^{2+}(aq) + 2\,e^{-} \rightarrow Fe(s)$	−0,44 V
$Cu^{2+}(aq) + 2\,e^{-} \rightarrow Cu(s)$	+0,34 V

a) Cite dois metais que seriam mais eficientes na proteção do ferro da estrutura da plataforma e justifique sua resposta.

b) Calcule a diferença de potenciais-padrão de uma pilha constituída por cobre e ferro.

Exercícios adicionais

Seu(sua) professor(a) indicará quais exercícios deste bloco você deve fazer.

41. (UFSC) A ferrugem é um processo de corrosão conhecido que pode causar impacto econômico significativo, pois boa parte do ferro produzido anualmente é utilizada para repor objetos de ferro descartados. Alguns fatores externos, como a presença de oxigênio, água e sais no meio, podem acelerar a formação da ferrugem ($Fe_2O_3 \cdot H_2O$), uma substância insolúvel em água.

A corrosão do ferro é por natureza um processo eletroquímico, representado pelas semirreações a seguir:

$Fe^{2+}(aq) + 2\,e^{-} \rightarrow Fe(s)$ $E° = -0,44\ V$
$O_2(g) + 4\,H^{+}(aq) + 4\,e^{-} \rightarrow 2\,H_2O(l)$ $E° = +1,23\ V$

De acordo com as informações acima, assinale a(s) proposição(ões) **CORRETA(S)**.

(01) O ferro metálico atua como cátodo nesse processo de oxirredução.

(02) A diferença de potencial elétrico padrão do processo de corrosão é +1,67 V.

(04) O ferro metálico é facilmente oxidado porque seu potencial-padrão de redução é menos positivo que aquele para a redução do oxigênio.

(08) A diferença de potencial elétrico padrão do processo em questão é +0,79 V.

(16) No processo de oxidação do ferro metálico, o oxigênio atua como redutor.

(32) Na formação da ferrugem, íons Fe^{2+} (aq) são oxidados a Fe^{3+} (aq).

42. (Unifei-MG) O prêmio Nobel de Química de 2007 foi concedido ao alemão Gerhart Ertl pelos seus estudos sobre os processos químicos em superfícies sólidas. Sua contribuição foi muito importante para a indústria, pois forneceu o conhecimento básico para a compreensão de vários processos que ocorrem naturalmente como, por exemplo, a corrosão do ferro. Neste tema, as reações anódicas e catódicas do processo em meio aquoso podem ser representadas pelas seguintes equações não balanceadas:

Anódica: $Fe(s) \rightarrow Fe^{2+}(aq) + e^-$

Catódica: $O_2(g) + H_2O(l) + e^- \rightarrow OH^-(aq)$

A equação global corretamente balanceada que representa o processo descrito acima é:

a) $Fe(s) + O_2(g) + H_2O(l) + 2\,e^- \rightarrow Fe^{2+}(aq) + 2\,OH^-(aq)$

b) $Fe(s) + O_2(g) + H_2O(l) \rightarrow Fe^{2+}(aq) + 2\,OH^-(aq)$

c) $Fe(s) + O_2(g) + H_2O(l) + 2\,e^- \rightarrow Fe^{2+}(aq) + 2\,OH^-(aq) + 2\,e^-$

d) $2\,Fe(s) + O_2(g) + 2\,H_2O(l) \rightarrow 2\,Fe^{2+}(aq) + 4\,OH^-(aq)$

43. (UFPR) Para a proteção contra corrosão de tubos metálicos, é comum o uso de eletrodos de sacrifício (blocos metálicos conectados à tubulação). Esses blocos metálicos formam com a tubulação uma célula eletroquímica que, como ânodo de sacrifício, fornece elétrons aos tubos metálicos para impedir sua corrosão, conforme representado na figura abaixo.

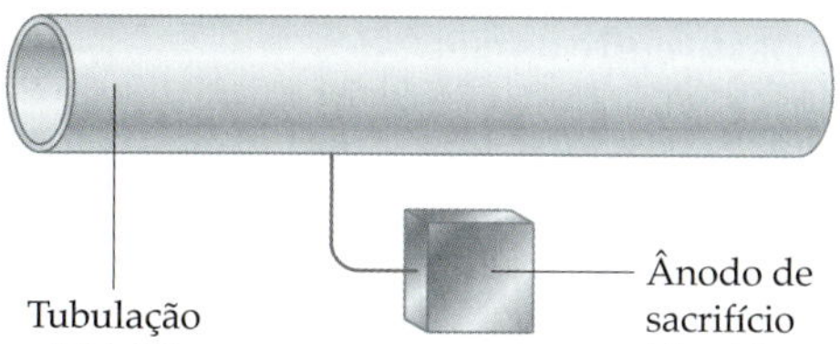

Semirreação de redução	E° (V)
$Zn^{2+}(aq) + 2\,e^- \rightarrow Zn(s)$	−0,76
$Fe^{2+}(aq) + 2\,e^- \rightarrow Fe(s)$	−0,44
$Cu^{2+}(aq) + 2\,e^- \rightarrow Cu(s)$	+0,34
$Ag^{+}(aq) + e^- \rightarrow Ag(g)$	+0,80

Usando a tabela de potenciais-padrão de redução, considere as seguintes afirmativas:

1. A reação química que ocorre no ânodo de sacrifício é a reação de oxidação.
2. Se a tubulação (metal 1) for de ferro, o ânodo de sacrifício (metal 2) pode ser feito de zinco.
3. Se a tubulação (metal 1) for de cobre, o ânodo de sacrifício (metal 2) pode ser feito de prata.
4. O metal usado no eletrodo de sacrifício será o agente redutor na reação eletroquímica.

Assinale a alternativa correta.

a) Somente a afirmativa 1 é verdadeira.

b) Somente a afirmativa 3 é verdadeira.

c) Somente as afirmativas 1 e 2 são verdadeiras.

d) Somente as afirmativas 2, 3 e 4 são verdadeiras.

e) Somente as afirmativas 1, 2 e 4 são verdadeiras.

44. (UFRJ) Evite comprar conserva cuja lata esteja amassada, porque a lata de folha de flandres (uma liga de ferro e carbono) tem uma proteção de estanho que se pode romper quando a lata sofre um impacto. Nesse caso, formar-se-á uma pilha e haverá contaminação da conserva.

Considerando os valores dos potenciais-padrão de eletrodo

$Fe^{3+} + 3\,e^- \rightleftarrows Fe \qquad E° = -0,036\ V$

$Sn^{2+} + 2\,e^- \rightleftarrows Sn \qquad E° = -0,136\ V$

a) escreva a equação de funcionamento dessa pilha;

b) diga, apresentando justificativa, se está certo ou errado o conteúdo da seguinte frase:

"São os íons Sn^{2+} que contaminam a conserva na situação descrita no texto acima".

5 Pilhas e baterias comerciais

5.1 Pilha seca comum (pilha de Leclanché)

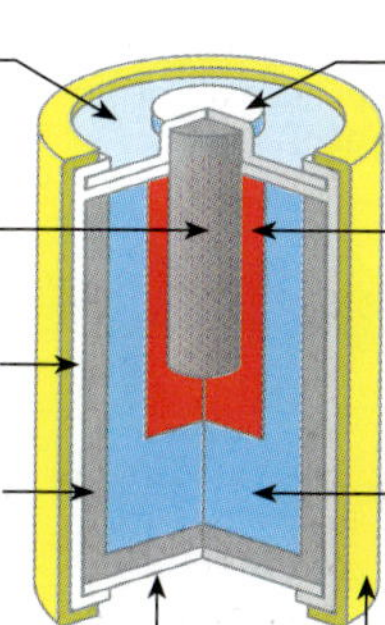

Inventada pelo francês George Leclanché por volta de 1865, esse é o tipo de pilha comumente usado em lanternas, rádios, gravadores etc. Ficou conhecida como pilha "seca" porque o meio eletrolítico nela presente não é simplesmente uma solução, mas uma pasta úmida contendo íons dissolvidos.

Essa pasta úmida contém cloreto de amônio (NH_4Cl), cloreto de zinco ($ZnCl_2$) e água. Ela encontra-se em um envoltório de zinco, que constitui o ânodo da pilha. No centro da pasta existe um bastão de grafite, ao redor do qual há uma mistura de carvão em pó e dióxido de manganês, que funciona como cátodo.

Quando a pilha está funcionando, a semirreação do ânodo é:

$$Zn(s) \rightarrow Zn^{2+}(aq) + 2\,e^-$$

Os íons Zn^{2+} passam para a pasta eletrolítica e os elétrons são enviados para a parte metálica do circuito elétrico, externa à pilha. Esses elétrons migram do ânodo (zinco) para o bastão de grafite (cátodo), no qual o dióxido de manganês (MnO_2) é reduzido a Mn_2O_3. A semirreação catódica é:

$$2\,MnO_2\,(s) \;+\; H_2O\,(l) \;+\; 2\,e^- \;\rightarrow\; Mn_2O_3\,(s) \;+\; 2\,OH^-\,(aq)$$

imediatamente seguida por:

$$NH_4^+\,(aq) \;+\; OH^-\,(aq) \;\rightarrow\; NH_3\,(g) \;+\; H_2O\,(l)$$

Após longo período de uso de uma pilha, a amônia gasosa formada ao redor do bastão de grafite age como uma camada isolante, o que acarreta uma drástica redução de voltagem.

A pilha cessará seu funcionamento quando o MnO_2 for totalmente consumido. Contudo, mesmo não estando totalmente descarregadas, as pilhas devem ser removidas dos aparelhos quando estes não forem usados durante períodos prolongados, pois seu eletrólito continua a corroer lentamente o recipiente e pode chegar a perfurá-lo. Se isso acontecer, haverá vazamento da pasta com eletrólito que, além de tóxica, pode danificar o aparelho, corroendo suas partes metálicas.

ATENÇÃO

Você NÃO DEVE ABRIR pilhas e baterias, pois muitas delas contêm METAIS PESADOS TÓXICOS. Pilhas e baterias não devem ser jogadas no lixo comum, pois com o tempo sofrem vazamento e contaminam o solo e a água.

Elas devem ser encaminhadas ao fabricante para que sejam recicladas. Informe-se em seu município sobre **locais de recolhimento de pilhas e baterias usadas** e leve a sério a necessidade do correto descarte desses produtos.

5.2 Pilha alcalina

A pilha alcalina é um aprimoramento da pilha de Leclanché.

O ânodo também é feito de zinco metálico, que se oxida a íons zinco durante o funcionamento, e o cátodo também envolve a redução do MnO_2. Contudo, a pasta entre os eletrodos contém KOH (como eletrólito) em vez de NH_4Cl. Essa substituição de NH_4Cl e $ZnCl_2$ por KOH é responsável por algumas das vantagens das pilhas alcalinas sobre as pilhas secas comuns.

Uma dessas vantagens é que, quando estão em funcionamento, não se forma a camada isolante de amônia ao redor do cátodo de grafite; assim, sua voltagem não cai tão violentamente.

Essas pilhas fornecem corrente a um circuito de maneira mais eficiente e sua vida média é de cinco a oito vezes maior. Elas têm uma vida mais longa porque o zinco não fica muito tempo exposto ao meio ácido, causado pelos íons NH_4^+ (do NH_4Cl) presentes na pilha seca comum. (Veremos no capítulo 23 por que íons NH_4^+ deixam o meio ácido.)

As pilhas alcalinas podem ser armazenadas por mais tempo sem sofrerem uma "autodescarga" tão intensa como sofrem as pilhas secas comuns.

5.3 Pilha de mercúrio

Nesse tipo de pilha, o ânodo é constituído de amálgama de zinco (zinco dissolvido em mercúrio), o cátodo contém óxido de mercúrio (II) e o eletrólito é hidróxido de potássio (KOH).

A equação que representa a reação global dessa pilha é:

$$Zn \;+\; HgO \;\rightarrow\; ZnO \;+\; Hg$$

A grande vantagem da pilha de mercúrio em relação à pilha seca comum e à alcalina é que a voltagem nessas pilhas de mercúrio permanece bem mais constante, enquanto nas outras pilhas secas ela decai com o uso (embora essa queda seja mais acentuada na pilha seca comum). Essa característica a torna adequada para dispositivos sensíveis, tais como aparelhos auditivos, instrumentos científicos e relógios.

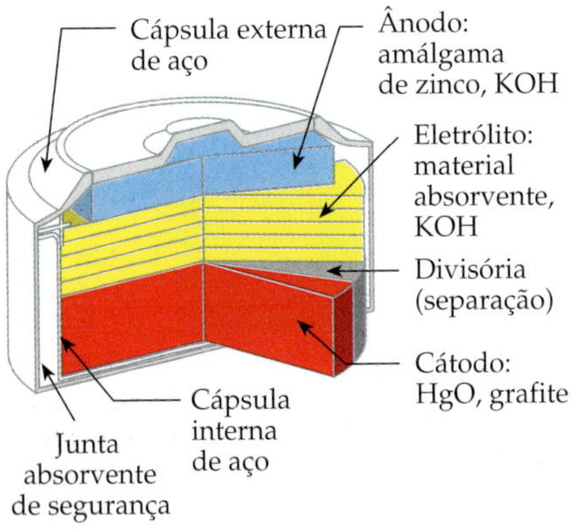

LESTER V. BERGMAN/CORBIS/LATINSTOCK

▲ A pilha de mercúrio é pequena e fornece voltagem constante. É ideal, por exemplo, para relógios e aparelhos de surdez. Porém, a presença de mercúrio a torna um sério risco ao ambiente.

5.4 Bateria de ácido/chumbo

A bateria de 12 V usada nos automóveis, também chamada acumulador de Planté, consiste na associação de seis pilhas ligadas em série, cada uma fornecendo aproximadamente 2 V. Sua invenção é atribuída ao francês Raymond Gaston Planté, em 1859.

O ânodo dessa bateria (polo negativo) é constituído por um grupo de placas de chumbo, Pb, e o cátodo, por uma série de placas de óxido de chumbo (IV), PbO_2.

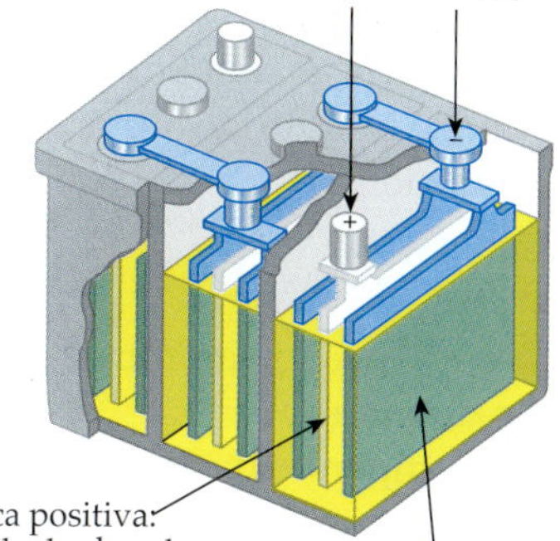

A equação da semirreação do ânodo é:

$$Pb\,(s) + SO_4^{2-}\,(aq) \rightarrow PbSO_4\,(s) + 2\,e^-$$

A equação da semirreação do cátodo é:

$$PbO_2\,(s) + 4\,H^+\,(aq) + SO_4^{2-}\,(aq) + 2\,e^- \rightarrow PbSO_4\,(s) + 2\,H_2O\,(l)$$

Somando as duas, obtemos a equação da reação global:

$$Pb(s) + PbO_2\,(s) + 4\,H^+\,(aq) + 2\,SO_4^{2-}\,(aq) \rightarrow 2\,PbSO_4\,(s) + 2\,H_2O\,(l)$$

Depósitos de $PbSO_4$ sólido acumulam-se lentamente nas placas. À medida que a produção de corrente prossegue, a bateria vai se descarregando e a solução de ácido sulfúrico (o eletrólito) fica mais diluída. Observando a equação global, constata-se que, para cada 1 mol de Pb que reage, 2 mol de H_2SO_4 são gastos e 2 mol de água são formados.

Uma bateria de ácido/chumbo pode ser recarregada passando-se por ela uma corrente contínua em direção oposta (essa corrente é fornecida pelo *alternador*, um gerador que funciona quando o motor está ligado), o que força a reação a acontecer no sentido inverso:

$$Pb + PbO_2 + 4\,H^+ + 2\,SO_4^{2-} \underset{\text{recarga}}{\overset{\text{descarga}}{\rightleftarrows}} 2\,PbSO_4 + 2\,H_2O$$

Após o recarregamento, uma bateria está em condições de produzir corrente elétrica novamente.

5.5 Bateria de níquel/cádmio

Conteúdo multimídia: Lixo tecnológico

As baterias de níquel/cádmio, também conhecidas como baterias nicad, são recarregáveis e foram bastante empregadas em filmadoras, computadores portáteis, máquinas fotográficas digitais, telefones celulares e telefones sem fio.

Essas baterias são formadas por associações de duas ou mais pilhas de níquel/cádmio, nas quais o ânodo é formado por cádmio metálico e o cátodo por um composto de níquel. O eletrólito dessa pilha é uma pasta contendo solução concentrada de KOH. A equação da semirreação no ânodo é:

$$Cd\,(s) + 2\,OH^-\,(aq) \rightarrow Cd(OH)_2\,(s) + 2\,e^-$$

A equação da semirreação no cátodo (multiplicada por 2) é:

$$2\,Ni(OH)_3\,(s) + 2\,e^- \rightarrow 2\,Ni(OH)_2\,(s) + 2\,OH^-\,(aq)$$

Equação da reação global:

$$Cd\,(s) + 2\,Ni(OH)_3\,(s) \rightarrow Cd(OH)_2\,(s) + 2\,Ni(OH)_2\,(s)$$

Uma vantagem dessa pilha é o fato de ela ser leve e facilmente miniaturizada. Além disso, sua voltagem permanece constante (1,4 V) até que ela seja totalmente descarregada. Isso acontece porque as concentrações iônicas internas não variam durante sua utilização (note que íons OH^- são consumidos no ânodo, mas produzidos no cátodo). Porém, são significativamente mais caras que as pilhas secas comuns, e a elevada toxicidade do cádmio é a sua principal e mais notável desvantagem.

ATENÇÃO

As baterias níquel/cádmio, se descartadas incorretamente, são extremamente prejudiciais ao meio ambiente, pois o cádmio é um **metal pesado muito tóxico**.

5.6 Bateria de hidreto metálico

Nas baterias de hidreto metálico, o ânodo é constituído de uma placa metálica contendo hidreto de um metal apropriado (metal representado por M na equação a seguir).

A semirreação anódica envolve a oxidação do hidrogênio, que vai do número de oxidação −1, no hidreto, ao número de oxidação +1, na água. Simplificadamente, ela pode ser assim equacionada:

$$MH\,(s) + OH^-\,(aq) \rightarrow M\,(s) + H_2O\,(l) + e^-$$

A semirreação catódica é a mesma das baterias de níquel/cádmio, que envolve a redução do níquel.

O desempenho das baterias de hidreto metálico é superior ao das baterias de níquel/cádmio, com a vantagem de não envolverem o risco ambiental associado ao cádmio.

5.7 Baterias de íon lítio

As baterias de íon lítio são baterias recarregáveis e possuem alta capacidade de armazenamento de energia. São bastante empregadas em telefones celulares, filmadoras, *notebooks* e *tablets*.

O cátodo é geralmente constituído de óxido de lítio-cobalto ($LiCoO_2$) e o ânodo é constituído de carbono grafite. O eletrólito é uma mistura de materiais orgânicos apropriados e sais de lítio. Essa mistura tem consistência de borracha e é boa condutora de íons Li^+. Cada cela individual de íon lítio fornece voltagem máxima de 3,7 V.

Durante a **carga** da bateria, o cobalto é oxidado e íons Li^+ migram, pelo eletrólito, do eletrodo de $LiCoO_2$ para o eletrodo de grafite e se ligam ao carbono. (As equações das semirreações estão acima do propósito deste livro.) Durante a **descarga**, ocorre o processo inverso: íons lítio migram do ânodo para o cátodo e o cobalto é reduzido.

Algumas **vantagens** das baterias de íon lítio:

- São mais leves do que outros tipos de baterias recarregáveis do mesmo tamanho. Armazenam grande quantidade de energia por unidade de massa, pois o lítio tem pequena massa molar.
- Mantêm relativamente bem a carga. Quando não estão em uso, perdem, em um mês, apenas cerca de 5% da sua carga.
- Não apresentam efeito memória. Assim, não é preciso descarregá-las totalmente antes da recarga, como acontece, por exemplo, com as baterias de níquel/cádmio.
- Suportam centenas de ciclos de carga/descarga.
- Oferecem risco ambiental menor que as baterias de níquel/cádmio.

Algumas **desvantagens** das baterias de íon lítio:

- São extremamente sensíveis a temperaturas altas. O calor faz com que elas se decomponham muito mais rapidamente que o normal.
- O material orgânico presente no meio eletrolítico é combustível.

STUDIOSHOTS/ALAMY/OTHER IMAGES

◄ As baterias recarregáveis de íon lítio são muito difundidas atualmente.

5.8 Células de combustível

Uma das vantagens das células galvânicas vistas até aqui é o fato de serem pequenas e portáteis. Seu tamanho, porém, representa uma limitação, já que a quantidade de corrente produzida depende da quantidade de reagentes contidos na célula. A célula deixa de gerar corrente quando um dos reagentes é completamente consumido.

As células de combustível são diferentes e evitam essa limitação; são células eletroquímicas em que os reagentes dos eletrodos (combustível e oxidante) são continuamente repostos a partir de um reservatório externo. Assim a célula pode operar por tempo teoricamente ilimitado, enquanto durar o suprimento de reagentes.

O mais promissor sistema de células a combustível envolve a reação de H_2 (g) e O_2 (g) para formar H_2O (l) como único produto. O hidrogênio é bombeado para o ânodo da célula e o O_2 (ou ar) é direcionado ao cátodo. As reações que ocorrem nos eletrodos na célula a combustível de hidrogênio são:

Semirreação anódica: $2\,H_2\,(g) + 4\,OH^-\,(aq) \rightarrow 4\,H_2O\,(l) + 4\,e^-$

Semirreação catódica: $2\,H_2O\,(l) + O_2\,(g) + 4\,e^- \rightarrow 4\,OH^-\,(aq)$

Equação global: $2\,H_2\,(g) + O_2\,(g) \rightarrow 2\,H_2O\,(l)$

Células desse tipo foram usadas nos programas Gemini, Apollo e Ônibus Espacial da Nasa. Além de leves e eficientes (geram a mesma potência que baterias dez vezes mais pesadas), têm a grande vantagem de produzir água potável para os tripulantes da nave. Em uma missão de uma semana, essas células consomem 680 kg de hidrogênio, mas produzem 720 L de água. Ao contrário das pilhas, que são dispositivos que armazenam reagentes para a obtenção de energia elétrica, as células de combustível são dispositivos de conversão contínua de energia química em energia elétrica.

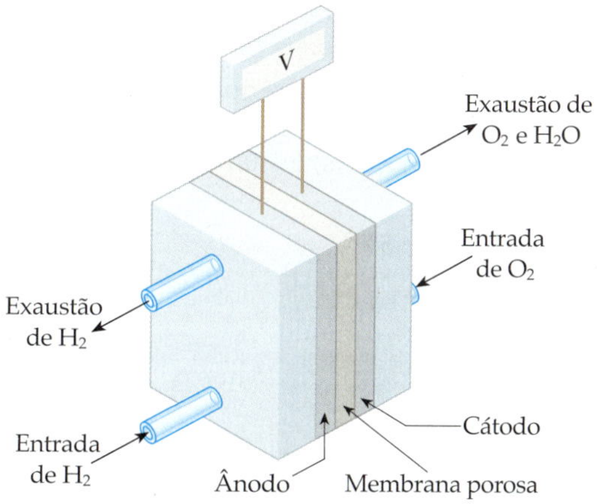

◄ Representação esquemática de uma célula de combustível. A membrana porosa permite que íons H^+, provenientes da oxidação do H_2 no ânodo, migrem para o cátodo, no qual ocorre a formação de água.

PATRICK DUMAS/EURELIOS/SCIENCE PHOTO LIBRARY/LATINSTOCK

◄ Célula de combustível usada para fornecer energia elétrica ao motor que propele um pequeno barco.

Biblioteca do estudante
Informe-se sobre a Química:
Células de combustível no espaço

Visão do especialista

Revisão

Exercícios essenciais

A critério do(a) professor(a) esta lista de exercícios poderá ser realizada em classe ou em casa.

45. Nas pilhas comuns, usadas, por exemplo, em lanternas e brinquedos, as semirreações podem ser assim equacionadas:

I. $Zn\,(s) \rightarrow Zn^{2+}(aq) + 2\,e^-$

II. $2\,MnO_2\,(s) + H_2O\,(l) + 2\,e^- \rightarrow Mn_2O_3\,(s) + 2\,OH^-\,(aq)$

a) Cite uma espécie química cuja quantidade **diminui** com o funcionamento da pilha.

b) Qual das semirreações ocorre no cátodo?

c) Qual das semirreações ocorre no polo que emite elétrons para a parte do circuito externa à pilha?

46. (PUC-RS) A pilha alcalina consiste em zinco metálico em pó imobilizado em um gel em contato com uma solução concentrada de KOH e separada de uma mistura de MnO_2 (s) e grafite por um tecido poroso. A pilha é selada em uma lata de aço para reduzir o risco de vazamento de KOH concentrado.

Considerando que o potencial-padrão de redução de MnO_2 (s) a Mn_2O_3 (s) é +0,74 V e que o potencial-padrão de redução de Zn^{2+} (aq) a Zn^0 (s) é −0,76 V, é correto afirmar que:

a) a força eletromotriz da pilha é 1,5 V.

b) o zinco é o cátodo.

c) os elétrons fluem do cátodo para o ânodo.

d) o potencial de redução do ânodo é maior do que o do cátodo.

e) a força eletromotriz da pilha é obtida pela soma dos potenciais de redução do cátodo e do ânodo.

47. (PUC-MG) As pilhas de mercúrio são muito utilizadas em relógios, câmaras fotográficas, calculadoras e aparelhos de audição. As reações que ocorrem durante o funcionamento da pilha são:

$Zn + 2\,OH^- \rightarrow ZnO + H_2O + 2\,e^-$

$HgO + H_2O + 2\,e^- \rightarrow Hg + 2\,OH^-$

Sobre essa pilha, identifique a afirmativa **INCORRETA**:

a) O HgO funciona como o ânodo da pilha.

b) O zinco metálico é o agente redutor.

c) A reação se realiza em meio alcalino.

d) O zinco sofre um aumento de seu número de oxidação.

e) O oxigênio não varia seu número de oxidação.

48. (UnB-DF) Texto para os itens *a*, *b* e *c*.
Considere uma bateria de chumbo com ddp de 12 V. As duas semirreações não balanceadas dessa bateria são apresentadas a seguir.

I. $Pb\,(s) + SO_4^{2-}\,(aq) \rightleftarrows PbSO_4\,(s) + e^-$

II. $PbO_2\,(s) + H^+\,(aq) + SO_4^{2-}\,(aq) + e^- \rightleftarrows PbSO_4\,(s) + H_2O\,(l)$

Com relação a essas reações, julgue os itens *a* e *b* e responda o que se pede em *c*.

a) A reação I ocorre no ânodo da bateria.

b) Na bateria referida, para cada mol de Pb (s) consumido, 2 mol de elétrons são transferidos do polo negativo para o polo positivo.

c) Considere que a bateria referida no texto seja composta por uma associação em série de seis pilhas, em que a reação de cada uma delas é dada pela expressão:

$$Pb\,(s) + SO_4^{2-}\,(aq) + PbO_2\,(s) + 4\,H^+\,(aq) + SO_4^{2-}\,(aq) \rightleftarrows 2\,PbSO_4\,(s) + 2\,H_2O\,(l)$$

Sabendo que o potencial de redução da reação I, quando balanceada, é −0,35 V, calcule, **em volts**, o potencial de redução da reação II balanceada.

49. (UFMG) Pilhas a combustível são dispositivos eletroquímicos em que a reação de um combustível com o oxigênio produz energia elétrica.

O diagrama representa, simplificadamente, uma pilha a combustível, que envolve a reação entre os gases hidrogênio e oxigênio, conforme a equação:

$$2\,H_2\,(g) + O_2\,(g) \rightarrow 2\,H_2O\,(l)$$

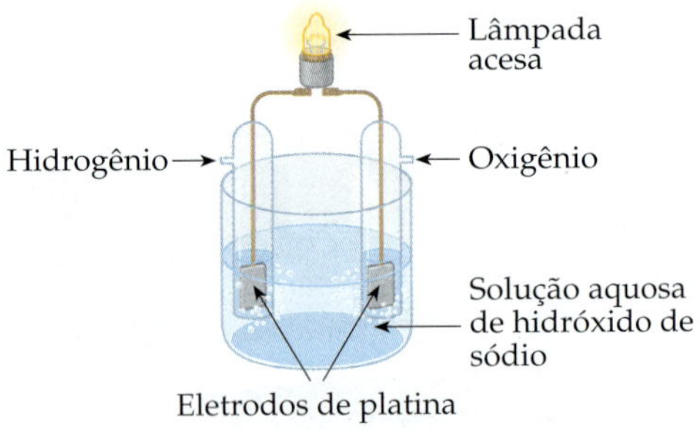

Com relação a essa pilha, todas as afirmativas abaixo estão corretas, **EXCETO**:

a) O transporte de carga através da solução é feito por íons.

b) A reação torna iguais os números de oxidação do hidrogênio e do oxigênio.

c) O hidrogênio atua na reação como o agente redutor.

d) O circuito externo transporta, para o oxigênio, elétrons retirados do hidrogênio.

Exercícios adicionais

Seu(sua) professor(a) indicará quais exercícios deste bloco você deve fazer.

50. (PUC-RJ) Conhecendo-se as semirreações da pilha seca (Pilha de Leclanché) e seus respectivos potenciais-padrão de redução:

$Zn^{2+}(aq) + 2e^- \rightarrow Zn(s)$ $\quad E° = -0,76$ V

$2NH_4^+(aq) + 2MnO_2(s) + 2e^- \rightarrow$

$\rightarrow Mn_2O_3(s) + H_2O(l) + 2NH_3(aq)$ $\quad E° = +0,74$ V

faça o que se pede.

a) Escreva a equação da semirreação que ocorre no ânodo da pilha.

b) Escreva a equação da reação global da pilha seca e calcule a sua diferença de potencial ($\Delta E°$).

c) Considerando a estequiometria da reação global da pilha, calcule a quantidade máxima, em grama, de Mn_2O_3 que pode ser obtida a partir de 0,04 mol de MnO_2.

51. (PUC-RJ) A pilha de níquel-cádmio pode ser recarregada. As reações que ocorrem no cátodo e no ânodo dessa pilha são indicadas abaixo:

$Cd(s) + 2OH^-(aq) \rightarrow Cd(OH)_2(s) + 2e^-$ (ânodo)

$NiOOH(s) + H_2O(l) + e^- \rightarrow$

$\rightarrow Ni(OH)_2(s) + OH^-(aq)$ (cátodo)

Sobre a pilha de níquel-cádmio, é **correto** afirmar que:

a) sua reação global pode ser representada por:
$Cd(OH)_2(s) + 2Ni(OH)_2(s) + 2OH^-(aq) \rightarrow$
$\rightarrow Cd(s) + 2OH^-(aq) + 2NiOOH(s) + 2H_2O(l)$

b) o potencial desenvolvido, na reação espontânea, é negativo.

c) a recarga da pilha é feita por um processo de eletrólise.

d) o Cd é um agente oxidante na reação.

e) no ânodo ocorre a redução do Cd.

52. O marca-passo cardíaco é alimentado por uma pilha de lítio-iodo e, mediante impulsos elétricos, controla os batimentos cardíacos. Essa pilha funciona com base na reação química $2Li^0 + I_2 \rightarrow 2LiI$ e pode durar de 5 a 8 anos.

Dados: $Li^+(aq) + 1e^- \rightarrow Li^0$ $\quad E° = -3,04$ V

$I_2(s) + 2e^- \rightarrow 2I^-(aq)$ $\quad E° = +0,54$ V

Sobre essa pilha, podemos afirmar que:

a) O agente oxidante é Li^0 e o agente redutor é I_2.

b) A tensão produzida pela pilha é de 2,50 V.

c) Os elétrons fluem do cátodo para o ânodo.

d) O cátodo é formado pelo Li^0 e o ânodo pelo I_2.

e) O lítio sofre oxidação e o iodo sofre redução.

53. (Unifesp) A "Lei Seca", de 19 de junho de 2008, tornou mais severas as punições para motoristas flagrados dirigindo após a ingestão de bebida alcoólica. A maioria dos etilômetros portáteis ("bafômetros", esquema representado na figura), utilizados pela autoridade policial, baseia-se em medidas eletroquímicas, usando células a combustível. A célula tem dois eletrodos de platina com um eletrólito colocado entre eles. A platina catalisa a reação de oxidação do álcool e os íons H^+ migram para o outro eletrodo através do eletrólito, reagindo com gás oxigênio. Quanto maior a quantidade de etanol no ar expirado pelo cidadão, maiores serão a quantidade de etanol oxidado e a intensidade de corrente elétrica, a qual é registrada por um microprocessador que, acoplado ao circuito externo, calcula a concentração de álcool no sangue.

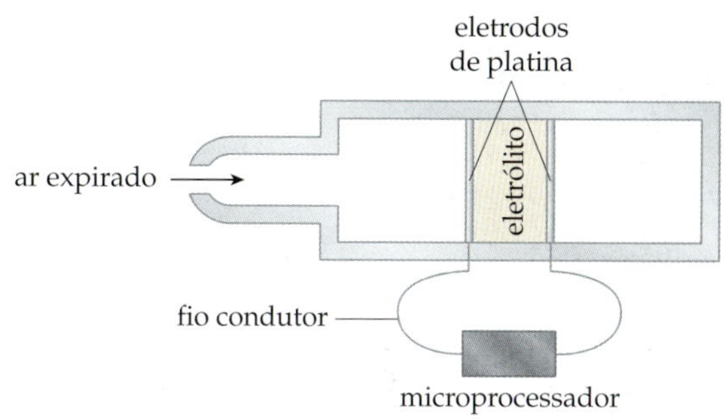

$CH_3CHO + 2H^+ + 2e^- \rightarrow CH_3CH_2OH$

$O_2 + 4H^+ + 4e^- \rightarrow 2H_2O$

(www.portal.mec.gov.br/seb/arquivos. Adaptado.)

a) Transcreva para a folha de respostas o esquema do "bafômetro" e indique nele o sentido do fluxo dos elétrons e os compartimentos catódico e anódico.

b) Escreva a equação da reação global da pilha.

54. (Ufes) O propano e o oxigênio podem ser utilizados na obtenção de energia, sem que necessariamente tenham que se combinar em uma reação de combustão convencional. Esses gases podem ser tratados eletroquimicamente para produzir energia de uma forma limpa, barata e eficiente. Um dos dispositivos onde esse tratamento ocorre é conhecido como célula de combustível ou pilha de combustível e funciona como uma pilha convencional. A reação global de uma pilha de propano é:

$$C_3H_8(g) + 5O_2(g) \rightarrow 3CO_2(g) + 4H_2O(l)$$

Dadas as semirreações de redução e os seus potenciais,

$3CO_2(g) + 20H^+(aq) + 20e^- \rightarrow$

$\rightarrow C_3H_8(g) + 6H_2O(l)$ $\quad E° = 0,14$ V

$O_2(g) + 4H^+(aq) + 4e^- \rightarrow 2H_2O(l)$ $\quad E° = 1,23$ V

pode-se afirmar que a voltagem, nas condições-padrão, de uma pilha de propano é:

a) −1,37 V
b) −1,09 V
c) 1,09 V
d) 1,37 V
e) 6,15 V

55. (Fuvest-SP) As naves espaciais utilizam pilhas de combustível, alimentadas por oxigênio e hidrogênio, as quais, além de fornecerem a energia necessária para a operação das naves, produzem água, utilizada pelos tripulantes. Essas pilhas usam, como eletrólito, o KOH (aq), de modo que todas as reações ocorrem em meio alcalino. A troca de elétrons se dá na superfície de um material poroso. Um esquema dessas pilhas, com o material poroso representado na cor cinza, é apresentado a seguir.

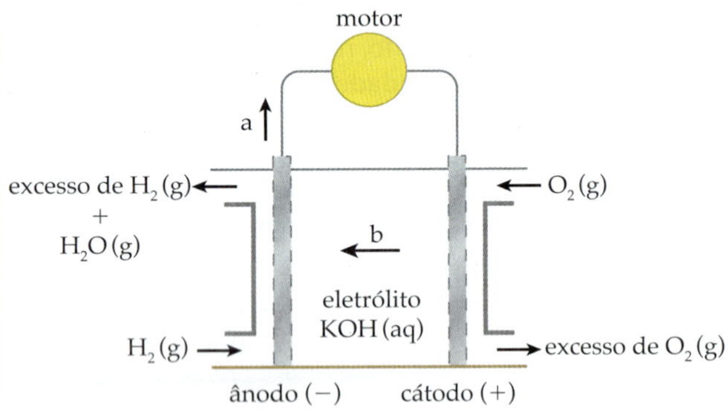

Escrevendo as equações das semirreações que ocorrem nessas pilhas de combustível, verifica-se que, nesse esquema, as setas com as letras **a** e **b** indicam, respectivamente, o sentido de movimento dos

a) íons OH^- e dos elétrons.

b) elétrons e íons OH^-.

c) íons K^+ e dos elétrons.

d) elétrons e dos íons K^+.

e) elétrons e dos íons H^+.

56. (Enem-MEC) O crescimento da produção de energia elétrica ao longo do tempo tem influenciado decisivamente o progresso da humanidade, mas também tem criado uma séria preocupação: o prejuízo ao meio ambiente. Nos próximos anos, uma nova tecnologia de geração de energia elétrica deverá ganhar espaço: as células a combustível hidrogênio/oxigênio.

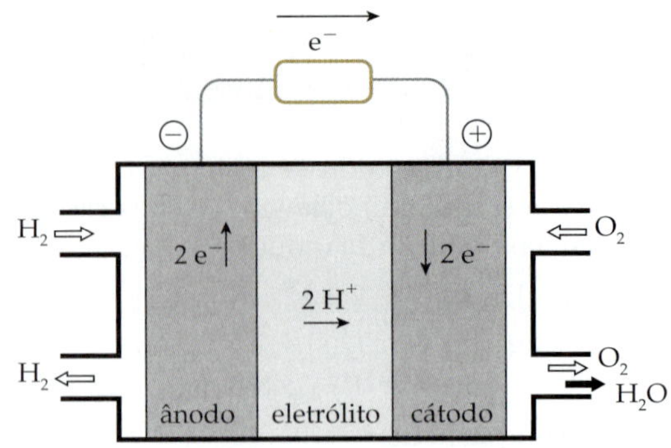

VILLULLAS, H. M.; TICIANELLI, E. A.; GONZALEZ, E. R. *Química Nova na Escola*, n. 15, maio 2002.

Com base no texto e na figura, a produção de energia elétrica por meio da célula a combustível hidrogênio/oxigênio diferencia-se dos processos convencionais porque

a) transforma energia química em energia elétrica sem causar danos ao meio ambiente, porque o principal subproduto formado é a água.

b) converte a energia química contida nas moléculas dos componentes em energia térmica, sem que ocorra a produção de gases poluentes nocivos ao meio ambiente.

c) transforma energia química em energia elétrica, porém emite gases poluentes da mesma forma que a produção de energia a partir dos combustíveis fósseis.

d) converte energia elétrica proveniente dos combustíveis fósseis em energia química, retendo os gases poluentes produzidos no processo sem alterar a qualidade do meio ambiente.

e) converte a energia potencial acumulada nas moléculas de água contidas no sistema em energia química, sem que ocorra a produção de gases poluentes nocivos ao meio ambiente.

Capítulo 20

Eletroquímica: celas eletrolíticas

Alguns conteúdos importantes:

- Celas eletrolíticas
- Eletrólise ígnea
- Eletrólise aquosa
- Empregos da eletrólise
- Aspectos principais da obtenção de metais (metalurgia)
- Amperímetro e medida da corrente elétrica
- Estequiometria das reações eletroquímicas

FREDERICK J. BROWN/STAFF/GETTY IMAGES

◄ As medalhas olímpicas não são de ouro, prata ou bronze maciços, mas sim peças de metal submetidas a um processo de eletrólise que lhes confere a aparência característica, graças ao revestimento com metais nobres.

1 Conceito de eletrólise

Como foi comentado no capítulo anterior, há dois tipos de celas eletroquímicas: as celas galvânicas (pilhas) e as celas eletrolíticas.

As pilhas e baterias (associações de pilhas), discutidas anteriormente, são exemplos de dispositivos geradores de corrente elétrica. A partir de agora, simbolizaremos um gerador de corrente elétrica da maneira mostrada em Ⓐ, com o traço maior indicando o polo positivo e o menor o negativo.

Passaremos, agora, ao estudo das **celas eletrolíticas** (também chamadas células ou cubas eletrolíticas), nas quais ocorre uma reação química provocada pela passagem de corrente elétrica, a **eletrólise**.

Considere a aparelhagem experimental que aparece nas fotos Ⓑ e Ⓒ, apropriada para testar a condutividade elétrica de materiais. Colocando cloreto de sódio sólido dentro do recipiente, a lâmpada não acende, o que evidencia que no NaCl sólido não há íons livres para conduzir corrente elétrica. Para provocar a passagem de corrente

Ⓐ

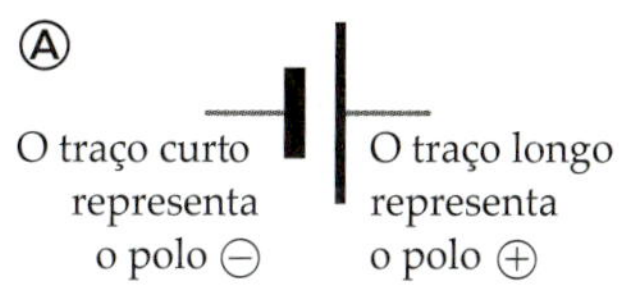

▲ Representação para um gerador elétrico.

Guia de estudo

elétrica pelo NaCl, é necessário "liberar" os íons Na^+ e Cl^- para que possam se movimentar. Isso pode ser conseguido aquecendo-se o sal até a sua fusão (como em Ⓑ) ou, então, adicionando-se água para dissolvê-lo e provocar a dissociação dos seus íons (como em Ⓒ).

- **Eletrólise ígnea** é o nome de uma reação química provocada pela passagem de corrente elétrica através de um **composto iônico fundido**.

- **Eletrólise aquosa** é o nome de uma reação química provocada pela passagem de corrente elétrica através de uma **solução aquosa de eletrólito**.

ATENÇÃO

A eventual realização de experimentos de eletroquímica precisa ter a autorização e a supervisão do(a) professor(a).

Entre outros possíveis perigos, tais experimentos envolvem riscos relacionados ao choque elétrico e à manipulação de substâncias tóxicas e/ou corrosivas.

▲ Durante a passagem da corrente elétrica pelo NaCl fundido acontecem reações químicas nos eletrodos. O processo é uma **eletrólise ígnea**.

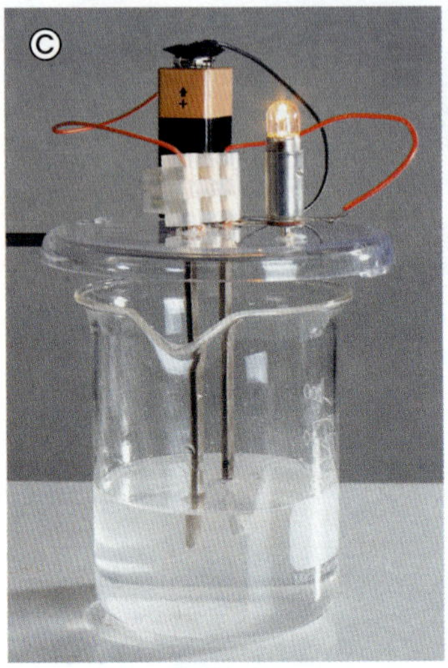

▲ Durante a passagem da corrente elétrica por uma solução aquosa de NaCl ocorrem reações químicas nos eletrodos. O processo é uma **eletrólise aquosa**.

FOTOS: SÉRGIO DOTTA JR./CID

2 Eletrólise ígnea

Efetuou-se a passagem de corrente elétrica através do NaCl fundido presente no interior de uma cela eletrolítica, isto é, foi realizada a **eletrólise ígnea** do NaCl. Entre as ocorrências observadas estão:

- No polo positivo (isto é, no eletrodo da cela eletrolítica ligado ao polo positivo do gerador de corrente elétrica) obtêm-se bolhas de um gás amarelo-esverdeado, de cheiro irritante.
- No polo negativo forma-se um metal de cor cinza que reage violentamente com a água.

Vamos interpretar as evidências obtidas na eletrólise ígnea do NaCl.

O gás amarelo-esverdeado de cheiro irritante é o cloro (Cl_2) e o metal que reage violentamente com a água é o sódio (Na^0). Concluímos, assim, que a passagem de corrente elétrica está transformando íons cloreto (Cl^-) em moléculas de cloro (Cl_2), e íons sódio (Na^+) em sódio metálico (Na^0).

Isso é fácil de perceber no esquema da página seguinte, que mostra a atuação do gerador forçando os íons Cl^- a doar elétrons, através do circuito metálico, para os íons Na^+. Note que, como a eletrólise é um fenômeno de oxirredução, o total de elétrons perdidos no polo positivo é **necessariamente igual** ao total de elétrons recebidos no polo negativo.

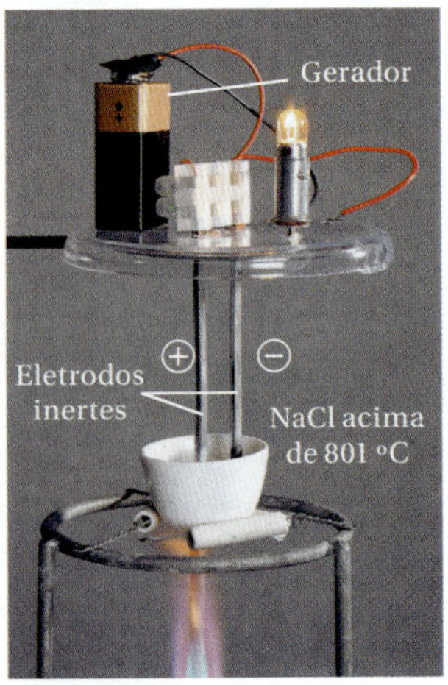

SÉRGIO DOTTA JR./CID

▲ Na eletrólise do NaCl fundido, os íons Na^+ migram para o polo negativo, no qual são reduzidos a Na. Os íons Cl^- migram para o polo positivo, no qual são oxidados à substância elementar cloro (Cl_2). Os eletrodos são ditos **inertes** quando não reagem na **eletrólise**.

Semirreação no polo positivo: $2\,Cl^- \rightarrow Cl_2 + \cancel{2e^-}$

Semirreação no polo negativo (× 2): $2\,Na^+ + \cancel{2e^-} \rightarrow 2\,Na^0$

Equação da reação global: $2\,Na^+ + 2\,Cl^- \rightarrow 2\,Na^0 + Cl_2$

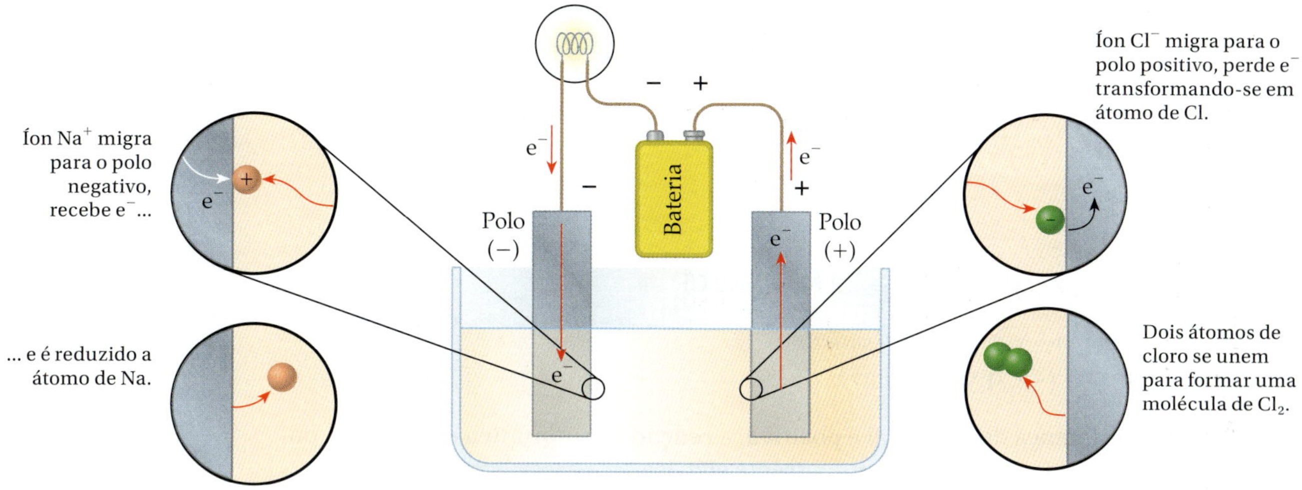

3 Nomenclatura dos eletrodos em uma cela eletrolítica

Voltamos a repetir que para **todas** as celas eletroquímicas (sejam galvânicas ou eletrolíticas) vale a seguinte convenção:

- O eletrodo no qual ocorre **oxidação** é denominado **ânodo**.
  O eletrodo no qual ocorre **redução** é denominado **cátodo**.

Uma importante diferença que existe quando comparamos a pilha com a eletrólise diz respeito ao sinal dos polos (veja o mapa conceitual abaixo e o esquema ao lado):

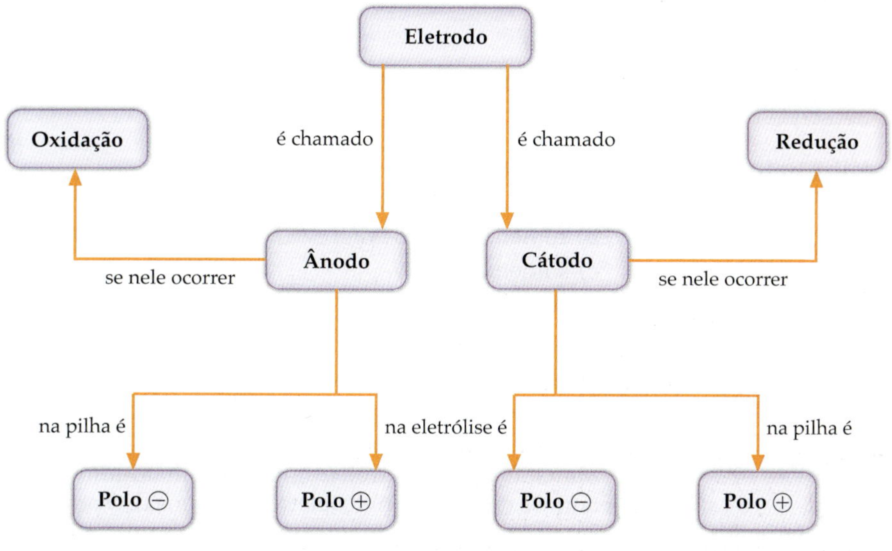

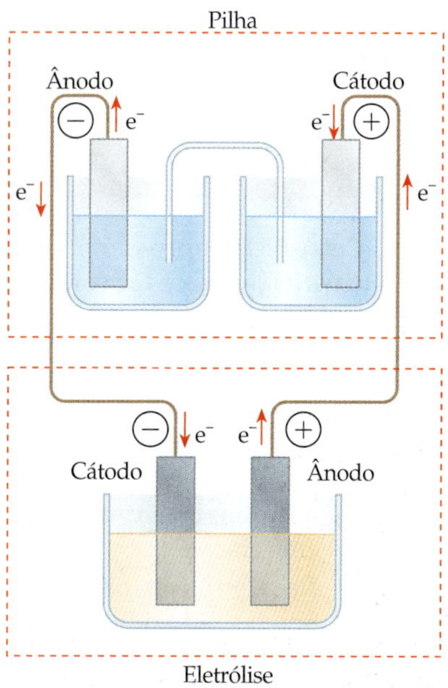

4 Pilha e eletrólise envolvem processos inversos

Já sabemos que uma pilha permite obter corrente elétrica a partir de uma reação química. Agora, vamos estudar que a eletrólise é uma reação química provocada pela corrente elétrica. Ou seja, um processo é o inverso do outro.

Mas a relação entre os dois fenômenos não para aí. Vamos usar os seguintes potenciais de eletrodo (veja a tabela 1, do capítulo 19) para calcular ΔE° para dois processos:

$$Na^+ + e^- \rightleftarrows Na^0 \qquad E° = -2{,}71\ V$$
$$Cl_2 + 2\,e^- \rightleftarrows 2\,Cl^- \qquad E° = +1{,}36\ V$$

Primeiro processo

$$2\,Na^0 + Cl_2 \rightarrow 2\,Na^+ + 2\,Cl^- \quad (2\,e^-)$$

$$\Delta E° = E°_{\text{eletrodo que recebe } e^-} - E°_{\text{eletrodo que perde } e^-}$$

$$\Delta E° = +1{,}36\ V - (-2{,}71\ V) = +4{,}07\ V$$

Como essa diferença de potencial é **positiva**, a **reação é espontânea** e, portanto, poderia ser usada em uma **pilha** para gerar corrente elétrica.

Segundo processo

$$2\,Na^+ + 2\,Cl^- \rightarrow 2\,Na^0 + Cl_2 \quad (2\,e^-)$$ **(inverso do anterior)**

$$\Delta E° = E°_{\text{eletrodo que recebe } e^-} - E°_{\text{eletrodo que perde } e^-}$$

$$\Delta E° = -2{,}71\ V - (+1{,}36\ V) = -4{,}07\ V$$

O fato de essa diferença de potencial ser **negativa** indica que a reação **não é espontânea** e deve, portanto, ser forçada pela passagem de corrente elétrica, constituindo-se em uma **eletrólise**. Para que seja possível forçar essa segunda reação, o gerador de corrente elétrica utilizado para executar a eletrólise deve fornecer uma diferença de potencial superior a 4,07 V. Resumindo:

$2\,Na^0 + Cl_2$ → Espontânea (pilha) → $2\,Na^+ + 2\,Cl^-$

$2\,Na^0 + Cl_2$ ← Não espontânea (eletrólise) ← $2\,Na^+ + 2\,Cl^-$

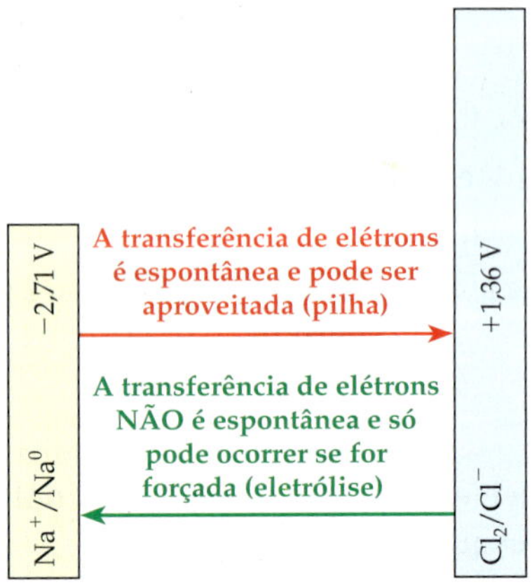

Exercícios essenciais

A critério do(a) professor(a) esta lista de exercícios poderá ser realizada em classe ou em casa.

1. (Cefet-PR) Sobre os fenômenos **eletrólise** e **pilha** são feitas as seguintes afirmações:

I. Em ambos ocorrem reações de transferência de elétrons.

II. Nas reações que originam pilhas, verifica-se a formação de espécies químicas oxidadas e reduzidas.

III. As pilhas constituem sistemas que transformam energia.

IV. Nas eletrólises, observa-se o surgimento de substâncias reduzidas e oxidadas.

V. A eletrólise é um processo que consome energia.

Estão **corretas**:

a) somente I, III e V.

b) somente II, III e IV.

c) somente I, II e V.

d) somente II, III e V.

e) todas.

2. (Mackenzie-SP) A eletrólise é uma reação química não espontânea de oxirredução provocada pela passagem de corrente elétrica através de um composto iônico fundido (eletrólise ígnea) ou em uma solução aquosa de um eletrólito (eletrólise aquosa). O processo eletroquímico ígneo é amplamente utilizado na obtenção de alumínio a partir da alumina (Al_2O_3), que é fundida em presença de criolita ($3\,NaF \cdot AlF_3$), para diminuir o seu ponto de fusão.

A respeito do processo de eletrólise ígnea, é **INCORRETO** afirmar que:

a) a equação global do processo de obtenção do alumínio é $2\,Al_2O_3 \rightarrow 4\,Al^0 + 3\,O_2$

b) a semirreação $Al^{3+} + 3\,e^- \rightarrow Al^0$ ocorre no cátodo da célula eletrolítica.

c) no ânodo ocorre o processo de redução.

d) há um elevado consumo de energia na realização desse processo.

e) os eletrodos mais utilizados são os de grafita e platina.

3. (PUC-SP) Para obter potássio e cloro a partir de KCl sólido, deve-se fazer uma eletrólise com eletrodos inertes.

Assinale a alternativa incorreta.

a) Para que a eletrólise ocorra, é preciso fundir a amostra de KCl.

b) O ânion Cl^- será oxidado no ânodo.

c) O cátion K^+ será reduzido no cátodo.

d) O potássio obtido deverá ser recolhido em recipiente contendo água, para evitar o seu contato com o ar.

e) Se os eletrodos fossem de cobre, o cloro formado reagiria com ele.

4. (U. São Judas-SP) As baterias alcalinas de Ni-Cd usadas em celulares, filmadoras, calculadoras, relógios, telefones sem fio e *flashes* apresentam uma voltagem (diferença de potencial) sempre constante. Elas são sequências de células de polos negativos de cádmio e de polos positivos de óxido de níquel (III), com solução de hidróxido de potássio, KOH, como eletrólito. Nelas, ocorrem as seguintes reações:

$$Cd + 2\,OH^-(aq) \rightarrow Cd(OH)_2 + 2\,e^-$$

$$Ni_2O_3 + 3\,H_2O + 2\,e^- \rightarrow 2\,Ni(OH)_2 + 2\,OH^-(aq)$$

As baterias param de funcionar quando os hidróxidos insolúveis se depositam nos eletrodos. Para que elas voltem a funcionar, devemos fornecer energia elétrica de uma fonte externa, fazendo com que:

a) a reação ocorra no sentido dos produtos, acumulando corrente elétrica.

b) a reação ocorra no sentido dos reagentes, reduzindo o ânodo.

c) a reação ocorra no sentido dos produtos, oxidando o cátodo.

d) a reação ocorra no sentido dos reagentes, reduzindo o cátodo.

e) a reação ocorra no sentido dos reagentes, oxidando o ânodo.

Exercícios adicionais

Seu(sua) professor(a) indicará quais exercícios deste bloco você deve fazer.

5. (Unifor-CE) "As reações de eletrólise só ocorrem em sistemas que contenham x em movimento. Nessas transformações há consumo de energia y."

Completam-se corretamente as afirmações pela substituição de x e y, respectivamente, por:

a) átomos e luminosa.

b) moléculas e luminosa.

c) moléculas e térmica.

d) átomos e elétrica.

e) íons e elétrica.

6. A aparelhagem do desenho abaixo pode ser usada para realizar a eletrólise ígnea do fluoreto de potássio (K^+F^-), industrialmente empregada para produzir gás flúor.

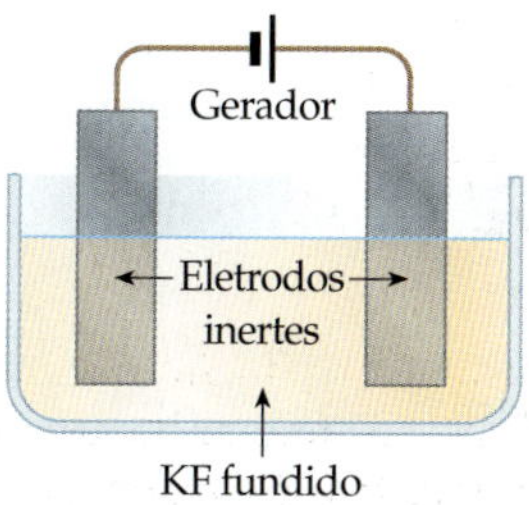

Indique:

a) o polo positivo e o polo negativo da cela eletrolítica.

b) o cátodo e o ânodo da cela eletrolítica.

c) o sentido de movimentação de elétrons no fio.

d) o sentido de movimentação dos cátions e dos ânions.

e) as equações de cada semirreação e a equação da reação global.

7. (UFC-CE) Observe o sistema eletroquímico indicado na figura 1, em que ocorre a reação espontânea:

$$Fe^{2+}(aq) + Ag^+(aq) \rightarrow Ag(s) + Fe^{3+}(aq) \qquad E° = +0{,}028\ V$$

a) Explique o que acontece após instalar uma fonte externa de potencial elétrico maior que 0,028 V (figura 2).

b) Na reação espontânea, quem é o agente oxidante e por quê?

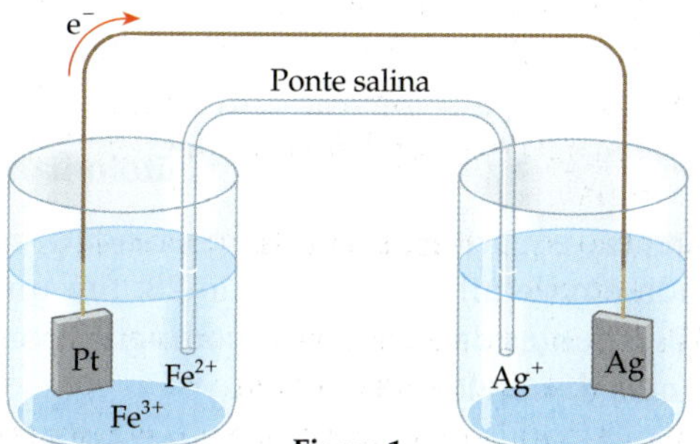

Figura 1

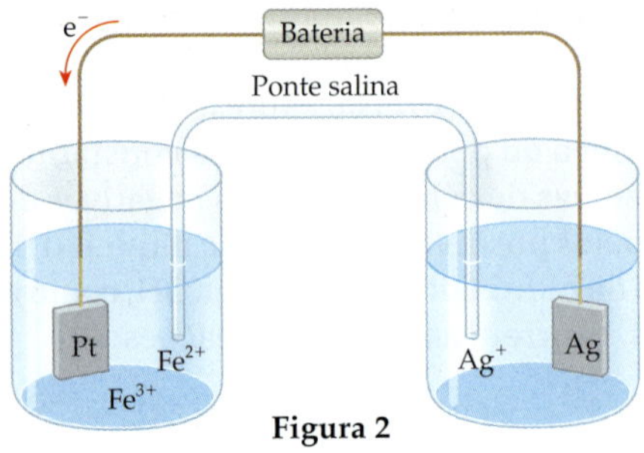

Figura 2

8. (Uespi) Em relação à eletrólise, analise as afirmativas seguintes:

1. Em qualquer eletrólise, ocorre uma redução no cátodo e uma oxidação no ânodo.

2. Fundamentalmente, a eletrólise é um processo de oxirredução.

3. A eletrólise de sais só é possível quando os mesmos são dissolvidos em meio aquoso.

4. A eletrólise é uma reação de oxirredução espontânea.

Estão corretas apenas:

a) 1 e 3
b) 1, 2 e 3
c) 1 e 2
d) 2 e 3
e) 3 e 4

5 Eletrólise aquosa

5.1 Facilidade de descarga em eletrólise aquosa

Como já foi definido, eletrólise aquosa é uma reação química provocada pela passagem de corrente elétrica através de uma solução aquosa de um eletrólito. Para entender as ideias relacionadas com a eletrólise aquosa, considere a tabela a seguir, que mostra os resultados experimentais obtidos na eletrólise de algumas soluções eletrolíticas, realizada com **eletrodos inertes**.

Dizemos que um eletrodo é inerte quando ele não participa da reação. Os mais usados são a grafite e a platina. Se o eletrodo participa da reação, ele é denominado **eletrodo ativo**.

Eletrólise de uma solução aquosa de	Substância formada no cátodo	Substância formada no ânodo
$NiCl_2$	Ni	Cl_2
$AgNO_3$	Ag	O_2
KI	H_2	I_2
Na_2SO_4	H_2	O_2

Curiosamente, notamos que, em alguns dos casos relacionados acima, há a formação de gás hidrogênio (H_2) e/ou de gás oxigênio (O_2).

Experiências desse tipo levaram os químicos a concluir que, em solução aquosa, existem íons H^+ e OH^-, cujo aparecimento pode ser assim equacionado:

$$H_2O\,(l) \rightarrow \underbrace{H^+\,(aq) + OH^-\,(aq)}_{\text{íons provenientes da autoionização da água}}$$

A reação equacionada acima é chamada de **autoionização da água** e será estudada em detalhes no capítulo 23. Em uma eletrólise aquosa, os íons H^+, provenientes da água, irão "competir" com os cátions provenientes da substância dissolvida (eletrólito).

Descarga dos íons H^+ no cátodo: $2\,H^+\,(aq) + 2\,e^- \rightarrow H_2(g)$

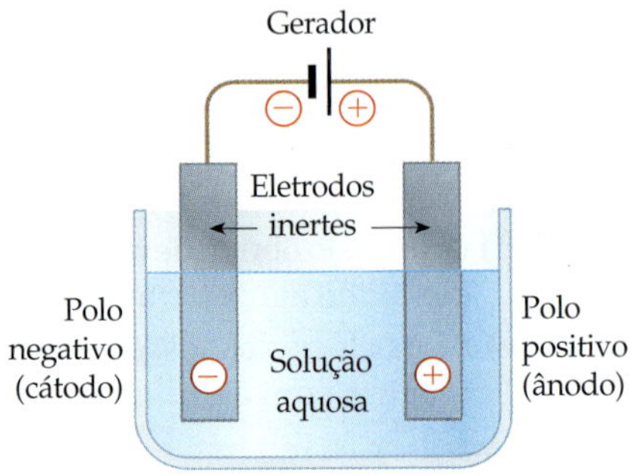

▲ Aparelhagem para realizar uma eletrólise aquosa.

FACILIDADE DE DESCARGA EM ELETRÓLISE AQUOSA

Aumenta a facilidade de descarregar (reagir no eletrodo)

No cátodo, polo ⊖	No ânodo, polo ⊕
Demais cátions *Exemplos*: Zn^{2+}, Fe^{2+}, Cr^{3+}, Ni^{2+}, Cu^{2+}, Ag^+	Ânions não oxigenados em geral Exemplos: Cl^-, Br^-, I^-
Maior tendência que o H^+	Maior tendência que o OH^-
H^+	OH^-
Menor tendência que o H^+	Menor tendência que o OH^-
Cátions de alcalinos, alcalino-terrosos e alumínio Exemplos: K^+, Na^+, Ca^{2+}, Ba^{2+}, Al^{3+}	Ânions oxigenados e fluoreto *Exemplos*: F^-, SO_4^{2-}, NO_3^-, PO_4^{3-}

Esses íons **não** sofrem descarga em uma eletrólise aquosa. Eles têm menor tendência a reagir nos eletrodos (descarregar) que os íons provenientes da água.

A palavra **descarga** é empregada aqui como sinônimo de **perda de carga** elétrica, ou seja, a transformação em uma espécie eletricamente neutra.

Os íons OH^- da água irão "competir" com os ânions do eletrólito.

Descarga dos íons OH^- no ânodo: $4\,OH^-(aq) \rightarrow O_2(g) + 2\,H_2O(l) + 4\,e^-$

ou

$$2\,OH^-(aq) \rightarrow \frac{1}{2}\,O_2(g) + H_2O(l) + 2\,e^-$$

Quem tem maior tendência para reagir no cátodo: o H^+ da água ou o cátion do eletrólito? E no ânodo: o OH^- da água ou o ânion do eletrólito?

Para responder a essas perguntas, os químicos elaboraram — baseados em resultados de experimentos de eletrólise — a fila de **facilidade de descarga de íons** nos eletrodos, que aparece na página anterior.

ATENÇÃO

Nenhum experimento deve ser realizado por conta própria. A eventual realização deve ter **autorização** e **supervisão** do(a) professor(a).

5.2 Equações da eletrólise aquosa

A seguir são mostradas, para cada um dos quatro exemplos de eletrólise apresentados na tabela mostrada no item 5.1, as equações químicas que representam a semirreação do cátodo, a do ânodo e também a reação global. Perceba, em cada caso, como a fila de facilidade de descarga ajuda a prever os produtos.

Eletrólise de uma solução aquosa de $NiCl_2$

Cátions presentes: H^+ e Ni^{2+} — **Ni^{2+} descarrega no cátodo**

Ânions presentes: OH^- e Cl^- — **Cl^- descarrega no ânodo**

Dissociação do eletrólito: $NiCl_2 \rightarrow \cancel{Ni^{2+}} + \cancel{2\,Cl^-}$

Semirreação no cátodo: $\cancel{Ni^{2+}} + \cancel{2\,e^-} \rightarrow Ni^0$

Semirreação no ânodo: $\cancel{2\,Cl^-} \rightarrow Cl_2 + \cancel{2\,e^-}$

Equação global: $NiCl_2 \rightarrow Ni^0 + Cl_2$

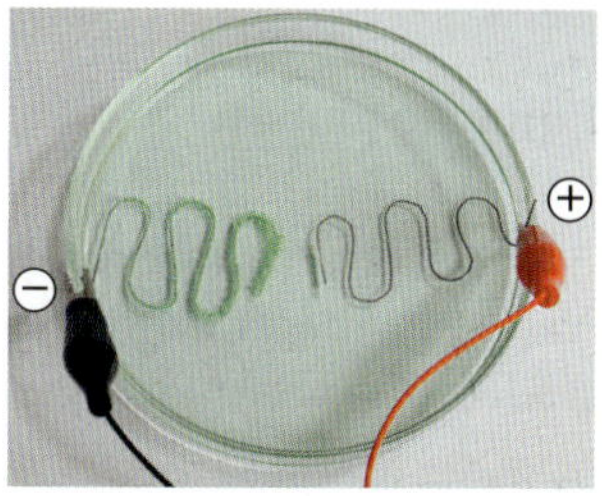

SÉRGIO DOTTA JR./CID

▲ Eletrólise aquosa de $NiCl_2$. Níquel metálico deposita-se no polo negativo. Há formação de gás cloro no polo positivo. A cor verde se deve aos íons Ni^{2+}, cuja concentração é maior perto do polo negativo.

Eletrólise de uma solução aquosa de $AgNO_3$

Cátions presentes: H^+ e Ag^+ — **Ag^+ descarrega no cátodo**

Ânions presentes: OH^- e NO_3^- — **OH^- descarrega no ânodo**

Dissociação do eletrólito: $2\,AgNO_3 \rightarrow \cancel{2\,Ag^+} + 2\,NO_3^-$

Autoionização da água: $\cancel{2}\,H_2O \rightarrow 2\,H^+ + \cancel{2\,OH^-}$

Semirreação no cátodo: $\cancel{2\,Ag^+} + \cancel{2\,e^-} \rightarrow 2\,Ag^0$

Semirreação no ânodo: $\cancel{2\,OH^-} \rightarrow \cancel{H_2O} + \frac{1}{2}\,O_2 + \cancel{2\,e^-}$

Equação global: $2\,AgNO_3 + H_2O \rightarrow \underbrace{2\,H^+ + 2\,NO_3^-}_{} + 2\,Ag^0 + \frac{1}{2}\,O_2$

$2\,HNO_3$ (ionizado)
O meio torna-se ácido

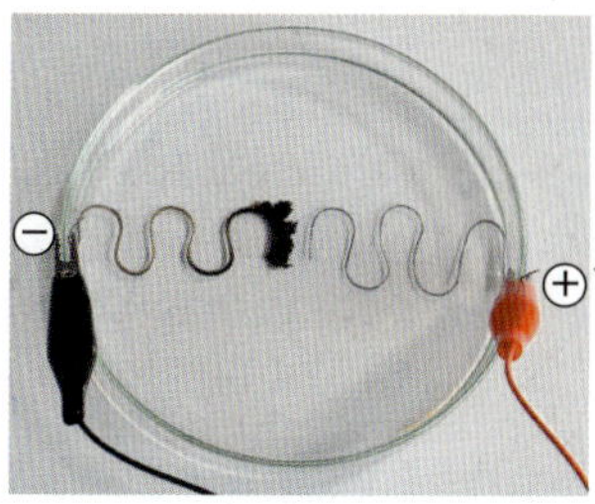

SÉRGIO DOTTA JR./CID

▲ Eletrólise de nitrato de prata. O depósito escuro no cátodo é prata metálica.

Eletrólise de uma solução aquosa de KI

Cátions presentes: H^+ e K^+ — **H^+ descarrega no cátodo**

Ânions presentes: OH^- e I^- — **I^- descarrega no ânodo**

Dissociação do eletrólito:	$2\,KI \rightarrow 2\,K^+ + \cancel{2\,I^-}$
Autoionização da água:	$2\,H_2O \rightarrow \cancel{2\,H^+} + 2\,OH^-$
Semirreação no cátodo:	$\cancel{2\,H^+} + \cancel{2\,e^-} \rightarrow H_2$
Semirreação no ânodo:	$\cancel{2\,I^-} \rightarrow I_2 + \cancel{2\,e^-}$
Equação global:	$2\,KI + 2\,H_2O \rightarrow \underbrace{2\,K^+ + 2\,OH^-}_{} + H_2 + I_2$

2 KOH (dissociado)
O meio torna-se básico

Eletrólise de uma solução aquosa de Na_2SO_4

Cátions presentes: H^+ e Na^+ — **H^+ descarrega no cátodo**

Ânions presentes: OH^- e SO_4^{2-} — **OH^- descarrega no ânodo**

Autoionização da água:	$\cancel{2}\,H_2O \rightarrow \cancel{2\,H^+} + \cancel{2}\,OH^-$
Semirreação no cátodo:	$\cancel{2\,H^+} + \cancel{2\,e^-} \rightarrow H_2$
Semirreação no ânodo:	$\cancel{2\,OH^-} \rightarrow \cancel{H_2O} + \frac{1}{2}\,O_2 + \cancel{2\,e^-}$
Equação global:	$H_2O \rightarrow H_2 + \frac{1}{2}\,O_2$

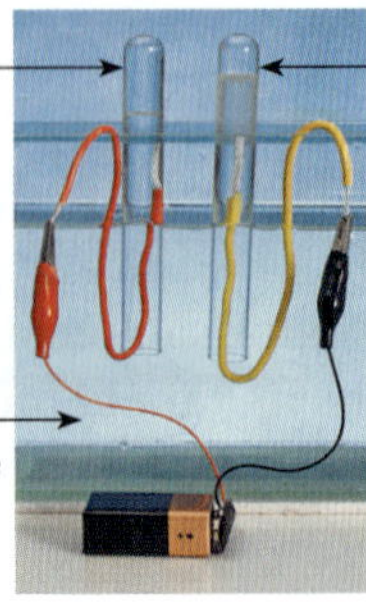

▲ Eletrólise aquosa de Na_2SO_4. Os dois tubos de ensaio estavam inicialmente preenchidos com a solução.

Neste último exemplo, foi a água que sofreu a eletrólise. A solução de Na_2SO_4, à medida que a eletrólise continua, vai ficando cada vez mais concentrada, uma vez que a água está sendo consumida na reação.

Exercícios essenciais

A critério do(a) professor(a) esta lista de exercícios poderá ser realizada em classe ou em casa.

Exercício Resolvido

9. A eletrólise de uma solução aquosa de cloreto de sódio é o método empregado na produção de algumas substâncias de importância industrial.
A respeito dessa eletrólise aquosa, responda às perguntas.

a) Qual é o gás produzido no ânodo? Equacione a semirreação.

b) Qual é o gás produzido no cátodo? Equacione a semirreação.

c) Ambas as substâncias produzidas nos eletrodos podem reagir entre si, sob condições apropriadas, produzindo uma substância muito comum nos laboratórios de Química. Que substância é essa?

d) À medida que a eletrólise prossegue, restam em solução cátions e ânions que participam na composição de uma importante base inorgânica (hidróxido). Que base é essa?

➤ Resolução

a) O gás produzido no ânodo é o cloro:
$2\,Cl^-(aq) \rightarrow Cl_2(g) + 2\,e^-$

b) O gás produzido no cátodo é o hidrogênio:
$2\,H^+(aq) + 2\,e^- \rightarrow H_2(g)$

c) O cloreto de hidrogênio (HCl) que, em solução, é conhecido como ácido clorídrico.
$H_2(g) + Cl_2(g) \rightarrow 2\,HCl(g)$

d) Hidróxido de sódio, NaOH.

	Cátion	Ânion
Do sal	Na^+	Cl^-
Da água	H^+	OH^-

Na^+ e OH^-: Sobram em solução
H^+ e Cl^-: Descarregam nos eletrodos

10. (Vunesp-SP) Utilizando-se eletrodos de platina, quais são os produtos e seus respectivos estados físicos (à temperatura ambiente) resultantes da eletrólise de:

I. cloreto de sódio fundido.

II. solução aquosa de ácido sulfúrico diluído.

Escreva as semirreações que ocorrem, especificando os eletrodos.

11. Ao realizar a **eletrólise da água** com **eletrodos inertes**, podem ser coletados dois gases, cada qual borbulhando de um dos eletrodos.

Para que a água se torne condutora de corrente elétrica, deve-se dissolver nela uma substância (eletrólito) cuja solução seja condutora de eletricidade, mas que não produza nos eletrodos substâncias indesejadas.

a) O que é um eletrodo inerte?

b) Que gás é produzido no polo positivo? E no polo negativo?

c) Equacione a reação global dessa eletrólise.

d) Quais, entre as seguintes substâncias, poderiam ter sido dissolvidas na água a fim de possibilitar a eletrólise?

NaCl, KBr, NaOH, H_2SO_4, HCl, $C_6H_{12}O_6$, KNO_3, $CuSO_4$

e) Determine a relação entre os volumes dos gases produzidos no ânodo e no cátodo. Justifique.

Exercícios adicionais

Seu(sua) professor(a) indicará quais exercícios deste bloco você deve fazer.

12. (Vunesp) "Piscina sem Química" é um anúncio envolvendo tratamento de água. Sabe-se, no entanto, que o tratamento consiste na adição de cloreto de sódio na água e na passagem dessa água por um recipiente dotado de eletrodos de cobre e de platina ligados a uma bateria de chumbo de automóvel.

a) Com base nessas informações, discutir se a mensagem do anúncio é correta.

b) Considerando os eletrodos inertes, escrever as equações das reações envolvidas que justificam a resposta anterior.

13. (UEL-PR) Na obtenção de prata por eletrólise de solução aquosa de nitrato de prata, o metal se forma no:

a) cátodo, por redução de íons Ag^+.

b) cátodo, por oxidação de íons Ag^+.

c) cátodo, por redução de átomos Ag.

d) ânodo, por redução de íons Ag^+.

e) ânodo, por oxidação de átomos Ag.

14. (Fuvest-SP) Industrialmente, HCl gasoso é produzido em um maçarico, no qual entram, nas condições ambiente, hidrogênio e cloro gasosos, observando-se uma chama de vários metros de altura, proveniente da reação entre esses gases.

a) Escreva a equação química que representa essa transformação, utilizando estruturas de Lewis tanto para os reagentes quanto para o produto.

b) Como se obtém ácido clorídrico a partir do produto da reação de hidrogênio com cloro? Escreva a equação química dessa transformação.

c) Hidrogênio e cloro podem ser produzidos pela eletrólise de uma solução concentrada de cloreto de sódio (salmoura). Dê as equações que representam a formação de cada um desses gases.

d) Que outra substância é produzida, simultaneamente ao cloro e ao hidrogênio, no processo citado no item anterior?

Número atômico (Z)

hidrogênio 1

cloro 17

15. (ITA-SP) Um elemento galvânico, chamado de I, é constituído pelos dois eletrodos seguintes, separados por uma membrana porosa:

IA. Chapa de prata metálica, praticamente pura, mergulhada em uma solução 1 mol · L^{-1} de nitrato de prata.

IB. Chapa de zinco metálico, praticamente puro, mergulhada em uma solução 1 mol · L^{-1} de sulfato de zinco.

Um outro elemento galvânico, chamado de II, é constituído pelos dois seguintes eletrodos, também separados por uma membrana porosa:

IIA. Chapa de cobre metálico, praticamente puro, mergulhada em uma solução 1 mol · L^{-1} de sulfato de cobre.

IIB. Chapa de zinco metálico, praticamente puro, mergulhada em uma solução 1 mol · L^{-1} de sulfato de zinco.

Os elementos galvânicos I e II são ligados em série de tal forma que o eletrodo IA é conectado ao IIA, enquanto o eletrodo IB é conectado ao IIB. As conexões são feitas através de fios de cobre. A respeito dessa montagem:

i) faça um desenho esquemático dos elementos galvânicos I e II ligados em série.

Nesse desenho indique:

ii) quem é o elemento ativo (aquele que fornece energia elétrica) e quem é o elemento passivo (aquele que recebe energia elétrica);

iii) o sentido do fluxo de elétrons;

iv) a polaridade de cada um dos eletrodos: IA, IB, IIA e IIB; e

v) as meia-reações eletroquímicas balanceadas para cada um dos eletrodos.

6 Aplicações da eletrólise

6.1 Galvanoplastia

Consiste em revestir a superfície de uma peça metálica com uma fina camada de outro metal, por meio da eletrólise aquosa de seu sal. A peça deve ser colocada no cátodo e o sal deve conter o íon do metal que se deseja depositar. Os exemplos mais conhecidos são o revestimento por cromo (metal também chamado de crômio), a **cromação**, ou por níquel, a **niquelação**.

Semirreação do cátodo (cromação): $Cr^{3+}(aq) + 3\,e^- \rightarrow Cr^0(s)$

Semirreação do cátodo (niquelação): $Ni^{2+}(aq) + 2\,e^- \rightarrow Ni^0(s)$

Depósito metálico no cátodo

▲ Detalhes metálicos cromados já foram muito usados pelas indústrias automobilísticas.

O nome **galvanoplastia** é uma homenagem ao cientista italiano Luigi Galvani (1737-1798). Esse processo é muito utilizado para revestir anéis, brincos, pulseiras, correntes, relógios, faqueiros etc. com uma fina camada (que tem espessura da ordem de $2{,}0 \cdot 10^{-3}$ cm) de prata ou ouro. A produção de **ferro galvanizado**, que consiste no ferro que recebeu uma camada superficial de zinco (reveja o capítulo 19, item 4.5), também pode ser feita por eletrólise.

Biblioteca do estudante
Texto complementar:
Indústrias de galvanoplastia

6.2 Anodização

Uma forma de resguardar certos metais contra a corrosão é a formação de uma camada protetora superficial de um óxido do próprio metal. Tal proteção pode ser feita por meio de um processo eletrolítico, que é denominado **anodização**. Um exemplo de anodização bastante conhecido envolve o alumínio.

A peça de alumínio a ser protegida é usada como ânodo (polo positivo) durante a eletrólise de uma solução aquosa de H_2SO_4. Nesse eletrodo ocorre a liberação de oxigênio gasoso (graças à descarga do OH^- proveniente da água). O gás oxigênio ataca o metal do ânodo (a peça de alumínio), formando óxido de alumínio:

$$3\,O_2(g) + 4\,Al(s) \rightarrow 2\,Al_2O_3(s)$$

Óxido que forma camada protetora sobre a peça

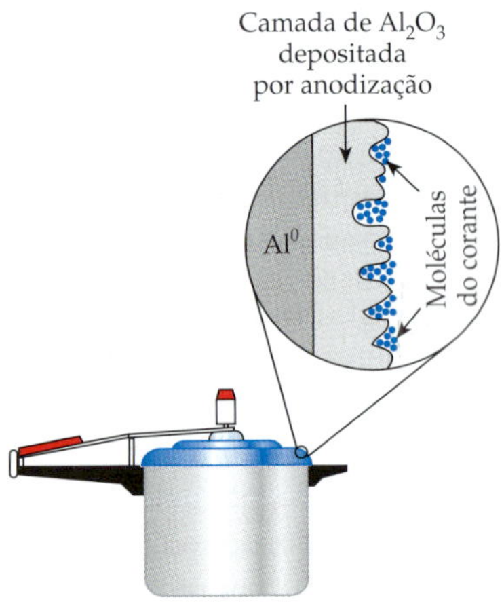

A camada protetora de Al_2O_3 que se forma é bastante porosa, o que permite a retenção de corantes em seus poros. Em seguida, os poros são selados mergulhando-se a peça em água quente.

Uma peça metálica submetida a esse processo estará protegida contra a corrosão e vistosa para ser comercializada. São exemplos dessas peças anodizadas grades, janelas, portões e tampas de panela de alumínio em cores.

6.3 O refino eletrolítico do cobre

Uma das importantes aplicações do cobre metálico é como condutor de eletricidade em fios elétricos e em circuitos eletrônicos. Isso exige alta pureza, pois o cobre impuro não é um condutor tão bom quanto o cobre puro. Isso torna necessário purificar o cobre obtido na metalurgia, pois sua pureza geralmente não é suficiente para usá-lo como condutor elétrico.

Para a obtenção de cobre com pureza superior a 99,5%, é empregado o **refino eletrolítico**. O procedimento envolve a eletrólise de uma solução aquosa de $CuSO_4$, utilizando como ânodo (polo positivo) o cobre metalúrgico, que contém impurezas como ferro, zinco, ouro, prata e platina.

O esquema ao lado ilustra como, nesse processo, cobre de alta pureza se deposita no cátodo, que também é de cobre. No ânodo, ocorre a oxidação do cobre e das impurezas que se oxidam mais facilmente que ele (ferro, zinco).

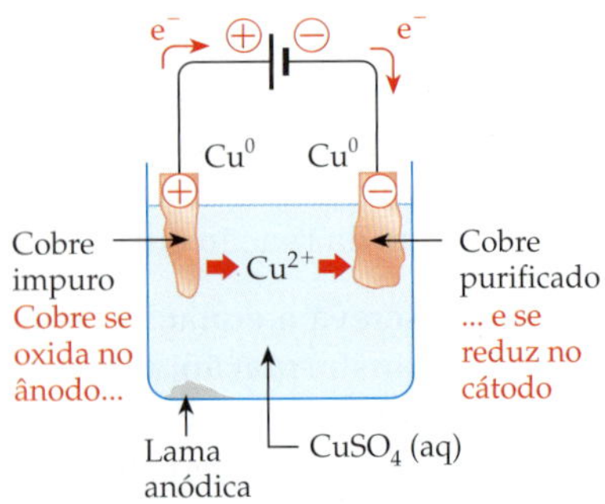

▲ No refino eletrolítico do cobre, **o ânodo é um eletrodo ativo**, ou seja, ele participa na reação. A semirreação **anódica** é:

$Cu^0 \rightarrow 2\,e^- + Cu^{2+}$

Eletrodo de cobre impuro — **Solução**

E a semirreação **catódica** é:

$Cu^{2+} + 2\,e^- \rightarrow Cu^0$

Solução — **Depósito de cobre puro**

As impurezas mais difíceis de oxidar (ouro, prata, platina) desprendem-se do eletrodo ao longo do processo e formam um depósito no fundo do recipiente, a **lama anódica**. O custo do refino eletrolítico é atenuado pela venda dos materiais presentes na lama anódica.

No cátodo, ocorre a redução dos íons Cu^{2+} a cobre metálico, mas não de íons como Fe^{2+} e Zn^{2+}, que, por apresentarem menor E°, são mais difíceis de reduzir que o Cu^{2+} e permanecem em solução, garantindo alta pureza do cobre depositado.

6.4 Obtenção de substâncias de interesse

A produção do flúor envolve a eletrólise ígnea do fluoreto de potássio (KF). Flúor gasoso forma-se no ânodo: $2\,F^- \rightarrow F_2 + 2\,e^-$.

A obtenção de metais alcalinos, alcalinoterrosos e alumínio, também realizada por meio da eletrólise ígnea, é apresentada no item 7.5, mais à frente.

A produção industrial de soda cáustica, cloro, hidrogênio, ácido clorídrico e hipoclorito de sódio envolve a eletrólise aquosa de uma solução de cloreto de sódio. Dos cátions presentes (H^+ e Na^+), o H^+ tem a maior facilidade de descarga no cátodo. E dos ânions presentes (OH^- e Cl^-), o Cl^- tem a maior facilidade de descarga no ânodo. O equacionamento do processo é:

Dissociação do eletrólito:	$2\,NaCl$	$\rightarrow$	$2\,Na^+ + \cancel{2\,Cl^-}$
Autoionização da água:	$2\,H_2O$	$\rightarrow$	$\cancel{2\,H^+} + 2\,OH^-$
Semirreação no cátodo:	$\cancel{2\,H^+} + \cancel{2\,e^-}$	$\rightarrow$	H_2
Semirreação no ânodo:	$\cancel{2\,Cl^-}$	$\rightarrow$	$Cl_2 + \cancel{2\,e^-}$
Equação global:	$2\,NaCl + 2\,H_2O$	$\rightarrow$	$\underbrace{2\,Na^+ + 2\,OH^-}_{\text{2 NaOH (em solução aquosa, dissociado)}} + H_2 + Cl_2$

O hidróxido de sódio (soda cáustica) é usado, por exemplo, para fabricar sabões, papel e produtos para desentupir ralos e pias.

O cloro é usado na fabricação, entre outros produtos, do plástico conhecido como PVC, do ácido clorídrico e do hipoclorito de sódio.

Para a fabricação do ácido clorídrico, reage-se o cloro (obtido no ânodo) com o hidrogênio (obtido no cátodo), formando-se HCl gasoso (gás clorídrico) que, em seguida, é borbulhado em água, originando o ácido clorídrico, HCl aquoso.

Para a fabricação de hipoclorito de sódio (NaClO), borbulha-se gás cloro em solução de hidróxido de sódio:

$$Cl_2\,(g) + 2\,NaOH\,(aq) \rightarrow NaCl\,(aq) + NaClO\,(aq) + H_2O\,(l)$$

O hipoclorito de sódio é usado como desinfetante e alvejante, sendo o componente ativo da água sanitária.

Exercícios essenciais

A critério do(a) professor(a) esta lista de exercícios poderá ser realizada em classe ou em casa.

16. (UFV-MG) O processo de galvanização consiste no revestimento metálico de peças condutoras que são colocadas como eletrodos negativos em um circuito de eletrólise (observe o esquema ao lado).

Considere as seguintes afirmativas:

I. Na chave, ocorre a reação $Ni^{2+} + 2\,e^- \rightarrow Ni^0$

II. No polo positivo, ocorre oxidação do níquel.

III. No polo positivo, ocorre a reação: $Ni^0 \rightarrow Ni^{2+} + 2\,e^-$

IV. O eletrodo positivo sofre corrosão durante a eletrólise.

V. A chave é corroída durante o processo.

A alternativa que contém apenas as afirmativas corretas é:

a) I, II, III, IV e V
b) I, II, III e IV
c) I, II e III
d) II e III
e) I, II, III e V

17. (UFMG) O alumínio é o segundo metal mais utilizado no mundo. Sua resistência à corrosão é devida à camada aderente e impermeável de óxido que se forma sobre a superfície do metal. Essa camada protetora pode ser tornada mais espessa através de um processo denominado anodização (figura abaixo). Nesse processo, oxigênio é gerado por eletrólise, segundo a semirreação:

$$H_2O\,(l) \rightarrow \frac{1}{2}\,O_2\,(g) + 2\,e^- + 2\,H^+\,(aq)$$

O oxigênio reage, em seguida, com o alumínio, formando o óxido correspondente.

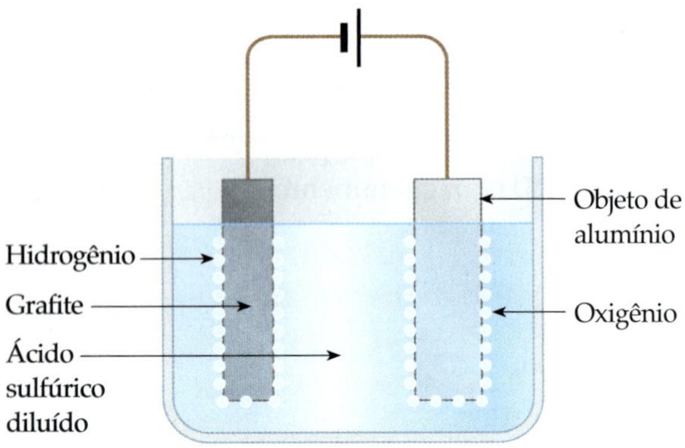

Com referência ao exposto, a afirmativa falsa é:

a) a anodização aumenta a resistência do alumínio à corrosão.

b) o fluxo de elétrons, pelo circuito externo, ocorre na direção do objeto de alumínio.

c) o objeto de alumínio constitui o ânodo da célula eletroquímica.

d) o processo de anodização consome energia elétrica.

18. A respeito do esquema abaixo, responda:

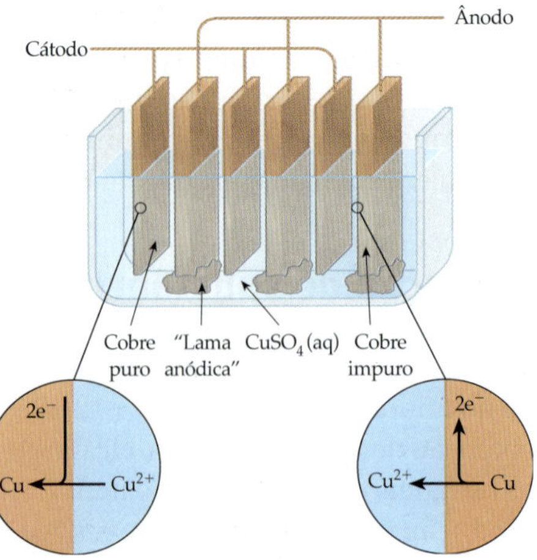

a) Do que se trata o esquema acima?

b) Qual é a semirreação anódica?

c) Qual é a semirreação catódica?

d) O que significa "lama anódica" e como é produzida?

19. (Vunesp) Um procedimento muito utilizado para eliminação de bactérias da água é a adição de cloro com produção de hipoclorito. O cloro pode ser produzido pela eletrólise de uma solução aquosa de íons cloreto, segundo a equação I:

I. $2\,Cl^-\,(aq) + 2\,H_2O\,(l) \rightarrow$
$\rightarrow 2\,OH^-\,(aq) + Cl_2\,(g) + H_2\,(g)$

Posteriormente, o Cl_2 pode reagir com as hidroxilas produzindo o hipoclorito.

II. $2\,OH^-\,(aq) + Cl_2\,(g) \rightarrow$
$\rightarrow Cl^-\,(aq) + ClO^-\,(aq) + H_2O\,(l)$

Calcule o volume de H_2 produzido nas CNTP quando ocorre o consumo de 117,0 gramas de NaCl (massa molar $= 58{,}5\ g \cdot mol^{-1}$) de acordo com a Equação I e forneça a equação global que expressa a formação de hipoclorito a partir da eletrólise da solução de cloreto.

Exercícios adicionais

Seu(sua) professor(a) indicará quais exercícios deste bloco você deve fazer.

20. (PUC-Campinas-SP) O ferro galvanizado (ferro recoberto por camada de zinco) pode ser obtido mergulhando-se o ferro em banho de zinco metálico fundido, ou, então, por eletrodeposição, em que:

I. no cátodo, ocorre a redução do Zn^{2+}.

II. na cuba eletrolítica, o banho deve conter um composto de zinco.

III. o ânodo é constituído por peças de ferro.

Dessas afirmações, SOMENTE:

a) I é correta.

b) II é correta.

c) III é correta.

d) I e II são corretas.

e) II e III são corretas.

21. (Unicamp-SP) Um processo de purificação de cobre metálico consiste em se passar uma corrente elétrica por uma solução aquosa de sulfato de cobre (II), de cor azul, durante um determinado intervalo de tempo. Nessa solução são mergulhados dois eletrodos de cobre metálico, sendo um de cobre impuro. No transcorrer do processo, o cobre metálico vai se depositando sobre um dos eletrodos, ficando livre das impurezas. O desenho mostra esquematicamente a situação no início do processo.

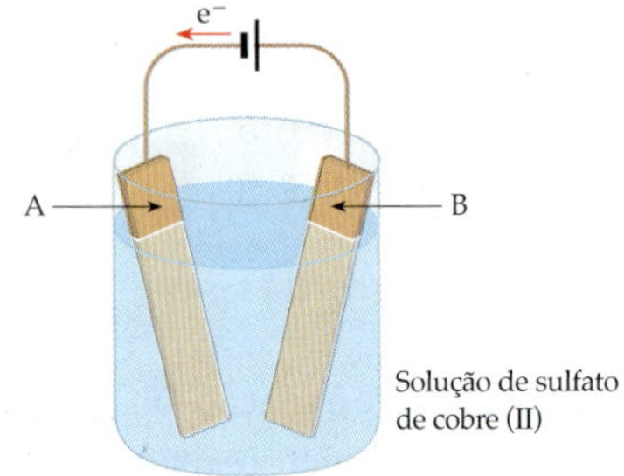

a) Em qual dos eletrodos, A ou B, se depositará cobre metálico purificado? Justifique.

b) A intensidade da cor azul é diretamente proporcional à concentração de Cu^{2+} na solução. Com base nessa informação e no processo de purificação descrito anteriormente, responda se ao final do experimento a intensidade da cor azul terá aumentado, permanecido igual ou diminuído em relação à cor inicial. Justifique.

22. (UFC-CE-modificado) Estabeleça a associação entre o que é afirmado em I, II, III e IV e os gráficos 1, 2, 3 e 4, tendo em vista a variação com o tempo da propriedade indicada em negrito.

I. **O volume de dióxido de carbono**, CO_2, liberado durante a reação de carbonato de cálcio, $CaCO_3$, com ácido clorídrico, HCl.

II. **A massa** total do sistema quando se efetua uma reação química em ambiente fechado.

III. **A massa de óxido de chumbo**, PbO, quando aquecida em corrente de hidrogênio, H_2.

IV. **A massa do cátodo de cobre**, Cu, durante a eletrólise da solução de sulfato de cobre, $CuSO_4$, com eletrodo de cobre e corrente constante.

1.

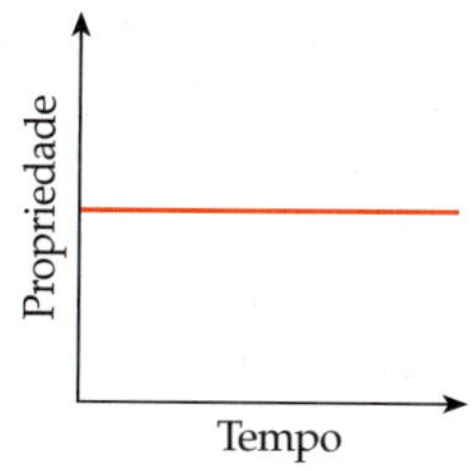

3.

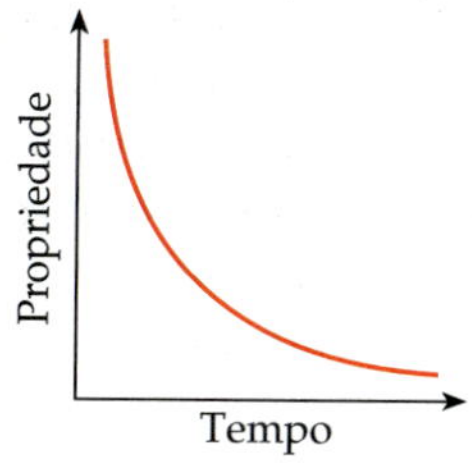

2.

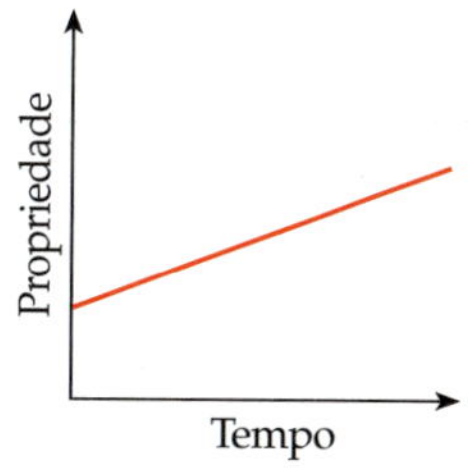

4.

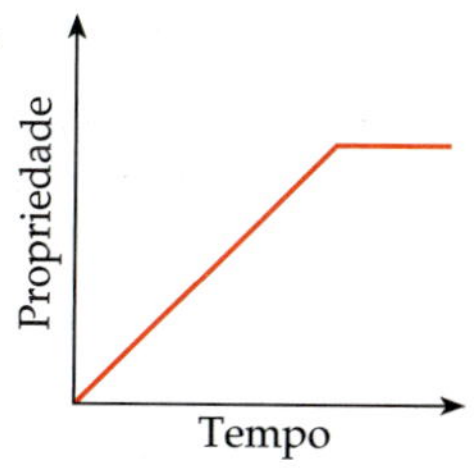

Assinale a opção em que está correta a sequência das associações.

a) I.2, II.1, III.4, IV.3

b) I.4, II.1, III.2, IV.3

c) I.2, II.3, III.1, IV.4

d) I.4, II.1, III.3, IV.2

e) I.3, II.4, III.2, IV.1

7 Noções de metalurgia

Na superfície da Terra há uma imensa variedade de substâncias formadas ao longo de milhares de anos pela natureza não viva. Essas substâncias são chamadas de **minerais**. O termo **minério** designa um mineral a partir do qual é economicamente viável a extração de um elemento químico de interesse, como, por exemplo, um metal.

- **Metalurgia** é a sequência de processos que visa obter um metal a partir do minério correspondente*.

Os metais possuem, de modo geral, alta tendência a doar elétrons. Assim, eles são frequentemente encontrados em seus minérios com número de oxidação positivo, e, para que se possa obter o metal (isto é, a substância simples formada por esse metal) a partir do minério, é necessário que ele sofra uma **redução**. Perceba que se trata exatamente do contrário da corrosão, um processo natural que tende a oxidar os metais.

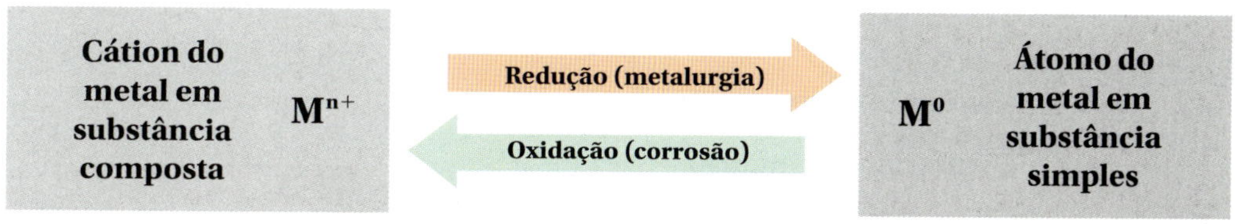

* O leitor encontrará mais informações a respeito do que é abordado neste item no livro paradidático: CANTO, E. L. *Minerais, minérios, metais. De onde vêm? Para onde vão?* 2. ed. São Paulo: Moderna, 2004.

7.1 Metalurgia e potenciais de redução

Consultando uma tabela de potenciais de redução, é possível entender por que alguns metais como ouro, prata, mercúrio e cobre são encontrados como substâncias simples na natureza (no chamado estado nativo), enquanto outros são encontrados apenas na forma de substâncias compostas (combinados com outros elementos).

	Semirreação	E° (V)
Obtidos por meio da redução por eletrólise ígnea	$Li^{+} + e^{-} \rightleftarrows Li^{0}$	−3,05
	$K^{+} + e^{-} \rightleftarrows K^{0}$	−2,94
	$Ca^{2+} + 2e^{-} \rightleftarrows Ca^{0}$	−2,87
	$Na^{+} + e^{-} \rightleftarrows Na^{0}$	−2,71
	$Mg^{2+} + 2e^{-} \rightleftarrows Mg^{0}$	−2,36
	$Al^{3+} + 3e^{-} \rightleftarrows Al^{0}$	−1,68
Obtidos por meio da redução do minério utilizando C, CO ou Al^{0} como agente redutor	$Zn^{2+} + 2e^{-} \rightleftarrows Zn^{0}$	−0,76
	$Cr^{3+} + 3e^{-} \rightleftarrows Cr^{0}$	−0,74
	$Pb^{2+} + 2e^{-} \rightleftarrows Pb^{0}$	−0,13
	$Fe^{3+} + 3e^{-} \rightleftarrows Fe^{0}$	−0,04
	$Sn^{4+} + 4e^{-} \rightleftarrows Sn^{0}$	+0,01
	$Mn^{4+} + 4e^{-} \rightleftarrows Mn^{0}$	+0,03
Encontrados livres na natureza ou facilmente obtidos a partir dos minérios	$Cu^{+} + e^{-} \rightleftarrows Cu^{0}$	+0,52
	$Hg^{2+} + 2e^{-} \rightleftarrows Hg^{0}$	+0,79
	$Ag^{+} + e^{-} \rightleftarrows Ag^{0}$	+0,80
	$Au^{3+} + 3e^{-} \rightleftarrows Au^{0}$	+1,42

Aumenta a tendência de o íon sofrer redução

Aumenta a nobreza do metal

Aumenta o potencial de redução (E°)

7.2 Ouro, platina, prata, mercúrio e cobre

Esses são **metais nobres**, isto é, têm baixa tendência a sofrer oxidação.

Por isso, são encontrados na natureza na forma de substâncias simples. Nesse caso, a redução é desnecessária, executando-se apenas a purificação para remover as impurezas que porventura acompanhem o metal.

Prata, cobre e mercúrio, além de serem encontrados no estado nativo, podem também ser encontrados na forma de minérios, os sulfetos Ag_2S (argentita), Cu_2S (calcosita) e HgS (cinábrio). Nesse caso, os metais podem ser facilmente obtidos a partir da ustulação dos minérios.

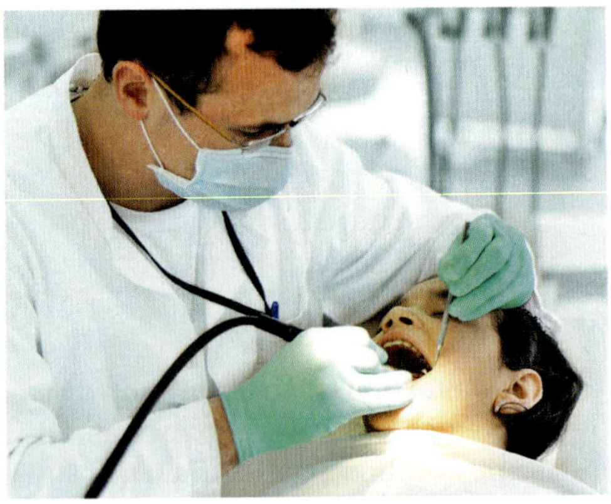

ZURIJETA/SHUTTERSTOCK

▲ Restaurações dentárias podem ser feitas com determinados metais nobres, pois não sofrem corrosão pela saliva e pelos alimentos ácidos.

- **Ustulação** é o nome dado ao aquecimento de um sulfeto na presença de O_2, também conhecido como "queima do sulfeto".

$$Ag_2S + O_2 \xrightarrow{\Delta} 2\,Ag + SO_2$$ **Ustulação da argentita**

$$HgS + O_2 \xrightarrow{\Delta} Hg + SO_2$$ **Ustulação do cinábrio**

O mercúrio é utilizado para fabricar termômetros e amálgama para restaurações dentárias (mistura de Ag e outros metais com Hg). Ouro, prata e cobre são usados na confecção de joias, pois apresentam baixa tendência a se oxidar (sobretudo o ouro). Fios elétricos são fabricados com cobre, já que ele é um bom condutor de corrente elétrica.

7.3 Ferro, estanho, zinco e chumbo

Esses metais não são nobres como os anteriores e, por essa razão, não se encontram livres na natureza. Assim, é necessário utilizar um **agente redutor** para obtê-los a partir de seus minérios. O monóxido de carbono (CO) é o agente redutor geralmente empregado. Carvão (C) também é utilizado.

No caso da obtenção do ferro a partir da hematita (Fe_2O_3), a reação pode ser equacionada do seguinte modo:

$$Fe_2O_3 + 3\,CO \xrightarrow{\Delta} 2\,Fe + 3\,CO_2$$ **O CO atua como agente redutor**

Siderurgia é o ramo da indústria metalúrgica que visa obter ferro metálico a partir de seus minérios. A reação é executada nos **altos-fornos** siderúrgicos (o nome se deve à altura do forno). Neles, é despejada uma mistura de coque (carvão com alto teor de carbono), minério de ferro e calcário ($CaCO_3$). A combustão do coque produz CO, que reduz o minério de ferro. O calcário sofre decomposição, produzindo CaO, que reage com as impurezas do minério, fazendo-as flutuar no ferro fundido.

O ferro que sai do forno chama-se **ferro-gusa** ou **ferro fundido** (mesmo depois de solidificado mantém esse nome). Contém cerca de 5% de carbono, sendo, por esse motivo, muito quebradiço. Após sofrer um processo de purificação, pode chegar até cerca de 0,2% de carbono e recebe o nome de **ferro doce**. O ferro com até cerca de 1,5% de carbono é chamado de **aço**. Trata-se da liga metálica mais usada por nossa civilização.

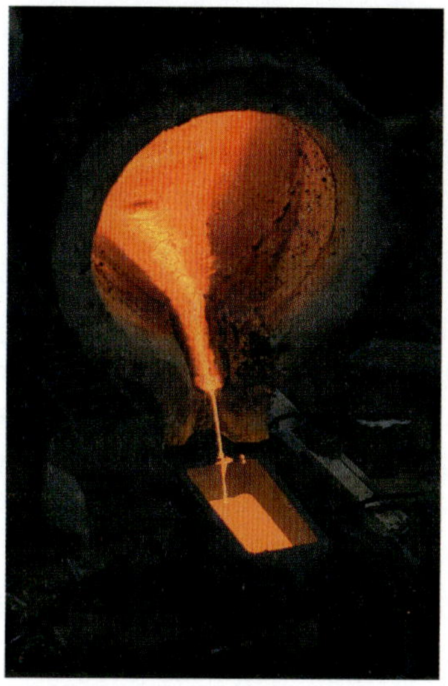

GEOFFREY KUCHERA/SHUTTERSTOCK

◀ Ferro líquido recém-produzido, incandescente graças à alta temperatura.

- **Aço** é uma liga de ferro e carbono.

A obtenção do estanho é feita a partir da cassiterita (SnO_2) e segue o mesmo caminho da obtenção do ferro: redução do SnO_2 com CO. Já no caso do zinco, extraído da blenda (ZnS), antes de executar a redução com CO, é necessário executar a ustulação, que transforma o sulfeto em óxido:

$$ZnS + \frac{3}{2}\,O_2 \xrightarrow{\Delta} ZnO + SO_2$$ **A ustulação converte sulfeto em óxido...**

$$ZnO + CO \xrightarrow{\Delta} Zn + CO_2$$ **... que é reduzido por ação do CO**

O chumbo é obtido a partir da galena (PbS) da mesma maneira: ustulação seguida de redução com monóxido de carbono.

O ferro é o metal mais importante para nossa civilização, pois possui inúmeras utilizações, principalmente na forma de aço, em ferramentas, utensílios, motores, chapas, construção civil etc.

O estanho é utilizado sob a forma de **folha de flandres** ou **lata** (chapa de ferro revestida de estanho) e **bronze** (liga de estanho e cobre).

O zinco forma uma liga com cobre chamada de **latão**. É também empregado no revestimento do ferro (galvanização), protegendo-o da corrosão. Tubos de ferro galvanizado eram muito usados em encanamentos domésticos antes do surgimento dos tubos plásticos de PVC.

Baterias de automóvel são fabricadas com chumbo. A solda usada em eletrônica é uma liga de chumbo e estanho.

MARCO MAYER/SHUTTERSTOCK

▲ O latão é uma liga de cobre e zinco usada, por exemplo, para fazer instrumentos musicais.

7.4 Cromo e manganês

Esses dois metais se assemelham muito a ferro, estanho, zinco e chumbo no que diz respeito ao fato de não serem nobres e de necessitarem de um agente redutor para sua obtenção.

No entanto, de modo indesejável, eles ficam contaminados com altos teores do carvão utilizado para a redução. A operação de purificação para eliminar o carvão torna o processo de obtenção desses metais muito caro.

Uma maneira alternativa para obtê-los é por meio da chamada **aluminotermia** ou **reação aluminotérmica.** O nome dessa reação vem das palavras alumínio, o agente redutor usado, e *thermos*, que, em grego, significa "calor". A reação libera muita energia nas formas de luz e calor.

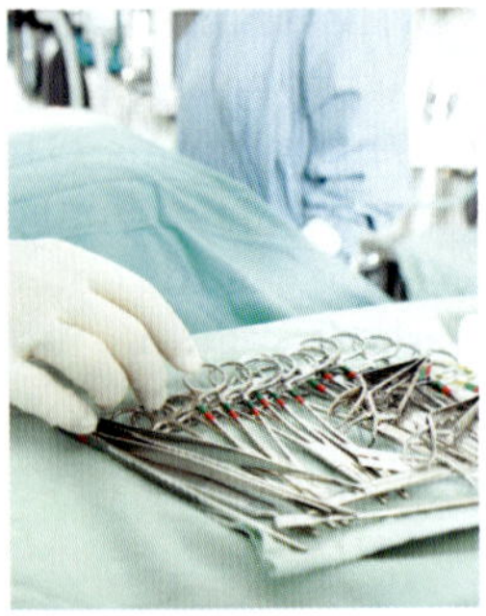
TYLER OLSON/SHUTTERSTOCK

▲ Instrumentos cirúrgicos de aço inox, material no qual estão presentes níquel e cromo, além de ferro e carbono (aço).

- **Aluminotermia** consiste na redução do metal (na forma de óxido) utilizando alumínio metálico como redutor.

O cromo (ou crômio) é obtido por aluminotermia usando o óxido de cromo (III), proveniente do minério cromita ($FeO \cdot Cr_2O_3$):

$$Cr_2O_3 + 2\,Al \xrightarrow{\Delta} 2\,Cr + Al_2O_3$$

O agente redutor é o alumínio

O manganês é obtido a partir da pirolusita (MnO_2) pelo mesmo processo: o alumínio se oxida a Al_2O_3 e o MnO_2 se reduz a manganês metálico.

Muitos aços especiais contêm cromo. Entre eles o mais conhecido é o **aço inox** (aço inoxidável). O manganês, em mistura com o aço, torna-o duro e resistente ao desgaste, sendo apropriado à fabricação de certas ferramentas, trituradoras, colheitadeiras, trilhos etc.

7.5 Alcalinos, alcalinoterrosos e alumínio

Metais como sódio (alcalino), magnésio (alcalinoterroso) e alumínio possuem baixos potenciais de redução, ou seja, **não são facilmente reduzidos**. Não se conhece um agente redutor barato que provoque sua redução. O meio mais econômico de obtê-los é forçar a **redução utilizando uma corrente elétrica**, ou seja, executando uma eletrólise.

$$Na^+ + e^- \rightarrow Na^0$$
$$Mg^{2+} + 2\,e^- \rightarrow Mg^0$$
$$Al^{3+} + 3\,e^- \rightarrow Al^0$$

Semirreações catódicas na eletrólise ígnea

FABIO COLOMBINI

▲ Alumínio líquido saindo do compartimento em que foi produzido por eletrólise ígnea.

No entanto, é necessário que essas eletrólises sejam ígneas, pois, de acordo com o que já aprendemos, em meio aquoso os íons H^+ têm maior facilidade de descarga que os íons Na^+, Mg^{2+} e Al^{3+}.

Assim, sódio e magnésio são obtidos por eletrólise ígnea de NaCl e $MgCl_2$, provenientes da água do mar. O alumínio é obtido por eletrólise ígnea da alumina (Al_2O_3), que, por sua vez, é obtida a partir do minério bauxita ($Al_2O_3 \cdot n\,H_2O$ + impurezas).

Ligas de magnésio e alumínio são leves e resistentes, sendo usadas na fabricação de rodas e na carcaça de aeronaves. O alumínio vem ganhando cada vez mais destaque em nossa civilização, sendo usado para a fabricação de panelas, portões, janelas, boxes para banheiro, antenas de tevê etc.

SÉRGIO DOTTA JR./CID

◄ Ⓐ Bauxita
Ⓑ Alumina
Ⓒ Alumínio

Biblioteca do estudante
Texto complementar:
Processo de Héroult e Hall

Exercícios essenciais

A critério do(a) professor(a) esta lista de exercícios poderá ser realizada em classe ou em casa.

23. Podemos dividir os metais em três grupos, usando como critério a tendência para sofrer oxidação, propriedade intimamente relacionada à dificuldade de obter o metal a partir de substâncias naturais.

Ag, Al, Au, Cr, Cu, Fe, Hg, K,
Mg, Mn, Na, Pb, Pt, Sn, Zn

Classifique cada metal dessa lista em um dos seguintes grupos:

1. Metais com baixa tendência a sofrer oxidação. Ocorrem como substância simples ou são obtidos a partir de minérios por redução relativamente fácil.
2. Metais com alta tendência a sofrer oxidação. Por isso, são obtidos por redução mediante eletrólise ígnea.
3. Metais com caráter razoavelmente intermediário entre os dos dois grupos anteriores. Sua obtenção é feita pela redução de minérios com redutores como carvão, monóxido de carbono ou alumínio.

24. As equações abaixo foram apresentadas no item 7.2 e se referem à ustulação da argentita e do cinábrio. Identifique os elementos que sofrem redução e oxidação nesses processos:

a) $Ag_2S + O_2 \xrightarrow{\Delta} 2\,Ag + SO_2$

b) $HgS + O_2 \xrightarrow{\Delta} Hg + SO_2$

25. A reação equacionada a seguir permite a obtenção de ferro em um alto-forno de indústria siderúrgica:

$$Fe_2O_3 + 3\,CO \xrightarrow{\Delta} 2\,Fe + 3\,CO_2$$

a) Que elemento está sofrendo redução?

b) Que substância atua como agente redutor?

ROGÉRIO REIS/PULSAR IMAGENS

▲ Indústria siderúrgica.

26. A obtenção do estanho é feita por redução da cassiterita (SnO_2), utilizando o monóxido de carbono como agente redutor.

ARNOLD FISHER/SCIENCE PHOTO LIBRARY/LATINSTOCK

▲ Cassiterita.

a) Equacione essa reação.

b) Como se chama a liga de estanho e cobre?

27. A obtenção de zinco a partir da blenda ocorre por intermédio de duas reações químicas:

I. $ZnS + \frac{3}{2}O_2 \xrightarrow{\Delta} ZnO + SO_2$

II. $ZnO + CO \xrightarrow{\Delta} Zn + CO_2$

a) Na etapa I, o zinco está sofrendo oxidação ou redução?

b) Na etapa II, o zinco está sofrendo oxidação ou redução?

c) Como se chama o ferro revestido de zinco?

d) A liga de zinco e cobre é usada para fazer torneiras e instrumentos musicais. Qual é o nome dela?

28. Para se obter chumbo a partir da galena (PbS) são necessárias duas etapas:

I. Ustulação desse minério fornecendo óxido de chumbo (II) e dióxido de enxofre.

II. Redução de óxido de chumbo (II) com monóxido de carbono.

Equacione ambas as etapas.

29. Conforme mostrado no item 7.4, a obtenção do cromo por aluminotermia é equacionada como:

$$Cr_2O_3 + 2\,Al \xrightarrow{\Delta} 2\,Cr + Al_2O_3$$

a) O cromo está sofrendo oxidação ou redução?

b) Que substância age como redutor nesse processo?

30. Quando a reação aluminotérmica é executada com a pirolusita (MnO_2), obtêm-se manganês metálico e óxido de alumínio. Equacione essa reação.

Comentário dos autores:

Se necessário, utilize o método da oxirredução para balancear a equação.

31. Quando o óxido de ferro (III) e o alumínio metálico reagem, é liberada grande quantidade de energia e a temperatura pode chegar a 3.000 °C. É uma reação aluminotérmica conhecida como **reação termite**.

Esse processo (que não é utilizado industrialmente para obter ferro metálico) é empregado por operários para soldar trilhos de trem e por ladrões para abrir buracos em cofres.

Equacione a reação em questão.

32. Qual é a diferença entre bauxita, alumina e alumínio?

33. Fábricas de alumínio só se instalam em locais onde a energia elétrica é barata. Você tem alguma explicação para isso?

Exercícios adicionais

Seu(sua) professor(a) indicará quais exercícios deste bloco você deve fazer.

34. (UFABC) As lâmpadas incandescentes, embora durem menos e apresentem maior consumo de energia elétrica do que as fluorescentes compactas, ainda são muito utilizadas. A ilustração seguinte mostra alguns componentes de uma lâmpada comum incandescente:

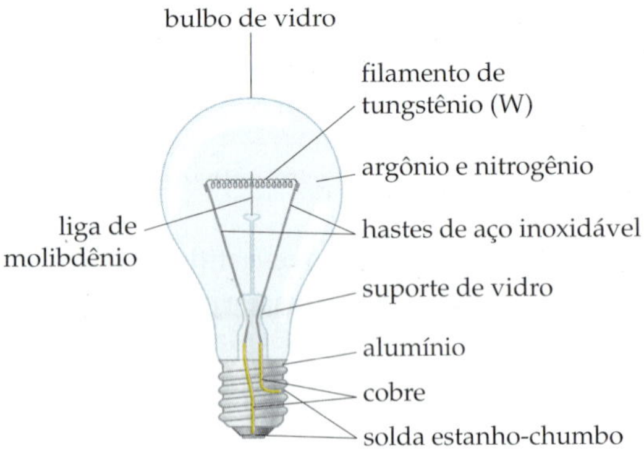

a) Entre os materiais componentes da lâmpada incandescente indicados na figura:

— qual é o obtido industrialmente por fusão de areia e carbonato de sódio?

— qual é o obtido industrialmente a partir da bauxita?

— qual é o constituído por átomos isolados, não combinados entre si?

— qual é o constituído por moléculas diatômicas?

b) A troca da atmosfera do interior do bulbo da lâmpada por oxigênio inviabilizaria sua utilização, pois a lâmpada se acenderia rapidamente e logo ficaria "queimada". Por quê?

35. (Fuvest-SP) As etapas finais de obtenção do cobre a partir da calcosita, Cu_2S, são, sequencialmente:

I. ustulação (aquecimento ao ar).

II. refinação eletrolítica (esquema abaixo).

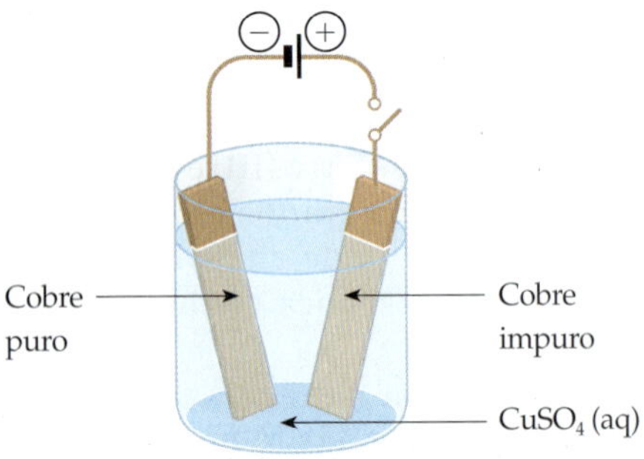

a) Escreva a equação da ustulação da calcosita.

b) Descreva o processo da refinação eletrolítica, mostrando o que ocorre em cada um dos polos ao se fechar o circuito.

c) Reproduza no caderno o esquema dado e indique nele o sentido do movimento dos elétrons no circuito e o sentido do movimento dos íons na solução, durante o processo de eletrólise.

EFFE45/SHUTTERSTOCK

▲ Cobre com pureza superior a 99,9% é usado em fiação elétrica. O refino eletrolítico do cobre é um dos temas da questão 35.

36. (UFS-SE) Considere os processos de obtenção de alumínio a partir da alumina (Al_2O_3) e de ferro a partir da hematita (Fe_2O_3). Ambos:

I. envolvem oxirredução;

II. utilizam eletrólise;

III. requerem utilização de energia.

É correto afirmar SOMENTE:

a) I

b) II

c) III

d) I e II

e) I e III

37. (Mackenzie-SP)

País	Reserva de minério de ferro (10^6 kg/m^3)	Produção de ferro-aço bruto (10^6 kg/m^3)
I	20.000	240.238
II	15	2
III	192.326	8.470
IV	7.500	30

Observando-se a tabela acima, deduz-se que o país:

a) IV deve ser grande exportador mundial de ferro-aço bruto.

b) III pode ser grande exportador de minério de ferro.

c) I, embora não importe minério de ferro, é grande exportador de ferro-aço bruto.

d) II deve ser grande importador de minério de ferro.

e) III deve ser grande importador de minério de ferro.

8 Estequiometria das reações eletroquímicas

8.1 Carga elétrica (Q)

Em Química, é comum empregarmos a carga do próton (a que se atribui o valor "+1") e a do elétron (a que se atribui "−1") como referências para expressar a carga de íons. Assim, por exemplo, o cátion Na^+ apresenta carga igual à de um próton, o cátion Ca^{2+} tem carga igual à de dois prótons, o ânion Cl^- possui carga igual à de um elétron, e assim por diante.

Para expressar a grandeza **carga elétrica**, simbolizada neste livro por Q, de um corpo qualquer — incluindo a de prótons, elétrons e íons —, é usada a unidade **coulomb**, do Sistema Internacional de Unidades, simbolizada por **C**.

Expressa em coulombs, a carga de um elétron é $-1{,}6 \cdot 10^{-19}$ C e a de um próton é $+1{,}6 \cdot 10^{-19}$ C. Note que ambas têm o mesmo valor em módulo, mas apresentam sinais opostos. **Nas discussões a seguir, estaremos interessados no módulo da carga elétrica que atravessa um circuito, ignorando seu sinal.**

8.2 Corrente elétrica (i)

A grandeza **corrente elétrica**, simbolizada por **i**, é definida como a carga elétrica que atravessa a seção transversal de um circuito (isto é, a carga que passa por um "corte imaginário" perpendicular à direção de propagação da corrente elétrica nesse circuito) dividida pelo intervalo de tempo (Δt).

A unidade do Sistema Internacional usada para expressar corrente elétrica é o **ampère**, simbolizado por **A**, definido como C/s (coulomb por segundo).

Em palavras mais simples, dizer que uma corrente de 1 A (um ampère) passa por um circuito significa dizer que a carga de 1 C (um coulomb) passa por ele em um intervalo de 1 s (um segundo).

O aparelho usado para medir a corrente elétrica é o **amperímetro**, que fornece o resultado da medida em ampères. O amperímetro mede, portanto, quantos coulombs de carga passam por ele a cada segundo.

Para saber a carga elétrica que atravessa um circuito durante certo tempo, basta multiplicar a corrente elétrica (em A) pelo intervalo de tempo (em s).

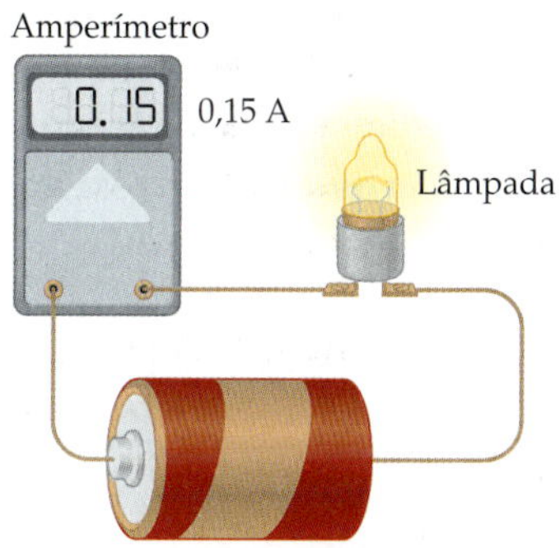

▲ O amperímetro mede a corrente elétrica, em ampères, que passa por um circuito. Com esse aparelho e um cronômetro, podemos fazer as medidas necessárias ao cálculo da carga elétrica que atravessa o circuito, como discutido ao lado.

Em palavras: **A carga elétrica, em coulombs, que passa por um circuito pode ser calculada multiplicando-se a corrente elétrica, em ampères, pelo intervalo de tempo, em segundos.**

Em equação: $$Q = i \cdot \Delta t$$

Assim, usando-se um amperímetro e um cronômetro, pode-se determinar a carga elétrica que sai de um eletrodo, ou que chega a ele, durante uma eletrólise.

8.3 A Constante de Faraday (F)

Entre 1909 e 1913, o físico inglês Robert Andrews Millikan (1863-1953) e sua equipe determinaram, por meio de complexos experimentos, o valor do módulo da carga do elétron, $1{,}60218 \cdot 10^{-19}$ C.

Utilizando esse valor e a Constante de Avogadro ($6{,}02214 \cdot 10^{23}$ mol^{-1}), podemos calcular o módulo da carga de 1 mol de elétrons:

Número de e^-		**Carga elétrica**
1	—	$1{,}60218 \cdot 10^{-19}$ C
$6{,}02214 \cdot 10^{23}$ mol^{-1}	—	F

$$\Rightarrow \quad F = 9{,}6485 \cdot 10^4 \text{ C} \cdot mol^{-1}$$

Assim, $9,6485 \cdot 10^4$ C (valor frequentemente "arredondado" para 96.500 C) é a carga total transportada por 1 mol de elétrons, denominada **Constante de Faraday** (F), em homenagem ao inglês Michael Faraday.

- O módulo da carga elétrica de **um mol de elétrons** ($9,65 \cdot 10^4$ C $\cdot$ mol^{-1}) é conhecido como **Constante de Faraday** e simbolizado por **F**.

8.4 A Lei de Faraday

Investigando a relação entre a quantidade de carga que passa por um circuito elétrico em que ocorre uma eletrólise e as quantidades de substâncias produzidas nos eletrodos, Michael Faraday enunciou uma lei que, em linguagem química **moderna**, poderia ser assim enunciada:

- A massa de substância produzida em um eletrodo é proporcional à carga elétrica que circula na cela eletrolítica e à massa molar dessa substância.

Essa lei, conhecida como **Lei de Faraday**, pode ser compreendida como uma decorrência da proporcionalidade estequiométrica que existe entre a quantidade, em mols, de elétrons que chega ou sai de um eletrodo e a quantidade, em mols, da substância nele formada.

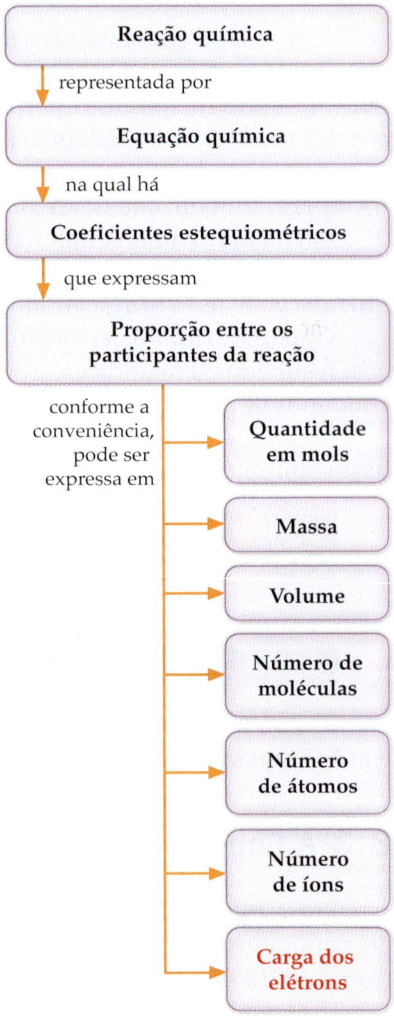

Veja os seguintes exemplos de semirreações de descarga em **eletrólise**:

$1\ Ag^+$	+	$1\ e^-$	→	$1\ Ag^0$
1 mol de Ag^+ é reduzido por...		**... 1 mol de e^-...**		**... produzindo 1 mol de Ag^0**
$1\ Cu^{2+}$	+	$2\ e^-$	→	$1\ Cu^0$
1 mol de Cu^{2+} é reduzido por...		**... 2 mol de e^-...**		**... produzindo 1 mol de Cu^0**
$1\ Al^{3+}$	+	$3\ e^-$	→	$1\ Al^0$
1 mol de Al^{3+} é reduzido por...		**... 3 mol de e^-...**		**... produzindo 1 mol de Al^0**

Assim, nesses exemplos, podemos afirmar que:

- A carga de 1 mol de e^- (1 F), passando pelo circuito, deposita 1 mol de Ag, isto é, 108 g de Ag.
- A carga de 2 mol de e^- (2 F), passando pelo circuito, deposita 1 mol de Cu, isto é, 63,5 g de Cu.
- A carga de 3 mol de e^- (3 F), passando pelo circuito, deposita 1 mol de Al, isto é, 27,0 g de Al.

O mesmo tipo de raciocínio pode ser empregado nos processos que ocorrem nos eletrodos de uma pilha.

Considere, por exemplo, as semirreações equacionadas a seguir, que podem ocorrer no ânodo de **pilhas**:

$1\ Zn^0$	→	$2\ e^-$	+	$1\ Zn^{2+}$
1 mol de Zn^0 é oxidado e perde...		**... 2 mol de e^-...**		**... produzindo 1 mol de Zn^{2+}**
$1\ Cr^0$	→	$3\ e^-$	+	$1\ Cr^{3+}$
1 mol de Cr^0 é oxidado e perde...		**... 3 mol de e^-...**		**... produzindo 1 mol de Cr^{3+}**

Assim, nesses exemplos, podemos afirmar que:

- A carga de 2 mol de e^- (2 F), passando pelo circuito, oxida 1 mol de Zn, isto é, 65,4 g de Zn.
- A carga de 3 mol de e^- (3 F), passando pelo circuito, oxida 1 mol de Cr, isto é, 52,0 g de Cr.

Assim, embora a Lei de Faraday tenha sido proposta para processos de eletrólise, ela pode ser generalizada para também englobar processos que acontecem nos eletrodos de pilhas:

- A massa de substância produzida ou consumida em um eletrodo de uma cela eletroquímica (pilha ou eletrólise) relaciona-se, por meio de uma proporção estequiométrica, com a quantidade de elétrons envolvidos na semirreação desse eletrodo. Os elétrons, por sua vez, relacionam-se com a carga elétrica total que atravessa o circuito elétrico.

Biblioteca do estudante
Texto complementar:
Michael Faraday

O mapa conceitual da página anterior relaciona conceitos envolvidos na estequiometria, incluindo, entre eles, a carga dos elétrons transferidos em um processo de oxirredução.

8.5 Exemplo envolvendo uma eletrólise

Um técnico encarregado de uma indústria de eletrodeposição (galvanoplastia) deseja depositar, em uma peça metálica, um revestimento de 11,74 g de níquel, em um processo de niquelação realizado com corrente de 96,5 A.

Já sabemos que tal peça será o cátodo em uma eletrólise contendo cátions Ni^{2+} em solução aquosa. Sabemos também que a semirreação que ocorre no cátodo é assim equacionada:

$$Ni^{2+}(aq) + 2\,e^- \rightarrow Ni(s)$$

Essa equação mostra que são necessários 2 mol de elétrons para depositar 1 mol de níquel cuja massa (consultando a tabela periódica) é 58,7 g.

Não há, contudo, um modo de medir diretamente quantos elétrons passam por um circuito elétrico, mas há como medir a corrente elétrica e o tempo. Além disso, sabemos que a carga de 1 mol de elétrons é 96.500 C (1 F).

Assim, na estequiometria de uma semirreação, podemos incluir a carga, em coulombs, dos elétrons envolvidos nessa semirreação.

A peça metálica (cátodo), na qual serão depositados 11,74 g de níquel, estará imersa em uma cuba eletrolítica; a corrente elétrica que atravessa o circuito, medida com o auxílio de um amperímetro, apresenta o valor de 96,5 A. Só resta saber por quanto tempo (Δt) a eletrólise deve ocorrer para que a massa desejada de níquel se deposite sobre a peça.

Inicialmente, vamos determinar a carga, em coulombs, que deve atravessar o circuito da eletrólise para produzir 11,74 g de níquel:

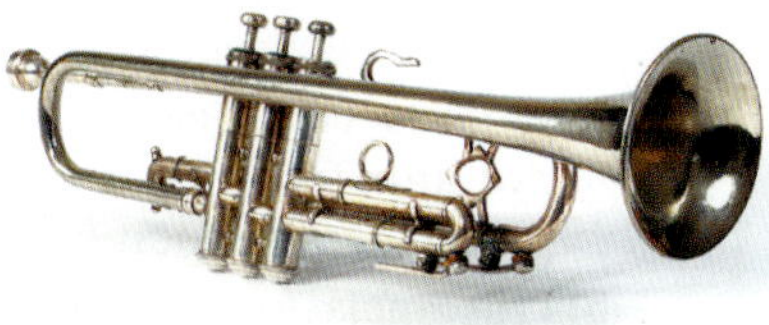

▲ Instrumentos musicais de sopro, feitos de latão, podem receber um revestimento de níquel.

	$Ni^{2+}(aq) + 2\,e^-$	→	$Ni(s)$
Proporção:	**2 mol**		**1 mol**
	A carga de 2 mol de elétrons é 2 F ↓		↓ **A massa de 1 mol de Ni é 58,7 g**
Grandezas envolvidas:	**Carga**		**Massa**

$$\left.\begin{array}{lcl} 2 \cdot 96.500\,C & \text{———} & 58{,}7\,g \\ Q & \text{———} & 11{,}74\,g \end{array}\right\} \Rightarrow Q = 3{,}86 \cdot 10^4\,C$$

Então, já sabemos que deve passar pelo circuito a carga de $3{,}86 \cdot 10^4$ C.

Finalmente, como sabemos também o valor da corrente elétrica (96,5 A), podemos determinar o tempo necessário:

$$Q = i \cdot \Delta t \Rightarrow 3{,}86 \cdot 10^4\,C = 96{,}5\,A \cdot \Delta t \Rightarrow \Delta t = 400\,s$$

Assim, a corrente elétrica deve atravessar o circuito por quatrocentos segundos a fim de que se deposite a massa de 11,74 g de níquel sobre a peça que se deseja niquelar.

8.6 Exemplo envolvendo uma pilha

Uma pilha seca comum é usada para fazer funcionar uma boneca que entoa cantigas de ninar. Quando o brinquedo permanece ligado, a pilha fornece a corrente de 0,100 A. O polo negativo da pilha (ânodo), que emite elétrons para a parte externa do circuito, é constituído por zinco metálico, que se oxida de acordo com a semirreação assim equacionada:

$$Zn\,(s) \rightarrow 2\,e^- + Zn^{2+}\,(aq)$$

Qual é o desgaste sofrido por esse ânodo (ou seja, qual é a massa de zinco que sofre oxidação) quando a boneca permanece ligada por uma hora?

A ideia envolvida na resolução é semelhante à empregada no caso da eletrólise: realizar um cálculo estequiométrico relacionando a massa de um participante (zinco, no caso) com a carga dos elétrons envolvidos na semirreação.

Inicialmente, calculamos a carga total que atravessa o circuito durante uma hora (3.600 s) de funcionamento do brinquedo:

$$Q = i \cdot \Delta t \quad \Rightarrow \quad Q = 0{,}100\,A \cdot 3.600\,s \quad \Rightarrow \quad Q = 360\,C$$

A seguir, realizamos o cálculo estequiométrico relacionando carga e massa:

	$Zn\,(s)$	$\rightarrow$	$2\,e^- + Zn^{2+}\,(aq)$
Proporção:	**1 mol**		**2 mol**
	A massa de 1 mol de Zn é 65,4 g ↓		↓ **A carga de 2 mol de elétrons é 2 F**
Grandezas envolvidas:	**Massa**		**Carga**
	65,4 g	——	2 · 96.500 C
	m	——	360 C

$$\left.\begin{array}{l} 65{,}4\,g \text{ —— } 2 \cdot 96.500\,C \\ m \text{ —— } 360\,C \end{array}\right\} \quad m = 0{,}122\,g$$

Assim, o ânodo de zinco sofre um desgaste de 0,122 g (ou 122 mg) durante o período de uma hora de funcionamento do brinquedo.

Corrente (ampères) e tempo
↕
Quantidade de carga (coulombs)
↕
Quantidade de matéria de elétrons
↕
Quantidade de matéria de substância oxidada ou reduzida
↕
Massa de substância oxidada ou reduzida

▲ Etapas que relacionam a quantidade de carga elétrica usada na eletrólise ou na pilha às quantidades de substâncias oxidadas ou reduzidas.

Biblioteca do estudante
Informe-se sobre a Química:
A importância de reciclar o alumínio

Visão do especialista

Revisão

Exercícios essenciais

A critério do(a) professor(a) esta lista de exercícios poderá ser realizada em classe ou em casa.

38. (Cefet-CE) Com base nos conceitos de eletroquímica, é **falso** afirmar que:

a) Em uma célula eletrolítica, a corrente é fornecida por uma fonte externa e usada para forçar uma reação não espontânea.

b) O potencial fornecido a uma célula eletrolítica deve ser, no mínimo, da dimensão do potencial da reação a ser revertida.

c) De acordo com a lei de Faraday da eletrólise, o número de mols de produto formado por uma corrente é o dobro do número de mols de elétrons fornecidos.

d) A constante de Faraday, F, é a magnitude de carga contida em um mol de elétrons.

e) Um eletrodo é escrito representando-se por barras (/) as interfaces entre as fases. Um diagrama de célula mostra o arranjo físico das espécies e interfaces, com a ponte salina indicada por duas barras (//).

39. (UFABC) A superfície de uma peça metálica foi cromada por meio de eletrólise de 500 mL de uma solução aquosa, contendo íons Cr^{3+} em concentração de 0,1 mol/L.

a) Escreva a equação da semirreação em que íons de cromo são transformados em cromo metálico.

b) Sendo 1 faraday a carga elétrica de 1 mol de elétrons, e considerando rendimento de 100%, que carga elétrica é necessária para eletrolisar todo o cromo presente na solução?

40. (Enem-MEC) A eletrólise é muito empregada na indústria com o objetivo de reaproveitar parte dos metais sucateados. O cobre, por exemplo, é um dos metais com maior rendimento no processo da eletrólise, com uma recuperação de aproximadamente 99,9%. Por ser um metal de alto valor comercial e de múltiplas aplicações, sua recuperação torna-se viável economicamente.

Suponha que, em um processo de recuperação de cobre puro, tenha-se eletrolisado uma solução de sulfato de cobre (II) ($CuSO_4$) durante 3 h, empregando-se uma corrente elétrica de intensidade igual a 10 A. A massa de cobre puro recuperada é de aproximadamente:

Dados: Constante de Faraday F = 96.500 C/mol;
Massa molar em g/mol: Cu = 63,5.

a) 0,02 g
b) 0,04 g
c) 2,40 g
d) 35,5 g
e) 71,0 g

41. (Unicamp-SP) Ao contrário do que muitos pensam, a medalha de ouro da Olimpíada de Beijing é feita de prata, sendo apenas recoberta com uma fina camada de ouro obtida por deposição eletrolítica. Na eletrólise, a medalha cunhada em prata atua como o eletrodo em que o ouro se deposita. A solução eletrolítica é constituída de um sal de ouro (III). A quantidade de ouro depositada em cada medalha é de 6,0 gramas.

a) Supondo que o processo de eletrólise tenha sido conduzido em uma solução aquosa de ouro (III) contendo excesso de íons cloreto em meio ácido, equacione a reação total do processo eletroquímico. Considere que no ânodo forma-se o gás cloro.

b) Supondo que tenha sido utilizada uma corrente elétrica constante de 2,5 ampères no processo eletrolítico, quanto tempo (em minutos) foi gasto para se fazer a deposição do ouro em uma medalha? Mostre os cálculos.

Dados: Constante de Faraday = 96.500 $C \cdot mol^{-1}$;
1 ampère = 1 $C \cdot s^{-1}$.

42. (PUC-SP) Passando-se $2{,}4 \cdot 10^{20}$ elétrons através da célula eletrolítica contendo sal cúprico, a massa do metal liberada será, aproximadamente, igual a:

a) 6,3 mg
b) 12,7 mg
c) 25,4 mg
d) 31,7 mg
e) 63,5 mg

43. (Unifor-CE) Na eletrólise de uma solução aquosa diluída de sal de cozinha, utilizando eletrodos de Pt, ocorre no cátodo e no ânodo apenas evolução de gases. O gás recolhido no ânodo, isento de umidade (H_2O), apresentou, nas condições ambiente de pressão e temperatura, volume igual a 12,5 L. Foram gastos nessa eletrólise:

Dados: Faraday = carga de 1 mol de elétrons;
Volume molar de gás nas condições ambientes = 25 L/mol

a) 0,10 faraday
b) 0,20 faraday
c) 0,50 faraday
d) 1,0 faraday
e) 2,0 faradays

44. (UEL-PR) Considere duas soluções aquosas, uma de nitrato de prata ($AgNO_3$) e outra de um sal de um metal *X*, cuja carga catiônica não é conhecida. Quando a mesma quantidade de eletricidade passa através das duas soluções, 1,08 g de prata e 0,657 g de *X* são depositados (massas molares: Ag = 108 g/mol; *X* = 197 g/mol).

Com base nessas informações, é correto afirmar que a carga iônica de *X* é:

a) −1
b) +1
c) +2
d) +3
e) +4

45. (Mackenzie-SP) Duas células eletrolíticas estão conectadas em série e ambas possuem eletrodos de grafite, conforme o esquema abaixo.

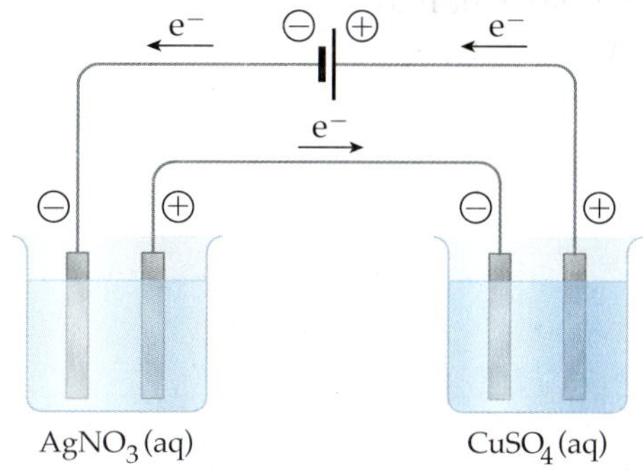

Em uma das celas, foi colocada uma solução de nitrato de prata, enquanto, na outra, existe uma solução de sulfato de cobre II, ambas equimolares. Durante um determinado intervalo de tempo, ocorreu a deposição de 3 mol de prata metálica no cátodo da cela da esquerda. Portanto, a massa de cobre metálico que será depositada no cátodo da cela da direita corresponde a:

Dados: Massas molares (Ag = 108 g/mol,
Cu = 63,5 g/mol).

a) 95,25 g
b) 63,50 g
c) 127,00 g
d) 190,50 g
e) 21,20 g

46. (Fuvest-SP) Industrialmente, alumínio é obtido a partir da bauxita. Esta é primeiro purificada, obtendo-se o óxido de alumínio, Al_2O_3, que é, em seguida, misturado com um fundente e submetido a uma eletrólise ígnea, obtendo-se, então, o alumínio.

As principais impurezas da bauxita são: Fe_2O_3, que é um óxido básico, e SiO_2, que é um óxido ácido. Quanto ao Al_2O_3, trata-se de um óxido anfótero, isto é, de um óxido que reage tanto com ácidos quanto com bases.

a) Na primeira etapa de purificação da bauxita, ela é tratada com solução aquosa concentrada de hidróxido de sódio. Nesse tratamento, uma parte apreciável do óxido de alumínio solubiliza-se, formando $NaAl(OH)_4$. Escreva a equação química balanceada que representa tal transformação.

b) Se a bauxita fosse tratada com solução aquosa concentrada de ácido clorídrico, quais óxidos seriam solubilizados? Justifique por meio de equações químicas balanceadas.

c) Na eletrólise do óxido de alumínio fundido, usam-se várias cubas eletrolíticas ligadas em série, através das quais passa uma corrente elétrica elevada. Se *n* cubas são ligadas em série e a corrente é *I*, qual deveria ser a corrente, caso fosse usada apenas uma cuba, para produzir a mesma quantidade de alumínio por dia? Justifique, com base nas leis da eletrólise.

47. (PUC-SP-modificada) A eletrólise em série de uma solução aquosa de sulfato de zinco e de uma solução aquosa de iodeto de potássio é esquematizada a seguir.

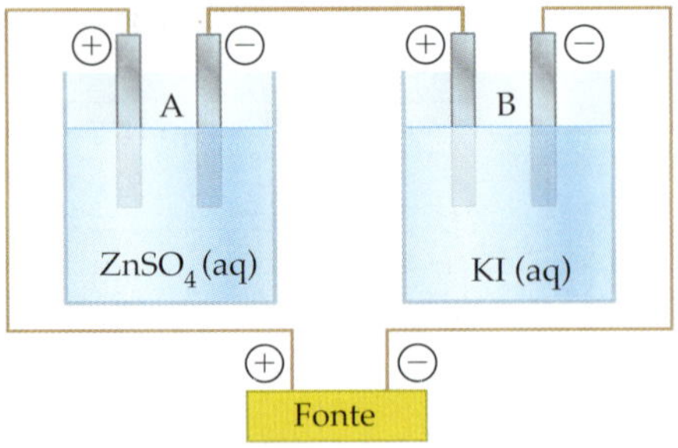

A respeito deste sistema foram feitas as seguintes afirmações.

I. Nos ânodos (polos +), formam-se zinco metálico e gás hidrogênio.

II. O volume de gás oxigênio (O_2) formado no frasco A é a metade do volume de gás hidrogênio (H_2) formado no frasco B.

III. A massa de zinco formada no frasco A é igual à massa de iodo formada no frasco B.

IV. A solução resultante no frasco B é alcalina.

Estão corretas as informações:

a) I e III
b) II e IV
c) I, II e IV
d) I, II e III
e) III e IV

Exercícios adicionais

Seu(sua) professor(a) indicará quais exercícios deste bloco você deve fazer.

48. (UFPI) Galvanização é um dos processos industriais mais utilizados na proteção à corrosão de materiais metálicos e se processa por meio eletrolítico. Em materiais ferrosos como pregos e parafusos, por exemplo, são eletrodepositados íons de zinco. Analise as afirmativas que se seguem sobre o processo acima descrito e identifique a opção correta.

I. A eletrodeposição é um processo espontâneo.

II. No par zinco-prego exposto em meio agressivo, o zinco atua como cátodo.

III. Durante a eletrólise, a massa de zinco eletrodepositada no prego é proporcional à carga elétrica.

a) Apenas I está correta.
b) I e II estão corretas.
c) Apenas II está correta.
d) II e III estão corretas.
e) Apenas III está correta.

49. (Cesgranrio-RJ) Na composição química da célula estão presentes sais minerais que desempenham importantes papéis. As espécies Na^+ e K^+, por exemplo, respondem pelas cargas elétricas que provocam o potencial de ação responsável pelo impulso nervoso, como ocorre com os neurônios.
Para a espécie Na^+ ganhar 1 mol de elétrons e se reduzir a Na^0, a quantidade de eletricidade, em coulomb, será aproximadamente igual a (**Dado:** carga do elétron = $1{,}602 \cdot 10^{-19}$ C):

a) 19.300
b) 38.600
c) 57.900
d) 77.200
e) 96.500

50. (Fatec-SP) A reação que ocorre no cátodo de uma pilha seca (pilha de lanterna) é:

$$2\,MnO_2\,(s) + 2\,NH_4^+\,(aq) + 2\,e^- \rightarrow 2\,MnO(OH)\,(s) + 2\,NH_3\,(aq)$$

Se um cátodo contiver 4,35 g de MnO_2 e a pilha fornecer uma corrente de 2 mA, durante quanto tempo ela funcionará até que se esgotem seus reativos?
(**Dados:** massa molar do MnO_2 = 87 g/mol; 1 F = 96.500 C; 1 A = 10^3 mA.)

51. (PUC-SP) Na eletrólise aquosa, com eletrodos inertes, de uma base de metal alcalino, obtêm-se 8,00 g de O_2 (g) no ânodo.
Qual é o volume de H_2 (g), medido nas CNTP, liberado no cátodo? (**Dados:** M (H) = 1,00 g/mol; M (O) = 16,00 g/mol; volume molar = 22,4 L.)

a) 22,4 L
b) 5,6 L
c) 11,2 L
d) 33,6 L
e) 7,50 L

52. (FEI-SP) Calcule o volume de hidrogênio liberado a 27 °C e 700 mmHg pela passagem de uma corrente de 1,6 A durante 5 minutos por uma cuba contendo hidróxido de sódio.

53. (Mackenzie-SP) Uma indústria que obtém o alumínio por eletrólise ígnea do óxido de alumínio utiliza 150 cubas por onde circula uma corrente de 965 A em cada uma. Após 30 dias, funcionando ininterruptamente, a massa de alumínio obtida é de aproximadamente:
(**Dado:** massa molar do Al = 27 g/mol):

a) 35,0 toneladas
b) 1,2 tonelada
c) 14,0 toneladas
d) 6,0 toneladas
e) 25,0 toneladas

54. (EEM-SP) Uma corrente elétrica de intensidade constante circula por duas cubas eletrolíticas contendo: solução de cloreto cuproso em uma e cloreto cúprico na outra. Após certo tempo, interrompe-se a corrente. Justifique em qual das cubas foi obtida maior massa de cobre metálico.
(**Dado:** massa atômica do Cu = 63,4.)

55. (ITA-SP) Uma cuba eletrolítica com eletrodos de cobre e contendo solução aquosa de $Cu(NO_3)_2$ é ligada em série com outra provida de eletrodos de prata e contendo solução aquosa de $AgNO_3$. Esse conjunto de cubas em série é ligado a uma fonte durante certo intervalo de tempo. Nesse intervalo de tempo, um dos eletrodos de cobre teve um incremento de massa de 0,64 g. O incremento de massa em um dos eletrodos da outra célula deve ter sido:

a) 0,32 g **c)** 0,64 g **e)** 2,16 g
b) 0,54 g **d)** 1,08 g

56. (UFMS) Uma corrente de 0,0965 A é passada através de 50 mL de solução aquosa de NaCl 0,1 mol/L durante 1.000 segundos. É garantida, no cátodo, somente a redução de H_2O (l) a H_2 (g) e, no ânodo, somente a oxidação de Cl^- (aq) a Cl_2 (g). Determine a concentração média de OH^- (aq) na solução final, sabendo-se que 1 F = 96.500 C/mol = carga de 1 mol de elétrons. Para efeito de resposta, multiplique o resultado encontrado por 1.000.

57. (UFMG) Considere a eletrólise de 200 mL de solução 0,10 mol/L de sulfato de cobre II, numa cuba com eletrodos de platina, por uma corrente de 0,20 A. (Faraday = 96.500 C/mol)

1) Escreva a equação da semirreação catódica.
2) Escreva a equação da semirreação anódica.
3) Calcule o tempo necessário para reduzir à metade a concentração dos íons Cu^{2+}.

58. (PUC-RJ) A massa de uma barra de cobre contendo impurezas é de 100 g. Para separar tais impurezas do cobre metálico, utilizou-se a seguinte célula eletrolítica:

Ânodo: $\underbrace{Cu^0\ (s)}_{\text{Impuro}} \rightarrow Cu^{2+}\ (aq) + 2\ e^-$

Cátodo: $Cu^{2+}\ (aq) + 2\ e^- \rightarrow \underbrace{Cu^0\ (s)}_{\text{Puro}}$

Após cerca de 5 h e 22 min (19.320 s) sob corrente de 10 A, todo cobre havia sido purificado. Qual a massa correspondente às impurezas que havia na barra não tratada?

59. (Unifor-CE) Três cubas eletrolíticas, contendo diferentes soluções aquosas e placas metálicas inertes, utilizadas apenas como condutoras de corrente elétrica, foram ligadas em série como no esquema.

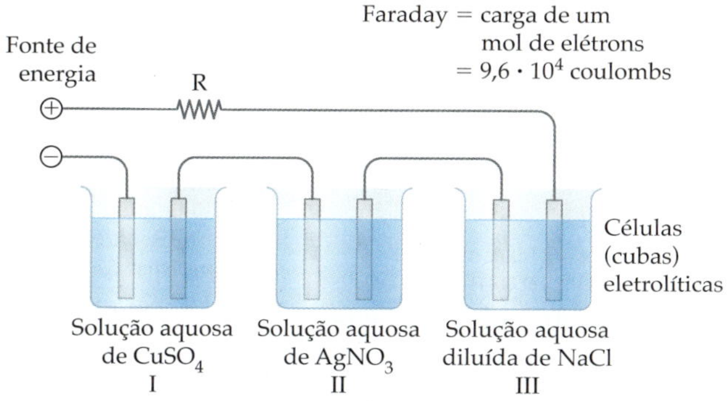

Ligou-se a fonte de energia elétrica durante algum tempo de modo a circularem $9{,}6 \cdot 10^4$ coulombs.

Nesse caso:

I. Depositou-se, em umas das placas da célula I, 0,50 mol de cobre metálico.
II. Depositaram-se, em uma das placas da célula II, 2,0 mol de prata metálica.
III. Ocorreu liberação de oxigênio e hidrogênio na célula III.

Está correto o que se afirma em:

a) I, somente. **d)** I e III, somente.
b) II, somente. **e)** I, II e III.
c) III, somente.

60. (Fesp-SP) O tempo necessário para dourar um objeto de superfície de 68,0 cm^2, sabendo que o depósito de ouro deve ter a espessura de 0,1 cm e que a corrente utilizada é de 19,3 A é igual a:
(**Dado:** densidade do ouro = 19,3 g/cm^3)

a) 10 s **d)** 10.000 s
b) 100 s **e)** 100.000 s
c) 1.000 s

61. (ITA-SP) Um tanque de estocagem de produtos químicos foi revestido internamente com níquel puro para resistir ao efeito corrosivo de uma solução aquosa ácida em seu interior. Para manter o líquido aquecido, foi acoplado junto ao tanque um conjunto de resistores elétricos alimentados por um gerador de corrente contínua. Entretanto, uma falha no isolamento elétrico do circuito dos resistores promoveu a eletrificação do tanque, ocasionando um fluxo de corrente residual de intensidade suficiente para desencadear o processo de corrosão eletrolítica do revestimento metálico.
Admitindo-se que a superfície do tanque é constituída por uma monocamada de níquel com densidade atômica igual a $1{,}61 \cdot 10^{19}$ átomos · m^{-2} e que a área superficial do tanque exposta à solução ácida é de 5,0 m^2, calcule:

a) a massa, expressa em gramas, de átomos de níquel que constituem a monocamada atômica do revestimento metálico.
b) o tempo necessário, expresso em segundos, para que a massa de níquel da monocamada atômica seja consumida no processo de dissolução anódica pela passagem da densidade de corrente de corrosão de 7,0 $\mu A \cdot cm^{-2}$.

62. (ITA-SP) Uma tubulação de aço enterrada em solo de baixa resistividade elétrica é protegida catodicamente contra corrosão, pela aplicação de corrente elétrica proveniente de um gerador de corrente contínua. Considere os seguintes parâmetros:

I. Área da tubulação a ser protegida: 480 m^2.
II. Densidade de corrente de proteção: 10 mA/m^2.

Considere que a polaridade do sistema de proteção catódica seja invertida pelo período de 1 hora. Assinale a opção CORRETA que expressa a massa, em gramas, de ferro consumida no processo de corrosão, calculada em função de íons Fe^{2+} (aq). Admita que a corrente total fornecida pelo gerador seja consumida no processo de corrosão da tubulação.

a) $1 \cdot 10^{-3}$ **c)** $3 \cdot 10^{-1}$ **e)** 20
b) $6 \cdot 10^{-2}$ **d)** 5

Capítulo 21

Termoquímica: o calor e os processos químicos

ANYAIVANOVA/SHUTTERSTOCK

Alguns conteúdos importantes:

- Processos exotérmicos e processos endotérmicos
- Unidades de energia relevantes para a termoquímica: a caloria e o joule
- Entalpia e variação de entalpia
- Conteúdo calórico de nutrientes
- Lei de Hess
- Estado-padrão
- Entalpia-padrão de combustão
- Entalpia-padrão de formação
- Energia de ligação
- Cálculos estequiométricos envolvendo energia liberada ou absorvida

▲ Grandes quantidades de energia são liberadas na combustão de materiais orgânicos, como carvão, madeira e óleo combustível. Essa energia é suficiente para movimentar máquinas industriais, automóveis e locomotivas, por exemplo.

1 Calor e unidades para expressá-lo

1.1 O conceito de calor

Imagine dois cubos de ferro sólido de mesma massa, um deles a 10 °C e o outro a 50 °C. Se os colocarmos em contato, suas temperaturas modificam-se gradualmente até chegar a uma situação em que ambos apresentam a mesma temperatura.

- A energia transferida entre dois corpos (ou entre diferentes partes de um mesmo corpo) que têm temperaturas diferentes é denominada **calor**.

Guia de estudo

O calor sempre flui espontaneamente do corpo mais quente para o mais frio. No exemplo dos dois cubos de ferro, calor é transferido do mais quente para o mais frio até que ambos passem a ter a mesma temperatura. A partir de então, para de haver troca de calor entre os dois cubos.

1.2 Há processos que liberam e outros que absorvem calor

Considere um sistema contendo álcool e oxigênio. Se a combustão do álcool for provocada — mediante uma chama ou faísca elétrica, por exemplo —, uma determinada quantidade de energia será liberada nessa reação, e essa energia será transferida desse sistema para as vizinhanças. Em outras palavras, a combustão é um processo que libera calor.

Quando um sistema formado por água líquida é colocado em um congelador, ele perde calor para esse ambiente e, em decorrência disso, ocorre o congelamento da água. Assim, quando a água líquida passa para a fase sólida também ocorre um exemplo de processo que libera calor.

- Os processos que liberam calor são denominados processos **exotérmicos**.

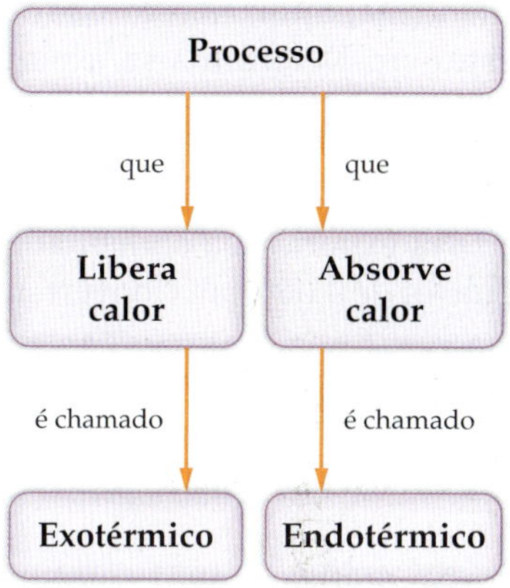

Há, no entanto, acontecimentos que absorvem calor. Se um pedaço de gelo for deixado sobre a mesa à temperatura ambiente, ele receberá calor do ambiente e isso provocará a fusão do gelo. A transição da água sólida para a fase líquida é um processo que absorve calor.

- Os processos que absorvem calor são denominados processos **endotérmicos**.

1.3 Noção sobre como são feitas medidas de quantidade de calor

Imagine que, em condições adequadas de segurança, 100 g de água destilada sejam aquecidos em um laboratório por meio da queima de gás de botijão em um bico de Bunsen. Pode-se medir a temperatura inicial da água e, durante o processo, também utilizando um termômetro, acompanhar a elevação da temperatura da água, decorrente do calor liberado na queima do gás. Como medir a quantidade de calor transferida para a água?

Antes de mais nada, é necessária uma unidade para medir energia. Uma unidade conveniente é a **caloria** (simbolizada por cal), que equivale à quantidade de calor necessária para elevar em 1 °C a temperatura de 1 g de água.

No exemplo citado existem, no interior do béquer, 100 g de água. De acordo com a definição de caloria, podemos afirmar que:

- para elevar em 1 °C a temperatura de 1 g de água deve ser fornecida 1 cal,
- para elevar em 1 °C a temperatura de 100 g de água devem ser fornecidas 100 cal.

Imaginemos que, na experiência, a água foi aquecida da temperatura inicial de 25 °C até a temperatura final de 55 °C. A variação foi de 30 °C. Então:

- para elevar em 1 °C a temperatura de 100 g de água devem ser fornecidas 100 cal;
- para elevar em 30 °C a temperatura de 100 g de água devem ser fornecidas 3.000 cal, ou seja, 3 kcal (1 kcal = 1 **quilocaloria** = 10^3 cal).

Note que é relativamente simples descobrir quanta energia foi transferida à água. Mas será que a energia liberada na queima do gás foi 3.000 cal? A resposta é *não*. A energia liberada na queima foi maior do que isso.

Apenas uma parte da energia liberada foi para a água (3.000 cal). O restante foi dissipado para o ambiente. Somente se a energia dissipada fosse nula, poderíamos afirmar que toda a energia proveniente da queima teria sido responsável pelo aquecimento da água.

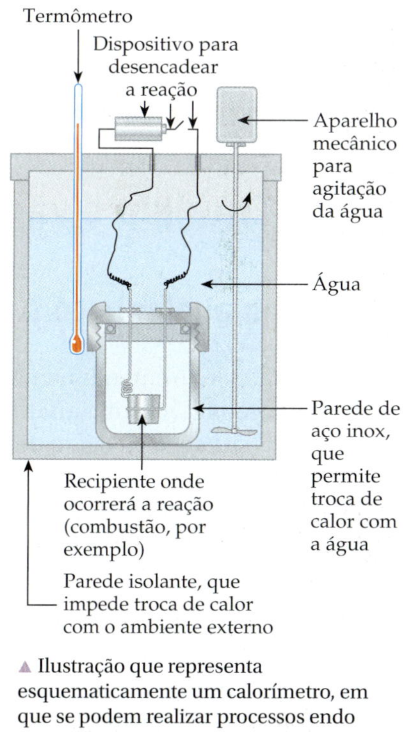

▲ Ilustração que representa esquematicamente um calorímetro, em que se podem realizar processos endo ou exotérmicos. Nesses processos, a energia é absorvida da água contida no calorímetro ou liberada para ela. A mudança de temperatura da água é registrada e usada para calcular a quantidade de energia envolvida no processo. Os calorímetros são projetados e construídos de modo a tornar nula ou mínima a troca de calor com o ambiente externo. (**Fonte:** ATKINS, P.; JONES, L. *Chemical principles:* the quest for insight. 4. ed. Nova York: Freeman, 2008. p. 225.)

Existem aparelhos em que é possível realizar uma mudança de fase ou uma reação química com troca de calor com o ambiente externo (perda ou ganho) praticamente nula. Nesses aparelhos, os **calorímetros**, pode-se determinar a quantidade de calor liberado ou absorvido durante o transcorrer de uma mudança de estado físico ou de uma reação química. Um exemplo de calorímetro está ilustrado esquematicamente na página anterior.

1.4 O joule e o quilojoule

Um **joule** (J) é uma unidade de energia definida como o trabalho exercido por uma força de 1 newton ao longo da distância de 1 metro. Entender essa definição faz parte do curso de Física. O que nos interessa é que o joule é a unidade de energia no Sistema Internacional e, sendo a mais utilizada em todo o mundo, será também a unidade preferencialmente utilizada neste livro. Determina-se, experimentalmente, que a equivalência entre a caloria e o joule é:

• 1 cal = 4,18 J

Na experiência comentada anteriormente, a quantidade de energia absorvida pela água foi de 3.000 cal. Convertendo para joules, temos:

Energia (cal)		Energia (J)
1 cal	———	4,18 J
3.000 cal	———	x

$\Rightarrow$ $x = 12.540$ J

Na prática, é mais conveniente expressar a quantidade de calor envolvido em uma mudança de fase ou em uma reação química em **quilojoule** (kJ):

• 1 kJ = 10^3 J

Voltando ao exemplo, temos: 3.000 cal = 12.540 J = 12,54 kJ

2 Entalpia e variação de entalpia

2.1 Uma analogia com o saldo de uma conta bancária

Para facilitar o entendimento do importante conceito de entalpia, que será apresentado à frente, vamos fazer uma analogia com o saldo de uma conta bancária. Consideremos, então, duas situações: a saída de dinheiro da conta e a entrada de dinheiro nela.

Quando uma pessoa faz uma compra e paga com cartão de débito, ocorre saída de dinheiro de sua conta. Essa saída de dinheiro provoca uma redução do saldo da conta. Nesse caso, estamos diante de um processo **exo**monetário (*exo* significa "fora"). Se calcularmos a variação de saldo (Δ$), subtraindo o saldo inicial do saldo final, concluiremos que ela é negativa, pois o saldo final é menor que o inicial.

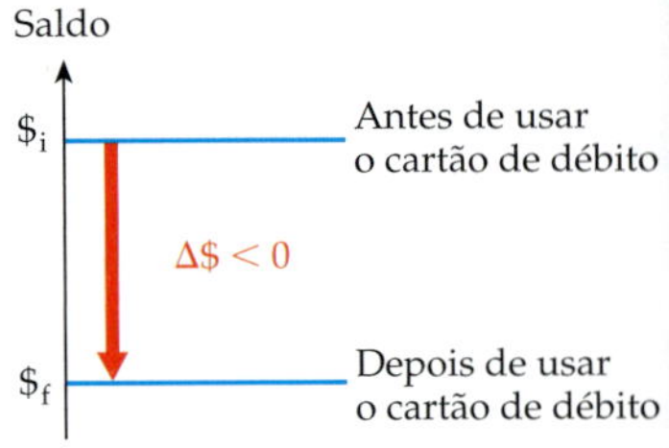

Δ$ = Saldo final (Após usar o cartão de débito) − Saldo inicial (Antes de usar o cartão de débito) < 0 — **Processo exomonetário — Sai dinheiro da conta**

Entretanto, quando o dinheiro é depositado na conta, o saldo sofre um aumento graças à entrada de dinheiro. Estamos diante de um processo **endo**monetário (*endo* significa "dentro") e a variação de saldo é positiva, pois o saldo final é maior que o inicial.

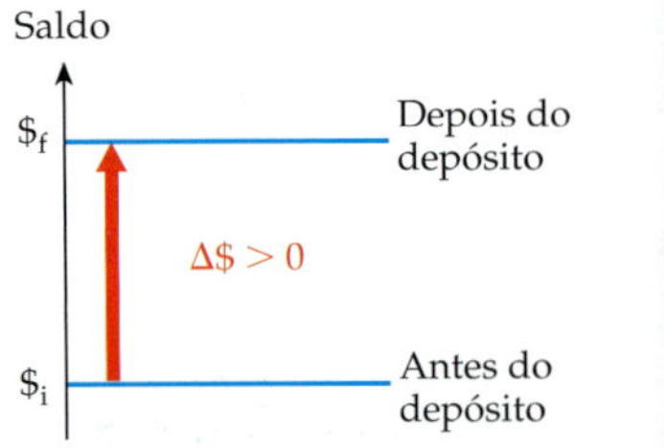

Δ$ = Saldo final (Após o dinheiro ser depositado) − Saldo inicial (Antes de o dinheiro ser depositado) > 0 — **Processo endomonetário — Entra dinheiro na conta**

Perceba que o sinal da variação de saldo informa se houve saída (Δ$ < 0) ou entrada (Δ$ > 0) de dinheiro na conta.

2.2 O conceito de entalpia (H) e de variação de entalpia (ΔH)

É muito frequente em Química o estudo de processos que ocorram a pressão constante. Para poder investigar o calor liberado ou absorvido por um sistema químico a pressão constante, os químicos conceituaram a grandeza entalpia, simbolizada por H.

- A **entalpia** de um sistema é uma grandeza (expressa em unidade de energia) que informa a quantidade de energia desse sistema que poderia ser transformada em calor, em um processo a pressão constante.

A entalpia pode ser comparada ao saldo de uma conta bancária.

Quando um processo **exotérmico** ocorre em um sistema a pressão constante, esse sistema libera calor para o ambiente e sua entalpia diminui. A **variação de entalpia** (ΔH) será **negativa**, pois sai energia do sistema.

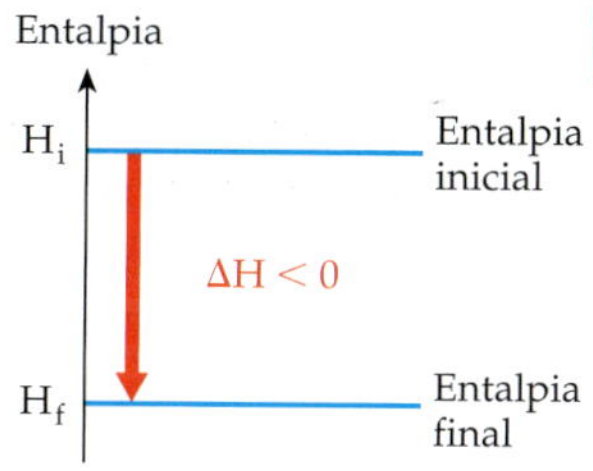

$\Delta H = H_f - H_i < 0$

Entalpia final (depois da liberação de calor) − **Entalpia inicial (antes da liberação de calor)**

Processo exotérmico
Sai energia do sistema

Quando um processo **endotérmico** ocorre em um sistema a pressão constante, esse sistema absorve calor do ambiente e sua entalpia aumenta. Nesse caso, a **variação de entalpia** (ΔH) será **positiva** em decorrência da entrada de energia no sistema.

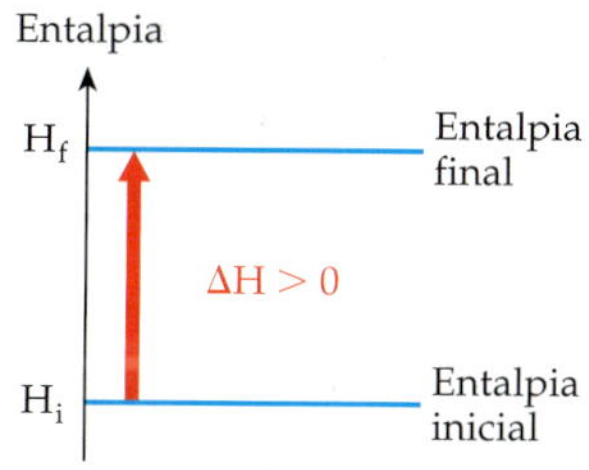

$\Delta H = H_f - H_i > 0$

Entalpia final (depois da absorção de calor) − **Entalpia inicial (antes da absorção de calor)**

Processo endotérmico
Entra energia no sistema

- A **variação de entalpia** (ΔH) de um sistema informa a quantidade de calor trocado por esse sistema, a pressão constante. O sinal do ΔH informa se o processo é **exo**térmico ($\Delta H < 0$) ou **endo**térmico ($\Delta H > 0$). Alguns químicos chamam o ΔH de "calor de reação".

2.3 Variação de entalpia em uma mudança de fase

Uma mudança de fase a pressão constante envolve a troca de calor com o ambiente. A solidificação da água, por exemplo, é um processo exotérmico. Verifica-se, experimentalmente, que a solidificação de um mol de água envolve a perda de 6,01 kJ.

Em palavras: **Quando um mol de água líquida passa para a fase sólida, a pressão constante, o sistema perde 6,01 quilojoules de energia, ou seja, o sistema sofre uma variação de entalpia de −6,01 kJ.**

Em equação: $H_2O\ (l) \rightarrow H_2O\ (s) \qquad \Delta H = -6{,}01\ kJ/mol$

Note que a unidade de ΔH usada nesse caso é kJ/mol (lê-se quilojoules por mol), que indica que há a liberação (sinal negativo) de 6,01 kJ de energia quando **um mol** de água passa da fase líquida para a fase sólida. Por isso, o valor de −6,01 kJ/mol pode ser denominado **entalpia molar de solidificação da água**.

No processo inverso, no qual um mol de água sólida passa para a fase líquida, verifica-se que ocorre a absorção de 6,01 kJ de calor das vizinhanças.

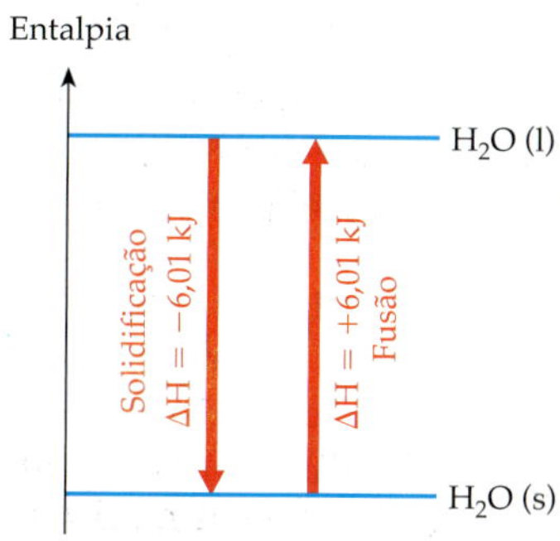

Em palavras: **Quando um mol de água sólida passa para a fase líquida, a pressão constante, o sistema recebe 6,01 quilojoules de energia, ou seja, o sistema sofre uma variação de entalpia de +6,01 kJ.**

Em equação: $H_2O\ (s) \rightarrow H_2O\ (l) \qquad \Delta H = +6{,}01\ kJ/mol$

Nesse caso, o sinal positivo (que não precisaria ser escrito) indica que o processo de fusão do gelo absorve calor. Podemos nos referir ao valor de 6,01 kJ/mol como **entalpia molar de fusão da água**.

Os exemplos que comentamos — a solidificação e a fusão da água — estão representados no **diagrama de entalpia** mostrado no final da página anterior e ilustram como os cientistas expressam as trocas de calor envolvendo processos de mudança de fase.

Biblioteca do estudante
Texto complementar:
Experimento: troca de calor na vaporização

Exercícios essenciais

A critério do(a) professor(a) esta lista de exercícios poderá ser realizada em classe ou em casa.

1. As talhas e moringas de "barro" (cerâmica de argila cozida) contendo água estão sempre a uma temperatura um pouco inferior à do ambiente. Sabendo que a água é capaz de impregnar esse material e chegar (em pequena quantidade) até o lado externo, proponha uma explicação para elas se manterem abaixo da temperatura do ambiente.

2. Dos processos **I** a **VI** esquematizados abaixo, todos a pressão constante, quais são endotérmicos? E exotérmicos?

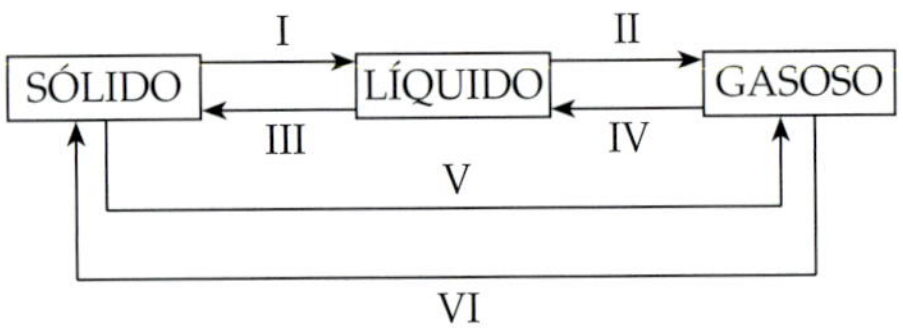

3. Quando um mol de etanol (C_2H_6O, álcool comum) passa do estado líquido para o gasoso, ocorre absorção de 43,5 kJ de calor. Represente esse processo por meio de uma equação acompanhada do respectivo valor de ΔH.

4. (UFMG) Ao se sair molhado em local aberto, mesmo em dias quentes, sente-se uma sensação de frio. Esse fenômeno está relacionado com a evaporação da água que, no caso, está em contato com o corpo humano. Essa sensação de frio explica-se **CORRETAMENTE** pelo fato de que a evaporação da água:

a) é um processo endotérmico e cede calor ao corpo.
b) é um processo endotérmico e retira calor do corpo.
c) é um processo exotérmico e cede calor ao corpo.
d) é um processo exotérmico e retira calor do corpo.

Exercícios adicionais

Seu(sua) professor(a) indicará quais exercícios deste bloco você deve fazer.

5. (Uece) Observe o esquema.

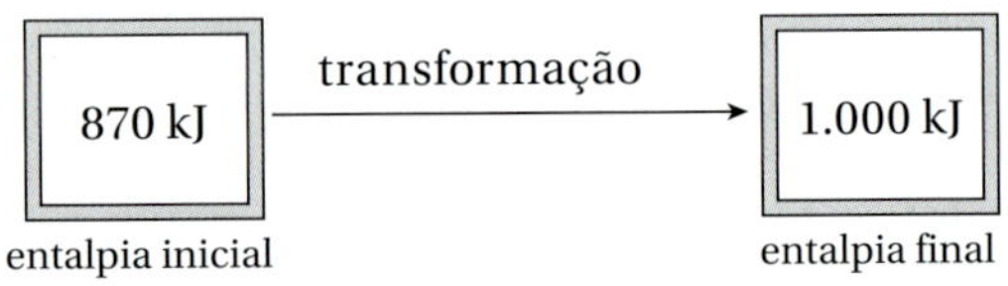

De acordo com o esquema apresentado, podemos dizer que esse processo deverá ser:

a) endotérmico, com $\Delta H = -1.870$ kJ.
b) endotérmico e absorver 130 kJ.
c) exotérmico e liberar 130 kJ.
d) exotérmico, com $\Delta H = +1.870$ kJ.

6. (Ufes) Um atleta, ao sair da piscina, devido ao corpo molhado, sente frio quando se encontra em um lugar aberto. O corpo do atleta é considerado um sistema. É INCORRETO afirmar que esse sistema:

a) apresenta uma variação de entalpia menor que zero.
b) contribui favoravelmente para a evaporação da água.
c) sofre um processo endotérmico.
d) transfere calor para a água.
e) libera calor.

7. (Unicamp-SP)* Depois das 19 horas, os convidados começaram a chegar. Dina os recepcionava no bar, onde havia dois baldes: um deles com gelo e o outro com gelo seco. Dina bradava aos quatro cantos: "*Isso faz a festa tornar-se mais química, já que esses sólidos serão usados para resfriar as bebidas!*" Para cada bebida, Estrondosa escolhia o sólido mais apropriado. Curiosamente alguém pediu duas doses iguais de uísque, uma com gelo e outra com gelo seco, mas colocou os copos em uma mesa e não consumiu as bebidas. Passado um certo tempo, um colega de faculdade resolveu verificar se Dina ainda era a "sabichona" de antigamente, e foi logo perguntando:

a) "Esses sólidos, quando colocados nas bebidas, sofrem transformações. Que nomes são dados para essas duas transformações? E por que essas transformações fazem com que as bebidas se resfriem?"

b) "Dina, veja essas figuras e pense naqueles dois copos de uísque que nosso amigo não bebeu. Qual copo, da situação inicial, corresponde ao copo *d* da situação final? Em algum dos copos, a concentração

* Questão extraída de uma prova que envolve uma narrativa ficcional. As perguntas que aparecem na história são as questões a serem respondidas.

final de álcool ficou diferente da concentração inicial? Por quê?"

Obs.: considerar a figura para responder ao item **b**.

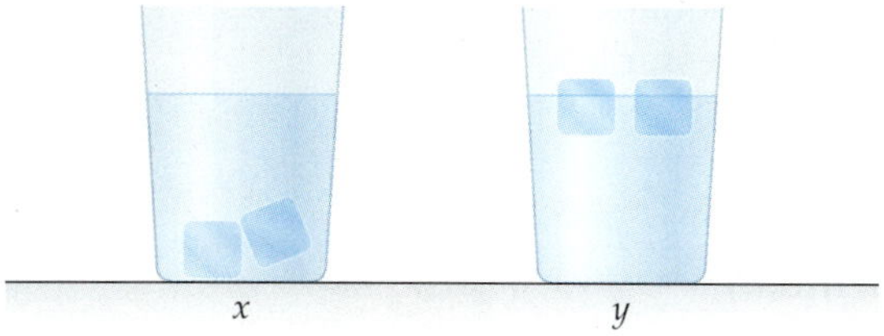

situação inicial

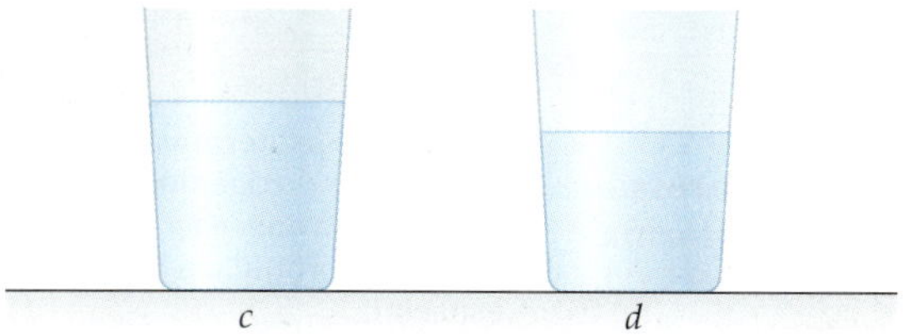

situação final

8. O nitrato de potássio (KNO_3), ou salitre, é um sólido branco iônico. Tem larga aplicação na composição de fertilizantes e da pólvora negra. Também é usado como conservante em embutidos de carne (mortadela, salame etc.).

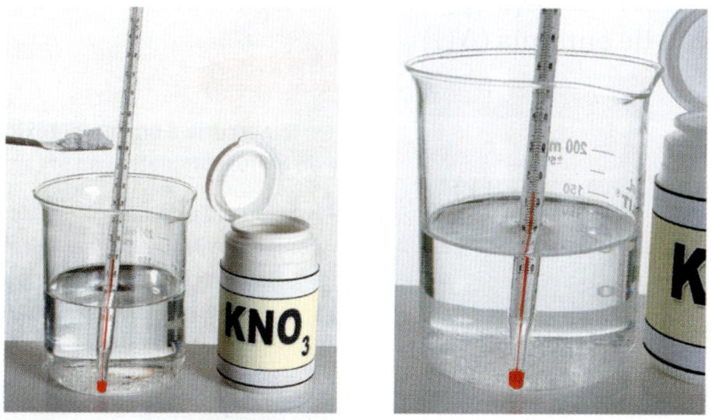

FOTOS: SÉRGIO DOTTA JR./CID

▲ Quando o salitre (KNO_3) se dissolve em água, observa-se que a temperatura da água e do frasco diminui.

É um sal bastante solúvel em água, na qual produz solução com íons potássio e nitrato.

Ao dissolver nitrato de potássio em água observa-se que o líquido e o frasco sofrem diminuição de temperatura.

a) Equacione a separação dos íons (dissociação iônica) que ocorre ao dissolver o sal em água.

b) É correto concluir que o processo de dissolução do nitrato de potássio em água é **exo**térmico? Justifique.

9. (Fuvest-SP) Um dos métodos industriais de obtenção de zinco, a partir da blenda de zinco, ZnS, envolve quatro etapas em sequência:

I. Aquecimento do minério com oxigênio (do ar atmosférico), resultando na formação de óxido de zinco e dióxido de enxofre.

II. Tratamento, com carvão, a alta temperatura, do óxido de zinco, resultando na formação de zinco e monóxido de carbono.

III. Resfriamento do zinco formado, que é recolhido no estado líquido.

IV. Purificação do zinco por destilação fracionada. Ao final da destilação, o zinco líquido é despejado em moldes, nos quais se solidifica.

a) Represente, por meio de equação química balanceada, a primeira etapa do processo.

b) Indique o elemento que sofreu oxidação e o elemento que sofreu redução, na segunda etapa do processo.

c) Indique, para cada mudança de estado físico que ocorre na etapa IV, se ela é exotérmica ou endotérmica.

10. (UFMG) Um béquer aberto, contendo acetona, é mergulhado em outro béquer maior, isolado termicamente, o qual contém água, conforme mostrado na figura.

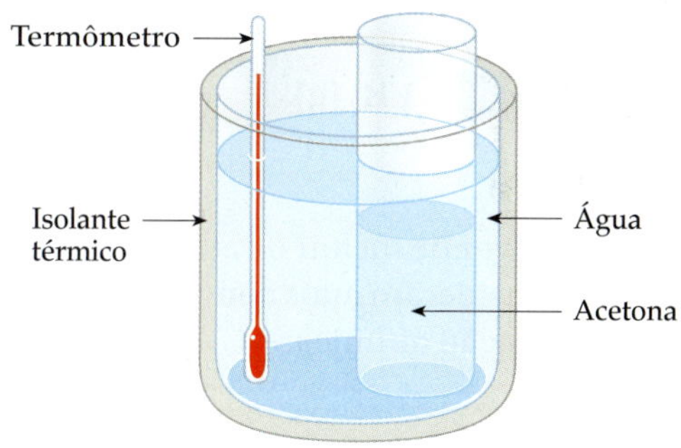

A temperatura da água é monitorada durante o processo de evaporação da acetona, até que o volume desta se reduz à metade do valor inicial.

Identifique a alternativa cujo gráfico descreve **qualitativamente** a variação da temperatura registrada pelo termômetro mergulhado na água durante esse experimento.

a)

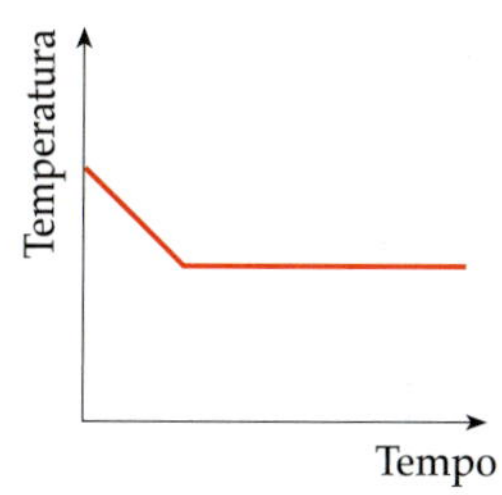

b)

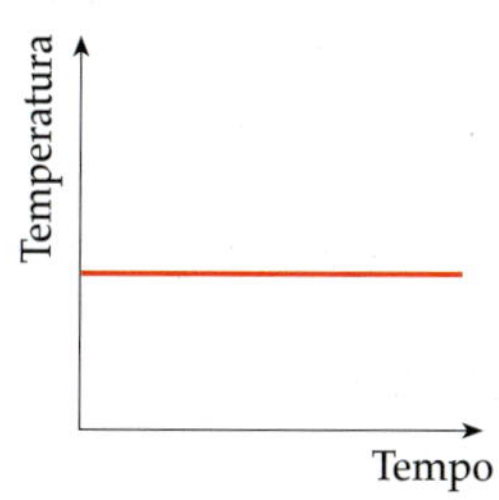

c)

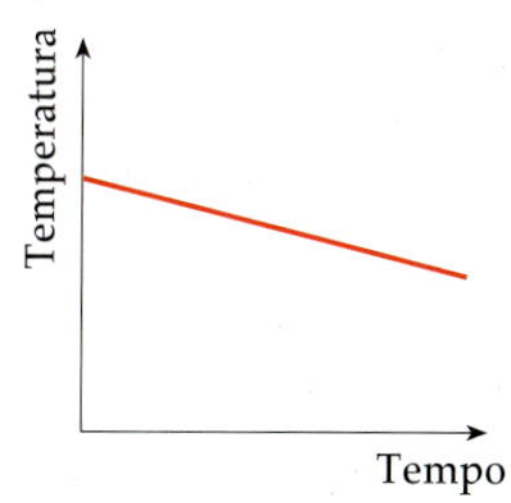

d)

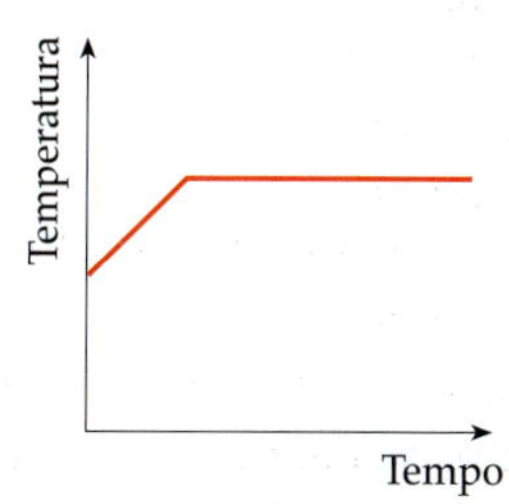

2.4 Variação de entalpia em reações químicas

No item anterior, mostramos como o conceito de variação de entalpia permite expressar com clareza o calor absorvido ou liberado em uma mudança de fase. Contudo, a maior utilidade do conceito de ΔH é permitir expressar as variações energéticas em reações químicas.

NASA

▲ A reação exotérmica entre os gases hidrogênio e oxigênio, que forma água, é uma das reações que foram usadas na propulsão do ônibus espacial.

Processo químico exotérmico (reação química exotérmica)

Quando uma **reação exotérmica** acontece, o sistema formado pelos participantes dessa reação **libera calor** para as vizinhanças (meio ambiente).

Considere, como exemplo, o seguinte fato experimental:

Em palavras: **Quando um mol de hidrogênio gasoso reage, a pressão constante, com meio mol de oxigênio gasoso para formar um mol de água líquida, ocorre a liberação de 285,8 kJ de energia (na forma de calor) para o meio ambiente.**

Isso poderia ser representado assim:

Em equação: $1\,H_2\,(g) + \frac{1}{2}\,O_2\,(g) \rightarrow 1\,H_2O\,(l) + 285{,}8\ kJ$

Calor liberado

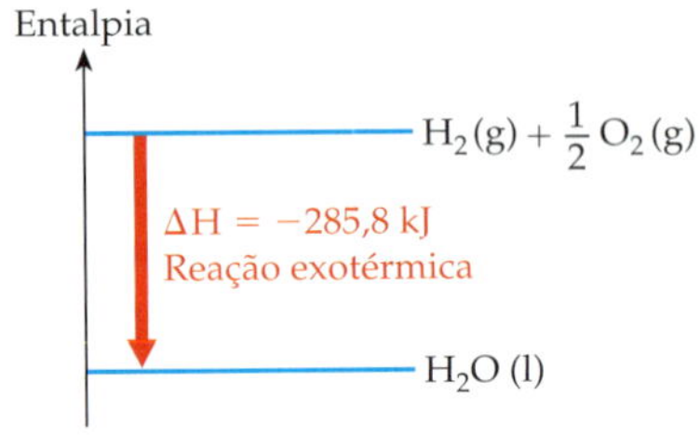

Porém, em vez de incluir o calor liberado no segundo membro da equação, os químicos consideram mais conveniente escrever a variação de entalpia (ΔH) à direita da equação química:

Em equação: $1\,H_2\,(g) + \frac{1}{2}\,O_2\,(g) \rightarrow 1\,H_2O\,(l) \quad \Delta H = -285{,}8\ kJ$

ATENÇÃO

O mercúrio é um metal tóxico e de efeito cumulativo no organismo.

A manipulação de mercúrio e de seus compostos NÃO deve ser feita em instalações escolares de ensino médio.

Processo químico endotérmico (reação química endotérmica)

Quando uma **reação endotérmica** acontece, o sistema formado pelos participantes dessa reação **absorve calor** das vizinhanças (meio ambiente).

Considere o seguinte exemplo:

Em palavrvas: **Quando um mol de óxido de mercúrio (II) sólido se decompõe, a pressão constante, em um mol de mercúrio líquido e meio mol de oxigênio gasoso, ocorre a absorção de 90,7 kJ de energia (na forma de calor) do meio ambiente.**

SÉRGIO DOTTA JR./CID

▲ A decomposição do óxido de mercúrio (II) é uma reação endotérmica. Na foto, esse composto está sendo aquecido em tubo de ensaio.

Isso poderia ser representado assim:

Em equação: $1\,HgO\,(s) + 90{,}7\ kJ \rightarrow 1\,Hg\,(l) + \frac{1}{2}\,O_2\,(g)$

Calor absorvido

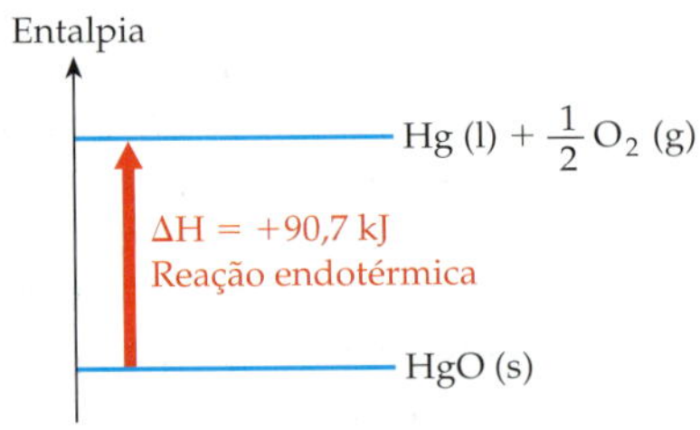

Porém, em vez de incluir o calor liberado no primeiro membro da equação, os químicos preferem escrever o ΔH à direita da equação química:

Em equação: $1\,HgO\,(s) \rightarrow 1\,Hg\,(l) + \frac{1}{2}\,O_2\,(g) \quad \Delta H = +90{,}7\ kJ$

2.5 Equação termoquímica

Os processos realizados em calorímetros e os dados experimentais obtidos são representados pelas **equações termoquímicas**.

Para que uma equação termoquímica possa representar de modo completo dados obtidos em laboratório, devem estar presentes as seguintes informações:

- os coeficientes estequiométricos e o estado físico de todos os participantes;
- a especificação da variedade alotrópica, quando for o caso;
- a temperatura e a pressão em que a reação ou a mudança de fase é realizada;
- o ΔH do processo.

Vejamos um exemplo:

$$C\,(graf.) + 2\,H_2\,(g) \rightarrow CH_4\,(g) \qquad \Delta H = -74{,}4\ kJ \quad (25\ °C,\ 100\ kPa)$$

A necessidade de especificar na equação termoquímica informações como **forma alotrópica**, **temperatura** e **estados físicos** se deve ao fato de os valores de ΔH variarem quando um ou mais desses fatores se alteram.

Biblioteca do estudante
Texto complementar:
Experimento: troca de calor na oxidação do ferro

Biblioteca do estudante
Texto complementar:
Compressas instantâneas quentes e frias

Biblioteca do estudante
Texto complementar:
Alta pressão e alta temperatura transformam grafite escura em diamante reluzente

Exercícios essenciais

A critério do(a) professor(a) esta lista de exercícios poderá ser realizada em classe ou em casa.

11. (Cefet-PR) Considere a frase:

"A variação de entalpia de uma reação química é a medida da quantidade de calor liberada pela reação, quando realizada a volume constante".

Nesta frase há:

a) apenas um erro, porque a reação deve ocorrer a pressão constante.

b) apenas um erro, porque a reação deve ocorrer a temperatura constante.

c) dois erros (o correto é calor liberado ou absorvido e deve ocorrer à temperatura constante).

d) dois erros (o correto é calor liberado ou absorvido e deve ocorrer à pressão constante).

e) três erros (o correto é calor liberado ou absorvido e deve ocorrer à temperatura e pressão constantes).

12. Construa um diagrama de entalpia que represente o seguinte processo:

$$2\,HI\,(g) \rightarrow H_2\,(g) + I_2\,(g) \qquad \Delta H = -53{,}0\ kJ/mol$$

13. Explique o significado da seguinte representação, que envolve o etanol (C_2H_6O, álcool comum):

$$C_2H_6O\,(l) + 3\,O_2\,(g) \rightarrow 2\,CO_2\,(g) + 3\,H_2O\,(l) \qquad \Delta H = -1.367\ kJ/mol$$

14. (Unama-PA) Durante o jogo de tênis, o professor machucou o pé direito. Seu treinador sugeriu a aplicação de compressa quente sobre o local da lesão. No armário de medicamentos havia dois tipos de compressas na forma de pacotes plásticos, sendo um deles amarelo e o outro azul.

No pacote amarelo estava a informação: *ao pressionar ocorre a reação*

$$CaCl_2\,(s) \rightarrow Ca^{2+}\,(aq) + 2\,Cl^-\,(aq) \qquad \Delta H = -82{,}8\ kJ$$

No pacote azul estava a informação: *ao pressionar ocorre a reação*

$$NH_4NO_3\,(s) \rightarrow NH_4^+\,(aq) + NO_3^-\,(aq) \qquad \Delta H = 26{,}2\ kJ$$

Qual dos dois pacotes deverá ser utilizado como compressa quente sobre a lesão? Justifique sua resposta.

15. (Uema) Estudando o calor nas reações químicas, entalpia (H), variação de entalpia (ΔH), estado físico e estado alotrópico, assinale a única proposição falsa dentre as alternativas abaixo:

a) Denomina-se calor da reação o calor perdido ou absorvido pela reação.

b) Entalpia (H) é o conteúdo global de calor do sistema.

c) A passagem líquido $\rightarrow$ vapor para qualquer substância absorve calor.

d) Quando um elemento químico apresentar várias formas alotrópicas, pode-se prever que as mesmas influirão no calor de reação dos processos em que participar o referido elemento.

e) O estado físico dos reagentes e produtos não influi no valor de ΔH.

16. Analise o seguinte diagrama de entalpia, que envolve a combustão (queima) da grafite e do diamante e responda:

a) Qual das variedades alotrópicas do carbono — grafite ou diamante — libera mais calor na sua combustão?

b) Qual dessas duas variedades tem maior entalpia?

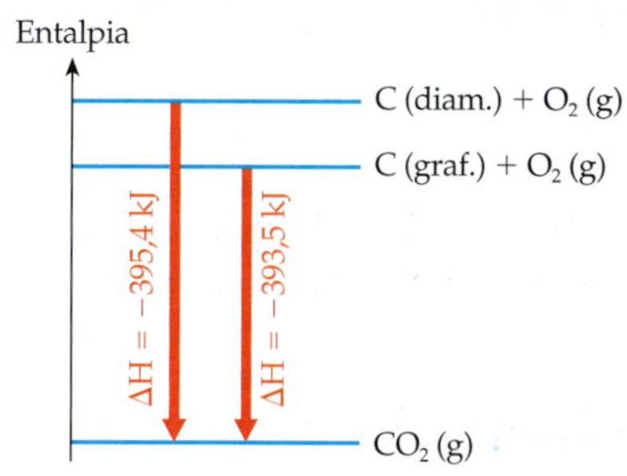

17. Os seguintes valores de ΔH referem-se às três reações equacionadas a seguir, realizadas sob as mesmas condições experimentais.

$$H_2(g) + \frac{1}{2}O_2(g) \rightarrow H_2O(s) \qquad \Delta H = -291{,}8 \text{ kJ/mol}$$

$$H_2(g) + \frac{1}{2}O_2(g) \rightarrow H_2O(l) \qquad \Delta H = -285{,}8 \text{ kJ/mol}$$

$$H_2(g) + \frac{1}{2}O_2(g) \rightarrow H_2O(g) \qquad \Delta H = -241{,}8 \text{ kJ/mol}$$

a) Qual é o fator responsável pela diferença observada nos valores de ΔH?

b) Represente, em um mesmo diagrama, os reagentes e produtos dessas reações.

18. O calor liberado na condensação do vapor de água é, em parte, responsável pelo aquecimento da superfície da nossa pele dentro de uma sauna a vapor. O calor liberado quando 1 mol de H_2O (v) se transforma em 1 mol de H_2O (l) (condensação) é, segundo o diagrama a seguir, em kJ:

a) 285,8
b) 44
c) 241,8
d) −44
e) −285,8

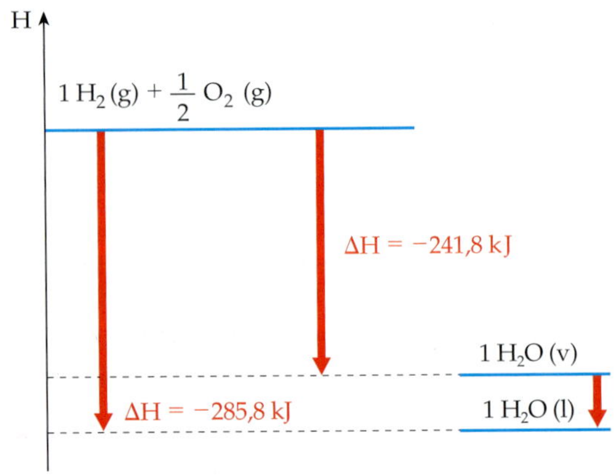

19. (Enem-MEC) O abastecimento de nossas necessidades energéticas futuras dependerá certamente do desenvolvimento de tecnologias para aproveitar a energia solar com maior eficiência. A energia solar é a maior fonte de energia mundial. Num dia ensolarado, por exemplo, aproximadamente 1 kJ de energia solar atinge cada metro quadrado da superfície terrestre por segundo. No entanto, o aproveitamento dessa energia é difícil porque ela é diluída (distribuída por uma área muito extensa) e oscila com o horário e as condições climáticas. O uso efetivo da energia solar depende de formas de estocar a energia coletada para uso posterior.

BROWN, T. *Química:* a ciência central. São Paulo: Pearson Prentice Hall, 2005.

Atualmente, uma das formas de se utilizar a energia solar tem sido armazená-la por meio de processos químicos endotérmicos que mais tarde podem ser revertidos para liberar calor. Considerando a reação:

$$CH_4(g) + H_2O(v) + \text{calor} \rightleftharpoons CO(g) + 3\,H_2(g)$$

e analisando-a como potencial mecanismo para o aproveitamento posterior da energia solar, conclui-se que se trata de uma estratégia.

a) insatisfatória, pois a reação apresentada não permite que a energia presente no meio externo seja absorvida pelo sistema para ser utilizada posteriormente.

b) insatisfatória, uma vez que há formação de gases poluentes e com potencial poder explosivo, tornando-a uma reação perigosa e de difícil controle.

c) insatisfatória, uma vez que há formação de gás CO que não possui conteúdo energético passível de ser aproveitado posteriormente e é considerado um gás poluente.

d) satisfatória, uma vez que a reação direta ocorre com absorção de calor e promove a formação das substâncias combustíveis que poderão ser utilizadas posteriormente para obtenção de energia e realização de trabalho útil.

e) satisfatória, uma vez que a reação direta ocorre com liberação de calor havendo ainda a formação das substâncias combustíveis que poderão ser utilizadas posteriormente para obtenção de energia e realização de trabalho útil.

Exercícios adicionais

Seu(sua) professor(a) indicará quais exercícios deste bloco você deve fazer.

20. (PUC-MG) Como as baterias, as pilhas a combustível são sistemas de conversão de energia química em energia elétrica. Entretanto, enquanto as baterias convencionais se descarregam, as pilhas a combustível, devido ao fornecimento permanente de combustível e de comburente, permanecem uma fonte contínua de energia elétrica. A reação global que ocorre numa pilha a combustível é:

$$H_2 + \frac{1}{2}O_2 \rightarrow H_2O \qquad \Delta H = -253 \text{ kJ} \cdot \text{mol}^{-1}$$

Durante o funcionamento de uma pilha a combustível, é **CORRETO** afirmar:

a) O comburente é o hidrogênio.
b) O hidrogênio reage no cátodo.
c) O oxigênio é oxidado no ânodo.
d) A reação é exotérmica.

21. (UFF-RJ) O Brasil é um dos países líderes em reciclagem de latinhas de alumínio. O alumínio usado na fabricação dessas latas pode ser obtido a partir da eletrólise ígnea (na ausência de água) de Al_2O_3 na presença de criolita. A equação simplificada da reação eletrolítica do Al_2O_3 é:

$$Al_2O_3\ (s) \rightarrow 2\ Al\ (l) + \frac{3}{2} O_2\ (g)$$

$$\Delta H = 1.650\ kJ \cdot mol^{-1}$$

De acordo com o exposto, pode-se afirmar que:

a) são necessários 3 mol de Al_2O_3 para produzir 5 mol de alumínio;

b) a reação de obtenção de Al conforme a reação mostrada acima é endotérmica;

c) a reação de obtenção de Al conforme a reação acima é de dupla troca;

d) o oxigênio produzido tem número de oxidação −2;

e) os números de oxidação para o alumínio e o oxigênio no Al_2O_3 são +3 e 0, respectivamente.

22. (Mackenzie-SP) O alumínio em pó é um sólido inflamável e pode ser utilizado para obtenção de titânio metálico, a partir do seu óxido, no processo denominado de aluminotermia, como mostra a equação química abaixo, NÃO BALANCEADA.

$$TiO_2 + Al \rightarrow Ti + Al_2O_3 \qquad \Delta H < 0$$

Dado: Massa molar em g/mol

O = 16, Al = 27 e Ti = 48

De acordo com a equação e as informações citadas, é correto afirmar que:

a) o processo é endotérmico e o alumínio atua como agente oxidante.

b) o processo é exotérmico e o dióxido de titânio atua como agente redutor.

c) o valor da soma dos menores coeficientes inteiros do balanceamento da equação dada é dez.

d) reagindo-se 720 kg de dióxido de titânio com 324 kg de alumínio, obtém-se 432 kg de titânio metálico, admitindo-se 100% de rendimento.

e) o óxido de alumínio é um exemplo de óxido ácido.

23. (UFU-MG) Considere as informações a seguir.

Uma das reações que ocorrem na obtenção de ferro a partir da hematita é:

$$Fe_2O_3\ (s) + 3\ CO\ (g) \rightarrow 3\ CO_2\ (g) + 2\ Fe\ (s)$$

O calor liberado por essa reação é aproximadamente de 29 kJ por mol de hematita consumida.

Marque para as alternativas abaixo (V) verdadeira ou (F) falsa.

1. ( ) A reação é exotérmica, sendo $H_{produtos}$ maior que $H_{reagentes}$.

2. ( ) A variação de entalpia nessa transformação é $\Delta H = 29\ kJ \cdot mol^{-1}$ de Fe_2O_3 (s) à pressão constante.

3. ( ) Ao dobrar as quantidades de reagentes e de produtos, as entalpias de cada uma das substâncias e a variação total de entalpia dobram.

4. ( ) Embora a pressão não influa diretamente na variação de entalpia, essa pressão pode influenciar indiretamente na variação, pois o estado físico de reagentes e produtos depende da pressão.

24. Dadas as seguintes equações representativas de reações químicas, realizadas à mesma temperatura

$$H_2\ (g) + Br_2\ (l) \rightarrow 2\ HBr\ (g) + 72\ kJ$$

$$H_2\ (g) + Br_2\ (g) \rightarrow 2\ HBr\ (g) + x$$

Pode-se dizer que:

a) $x = 72$ kJ

b) $x > 72$ kJ

c) a primeira reação é endotérmica

d) o valor da variação da entalpia da primeira reação é 72,0 kJ

e) $x < 72$ kJ

25. Para a reação S (r) → S (m), o valor da variação de entalpia (em calorias), calculando-se com base no gráfico, é:

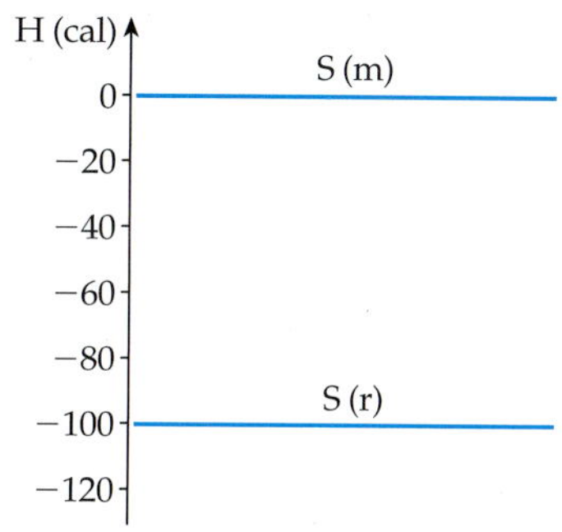

a) −200 **b)** +200 **c)** −100 **d)** +100 **e)** −50

26. (ITA-SP, modificado) O diagrama abaixo mostra a variação da entalpia dos reagentes e do produto em função da temperatura para a reação química representada pela equação X (g) + Y (g) → W (g):

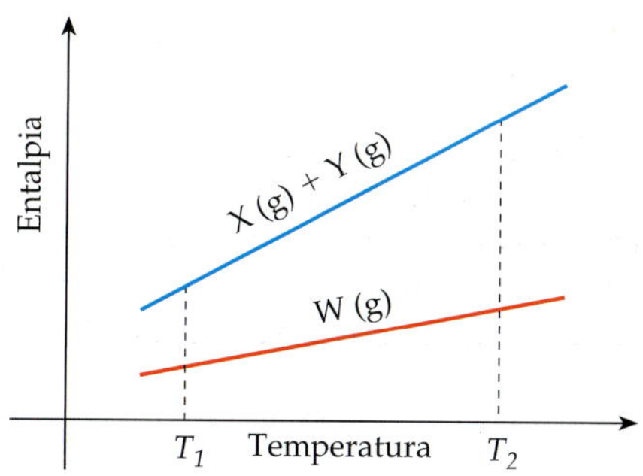

Analisando esse diagrama, identifique a afirmação errada.

a) Na temperatura T_1, a reação é exotérmica.

b) Na temperatura T_1, a entalpia dos reagentes é maior que a do produto.

c) No intervalo de temperatura compreendido entre T_1 e T_2, a reação ocorre com absorção de calor.

d) O ΔH, em módulo, da reação aumenta com o aumento da temperatura.

e) Tanto a entalpia dos reagentes como a do produto aumentam com o aumento da temperatura.

3 A Lei de Hess

Biblioteca do estudante
Texto complementar:
Nutrientes, suas funções e seu conteúdo calórico

3.1 Novamente uma analogia com o saldo bancário

Em um mesmo dia, duas operações financeiras foram realizadas em uma conta bancária. Uma delas foi o uso do cartão de débito para uma compra no valor de 80 unidades monetárias e a outra foi o depósito de 60 unidades monetárias. (O nome da unidade monetária vigente é irrelevante para a presente discussão!)

Após as operações, qual será a variação total do saldo da conta?

A primeira operação é **exo**monetária e a ela podemos atribuir um $\Delta\$_1$, variação de saldo, de -80 unidades monetárias. A segunda é **endo**monetária e apresenta um $\Delta\$_2$ de $+60$ unidades monetárias.

Somando as variações, obtemos a variação monetária total:

$$\Delta\$_{total} = \Delta\$_1 + \Delta\$_2 = -80 + 60 = -20 \text{ unidades monetárias}$$

O gráfico ao lado ilustra a movimentação financeira e o cálculo em questão.

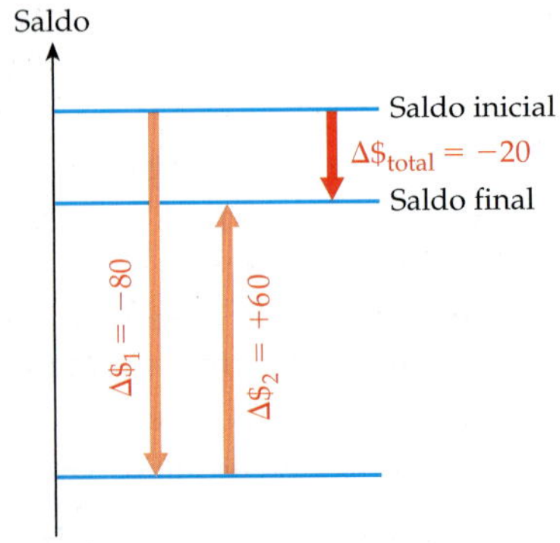

3.2 A Lei de Hess

O cálculo envolvendo a conta bancária, mostrado anteriormente, ajudará a entender a Lei de Hess. Considere a reação de combustão do carbono grafite formando monóxido de carbono:

$$C\,(graf.) + \frac{1}{2}\,O_2\,(g) \rightarrow CO\,(g) \qquad \Delta H = ?$$

Essa reação é muito difícil de realizar na prática; uma parte do carbono pode queimar até formar dióxido de carbono (CO_2) e outra parte pode permanecer sem queimar. Por isso, é bastante difícil medir o ΔH dessa reação.

Contudo, a combustão do carbono grafite formando dióxido de carbono e a combustão do monóxido de carbono, também formando dióxido de carbono, são reações relativamente fáceis de realizar e cujo ΔH pode ser determinado com relativa facilidade. Veja esses valores:

$$C\,(graf.) + O_2\,(g) \rightarrow CO_2\,(g) \qquad \Delta H = -393{,}5\text{ kJ}$$

$$CO\,(g) + \frac{1}{2}\,O_2\,(g) \rightarrow CO_2\,(g) \qquad \Delta H = -283{,}0\text{ kJ}$$

Quando invertemos uma equação química ocorre uma mudança no sinal de seu ΔH. Isso significa que o inverso de um processo endotérmico é um processo exotérmico e vice-versa. Assim, se invertermos a segunda das equações acima, seu ΔH muda de sinal, passando a ser +283,0 kJ.

$$CO_2\,(g) \rightarrow CO\,(g) + \frac{1}{2}\,O_2\,(g) \qquad \Delta H = +283{,}0\text{ kJ}$$

Agora vamos somar a equação de combustão completa da grafite formando CO_2 com essa última equação.

$$C\,(graf.) + \tfrac{1}{2}\cancel{1}\,O_2\,(g) \rightarrow \cancel{CO_2\,(g)} \qquad \Delta H_1 = -393{,}5\text{ kJ}$$

$$\cancel{CO_2\,(g)} \rightarrow CO\,(g) + \cancel{\frac{1}{2}\,O_2\,(g)} \qquad \Delta H_2 = +283{,}0\text{ kJ}$$

$$C\,(graf.) + \frac{1}{2}\,O_2\,(g) \rightarrow CO\,(g) \qquad \Delta H_{total} = ?$$

O processo global resultante dessa soma é justamente aquele cujo ΔH desejamos calcular. O gráfico ao lado ilustra que o ΔH_{total} desse processo pode ser obtido por meio da soma de ΔH_1 e ΔH_2.

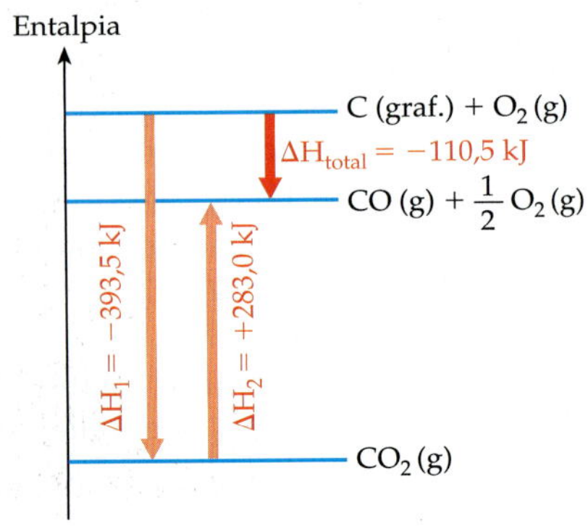

$$\Delta H_{total} = \Delta H_1 + \Delta H_2 = -393{,}5\ kJ + 283{,}0\ kJ = -110{,}5\ kJ$$

Perceba a semelhança com a situação descrita para a movimentação da conta bancária.

A **Lei de Hess**, enunciada em 1840 pelo cientista (suíço de nascimento e que viveu na Rússia) Germain Henri Hess (1802-1850), trata exatamente de situações como a do exemplo apresentado. Ela pode ser assim enunciada:

- A variação de entalpia de uma reação é igual à soma das variações de entalpia das etapas em que essa reação pode ser desmembrada, mesmo que esse desmembramento seja apenas teórico.

Em palavras mais simples, a Lei de Hess permite que trabalhemos com equações termoquímicas como se fossem equações matemáticas. Ao somarmos equações, o ΔH da reação resultante dessa soma será igual à soma dos ΔHs das etapas somadas.

Por vezes, ao relacionar equações para serem somadas a fim de obter uma determinada equação global de interesse, devemos inverter reagentes com produtos. Ao fazer isso, devemos trocar o sinal do ΔH dessa etapa.

Além disso, às vezes é conveniente multiplicar uma equação inteira por um certo número. Isso pode ser feito, desde que lembremos de também multiplicar o ΔH por esse mesmo número.

A reação exotérmica de autodefesa do besouro-bombardeiro

Um mecanismo de defesa interessante utilizado pelos chamados "besouros-bombardeiros" é um jato de material que eles costumam lançar contra seus predadores. Eles possuem um par de glândulas que se abrem ao exterior no final do abdômen. Cada glândula consta basicamente de dois compartimentos. Um deles contém uma solução aquosa de hidroquinona e peróxido de hidrogênio. O outro contém uma mistura de enzimas. Ao ser atacado, o animal segrega um pouco da solução do primeiro compartimento no segundo. As enzimas atuam acelerando a reação exotérmica entre a hidroquinona e o peróxido de hidrogênio:

$$\underset{\textbf{Hidroquinona}}{C_6H_6O_2\,(aq)} + H_2O_2\,(aq) \rightarrow \underset{\textbf{Quinona}}{C_6H_4O_2\,(aq)} + 2\,H_2O\,(l) \qquad \Delta H = -204\ kJ/mol$$

O calor liberado é suficiente para elevar a temperatura da mistura até o ponto de ebulição. Girando a extremidade do abdômen, o inseto dirige o material, na forma de uma fina nuvem, na direção do predador. Além do efeito térmico, a quinona atua como repelente de insetos e animais. Um besouro-bombardeiro possui carga suficiente em seu corpo para produzir de 20 a 30 descargas em rápida sucessão.

FOTOS: STR NEW/REUTERS/LATINSTOCK

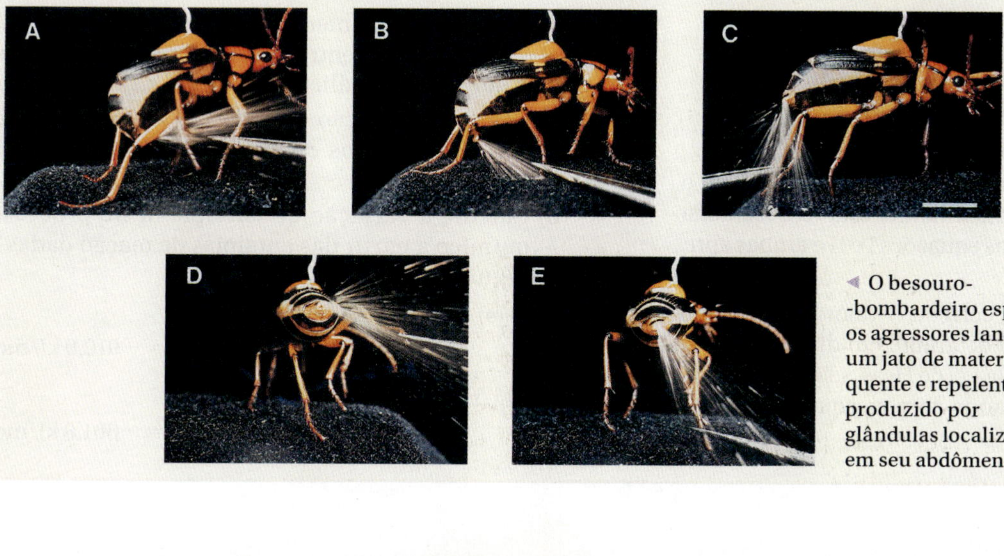

O besouro-bombardeiro espanta os agressores lançando um jato de material quente e repelente produzido por glândulas localizadas em seu abdômen.

Exercícios essenciais

A critério do(a) professor(a) esta lista de exercícios poderá ser realizada em classe ou em casa.

Exercício Resolvido

27. (PUC-MG) Sejam dadas as seguintes equações termoquímicas (25 °C, 1 atm):

I. $C\,(grafite) + O_2\,(g) \rightarrow CO_2\,(g)$ $\Delta H_1 = -393{,}5\ kJ/mol$

II. $C\,(diamante) + O_2\,(g) \rightarrow CO_2\,(g)$ $\Delta H_2 = -395{,}4\ kJ/mol$

Com base nessas equações, todas as afirmativas estão corretas, EXCETO:

a) A formação do $CO_2\,(g)$ é um processo exotérmico.

b) A equação II libera maior quantidade de energia, pois o carbono diamante é mais estável que o carbono grafite.

c) A combustão do carbono é um processo exotérmico.

d) A variação de entalpia necessária para converter 1,0 mol de grafite em diamante é igual a +1,9 kJ.

e) A reação de transformação de grafite em diamante é endotérmica.

Resolução

Vamos comentar as alternativas:

A alternativa **a** está correta, pois a formação do $CO_2\,(g)$ é representada pela equação I, que apresenta $\Delta H < 0$.

A alternativa **b** está **incorreta**. A maior liberação de calor em II é consequência de o carbono diamante ser energeticamente **menos** estável que o carbono grafite.

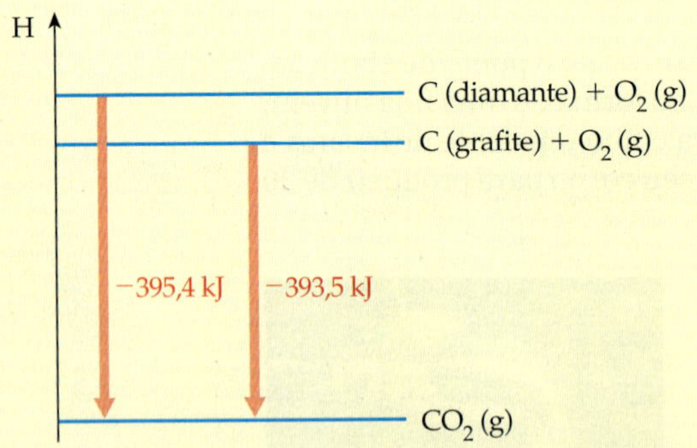

A alternativa **c** está correta. A combustão do carbono, nas formas grafite e diamante, está representada, respectivamente, nas equações I e II e ambas apresentam $\Delta H < 0$.

A alternativa **d** está correta. O valor de ΔH para a conversão de 1 mol de grafite em diamante pode ser determinada pela Lei de Hess, seja diretamente no gráfico ou operando com as equações termoquímicas:

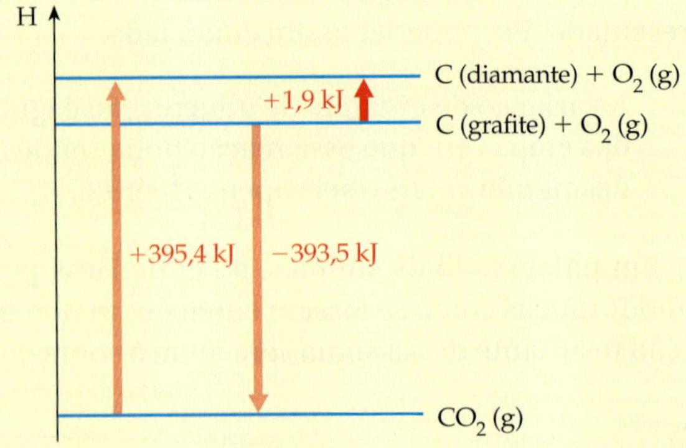

$C\,(grafite) + O_2\,(g) \rightarrow CO_2\,(g)$ $\Delta H_1 = -393{,}5\ kJ$

$CO_2\,(g) \rightarrow C\,(diamante) + O_2\,(g)$ $\Delta H_2 = +395{,}4\ kJ$

$C\,(grafite) \rightarrow C\,(diamante)$ $\Delta H = \Delta H_1 + \Delta H_2$

$\Delta H = +1{,}9\ kJ$

A alternativa **e** está correta, de acordo com o cálculo acima, que resultou em $\Delta H > 0$.

28. (Cefet-PR) Considere a seguinte equação:

$$2\,C\,(graf.) + 3\,H_2\,(g) + \frac{1}{2}\,O_2\,(g) \rightarrow C_2H_6O\,(l)$$

Com base na Lei de Hess, e utilizando as equações a seguir, calcule o ΔH da reação e assinale a alternativa que apresenta a resposta correta.

$C\,(graf.) + O_2\,(g) \rightarrow CO_2\,(g)$ $\Delta H = -394\ kJ/mol$

$H_2\,(g) + \frac{1}{2}\,O_2\,(g) \rightarrow H_2O\,(l)$ $\Delta H = -286\ kJ/mol$

$C_2H_6O\,(l) + 3\,O_2\,(g) \rightarrow 2\,CO_2\,(g) + 3\,H_2O\,(l)$ $\Delta H = -1.368\ kJ/mol$

a) +278 kJ/mol

b) +2.048 kJ/mol

c) −278 kJ/mol

d) −2.048 kJ/mol

e) −556 kJ/mol

29. (Vunesp) Silício elementar, na forma sólida, pode ser obtido pela reação entre dióxido de silício pulverizado e magnésio metálico.

a) Escreva a equação balanceada da reação, indicando os estados de agregação de reagentes e produtos.

b) Calcule a variação de entalpia deste processo químico a partir das entalpias de reação dadas a seguir:

$Si\,(s) + O_2\,(g) \rightarrow SiO_2\,(s)$ $\Delta H_1 = -910{,}9\ kJ/mol$

$Mg\,(s) + \frac{1}{2}\,O_2\,(g) \rightarrow MgO\,(s)$ $\Delta H_2 = -601{,}8\ kJ/mol$

Exercícios adicionais

Seu(sua) professor(a) indicará quais exercícios deste bloco você deve fazer.

30. (UFMS) Calcule a variação de entalpia, ΔH, em kcal/mol, da reação:

$$CO_2(g) \rightarrow C\,(\text{grafite sólido}) + O_2(g),$$

nas condições ambientes (25 °C e 1 atm), sabendo que, nessas condições:

I. $C_2H_6(g) + \frac{7}{2}\,O_2(g) \rightarrow 2\,CO_2(g) + 3\,H_2O\,(l)$ $\quad \Delta H = -372{,}7\ \text{kcal/mol}$

II. $2\,C\,(\text{grafite sólido}) + 3\,H_2(g) \rightarrow C_2H_6(g)$ $\quad \Delta H = -20{,}2\ \text{kcal/mol}$

III. $H_2(g) + \frac{1}{2}\,O_2(g) \rightarrow H_2O\,(l)$ $\quad \Delta H = -68{,}3\ \text{kcal/mol}$

31. (Unifor-CE) Para calcular a variação de entalpia da reação (ΔH_R), representada por:

$$\text{hidroquinona}\ (C_6H_6O_2) + H_2O_2 \xrightarrow[H_2O]{} \xrightarrow[H_2O]{} \text{quinona}\ (C_6H_4O_2) + 2\,H_2O\,(l)$$

foram utilizados os seguintes dados:

- Combustão do $H_2(g)$ com $O_2(g)$ produzindo $H_2O\,(l)$
  $\Delta H_1 = -286\ \text{kJ/mol de}\ H_2O$
- Decomposição do H_2O_2, em meio aquoso, produzindo $H_2O\,(l)$ e $O_2\,(g)$
  $\Delta H_2 = -95\ \text{kJ/mol de}\ H_2O$
- Hidrogenação (H_2) da quinona produzindo hidroquinona
  $\Delta H_3 = -177\ \text{kJ/mol}$

O valor calculado de ΔH_R, em kJ/mol, é da ordem de

a) +200
b) +100
c) −100
d) −150
e) −200

32. (UFBA) Uma montadora internacional lançou no mercado um veículo equipado com oito cilindros, movido a hidrogênio, mostrado pela primeira vez na América do Sul, no Rio de Janeiro, em setembro de 2002. Esse veículo libera, para a atmosfera, apenas água, de acordo com as equações termoquímicas:

I. $H_2(g) + \frac{1}{2}\,O_2(g) \rightarrow H_2O\,(l)$ $\quad \Delta H = -286{,}4\ \text{kJ}$

II. $H_2(g) + \frac{1}{2}\,O_2(g) \rightarrow H_2O\,(g)$ $\quad \Delta H = -242{,}9\ \text{kJ}$

A partir dessas equações, determine a variação de entalpia envolvida na transformação de 3,0 mol de água líquida em água gasosa, nas condições-padrão.

4 O estado-padrão

Ter à disposição uma lista de valores de ΔH para diferentes reações é de grande valor para auxiliar os químicos a fazer previsões. Contudo, quando empregamos informação tabelada, é necessário ressaltar em que condições foi determinada experimentalmente para que saibamos, por consequência, a que condições ela se aplica. Por esse motivo, os químicos criaram o conceito de estado-padrão de uma substância.

- O **estado-padrão** de uma substância corresponde a essa substância, em sua forma pura, na pressão de 100 kPa (= 1 bar) e em uma temperatura de interesse, que geralmente é escolhida como sendo 25 °C.

Quando um valor de ΔH se refere a reagentes e produtos no estado-padrão, esse valor é denominado **variação de entalpia-padrão** e simbolizado por ΔH°, em que o grau sobrescrito (°) indica que o dado se refere ao estado-padrão.

Embora a temperatura não faça parte da definição de estado-padrão, é comum utilizar o valor de 25 °C. Tão comum que, quando não é feita menção a ela, subentende-se que seja de 25 °C*.

Até há alguns anos a definição de estado-padrão envolvia a pressão de 1 atm (101,3 kPa) em vez de 100 kPa. Por essa razão, muitos livros ainda apresentam a definição da maneira antiga e trazem tabelas de ΔH° a 1 atm. Como os valores de entalpia não variam significativamente com pequenas variações de pressão, isso não traz inconvenientes práticos. Contudo, em trabalhos técnicos de grande precisão, os cientistas levam em conta dados referentes a 100 kPa.

* Não se deve confundir a definição de estado-padrão (também conhecido como condições-padrão) com as expressões "condições normais de temperatura e pressão" e "condições ambientes", muito usadas para designar circunstâncias de pressão e temperatura comuns em laboratórios e em tabelas de dados. As "condições normais de temperatura e pressão" são 0 °C e 1 atm e as "condições ambientes" são 25 °C e 1 atm.

5 Entalpia-padrão de combustão

5.1 Combustão e entalpia-padrão de combustão (ΔH_c°)

Combustão é a reação exotérmica de uma substância com o oxigênio, realizada em condições tais que o próprio calor liberado é suficiente para manter a reação em andamento até que pelo menos um dos reagentes se esgote.

As reações de combustão são, de modo geral, relativamente fáceis de executar em um calorímetro e, por isso, são conhecidos e tabelados muitos valores de ΔH° para esse tipo de reação, como ilustrado na tabela 1.

- O ΔH° para a reação de combustão de uma substância, estando reagentes e produtos no estado-padrão, é denominado **entalpia-padrão de combustão** (ΔH_c°) da substância.
  É expresso geralmente em kJ/mol.
  Alguns químicos chamam o ΔH_c° de "calor de combustão".

Veja, como exemplo, o valor de ΔH_c° para o metano (CH_4):

Em palavras: **Quando um mol de metano gasoso sofre combustão, são liberados 890,8 kJ de energia, estando reagentes e produtos no estado-padrão.**

Em equação: $CH_4\,(g) + 2\,O_2\,(g) \rightarrow CO_2\,(g) + 2\,H_2O\,(l)$ $\quad \Delta H_c^\circ = -890{,}8$ kJ/mol

Veja outros exemplos de ΔH_c°:

$$C_6H_6\,(l) + \frac{15}{2}\,O_2\,(g) \rightarrow 6\,CO_2\,(g) + 3\,H_2O\,(l) \qquad \Delta H_c^\circ = -3.267{,}6 \text{ kJ/mol}$$

benzeno

$$C_2H_2\,(g) + \frac{5}{2}\,O_2\,(g) \rightarrow 2\,CO_2\,(g) + H_2O\,(l) \qquad \Delta H_c^\circ = -1.301{,}1 \text{ kJ/mol}$$

etino (acetileno)

$$CO\,(g) + \frac{1}{2}\,O_2\,(g) \rightarrow CO_2\,(g) \qquad \Delta H_c^\circ = -283{,}0 \text{ kJ/mol}$$

monóxido de carbono

TABELA 1 Entalpias-padrão de combustão (ΔH_c°), a 25 °C

Substância	ΔH_c° (kJ/mol)
H_2 (g)	−285,8
C (graf.)	−393,5
CO (g)	−283,0
CH_4 (g) (metano)	−890,8
C_2H_2 (g) (etino)	−1.301,1
C_2H_4 (g) (eteno)	−1.411,2
C_2H_6 (g) (etano)	−1.560,7
C_3H_8 (g) (propano)	−2.219,2
C_4H_{10} (g) (butano)	−2.877,6
C_5H_{12} (l) (pentano)	−3.509,0
C_6H_6 (l) (benzeno)	−3.267,6
C_6H_{14} (l) (hexano)	−4.163,2
C_7H_{16} (l) (heptano)	−4.817,0
CH_2O (l) (formaldeído)	−570,7
CH_4O (l) (metanol)	−726,1
C_2H_6O (l) (etanol)	−1.366,8
C_3H_6O (l) (acetona)	−1.789,0
$C_4H_{10}O$ (l) (éter dietílico)	−2.723,9

Fonte: LIDE, D. R. (ed.). *CRC Handbook of Chemistry and Physics.* 84. ed. Boca Raton: CRC Press, 2003. p. **5**-89.

INC/SHUTTERSTOCK

▲ As reações de combustão são exotérmicas. O calor de combustão é uma maneira de quantificar a energia liberada nesses processos.

5.2 Utilidade das entalpias-padrão de combustão

Como os químicos dispõem de grande quantidade de valores de ΔH_c°, eles são muito usados, juntamente com a Lei de Hess, para determinar o ΔH° de outras reações. Considere, por exemplo, que se deseja determinar o ΔH° da reação de hidrogenação do eteno (você encontrará informações sobre a importância das reações de hidrogenação no capítulo 30), que é assim equacionada:

$$C_2H_4\,(g) + H_2\,(g) \rightarrow C_2H_6\,(g) \qquad \Delta H^\circ = ?$$

dispondo-se das seguintes entalpias-padrão de combustão:

$$\underset{\text{eteno}}{C_2H_4\,(g)} + 3\,O_2\,(g) \rightarrow 2\,CO_2\,(g) + 2\,H_2O\,(l) \quad \Delta H^\circ_c = -1.411{,}2\ kJ/mol$$

$$H_2\,(g) + \frac{1}{2}\,O_2\,(g) \rightarrow H_2O\,(l) \quad \Delta H^\circ_c = -285{,}8\ kJ/mol$$

$$\underset{\text{etano}}{C_2H_6\,(g)} + \frac{7}{2}\,O_2\,(g) \rightarrow 2\,CO_2\,(g) + 3\,H_2O\,(l) \quad \Delta H^\circ_c = -1.560{,}7\ kJ/mol$$

> **Biblioteca do estudante**
> **Texto complementar:**
> O aproveitamento energético da glicose

Usando a Lei de Hess, podemos obter a equação problema somando essas três equações, tomando o cuidado de inverter a terceira:

$$C_2H_4\,(g) + 3\,O_2\,(g) \rightarrow 2\,CO_2\,(g) + 2\,H_2O\,(l) \quad \Delta H^\circ_1 = -1.411{,}2\ kJ$$

$$H_2\,(g) + \frac{1}{2}\,O_2\,(g) \rightarrow H_2O\,(l) \quad \Delta H^\circ_2 = -285{,}8\ kJ$$

$$2\,CO_2\,(g) + 3\,H_2O\,(l) \rightarrow C_2H_6\,(g) + \frac{7}{2}\,O_2\,(g) \quad \Delta H^\circ_3 = +1.560{,}7\ kJ$$

$$C_2H_4\,(g) + H_2\,(g) \rightarrow C_2H_6\,(g) \quad \Delta H^\circ = ?$$

Assim, obtém-se o valor desejado de ΔH°:

$$\Delta H^\circ = \Delta H^\circ_1 + \Delta H^\circ_2 + \Delta H^\circ_3 = -136{,}3\ kJ$$

A figura ao lado ilustra graficamente a determinação que acabamos de fazer.

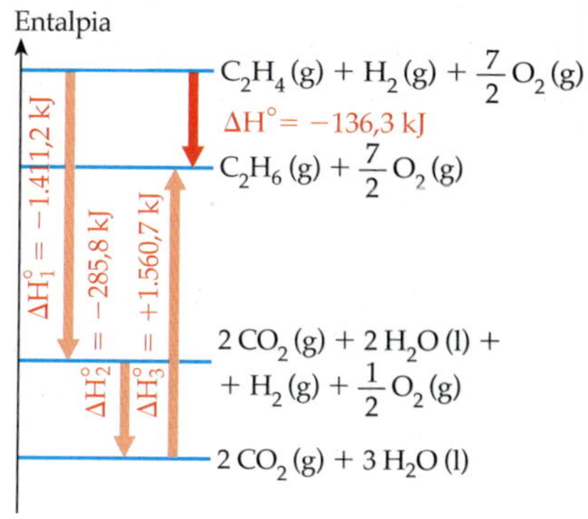

Exercícios essenciais

A critério do(a) professor(a) esta lista de exercícios poderá ser realizada em classe ou em casa.

Exercício Resolvido

33. Um engenheiro químico está projetando um reator (recipiente em que ocorrem uma ou mais reações químicas) e, para isso, precisa do ΔH° da reação de hidrogenação do etino (C_2H_2), na qual ele se transforma em etano (C_2H_6):

$$\underset{\text{etino ou acetileno}}{C_2H_2\,(g)} + 2\,H_2\,(g) \rightarrow \underset{\text{etano}}{C_2H_6\,(g)}$$

Embora ele não tenha encontrado esse valor em tabelas, ele encontrou as seguintes entalpias-padrão de combustão:

$$C_2H_2\,(g) + \frac{5}{2}\,O_2\,(g) \rightarrow 2\,CO_2\,(g) + H_2O\,(l) \quad \Delta H^\circ_c = -1.301\ kJ/mol$$

$$C_2H_6\,(g) + \frac{7}{2}\,O_2\,(g) \rightarrow 2\,CO_2\,(g) + 3\,H_2O\,(l) \quad \Delta H^\circ_c = -1.561\ kJ/mol$$

$$H_2\,(g) + \frac{1}{2}\,O_2\,(g) \rightarrow H_2O\,(l) \quad \Delta H^\circ_c = -286\ kJ/mol$$

Como, de posse desses valores, o engenheiro pode calcular o ΔH° desejado? Explique e efetue o cálculo.

➤ Resolução

O engenheiro pode calcular o ΔH° usando a Lei de Hess, somando as equações fornecidas, invertendo a segunda e multiplicando a terceira por 2.

O cálculo é:

$$C_2H_2\,(g) + \frac{5}{2}\,O_2\,(g) \rightarrow 2\,CO_2\,(g) + H_2O\,(l) \quad \Delta H^\circ_1 = -1.301\ kJ$$

$$2\,CO_2\,(g) + 3\,H_2O\,(l) \rightarrow C_2H_6\,(g) + \frac{7}{2}\,O_2\,(g) \quad \Delta H^\circ_2 = +1.561\ kJ$$

$$2\,H_2\,(g) + O_2\,(g) \rightarrow 2\,H_2O\,(l) \quad \Delta H^\circ_3 = 2 \cdot (-286)\ kJ$$

$$C_2H_2\,(g) + 2\,H_2\,(g) \rightarrow C_2H_6\,(g) \quad \Delta H^\circ = \Delta H^\circ_1 + \Delta H^\circ_2 + \Delta H^\circ_3$$

$$\boxed{\Delta H^\circ = -312\ kJ}$$

34. O metanol tem sido usado como combustível alternativo para veículos automotores. Indique o diagrama de variação de entalpia que representa a equação para o processo de combustão completa do metanol:

a) 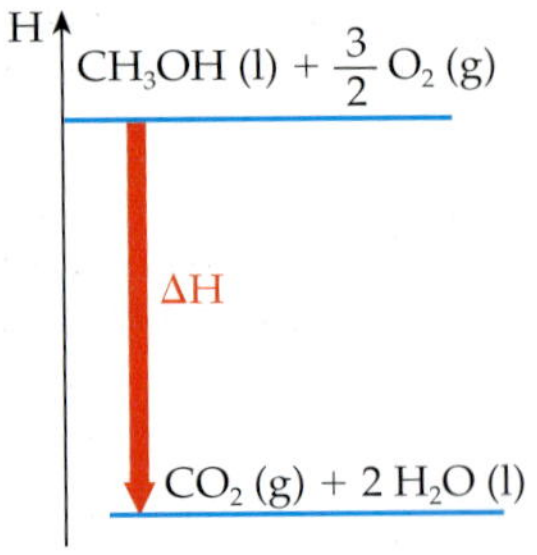

b) 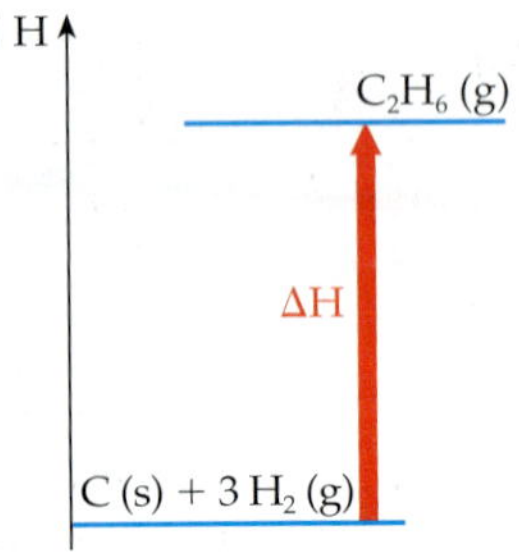

c) 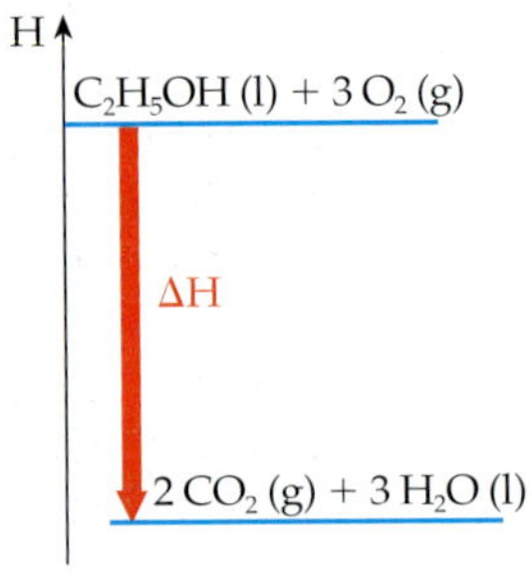

d) 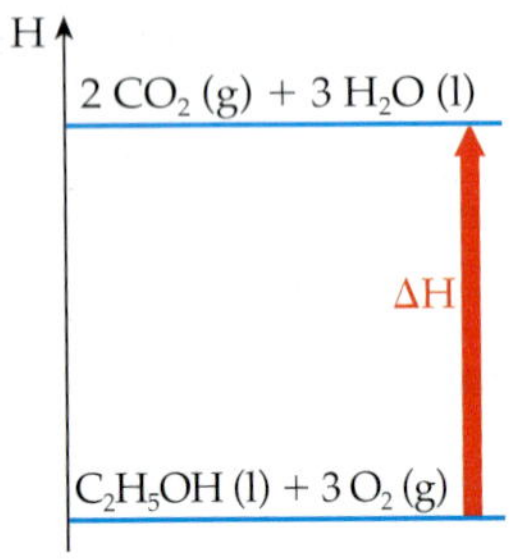

e) 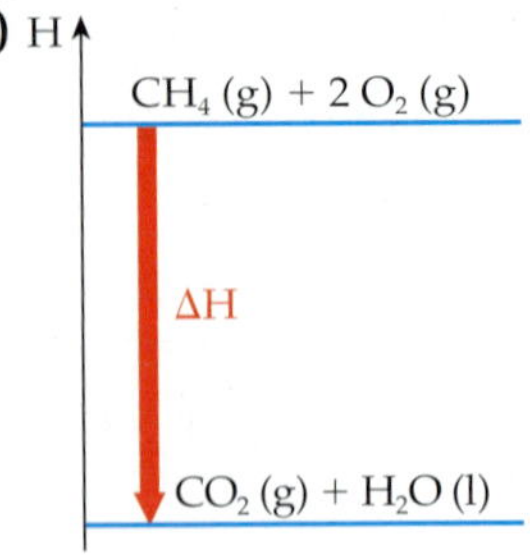

35. (Cefet-AL) Podemos obter o benzeno em laboratório, reagindo carbeto de cálcio com água, recolhendo o acetileno formado em tubulação de ferro superaquecida, resfriando em seguida o produto obtido.
Pode-se calcular a variação de entalpia da obtenção do benzeno a partir de acetileno, conhecendo-se as entalpias de combustão completa das duas substâncias. Abaixo fornecemos as equações representativas da combustão completa do acetileno e do benzeno.

$$C_2H_2 + \frac{5}{2}\ O_2 \rightarrow 2\ CO_2 + H_2O \qquad \Delta H = -1.256\ kJ/mol$$

$$C_6H_6 + \frac{15}{2}\ O_2 \rightarrow 6\ CO_2 + 3\ H_2O \qquad \Delta H = -3.168\ kJ/mol$$

Utilizando as duas equações, concluímos que durante a síntese do benzeno, a partir do acetileno, ocorre:

a) liberação de 200 kJ.
b) absorção de 600 kJ.
c) liberação de 1.200 kJ.
d) liberação de 600 kJ.
e) absorção de 200 kJ.

Comentário dos autores:

O benzeno é obtido a partir do acetileno através da equação fornecida abaixo e denominada trimerização do acetileno:

$$3\ C_2H_2\ (g) \rightarrow C_6H_6\ (l)$$

Exercícios adicionais

Seu(sua) professor(a) indicará quais exercícios deste bloco você deve fazer.

36. (UFSCar-SP) O cultivo de cana-de-açúcar faz parte da nossa história, desde o Brasil Colônia. O açúcar e o álcool são seus principais produtos. Com a crise mundial do petróleo, o incentivo à fabricação de carros a álcool surgiu, na década de 1970, com o Proálcool. Esse Programa Nacional acabou sendo extinto no final da década de 1990. Um dos pontos altos nas discussões em Joanesburgo sobre desenvolvimento sustentável foi o pacto entre Brasil e Alemanha para investimento na produção de carros a álcool.

a) Escreva a equação de combustão de etanol, devidamente balanceada. Calcule o calor de combustão de 1 mol de etanol, a partir das seguintes equações:

	$\Delta H°$ (kJ/mol)
$C\ (s) + O_2\ (g) \rightarrow CO_2\ (g)$	−394
$H_2\ (g) + \frac{1}{2}\ O_2\ (g) \rightarrow H_2O\ (l)$	−286
$2\ C\ (s) + 3\ H_2\ (g) + \frac{1}{2}\ O_2\ (g) \rightarrow C_2H_5OH\ (l)$	−278

b) A reação de combustão do etanol é endotérmica ou exotérmica? Justifique.

37. (UFMG) A queima do metano na presença de oxigênio pode produzir duas substâncias distintas que contêm carbono:

- monóxido de carbono, produzido pela combustão incompleta do metano; e
- dióxido de carbono.

As equações químicas dessas reações são:

Reação I

$$CH_4(g) + \frac{3}{2} O_2(g) \rightarrow 2\ H_2O(g) + CO(g)$$

Reação II

$$CH_4(g) + 2\ O_2(g) \rightarrow 2\ H_2O(g) + CO_2(g)$$

Considerando essas reações, é **CORRETO** afirmar que:

a) ambas são exotérmicas e a quantidade de calor liberado em **I** é menor que em **II**.
b) ambas são endotérmicas e a quantidade de calor absorvido em **I** é menor que em **II**.
c) ambas são endotérmicas e a quantidade de calor absorvido em **II** é menor que em **I**.
d) ambas são exotérmicas e a quantidade de calor liberado em **II** é menor que em **I**.

38. O octano (C_8H_{18}) é um dos muitos componentes da gasolina. O gráfico ilustra os valores de entalpia de combustão para o octano gasoso e para o octano líquido.

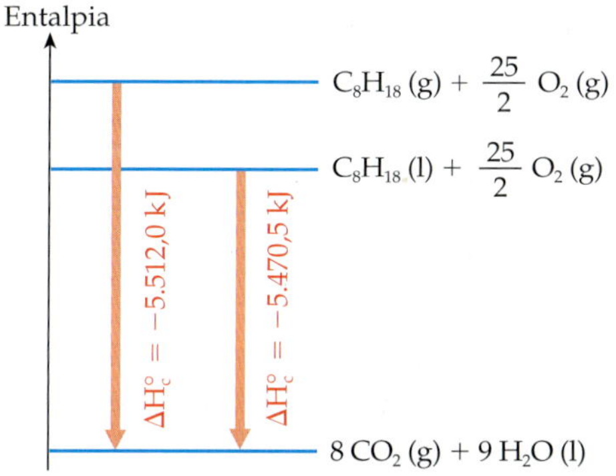

Explique como é possível determinar o valor do ΔH° da vaporização do octano a partir desses dados.

39. (Vunesp) Dois maçaricos, 1 e 2, operando sob as mesmas condições de fluxo dos gases, com as pressões mostradas na tabela a seguir, são utilizados para a produção de calor na execução de corte e solda em peças metálicas.

Maçarico	Gases na mistura	Pressão parcial relativa do gás na mistura
1	acetileno (C_2H_2)	$\frac{1}{4}P$
	oxigênio (O_2)	$\frac{3}{4}P$
2	acetileno (C_2H_2)	$\frac{1}{4}P$
	ar (20% de O_2 e 80% de N_2)	$\frac{3}{4}P$

Nestas condições de operação, observa-se que a temperatura da chama do maçarico 1 é maior do que a do maçarico 2. Essa diferença nas temperaturas das chamas dos dois maçaricos ocorre, pois:

a) o N_2 presente na mistura gasosa do maçarico 2 reage preferencialmente com o acetileno, liberando menos calor do que a reação deste com o O_2.
b) o N_2 presente na mistura gasosa do maçarico 2 reage preferencialmente com o oxigênio, liberando menos calor do que a reação deste com o C_2H_2.
c) a entalpia de combustão do acetileno é menor na ausência de N_2.
d) a entalpia de combustão do acetileno é maior na ausência de N_2.
e) a pressão parcial do oxigênio no maçarico 1 é maior do que no maçarico 2.

6 Entalpia-padrão de formação

6.1 Formação e entalpia-padrão de formação (ΔH_f°)

Em Termoquímica, conceitua-se reação de **formação** de uma substância como a reação em que ela é produzida exclusivamente a partir de reagentes que sejam substâncias simples. Para maior clareza, vamos analisar um exemplo. Considere a reação assim equacionada:

$$2\ C(\text{graf.}) + 3\ H_2(g) + \frac{1}{2} O_2(g) \rightarrow C_2H_6O(l)$$

Nela, o álcool etílico (álcool comum, C_2H_6O ou C_2H_5OH) é formado a partir do carbono grafite, do gás hidrogênio e do gás oxigênio. Os reagentes são todos substâncias simples. Assim sendo, a equação acima representa a reação de formação do álcool etílico.

Sabendo o que é uma reação de formação, podemos conceituar:

- O $\Delta H°$ para a reação de formação de uma substância exclusivamente a partir de reagentes que sejam substâncias simples — todas no estado-padrão, no estado físico e na variedade alotrópica mais estáveis* — é denominado **entalpia-padrão de formação** (ΔH_f°) da substância. É expresso geralmente em kJ/mol. Alguns chamam o ΔH_f° de "calor de formação".

Voltemos ao exemplo mostrado anteriormente, com o álcool etílico. Na reação, os reagentes, que são todos substâncias simples, apresentam-se no estado físico mais estável no estado-padrão: o carbono é sólido, o hidrogênio e o oxigênio são gases. O reagente que apresenta variedades alotrópicas, que é o carbono, participa da reação na mais estável delas, a grafite. Assim sendo, o ΔH da reação equacionada é a entalpia-padrão de formação do álcool etílico. A tabela 2 relaciona esse e outros valores de entalpia-padrão de formação.

Em palavras: **Quando um mol de álcool etílico líquido é formado a partir do carbono grafite, do gás hidrogênio e do gás oxigênio, ocorre a liberação de 277,6 kJ, ou seja, a entalpia-padrão de formação do álcool etílico é −277,6 kJ/mol.**

Em equação: $$2\,C\,(graf.) + 3\,H_2\,(g) + \frac{1}{2}\,O_2\,(g) \rightarrow C_2H_6O\,(l) \qquad \Delta H_f^\circ = -277{,}6\ kJ/mol$$

Veja outros exemplos de ΔH_f°:

$$\frac{1}{2}\,N_2\,(g) + \frac{3}{2}\,H_2\,(g) \rightarrow \underset{\text{amônia}}{NH_3\,(g)} \qquad \Delta H_f^\circ = -45{,}9\ kJ/mol$$

$$Fe\,(s) + \frac{1}{2}\,O_2\,(g) \rightarrow \underset{\text{óxido de ferro (II)}}{FeO\,(s)} \qquad \Delta H_f^\circ = -272{,}0\ kJ/mol$$

6.2 A entalpia-padrão de formação de algumas substâncias é nula!

Uma **consequência** da definição de entalpia-padrão de formação é que o **ΔH_f° é nulo** para as **substâncias simples**, desde que estejam **no estado-padrão, no estado físico e na variedade alotrópica mais estáveis**. Vejamos o porquê, considerando exemplos de processos de "formação" dessas substâncias:

$$C\,(graf.) \rightarrow C\,(graf.) \qquad \Delta H_f^\circ = \text{zero}$$
$$O_2\,(g) \rightarrow O_2\,(g) \qquad \Delta H_f^\circ = \text{zero}$$

Neles, obviamente, nenhuma alteração ocorre e, portanto, $\Delta H°$ é zero.

Entretanto, nas reações de formação de diamante ou de ozônio, o valor de $\Delta H°$ não é nulo porque, de fato, houve uma reação química:

$$C\,(graf.) \rightarrow C\,(diam.) \qquad \Delta H_f^\circ = +1{,}9\ kJ/mol$$
$$\frac{3}{2}\,O_2\,(g) \rightarrow O_3\,(g) \qquad \Delta H_f^\circ = +142{,}7\ kJ/mol$$

TABELA 2 Entalpias-padrão de formação (ΔH_f°) a 25 °C

Substância	ΔH_f° (kJ/mol)
H_2 (g)	0,0
H_2O (l)	−285,8
H_2O_2 (l)	−187,8
H_2S (g)	−20,6
C (grafite)	0,0
C (diamante)	+1,9
CO (g)	−110,5
CO_2 (g)	−393,5
CH_4 (g) (metano)	−74,4
C_2H_2 (g) (etino)	+227,4
C_2H_4 (g) (eteno)	+52,4
C_2H_6 (g) (etano)	−84,0
C_3H_8 (g) (propano)	−103,8
C_4H_{10} (g) (butano)	−125,7
C_5H_{12} (l) (pentano)	−173,5
C_6H_6 (l) (benzeno)	+49,1
C_6H_{14} (l) (hexano)	−198,7
CH_2O (l) (formaldeído)	−108,6
CH_4O (l) (metanol)	−239,2
C_2H_6O (l) (etanol)	−277,6
C_3H_6O (l) (acetona)	−248,4
$C_4H_{10}O$ (l) (éter dietílico)	−279,5
N_2 (g)	0,0
NH_3 (g)	−45,9
NO_2 (g)	+33,2
N_2O (g)	+81,6
N_2O_3 (g)	+86,6
N_2O_4 (g)	+11,1
N_2O_5 (g)	+13,3
O_2 (g)	0,0
O_3 (g)	+142,7
Al (s)	0,0
Al_2O_3 (s)	−1.675,7
S (rômbico)	0,0
S (monoclínico)	+0,3
SO_2 (g)	−296,8
SO_3 (g)	−395,7
Fe (s)	0,0
FeO (s)	−272,0
Fe_2O_3 (s)	−824,2
Fe_3O_4 (s)	−1.118,4

Fonte: LIDE, D. R. (ed.). *CRC Handbook of Chemistry and Physics*. 84. ed. Boca Raton: CRC Press, 2003. p. **5**-4ss.

* Para o elemento carbono, a variedade mais estável é a grafite, C (graf.). Para o elemento oxigênio, é o gás oxigênio, O_2 (g). E, para o elemento enxofre, é o enxofre rômbico, S (rômb.).

6.3 Utilidade das entalpias-padrão de formação

Talvez a mais engenhosa das ideias químicas apresentadas neste capítulo seja a criação do conceito de entalpia-padrão de formação. De posse dos valores de ΔH_f° dos participantes de uma reação, pode-se determinar o ΔH° dessa reação. Para exemplificar, considere que se deseja determinar o ΔH° da seguinte reação:

$$C_2H_4\,(g) + H_2\,(g) \rightarrow C_2H_6\,(g) \qquad \Delta H^\circ = ?$$

sendo conhecidos os seguintes valores de ΔH_f°:

$$2\,C\,(graf.) + 2\,H_2\,(g) \rightarrow C_2H_4\,(g) \qquad \Delta H_f^\circ = +52{,}4\ kJ/mol$$

$$H_2\,(g) \rightarrow H_2\,(g) \qquad \Delta H_f^\circ = zero$$

$$2\,C\,(graf.) + 3\,H_2\,(g) \rightarrow C_2H_6\,(g) \qquad \Delta H_f^\circ = -84{,}0\ kJ/mol$$

A segunda equação não representa, de fato, uma reação química (muito menos uma reação de formação), já que nada está ocorrendo. Ela foi colocada apenas para ressaltar que a entalpia-padrão de formação do gás hidrogênio é zero.

Invertendo a primeira equação e somando-a à terceira, chegamos à equação problema.

$$C_2H_4\,(g) \rightarrow 2\,C\,(graf.) + 2\,H_2\,(g) \qquad \Delta H_1^\circ = -52{,}4\ kJ$$

$$2\,C\,(graf.) + 3\,H_2\,(g) \rightarrow C_2H_6\,(g) \qquad \Delta H_2^\circ = -84{,}0\ kJ$$

$$C_2H_4\,(g) + H_2\,(g) \rightarrow C_2H_6\,(g) \qquad \Delta H^\circ = ?$$

Empregando a Lei de Hess, chegamos ao valor de ΔH°:

$$\Delta H^\circ = \Delta H_1^\circ + \Delta H_2^\circ = -136{,}4\ kJ$$

Compare esse resultado com o que obtivemos, no item 5.2, por meio das entalpias-padrão de combustão.

A figura ao lado ilustra graficamente o cálculo realizado. De modo geral, podemos fazer a seguinte generalização para o cálculo do ΔH° de uma reação:

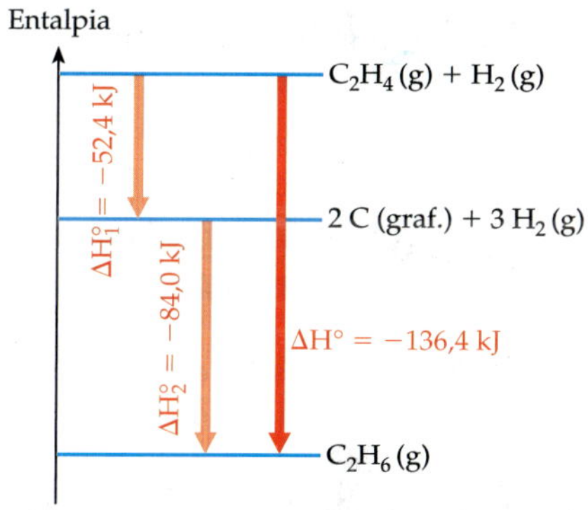

- $\Delta H^\circ = [\Sigma\, n \cdot \Delta H_f^\circ(produtos)] - [\Sigma\, n \cdot \Delta H_f^\circ(reagentes)]$

em que **Σ** (a letra grega sigma maiúscula) indica soma e **n** indica o coeficiente estequiométrico de cada participante. Analise bem o exemplo acima e reflita sobre o significado dessa fórmula, que não precisa ser memorizada, já que ela decorre da definição de entalpia-padrão de formação.

Perceba, portanto, a grande utilidade dos valores de ΔH_f°. Conhecendo-os, pode-se fazer um cálculo estimativo do ΔH° de uma reação.

Exercícios essenciais

A critério do(a) professor(a) esta lista de exercícios poderá ser realizada em classe ou em casa.

40. (ITA-SP) Assinale a opção ERRADA que apresenta (em kJ/mol) a entalpia-padrão de formação (ΔH_f°) da substância a 25 °C.

a) $\Delta H_f^\circ(H_2\,(g)) = 0$

b) $\Delta H_f^\circ(F_2\,(g)) = 0$

c) $\Delta H_f^\circ(N_2\,(g)) = 0$

d) $\Delta H_f^\circ(Br_2\,(g)) = 0$

e) $\Delta H_f^\circ(Cl_2\,(g)) = 0$

41. (Unirio-RJ) Os soldados em campanha aquecem suas refeições prontas, contidas dentro de uma bolsa plástica com água. Dentro dessa bolsa existe o metal magnésio, que se combina com a água e forma hidróxido de magnésio, conforme a reação:

$$Mg\,(s) + 2\,H_2O\,(l) \rightarrow Mg(OH)_2\,(s) + H_2\,(g)$$

A variação de entalpia dessa reação, em kJ/mol, é:

Dados: $\Delta H_f^\circ H_2O\,(l) = -285{,}8\ kJ/mol$
$\Delta H_f^\circ Mg(OH)_2\,(s) = -924{,}5\ kJ/mol$

a) −1.496,1

b) −638,7

c) −352,9

d) +352,9

e) +1.496,1

42. (Unicap-PE) Observe o gráfico abaixo:

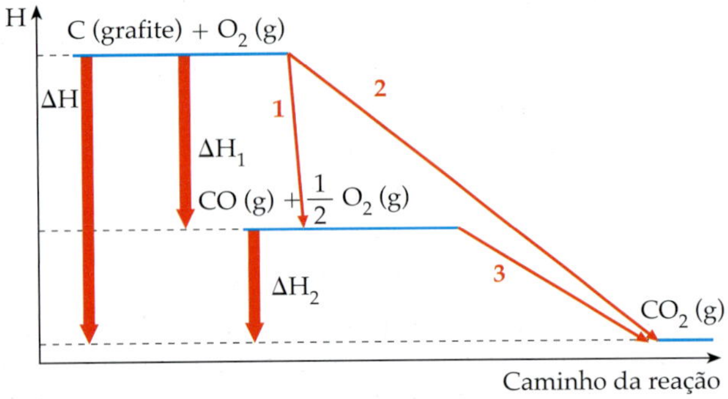

Julgue os itens, classificando-os em verdadeiros ou falsos:

a) O ΔH será dado por $\Delta H_2 - \Delta H_1$.

b) A etapa 3 corresponde a calor de formação do CO_2.

c) O ΔH_1 é menor que zero.

d) $\Delta H_1 = \Delta H - \Delta H_2$.

e) A etapa 2 corresponde ao calor de combustão da grafite.

43. Um dos sérios problemas da maioria das regiões metropolitanas é a chuva ácida. Um dos responsáveis é o poluente SO_3, que reage com a água da chuva originando ácido sulfúrico. O SO_3 não é um poluente produzido diretamente pelas fontes poluidoras, mas é formado quando o poluente SO_2 (esse sim é liberado por fontes que queimam combustíveis fósseis) reage com o oxigênio do ar:

$$2\,SO_2\,(g) + O_2\,(g) \rightarrow 2\,SO_3\,(g) \qquad \Delta H^\circ = ?$$

Calcule o ΔH° dessa reação baseando-se nas seguintes entalpias-padrão de formação:

$$S\,(\text{rômb.}) + O_2\,(g) \rightarrow SO_2\,(g) \quad \Delta H_f^\circ = -297\,kJ/mol$$

$$S\,(\text{rômb.}) + \frac{3}{2}\,O_2\,(g) \rightarrow SO_3\,(g) \quad \Delta H_f^\circ = -396\,kJ/mol$$

44. (Fuvest-SP) Pode-se calcular a entalpia molar de vaporização do etanol a partir das entalpias das reações de combustão representadas por

$$C_2H_5OH\,(l) + 3\,O_2\,(g) \rightarrow 2\,CO_2\,(g) + 3\,H_2O\,(l) \qquad \Delta H_1$$

$$C_2H_5OH\,(g) + 3\,O_2\,(g) \rightarrow 2\,CO_2\,(g) + 3\,H_2O\,(g) \qquad \Delta H_2$$

Para isso, basta que se conheça, também, a entalpia molar de:

a) vaporização da água.

b) sublimação do dióxido de carbono.

c) formação da água líquida.

d) formação do etanol líquido.

e) formação do dióxido de carbono gasoso.

Exercícios adicionais

Seu(sua) professor(a) indicará quais exercícios deste bloco você deve fazer.

45. (UFABC) Considere as seguintes informações sobre duas variedades alotrópicas do elemento carbono:

Variedade alotrópica	Entalpia de formação	Densidade
Carbono diamante	+0,45 kcal/mol	$3{,}5\ g \cdot cm^{-3}$
Carbono grafita	zero	$2{,}2\ g \cdot cm^{-3}$

a) Sendo a entalpia de combustão completa do carbono diamante igual a $-x$ kcal · mol^{-1}, qual deve ser a entalpia de combustão do carbono grafita? Justifique.

b) Como interpretar, em termos de arranjos atômicos, o fato de a densidade do diamante ser maior do que a do carbono grafita, uma vez que ambos são formados por átomos de um mesmo elemento químico?

46. (Vunesp) O álcool etílico pode ser obtido pela fermentação de açúcares produzidos a partir de diferentes matérias-primas vegetais. Sendo assim, é um combustível renovável e não contribui para o aumento da concentração de dióxido de carbono na atmosfera. Considerando-se a importância de sua utilização como combustível, calcule o calor de combustão do etanol a partir dos dados de entalpia-padrão fornecidos a seguir:

ΔH_f° etanol (l) $= -277{,}6\ kJ \cdot mol^{-1}$

ΔH_f° água (l) $= -285{,}8\ kJ \cdot mol^{-1}$

ΔH_f° dióxido de carbono (g) $= -393{,}5\ kJ \cdot mol^{-1}$

47. (Unifesp) Quando o óxido de magnésio está na presença de uma atmosfera de gás carbônico, este é convertido a carbonato de magnésio.
São dadas as entalpias-padrão de formação:

$$Mg\,(s) + \frac{1}{2}\,O_2\,(g) \rightarrow MgO\,(s) \quad \Delta H_f^\circ = -602\,kJ/mol$$

$$C\,(s,\,\text{grafita}) + O_2\,(g) \rightarrow CO_2\,(g) \quad \Delta H_f^\circ = -394\,kJ/mol$$

$$Mg\,(s) + C\,(s,\,\text{grafita}) + \frac{3}{2}\,O_2\,(g) \rightarrow MgCO_3\,(s) \quad \Delta H_f^\circ = -1.096\,kJ/mol$$

A formação de um mol de carbonato de magnésio, a partir do óxido de magnésio e gás carbônico, é uma reação:

a) endotérmica, com valor absoluto de entalpia de 100 kJ.

b) exotérmica, com valor absoluto de entalpia de 100 kJ.

c) endotérmica, com valor absoluto de entalpia de 888 kJ.

d) exotérmica, com valor absoluto de entalpia de 888 kJ.

e) endotérmica, com valor absoluto de entalpia de 1.304 kJ.

48. (UFSCar-SP) A geração de energia elétrica por reatores nucleares vem enfrentando grande oposição por parte dos ambientalistas e da população em geral ao longo de várias décadas, em função dos acidentes ocorridos nas usinas nucleares e da necessidade de controle dos resíduos radioativos por um longo período de tempo. Recentemente, o agravamento da crise energética, aliado à poluição e ao efeito estufa resultantes do uso de combustíveis fósseis, e à redução dos resíduos produzidos nas usinas nucleares, têm levado até mesmo os críticos a rever suas posições.

O funcionamento da maioria dos reatores nucleares civis baseia-se no isótopo 235 do urânio, $^{235}_{92}U$. O urânio natural apresenta uma distribuição isotópica de aproximadamente 0,72% de ^{235}U e 99,27% de ^{238}U. Para sua utilização em reatores, o urânio deve ser enriquecido até atingir um teor de 3 a 4% em ^{235}U. Um dos métodos utilizados nesse processo envolve a transformação do minério de urânio em U_3O_8 sólido (*"yellow cake"*), posteriormente convertido em UO_2 sólido e, finalmente, em UF_6 gasoso, segundo as reações representadas pelas equações:

$$UO_2\,(s) + 4\,HF\,(g) \rightarrow UF_4\,(s) + 2\,H_2O\,(g) \quad \text{(reação 1)}$$

$$UF_4\,(s) + F_2(g) \rightarrow UF_6(g) \quad \text{(reação 2)}$$

$$UO_2\,(s) + 4\,HF\,(g) + F_2\,(g) \rightarrow UF_6(g) + 2\,H_2O\,(g) \quad \text{(reação global)}$$

Considere a reação global de produção de UF_6 a partir da reação entre UO_2, HF e F_2, e as informações adicionais sobre entalpias de formação fornecidas a seguir.

Substância (estado físico)	Entalpia de formação a 25 °C ($kJ\,mol^{-1}$)
UO_2 (s)	−1.130
HF (g)	−270
UF_6 (g)	−2.110
H_2O (g)	−240

É correto afirmar que, a 25 °C, a reação de produção de UF_6 a partir de UO_2, conforme descrito pela equação da reação global, é .... kJ por mol de UF_6 formado.

Assinale a alternativa com as informações que preenchem corretamente a lacuna da frase acima.

a) exotérmica, liberando 380
b) exotérmica, liberando 950
c) exotérmica, liberando 2.110
d) endotérmica, absorvendo 2.110
e) endotérmica, absorvendo 1.080

49. (UFPR) A perspectiva de esgotamento das reservas mundiais de petróleo nas próximas décadas tem incentivado o uso de biocombustíveis. Entre eles está o etanol, que no Brasil já vem sendo usado como combustível de automóveis há décadas. Usando o gráfico abaixo, considere as afirmativas a seguir:

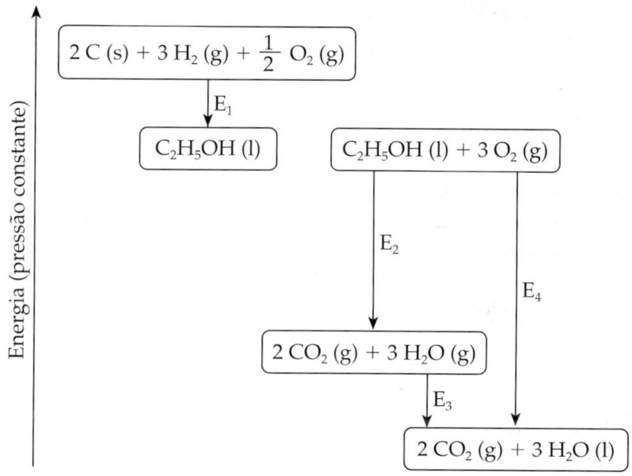

1. A energia E_2 refere-se à entalpia de formação do etanol.
2. E_3 é a energia molar de vaporização da água.
3. A entalpia de formação do etanol é um processo endotérmico.
4. E_4 é a entalpia de combustão do etanol.

Assinale a alternativa correta.

a) Somente a afirmativa 4 é verdadeira.
b) Somente a afirmativa 1 é verdadeira.
c) Somente as afirmativas 3 e 4 são verdadeiras.
d) Somente as afirmativas 1, 2 e 3 são verdadeiras.
e) Somente as afirmativas 2 e 3 são verdadeiras.

7 Energia de ligação

7.1 Recordando: uma reação química é um rearranjo de átomos

Uma reação química é um processo em que novas substâncias (produtos) são formadas a partir de outras substâncias anteriormente existentes (reagentes). Do ponto de vista microscópico, os reagentes diferem dos produtos no modo como os átomos se encontram unidos uns aos outros.

Assim, no transcorrer de uma reação química, ocorre um rearranjo de átomos. Para isso, algumas ligações químicas são quebradas e outras formadas. Considere novamente como exemplo a reação assim equacionada:

$$C_2H_4\,(g) \; + \; H_2\,(g) \;\; \rightarrow \;\; C_2H_6\,(g)$$

A figura Ⓐ a seguir mostra um modelo molecular dos reagentes, e a figura Ⓑ mostra um modelo molecular do produto. Por meio desses modelos, podemos perceber o rearranjo de átomos. A análise das fórmulas estruturais também permitiria perceber esse rearranjo.

Ⓐ

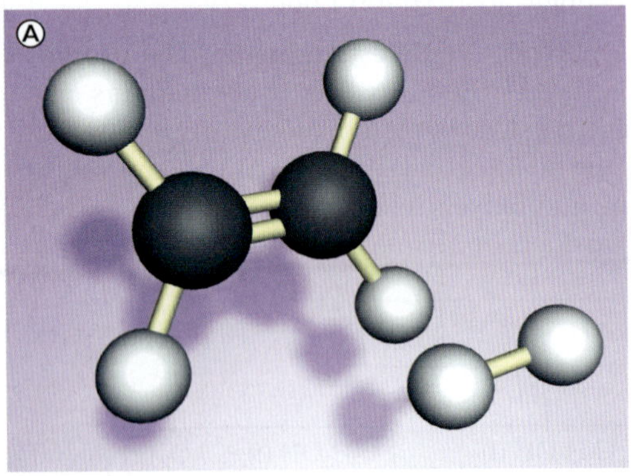

Ⓑ

FOTOS: EDUARDO CANTO

7.2 Energia de ligação

Já vimos neste capítulo que o conhecimento de valores de $\Delta H°$ para reações permite fazer previsões práticas. E, para estimar $\Delta H°$ para reações que ainda não foram estudadas ou de cujo $\Delta H°$ não dispomos, podemos usar a Lei de Hess e valores de $\Delta H°$ previamente conhecidos. Entre esses valores, destacam-se as entalpias-padrão de combustão (ΔH_c°) e de formação (ΔH_f°).

Também para permitir realizar estimativas de ΔH, foi criado o conceito de energia de ligação.

- Denomina-se **energia de ligação** a variação de entalpia da reação em que um mol de ligações é **quebrado**, estando o reagente e os produtos dessa quebra no estado gasoso.

A tabela 3 mostra alguns valores de energia de ligação. Todos eles são positivos, o que é uma decorrência da seguinte constatação experimental:

- A **quebra** de uma ligação química é um processo **endotérmico**.
  A **formação** de uma ligação química é um processo **exotérmico**.

TABELA 3 Alguns exemplos de energia de ligação (ΔH_L), em kJ/mol

Ligação	ΔH_L	Ligação	ΔH_L	Ligação	ΔH_L	Ligação	ΔH_L
H—H	436*	Cl—Cl	242*	C—H	412	C—F	484
O—O	157	Br—Br	193*	C—C	348	C—Cl	338
O=O	496*	I—I	151*	C=C	612	C—Br	276
N—N	163	H—F	565*	C≡C	837	C—I	238
N=N	409	H—Cl	431*	C—O	360	O—H	463
N≡N	944*	H—Br	366*	C=O	743	N—H	388
F—F	158*	H—I	299*	C—N	305	N—O	210

* Energia de ligação na molécula biatômica correspondente. Nos demais casos, o valor é uma **média** de valores obtidos de várias moléculas em que existe a ligação mencionada.

Fonte: ATKINS, P.; JONES, L. *Chemical principles:* the quest for insight. 4. ed. Nova York: Freeman, 2008. p. 254.

7.3 Utilidade das energias de ligação

De posse dos valores de energias de ligação, podemos calcular a variação de entalpia para uma reação, em fase gasosa, dividindo-a **teoricamente** em uma etapa de quebra de ligações e outra de formação de ligações.

Primeiramente, calculamos a quantidade de energia para quebrar as ligações. Essa primeira etapa é **endo**térmica, isto é, apresenta $\Delta H_{quebra} > 0$. A seguir, calculamos a quantidade de energia necessária para formar as ligações. Essa segunda etapa é **exo**térmica, ou seja, tem $\Delta H_{formação} < 0$.

O ΔH da reação global corresponde à soma algébrica:

$\Delta H_{quebra} + \Delta H_{formação}$

Voltemos ao exemplo anterior:

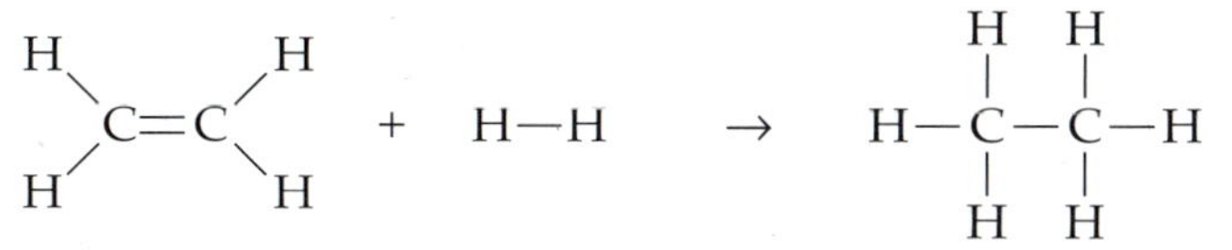

$612 + 4 \cdot (412) \quad + 436 \quad\quad - [6 \cdot (412) + 348]$

$+2.696\ kJ \quad\quad -2.820\ kJ \quad = -124\ kJ$

Ligações quebradas **Ligações formadas**

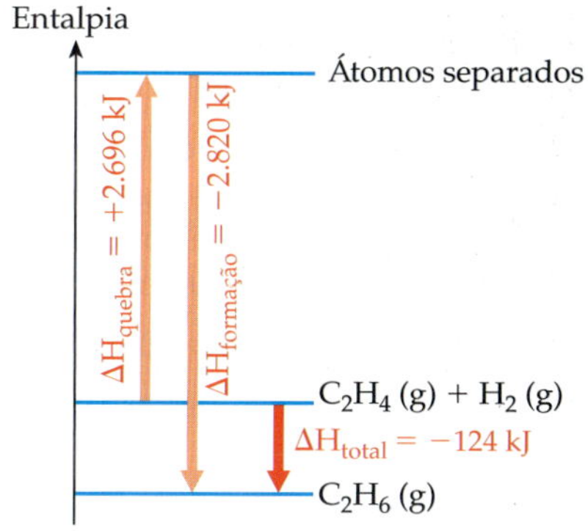

▲ Esquema que ilustra o processo teórico em que imaginamos a quebra das ligações existentes nos reagentes (fornecendo átomos isolados) e a subsequente formação das ligações existentes nos produtos.

Esse método fornece resultados úteis, porém aproximados, já que muitos dos valores de energia de ligação expressam a **média** da energia de ligação em diferentes compostos. Compare o resultado do cálculo que fizemos com aquele obtido anteriormente a partir de ΔH°_{c} (item 5.2) e de ΔH°_{f} (item 6.3).

Explosivos

É possível armazenar quantidades enormes de energia nas ligações químicas, e talvez o melhor exemplo esteja na química dos explosivos. Um explosivo é uma substância líquida ou sólida que satisfaz três critérios principais:

- A decomposição deve ser rápida.
- A decomposição deve ser muito exotérmica.
- Os produtos da decomposição devem ser gasosos, assim a reação é acompanhada de um tremendo aumento de pressão exercido por esses gases.

A combinação desses três efeitos leva a uma produção violenta de calor e gases, que geralmente estão associados com as explosões.

Levando isso em conta, quais são os produtos mais adequados em que se deve decompor um explosivo?

Idealmente, para se ter uma reação muito exotérmica, um explosivo deve ter ligações químicas muito fracas e sua decomposição deve produzir substâncias com ligações químicas muito fortes.

Ao analisar as energias de ligação, vemos que as ligações entre N e N e também entre C e O são muito fortes. Não é surpreendente que muitos dos explosivos produzam N_2 (g), CO (g) e CO_2 (g). Quase sempre vapor-d'água também é produzido.

Um bom exemplo é a nitroglicerina, um líquido oleoso de cor amarelo-pálido, muito sensível ao impacto. Basta agitá-lo para ocasionar sua decomposição explosiva em nitrogênio, dióxido de carbono, água e oxigênio gasosos:

$4\ C_3H_5N_3O_9\ (l) \rightarrow$

$\rightarrow 6\ N_2\ (g) + 12\ CO_2\ (g) + 10\ H_2O\ (g) + O_2\ (g)$

As elevadas energias de ligação nas moléculas de N_2 (944 kJ/mol de moléculas), de CO_2 (1.486 kJ/mol de moléculas) e de água (926 kJ/mol de moléculas) fazem com que essa reação seja muito exotérmica. Com exceção de uma pequena quantidade de O_2, os produtos são N_2, CO_2 e H_2O.

RAIMUNDO PACCÓ/FOLHAPRESS

▲ Explosivos têm muitas aplicações pacíficas, tais como a abertura de estradas, túneis e minas, e a implosão de edifícios (foto). O princípio teórico em que se baseiam os explosivos pode ser compreendido com o conceito de energia de ligação.

Exercícios essenciais

A critério do(a) professor(a) esta lista de exercícios poderá ser realizada em classe ou em casa.

50. As energias de ligação permitem avaliar a força da união entre átomos. Quanto mais forte a ligação entre dois átomos, **maior** ou **menor** será a energia de ligação? Justifique.

51. Consulte a tabela 3 do texto e, com base em dados retirados dela, compare a força da ligação nas seguintes moléculas:

a) HF, HCl, HBr e HI; **b)** F_2, Cl_2, Br_2 e I_2.

52. Também com base em dados da tabela 3, conclua e justifique em qual das seguintes moléculas os átomos de carbono estão mais fortemente unidos: C_2H_6 (etano), C_2H_4 (eteno ou etileno) ou C_2H_2 (etino ou acetileno).

53. Formação do iodeto de hidrogênio

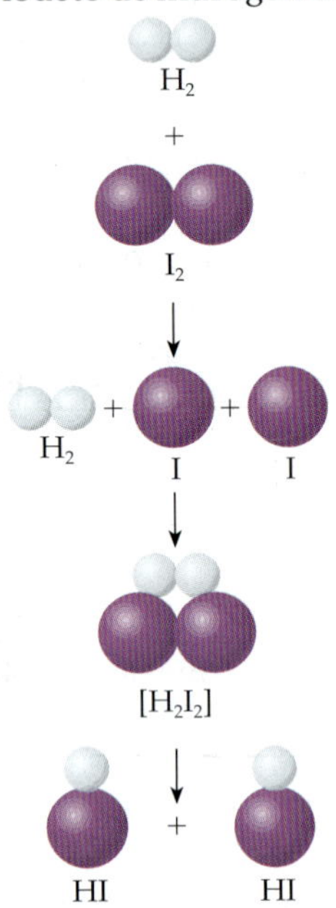

$$I_2 + 36\ \text{kcal} \rightarrow 2\,I$$

$$H_2 + 2\,I + 5{,}3\ \text{kcal} \rightarrow \begin{array}{c} H\text{---}H \\ | \quad\ \ | \\ I\text{---}I \end{array} \rightarrow$$

$$\rightarrow HI + HI + 43{,}8\ \text{kcal}$$

De acordo com a figura anterior, a energia necessária para decompor 1 mol de moléculas de I_2 em 2 mol de átomos de iodo é:

a) 5,3 kcal **c)** 36 kcal **e)** 72 kcal
b) 10,6 kcal **d)** 43,8 kcal

54. (UFRN) Considere as *energias de ligação* do H_2, I_2 e HI, respectivamente expressas na tabela abaixo.

Energias de Ligação (kJ/mol) a 25 °C e 1 atm			
Ligação	H—H	I—I	H—I
Energia	434,0	150,0	298,0

A quantidade de calor envolvida ($\Delta H°$) em cada mol de HI formado, nas condições-padrão, deve ser:

a) −143,0 kJ/mol **c)** −6,0 kJ/mol
b) +7,0 kJ/mol **d)** +441,0 kJ/mol

55. (PUC-RJ) O gás cloro (Cl_2), amarelo-esverdeado, é altamente tóxico. Ao ser inalado, reage com a água existente nos pulmões, formando ácido clorídrico (HCl), um ácido forte capaz de causar graves lesões internas, conforme a seguinte reação:

$$Cl_2\,(g) + H_2O\,(g) \rightarrow HCl\,(g) + HClO\,(g)$$

Ligação	Energia de ligação (kJ/mol; 25 °C e 1 atm)
Cl—Cl	243
H—O	464
H—Cl	431
Cl—O	205

Utilizando os dados constantes na tabela acima, marque a opção que contém o valor correto da variação de entalpia verificada, em kJ/mol:

a) +104 **c)** +52 **e)** −104
b) +71 **d)** −71

Exercícios adicionais

Seu(sua) professor(a) indicará quais exercícios deste bloco você deve fazer.

56. (UFC-CE) A natureza atua na fixação do nitrogênio de diversas maneiras. Uma destas, que é responsável por cerca de somente 10% do processo natural total, é proveniente da ação da descarga elétrica dos raios sobre a massa atmosférica, que transforma o nitrogênio em óxido nítrico e, posteriormente, em dióxido de nitrogênio. O NO_2, por sua vez, reage com a água das chuvas produzindo HNO_3, que é, então, incorporado ao solo.

$$N_2 \xrightarrow{O_2} NO \xrightarrow{O_2} NO_2 \xrightarrow{O_2} HNO_3$$

Dadas as energias de ligação: N_2 = 225 kcal/mol; O_2 = 118 kcal/mol; NO = 162 kcal/mol.

Assinale a alternativa correta.

a) O processo descrito é acompanhado da formação sequenciada de espécies de mais baixos estados de oxidação do nitrogênio.

b) A fixação de nitrogênio é acompanhada de processos sequenciados de redução, conduzindo à elevação do estado de oxidação do nitrogênio.

c) Uma dificuldade admitida para a fixação do nitrogênio é a elevada quantidade de energia requerida para quebrar a tripla ligação N≡N.

d) Somente com base nos valores das energias das ligações, espera-se que o processo de formação do NO seja termoquimicamente espontâneo.

e) O processo descrito constitui-se de uma fonte natural de inibição da formação de chuvas ácidas, seguido de neutralização.

57. (Unicamp-SP) A hidrazina ($H_2N—NH_2$) tem sido utilizada como combustível em alguns motores de foguete. A reação de combustão que ocorre pode ser representada, simplificadamente, pela seguinte equação:

$$H_2N—NH_2\,(g) + O_2\,(g) \rightarrow N_2\,(g) + 2\,H_2O\,(g)$$

A variação de entalpia dessa reação pode ser estimada a partir dos dados de entalpia das ligações químicas envolvidas. Para isso, considera-se uma absorção de energia quando a ligação é rompida, e uma liberação de energia quando a ligação é formada. A tabela abaixo apresenta dados de entalpia por mol de ligações rompidas.

Ligação	Entalpia ($kJ \cdot mol^{-1}$)
H—H	436
H—O	464
N—N	163
N=N	514
N≡N	946
C—H	413
N—H	389
O=O	498
O—O	134
C=O	799

a) Calcule a variação de entalpia para a reação de combustão de um mol de hidrazina.

b) Calcule a entalpia de formação da hidrazina sabendo-se que a entalpia de formação da água no estado gasoso é de $-242\ kJ \cdot mol^{-1}$.

58. (Fuvest-SP) Buscando processos que permitam o desenvolvimento sustentável, cientistas imaginaram um procedimento no qual a energia solar seria utilizada para formar substâncias que, ao reagirem, liberariam energia:

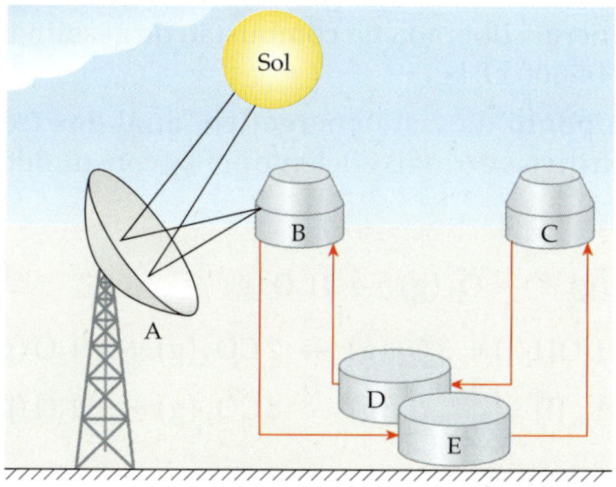

A = refletor parabólico
B = reator endotérmico
C = reator exotérmico
D e E = reservatórios

Considere as seguintes reações

I. $2\,H_2 + 2\,CO \rightarrow CH_4 + CO_2$

II. $CH_4 + CO_2 \rightarrow 2\,H_2 + 2\,CO$

e as energias médias de ligação:

H—H $4{,}4 \cdot 10^2$ kJ/mol

C≡O (CO) $10{,}8 \cdot 10^2$ kJ/mol

C=O (CO_2) $8{,}0 \cdot 10^2$ kJ/mol

C—H $4{,}2 \cdot 10^2$ kJ/mol

A associação correta que ilustra tal processo é:

	Reação que ocorre em B	Conteúdo de D	Conteúdo de E
a)	I	$CH_4 + CO_2$	CO
b)	II	$CH_4 + CO_2$	$H_2 + CO$
c)	I	$H_2 + CO$	$CH_4 + CO_2$
d)	II	$H_2 + CO$	$CH_4 + CO_2$
e)	I	CH_4	CO

59. (UnB-DF) A tabela a seguir apresenta as entalpias de ligações que podem ser formadas entre átomos de carbono, oxigênio e hidrogênio.

Ligações	Entalpia de ligação ($kJ \cdot mol^{-1}$ a 25 °C e 1 atm)
C—C	347
H—H	436
C—H	414
O—H	464
O=O	496
C=O	743

Decida se a afirmação está certa ou errada:
Considerando essas informações, conclui-se que o ΔH da reação $4\,CO + 2\,H_2O \rightarrow CH_4 + 3\,CO_2$, a 25 °C e 1 atm, pode ser corretamente representado pelo gráfico abaixo.

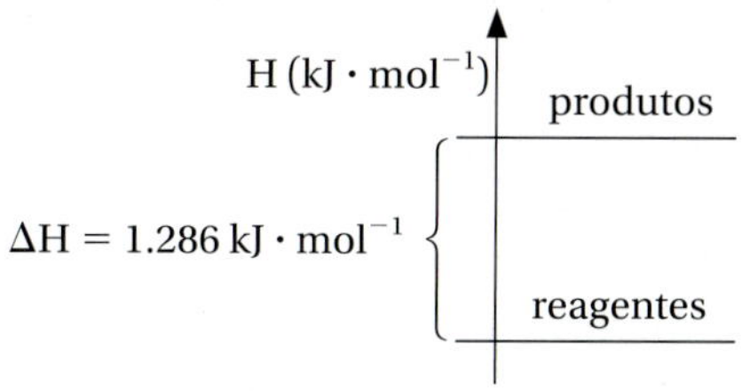

60. (UFJF-MG) Considerando os dados da tabela a seguir, correspondentes aos haletos de hidrogênio, a 25 °C e 1 atm, assinale a alternativa **CORRETA**.

Ácido	Energia de ligação (kJ/mol)	Entalpia de formação, ΔH_f° (kJ/mol)	Entalpia de neutralização da reação com NaOH (kJ/mol)
HCl	430,9	−92,3	−57,9
HBr	365,3	−36,3	−57,6
HI	298,4	25,9	—

a) A ligação entre os átomos de H e Cl é a mais fraca.
b) $H_2\,(g) + Cl_2\,(g) \rightarrow 2\,HCl\,(g)$ é a reação correspondente à entalpia de formação do cloreto de hidrogênio.
c) Os valores de entalpia de neutralização mostrados para o HCl e HBr são praticamente idênticos, por se tratarem de ácidos fortes reagindo com base forte.
d) $H\,(g) + Br\,(g) \rightarrow HBr\,(g)$ é a reação correspondente à entalpia de formação do HBr.
e) A reação de formação do HI é exotérmica.

8 Aspectos estequiométricos da termoquímica

O aproveitamento pelo ser humano da energia liberada ou absorvida em reações químicas justifica a necessidade e a importância de se efetuarem cálculos envolvendo variações de energia nas reações. Dois tipos básicos de cálculos estequiométricos envolvendo energia se destacam:

- Qual é o calor liberado ou absorvido quando determinada quantidade de uma certa substância é consumida ou produzida?
- Quanto de uma certa substância deve ser consumida ou produzida para que determinada quantidade de calor seja liberada ou absorvida?

Nesses dois casos, estaremos relacionando em nossos cálculos a quantidade de substância (em massa, em mols, em volume, em número de moléculas etc.) com a quantidade de calor liberada ou absorvida em uma reação química.

Vamos analisar um exemplo. A entalpia-padrão de combustão do etanol (C_2H_6O, álcool comum) líquido é −1.367 kJ/mol e sua densidade é 0,80 g/mL. Qual é a energia liberada na queima de 1,0 L de etanol?

Como cada mililitro de etanol tem massa 0,8 g, deduz-se que 1,0 L (10^3 mL) tem massa 800 g. O cálculo estequiométrico envolve a massa de etanol e a quantidade de energia liberada e pode ser montado assim:

$$C_2H_6O\,(l) + 3\,O_2\,(g) \rightarrow 2\,CO_2\,(g) + 3\,H_2O\,(l) \qquad \Delta H = -1.367\ kJ/mol$$

Massa — **Energia liberada**

46 g (massa de 1 mol de etanol) ———— 1.367 kJ

800 g ———— x

Efetuando o cálculo, concluímos que a energia liberada (x) na combustão de 1,0 L de etanol é $2{,}38 \cdot 10^4$ kJ.

Biblioteca do estudante
Informe-se sobre a Química:
Dissipadores com diamante reacendem "guerra do *clock*" dos processadores

Conteúdo multimídia:
A cidade e os combustíveis

Revisão

Exercícios essenciais

A critério do(a) professor(a) esta lista de exercícios poderá ser realizada em classe ou em casa.

61. (UFT-TO) O benzeno pode ser convertido em ciclo-hexano (C_6H_{12}) por meio de uma reação de hidrogenação, conforme representado nesta equação:

$$C_6H_6\,(g) + 3\,H_2\,(g) \rightarrow C_6H_{12}\,(g) \quad \Delta H° = -205\ kJ \cdot mol^{-1}$$

Com base nessas informações, julgue a frase abaixo.
Nessa reação, para se liberarem 205 kJ de calor, deve haver um consumo de 1 mol de gás hidrogênio.

Exercício Resolvido

62. Na comparação entre combustíveis, um dos aspectos a ser levado em conta é o calor liberado na sua queima. Um outro é o preço. Considere a tabela:

Combustível	ΔH combustão
Hidrogênio molecular	−242 kJ/mol
Álcool (etanol)	−1.230 kJ/mol
Gasolina (composição média C_8H_{18})	−5.110 kJ/mol

a) Escreva as equações químicas correspondentes à combustão completa dessas substâncias.
b) Calcule a energia liberada na combustão completa de 1,0 kg de hidrogênio e de 1,0 kg de álcool. A energia liberada na combustão da gasolina é de 44.800 kJ/kg.

Sob o ponto de vista energético, qual dos três combustíveis é o mais eficiente por kg consumido?

Resolução

a) $H_2\,(g) + \frac{1}{2}\,O_2\,(g) \rightarrow H_2O\,(g)$

$C_2H_5OH\,(l) + 3\,O_2\,(g) \rightarrow 2\,CO_2\,(g) + 3\,H_2O\,(g)$

$C_8H_{18}\,(l) + \frac{25}{2}\,O_2\,(g) \rightarrow 8\,CO_2\,(g) + 9\,H_2O\,(g)$

b) $1\,H_2\,(g) + \frac{1}{2}\,O_2\,(g) \rightarrow 1\,H_2O\,(g)$

$\Delta H = -242\ kJ/mol$

$$\left.\begin{array}{lcr} 1\ \text{mol} = 2\ \text{g} & \_\_\_\_\_ & -242\ \text{kJ} \\ 1.000\ \text{g} & \_\_\_\_\_ & x \end{array}\right\}$$

$x = -121.000\ \text{kJ}$

1,0 kg de H_2 (g) libera 121.000 kJ na combustão.

$$C_2H_5OH\ (l) + 3\,O_2\ (g) \rightarrow 2\,CO_2\ (g) + 3\,H_2O\ (g) \qquad \Delta H = -1.230\ \text{kJ/mol}$$

$$\left.\begin{array}{lcr} 1\ \text{mol} = 46\ \text{g} & \_\_\_\_\_ & -1.230\ \text{kJ} \\ 1.000\ \text{g} & \_\_\_\_\_ & y \end{array}\right\}$$

$y = -26.739\ \text{kJ}$

1,0 kg de etanol libera 26.739 kJ na combustão.
Dos três combustíveis, o H_2 (g) é o mais eficiente por kg consumido.

Enunciado comum às questões 63, 64, 65:

Dados termoquímicos permitem comparar diferentes combustíveis quanto à energia que fornecem. A comparação pode ser feita, por exemplo, envolvendo igual quantidade em mol, em massa ou em volume.

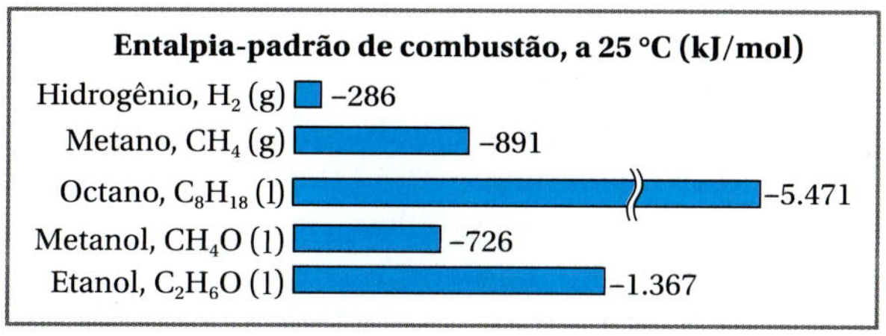

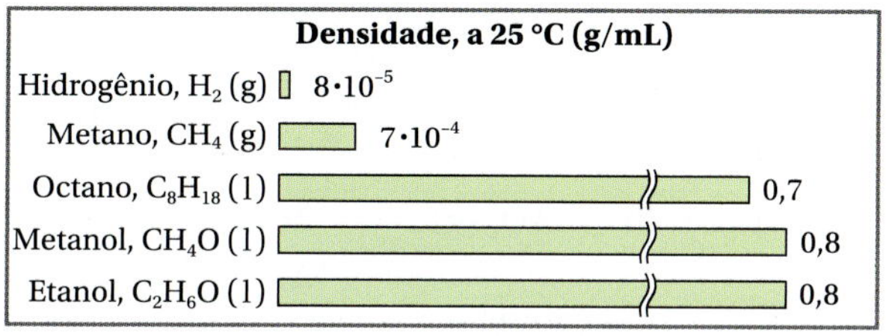

63. Usando os valores de entalpia-padrão de combustão do gráfico acima compare os combustíveis apresentados e conclua: qual deles libera maior quantidade de energia por **mol** queimado? Justifique.

64. Consultando as massas atômicas na tabela periódica, calcule a energia liberada na combustão de 1,0 g de cada um dos combustíveis mencionados e conclua: qual deles libera maior quantidade de energia por unidade de **massa**?

65. Com base nos dados de densidade também apresentados em um gráfico acima calcule a energia liberada na combustão de 1,0 mL de cada um dos combustíveis em questão e conclua: qual deles libera maior quantidade de energia por unidade de **volume**?

66. (Unicamp-SP) Os sistemas de comunicação e transporte criados pelo homem foram evoluindo ao longo do tempo. Assim, em fins do século XVIII, apareceram os balões, cujo desenvolvimento ocorreu durante todo o século XIX, chegando ao século XX com os dirigíveis cheios de hidrogênio e, mais recentemente, de hélio. Nesse processo, o brasileiro Santos Dumont contribuiu de modo significativo.
Os "Zeppelins", dirigíveis cheios de hidrogênio, estão, ainda, entre as maiores naves aéreas já construídas pelo homem. O mais famoso deles, o *Hindemburg*, começou a sua história em 1936, terminando em maio de 1937, num dos maiores acidentes aéreos já vistos e filmados. O seu tamanho era incrível, tendo cerca de 250 metros de comprimento, com um volume de $200 \cdot 10^6$ litros, correspondendo a $8{,}1 \cdot 10^6$ mol de gás.

HULTON ARCHIVE/GETTY IMAGES

a) No dia 6 de maio de 1937, ao chegar a Nova Iorque, o *Hindemburg* queimou em chamas. Escreva a equação química que representa a reação principal da queima nesse evento.

b) Se o hidrogênio necessário para encher totalmente o *Hindemburg* fosse obtido a partir da reação de ferro com ácido (dando Fe^{2+}), quantos quilogramas de ferro seriam necessários?

67. (Unicamp-SP) Desde os primórdios, o ser humano desejou voar. Aquela facilidade com que as aves singravam pelos ares despertava-lhe a ânsia de se elevar como elas pelos céus. Muito recentemente esse desejo foi realizado e até superado. Não só o ser humano voa, de certo modo imitando os pássaros, como vai além da atmosfera do planeta, coisa que os pássaros não fazem.
Algumas naves espaciais são equipadas com três tanques cilíndricos. Dois referentes ao hidrogênio e um ao oxigênio, líquidos. A energia necessária para elevar uma nave é obtida pela reação entre esses dois elementos. Nas condições do voo, considere as seguintes densidades dos dois líquidos: hidrogênio $0{,}071\ g \cdot cm^{-3}$ e oxigênio $1{,}14\ g \cdot cm^{-3}$.

a) Se o volume total de hidrogênio nos dois tanques é de $1{,}46 \cdot 10^6$ litros, qual deve ser a capacidade mínima, em litros, do tanque de oxigênio para que se mantenha a relação estequiométrica na reação entre ambos?

b) Nas condições restritas das questões 66 e 67, em que situação há liberação de maior quantidade de energia: no desastre do *Hindemburg* ou no voo da nave espacial? Justifique.

68. (Ufal) O consumo de um automóvel movido a álcool etílico é de 12 km/kg de álcool. Sabendo que a energia de combustão desse álcool é da ordem de 10^3 kJ/mol, quantos quilojoules são necessários para o automóvel ir de Maceió para o Recife (ou seja, percorrer 245 km)?

(**Dado:** Álcool etílico: C_2H_6O)

a) $2 \cdot 10^3$ kJ
b) $3 \cdot 10^4$ kJ
c) $4 \cdot 10^5$ kJ
d) $1 \cdot 10^6$ kJ
e) $4 \cdot 10^6$ kJ

Exercícios adicionais

Seu(sua) professor(a) indicará quais exercícios deste bloco você deve fazer.

69. (UFPel-RS) Seja a tabela abaixo com as entalpias-padrão de combustão a 25 °C:

Substância	ΔH_c° (kJ/mol)
Hidrogênio ou H_2 (g)	−286
Metano ou CH_4 (g)	−891
Propano ou C_3H_8 (g)	−2.219
Butano ou C_4H_{10} (g)	−2.878
Etanol ou C_2H_6O (l)	−1.367

Dos combustíveis da tabela acima, o que libera maior quantidade de energia por grama é o:

a) etanol.
b) hidrogênio.
c) propano.
d) butano.
e) metano.

70. (Enem-MEC) No que tange à tecnologia de combustíveis alternativos, muitos especialistas em energia acreditam que os alcoóis vão crescer em importância em um futuro próximo. Realmente, alcoóis como metanol e etanol têm encontrado alguns nichos para uso doméstico como combustíveis há muitas décadas e, recentemente, vêm obtendo uma aceitação cada vez maior como aditivos, ou mesmo como substitutos para gasolina em veículos. Algumas das propriedades físicas desses combustíveis são mostradas no quadro seguinte.

Álcool	Densidade a 25 °C (g/mL)	Calor de combustão (kJ/mol)
Metanol (CH_3OH)	0,79	−726,0
Etanol (CH_3CH_2OH)	0,79	−1.367,0

BAIRD, C. *Química ambiental*. São Paulo: Artmed, 1995. (Adaptado.)

Dados: Massas molares em g/mol: H = 1,0; C = 12,0; O = 16,0.

Considere que, em pequenos volumes, o custo de produção de ambos os alcoóis seja o mesmo. Dessa forma, do ponto de vista econômico, é mais vantajoso utilizar:

a) metanol, pois sua combustão completa fornece aproximadamente 22,7 kJ de energia por litro de combustível queimado.
b) etanol, pois sua combustão completa fornece aproximadamente 29,7 kJ de energia por litro de combustível queimado.
c) metanol, pois sua combustão completa fornece aproximadamente 17,9 MJ de energia por litro de combustível queimado.
d) etanol, pois sua combustão completa fornece aproximadamente 23,5 MJ de energia por litro de combustível queimado.
e) etanol, pois sua combustão completa fornece aproximadamente 33,7 MJ de energia por litro de combustível queimado.

71. (UFMG) À temperatura de 25 °C, as reações de combustão do etanol e do hexano podem ser representadas por estas equações:

$$C_2H_5OH\,(l) + 3\,O_2\,(g) \rightarrow 2\,CO_2\,(g) + 3\,H_2O\,(l) \qquad \Delta H = -1{,}4 \cdot 10^3 \text{ kJ/mol}$$

$$C_6H_{14}\,(l) + \frac{19}{2}\,O_2\,(g) \rightarrow 6\,CO_2\,(g) + 7\,H_2O\,(l) \qquad \Delta H = -4{,}2 \cdot 10^3 \text{ kJ/mol}$$

Considerando-se essas informações, é **CORRETO** afirmar que a massa de etanol, C_2H_5OH, necessária para gerar a mesma quantidade de calor liberada na queima de 1 mol de hexano, C_6H_{14}, é de, **aproximadamente**:

a) 138 g
b) 46 g
c) 86 g
d) 258 g

72. (UFMG) A reação de combustão do benzeno, C_6H_6, pode ser representada pela equação

$$2\,C_6H_6\,(l) + 15\,O_2\,(g) \rightarrow 12\,CO_2\,(g) + 6\,H_2O\,(l) \qquad \Delta H = -6{,}55 \cdot 10^3 \text{ kJ}$$

Suponha que uma amostra, contendo 2 mol de benzeno e 30 mol de oxigênio, é submetida à combustão completa em um sistema fechado.

Considerando-se essas informações, é **CORRETO** afirmar que, nesse caso, ao final da reação:

a) a quantidade de calor liberado é maior se o H_2O estiver no estado gasoso.

b) a quantidade máxima de calor liberado é de $6{,}55 \cdot 10^3$ kJ.

c) o número de moléculas no estado gasoso aumenta.

d) o oxigênio, no interior do sistema, é totalmente consumido.

73. (UEPB) A quantidade de calor (kJ) produzida devido à combustão de 0,50 kg de gás de cozinha (butano), e o volume (L), a 25 °C e a 1,0 atm, do gás consumido conforme a reação abaixo, são respectivamente:
Dados: C = 12; H = 1;
Volume molar = 24,5 L (25 °C, 1 atm).

Reação: butano (g) + oxigênio (g) →
→ gás carbônico + água (g)
$\Delta H = -2.900$ kJ/mol

a) $2{,}5 \cdot 10^3$ e 21,12
b) $5 \cdot 10^3$ e 422,40
c) $25 \cdot 10^3$ e 211,20
d) $25 \cdot 10^2$ e 211,20
e) $2{,}5 \cdot 10^2$ e 42,24

74. (Unicamp-SP) O nadador Michael Phelps surgiu na Olimpíada de Beijing como um verdadeiro fenômeno, tanto pelo seu desempenho quanto pelo seu consumo alimentar. Divulgou-se que ele ingere uma quantidade diária de alimentos capaz de lhe oferecer uma energia de 50 MJ. Quanto disto é assimilado, ou não, é uma incógnita. Só no almoço, ele ingere um pacote de macarrão de 500 gramas, além de acompanhamentos.

a) Suponha que o macarrão seja constituído essencialmente de glicose ($C_6H_{12}O_6$), e que, no metabolismo, toda essa glicose seja transformada em dióxido de carbono e água. Considerando-se apenas o metabolismo do macarrão diário, qual é a contribuição do nadador para o efeito estufa, em gramas de dióxido de carbono?

b) Qual é a quantidade de energia, em kJ, associada à combustão completa e total do macarrão (glicose) ingerido diariamente pelo nadador?

Dados de entalpia de formação em $kJ \cdot mol^{-1}$:
glicose = −1.274; água = −242;
dióxido de carbono = −394

75. (Uerj) Explosivos, em geral, são formados por substâncias que, ao reagirem, liberam grande quantidade de energia. O nitrato de amônio, um explosivo muito empregado em atividades de mineração, se decompõe segundo a equação química:

$$2\,NH_4NO_3\,(s) \rightarrow 2\,N_2\,(g) + O_2\,(g) + 4\,H_2O\,(g)$$

Em um teste, essa decomposição liberou 592,5 kJ de energia e produziu uma mistura de nitrogênio e oxigênio com volume de 168 L, medido nas CNTP.
Nas mesmas condições, o teste com 1 mol de nitrato de amônio libera, em quilojoules, a seguinte quantidade de energia:

a) 39,5 **b)** 59,3 **c)** 118,5 **d)** 158,0

76. (Unicamp-SP)* Se o caso era cozinhar, Rango não tinha problemas. Ele preparou a massa do bolo da festa utilizando um fermento químico à base de carbonato ácido (bicarbonato) de sódio. Rango começou bem cedo essa preparação, pois Estrondosa vivia reclamando que depois que o gás passou a ser gás de rua, parecia que o forno havia ficado mais lento para assar. Perdido nessas maravilhas que rodeavam a atividade na cozinha, Rango se refestelava com os conceitos químicos...

a) "Antes de usar fermento, eu coloquei um pouco dele em água e houve desprendimento de gás. Isso me indicou que o fermento estava adequado para ser utilizado no bolo. Qual é a equação química da reação que eu acabei de observar?"

b) "Se a reclamação de Estrondosa sobre o gás combustível for verdadeira, o gás liquefeito de petróleo (butano) deve fornecer uma energia maior que o gás de rua (metano), considerando-se uma mesma massa de gás queimado... Será que essa hipótese é verdadeira?"

Dados: entalpias de formação, em $kJ \cdot mol^{-1}$:
butano = 126; metano = −75;
gás carbônico = −394 e água = −242

* Questão extraída de uma prova que envolve uma narrativa ficcional. As perguntas que aparecem na história são as questões a serem respondidas.

Capítulo 22

Cinética química: o transcorrer das reações químicas

Alguns conteúdos importantes:

- Rapidez de reação
- Efeito da concentração sobre a rapidez de reações: aspectos qualitativos e quantitativos
- Efeito da temperatura sobre a rapidez de reações
- Efeito da superfície de contato sobre a rapidez de reações que envolvam reagentes presentes em fases diferentes
- Efeito do catalisador sobre a rapidez de reações
- Reações elementares e reações não elementares
- Mecanismo de reação como proposta teórica para explicar a lei cinética de uma reação, determinada experimentalmente

FOTOS: SÉRGIO DOTTA JR./CID

▲ Um pouco de alvejante doméstico (água sanitária) foi adicionado a uma solução aquosa de corante alimentício (usado para dar cor artificial a alimentos) laranja. A cor desapareceu com o passar do tempo, pois o corante (reagente) foi consumido na reação com o alvejante (outro reagente). Neste capítulo veremos como expressar numericamente a rapidez (velocidade) de reações como essa.

ATENÇÃO

Não realize esse experimento por conta própria. O hipoclorito de sódio (presente no alvejante doméstico) é tóxico, tem efeito irritante e corrosivo sobre a pele, as mucosas e os olhos, libera gás cloro (que é lesivo ao sistema respiratório) e produz manchas permanentes em roupas e materiais coloridos.

1 Quantificando a rapidez de uma reação

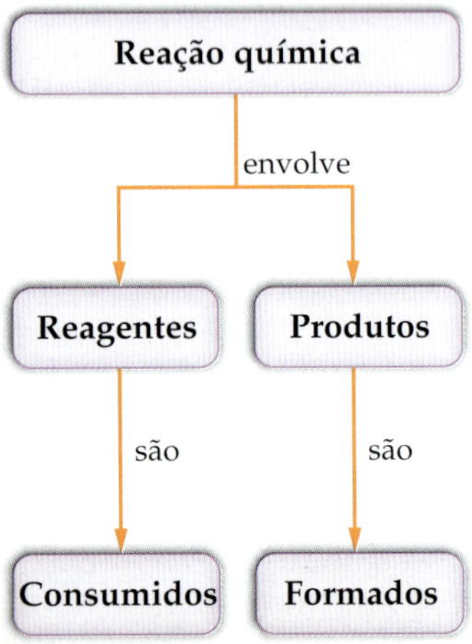

- **Rapidez** ou **velocidade** de uma reação é uma grandeza que indica como as quantidades de reagente(s) e produto(s) dessa reação variam com o passar do tempo.

Essa grandeza (que é escalar, e não vetorial) é tradicionalmente chamada de **velocidade** de reação. Para evitar a confusão com o conceito de velocidade estudado em Física (que é uma grandeza vetorial), alguns professores e autores preferem denominá-la **rapidez** de reação. Neste livro, ambos os nomes — **rapidez** e **velocidade** — serão utilizados.

Define-se **rapidez** ou **velocidade média de formação de um produto** e **rapidez** ou **velocidade média de consumo de um reagente** por meio da expressão:

Guia de estudo

- $$v_m = \frac{|\Delta \text{ quantidade}|}{\Delta \text{ tempo}}$$

em que | Δ **quantidade** | indica o módulo da variação da quantidade de um reagente ou produto, isto é, | **quantidade final – quantidade inicial** |. Essa **quantidade** pode ser expressa em **massa**, em **mols**, em **concentração** ou em **volume** (volume é comumente usado no caso de substâncias gasosas). Utiliza-se o módulo para evitar valores negativos de velocidade, o que ocorreria no caso dos reagentes, para os quais a quantidade final é menor que a inicial.

- Quando essa definição é aplicada a um reagente, | Δ **quantidade** | corresponde à quantidade de reagente consumido no intervalo Δ **tempo**. Quando é aplicada a um produto, | Δ **quantidade** | equivale à quantidade de produto formado no intervalo Δ **tempo**.

DAVID PEARSON/ALAMY/OTHER IMAGES

ARVE BETTUM/SHUTTERSTOCK

PAT CORKERY, UNITED LAUNCH ALLIANCE/NASA

▲ As reações podem ocorrer com velocidades muito diferentes. A corrosão de um objeto de ferro é, por exemplo, mais lenta que a combustão da lenha em uma fogueira. Esta, por sua vez, é mais lenta que a reação que ocorre no propulsor de um foguete.

Considere uma experiência em que se coloca dentro de um recipiente fechado amônia gasosa (NH_3) com uma concentração inicial de 8,0 mol/L. Com o passar do tempo ocorre a reação assim equacionada:

$$2\,NH_3\,(g) \;\rightarrow\; N_2\,(g) \;+\; 3\,H_2\,(g)$$

Utilizando métodos adequados, é possível verificar, à medida que o tempo passa, o quanto resta de NH_3 e registrar os valores:

- O símbolo [ ] é usado em físico-química para representar concentração em mol/L, sendo equivalente ao símbolo $\mathcal{M}$ empregado no capítulo 16. Assim, $[NH_3]$ é uma representação que equivale a $\mathcal{M}_{NH_3}$.

$[NH_3]$ (mol/L)	8,0	4,0	2,0	1,0
Tempo (h)	0	1,0	2,0	3,0

Note que a concentração da amônia decresce com o passar do tempo. Ela está sendo consumida na reação.

Calculemos a velocidade de decomposição da amônia:

- entre 0 e 1 h: $v_m = \dfrac{|4{,}0 - 8{,}0|}{1{,}0 - 0} = 4{,}0 \text{ mol} \cdot L^{-1} \cdot h^{-1}$
- entre 1 e 2 h: $v_m = \dfrac{|2{,}0 - 4{,}0|}{2{,}0 - 1{,}0} = 2{,}0 \text{ mol} \cdot L^{-1} \cdot h^{-1}$
- entre 2 e 3 h: $v_m = \dfrac{|1{,}0 - 2{,}0|}{3{,}0 - 2{,}0} = 1{,}0 \text{ mol} \cdot L^{-1} \cdot h^{-1}$

Perceba que a velocidade da reação não é constante.

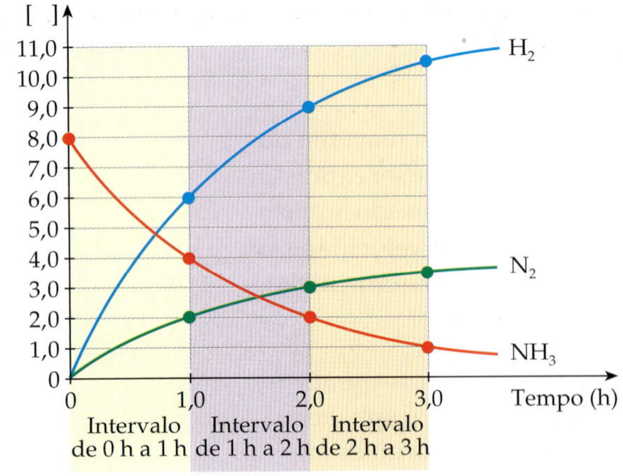

As curvas *crescentes* indicam que N_2 e H_2 são *formados* com o passar do tempo.

As variações das concentrações, em mol/L, para um mesmo intervalo de tempo, obedecem à proporção dos coeficientes.

	$2\,NH_3\,(g)$	$\rightarrow$ $1\,N_2\,(g)$	+ $3\,H_2\,(g)$
Proporção estequiométrica	**2** :	**1** :	**3**

Variação da $[NH_3]$ (em módulo), da $[N_2]$ e da $[H_2]$ no intervalo:

• de 0 h a 1 h	**4,0 mol/L**	**2,0 mol/L**	**6,0 mol/L**
• de 1 h a 2 h	**2,0 mol/L**	**1,0 mol/L**	**3,0 mol/L**
• de 2 h a 3 h	**1,0 mol/L**	**0,5 mol/L**	**1,5 mol/L**

Conteúdo multimídia:
Estudo cinético de uma reação

Exercícios essenciais

A critério do(a) professor(a) esta lista de exercícios poderá ser realizada em classe ou em casa.

Exercício Resolvido

1. Considere a reação química assim equacionada:

$$2\,N_2O_5\,(g) \rightarrow 4\,NO_2\,(g) + O_2\,(g)$$

Sabendo que, num certo intervalo de tempo, a velocidade de consumo de N_2O_5 é 0,10 mol/s, determine, para o mesmo intervalo de tempo:

a) a velocidade média de formação de NO_2.

b) a velocidade média de formação de O_2.

Resolução

$2\,N_2O_5\,(g) \rightarrow$	$4\,NO_2\,(g)$ +	$O_2\,(g)$	
2 mol	**4 mol**	**1 mol**	**Proporção**
2 mol/s	4 mol/s	1 mol/s	}
0,10 mol/s	v_{NO_2}	v_{O_2}	}

a) $v_{NO_2} = 0{,}20$ mol/s

b) $v_{O_2} = 0{,}050$ mol/s

2. (UFV-MG) A formação do dióxido de carbono (CO_2) pode ser representada pela equação:

$$C\,(s) + O_2\,(g) \rightarrow CO_2\,(g)$$

Se a velocidade de formação do CO_2 foi medida como 4 mol/minuto, o consumo de oxigênio, expresso em mol/minuto, será:

a) 8
b) 16
c) 2
d) 12
e) 4

3. (PUC-RJ) A amônia é um produto básico para a produção de fertilizantes. Ela é produzida cataliticamente, em altas pressões (processo Haber), conforme a equação

$$N_2\,(g) + 3\,H_2\,(g) \rightarrow 2\,NH_3\,(g)$$

Se a velocidade de produção de amônia foi medida como:

$$\text{velocidade} = \frac{\Delta[NH_3]}{\Delta t} = 2{,}0 \cdot 10^{-4}\ \text{mol} \cdot L^{-1} \cdot s^{-1}$$

a velocidade da reação em termos de consumo de N_2 será:

a) $1{,}0 \cdot 10^{-4}\ \text{mol} \cdot L^{-1} \cdot s^{-1}$
b) $2{,}0 \cdot 10^{-4}\ \text{mol} \cdot L^{-1} \cdot s^{-1}$
c) $3{,}0 \cdot 10^{-4}\ \text{mol} \cdot L^{-1} \cdot s^{-1}$
d) $4{,}0 \cdot 10^{-4}\ \text{mol} \cdot L^{-1} \cdot s^{-1}$
e) $5{,}0 \cdot 10^{-4}\ \text{mol} \cdot L^{-1} \cdot s^{-1}$

Comentário dos autores:

Nesse caso, a velocidade é expressa em mol por litro por segundo, ou seja:

$$\frac{\frac{\text{mol}}{L}}{s} = \frac{\text{mol}}{L \cdot s} = \text{mol} \cdot L^{-1} \cdot s^{-1}$$

4. (Udesc) Um químico, analisando a reação química: $C_2H_2 + 2\ H_2 \rightarrow C_2H_6$, mediu a quantidade de C_2H_6 formada e a quantidade de C_2H_2 consumida em função do tempo, nas condições em que a reação se processa, e obteve os seguintes resultados:

Tempo (min)	Quantidade de matéria de C_2H_6 presente (mol)	Quantidade de matéria de C_2H_2 presente (mol)
0	0	50
4	12	38
6	15	35
10	20	30

Com base na reação química e nos dados da tabela, calcule a velocidade média de formação de C_2H_6 e a velocidade média de consumo de C_2H_2, no intervalo de 0 a 4 minutos, respectivamente.
Assinale a alternativa **correta**.

a) $v_{m_{formação}} = 3$ mol/min e $v_{m_{consumo}} = 3$ mol/min
b) $v_{m_{formação}} = 2$ mol/min e $v_{m_{consumo}} = 2$ mol/min
c) $v_{m_{formação}} = 2{,}5$ mol/min e $v_{m_{consumo}} = 2{,}5$ mol/min
d) $v_{m_{formação}} = 1{,}0$ mol/min e $v_{m_{consumo}} = 1{,}3$ mol/min
e) $v_{m_{formação}} = 0{,}3$ mol/min e $v_{m_{consumo}} = 0{,}3$ mol/min

5. (PUC-RJ) Considere a reação de decomposição da substância A na substância B e as espécies a cada momento segundo o tempo indicado.

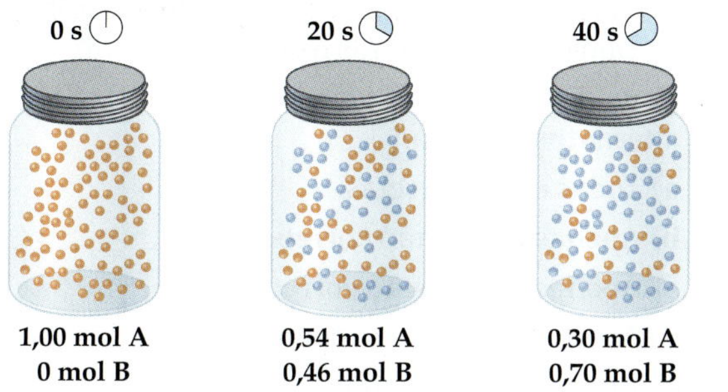

Sobre a velocidade dessa reação, é correto afirmar que a velocidade de:

a) decomposição da substância A, no intervalo de tempo de 0 a 20 s, é $0{,}46\ mol \cdot s^{-1}$.
b) decomposição da substância A, no intervalo de tempo de 20 a 40 s, é $0{,}012\ mol \cdot s^{-1}$.
c) decomposição da substância A, no intervalo de tempo de 0 a 40 s, é $0{,}035\ mol \cdot s^{-1}$.
d) formação da substância B, no intervalo de tempo de 0 a 20 s, é $0{,}46\ mol \cdot s^{-1}$.
e) formação da substância B, no intervalo de tempo de 0 a 40 s, é $0{,}70\ mol \cdot s^{-1}$.

6. (UFRN) Abaixo é mostrada a equação de decomposição da água oxigenada:

$$H_2O_2\ (l) \rightarrow H_2O\ (l) + \frac{1}{2}\ O_2\ (g)$$

A decomposição foi realizada em determinadas condições e mediu-se a massa de H_2O_2 remanescente a intervalos de tempos regulares.
Com os dados obtidos, montou-se a tabela abaixo:

Tempo (min)	0	3	6	9	12
m H_2O_2 (g)	300	204	136	85	39

A velocidade média de decomposição do H_2O_2 em mol/s, no intervalo de tempo entre 0 e 3 minutos, é de, aproximadamente:

a) 0,320 mol/s
b) 0,032 mol/s
c) 0,160 mol/s
d) 0,016 mol/s
e) 0,023 mol/s

7. (Uece) Seja a reação: $X \rightarrow Y + Z$. A variação na concentração de *X* em função do tempo é:

X (mol/L)	1,0	0,7	0,4	0,3
Tempo (s)	0	120	300	540

A velocidade média da reação no intervalo de 2 a 5 minutos é:

a) 0,3 mol/L · min
b) 0,1 mol/L · min
c) 0,5 mol/L · min
d) 1,0 mol/ L · min

8. (UFPE) No início do século XX, a expectativa da Primeira Guerra Mundial gerou uma grande necessidade de compostos nitrogenados. Haber foi o pioneiro na produção de amônia, a partir do nitrogênio do ar. Se a amônia for colocada num recipiente fechado, sua decomposição ocorre de acordo com a seguinte equação química não balanceada:

$$NH_3\ (g) \rightarrow N_2\ (g) + H_2\ (g)$$

As variações das concentrações com o tempo estão ilustradas na figura abaixo:

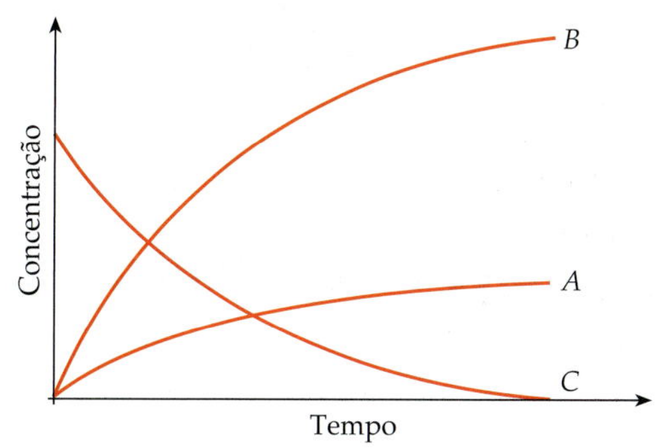

A partir da análise da figura apresentada, podemos afirmar que as curvas *A*, *B* e *C* representam a variação temporal das concentrações dos seguintes componentes da reação, respectivamente:

a) H_2, N_2 e NH_3
b) NH_3, H_2 e N_2
c) NH_3, N_2 e H_2
d) N_2, H_2 e NH_3
e) H_2, NH_3 e N_2

Exercícios adicionais

Seu(sua) professor(a) indicará quais exercícios deste bloco você deve fazer.

9. (Uespi) A produção do amoníaco ocorre de acordo com a equação: $N_2(g) + 3\,H_2(g) \rightarrow 2\,NH_3(g)$
Considerando que o consumo de gás nitrogênio ocorre com velocidade média igual a 0,5 mol/min, qual a velocidade média de produção do amoníaco, em mol por hora?

a) 3 mol/h
b) 6 mol/h
c) 0,5 mol/h
d) 30 mol/h
e) 60 mol/h

10. (UFMS) Considerando a equação abaixo, não balanceada, para a queima do propano,

$$C_3H_8(g) + O_2(g) \xrightarrow{\Delta} CO_2(g) + H_2O(l) + \text{calor}$$

determine a quantidade de mol de água produzida em uma hora, se a velocidade da reação for $5 \cdot 10^{-3}$ mol de propano por segundo.

11. (Enem-MEC) A obsidiana é uma pedra de origem vulcânica que, em contato com a umidade do ar, fixa água em sua superfície formando uma camada hidratada. A espessura da camada hidratada aumenta de acordo com o tempo de permanência no ar, propriedade que pode ser utilizada para medir sua idade. O gráfico abaixo mostra como varia a espessura da camada hidratada, em mícrons (1 mícron = 1 milésimo de milímetro) em função da idade da obsidiana.

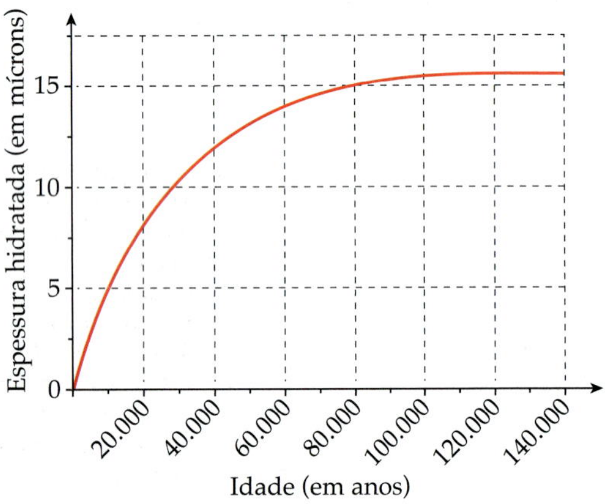

Com base no gráfico pode-se concluir que a espessura da camada hidratada de uma obsidiana:

a) é diretamente proporcional à sua idade.
b) dobra a cada 10.000 anos.
c) aumenta mais rapidamente quando a pedra é mais jovem.
d) aumenta mais rapidamente quando a pedra é mais velha.
e) a partir de 100.000 anos não aumenta mais.

12. (UEPB) Observe o gráfico abaixo:

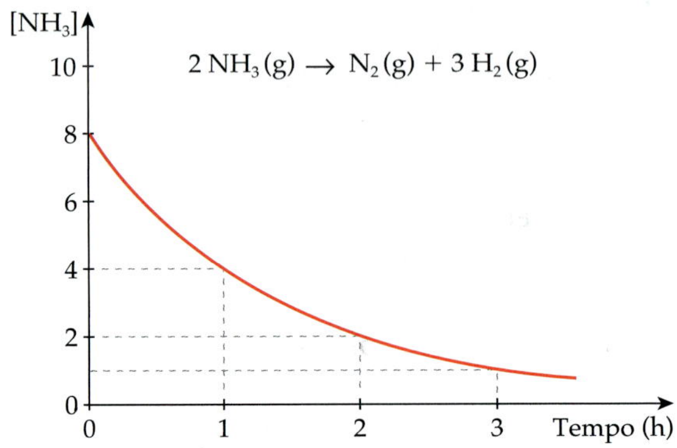

I. A curva decrescente indica que a amônia é consumida com o passar do tempo.
II. A velocidade média de consumo da amônia no intervalo entre 0 e 1 hora é de 4,0 mol/L · h.
III. A velocidade média de consumo da amônia no intervalo entre 1 e 2 horas é de 1,0 mol/L · h.

Considerando as afirmações I, II e III, escolha a alternativa correta:

a) Todas estão corretas.
b) Apenas I e II estão corretas.
c) Apenas I e III estão corretas.
d) Apenas II e III estão corretas.
e) Apenas II está correta.

2 Efeito da concentração sobre a rapidez

SÉRGIO DOTTA JR./CID

◂ Experimento similar ao da abertura deste capítulo. As condições são iguais em ambos os frascos, exceto a concentração da solução de alvejante adicionada, que é **maior** no frasco da direita, o que torna a reação **mais rápida**.

2.1 Por que a velocidade depende da concentração?

Considere, por exemplo, a reação assim equacionada:

$$O_3\,(g) \; + \; NO\,(g) \; \rightarrow \; O_2\,(g) \; + \; NO_2\,(g)$$

Para que ela aconteça, é necessário que uma mólecula de O_3 **colida** com uma de NO. Nessa colisão é quebrada a ligação entre dois átomos de oxigênio, enquanto é formada uma ligação entre um átomo de oxigênio e um de nitrogênio (compare os modelos da figura Ⓐ com os da figura Ⓒ).

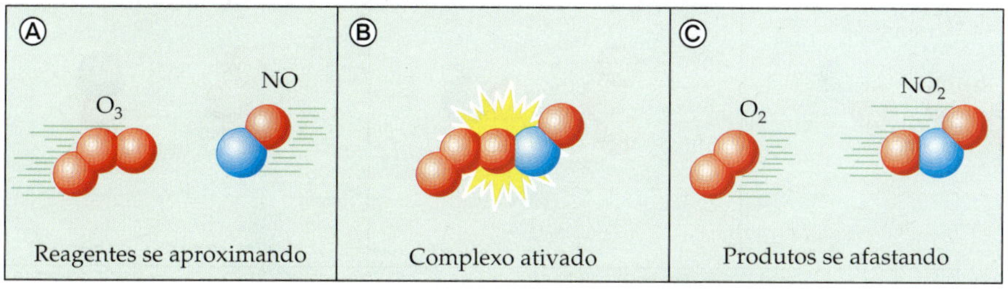

Aumento da concentração dos reagentes

↓ acarreta

Aumento da frequência de colisões entre as moléculas de reagentes

↓ acarreta

Aumento da rapidez da reação

A espécie química existente no momento da colisão em que a ligação OO está parcialmente quebrada e a ligação ON está parcialmente formada é chamada pelos químicos de **complexo ativado** ou **estado de transição** (figura Ⓑ).

As moléculas possuem um movimento de agitação térmica que faz com que estejam continuamente sofrendo colisões. Quanto maior for a concentração dos reagentes, maior será a frequência com que acontecerão as colisões moleculares e, portanto, maior a velocidade de uma reação.

- Quanto **maior** for a concentração dos reagentes, **maior** será a velocidade de uma reação química.

▶ Quando abanamos carvão em brasa em uma churrasqueira, notamos que ele fica mais incandescente. Isso ocorre porque, ao abanarmos, aumentamos a concentração de gás oxigênio (O_2, que é reagente na combustão), aumentando a velocidade da reação.

FRANCISCO AMARAL LEITÃO/SHUTTERSTOCK

© MONTICELLO/SHUTTERSTOCK

◀ O oxigênio (O_2) do ar é um dos responsáveis pela deterioração do suco da laranja. Dentro de uma laranja intacta a concentração de O_2 é muito baixa, e o suco dura alguns dias. No suco obtido espremendo-se a laranja, passa a haver uma concentração bem maior de O_2, e ele estraga muito mais rapidamente.

2.2 Nem toda colisão é eficaz!

Considere 1 mol de O_3 e 1 mol de NO colocados em um mesmo recipiente para sofrer a reação:

$$O_3\,(g) \; + \; NO\,(g) \; \rightarrow \; O_2\,(g) \; + \; NO_2\,(g)$$

Estimativas feitas por cientistas revelam que, a 25 °C e 1 atm, cada molécula colide cerca de 10^9 vezes (1 bilhão de vezes) por segundo com outras moléculas. É, sem dúvida, um número espantosamente elevado.

Se todas essas colisões resultassem em formação de produto, a reação aconteceria em uma fração de segundo, possuindo uma rapidez assustadoramente alta. No entanto, verifica-se que essa reação não possui uma velocidade assim tão elevada. Dessa forma, somos levados a concluir que **nem todas as colisões entre as moléculas de reagentes são eficazes!**

- **Colisão eficaz** ou **efetiva** é aquela que conduz à formação de produto.

2.3 Por que nem toda colisão é eficaz?

Só são eficazes aquelas colisões que acontecem com geometria favorável (figura Ⓐ). Se as moléculas colidirem em posições desfavoráveis (figuras Ⓑ, Ⓒ e Ⓓ), não haverá possibilidade de formar o complexo ativado e, portanto, não acontecerá a formação das moléculas de produtos nessa colisão.

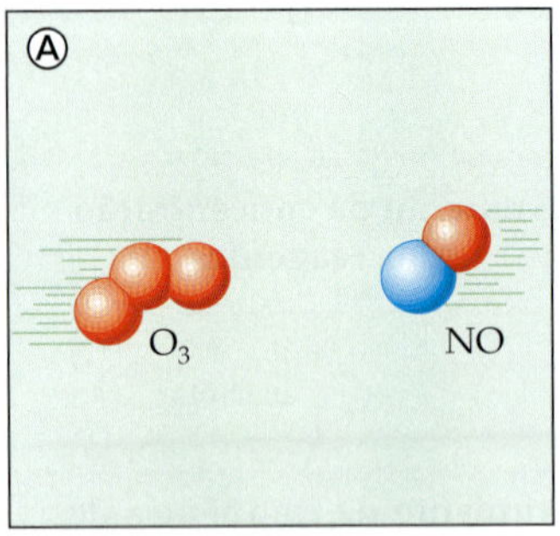

▲ Ⓐ Moléculas de O_3 e NO colidindo com **geometria favorável** à formação do complexo ativado

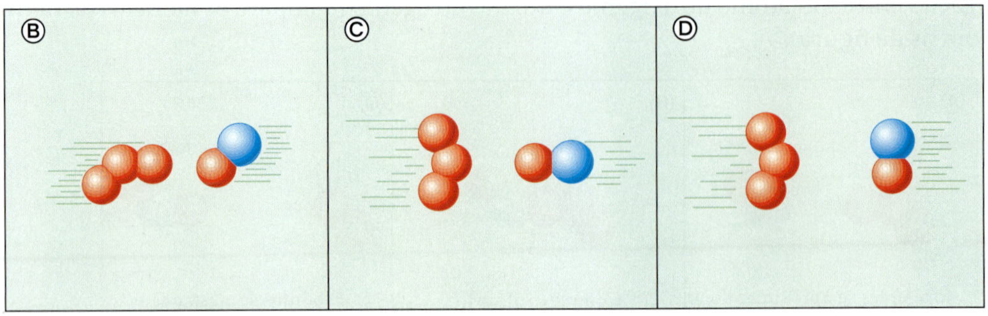

▲ Ⓑ, Ⓒ e Ⓓ Moléculas de O_3 e NO colidindo com **geometrias desfavoráveis** à formação do complexo ativado.

No momento da colisão há uma ruptura parcial de ligações químicas das moléculas reagentes. A energia necessária para essa ruptura provém do movimento das moléculas (a energia associada ao movimento é chamada de **energia cinética**).

- Para que uma **colisão** entre moléculas de reagentes seja **eficaz** é necessário que ela ocorra com **geometria adequada** e **energia suficiente**.

A sequência de figuras Ⓔ, Ⓕ e Ⓖ ilustra a ocorrência de uma colisão eficaz (com geometria adequada e energia suficiente). A sequência Ⓗ, Ⓘ e Ⓙ, por sua vez, ilustra uma colisão **não** eficaz porque, apesar de ter ocorrido na geometria adequada, envolveu moléculas com energia cinética insuficiente.

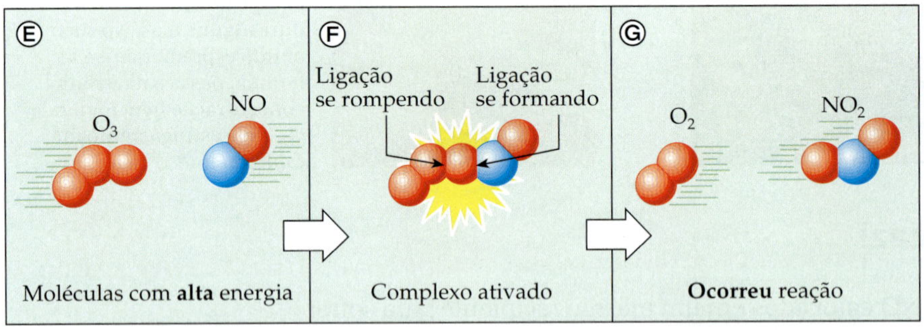

▲ Representação de uma colisão eficaz.

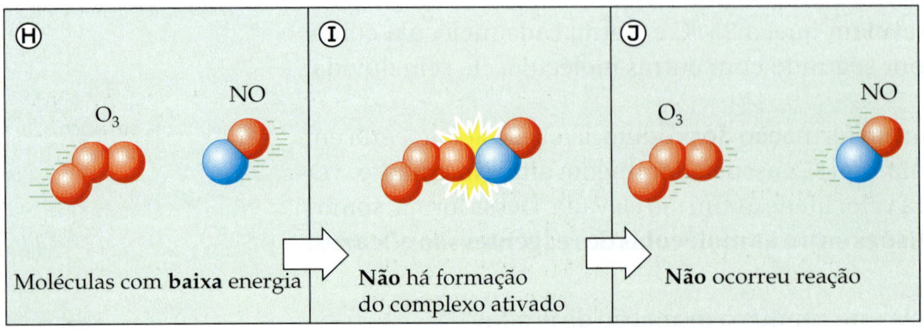

▲ Representação de uma colisão **não** eficaz.

▲ Uma analogia: a colisão de dois automóveis causa estrago bem maior do que a colisão de duas tartarugas, pois a energia envolvida no primeiro caso é muito maior. De modo similar, para que uma colisão entre moléculas reagentes seja eficaz (associada à ruptura e à formação de ligações no complexo ativado), é necessário que as moléculas dos reagentes colidam com energia suficientemente alta.

2.4 A energia de ativação

Os químicos costumam representar graficamente uma colisão eficaz:

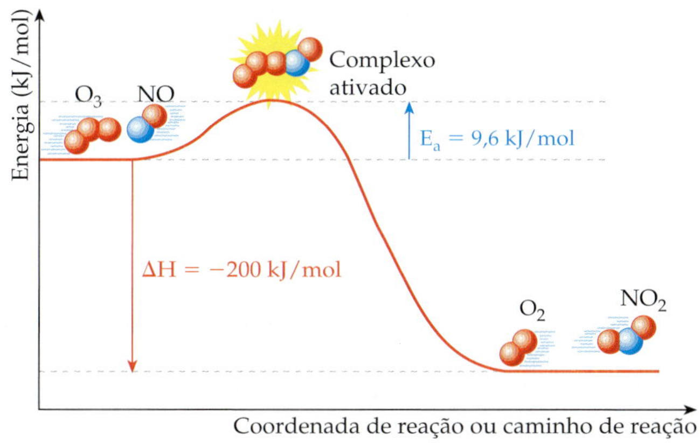

Nesse gráfico, E_a corresponde à energia de ativação e ΔH à variação de entalpia da reação, que é exotérmica (libera energia, $\Delta H < 0$). O gráfico **não** está desenhado em escala.

Note que existe uma barreira a ser vencida para que moléculas de reagente se transformem em moléculas de produto. A energia necessária para vencer essa barreira é chamada de **energia de ativação**.

Energia de ativação (E_a) é o valor mínimo de energia que as moléculas de reagentes devem possuir para que uma colisão entre elas seja eficaz.
Quanto **maior** for a energia de ativação, **mais lenta** será a reação.

Cada reação possui um valor característico de energia de ativação. Esse valor **não depende** da temperatura nem da concentração dos reagentes.

De modo geral, os gráficos de energia *versus* coordenada de reação costumam ter um dos aspectos mostrados a seguir, dependendo de a reação ser **exotérmica** (gráfico Ⓐ) ou **endotérmica** (gráfico Ⓑ).

Ⓐ **Reação exotérmica**

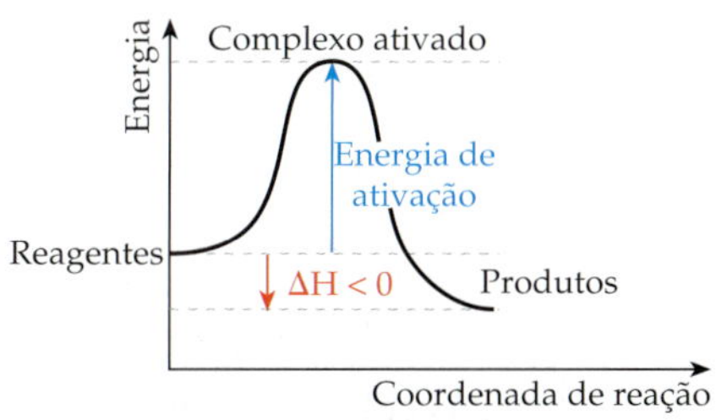

Ⓑ **Reação endotérmica**

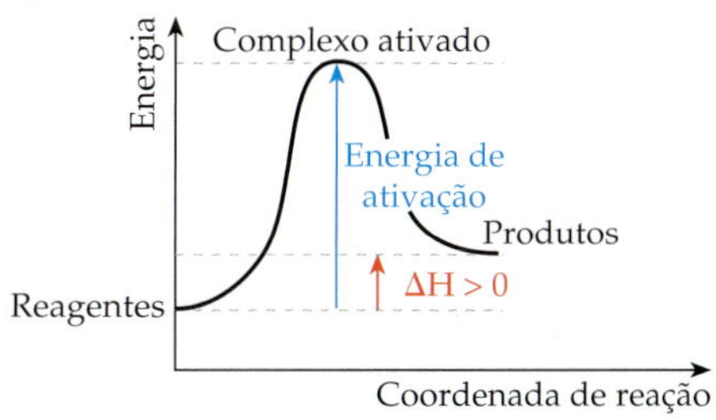

Perceba que esses gráficos são semelhantes aos mostrados no capítulo de termoquímica, com a diferença que eles representam também o andamento da reação, ou seja, a formação do complexo ativado.

Exercícios essenciais

A critério do(a) professor(a) esta lista de exercícios poderá ser realizada em classe ou em casa.

13. Os incêndios nas matas se propagam com maior rapidez quando está ventando. Proponha uma explicação para isso, utilizando seus conhecimentos sobre efeito da concentração sobre a velocidade de uma reação química.

14. Considere a corrosão do zinco pelo ácido clorídrico em solução aquosa:

$$Zn\,(s) + 2\,HCl\,(aq) \rightarrow H_2\,(g) + ZnCl_2\,(aq)$$

Em uma mesma temperatura, qual das seguintes soluções corroerá mais rapidamente uma amostra de zinco metálico?

a) HCl (aq) 1,0 mol/L
b) HCl (aq) 0,5 mol/L
c) HCl (aq) 0,1 mol/L
d) HCl (aq) 0,05 mol/L
e) HCl (aq) 0,01 mol/L

15. Considere o seguinte esquema (em nível microscópico) referente a uma reação. A cor vermelha representa o elemento oxigênio e a azul o elemento nitrogênio:

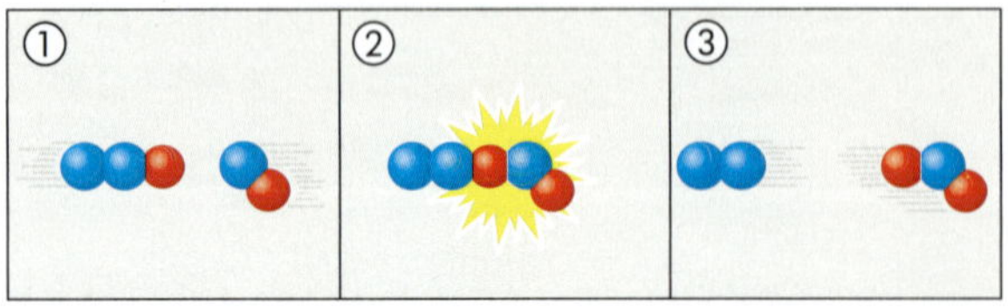

a) O esquema representa uma colisão eficaz ou não eficaz?

b) Formule a equação química que representa a reação.

c) Qual é o nome da situação que aparece no desenho ②?

16. (PUC-MG) Considere o diagrama energético de uma reação:

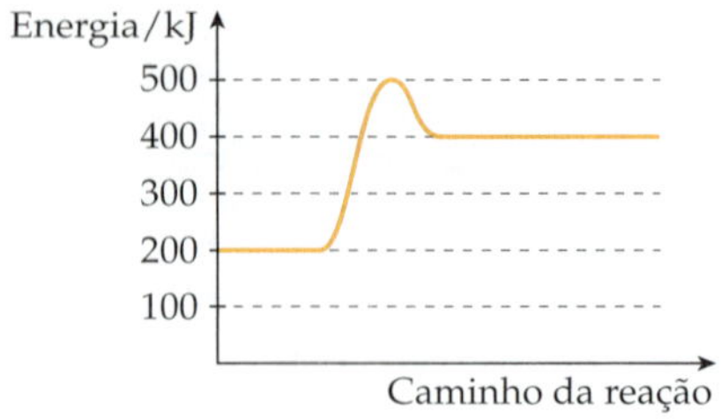

É **correto** afirmar que essa reação possui respectivamente uma energia de ativação e uma variação de entalpia de:

a) 500 kJ e +400 kJ
b) 100 kJ e +200 kJ
c) 300 kJ e +200 kJ
d) 100 kJ e +400 kJ

Exercícios adicionais

Seu(sua) professor(a) indicará quais exercícios deste bloco você deve fazer.

17. (UFJF-MG) As grandes vinícolas do mundo têm uma grande preocupação com a qualidade do fechamento das garrafas de vinho. O vinho pode sofrer alterações, transformando-se em "vinagre" (ácido acético). Esse processo pode acontecer mesmo em garrafas fechadas, mas muito lentamente. Deixando a garrafa aberta, esse processo ocorre rapidamente. Qual seria o fator responsável pelo aumento da velocidade dessa reação? **Explique.**

18. (PUC-RS) A velocidade de uma reação química depende:

I. do número de colisões intermoleculares por unidade de tempo.
II. da energia cinética das moléculas que colidem entre si.
III. da orientação das moléculas na colisão, isto é, da geometria da colisão.

Estão corretas as afirmativas:

a) I, II e III.
b) somente III.
c) somente II.
d) somente I e II.
e) somente I.

19. (Ufersa-RN) Considerando o gráfico:

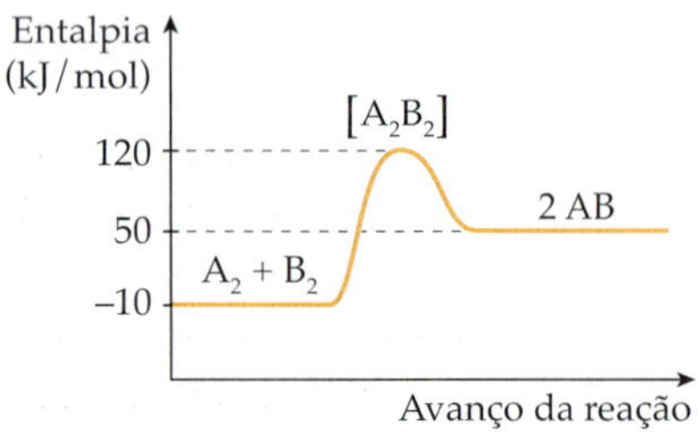

A variação de entalpia da reação, $A_2 + B_2 \rightarrow 2\,AB$, será:

a) +50 kJ/mol
b) −70 kJ/mol
c) +120 kJ/mol
d) +60 kJ/mol

20. (UPE) Julgue se a afirmação é verdadeira ou falsa. Aumentando-se a temperatura de um sistema reacional, aumenta-se simultaneamente a energia cinética média das moléculas e a energia de ativação da reação.

21. (Cesgranrio-RJ) Dado o diagrama de entalpia para reação $X + Y \rightarrow Z$ a seguir, a energia de ativação para a reação inversa $Z \rightarrow X + Y$ é:

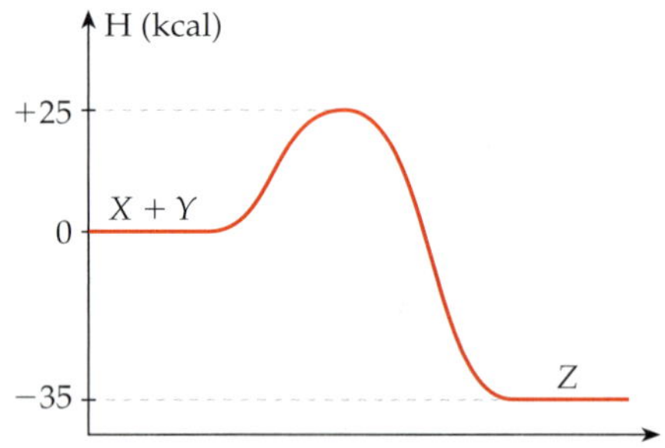

a) 60 kcal
b) 35 kcal
c) 25 kcal
d) 10 kcal
e) 0 kcal

22. (UEMG) A porcelana comum tem como uma de suas matérias-primas a argila. Na produção, ela combina-se com o feldspato, que é transformado em vidro, quando submetido a altas temperaturas.
Sobre o processo de produção da porcelana, é **CORRETO** afirmar que:

a) a argila mantém suas propriedades, mesmo depois de aquecida.
b) a transformação em vidro apresenta baixa energia de ativação.
c) o material resultante apresenta alta resistência a impactos.
d) a transformação ocorre com mudanças nas propriedades dos materiais.

3 Efeito da temperatura sobre a rapidez

SÉRGIO DOTTA JR./CID

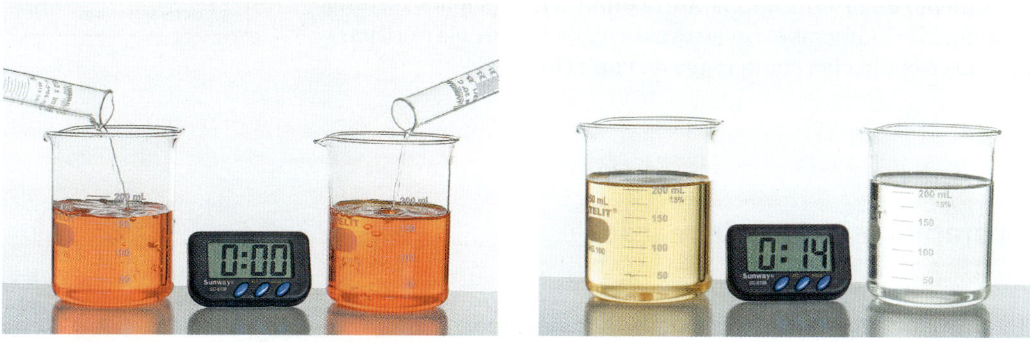

Experimento similar ao da abertura deste capítulo. As condições são iguais em ambos os frascos, exceto a temperatura da solução de corante, que é maior no frasco da direita, o que faz a reação ser mais veloz.

Alimentos estragam cerca de quatro vezes mais rápido à temperatura ambiente (25 °C) do que quando guardados na geladeira (5 °C). A temperaturas mais baixas, podem ser conservados ainda por mais tempo. O cozimento dos alimentos em panela de pressão (110 °C) é mais rápido do que em panela aberta (100 °C). Vinhos azedam mais rapidamente se guardados em locais aquecidos.

Quando elevamos a temperatura, provocamos um aumento da energia cinética das moléculas, fazendo com que haja maior quantidade de moléculas com energia suficiente para reagir, isto é, com energia superior à de ativação.

- Quanto **maior** a temperatura, **maior** será a velocidade de uma reação.

Algumas reações podem ter sua velocidade violentamente aumentada pela ação de uma faísca elétrica ou pela presença de uma chama. Um exemplo é a combustão dos vapores de gasolina, que podem estar misturados com o O_2 do ar sem que nada aconteça. Contudo, uma chama ou faísca é o bastante para causar uma explosão. A faísca fornece energia para que algumas moléculas reajam, formando produtos e liberando muita energia. Essa energia permite que outras moléculas também reajam, transformando-se em produtos e liberando ainda mais energia.

Ⓐ

AMBIENT IDEAS/SHUTTERSTOCK

Ⓑ

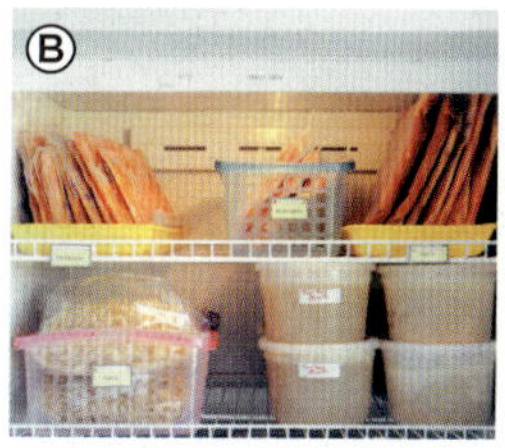

ALICE MUSSBACH/ALAMY/OTHER IMAGES

Ⓐ O leite gelado estraga muito mais devagar que o leite à temperatura ambiente. Esse é um exemplo clássico do fato de as reações químicas apresentarem maior velocidade com o aumento de temperatura. Ⓑ Alimentos no *freezer* (−18 °C) duram ainda mais tempo do que na geladeira (5 °C).

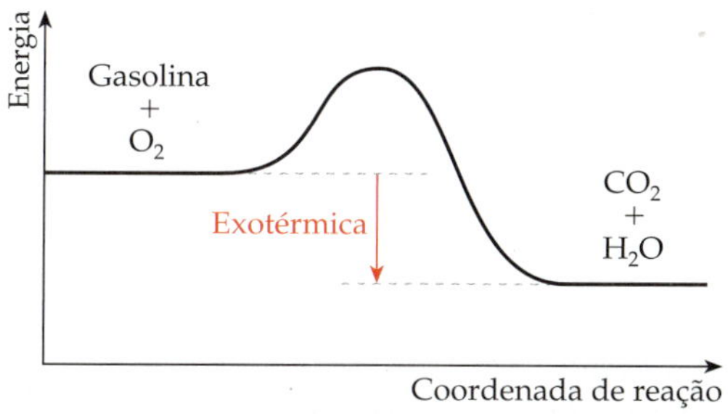

A presença desse sinal em postos de gasolina se justifica pelo fato de os vapores de gasolina se inflamarem com facilidade.

RON FRANK/SHUTTERSTOCK

Incêndios se alastram com relativa facilidade porque a energia liberada na reação de combustão (que é exotérmica) ajuda as moléculas que ainda não reagiram a vencer a barreira energética que separa reagentes de produtos.

Aumento da temperatura
↓ indica
Aumento da energia cinética molecular
↓ e, por isso,
Colisões entre moléculas ocorrem com maior energia
↓ que acarretam
Aumento da rapidez da reação

Regra de van't Hoff

No final do século XIX, o holandês Jacobus Henricus van't Hoff formulou, com base experimental, a regra: "um aumento de 10 °C na temperatura duplica a velocidade de uma reação química". Hoje são conhecidas inúmeras exceções a essa regra. Porém, ela é útil para fazer previsões aproximadas. Ela é conhecida como **regra de van't Hoff.**

Biblioteca do estudante
Texto complementar:
Temperatura, cinética química e seres vivos

Experimento: temperatura e rapidez de reação

A critério do(a) professor(a), esta atividade poderá ser realizada em grupos.

Objetivo: Obter evidência da influência da temperatura na rapidez da reação.

Você vai precisar de:

- meio copo de água morna
- meio copo de água gelada
- medicamento efervescente em pó (sal de fruta)
- duas colheres de chá
- relógio que marque os segundos
- um ajudante

Procedimento:

1. Coloque em ambas as colheres a mesma quantidade de pó efervescente.
2. Adicione o conteúdo de uma colher ao copo com água morna e, simultaneamente, o conteúdo da outra ao copo com água gelada. Nesse instante, seu ajudante começa a marcar o tempo que leva para o sólido ser gasto.
3. Em qual dos copos a reação se mostra mais vigorosa? Em qual chega ao final mais rapidamente? Proponha uma explicação para as observações. Como seria possível quantificar a rapidez com que a reação ocorre em cada caso? Que medidas deveriam ser feitas? Como essas medidas poderiam ser realizadas?

Exercícios essenciais

A critério do(a) professor(a) esta lista de exercícios poderá ser realizada em classe ou em casa.

23. (Fuvest-SP) Para remover uma mancha de um prato de porcelana fez-se o seguinte: cobriu-se a mancha com meio copo de água fria, adicionaram-se algumas gotas de vinagre e deixou-se por uma noite. No dia seguinte a mancha havia clareado levemente.

Usando apenas água e vinagre, sugira duas alterações no procedimento, de tal modo que a remoção da mancha possa ocorrer em menor tempo. Justifique cada uma das alterações propostas.

24. Considere as afirmações:

I. Numa panela comum, a água ferve a cerca de 100 °C, e numa panela de pressão, a cerca de 110 °C.

II. O cozimento dos alimentos envolve reações químicas.

Com base nelas, explique por que os alimentos cozinham mais rápido nas panelas de pressão.

25. (UFPE) Você está cozinhando batatas e fazendo carne grelhada, tudo em fogo baixo, num fogão a gás. Se você passar as duas bocas do fogão para fogo alto, o que acontecerá com o tempo de preparo?

a) Diminuirá para os dois alimentos.
b) Diminuirá para a carne e aumentará para as batatas.
c) Não será afetado.
d) Diminuirá para as batatas e não será afetado para a carne.
e) Diminuirá para a carne e permanecerá o mesmo para as batatas.

Comentário dos autores:

Atente ao fato de que o cozimento das batatas ocorre em água fervente, mas a carne é grelhada diretamente sobre o metal.

Exercícios adicionais

Seu(sua) professor(a) indicará quais exercícios deste bloco você deve fazer.

26. (PUC-SP) O dióxido de nitrogênio (NO_2) reage com o monóxido de carbono (CO) formando o óxido nítrico (NO) e o dióxido de carbono (CO_2).

$$NO_2\,(g) + CO\,(g) \rightarrow NO\,(g) + CO_2\,(g)$$

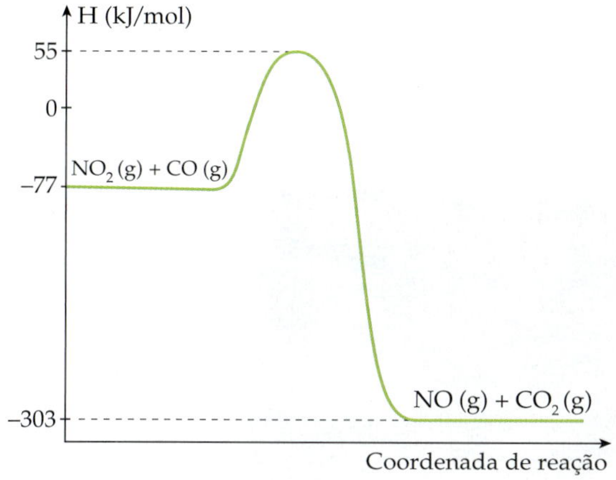

Analisando o diagrama de coordenadas de reação acima, um estudante fez as seguintes afirmações:

I. A energia de ativação para a formação do óxido nítrico é de 132 kJ · mol^{-1}.

II. A formação do óxido nítrico é um processo endotérmico.

III. O aumento da temperatura do sistema reacional diminui a velocidade de formação do óxido nítrico, pois aumenta a energia de ativação da reação.

Está(ão) correta(s) somente a(s) afirmação(ões):

a) I
b) II
c) III
d) I e II
e) I e III

27. (UPE) Julgue as seguintes afirmações em verdadeiras ou falsas.

1) O número de colisões efetivas que ocorrem em um sistema reacional aumenta com a elevação da temperatura, pois há uma diminuição proporcional da energia de ativação envolvida na transformação.

2) Reações altamente exotérmicas são aquelas que ocorrem de forma muito rápida, pois à medida que aumenta o ΔH da reação, diminui a energia de ativação da reação.

28. (Fuvest-SP) A vitamina C é muito utilizada como aditivo de alimentos processados. Sua propriedade antioxidante se deve à capacidade de ser oxidada pelo oxigênio do ar, protegendo da oxidação outras substâncias presentes nos alimentos. Um certo alimento processado, inicialmente embalado a vácuo, é aberto e armazenado sob duas condições diferentes:

I. em refrigerador a 4 °C;

II. em armário fechado à temperatura ambiente (25 °C).

a) Mostre em um gráfico como varia o teor de vitamina C com o tempo para cada uma dessas condições. Identifique as curvas e explique comparativamente o comportamento delas.

b) Além da capacidade de reagir com o oxigênio do ar, dê duas outras características que uma substância deve apresentar para poder ser utilizada como substituta da vitamina C em alimentos processados.

4 Efeito da superfície de contato sobre a rapidez

O ferro, na presença de oxigênio do ar e umidade, sofre um processo de corrosão, formando a ferrugem. Se submetermos um prego de aço (o aço é uma liga de ferro e carbono) e um pedaço de palha de aço às mesmas condições de umidade, temperatura e exposição ao oxigênio do ar, notaremos que **a palha de aço enferrujará muito mais rápido que o prego**.

A reação de corrosão ocorre na superfície de contato entre o ferro e os outros reagentes. A palha de aço, devido ao seu formato, apresenta **maior superfície de contato** para possibilitar a reação. De modo geral, podemos dizer que:

- Em reações das quais participam reagentes que se encontram em diferentes fases, a velocidade será tanto maior quanto maior for a **superfície de contato** entre essas fases.

Um caso comum é o das reações das quais participa um sólido, sendo os demais reagentes gasosos ou aquosos. A velocidade será tanto maior quanto maior for a superfície de contato entre o sólido e a fase gasosa ou líquida.

SIMON DAWSON/BLOOMBERG/GETTY IMAGES

A ferrugem se forma na reação entre ferro, água e oxigênio. Quando o ferro é adequadamente revestido com tinta, impede-se o seu contato com água e oxigênio, isto é, reduz-se a zero a superfície de contato dele com os outros reagentes. É uma forma de prevenção da ferrugem.

ALEX LARBAC/TYBA

A queima de fogos de artifício é um exemplo de reação entre substâncias sólidas, pulverizadas para garantir elevada superfície de contato.

ATENÇÃO

NUNCA caia na tentação de manipular fogos de artifício.

Acidentes sérios, com queimaduras e até morte, atestam o risco que é manuseá-los.

Exercícios essenciais

A critério do(a) professor(a) esta lista de exercícios poderá ser realizada em classe ou em casa.

29. (Enem-MEC) Ferramentas de aço podem sofrer corrosão e enferrujar. As etapas químicas que correspondem a esses processos podem ser representadas pelas equações:

$$Fe + H_2O + \frac{1}{2} O_2 \rightarrow Fe(OH)_2$$

$$Fe(OH)_2 + \frac{1}{2} H_2O + \frac{1}{4} O_2 \rightarrow Fe(OH)_3$$

$$Fe(OH)_3 + n\, H_2O \rightarrow Fe(OH)_3 \cdot n\, H_2O \text{ (ferrugem)}$$

Uma forma de tornar mais lento esse processo de corrosão e formação de ferrugem é engraxar as ferramentas. Isso se justifica porque a graxa proporciona:

a) lubrificação, evitando o contato entre as ferramentas.

b) impermeabilização, diminuindo seu contato com o ar úmido.

c) isolamento térmico, protegendo-as do calor ambiente.

d) galvanização, criando superfícies metálicas imunes.

e) polimento, evitando ranhuras nas superfícies.

30. (Uerj) A sabedoria popular indica que, para acender uma lareira, devemos utilizar inicialmente lascas de lenha e só depois colocarmos as toras. Em condições reacionais idênticas e utilizando massas iguais de madeira em lascas e em toras, verifica-se que madeira em lascas queima com mais velocidade.

O fator determinante, para essa maior velocidade de reação, é o aumento da:

a) pressão.

b) temperatura.

c) concentração.

d) superfície de contato.

31. (Unifor-CE) Considerando os fatores que alteram a rapidez das transformações químicas, pode-se afirmar que uma fruta apodrecerá mais rapidamente se estiver:

a) sem a casca, em geladeira.

b) em pedaços, congelada.

c) inteira, exposta ao sol.

d) em pedaços, exposta ao sol.

e) com a casca, exposta ao sol.

Exercícios adicionais

Seu(sua) professor(a) indicará quais exercícios deste bloco você deve fazer.

Exercício Resolvido

32. (UEMG) Ácidos fortes, ao entrarem em contato com metais, como o ferro, produzem gás hidrogênio. O quadro a seguir apresenta os resultados de um experimento realizado com uma solução aquosa diluída de ácido clorídrico (HCl) e amostras de ferro.

Sistema	1	2	3
Solução de HCl diluído (mL)	20	20	20
Objetos feitos de ferro	Prego (2 g)	Prego (2 g)	Esponja de aço (2 g)
Temperatura (°C)	20	40	40
Número de bolhas de H_2 em 30 segundos	4	12	40

Ao analisar os resultados, um estudante fez as seguintes observações:

I. A reação será mais lenta no sistema 2, pois a temperatura é maior.
II. A massa de ferro usada é um fator determinante para a variação da velocidade dessa reação.
III. A superfície de contato possibilita uma maior interação entre os reagentes, em 3.
IV. O número de bolhas produzido ao final da reação será o mesmo para os três sistemas.

Assinale, abaixo, a alternativa que contém a(s) afirmação(ões) **CORRETA(S)** formulada(s) pelo estudante:

a) Afirmação I.
b) Afirmações I e II.
c) Afirmações III e IV.
d) Afirmações II e IV.

➤ Resolução

$$2\,H^+\,(aq) + Fe\,(s) \rightarrow H_2\,(g) + Fe^{2+}\,(aq)$$

Os fatores envolvidos na diferença de velocidade nos três sistemas são superfície de contato (maior em 3) e temperatura (maior em 2 e em 3).
O número de bolhas de H_2 em 30 s é um indicador de que as velocidades de reação seguem a ordem: $v_1 < v_2 < v_3$

Alternativa **c**.

33. (UFSM-RS) Um comprimido efervescente de vitamina C intacto, pesando 5 g, quando colocado em um copo contendo água a 25 °C, será dissolvido em dois minutos. Considerando essa informação, assinale verdadeira (V) ou falsa (F) em cada uma das proposições.

( ) Se o comprimido efervescente estiver em pequenos pedaços, o tempo de dissolução também será de dois minutos, pois a massa continua sendo 5 g.
( ) O tempo de dissolução do comprimido efervescente intacto mantém-se quando o comprimido for dissolvido em água a 40 °C ou a 25 °C, pois a área de contato é a mesma.
( ) Quanto maior a superfície de contato do comprimido efervescente com a água, maior o número de colisões favoráveis, portanto maior a velocidade de dissolução.
( ) O aumento da temperatura diminui a energia de ativação, diminuindo, portanto, o tempo de dissolução.

A sequência correta é:

a) V - F - V - V
b) F - V - F - V
c) V - V - F - V
d) F - F - V - F
e) V - V - F - F

34. (UFMG) Duas reações químicas foram realizadas em condições diferentes de temperatura e de estado de agregação das substâncias, conforme descrito a seguir:

Reação I $CO\,(g) + NO_2\,(g) \rightarrow CO_2\,(g) + NO\,(g)$
Experimento 1 — Temperatura igual a 25 °C.
Experimento 2 — Temperatura igual a 250 °C.
(As demais condições são idênticas nos dois experimentos.)

Reação II $Pb(NO_3)_2 + 2\,KI \rightarrow PbI_2 + 2\,KNO_3$
Experimento 3 — Os dois reagentes foram utilizados na forma de pó.
Experimento 4 — Os dois reagentes foram utilizados em solução aquosa.
(As demais condições são idênticas nos dois experimentos.)

Comparando-se as velocidades de reação em cada par de experimentos (v_1 com v_2; v_3 com v_4), é **CORRETO** afirmar que:

a) $v_2 > v_1$ e $v_3 = v_4$
b) $v_1 > v_2$ e $v_3 > v_4$
c) $v_2 > v_1$ e $v_4 > v_3$
d) $v_1 > v_2$ e $v_3 = v_4$

35. (Uerj) O gráfico abaixo representa a variação, em função do tempo, da concentração, em quantidade de matéria, do hidrogênio gasoso formado em duas reações químicas de alumínio metálico com solução concentrada de ácido clorídrico. Estas reações são realizadas sob as mesmas condições, diferindo, somente, quanto às formas de apresentação do alumínio: placas metálicas e pó metálico.

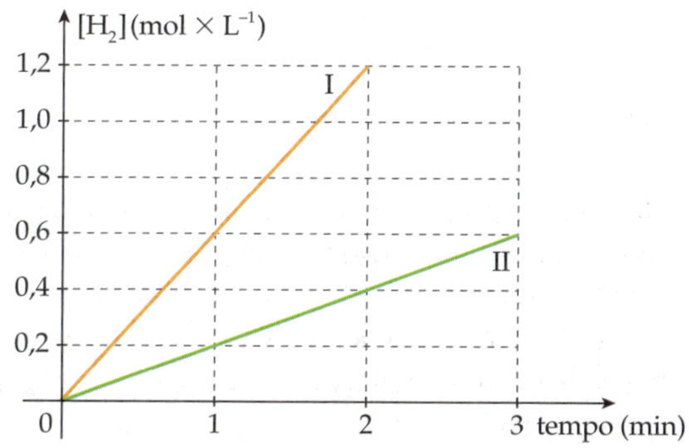

a) Calcule a razão entre a maior e a menor velocidade média da reação.
b) Defina a que forma de apresentação do alumínio corresponde cada uma das curvas. Justifique.

5 Efeito do catalisador sobre a rapidez

Considere a decomposição da água oxigenada. Na ausência de luz e de impurezas, essa reação é bastante lenta. Se, no entanto, uma pequena quantidade de MnO_2 sólido for adicionada, a reação ocorrerá com uma velocidade bem mais alta. Ao final da reação, verifica-se que o **MnO_2 não foi efetivamente consumido**.

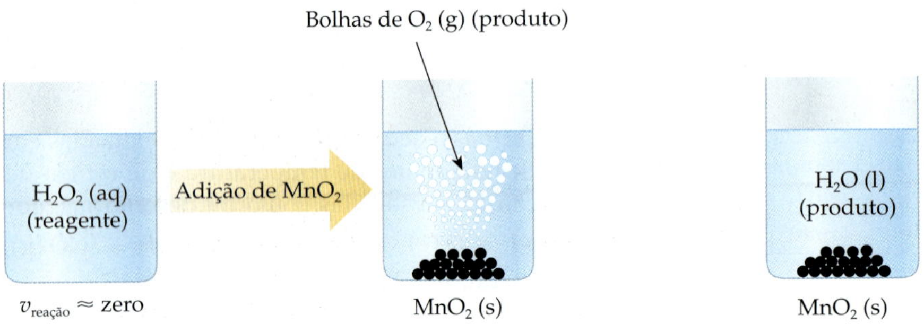

$$2\,H_2O_2\,(aq) \longrightarrow 2\,H_2O\,(l) + O_2\,(g)$$

ATENÇÃO

Não faça esta experiência por conta própria.

Sua realização em um laboratório requer **autorização e supervisão do(a) professor(a).**

Por segurança, deve-se usar **água oxigenada a 10 volumes.**

Nenhum dos reagentes deve ter contato com pele, boca e olhos.

Óculos de segurança, luvas e aventais protetores são obrigatórios.

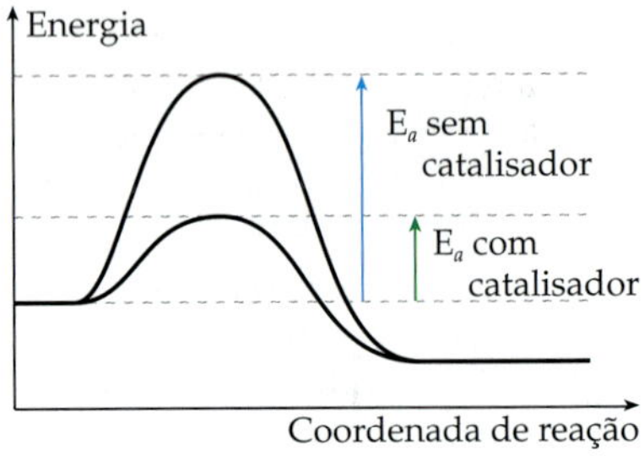

Nesse experimento, diz-se que o MnO_2 atuou como **catalisador**.

- **Catalisador** é uma substância que aumenta a velocidade de uma reação química **sem ser efetivamente** consumida no processo. **Catálise** é o nome dado ao aumento de velocidade provocado pelo catalisador.

- Um **catalisador** aumenta a velocidade de uma reação, pois **abaixa a energia de ativação** (E_a).

Nos seres vivos são encontradas **proteínas que atuam como catalisadores** em reações químicas essenciais à vida. Elas são as **enzimas**.

- **Enzimas** são catalisadores biológicos, ou seja, substâncias que aumentam a velocidade de reações bioquímicas, sem serem efetivamente consumidas no processo.

Enzimas nos sabões em pó

Algumas enzimas são muito utilizadas em processos industriais, como na produção de álcool, vinagre, queijos e iogurtes.

Uma outra aplicação interessante das enzimas está na remoção de sujeiras. Certos materiais que sujam os tecidos são difíceis de eliminar porque se unem de tal forma às suas fibras que os sabões e detergentes comuns não são totalmente eficientes em sua remoção. Alguns sabões em pó (detergentes em pó) contêm enzimas que facilitam a remoção desse tipo de sujeira. Os principais tipos de enzimas usadas são:

- **proteases** – aceleram a hidrólise (reação de quebra pela água) de proteínas, removendo-as sob a forma de produtos solúveis em água.
- **lipases** – catalisam a hidrólise de óleos e gorduras, produzindo substâncias também solúveis em água.

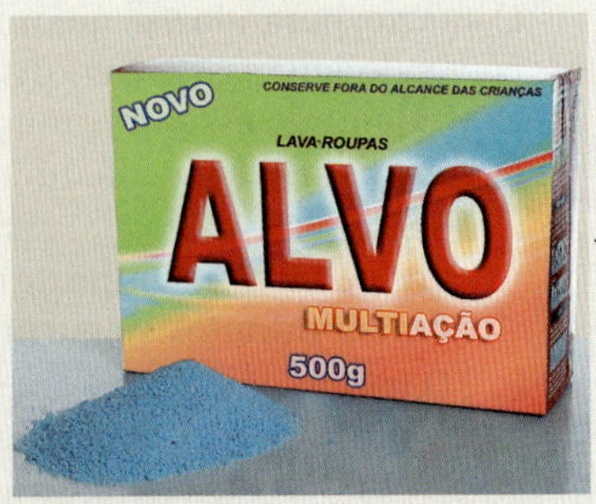

SÉRGIO DOTTA JR./CID

(Marca fictícia.)

Experimento: a enzima catalase

Para executar o experimento que vamos descrever, você precisará de água oxigenada a 10 volumes (solução aquosa 3% de peróxido de hidrogênio, H_2O_2, adquirida em farmácias) e batata crua ou fígado cru. Coloque 5 gotas de água oxigenada sobre um pedaço pequeno (cortado na hora) de batata crua ou de fígado cru. Você observará a formação de espuma.

Na batata e no fígado existe a enzima **catalase**, que atua como catalisador na decomposição do peróxido de hidrogênio:

$$2\,H_2O_2\,(aq) \rightarrow 2\,H_2O\,(l) + O_2\,(g)$$

A espuma deve-se à liberação do gás oxigênio.

Ao final, se acrescentarmos mais gotas de água oxigenada, a reação continuará, pois o catalisador não foi efetivamente consumido no processo.

Nas células de nosso organismo também existe catalase. É ela que acelera a decomposição do peróxido de hidrogênio quando é colocado em um ferimento.

Dentro das células há processos que produzem H_2O_2, que é tóxico e pode causar lesões nessas células. A catalase, presente nos seres vivos, atua decompondo o H_2O_2 e evitando os danos que essa substância poderia causar. Quando colocamos uma solução diluída de H_2O_2 em um ferimento recente, a decomposição do H_2O_2 sob a ação da catalase libera gás O_2, que mata alguns microrganismos que podem causar infecções. É uma maneira de desinfetar o ferimento.

SÉRGIO DOTTA JR./CID

▲ Foto do experimento, realizado com fígado cru. Se a carne tivesse sido cozida por bastante tempo, não se observaria a decomposição do H_2O_2. Você consegue explicar por quê?

Exercícios essenciais

A critério do(a) professor(a) esta lista de exercícios poderá ser realizada em classe ou em casa.

36. (Cefet-AL) Os catalisadores têm ampla aplicação industrial, sendo muito utilizados na síntese de substâncias empregadas por indústrias alimentícias, farmacêuticas, de plásticos etc. O gráfico abaixo mostra o decurso de uma reação reversível e as energias alcançadas na ausência e na presença de um catalisador.

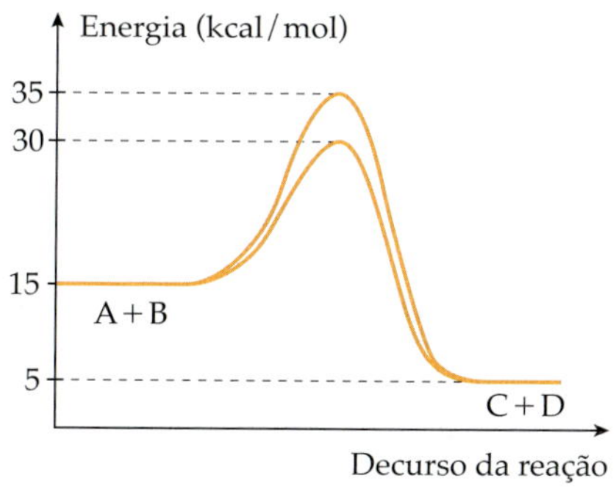

Assinale a alternativa INCORRETA com base nas informações fornecidas pelo gráfico:

a) A reação A + B → C + D é exotérmica, pois a energia dos produtos é menor do que a dos reagentes.

b) A energia de ativação da reação A + B → C + D sem catalisador é 30 kcal.

c) A energia do complexo ativado da reação A + B → → C + D com catalisador é 30 kcal.

d) A energia absorvida pela reação inversa (C + D → → A + B) é 10 kcal.

e) A adição do catalisador promove o abaixamento da energia do complexo ativado.

37. (UEL-PR) As reações químicas podem ocorrer com absorção ou com liberação de energia. Considere o gráfico a seguir, que representa a variação de energia para a transformação do reagente **A** nos produtos **B** e **C**.

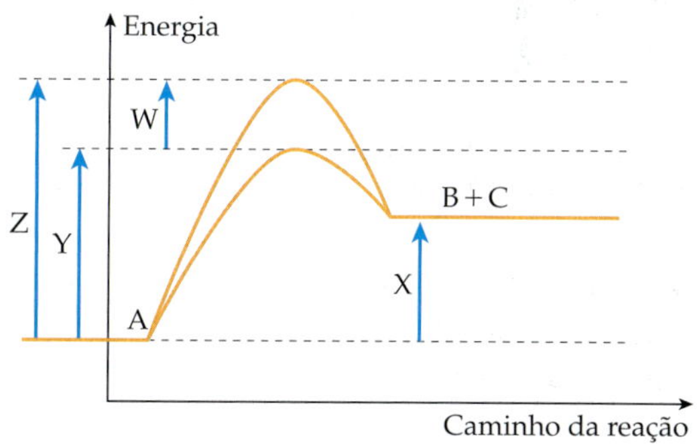

A partir da análise do gráfico, é correto afirmar:

a) Essa é uma reação de síntese, endotérmica, cujo abaixamento da energia de ativação, pela adição do catalisador, é igual **X**.

b) O ΔH para esta reação exotérmina é dado por **X** e a energia de ativação é dada por **W**.

c) O valor do ΔH, na presença do catalisador, é **X** e, na ausência dele, é **W**.

d) O valor da energia de ativação é independente da presença ou ausência de catalisador.

e) Essa é uma reação de decomposição, endotérmica, cujo valor da energia de ativação, sem a presença de catalisador, é igual a **Z**.

Exercícios adicionais

Seu(sua) professor(a) indicará quais exercícios deste bloco você deve fazer.

38. (UFMG) A água oxigenada, H_2O_2, é utilizada como antisséptico. O seu poder antisséptico resulta da formação de O_2 (g) em sua decomposição, que pode ser representada por:

$$H_2O_2\,(aq) \rightarrow H_2O\,(l) + 0{,}5\,O_2\,(g)$$

Essa reação, muito lenta à temperatura ambiente, é consideravelmente acelerada na presença da catalase, uma enzima existente no sangue humano. Em uma determinada experiência, mediu-se a velocidade de decomposição de H_2O_2 (aq), com e sem adição de catalase.

O gráfico que descreve qualitativamente os resultados encontrados nesse experimento é:

a)

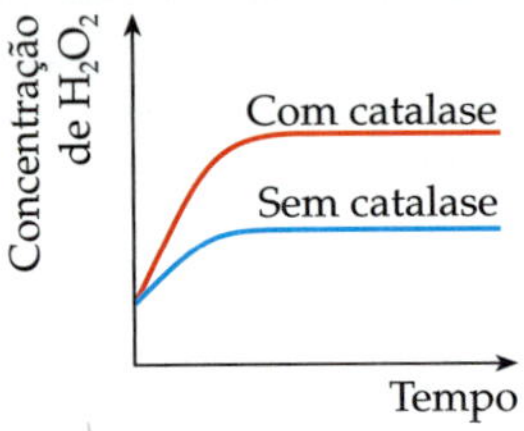

b)

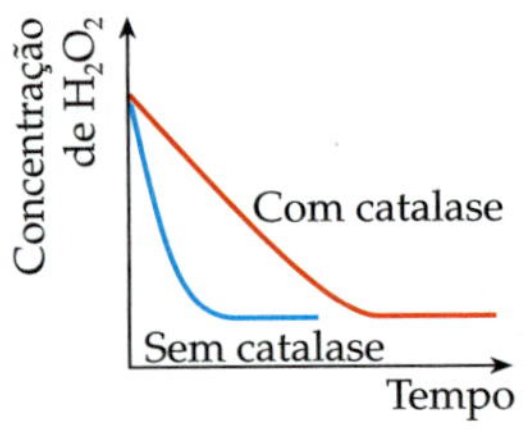

c)

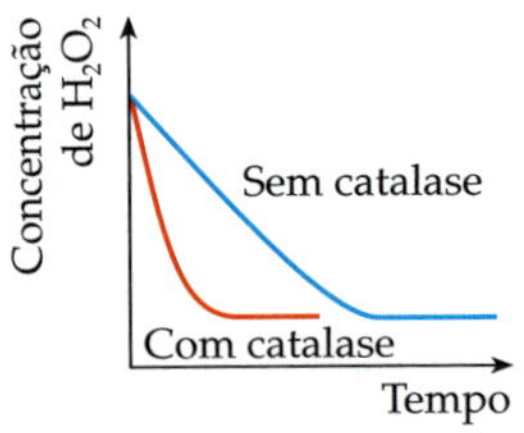

d)

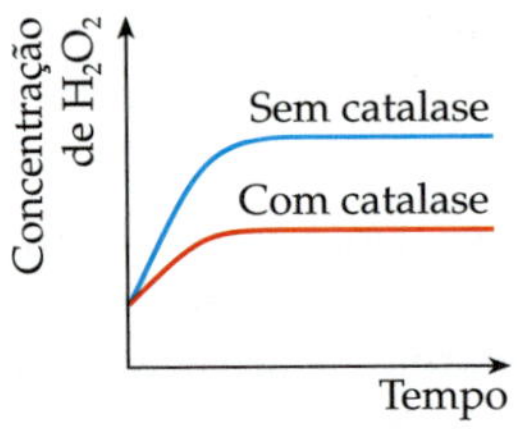

39. (Unicap-PE) Julgue as afirmações em verdadeiras ou falsas.

0) O aumento da temperatura provoca o aumento da rapidez das transformações químicas.

1) Para promover uma melhor condição de ocorrência de uma reação química, é primordial que as moléculas dos reagentes sejam postas em contato do modo mais eficaz possível.

2) Pode-se afirmar que quanto menor for a energia de ativação, maior será a velocidade de uma reação química.

3) As reações nas quais os catalisadores atuam ocorreriam mesmo nas ausências dessas substâncias.

40. (UEMG) As transformações químicas podem ocorrer na presença e na ausência de um catalisador. O gráfico a seguir representa a variação de energia em uma transformação.

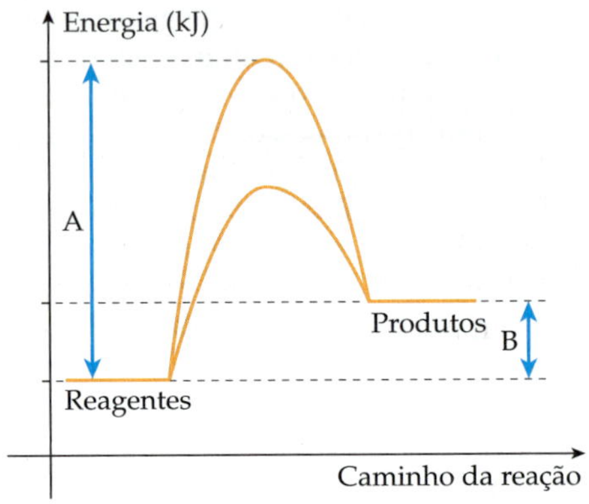

A análise do gráfico **SÓ** permite afirmar que:

a) a reação é uma combustão.

b) o catalisador diminui a diferença entre A e B.

c) a reação ocorre em duas etapas.

d) o catalisador influencia nas propriedades dos produtos.

41. (UFG-GO) A tabela a seguir apresenta os dados da quantidade de reagentes e produtos, ao longo do tempo, para uma reação genérica realizada em três condições, como representado:

$$A(s) + B(l) \longrightarrow C(l) \quad (I)$$
$$A(s) + B(l) \xrightarrow{\text{catalisador}} C(l) \quad (II)$$
$$A(l) + B(l) \xrightarrow{\text{catalisador}} C(l) \quad (III)$$

a) Esquematize um gráfico da quantidade de produto em função do tempo, para a reação que ocorre com maior velocidade.

b) Considerando que o produto é mais estável que os reagentes, esboce, para as reações (I) e (II), um único gráfico de energia em função da coordenada de reação.

Quantidade de substância (mol)			Tempo (s)		
A	B	C	Reação (I)	Reação (II)	Reação (III)
1,00	1,00	0	0	0	0
0,75	0,75	0,25	3	2	1
0,50	0,50	0,50	6	4	2
0,25	0,25	0,75	9	6	3
0	0	1,00	12	8	4

6 Lei cinética

6.1 A expressão da lei cinética

Para uma reação genérica cuja equação é:

$$aX + bY \rightarrow \text{produtos}$$

os químicos chamam de **lei de velocidade** ou **lei cinética** a seguinte expressão:

$$v = k \cdot [X]^m \cdot [Y]^n$$

em que:
v = velocidade (rapidez) da reação;
k = constante de velocidade (é uma constante de proporcionalidade, característica da reação e da temperatura);
[X] e [Y] = concentração dos reagentes X e Y, em mol/L;
m e n = expoentes **determinados experimentalmente**.
Os químicos chamam os expoentes **m** e **n** de **ordem de reação**:

$$v = k \cdot [X]^m \cdot [Y]^n$$

m = ordem da reação em relação a X
n = ordem da reação em relação a Y
m + n = ordem global da reação

6.2 Exemplos de lei cinética

Primeiro exemplo

Decomposição de N_2O_5: $2\,N_2O_5\,(g) \rightarrow 4\,NO_2\,(g) + O_2\,(g)$

A reação foi repetida algumas vezes, mudando-se a concentração inicial do reagente e mantendo-se a temperatura constante. A cada repetição, mediu-se a velocidade inicial da reação. Os valores foram tabelados:

$[N_2O_5]$ (mol/L)	Velocidade inicial (mol/L · h)
0,010	0,016
0,020	0,032
0,030	0,048

Analisando essa tabela, podemos notar que, quando a concentração de N_2O_5 duplica, a velocidade da reação também duplica. E, quando a concentração de N_2O_5 triplica, a velocidade também triplica.

$[N_2O_5]$ (mol/L)	Velocidade inicial (mol/L · h)
0,010	0,016
0,020 ← · 2	0,032 ← · 2
0,030 ← · 3	0,048 ← · 3

Concluímos, portanto, que a velocidade dessa reação é diretamente proporcional à concentração de N_2O_5, o que pode ser expresso matematicamente ou em palavras.

Em equação: $v = k \cdot [N_2O_5]$ (k é uma **constante de proporcionalidade**)

Em palavras: **A rapidez da reação de decomposição do N_2O_5, a temperatura constante, é diretamente proporcional à concentração, em mol/L, do reagente, N_2O_5.**

Segundo exemplo

Decomposição do NOBr: $2\ NOBr\ (g) \rightarrow 2\ NO\ (g) + Br_2\ (g)$

Aqui também a reação foi repetida algumas vezes, mudando-se a concentração do reagente e mantendo-se a temperatura constante.

[NOBr] (mol/L)	Velocidade inicial (mol/L · h)
0,010	0,085
0,020 (· 2)	0,340 (· 4)
0,030 (· 3)	0,765 (· 9)

Quando duplicamos a concentração do reagente, a velocidade fica multiplicada por 4 ($= 2^2$) e, quando a triplicamos, fica multiplicada por 9 ($= 3^2$). Assim, concluímos que, nesse caso, a velocidade varia com o quadrado da concentração do reagente.

Em equação: $v = k \cdot [NOBr]^2$

Em palavras: **A rapidez da reação de decomposição do NOBr, a temperatura constante, é diretamente proporcional ao quadrado da concentração, em mol/L, do reagente, NOBr.**

Terceiro exemplo

Reação entre os gases H_2 e NO: $2\ H_2\ (g) + 2\ NO\ (g) \rightarrow N_2\ (g) + 2\ H_2O\ (g)$

A reação foi repetida algumas vezes, alterando-se a concentração de um ou de ambos os reagentes e mantendo-se a temperatura constante.

$[H_2]$ (mol/L)	[NO] (mol/L)	Velocidade inicial (mol/L · h)
$1 \cdot 10^{-3}$	$1 \cdot 10^{-3}$	$3 \cdot 10^{-5}$
$2 \cdot 10^{-3}$ (· 2)	$1 \cdot 10^{-3}$ (Constante)	$6 \cdot 10^{-5}$ (· 2)
$2 \cdot 10^{-3}$ (Constante)	$2 \cdot 10^{-3}$ (· 2)	$24 \cdot 10^{-5}$ (· 4)

Comparando a primeira linha com a segunda, vemos que [NO] permanece constante, enquanto $[H_2]$ duplicou. A duplicação observada na velocidade certamente é consequência da duplicação da $[H_2]$. Assim, concluímos que a velocidade é diretamente proporcional à $[H_2]$.

Comparando a segunda linha com a terceira, notamos que $[H_2]$ permaneceu constante e que [NO] foi duplicada. Como consequência, a velocidade foi multiplicada por 4 ($= 2^2$). Concluímos, assim, que a velocidade é diretamente proporcional ao quadrado da [NO].

Em equação: $v = k \cdot [H_2] \cdot [NO]^2$

Em palavras: **A rapidez da reação entre o H_2 e o NO, a temperatura constante, é diretamente proporcional à primeira potência da concentração, em mol/L, do H_2 e ao quadrado da concentração, em mol/L, do NO.**

A expressão $v = k \cdot [H_2] \cdot [NO]^2$ indica que se trata de uma reação de **primeira ordem** em relação a H_2, de **segunda ordem** em relação a NO e de **terceira ordem** global.

Temperatura e lei cinética

O efeito da temperatura se faz sentir sobre a constante da velocidade da reação (k). Para a reação genérica $A + B \rightarrow$ produtos, em que a lei cinética é $v = k \cdot [A]^m \cdot [B]^n$, verifica-se que, quanto **maior** for a temperatura, **maior** será o valor da constante de velocidade (k) para essa reação química.

Energia de ativação e lei cinética

Quanto **menor** for a energia de ativação de uma reação, **maior** será a sua constante de velocidade (k), ou seja, quanto **menor** E_a, **maior** v.

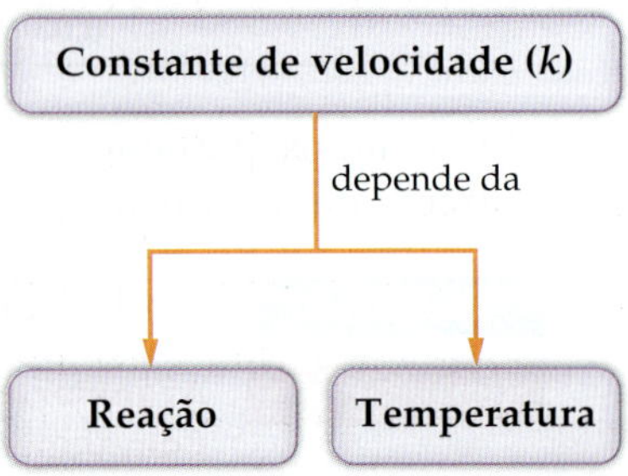

Exercícios essenciais

A critério do(a) professor(a) esta lista de exercícios poderá ser realizada em classe ou em casa.

42. Para a reação de decomposição do N_2O_5, verificou-se que $v = k \cdot [N_2O_5]$. O que acontece com a velocidade quando:

a) duplicamos a concentração, em mol/L, do N_2O_5?

b) triplicamos a concentração, em mol/L, do N_2O_5?

43. Estudos revelaram que a decomposição do NOBr é uma reação para a qual $v = k \cdot [NOBr]^2$. O que acontece com sua velocidade se a concentração do NOBr, em mol/L, for:

a) duplicada? **b)** triplicada?

44. (Cefet-PB) Considere a seguinte reação química: $N_2\,(g) + 2\,O_2\,(g) \rightarrow 2\,NO_2\,(g)$, em que a velocidade da reação obedece à equação:

$$v = k \cdot [N_2] \cdot [O_2]^2$$

Duplicando a concentração mol/L de gás nitrogênio e triplicando a concentração mol/L de gás oxigênio e mantendo as demais condições constantes, nota-se que a velocidade da reação:

a) permanece constante.

b) triplica.

c) aumenta seis vezes.

d) aumenta nove vezes.

e) aumenta dezoito vezes.

45. (UFRGS-RS) A reação

$$NO\,(g) + O_3\,(g) \rightarrow NO_2\,(g) + O_2\,(g)$$

é uma reação elementar de segunda ordem. Se duplicarmos as concentrações do NO e do O_3, mantendo constante a temperatura, a velocidade da reação:

a) será reduzida à metade.

b) permanecerá constante.

c) será duplicada.

d) será triplicada.

e) será quadruplicada.

46. (PUC-RJ) Considere a reação de decomposição do aldeído acético, CH_3CHO, indicada a seguir:

$$CH_3CHO\,(g) \rightarrow CH_4\,(g) + CO\,(g)$$

A lei de velocidade da reação, a uma temperatura definida, é:

$v = 0{,}045 \cdot [CH_3CHO]^2$, em que 0,045 é a constante de velocidade.

Assinale a alternativa abaixo que indica a razão $\frac{v_1}{v_2}$, em que v_1 é a velocidade de reação quando a concentração inicial de CH_3CHO for 0,050 mol/L e v_2 é a velocidade de reação quando a concentração inicial de CH_3CHO for 0,025 mol/L.

a) 1 **b)** 2 **c)** 2,5 **d)** 4 **e)** zero

Exercícios adicionais

Seu(sua) professor(a) indicará quais exercícios deste bloco você deve fazer.

47. (Furg-RS) A velocidade da reação de decomposição de uma substância A quadruplica, quando sua concentração é duplicada. Assinale a alternativa que contém a afirmação correta.

a) A reação é de 3ª ordem com respeito à A.

b) A reação é de 1ª ordem com respeito à A.

c) A reação é de 2ª ordem com respeito à A.

d) A reação é de ordem indefinida com respeito à A.

e) A reação é de ordem zero com respeito à A.

48. (UFMA) Ao se estudar uma reação representada pela equação $2\,A\,(g) + B_2\,(g) \rightarrow 2\,AB\,(g)$ foram coletados os seguintes dados:

[A] inicial	[B] inicial	Velocidade $(mol \cdot L^{-1} \cdot s^{-1})$
0,05	0,05	$1{,}25 \cdot 10^{-5}$
0,05	0,10	$2{,}50 \cdot 10^{-5}$
0,10	0,05	$5{,}00 \cdot 10^{-5}$

Qual das opções a seguir contém a equação correta da velocidade para essa reação?

a) $v = k \cdot [B]^2$

b) $v = k \cdot [A] \cdot [B]^2$

c) $v = k \cdot [A] \cdot [B]$

d) $v = k \cdot [A]^2$

e) $v = k \cdot [A]^2 \cdot [B]$

49. (PUC-SP) A reação redox que ocorre entre os íons brometo (Br^-) e bromato (BrO_3^-) em meio ácido, formando o bromo (Br_2), é representada pela equação:

$$BrO_3^-\,(aq) + 5\,Br^-\,(aq) + 6\,H^+\,(aq) \rightarrow 3\,Br_2\,(aq) + 3\,H_2O\,(l)$$

Um estudo cinético dessa reação em função das concentrações dos reagentes foi efetuado, e os dados obtidos estão listados na tabela a seguir.

Exp.	$[BrO_3^-]_{inicial}$ $(mol \cdot L^{-1})$	$[Br^-]_{inicial}$ $(mol \cdot L^{-1})$	$[H^+]_{inicial}$ $(mol \cdot L^{-1})$	$v_{inicial}$ $(mol \cdot L^{-1} \cdot s^{-1})$
1	0,10	0,10	0,10	$1{,}2 \cdot 10^{-3}$
2	0,20	0,10	0,10	$2{,}4 \cdot 10^{-3}$
3	0,20	0,30	0,10	$7{,}2 \cdot 10^{-3}$
4	0,10	0,10	0,20	$4{,}8 \cdot 10^{-3}$

Considerando as observações experimentais, pode-se concluir que a lei de velocidade para a reação é:

a) $v = k[BrO_3^-][Br^-][H^+]$

b) $v = k[BrO_3^-][Br^-]^5[H^+]^6$

c) $v = k[BrO_3^-]^2[Br^-]^6[H^+]^4$

d) $v = k[BrO_3^-][Br^-]^3[H^+]^2$

e) $v = k[BrO_3^-][Br^-][H^+]^2$

50. (UEG-GO) Considere a fase gasosa da reação entre o óxido nítrico e a molécula de bromo a 273 °C. A velocidade inicial de formação do NOBr foi determinada experimentalmente para várias concentrações iniciais de NO e Br_2. Os resultados podem ser vistos na tabela abaixo.

$$2\,NO\,(g) + Br_2\,(g) \rightarrow 2\,NOBr\,(g)$$

Experimento	[NO] / mol L^{-1}	$[Br_2]$ / mol L^{-1}	v / mol L^{-1} s^{-1}
1	0,10	0,20	24
2	0,25	0,20	150
3	0,10	0,50	60
4	0,35	0,50	735

a) Determine a ordem de reação em relação ao NO e ao Br_2.

b) Determine a constante de velocidade na temperatura considerada.

51. (UFBA-adaptada) A lei de velocidade de uma reação expressa matematicamente a dependência da velocidade em relação às concentrações de reagentes.

I II III

As figuras apresentam três recipientes iguais, fechados, mantidos à mesma temperatura, contendo conjuntos de esferas escuras e claras que representam as concentrações iniciais, respectivamente, dos reagentes gasosos A e B. Ao reagirem de acordo com a equação química $A + B \rightarrow C$, a lei de velocidade dessa reação tem a expressão $k[A][B]^2$.

Determine a sequência em ordem crescente de velocidade inicial para as reações que ocorrem nos recipientes I, II e III, justificando sua resposta.

7 Teoria das colisões

7.1 Mecanismo das reações

Mediante experiências bastante elaboradas, as reações foram divididas em dois grandes grupos: as **reações elementares** e as **reações não elementares**.

- Chama-se **reação elementar** aquela em que as moléculas dos produtos se formam após uma **única** colisão entre moléculas reagentes.

Um exemplo é o processo equacionado como: $O_3 + NO \rightarrow O_2 + NO_2$, uma reação elementar que ocorre em uma **única colisão entre duas moléculas**, chamada de **colisão bimolecular**.

Outro exemplo é $2\,NO + H_2 \rightarrow N_2O + H_2O$, reação elementar que ocorre em uma **única colisão de três moléculas**, chamada de **colisão trimolecular**.

Existem, por sua vez, reações que **não** ocorrem em apenas uma única colisão de moléculas.

- Reação **não elementar** é a que ocorre por meio de **duas ou mais** etapas elementares. **Mecanismo de reação** é o conjunto de reações elementares que compõe uma reação química.

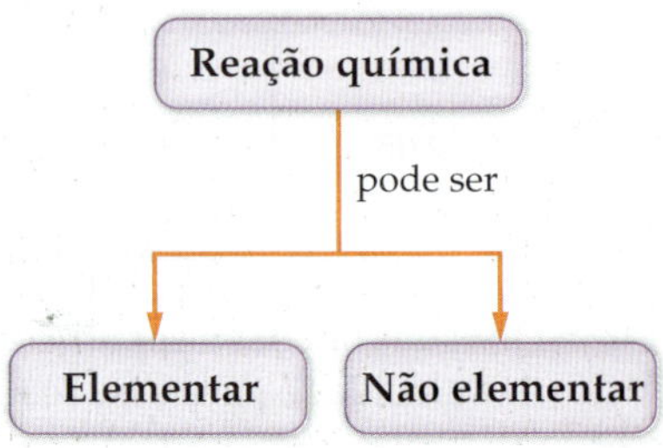

Veja exemplos de reações não elementares:

$2\,NO \rightarrow N_2O_2$ **Primeira etapa**
$N_2O_2 + O_2 \rightarrow 2\,NO_2$ **Segunda etapa**
} **Mecanismo de reação**

$2\,NO + O_2 \rightarrow 2\,NO_2$ **Equação da reação global *não elementar*, que ocorre por meio de um mecanismo de *duas etapas*.**

$Cl_2 \rightarrow 2\,Cl$ **Primeira etapa**
$Cl + CO \rightarrow COCl$ **Segunda etapa**
$COCl + Cl \rightarrow COCl_2$ **Terceira etapa**
} **Mecanismo de reação**

$Cl_2 + CO \rightarrow COCl_2$ **Equação da reação global *não elementar*, que ocorre por intermédio de um mecanismo de *três etapas*.**

É impossível dizer se uma reação é ou não elementar apenas olhando para a equação global. Os químicos que fazem pesquisas nessa área realizam experimentos detalhados para tentar chegar a esse tipo de conclusão. Mesmo assim, muitos casos ainda não foram completamente esclarecidos.

7.2 Lei cinética para reações elementares

É possível escrever a expressão da lei de velocidade para uma reação desde que conheçamos o seu mecanismo?

A resposta é sim. Comecemos pelas reações elementares. Considere como exemplo de **reação elementar** o processo $A + B \rightarrow$ produtos. A velocidade depende da colisão simultânea de uma molécula de A com uma de B. Quanto maior for a concentração de A, maior será a probabilidade de haver as colisões necessárias. O mesmo ocorrerá quanto maior for a concentração de B. Assim, a velocidade é diretamente proporcional a ambas as concentrações.

$A + B \rightarrow$ produtos $\qquad v = k \cdot [A] \cdot [B]$

No caso da reação elementar $A + B + C \rightarrow$ produtos, a velocidade da reação depende da probabilidade de ocorrer uma colisão simultânea de uma molécula de A, uma de B e outra de C. Assim, a velocidade da reação é proporcional à concentração de A, de B e de C:

$A + B + C \rightarrow$ produtos $\qquad v = k \cdot [A] \cdot [B] \cdot [C]$

Imagine agora o caso $A + 2\,B \rightarrow$ produtos. Devem colidir três moléculas, uma de A e duas de B, ou seja, $A + B + B \rightarrow$ produtos. Assim:

$A + B + B \rightarrow$ produtos $\qquad v = k \cdot [A] \cdot [B] \cdot [B] = k \cdot [A] \cdot [B]^2$

THIAGO BERNARDES/FOLHAPRESS

Uma analogia: quanto maior a concentração de homens e/ou de mulheres, maior a probabilidade de haver colisão entre um homem e uma mulher durante a dança. Homens e mulheres representam as moléculas de A e B na reação $A + B \rightarrow$ produtos.

- Para uma **reação elementar** $aA + bB \rightarrow$ produtos, a lei cinética é $v = k \cdot [A]^a \cdot [B]^b$, em que a e b são os números de moléculas de A e B que sofrem a colisão que resulta em reação.

Assim, por exemplo, **se recebermos a informação de que as seguintes reações são elementares**, poderemos escrever as respectivas leis de velocidade:

$O_3 + NO \rightarrow O_2 + NO_2$ $\qquad v = k \cdot [O_3] \cdot [NO]$

$2\,NO + H_2 \rightarrow N_2O + H_2O$ $\qquad v = k \cdot [NO]^2 \cdot [H_2]$

FOTOS: SÉRGIO DOTTA JR./CID

▲ Se algumas crianças brincarem nessas piscinas de bolinha, em qual das piscinas deverá ocorrer o contato entre uma bolinha vermelha e uma verde com maior frequência? Por quê? Que relação existe entre esse fenômeno e a lei cinética para reações elementares?

Resumindo

Reação elementar	Lei cinética
A → produto(s)	$v = k \cdot [A]$
A + A → produto(s)	$v = k \cdot [A]^2$
A + B → produto(s)	$v = k \cdot [A] \cdot [B]$
A + A + A → produto(s)	$v = k \cdot [A]^3$
A + B + B → produto(s)	$v = k \cdot [A] \cdot [B]^2$
A + A + B → produto(s)	$v = k \cdot [A]^2 \cdot [B]$
A + B + C → produto(s)	$v = k \cdot [A] \cdot [B] \cdot [C]$

7.3 Lei cinética para reações não elementares

Podemos comparar uma **reação não elementar** a um restaurante do tipo "bandejão". A velocidade da reação pode ser medida em mols por minuto e a do bandejão em pessoas por minuto. Suponha que cada um dos colocadores de alimento tenha habilidade para servir vinte pessoas por minuto. É óbvio que a fila do bandejão caminhará com velocidade vinte pessoas por minuto, uma vez que cada pessoa precisa passar por todos os colocadores até poder iniciar sua refeição.

Imagine, agora, que um dos colocadores seja mais lento que os demais e consiga servir apenas cinco pessoas por minuto. A fila, nesse caso, andará com velocidade cinco pessoas por minuto, pois não adianta os outros colocadores serem potencialmente rápidos se um deles "segura" toda a fila. O bandejão caminha com velocidade igual à do colocador mais lento.

Da mesma forma, **em uma reação não elementar, a etapa mais lenta controla a velocidade do processo todo**, não adiantando que as demais etapas sejam potencialmente rápidas. Portanto:

- Para uma **reação não elementar** a velocidade da reação global é igual à velocidade da **etapa mais lenta** do mecanismo.

Para exemplificar, considere o seguinte processo:

$$HBr + NO_2 \rightarrow HBrO + NO \quad \text{Etapa lenta}$$
$$HBr + HBrO \rightarrow H_2O + Br_2 \quad \text{Etapa rápida}$$

$$2\,HBr + NO_2 \rightarrow H_2O + NO + Br_2 \quad \text{Equação da reação global}$$

$$v_{\text{reação global}} = v_{\text{etapa lenta}} = k \cdot [HBr] \cdot [NO_2]$$

Note que, **para escrever a lei de velocidade global, consultamos a etapa determinante da velocidade (a etapa lenta), e não a equação global**. Se assim o fizéssemos, por descuido, concluiríamos *erroneamente* que $v = k \cdot [HBr]^2 \cdot [NO_2]$.

Exercícios essenciais

A critério do(a) professor(a) esta lista de exercícios poderá ser realizada em classe ou em casa.

52. Escreva a equação de velocidade (lei cinética) para as reações a seguir, considerando-as **elementares**:

a) $C_2H_4\,(g) + H_2\,(g) \rightarrow C_2H_6\,(g)$

b) $2\,ClO\,(g) \rightarrow Cl_2\,(g) + O_2\,(g)$

53. Dado o mecanismo para uma reação em fase gasosa:

1ª etapa: $O_3 + NO_2 \rightarrow O_2 + NO_3$ (lenta)

2ª etapa: $NO_3 + NO_2 \rightarrow N_2O_5$ (rápida)

a) Some as etapas e obtenha a equação global.

b) Qual das duas etapas é a "etapa determinante da velocidade" do processo global?

c) Quantas e quais são as moléculas que colidem na "etapa determinante da velocidade"?

d) Represente a equação de velocidade (lei cinética) da reação global.

Exercícios adicionais

Seu(sua) professor(a) indicará quais exercícios deste bloco você deve fazer.

54. (PUC-MG) A fabricação industrial do ácido sulfúrico (H_2SO_4) é realizada a partir de enxofre, oxigênio e água, em 3 etapas, representadas pelo diagrama energético abaixo:

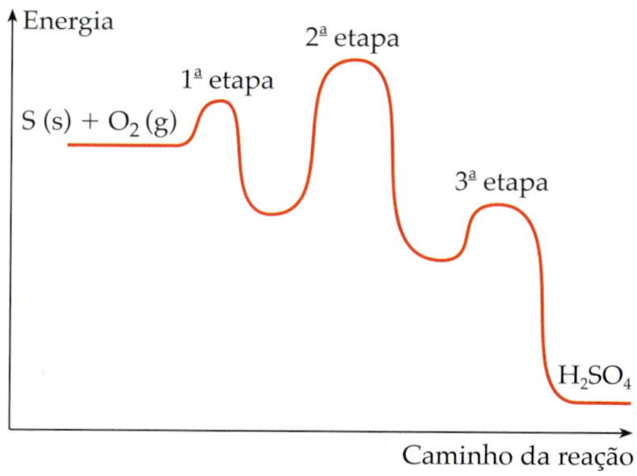

É **CORRETO** afirmar:

a) A reação de fabricação do ácido sulfúrico é endotérmica.

b) A primeira etapa da reação é mais lenta que a segunda etapa da reação.

c) A segunda etapa da reação é mais lenta que a terceira etapa da reação.

d) A velocidade da reação não depende da temperatura.

55. (UEMS) O ozônio é uma variedade alotrópica do elemento oxigênio, que ao invés de dois contém três átomos. Esse gás é extremamente oxidante e reativo, ocorre naturalmente em pequenas quantidades na estratosfera. A presença do ozônio é vital devido à sua capacidade de absorver a radiação ultravioleta. Na ausência da camada de ozônio, a radiação ultravioleta seria letal para a vida. A reação abaixo representa o equilíbrio da transformação espontânea do ozônio em oxigênio:

$$2\,O_3 \rightleftharpoons 3\,O_2$$

O processo de decomposição do ozônio ocorre em duas etapas, sendo a primeira etapa a lenta, conforme mecanismo:

1ª etapa: $O_3 \rightarrow O_2 + O$

2ª etapa: $O_3 + O \rightarrow 2\,O_2$

Assim, a alternativa que representa a lei da velocidade para essa decomposição é:

a) $v = k\,[O_3]^2$
b) $v = k\,[O_2]^3$
c) $v = k\,[O_3]$
d) $v = k\,[O_3] \cdot [O]$
e) $v = k\,[O_2] \cdot [O]$

56. (UFRJ) A oxidação do brometo de hidrogênio pode ser descrita em 3 etapas:

I. $HBr\,(g) + O_2\,(g) \rightarrow HOOBr\,(g)$ (etapa lenta)

II. $HBr\,(g) + HOOBr\,(g) \rightarrow 2\,HOBr\,(g)$ (etapa rápida)

III. $HOBr\,(g) + HBr\,(g) \rightarrow Br_2\,(g) + H_2O\,(g)$ (etapa rápida)

Apresente a expressão da velocidade da reação de oxidação do brometo de hidrogênio.

8 Mecanismo de atuação do catalisador

8.1 Catálise homogênea e heterogênea

Compare atentamente os seguintes pares de processos catalíticos:

$$\begin{cases} 2\,H_2O_2\,(aq) \xrightarrow{I^-(aq)} 2\,H_2O\,(l) + O_2\,(g) & \text{Catalisador e reagente na fase aquosa} \\ 2\,H_2O_2\,(aq) \xrightarrow{MnO_2(s)} 2\,H_2O\,(l) + O_2\,(g) & \text{Catalisador e reagente em fases diferentes} \end{cases}$$

$$\begin{cases} 2\,N_2O\,(g) \xrightarrow{Cl_2(g)} 2\,N_2\,(g) + O_2\,(g) & \text{Catalisador e reagente na fase gasosa} \\ 2\,N_2O\,(g) \xrightarrow{Au\,(s)} 2\,N_2\,(g) + O_2\,(g) & \text{Catalisador e reagente em fases diferentes} \end{cases}$$

Conteúdo multimídia:
Efeito do catalisador sobre a velocidade de reação

Como você pode perceber, catalisador e reagente(s) podem constituir um sistema homogêneo (uma só fase) ou heterogêneo (duas ou mais fases).

- **Catálise homogênea** é aquela em que o catalisador e os reagentes estão em uma **mesma fase**, formando um sistema homogêneo.

  Catálise heterogênea é aquela em que o catalisador e os reagentes estão em **fases diferentes**, formando um sistema heterogêneo.

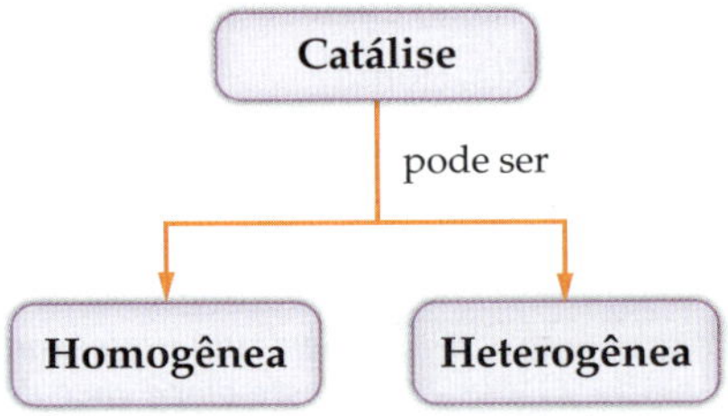

8.2 O mecanismo de uma catálise homogênea

Quando a água oxigenada (em meio aquoso) sofre decomposição na presença de íons iodeto (I^-), também aquosos, o mecanismo é o seguinte:

$$H_2O_2 + I^- \longrightarrow H_2O + IO^-$$
$$H_2O_2 + IO^- \longrightarrow H_2O + O_2 + I^-$$
$$2\,H_2O_2 \xrightarrow{I^-} 2\,H_2O + O_2 \qquad \text{Equação da reação global}$$

O I^- é consumido na primeira etapa, mas é reposto na segunda. Assim, ele pode tomar parte nesse processo várias vezes, até que a reação se complete.

O íon iodeto permitiu que a reação ocorresse por um mecanismo que tem o íon IO^- como intermediário. Perceba que o **catalisador (I^-) participa do mecanismo da reação.** Ele **é consumido na primeira etapa, porém é formado na segunda**; assim **não é efetivamente consumido no processo global.**

Biblioteca do estudante
Informe-se sobre a Química:
A destruição da camada de ozônio: uma catálise homogênea

8.3 O mecanismo de uma catálise heterogênea

Quando oxigênio e hidrogênio gasosos reagem sob catálise de platina sólida para formar água, a reação ocorre mais rapidamente graças ao fato de a platina conseguir **adsorver** moléculas de gás (**adsorver** significa aderir à superfície).

Moléculas de O_2, ao serem adsorvidas, sofrem um enfraquecimento na ligação entre os átomos (veja figura Ⓐ). Quando uma molécula de H_2 colide com um desses átomos de oxigênio adsorvidos (figura Ⓑ), forma-se uma molécula de H_2O, que é liberada (figura Ⓒ).

Note que, na catálise heterogênea, tal como na homogênea, **o catalisador participa da reação, porém não é efetivamente consumido.**

Biblioteca do estudante
Informe-se sobre a Química:
Usando catalisador para combater a poluição: uma catálise heterogênea

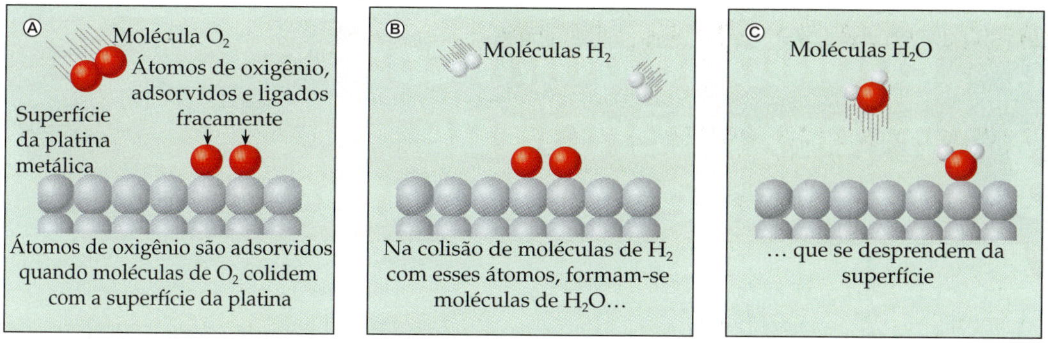

Revisão

▲ Mecanismo proposto para a reação entre hidrogênio e oxigênio catalisada por platina sólida.

Exercícios essenciais

A critério do(a) professor(a) esta lista de exercícios poderá ser realizada em classe ou em casa.

57. Classifique os processos equacionados a seguir como **catálise homogênea** ou **catálise heterogênea**.

a) $C_2H_4\,(g) + H_2\,(g) \xrightarrow{Ni\,(s)} C_2H_6\,(g)$

b) $2\,H_2O_2\,(aq) \xrightarrow{Br_2\,(aq)} 2\,H_2O\,(l) + O_2\,(g)$

c) $2\,O_3\,(g) \xrightarrow{Cl\,(g)} 3\,O_2\,(g)$

d) $2\,H_2\,(g) + O_2\,(g) \xrightarrow{Pt\,(s)} 2\,H_2O\,(g)$

58. (Unirio) A figura a seguir representa a ação de um catalisador na entalpia de uma reação química e, consequentemente, na velocidade da reação.

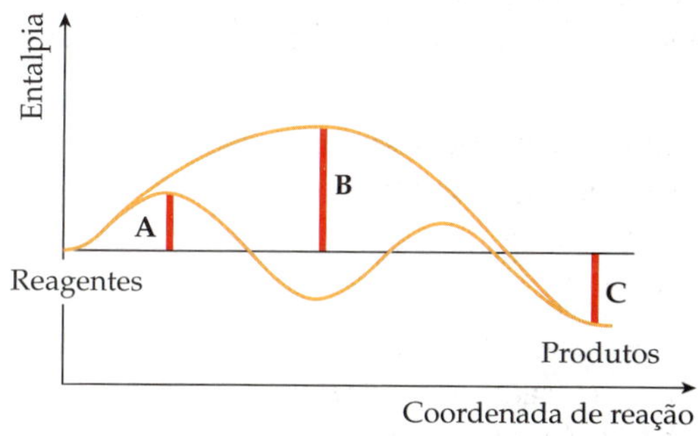

Dê o significado de cada uma das três variações de entalpia indicadas na figura.

Exercícios adicionais

Seu(sua) professor(a) indicará quais exercícios deste bloco você deve fazer.

59. (Vunesp) Há décadas são conhecidos os efeitos dos CFCs, ou freons, na destruição da camada de ozônio da atmosfera terrestre. Acredita-se que a diminuição da quantidade de O_3 na atmosfera seja responsável pelo aumento na incidência de câncer de pele, pois a radiação ultravioleta não mais é bloqueada com a mesma eficiência. A ação destes gases, como o CF_2Cl_2, inicia-se com a produção de átomos de cloro livres (Cl·), pela interação das moléculas do gás com a radiação solar, seguindo-se as reações:

1ª etapa: $O_3 + Cl\cdot \rightarrow O_2 + ClO\cdot$

2ª etapa: $ClO\cdot + O_3 \rightarrow 2\,O_2 + Cl\cdot$

a) Escreva a equação global para esta reação e identifique o produto formado.

b) Considere a afirmação: "O mecanismo proposto para a destruição da camada de ozônio equivale a uma reação catalisada". Justifique esta afirmação e identifique o catalisador.

60. (UCPel-RS) Para diminuir a poluição atmosférica, muitos carros utilizam conversores catalíticos, que são dispositivos como "colmeias" contendo catalisadores apropriados e por onde fluem os gases produzidos na combustão. Ocorrem reações complexas com transformações de substâncias tóxicas em não tóxicas, como:

$$2\,CO\,(g) + 2\,NO\,(g) \xrightarrow{cat} 2\,CO_2\,(g) + N_2\,(g)$$

$$2\,CO\,(g) + O_2\,(g) \xrightarrow{cat} 2\,CO_2\,(g)$$

$$2\,NO_2\,(g) \xrightarrow{cat} N_2\,(g) + 2\,O_2\,(g)$$

Das seguintes afirmações acerca dessas reações:

I. São todas de catálise heterogênea.

II. Os catalisadores são consumidos nas reações.

III. Os catalisadores aumentam a superfície de contato entre os reagentes.

IV. Baixas temperaturas provavelmente aumentam a eficácia dos conversores catalíticos.

Pode-se afirmar que somente:

a) II e IV estão corretas.

b) II está correta.

c) III está correta.

d) I e III estão corretas.

e) I está correta.

Capítulo 23
Equilíbrio químico: a coexistência de reagentes e produtos

Alguns conteúdos importantes:

- Constante de equilíbrio químico em função das concentrações e em função das pressões parciais
- Equilíbrios homogêneos *versus* equilíbrios heterogêneos
- Grau de equilíbrio
- Princípio de Le Chatelier
- Lei de Ostwald
- Autoionização e produto iônico da água
- Escala de pH e escala de pOH
- Hidrólise de sais
- Influência da temperatura sobre a solubilidade de sólidos em água
- Influência da pressão e da temperatura sobre a solubilidade de gases em água
- Solubilidade e produto de solubilidade

SÉRGIO DOTTA JR./CID

ATENÇÃO

Experimentos envolvendo o NO_2 (dióxido de nitrogênio) NÃO devem ser feitos pelo aluno, nem sob a supervisão e orientação do professor.

O equilíbrio envolvendo esse gás e o N_2O_4 é utilizado aqui APENAS como exemplo para permitir a compreensão do tema equilíbrio químico.

O NO_2 é um gás castanho avermelhado, tóxico e de cheiro irritante, que causa desde dor de cabeça até edema pulmonar, arritmia cardíaca e convulsões.

◂ Partindo de uma situação inicial em que há apenas reagentes, um sistema pode convergir para uma situação em que há reagentes e produtos coexistindo (existindo simultaneamente) com concentrações invariáveis ao longo do tempo. Estudar essa situação em que a reação aparentemente "parou" de acontecer, denominada **equilíbrio químico**, é a meta deste capítulo. A foto mostra um frasco em que há o equilíbrio:

$$N_2O_4\,(g) \rightleftharpoons 2\,NO_2\,(g)$$

1 Conceito de equilíbrio químico

Guia de estudo

Colocou-se 1 mol de N_2O_4 em um recipiente de 1 L, mantido a temperatura constante de 100 °C. Estamos interessados em investigar a transformação do N_2O_4 (gás incolor) em NO_2 (gás castanho):

$$\underset{\textbf{Incolor}}{N_2O_4\,(g)} \rightarrow \underset{\textbf{Castanho}}{2\,NO_2\,(g)}$$

Observa-se que, com o passar do tempo, a coloração castanha vai se tornando cada vez mais intensa até atingir um momento a partir do qual permanece constante (ver figura a seguir). Nesse momento, uma análise revela que, além do NO_2 produzido, ainda resta N_2O_4 dentro do recipiente.

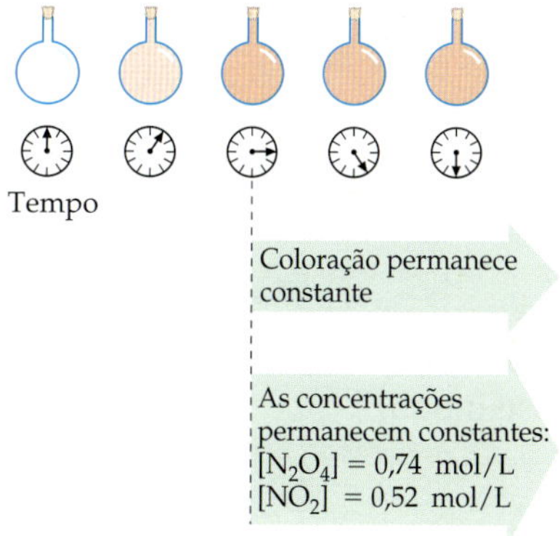

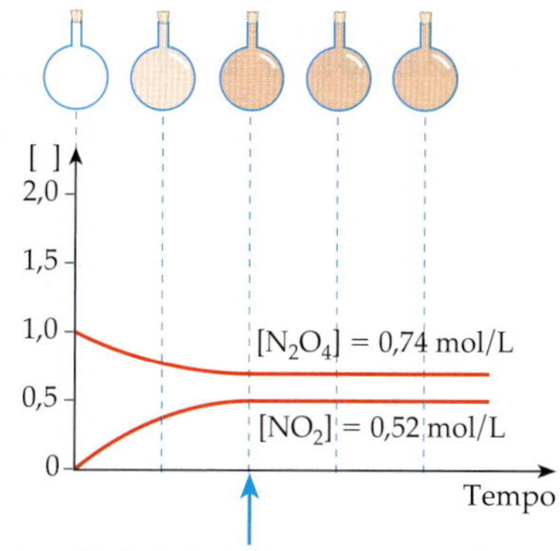

O fato de muitas reações químicas não chegarem a se completar totalmente está relacionado ao conceito de **equilíbrio químico**.

Nem a reação direta, $N_2O_4 \rightarrow 2\ NO_2$, nem a inversa, $2\ NO_2 \rightarrow N_2O_4$, processam-se completamente. Ambas parecem parar em um ponto intermediário, que é denominado situação de **equilíbrio químico**.

- **Equilíbrio químico** é a situação na qual as concentrações dos participantes da reação não se alteram, pois as reações direta e inversa estão se processando com velocidades iguais. É uma situação de **equilíbrio dinâmico**.

Os químicos utilizam as seguintes representações para mostrar que uma reação é reversível, isto é, pode ocorrer em ambos os sentidos, tendendo a atingir a situação de equilíbrio:

$N_2O_4(g) \rightleftarrows 2\ NO_2(g)$ ou $N_2O_4(g) \rightleftharpoons 2\ NO_2(g)$

1.1 Equilíbrios homogêneos e heterogêneos

Equilíbrios homogêneos são aqueles em que todos os participantes estão em uma mesma fase, constituindo, portanto, um sistema homogêneo. Exemplos:

$N_2O_4(g) \rightleftharpoons 2\ NO_2(g)$ — **Reagentes e produtos na fase gasosa**

$CH_3COOH(aq) \rightleftharpoons H^+(aq) + CH_3COO^-(aq)$ — **Reagentes e produtos na fase aquosa**

Equilíbrios heterogêneos são aqueles em que os participantes estão em mais de uma fase, constituindo, portanto, um sistema heterogêneo. Exemplos:

$NH_4Cl(s) \rightleftharpoons NH_3(g) + HCl(g)$ — **Há mais de uma fase no sistema em equilíbrio (uma sólida e uma gasosa)**

$Mg(OH)_2(s) \rightleftharpoons Mg^{2+}(aq) + 2\ OH^-(aq)$ — **Há mais de uma fase no sistema em equilíbrio (uma sólida e uma aquosa)**

Os equilíbrios heterogêneos são um pouco mais complexos e, por esse motivo, vamos deixá-los para a parte final deste capítulo.

EDUARDO SANTALIESTRA/CID

▲ No vinagre existe um equilíbrio homogêneo envolvendo o ácido acético: $CH_3COOH(aq) \rightleftharpoons H^+(aq) + CH_3COO^-(aq)$. No leite de magnésia existe um equilíbrio heterogêneo envolvendo o hidróxido de magnésio (que se apresenta como um sólido finamente dividido): $Mg(OH)_2(s) \rightleftharpoons Mg^{2+}(aq) + 2\ OH^-(aq)$

2 Constante de equilíbrio em função das concentrações

2.1 Equacionando matematicamente o equilíbrio

Suponhamos que, no equilíbrio $N_2O_4\,(g) \rightleftharpoons 2\,NO_2\,(g)$, tanto a reação direta quanto a inversa sejam elementares, isto é, ocorram em uma só etapa. Desse modo, podemos escrever a equação de velocidade para cada uma delas:

Reação direta: $N_2O_4\,(g) \rightarrow 2\,NO_2\,(g)$ $\quad v_1 = k_1 \cdot [N_2O_4]$

Reação inversa: $N_2O_4\,(g) \leftarrow 2\,NO_2\,(g)$ $\quad v_2 = k_2 \cdot [NO_2]^2$

No início da experiência, $[N_2O_4] = 1$ mol/L. À medida que o tempo passa, o N_2O_4 vai sendo consumido e, portanto, sua concentração vai diminuindo, acarretando diminuição de v_1. Quando o equilíbrio químico é atingido, a $[N_2O_4]$ passa a ficar constante e, consequentemente, v_1 também passa a ser constante (gráfico Ⓐ).

A velocidade da reação inversa (v_2) é nula no início da experiência, pois inicialmente não existe produto ($[NO_2] = 0$). Com o passar do tempo, o NO_2 vai sendo formado e a $[NO_2]$ vai aumentando, o que faz v_2 também aumentar até o momento em que o equilíbrio é alcançado e v_2 passa a permanecer constante, pois $[NO_2]$ não varia mais (gráfico Ⓑ).

Podemos construir um único gráfico no qual mostramos a variação de v_1 e v_2 até atingir o equilíbrio, quando v_1 e v_2 se igualam (gráfico Ⓒ).

A partir do momento em que o equilíbrio é alcançado, podemos igualar v_1 e v_2 dadas pelas expressões vistas anteriormente e deduzir a seguinte expressão:

$$v_1 = v_2 \;\Rightarrow\; k_1 \cdot [N_2O_4] = k_2 \cdot [NO_2]^2 \;\Rightarrow\; \frac{k_1}{k_2} = \frac{[NO_2]^2}{[N_2O_4]} = \text{constante}$$

Ⓐ

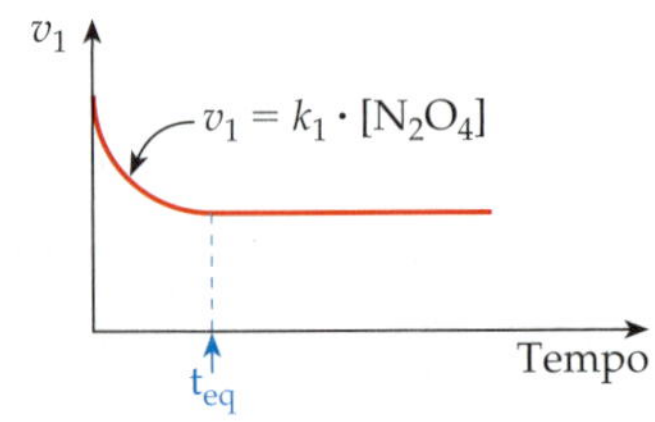

Ⓑ

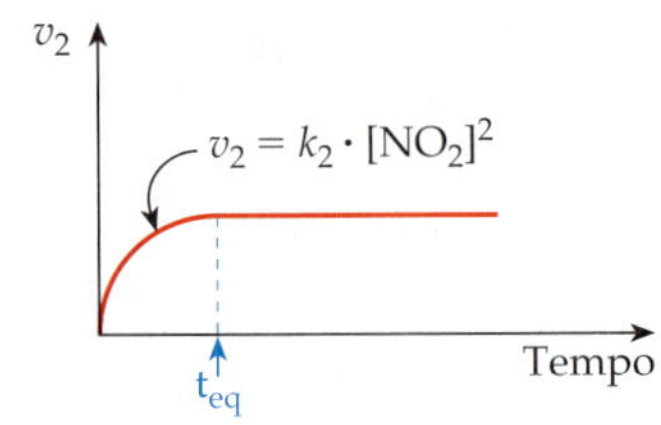

Ⓒ

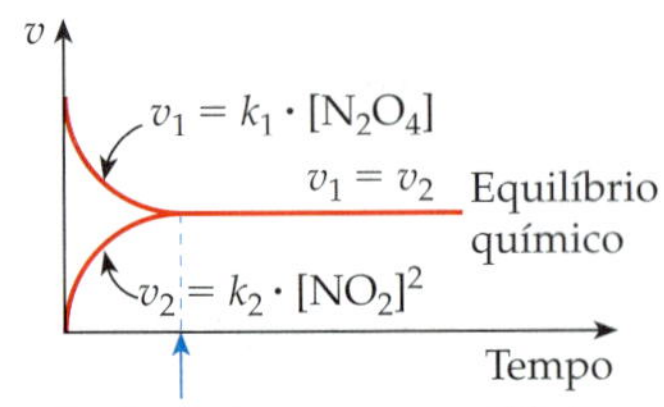

t_{eq} (instante em que o equilíbrio químico é atingido)

Como k_1 e k_2 são constantes, então k_1/k_2 é constante. Essa nova constante é chamada de **constante de equilíbrio em função das concentrações** e é simbolizada por K_C. Para o equilíbrio em questão, temos:

$$N_2O_4\,(g) \rightleftharpoons 2\,NO_2\,(g) \qquad K_C = \frac{[NO_2]^2}{[N_2O_4]}$$

O significado dessa expressão é o de que, **a uma certa temperatura fixa**, quando a reação estiver em equilíbrio químico, as concentrações $[N_2O_4]$ e $[NO_2]$ obedecem à relação que diz que o resultado do cálculo $[NO_2]^2/[N_2O_4]$ é igual a um valor numérico fixo, representado por K_C. Para a reação em questão, realizada a 100 °C, esse valor é 0,36. Para entender melhor esse conceito, analise cuidadosamente a tabela 1.

TABELA 1 **Dados para o equilíbrio $N_2O_4\,(g) \rightleftharpoons 2\,NO_2\,(g)$, a 100 °C**

Início		No equilíbrio		$\frac{[NO_2]^2_{eq}}{[N_2O_4]_{eq}}$
$[N_2O_4]_i$ (mol/L)	$[NO_2]_i$ (mol/L)	$[N_2O_4]_{eq}$ (mol/L)	$[NO_2]_{eq}$ (mol/L)	
1,0	0,0	0,74	0,52	0,36
2,0	0,0	1,62	0,76	0,36
3,0	0,0	2,52	0,96	0,36

Exercícios essenciais

A critério do(a) professor(a) esta lista de exercícios poderá ser realizada em classe ou em casa.

1. (Ufac) Uma reação atinge o equilíbrio químico:

I. Quando não há mais reagentes, somente produtos.
II. Quando as concentrações dos reagentes são iguais às concentrações dos produtos.
III. Quando a velocidade da reação direta é igual à velocidade da reação inversa.
IV. Quando as concentrações de reagentes e produtos tornam-se constantes.
V. Quando não existe mais reação química.

As afirmações corretas são:

a) I e II
b) II e III
c) III e IV
d) IV e V
e) III e V

2. (UFMG) O gráfico mostra as variações, com o tempo, das concentrações das espécies presentes em um recipiente fechado, no qual ocorre a síntese da amônia. A equação da reação é:

$$N_2(g) + 3\,H_2(g) \rightleftharpoons 2\,NH_3(g)$$

Com relação ao gráfico, identifique a afirmativa **FALSA**.

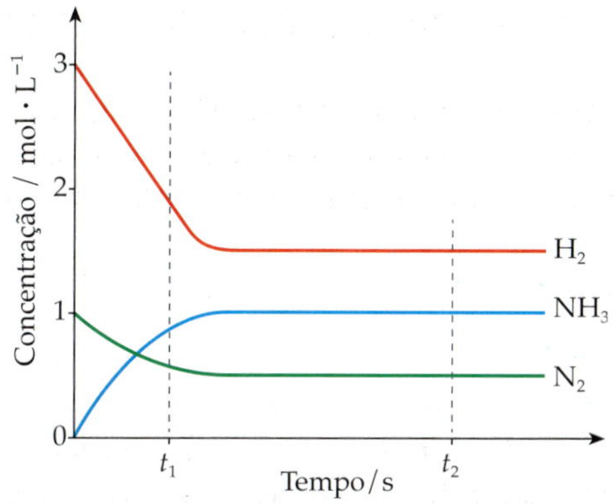

a) No tempo t = 0, a velocidade da reação inversa é zero.
b) No tempo t = t_1, as velocidades das reações direta e inversa são iguais.
c) No tempo t = t_2, o sistema está em equilíbrio.
d) No tempo t = t_2, as velocidades das reações direta e inversa são ambas diferentes de zero.

2.2 Generalizando o conceito de K_C

- O valor da **constante de equilíbrio** para uma reação, em uma certa temperatura, **não depende das concentrações iniciais** de reagentes e de produtos.

Para o equilíbrio em questão, $N_2O_4 \rightleftharpoons 2\,NO_2$, a constante de equilíbrio (K_C) a 100 °C, pelo que se conclui da tabela 1, vale 0,36.

Vamos, agora, generalizar o conceito de constante de equilíbrio. Considere a representação a seguir, referente a um equilíbrio homogêneo:

$$a\,A + b\,B \rightleftharpoons c\,C + d\,D$$

Supondo elementares as reações direta e inversa, temos:

Reação direta: $v_1 = k_1 \cdot [A]^a \cdot [B]^b$

Reação inversa: $v_2 = k_2 \cdot [C]^c \cdot [D]^d$

Igualando v_1 e v_2, vem:

$$k_1 \cdot [A]^a \cdot [B]^b = k_2 \cdot [C]^c \cdot [D]^d \Rightarrow \frac{k_1}{k_2} = \frac{[C]^c \cdot [D]^d}{[A]^a \cdot [B]^b} = \text{constante}$$

- A **expressão da constante de equilíbrio em função das concentrações** é definida como a multiplicação das concentrações (no equilíbrio) em mol/L dos produtos dividida pela dos reagentes, todas elevadas aos respectivos coeficientes estequiométricos.

$$a\,A + b\,B \rightleftharpoons c\,C + d\,D \qquad K_C = \frac{[C]^c \cdot [D]^d}{[A]^a \cdot [B]^b}$$

Reagentes **Produtos**

- Cada reação possui sua própria expressão para a constante de equilíbrio. O valor numérico dessa constante também é característico de cada reação, a uma certa temperatura. Para uma mesma reação, variações de temperatura afetam o valor de K_C.

Esteja atento aos exercícios

Nos exercícios de vestibular, K_C é, às vezes, tratado como número adimensional e, outras vezes, como número provido de unidade.

Na química de nível superior, é possível fazer uma demonstração geral de que o resultado do cálculo $[C]^c[D]^d/[A]^a[B]^b$, envolvendo as concentrações no equilíbrio, permanece constante mesmo tratando-se de reações direta e inversa não elementares.

As concentrações que aparecem em K_C possuem unidade mol/L. Assim, dependendo de sua expressão matemática, a constante K_C possuirá diferentes unidades como $(mol/L)^2$, $(mol/L)^1$, $(mol/L)^{-1}$, $(mol/L)^{-2}$, ou mesmo $(mol/L)^0$, o que equivale à ausência de unidade*.

2.3 Espontaneidade de uma reação

Vamos considerar dois exemplos de equilíbrio químico e suas constantes de equilíbrio a 25 °C:

$2\,SO_2(g) + O_2(g) \rightleftharpoons 2\,SO_3(g) \quad K_C = 9{,}9 \cdot 10^{+25}$ **Valor relativamente alto**

$N_2(g) + O_2(g) \rightleftharpoons 2\,NO(g) \quad K_C = 1{,}0 \cdot 10^{-30}$ **Valor relativamente baixo**

O primeiro equilíbrio possui um valor muito alto para K_C, o que revela que na situação de equilíbrio químico teremos muito mais produto do que reagente. Em outras palavras, podemos dizer que esta é uma reação muito favorecida. Já no segundo exemplo, a constante de equilíbrio é muito pequena, o que revela que a reação é muito pouco favorecida, ou seja, no equilíbrio temos muito mais reagente do que produto.

O numerador é 9,9 · 10^25 vezes maior que o denominador. No equilíbrio há mais produto do que reagente

$$\frac{[SO_3]^2}{[SO_2]^2 \cdot [O_2]} = 9{,}9 \cdot 10^{+25}$$

$$\frac{[NO]^2}{[N_2] \cdot [O_2]} = 1{,}0 \cdot 10^{-30}$$

O denominador é 1,0 · 10^30 vezes maior que o numerador. No equilíbrio há mais reagente do que produto

- Uma reação é tanto **mais favorecida** (mais espontânea), ou seja, **tende a formar maior quantidade de produto** a uma certa temperatura, **quanto maior for o valor da sua constante de equilíbrio** nessa temperatura.

Podemos concluir que o valor da constante de equilíbrio nos permite avaliar a tendência que determinada transformação química tem para acontecer.

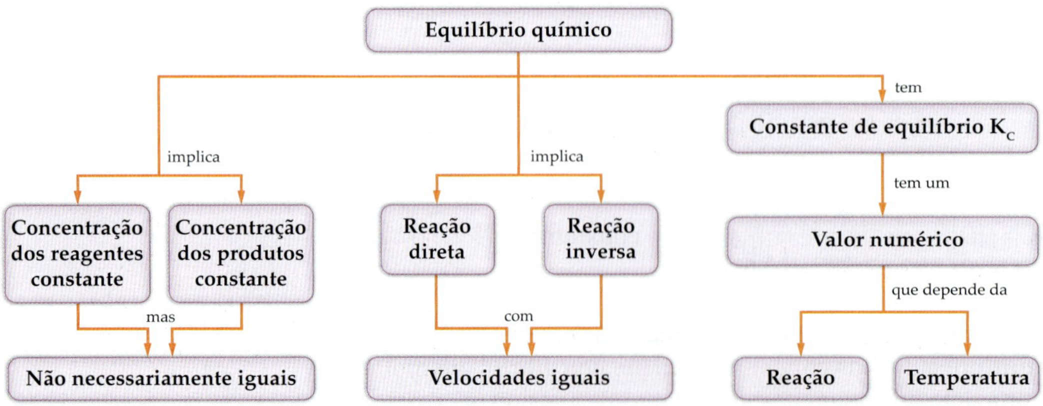

* Na química de nível superior, costuma-se trabalhar com K_C como sendo um **número adimensional** (sem unidade) e, por essa razão, é frequente encontrarmos autores que não colocam unidades em K_C. Nesse caso em particular, não se trata de um erro, pois para isso existem razões científicas, as quais, entretanto, estão além dos objetivos deste livro. (Cf. ATKINS, P.; JONES, L. *Chemical principles*: the quest for insight. 4. ed. Nova York: Freeman, 2008. p. 361 ou LEVINE, I. N. *Physical Chemistry*. 6. ed. Nova York: McGraw-Hill, 2009. p. 177-179 ou MOORE, W. J. *Físico-química*. 4. ed. São Paulo: Edgard Blücher, 1988. p. 263.)

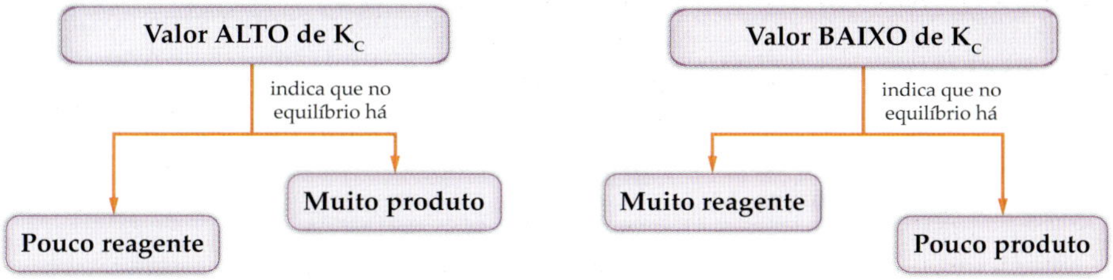

2.4 Grau de equilíbrio

Voltemos ao caso da experiência do início do capítulo, resumida na ilustração abaixo.

Note que a quantidade de N_2O_4 que reagiu (0,26 mol) representa 26% da quantidade inicial (1 mol). Os químicos costumam utilizar, além da constante de equilíbrio, uma outra grandeza chamada **grau de equilíbrio**, simbolizada por α:

$$\alpha = \frac{\text{quantidade, em mols, que reagiu até atingir o equilíbrio}}{\text{quantidade, em mols, inicial de reagente}}$$

No exemplo em questão:

$$\alpha = \frac{0{,}26 \text{ mol}}{1{,}00 \text{ mol}} = 0{,}26 \qquad \text{ou} \qquad \alpha = 26\%$$

O **grau de equilíbrio** será sempre um **número entre 0 e 1** (ou seja, **entre 0% e 100%**), que **expressa o rendimento da reação**. Assim, por exemplo, dizer que uma reação apresenta $\alpha = 26\%$ equivale a dizer que seu rendimento é 26%.

Exercícios essenciais

A critério do(a) professor(a) esta lista de exercícios poderá ser realizada em classe ou em casa.

Exercício Resolvido

3. Escreva a expressão da constante de equilíbrio em função das concentrações (K_C) para a reação assim equacionada:

$$4\ NH_3(g) + 5\ O_2(g) \rightleftharpoons 4\ NO(g) + 6\ H_2O(g)$$

Resolução

$$K_C = \frac{[NO]^4 \cdot [H_2O]^6}{[NH_3]^4 \cdot [O_2]^5}$$

4. (UFMA) Indique a expressão correta, com base na lei da ação das massas, para a reação a seguir:

$$CS_2(g) + 4\ H_2(g) \rightleftharpoons CH_4(g) + 2\ H_2S(g)$$

a) $\dfrac{[CH_4] \cdot [H_2S]^2}{[CS_2] \cdot [H_2]^4}$

b) $\dfrac{[CS_2] + 4[H_2]}{[CH_4] + 2[H_2S]}$

c) $\dfrac{[CH_4] \cdot 2[H_2S]}{[CS_2] \cdot 4[H_2]}$

d) $\dfrac{[CS_2] \cdot 4[H_2]}{[CH_4] \cdot 2[H_2S]}$

e) $\dfrac{[CH_4] + 2[H_2S]}{[CS_2] + 4[H_2]}$

5. Escreva a expressão de K_C para os seguintes equilíbrios:

a) $CO(g) + Cl_2(g) \rightleftharpoons COCl_2(g)$

b) $2\ NO_2(g) \rightleftharpoons 2\ NO(g) + O_2(g)$

c) $2\ SO_2(g) + O_2(g) \rightleftharpoons 2\ SO_3(g)$

6. (PUC-RS) Dada a expressão da constante de equilíbrio em termos de concentração de produtos e reagentes:

$$K_C = \frac{[NO]^2 \cdot [O_2]}{[NO_2]^2}$$

a equação química que pode ser representada por essa expressão é:

a) $2\ NO_2(g) \rightleftharpoons 2\ NO(g) + O_2(g)$

b) $2\ NO(g) + O_2(g) \rightleftharpoons 2\ NO_2(g)$

c) $NO_2(g) \rightleftharpoons 2\ NO(g) + O_2(g)$

d) $2\ NO_2(g) \rightleftharpoons NO(g) + O(g)$

e) $NO(g) + O_2(g) \rightleftharpoons 2\ NO_2(g)$

Exercício Resolvido

7. (PUC-SP) Em determinadas condições de temperatura e pressão, existe 0,5 mol/L de N_2O_4 em equilíbrio com 2 mol/L de NO_2, segundo a equação $N_2O_4(g) \rightleftharpoons 2\ NO_2(g)$. Qual o valor da constante (K_C) desse equilíbrio nas condições da experiência?

➤ Resolução

Como o problema forneceu as **concentrações presentes no equilíbrio**, basta introduzi-las na expressão de K_C:

$$N_2O_4(g) \rightleftharpoons 2\ NO_2(g)$$

$$K_C = \frac{[NO_2]^2}{[N_2O_4]} = \frac{(2)^2}{(0{,}5)} = 8$$

8. (UEL-PR) No equilíbrio químico $A + B \rightleftharpoons C + D$ verifica-se que, a 25 °C, [A] = [B] = 1,0 mol/L e [C] = [D] = = 2,0 mol/L. A constante de equilíbrio em termos de concentração, a 25 °C, tem valor numérico:

a) 4,0 **b)** 3,0 **c)** 2,0 **d)** 1,0 **e)** 0,50

9. (Udesc) Observe a equação da reação de formação do ácido iodídrico:

$$H_2(g) + I_2(g) \rightleftharpoons 2\ HI(g)$$

Dados: Concentração de HI = $2{,}0 \cdot 10^{-3}\ mol \cdot L^{-1}$
Concentração de I_2 = $1{,}0 \cdot 10^{-3}\ mol \cdot L^{-1}$
Na temperatura de 500 K a constante de equilíbrio da reação é 160.

Assinale a alternativa que determina a concentração de H_2.

a) $9{,}4 \cdot 10^{-5}\ mol \cdot L^{-1}$

b) $2{,}5 \cdot 10^{-5}\ mol \cdot L^{-1}$

c) $2{,}5 \cdot 10^{-4}\ mol \cdot L^{-1}$

d) $5{,}2 \cdot 10^{-5}\ mol \cdot L^{-1}$

e) $9{,}4 \cdot 10^{-4}\ mol \cdot L^{-1}$

Comentário dos autores:

Considere que as concentrações fornecidas e a concentração pedida se refiram à situação de equilíbrio.

10. (UFSM-RS) O gráfico a seguir mostra a variação, em função do tempo, da concentração de A, B, C e D durante a reação de 3,5 mol/L de A com 3,5 mol/L de B, a 25 °C. Observe que as concentrações de A, B, C e D para o cálculo de Ke estão indicadas no gráfico.

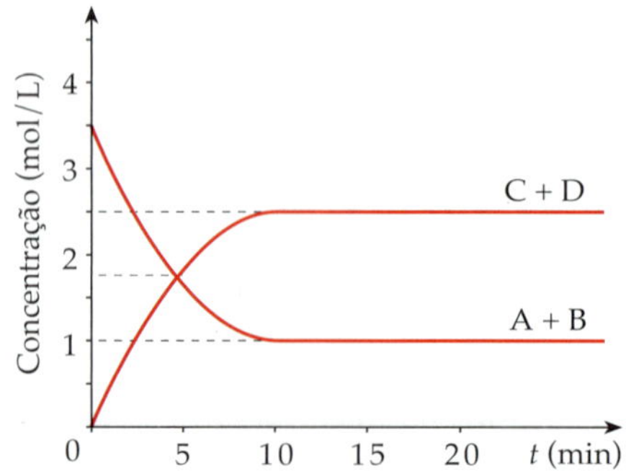

Considerando a reação $A + B \rightleftharpoons C + D$, o equilíbrio químico foi alcançado aos ■ minutos, e o valor de Ke, quanto à concentração, é ■.

Identifique a alternativa que completa corretamente as lacunas.

a) 5; 1,75 **b)** 10; 2,25 **c)** 5; 6,25 **d)** 20; 1,75 **e)** 10; 6,25

Comentário dos autores:

Esse enunciado usou "Ke" para representar K_C.

11. (PUC-RS) O ácido sulfúrico é um dos responsáveis pela formação da chuva ácida. O equilíbrio envolvido na formação desse ácido na água da chuva é representado pela equação:

$$2\ SO_2(g) + O_2(g) \rightleftharpoons 2\ SO_3(g)$$

O equilíbrio foi estabelecido em determinadas condições e está representado no gráfico, no qual as concentrações estão no eixo das ordenadas, em mol/L, e o tempo está na abscissa, em segundos.

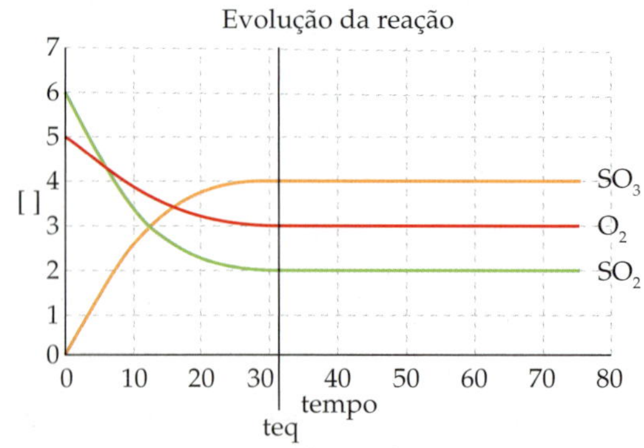

Pela análise do gráfico, é correto afirmar que a constante de equilíbrio para esse sistema é:

a) 0,66 **b)** 0,75 **c)** 1,33 **d)** 1,50 **e)** 3,00

12. (Fuvest-SP) O equilíbrio de dissociação do H_2S gasoso é representado pela equação

$$2\ H_2S(g) = 2\ H_2(g) + S_2(g)$$

Em um recipiente de 2,0 dm^3 estão em equilíbrio 1,0 mol de H_2S, 0,20 mol de H_2 e 0,80 mol de S_2. Qual o valor da constante de equilíbrio K_C?

a) 0,016 **b)** 0,032 **c)** 0,080 **d)** 12,5 **e)** 62,5

Comentário dos autores:

Lembre-se de que 1 dm^3 = 1 L.

13. (PUC-MG) A constante de equilíbrio de uma reação acontecendo numa solução aquosa numa determinada temperatura e pressão é **MODIFICADA** quando:

a) um catalisador é adicionado.
b) a temperatura é alterada.
c) água é adicionada.
d) a solução é agitada.

Exercícios adicionais

Seu(sua) professor(a) indicará quais exercícios deste bloco você deve fazer.

Exercício Resolvido

14. Em um recipiente de 1 L são introduzidos 5,0 mol de N_2O_4 que se transformam em NO_2: $N_2O_4\,(g) \rightleftharpoons 2\,NO_2\,(g)$. Uma vez atingido o equilíbrio, resta no sistema 1,3 mol de reagente. Calcule K_C na temperatura desse experimento.

➤ Resolução

Esse problema difere dos anteriores por não fornecer diretamente todas as concentrações presentes no equilíbrio. No entanto podemos descobrir a $[NO_2]$ no equilíbrio montando uma tabela, onde vamos fazer a contabilidade das quantidades que participam do processo. Uma tabela como essa pode ser preenchida com valores de concentração, em mol/L, ou quantidade, em mol. No caso, vamos preenchê-la com concentrações; temos dois dados para começar.

Concentração inicial do reagente **Os locais em cinza não serão usados**

	$N_2O_4\,(g)$ $\rightleftharpoons$	$2\,NO_2\,(g)$
Início	5,0	—
Reagiu	3,7	—
Formou	—	7,4
No equilíbrio	1,3	7,4

Chegamos a esse valor assim: 5,0 − 1,3 = 3,7

Concentrações que colocamos na expressão de K_C

Os locais em vermelho guardam a proporção dos coeficientes: 1 : 2 3,7 : 7,4

$$K_C = \frac{[NO_2]^2}{[N_2O_4]} = \frac{(7,4)^2}{(1,3)} \Rightarrow K_C = 42$$

Neste capítulo veremos muitos problemas cuja resolução é facilitada por essa tabela. É importante que você adquira familiaridade com sua utilização.

15. Calcule o grau de equilíbrio para a reação do exercício anterior.

16. Ainda sobre o mesmo exercício, esboce um gráfico das concentrações de N_2O_4 e NO_2 em função do tempo.

Exercício Resolvido

17. (UFRGS-RS) Num vaso de reação a 45 °C e 10 atm foram colocados 1,0 mol de N_2 e 3,0 mol de H_2. O equilíbrio que se estabeleceu pode ser representado pela equação abaixo.

$$N_2\,(g) + 3\,H_2\,(g) \rightleftharpoons 2\,NH_3\,(g)$$

Qual a composição da mistura no estado de equilíbrio se nessa condição são obtidos 0,08 mol de NH_3?

	N_2	H_2	NH_3
a)	1,0 mol	3,0 mol	0,08 mol
b)	0,96 mol	2,92 mol	0,16 mol
c)	0,84 mol	2,84 mol	0,16 mol
d)	0,84 mol	2,92 mol	0,08 mol
e)	0,96 mol	2,88 mol	0,08 mol

➤ Resolução

Os números em negrito são dados no enunciado.

$$N_2\,(g) + 3\,H_2\,(g) \rightleftharpoons 2\,NH_3\,(g)$$

	N_2	H_2	NH_3
Início	**1,00**	**3,00**	—
Reagiu	0,04	0,12	
Formou			0,08
No equilíbrio	0,96	2,88	**0,08**

Proporção dos coeficientes 1 : 3 : 2

Alternativa **e**.

18. (Unicamp-SP) Em um recipiente de 1,0 dm^3, introduziu-se 0,10 mol de butano gasoso que, em presença de um catalisador, isomerizou-se em isobutano:

$$\text{butano}\,(g) \rightleftharpoons \text{isobutano}\,(g)$$

A constante desse equilíbrio é 2,5 nas condições do experimento. Qual a concentração em mol/dm^3 do isobutano no equilíbrio?

Comentário dos autores:

Não há necessidade de você saber as fórmulas moleculares do butano e do isobutano para resolver essa questão. Basta perceber que os coeficientes estequiométricos são 1 e 1.

19. Calcule o grau de equilíbrio para o exercício anterior.

20. Ainda sobre o exercício 18, construa um gráfico mostrando a variação das concentrações de butano e isobutano com o passar do tempo.

21. (UFRRJ) O metanol pode ser obtido industrialmente pela reação entre o monóxido de carbono e o hidrogênio conforme a equação abaixo:

$$CO\,(g) + 2\,H_2\,(g) \rightleftharpoons CH_3OH\,(g)$$

A uma certa temperatura, em um recipiente de 2 L, são introduzidos 4,0 mol de monóxido de carbono e 4,0 mol de hidrogênio. Após um certo tempo, o processo atinge um equilíbrio quando é formado 1 mol de metanol. Calcule a constante de equilíbrio (K_C) nas condições para a reação acima.

22. (Covest-PE) Uma mistura de 0,20 mol de N_2O e 0,56 mol de O_2 é colocada num recipiente fechado de 1,0 L a 25 °C.
Quando a reação:

$$2\,N_2O\,(g) + 3\,O_2\,(g) \rightleftharpoons 4\,NO_2\,(g)$$

atinge o equilíbrio, 0,20 mol de NO_2 é produzido.
Qual a composição da mistura no equilíbrio?

	N_2O	O_2	NO_2
a)	0,08 mol	0,10 mol	0,05 mol
b)	0,10 mol	0,41 mol	0,20 mol
c)	0,20 mol	0,30 mol	0,20 mol
d)	0,25 mol	0,37 mol	0,05 mol
e)	0,05 mol	0,43 mol	0,20 mol

23. (Ufac) Considere uma reação em equilíbrio como mostrada a seguir:

$$2\,H_2\,(g) + O_2\,(g) \rightleftharpoons 2\,H_2O\,(g)$$

Se 4 mol de moléculas de O_2 são injetados em um equipamento com capacidade volumétrica de 4 L contendo 5 mol de moléculas de hidrogênio em condições experimentais que permitam que apenas 60% das moléculas de O_2 reajam, pergunta-se: qual o valor aproximado da constante de equilíbrio (K_C) para a formação da água?

a) 700 **b)** 4.000 **c)** 660 **d)** 2.000 **e)** 1.440

24. 64,0 g de HI gasoso sofrem decomposição a temperatura constante em recipiente fechado:

$$2\,HI\,(g) \rightleftharpoons H_2\,(g) + I_2\,(g)$$

Estabelecido o equilíbrio, verifica-se a presença de 12,8 g de HI no sistema. Pede-se:

a) o grau de equilíbrio;
b) o valor da constante de equilíbrio;
c) um gráfico de quantidade, em mols, *versus* tempo para cada participante.

Comentário dos autores:

Consulte a tabela periódica para obter as massas atômicas e, a partir delas, as massas molares.

25. (UFMA) 2 mol de uma substância AB_3 (g) são aquecidos num sistema fechado a uma determinada temperatura. 50% do composto se dissocia e o equilíbrio é estabelecido de acordo com a equação abaixo:

$$2\,AB_3\,(g) \rightleftharpoons A_2\,(g) + 3\,B_2\,(g)$$

Qual a soma da quantidade de matéria das substâncias presentes na mistura no equilíbrio?

a) 3,0 **b)** 1,5 **c)** 2,0 **d)** 1,0 **e)** 2,5

26. (Furg-RS) Considere o equilíbrio químico à temperatura de 25 °C, representado pela equação:

$$A(g) + 3\,B\,(g) \rightleftharpoons C\,(g) + D\,(g)$$

Dados de um experimento típico são mostrados na tabela abaixo:

	Reagentes		Produtos	
	A	**B**	**C**	**D**
nº de mols iniciais	1	2	0	0
nº de mols no equilíbrio	x	y	0,5	0,5

Assinale a alternativa correta que representa a soma de mols de A e B encontrada no equilíbrio.

a) $x + y = 2$
b) $x + y = 1$
c) $x + y = 3$
d) $x + y = 0{,}5$
e) $x + y = 4$

27. (Ufersa-RN) Um composto X sofre isomerização, transformando-se em Y, de acordo com a equação:

$$X\,(g) \rightleftharpoons Y\,(g)$$

A constante de equilíbrio, K_C, para a reação, a 27 °C, é igual a 3,0. Caso 1,0 mol de X seja selado em um reator de volume igual a 5,0 L, a 27 °C, a concentração de Y, dentro do reator, quando o estado de equilíbrio for alcançado, será:

a) 0,30 mol/L
b) 0,20 mol/L
c) 0,10 mol/L
d) 0,15 mol/L

28. (UFMG) A uma temperatura elevada, 10 mol de PCl_5 (g) foram adicionados a um recipiente, que, imediatamente, foi fechado e mantido em temperatura constante.
Observou-se, então, que o PCl_5 (g) se decompôs, transformando-se em PCl_3 (g) e Cl_2 (g).
A quantidade de matéria de PCl_5 (g), em mol, variou com o tempo, até o sistema alcançar o equilíbrio, como mostrado neste quadro:

Tempo	Quantidade de matéria de PCl_5/mol
t_1	10
t_2	6
t_3	4
t_4	4

Considerando-se essas informações, é **CORRETO** afirmar que:

a) em qualquer instante após t_1, a pressão do sistema é maior que em t_1.

b) em qualquer instante, as reações direta e inversa têm velocidades iguais.

c) no equilíbrio, a velocidade da reação direta é igual a zero.

d) no equilíbrio, a quantidade de matéria das três substâncias é igual.

Comentário dos autores:

Subentenda que o volume do recipiente é constante e lembre-se da Lei do Gás Ideal, PV = nRT.

29. (PUC-RJ) Para a síntese do metanol, foram utilizadas as seguintes concentrações das espécies em quantidade de matéria:

$[CO] = 1{,}75\ mol \cdot L^{-1}$, $[H_2] = 0{,}80\ mol \cdot L^{-1}$ e

$[CH_3OH] = 0{,}65\ mol \cdot L^{-1}$

Ao se atingir o equilíbrio químico, numa dada temperatura, constatou-se que a concentração da espécie CO, em quantidade de matéria, estabilizou em $1{,}60\ mol \cdot L^{-1}$.

$$CO\,(g) + 2\,H_2\,(g) \rightleftharpoons CH_3OH\,(g)$$

Pede-se:

a) a expressão da constante de equilíbrio em função das concentrações das espécies em quantidade de matéria;

b) o valor numérico da constante de equilíbrio mostrando o encaminhamento por meio dos cálculos necessários.

30. (UFPB) Se 1 mol de H_2 e 1 mol de I_2, em um recipiente de 1 litro, atingirem a condição de equilíbrio a 500 °C, a concentração de HI no equilíbrio é:

(**Dado:** $K_C = 49$)

a) 2,31

b) 5,42

c) 1,54

d) 3,29

e) 4,32

3 Constante de equilíbrio em função das pressões parciais

A constante de equilíbrio K_C de que temos tratado até agora deve, na verdade, ser chamada de **constante de equilíbrio em função das concentrações**.

Existe uma outra constante denominada **constante de equilíbrio em função das pressões parciais** que se aplica a equilíbrios envolvendo gases. Ela é simbolizada por K_P e sua **expressão matemática** é definida a seguir.

A **expressão da constante de equilíbrio em função das pressões parciais (K_P)** é definida como a multiplicação das pressões parciais (no equilíbrio), em atm, dos produtos dividida pela dos reagentes, com todas as pressões elevadas aos respectivos coeficientes estequiométricos.

$$\underbrace{a\,A(g) + b\,B\,(g)}_{\textbf{Reagentes}} \rightleftharpoons \underbrace{c\,C\,(g) + d\,D\,(g)}_{\textbf{Produtos}} \qquad K_P = \frac{(P_C)^c \cdot (P_D)^d}{(P_A)^a \cdot (P_B)^b}$$

Reflita sobre esta pergunta

O valor numérico de K_P pode ser igual ao de K_C? Em caso negativo, por que não? Em caso afirmativo, em quais situações?

Observe alguns exemplos de expressão de K_P:

$$N_2O_4\,(g) \rightleftharpoons 2\,NO_2\,(g) \qquad K_P = \frac{(P_{NO_2})^2}{P_{N_2O_4}}$$

$$N_2\,(g) + 3\,H_2\,(g) \rightleftharpoons 2\,NH_3\,(g) \qquad K_P = \frac{(P_{NH_3})^2}{(P_{N_2}) \cdot (P_{H_2})^3}$$

A constante $\mathbf{K_P}$ possui significado análogo a K_C, porém **só se aplica a equilíbrios em que haja participação de gases**. Para entender melhor, analise atentamente a tabela 2. Ela se refere a uma série de experiências (cada linha corresponde a uma delas) em que se coloca N_2O_4 em um recipiente fechado de volume constante, à temperatura fixa de 100 °C.

TABELA 2 Dados para o equilíbrio $N_2O_4\,(g) \rightleftharpoons 2\,NO_2\,(g)$, a 100 °C

Início		No equilíbrio		
$(P_{N_2O_4})_i$ (atm)	$(P_{NO_2})_i$ (atm)	$(P_{N_2O_4})_{eq}$ (atm)	$(P_{NO_2})_{eq}$ (atm)	$\frac{(P_{NO_2})^2_{eq}}{(P_{N_2O_4})_{eq}}$
1,0	0,0	0,221	1,558	11
2,0	0,0	0,656	2,688	11
3,0	0,0	1,190	3,620	11

Exercícios essenciais

A critério do(a) professor(a) esta lista de exercícios poderá ser realizada em classe ou em casa.

Exercício Resolvido

31. Escreva a expressão da constante de equilíbrio em função das pressões parciais (K_P) para a reação assim equacionada:

$$4\,NH_3\,(g) + 5\,O_2\,(g) \rightleftharpoons 4\,NO\,(g) + 6\,H_2O\,(g)$$

Resolução

A expressão é: $K_P = \frac{(P_{NO})^4 \cdot (P_{H_2O})^6}{(P_{NH_3})^4 \cdot (P_{O_2})^5}$

32. Escreva a expressão de K_P para os seguintes equilíbrios:

a) $CO\,(g) + Cl_2\,(g) \rightleftharpoons COCl_2\,(g)$

b) $2\,NO_2\,(g) \rightleftharpoons 2\,NO\,(g) + O_2\,(g)$

c) $N_2\,(g) + 3\,H_2\,(g) \rightleftharpoons 2\,NH_3\,(g)$

d) $2\,N_2O_5\,(g) \rightleftharpoons 4\,NO_2\,(g) + O_2\,(g)$

33. (FEI-SP) A uma dada temperatura e a uma pressão total de 1,0 atm, as pressões parciais de uma mistura em equilíbrio

$$2\,A\,(g) \rightleftharpoons B\,(g)$$

são $P_A = 0{,}50$ atm e $P_B = 0{,}50$ atm. A constante de equilíbrio K_P vale:

a) 1,0 **b)** 0,50 **c)** 3,0 **d)** 2,0 **e)** 5,0

34. (UFC-CE) Considerando um reservatório mantido à temperatura constante, tem-se estabelecido o equilíbrio químico $PCl_5\,(g) \rightleftharpoons PCl_3\,(g) + Cl_2\,(g)$.
Sendo que as pressões parciais no equilíbrio são $P_{PCl_5} = 0{,}15$ atm, $P_{PCl_3} = 0{,}30$ atm e $P_{Cl_2} = 0{,}10$ atm.
Assinale a alternativa correta para o valor de K_P (em atm) da reação.

a) 0,05 **b)** 0,10 **c)** 0,15 **d)** 0,20 **e)** 0,25

Exercícios adicionais

Seu(sua) professor(a) indicará quais exercícios deste bloco você deve fazer.

35. (UCS-RS) Em um recipiente fechado sob pressão de 6 atm, é mantido o sistema gasoso:

$$2\,SO_2\,(g) + O_2\,(g) \rightleftharpoons 2\,SO_3\,(g)$$

constituído por 0,40 mol de dióxido de enxofre, 1,60 mol de oxigênio e 2,00 mol de trióxido de enxofre. O valor da constante de equilíbrio do sistema, em termos de pressões parciais, é aproximadamente:

a) 8,4 **b)** 9,4 **c)** 10,4 **d)** 11,4 **e)** 12,4

Comentário dos autores:

Lembre-se, do estudo dos gases, de que a pressão parcial de um gás A (P_A) é dada por:

$$P_A = x_A \cdot P_{total}$$

em que x_A é a fração em mols, assim calculada:

$$x_A = \frac{n_A}{n_{total}}$$

36. (Fuvest-SP) O Brasil produz, anualmente, cerca de $6 \cdot 10^6$ toneladas de ácido sulfúrico pelo processo de contacto. Em uma das etapas do processo há, em fase gasosa, o equilíbrio

$$2\,SO_2\,(g) + O_2\,(g) \rightleftharpoons 2\,SO_3\,(g) \qquad K_P = 4{,}0 \cdot 10^4$$

que se estabelece à pressão total de *P* atm e temperatura constante. Nessa temperatura, para que o valor da relação $\frac{x^2_{SO_3}}{x^2_{SO_2} \cdot x_{O_2}}$ seja igual a $6{,}0 \cdot 10^4$, o valor de P deve ser:

a) 1,5
b) 3,0
c) 15
d) 30
e) 50

x = fração em quantidade de matéria (fração molar) de cada constituinte na mistura gasosa
K_P = constante de equilíbrio

4 Deslocamento de equilíbrio

É possível alterar um equilíbrio químico por meio de algumas ações externas. Tal tipo de ação é chamado **perturbação do equilíbrio**, e a sua consequência é denominada **deslocamento do equilíbrio**.

Existe um importantíssimo princípio químico que permite prever qual será o efeito de uma perturbação sobre um equilíbrio. Ele é denominado **Princípio de Le Chatelier** e foi enunciado pelo químico francês Henri Le Chatelier (1850-1936). Esse princípio será enunciado no item 4.5 como desfecho da discussão a seguir.

4.1 Efeito da concentração

Imagine que em um balão de 1 L de capacidade mantido a 100 °C coloquemos 1 mol de N_2O_4. Esse sistema (veja a situação Ⓐ, ao lado) não está em equilíbrio, pois o resultado de $[NO_2]^2 / [N_2O_4]$ é diferente do valor de K_C para a reação $N_2O_4\,(g) \rightleftharpoons 2\,NO_2\,(g)$ a essa temperatura, que é 0,36.

Esperando algum tempo, o N_2O_4 vai se transformando em NO_2 até o equilíbrio ser atingido, em uma situação em que o resultado do cálculo $[NO_2]^2 / [N_2O_4]$ seja igual a K_C. Essa situação de equilíbrio químico ocorre com as concentrações mostradas em Ⓑ.

Suponha agora que, nesse sistema em equilíbrio, seja adicionado 1 mol de N_2O_4. Imediatamente após essa adição, a concentração de N_2O_4 terá aumentado para 1,74 mol/L e a de NO_2 ainda será 0,52 mol/L, conforme mostrado em Ⓒ.

Perceba que a adição do N_2O_4 faz com que o sistema saia da condição de equilíbrio, pois agora o resultado do cálculo $[NO_2]^2 / [N_2O_4]$ é 0,16, o que é diferente de 0,36. Dizemos que o equilíbrio foi **perturbado**.

No entanto, nos instantes seguintes notaremos que haverá consumo de N_2O_4 e produção de NO_2 até que o sistema chegue a uma nova situação, na qual as concentrações serão 1,62 mol/L para o N_2O_4 e 0,76 mol/L para o NO_2, conforme mostrado em Ⓓ. Nessa nova situação, os valores das concentrações voltaram a obedecer à lei do equilíbrio, $[NO_2]^2 / [N_2O_4] = 0{,}36$.

Dessa forma, concluímos que, ao aumentar a concentração de N_2O_4, o equilíbrio se **deslocou** para a direita, ou seja, a reação avançou um pouco no sentido de consumir N_2O_4 e formar NO_2 até que os valores das concentrações voltassem a obedecer à expressão $[NO_2]^2 / [N_2O_4] = 0{,}36$. O gráfico Ⓔ representa a sequência de eventos que acabamos de discutir.

Ⓐ

N_2O_4	$\rightleftharpoons$	$2\,NO_2$
1 mol/L		0 mol/L

Ⓑ

N_2O_4	$\rightleftharpoons$	$2\,NO_2$
0,74 mol/L		0,52 mol/L

Ⓒ

N_2O_4	$\rightleftharpoons$	$2\,NO_2$
1,74 mol/L		0,52 mol/L

Ⓓ

N_2O_4	$\rightleftharpoons$	$2\,NO_2$
1,62 mol/L		0,76 mol/L

Ⓔ

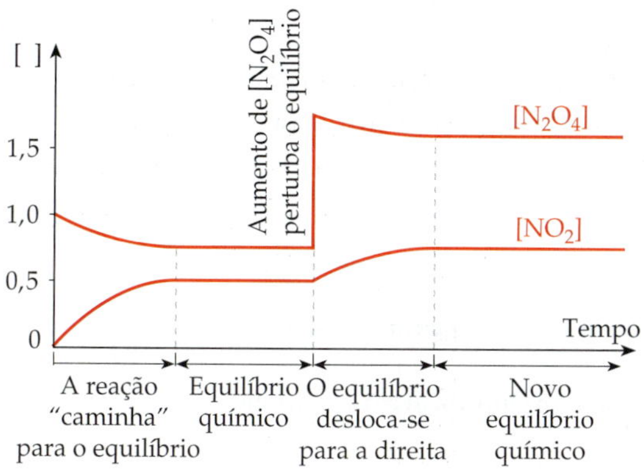

Se, em vez de aumentar a concentração de N_2O_4, tivéssemos aumentado a concentração de NO_2, seguindo um raciocínio análogo, o equilíbrio teria se deslocado para a esquerda. Raciocinando de modo similar, é possível concluir o que ocorreria se retirássemos, de alguma maneira, N_2O_4 ou NO_2 do sistema.

$$N_2O_4\,(g) \rightleftharpoons 2\,NO_2\,(g)$$

O aumento da $[N_2O_4]$ desloca o equilíbrio para a direita →

← **O aumento da $[NO_2]$ desloca o equilíbrio para a esquerda**

A diminuição da $[NO_2]$ desloca o equilíbrio para a direita →

← **A diminuição da $[N_2O_4]$ desloca o equilíbrio para a esquerda**

- **Aumentando a concentração** de um participante, o equilíbrio desloca-se na direção do seu **consumo**.
  Diminuindo a concentração de um participante, o equilíbrio desloca-se na direção da sua **formação**.

Um exemplo com equilíbrio em solução aquosa

A foto da esquerda mostra uma solução na qual há o equilíbrio:

$$\underset{\text{rosa}}{[Co(H_2O)_6]^{2+}\,(aq)} + 4\,Cl^-\,(aq) \rightleftharpoons \underset{\text{azul}}{[CoCl_4]^{2-}\,(aq)} + 6\,H_2O\,(l)$$

com predominância dos reagentes, o que confere cor rosa à solução. A adição de uma solução concentrada de NaCl (foto da direita) eleva a concentração de Cl^- e **desloca** o equilíbrio para a direita, fazendo a cor da solução mudar para azul.

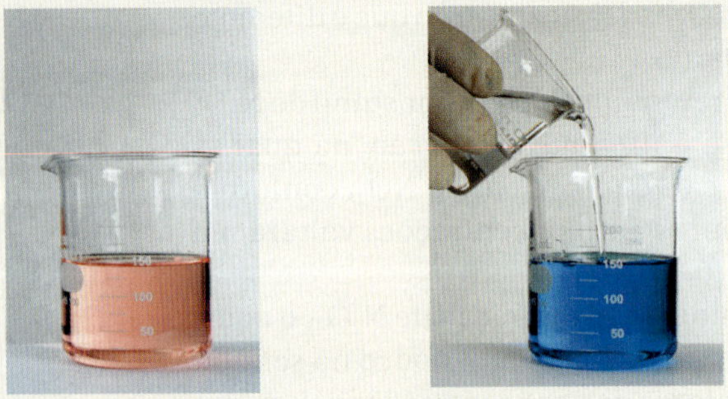

FOTOS: SÉRGIO DOTTA JR./CID

4.2 Efeito da pressão

Utilizando um recipiente como o ilustrado ao lado, que contém os gases N_2O_4 e NO_2, em equilíbrio, e alterando a pressão do sistema (aumentando ou diminuindo o peso sobre o êmbolo), verifica-se que:

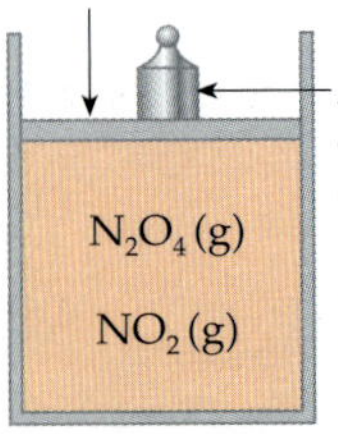

O recipiente contém uma mistura gasosa que participa do equilíbrio $N_2O_4 \rightleftharpoons 2\,NO_2$

$$N_2O_4\,(g) \rightleftharpoons 2\,NO_2\,(g)$$

← **Aumento da pressão (redução de volume) desloca o equilíbrio para a esquerda**

Diminuição da pressão (aumento do volume) desloca o equilíbrio para a direita →

Um raciocínio possível para prever deslocamento por variação de pressão baseia-se na seguinte observação: o aumento de pressão desloca para o lado que ocupa menos espaço (isto é, com menor volume gasoso) e a diminuição de pressão desloca para o lado que ocupa mais espaço (isto é, com maior volume gasoso).

$$1\ N_2O_4(g) \rightleftharpoons 2\ NO_2(g)$$

1 volume — 2 volumes

Aumento da pressão desloca o equilíbrio para o lado de menor volume gasoso ←

Diminuição da pressão desloca o equilíbrio para o lado de maior volume gasoso →

- Um **aumento de pressão** desloca um equilíbrio para o lado em que há **menor** volume gasoso.
  Uma **diminuição de pressão** desloca um equilíbrio para o lado em que há **maior** volume gasoso.

Há equilíbrios químicos que não são afetados pela pressão: trata-se daqueles em que o volume gasoso é igual em ambos os lados da equação, como, por exemplo:

$$1\ H_2(g) + 1\ I_2(g) \rightleftharpoons 2\ HI(g)$$

2 volumes — 2 volumes

Essas conclusões sobre efeito da pressão são válidas para todos os **equilíbrios dos quais participem gases. Sólidos e líquidos devem ser ignorados nesse tipo de análise.**

4.3 Efeito da temperatura

Variações de temperatura podem deslocar um equilíbrio:

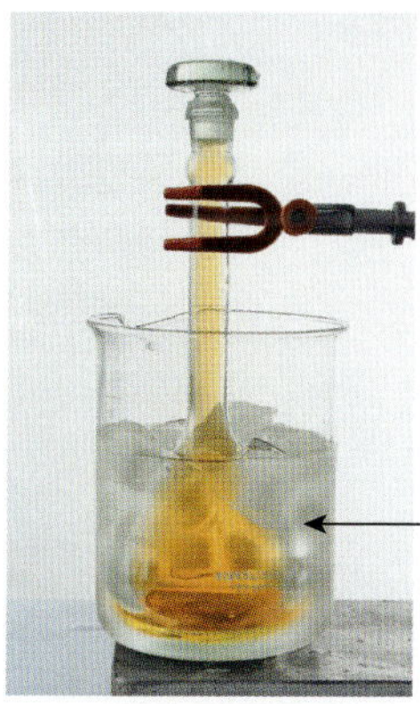

Água com gelo

$N_2O_4(g) \rightleftharpoons 2\ NO_2(g)$

▲ Aqui, o equilíbrio se desloca no sentido do N_2O_4 (incolor).

Água morna

FOTOS: SÉRGIO DOTTA JR./CID

$N_2O_4(g) \rightleftharpoons 2\ NO_2(g)$

▲ Aqui, o equilíbrio se desloca no sentido do NO_2 (castanho).

Conteúdo multimídia: Efeito da temperatura no equilíbrio químico

Após estudar muitos casos, os químicos concluíram que:

- Um **aumento de temperatura** desloca um equilíbrio no sentido **endo**térmico (sentido que absorve o calor).
  Uma **diminuição de temperatura** desloca um equilíbrio no sentido **exo**térmico (sentido que libera o calor).

No exemplo em questão, temos:

$$\text{calor} + N_2O_4(g) \underset{\text{exotérmico}}{\overset{\text{endotérmico}}{\rightleftarrows}} 2\ NO_2(g) \qquad \Delta H° = +57{,}2\ kJ$$

↑ ΔH positivo: reação direta é endotérmica

Aumento da temperatura desloca o equilíbrio no sentido endotérmico →

Diminuição da temperatura desloca o equilíbrio no sentido exotérmico ←

Esse é um exemplo de reação com ΔH positivo, ou seja, o sentido direto é endotérmico. Ao contrário, quando o ΔH da reação é negativo, a reação direta é exotérmica. Nesse caso, continua valendo que o aquecimento desloca o equilíbrio no sentido endotérmico e o resfriamento o desloca no sentido exotérmico. A única diferença é que, sendo o ΔH negativo, o sentido exotérmico é o direto e o sentido endotérmico é o inverso. Acompanhe o seguinte exemplo:

$$N_2(g) + 3\,H_2(g) \underset{\text{endotérmico}}{\overset{\text{exotérmico}}{\rightleftharpoons}} 2\,NH_3(g) + \text{calor} \qquad \Delta H° = -91{,}8 \text{ kJ}$$

(seta superior: endotérmico, sentido inverso; seta inferior: exotérmico, sentido direto)

ΔH negativo: reação direta é exotérmica

Aumento da temperatura desloca o equilíbrio no sentido endotérmico (←)

Diminuição da temperatura desloca o equilíbrio no sentido exotérmico (→)

Variação de K_C com a temperatura

Por meio de investigações experimentais, verificou-se que o aquecimento pode aumentar ou diminuir o valor da constante de equilíbrio e que isso depende do valor do ΔH da reação.

- O **aumento da temperatura** provoca **aumento** da constante de equilíbrio para reações **endotérmicas** (ΔH > 0) e **diminuição** para reações **exotérmicas** (ΔH < 0).

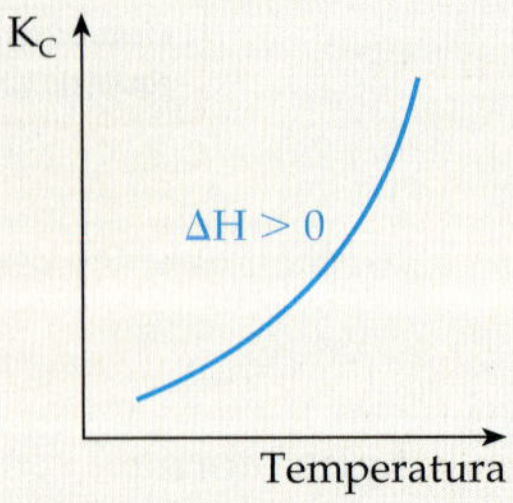

Para uma reação endotérmica (ΔH > 0), K_C aumenta com o aquecimento

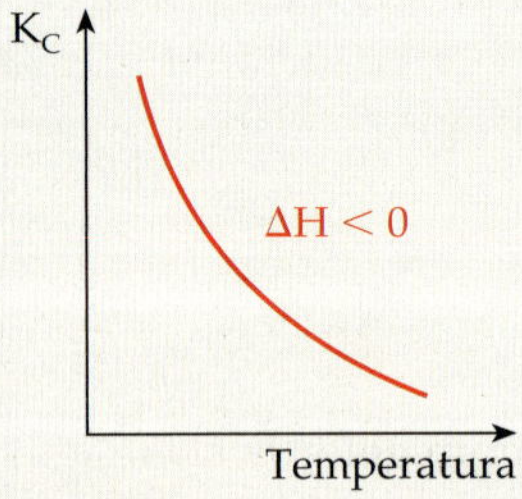

Para uma reação exotérmica (ΔH < 0), K_C diminui com o aquecimento

Vejamos um exemplo. A reação equacionada abaixo é **endotérmica no sentido direto**. Assim, um **aquecimento** provoca **aumento de K_C** e **desloca** o equilíbrio **para a direita**, fazendo predominar a cor azul na solução. Por sua vez, um **resfriamento** acarreta **diminuição de K_C** e **desloca** o equilíbrio **para a esquerda**, situação em que passa a predominar a cor rosa.

$$[Co(H_2O)_6]^{2+}(aq) + 4\,Cl^-(aq) \rightleftharpoons [CoCl_4]^{2-}(aq) + 6\,H_2O(l)$$

rosa **azul**

▸ Na água gelada, K_C é menor e o equilíbrio está deslocado para a esquerda.

◂ Na água morna, K_C é maior e o equilíbrio está deslocado para a direita.

FOTOS: SÉRGIO DOTTA JR./CID

4.4 Efeito do catalisador

• **Catalisador não desloca equilíbrio.** Um catalisador faz com que um processo **chegue mais rapidamente** à situação de equilíbrio químico.

O catalisador atua abaixando a energia de ativação. Acontece que o abaixamento na energia de ativação é o mesmo, tanto para a reação direta quanto para a inversa (gráfico abaixo). Assim, se ambas as reações têm suas velocidades igualmente aumentadas, o equilíbrio não se deslocará no sentido direto nem no inverso.

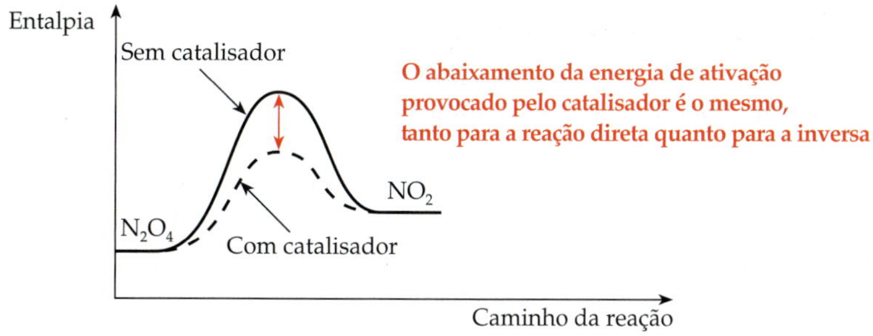

4.5 Enunciado do Princípio de Le Chatelier

O que apresentamos sobre deslocamento de equilíbrio é resumido no chamado **Princípio de Le Chatelier**. (*Princípio* é um enunciado que expressa uma regularidade da natureza. Os princípios são enunciados depois de muitas observações experimentais.) O princípio de Le Chatelier pode ser assim enunciado:

• Se uma perturbação é aplicada a um sistema em equilíbrio, o equilíbrio irá se alterar para reduzir o efeito da perturbação.

Resumindo deslocamento de equilíbrio

Perturbação externa	Desloca no sentido de	Altera o valor de K_C?
Aumento da concentração de reagente ou de produto	Consumo desse participante	Não
Diminuição da concentração de reagente ou de produto	Formação desse participante	Não
Aumento da pressão	Menor volume gasoso	Não
Diminuição da pressão	Maior volume gasoso	Não
Aumento da temperatura	Absorção de calor (endotérmico)	**Sim**
Diminuição da temperatura	Liberação de calor (exotérmico)	**Sim**
Presença de catalisador	Não desloca	Não

Biblioteca do estudante
Texto complementar:
O Princípio de Le Chatelier bem na frente de seus olhos!

Biblioteca do estudante
Texto complementar:
O processo Haber-Bosch

Exercícios essenciais

A critério do(a) professor(a) esta lista de exercícios poderá ser realizada em classe ou em casa.

37. Qual é o efeito produzido sobre o equilíbrio

$$2\,NO\,(g) + O_2\,(g) \rightleftharpoons 2\,NO_2\,(g)$$

quando se provoca:

a) aumento da [NO]?
b) diminuição da [NO]?
c) aumento da $[O_2]$?
d) diminuição da $[O_2]$?
e) aumento da $[NO_2]$?
f) diminuição da $[NO_2]$?

38. Preveja o que deve acontecer com o seguinte equilíbrio

$$N_2\,(g) + 3\,H_2\,(g) \rightleftharpoons 2\,NH_3\,(g)$$

se for submetido a:

a) um aumento de pressão.
b) uma diminuição de pressão.

39. Considere o equilíbrio:

$$Br_2\,(g) + Cl_2\,(g) \rightleftharpoons 2\,BrCl\,(g)$$

Que efeito sobre ele terá um aumento de pressão?

40. O que deve acontecer com o equilíbrio químico

$$2\,NO\,(g) + O_2\,(g) \rightleftharpoons 2\,NO_2\,(g) \qquad \Delta H = -113\,kJ$$

a) quando a temperatura aumenta?

b) quando a temperatura diminui?

41. Qual o efeito de variações de temperatura sobre o seguinte equilíbrio químico?

$$PCl_5\,(g) \rightleftharpoons PCl_3\,(g) + Cl_2\,(g) \qquad \Delta H > 0$$

Exercícios adicionais

Seu(sua) professor(a) indicará quais exercícios deste bloco você deve fazer.

42. (Unifenas-MG) Em geral, as reações químicas que ocorrem, simultaneamente, em dois sentidos, são denominadas reações reversíveis. Equilíbrio químico é uma reação reversível, na qual a velocidade da reação direta é igual à velocidade da reação inversa. Consequentemente, as concentrações de todas as substâncias participantes permanecem constantes. O gráfico a seguir refere-se à reação:

$$A + B \rightleftharpoons C$$

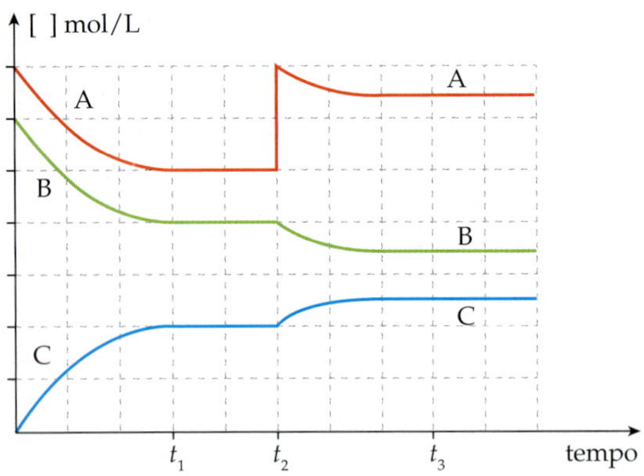

Analisando-se o gráfico conclui-se que:

a) No início da reação química: [A] < [B].

b) O equilíbrio foi alterado em t_1.

c) Em t_3 a velocidade da reação direta é maior do que a inversa.

d) Em t_2 houve um acréscimo na concentração de A, sendo que a concentração de B diminui e a de C aumenta até atingir um novo equilíbrio.

e) Entre t_2 e t_3 (intervalo de tempo) as velocidades das reações direta e inversa são iguais.

43. (Covest-PE) O cobalto pode formar os íons complexos $[CoCl_4]^{2-}$ e $[Co(H_2O)_6]^{2+}$ em solução aquosa. O íon $[CoCl_4]^{2-}$ apresenta forte coloração azul, enquanto o $[Co(H_2O)_6]^{2+}$ confere à solução um tom cor-de-rosa. O equilíbrio entre esses dois compostos é reversível e pode ser representado pela equação:

$$[Co(H_2O)_6]^{2+}(aq) + 4\,Cl^-(aq) \rightleftharpoons$$
$$\rightleftharpoons [CoCl_4]^{2-}(aq) + 6\,H_2O\,(l)$$

Sobre esta reação e compostos de cobalto é **incorreto** afirmar que:

a) na expressão para a constante de equilíbrio desta reação, a concentração de Cl^- será multiplicada por 4.

b) a adição de ácido clorídrico concentrado a uma solução aquosa de nitrato de cobalto fará a solução passar de rosa para azul.

c) o cloreto de cobalto sólido anidro, $CoCl_2$, deve ser um sal de coloração azul.

d) soluções de cobalto II muito diluídas tendem a ser cor-de-rosa.

e) o estado de oxidação do cobalto não é alterado quando o equilíbrio da equação é deslocado.

44. (Uerj) Hidrogênio e iodo, ambos em fase gasosa, foram misturados em condições reacionais adequadas. A reação, em estado de equilíbrio, é representada por:

$$H_2\,(g) + I_2\,(g) + \text{calor} \rightleftharpoons 2\,HI\,(g) \qquad K = 50$$

Em seguida, quatro modificações independentes foram impostas a esse sistema:

1 – aumento da temperatura;
2 – aumento da pressão;
3 – diminuição da concentração de I_2;
4 – diminuição da concentração de H_2.

A modificação que causa aumento no valor da constante de equilíbrio K é a indicada pelo seguinte número:

a) 1 **b)** 2 **c)** 3 **d)** 4

45. (UnB-DF) Julgue se a afirmação é certa ou errada. Considere que a seguinte reação esteja em equilíbrio em um recipiente rígido e selado.

$$N_2\,(g) + 3\,H_2\,(g) \rightleftharpoons 2\,NH_3\,(g) \qquad \Delta H = -92{,}2\,kJ \text{ a } 25\,°C$$

Se a temperatura em que essa reação ocorre for aumentada, haverá um deslocamento do equilíbrio no sentido de reduzi-la, ou seja, o valor da constante de equilíbrio será maior a essa nova temperatura que a 25 °C.

46. (UEG-GO - adaptada) Considere o equilíbrio hipotético abaixo e responda ao que se pede.

$$x\,A\,(g) + y\,B\,(g) \rightleftharpoons z\,C\,(g) + w\,D\,(g)$$

Dados: $\Delta H° > 0$
$z + w > x + y$

a) Explique o comportamento do equilíbrio químico com o aumento da temperatura do sistema.

b) Explique o comportamento do equilíbrio com o aumento da pressão do sistema.

47. (Unifesp) Sob condições experimentais adequadas, o gás metano pode ser convertido nos gases etano e hidrogênio:

$$2\ CH_4\ (g) \rightleftharpoons C_2H_6\ (g) + H_2\ (g)$$

Para essa reação, a dependência da constante de equilíbrio com a temperatura é dada na tabela.

Temperatura (K)	Constante de equilíbrio
298	$9 \cdot 10^{-13}$
400	$8 \cdot 10^{-10}$
600	$6 \cdot 10^{-7}$

a) A reação de conversão do gás metano para etano é uma reação endotérmica? No sistema em equilíbrio, a concentração de gás metano poderá ser aumentada se houver um aumento de temperatura? Justifique suas respostas.

b) No sistema em equilíbrio, qual deve ser o efeito na concentração do gás hidrogênio quando, separadamente, se adiciona um catalisador e quando há um aumento de pressão? Justifique suas respostas.

48. (UFMG) A reação do eteno, C_2H_4, com hidrogênio, H_2, produz etano, C_2H_6.

Sabe-se que, no equilíbrio, a velocidade de formação dos produtos, *V*, e a velocidade inversa, de formação dos reagentes, *V'*, são iguais:

$$C_2H_4\ (g) + H_2\ (g) \underset{V'}{\overset{V}{\rightleftharpoons}} C_2H_6\ (g) \qquad \Delta H < 0$$

Foram realizados dois experimentos envolvendo essa reação, com apenas uma diferença: um, na presença de catalisador; o outro, na ausência deste.

Comparando-se esses dois experimentos, é **CORRETO** afirmar que, na reação catalisada, aumenta:

a) a concentração de etano, no equilíbrio.

b) a quantidade de energia térmica produzida.

c) a rapidez com que as velocidades *V* e *V'* se igualam.

d) a velocidade *V*, enquanto a velocidade *V'* diminui.

49. (Uece) Na atmosfera, uma das reações que iniciam a produção da chuva ácida, objeto de preocupação de ambientalistas, é

$$2\ SO_2\ (g) + O_2\ (g) \rightleftharpoons 2\ SO_3\ (g) \qquad \Delta H < 0$$

Podemos afirmar, corretamente, que:

a) Se as pressões parciais de SO_2 (g) e SO_3 (g) forem iguais em um determinado estado de equilíbrio, o valor numérico da pressão parcial de O_2 (g) é igual ao valor numérico de K_P.

b) Diminuindo a temperatura do sistema em equilíbrio, sem alteração de volume, a concentração de SO_3 (g) aumenta até ser atingido um novo estado de equilíbrio.

c) Aumentando a pressão sobre o sistema, sem variação de temperatura, a quantidade de SO_3 (g) diminui até ser atingido um novo estado de equilíbrio.

d) Adicionando-se um catalisador ao sistema em equilíbrio, sem alteração de temperatura, a concentração de SO_3 (g) diminui até ser atingido um novo estado de equilíbrio.

5 Equilíbrio químico em soluções de eletrólitos

5.1 Constante de ionização

Considere os seguintes equilíbrios que ocorrem em solução aquosa:

$$HClO_4\ (aq) \rightleftharpoons H^+\ (aq) + ClO_4^-\ (aq) \qquad K_C = 10^{+10}$$
$$HCN\ (aq) \rightleftharpoons H^+\ (aq) + CN^-\ (aq) \qquad K_C = 4{,}9 \cdot 10^{-10}$$

Como você pode perceber, os valores de K_C expressam as diferentes tendências que as reações têm para acontecer. O ácido perclórico possui uma tendência muito maior de liberar íon H^+ que o ácido cianídrico.

$$K_C = 10^{+10} = \frac{[H^+] \cdot [ClO_4^-]}{[HClO_4]}$$

O numerador é da ordem de 10^{10} vezes o denominador
Alta tendência para liberar H^+

$$K_C = 4{,}9 \cdot 10^{-10} = \frac{[H^+] \cdot [CN^-]}{[HCN]}$$

O numerador é igual a $4{,}9 \cdot 10^{-10}$ vezes o denominador
Baixa tendência para liberar H^+

Em outras palavras, o $HClO_4$ é um **ácido mais forte** que o HCN, pois um ácido é tanto mais forte quanto maior é sua tendência para liberar íons H^+.

As constantes de equilíbrio que acabamos de mostrar são conhecidas como **constantes de ionização**, também chamadas de **constantes de dissociação ácida** e simbolizadas por K_a.

- Quanto maior for o valor da constante de ionização de um ácido (K_a), maior será a força desse ácido.

Muitos valores de K_a já foram medidos experimentalmente e tabelados. Consultando uma tabela com esses valores, é possível comparar a força de diversos ácidos. Alguns deles aparecem na tabela 3.

TABELA 3 **Alguns valores de constante de ionização ácida (K_a), a 25 °C**

Equilíbrio	K_a
$HClO_4 \rightleftharpoons H^+ + ClO_4^-$ (Ácido mais forte dentre os da tabela)	$\sim 10^{+10}$
$HBr \rightleftharpoons H^+ + Br^-$	$\sim 10^{+9}$
$HCl \rightleftharpoons H^+ + Cl^-$	$\sim 10^{+7}$
$H_2SO_4 \rightleftharpoons H^+ + HSO_4^-$	$\sim 10^{+3}$
$H_2SO_3 \rightleftharpoons H^+ + HSO_3^-$	$1{,}5 \cdot 10^{-2}$
$H_3PO_4 \rightleftharpoons H^+ + H_2PO_4^-$	$7{,}6 \cdot 10^{-3}$
$HNO_2 \rightleftharpoons H^+ + NO_2^-$	$4{,}3 \cdot 10^{-4}$
$HF \rightleftharpoons H^+ + F^-$	$3{,}5 \cdot 10^{-4}$
$CH_3COOH \rightleftharpoons H^+ + CH_3COO^-$	$1{,}8 \cdot 10^{-5}$
$H_2CO_3 \rightleftharpoons H^+ + HCO_3^-$	$4{,}3 \cdot 10^{-7}$
$H_2S \rightleftharpoons H^+ + HS^-$	$1{,}3 \cdot 10^{-7}$
$HCN \rightleftharpoons H^+ + CN^-$ (Ácido mais fraco dentre os da tabela)	$4{,}9 \cdot 10^{-10}$

Aumenta a força do ácido (de baixo para cima)

K_a aumenta (de baixo para cima)

Valores de K_a da ordem de 10^{-5} ou menor correspondem a ácidos fracos

Fontes: ATKINS, P.; JONES, L. *Chemical principles*: the quest for insight. 4. ed. Nova York: Freeman, 2008. p. 407, 424; LEVINE, I. *Physical Chemistry*. 6. ed. Nova York: McGraw-Hill, 2009. p. 333.

Quando um ácido apresenta mais de 1 hidrogênio ionizável, podemos escrever uma constante de acidez para cada etapa da ionização (tabela 4). Assim, por exemplo, para o ácido sulfúrico:

1ª etapa: $H_2SO_4(aq) \rightleftharpoons H^+(aq) + HSO_4^-(aq)$ $\qquad K_1 = \dfrac{[H^+] \cdot [HSO_4^-]}{[H_2SO_4]}$

2ª etapa: $HSO_4^-(aq) \rightleftharpoons H^+(aq) + SO_4^{2-}(aq)$ $\qquad K_2 = \dfrac{[H^+] \cdot [SO_4^{2-}]}{[HSO_4^-]}$

Da mesma maneira como definimos constante de ionização para ácidos, podemos fazê-lo para bases. A **constante de basicidade** é simbolizada por K_b, e para ela valem conclusões análogas às que tiramos para K_a. Para o hidróxido de amônio (amônia aquosa), por exemplo, a expressão é:

$$NH_4OH(aq) \rightleftharpoons NH_4^+(aq) + OH^-(aq) \qquad K_b = \frac{[NH_4^+] \cdot [OH^-]}{[NH_4OH]}$$

TABELA 4 **Valores de constante de ionização para alguns diácidos e um triácido (25 °C), em meio aquoso**

Ácido	K_a	
H_2SO_4	K_1	$\sim 10^{+3}$
	K_2	$1{,}2 \cdot 10^{-2}$
H_2SO_3	K_1	$1{,}5 \cdot 10^{-2}$
	K_2	$1{,}2 \cdot 10^{-7}$
H_2S	K_1	$1{,}3 \cdot 10^{-7}$
	K_2	$7{,}1 \cdot 10^{-15}$
H_2CO_3	K_1	$4{,}3 \cdot 10^{-7}$
	K_2	$5{,}6 \cdot 10^{-11}$
H_3PO_4	K_1	$7{,}6 \cdot 10^{-3}$
	K_2	$6{,}2 \cdot 10^{-8}$
	K_3	$2{,}1 \cdot 10^{-13}$

Fontes: ATKINS, P.; JONES, L. *Chemical principles*: the quest for insight. 4. ed. Nova York: Freeman, 2008. p. 407, 424; LEVINE I. *Physical Chemistry*. 6. ed. Nova York, McGraw-Hill, 2009. p. 333.

A tabela 4 apresenta alguns valores para constantes de ionização em etapas e expõe a seguinte generalização:

Para poliácidos: $K_1 > K_2 > ...$

FOTOS: ANDREW LAMBERT PHOTOGRAPHY/ SCIENCE PHOTO LIBRARY/LATINSTOCK

▲ Um pouco de solução do indicador ácido-base tornassol é adicionado a uma solução ácida Ⓐ e também a outra básica Ⓑ. A primeira contém H^+ proveniente da ionização do ácido, cuja força é expressa por seu K_a. A segunda contém OH^-, proveniente da base cuja força é expressa por seu K_b.

Exercícios essenciais

A critério do(a) professor(a) esta lista de exercícios poderá ser realizada em classe ou em casa.

50. Escreva a expressão da constante de ionização do:

a) ácido fluorídrico (HF)

b) ácido cianídrico (HCN)

c) ácido hipocloroso (HClO)

51. A ionização do ácido acético, presente no vinagre, pode ser assim equacionada:

$$CH_3COOH \rightleftharpoons CH_3COO^- + H^+$$

A expressão correta para a constante de acidez (constante de ionização) desse composto é:

a) $\dfrac{[H^+]}{[CH_3COO^-]}$

b) $\dfrac{[H^+] \cdot [CH_3COO^-]}{[CH_3COOH]}$

c) $\dfrac{[H^+] + [CH_3COOH]}{[CH_3COO^-]}$

d) $\dfrac{[CH_3COOH]}{[H^+] \cdot [CH_3COO^-]}$

e) $\dfrac{[H^+] + [CH_3COO^-]}{[CH_3COOH]}$

Exercício Resolvido

52. (UFSM-RS) Considere as constantes de ionização dos ácidos I, II e III:

$K_I = 7{,}0 \cdot 10^{-5}$ $K_{II} = 1{,}0 \cdot 10^{-7}$ $K_{III} = 2{,}0 \cdot 10^{-9}$

Colocando-os em ordem **crescente** de acidez, tem-se:

a) I, II e III
b) I, III e II
c) II, III e I
d) III, I e II
e) III, II e I

➤ Resolução

A ordem **crescente** das constantes de ionização é:

$$2{,}0 \cdot 10^{-9} < 1{,}0 \cdot 10^{-7} < 7{,}0 \cdot 10^{-5}$$

Portanto, a ordem **crescente** de acidez (força dos ácidos) é: III < II < I.

Alternativa **e**.

53. (Unifor-CE) O ácido mais forte da série é:

Ácido	K_a (25 °C)
Nitroso — HNO_2	$4{,}5 \cdot 10^{-4}$
Fórmico — HCOOH	$1{,}8 \cdot 10^{-4}$
Acético — H_3CCOOH	$1{,}8 \cdot 10^{-5}$
Hipocloroso — HClO	$3{,}5 \cdot 10^{-8}$
Hipobromoso — HBrO	$2{,}0 \cdot 10^{-9}$

a) HNO_2
b) HCOOH
c) H_3CCOOH
d) HClO
e) HBrO

5.2 A Lei da Diluição de Ostwald

Vamos agora deduzir uma expressão matemática que relaciona a constante de ionização (K) com o grau de ionização (α) e a concentração em mol/L ($\mathcal{M}$) de uma solução de um ácido ou base. Considere um monoácido HA sendo dissolvido em água para formar uma solução na qual haja $\mathcal{M}$ mols de ácido por litro de solução. Ele se ioniza de acordo com a equação: $HA\,(aq) \rightleftharpoons H^+\,(aq) + A^-\,(aq)$

O **grau de ionização** de um ácido é igual à divisão da quantidade, em mols, ionizada pela quantidade, em mols, dissolvida.

Dividindo numerador e denominador dessa fração pelo volume, chegamos a uma expressão bastante útil:

$$\alpha = \frac{\text{quantidade, em mols, ionizada/V}}{\text{quantidade, em mols, dissolvida/V}} = \frac{[H^+]}{\mathcal{M}} \Rightarrow [H^+] = \alpha \cdot \mathcal{M}$$

Fórmula válida para solução aquosa de monoácido

Essa expressão permite calcular a concentração de H^+ em uma solução de **monoácido**, desde que os valores de α e $\mathcal{M}$ sejam conhecidos. (Caso se tratasse de uma **monobase**, por um raciocínio análogo concluiríamos que $[OH^-] = \alpha \cdot \mathcal{M}$.)

Vamos, agora, preencher a tabela a seguir em função de α e $\mathcal{M}$:

	$HA\,(aq)$ $\rightleftharpoons$	$H^+\,(aq)$ +	$A^-\,(aq)$
Início	$\mathcal{M}$	—	—
Reagiu	$\alpha \cdot \mathcal{M}$		
Formou		$\alpha \cdot \mathcal{M}$	$\alpha \cdot \mathcal{M}$
No equilíbrio	$\mathcal{M} \cdot (1 - \alpha)$	$\alpha \cdot \mathcal{M}$	$\alpha \cdot \mathcal{M}$

Substituindo os valores das concentrações no equilíbrio na constante de ionização, temos:

$$K_a = \frac{[H^+] \cdot [A^-]}{[HA]} = \frac{\alpha \cdot \cancel{\mathcal{M}} \cdot \alpha \cdot \mathcal{M}}{\cancel{\mathcal{M}} \cdot (1 - \alpha)} \Rightarrow K_a = \frac{\alpha^2 \cdot \mathcal{M}}{1 - \alpha}$$

Essa expressão, chamada por alguns de **Lei da Diluição de Ostwald**, foi deduzida primeiramente pelo físico-químico alemão Friedrich Wilhelm Ostwald (1853-1932), em 1888. É válida para monoácidos (liberam 1 H^+) e monobases (liberam 1 OH^-) **em geral**:

$$K_a = \frac{\alpha^2 \cdot \mathcal{M}}{1 - \alpha}$$

Lei da Diluição de Ostwald para monoácidos

$$K_b = \frac{\alpha^2 \cdot \mathcal{M}}{1 - \alpha}$$

Lei da Diluição de Ostwald para monobases

Na prática, essa expressão é de grande utilidade quando trabalhamos com ácidos e bases **fracos**. Nesse caso, α é menor que (ou igual a) 5% (isto é, 0,05), sendo numericamente muito pequeno se comparado a 1. Portanto, o **denominador** da expressão $(1 - \alpha)$ pode ser considerado **aproximadamente igual a 1**.

Assim, a Lei da Diluição de Ostwald pode ser escrita simplificadamente:

$$K_a = \alpha^2 \cdot \mathcal{M}$$

Simplificação para monoácidos fracos

$$K_b = \alpha^2 \cdot \mathcal{M}$$

Simplificação para monobases fracas

Você deve estar se perguntando a razão do nome "Lei da Diluição". Ele se deve ao fato de a fórmula permitir prever o que acontece quando diluímos uma solução de ácido fraco ou de base fraca. A constante de equilíbrio possui um valor constante a uma temperatura fixa e, dessa forma, o produto $\alpha^2 \cdot \mathcal{M}$ deve permanecer constante. Quando diluímos uma solução de ácido ou base fracos, o valor de $\mathcal{M}$ diminui e, em consequência, α deve aumentar para que o produto $\alpha^2 \cdot \mathcal{M}$ permaneça constante.

Constante (desde que a temperatura seja fixa) $K = \uparrow\alpha^2 \cdot \downarrow\mathcal{M}$

O grau de ionização aumenta... **... quando a solução é diluída**

É útil lembrar

Um **ácido fraco** apresenta:	Uma **base fraca** apresenta:
• $\alpha \leq 5\%$;	• $\alpha \leq 5\%$;
• K_a da ordem de 10^{-5} ou menor.	• K_b da ordem de 10^{-5} ou menor.

5.3 Demonstração de uma fórmula útil

Para um monoácido fraco:

$$K_a = \alpha^2 \cdot \mathcal{M} \quad \Rightarrow \quad \alpha = \sqrt{\frac{K_a}{\mathcal{M}}}$$

Substituindo em $[H^+] = \alpha \cdot \mathcal{M}$, temos:

$$[H^+] = \alpha \cdot \mathcal{M} = \sqrt{\frac{K_a}{\mathcal{M}}} \cdot \mathcal{M} = \sqrt{\frac{K_a}{\mathcal{M}} \cdot \mathcal{M}^2} = \sqrt{K_a \cdot \mathcal{M}}$$

• $[H^+] = \sqrt{K_a \cdot \mathcal{M}}$ **Para monoácidos fracos**

Analogamente, no caso de uma monobase fraca, temos:

• $[OH^-] = \sqrt{K_b \cdot \mathcal{M}}$ **Para monobases fracas**

Exercícios essenciais

A critério do(a) professor(a) esta lista de exercícios poderá ser realizada em classe ou em casa.

Exercício Resolvido

54. Uma solução aquosa 0,020 mol/L de ácido acético (ou ácido etanoico), CH_3COOH, apresenta o ácido 3% dissociado em CH_3COO^- e H^+. Determine a concentração, em mol/L, de cada um desses íons na solução.

➤ Resolução

O enunciado forneceu α e $\mathcal{M}$ e, assim, podemos aplicar a fórmula:

$$[H^+] = \alpha \cdot \mathcal{M} = \frac{3}{100} \cdot 0{,}020 = 6{,}0 \cdot 10^{-4}\ \text{mol/L}$$

Como os coeficientes do H^+ e do CH_3COO^- são iguais na equação de ionização:

$$CH_3COOH\,(aq) \rightleftharpoons CH_3COO^-\,(aq) + H^+(aq)$$

podemos afirmar que:

$$[H^+] = [CH_3COO^-] = 6{,}0 \cdot 10^{-4}\ \text{mol/L}$$

Perceba que a fórmula $[H^+] = \alpha \cdot \mathcal{M}$ possui um significado bastante fácil de entender. No caso desse problema:

$$[H^+] = \frac{3}{100} \cdot 0{,}020$$

A concentração de H^+ é **3%** da **concentração do ácido dissolvido**

Exercício Resolvido

55. Utilizando os dados da questão anterior, calcule o valor da constante de ionização do ácido acético.

➤ Resolução

Podemos resolver montando a tabela ou, de modo mais simples, aplicando a Lei de Ostwald. Como $\alpha \leq 5\%$, a fórmula é:

$$K_a = \alpha^2 \cdot \mathcal{M} \Rightarrow K_a = \left(\frac{3}{100}\right)^2 \cdot 0{,}020 \Rightarrow K_a = 1{,}8 \cdot 10^{-5}$$

Caso α fosse maior que 5%, utilizaríamos a expressão da Lei de Ostwald sem a simplificação.

56. (UFS-SE) Uma solução aquosa 0,045 mol/L de ácido acético, CH_3COOH, apresenta o ácido 2% dissociado em H^+ e CH_3COO^-. A concentração de cada um desses íons na solução é:

a) $9 \cdot 10^{-6}$ mol/L
b) $9 \cdot 10^{-4}$ mol/L
c) $9 \cdot 10^{-3}$ mol/L
d) $9 \cdot 10^{-2}$ mol/L
e) $9 \cdot 10^{-1}$ mol/L

57. (FEI-SP) Uma solução 0,01 mol/L de um monoácido está 4,0% ionizada. A constante de ionização desse ácido é:

a) $16,66 \cdot 10^{-3}$
b) $1,60 \cdot 10^{-5}$
c) $3,32 \cdot 10^{-5}$
d) $4,00 \cdot 10^{-5}$
e) $3,00 \cdot 10^{-6}$

58. (Unitau-SP) Um monoácido fraco tem constante de ionização igual a 10^{-8}, em temperatura ambiente. Esse ácido, numa solução 1 mol/L, terá grau de ionização aproximadamente igual a:

a) 10%
b) 1%
c) 0,1%
d) 0,01%
e) 0,0001%

59. Qual é o valor de $[H^+]$ numa solução 0,01 mol/L de um monoácido que apresenta $K_a = 4 \cdot 10^{-6}$?

60. O ácido butanoico (monoácido) é o responsável pelo odor de alguns queijos e também da manteiga rançosa. Verifica-se que numa solução 0,04 mol/L desse monoácido a concentração hidrogeniônica (isto é, $[H^+]$) é $8 \cdot 10^{-4}$ mol/L.
Determine o valor de K_a para esse ácido.

61. Podemos considerar a constante de basicidade (K_b) da amônia como valendo $2 \cdot 10^{-5}$. Qual é o valor de $[OH^-]$ numa solução 0,05 mol/L de amônia?

Exercícios adicionais

Seu(sua) professor(a) indicará quais exercícios deste bloco você deve fazer.

62. (Udesc-SC) Observe a tabela de ácidos. Coloque-os em ordem crescente de acidez, indicando qual deles possui o maior grau de ionização.

Ácido	Constante de ionização (K_a)
HCN	$4,0 \cdot 10^{-10}$
HCl	$1,0 \cdot 10^{7}$
HNO_2	$5,1 \cdot 10^{-4}$
$HClO_4$	$1,0 \cdot 10^{10}$

a) ($HCN < HNO_2 < HCl < HClO_4$) o que possui maior grau de ionização é o (HCN).
b) ($HCN < HNO_2 < HCl < HClO_4$) o que possui maior grau de ionização é o ($HClO_4$).
c) ($HClO_4 < HCl < HNO_2 < HCN$) o que possui maior grau de ionização é o ($HClO_4$).
d) ($HCN < HClO_4 < HNO_2 < HCl$) o que possui maior grau de ionização é o (HCl).
e) ($HCN < HCl < HClO_4 < HNO_2$) o que possui maior grau de ionização é o (HNO_2).

63. (Cefet-CE) O ácido fórmico ($HCHO_2$) é monoprótico fraco. Quando em solução, numa concentração de 0,2 M, ele se encontra 3,2% ionizado. A constante de ionização do ácido e a concentração molar do íon H^+ são, respectivamente:

a) $K_a = 2,05 \cdot 10^{-4}$ e $[H^+] = 6,4 \cdot 10^{-3}$ M
b) $K_a = 6,4 \cdot 10^{-3}$ e $[H^+] = 5,0 \cdot 10^{-5}$ M
c) $K_a = 1,8 \cdot 10^{-5}$ e $[H^+] = 3,2 \cdot 10^{-3}$ M
d) $K_a = 1,8 \cdot 10^{-5}$ e $[H^+] = 6,4 \cdot 10^{-3}$ M
e) $K_a = 2,05 \cdot 10^{-3}$ e $[H^+] = 6,4 \cdot 10^{-4}$ M

64. (UFF-RJ) Informe a que volume deve ser diluído com água um litro de solução de um ácido fraco HA 0,10 M, de constante de ionização extremamente pequena ($K_a << 1$) a fim de produzir uma concentração protônica que é a metade da concentração original da solução.

6 Equilíbrio iônico da água: pH e pOH

6.1 A concentração do solvente é praticamente constante

Considere 1 L de água pura. A massa de água nele presente é 1.000 g, pois a densidade da água é 1 g/mL. Sabendo que a massa molar da água é 18 g/mol, podemos calcular a sua concentração em quantidade de matéria:

$$[\text{Água}] = \frac{n}{V} = \frac{m}{M \cdot V} = \frac{1.000 \text{ g}}{18 \text{ g/mol} \cdot 1,0 \text{ L}} \quad \Rightarrow \quad [\text{Água}] = 55,56 \text{ mol/L}$$

Suponha agora que dissolvamos na água uma substância X que reage com ela estabelecendo um equilíbrio: $X\,(aq) + H_2O\,(l) \rightleftharpoons$ produtos (aq).

Em um processo como esse, que ocorre em solução aquosa, e do qual a água participa como reagente, sua quantidade consumida no processo não é, em geral, superior a 0,5 mol. Assim, após ser estabelecido o equilíbrio, a concentração da água será igual a 55,56 − 0,50 = = 55,06 mol/L. A variação da concentração em quantidade de matéria da água da situação inicial (55,56 mol/L) para a final (55,06 mol/L) é de 0,9%, o que representa uma variação desprezível.

- A **concentração de um solvente** permanece praticamente **constante**, mesmo que ele participe de uma reação química que ocorra entre espécies nele dissolvidas.

6.2 Produto iônico da água

Na água líquida ocorre o seguinte processo, conhecido como **equilíbrio de autoionização da água**:

$$H_2O\,(l) \rightleftharpoons H^+\,(aq) + OH^-\,(aq) \qquad K_C = \frac{[H^+]\cdot[OH^-]}{[H_2O]}$$

Perceba que não faz sentido colocar $[H_2O]$ na expressão de K_C, pois, já que ela é constante a uma determinada temperatura, em todos os problemas apresentará o mesmo valor ($[H_2O] = 55{,}56$ mol/L). Assim, para facilitar, os químicos resolveram incorporar esse valor invariável da concentração do solvente na constante de equilíbrio:

$$K_C = \frac{[H^+]\cdot[OH^-]}{[H_2O]} \Rightarrow \underbrace{K_C\cdot[H_2O]}_{\text{Constante }(K_W)} = [H^+]\cdot[OH^-]$$

Essa constante é chamada de **produto iônico da água** e simbolizada por K_W:

- $H_2O\,(l) \rightleftharpoons H^+\,(aq) + OH^-\,(aq)$ — **Equilíbrio de autoionização da água***
  $K_W = [H^+]\cdot[OH^-]$ — **Expressão do produto iônico da água**

Assim, podemos dizer que, quanto maior for $[H^+]$ em uma solução, menor será $[OH^-]$ e vice-versa.

Constante (desde que a temperatura seja fixa) $K_W = \uparrow[H^+]\cdot\downarrow[OH^-]$

Altas concentrações de H^+... **... correspondem a baixas concentrações de OH^-, e vice-versa**

Dentro desse contexto, definem-se:

- **Meio aquoso neutro:** $[H^+] = [OH^-]$
  Meio aquoso ácido: $[H^+] > [OH^-]$
  Meio aquoso básico (ou alcalino): $[H^+] < [OH^-]$

O valor de K_W, assim como o de toda constante de equilíbrio, varia com a temperatura, como você pode perceber pelos dados da tabela 5.

TABELA 5 **Valor do produto iônico da água (K_W) em algumas diferentes temperaturas**

Temperatura (°C)	K_W
10	$0{,}3\cdot10^{-14}$
20	$0{,}7\cdot10^{-14}$
25*	$1{,}0\cdot10^{-14}$
30	$1{,}5\cdot10^{-14}$
40	$2{,}9\cdot10^{-14}$

* Temperatura em que trabalharemos os conceitos de pH e de pOH.

Fonte: LIDE, D. R. (ed.). *CRC Handbook of Chemistry and Physics*. 84. ed. Boca Raton: CRC Press, 2003. p. **8**-87.

* O equilíbrio de autoionização da água é escrito com mais rigor científico da seguinte forma: $H_2O\,(l) + H_2O\,(l) \rightleftharpoons H_3O^+\,(aq) + OH^-\,(aq)$, e o produto iônico da água: $K_W = [H_3O^+]\cdot[OH^-]$.

6.3 As escalas de pH e pOH

A partir de agora sempre nos referiremos ao equilíbrio de autoionização da água a 25 °C, salvo menção em contrário. Nessa temperatura (veja tabela 5), o produto de $[H^+]$ e $[OH^-]$ vale $1{,}0 \cdot 10^{-14}$.

- $[H^+] \cdot [OH^-] = 1{,}0 \cdot 10^{-14}$ (a 25 °C)

Para ilustrar, considere os seguintes exemplos, todos a 25 °C:

Ⓐ

Na água pura, $[H^+] = 1{,}0 \cdot 10^{-7}$ mol/L

SÉRGIO DOTTA JR./CID

Água pura

Já que $[H^+] = 1{,}0 \cdot 10^{-7}$ mol/L
então
$[OH^-] = 1{,}0 \cdot 10^{-7}$ mol/L
pois assim:
$10^{-7} \cdot 10^{-7} = 10^{-14}$

Meio neutro: $[H^+] = [OH^-]$

Ⓑ

No vinagre, $[H^+] = 1{,}0 \cdot 10^{-3}$ mol/L

ISA CODINA DE PEDRO/CID

Vinagre

Já que $[H^+] = 1{,}0 \cdot 10^{-3}$ mol/L
então
$[OH^-] = 1{,}0 \cdot 10^{-11}$ mol/L
pois assim:
$10^{-3} \cdot 10^{-11} = 10^{-14}$

Meio ácido: $[H^+] > [OH^-]$

Ⓒ

Na água sanitária, $[OH^-] = 1{,}0 \cdot 10^{-3}$ mol/L

SÉRGIO DOTTA JR./CID

Água sanitária

Já que $[OH^-] = 1{,}0 \cdot 10^{-3}$ mol/L
então
$[H^+] = 1{,}0 \cdot 10^{-11}$ mol/L
pois assim:
$10^{-11} \cdot 10^{-3} = 10^{-14}$

Meio básico: $[H^+] < [OH^-]$

Para acompanhar e entender os assuntos seguintes, são indispensáveis o conceito e as propriedades dos logaritmos decimais (logaritmos de base 10). Esta definição é muito importante:

$$\log x = y \quad \Leftrightarrow \quad 10^y = x$$

> **Biblioteca do estudante**
> **Texto complementar:**
> Logaritmos decimais

Durante sua pesquisa, que visava melhorar os métodos de controle de qualidade em indústrias de fermentação, o químico dinamarquês Soren Peter Lauritz Sorensen (1868-1939) criou o conceito de pH. Na verdade, a ideia que ele tinha em mente era a seguinte: por que expressar a acidez de um meio aquoso por meio da $[H^+]$, já que seus valores são, geralmente, potências negativas de 10? Não seria muito mais prático trabalhar apenas com o expoente de 10, e de preferência com valor positivo? Assim, ele definiu:

- **Potencial hidrogeniônico (pH)** de uma solução: $pH = -\log [H^+]$
  Potencial hidroxiliônico (pOH) de uma solução: $pOH = -\log [OH^-]$

Na expressão do produto iônico da água, aplicando log a ambos os membros:

$$[H^+] \cdot [OH^-] = 1{,}0 \cdot 10^{-14} \quad \Rightarrow \quad \log [H^+] + \log [OH^-] = -14$$

Multiplicando tudo por −1:

$$\underbrace{-\log [H^+]}_{pH} + \underbrace{-\log [OH^-]}_{pOH} = 14 \quad \Rightarrow \quad pH + pOH = 14$$

Pelo que dissemos até aqui, podemos também concluir que, a 25 °C:

Meio neutro:	$[H^+] = 1{,}0 \cdot 10^{-7}$ mol/L	$\Rightarrow pH = 7$
	$[OH^-] = 1{,}0 \cdot 10^{-7}$ mol/L	$\Rightarrow pOH = 7$
Meio ácido:	$[H^+] > 1{,}0 \cdot 10^{-7}$ mol/L	$\Rightarrow pH < 7$
	$[OH^-] < 1{,}0 \cdot 10^{-7}$ mol/L	$\Rightarrow pOH > 7$
Meio básico:	$[H^+] < 1{,}0 \cdot 10^{-7}$ mol/L	$\Rightarrow pH > 7$
	$[OH^-] > 1{,}0 \cdot 10^{-7}$ mol/L	$\Rightarrow pOH < 7$

Ⓐ

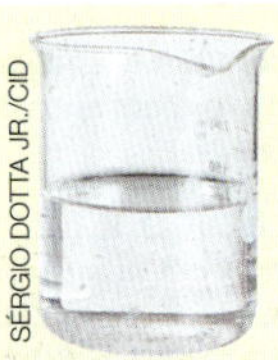

SÉRGIO DOTTA JR./CID

$[H^+] = 1{,}0 \cdot 10^{-7}$ mol/L
pH = 7
$[OH^-] = 1{,}0 \cdot 10^{-7}$ mol/L
pOH = 7

Meio neutro: $[H^+] = [OH^-]$

Ⓑ

ISA CODINA DE PEDRO/CID

$[H^+] = 1{,}0 \cdot 10^{-3}$ mol/L
pH = 3
$[OH^-] = 1{,}0 \cdot 10^{-11}$ mol/L
pOH = 11

Meio ácido: $[H^+] > [OH^-]$

Ⓒ

SÉRGIO DOTTA JR./CID

$[H^+] = 1{,}0 \cdot 10^{-11}$ mol/L
pH = 11
$[OH^-] = 1{,}0 \cdot 10^{-3}$ mol/L
pOH = 3

Meio básico: $[H^+] < [OH^-]$

▲ Uma piscina bem tratada deve ter, entre outras coisas, um pH razoavelmente estável na faixa de 7,2 a 7,8.

FRANCOIS XAVIER MARIT/AFP

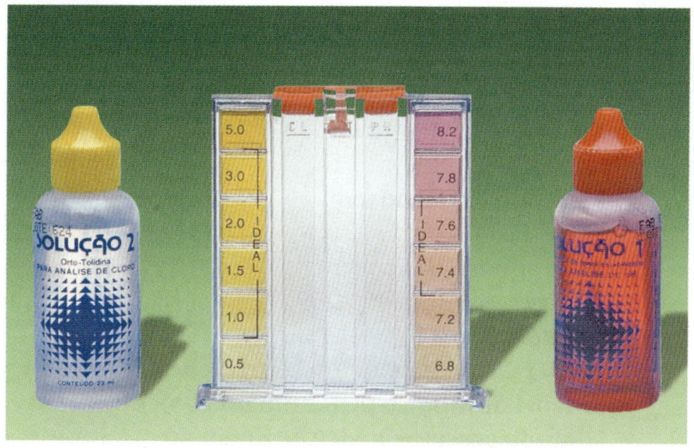

▲ *Kit* para a medida de pH de piscinas, usando o líquido vermelho e a escala à direita. O *kit* também permite medir a concentração de cloro na água, em partes por milhão (ppm), utilizando a solução e a escala à esquerda.

EDUARDO SANTALIESTRA/CID

Como consequência da definição pH = $-\log [H^+]$, decorre que a concentração hidrogeniônica (isto é, concentração de íons hidrogênio, $[H^+]$) é igual a 10^{-pH} mol/L. Para entender, acompanhe os exemplos:

- Água pura possui pH = 7. Tem, portanto, $[H^+] = 10^{-7}$ mol/L.
- Um vinagre com pH = 3 apresenta $[H^+] = 10^{-3}$ mol/L.
- Um produto de limpeza com pH = 12 tem $[H^+] = 10^{-12}$ mol/L.
- Um suco de limão de pH = 2,2 possui $[H^+] = 10^{-2,2}$ mol/L.

Conclusão análoga vale para pOH. Já que pOH = $-\log [OH^-]$, então a concentração hidroxiliônica (concentração de íons hidroxila, $[OH^-]$) é 10^{-pOH} mol/L.

TABELA 6 Valor aproximado de pH para alguns materiais

Material	pH	
HCl 1 mol/L	0	Acidez crescente ↑
Suco gástrico	1,0 – 3,0	
Suco de limão	2,2 – 2,4	
Vinagre	2,4 – 3,4	
Vinho	2,8 – 3,8	
Suco de laranja	3,0 – 4,0	
Água com gás	3,9	
Tomate	4,0 – 4,4	
Cerveja	4,0 – 5,0	
Queijo	4,8 – 6,4	
Leite de vaca	6,3 – 6,6	
Saliva humana	6,5 – 7,5	
Água do mar	7,0 – 8,3	Basicidade crescente ↓
Sangue humano	7,35 – 7,45	
Clara de ovo	7,6 – 8,0	
Leite de magnésia	10,5	
Limpador com amônia	11,9	
NaOH 1 mol/L	14	

Fontes: LIDE, D. R. (ed.). *CRC Handbook of Chemistry and Physics*. 84. ed. Boca Raton: CRC Press, 2003. p. **7**-16; EBBING, D. D.; GAMMON, S. D. *General Chemistry*. 8. ed. Boston: Houghton Mifflin, 2005. p. 678.

ERI MORITA/STONE+/GETTY IMAGES

▲ Ao criar peixes em aquário, é essencial que se mantenha o pH da água num valor adequado, que depende das espécies criadas. Na simbologia pH, a letra "p" vem da palavra **potencial**. Da mesma maneira como pH significa $-\log [H^+]$, encontramos outras grandezas em Química que utilizam o símbolo "p" para indicar $-\log$.

São exemplos:

$pK_a = -\log K_a$ (para ácidos)
$pK_b = -\log K_b$ (para bases)
$pK_w = -\log K_w$ (para a água)

Resumindo

A 25 °C:

- Meio aquoso neutro tem $pH = 7$
- Meio aquoso ácido tem $pH < 7$
- Meio aquoso básico tem $pH > 7$

pH = x — indica que — **$[H^+] = 10^{-x}$ mol/L** — indica que

pOH = y — indica que — **$[OH^-] = 10^{-y}$ mol/L** — indica que

Além disso:

- $pH + pOH = 14$ para um certo meio aquoso, a 25 °C.
- Se o pH diminui, o pOH aumenta e vice-versa.
- **Quando cresce a acidez** de um meio:

  ↓pH ↑$[H^+]$ ↓$[OH^-]$ ↑pOH
- **Quando cresce a basicidade** (alcalinidade) de um meio:

  ↑pH ↓$[H^+]$ ↑$[OH^-]$ ↓pOH

7 Indicadores ácido-base

Ao longo de outros capítulos, já tivemos oportunidade de comentar que indicadores ácido-base são substâncias que apresentam diferentes colorações em meio ácido e em meio básico. No entanto, agora você possui conhecimento suficiente para entender que, na verdade, cada indicador muda de cor dependendo do pH do meio em que se encontra.

- **Zona de viragem** ou **faixa de viragem** é o nome dado à faixa de pH na qual um indicador ácido-base sofre a mudança de coloração.

O funcionamento dos indicadores baseia-se no fato de serem eles ácidos fracos (HA) que existem em equilíbrio em meio aquoso, sendo que HA e A^- possuem diferentes colorações. Quando o pH diminui (aumenta $[H^+]$), o equilíbrio equacionado a seguir se desloca para a esquerda, prevalecendo a cor 1. Quando o pH aumenta (aumenta $[OH^-]$), os íons OH^- reagem com H^+ diminuindo sua concentração. Isso desloca o equilíbrio para a direita e prevalece a cor 2.

$$\underset{\text{Cor 1}}{HA\,(aq)} \rightleftharpoons H^+\,(aq) + \underset{\text{Cor 2}}{A^-\,(aq)}$$

← O aumento de $[H^+]$ desloca para a esquerda e a solução adquire a cor 1

O aumento de $[OH^-]$ desloca para a direita e a solução adquire a cor 2 →

TABELA 7 **Faixa de viragem de alguns indicadores ácido-base**

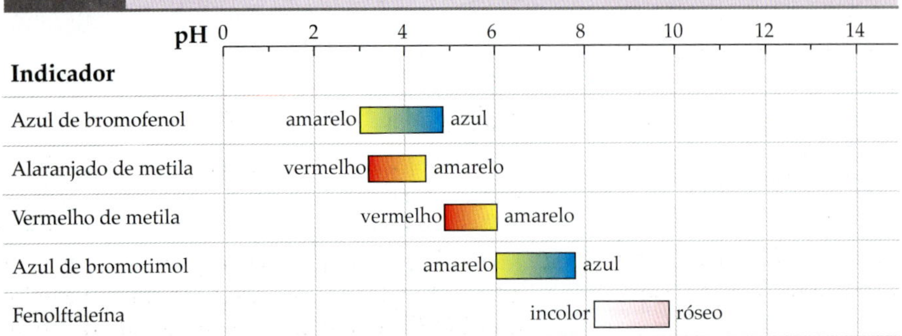

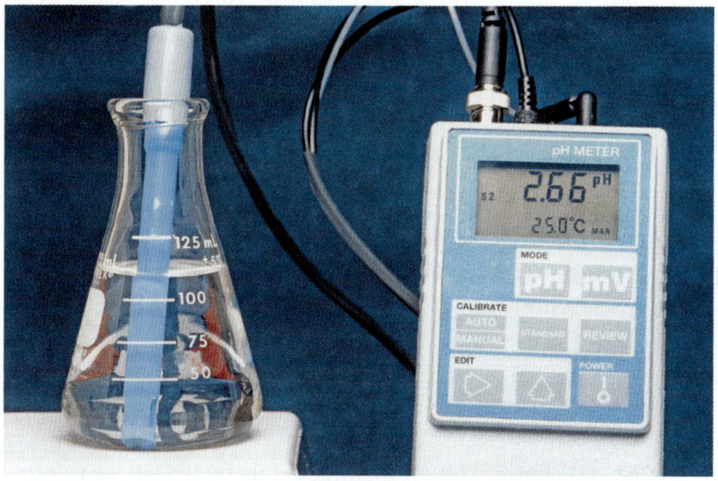

CHARLES D. WINTERS/PHOTORESEARCHERS/LATINSTOCK

▲ Um **medidor eletrônico de pH (peagâmetro digital)** em uso para medir o pH de uma solução aquosa de ácido metanoico (HCOOH).

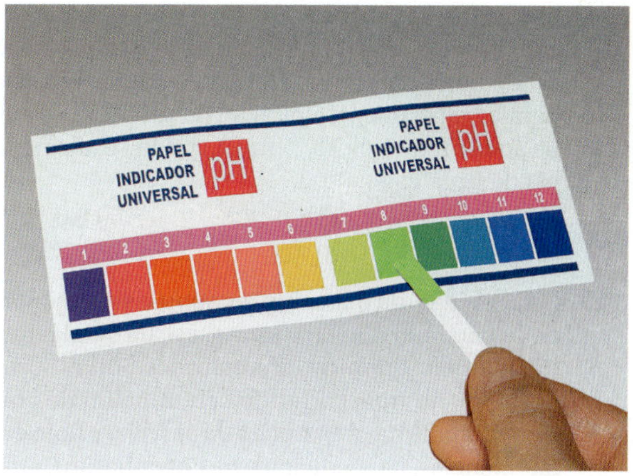

EDUARDO SANTALIESTRA/CID

▲ Existem papéis indicadores que adquirem não apenas duas cores possíveis, mas sim várias delas, que, por comparação com uma escala colorida, permitem estimar o pH de um meio. São chamados de **indicadores universais** e são obtidos por meio da mistura apropriada de vários indicadores ácido-base.

ANDREW LAMBERT PHOTOGRAPHY/ SCIENCE PHOTO LIBRARY/LATINSTOCK

▲ Solução aquosa de indicador universal adicionada a quinze soluções aquosas. A primeira, à esquerda, tem pH = zero. A segunda, pH = 1, e assim por diante, até a décima quinta, que tem pH = 14.

Exercícios essenciais

A critério do(a) professor(a) esta lista de exercícios poderá ser realizada em classe ou em casa.

65. (PUC-MG) Considere duas soluções aquosas **A** e **B** de mesmo volume e de pH 3,0 e 5,0 respectivamente. Analise as afirmações a seguir:

I. A solução **A** é ácida.

II. A solução **B** é básica.

III. A mistura de **A** com **B** é ácida.

São afirmativas **CORRETAS**:

a) I e II apenas.
b) I e III apenas.
c) II e III apenas.
d) I, II e III.

66. (UEMS) As águas superficiais normalmente possuem um pH entre 4 e 9, podendo ser alterado conforme a quantidade de sais, como carbonatos e bicarbonatos, e pela quantidade de matéria morta a ser decomposta. Uma análise realizada em um determinado afluente mostrou que a concentração dos íons H^+ era igual 10^{-5} mol · L^{-1}. O valor do pH dessa amostra é:

a) 3 **b)** 5 **c)** 7 **d)** 9 **e)** 11

67. (Covest-PE) O pH de várias soluções foi medido em um laboratório de hospital, e o resultado encontra-se na tabela a seguir:

Amostra	pH
leite de magnésia	10,5
sangue	7,4
urina	5,0
suco de limão	2,3

De acordo com essa tabela, a concentração de íons H_3O^+, em mol/L, na amostra de urina é:

a) 5,0
b) $1{,}0 \cdot 10^5$
c) $1{,}1 \cdot 10^{-3}$
d) $1{,}0 \cdot 10^{-5}$
e) $1{,}0 \cdot 10^{-11}$

Comentário dos autores:

Íons hidrônio ou hidroxônio, H_3O^+, equivalem aos íons H^+.

68. (Ufes) No tratamento da água, a coagulação envolve a adição do sulfato de alumínio, visando à precipitação do $Al(OH)_3$ e ao consequente arraste das pequenas partículas em suspensão. No entanto, uma elevada concentração de alumínio na água pode ser nociva à saúde humana. Assim, eleva-se o pH da água tratada para assegurar a precipitação do $Al(OH)_3$. Se a $[OH^-]$ na água for de $1{,}0 \cdot 10^{-6}$ mol/L, pode-se afirmar que o pH da água é:

a) 4,0 **b)** 5,0 **c)** 6,0 **d)** 7,0 **e)** 8,0

69. (Ufal) A maioria das soluções aquosas apresenta valor de pH no intervalo de 0 a 14. A escala de pH foi introduzida pelo químico dinamarquês Soren Sorensen, em 1909, no transcorrer do seu trabalho de controle de qualidade na preparação da cerveja, e hoje é usada nas ciências, na medicina e na engenharia. Considere a tabela de pH a seguir:

Soluções	pH a 25 °C
1. suco gástrico	2,0
2. urina	5,0
3. clara de ovo	8,0
4. preparado para tintura de cabelo	10,0

Considerando os dados acima, é correto afirmar que:

a) 1, 2 e 3 são soluções ácidas.
b) somente 4 é uma solução básica.
c) a concentração de íons OH^- na solução 3 é igual a 10^{-6} mol/L.
d) a clara de ovo é neutra.
e) o preparado para tintura de cabelo é mais ácido que a clara de ovo.

70. (Enem-MEC) Um estudo caracterizou 5 ambientes aquáticos, nomeados de A a E, em uma região, medindo parâmetros físico-químicos de cada um deles, incluindo o pH nos ambientes. O gráfico I representa os valores de pH dos 5 ambientes. Utilizando o gráfico II, que representa a distribuição estatística de espécies em diferentes faixas de pH, pode-se esperar um maior número de espécies no ambiente:

Gráfico I

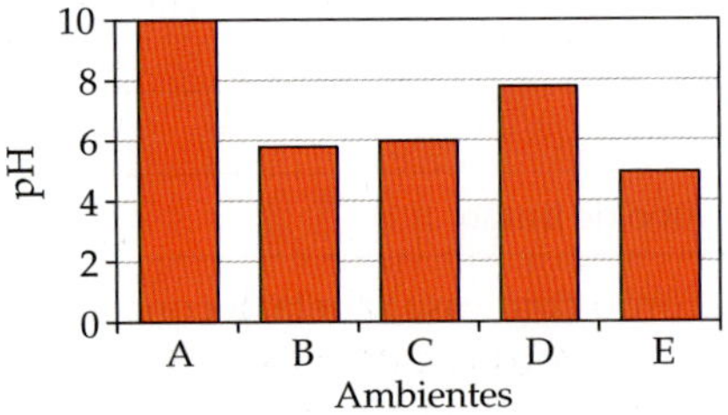

Gráfico II

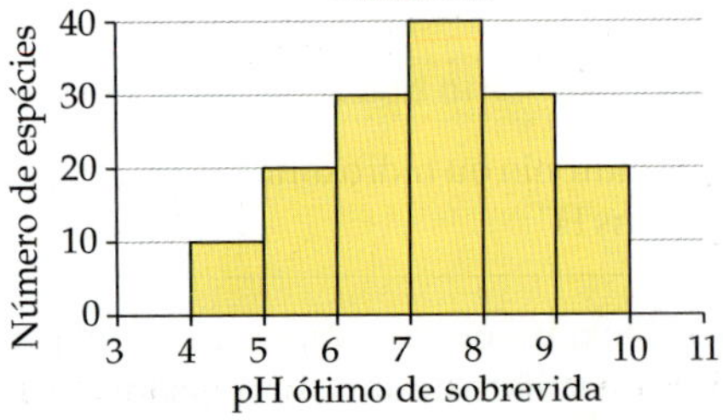

a) A **b)** B **c)** C **d)** D **e)** E

Exercício Resolvido

71. Determinada variedade de suco de limão tem pH = 2,3 e determinada variedade de suco de laranja tem pH = 4,3. Determine a relação $[H^+]_{\text{suco de limão}}/[H^+]_{\text{suco de laranja}}$.

➤ Resolução

$pH = 2{,}3 \Rightarrow [H^+] = 10^{-2{,}3}$ mol/L
$pH = 4{,}3 \Rightarrow [H^+] = 10^{-4{,}3}$ mol/L

Assim:

$$\frac{[H^+]_{\text{suco de limão}}}{[H^+]_{\text{suco de laranja}}} = \frac{10^{-2{,}3}}{10^{-4{,}3}} = 10^{-2{,}3-(-4{,}3)} = \boxed{10^2}$$

72. (UFPel-RS) Quando alguém fala de pH 6,0, se refere a um pH que corresponde ao de uma solução:

a) ácida em que a $[H^+] = 0{,}01 \cdot [OH^-]$
b) ácida em que a $[H^+] < [OH^-]$
c) básica em que a $[H^+] > 100 \cdot [OH^-]$
d) básica em que a $[OH^-] = 0{,}01\ [H^+]$
e) ácida em que a $[H^+] = 100 \cdot [OH^-]$

73. (Unicap-PE) Julgue se a afirmação é verdadeira ou falsa.

Se o suco de limão apresenta pH = 2 e o de tomate, pH = 4, pode-se afirmar que o tomate é duas vezes mais ácido que o limão.

74. (PUC-RS) Considere os dados da tabela abaixo.

Solução	pH
I - suco de laranja	4,0
II - café	5,0
III - água do mar	8,0

Pela análise da tabela, é correto afirmar que a solução

a) III é mais ácida.
b) I é a mais básica.
c) II é uma vez mais ácida que a solução I.
d) III é três vezes mais básica que a solução II.
e) I é dez vezes mais ácida que a solução II.

Exercício Resolvido

75. Determine o pH de uma solução 0,001 mol/L de HCl.

➤ Resolução

Como o HCl é monoácido, vale a expressão $[H^+] = \alpha \cdot \mathcal{M}$. E como é um ácido forte, seu grau de ionização (α) pode ser considerado 100%, ou seja, 100/100 ou 1. Assim:

$[H^+] = \alpha \cdot \mathcal{M} = 1 \cdot 0{,}001 = 1 \cdot 10^{-3}$ mol/L $\Rightarrow \boxed{pH = 3}$

76. Calcule o pH de uma solução 0,1 mol/L de HCl e de uma solução 0,01 mol/L de HCl. Qual delas é a mais ácida?

77. Determine o pH de uma solução 0,001 mol/L de KOH.

Comentário dos autores:

Como se trata de uma monobase, empregue a expressão $[OH^-] = \alpha \cdot \mathcal{M}$. Como se trata de uma base forte, considere α como 100%.

78. Calcule o pH de uma solução 0,1 mol/L de NaOH e de uma solução 0,01 mol/L de NaOH. Qual é a mais básica?

79. Em uma solução aquosa 0,05 mol/L, o ácido acético apresenta-se 2% ionizado. Determine o pH dessa solução.

Comentário dos autores:

Na questão 79, como se trata de um monoácido, você pode calcular a $[H^+]$ usando a expressão $[H^+] = \alpha \cdot \mathcal{M}$. Porém, como é um ácido fraco, não podemos considerar $\alpha = 100\%$.

80. Qual o pH de uma solução 0,01 mol/L de um monoácido que apresenta $K_a = 1 \cdot 10^{-6}$?

81. Considerando a constante de basicidade (K_b) da amônia como sendo $2 \cdot 10^{-5}$, determine o pH de uma solução de amônia 0,05 mol/L.

Exercícios adicionais

Seu(sua) professor(a) indicará quais exercícios deste bloco você deve fazer.

82. (Fuvest-SP) Para indicar a acidez de uma solução, usa-se o pH, que informa a concentração de íons H^+ que se encontram na solução. A água pura tem pH igual a 7, o que significa que existe 1 mol de H^+ para cada 10^7 litros. Do mesmo modo, numa solução de pH igual a 3 existe 1 mol de H^+ para cada 10^3 litros. Se determinada solução tem pH igual a 6, pode-se concluir que a concentração de íons H^+ nessa solução é:

a) duas vezes maior que a existente em uma solução de pH = 3.
b) dez vezes maior que a existente em água pura.
c) mil vezes maior que a existente em uma solução de pH = 3.
d) três vezes menor que a existente em uma solução de pH = 3.
e) aproximadamente 16% menor que a existente em água pura.

83. (PUC-MG) Qual é a concentração de íons hidróxido numa solução aquosa 0,1 $mol \cdot L^{-1}$ de HCl?

a) 0 $mol \cdot L^{-1}$
b) 10^{-1} $mol \cdot L^{-1}$
c) 0,13 $mol \cdot L^{-1}$
d) 10^{-13} $mol \cdot L^{-1}$

84. (Uece) O conceito de pH foi introduzido na química pelo químico dinamarquês Soren Peter Lauritz Sorensen, em 1909, para facilitar a caracterização da acidez de uma solução. Assinale a alternativa que contém o pH da solução que se obtém ao ser feita a dissolução de 5,6 g de KOH em um litro de água.

a) 1,0
b) 3,0
c) 11,0
d) 13,0

85. (FEI-SP) O pH de uma solução 0,25 mol/L de um monoácido, que está 0,4% ionizado, é:

a) 5 **b)** 4 **c)** 3 **d)** 2 **e)** 1

86. (Fuvest-SP) Considere uma solução aquosa diluída de ácido acético (HA), que é um ácido fraco, mantida a 25 °C. A alternativa que mostra corretamente a comparação entre as concentrações, em mol/L, das espécies químicas presentes na solução é:

a) $[OH^-] < [A^-] = [H^+] < [HA]$
b) $[OH^-] < [HA] < [A^-] < [H^+]$
c) $[OH^-] = [H^+] < [HA] < [A^-]$
d) $[A^-] < [OH^-] < [H^+] < [HA]$
e) $[A^-] < [H^+] = [OH^-] < [HA]$

Dados, a 25 °C:
Constante de ionização do HA: $K_a = 1,8 \cdot 10^{-5}$
Produto iônico da água: $K_W = 1,0 \cdot 10^{-14}$
Constantes de equilíbrio com concentrações em mol/L.

87. (UFJF-MG) Supondo-se a existência de soluções de diferentes ácidos, de mesma concentração, por exemplo, **0,01 mol/L**, associar a coluna das **constantes de dissociação ácida** (I a V), com a coluna de **pH das soluções** (A a E).

Constantes de dissociação ácida	pH
I - $6,4 \cdot 10^{-10}$	A - 2,6
II - $1,8 \cdot 10^{-5}$	B - 3,4
III - $4,0 \cdot 10^{-6}$	C - 2,5
IV - $6,8 \cdot 10^{-4}$	D - 5,6
V - $1,2 \cdot 10^{-3}$	E - 3,7

a) I - D, II - B, III - A, IV - C e V - E.
b) I - A, II - B, III - C, IV - D e V - E.
c) I - E, II - D, III - C, IV - B e V - A.
d) I - D, II - B, III - E, IV - A e V - C.
e) I - C, II - B, III - E, IV - A e V - C.

Exercício Resolvido

88. Um suco de limão apresenta $[H^+] = 5 \cdot 10^{-3}$ mol/L. Qual é o seu pH? (Dado: log 5 = 0,7)

Resolução

Utilizando a definição de logaritmo, podemos afirmar que, se log 5 = 0,7, então $10^{0,7} = 5$. Com isso, podemos transformar o valor $5 \cdot 10^{-3}$ em uma simples potência de dez.

$[H^+] = 5 \cdot 10^{-3} = \underbrace{10^{0,7} \cdot 10^{-3}} = 10^{-2,3}$ mol/L

Somam-se os expoentes

Como $[H^+] = 10^{-2,3}$ mol/L $\Rightarrow$ $\boxed{pH = 2,3}$

89. (UFRRJ) Sabendo que a concentração de H^+ no sangue humano pode situar-se entre $5 \cdot 10^{-8}$ mol/L e $3 \cdot 10^{-8}$ mol/L, calcule a faixa de pH do sangue.

Dados: log 3 = 0,5; log 5 = 0,7.

90. (UEG-GO) Considere uma solução aquosa 1,0 mol · L^{-1} de um ácido hipotético HA. Sabendo que essa solução apresenta o mesmo pH de uma solução aquosa com concentração $8,0 \cdot 10^{-3}$ mol · L^{-1} de um outro ácido hipotético HB, responda ao que se pede.

Dados: α (HB) = 100%; log 8 = 0,9

a) Calcule o pH da solução que contém o ácido HB.

b) Calcule o grau de ionização do ácido HA.

91. (UCS-RS) O ácido fenilacético ($HC_8H_7O_2$; monoácido) é uma das substâncias que se acumula no sangue das pessoas com fenilcetonúria, um distúrbio de origem genética que pode causar o retardo mental ou até a morte.

Supondo-se que, em determinada situação, a concentração de ácido fenilacético seja de 0,08 mol · L^{-1}, o pH da solução será de:

a) 3,60
b) 2,70
c) 1,70
d) 5,30
e) 4,00

Dados:
$K_a = 5 \cdot 10^{-5}$ mol · L^{-1}
log 2 = 0,30

92. (UnB-DF) Considere que o azul de bromotimol (HA) seja um ácido fraco e que apresente a característica seguinte.

$$\underset{\text{amarelo}}{HA} \rightleftharpoons \underset{\text{azul}}{H^+ + A^-}$$

Decida se a afirmação é certa ou errada:

Uma solução de azul de bromotimol tende a ficar azul com a adição de ácido fosfórico.

93. (UFRGS-RS) O ácido acético é um ácido fraco que se ioniza em água de acordo com a reação:

$$CH_3COOH\,(aq) \rightleftharpoons CH_3COO^-\,(aq) + H^+\,(aq)$$

A respeito dessa reação, é correto afirmar que:

a) a constante de equilíbrio independe do pH da solução.

b) a ionização do ácido acético é maior em meio ácido.

c) o pH da solução resultante será elevado.

d) o componente majoritário da solução é o íon H^+.

e) o pH da solução final independe da concentração inicial de ácido acético.

94. (UFF-RJ) Nas células do nosso corpo, o dióxido de carbono é produto final do metabolismo. Uma certa quantidade desse composto é dissolvida no sangue e a reação que se processa é:

$$CO_2 + H_2O \rightleftharpoons H_2CO_3 \rightleftharpoons H^+ + HCO_3^-$$

Esses equilíbrios mantêm o valor do pH do sangue em torno de 7,5. Numa situação de incêndio, há um aumento na inalação de gás carbônico, acarretando elevação dos níveis de CO_2 no sangue. Nesse caso, o indivíduo sofre "acidose". O contrário é a "alcalose". Com base nas informações assinale a opção correta.

a) O valor normal do pH do sangue é ácido.

b) A acidose é provocada quando o equilíbrio se desloca para a direita.

c) Tanto na alcalose quanto na acidose, a posição de equilíbrio não sofre alteração.

d) A alcalose tem como responsável o aumento da $[CO_2]$.

e) O pH normal do sangue independe dos valores da $[CO_2]$.

8 Hidrólise salina

8.1 Previsão do caráter ácido-básico de uma solução de sal

SHEILA TERRY/SCIENCE PHOTO LIBRARY/LATINSTOCK

▲ Solo ácido.

CLAIRE DEPREZ/REPORTERS/SCIENCE PHOTO LIBRARY/LATINSTOCK

◄ Acertar o pH de solos ácidos é indispensável para muitos tipos de lavoura. É possível fazer isso pela adição de calcário, que contém predominantemente $CaCO_3$. Este, sendo um sal de base forte, $Ca(OH)_2$, e ácido fraco, H_2CO_3, sofre hidrólise, produzindo íons OH^-.

É muito frequente o pensamento de que a solução aquosa de um sal é neutra. Isso, no entanto, nem sempre é verdadeiro, como mostram três dos quatro resultados experimentais Ⓐ, Ⓑ, Ⓒ e Ⓓ, mostrados abaixo.

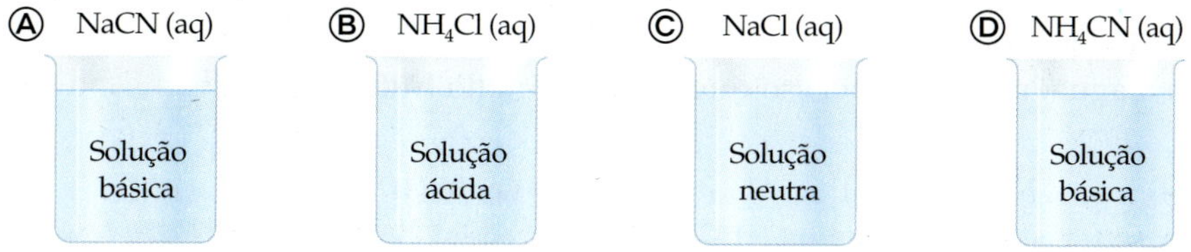

Vejamos um modo de prever se uma solução de sal é neutra, ácida ou básica. Perceba que os sais escolhidos como exemplos são derivados dos ácidos HCl e HCN e das bases NaOH e NH_4OH:

HCl — ácido **forte**	NaOH — base **forte**
HCN — ácido **fraco**	NH_4OH — base **fraca**

Caso Ⓐ: NaCN é um sal de ácido fraco e de base **forte**. Há predomínio do caráter básico e a solução de NaCN é **básica**.

Caso Ⓑ: NH_4Cl é um sal de ácido **forte** e de base fraca. Predomina o caráter ácido e a solução de NH_4Cl é **ácida**.

Caso Ⓒ: NaCl é um sal de ácido **forte** e de base **forte**. Ocorre um "empate" entre caráter ácido e caráter básico e a solução de NaCl é **neutra**.

Caso Ⓓ: NH_4CN é um sal de ácido fraco e de base fraca. Nesse caso, para decidir se o meio é ácido ou básico, devemos consultar K_a e K_b:

- para o HCN: $K_a = 4{,}9 \cdot 10^{-10}$
- para o NH_4OH: $K_b = 1{,}8 \cdot 10^{-5}$

$K_b > K_a$ ⇒ **Solução básica**

Como $K_b > K_a$, isso significa que a base é mais forte (menos fraca) que o ácido e a solução do sal será **básica**. Caso $K_a > K_b$, a solução seria ácida. E se K_a e K_b fossem iguais, a solução seria neutra.

- Sal de ácido fraco e **base forte** ⇒ solução **básica**
- Sal de **ácido forte** e base fraca ⇒ solução **ácida**
- Sal de **ácido forte** e **base forte** ⇒ solução **neutra**
- Sal de ácido fraco e base fraca:
  - se $K_a > K_b$ ⇒ solução **ácida**
  - se $K_a < K_b$ ⇒ solução **básica**
  - se $K_a = K_b$ ⇒ solução **neutra**

A regra prática é:

- Sal de um **ácido mais forte** que a base produz solução **ácida**.
- Sal de uma **base mais forte** que o ácido produz solução **básica**.

Se necessário, recorde força de ácidos e de bases no capítulo **11**.

8.2 O conceito de hidrólise salina

Caso Ⓐ: NaCN é um sal de ácido fraco e de base forte. Quando se dissolve em água, sofre dissociação iônica e, graças a isso, a solução aquosa conterá íons Na^+ (aq) e íons CN^- (aq). Evidências indicam que os íons cianeto reagem com a água e, nesse processo, recebem um íon H^+ dela proveniente, originando HCN (aq), um ácido fraco.

O processo, que pode ser equacionado como segue, é denominado **hidrólise do íon cianeto**:

$$CN^-(aq) + HOH(l) \rightleftharpoons HCN(aq) + OH^-(aq)$$ **Meio básico (OH^-)**

Essa equação representa a hidrólise do íon CN^-.

O processo produz íons hidroxila, OH^-, aumentando a concentração desse íon na solução (comparada à água pura). O meio adquire caráter **básico**. Os íons Na^+ permanecem em solução sem reagir com a água.

Caso Ⓑ: NH_4Cl é um sal de ácido forte e de base fraca. Graças à dissociação iônica, sua solução aquosa contém íons NH_4^+ (aq) e íons Cl^- (aq).

Os íons amônio reagem com a água, em um processo que é denominado **hidrólise do íon amônio***:

$$NH_4^+ (aq) + HOH (l) \rightleftharpoons NH_4OH (aq) + H^+ (aq) \quad \textbf{Meio ácido } (H^+)$$

Essa equação representa a hidrólise do íon NH_4^+.

Esse processo, que produz íons H^+, provoca aumento da concentração desses íons na solução (comparada à água pura) e, por isso, o meio se torna **ácido**. Os íons Cl^- permanecem em solução, sem reagir com a água.

Após esses dois exemplos podemos dizer que:

- **Hidrólise salina** é o nome do processo em que o cátion e/ou ânion proveniente(s) de um sal reage(m) com a água.

- Apenas cátions de base **fraca** e ânions de ácido **fraco** sofrem hidrólise apreciável.

Por que íons de ácidos e bases fortes não sofrem hidrólise?

Se os íons Na^+ e Cl^- sofressem hidrólise, as equações seriam:

$$Na^+ (aq) + HOH (l) \rightleftharpoons \underset{\text{Base forte}}{NaOH (aq)} + H^+ (aq)$$

$$Cl^- (aq) + HOH (l) \rightleftharpoons \underset{\text{Ácido forte}}{HCl (aq)} + OH^- (aq)$$

No entanto, perceba que esses processos não possuem propensão nenhuma para acontecer, pois a base, NaOH, sendo forte ($\alpha = 100\%$), possui alta tendência para reagir com o H^+ revertendo a reação. O mesmo ocorre com o HCl, ácido forte ($\alpha = 100\%$), que reage com o OH^- também favorecendo a reação inversa.

Caso Ⓒ: NaCl é um sal de ácido forte e de base forte. **Não há hidrólise do cátion nem do ânion**. E o meio permanece neutro.

Caso Ⓓ: NH_4CN é um sal de ácido fraco e de base fraca. **Ocorre a hidrólise do cátion** (como em Ⓑ) **e do ânion** (como em Ⓐ). O ácido e a base formados nas reações de hidrólise são fracos e, nesse caso, decidimos o caráter do meio (ácido, básico ou neutro) comparando K_a e K_b, como já foi discutido.

FOTOS: ANDREW LAMBERT PHOTOGRAPHY/ SCIENCE PHOTO LIBRARY/LATINSTOCK

▲ Uma solução de $Al(NO_3)_3$ é ácida como decorrência da hidrólise do cátion. (A cor amarela da solução se deve ao indicador verde de bromocresol acrescentado.)

▲ Uma solução de Na_2CO_3 (composto conhecido usualmente como soda ou barrilha) é alcalina devido à hidrólise do ânion.

* Equacionado, com mais rigor científico, da seguinte maneira:
$NH_4^+ (aq) + H_2O (l) \rightleftharpoons NH_3 (aq) + H_3O^+ (aq)$

Exercícios essenciais

A critério do(a) professor(a) esta lista de exercícios poderá ser realizada em classe ou em casa.

95. (UFC-CE) Considere três soluções aquosas, A, B e C, todas a 25 °C. Medidas de pH destas soluções mostraram os seguintes resultados:

Solução	pH
A	$> 7{,}0$
B	7,0
C	$< 7{,}0$

Considerando as espécies NaCl, NH_4Cl, NaF, CH_3COONa, NaCN, $NaNO_3$ e Li_2SO_4, é correto afirmar que as soluções A, B e C são respectivamente:

a) NaCl, NaF e NaCN

b) NaCN, $NaNO_3$ e NH_4Cl

c) $NaNO_3$, CH_3COONa e NaCl

d) Li_2SO_4, NH_4Cl e $NaNO_3$

e) NaF, NaCN e CH_3COONa

96. (UFRGS-RS) Uma solução de cor violeta obtida pela fervura das folhas de repolho roxo pode ser utilizada como um indicador ácido-base. Em soluções com pH menor que 6, esse indicador adquire coloração vermelha; em soluções com pH maior que 9, ele adquire coloração verde.
Assinale a alternativa que apresenta corretamente as cores que as soluções aquosas de NH_4Cl, Na_2CO_3 e $CaSO_4$ adquirem na presença desse indicador.

	NH_4Cl	Na_2CO_3	$CaSO_4$
a)	vermelho	verde	violeta
b)	violeta	verde	vermelho
c)	verde	vermelho	violeta
d)	violeta	vermelho	verde
e)	vermelho	violeta	verde

97. (UFPB) Os solos brasileiros, em sua maioria, são ácidos, dificultando a cultura de várias espécies de plantas, e são caracterizados por baixas concentrações de íons Ca^{2+} e Mg^{2+} e por valores elevados do cátion Al^{3+}. Esse problema é corrigido mediante o processo conhecido como *calagem*, que consiste na incorporação ao solo de substâncias que se **hidrolisam** e corrigem a acidez.
Com base nessas informações, é correto afirmar que o sal apropriado para a redução da acidez do solo é:

a) NH_4Cl **c)** $CaCl_2$ **e)** $Al(NO_3)_3$

b) $CaCO_3$ **d)** $MgSO_4$

98. (EEM-SP-modificada) Ao fazer a medida do pH da água de um aquário marinho, um estudante obteve o valor de 7,9. Para atingir o valor do pH ideal, que é 8,1, ele deve adicionar, no aquário, um ou mais dentre os seguintes reagentes: HCl, $NaHCO_3$, H_2O_2 e CO_2.
Qual deverá ser a escolha do estudante?

Exercícios adicionais

Seu(sua) professor(a) indicará quais exercícios deste bloco você deve fazer.

99. (UFRN-adaptada) Em algumas regiões do país, é comum o cultivo de hortênsias. A coloração dessas flores depende da acidez do solo. As hortênsias apresentam coloração azulada em solos ácidos e coloração rosa em solos básicos. Sabendo disso, um jardineiro prepara dois vasos com o mesmo tipo de solo e com pH igual a 7,0. Em cada vaso, coloca uma solução 1,0 mol/L de substâncias diferentes, conforme a ilustração abaixo:

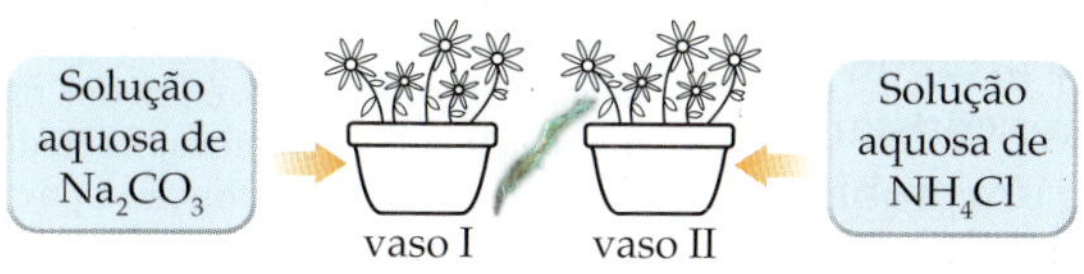

Determine qual será a coloração da flor obtida em cada vaso. Justifique sua resposta utilizando as equações de hidrólise dos sais em solução aquosa.

100. (UPE) Julgue se a afirmação é verdadeira ou falsa.
O acetato de sódio, quando dissolvido em água destilada, produz uma solução alcalina, pois o íon sódio, ao reagir com água, origina o hidróxido de sódio e o gás de hidrogênio.

101. (UFV-MG) Considere os equilíbrios em meio aquoso, representados pelas equações I, II, III e IV.

I. $H_2O + H_2O \rightleftharpoons H_3O^+ + OH^-$

II. $HCN + H_2O \rightleftharpoons H_3O^+ + CN^-$

III. $CO_3^{2-} + H_2O \rightleftharpoons HCO_3^- + OH^-$

IV. $NH_4^+ + H_2O \rightleftharpoons H_3O^+ + NH_3$

Assinale a alternativa que contém as características ácido-base das soluções aquosas resultantes de cada um dos equilíbrios representados nas equações I, II, III e IV, respectivamente:

a) Básico, ácido, neutro, ácido.

b) Ácido, neutro, básico, neutro.

c) Neutro, ácido, básico, ácido.

d) Neutro, básico, ácido, básico.

e) Ácido, neutro, ácido, neutro.

102. (Uerj) A amônia gasosa reage com o cloreto de hidrogênio gasoso segundo a equação química a seguir:

$$NH_3\,(g) + HCl\,(g) \rightarrow NH_4Cl\,(s)$$

Considere que o cloreto de amônio formado foi dissolvido em água. A essa solução foi adicionado um indicador, cuja cor varia em função do pH, conforme a tabela ao lado.

cor	pH (a 25 °C)
amarelo	menor que 7
verde	igual a 7
azul	maior que 7

Indique a cor da solução após a adição do indicador e escreva a equação química que representa a hidrólise de cloreto de amônio.

9 Equilíbrios heterogêneos: análise matemática

9.1 A concentração de um sólido é constante

Considere um pedaço de ferro sólido. Essa amostra (figura Ⓐ) possui uma massa, uma quantidade em mols e um volume bem definidos.

Imagine que juntemos a esse pedaço um outro igual a ele (figura Ⓑ). Agora teremos uma amostra de ferro sólido com o dobro da massa, da quantidade em mols e do volume. No entanto, a concentração em mol/L é exatamente a mesma.

Podemos generalizar, dizendo que:

- A uma temperatura fixa, a concentração em mol/L de um sólido possui um valor constante.

Ⓐ

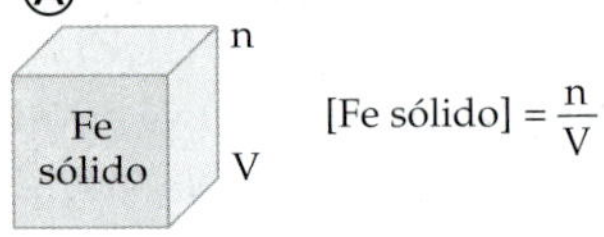

Ⓑ

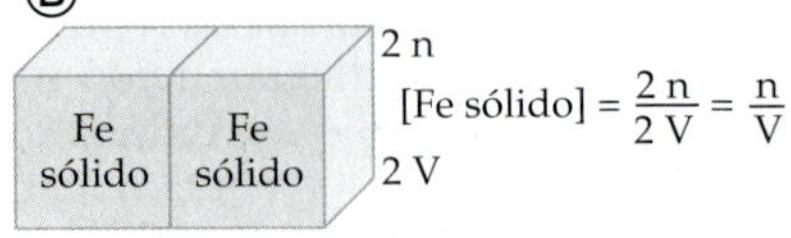

9.2 Obtenção do ferro: exemplo de equilíbrio heterogêneo

Nas indústrias siderúrgicas, o ferro metálico é obtido nos altos-fornos a partir de minérios como, por exemplo, a hematita (Fe_2O_3). A equação da reação é:

$$Fe_2O_3\,(s) + 3\,CO\,(g) \rightleftharpoons 2\,Fe\,(s) + 3\,CO_2\,(g)$$

Esse é um exemplo de **equilíbrio heterogêneo**, ou seja, aquele em que **os participantes se encontram em duas ou mais fases diferentes**. Usando o que estudamos até agora, escreveríamos a expressão da constante de equilíbrio em função das concentrações da seguinte forma:

$$K'_C = \frac{[Fe]^2 \cdot [CO_2]^3}{[Fe_2O_3] \cdot [CO]^3}$$

No entanto, perceba que tanto a concentração do Fe quanto a do Fe_2O_3 são constantes, pois ambos são sólidos. Uma vez que a constante de equilíbrio serve para auxiliar o químico a descobrir as concentrações que estarão presentes no equilíbrio, não faz o menor sentido colocar na sua expressão valores constantes. Isso representaria apenas mais cálculos a fazer na hora de resolver um problema prático, sem nenhuma vantagem em troca.

Por isso, podemos incorporar os valores das concentrações de sólidos no valor de K'_C, resultando em um valor também constante.

$$K'_C = \frac{[Fe]^2 \cdot [CO_2]^3}{[Fe_2O_3] \cdot [CO]^3} \Rightarrow K'_C \cdot \frac{[Fe_2O_3]}{[Fe]^2} = \frac{[CO_2]^3}{[CO]^3}$$

Três constantes que resultam em uma nova constante (K_C)

RODRIGO PAIVA/FOLHAPRESS

▲ Linha de produção de automóveis, cuja "lataria" é feita de aço (liga de ferro e carbono). O ferro, conhecido desde antes de Cristo, é um dos metais mais utilizados pela nossa sociedade. O processo de sua obtenção a partir do minério envolve um equilíbrio heterogêneo.

Assim, neste caso, a constante de equilíbrio é escrita como:

$$Fe_2O_3\,(s) + 3\,CO\,(g) \rightleftharpoons 2\,Fe\,(s) + 3\,CO_2\,(g) \qquad K_C = \frac{[CO_2]^3}{[CO]^3}$$

Generalizando essa discussão, os químicos convencionaram que:

- As concentrações dos sólidos presentes no equilíbrio **não** figuram explicitamente na expressão matemática de K_C.

Outros exemplos para que isso fique bem claro:

$$CaCO_3\,(s) \rightleftharpoons CaO\,(s) + CO_2\,(g) \qquad K_C = [CO_2]$$

$$2\,Pb(NO_3)_2\,(s) \rightleftharpoons 2\,PbO\,(s) + 4\,NO_2\,(g) + O_2\,(g) \qquad K_C = [NO_2]^4 \cdot [O_2]$$

$$NH_3\,(g) + HCl\,(g) \rightleftharpoons NH_4Cl\,(s) \qquad K_C = \frac{1}{[NH_3] \cdot [HCl]}$$

$$PbCl_2\,(s) \rightleftharpoons Pb^{2+}(aq) + 2\,Cl^-\,(aq) \qquad K_C = [Pb^{2+}] \cdot [Cl^-]^2$$

Note bem que não estamos afirmando que os sólidos não tomam parte do equilíbrio. Eles participam da reação da mesma forma que as outras substâncias. O que estamos dizendo é que as concentrações dos sólidos, por serem constantes, não são úteis na expressão de K_C e, por isso, não são explicitamente colocadas nela. Estão incorporadas no valor de K_C.

10 Deslocamento de equilíbrios heterogêneos

10.1 Efeito da adição ou retirada de um participante

Se aumentarmos ou diminuirmos a concentração de CO ou CO_2, deslocaremos o seguinte equilíbrio por razões que já foram apresentadas.

$$Fe_2O_3\,(s) + 3\,CO\,(g) \rightleftharpoons 2\,Fe\,(s) + 3\,CO_2\,(g)$$

No entanto, **quando adicionamos um sólido**, isso **não altera sua concentração em mol/L** (lembre-se de que a concentração em mol/L de sólidos é constante a uma temperatura fixa) e, assim, **o equilíbrio não é deslocado**.

- A adição ou retirada de participante sólido **não** desloca um equilíbrio.

Ⓐ

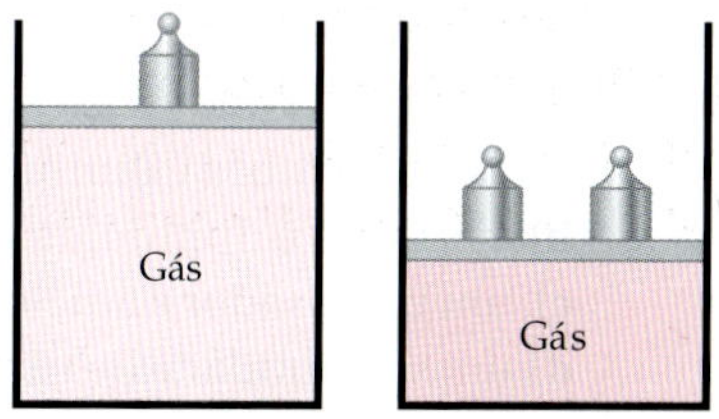

▲ O volume de gás **é** afetado pelo aumento de pressão.

10.2 Efeito das variações de pressão

Mudanças de pressão afetam o volume de gases (figura Ⓐ). Mas tais variações praticamente não alteram o volume dos líquidos e sólidos (figura Ⓑ). Líquidos e sólidos são praticamente incompressíveis. Assim, **nas análises de deslocamento por mudança na pressão, devemos considerar apenas os gases participantes, mas não os líquidos e sólidos**. Veja os exemplos:

$$Fe_2O_3\,(s) + 3\,CO\,(g) \rightleftharpoons 2\,Fe\,(s) + 3\,CO_2\,(g)$$

3 volumes de gás — **3 volumes de gás**

Esse equilíbrio não é afetado por variações de pressão

Ⓑ

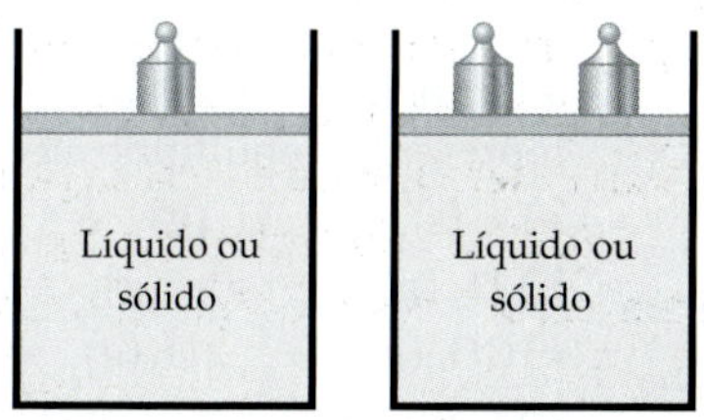

▲ O volume de líquido ou sólido **não é** afetado apreciavelmente pelo aumento de pressão.

$$CaCO_3\,(s) \rightleftharpoons CaO\,(s) + 1\ CO_2\,(g)$$

zero volume de gás — **1 volume de gás**

← **O aumento de pressão desloca para a esquerda**

A diminuição de pressão desloca para a direita →

10.3 Efeito das variações de temperatura

No que diz respeito ao deslocamento por aquecimento ou resfriamento, os equilíbrios heterogêneos comportam-se exatamente como os homogêneos. O **aquecimento desloca no sentido endotérmico** e o **resfriamento, no sentido exotérmico**.

Exercícios essenciais

A critério do(a) professor(a) esta lista de exercícios poderá ser realizada em classe ou em casa.

103. Em naves espaciais, o gás carbônico produzido na respiração pode ser eliminado através da reação com hidróxido de lítio:

$$CO_2\,(g) + 2\,LiOH\,(s) \rightleftharpoons Li_2CO_3\,(s) + H_2O\,(g)$$

Escreva a expressão de K_C para esse processo.

104. No produto denominado *leite de magnésia* existe o seguinte equilíbrio:

$$Mg(OH)_2\,(s) \rightleftharpoons Mg^{2+}(aq) + 2\,OH^-\,(aq)$$

Escreva a expressão de K_C para esse processo.

105. Os cálculos renais ("pedras nos rins") são agregados cristalinos compostos por alguns sais, dentre eles o $Ca_3(PO_4)_2$, que se forma na reação entre os íons presentes no sangue:

$$3\,Ca^{2+}(aq) + 2\,PO_4^{3-}\,(aq) \rightleftharpoons Ca_3(PO_4)_2\,(s)$$

A formação das "pedras nos rins" é favorecida por:

a) variações da pressão?
b) alta concentração de íons cálcio no sangue?
c) baixa concentração de íons fosfato no sangue?

Exercícios adicionais

Seu(sua) professor(a) indicará quais exercícios deste bloco você deve fazer.

106. (PUC-MG) Considere o equilíbrio a seguir:

$$C\,(s) + 2\,H_2\,(g) \rightleftharpoons CH_4(g) \qquad \Delta H = -75\ kJ \cdot mol^{-1}$$

É **CORRETO** afirmar que o equilíbrio será deslocado para a direita quando:

a) a temperatura é diminuída.
b) a pressão é diminuída.
c) um catalisador é adicionado.
d) uma quantidade de carbono é retirada.

107. (UFSCar-SP) As equações apresentadas a seguir representam equilíbrios químicos estabelecidos separadamente no interior de cilindros dotados de êmbolos móveis. Considerando que cada cilindro terá seu volume reduzido à metade do valor inicial, mantida a temperatura constante, assinale a alternativa que representa o equilíbrio afetado por essa alteração.

a) $C\,(s) + O_2\,(g) \rightleftharpoons CO_2\,(g)$
b) $H_2\,(g) + Br_2\,(g) \rightleftharpoons 2\,HBr\,(g)$
c) $CH_4\,(g) + 2O_2\,(g) \rightleftharpoons CO_2\,(g) + 2H_2O\,(g)$
d) $CaCO_3\,(s) \rightleftharpoons CaO\,(s) + CO_2\,(g)$
e) $FeO\,(s) + CO\,(g) \rightleftharpoons Fe\,(s) + CO_2\,(g)$

108. (UEMG) O esmalte dos dentes é constituído de um material pouco solúvel em água e cujo componente principal é a hidroxiapatita ($Ca_5(PO_4)_3OH$). Em um processo chamado desmineralização, que ocorre naturalmente, esse esmalte pode se dissolver, de acordo com a equação abaixo:

$$Ca_5(PO_4)_3OH\,(s) + H_2O\,(l) \rightleftharpoons 5\,Ca^{2+}\,(aq) + 3\,PO_4^{3-}\,(aq) + OH^-\,(aq)$$

Considerando que essa equação representa um equilíbrio químico presente em nossa boca e que a desmineralização é representada pelo processo direto, analise as alternativas abaixo e assinale a que apresenta uma informação **INCORRETA**.

a) Um aumento da acidez na boca pode acelerar o processo de desmineralização.
b) Uma dieta pobre em íons fosfato pode evitar a desmineralização.
c) A desmineralização pode ser evitada por uma dieta rica em cálcio.
d) No estado de equilíbrio, a velocidade de mineralização é igual à velocidade de desmineralização.

11 Solubilidade

11.1 Os tipos de soluções

Considere um copo contendo 100 g de água a 20 °C. Nessa amostra vamos adicionar o sal de fórmula KCl — um sólido de aspecto semelhante ao do sal de cozinha — aos poucos, sempre **agitando muito bem** após cada adição.

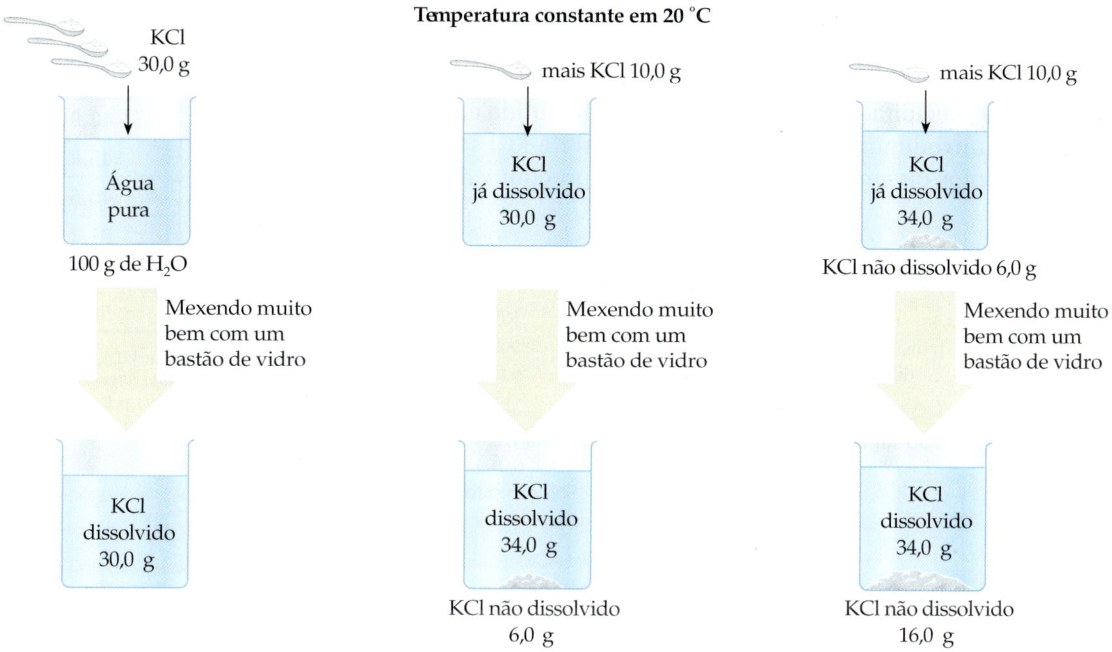

Como percebemos, 34,0 g é o máximo de KCl que podemos dissolver em 100 g de água a 20 °C. Todo KCl adicionado além desse valor não se dissolve, indo diretamente para o fundo do copo.

Dizemos que a **solubilidade** do KCl é de 34,0 g/100 g H_2O a 20 °C.

- **Solubilidade** ou **coeficiente de solubilidade** é o nome dado à máxima quantidade de uma substância que conseguimos dissolver em uma quantidade especificada de solvente, a uma dada pressão e temperatura, formando uma solução estável.

Os químicos utilizam alguns termos para designar as soluções, dependendo da concentração de soluto:

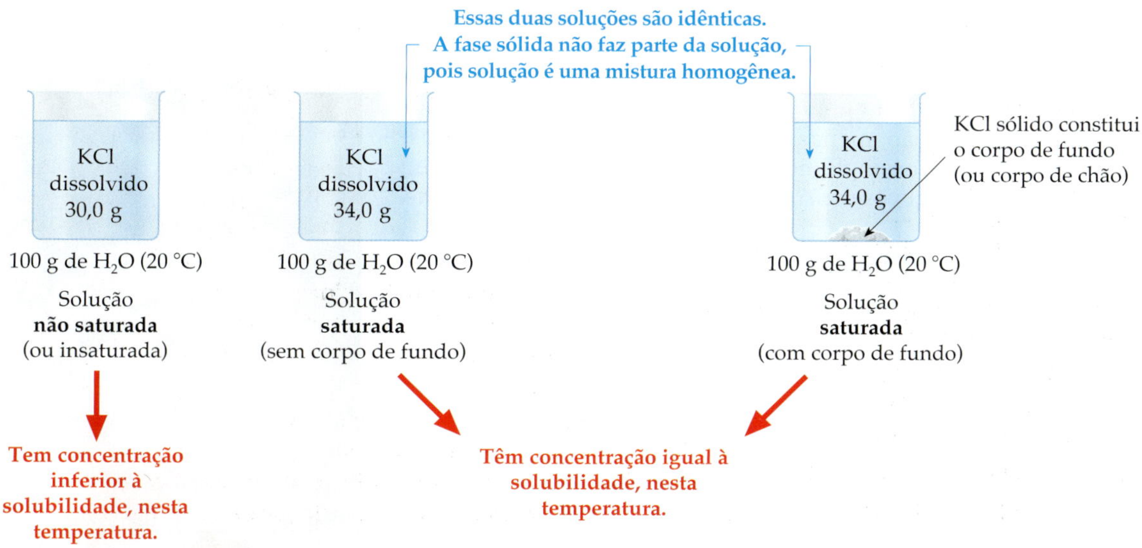

Repetindo a experiência a 30 °C percebemos que algo semelhante ocorre, porém descobrimos que a solubilidade do KCl nessa nova temperatura é 37,0 g do sal por 100 g de água. Podemos repetir essa experiência a várias temperaturas, elaborando assim uma tabela de solubilidade como a tabela 8.

Vamos, agora, analisar outra experiência, que começa com 100 g de água a 40 °C. A essa temperatura, de acordo com a tabela 8, podemos dissolver 40,0 g de KCl nessa quantidade de água, formando uma solução saturada. Se agora resfriarmos essa solução saturada até 20 °C, verificaremos que, durante o resfriamento, haverá a precipitação de KCl, isto é, formação de KCl sólido. Isso é fácil de entender, pois, a 20 °C, 100 g de água dissolvem apenas 34 g de KCl.

No entanto, se repetirmos várias vezes esse procedimento, resfriando muito lentamente, poderemos, com sorte, presenciar um fato interessante: conseguir chegar a 20 °C sem que haja a precipitação. Nesse caso, a solução obtida é chamada de **supersaturada**. Se introduzirmos um pequeno cristal de KCl sólido dentro da solução, perceberemos que imediatamente haverá a precipitação do KCl em excesso.

TABELA 8 **Solubilidade do KCl em água, a várias temperaturas**

Temperatura (°C)	Solubilidade (g/100 g H_2O)
0	27,8
10	31,9
20	34,0
30	37,0
40	40,0
50	42,9
60	45,8
70	48,5
80	51,2
90	53,8
100	56,4

Fonte: Elaborada a partir de LIDE, D. R. (ed.). *Handbook of Chemistry and Physics*. 84. ed. Boca Raton: CRC Press, 2003. p. **8**-113.

O cristal introduzido é chamado de **germe de cristalização**. A precipitação também ocorreria se tivéssemos agitado a solução com um bastão de vidro ou batido com ele na superfície externa do copo. Verificamos, portanto, que uma **solução supersaturada não é estável**, bastando uma pequena perturbação externa para que ocorra a precipitação do excesso de soluto.

Assim, **a tabela 8 mostra a máxima quantidade de KCl que podemos dissolver em 100 g de água, formando uma solução estável a uma dada temperatura**. Se ultrapassarmos esse limite, estaremos trabalhando com uma solução que não é estável, chamada de solução supersaturada.

Não se consegue fazer uma solução supersaturada por dissolução direta do soluto no solvente. Para consegui-la é necessário usar a estratégia que acabamos de descrever, partindo de uma solução que esteja a outra temperatura.

Soluções supersaturadas na cozinha

Soluções supersaturadas não são apenas curiosidades de laboratório; elas existem naturalmente. O mel é um exemplo, no qual o principal soluto é a glicose. Se o mel é deixado em repouso, a glicose cristaliza. Dizemos, não muito cientificamente, que o mel "açucarou".

Soluções supersaturadas de sacarose (açúcar de cana) são muito comuns na cozinha. As geleias são um exemplo. A sacarose frequentemente cristaliza quando a geleia é armazenada por um longo tempo.

Fonte do texto: HILL, J. W.; PETRUCCI, R. H. *General chemistry*. Upper Saddle River: Prentice Hall, 1996. p. 491. (*Tradução dos autores.*)

DENIS VRUBLEVSKI/SHUTTERSTOCK

▸ O mel é, frequentemente, uma solução supersaturada de açúcares.

11.2 Solubilidade e equilíbrio químico

Se adicionarmos 40 g de KCl a 100 g de água a 20 °C, verificaremos que, mesmo após prolongada agitação, 6,0 g do sólido ficarão no fundo, pois a solubilidade do KCl é de 34,0 g/100 g H_2O a essa temperatura.

$$\underbrace{KCl\,(s)}_{\text{Corpo de fundo}} \rightleftharpoons \underbrace{K^+\,(aq) + Cl^-\,(aq)}_{\text{Solução saturada}}$$

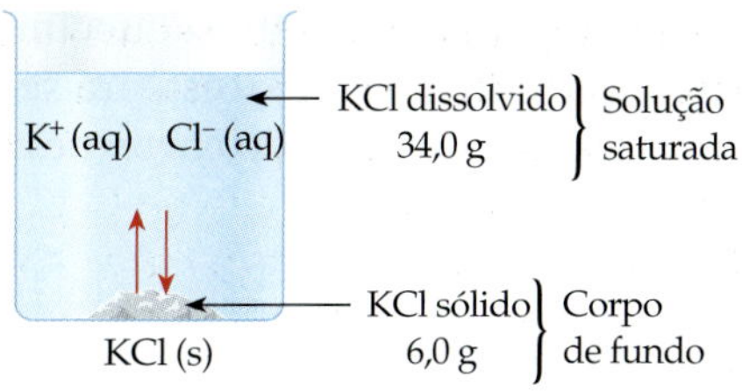

SÉRGIO DOTTA JR./CID

▲ Uma solução aquosa saturada de KCl em equilíbrio com KCl sólido.

Na verdade, nessa situação a dissolução não para de acontecer. Acontece que a reação inversa está ocorrendo com a mesma velocidade com que a direta. Isso caracteriza uma situação de equilíbrio químico. Trata-se de um equilíbrio heterogêneo entre o corpo de fundo e a solução.

• Solução em equilíbrio com corpo de fundo é necessariamente saturada.

11.3 Curvas de solubilidade

Um gráfico da solubilidade em função da temperatura é chamado de **curva de solubilidade**. Curvas de solubilidade são muito úteis para comparar a solubilidade de vários compostos e também para analisar o comportamento da solubilidade com a variação de temperatura.

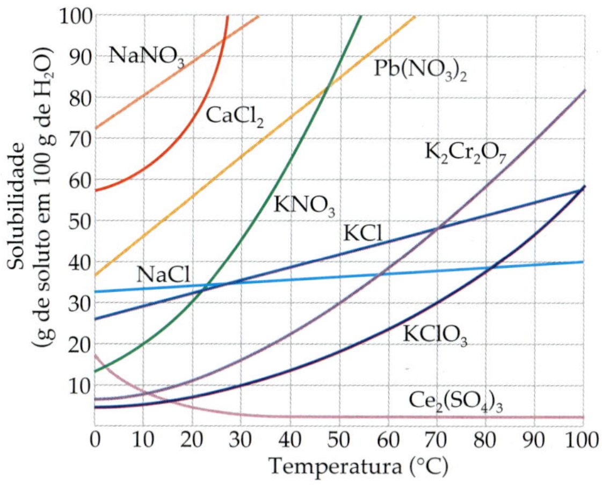

◄ Curva de solubilidade para alguns sais em água.

Fonte: BROWN, T. L. et al. *Chemistry*: the central science. 11. ed. Upper Saddle River: Prentice Hall, 2009. p. 541.

11.4 Solubilidade e temperatura

TABELA 9 Comparação das solubilidades do KCl e do Li_2CO_3 a várias temperaturas

Temperatura (°C)	Solubilidade (g/100 g H_2O)	
	KCl	Li_2CO_3
0	27,8	1,56
10	31,9	1,45
20	34,0	1,35
30	37,0	1,26
40	40,0	1,16
50	42,9	1,08

(KCl: Solubilidade aumenta ↓; Li_2CO_3: Solubilidade aumenta ↑)

Fonte: Elaborada a partir de LIDE, D. R. (ed.). *CRC Handbook of Chemistry and Physics*. 84. ed. Boca Raton: CRC Press, 2003. p. **8**-113 e **8**-114.

A tabela 9 permite concluir que o KCl e o Li_2CO_3 apresentam solubilidades que se comportam diferentemente diante de variações de temperatura.

O fato de a solubilidade do KCl aumentar com o aquecimento significa que, se aquecermos uma solução saturada com corpo de chão, este irá se dissolver cada vez mais. Já no caso do Li_2CO_3, isso provocaria um aumento do corpo de chão.

Note que, com o aquecimento, a quantidade de KCl no corpo de chão diminuiu.

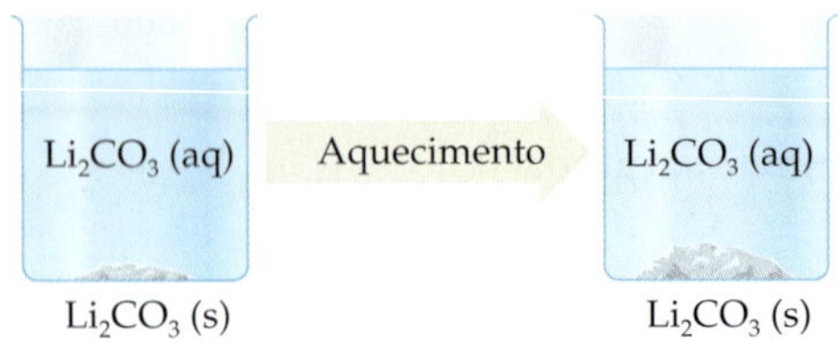

Note que, com o aquecimento, a quantidade de Li_2CO_3 no corpo de chão aumentou.

Qual seria a razão desse comportamento diferente de ambas as solubilidades? A resposta reside no fato de a **dissolução do KCl** ser **endotérmica** ($\Delta H > 0$) e a **dissolução do Li_2CO_3** ser **exotérmica** ($\Delta H < 0$). De acordo com o Princípio de Le Chatelier, **o aquecimento desloca o equilíbrio no sentido endotérmico**. Assim, o aquecimento favorece a solubilização do KCl e desfavorece a do Li_2CO_3.

$$KCl\,(s) \underset{}{\overset{\text{endotérmico}}{\rightleftharpoons}} K^+\,(aq) + Cl^-\,(aq) \qquad \Delta H > 0$$

O aquecimento desloca para a direita

O aquecimento *aumenta* a solubilidade do KCl

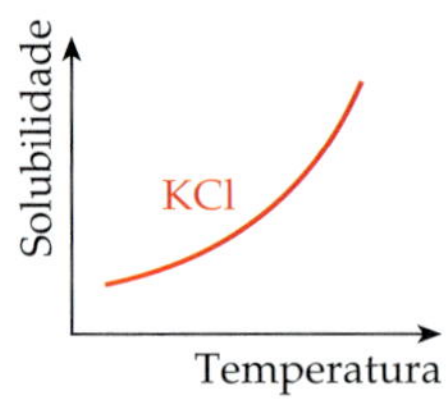

$$Li_2CO_3\,(s) \underset{\text{endotérmico}}{\rightleftharpoons} 2\,Li^+\,(aq) + CO_3^{2-}\,(aq) \qquad \Delta H < 0$$

O aquecimento desloca para a esquerda

O aquecimento *diminui* a solubilidade do Li_2CO_3

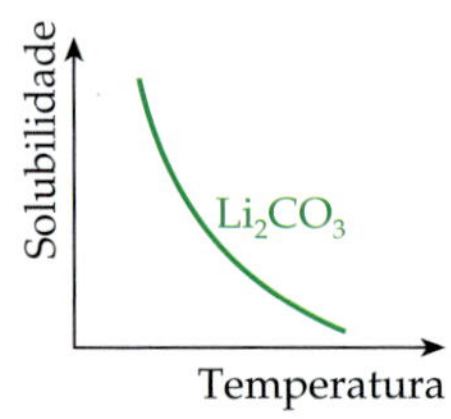

Uma solução aquosa de KCl na presença de corpo de fundo é resfriada em água gelada.

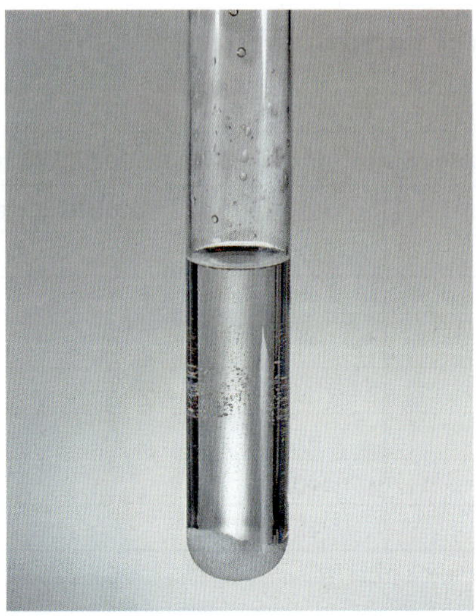

FOTOS: SÉRGIO DOTTA JR./CID

Quando esse mesmo sistema tem sua temperatura aumentada, mais KCl (s) se dissolve e observa-se diminuição do corpo de fundo.

Solubilidade de gases em líquidos

Efeito da temperatura

É difícil generalizar o comportamento da dissolução de gases em água como função da temperatura. Podemos dizer, contudo, que **geralmente** ocorre uma **diminuição da solubilidade do gás em água quando a temperatura aumenta**.

Em mares e rios, os despejos de água quente feitos por indústrias provocam a chamada **poluição térmica**, ou seja, um aumento da temperatura da água. Mesmo um aumento relativamente pequeno de temperatura pode provocar grande mortalidade de peixes por causar redução da solubilidade do oxigênio em água.

Efeito da pressão

É verificado experimentalmente que a pressão parcial de um gás influencia diretamente a sua solubilidade em água. A **solubilidade de um gás em um líquido**, à temperatura constante, é **proporcional à pressão do gás**. Essa é a chamada **Lei de Henry**.

O aumento da pressão do gás provocará um aumento na sua concentração dissolvida, por exemplo, em água. Caso o gás reaja com a água, isso provocará um deslocamento do equilíbrio da reação entre ambos.

KHOROSHUNOVA OLGA/SHUTTERSTOCK

▲ Se um mergulhador que esteja a razoável profundidade voltar à superfície muito rapidamente, a brusca redução de pressão diminui a solubilidade dos gases e isso faz com que sejam expulsos do sangue. Há formação de bolhas nas veias e artérias, impedindo o fluxo de sangue e provocando dores nas juntas e nos músculos, surdez, paralisia e até mesmo a morte.

VINCENT MONCORGE/LOOK AT SCIENCES/SCIENCE PHOTO LIBRARY/LATINSTOCK

▲ Quanto menor a pressão parcial do CO_2 sobre o líquido, menor a tendência desse composto de permanecer dissolvido.

Exercícios essenciais

A critério do(a) professor(a) esta lista de exercícios poderá ser realizada em classe ou em casa.

Exercício Resolvido

109. (Unifor-CE) A 30 °C a solubilidade do nitrato de prata em água é de 3.000 g por quilograma da água. Adiciona-se, a 30 °C, 2.000 g desse sal a 500 g de água, agita-se vigorosamente e depois filtra-se. Qual a massa da solução saturada obtida?

a) 1.000 g
b) 1.500 g
c) 2.000 g
d) 2.500 g
e) 3.000 g

➤ Resolução

Se em 1.000 g de água podem se dissolver 3.000 g do sal, deduz-se que em 500 g de água podem se dissolver 1.500 g de sal.

Grandezas: **Massa de soluto** **Massa de solvente**

$$\left.\begin{array}{ccc} 3.000\text{ g} & — & 1.000\text{ g} \\ x & — & 500\text{ g} \end{array}\right\} \Rightarrow \boxed{x = 1.500\text{ g}}$$

Assim, a **solução saturada** obtida será constituída por 500 g de solvente (água) e 1.500 g de soluto (nitrato de prata), apresentando **massa total de 2.000 g**. Alternativa **c**.

110. (Ufam) Adicionando-se soluto a um solvente, chega-se a um ponto em que o solvente não mais consegue dissolver o soluto. Neste ponto a solução torna-se:

a) supersaturada
b) concentrada
c) fraca
d) saturada
e) diluída

111. (UFRGS-RS) Quais as soluções aquosas, contendo uma única substância dissolvida, que podem apresentar corpo de fundo dessa substância?

a) saturadas e supersaturadas.
b) somente as saturadas.
c) insaturadas diluídas.
d) somente as supersaturadas.
e) insaturadas concentradas.

112. (Evangélica-GO) O coeficiente de solubilidade de um sal é de 40 g por 100 g de água a 80 °C.
A massa em gramas desse sal, nessa temperatura, necessária para saturar 70 g de água é:

a) 18 **c)** 36 **e)** 70
b) 28 **d)** 40

113. (Uneb-BA) A solubilidade do dicromato de potássio a 20 °C é 12,5 g por 100 mL de água. Colocando-se em um tubo de ensaio 20 mL de água e 5 g de dicromato de potássio a 20 °C, podemos afirmar que, após agitação e posterior repouso, nessa temperatura:

a) coexistem solução saturada e fase sólida.
b) não coexistem solução saturada e fase sólida.
c) só existe solução saturada.
d) a solução não é saturada.
e) o dicromato de potássio não se dissolve.

114. (UFG-GO) Os sistemas, a seguir, contêm soluções aquosas de NaCl em três diferentes situações, mantidas a temperatura constante:

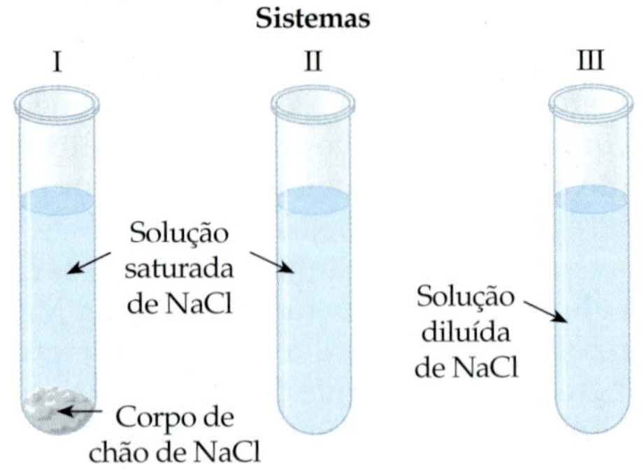

a) Indique qual(is) sistema(s) está(ão) em equilíbrio. Justifique sua resposta.
b) O que ocorrerá, em cada sistema, se for adicionada uma quantidade muito pequena de NaCl sólido?

Exercícios adicionais

Seu(sua) professor(a) indicará quais exercícios deste bloco você deve fazer.

115. (PUC-RJ) Observe a figura abaixo, que representa a solubilidade, em g por 100 g de H_2O, de 3 sais inorgânicos em determinada faixa de temperatura.

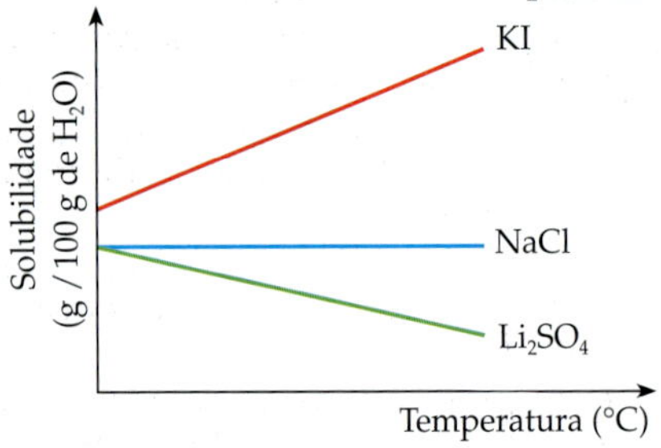

Assinale a afirmativa correta:

a) A solubilidade dos 3 sais aumenta com a temperatura.
b) O aumento de temperatura favorece a solubilização do Li_2SO_4.
c) A solubilidade do KI é maior que as solubilidades dos demais sais, na faixa de temperatura dada.
d) A solubilidade do NaCl varia com a temperatura.
e) A solubilidade de 2 sais diminui com a temperatura.

116. (UFPE) Uma solução saturada de NH_4Cl foi preparada a 80 °C utilizando-se 200 g de água. Posteriormente, essa solução sofre um resfriamento sob agitação até atingir 40 °C. Determine a massa de sal depositada nesse processo. A solubilidade do NH_4Cl varia com a temperatura, conforme mostrado no gráfico.

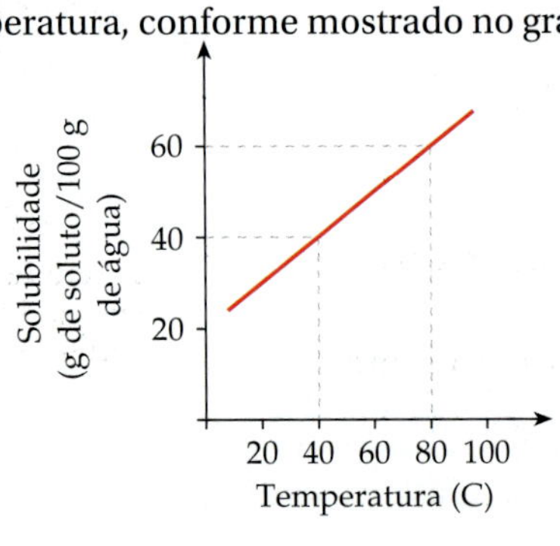

117. (UFV-MG) A solubilidade do nitrato de potássio (KNO_3), em função da temperatura, é representada no gráfico abaixo:

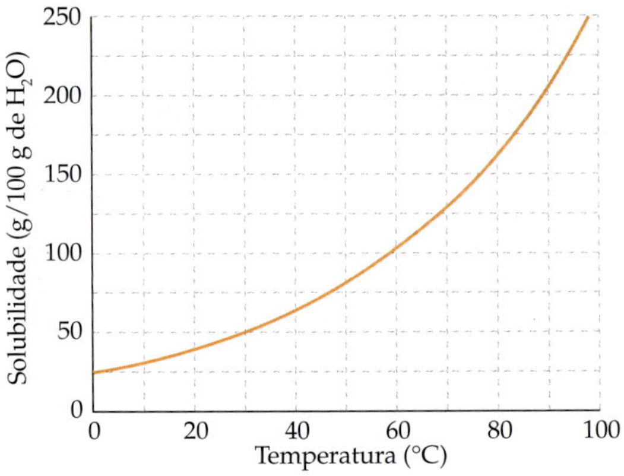

De acordo com o gráfico, assinale a alternativa que indica CORRETAMENTE a massa de KNO_3, em gramas, presente em 750 g de solução, na temperatura de 30 °C.

a) 250
b) 375
c) 150
d) 100
e) 500

Comentário dos autores:

Atente a que se refere o dado 750 g.

118. (UFMG) Numa aula no Laboratório de Química, os alunos prepararam, sob a supervisão do professor, duas soluções aquosas, uma de cloreto de potássio, KCl, e uma de cloreto de cálcio, $CaCl_2$.

Após observarem a variação da temperatura em função do tempo, durante o preparo de cada uma dessas soluções, os alunos elaboraram o seguinte gráfico:

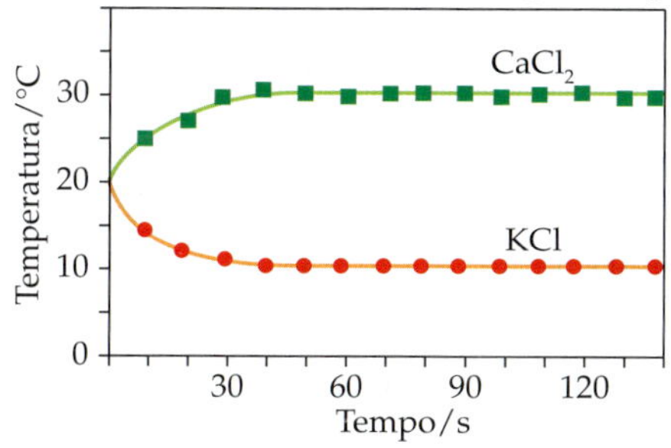

Considerando-se as informações fornecidas por esse gráfico e outros conhecimentos sobre o assunto, é **CORRETO** afirmar que:

a) a dissolução do $CaCl_2$ diminui a energia cinética média das moléculas de água.

b) a dissolução do KCl é um processo exotérmico.

c) a entalpia de dissolução do $CaCl_2$ é maior que zero.

d) a solubilidade do KCl aumenta com o aumento da temperatura.

119. (UFRJ) Os frascos a seguir contêm **soluções saturadas** de cloreto de potássio (KCl) em duas temperaturas diferentes. Na elaboração das soluções foram adicionados, em cada frasco, 400 mL de água e 200 g de KCl.

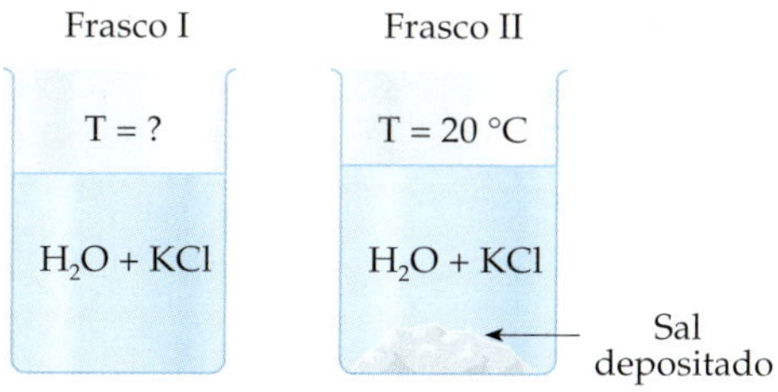

O diagrama a seguir representa a solubilidade do KCl em água, em gramas de soluto/100 mL de H_2O, em diferentes temperaturas.

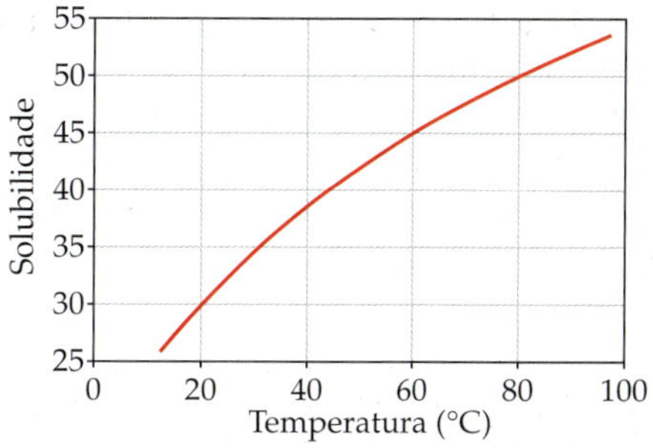

a) Determine a temperatura da solução do frasco I.

b) Sabendo que a temperatura do frasco II é de 20 °C, calcule a quantidade de sal (KCl) depositado no fundo do frasco.

120. (UFRGS-RS) Um experimento é realizado em duas etapas.

Etapa 1: A 200 mL de água destilada contidos em um copo são adicionadas quantidades crescentes de NaCl. Essa mistura é agitada intensa e vigorosamente, até que se observe a precipitação de cristais de NaCl que não mais solubilizam.

Etapa 2: À mistura obtida na Etapa 1 são acrescentados alguns cristais de $KMnO_4$. Após algum tempo, observa-se que a fase líquida adquire uma coloração violácea característica do permanganato de potássio.

A análise desse experimento permite concluir que:

a) a fase líquida obtida ao final da Etapa 2 é uma solução supersaturada.

b) o NaCl e o $KMnO_4$ devem apresentar os mesmos valores de coeficiente de solubilidade.

c) a solubilização do $KMnO_4$ na Etapa 2 só foi possível porque a solução líquida obtida na Etapa 1 estava insaturada.

d) a solução líquida obtida na Etapa 1, embora esteja saturada de NaCl, ainda mantém a possibilidade de solubilizar $KMnO_4$.

e) a fase líquida obtida ao final da Etapa 2 não pode ser considerada uma solução, porque foram utilizados dois solutos com propriedades diferentes.

12 Produto de solubilidade

12.1 O que é produto de solubilidade?

Como já vimos, há um equilíbrio químico entre o corpo de chão e uma solução saturada. Dessa forma, podemos escrever a constante de equilíbrio, lembrando que a concentração de um sólido não entra na expressão de K_C.

$$\underbrace{BaSO_4(s)}_{\text{Sólido iônico}} \rightleftharpoons \underbrace{Ba^{2+}(aq) + SO_4^{2-}(aq)}_{\text{Solução saturada}} \qquad K_C = [Ba^{2+}] \cdot [SO_4^{2-}]$$

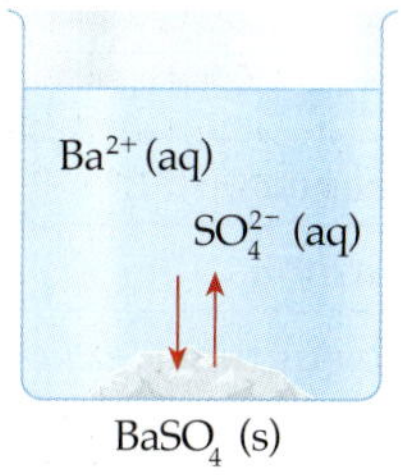

▲ Solução saturada em equilíbrio com o corpo de chão.

Essa constante de equilíbrio é conhecida como **produto de solubilidade**.

- **Produto de solubilidade** é o nome dado à constante de equilíbrio para um processo do tipo:

$$\text{sólido iônico} \rightleftharpoons \text{solução saturada}$$

Costuma-se simbolizar o produto de solubilidade por $\mathbf{K_S}$, $\mathbf{K_{PS}}$ ou **PS**. A IUPAC recomenda a representação K_S.

$$BaSO_4\,(s) \rightleftharpoons Ba^{2+}\,(aq) + SO_4^{2-}\,(aq) \qquad K_S = [Ba^{2+}] \cdot [SO_4^{2-}]$$

Outros exemplos de expressões para o produto de solubilidade:

$$AgCl\,(s) \rightleftharpoons Ag^{+}\,(aq) + Cl^{-}\,(aq) \qquad K_S = [Ag^{+}] \cdot [Cl^{-}]$$

$$PbCl_2\,(s) \rightleftharpoons Pb^{2+}\,(aq) + 2\,Cl^{-}\,(aq) \qquad K_S = [Pb^{2+}] \cdot [Cl^{-}]^2$$

$$Al(OH)_3\,(s) \rightleftharpoons Al^{3+}\,(aq) + 3\,OH^{-}\,(aq) \qquad K_S = [Al^{3+}] \cdot [OH^{-}]^3$$

$$Ca_3(PO_4)_2\,(s) \rightleftharpoons 3\,Ca^{2+}\,(aq) + 2\,PO_4^{3-}\,(aq) \qquad K_S = [Ca^{2+}]^3 \cdot [PO_4^{3-}]^2$$

A partir desses exemplos é fácil perceber que, como a concentração do sólido não aparece explicitamente, a expressão do K_S sempre terá o aspecto de um produto de concentrações. Daí o nome produto de solubilidade.

Na prática, o produto de solubilidade só é utilizado para compostos que possuam baixa solubilidade em água, pois, quando estamos trabalhando com compostos muito solúveis, o K_S não se mantém rigorosamente constante. Exemplos de valores numéricos para K_S aparecem na tabela 10.

TABELA 10 **Alguns valores de produto de solubilidade (K_S), a 25 °C**

Composto	K_S	Composto	K_S
AgCl	$2 \cdot 10^{-10}$	$Fe(OH)_2$	$5 \cdot 10^{-17}$
$BaCO_3$	$3 \cdot 10^{-9}$	$Fe(OH)_3$	$3 \cdot 10^{-39}$
$BaSO_4$	$1 \cdot 10^{-10}$	$Mg(OH)_2$	$6 \cdot 10^{-12}$
$CaCO_3$	$3 \cdot 10^{-9}$	$PbCl_2$	$2 \cdot 10^{-5}$
$CaSO_4$	$5 \cdot 10^{-5}$	$PbSO_4$	$3 \cdot 10^{-8}$

Fonte: LIDE, D. R. (ed.). *CRC Handbook of Chemistry and Physics*. 84. ed. Boca Raton: CRC Press, 2003. p. **8**-119ss.

12.2 Não confunda "solubilidade" com "produto de solubilidade"

Como vimos, "solubilidade" é o nome dado à máxima quantidade de soluto que conseguimos dissolver de modo estável em uma certa quantidade de solvente. Já o "produto de solubilidade" é a denominação de uma constante de equilíbrio. São coisas diferentes e você não deve confundi-las. Mas será que existe alguma relação entre ambas as grandezas? Sim, e é isso que veremos agora.

Imagine uma solução de $BaSO_4$ em equilíbrio com o corpo de chão. Vamos representar por S a concentração de $BaSO_4$ dissolvido, expressa em mol/L, ou seja, S é a **solubilidade em mol/L**. A concentração dos íons Ba^{2+} e SO_4^{2-} pode ser calculada em função de S e substituída na expressão de K_S. Assim, encontramos uma relação entre S e K_S.

S mols de $BaSO_4$ se encontram dissolvidos por litro de solução

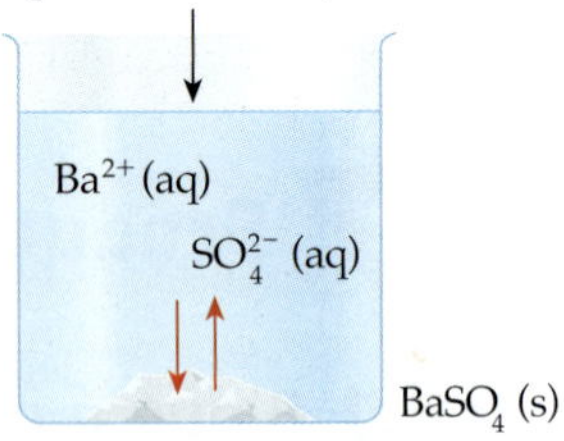

K_S = produto de solubilidade
S = solubilidade (em mol/L)

$$BaSO_4\,(s) \rightleftharpoons Ba^{2+}\,(aq) + SO_4^{2-}\,(aq)$$

	$BaSO_4$ (s)	Ba^{2+} (aq)	SO_4^{2-} (aq)
Início	Quantidade inicial	—	—
Reagiu	1 S	—	—
Formou	—	1 S	1 S
No equilíbrio	"Sobra"	S	S

Não nos interessa saber quanto sobra, pois o sólido não entra na constante de equilíbrio

$$K_S = [Ba^{2+}] \cdot [SO_4^{2-}] = S \cdot S \quad \Rightarrow \quad K_S = S^2$$

Portanto, se conhecermos a solubilidade (em mol/L), podemos calcular o produto de solubilidade e vice-versa. Mas é necessário deixar claro que a expressão que acabamos de deduzir não vale para todos os compostos. Para entender, observe os seguintes exemplos e perceba que a relação entre S e K_S muda de composto para composto:

$$PbCl_2\ (s) \rightleftharpoons Pb^{2+}\ (aq) + 2\ Cl^-\ (aq)$$

	$PbCl_2$ (s)	Pb^{2+} (aq)	$2\ Cl^-$ (aq)
Início	Quantidade inicial	—	—
Reagiu	1 S	—	—
Formou	—	1 S	2 S
No equilíbrio	"Sobra"	S	2 S

$$K_S = [Pb^{2+}] \cdot [Cl^-]^2 = S \cdot (2\ S)^2 \Rightarrow K_S = 4 \cdot S^3$$

$$Al(OH)_3\ (s) \rightleftharpoons Al^{3+}\ (aq) + 3\ OH^-\ (aq)$$

	$Al(OH)_3$ (s)	Al^{3+} (aq)	$3\ OH^-$ (aq)
Início	Quantidade inicial	—	—
Reagiu	1 S	—	—
Formou	—	1 S	3 S
No equilíbrio	"Sobra"	S	3 S

$$K_S = [Al^{3+}] \cdot [OH^-]^3 = S \cdot (3\ S)^3 \Rightarrow K_S = 27 \cdot S^4$$

Biblioteca do estudante
Informe-se sobre a Química:
Precipitação na natureza: a formação da casca do ovo

Visão do especialista

Revisão

EDUARDO SANTALIESTRA/CID

▲ O sulfato de bário é um sal pouco solúvel em água ($K_S = 1 \cdot 10^{-10}$). Ele é facilmente precipitável misturando soluções contendo íons Ba^{2+} e SO_4^{2-}, em concentrações tais que, após a mistura, o produto $[Ba^{2+}][SO_4^{2-}]$ ultrapasse $1 \cdot 10^{-10}$.

WALTER GEIERSPERGER/CORBIS/LATINSTOCK

▲ A barita é um mineral constituído por sulfato de bário. O $BaSO_4$ é usado como contraste em radiografias do intestino. Uma foto que ilustra essa técnica pode ser vista na página 174.

Exercícios essenciais

A critério do(a) professor(a) esta lista de exercícios poderá ser realizada em classe ou em casa.

121. Dê a expressão matemática do produto de solubilidade para as seguintes substâncias:

a) CaF_2 **b)** ZnS **c)** Ag_2CrO_4 **d)** $Fe(OH)_3$ **e)** $Al_2(CO_3)_3$

122. Estabeleça uma relação matemática entre a solubilidade em mol/L (represente-a por S) e o produto de solubilidade (K_S) para cada um dos seguintes compostos:

a) CaF_2
b) ZnS
c) Ag_2CrO_4
d) $Fe(OH)_3$
e) $Al_2(CO_3)_3$

123. O produto de solubilidade do sulfato de bário ($BaSO_4$) é $K_S = 1{,}0 \cdot 10^{-10}$. Quantos mols desse sal devem ser dissolvidos em 1,0 litro de água para se obter uma solução saturada?

124. (Fuvest-SP) A determinada temperatura, a solubilidade do sulfato de prata em água é $2{,}0 \cdot 10^{-2}$ mol/L. O produto de solubilidade (K_{PS}) desse sal à mesma temperatura é:

a) $4{,}0 \cdot 10^{-4}$
b) $8{,}0 \cdot 10^{-4}$
c) $6{,}4 \cdot 10^{-5}$
d) $3{,}2 \cdot 10^{-5}$
e) $8{,}0 \cdot 10^{-6}$

Exercícios adicionais

Seu(sua) professor(a) indicará quais exercícios deste bloco você deve fazer.

125. (Vunesp) Uma das formas de contaminação do solo que preocupa as autoridades ambientalistas se dá por meio do descarte de substâncias contendo metais pesados, como os comumente encontrados em pilhas e baterias. Uma vez presente no solo, a substância pode atingir o lençol freático, levada principalmente por água da chuva. Supondo que quantidades molares iguais de dois metais pesados $X(OH)_2$ e $Y(OH)_2$ tenham sido deixadas em um aterro sanitário, e sabendo que os respectivos K_S são iguais a $1{,}3 \cdot 10^{-8}$ e $1{,}0 \cdot 10^{-25}$, é possível afirmar que:

a) o metal X contaminará primeiro o lençol freático.
b) o metal Y contaminará primeiro o lençol freático.
c) no início da contaminação, o metal X apresentará maiores concentrações no lençol freático.
d) os metais X e Y não contaminarão o lençol freático, pois reagirão com sais presentes no solo.
e) os metais X e Y não contaminarão o lençol freático, pois são muito pouco solúveis.

126. (UFG-GO) Um estudante, caminhando com um béquer que continha 1 L de uma solução saturada de carbonato de magnésio, com 10 g de corpo de chão, levou um esbarrão, deixando cair 120 mL do sobrenadante.
Explique o que ele poderia fazer para se obter o mesmo volume de solução saturada, sem acrescentar mais carbonato de magnésio à solução.
(**Dado:** K_{PS} do $MgCO_3 = 4 \cdot 10^{-6}$)

127. (UCPel-RS) Uma solução saturada de base, representada por $X(OH)_2$, cuja reação de equilíbrio é

$$X(OH)_2\,(s) \xrightleftharpoons{H_2O} X^{+2}\,(aq) + 2\,OH^-\,(aq)$$

tem um pH = 10, a 25 °C. O produto de solubilidade do $X(OH)_2$ é:

a) $2 \cdot 10^{-13}$
b) $5 \cdot 10^{-13}$
c) $6 \cdot 10^{-12}$
d) $1 \cdot 10^{-12}$
e) $3 \cdot 10^{-10}$

128. (UEG-GO) Um estudante de Química adicionou $Ba(OH)_2$ em 100 mL de água pura até haver formação de corpo de fundo. Em seguida, realizou uma filtração para eliminação do excesso de sólido. Retirou 50 mL da referida solução e transferiu-a para o recipiente mostrado na figura a seguir. A solução foi titulada com H_2SO_4 e o ponto de equivalência determinado com base no comportamento da lâmpada.

Dados: K_{PS}, $Ba(OH)_2 = 3{,}0 \cdot 10^{-4}$
K_{PS}, $BaSO_4 = 1{,}0 \cdot 10^{-10}$
$\sqrt[3]{75} = 4{,}2$

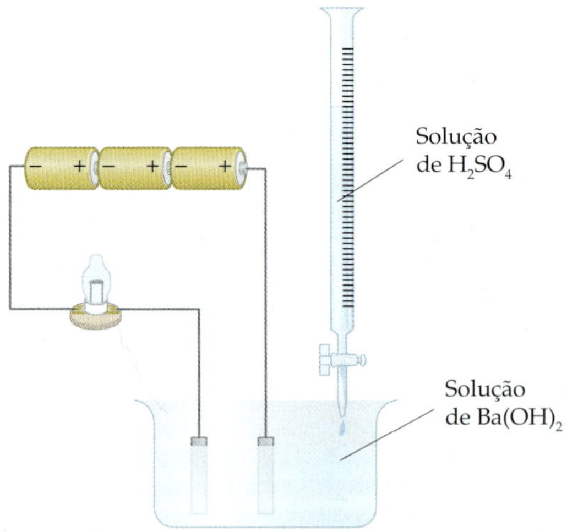

a) Calcule a concentração em $mol \cdot L^{-1}$ da solução de $Ba(OH)_2$ após a filtração.
b) Escreva a reação balanceada e explique por que é possível determinar o ponto de equivalência usando a lâmpada conectada ao circuito.

Capítulo 24

Radioatividade: fenômenos de origem nuclear

PALÉ ZUPPANI/PULSAR IMAGENS

Alguns conteúdos importantes:

- Características das emissões alfa, beta e gama
- Efeitos biológicos da radiação
- Cinética das emissões radioativas
- Transmutação nuclear
- Aplicações da radioatividade
- Fissão nuclear
- Fusão nuclear

▲ A energia emitida pelo Sol e por outras estrelas é proveniente de reações de fusão nuclear.

Prezado aluno, o conteúdo desse capítulo está em seu DVD. Você pode encontrá-lo na *Biblioteca do estudante* na aba *Capítulos complementares*. A abordagem dos assuntos relacionados a esse capítulo em sala de aula fica a critério do professor, que vai decidir de acordo com as necessidades e as prioridades da grade curricular. De qualquer modo, ele está disponível para que você possa estudá-lo e aprender seu conteúdo.

Capítulo 25 Introdução à Química dos compostos de carbono

TISH 1/SHUTTERSTOCK

Alguns conteúdos importantes:

- Cadeias carbônicas e sua classificação
- Noções sobre a composição do petróleo e seu aproveitamento
- Subdivisões dos hidrocarbonetos
- Nomenclatura dos hidrocarbonetos

▲ A cor das cenouras deve-se a uma substância denominada betacaroteno, que é um hidrocarboneto insaturado de cadeia mista. Neste capítulo, estudaremos, entre outros conceitos, o que vêm a ser "hidrocarboneto", "insaturado" e "cadeia mista".

Guia de estudo

1 O que é Química Orgânica?

Há mais de 200 anos surgiu a expressão **compostos orgânicos** para designar as substâncias produzidas por organismos vivos, animais ou vegetais. Por razões históricas relacionadas com o próprio desenvolvimento da Química como Ciência, os químicos **não** utilizam mais tal expressão com esse significado. Atualmente, são chamados de compostos orgânicos os compostos que contêm carbono, **sejam ou não** produzidos por organismos vivos.

- **Química Orgânica** é o ramo da Química que estuda os **compostos que contêm carbono**, chamados de **compostos orgânicos**.

A Química Orgânica possui um papel de grande importância para a compreensão dos processos que ocorrem nos seres vivos. Mas essa não é sua única importância. Plásticos, detergentes e muitos dos medicamentos são exemplos de substâncias orgânicas **não** encontradas em nenhum ser vivo; ao contrário, são fabricadas em indústrias. Portanto, não se deixe confundir pela palavra *orgânica*.

Química Orgânica é a química dos compostos de carbono. Neste capítulo, iniciamos o estudo desse ramo da Química, um assunto interessante, moderno, em contínuo desenvolvimento e muito presente em nosso cotidiano.

Existem algumas substâncias que, embora contenham carbono, não são consideradas substâncias orgânicas. As mais importantes são a grafite, o diamante, o monóxido de carbono (CO), o dióxido de carbono (CO_2), o ácido carbônico (H_2CO_3), o ácido cianídrico (HCN) e os carbonatos e cianetos (sais derivados do ácido carbônico e do ácido cianídrico), como Na_2CO_3, $CaCO_3$ e NaCN. Boa parte dessas substâncias já era conhecida e estudada antes mesmo do surgimento da Química Orgânica. Suas propriedades assemelham-se muito mais às das substâncias inorgânicas (aquelas que não contêm carbono) do que às das orgânicas e, por isso, os químicos as consideram inorgânicas.

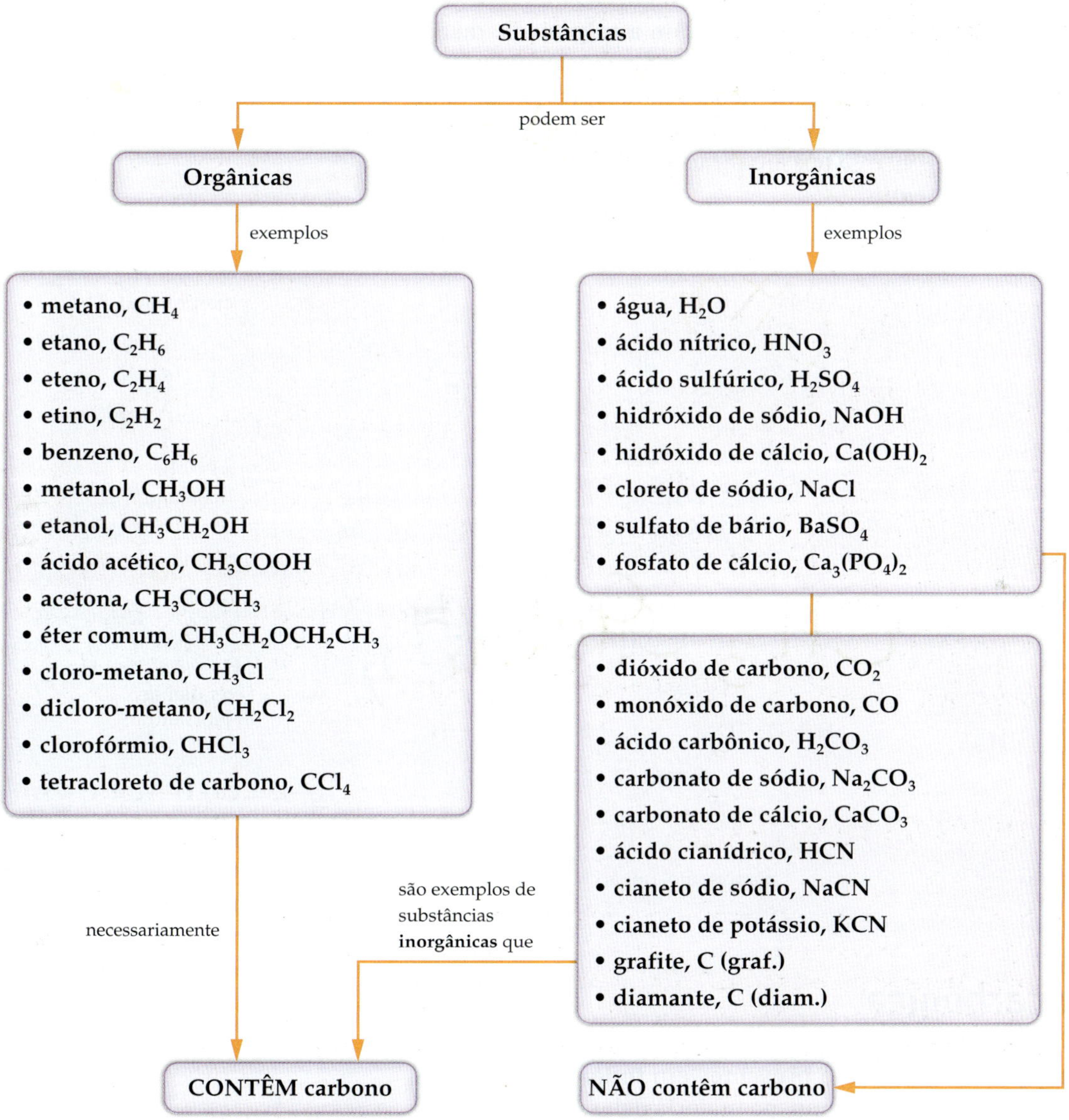

2 Alguns exemplos de compostos orgânicos

Há cerca de 200 anos existiam pouquíssimos medicamentos, quase todos extraídos de plantas. As cirurgias eram difíceis de realizar, entre outros motivos, devido à inexistência de **anestésicos**. Só em 1800 foi descoberto o primeiro anestésico geral, o N_2O. Éter e clorofórmio só passaram a ser utilizados a partir de 1840.

Anestésicos gerais causam inconsciência e, consequentemente, insensibilidade à dor. As fórmulas de alguns anestésicos gerais são mostradas no quadro Ⓐ. Como você pode perceber, os anestésicos mostrados são compostos orgânicos, exceto o N_2O, que não contém carbono. Atualmente, não se utiliza mais o clorofórmio, pois está comprovado que ele provoca danos irreparáveis ao fígado. Evita-se também o uso do ciclo-propano, do éter dietílico e do éter divinílico, pois são inflamáveis.

Extrair um dente é um procedimento que não requer anestesia geral, sendo utilizados nesses casos os **anestésicos locais**, substâncias que insensibilizam o tato de uma região e, dessa forma, eliminam a sensação de dor. Você já pode ter tomado contato com eles no dentista ou se o médico lhe receitou pomada para aliviar a dor de queimaduras. Exemplos de anestésicos locais são o eugenol e a benzocaína, cujas fórmulas estruturais aparecem no quadro Ⓑ.

Para aliviar a dor, os médicos geralmente receitam **analgésicos**, medicamentos que combatem a dor sem causar inconsciência ou insensibilidade. Exemplos de analgésicos são o ácido acetilsalicílico e o paracetamol (também chamado de acetaminofen), cujas fórmulas estruturais estão no quadro Ⓒ.

Os exemplos dos quadros Ⓐ, Ⓑ e Ⓒ nos ajudarão a entender alguns conceitos que serão apresentados a seguir.

ATENÇÃO

O consumo de medicamentos sem orientação médica, a automedicação, é uma atitude extremamente perigosa à saúde.

JAMAIS SE AUTOMEDIQUE.

Ⓐ

N_2O

óxido de dinitrogênio

(Não é orgânico!)

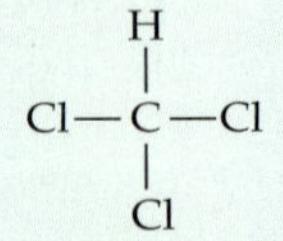

clorofórmio

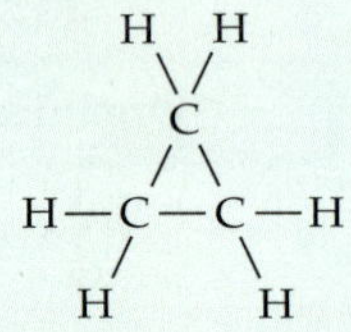

ciclo-propano

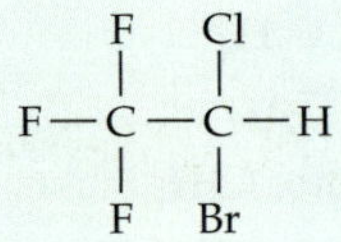

halotano

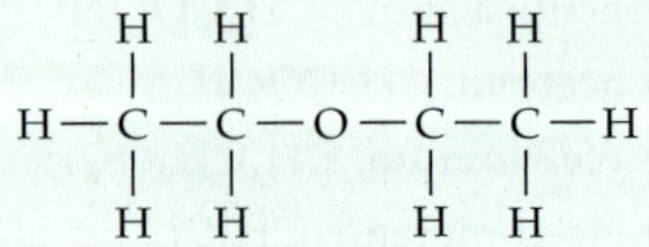

éter dietílico
(éter comum)

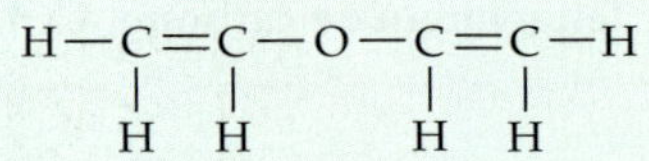

éter divinílico

Ⓑ

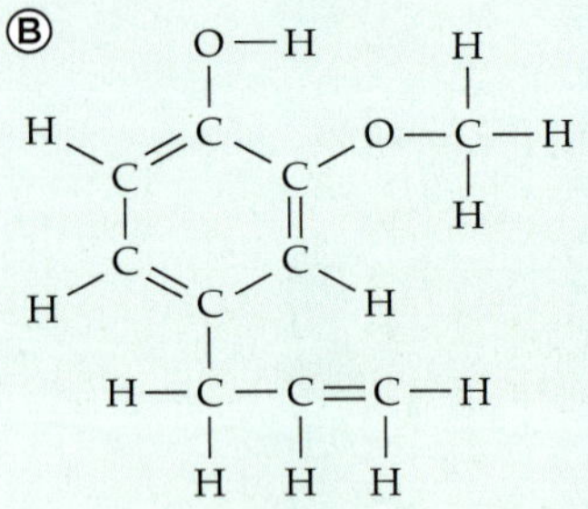

eugenol

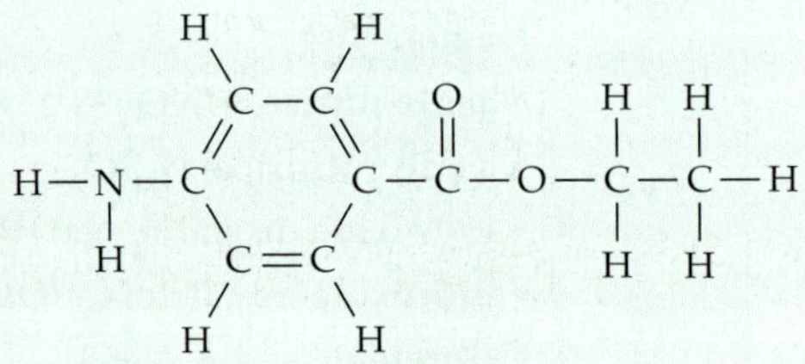

benzocaína

Ⓒ

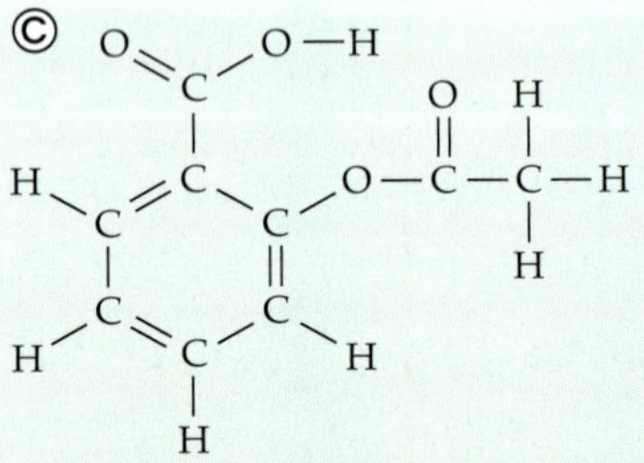

ácido acetilsalicílico

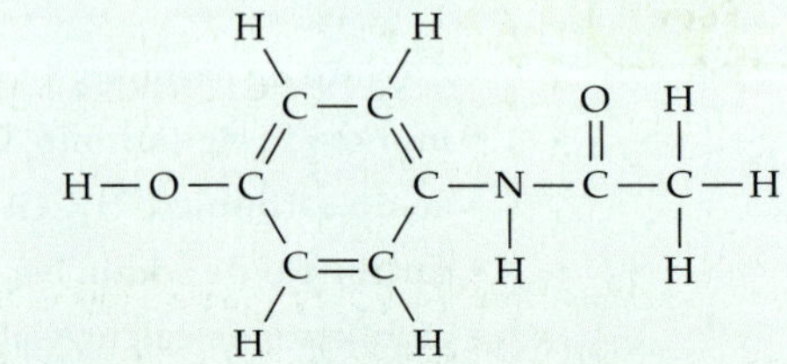

paracetamol (ou acetaminofen)

3 Cadeia carbônica

Átomos do elemento **carbono** estão presentes em **todas** as moléculas orgânicas. E átomos do elemento hidrogênio, na maioria delas.

Os átomos de carbono formam o "esqueleto" de uma molécula orgânica.

Qualquer átomo em uma molécula orgânica que **não** seja de carbono ou de hidrogênio é denominado **heteroátomo**.

Quando um ou mais heteroátomos estão presentes entre dois carbonos (quimicamente ligados a eles), os cientistas os consideram também parte do "esqueleto" da molécula orgânica. Se um heteroátomo não está entre carbonos, ele não é considerado parte do "esqueleto" molecular. Assim, no "esqueleto" das duas moléculas representadas ao lado não há apenas carbono. Há também um heteroátomo; no caso, o oxigênio.

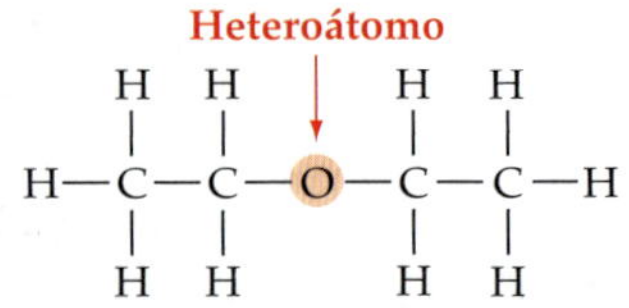

éter dietílico

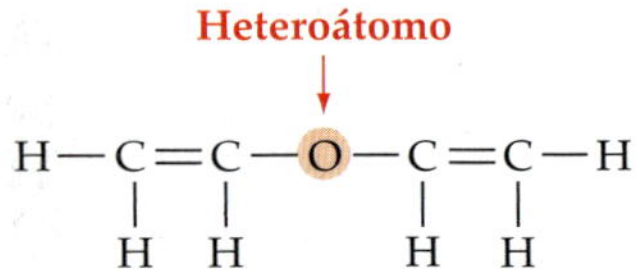

éter divinílico

Para que certo heteroátomo esteja entre carbonos é necessário que ele faça **pelo menos duas** ligações covalentes. É o caso, por exemplo, dos átomos dos elementos O, S, N e P, mas não de F, Cl, Br e I.

No lugar da expressão "esqueleto" da molécula, os químicos utilizam a expressão **cadeia carbônica**.

- **Cadeia carbônica** é a estrutura formada por todos os **átomos de carbono** de uma molécula orgânica **e** também pelos **heteroátomos que estejam posicionados entre esses carbonos**.

Por exemplo, na fórmula estrutural do ácido acetilsalicílico, mostrada a seguir, dos quatro heteroátomos presentes, apenas um faz parte da cadeia carbônica.

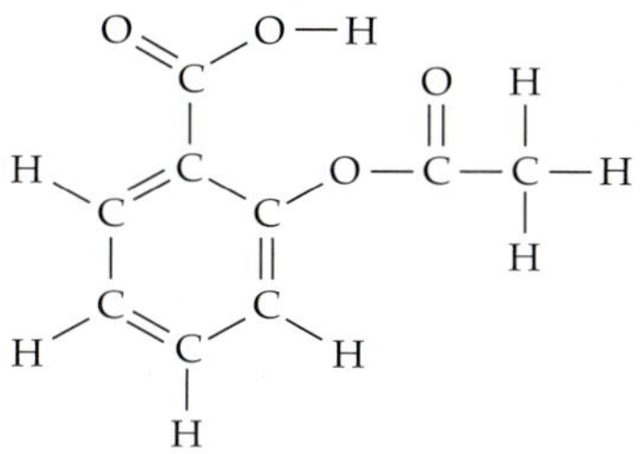

▲ Fórmula estrutural do ácido acetilsalicílico.

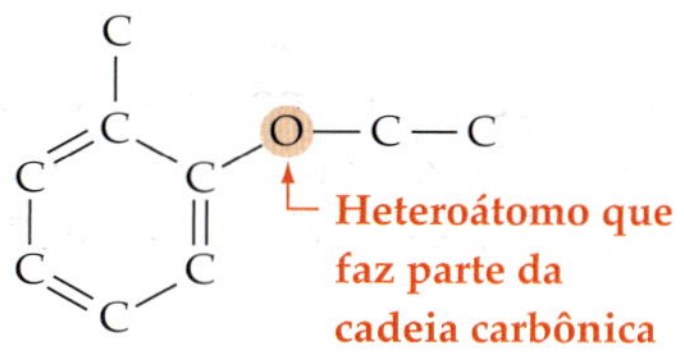

▲ Cadeia carbônica do ácido acetilsalicílico.

4 Fórmulas estruturais simplificadas

Para poupar tempo e tornar as fórmulas estruturais mais fáceis de escrever e de ler, os químicos buscaram uma representação mais sensata: a **fórmula estrutural simplificada**.

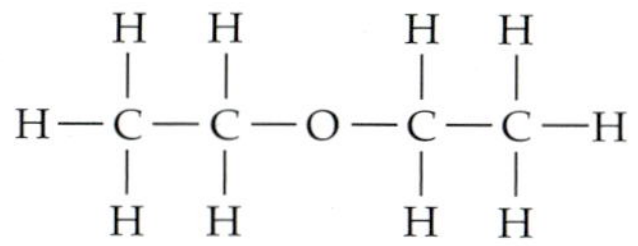

éter dietílico

Pode ser representado por

$CH_3-CH_2-O-CH_2-CH_3$

ou

$H_3C-CH_2-O-CH_2-CH_3$

Moléculas com estrutura cíclica possuem uma representação ainda mais resumida, que alguns denominam **representação** ou **estrutura em bastão**.

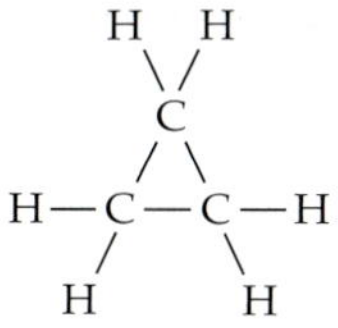

ciclo-propano

Pode ser representado por

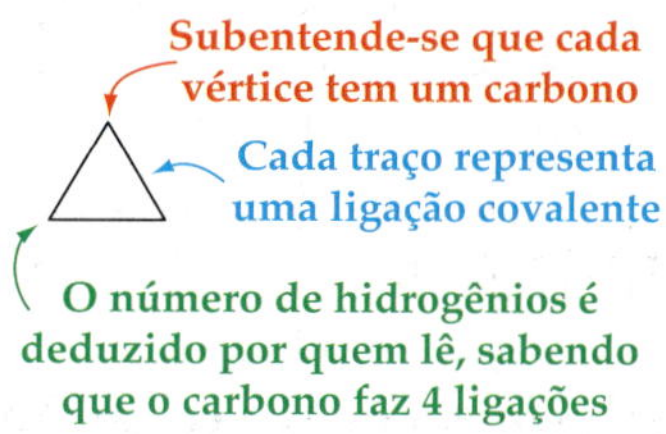

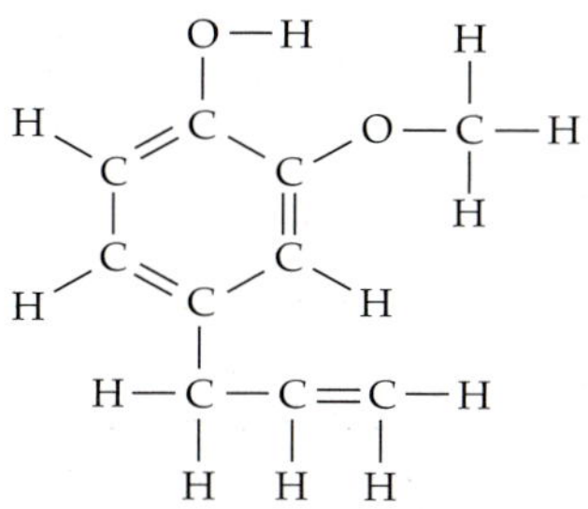

eugenol

Pode ser representado por

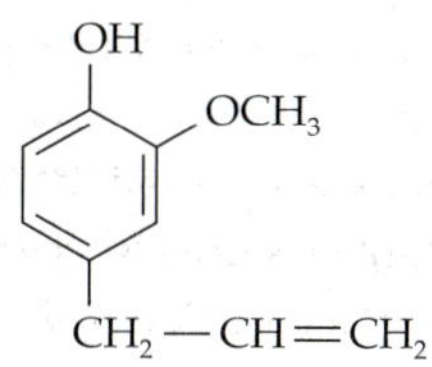

A representação em bastão também pode ser aplicada a compostos que não tenham estrutura cíclica. Outros elementos que não o carbono e o hidrogênio precisam ser explicitamente representados. Os átomos de hidrogênio que estejam ligados a outros elementos que não o carbono também precisam ser representados.

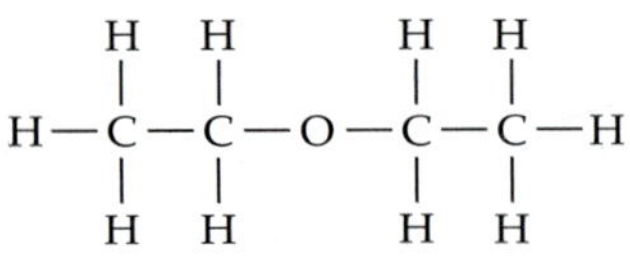

éter dietílico

Pode ser representado por

Note que o símbolo do oxigênio deve ser escrito

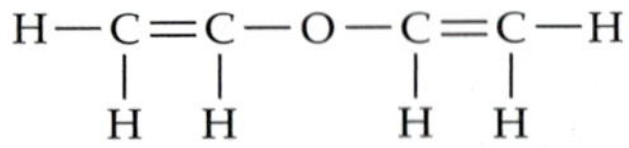

éter divinílico

Pode ser representado por

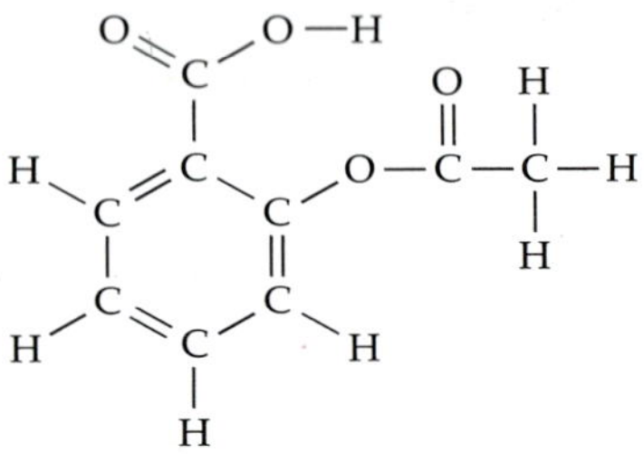

ácido acetilsalicílico

Pode ser representado por

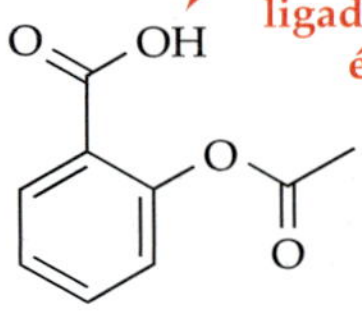

O hidrogênio ligado ao oxigênio é indicado

Outro modo frequente de simplificar fórmulas orgânicas consiste em omitir os traços de ligação.

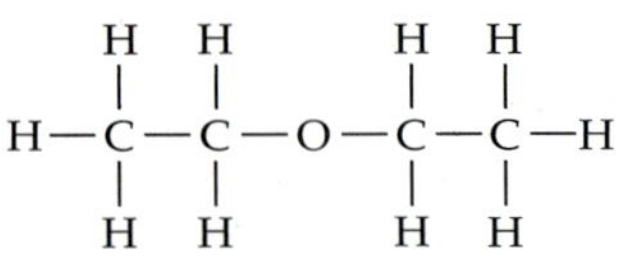

éter dietílico

Pode ser representado por

$CH_3CH_2OCH_2CH_3$
ou
$H_3CCH_2OCH_2CH_3$

Exercícios essenciais

A critério do(a) professor(a) esta lista de exercícios poderá ser realizada em classe ou em casa.

1. Qual o significado atual do termo *composto orgânico*?

Exercício Resolvido

2. Escreva a fórmula estrutural do etano, C_2H_6.

Resolução

Como o carbono faz quatro ligações e o hidrogênio apenas uma, concluímos que ambos os carbonos devem estar ligados entre si nessa molécula. Assim:

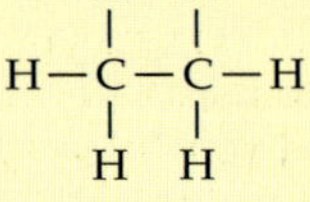

3. Escreva a fórmula estrutural dos seguintes compostos:

a) C_2H_4 **c)** CH_4O **e)** HCN

b) C_2H_2 **d)** CH_2O **f)** $COCl_2$

4. Reescreva as seguintes estruturas, completando com o número adequado de hidrogênios.

a) 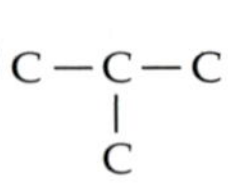

e) 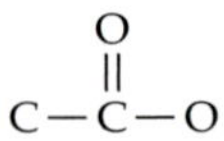

i) 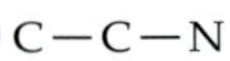

b) 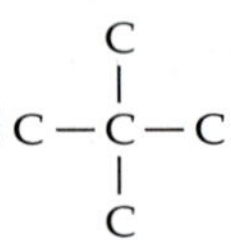

f) 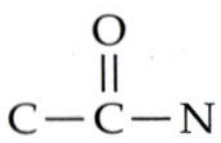

j) 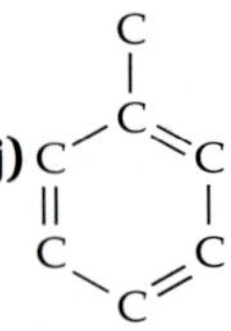

c) 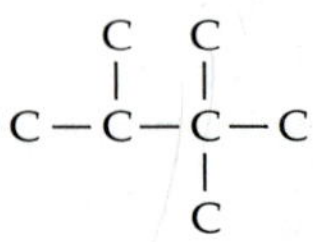

g) 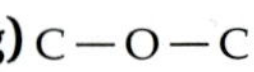

d) 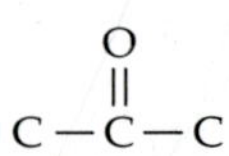

h) 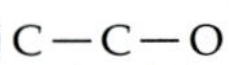

5. (PUC-RS) A fórmula molecular de um hidrocarboneto com cadeia carbônica

é

a) C_9H_8 **b)** C_9H_7 **c)** C_9H_{10} **d)** C_9H_{12} **e)** C_9H_{11}

6. Um certo inseticida possui a seguinte fórmula estrutural:

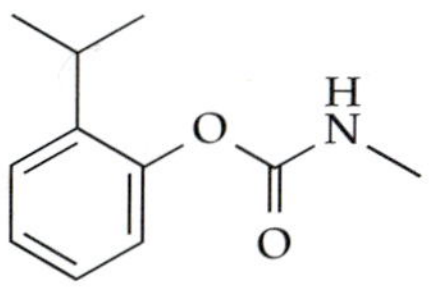

Escreva a fórmula molecular desse composto.

7. (Ufersa-RN) As fórmulas estruturais I e II são de dois herbicidas derivados do *ácido fenoxiacético*. Marque a opção que contém a fórmula molecular de cada um desses compostos.

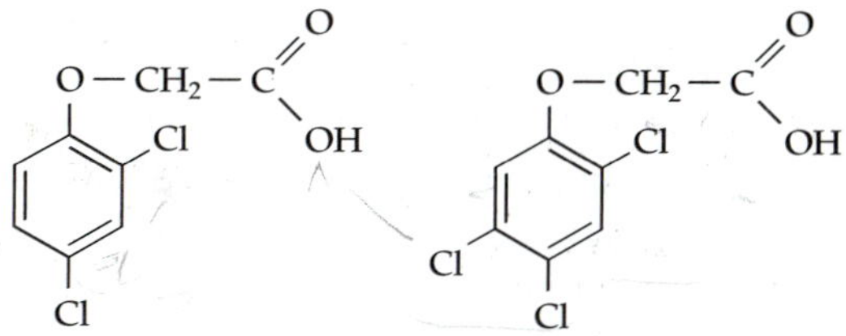

(I) (II)

a) I: $C_8H_6O_3Cl_2$; II: $C_8H_6O_3Cl_3$
b) I: $C_8H_5O_3Cl_2$; II: $C_8H_5O_3Cl_3$
c) I: $C_8H_6O_3Cl_2$; II: $C_8H_5O_3Cl_3$
d) I: $C_7H_6O_3Cl_2$; II: $C_7H_5O_3Cl_3$

Exercícios adicionais

Seu(sua) professor(a) indicará quais exercícios deste bloco você deve fazer.

8. (Uece) A "nicotina" pode ser representada pela fórmula a seguir. Quantos átomos de carbono e quantos hidrogênios existem em uma molécula desse composto?

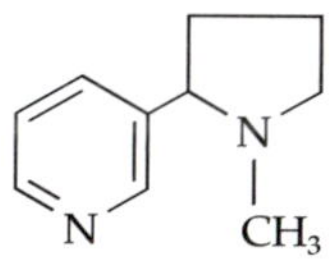

a) 10 e 13 **b)** 10 e 14 **c)** 9 e 12 **d)** 8 e 14

9. (Unicamp-SP) O medicamento *dissulfiram*, cuja fórmula estrutural está representada abaixo, tem grande importância terapêutica e social, pois é usado no tratamento do alcoolismo. A administração de dosagem adequada provoca no indivíduo grande intolerância a bebidas que contenham etanol.

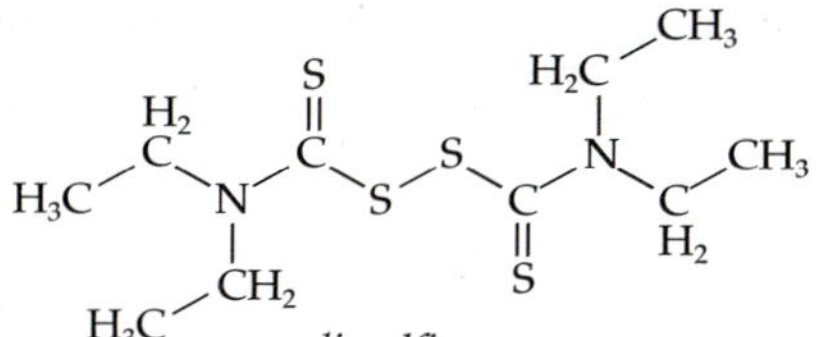

dissulfiram

a) Escreva a fórmula molecular do *dissulfiram*.
b) Quantos pares de elétrons não compartilhados existem nessa molécula?
c) Seria possível preparar um composto com a mesma estrutura do *dissulfiram*, no qual os átomos de nitrogênio fossem substituídos por átomos de oxigênio? Responda **sim** ou **não** e justifique.

10. (Cefet-RJ) O pireno, hidrocarboneto de núcleos condensados, obtido do alcatrão de hulha, solúvel em éter e insolúvel em água, apresenta a fórmula estrutural plana:

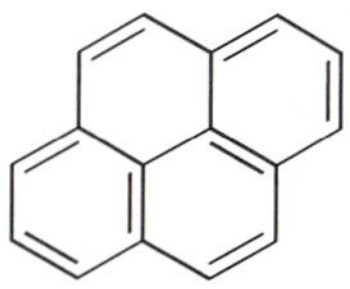

pireno

A fórmula molecular do pireno é:

a) $C_{14}H_8$ **b)** $C_{15}H_{10}$ **c)** $C_{16}H_{10}$ **d)** $C_{17}H_{12}$ **e)** $C_{18}H_{12}$

11. (Cefet-PB) Pesquisas revelam que a capacidade de memorizar fatos ou informações no cérebro humano está intimamente relacionada com a liberação de adrenalina através das glândulas para a circulação sanguínea, dentre outros diversos fatores. Provavelmente isto explica a grande capacidade de recordarmos fatos vividos em situações de fortes emoções.
Dada a fórmula estrutural da adrenalina,

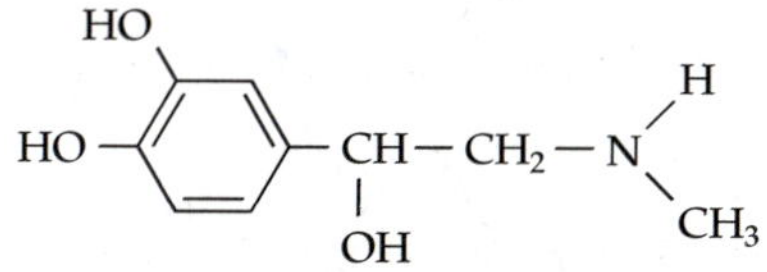

assinale a alternativa que representa corretamente a sua fórmula empírica.

a) $C_9H_{10}NO_3$ **b)** $C_{18}H_{26}N_2O_6$ **c)** $C_3H_{4,3}N_{0,3}O$ **d)** $C_{9/13}H_{13/9}N_{1/9}O_{3/9}$ **e)** $C_9H_{13}NO_3$

Comentário dos autores:

Lembre-se de que a **fórmula empírica** (ou **fórmula mínima**) expressa a proporção entre os átomos dos elementos constituintes de uma substância por meio dos menores números inteiros.

12. (UNIBH-MG) São compostos orgânicos, exceto:

a) C_2H_5OH **b)** C_8H_{18} **c)** CO_2 **d)** CH_3NH_2 **e)** H_2CO

5 Classificação dos carbonos

Classificar um carbono significa dizer *a quantos outros carbonos ele se encontra ligado* na cadeia carbônica. Isso é feito por meio de uma linguagem apropriada, que utiliza as seguintes definições:

- Carbono **primário**: ligado a **um** ou **nenhum** outro carbono.
  Carbono **secundário**: ligado a **dois** outros carbonos.
  Carbono **terciário**: ligado a **três** outros carbonos.
  Carbono **quaternário**: ligado a **quatro** outros carbonos.

Assim, para exemplificar, vamos considerar a molécula do isoctano, um dos componentes da gasolina.

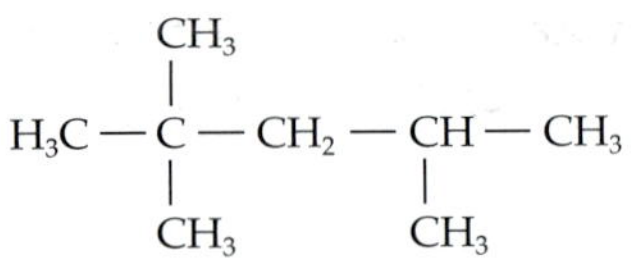

Fórmula estrutural do isoctano

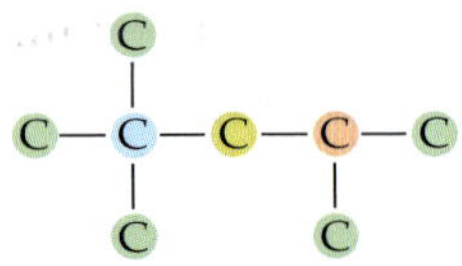

Cadeia carbônica do isoctano

Legenda:
- carbonos primários
- carbono secundário
- carbono terciário
- carbono quaternário

6 Benzeno e compostos aromáticos

Esta é a fórmula estrutural do benzeno:

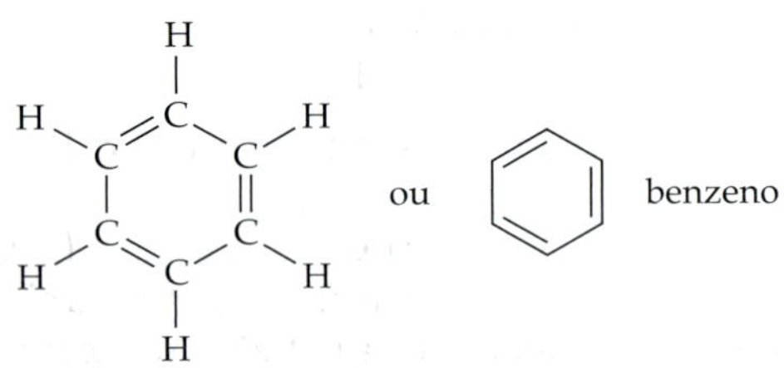

TÓXICO
Líquido incolor cujos vapores, se inalados, causam tontura, dores de cabeça e até mesmo inconsciência. Inalação por longos períodos, ainda que em pequenas quantidades, causa sérios problemas sanguíneos.

Por razões que veremos no capítulo 30, a maneira mais usada para representar o benzeno é:

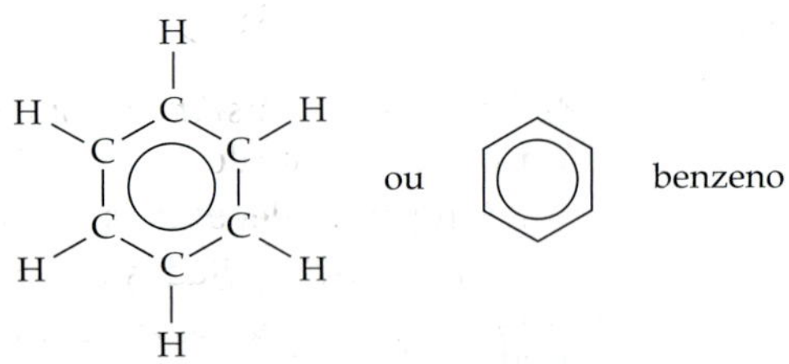

Há muitos compostos em que aparece na molécula a cadeia carbônica do benzeno, chamada de **anel benzênico**. Como os primeiros desses compostos a serem conhecidos apresentavam um aroma forte e característico, foram chamados de **compostos aromáticos**. Atualmente, sabe-se que a presença do anel benzênico nada tem a ver com o fato de a substância apresentar aroma. No entanto, o nome ficou e, atualmente:

- As substâncias que possuem **anel benzênico** em sua estrutura são chamadas de **compostos aromáticos**.

O anel benzênico também é chamado de **anel aromático**. O ácido acetilsalicílico é um exemplo de substância que apresenta anel benzênico em sua molécula (veja as fórmulas estruturais ao lado).

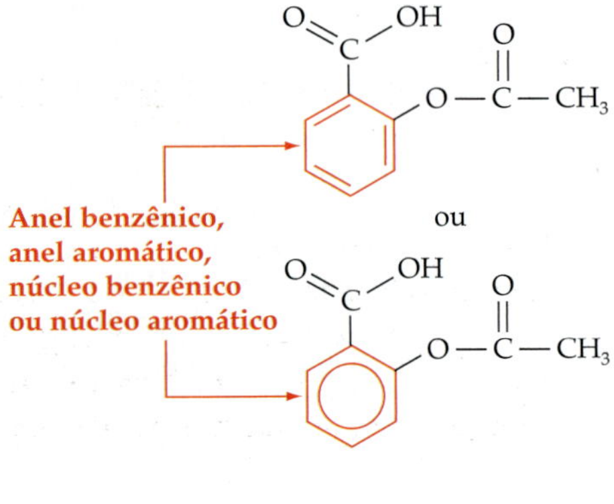

Exercícios essenciais

A critério do(a) professor(a) esta lista de exercícios poderá ser realizada em classe ou em casa.

13. (UFSM-RS) No composto

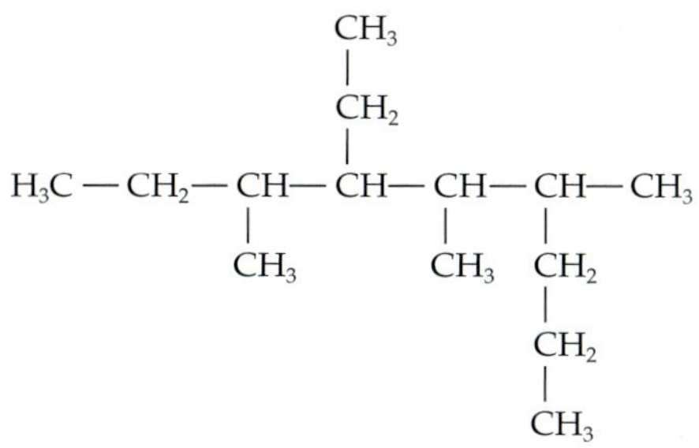

as quantidades totais de átomos de carbono primário, secundário e terciário são, respectivamente:

a) 5, 2 e 3
b) 3, 5 e 2
c) 4, 3 e 5
d) 6, 4 e 4
e) 5, 6 e 5

14. (Uerj) A maior parte das drogas nos anticoncepcionais de via oral é derivada da fórmula estrutural plana abaixo:

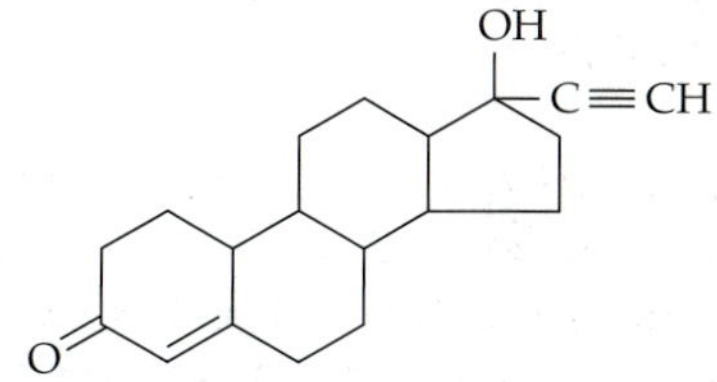

O número de carbonos terciários presentes nessa estrutura é:

a) 5 **b)** 6 **c)** 7 **d)** 8

15. (UFRGS-RS) O número de pares covalentes que ocorre em uma molécula como o benzeno é:

a) 6 **b)** 9 **c)** 12 **d)** 15 **e)** 18

Exercícios adicionais

Seu(sua) professor(a) indicará quais exercícios deste bloco você deve fazer.

16. (Ufersa-RN) Dada a fórmula estrutural abaixo, relacione as quantidades de carbono primário, secundário, terciário e quaternário, respectivamente:

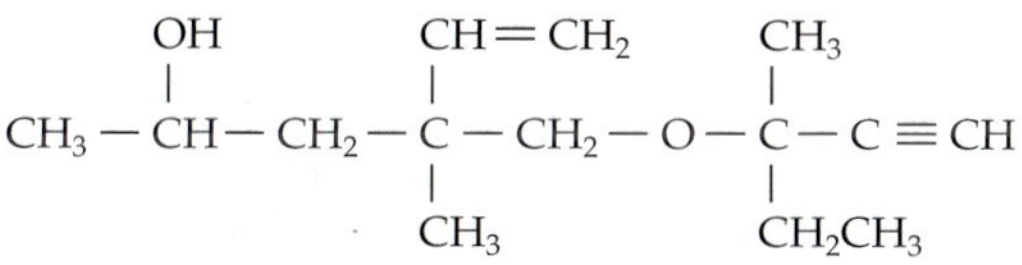

a) 7, 5, 1, 1
b) 5, 6, 1, 2
c) 4, 7, 2, 1
d) 6, 5, 1, 2

17. (U. São Judas-SP) As auxinas correspondem a um grupo de substâncias que agem no crescimento das plantas e controlam muitas outras atividades fisiológicas. Foram os primeiros hormônios descobertos nos vegetais. A auxina natural do vegetal é o ácido indolacético (AIA), um composto orgânico simples, com a seguinte fórmula estrutural:

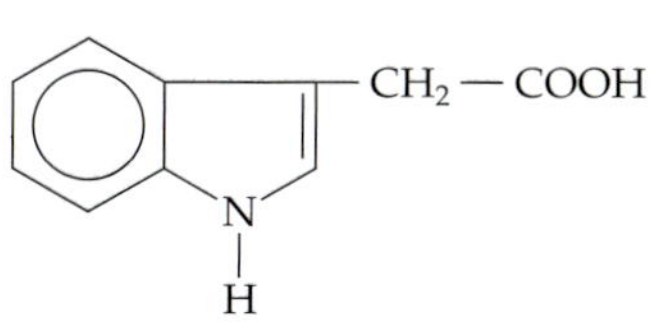

Qual é a sua fórmula molecular?

a) $C_{10}H_{11}O_2N$
b) $C_{10}H_{11}NO$
c) $C_{10}H_9NO_2$
d) $C_{11}H_8ON$
e) $C_{10}H_{10}ON$

18. (UnB-DF) Entre as substâncias normalmente usadas na agricultura, encontram-se o nitrato de amônio (fertilizante), o naftaleno (fumigatório de solo) e a água. A fórmula estrutural do naftaleno, nome científico da naftalina, é mostrada na figura adiante:

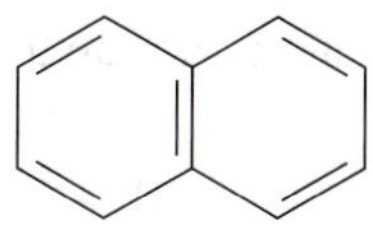

Acerca dessas substâncias, julgue os itens a seguir [em certos ou errados].

a) A fórmula molecular do naftaleno é $C_{10}H_{10}$.
b) As substâncias citadas são moleculares.
c) Em uma molécula de naftaleno, há dezesseis ligações covalentes simples entre os átomos de carbono.

7 Classificação das cadeias carbônicas

Para facilitar a comunicação, os químicos estabeleceram uma linguagem apropriada para descrever a maneira como os átomos estão unidos, formando a cadeia carbônica. Essa linguagem é a classificação das cadeias carbônicas, exemplificadas nos quadros a seguir. Uma cadeia pode ser **aberta** ou **fechada**, pode ser **heterogênea** ou **homogênea**, pode ser **insaturada** ou **saturada**. Uma cadeia aberta pode ser **ramificada** ou **não ramificada** (também chamada de **normal**) e uma cadeia fechada pode ser **aromática** ou **não aromática** (também chamada de **alicíclica**).

Quando uma cadeia tem uma parte cíclica e pelo menos um carbono fora desse ciclo, ela é chamada de **cadeia mista** (alguns a denominam **fechada ramificada**).

C—C—C—C—C—C	Cadeia ABERTA (ou ACÍCLICA ou ALIFÁTICA)	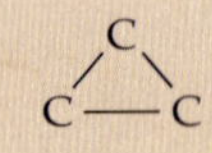	Cadeia FECHADA (ou CÍCLICA)
Heteroátomo C—C—O—C—C	Cadeia HETEROGÊNEA Apresenta heteroátomo.	C—C—C—C—C	Cadeia HOMOGÊNEA Não apresenta heteroátomo.
Insaturação C=C—C—C—C	Cadeia INSATURADA Apresenta pelo menos uma ligação dupla ou tripla.	C—C—C—C—C	Cadeia SATURADA Não apresenta ligação dupla nem tripla.
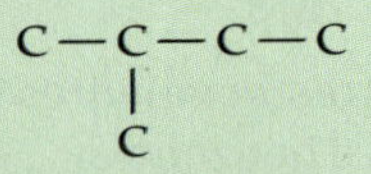	Cadeia RAMIFICADA Possui mais de duas extremidades.	C—C—C—C—C	Cadeia NÃO RAMIFICADA (ou NORMAL) Possui apenas duas extremidades.
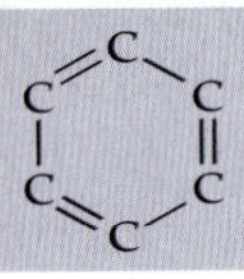	Cadeia AROMÁTICA Possui anel benzênico.	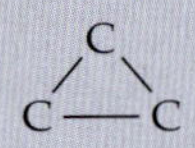	Cadeia NÃO AROMÁTICA (ou ALICÍCLICA) Não possui anel benzênico.

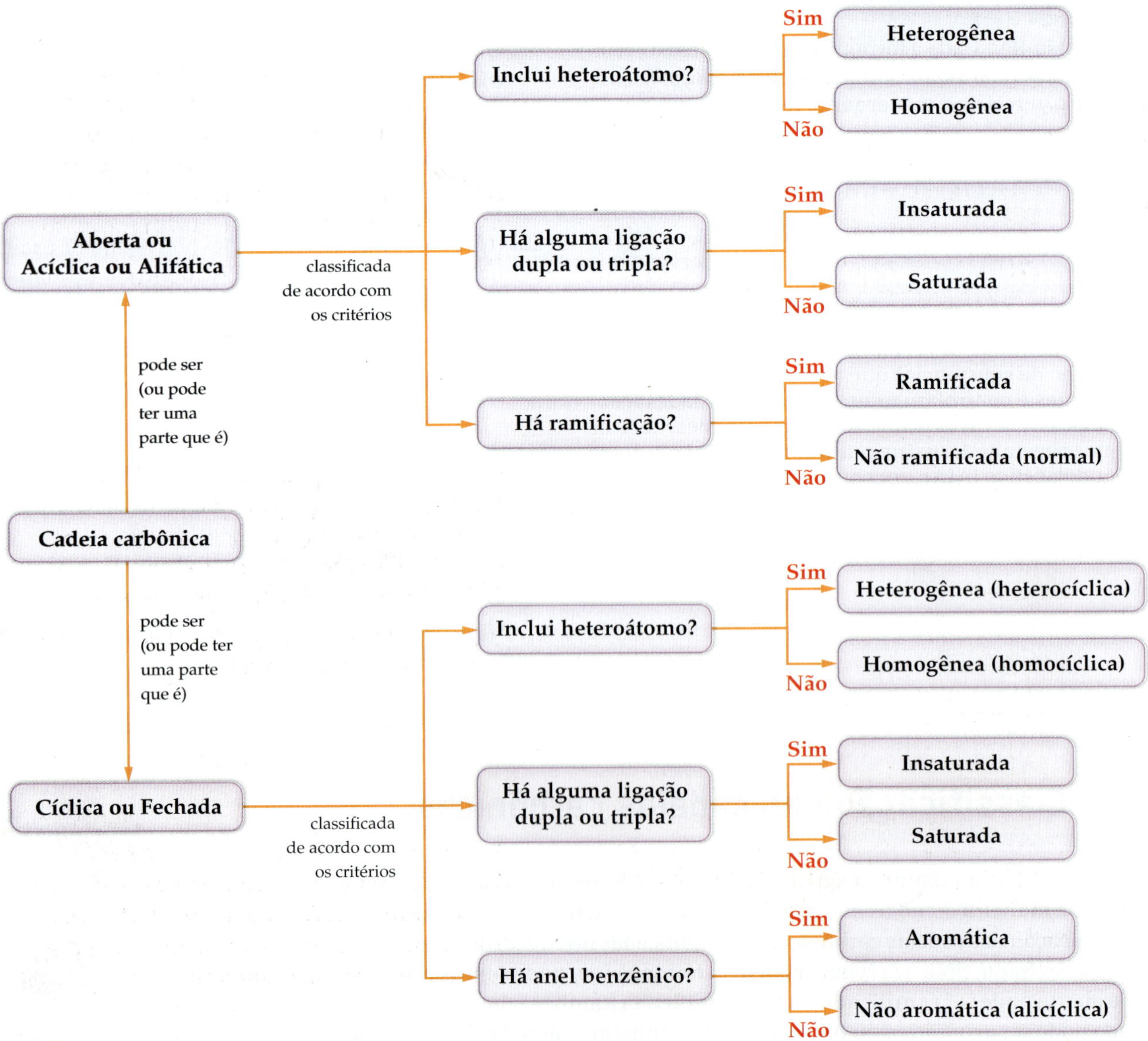

Exercícios essenciais

A critério do(a) professor(a) esta lista de exercícios poderá ser realizada em classe ou em casa.

Exercício Resolvido

19. O geraniol é um dos responsáveis pelo aroma dos gerânios e das rosas.

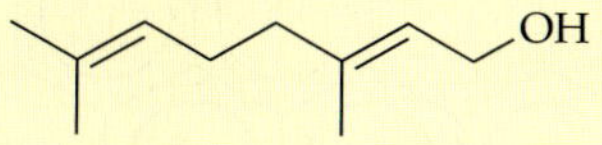

geraniol

Classifique sua cadeia carbônica.

Resolução

A cadeia carbônica do geraniol é:

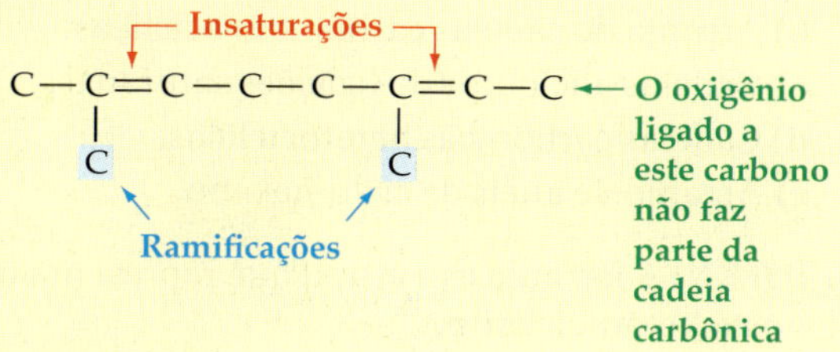

Sua classificação é:

- aberta ou acíclica ou alifática
- homogênea (não inclui heteroátomos)
- insaturada (há duas insaturações C=C)
- ramificada

Exercício Resolvido

20. O aroma de baunilha se deve à vanilina. Classifique a cadeia carbônica desse composto.

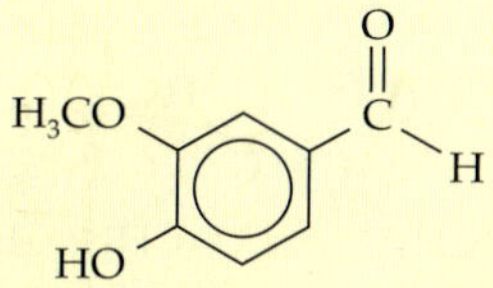

vanilina

Resolução

A cadeia carbônica da vanilina é:

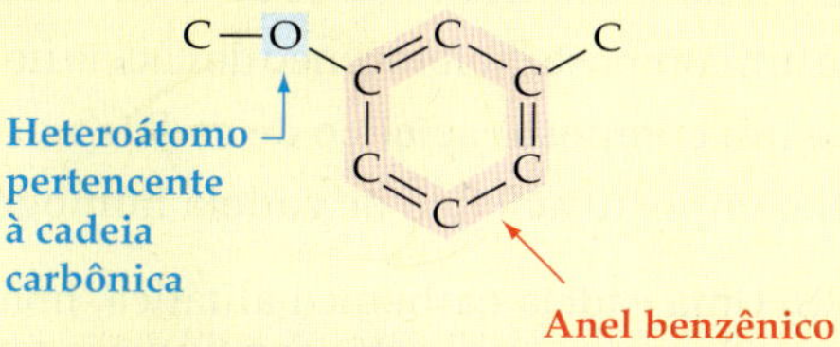

Sua classificação é:

- mista (ou cíclica ramificada)
- heterogênea (caso o heteroátomo **estivesse na parte cíclica**, a cadeia **poderia** ser designada como **heterocíclica**)
- insaturada
- aromática

21. (Covest-PE) A acrilonitrila é utilizada como matéria-prima na obtenção de fibras têxteis e tem fórmula estrutural:

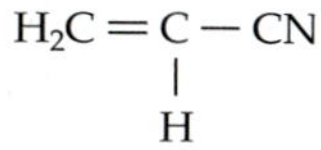

Sua cadeia carbônica pode ser classificada como:

a) aberta, saturada e ramificada.
b) alifática, heterogênea e aromática.
c) alifática, homogênea e insaturada.
d) acíclica, heterogênea e insaturada.
e) alifática, homogênea e aromática.

22. (UFPA) O linalol, substância isolada do óleo de alfazema, apresenta a seguinte fórmula estrutural:

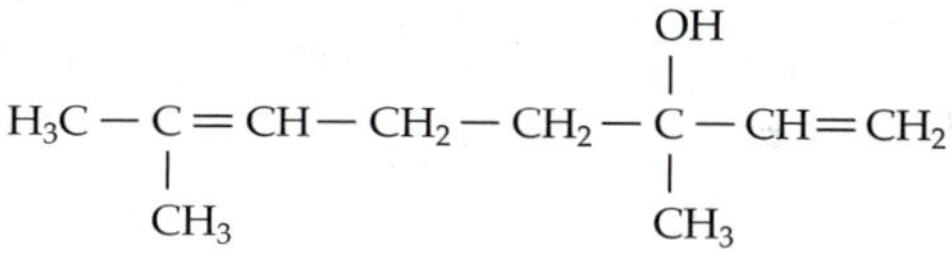

Essa cadeia carbônica é classificada como:

a) acíclica, normal, insaturada e homogênea.
b) acíclica, ramificada, insaturada e homogênea.
c) alicíclica, ramificada, insaturada e homogênea.
d) alicíclica, normal, saturada e heterogênea.
e) acíclica, ramificada, saturada e heterogênea.

23. (FEI-SP) O composto abaixo apresenta:

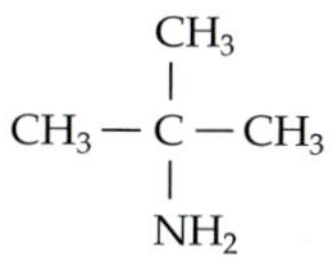

a) um carbono quaternário.
b) cadeia carbônica insaturada.
c) somente carbonos primários.
d) cadeia carbônica heterogênea.
e) três carbonos primários e um terciário.

24. (Unama-PA) Quanto à cadeia carbônica abaixo, é correto afirmar que a mesma é:

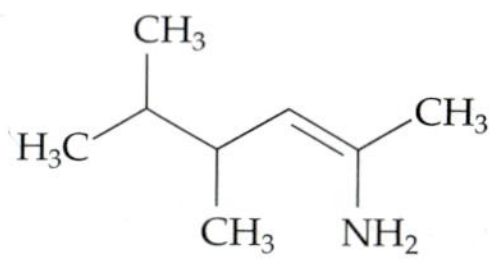

a) aberta, ramificada, insaturada e heterogênea.
b) alicíclica, ramificada, insaturada e heterogênea.
c) acíclica, ramificada, saturada e heterogênea.
d) acíclica, ramificada, insaturada e homogênea.
e) aberta, arborescente, saturada e homogênea.

Exercícios adicionais

Seu(sua) professor(a) indicará quais exercícios deste bloco você deve fazer.

25. (UFPel-RS)

$CH_3 — S — CH_2 — CH_2 — CHNH_2 — COOH$

aminoácido metionina

A estrutura do aminoácido metionina é classificada como uma cadeia carbônica:

a) homogênea, alifática, saturada e ramificada.

b) homogênea, alicíclica, insaturada e ramificada.

c) heterogênea, alifática, saturada e normal.

d) heterogênea, alicíclica, insaturada e normal.

e) homogênea, alifática, insaturada e normal.

Comentário dos autores:

Respeitando a valência de cada elemento (número de ligações que seus átomos fazem), conclui-se que o grupo $—NH_2$ deve estar ligado apenas a um carbono (isto é, o N está fora da cadeia) e que a indicação —COOH representa a seguinte estrutura:

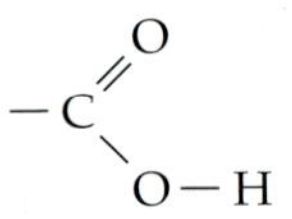

26. (Unicap-PE) Um grupo de compostos, denominado ácidos graxos, constitui a mais importante fonte de energia na dieta do homem. Um exemplo destes é o ácido linoleico, presente no leite humano. A sua fórmula estrutural simplificada é:

$$CH_3(CH_2)_4(CH)_2CH_2(CH)_2(CH_2)_7COOH$$

Sua cadeia carbônica pode ser parcialmente classificada como [julgue os itens em verdadeiros ou falsos]:

0 - aberta, saturada e homogênea.

1 - aberta, insaturada e homogênea.

2 - normal, insaturada e heterogênea.

3 - normal, insaturada e homogênea.

4 - normal, saturada e heterogênea.

Comentário dos autores:

A representação $(CH_2)_4$ indica que há 4 CH_2 em sequência; a representação $(CH)_2$ indica 2 CH em sequência; e assim por diante. A presença de duplas ou triplas ligações deve ser inferida com base na valência de cada elemento.

27. (UEL-PR) Dentre os componentes do cigarro, encontram-se a nicotina que interfere no fluxo de informações entre as células, a amônia que provoca irritação nos olhos e o alcatrão, formado pela mistura de compostos como o benzopireno, o crizeno e o antraceno, todos com potencial cancerígeno. Sobre o benzopireno, cuja estrutura química é apresentada a seguir, é correto afirmar que a molécula é formada por:

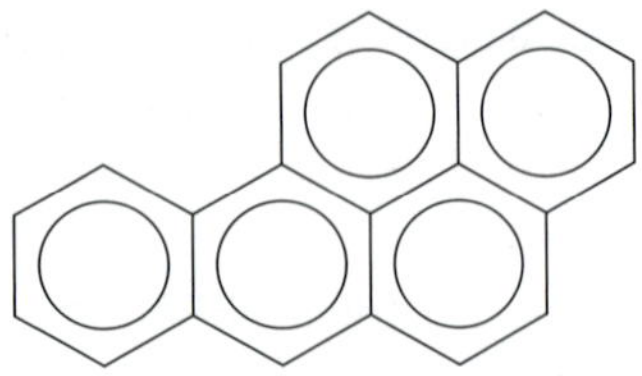

benzopireno

a) Cadeias aromáticas com núcleo benzênico.

b) Arranjo de cadeias carbônicas acíclicas.

c) Cadeias alicíclicas de ligações saturadas.

d) Cadeias carbônicas heterocíclicas.

e) Arranjo de anéis de ciclo-hexano.

28. (UFRN) A fórmula estrutural que representa o composto heterocíclico é:

a) 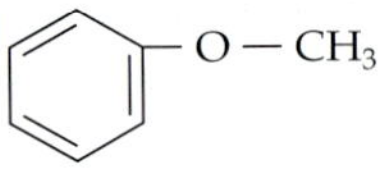

b) 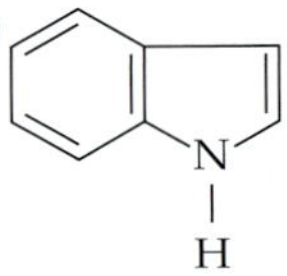

c) $C_2H_5 — O — C_2H_5$

d) 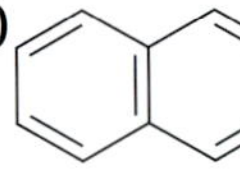

e) $C_2H_5 — SO_2 — C_2H_5$

29. (Uema) A **muscalura** é um feromônio utilizado pela mosca-doméstica para atrair os machos, marcar trilhas e outras atividades. Sua fórmula estrutural é:

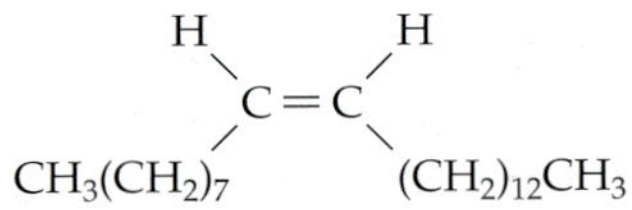

Todas as alternativas abaixo são corretas, exceto:

a) É um composto insaturado de cadeia normal.

b) Não é um composto heterogêneo de cadeia saturada.

c) Não é um composto heterogêneo de cadeia normal.

d) Não é um composto acíclico de cadeia normal.

e) É um composto acíclico de cadeia homogênea.

30. (Furg-RS) Uma cadeia carbônica alifática, homogênea, saturada, apresenta, entre seu número total de carbonos, um átomo de carbono quaternário, dois átomos de carbono terciários e três átomos de carbono secundários. Essa cadeia apresenta:

a) 6 átomos de carbono.

b) 9 átomos de carbono.

c) 10 átomos de carbono.

d) 12 átomos de carbono.

e) 11 átomos de carbono.

8 O petróleo e os hidrocarbonetos

Segundo uma das teorias mais aceitas, o petróleo formou-se há milhões de anos, quando restos de animais e vegetais mortos se depositaram no fundo de mares, nas vizinhanças de terra firme. Esses restos foram sendo lentamente cobertos por sedimentos (por exemplo, fragmentos de calcário e areia), que, com o passar dos anos, se transformaram em rochas, chamadas de *rochas sedimentares* (por exemplo, calcário e arenito).

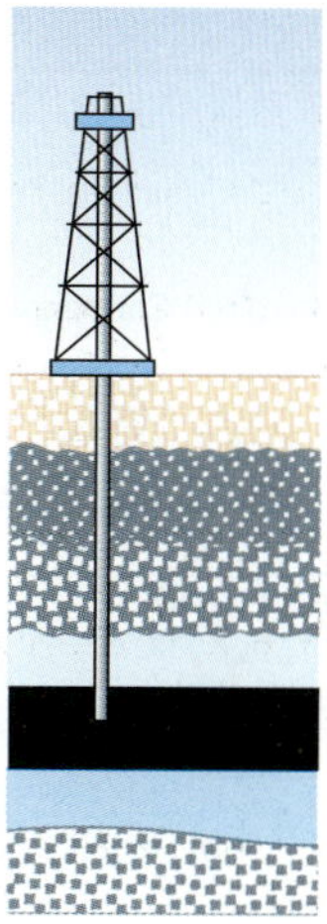

▲ Esquema de um poço de petróleo.

Abaixo da superfície, sob o efeito da alta temperatura e da alta pressão aí existentes, restos orgânicos de animais e vegetais sofreram, ao longo dos milhões de anos que se seguiram, **transformações químicas** bastante complexas, formando o que hoje conhecemos como **petróleo**, um líquido viscoso e geralmente de coloração escura. A palavra petróleo vem do latim *petrá*, "pedra", e *oleum*, "óleo".

Devido às circunstâncias em que foi formado, o petróleo é encontrado em poros existentes em rochas do subsolo, em terra firme e sob o mar. Geralmente vem acompanhado de água salgada (do antigo mar aí existente) e de **gás natural**, que é uma mistura gasosa contendo **principalmente metano**, CH_4.

O petróleo é constituído fundamentalmente por compostos que contêm apenas carbono e hidrogênio, chamados de **hidrocarbonetos**.

No petróleo existem hidrocarbonetos cujas moléculas possuem de um até mais de trinta átomos de carbono. Alguns exemplos são:

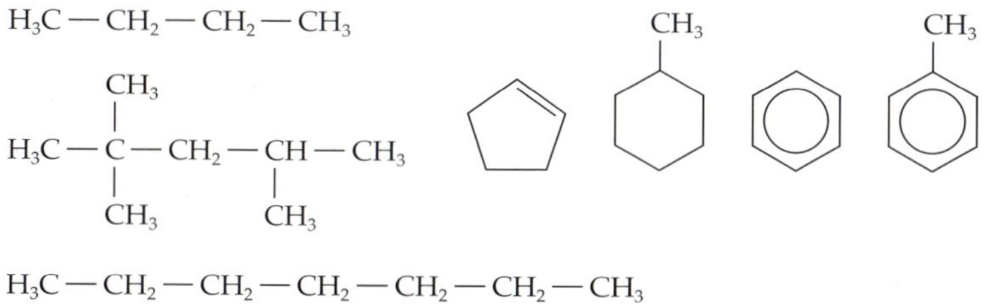

Hidrocarbonetos são compostos formados **exclusivamente** por átomos de **carbono** e de **hidrogênio**.

Muitos combustíveis de uso diário são misturas de hidrocarbonetos derivados do petróleo: **gás de cozinha**, **gasolina**, **querosene** e **óleo diesel**. A queima desses combustíveis representa, no momento, uma das maiores fontes de energia para a humanidade. Trata se de uma **fonte não renovável de energia**.

Além dos hidrocarbonetos, há no petróleo, em pequenas quantidades, substâncias contendo nitrogênio, oxigênio e enxofre. Este último é a pior impureza do petróleo, existindo nele como parte de substâncias compostas (H_2S e substâncias orgânicas sulfuradas, isto é, contendo o elemento enxofre). O enxofre deve ser retirado dos combustíveis, pois causa mau cheiro aos produtos da queima, atrapalha o funcionamento do motor e faz com que o combustível fique corrosivo. É também um dos responsáveis pelo fenômeno da chuva ácida.

Conteúdo multimídia:
A cidade e os combustíveis

Petróleo: fonte de combustíveis e de matérias-primas

Fundamentalmente, podemos dizer que o petróleo tem duas grandes aplicações.

A primeira delas é como **fonte de combustíveis**. A segunda é como **fonte de matérias-primas industriais**, ou seja, reagentes para reações químicas que, realizadas em indústrias adequadamente equipadas, permitem a obtenção de novas substâncias de interesse da sociedade.

Em ambos os casos, o petróleo bruto (aquele que sai do poço) deve passar por uma separação de seus componentes. Essa separação pode ser bastante geral e fornecer as frações do petróleo, que são misturas de substâncias nele presentes e que têm pontos de ebulição relativamente próximos. O processamento do petróleo visando à obtenção de suas frações é realizado em **refinarias de petróleo**. Após essa separação mais geral, cada uma das frações pode sofrer processos

PAULO RAPSON/SCIENCE PHOTO LIBRARY/LATINSTOCK

▲ Torres de fracionamento de petróleo. A destilação fracionada baseia-se na diferença de volatilidade entre os vários componentes do petróleo.

mais elaborados de fracionamento, que fornecem substâncias com alto grau de pureza, destinadas à utilização como matéria-prima. **Indústria petroquímica** é o nome usado para designar o ramo da indústria química que utiliza derivados do petróleo como matéria-prima para a fabricação de novos materiais.

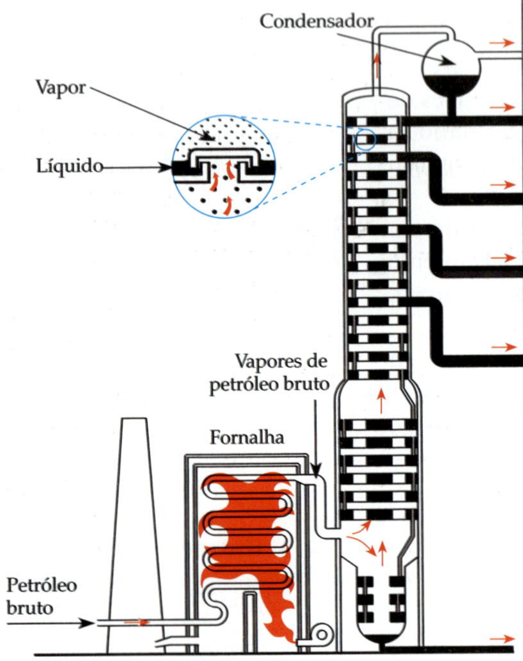

Fração	Número de carbonos nas moléculas	Faixa de temperatura em que ferve (°C)	Aplicações
Gás	1 a 4	Abaixo da temperatura ambiente	Combustível e matéria-prima industrial
Gasolina	5 a 10	40 a 175	Solvente, combustível, matéria-prima industrial
Querosene	11 e 12	175 a 235	
Óleo diesel	13 a 17	235 a 305	
Óleo lubrificante e parafina	Acima de 17	Acima de 305	Óleos e graxas para lubrificação
Resíduo	Acima de 38	Acima de 510	Piche, asfalto

▲ Esquema de uma torre de fracionamento (também chamada coluna de destilação fracionada) de petróleo, em corte.
Fonte: Elaborado a partir de KOTZ, J. C. et al. *The chemical world*. Orlando: Saunders, 1994. p. 557; THOMAS, J. E. (org.). *Fundamentos de engenharia de petróleo*. Rio de Janeiro: Interciência, 2001. p. 5.

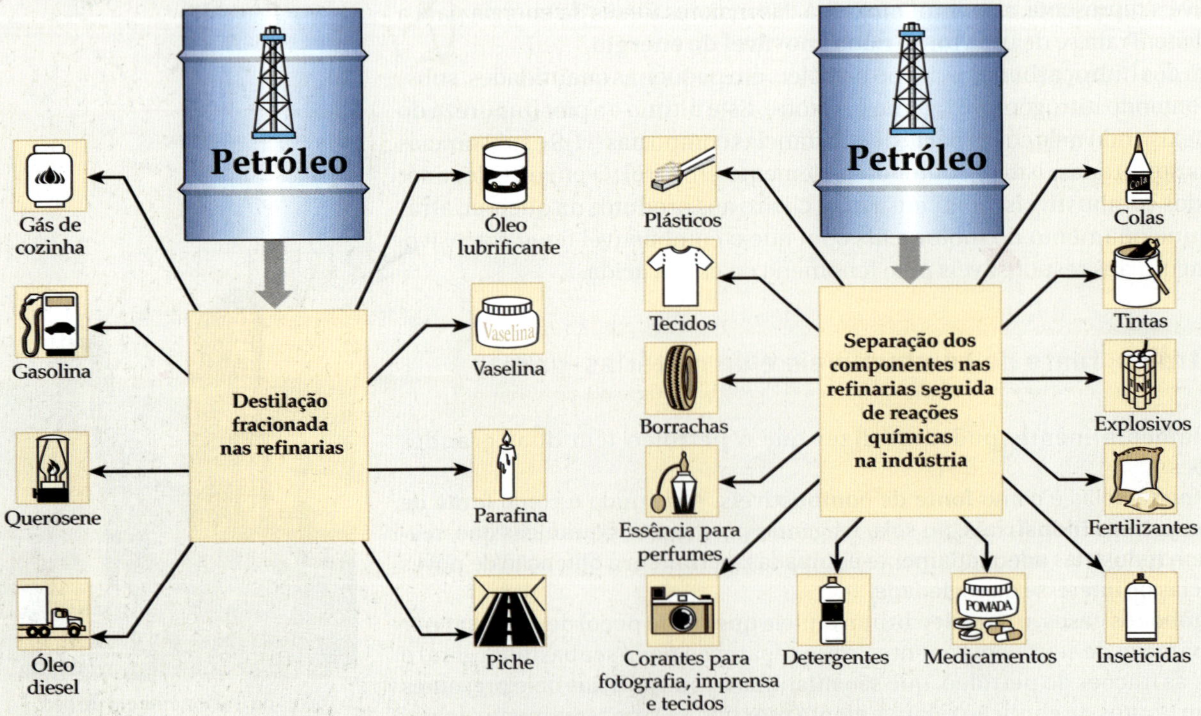

▲ O petróleo é uma importante fonte de combustíveis e de matéria-prima para a indústria. Nesse esquema aparecem alguns dos muitos produtos usados no cotidiano que podem ser obtidos do petróleo.

Para atender ao grande consumo de gasolina, as refinarias processam muito petróleo e, em consequência, sobra óleo. Não haveria algum meio de transformar esse excesso de óleo em mais gasolina? A resposta é sim, bastando quebrar, por exemplo, uma molécula de óleo com 16 átomos de carbono em duas moléculas com 8, que correspondem à gasolina. Essa quebra, feita sob aquecimento e utilizando um catalisador apropriado, é chamada de **pirólise** ou **craqueamento catalítico**. (A palavra *pirólise* vem do grego *pyros*, "fogo", e *lysis*, "quebra". A palavra *craqueamento* vem do inglês *to crack*, "quebrar".)

Há três diferentes formas de combustão, que ilustramos usando metano (CH_4) como **combustível**.

- **Combustão completa:**

$$CH_4 + 2\,O_2 \rightarrow CO_2 + 2\,H_2O$$

- **Combustão incompleta, com formação de monóxido de carbono:**

$$CH_4 + \frac{3}{2}O_2 \rightarrow CO + 2\,H_2O$$

- **Combustão incompleta, com formação de carbono (fuligem):**

$$CH_4 + O_2 \rightarrow C + 2\,H_2O$$

Comparando essas equações, notamos que, além da diferença no produto contendo carbono (CO_2, CO e C), existe também uma diferença na quantidade do oxigênio necessário. O maior consumo de O_2 (**comburente**) dá-se na combustão completa, e o menor, na incompleta, formando carbono. Os hidrocarbonetos são combustíveis, formando CO_2, CO ou C e H_2O, conforme o tipo de combustão sofrida. Daí a importância do petróleo como fonte de combustíveis.

O CO_2 é incolor e inodoro. A produção de CO_2 na queima de combustíveis e nas queimadas de vegetação tem provocado aumento da concentração desse gás na atmosfera. Como consequência, **intensifica-se** o chamado **efeito estufa**, que tende a provocar um aumento da temperatura média do planeta (**aquecimento global**).

Dentro dos motores de automóveis ocorre, além da combustão completa, também a incompleta, com formação de CO. Esse composto é um *gás sem cor, sem cheiro* e *extremamente tóxico*. Quando o inalamos, suas moléculas se unem à hemoglobina, proteína responsável pelo transporte de oxigênio no sangue, impedindo-a de executar esse transporte. Isso pode causar desde uma ligeira perturbação do sistema nervoso até estado de coma e morte, dependendo da quantidade de monóxido de carbono inalado.

Motores desregulados favorecem também a formação do carbono (C), que sai do escapamento na forma de minúsculas partículas negras, chamadas de **fuligem**, **pó de carvão** ou **negro de fumo**. A presença de grandes quantidades de fuligem na atmosfera pode provocar problemas respiratórios.

Gás natural

Não confunda GLP com gás natural.

O **GLP** (**gás liquefeito de petróleo**) é uma das frações da destilação fracionada do petróleo, na qual predominam butano (C_4H_{10}) e propano (C_3H_8). É vendido em botijões — dentro dos quais está liquefeito em decorrência da alta pressão interna — e usado como combustível em fogões.

Já o **gás natural** é uma mistura de gases aprisionada em bolsões no subsolo de algumas regiões. Geralmente aparece com o petróleo, evidenciando a origem comum de ambos, que foram formados a partir de restos de antigos organismos marinhos.

Embora sua composição seja bastante variável, dependendo do local onde é encontrado, o constituinte majoritário é sempre o metano (CH_4). Outros componentes são etano (C_2H_6), propano (C_3H_8) e, geralmente em quantidades menores, butano (C_4H_{10}), metil-propano (C_4H_{10}), dióxido de carbono (CO_2), sulfeto de hidrogênio (H_2S), nitrogênio (N_2), entre outros.

A principal aplicação do gás natural é como combustível. Para as indústrias, ele apresenta algumas vantagens em relação ao carvão e ao óleo combustível. Seu transporte é bem mais simples — é levado por uma tubulação (gasoduto) até o local de utilização —, sua combustão emite menos CO e SO_2 do que o carvão mineral ou os derivados do petróleo, e não deixa resíduos nos fornos e nas caldeiras.

No Brasil, é usado há alguns anos em veículos motorizados. Nesse caso, é conhecido como **GNV** (**gás natural veicular**).

MARCOS PERON/KINO

▲ Automóvel sendo abastecido com GNV.

Exercícios essenciais

A critério do(a) professor(a) esta lista de exercícios poderá ser realizada em classe ou em casa.

Exercício Resolvido

31. (Uesb-BA) Dos hidrocarbonetos obtidos no refino do petróleo, os que possuem menores massas molares são os que constituem:

a) a gasolina.
b) o GLP (gás liquefeito de petróleo).
c) o asfalto.
d) o óleo combustível leve.
e) a parafina.

Resolução

O GLP é constituído por hidrocarbonetos com 3 e 4 carbonos na molécula. As demais frações apresentadas são formadas por hidrocarbonetos de moléculas maiores que possuem, portanto, **maior massa molecular** e **maior massa molar**.

Alternativa **b**.

32. (UnB-DF) Julgue se a afirmativa é certa ou errada:
Na destilação do petróleo, os hidrocarbonetos de menor massa molar são os primeiros a serem vaporizados pelo aquecimento do óleo cru.

33. (PUC-RS) Os hidrocarbonetos de menor ponto de ebulição obtidos a partir da destilação fracionada do petróleo estão presentes:

a) na gasolina.
b) na parafina.
c) no óleo diesel.
d) no querosene.
e) no gás de cozinha.

34. (Unirio/Ence-RJ-adaptada) O petróleo, na forma em que é extraído, não apresenta praticamente aplicação comercial, sendo necessária a sua separação em diferentes frações. A separação dessas frações é feita considerando o fato de que cada uma delas apresenta um ponto de ebulição diferente. Entre as opções abaixo, a fração que apresenta o maior ponto de ebulição é o(a):

a) gás natural.
b) óleo diesel.
c) querosene.
d) gasolina.
e) parafina.

35. (PUC-Campinas-SP) Sobre o "ouro negro", foram feitas as seguintes afirmações:

I. Encontra-se distribuído no planeta de modo uniforme, em qualidade e quantidade.
II. Tem como constituintes principais os hidrocarbonetos.
III. Praticamente não tem utilidade nos dias atuais se não passar por processo de destilação fracionada.

Dessas afirmações, SOMENTE:

a) I é correta.
b) II é correta.
c) III é correta.
d) I e II são corretas.
e) II e III são corretas.

36. O gás de cozinha contém propano (C_3H_8) e, predominantemente, butano (C_4H_{10}). Escreva, para cada um deles, as equações que representam as três formas de combustão.

37. É comum encontrarmos, dentro de túneis muito longos, placas com dizeres do tipo:
"Desligue o motor em caso de congestionamento."
Justifique essa preocupação.

38. (Fuvest-SP) O gás engarrafado, usualmente consumido como combustível em fogões, é:

a) produzido em laboratório, pela reação entre hidrogênio e carbono.
b) obtido na destilação fracionada da madeira.
c) mistura de hidrocarbonetos derivados do petróleo.
d) mistura de compostos orgânicos pertencentes a diferentes funções químicas.
e) uma substância quimicamente pura.

39. (UnB-DF) Julgue se a afirmativa é certa ou errada:
A separação dos diversos constituintes do petróleo é um processo químico fundamentado na variação da temperatura de ebulição das substâncias participantes.

40. (UEL-PR) O gás natural é um combustível ecológico. Sua queima produz uma combustão menos poluente, melhorando a qualidade do ar quando substitui formas de energias como carvão mineral, lenha e óleo combustível. Contribui, ainda, para a redução do desmatamento. Por ser mais leve que o ar, o gás dissipa-se rapidamente pela atmosfera, em caso de vazamento. Sobre o gás natural, podemos ainda afirmar:

a) É constituído principalmente por metano e pequenas quantidades de etano e propano.
b) É também conhecido e comercializado como GLP (Gás Liquefeito de Petróleo).
c) É constituído principalmente por gases sulfurosos e hidrocarbonetos.
d) É constituído por hidrocarbonetos contendo de 6 a 10 átomos de carbono.
e) É também chamado de gás mostarda.

41. (Enem-MEC) Há estudos que apontam razões econômicas e ambientais para que o gás natural possa vir a tornar-se, ao longo deste século, a principal fonte de energia em lugar do petróleo. Justifica-se essa previsão, entre outros motivos, porque o gás natural:

a) além de muito abundante na natureza é um combustível renovável.
b) tem novas jazidas sendo exploradas e é menos poluente que o petróleo.
c) vem sendo produzido com sucesso a partir do carvão mineral.
d) pode ser renovado em escala de tempo muito inferior à do petróleo.
e) não produz CO_2 em sua queima, impedindo o efeito estufa.

Exercícios adicionais

Seu(sua) professor(a) indicará quais exercícios deste bloco você deve fazer.

42. (UEG-GO) Considere o esquema abaixo que mostra uma cadeia de produção de derivados do petróleo e seus processos de separação, representados em I, II e III, e responda ao que se pede.

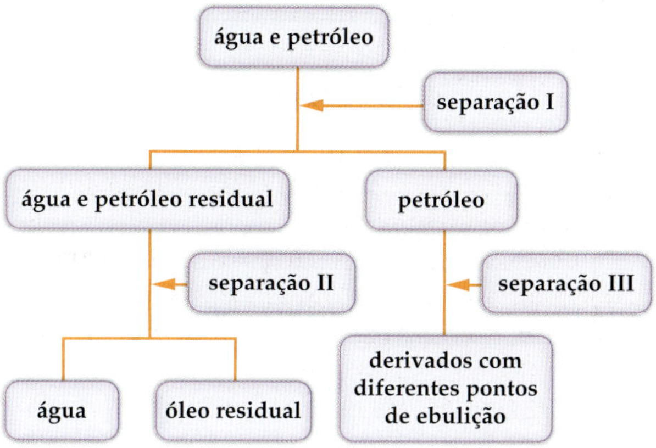

a) Qual o método adequado para a separação dos componentes da mistura obtida após o processo de separação III? Admitindo não existir grandes diferenças entre as temperaturas de ebulição dos componentes individuais da mistura, explique sua resposta.

b) Qual método de separação seria adequado à etapa I? Justifique sua resposta.

43. (PUC-RS) A presença de fuligem como produto da combustão do diesel indica que:

a) as substâncias resultantes estão completamente oxidadas.

b) a reação é uma queima completa.

c) o aproveitamento de energia nessa queima é máximo.

d) o carbono presente pode ainda ser queimado.

e) o combustível queimado contém enxofre.

44. (Uespi) O Gás Liquefeito do Petróleo (GLP) e o Gás Natural Veicular (GNV) são combustíveis de grandes aplicações econômicas. Em relação a estes produtos, é correto afirmar que:

a) o GNV é rico em hidrocarbonetos insaturados.

b) o principal constituinte do GNV é o hidrocarboneto *n*-butano.

c) o GNV é um dos derivados mais pesados do refino do petróleo.

d) o GLP é caracterizado por apresentar metano e *n*-butano como principais constituintes.

e) a queima do GLP produz menores emissões de CO e SO_x, quando comparada com a queima da gasolina ou do óleo diesel.

45. (PUC-Campinas-SP) Os transportes urbanos, como os automóveis, contribuem com a emissão de vapor-d'água e gás carbônico para a atmosfera.
Considerando somente a gasolina como combustível, pode-se representar sua reação de combustão completa por:

$$\underset{\text{gasolina (composição média)}}{C_8H_{18}} + \frac{25}{2}O_2 \rightarrow 8\,CO_2 + 9\,H_2O$$

Substituindo esse combustível por gás metano, CH_4, a combustão completa, para a mesma quantidade de matéria, produziria:

a) a mesma quantidade de água.

b) a nona parte da quantidade de água.

c) dezoito vezes mais água.

d) oito vezes menos gás carbônico.

46. (Enem-MEC) A poluição ambiental tornou-se grave problema a ser enfrentado pelo mundo contemporâneo. No gráfico seguinte, alguns países estão agrupados de acordo com as respectivas emissões médias anuais de CO_2 *per capita*.

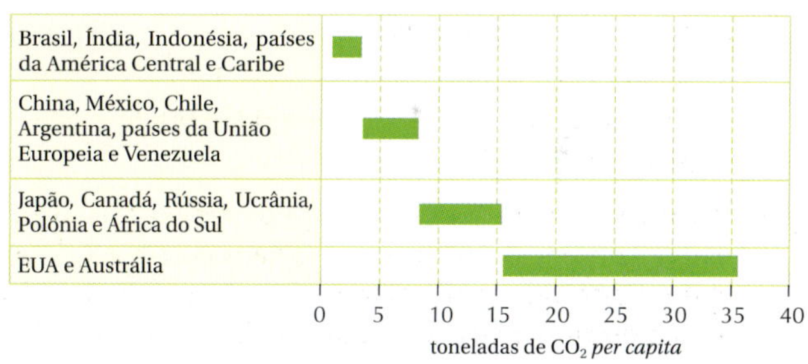

O Estado de S. Paulo, 22 jul. 2004 (com adaptações).

Considerando as características dos países citados, bem como as emissões médias anuais de CO_2 *per capita* indicadas no gráfico, assinale a opção correta.

a) O índice de emissão de CO_2 *per capita* dos países da União Europeia se equipara ao de alguns países emergentes.

b) A China lança, em média, mais CO_2 *per capita* na atmosfera que os EUA.

c) A soma das emissões de CO_2 *per capita* de Brasil, Índia e Indonésia é maior que o total lançado pelos EUA.

d) A emissão de CO_2 é tanto maior quanto menos desenvolvido é o país.

e) A média de lançamento de CO_2 em regiões e países desenvolvidos é superior a 15 toneladas por pessoas ao ano.

9 Nomenclatura de hidrocarbonetos

9.1 Subdivisões dos hidrocarbonetos

A fim de facilitar o estudo e a nomenclatura dos hidrocarbonetos, eles são divididos em subgrupos, alguns dos quais são mostrados na tabela 1.

TABELA 1 **Algumas subdivisões importantes dos hidrocarbonetos**

Subgrupo	Característica	Exemplo	Fórmula geral
Alcanos ou parafinas	Cadeia aberta Ligações simples	$H_3C—CH_2—CH_2—CH_3$	C_nH_{2n+2}
Alcenos, alquenos ou olefinas	Cadeia aberta 1 ligação dupla	$H_2C=CH—CH_2—CH_3$	C_nH_{2n}
Alcinos ou alquinos	Cadeia aberta 1 ligação tripla	$HC \equiv C—CH_2—CH_3$	C_nH_{2n-2}
Alcadienos ou dienos	Cadeia aberta 2 ligações duplas	$H_2C=CH—CH=CH_2$	C_nH_{2n-2}
Ciclanos	Cadeia fechada Ligações simples	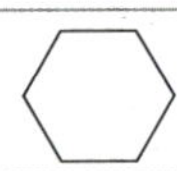	C_nH_{2n}
Ciclenos	Cadeia fechada 1 ligação dupla	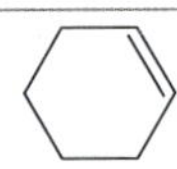	C_nH_{2n-2}
Aromáticos	Contêm anel benzênico	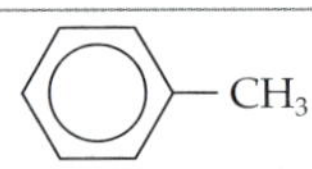	—

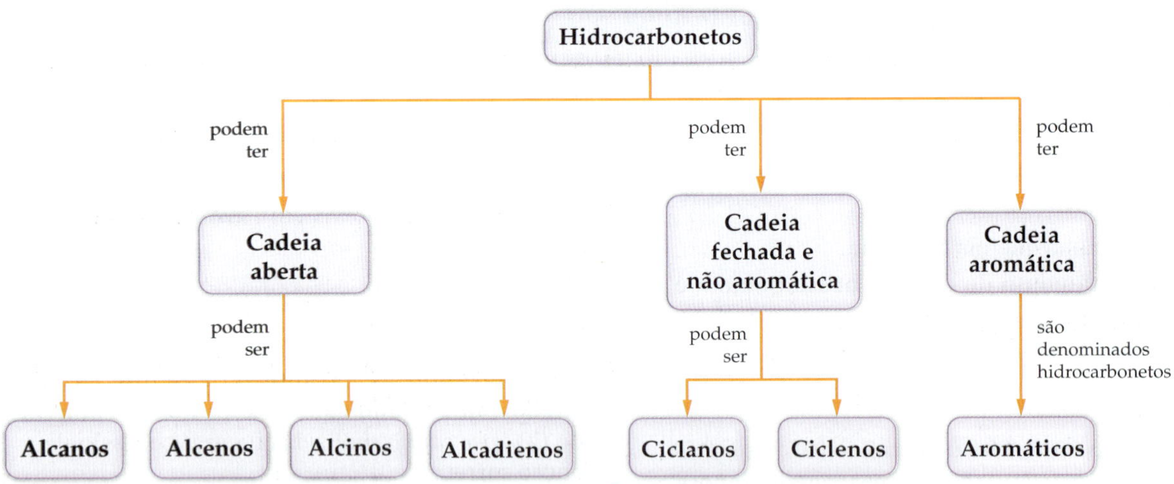

MÔNICA ZARATTINI/AGÊNCIA ESTADO

Queima de metano, formado na decomposição anaeróbica do lixo em aterro sanitário.

PETOGRAPHER/ALAMY/OTHER IMAGES

▲ Uma vaca no pasto pode liberar, por dia, dezenas de litros de gás metano, produzido por microrganismos existentes em seu intestino. O metano é o mais simples dos alcanos.

JOE BELANGER/SHUTTERSTOCK

STOCKFOOD/STOCKFOOD/LATINSTOCK

▲ O butano (C_4H_{10}) é o principal componente do gás de isqueiro e do gás de cozinha. O propano (C_3H_8) é o segundo. Ambos são alcanos.

BOGDAN VASILESCU/SHUTTERSTOCK

▲ O acetileno (C_2H_2), combustível usado em maçaricos, é o mais simples dos alcinos.

Exercícios essenciais

A critério do(a) professor(a) esta lista de exercícios poderá ser realizada em classe ou em casa.

47. (UEL-PR) Um dos hidrocarbonetos de fórmula C_5H_{12} pode ter cadeia carbônica:

a) cíclica saturada.
b) acíclica heterogênea.
c) cíclica ramificada.
d) aberta insaturada.
e) aberta ramificada.

48. (UFS-SE) O hidrocarboneto de fórmula $CH_2 = CH - CH = CH_2$ pertence à série dos:

a) alcanos.
b) alcenos.
c) alcinos.
d) alcadienos.
e) alcatrienos.

49. (UFV-MG) A fórmula molecular de um alquino, com três átomos de carbono, é:

a) C_3H_{10}
b) C_3H_8
c) C_3H_6
d) C_3H_4
e) C_3H_2

50. (UEL-PR) Qual das fórmulas moleculares representa um ciclano?

a) C_6H_{14}
b) C_6H_{12}
c) C_6H_{10}
d) C_6H_8
e) C_6H_6

51. (Unifor-CE) Qual é a série dos hidrocarbonetos que têm fórmula mínima CH_2?

a) alcanos
b) alcinos
c) alcadienos
d) ciclanos
e) ciclenos

Exercícios adicionais

Seu(sua) professor(a) indicará quais exercícios deste bloco você deve fazer.

52. Um alcano de fórmula C_4H_{10} apresenta um carbono terciário. Escreva sua fórmula estrutural.

53. Um alcano de fórmula C_4H_{10} apresenta dois carbonos secundários. Escreva sua fórmula estrutural.

54. Um alcano de fórmula C_5H_{12} apresenta um carbono quaternário. Escreva sua fórmula estrutural.

55. Um alcano de fórmula C_5H_{12} apresenta um carbono terciário. Escreva sua fórmula estrutural.

56. Um alcano de fórmula C_5H_{12} apresenta três carbonos secundários. Escreva sua fórmula estrutural.

57. Um alceno de fórmula C_4H_8 apresenta um carbono terciário. Escreva sua fórmula estrutural.

9.2 Nomenclatura de hidrocarbonetos de cadeia não ramificada

Os químicos elaboraram um método lógico para dar nome aos compostos orgânicos, pois é impossível decorar tantos nomes diferentes.

A nomenclatura de compostos orgânicos segue as regras elaboradas pela IUPAC (União Internacional de Química Pura e Aplicada). Segundo essas regras, o nome de um composto orgânico é formado unindo três fragmentos:

- prefixo + infixo + sufixo

O **prefixo**, a parte inicial, indica o **número de átomos de carbono** presentes na molécula (veja a tabela 2). O **infixo** indica o **tipo de ligação entre os átomos de carbono** (veja a tabela 3). E o **sufixo**, a parte final, indica o **grupo de substâncias orgânicas a que o composto pertence** (veja a tabela 4). Por enquanto conhecemos apenas o grupo dos hidrocarbonetos e, por isso, utilizaremos apenas o sufixo **o**, que indica se tratar de um hidrocarbonet**o**.

Veja alguns exemplos:

$H_3C—CH_3$ — et an o
- o → **Hidrocarboneto**
- an → **Ligação simples entre carbonos**
- et → **2 carbonos**

$H_2C═CH_2$ — et en o

(O eteno é conhecido trivialmente como *etileno*)
- o → **Hidrocarboneto**
- en → **Ligação dupla entre carbonos**
- et → **2 carbonos**

$HC≡CH$ — et in o

(O etino é conhecido trivialmente como *acetileno*)
- o → **Hidrocarboneto**
- in → **Ligação tripla entre carbonos**
- et → **2 carbonos**

$H_3C—CH_2—CH_3$ — prop an o
- o → **Hidrocarboneto**
- an → **Ligação simples entre carbonos**
- prop → **3 carbonos**

e assim por diante:

$H_3C—CH_2—CH_2—CH_3$	butano
$H_3C—CH_2—CH_2—CH_2—CH_3$	pentano
$H_3C—CH_2—CH_2—CH_2—CH_2—CH_3$	hexano
$H_3C—CH_2—CH_2—CH_2—CH_2—CH_2—CH_3$	heptano
$H_3C—CH_2—CH_2—CH_2—CH_2—CH_2—CH_2—CH_3$	octano

TABELA 2 Prefixos que indicam o número de carbonos

Prefixo	Número de carbonos
met	1
et	2
prop	3
but	4
pent	5
hex	6
hept	7
oct	8
non	9
dec	10

TABELA 3 Infixos para a nomenclatura orgânica

Infixo	Tipo de ligação
an	simples
en	dupla
in	tripla

TABELA 4 Sufixos para a nomenclatura de alguns tipos de compostos orgânicos*

Sufixo	Indica que o composto é um
o	hidrocarbonet**o**
ol	álco**ol**
al	**al**deído
ona	cet**ona**
oico	ácido carboxíl**ico**

* Neste capítulo trabalhamos os hidrocarbonetos. Os demais serão abordados no próximo capítulo.

É necessário indicar no nome a **localização da insaturação** quando houver mais de uma posição possível para ela. Essa indicação é feita numerando-se os carbonos **a partir da extremidade mais próxima da insaturação** e escrevendo, **antes** do infixo **en** ou **in**, o menor dos dois números que recaem sobre os carbonos da insaturação. Veja exemplos com dupla ligação:

$\overset{1}{H_2C}=\overset{2}{CH}-\overset{3}{CH_2}-\overset{4}{CH_3}$	but-1-eno	$\overset{1}{H_2C}=\overset{2}{CH}-\overset{3}{CH_2}-\overset{4}{CH_3}$	but-1-eno
MOLÉCULAS DIFERENTES	**NOMES DIFERENTES**	**MESMA MOLÉCULA**	**NOMES IGUAIS**
$\underset{1}{H_3C}-\underset{2}{CH}=\underset{3}{CH}-\underset{4}{CH_3}$	but-2-eno	$\underset{4}{H_3C}-\underset{3}{CH_2}-\underset{2}{CH}=\underset{1}{CH_2}$	but-1-eno

Para o but-1-eno, o nome but-3-eno é considerado **incorreto**, pois, de acordo com a regra, a numeração teria começado pela extremidade errada.

Numeração correta

$$\underset{1}{\overset{4}{H_3C}}-\underset{2}{\overset{3}{CH_2}}-\underset{3}{\overset{2}{CH}}=\underset{4}{\overset{1}{CH_2}}$$

Numeração incorreta

Extremidade mais próxima da insaturação

but-1- eno

Em alguns casos, como o do propeno, não é necessário colocar o número para localizar a insaturação, porque só há uma possibilidade.

$H_2C=CH-CH_3$	propeno
MESMA MOLÉCULA	**NOMES IGUAIS**
$H_3C-CH=CH_2$	propeno

Veja agora exemplos com uma ligação tripla e também exemplos com mais de uma ligação dupla:

$HC\equiv C-CH_3$	propino
$HC\equiv C-CH_2-CH_3$	but-1-ino
$H_3C-C\equiv C-CH_3$	but-2-ino

$\overset{1}{H_2C}=\overset{2}{C}=\overset{3}{CH}-\overset{4}{CH_2}-\overset{5}{CH_3}$ penta-1,2-dieno

Posição das duplas ← (1,2)

di (duas) e *en* (dupla ligação)

Note a presença do *a*

$\overset{1}{H_2C}=\overset{2}{CH}-\overset{3}{CH}=\overset{4}{CH}-\overset{5}{CH}=\overset{6}{CH_2}$ hexa-1,3,5-trieno

Posição das duplas ← (1,3,5)

tri (três) e *en* (dupla ligação)

Fique ligado!
Nomes antigos estão por aí!

As regras de nomenclatura apresentadas neste livro estão atualizadas com as recomendações da IUPAC. No entanto, em algumas publicações e em alguns exames vestibulares, os nomes de certos compostos orgânicos ainda seguem recomendações anteriores da IUPAC.

Por exemplo, em vez das grafias but-1-eno, but-2-eno, pent-1-ino e hex-3-ino, é comum encontrarmos 1-buteno, 2-buteno, 1-pentino e 3-hexino, pois a **recomendação anterior** da IUPAC era para que se colocasse o número antes do nome.

Tenha isso em mente ao consultar outras publicações e, sobretudo, **ao resolver exercícios de vestibular**.

Quando uma molécula apresenta cadeia cíclica, devemos acrescentar o prefixo ciclo- antes do nome:

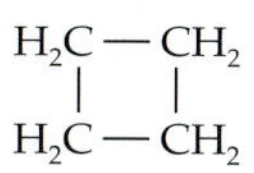
ou
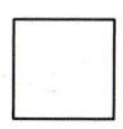
ciclo-butano

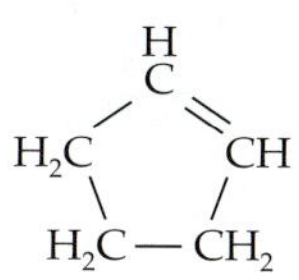
ou
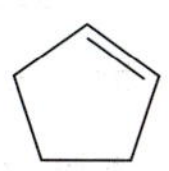
ciclo-penteno

Note que, no caso do ciclo-penteno, não há necessidade de indicar a posição da dupla ligação por meio de um número.

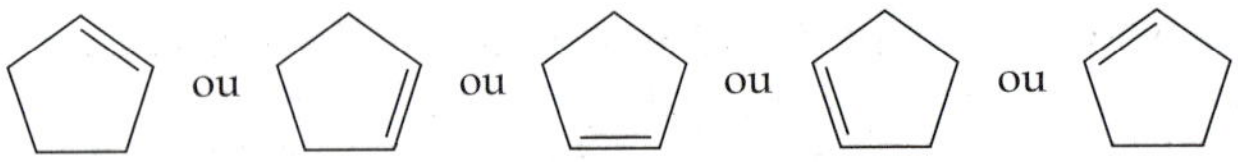

Mesma molécula escrita de modos diferentes no papel

Em casos como os seguintes, é necessário localizar as duplas ligações. A numeração deve ser feita de modo que as insaturações sejam representadas com os menores números possíveis.

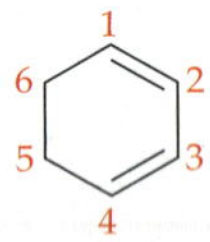

ciclo-hexa-1,3-dieno

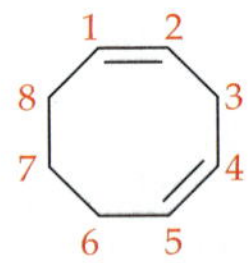

ciclo-octa-1,4-dieno

Este livro e as regras da IUPAC

A sigla inglesa IUPAC significa União Internacional de Química Pura e Aplicada. Sua primeira reunião visando tratar a questão da nomenclatura orgânica aconteceu em 1892, em Genebra (Suíça). Desde então, as regras da **nomenclatura sistemática** (isto é, seguindo um sistema lógico) **de compostos orgânicos** vêm sendo continuamente aprimoradas. Essas regras são muito abrangentes e, por vezes, de uso complexo em consequência das enormes variações possíveis em estruturas orgânicas.

Este livro emprega **as regras mais recentes de nomenclatura da IUPAC**. Contudo, três alertas devem ser feitos.

Primeiramente, em muitos casos, a IUPAC aceita mais de uma sistemática de nomenclatura. Por isso, **um mesmo composto pode ter mais de um nome sistemático IUPAC**. Mas, para evitar ambiguidade, **um nome IUPAC jamais pode corresponder a dois ou mais compostos diferentes**.

Em segundo lugar, na Química Orgânica há muitos casos de compostos que recebem **nomes triviais** (nomes não sistemáticos). Mais de um século após a primeira reunião da IUPAC visando à unificação das regras de nomenclatura orgânica, muitos deles ainda persistem. Sempre que os julgarmos importantes, serão citados. Graças ao amplo uso e aceitação, **alguns nomes triviais são aceitos pela IUPAC**.

Em terceiro lugar, devemos ressaltar que os enunciados de exercícios de vestibular nem sempre seguem rigorosamente as regras da IUPAC.

ARQUIVO PESSOAL DOS AUTORES

▲ Publicações normatizando a nomenclatura orgânica.

Exercícios essenciais

A critério do(a) professor(a) esta lista de exercícios poderá ser realizada em classe ou em casa.

58. Dê o nome dos seguintes compostos, segundo a IUPAC:

a) H_3C-CH_3
b) $H_2C=CH_2$
c) $HC\equiv CH$
d) $H_3C-CH_2-CH_2-CH_3$
e) $H_2C=CH-CH_3$
f) $H_3C-CH=CH-CH_2-CH_3$
g) $HC\equiv C-CH_2-CH_2-CH_3$
h) $H_3C-CH_2-CH_2-CH_2-C\equiv C-CH_3$
i) $H_2C=CH-CH=CH_2$

59. Escreva a fórmula estrutural simplificada dos seguintes compostos:

a) metano
b) hexano
c) propeno
d) but-1-eno
e) but-2-eno
f) pent-2-ino
g) ciclo-hexano
h) ciclo-hexeno

60. De acordo com a IUPAC, o composto prop-1-eno pode ser chamado apenas de propeno? Explique.

61. De acordo com a IUPAC, o composto but-1-eno pode ser chamado apenas de buteno? Explique.

62. Escreva o nome proposto pela IUPAC para os compostos:

a) 
b) 
c) 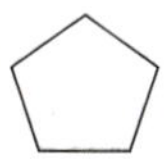
d) 
e) 
f) 

63. (FCAP-PA) Assinale a alternativa correta, com relação à fórmula química do butano.

a) C_4H_4 **b)** C_4H_{10} **c)** C_2H_6 **d)** C_3H_9 **e)** C_4H_9

Exercício Resolvido

64. (Funrei-MG) A fórmula estrutural simplificada para um alceno é representada abaixo.

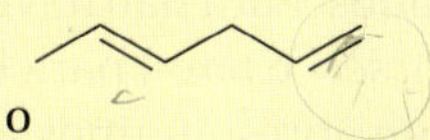

Esse alceno é o

a) hept-2-eno.
b) hex-2-eno.
c) hexa-1,4-dieno.
d) hexa-2,5-dieno.

➤ Resolução

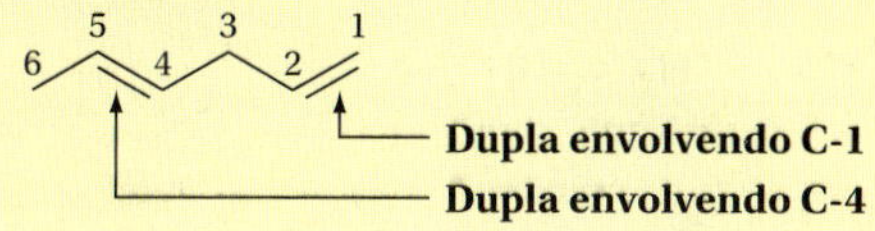

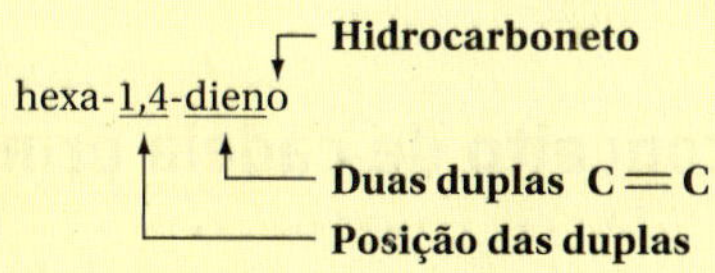

Alternativa **c**.

65. Dê o nome dos seguintes compostos:

a) 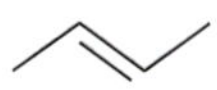
b) 
c) 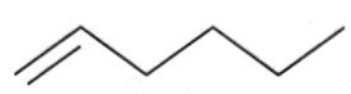
d) 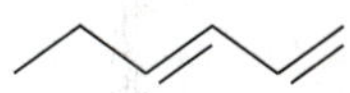

9.3 Nome dos principais grupos orgânicos

- A expressão **grupos substituintes orgânicos** ou, simplesmente, **grupos orgânicos** é utilizada para designar qualquer grupo de átomos que apareça com frequência nas moléculas orgânicas.

Os grupos **metil** e **etil** são exemplos de grupos orgânicos:

$-CH_3$	$-CH_2-CH_3$
metil	etil

Não existe um composto chamado metil nem um composto chamado etil. Metil e etil são nomes dados a pedaços de moléculas.

Com 3 carbonos, são importantes os grupos **propil** e **isopropil**.

$-CH_2-CH_2-CH_3$	$-\underset{\displaystyle CH_3}{\underset{\vert}{CH}}-CH_3$
propil (anteriormente denominado *n*-propil)	isopropil

Esteja atento!

Há exercícios de vestibular que utilizam a palavra "radical" como sinônimo de **grupo orgânico**, embora **não** seja essa a determinação da IUPAC.

Segundo a IUPAC, o termo "radical" deve ser usado para espécies que contenham elétrons desemparelhados (um elétron desemparelhado é aquele que não está acompanhado de outro com o qual faça par), que é o caso de um fragmento molecular com o octeto incompleto gerado pela quebra de uma ligação covalente.

Com 4 carbonos, são importantes os seguintes grupos:

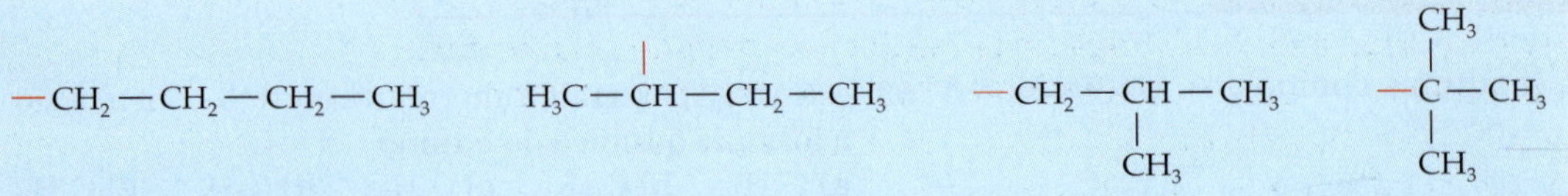

butil (anteriormente denominado *n*-butil) | *sec*-butil ou *s*-butil | isobutil | *terc*-butil ou *t*-butil

Como você pode perceber, existe mais de um grupo diferente contendo três ou quatro carbonos. Para não haver confusão, os químicos resolveram usar os prefixos (iso, *sec*- e *terc*-) para fazer a diferenciação dos nomes.

Além desses que apresentamos anteriormente, existem mais alguns grupos orgânicos de importância para nosso estudo. Os principais são:

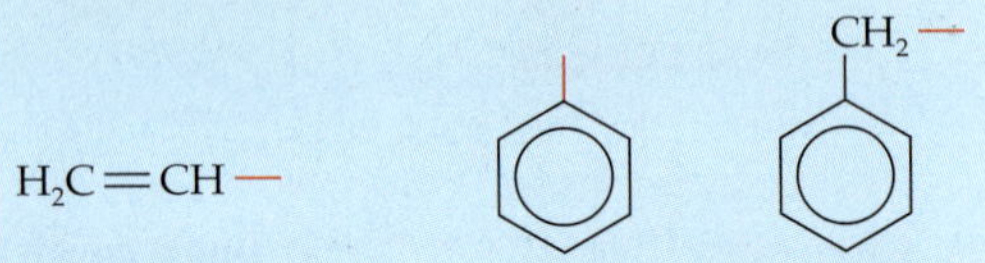

vinil | fenil | benzil

9.4 O conceito de cadeia principal

Observe as fórmulas estruturais de hidrocarbonetos ramificados mostradas ao lado e os seus respectivos nomes, de acordo com a IUPAC. Perceba a importância de conhecer os nomes dos grupos orgânicos que mostramos anteriormente: eles são necessários para nomear hidrocarbonetos ramificados. Nesse contexto, é bastante útil o conceito de cadeia principal.

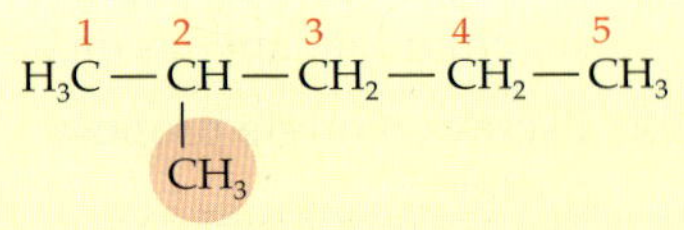

2-metil-pentano

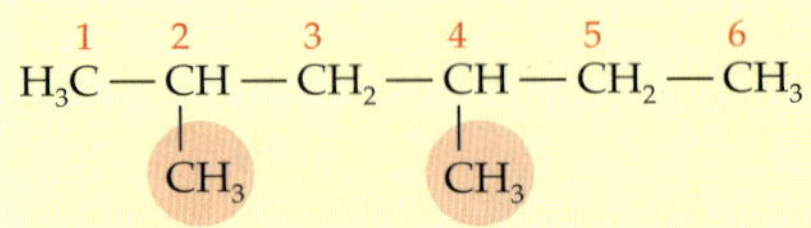

2,4-dimetil-hexano

- A **cadeia principal** de um hidrocarboneto é a maior sequência de carbonos que contenha as ligações duplas e triplas (se existirem). Em caso de duas sequências igualmente longas, a cadeia principal é a mais ramificada. Os carbonos que não fazem parte da cadeia principal pertencem às ramificações.

9.5 Nomenclatura de hidrocarbonetos com cadeia ramificada

Para dar nome a um hidrocarboneto com ramificação(ões), proceda assim:

1. Localize a cadeia principal.
2. Numere os carbonos da cadeia principal. Para decidir por qual extremidade deve começar a numeração, baseie-se nos seguintes critérios:
   - Se a cadeia for **insaturada**, comece pela extremidade que apresente insaturação mais próxima a ela.
   - Se a cadeia for **saturada**, comece pela extremidade que tenha uma ramificação mais próxima a ela.
3. Escreva o número de localização da ramificação e, a seguir, separando com um hífen, o nome do grupo orgânico que corresponde à ramificação. Por exemplo, se houver um grupo CH_3 como ramificação no segundo carbono da cadeia principal, deve-se escrever 2-metil. Os prefixos di, tri, tetra, penta etc. devem preceder o nome

Um esclarecimento sobre o hífen

O que na regra IUPAC seria escrito 2-metilpentano, optamos, por **conveniência didática**, por escrever 2-metil-pentano. Ou, em lugar de escrever 3-etil-2-metilexano, optamos por 3-etil-2-metil-hexano. Note que o uso adicional do hífen nesses casos proporciona **maior clareza para o estudante que está tomando seu primeiro contato com a nomenclatura orgânica**.

Da mesma maneira, onde a regra conduziria a escrever ciclobutano, optamos por escrever ciclo-butano, ou, em vez de cicloexano, optamos por ciclo-hexano.

dos grupos, a fim de indicar sua quantidade. Assim, por exemplo, se houver dois grupos CH_3 como ramificações nos carbonos 2 e 4, deve-se escrever 2,4-dimetil. Escreva o nome e o número de localização das ramificações seguindo a **ordem alfabética** (ignorando os prefixos di, tri etc. e também *sec* e *terc*, mas não iso).

4. Por fim, escreva o nome do hidrocarboneto correspondente à cadeia principal, separando-o do nome da ramificação por um hífen.

Analise os seguintes exemplos para perceber a lógica envolvida.

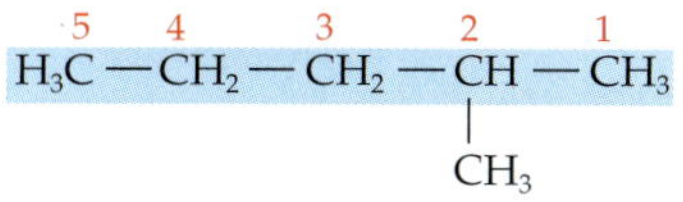

2-metil-pentano
(4-metil-pentano está incorreto)

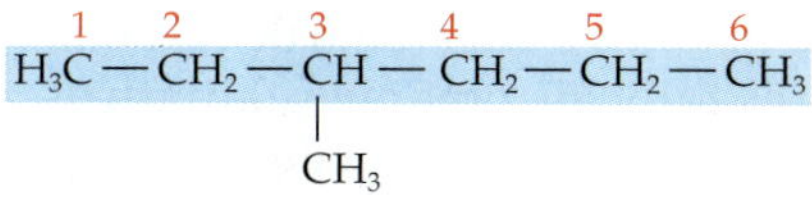

3-metil-hexano
(4-metil-hexano está incorreto)

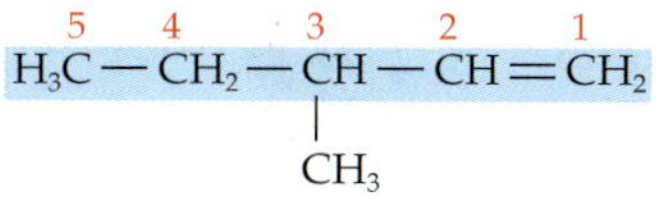

3-metil-pent-1-eno

Insaturação mais próxima dessa extremidade

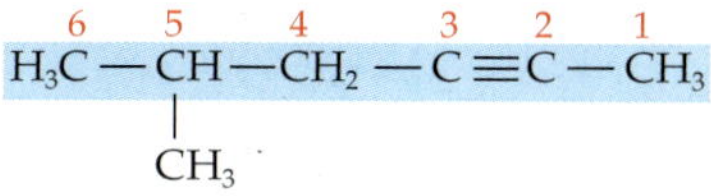

5-metil-hex-2-ino

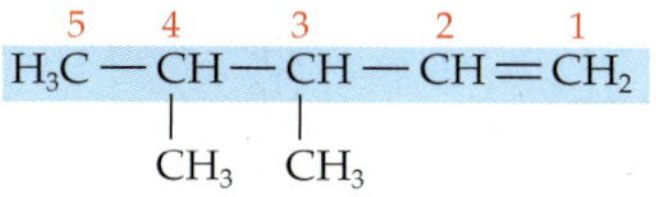

3,4-dimetil-pent-1-eno

Insaturação mais próxima dessa extremidade

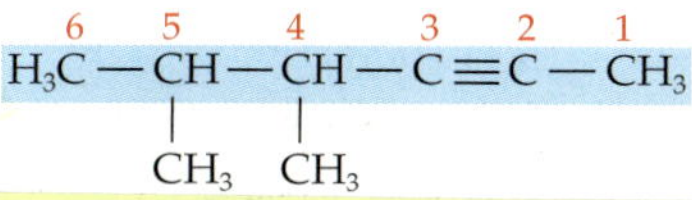

4,5-dimetil-hex-2-ino

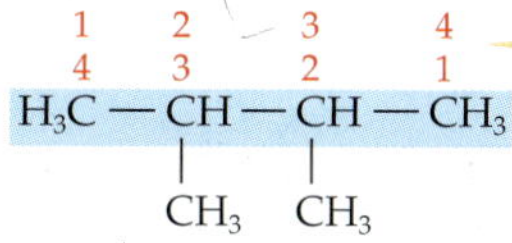

Ambas as numerações são corretas

2,3-dimetil-butano

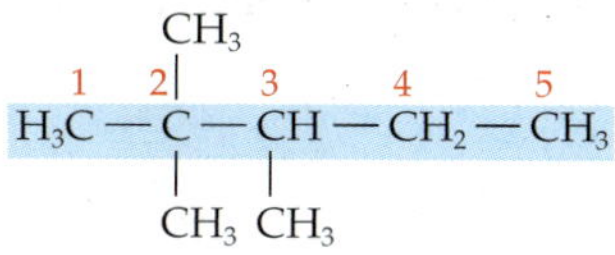

2,2,3-trimetil-pentano
(3,4,4-trimetil-pentano está incorreto)

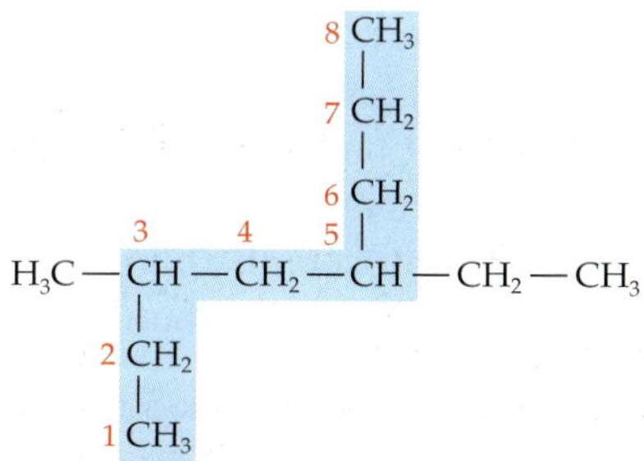

5-etil-3-metil-octano
(ordem alfabética: **e** vem antes de **m**)

...a) esta lista de exercícios ...classe ou em casa.

66. ...dos seguintes grupos orgânicos:

b) 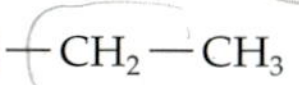

c) 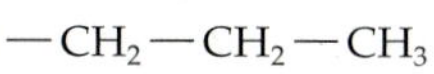

d) 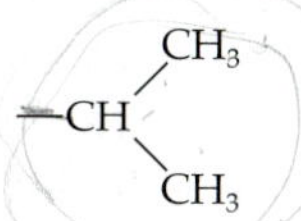

f) 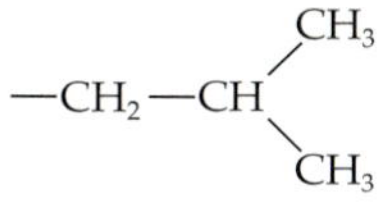

g) 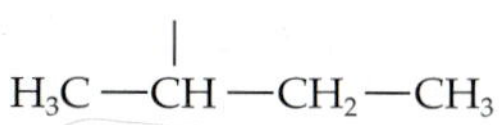

h) 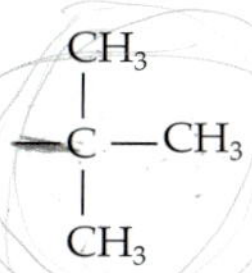

67. Dê o nome sistemático de acordo com a IUPAC dos hidrocarbonetos:

a) 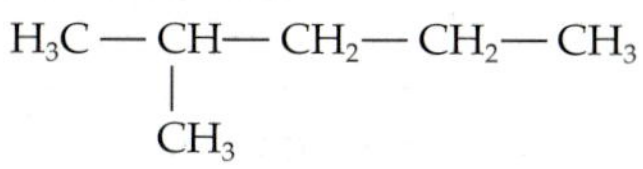

b) 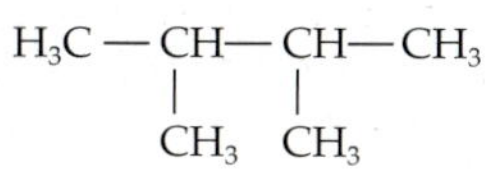

c) 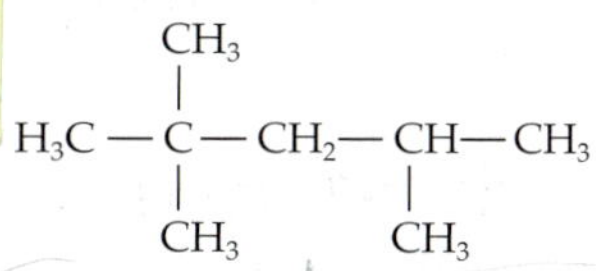

d) 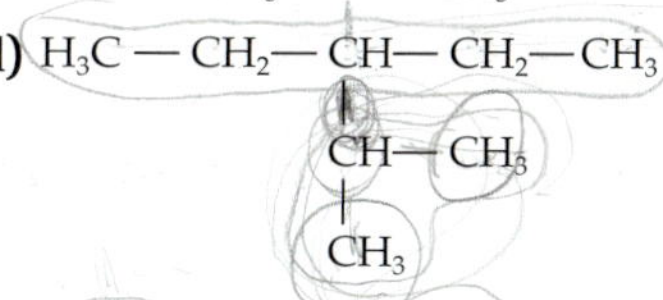

e) 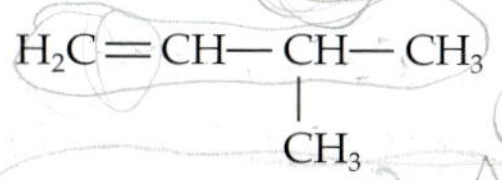

f) 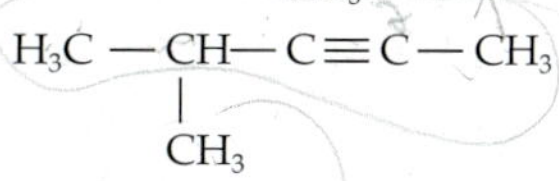

68. Elabore a fórmula estrutural dos hidrocarbonetos a seguir. (Note que, nesses exemplos, a ausência dos números não causa confusão, pois **só há uma possibilidade para o posicionamento das ramificações**.)

a) metil-butano
b) metil-propeno
c) dimetil-propano
d) etil-pentano

Exercícios adicionais

Seu(sua) professor(a) indicará quais exercícios deste bloco você deve fazer.

69. (Fazu-MG) O radical metil resulta de um hidrocarboneto que perde um átomo de hidrogênio. O número de átomos de hidrogênio do radical metil é:

a) 5 **b)** 1 **c)** 2 **d)** 3 **e)** 4

70. (UFSM-RS) No composto

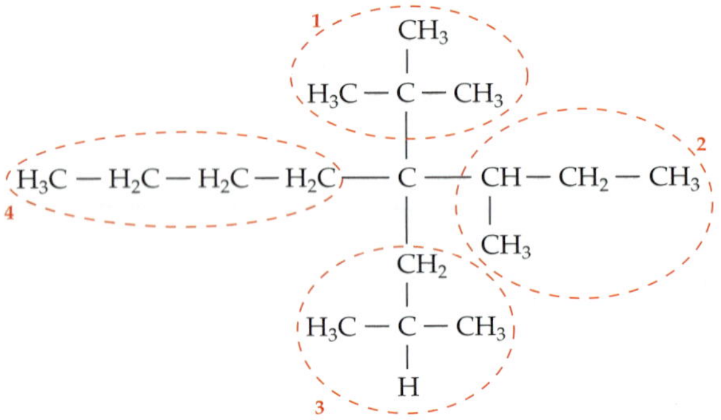

os radicais circulados **1**, **2**, **3** e **4** são, respectivamente:

a) isobutil, *sec*-butil, *terc*-butil e butil.
b) *terc*-butil, isobutil, butil e *sec*-butil.
c) *sec*-butil, butil, isobutil e *terc*-butil.
d) *terc*-butil, *sec*-butil, isobutil e butil.
e) butil, *terc*-butil, *sec*-butil e isobutil.

71. (Uece) Suponha que o carbono assinalado com um círculo tenha três valências cortadas, liberando assim os radicais numerados por 1, 2 e 3.

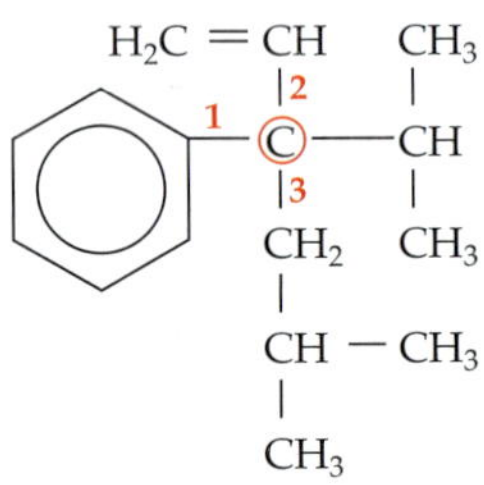

Esses radicais são, respectivamente:

a) fenil, vinil, isobutil.
b) benzil, vinil, *t*-butil.
c) benzil, etenil, isobutil.
d) fenil, etenil, *t*-butil.

72. (Osec-SP) Quantos átomos de carbono possui a cadeia principal da molécula representada abaixo?

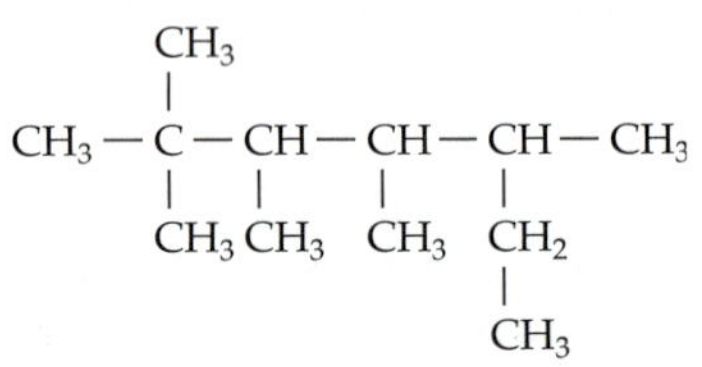

a) 3 **b)** 5 **c)** 6 **d)** 7 **e)** 10

73. (Uespi) Dentre os compostos cujos nomes constam nas alternativas abaixo, aquele com o maior número de carbonos secundários é:

a) 2,3-dimetil-butano
b) 3-metil-pentano
c) 2-metil-pentano
d) hexano
e) 2,2-dimetil-butano

74. (Vunesp) Quando ligamos a um átomo de carbono os quatro menores radicais orgânicos alifáticos saturados, obtemos um hidrocarboneto cuja nomenclatura é:

a) 2,3-dimetil-3-etil-hexano.
b) 4-metil-4-etil-octano.
c) 2,3-metil-3-etil-heptano.
d) 4-metil-4-etil-nonano.
e) 4-metil-4-etil-decano.

75. (Uema) Sobre o composto, cuja fórmula estrutural é dada abaixo, fazem-se as afirmações:

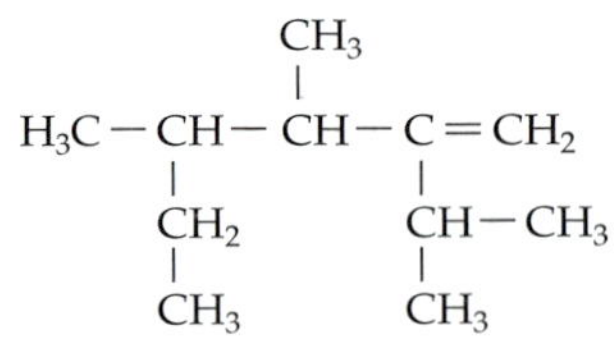

I. É um alceno.
II. Possui três ramificações diferentes entre si, ligadas à cadeia principal.
III. Apesar de ter fórmula molecular $C_{11}H_{22}$, não é um hidrocarboneto.
IV. Possui no total quatro carbonos terciários.

São corretas:

a) I e IV, somente.
b) I, II, III e IV.
c) II e III, somente.
d) II e IV, somente.
e) III e IV, somente.

76. (Unifor-CE) Ao composto

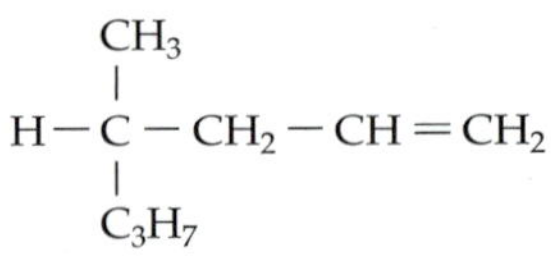

foi dado erroneamente o nome de 4-propil-2-penteno. O nome correto é:

a) 4-propil-2-pentino.
b) 2-propil-4-penteno.
c) 4-metil-1-hepteno.
d) 2-propil-4-pentino.
e) 4-metil-2-heptano.

9.6 Nomenclatura de hidrocarbonetos de cadeia mista

Quando um hidrocarboneto possui cadeia carbônica mista, a nomenclatura é feita de um modo similar ao que mostramos para as cadeias abertas ramificadas. Veja os exemplos:

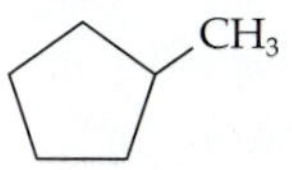

metil-ciclo-pentano

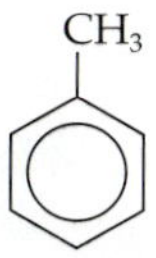

metil-benzeno (trivial: tolueno)

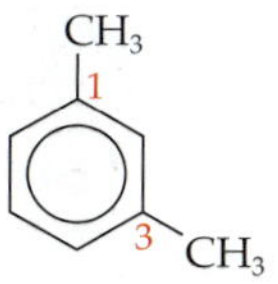

1,3-dimetil-benzeno

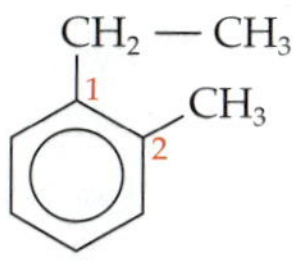

1-etil-2-metil-benzeno (ordem alfabética: **e** antes de **m**)

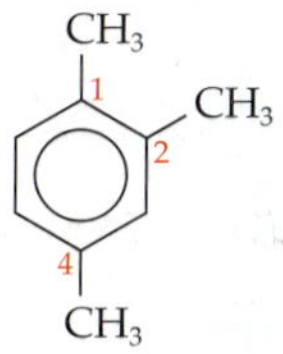

1,2,4-trimetil-benzeno

9.7 Uso dos prefixos *orto*, *meta* e *para*

Quando uma molécula com um anel benzênico contém **dois** grupos ligados a esse anel, além da maneira de dar nome que acabamos de ver, existe outra, igualmente correta. Trata-se do uso dos prefixos *orto*, *meta* e *para*.

Os prefixos *orto*, *meta* e *para* podem ser utilizados apenas quando um anel benzênico possuir dois grupos a ele ligados:
- *orto* indica posição 1,2;
- *meta* indica posição 1,3;
- *para* indica posição 1,4.

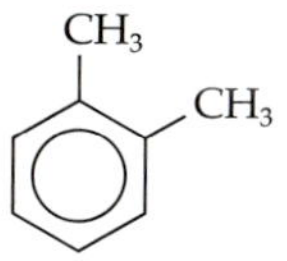

orto-dimetil-benzeno (trivial: *orto*-xileno)

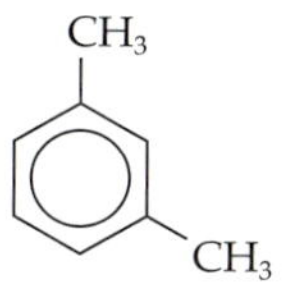

meta-dimetil-benzeno (trivial: *meta*-xileno)

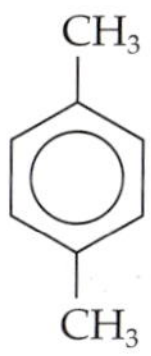

para-dimetil-benzeno (trivial: *para*-xileno)

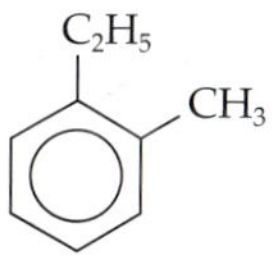

orto-etil-metil-benzeno

No exemplo ao lado, $-C_2H_5$ é uma maneira resumida de representar o grupo etil, $-CH_2-CH_3$

9.8 Subdivisões dos aromáticos

Os hidrocarbonetos aromáticos costumam ser subdivididos em:

a) *Mononucleares* ou *monocíclicos*: aqueles com apenas um anel benzênico. Exemplos:

benzeno

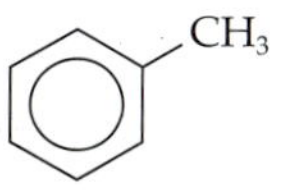

tolueno

b) *Polinucleares* ou *policíclicos*: aqueles com dois ou mais anéis benzênicos. Entre eles, há os polinucleares com anéis isolados e os com anéis condensados. Veja os exemplos:

- Com anéis isolados

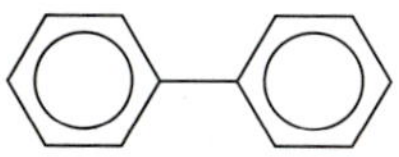

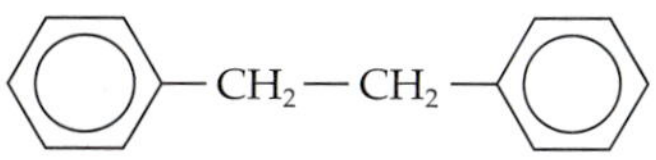

- Com anéis condensados

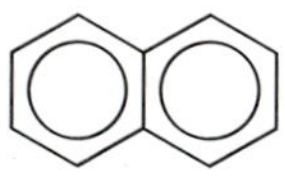

naftaleno

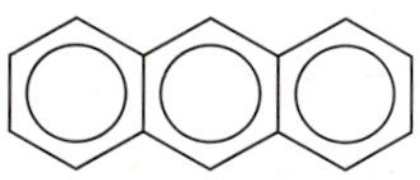

antraceno

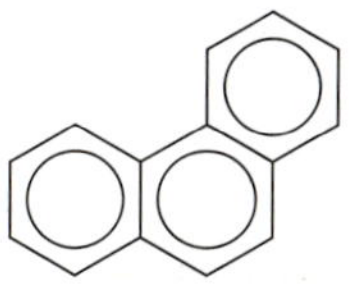

fenantreno

Biblioteca do estudante
Informe-se sobre a Química:
Breve histórico da Química Orgânica

ATENÇÃO

O benzeno é tóxico e, por isso, esse experimento **NÃO DEVE SER FEITO** pelo aluno.

SÉRGIO DOTTA JR./CID

▲ O benzeno queima com chama fuliginosa, característica compartilhada pelos demais hidrocarbonetos aromáticos.

ATENÇÃO

O naftaleno é tóxico. Deve-se evitar manuseá-lo e inalar seus vapores.

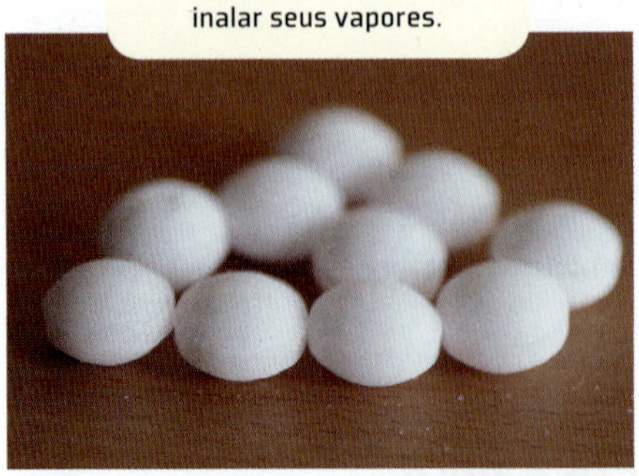

FABIO COLOMBINI

▲ O naftaleno, usualmente conhecido como naftalina, é comercializado sob a forma de bolinhas, empregadas para evitar traças em guarda-roupas. Essa substância sublima com o passar do tempo, ou seja, passa diretamente de sólido a vapor.

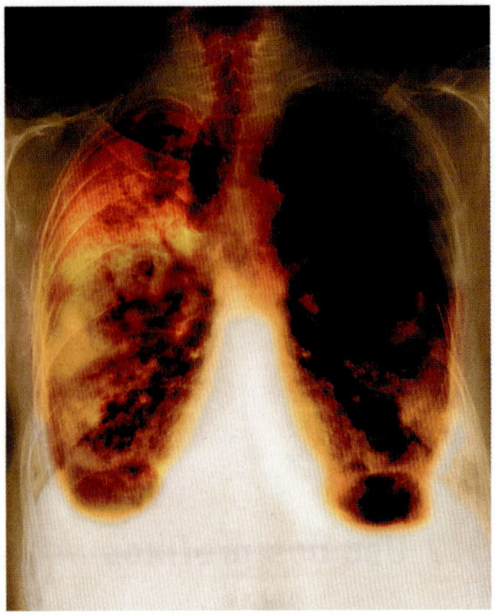

GARY HUNTER/PHOTOGRAPHER'S CHOICE/GETTY IMAGES

▲ Pulmões não saudáveis de um indivíduo fumante (radiografia com cor artificial). Hidrocarbonetos aromáticos presentes no alcatrão respondem, em parte, pelos riscos que o fumo oferece.

Revisão

Exercícios essenciais

A critério do(a) professor(a) esta lista de exercícios poderá ser realizada em classe ou em casa.

77. Dê nome aos seguintes hidrocarbonetos:

a) 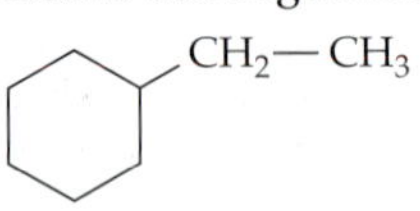

b) 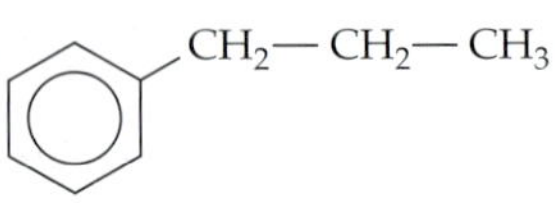

c) 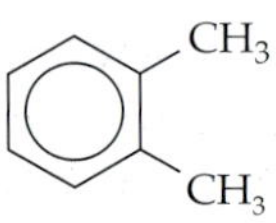

d) 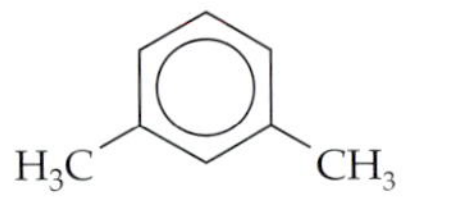

e) 

f) 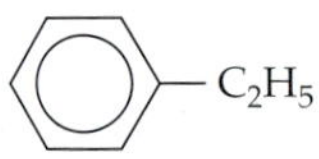

78. Escreva a fórmula estrutural dos seguintes compostos:

a) metil-ciclo-butano

b) etil-ciclo-pentano

c) metil-benzeno

d) isopropil-benzeno

e) 1,3,5-trimetil-benzeno

f) 1,3-dimetil-ciclo-hexano

g) 1,2-dimetil-ciclo-hexano

h) *t*-butil-benzeno

Exercícios adicionais

Seu(sua) professor(a) indicará quais exercícios deste bloco você deve fazer.

79. (UCPel-RS) "Diga não às drogas." É uma frase utilizada para advertir o jovem sobre o perigo das drogas. A famosa cola de sapateiro, que é usada principalmente pelos menores para se drogarem, contém 25% de tolueno (metilbenzeno), que é cancerígeno e alucinógeno. Qual a fórmula estrutural desse solvente orgânico?

a) 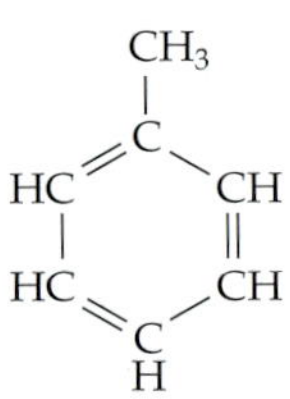

b) 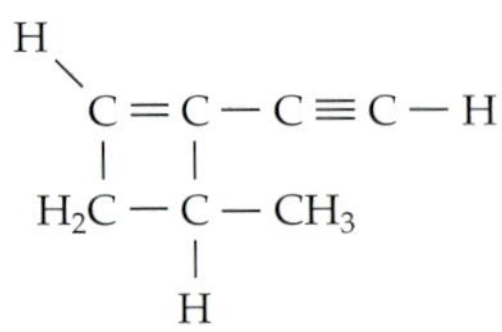

c) 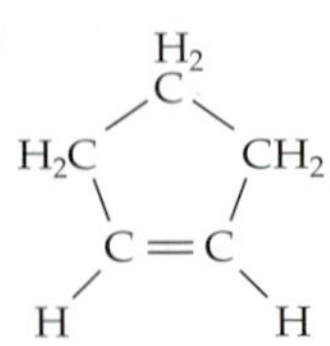

d) $H_2C = C = CH - CH_2 - CH_2 - C \equiv CH$

e) 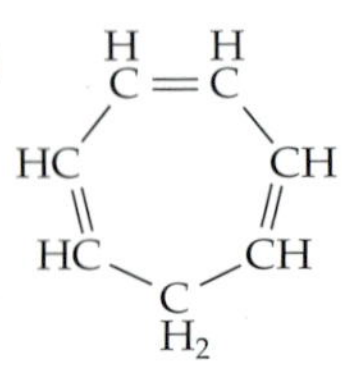

80. (Uerj) Além do impacto ambiental agudo advindo do derramamento de grandes quantidades de óleo em ambientes aquáticos, existem problemas a longo prazo associados à presença, no óleo, de algumas substâncias como os hidrocarbonetos policíclicos aromáticos, mutagênicos e potencialmente carcinogênicos. Essas substâncias são muito estáveis no ambiente e podem ser encontradas por longo tempo no sedimento do fundo, porque gotículas de óleo, após adsorção por material particulado em suspensão na água, sofrem processo de decantação.

Um agente mutagênico, com as características estruturais citadas no texto, apresenta a seguinte fórmula:

a)

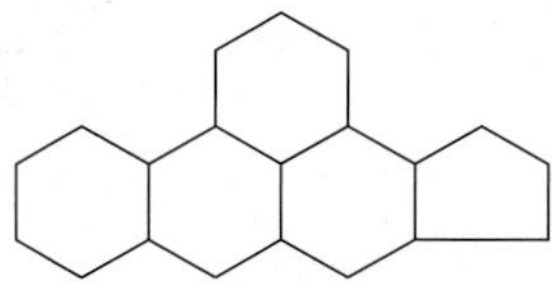

b)

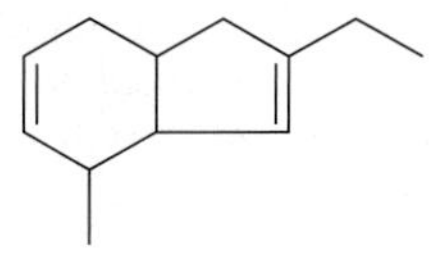

c)

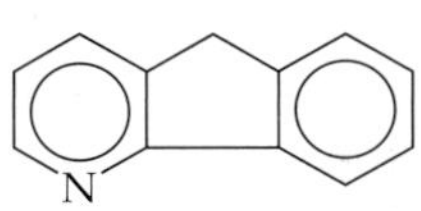

d)

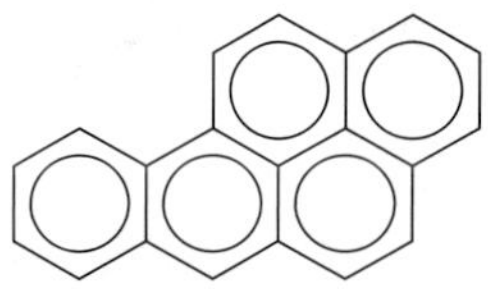

81. (Uerj) "O Ministério da Saúde adverte: fumar pode causar câncer de pulmão."

Um dos responsáveis por esse mal causado pelo cigarro é o alcatrão, que corresponde a uma mistura de substâncias aromáticas; entre elas, benzeno, naftaleno e antraceno.

benzeno

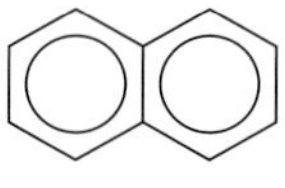

naftaleno

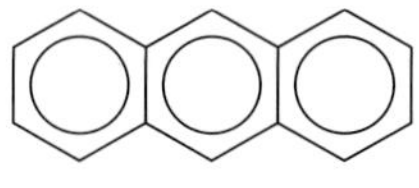

antraceno

As fórmulas moleculares dos três hidrocarbonetos citados são, respectivamente:

a) C_6H_{12}, $C_{12}H_{12}$, $C_{18}H_{20}$

b) C_6H_{12}, $C_{12}H_{10}$, $C_{18}H_{18}$

c) C_6H_6, $C_{10}H_{10}$, $C_{14}H_{14}$

d) C_6H_6, $C_{10}H_8$, $C_{14}H_{10}$

82. (Covest-PE) A gasolina é um combustível constituído basicamente por hidrocarbonetos e, em menor quantidade, por produtos oxigenados, de enxofre, de nitrogênio e de compostos metálicos. Esses hidrocarbonetos são formados por moléculas de cadeia entre 4 a 12 átomos. Veja abaixo alguns constituintes da gasolina.

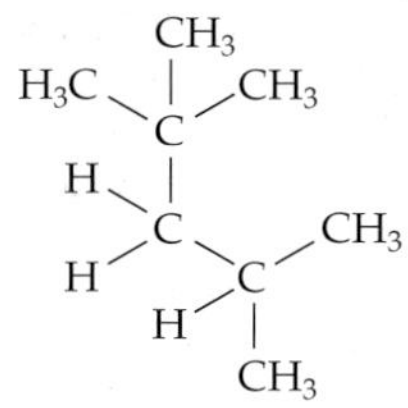

isoctano

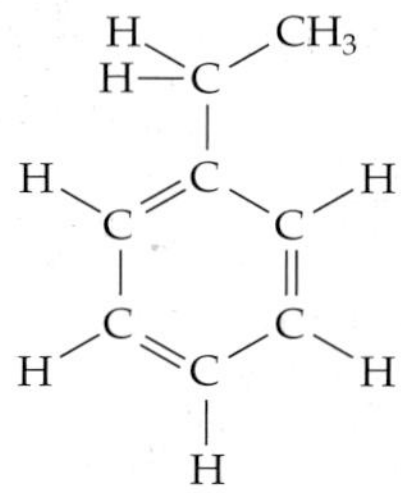

etilbenzeno

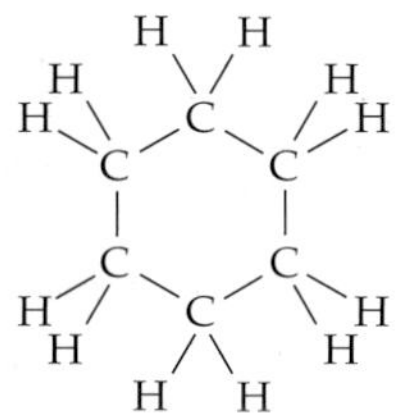

cicloexano

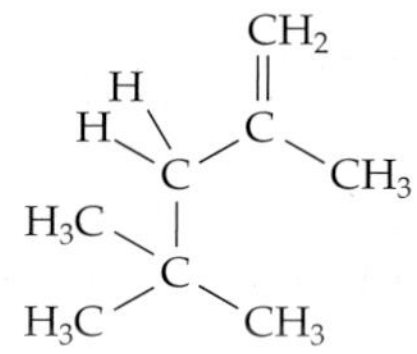

2,4,4-trimetil-1-penteno

A partir das estruturas apresentadas podemos afirmar o que se segue [julgue os itens em verdadeiros ou falsos]:

0) Segundo a IUPAC, o nome do isoctano seria 2,4,4-trimetilpentano.

1) O etilbenzeno é um composto aromático.

2) O cicloexano é um composto cíclico; portanto, também pode ser chamado de aromático.

3) O 2,4,4-trimetil-1-penteno é uma "olefina" de cadeia aberta.

4) Todos os compostos apresentados podem ser chamados de hidrocarbonetos "insaturados".

Capítulo 26

As principais classes funcionais de compostos orgânicos

Alguns conteúdos importantes:

- Classe funcional
- Grupo funcional
- Reconhecimento das principais classes funcionais de compostos orgânicos
- Noções sobre a nomenclatura dos representantes mais comuns das classes funcionais mais relevantes
- Noções da presença no cotidiano de representantes dessas classes funcionais

JOÃO PRUDENTE/PULSAR IMAGENS

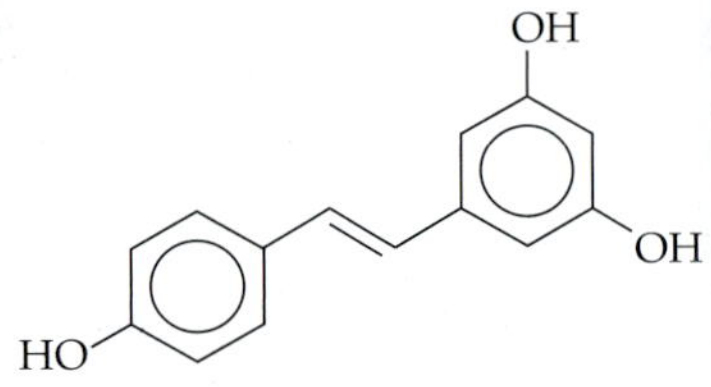

▲ O resveratrol, cuja fórmula é mostrada ao lado, é um constituinte da dieta humana. Está presente, por exemplo, em uvas. Essa substância pertence à classe funcional **fenol**. É um antioxidante natural e há indícios de que pode ser agente preventivo do câncer.

1 Classes funcionais na Química Orgânica

Guia de estudo

Consideremos as substâncias com as fórmulas estruturais abaixo:

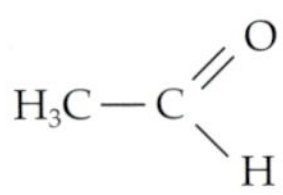

substância Ⓐ

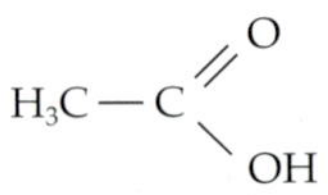

substância Ⓑ

Os químicos descobriram, em laboratório, que a substância Ⓐ possui, entre outras, as seguintes propriedades químicas: não reage com bicarbonato de sódio e reage com permanganato de potássio.

Já a substância Ⓑ apresenta as seguintes propriedades químicas: reage com bicarbonato de sódio e não reage com permanganato de potássio.

Consideremos, agora, as substâncias Ⓧ e Ⓨ:

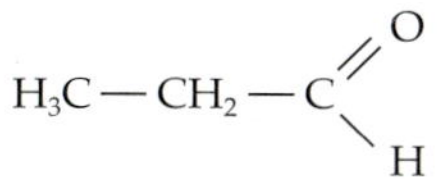
substância Ⓧ

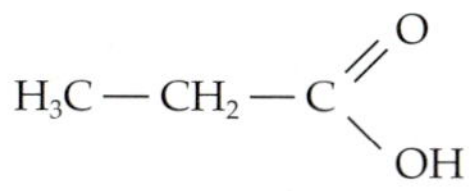
substância Ⓨ

Os químicos verificaram, experimentalmente, que a substância Ⓧ apresenta as mesmas propriedades químicas de Ⓐ e que a substância Ⓨ apresenta as mesmas propriedades químicas de Ⓑ.

- **Classe funcional** ou **função química** é um conjunto de substâncias que apresentam semelhanças na fórmula estrutural e, por consequência, possuem propriedades químicas semelhantes.

Assim, podemos afirmar que Ⓐ e Ⓧ pertencem a uma mesma classe funcional (ou função química). Também podemos dizer que Ⓑ e Ⓨ pertencem a uma mesma classe funcional (ou função química).

Dizemos que Ⓐ e Ⓧ são *aldeídos*, ou seja, fazem parte da classe funcional *aldeído*. Por sua vez, Ⓑ e Ⓨ são *ácidos carboxílicos*, isto é, pertencem à classe funcional *ácido carboxílico*.

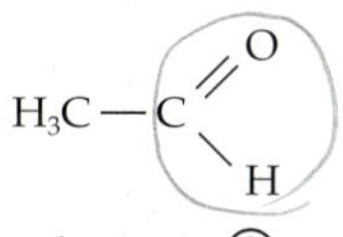
substância Ⓐ

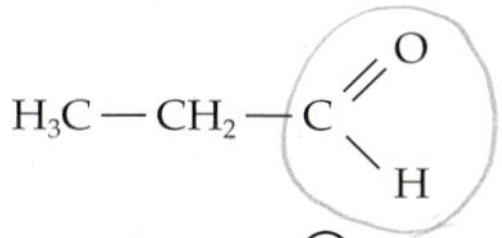
substância Ⓧ

São aldeídos

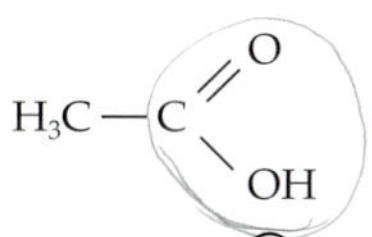
substância Ⓑ

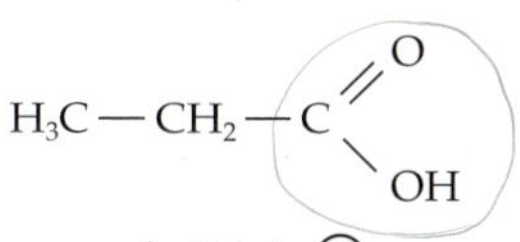
substância Ⓨ

São ácidos carboxílicos

A tabela 1 (página seguinte) mostra as classes funcionais de nosso interesse para o estudo da Química Orgânica. Observando a fórmula estrutural de uma substância, é possível dizer a que classe funcional ela pertence. Basta, para isso, localizar o grupo funcional presente.

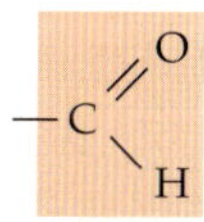
Grupo funcional característico dos aldeídos

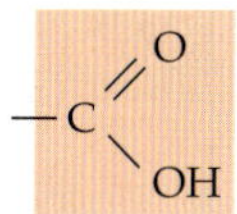
Grupo funcional característico dos ácidos carboxílicos

- O átomo ou grupo de átomos característico de uma certa classe funcional é denominado **grupo funcional**.

2 Álcoois

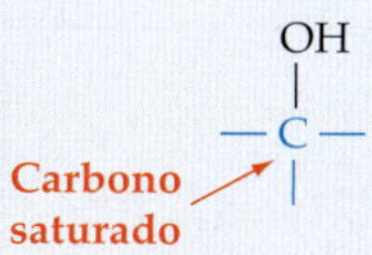

Álcool

O grupo OH é chamado de **hidroxila** ou **oxidrila**.

O álcool usado como combustível automotivo no Brasil e presente nas bebidas alcoólicas é o etanol.

$$H_3C-CH_2-OH \qquad \text{etanol}$$

As bebidas alcoólicas podem exercer **efeitos terríveis** sobre a saúde de um indivíduo. Elas são misturas que contêm etanol, água e, eventualmente, outras substâncias que foram propositadamente adicionadas ou que devem sua presença ao modo como foram produzidas. Cada bebida alcoólica possui uma diferente porcentagem em volume de etanol.

Assim que o etanol é ingerido, rapidamente tem início sua absorção pelo organismo, e, se o estômago estiver vazio, ela ocorrerá cerca de seis vezes mais

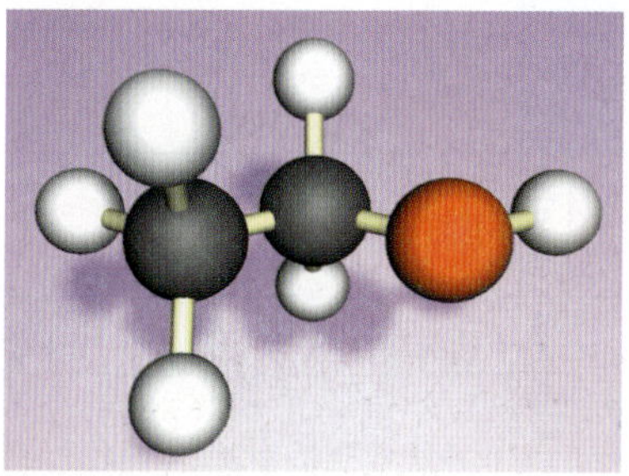
EDUARDO CANTO

▲ Modelo de uma molécula de etanol.

rápido do que se estiver cheio. Devido à total solubilidade do etanol em água, ele penetra facilmente na corrente sanguínea, distribuindo-se para todas as partes do organismo. Pequenas doses levam a uma sensação de euforia. Doses maiores, contudo, **afetam o sistema nervoso** e **diminuem as funções cerebrais**, fazendo com que um indivíduo tenha **os reflexos e a capacidade de tomar decisões prejudicados**. Doses maiores podem, ainda, levar ao coma alcoólico e, consequentemente, à **morte**.

TABELA 1 **Principais classes funcionais (funções químicas) de compostos orgânicos**

		Classe funcional	Grupo funcional
		Hidrocarboneto	Só C e H
Contendo halogênio		Composto halogenado	$-F$ $-Cl$ $-Br$ $-I$
Contendo oxigênio	$-O-H$ Contendo hidroxila	Álcool	$-\overset{\vert}{\underset{\vert}{C}}-OH$
Contendo oxigênio	$-O-H$ Contendo hidroxila	Fenol	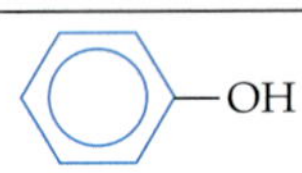
Contendo oxigênio	$-O-H$ Contendo hidroxila	Enol	$=C(OH)-$
Contendo oxigênio		Éter	$C-O-C$
Contendo oxigênio	$C=O$ Contendo carbonila	Aldeído	$-C(=O)H$
Contendo oxigênio	$C=O$ Contendo carbonila	Cetona	$C-\overset{O}{\overset{\Vert}{C}}-C$
Contendo oxigênio	$C=O$ Contendo carbonila	Ácido carboxílico	$-C(=O)OH$
Contendo oxigênio	$C=O$ Contendo carbonila	Sal de ácido carboxílico	$\left(-C(=O)O^-\right)_x(\text{cátion})_y$
Contendo oxigênio	$C=O$ Contendo carbonila	Éster	$-C(=O)O-C$
Contendo oxigênio	$C=O$ Contendo carbonila	Anidrido	$-\overset{O}{\overset{\Vert}{C}}-O-\overset{O}{\overset{\Vert}{C}}-$
Contendo oxigênio / Contendo nitrogênio	$C=O$ Contendo carbonila	Amida	$-C(=O)-\underset{\vert}{N}-$
Contendo oxigênio / Contendo nitrogênio		Nitrocomposto	$-NO_2$
Contendo nitrogênio		Amina	$-NH_2$ $-\underset{\vert}{NH}$ $-\underset{\vert}{N}-$
Contendo nitrogênio		Nitrila	$-CN$
Contendo oxigênio / Contendo enxofre		Ácido sulfônico	$-SO_3H$
Contendo enxofre		Tiol	$-SH$
Contendo enxofre		Sulfeto	$-S-$
		Organometálico	Metal ligado a carbono

O que aparece em azul na coluna da direita não faz parte propriamente do grupo funcional, mas corresponde à vizinhança necessária para que o grupo funcional (em preto) caracterize aquela classe funcional.

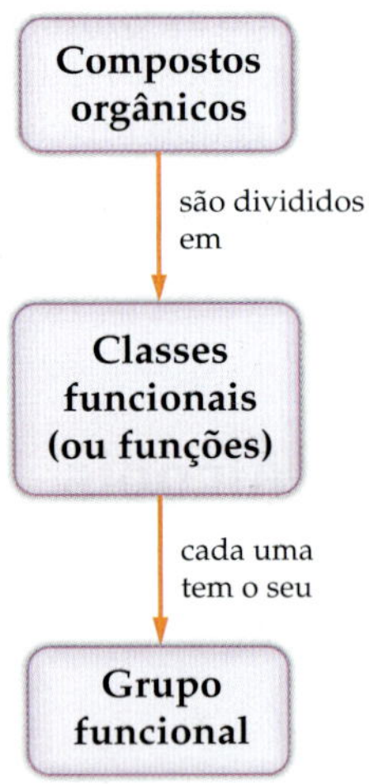

O etanol possui aplicações:

- Como solvente em perfumes, loções, desodorantes e medicamentos.
- Na limpeza doméstica. Para essa finalidade, o produto apresenta-se misturado a substâncias que alteram seu sabor e aroma. Essas substâncias, chamadas de **agentes desnaturantes**, são colocadas propositadamente para impedir que esse álcool (denominado **álcool desnaturado**) seja usado para a fabricação de perfumes e bebidas. No caso do "álcool em gel", a intenção é reduzir sua inflamabilidade.
- Em automóveis, como combustível. A combustão do etanol é análoga à de um hidrocarboneto, podendo ser completa ou incompleta:

$$C_2H_6O + 3\,O_2 \rightarrow 2\,CO_2 + 3\,H_2O$$
$$C_2H_6O + 2\,O_2 \rightarrow 2\,CO + 3\,H_2O$$
$$C_2H_6O + O_2 \rightarrow 2\,C + 3\,H_2O$$

LÍQUIDO INFLAMÁVEL

ATENÇÃO

O etanol (álcool comum) não deve ser manipulado perto de chamas ou faíscas.

Ele pode se inflamar e causar queimaduras, incêndio e explosão.

Embora o etanol seja chamado geralmente apenas de "álcool", para os químicos o termo **álcool** engloba a classe funcional de compostos com a semelhança estrutural de apresentar grupo OH ligado a um carbono saturado (isto é, carbono que só faz ligações simples). Assim, **são** exemplos de álcoois:

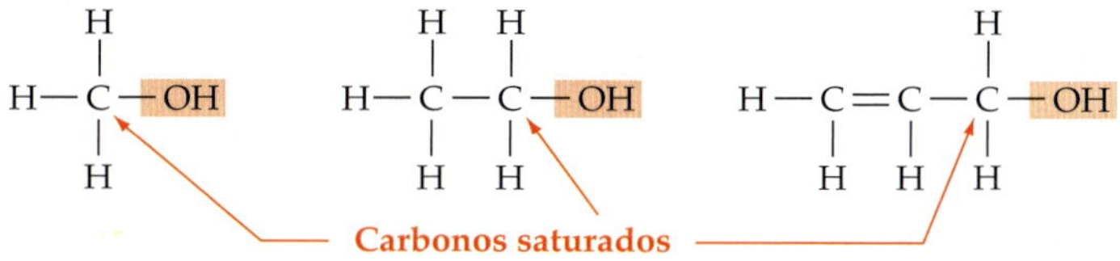

e **não** são exemplos de álcoois:

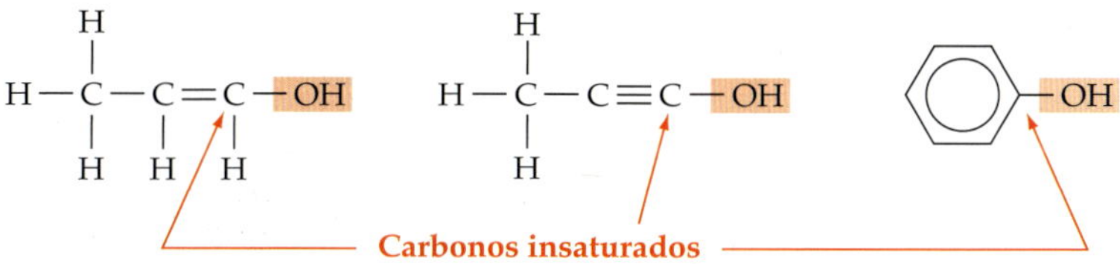

Para dar nome aos álcoois, de acordo com as regras da IUPAC, devemos proceder como no caso dos hidrocarbonetos, só que empregando o sufixo **ol**.

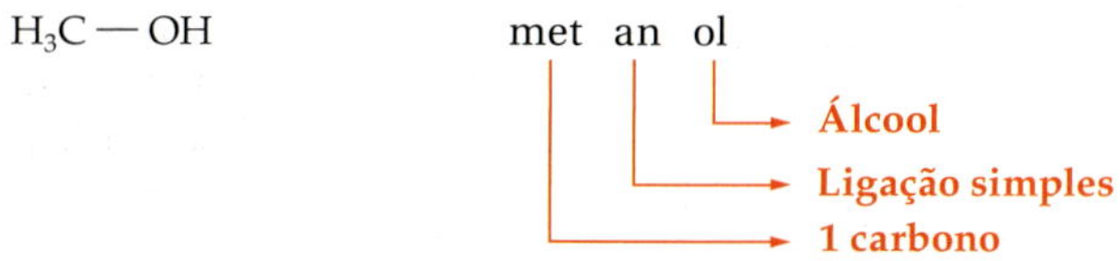

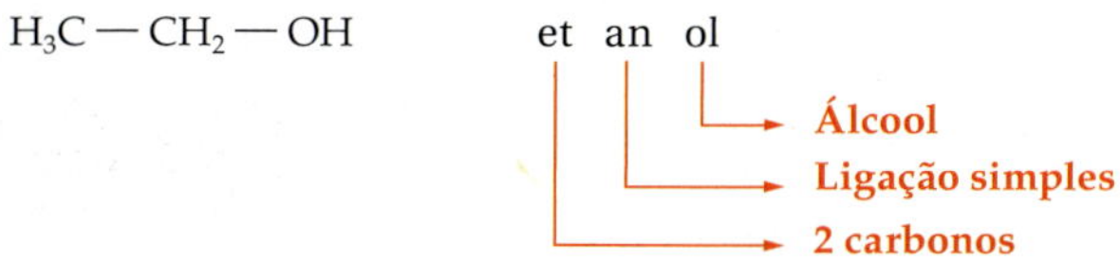

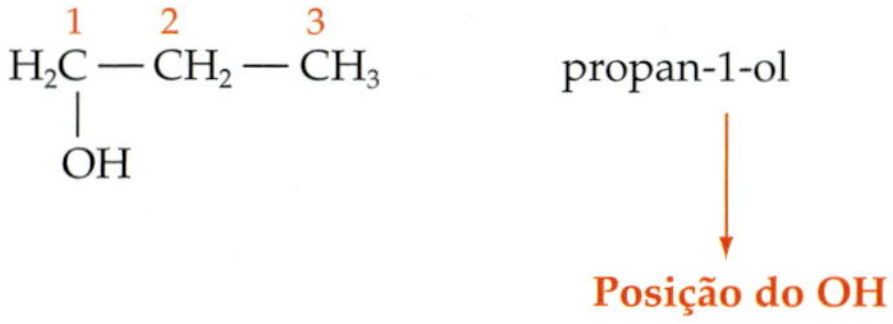

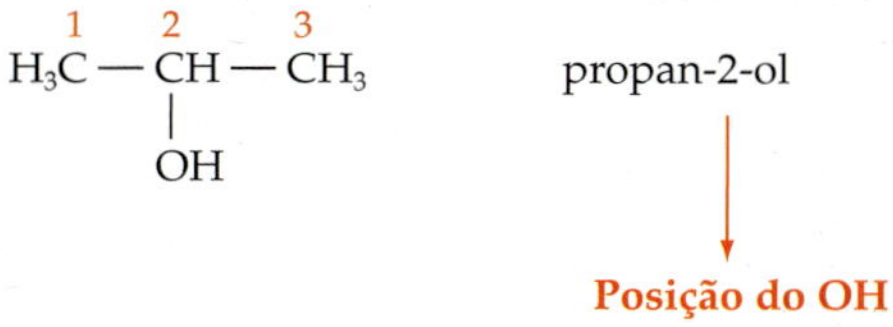

Muita atenção!

Em algumas publicações e exames vestibulares, os nomes de certos compostos orgânicos ainda seguem recomendações anteriores da IUPAC.

Por exemplo, em vez das grafias propan-1-ol e propan-2-ol, é comum vermos 1-propanol e 2-propanol, já que a **recomendação anterior** da IUPAC era para que se colocasse o número antes do nome.

Tenha isso em mente ao resolver exercícios de vestibular.

Como você pode ver, quando há mais de uma possibilidade para a posição do OH, é necessário indicá-la por meio da numeração dos carbonos. A numeração dos carbonos é feita a partir da extremidade **mais próxima** do grupo **OH**.

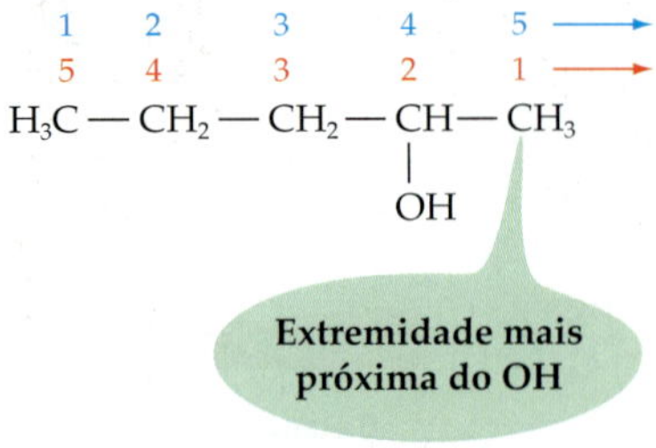

De acordo com a regra, o correto é pentan-2-ol, e não pentan-4-ol

A nomenclatura de álcoois que apresentam ramificações é feita de modo similar ao de hidrocarbonetos ramificados. Deve-se, primeiramente, encontrar a cadeia principal. A novidade, contudo, é que a cadeia principal deve obrigatoriamente incluir o carbono ligado à hidroxila (OH).

A numeração da cadeia principal tem de ser feita de modo que o carbono ligado à hidroxila receba o menor número possível. Assim, como vemos, a prioridade é dada ao grupo OH, e não às ramificações.

Se, por acaso, o grupo OH estiver posicionado a uma mesma distância de ambas as extremidades da cadeia principal, ela deve ser numerada a partir da extremidade que apresenta uma ramificação mais próxima a si.

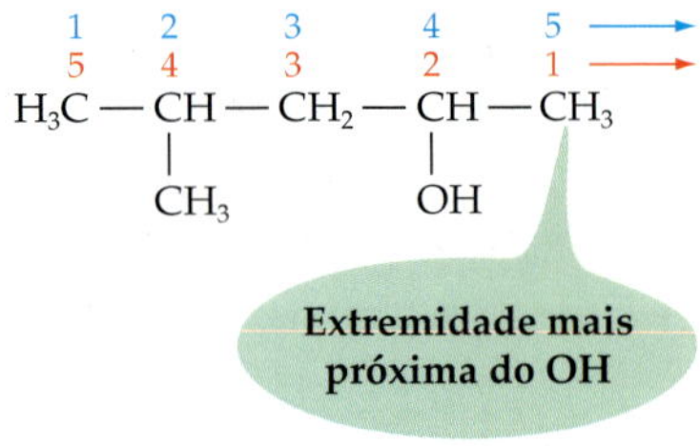

4-metil-pentan-2-ol

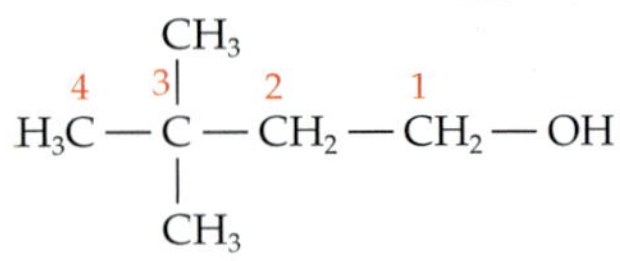

3,3-dimetil-butan-1-ol

Pense nisto!

Qual é a fórmula estrutural de uma substância cujo nome sistemático é ciclo-pent-2-en--1-ol?

Essa substância é um álcool? Por quê?

Biblioteca do estudante
Texto complementar:
As bebidas alcoólicas representam risco

Metanol

Apesar de todos os álcoois apresentarem OH, seus efeitos no organismo podem ser muito diferentes. Assim, é importante notar que nas bebidas alcoólicas está presente um álcool em particular: o etanol.

Existem álcoois que são extremamente perigosos se inalados ou ingeridos. É o caso, por exemplo, do **metanol**. Ingerir a pequena quantidade de 30 mL desse álcool leva à morte. Quantidades menores, 10 mL ou 15 mL, causam cegueira.

Apesar de tóxico, o metanol é muito importante em laboratórios, indústrias e também como combustível. Ele é obtido do petróleo e do carvão mineral por meio de transformações químicas feitas na indústria. Sua produção a partir do carvão, por exemplo, se dá em duas etapas. Na primeira, o carvão incandescente reage com água no estado gasoso, formando uma mistura dos gases CO e H_2. Essa mistura é conhecida na indústria como **gás de síntese** (ou **gás d'água**), tamanha sua importância na síntese de substâncias. Em seguida, a mistura de CO e H_2 entra em contato, a 300 atm e 300 °C, com um catalisador apropriado, que favorece a formação de metanol:

$$\underset{\text{carvão}}{C} + H_2O \rightarrow \underset{\text{gás de síntese}}{CO + H_2} \qquad CO + 2\,H_2 \rightarrow \underset{\text{metanol}}{CH_3OH}$$

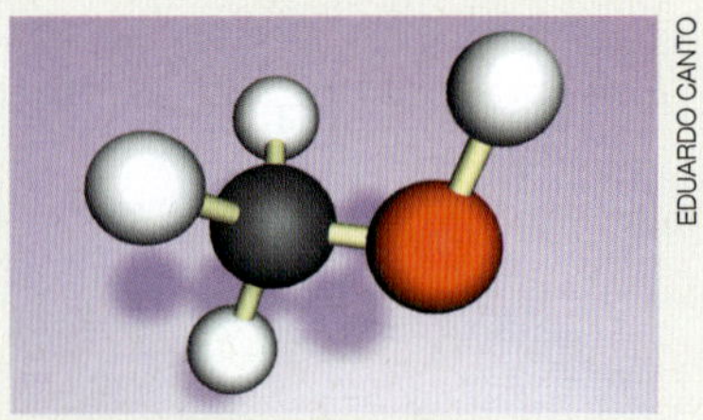

▲ Modelo de uma molécula de metanol.

ATENÇÃO

O metanol é um líquido incolor, inflamável e altamente tóxico.

O envenenamento pode ocorrer por inalação, ingestão ou absorção pela pele. Os efeitos podem incluir dor de cabeça, náusea, fadiga, visão distorcida, cegueira (que pode ser permanente), convulsões, crises respiratórias e morte.

PAT COCCIADIFERRO/REUTERS/LATINSTOCK

▲ O metanol foi usado como combustível na Fórmula Indy, tendo sido substituído por etanol. Um incêndio nesses combustíveis pode ser extinto com água (algo que não pode ser feito quando é gasolina, pois ela é imiscível em água e flutua nela, o que alastra o incêndio). Na foto, incêndio no carro (movido a etanol) do brasileiro Vitor Meira sendo apagado com água, em Indianápolis, EUA.

JONATHAN BLAIR/ENCYCLOPEDIA/CORBIS/LATINSTOCK

► Gasolina (esquerda) e metanol (direita) **em combustão**. A chama do metanol é muito clara e, em ambientes bem iluminados, é "invisível".

Exercícios essenciais

A critério do(a) professor(a) esta lista de exercícios poderá ser realizada em classe ou em casa.

1. Dê nome aos seguintes compostos:

a) $H_3C - \underset{\underset{OH}{|}}{CH} - CH_2 - CH_3$

b) $\underset{\underset{OH}{|}}{H_2C} - CH_2 - CH_2 - CH_2 - CH_3$

c) $H_3C - CH_2 - \underset{\underset{OH}{|}}{CH} - CH_2 - CH_3$

d) $HO - CH_2 - CH_3$

e) 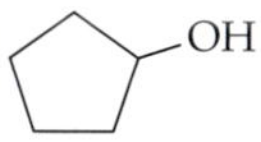

2. Algumas loções pós-barba contêm propan-2-ol. Escreva a fórmula estrutural desse composto.

3. Causa ambiguidade chamar o butan-1-ol simplesmente de butanol? Explique por quê.

4. Causa ambiguidade chamar o ciclo-hexan-1-ol apenas de ciclo-hexanol? Explique por quê.

5. Escreva a fórmula estrutural dos seguintes compostos:

a) 2-metil-butan-2-ol.

b) 1-metil-ciclo-hexanol.

Exercícios adicionais

Seu(sua) professor(a) indicará quais exercícios deste bloco você deve fazer.

6. Alguns cogumelos produzem e liberam oct-1-en-3-ol, que atua como repelente natural de lesmas, evitando que elas se alimentem desses cogumelos.

HXDBZXY/SHUTTERSTOCK

Escreva a fórmula estrutural dessa substância.

7. (UnB-DF) De grande importância para o desenvolvimento das sociedades, os motores têm papel de destaque. Muitos equipamentos funcionam devido à combustão de substâncias orgânicas presentes em diferentes combustíveis. No Brasil, o etanol surgiu como alternativa à gasolina e abastece parte da frota. No entanto, esses combustíveis apresentam sério problema ao ambiente: liberam gases que aumentam o efeito estufa. De acordo com as informações do texto, julgue os itens a seguir em certos ou errados.

1) O combustível alternativo citado no texto é caracterizado pela presença de hidroxila ligada à cadeia carbônica, que possui dois átomos de carbono e forma uma molécula plana.

2) A gasolina é uma substância orgânica.

3) O principal gás responsável pelo problema ambiental citado no texto é o dióxido de carbono.

4) As substâncias dos combustíveis citados no texto são caracterizadas pela presença de átomos de carbono.

8. (Udesc-SC) Diversos tipos de combustível têm em sua formação compostos orgânicos; entre eles, o gás natural, a gasolina, o álcool e o gás liquefeito de petróleo. Os compostos orgânicos presentes majoritariamente nesses combustíveis são, respectivamente:

a) propano, isoctano, metanol e mistura de hidrocarbonetos C_7 e C_8.

b) butano, hidrocarbonetos saturados, álcool isopropílico e metano.

c) metano, hidrocarbonetos de cadeia curta, metanol e mistura de butano e propano.

d) butano, hidrocarbonetos aromáticos, etanol e metano.

e) metano, hidrocarbonetos saturados, etanol e mistura de butano e propano.

9. (Unifesp) No mês de maio de 2007, o governo federal lançou a Política Nacional sobre Álcool. A ação mais polêmica consiste na limitação da publicidade de bebidas alcoólicas nos meios de comunicação. Pelo texto do decreto, serão consideradas alcoólicas as bebidas com teor de álcool a partir de 0,5 °GL.

A concentração de etanol nas bebidas é expressa pela escala centesimal Gay-Lussac (°GL), que indica a percentagem em volume de etanol presente em uma solução. Pela nova política, a bebida alcoólica mais consumida no país, a cerveja, sofreria restrições na sua publicidade. Para que não sofra as limitações da legislação, o preparo de uma nova bebida, a partir da diluição de uma dose de 300 mL de uma cerveja que apresenta teor alcoólico 4 °GL, deverá apresentar um volume final, em L, acima de:

a) 1,0 **b)** 1,4 **c)** 1,8 **d)** 2,0 **e)** 2,4

10. (UnB-DF) Julgue se a seguinte afirmativa é certa ou errada:

A queima de determinada massa de etanol produz menos CO_2 que a combustão da mesma massa de octano.

3 Aldeídos

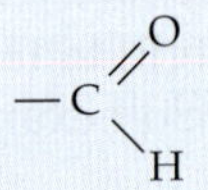

Aldeído

O grupo 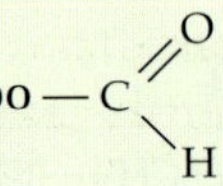 é chamado de **formila** ou **aldoxila**. Pode ser abreviado por —CHO.

A substância denominada etanal se forma quando o organismo metaboliza o etanol. O etanal é um dos responsáveis pelo enjoo e pela dor de cabeça provocados pelo exagero no consumo de bebidas alcoólicas.

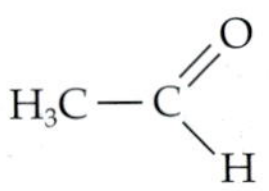

etanal

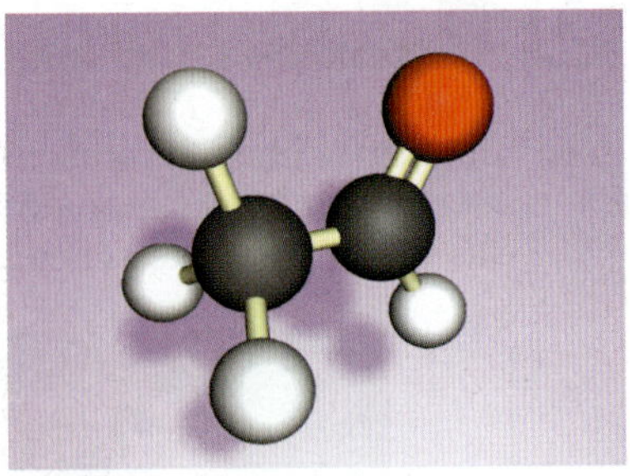

EDUARDO CANTO

▲ Modelo de uma molécula de etanal.

O etanal pertence ao conjunto de substâncias conhecidas como **aldeídos**, que se caracterizam pela presença do grupo funcional —CHO na molécula. Automóveis a álcool emitem um pouco de etanal, sendo este um poluente atmosférico.

Outro aldeído é o metanal, comercializado em solução aquosa com o nome de *formol*. O formol é um produto usado na conservação dos tecidos de animais e corpos humanos para estudos em Biologia e Medicina. O metanal também é empregado na fabricação de fórmica e de alguns outros materiais sintéticos.

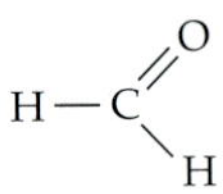

metanal

Para dar nome aos aldeídos, de acordo com a IUPAC, procedemos como fizemos para os hidrocarbonetos e álcoois, só que devemos usar o sufixo **al**.

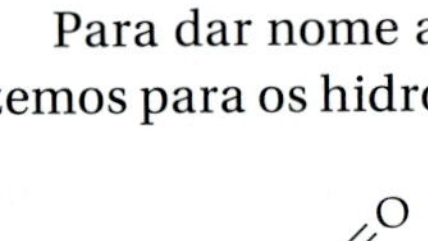

propanal

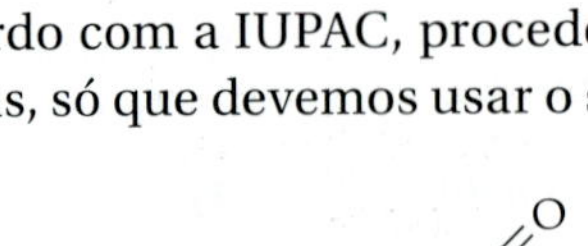

butanal

Perceba que o carbono do grupo aldeído também é levado em conta no número total de carbonos e que a dupla ligação entre o oxigênio e o carbono não está na cadeia. Por esse motivo, não se utiliza o infixo **en** e, sim, o **an**.

Existe um aldeído muito importante, cujo nome não segue essas regras. É o benzaldeído, cuja fórmula estrutural aparece ao lado.

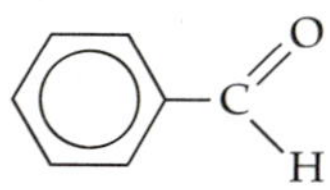

benzaldeído

POMPEU-STUDIO 47/CID

▲ Os odores característicos da amêndoa, da canela e do limão devem-se a aldeídos.

Na nomenclatura de aldeídos que apresentam ramificações, deve-se, primeiramente, encontrar a cadeia principal, que é a maior sequência de carbonos que inclui, obrigatoriamente, o carbono do grupo funcional —CHO. A numeração da cadeia principal deve ser feita a partir da extremidade do grupo —CHO. Assim, a **prioridade é dada ao grupo funcional** —CHO, e **não às ramificações**.

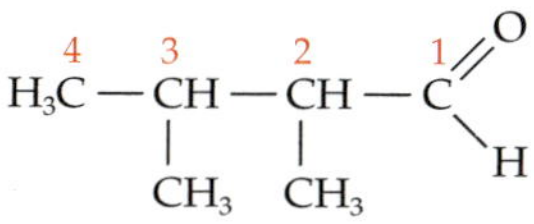

2,3-dimetil-butanal

4 Cetonas

Cetona 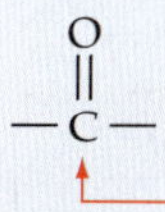 Ligado a dois carbonos

O grupo 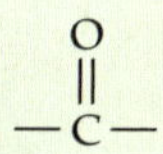 é chamado de **carbonila**.

Uma substância bastante conhecida por sua utilização como solvente para remover esmalte das unhas é a acetona. O nome dessa substância, de acordo com as regras sistemáticas da IUPAC, é propanona. Ela pertence a uma outra grande classe funcional de compostos orgânicos denominada **cetona**.

FABIO YOSHIHITO MATSUURA/CID

◄ A propanona (acetona) é popularmente conhecida como um solvente para remover o esmalte das unhas.

ATENÇÃO

A acetona é um líquido incolor, altamente inflamável e de odor característico.
Seus vapores podem causar, por exemplo, irritação nos olhos, nariz e garganta, dor de cabeça e tontura. Só deve ser utilizada em local muito bem ventilado e longe de chamas e faíscas.

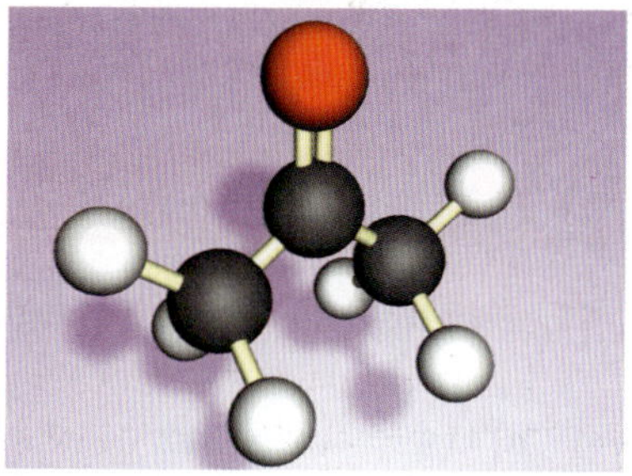

EDUARDO CANTO

▲ Modelo de uma molécula de propanona.

Cetona é todo composto que apresenta o grupo carbonila, C═O, posicionado **entre carbonos**. Para denominá-la, emprega-se o sufixo **ona**.

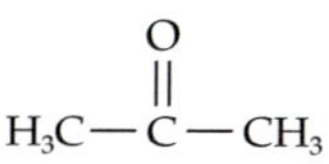

propanona

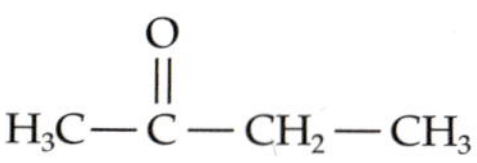 ou 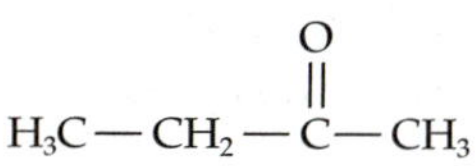

butanona — butanona

Trata-se da mesma molécula, escrita de duas formas diferentes

Na pentanona e em outras cetonas maiores começa a haver mais de uma possibilidade para o posicionamento da carbonila. Surge, então, a necessidade de indicar com um número a sua localização. A numeração dos carbonos da cadeia de uma cetona é feita a partir da extremidade **mais próxima** da carbonila.

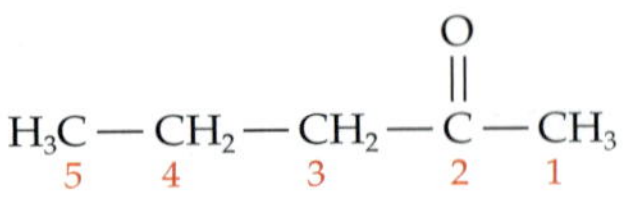
pentan-2-ona

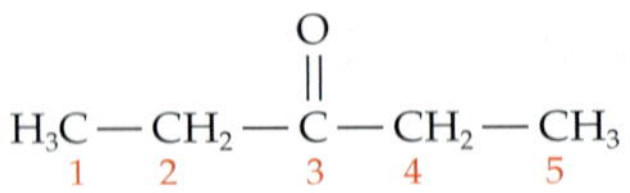
pentan-3-ona

Tanto os aldeídos quanto as cetonas apresentam o grupo carbonila. Por definição, nas cetonas, a carbonila deve estar entre dois carbonos. Já nos aldeídos, ela deve estar ligada a um hidrogênio; portanto, precisa ficar na ponta da cadeia. **Aldeídos e cetonas são chamados de compostos carbonílicos**, pois apresentam o grupo carbonila. Conheceremos ainda outros compostos carbonílicos mais à frente.

Na nomenclatura de cetonas que apresentam ramificações, deve-se, antes de mais nada, determinar qual é a cadeia principal. Ela é a maior sequência de carbonos que inclui, necessariamente, o carbono da carbonila. A numeração da cadeia principal deve ser feita a partir da extremidade mais próxima do grupo $C{=}O$. Como você pode perceber, da mesma maneira que no caso de álcoois e aldeídos, a **prioridade é dada ao grupo funcional, e não às ramificações**.

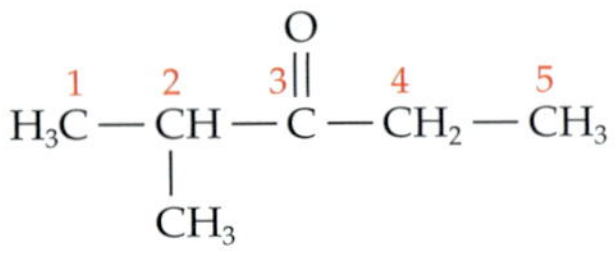
2-metil-pentan-3-ona

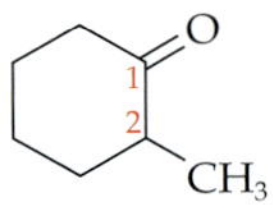
2-metil-ciclo-hexanona

Muita atenção!

Como foi comentado anteriormente, em algumas publicações e exames vestibulares, os nomes de certos compostos orgânicos ainda seguem recomendações anteriores da IUPAC.

Por exemplo, em vez de pentan-2-ona e pentan-3-ona, é comum encontrarmos as grafias 2-pentanona e 3-pentanona, já que a **recomendação anterior** da IUPAC era para que se colocasse o número antes do nome.

Tenha isso em mente ao resolver exercícios de vestibular.

Exercícios essenciais

A critério do(a) professor(a) esta lista de exercícios poderá ser realizada em classe ou em casa.

11. Escreva o nome dos seguintes compostos:

a) 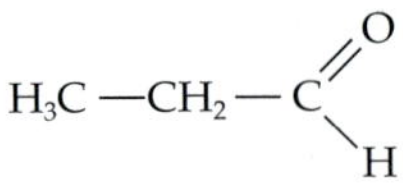

b) H_3C-CHO

c) 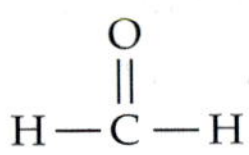

d) 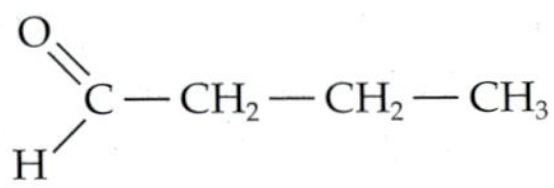

e) 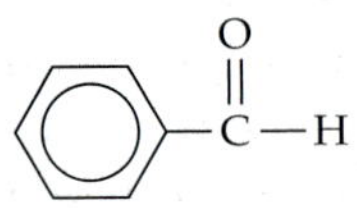

12. O composto Ⓐ é responsável pelo aroma da margarina e o composto Ⓑ pelo odor da manteiga rançosa. Diga se Ⓐ e/ou Ⓑ pertencem ao grupo das cetonas.

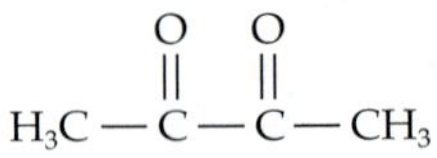
Ⓐ

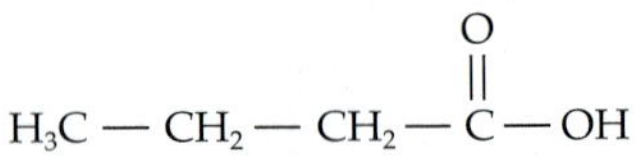
Ⓑ

13. Escreva o nome dos seguintes compostos:

a) 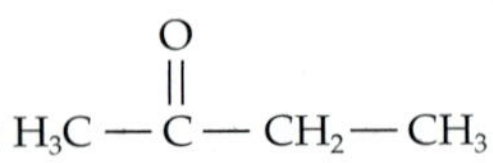

b) 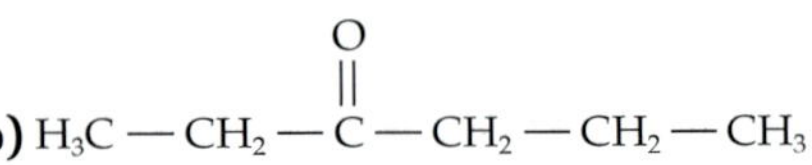

c) 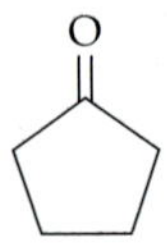

d) 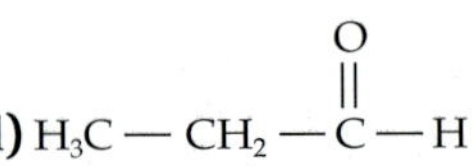

14. Escreva a fórmula estrutural de:

a) acetona.

b) pentan-2-ona.

c) ciclo-hexanona.

15. Respeitando as regras de nomenclatura da IUPAC, responda:

a) Existe pentan-1-ona? Por quê?

b) Existe pentan-4-ona? Por quê?

16. Quantas cetonas diferentes existem, contendo seis átomos de carbono na molécula e com cadeia carbônica aberta, saturada e não ramificada? Como são denominadas?

17. Quantas cetonas diferentes existem, contendo sete átomos de carbono na molécula e com cadeia carbônica aberta, saturada e não ramificada? Como são denominadas?

18. Escreva o nome das seguintes substâncias:

a) 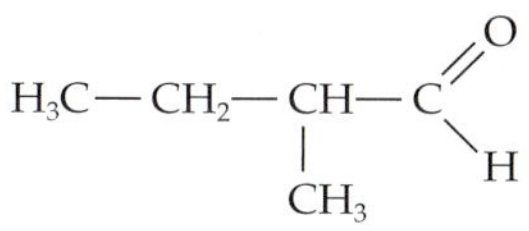

b) 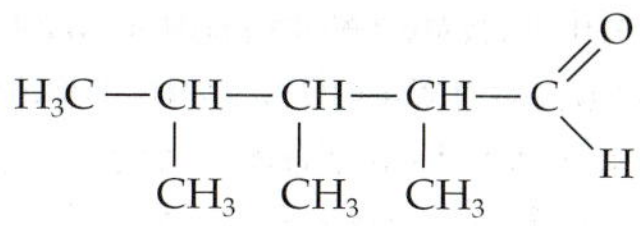

c) 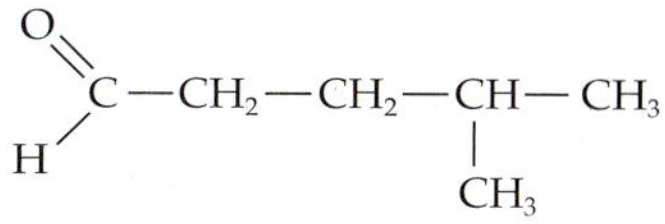

d) 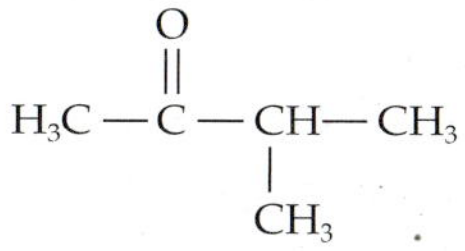

e) 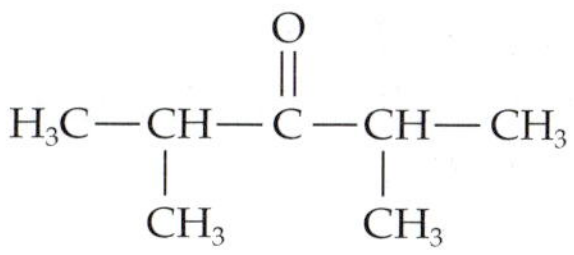

f) 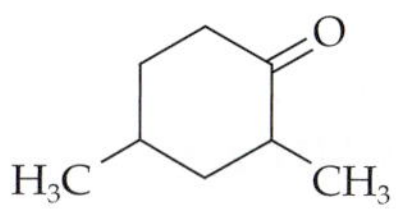

Exercícios adicionais

Seu(sua) professor(a) indicará quais exercícios deste bloco você deve fazer.

19. (Fuvest-SP) Pentanal, conhecido também como valeraldeído, apresenta a seguinte fórmula molecular:

a) C_3H_6O

b) C_4H_8O

c) $C_4H_8O_2$

d) $C_5H_{10}O$

e) $C_5H_{10}O_2$

20. (Fuvest-SP) Um composto orgânico com a fórmula molecular C_3H_7OH deve ser classificado como:

a) ácido.

b) álcool.

c) aldeído.

d) base.

e) fenol.

21. (Uerj) As fragrâncias características dos perfumes são obtidas a partir de óleos essenciais.

Observe as estruturas químicas de três substâncias comumente empregadas na produção de perfumes:

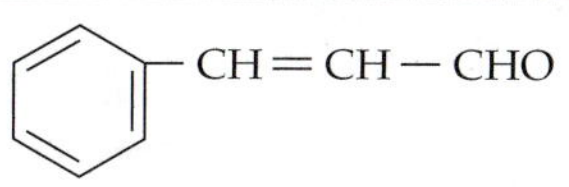

fragrância de canela

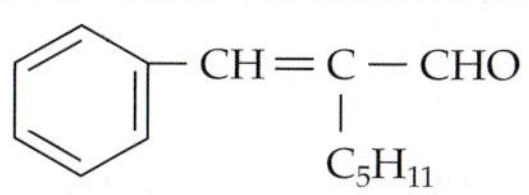

fragrância de jasmim

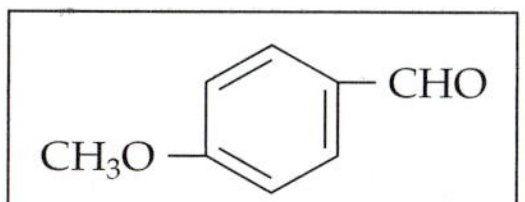

fragrância de espinheiro-branco

O grupo funcional comum às três substâncias corresponde à seguinte função orgânica:

a) éter.

b) álcool.

c) cetona.

d) aldeído.

22. (UFG-GO) A equação química de conversão do citronelol em citronela é mostrada a seguir.

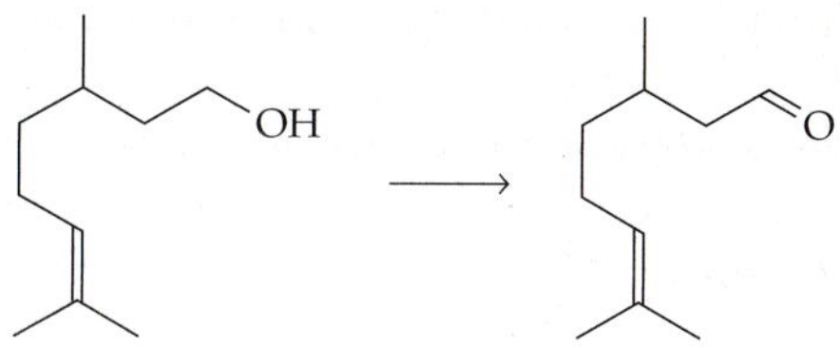

Nessa reação, tem-se a conversão de um:

a) fenol em aldeído.

b) álcool em aldeído.

c) fenol em cetona.

d) álcool em cetona.

e) aldeído em cetona.

23. (UFPel-RS) O mel é a substância viscosa, aromática e açucarada obtida a partir do néctar das flores e/ou exsudatos sacarínicos que as abelhas melíficas produzem. Seu aroma, paladar, coloração, viscosidade e propriedades medicinais estão diretamente relacionados com a fonte do néctar que o originou e também com a espécie de abelha que o produziu. Apesar do mel ser basicamente uma solução aquosa de açúcares, seus outros componentes, aliados às características da fonte floral que o originou, conferem-lhe um alto grau de complexidade.

A composição química do mel é bastante variável, com predominância de açúcares do tipo monossacarídeos, principalmente a glicose e a frutose.

Glicose

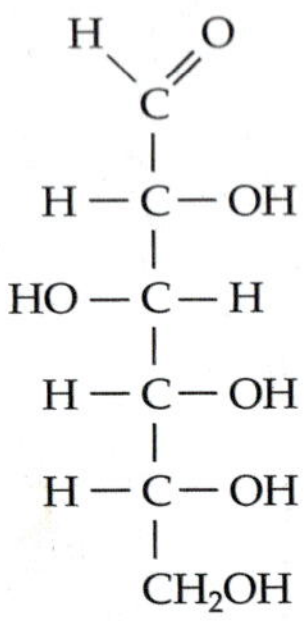

Frutose

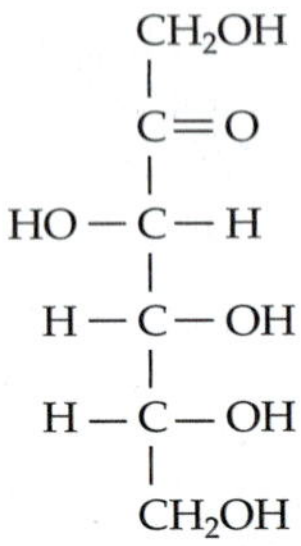

Na estrutura da glicose e da frutose podem ser identificados os grupos funcionais ______ e ______, que representam as funções orgânicas ______ e ______ na glicose e ______ e ______ na frutose.

Assinale a alternativa que completa correta e respectivamente os espaços acima.

a) hidroxila; carbonila; fenol; cetona; ácido carboxílico; álcool.

b) hidroxila; carbonila; álcool; aldeído; álcool; cetona.

c) carboxila; hidroxila; álcool; aldeído; fenol; cetona.

d) carboxila; amino; ácido carboxílico; amina; éster; hidrocarboneto.

e) amino; carbonila; amina; éster; hidrocarboneto; aldeído.

5 Ácidos carboxílicos

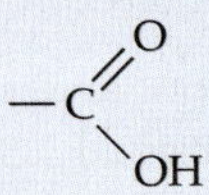

Ácido carboxílico

O grupo 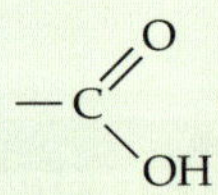 é chamado de **carboxila**. Pode ser abreviado por —COOH.

O vinagre é uma solução aquosa de ácido etanoico. O sabor azedo é, como sabemos, uma característica das substâncias ácidas.

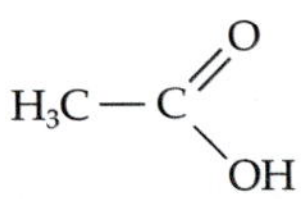

ácido etanoico

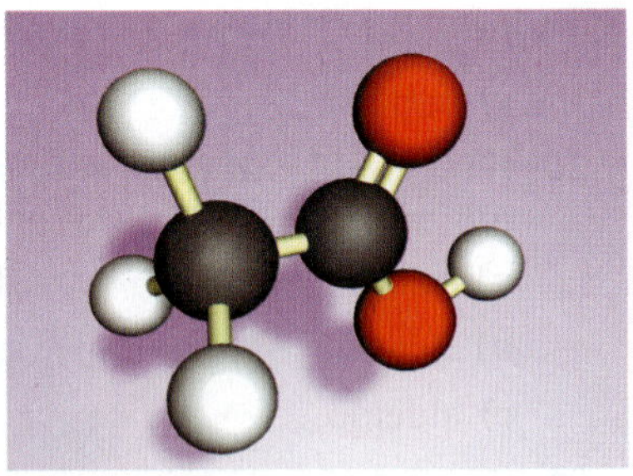

▲ Modelo de uma molécula de ácido etanoico.

Encontramos na manteiga derivados do ácido butanoico, que conferem a ela seu odor característico. Quando a manteiga fica velha, forma-se esse ácido, responsável pelo cheiro característico da manteiga rançosa. Em certos queijos, o responsável pelo aroma, mesmo presente em pequenas quantidades, é o ácido pentanoico.

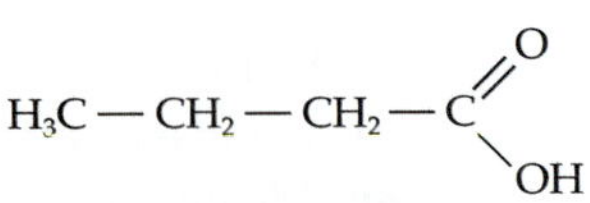

ácido butanoico

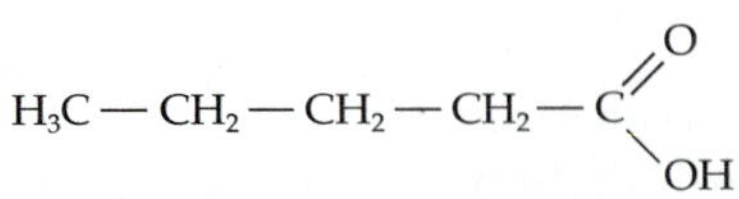

ácido pentanoico

Olhando para essas fórmulas estruturais, o que você nota de comum entre elas? É a presença do grupo funcional —COOH, que caracteriza a família do que os químicos chamam de **ácidos carboxílicos**. A nomenclatura dessa classe funcional de compostos orgânicos é feita com a utilização do sufixo **oico**.

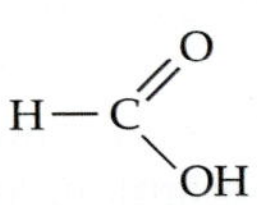

ácido metanoico

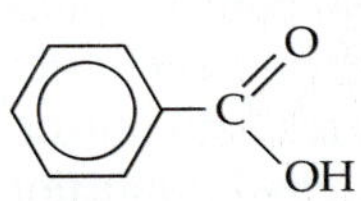

ácido benzoico

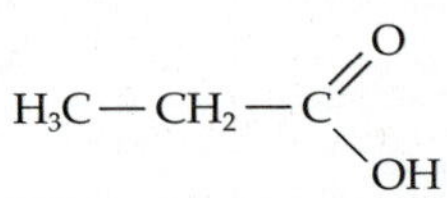

ácido propanoico

Lembre-se!

Sufixo	Indica que o composto é um
o	Hidrocarboneto
ol	Álcool
al	Aldeído
ona	Cetona
oico	Ácido carboxílico

Na nomenclatura de ácidos carboxílicos que apresentam ramificações, deve-se, primeiramente, encontrar a cadeia principal, que é a maior sequência de carbonos que inclui, obrigatoriamente, o carbono do grupo funcional carboxila, —COOH, que caracteriza essa classe funcional. Deve-se iniciar a numeração da cadeia principal pela extremidade do grupo —COOH. Portanto, a **prioridade é dada ao grupo funcional e não às ramificações.**

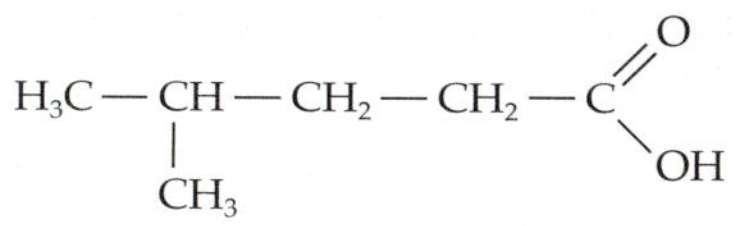

ácido 4-metil-pentanoico

FABIO YOSHIHITO MATSUURA/CID

▲ Os ácidos carboxílicos são responsáveis por vários odores típicos, como o da manteiga rançosa (butanoico) e do queijo *roquefort* (pentanoico).

SONYA ETCHISON/SHUTTERSTOCK

▲ Os cães reconhecem as pessoas devido, entre outros fatores, ao odor de ácidos carboxílicos presentes na pele humana.

JO DE VULDER/SHUTTERSTOCK

▲ O vinagre contém ácido etanoico.

6 Outras formas de nomenclatura para ácidos carboxílicos, aldeídos, álcoois e cetonas

6.1 Nomenclatura trivial de ácidos carboxílicos e aldeídos

Antes de a IUPAC criar as regras sistemáticas de nomenclatura, os compostos possuíam nomes dados sem uma associação lógica com a fórmula. Aliás, em muitos casos, a fórmula nem era conhecida com exatidão. O nome estava geralmente relacionado à origem ou às propriedades do composto.

DELFIM MARTINS/PULSAR IMAGENS

▲ O ácido metanoico é encontrado em algumas formigas, sendo o causador da irritação provocada pelas picadas.

Apesar de as regras sistemáticas de nomenclatura terem facilitado bastante a vida do químico orgânico, alguns nomes antigos persistem até hoje. Trata-se da chamada **nomenclatura trivial**. Veja exemplos de nomes triviais para ácidos carboxílicos que, pela sua ampla utilização, são aceitos pela IUPAC:

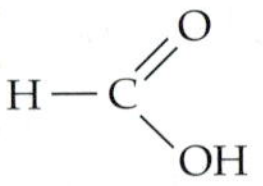

ácido fórmico

Encontrado em algumas formigas, responsável pelo ardor da picada. Fórmico: do latim *formica*, que significa "formiga".

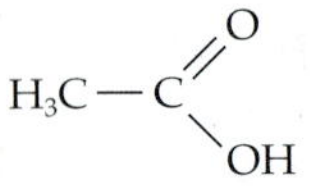

ácido acético

É o responsável pelo aroma e pelo sabor característicos do vinagre. Acético: do latim *acetum*, que quer dizer "vinagre".

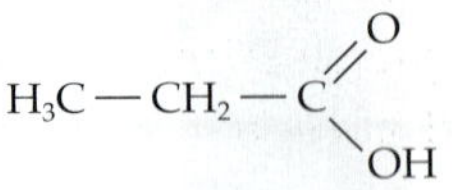

ácido propiônico

Presente, combinado, na gordura de certos animais. Propiônico: do grego *pro*, "precursor", e *pyon*, "gordura".

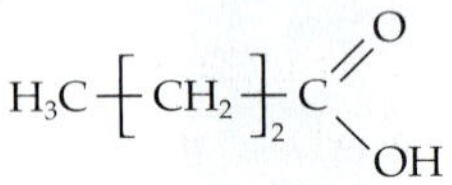

ácido butírico

Encontrado na manteiga, combinado com outras substâncias. Butírico: do grego *boutyron*, "manteiga".

Os aldeídos apresentam uma semelhança estrutural muito grande com os ácidos carboxílicos. E os nomes triviais de ambos estão bastante relacionados. Veja nomes triviais de aldeídos que são aceitos pela IUPAC:

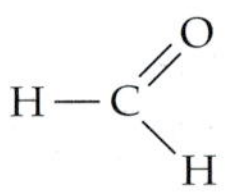

formaldeído

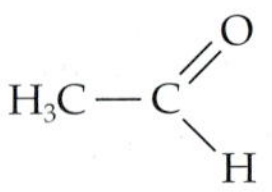

acetaldeído

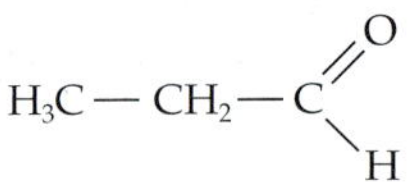

propionaldeído

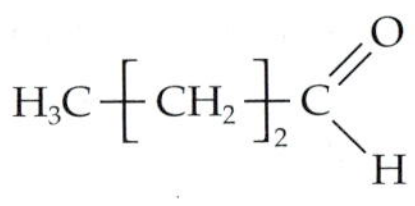

butiraldeído

6.2 Nomenclatura de classe funcional para álcoois

A **nomenclatura de classe funcional** (leia explicação no quadro ao lado) para álcoois é feita utilizando a palavra **álcool**, seguida do nome do **grupo orgânico** (metil, etil etc.) ligado à hidroxila (OH), acrescido da terminação **ico**. Para álcoois de moléculas pequenas, essa nomenclatura chega a ser mais utilizada, no dia a dia dos químicos, do que aquela mostrada anteriormente.

álcool metílico

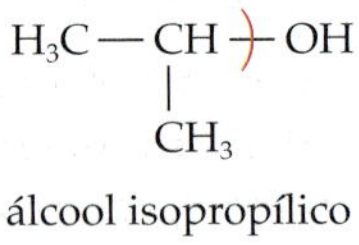

álcool isopropílico

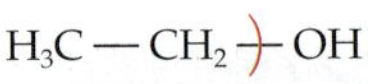

álcool etílico

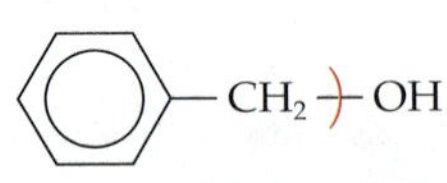

álcool benzílico

6.3 Nomenclatura de classe funcional para cetonas

A **nomenclatura de classe funcional** para cetonas é feita escrevendo a palavra **cetona** seguida do nome dos **grupos orgânicos** (metil, etil etc.) ligados à carbonila (C=O), em ordem alfabética e separados pela letra **e**, cada qual com a terminação **ica**. (Caso ambos os grupos sejam iguais, escreve-se o nome do grupo uma vez só, antecedido pelo prefixo **di**.) Observe estes exemplos:

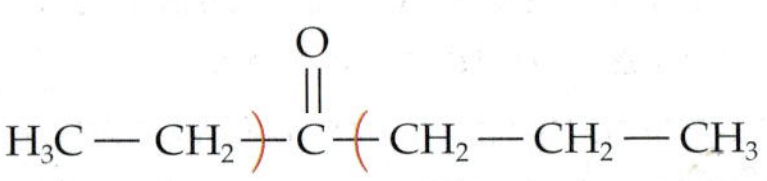

cetona etílica e propílica

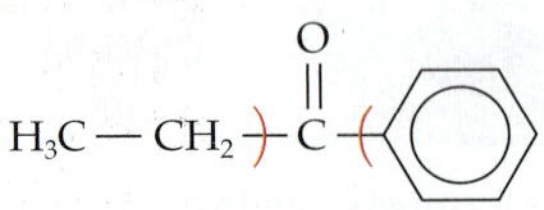

cetona etílica e fenílica

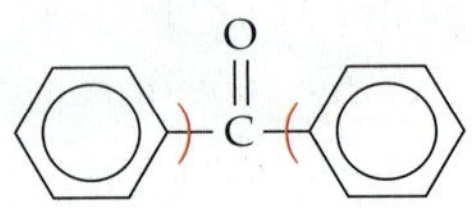

cetona difenílica

Muita atenção!

A IUPAC declarou que está trabalhando em um conjunto de regras para, no futuro, atribuir apenas um nome para cada substância orgânica. Isso pode ser importante em certas situações como, por exemplo, citações em leis, normas técnicas, processos jurídicos e indexação em bancos de dados.

Atualmente, contudo, **em muitos casos, a IUPAC aceita mais de uma regra sistemática para nomear compostos orgânicos**.

Para algumas classes funcionais, as recomendações IUPAC incluem a chamada **nomenclatura de classe funcional**, que é bastante empregada para compostos de estrutura não muito complexa. Nos itens 6.2 e 6.3 é apresentada **a nomenclatura de classe funcional** para **álcoois** e para **cetonas**.

Exercícios essenciais

A critério do(a) professor(a) esta lista de exercícios poderá ser realizada em classe ou em casa.

24. Qual é o nome do composto orgânico presente no vinagre? Escreva sua fórmula estrutural.

25. Escreva o nome dos compostos a seguir.

a) 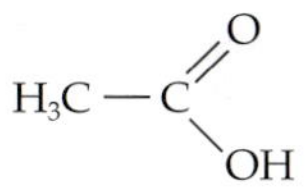

b) 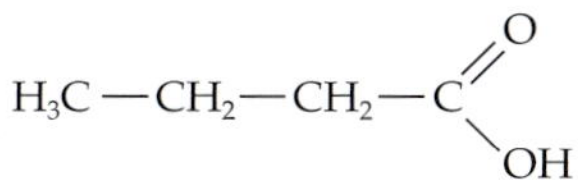

c) $H_3C — CH_2 — COOH$

d) 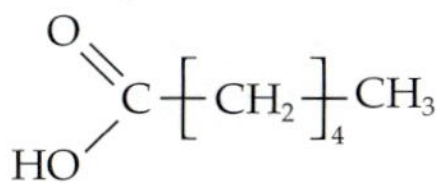

e) 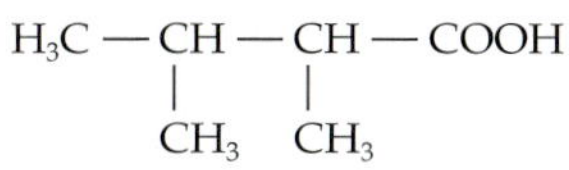

f) 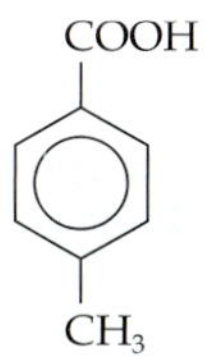

26. Bodes e cabras possuem um odor muito desagradável. Os responsáveis por isso são três ácidos, que, quando descobertos, receberam os nomes de *caproico*, *caprílico* e *cáprico*. Os nomes sistemáticos IUPAC desses ácidos são, respectivamente, hexanoico, octanoico e decanoico. Escreva as fórmulas estruturais de cada um deles.

27. Escreva o nome, segundo as regras sistemáticas da IUPAC, das substâncias cujo nome trivial é:

a) ácido fórmico.
b) ácido acético.
c) ácido propiônico.
d) ácido butírico.

28. Escreva o nome, segundo as regras sistemáticas da IUPAC, das substâncias cujo nome trivial é:

a) formaldeído.
b) acetaldeído.
c) propionaldeído.
d) butiraldeído.

29. Escreva a fórmula estrutural das seguintes substâncias:

a) álcool butílico.
b) álcool isobutílico.
c) álcool *s*-butílico.
d) álcool *t*-butílico.

30. A **cetona fenílica e metílica** pode ser utilizada como matéria-prima para a fabricação de gás lacrimogêneo. Escreva a fórmula estrutural dessa substância.

31. A respeito da substância conhecida como **acetona**, escreva:

a) seu nome pelas regras sistemáticas da IUPAC.
b) seu nome pela nomenclatura de classe funcional.

Exercícios adicionais

Seu(sua) professor(a) indicará quais exercícios deste bloco você deve fazer.

32. (Uerj) Os cães conhecem seus donos pelo cheiro. Isso se deve ao fato de os seres humanos apresentarem, junto à pele, glândulas que produzem e liberam ácidos carboxílicos. A mistura desses ácidos varia de pessoa para pessoa, o que permite a animais de faro bem desenvolvido conseguir discriminá-la. Com o objetivo de testar tal discriminação, um pesquisador elaborou uma mistura de substâncias semelhantes à produzida pelo dono de um cão.

Para isso, ele usou substâncias genericamente representadas por:

a) RHCO **b)** RCOOH **c)** RCH_2OH **d)** $RCOOCH_3$

33. (Unemat-MT-adaptada) Encontram-se listados abaixo alguns compostos orgânicos comuns no cotidiano e suas fórmulas moleculares:

- C_2H_6O — álcool de bebidas alcoólicas.
- $C_2H_4O_2$ — ácido acético do vinagre.
- C_4H_{10} — gás do botijão de gás de cozinha.
- $(C_5H_8)_n$ — borracha de pneus.
- C_3H_6O — acetona para remover esmaltes.
- $C_6H_{12}O_6$ — glicose do açúcar e do mel.

Assinale a alternativa **INCORRETA**.

a) Dos exemplos dados, apenas a borracha e a acetona são hidrocarbonetos.
b) A fórmula mínima da glicose é CH_2O.
c) O ácido acético possui ligação dupla na molécula.
d) O gás do botijão de gás de cozinha é o butano.
e) O álcool das bebidas alcoólicas é o etanol.

34. (Fuvest-SP-modificado) "Palíndromo — Diz-se da frase ou palavra que, ou se leia da esquerda para a direita, ou da direita para a esquerda, tem o mesmo sentido."

Aurélio. *Novo dicionário da Língua Portuguesa*. 2. ed. Rio de Janeiro, Nova Fronteira, 1986. p. 1.251.

"Roma me tem amor" e "a nonanona" são exemplos de palíndromo.

A nonanona é um composto de cadeia linear.

Existem quatro nonanonas isômeras (têm a mesma fórmula molecular mas diferentes fórmulas estruturais).

a) Escreva a fórmula estrutural de cada uma dessas nonanonas.
b) Dentre as fórmulas do item **a**, assinale aquela que poderia ser considerada um palíndromo.
c) De acordo com a nomenclatura química, podem-se dar dois nomes para o composto do item **b**. Quais são esses nomes?

(UFPel-RS) **O texto abaixo serve como subsídio para responder às questões 35 e 36.**

As fitotoxinas são um grupo de substâncias (metabólitos) que em determinadas concentrações podem ser tóxicas às plantas. Dentre essas fitotoxinas estão os ácidos orgânicos alifáticos monocarboxílicos de cadeia normal com dois (2), três (3) ou quatro (4) carbonos na sua estrutura molecular, oriundos da fermentação da celulose, principalmente em condições de anaerobiose do solo.

35. (UFPel-RS) Sobre a estrutura dos compostos citados no texto como fitotoxinas, é correto afirmar que:

I. eles apresentam o grupo carboxila na estrutura molecular.

II. a substância com três carbonos tem somente carbono primário e secundário na estrutura.

III. todos pertecem à função hidrocarboneto.

IV. são compostos de caráter ácido.

Estão corretas apenas as afirmativas:

a) I, II e IV. **c)** I e III. **e)** II e III.
b) II, III e IV. **d)** I e IV.

36. (UFPel-RS) Os nomes que identificam os compostos relacionados como fitotoxinas no texto são, respectivamente:

a) ácido metanoico, ácido butanoico e ácido hexanoico.
b) ácido acético, butanol e propanal.
c) etanol, propanal e butanona.
d) ácido etanoico, ácido propanoico e ácido butanoico.
e) etanol, propano e ácido butanoico.

37. (Uece) O ácido 3-metil-hex-2-enoico causa o odor desagradável, no processo que ocorre na pele humana durante a transpiração. Ele é produzido por bactérias que se alimentam do material liberado por glândulas que temos nas axilas. As peças numeradas de 1 a 6 representam partes de moléculas.

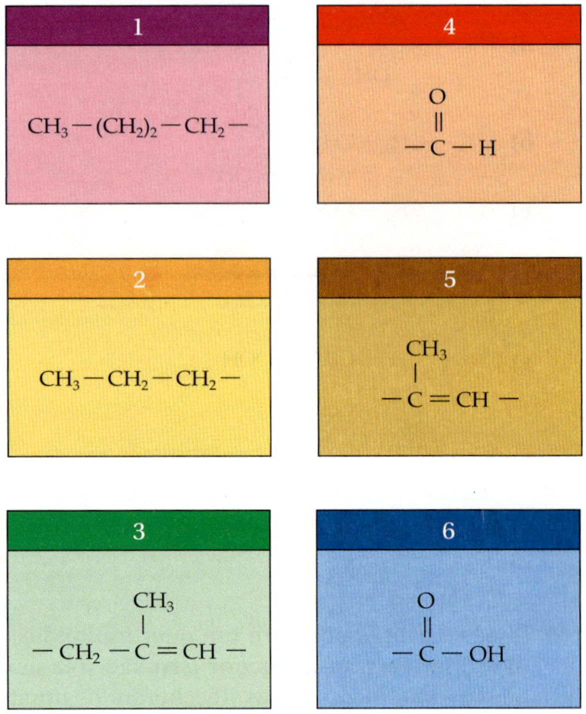

Para se formar a fórmula estrutural desse ácido, deve-se usar a seguinte sequência de peças:

a) 2, 5, 4 **c)** 2, 5, 6
b) 1, 5, 6 **d)** 2, 3, 6

7 Éteres

Éter — O — ← **Ligado ao carbono de dois grupos orgânicos**

▲ Modelo de uma molécula de éter comum, que pode ser denominado éter dietílico ou etóxi-etano.

O éter comum, $CH_3—CH_2—O—CH_2—CH_3$, é um dos membros da classe funcional de compostos orgânicos conhecidos como **éteres**. Todos apresentam um átomo de oxigênio entre dois grupos orgânicos. Assim, a palavra **éter** não designa uma só substância, mas um grupo delas.

Observe alguns exemplos da nomenclatura de classe funcional IUPAC dos éteres:

$H_3C + O + CH_2 — CH_3$ éter etílico e metílico (ordem alfabética: **e** antes de **m**)

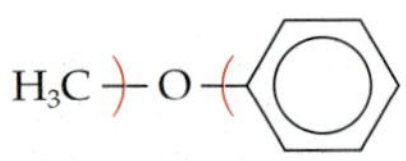
éter fenílico e metílico

$H_3C — CH_2 + O + CH_2 — CH_3$ éter dietílico

Além dessa, outra sistemática de nomenclatura recomendada pela IUPAC consiste em considerar os grupos $CH_3—O—$ (metóxi), $CH_3—CH_2—O—$ (etóxi) etc. como substituintes de uma cadeia principal. Veja os exemplos:

$H_3C—O—CH_2—CH_3$

metóxi-etano

$H_3C—O—CH_2—CH_2—CH_3$

1-metóxi-propano

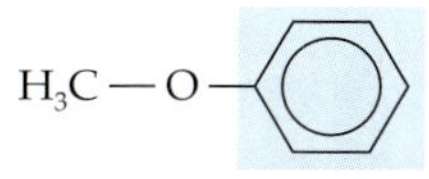

metóxi-benzeno

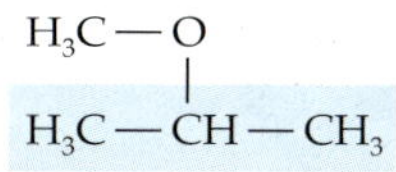

2-metóxi-propano

$H_3C—CH_2—O—CH_2—CH_3$

etóxi-etano

O que está em azul é considerado a cadeia principal.
Os grupos metóxi e etóxi são considerados substituintes ligados à cadeia principal.

ATENÇÃO

O éter comum é um líquido incolor, volátil e **altamente inflamável**. Seus vapores são **tóxicos** e podem causar, por exemplo, tontura, dor de cabeça, narcose, náusea, vômito e irritação do sistema respiratório.

8 Ésteres

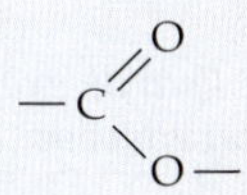

Éster

Alguns produtos alimentícios contêm no rótulo a informação de que possuem *flavorizantes*. Trata-se de substâncias que dão a eles o *flavor* (isto é, sabor + aroma) característico. Existe uma infinidade de compostos orgânicos empregados como flavorizantes naturais e artificiais. Entre os flavorizantes artificiais, destacam-se os pertencentes ao grupo dos **ésteres**. Vários aromas de frutas podem ser razoavelmente imitados com baixos custos usando-se um ou, no máximo, dois desses compostos.

Podemos, para **fins didáticos**, pensar nos ésteres como sendo derivados de ácidos carboxílicos que sofreram a substituição do H da carboxila por um grupo orgânico.

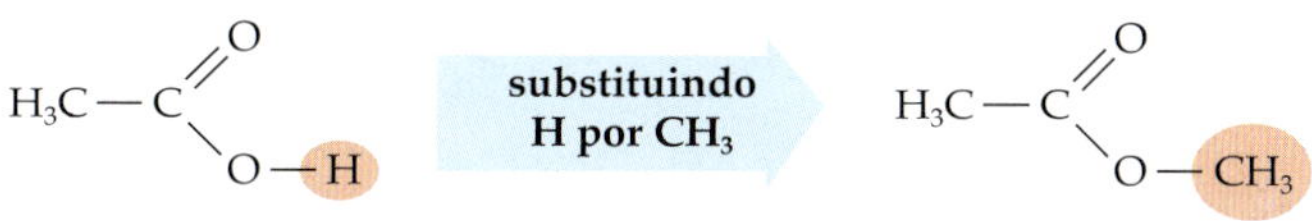

DELFIM MARTINS/PULSAR IMAGENS

▲ Ésteres são substâncias orgânicas largamente empregadas como flavorizantes em balas e doces.

Para dar nome aos ésteres você deve, antes de mais nada, reconhecer a parte da molécula que veio do ácido e a que corresponde ao grupo que substituiu o H.

nome do ácido − ico + ato de nome do grupo orgânico + a

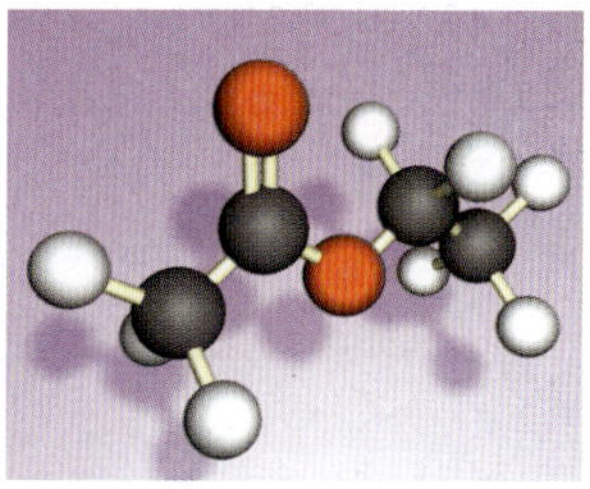

EDUARDO CANTO

▲ Modelo de uma molécula de etanoato de etila (acetato de etila).

Veja alguns exemplos:

Vem do ácido **etano**ico (**acét**ico) →

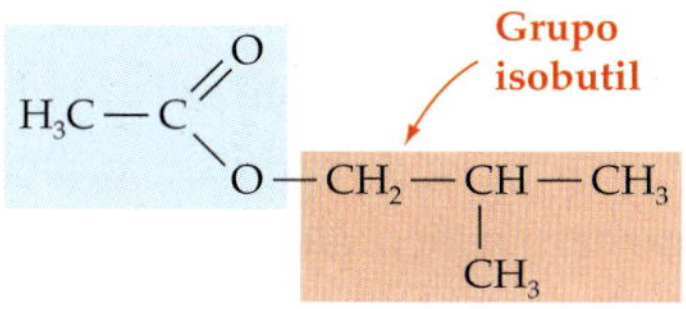

etanoato de **isobutil**a
(**acet**ato de **isobutil**a),
usado como flavorizante de morango

Vem do ácido **butano**ico (**butír**ico) →

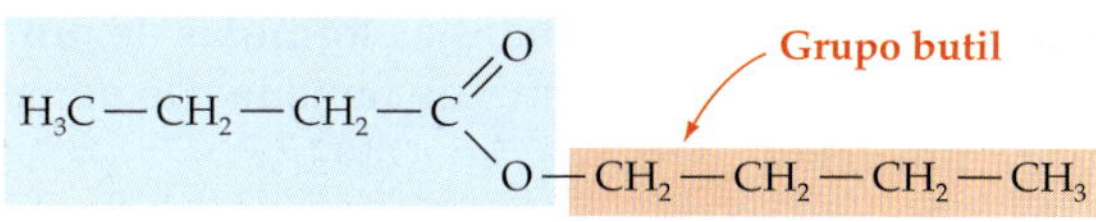

butanoato de **butil**a
(**butir**ato de **butil**a),
usado como flavorizante de damasco

ROBYN MACKENZIE/SHUTTERSTOCK

▲ O aroma de laranja é imitado com acetato de octila.

APRILPHOTO/SHUTTERSTOCK

▲ O butanoato de etila simula o cheiro de abacaxi.

KULISH VIKTORIIA/SHUTTERSTOCK

▲ O cheiro característico do esmalte de unhas se deve a um ou mais ésteres que atuam como solvente. Os mais usados são acetato de etila, acetato de butila e acetato de pentila (amila).

Exercícios essenciais

A critério do(a) professor(a) esta lista de exercícios poderá ser realizada em classe ou em casa.

38. (Cefet-CE) O éter etílico (etóxi-etano) foi muito utilizado, no passado, como anestésico por inalação. Atualmente, é muito utilizado como solvente em laboratórios e indústrias químicas.

Apresenta a fórmula estrutural condensada do éter etílico:

a) CH_3OCH_3

b) $CH_3OCH_2CH_3$

c) $CH_3CH_2CH_2CH_2CH_2OH$

d) $CH_3CH_2OCH_2CH_3$

e) CH_3CH_2OH

39. Escreva o nome dos seguintes compostos:

a) $H_3C-O-CH_3$

b) $H_3C-O-CH_2-CH_3$

c) H_3C-CH_2-O- 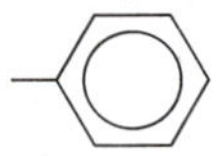

40. O éter *terc*-butílico e metílico, representado pela sigla MTBE, pode ser empregado como aditivo da gasolina, o que acarreta aumento da octanagem do combustível.

Escreva a fórmula estrutural do MTBE.

41. A seguir são mostradas as fórmulas de um flavorizante de maçã e outro de banana. Dê nome a cada um deles.

a) $H_3C-C(=O)-O-CH_2-CH_3$

b) $H_3C-C(=O)-O-[CH_2]_4-CH_3$

42. Tanto o metanoato de etila como o propanoato de isobutila são usados como flavorizantes de rum. Escreva a fórmula estrutural de cada um deles.

43. (UFRRJ) O vinho, o vinagre, a acetona e o éter etílico são apenas alguns exemplos de compostos orgânicos que estão presentes no nosso cotidiano. Observe as estruturas dos compostos representadas abaixo e indique as funções às quais elas pertencem, respectivamente:

1) 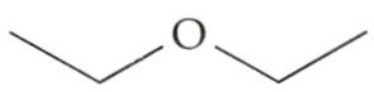

2) 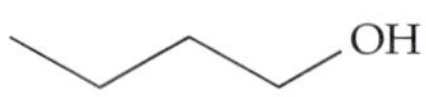

3) 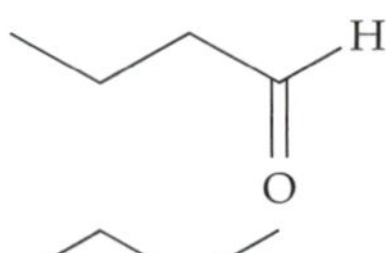

4) 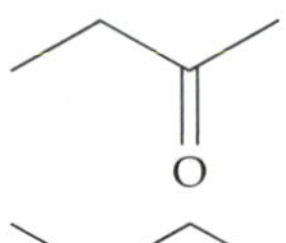

5) 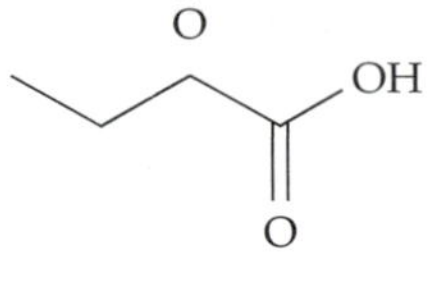

a) aldeído, cetona, éter, álcool e ácido carboxílico.

b) éter, cetona, ácido carboxílico, álcool e aldeído.

c) ácido carboxílico, álcool, cetona, éter e aldeído.

d) éter, álcool, aldeído, cetona e ácido carboxílico.

e) cetona, aldeído, éter, ácido carboxílico e álcool.

Exercícios adicionais

Seu(sua) professor(a) indicará quais exercícios deste bloco você deve fazer.

44. (PUC-RS) Numere a coluna B, que contém alguns nomes de compostos orgânicos, de acordo com a coluna A, na qual estão citadas as funções orgânicas.

Coluna A	Coluna B
1. benzeno	( ) éster
2. etoxietano	( ) hidrocarboneto
3. metanoato de etila	( ) éter
4. propanona	( ) cetona
5. metanal	( ) aldeído

A sequência correta dos números da coluna B, de cima para baixo, é:

a) 2 - 1 - 3 - 5 - 4
b) 3 - 1 - 2 - 4 - 5
c) 4 - 3 - 2 - 1 - 5
d) 3 - 2 - 5 - 1 - 4
e) 2 - 4 - 5 - 1 - 3

45. (Cefet-AM) O composto $CH_3CH_2CH_2COOCH_2CH_3$, usado na fábrica de doces, balas e refrescos, tem nome comum de essência de morango. Ele pertence à função:

a) ácido carboxílico.
b) aldeído.
c) álcool.
d) éster.
e) éter.

46. (UPE) Na indústria de perfumaria e alimentos, aroma e sabor são propriedades fundamentais. Flores e frutas apresentam comumente ésteres e cetonas em suas constituições. Em qual das afirmativas abaixo, respectivamente, aparecem essas funções orgânicas?

a) $R—CO_2H$ e $R—COOR$
b) $R—CO_2H$ e $R—CHO$
c) $R—CHO$ e RCO_2H
d) $R—CO_2R'$ e $R—CO—R$
e) $R—CO—R$ e $R—CO$

47. (UFBA) Decida se a seguinte afirmação referente à classificação de cadeias carbônicas é verdadeira ou falsa:
O acetato de vinila, $CH_3COOCHCH_2$, e o metacrilato de metila, $CH_2C(CH_3)COOCH_3$ —, substâncias utilizadas na composição de tintas — possuem cadeias carbônicas insaturadas.

48. (PUC-RS) Flavorizantes artificiais procuram imitar o sabor e o aroma de alimentos produzidos artificialmente. Dentre esses compostos sintéticos, destacam-se os ésteres. Um exemplo de éster que pode ser usado como aditivo alimentar é:

a) CH_3COOH
b) $CH_3CH_2COCH_2CH_3$
c) $CH_3CH_2CH_2OH$
d) $CH_3CH_2CH_2COOCH_2CH_3$
e) $C_6H_5OCH_3$

9 Aminas

• $—NH_2$ $—NH—$ $—N—$ (com ligações livres)

Amina

▲ Modelo de uma molécula de metilamina.

O cheiro característico de peixe e, sobretudo, de peixe podre deve-se a um tipo de composto orgânico: as **aminas**. Nem todas as aminas possuem esse odor, mas o que todas têm em comum é o fato de poderem ser encaradas como derivadas da amônia, na qual um, dois ou três dos hidrogênios foram substituídos por grupos orgânicos.

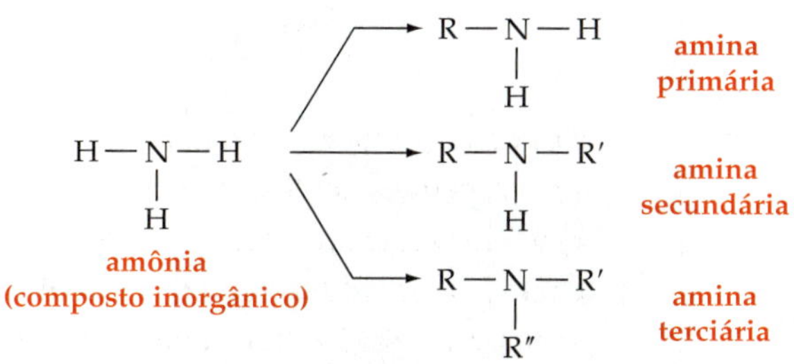

R, R′, R″ = Grupos orgânicos (iguais ou diferentes)

A nomenclatura das aminas é bastante simples: escrevem-se os nomes dos grupos ligados ao nitrogênio, seguidos da palavra amina. Assim, por exemplo:

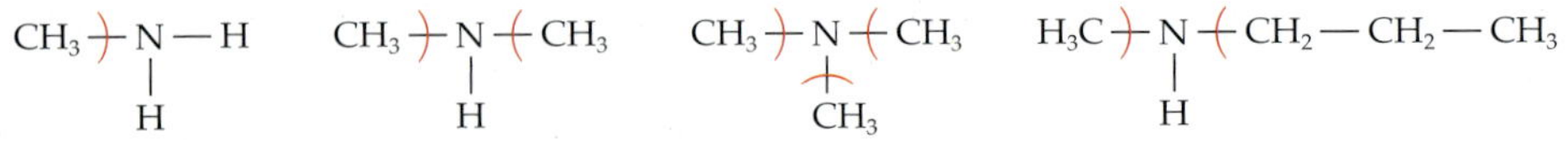

metilamina — di**metil**amina — tri**metil**amina — **metil-propil**amina

A fenilamina é também conhecida como **anilina** (nome trivial aceito pela IUPAC). Uma de suas principais aplicações industriais é na fabricação de corantes.

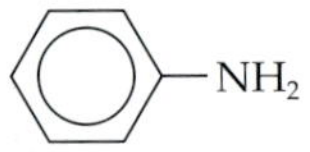

fenilamina ou anilina

TARA FISHER/STOCKFOOD CREATIVE/GETTY IMAGES

▲ O odor de peixe deve-se às aminas, principalmente à trimetilamina.

PASHAPIXEL/SHUTTERSTOCK

MIKHAIL POZHENKO/SHUTTERSTOCK

▲ A anilina é usada como matéria-prima para corantes, largamente utilizados, por exemplo, nas indústrias de cosméticos e de tecidos.

10 Amidas

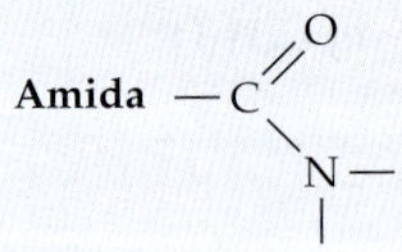

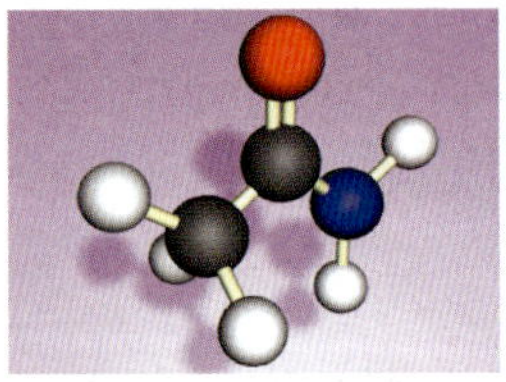

EDUARDO CANTO

▲ Modelo de uma molécula de etanamida.

Você pode observar o modo de dar nome às amidas por meio dos seguintes exemplos:

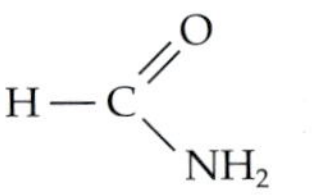

metanamida

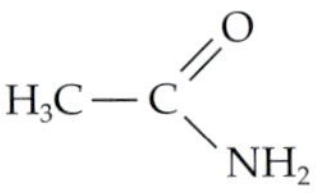

etanamida

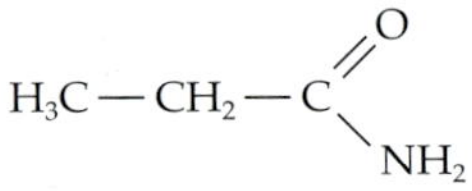

propanamida

Apesar de ambas possuírem nitrogênio, **aminas e amidas *não* são a mesma coisa.** É importante saber diferenciá-las. As amidas apresentam uma carbonila (C $=$ O) ligada diretamente ao nitrogênio e as aminas, não.

MARKA/ALAMY/OTHER IMAGES

▲ Rede de pesca de náilon, uma amida sintética (artificial).

RANZ ABERHAM/STOCKIMAGE/GETTY IMAGES

◄ Os fios das teias de aranha são formados por longas moléculas de proteína, que pertencem ao grupo das amidas.

Ureia: uma amida muito importante

A ureia é uma substância orgânica pertencente à classe funcional amida. Sua fórmula estrutural é:

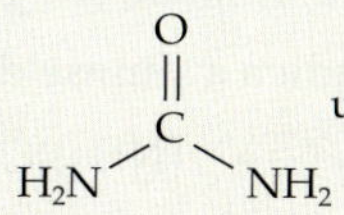

ureia

Nossa dieta alimentar inclui proteínas, que são substâncias nitrogenadas, ou seja, que contêm nitrogênio como um dos elementos químicos constituintes. O processamento das proteínas pelo nosso organismo fornece, como substância nitrogenada a ser excretada, a ureia. Ela constitui de 2% a 5% da urina humana. Esse é o meio que nosso organismo utiliza para eliminar resíduos nitrogenados indesejáveis produzidos a partir das proteínas.

A decomposição da ureia, em solução aquosa, dá origem a gás carbônico e amônia. Esta última possui um cheiro forte e desagradável, que muito contribui para o odor dos banheiros mal lavados.

Do ponto de vista industrial, a ureia é uma substância importante. Ela é fabricada por meio da reação, sob condições apropriadas, de gás carbônico e amônia. Entre suas muitas utilidades, destacam-se componente de fertilizantes, matéria-prima para plásticos, suplemento alimentar para o gado e matéria-prima para a indústria farmacêutica.

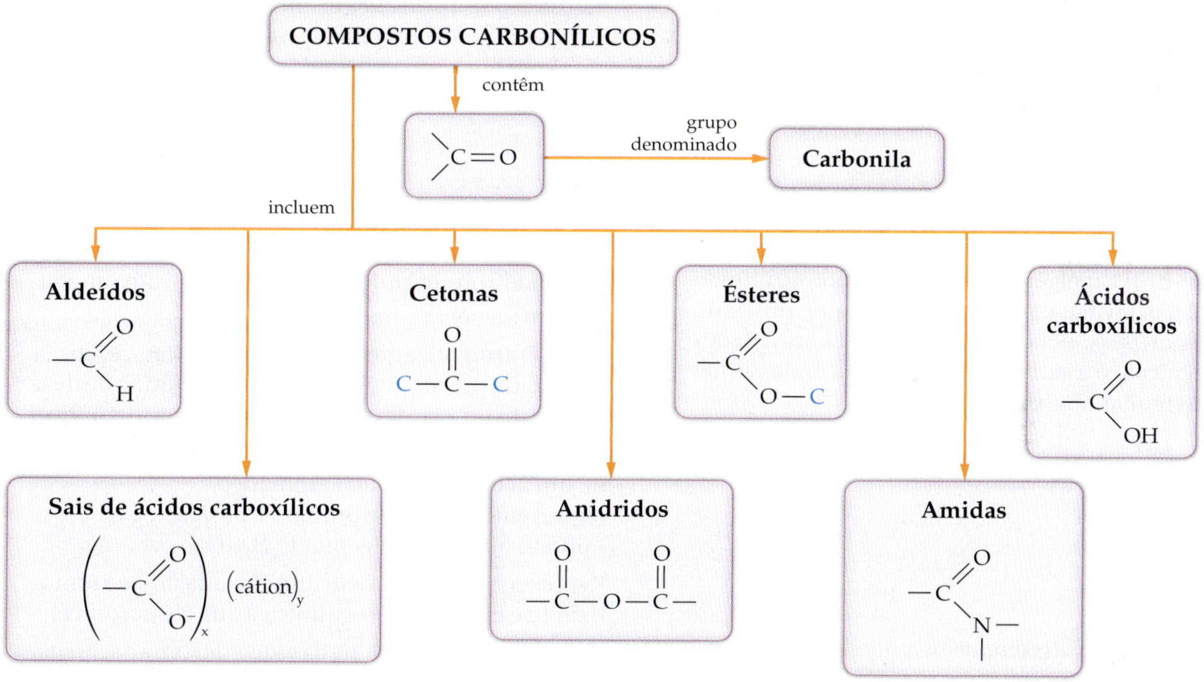

Exercícios essenciais

A critério do(a) professor(a) esta lista de exercícios poderá ser realizada em classe ou em casa.

49. (Uespi) Das seguintes aminas: etilamina, dimetilamina, etil-metilamina, trimetilamina e metil-fenilamina, quantas dessas aminas são secundárias?

a) 5 **b)** 4 **c)** 3 **d)** 2 **e)** 1

50. (Uece) A Ciência, ainda hoje, não sabe explicar o que desencadeia o processo químico da paixão, isto é, por que a Maria se apaixonou pelo José se o João era mais bonito e tinha um salário melhor? O fato é que, quando a Maria encontrou o José, seu corpo imediatamente começou a produzir feniletilamina,

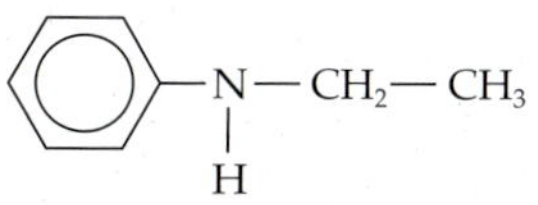

dando início ao delírio da paixão. Com relação a esse composto, pode-se afirmar, corretamente, que:

a) sua cadeia carbônica é heterogênea.

b) o anel benzênico possui carbono terciário.

c) é uma amina terciária.

d) as ligações entre os átomos de carbono do anel benzênico são saturadas.

51. (UFV-MG) Abaixo está representada a fórmula geral de um composto orgânico.

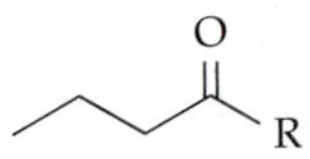

A função a que pertence o composto é dependente do grupamento R. Complete o quadro abaixo escrevendo os nomes das funções e dos compostos de acordo com as regras da IUPAC.

R	Função	Nome
$-OH$		
$-H$		
$-CH_3$		
$-NH_2$		
$-OCH_3$		

52. (Cesgranrio-RJ) As células do corpo humano eliminam amônia e gás carbônico no sangue. Essas substâncias são levadas até o fígado, onde são transformadas em ureia, sendo esta menos tóxica que a amônia. A ureia chega aos rins pelas artérias renais. Os pacientes que apresentam doenças renais têm índices elevados de ureia no sangue.

A reação abaixo indica a síntese de ureia no fígado:

$$2\,NH_3 + CO_2 \rightarrow (NH_2)_2CO + H_2O$$

Assinale a opção que corresponde à função orgânica a que pertence a molécula de ureia.

a) Álcool.
b) Cetona.
c) Amida.
d) Aldeído.
e) Amina.

53. (Uerj) O ácido nicotínico e sua amida, a nicotinamida, são os componentes da vitamina B_3, fundamental no metabolismo de glicídios. A fórmula estrutural dessa amida pode ser obtida substituindo o grupo CH da posição 3 do anel benzênico da fenil-metanamida por um átomo de nitrogênio.
Apresente a fórmula estrutural da nicotinamida.

Exercícios adicionais

Seu(sua) professor(a) indicará quais exercícios deste bloco você deve fazer.

54. (USCal-BA) O analgésico mais consumido no mundo todo é a aspirina; e um psicoestimulante utilizado por esportistas, pela crença em suas propriedades ergogênicas, é a anfetamina, cujas fórmulas estão representadas abaixo.

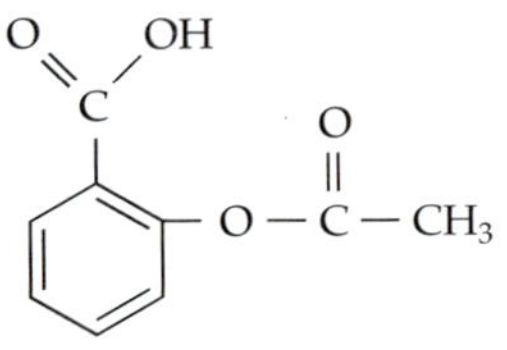

Aspirina

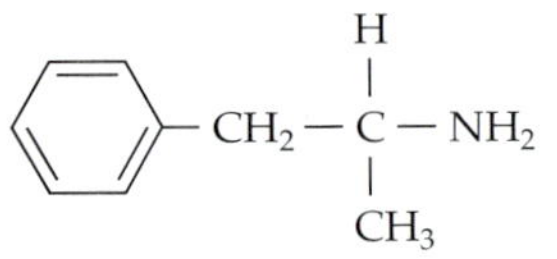

Anfetamina

Com relação a esses compostos, pode-se afirmar que:

a) são hidrocarbonetos.
b) são ácidos carboxílicos.
c) são ésteres.
d) apresentam cadeia saturada.
e) apresentam anel aromático.

55. (Uece) Para proteger a pele dos raios ultravioleta (UVA e UVB), usam-se protetores denominados "filtros solares". A ciência produz várias substâncias orgânicas que protegem a pele ao mesmo tempo que permitem o bronzeamento, como por exemplo:

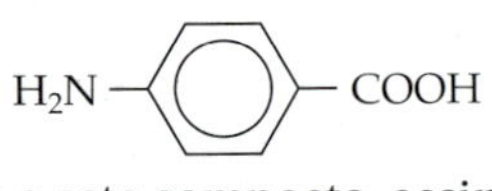

Com relação a este composto, assinale a alternativa verdadeira.

a) Pertence à função dos aldeídos.
b) Os grupos H_2N- e $-COOH$ estão na posição *para*.
c) Devido à presença do H_2N, o composto é uma amida.
d) É um álcool aromático.

56. (Uerj) O aromatizante artificial antranilato de metila é utilizado por alguns fabricantes de gelatina de uva. Essa substância deriva do ácido antranílico, que possui as seguintes características:

- é um ácido carboxílico aromático.
- apresenta um grupo amino na posição orto.
- possui fórmula molecular $C_7H_7NO_2$.

Represente a fórmula estrutural plana desse aromatizante e cite a função química a que ele pertence.

57. (PUC-PR) Associe a coluna da esquerda com a da direita, relacionando as estruturas com os respectivos nomes:

1. $H_3C-CH_2-C{=}O$, com NH_2 ligado ao C — ( ) Propanoato de isopropila

2. $H_3C-CH_2-C{=}O$, com CH_3 ligado ao C — ( ) Butanona

3. H_5C_6-COOH — ( ) Butanodial

4. $H_3C-CH_2-C{=}O$, com $O-CH-CH_3$ ligado ao C, e CH_3 ligado ao CH — ( ) Propanamida

5. $HOC-CH_2-CH_2-COH$ — ( ) Ácido benzoico

A sequência correta, lendo-se de cima para baixo, fica:

a) 4, 2, 5, 1, 3
b) 2, 4, 5, 1, 3
c) 1, 2, 3, 4, 5
d) 3, 2, 5, 4, 1
e) 5, 4, 3, 1, 2

58. (Unicap-PE) O aspartame, usado como adoçante artificial em mais de 3.000 produtos do mercado, tem a seguinte fórmula estrutural:

HOOC — CH_2 — CH(**NH_2**)CO — NH — CH(CH_2 — C_6H_5)**COO** — **CH_3**
1 **2** **3**

Assinale as opções em que os nomes das funções que estão em negrito e identificadas por **1**, **2** e **3** estão corretas:

0) **2**-amina; **3**-éster.
1) **1**-aldeído; **3**-éter.
2) **1**-ácido; **2**-amina.
3) **2**-amida; **3**-aldeído.
4) **1**-ácido; **2**-aldeído.

59. (UPE) Decida se a seguinte afirmação é verdadeira ou falsa:
A decomposição da ureia em solução aquosa, contida no sangue e na urina, libera amônia, gás de odor desagradável detectado em banheiros mal lavados.

11 Haletos orgânicos

Composto halogenado
Composto orgânico contendo ao menos um halogênio
—F —Cl —Br —I

EDUARDO CANTO

▲ Modelo de uma molécula de clorofórmio.

Compostos halogenados, **haletos orgânicos** ou **derivados halogenados** são compostos orgânicos que contêm pelo menos um átomo de halogênio (F, Cl, Br, I) na molécula.

Entre os exemplos de haleto orgânico estão o *tetracloreto de carbono* (CCl_4) e o *clorofórmio* ($CHCl_3$), usados como solventes em laboratório, e o *freon-12* (CF_2Cl_2), empregado no passado em *sprays* de aerossol. Procedimentos como lavagem a seco de tecidos e remoção de certos tipos de manchas de estofados são, muitas vezes, realizados com auxílio de solventes que pertencem à classe dos haletos orgânicos.

Para dar nome aos haletos, basta considerá-los como se tivessem origem em um hidrocarboneto com um ou mais hidrogênios substituídos por halogênios.

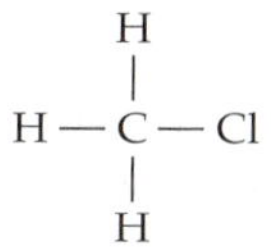

cloro-metano

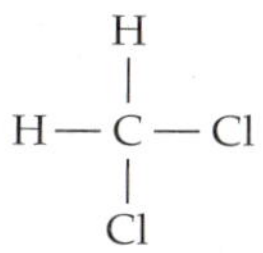

dicloro-metano

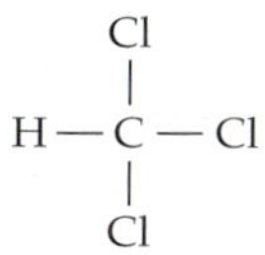

tricloro-metano

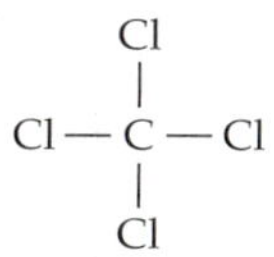

tetracloro-metano

ATENÇÃO

O tetracloreto de carbono (CCl_4), o clorofórmio ($CHCl_3$) e o dicloro-metano (CH_2Cl_2) são líquidos incolores voláteis, cujos vapores são **altamente tóxicos**. **NÃO devem ser manipulados pelos estudantes, a não ser em capela com sistema de exaustão ligado e supervisão do professor.**

Nos casos em que possa haver mais de uma possibilidade para a posição dos halogênios, deve ser feita a numeração da cadeia principal a partir da extremidade da qual houver um halogênio mais próximo.

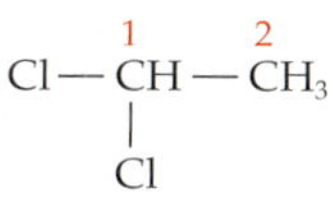

1,1-dicloro-etano

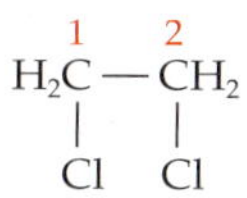

1,2-dicloro-etano

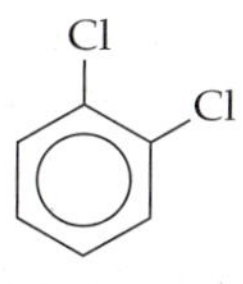

orto-dicloro-benzeno

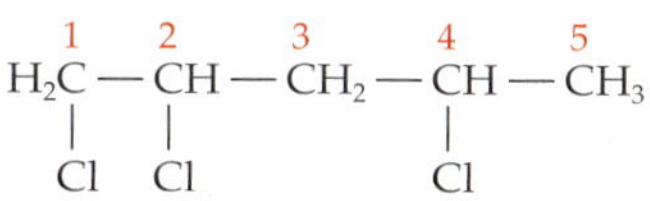

1,2,4-tricloro-pentano

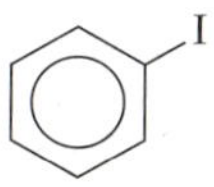

iodo-benzeno

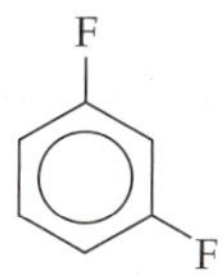

meta-difluoro-benzeno

Atenção ao —F

O nome do substituinte —F, ou seja, do átomo do elemento flúor como substituinte, é **fluoro** (sem acento e com "o" no final) segundo a IUPAC.

Segundo a IUPAC, pode-se também usar a **nomenclatura de classe funcional**, que se baseia no nome dos grupos orgânicos ligados ao halogênio:

$H_3C—CH_2—Cl$ cloreto de etila

$H_3C—CH_2—CH_2—Cl$ cloreto de propila

brometo de fenila

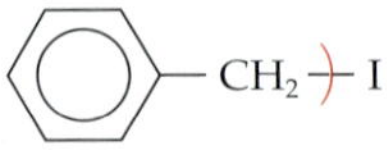

iodeto de benzila

Exercícios essenciais

A critério do(a) professor(a) esta lista de exercícios poderá ser realizada em classe ou em casa.

60. Procure no texto a fórmula do *clorofórmio* e escreva o nome desse haleto segundo as regras sistemáticas da IUPAC.

61. Tetracloreto de carbono (CCl_4) é muito usado como solvente em laboratório. Qual seu nome pelas regras sistemáticas da IUPAC?

62. O teflon, material usado para revestir panelas antiaderentes, é fabricado a partir do composto $F_2C{=}CF_2$.
Qual é o nome sistemático dessa matéria-prima?

63. Escreva o nome dos seguintes haletos:

a) $H_3C—CH(Cl)—CH_3$

b) 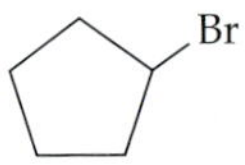

c) 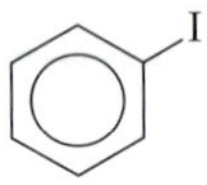

d) $H_3C—Cl$

e) $H_3C—CH_2—CH_2—Br$

f) $H_3C—CH(CH_3)—I$

64. Dê o nome de cada um dos seguintes compostos, utilizando os prefixos *orto*, *meta* e *para*.

a) 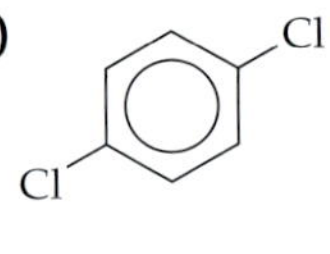

b) 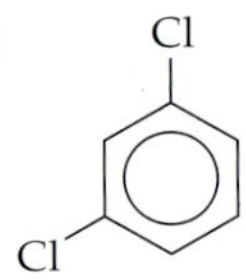

c) 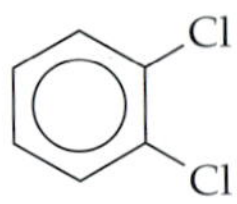

Exercícios adicionais

Seu(sua) professor(a) indicará quais exercícios deste bloco você deve fazer.

65. (Cefet-PB) Analise as informações seguintes, referentes ao composto Ácido 2-hidroxi-4-iodo-benzoico.

I. Apresenta um carbono primário na sua estrutura.

II. É um composto de função mista formado por: ácido carboxílico; fenol e haleto orgânico.

III. Apresenta fórmula molecular $C_7H_5O_3Cl$.

VI. Apresenta cadeia heterocíclica e insaturada.

Estão corretas as afirmações:

a) todas estão corretas.
b) apenas I e II.
c) apenas II e III.
d) apenas I, II e III.
e) apenas I e IV.

66. (Vunesp) Durante a guerra do Vietnã (década de 60 do século passado), foi usado um composto chamado agente laranja (ou 2,4-D) que, atuando como desfolhante das árvores, impedia que os soldados vietnamitas (os vietcongues) se ocultassem nas florestas durante os ataques dos bombardeiros. Esse material continha uma impureza, resultante do processo de sua fabricação, altamente cancerígena, chamada dioxina. As fórmulas estruturais para esses compostos são apresentadas a seguir.

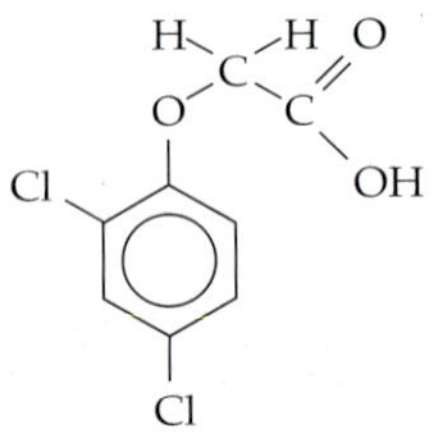

2,4-D

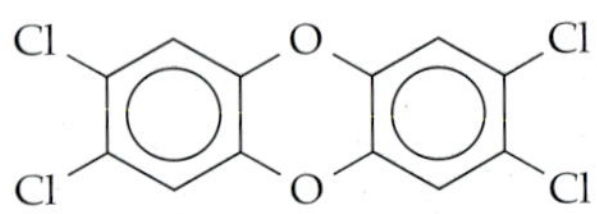

dioxina

Esses compostos apresentam em comum as funções:

a) amina e ácido carboxílico.
b) ácido carboxílico e amida.
c) éter e haleto orgânico.
d) cetona e aldeído.
e) haleto orgânico e amida.

12 Fenóis

Fenol

Carbono aromático ⟶ C — OH

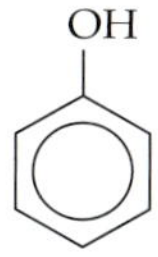

fenol ou benzenol

O **fenol**, **fenol comum** ou **benzenol** é o mais simples dos representantes da classe funcional **fenol**.

Observando bem sua fórmula estrutural, você perceberá que o fenol **não** é álcool, pois a hidroxila (OH) **não** está ligada a um carbono saturado, e **sim** a um **carbono do anel aromático**, que é insaturado. Quando isso acontece, estamos diante de um **fenol**.

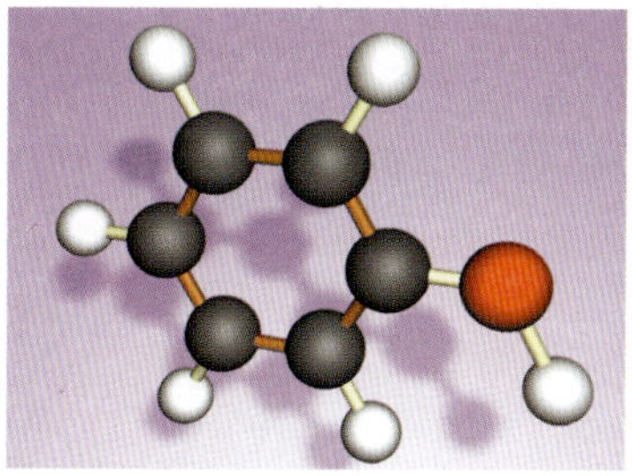

EDUARDO CANTO

▲ Modelo de uma molécula de fenol comum, C_6H_5OH. As ligações no anel aromático, representadas em coloração castanha, têm caráter intermediário entre simples e duplas, devido ao fenômeno da **ressonância**, que será apresentado no capítulo 30.

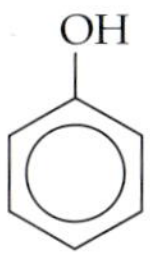

fenol (nome trivial aceito pela IUPAC)
benzenol (nome sistemático segundo a IUPAC)

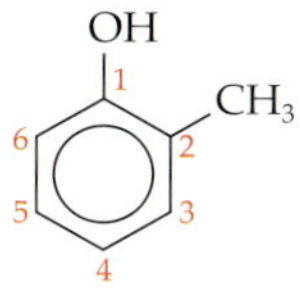

2-metil-fenol
orto-metil-fenol
2-metil-benzenol

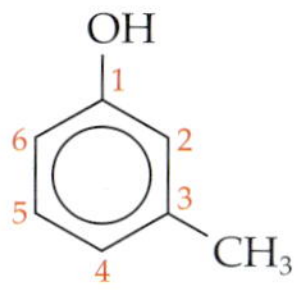

3-metil-fenol
meta-metil-fenol
3-metil-benzenol

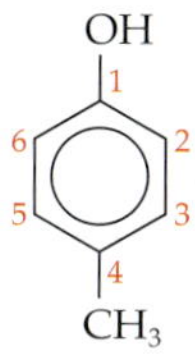

4-metil-fenol
para-metil-fenol
4-metil-benzenol

13 Nitrocompostos

Nitrocomposto

$-NO_2$ **Ligado diretamente a carbono**

Existe certa semelhança entre a nomenclatura dos nitrocompostos e a dos compostos halogenados:

H_3C-NO_2

nitro-metano

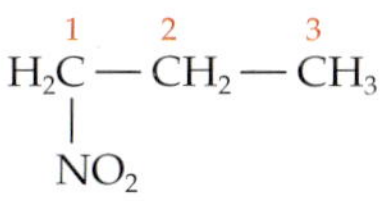

1-nitro-propano

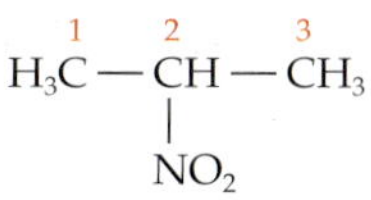

2-nitro-propano

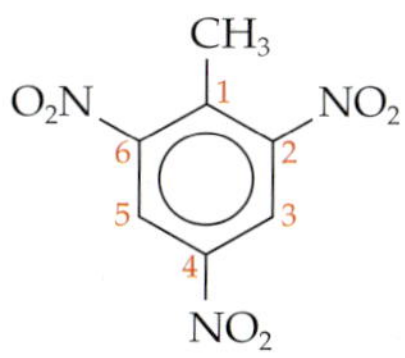

1-metil-2,4,6-trinitro-benzeno
ou 2,4,6-trinitro-tolueno (TNT)

ALEXANDRE TOKITAKA/PULSAR IMAGENS

WILSON PEDROSA/AGÊNCIA ESTADO

▲ Explosivos, como o TNT, possuem muitas aplicações com finalidades pacíficas. É o caso, por exemplo, da abertura de túneis e da implosão de construções.

Exercícios essenciais

A critério do(a) professor(a) esta lista de exercícios poderá ser realizada em classe ou em casa.

67. (UEG-GO)

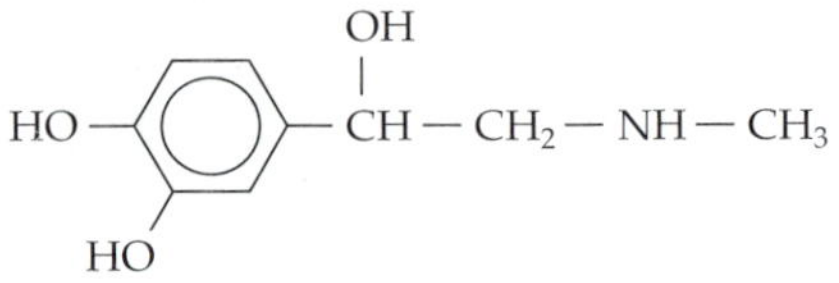

Adrenalina

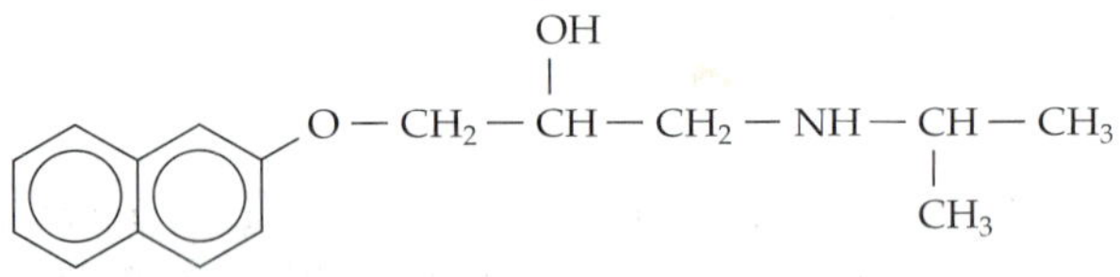

Propranolol

A adrenalina é uma droga interessante do ponto de vista biólogico, pois quando liberada em nossa corrente sanguínea, por causa de algum susto, acelera o nosso batimento cardíaco. Em contrapartida, o propranolol é um medicamento destinado a pessoas com problemas cardíacos e pressão alta, pois contribui para o abaixamento da pressão e a diminuição da frequência de batimentos cardíacos. Através da figura acima, comparando essas duas drogas, é CORRETO afirmar que os grupos funcionais presentes em ambos compostos são:

a) Álcool e fenol.
b) Álcool e amina.
c) Amina e éter.
d) Amida e fenol.

68. (PUC-MG) O estimulante cardíaco e respiratório **metamivam** possui a fórmula estrutural abaixo.

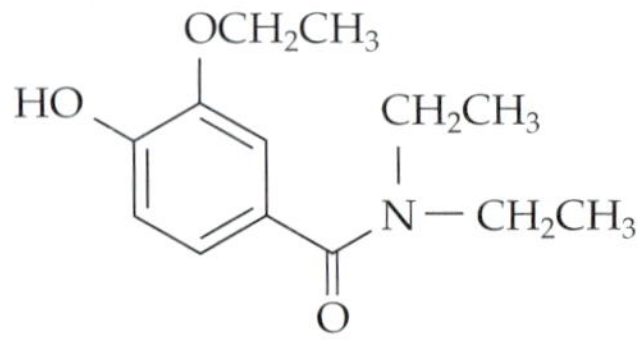

Considerando-se esse composto, é **CORRETO** afirmar que ele apresenta os seguintes grupos funcionais:

a) amina, cetona, fenol e éter.
b) amida, cetona, álcool e éster.
c) amida, fenol e éter.
d) amina, éster e álcool.

69. (UEMS) A capsaicina é a molécula ativa responsável pelo sabor apimentado da pimenta vermelha, do gênero *Capsicum*, incluindo pimentas vermelhas e verdes. A estrutura dessa molécula é mostrada abaixo:

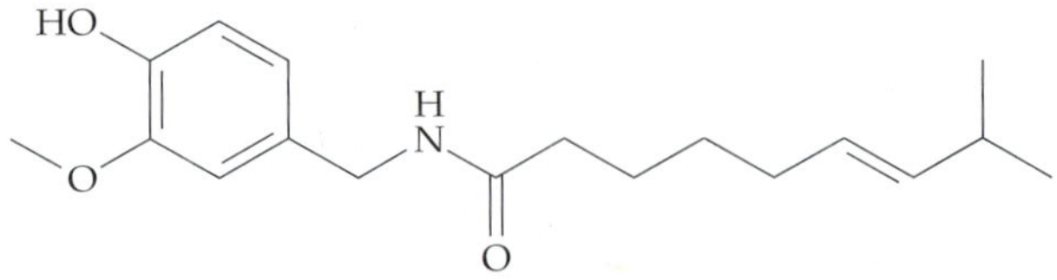

Sobre a capsaicina, é incorreto afirmar que:

a) é uma amida.
b) é um fenol.
c) é um éter.
d) é uma amina.
e) apresenta duplas ligações carbono-carbono.

70. (Fazu-MG) Os grupos funcionais R—OH, Ar—OH, RCHO e RCO_2H representam, respectivamente:

a) fenol, álcool, aldeído, ácido carboxílico.
b) aldeído, fenol, cetona, ácido carboxílico.
c) álcool, cetona, ácido carboxílico, anidrido.
d) álcool, fenol, aldeído, ácido carboxílico.
e) álcool, cetona, aldeído, fenol.

Comentário dos autores:

A representação Ar— é utilizada para um grupo orgânico **arila**, no qual a ligação em destaque se estabelece com um **carbono aromático**.

71. (Uespi) O composto trinitrotolueno (TNT) é um explosivo usado para fins militares e em demolições. Nesse composto, o número de átomos de nitrogênio, hidrogênio e oxigênio por molécula é:

a) 3, 5 e 6
b) 3, 9 e 6
c) 3, 5 e 9
d) 3, 7 e 6
e) 3, 5 e 3

Exercícios adicionais

Seu(sua) professor(a) indicará quais exercícios deste bloco você deve fazer.

72. (UFV-MG) As fórmulas de cinco substâncias, numeradas de I a V, estão representadas abaixo:

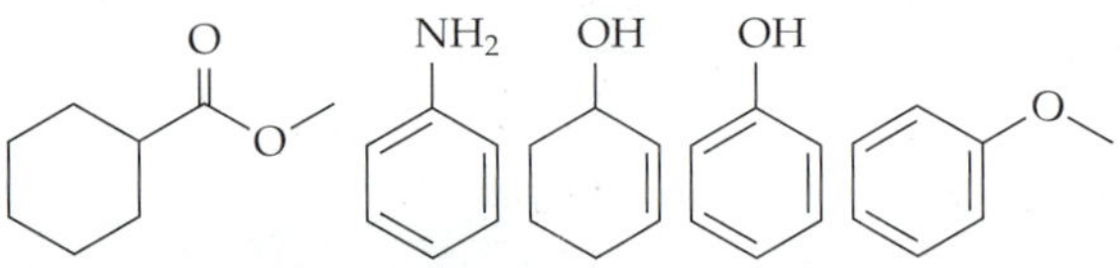

I II III IV V

As funções a que pertencem essas substâncias são, respectivamente:

a) cetona, amina primária, álcool saturado, álcool terciário, éter aromático.
b) éster, amina aromática, álcool insaturado, fenol, éter aromático.
c) cetona, amina secundária, álcool insaturado, fenol, éter saturado.
d) éter, amina secundária, álcool saturado, álcool terciário, éster aromático.

73. (EEM-SP) A fluoresceína é um importante material fluorescente utilizado em pesquisas médicas. Na fórmula estrutural representada pela figura abaixo, identifique quatro grupos funcionais presentes em sua estrutura.

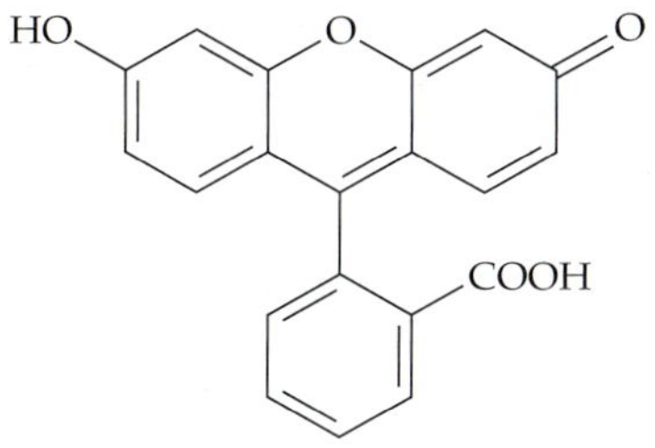

74. (UPE) No composto orgânico representado pela fórmula abaixo, estão presentes as seguintes funções orgânicas:

$CH_3 — (CHOH)_2 — CHNH_2 — CO_2H$

a) álcool, ácido carboxílico e amina.
b) amida, aldeído e álcool.
c) álcool, cetona e fenol.
d) álcool, carbilamina e aldeído.
e) fenol, amina e ácido carboxílico.

75. (UFMG) O paracetamol, empregado na fabricação de antitérmicos e analgésicos, tem esta estrutura.

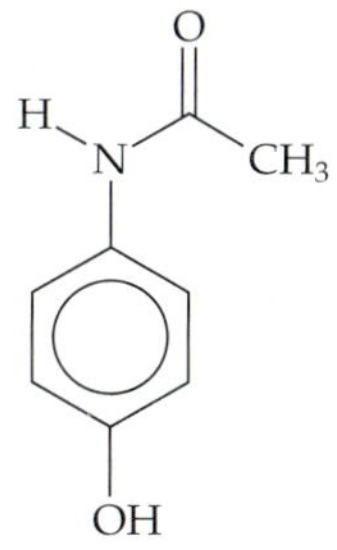

É **INCORRETO** afirmar que, entre os grupamentos moleculares presentes nessa estrutura, se inclui o grupo:

a) amino.
b) carbonila.
c) hidroxila.
d) metila.

14 Nitrilas e ácidos sulfônicos

Nitrila
$—C{\equiv}N$ ou $—CN$

Ácido sulfônico
$—SO_3H$

A classe funcional das **nitrilas** caracteriza-se pela presença do grupo funcional $—CN$ e a classe dos **ácidos sulfônicos** pela presença do grupo $—SO_3H$.

Para nomear nitrilas e ácidos sulfônicos, procedemos de modo muito parecido com o das amidas, como você pode perceber pelos seguintes exemplos:

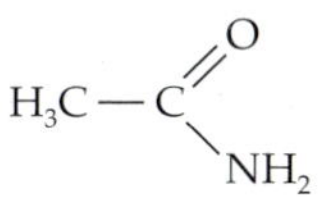

etanamida

$H_3C — CN$

etanonitrila

$H_3C — CH_2 — SO_3H$

ácido **etano**ssulfônico

O ácido etanoico é de grande importância para o estudo da Química Orgânica e seu nome trivial (que, pelo amplo uso, é aceito pela IUPAC) é ácido acético. Assim, outros compostos recebem nomes triviais a ele relacionados. Padrão semelhante é usado para denominar o aldeído, a amida e a nitrila, que correspondem ao ácido benzoico.

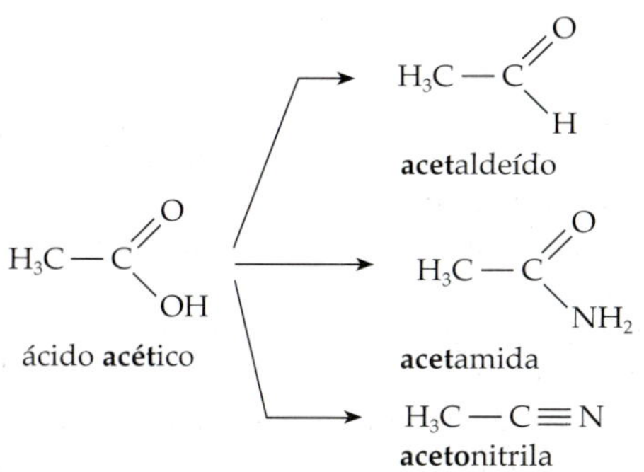

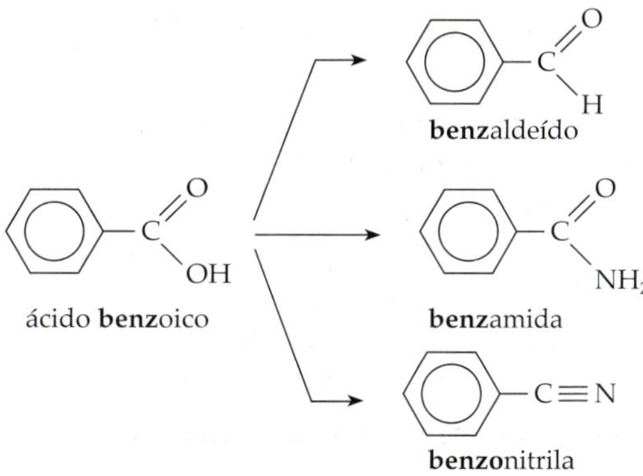

15 Compostos organometálicos

- Um **composto organometálico** é aquele que tem **metal** ligado **diretamente** a um **carbono** de uma estrutura orgânica.

Os compostos do tipo organo-zinco, por exemplo CH_3ZnCH_3, foram os primeiros organometálicos a serem sintetizados. Quem os produziu pela primeira vez foi o químico Edward Frankland, em meados do século XIX. Por isso, alguns autores chamam os compostos de organo-zinco de **compostos de Frankland**.

Os compostos organometálicos são muito importantes nos laboratórios de Química, uma vez que participam de reações químicas úteis à síntese das mais variadas substâncias orgânicas.

Os haletos de organo-magnésio — por exemplo, o cloreto de metilmagnésio, CH_3MgCl — são conhecidos como **compostos de Grignard** (pronuncia-se "grinhár"), em homenagem ao químico francês Victor Grignard, que recebeu o Prêmio Nobel em 1912 por suas pesquisas e descobertas no campo da síntese de substâncias orgânicas. Tais compostos têm, ainda hoje, importantes aplicações laboratoriais. Observe alguns exemplos de compostos de Grignard:

CH_3CH_2MgCl	cloreto de etilmagnésio
$CH_3CH_2CH_2MgBr$	brometo de propilmagnésio
C_6H_5MgBr	brometo de fenilmagnésio

Biblioteca do estudante
Informe-se sobre a Química:
Alho e enxofre

Revisão

Exercícios essenciais

A critério do(a) professor(a) esta lista de exercícios poderá ser realizada em classe ou em casa.

76. Dê nome aos seguintes compostos:

a) $H_3C-CH_2-CH_2-C\equiv N$

b) $H_3C-CH_2-CH_2-C(=O)-NH_2$

c) $H_3C-CH_2-CH_2-CH_2-SO_3H$

77. Considerando que o composto etanonitrila, H_3C-CN, pode ser também denominado **cianeto de metila**, deduz-se que a substância C_6H_5-CN pode ser chamada de cianeto de:

a) benzeno.
b) benzila.
c) fenila.
d) fenol.
e) ciclo-hexila.

78. Um dos intermediários na fabricação de detergentes é o ácido *para*-dodecil-benzenossulfônico. Sabendo que dodecil é um grupo com 12 carbonos, $-[CH_2]_{11}CH_3$, represente a fórmula estrutural do composto em questão.

Exercícios adicionais

Seu(sua) professor(a) indicará quais exercícios deste bloco você deve fazer.

79. (UFRRJ) "**Efeito colateral**

Uma substância já de uso recorrente no esporte. Eduardo De Rose, da Agência Mundial Antidoping (Wada), diz que *doping* com femproporex estimula o sistema nervoso e vem crescendo no futebol."

Fonte: Efeito colateral. In: *Jornal Extra*, 3.524, ago. 2007.

Se um atleta for condenado por *doping*, ficará algum tempo sem poder exercer oficialmente sua profissão e poderá ter sua imagem afetada por todo o tempo de sua carreira. A reportagem acima faz uma menção à polêmica em torno do jogador Dodô do Botafogo, que foi julgado por uso de *doping*, utilizando o femproporex, substância que possui a seguinte fórmula estrutural:

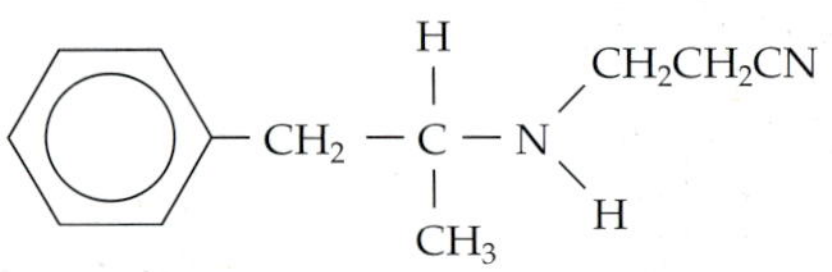

Sobre o composto apresentado, atenda às seguintes solicitações.

a) Escreva a fórmula molecular.
b) Identifique as funções orgânicas existentes.

80. (UFTM-MG) O atenolol é um fármaco empregado no tratamento de arritmias cardíacas e de hipertensão arterial, representado pela fórmula estrutural.

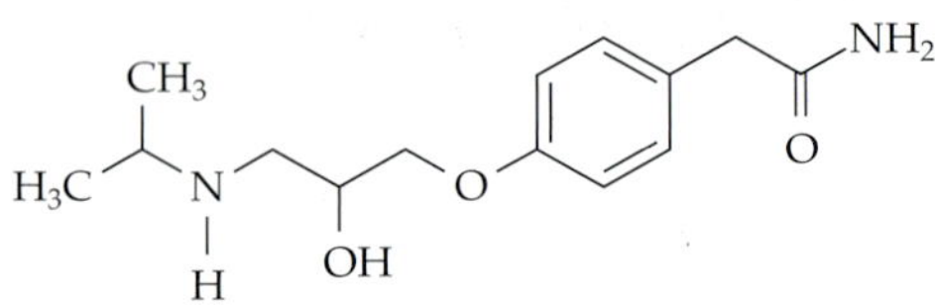

Atenolol

Pode-se afirmar que o atenolol apresenta em sua estrutura agrupamento de átomos característicos dos:

I. compostos aromáticos.
II. álcoois.
III. nitrocompostos.
IV. ácidos sulfônicos.

Está correto o que se afirma apenas em:

a) I e II
b) I e III
c) II e III
d) II e IV
e) III e IV

Capítulo 27

Ligações intermoleculares na Química Orgânica

OXFORD SCIENTIFIC/LATINSTOCK

▲ Aves aquáticas usam o bico para espalhar nas penas o óleo produzido pela glândula uropigiana, localizada próximo à cauda. A camada de óleo impermeabiliza as penas e ajuda a reter ar sob elas, o que permite ao animal flutuar na água.

Alguns conteúdos importantes:

- ✔ Geometria do átomo de carbono em função das ligações que realiza com os átomos vizinhos
- ✔ Polaridade de moléculas orgânicas
- ✔ Grupos hidrófobos, grupos hidrófilos e sua influência na solubilidade de compostos orgânicos
- ✔ Ligações intermoleculares em compostos orgânicos
- ✔ Principais fatores que influenciam o ponto de ebulição de uma substância orgânica

1 Geometria dos átomos de carbono

Moléculas que contêm apenas um átomo de carbono podem ser lineares, trigonais ou tetraédricas.

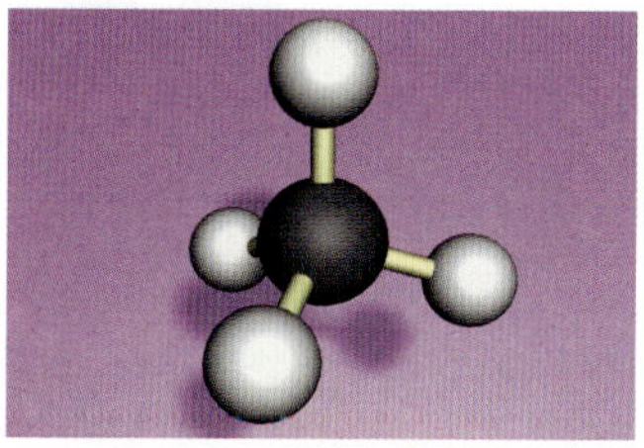

EDUARDO CANTO

▲ Modelo de uma molécula de CH_4, de geometria **tetraédrica**.

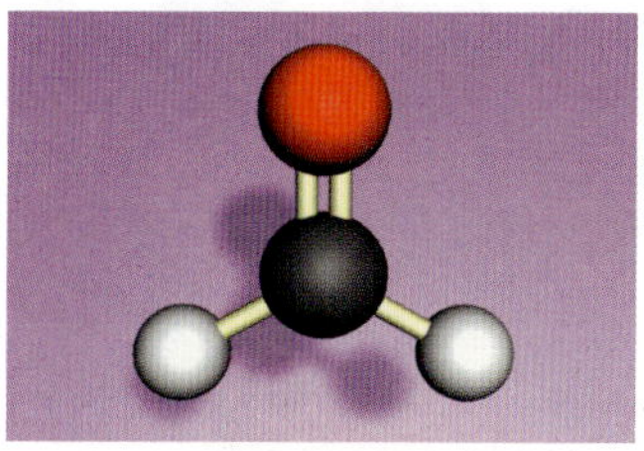

EDUARDO CANTO

▲ Modelo de uma molécula de CH_2O, de geometria **trigonal plana**.

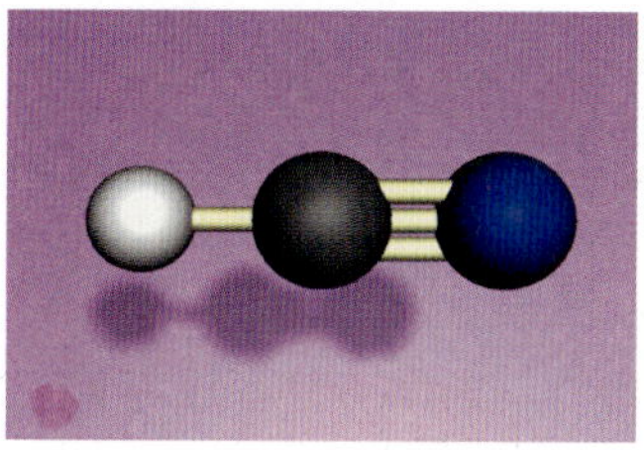

EDUARDO CANTO

▲ Modelo de uma molécula de HCN, de geometria **linear**.

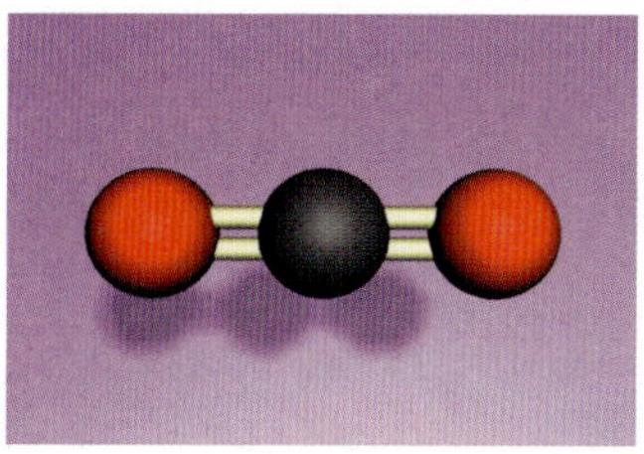

EDUARDO CANTO

▲ Modelo de uma molécula de CO_2, de geometria **linear**.

Revise

Antes de estudar esse assunto, reveja o item 1 do capítulo 9.

Guia de estudo

No caso de moléculas maiores, não se costuma falar em geometria da molécula, mas em geometria dos átomos que se ligam a dois ou mais outros átomos. Assim, falamos, por exemplo, **em geometria dos carbonos**.

Na fórmula estrutural plana	—C— (quatro ligações simples)	—C= (com uma ligação simples)	—C≡	=C=
Real geometria	109°28' Carbono **saturado** é **tetraédrico**	120° Carbono insaturado com **uma ligação dupla** é **trigonal plano**	180° Carbono insaturado com **uma ligação tripla** é **linear**	180° Carbono insaturado com **duas ligações duplas** é **linear**

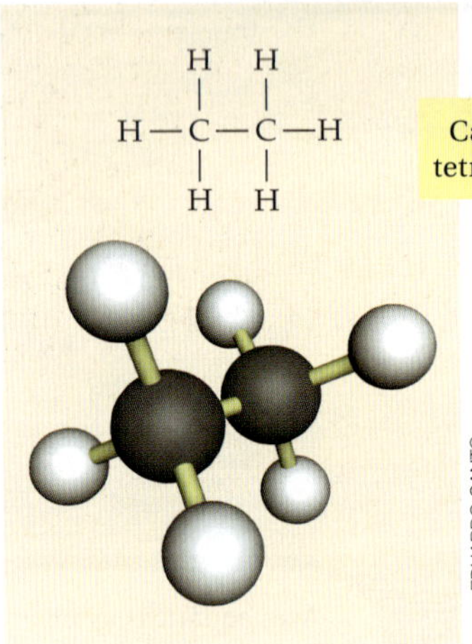

Carbonos tetraédricos

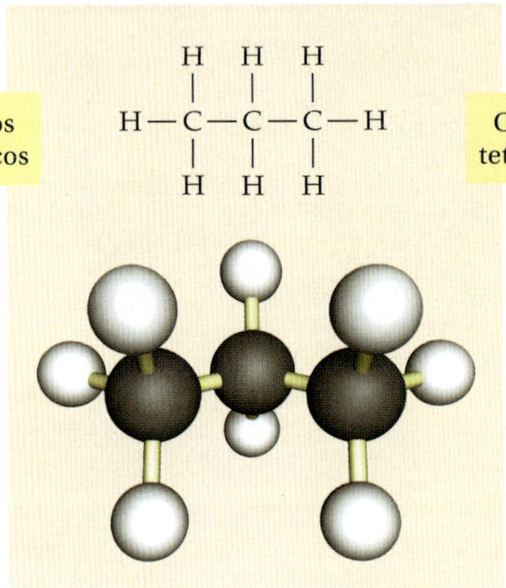

Carbonos tetraédricos

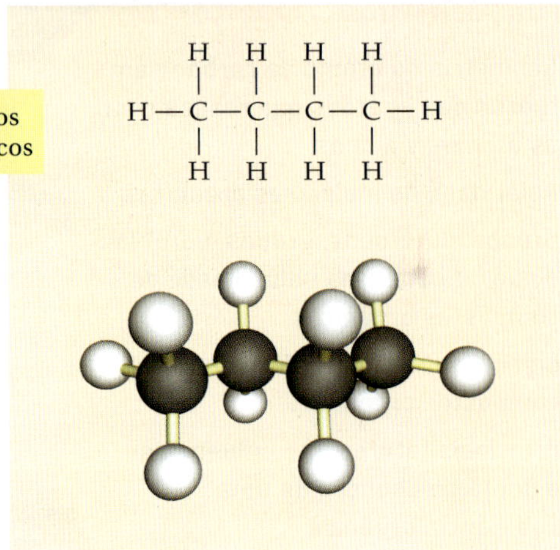

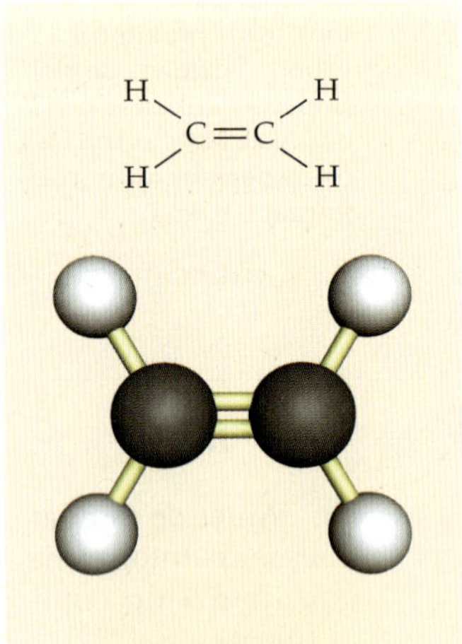

Carbonos trigonais planos

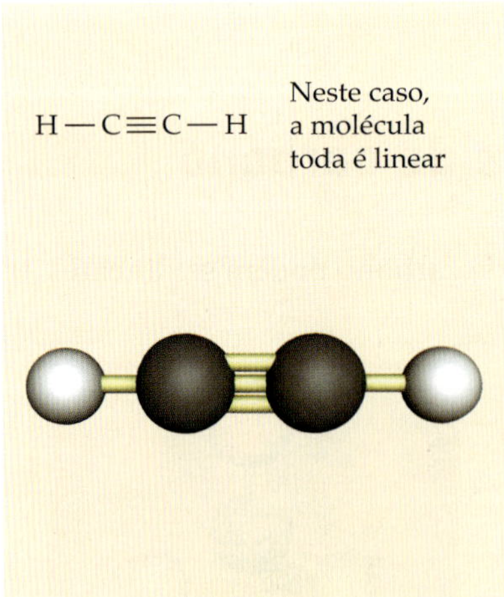

Carbonos lineares

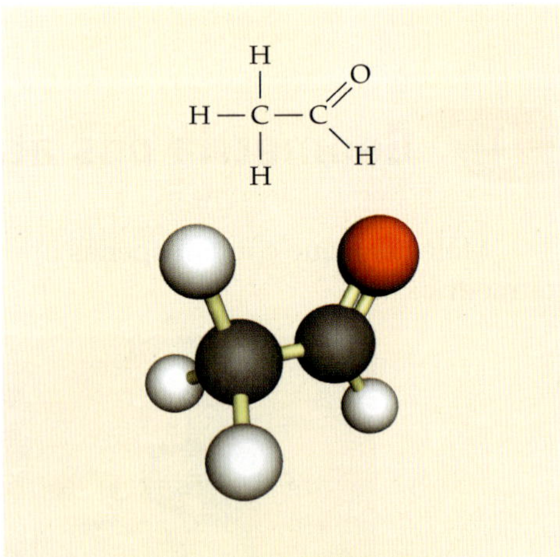

Um carbono tetraédrico e um trigonal plano

É importante perceber que a fórmula estrutural plana não mostra necessariamente a real geometria dos átomos de carbono.

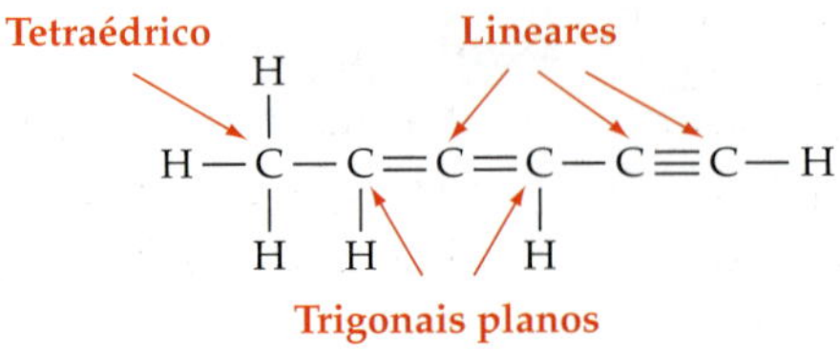

2 Representação da estereoquímica do carbono saturado

Para representar no plano do papel a geometria das ligações de um carbono saturado são empregados os seguintes códigos, que constituem uma **representação estereoquímica** (representação espacial):

- ligação no plano do papel: —
- ligação para trás do plano do papel: ⋯ ou ----- ou ⋯
- ligação para a frente do plano do papel: ◄

Veja o exemplo com o modelo molecular do metano em diferentes posições:

EDUARDO CANTO

EDUARDO CANTO

EDUARDO CANTO

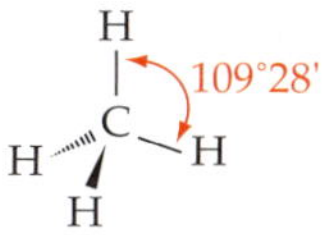

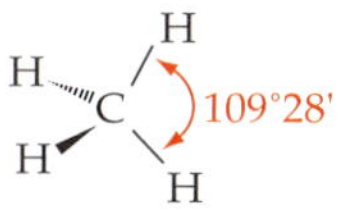

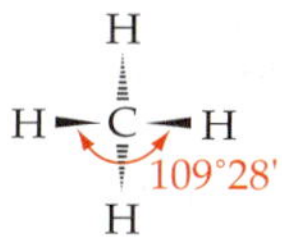

> **Biblioteca do estudante**
> **Texto complementar:**
> A importância de indicar a estereoquímica

Exercícios essenciais

A critério do(a) professor(a) esta lista de exercícios poderá ser realizada em classe ou em casa.

1. (UnB-DF) Julgue a afirmação seguinte em certa ou errada: A decomposição do lixo orgânico produz, entre outros gases, o metano (CH_4). A estrutura plana da molécula desse gás contribui para a minimização da força de repulsão entre os elétrons ligantes dessa molécula:

2. (UFRGS-RS) Na obtenção do vinagre de vinho, o etanol reage com o O_2 do ar e transforma-se em ácido acético, conforme representado abaixo.

$$\underset{\text{etanol}}{H_3C—CH_2—OH} + O_2 \rightarrow \underset{\text{ácido acético}}{H_3C—COOH} + H_2O$$

Nessa reação, a geometria dos ligantes em torno do átomo de carbono do grupo funcional sofre alteração de:

a) tetraédrica para trigonal plana.
b) trigonal plana para tetraédrica.
c) tetraédrica para piramidal.
d) linear para trigonal plana.
e) linear para tetraédrica.

3. (UEMS) Substâncias produzidas e isoladas a partir de plantas conhecidas como metabólitos secundários são, muitas vezes, utilizadas medicinalmente como princípios ativos na cura de diferentes enfermidades. Estudos realizados com plantas medicinais resultaram no reconhecimento de substâncias como morfina, cânfora, cocaína e quinina, que se consagram como princípios ativos eficazes no tratamento de doenças. A quinina (estrutura abaixo), por exemplo, é empregada como antimalárica, antipirética e analgésica.

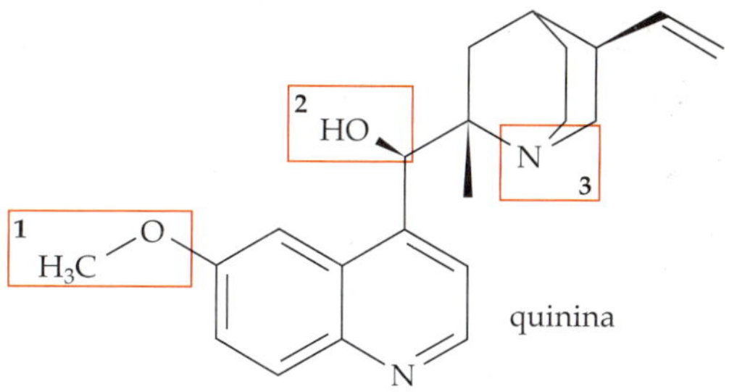

quinina

Analisando a estrutura química da quinina, as funções orgânicas destacadas nos retângulos **1**, **2** e **3** são, respectivamente:

a) éster, álcool, amina.
b) éter, álcool, amida.
c) ácido carboxílico, éter, amina.
d) éter, álcool, amina.
e) ácido carboxílico, éter, amina.

Exercícios adicionais

Seu(sua) professor(a) indicará quais exercícios deste bloco você deve fazer.

4. (UFJF-MG) A megafona (estrutura abaixo) é um composto natural que possui atividade antitumoral. Ela é encontrada nas raízes de louro-rosa ou *Aniba megaphylla Mez* à qual deve seu nome. Considerando-se a estrutura da megafona e as afirmativas seguintes, assinale a opção que contém apenas as **CORRETAS**.

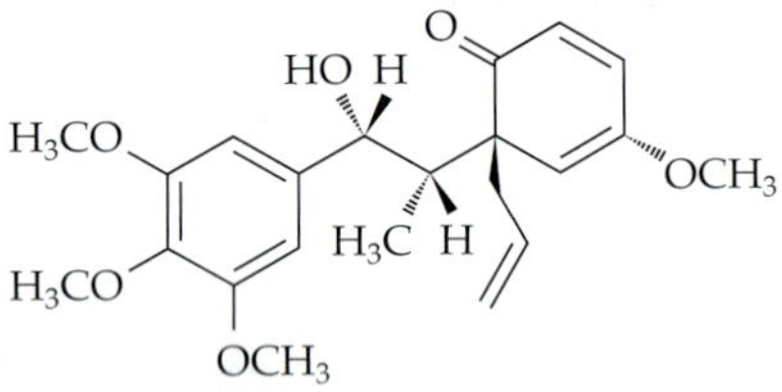

I. O composto possui um grupo cetona.

II. A megafona possui pelo menos um anel aromático.

III. A megafona possui uma função éster.

IV. Há 2 carbonos quaternários na estrutura da megafona.

a) I e II
b) II e IV
c) I e III
d) III e IV
e) I e IV

5. (UFC-CE) A finasterida (I) é uma molécula empregada no tratamento da calvície, mas que tem seu uso proibido nos esportes.

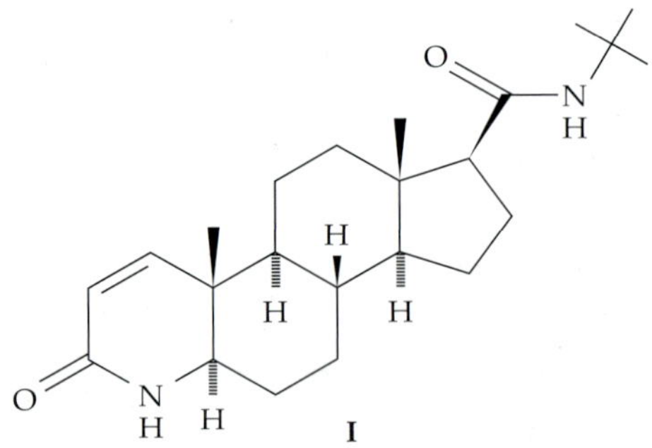

I

a) Classifique o tipo de cadeia orgânica de I quanto à natureza dos átomos.

b) Indique o número de carbonos quaternários na molécula de I.

3 Polaridade de moléculas orgânicas

Como visto no capítulo 9, uma molécula pode ser polar ou apolar, dependendo de dois fatores: diferença de eletronegatividade e geometria molecular.

- **Diferença de eletronegatividade:** Quando átomos com diferentes eletronegatividades se unem por ligação covalente, os elétrons são efetivamente mais atraídos pelo mais eletronegativo deles. Isso dá origem a um **dipolo**, ou seja, dois polos: um positivo e outro negativo. Um dipolo é representado pelo vetor momento de dipolo $(\vec{\mu})$.
- **Geometria da molécula:** Dependendo da geometria molecular, o vetor momento de dipolo **resultante** pode ser nulo ou não. Quando ele é nulo $(\vec{\mu}_R = \vec{0})$, a molécula é **apolar**; caso contrário $(\vec{\mu}_R \neq \vec{0})$, ela é **polar**.

Revise

Antes de estudar esse assunto, reveja os itens 2, 3 e 4 do capítulo 9.

As previsões sobre a polaridade de moléculas orgânicas são feitas utilizando esses mesmos princípios. A única diferença, contudo, é que as moléculas orgânicas possuem, em geral, estruturas mais complicadas que as inorgânicas. Veja exemplos:

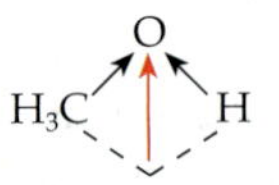

$\vec{\mu}_R \neq \vec{0}$
Os dipolos *não* se cancelam

O metanol é **polar**.

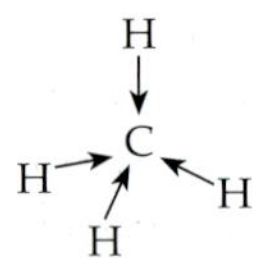

$\vec{\mu}_R = \vec{0}$
Os dipolos se cancelam

O metano é **apolar**.

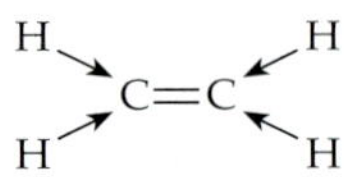

$\vec{\mu}_R = \vec{0}$
Os dipolos se cancelam

O etileno é **apolar**.

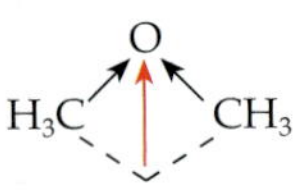

$\vec{\mu}_R \neq \vec{0}$
Os dipolos *não* se cancelam

O éter dimetílico é **polar**.

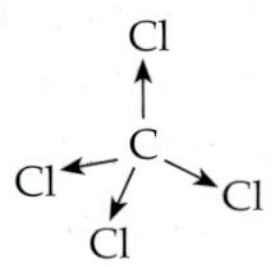

$\vec{\mu}_R = \vec{0}$
Os dipolos se cancelam

O tetracloreto de carbono é **apolar**.

$H \rightarrow C \equiv C \leftarrow H$

$\vec{\mu}_R = \vec{0}$
Os dipolos se cancelam

O acetileno é **apolar**.

Três dos exemplos são moléculas de hidrocarbonetos, em que $(\vec{\mu}_R = \vec{0})$. Em hidrocarbonetos com moléculas maiores a análise se torna mais complicada. **Medidas experimentais revelam que a maioria dos hidrocarbonetos é apolar ou apresenta baixa polaridade**. Gás de cozinha, benzina, gasolina, querosene, óleo diesel, óleo lubrificante e outras frações do petróleo são formados por moléculas de hidrocarbonetos. Assim, esses materiais são formados, de modo geral, por moléculas apolares ou de baixa polaridade.

Óleos e gorduras, de origem animal ou vegetal (cujas estruturas mostraremos em outro capítulo), também são formados por **moléculas com polaridade** reduzida, praticamente **nula**.

A solubilidade é influenciada pela polaridade:

- Soluto **polar** tende a se dissolver bem em solvente **polar**.
  Soluto **apolar** tende a se dissolver bem em solvente **apolar**.

Assim, a título de exemplo, analise a foto a seguir, lembrando que a água é polar e que o iodo (I_2) e o ciclo-hexano (C_6H_{12}) são apolares.

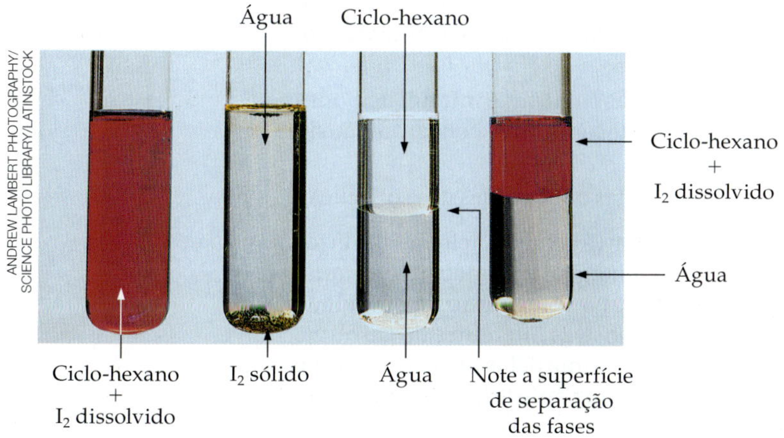

ATENÇÃO

O experimento visto na foto ao lado envolve uma substância **tóxica** e outra cujos vapores são **inflamáveis e tóxicos**.

Você não deve realizá-lo por conta própria. A eventual realização deve ter autorização e supervisão do(a) professor(a).

Óculos de segurança, luvas e aventais protetores são obrigatórios, assim como a realização em capela com a exaustão ligada.

Exercícios essenciais

A critério do(a) professor(a) esta lista de exercícios poderá ser realizada em classe ou em casa.

6. (Vunesp) A polaridade de substâncias orgânicas é consequência tanto da geometria molecular quanto da polaridade das ligações químicas presentes na molécula. Indique a alternativa que contém apenas substâncias apolares.

a) Acetileno e álcool etílico.
b) Álcool etílico e etano.
c) Tetracloreto de carbono e etano.
d) Metano e cloreto de metila.
e) Tetracloreto de carbono e cloreto de metila.

7. (UPE) Julgue se a seguinte afirmação é verdadeira ou falsa:

Mãos sujas com doce ficam limpas apenas utilizando-se a água como solvente, porque os açúcares, principalmente a sacarose, são quimicamente apolares.

8. (UFPA) É mais solúvel em água:

a) $CH_3CH_2CH_3$
b) $CH_2{=}CHCH_3$
c) $CH_3OCH_2CH_3$
d) $CH_2{=}C{=}CH_2$
e) $CH_3CH_2CH_2OH$

9. (Vunesp) Se uma solução que contém iodo manchar uma camiseta branca de algodão, o procedimento correto para retirar a mancha de iodo consiste, antes da lavagem, em aplicar sobre o local da mancha:

a) clorofórmio ou tetracloreto de carbono.
b) vinagre ou suco de limão.
c) talco (silicato de magnésio).
d) farinha de trigo ou amido.
e) água ou álcool.

Exercícios adicionais

Seu (sua) professor (a) indicará quais exercícios deste bloco você deve fazer.

10. (UEG) Em um laboratório de química, um estudante separou em frascos semelhantes três solventes que utilizaria em seu experimento. Entretanto, esqueceu de rotular os frascos no momento da coleta e, posteriormente, não tinha certeza a respeito do componente de cada um deles. Mas, conhecendo a densidade de cada um dos líquidos, para sanar sua dúvida, efetuou o seguinte experimento. Adicionou 3 mL de cada solvente em tubos de ensaio separados e posteriormente adicionou 1 mL de água. A análise dos resultados permitiu a identificação inequívoca dos componentes presentes em cada frasco. Os resultados observados para cada tubo de ensaio e a tabela com as respectivas densidades dos líquidos estão mostrados na figura e na tabela ao lado.

Líquido	Densidade a 25 °C ($g \cdot mL^{-1}$)
H_2O	1,0
CH_3CH_2OH	0,8
Gasolina	0,7
$HCCl_3$	1,5

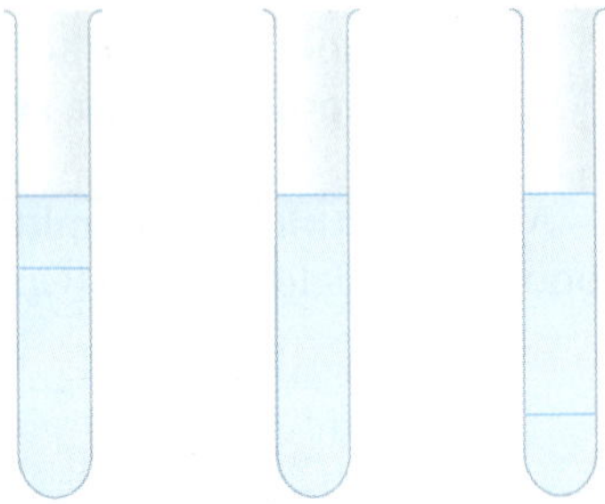

Tubo 1 Tubo 2 Tubo 3

A partir das informações dadas, responda ao que se pede.

a) Determine as substâncias presentes em cada um dos tubos, justificando em seguida o motivo de sua escolha.

b) Comente a validade da seguinte afirmativa: "Todos os líquidos indicados na tabela são exemplos de substâncias puras".

11. (UFC-CE) Considere duas soluções de iodo (I_2), sendo uma em água (H_2O) e outra em tetracloreto de carbono (CCl_4), ambas com mesma concentração e em volumes iguais. As duas soluções são misturadas e agitadas por um tempo. Em seguida, elas são separadas por decantação.

a) Assumindo que a concentração de I_2 nas duas soluções é inferior ao ponto de saturação nos dois solventes, o que acontecerá com a concentração do I_2 nas duas soluções após a decantação?

b) Justifique sua resposta ao item **a** em função das polaridades dos solventes.

12. (EEM-SP) Conforme as normas vigentes da ANP (Agência Nacional de Petróleo, Gás Natural e Derivados), a máxima porcentagem volumétrica de etanol (álcool etílico) permitida na gasolina é de 25%. Para avaliação da qualidade do produto, um fiscal da ANP recolheu três amostras diferentes de gasolina, todas com volume de 70,0 mL, e adicionou a cada uma delas um certo volume de água. Após alguns minutos, obteve o resultado conforme a figura abaixo.

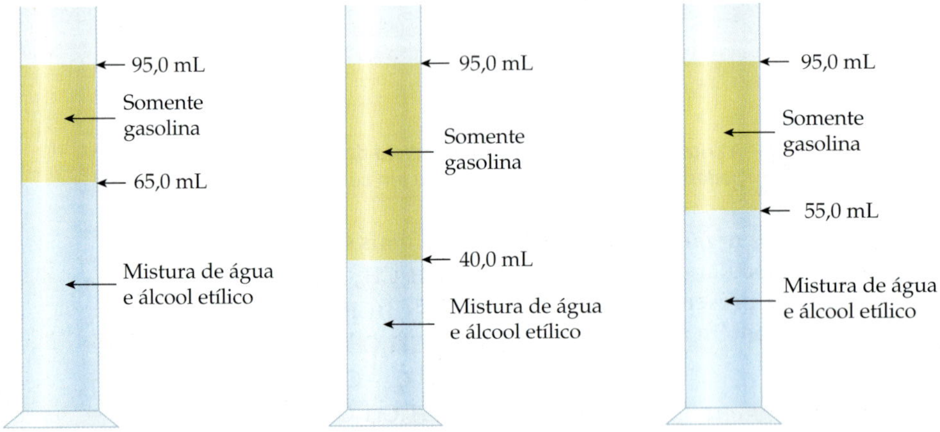

Amostra I Amostra II Amostra III

a) Verifique quais das amostras (**I**, **II** e **III**) se encontram dentro da legislação.

b) Explique a ação da água na mistura gasolina e álcool etílico.

13. (Uece) Um procedimento relativamente simples nos permite determinar a porcentagem do álcool existente na gasolina. Para executá-lo, introduzimos gasolina em uma proveta e adicionamos água, observando, a seguir:

a) a formação de um sistema bifásico.

b) a redução significativa do volume da água e do álcool.

c) a ocorrência de uma reação química.

d) um considerável aumento do volume da gasolina.

4 Tamanho da cadeia e solubilidade

Observe os dados de solubilidade de álcoois em água mostrados na tabela 1. Como vemos, a solubilidade diminui com o aumento da cadeia. A extremidade OH dos álcoois é polar e isso faz com que o metanol, por exemplo, seja solúvel na água, que também é polar. O mesmo acontece com etanol e propan-1-ol.

No entanto, excluindo o OH, o restante da molécula é formado por carbono e hidrogênio, assemelhando-se a um hidrocarboneto apolar. O aumento do número de carbonos faz com que o caráter apolar da cadeia passe a predominar cada vez mais sobre o caráter polar da extremidade OH, e a solubilidade diminui.

TABELA 1 Solubilidade de alguns álcoois em água

Álcool	Solubilidade em água (g/100 g de H_2O)	
CH_3OH	Ilimitada	Aumenta o tamanho da cadeia carbônica ↓ / Diminui a solubilidade em água ↓
CH_3CH_2OH	Ilimitada	
$CH_3CH_2CH_2OH$	Ilimitada	
$CH_3CH_2CH_2CH_2OH$	8,0	
$CH_3CH_2CH_2CH_2CH_2OH$	2,2	
$CH_3CH_2CH_2CH_2CH_2CH_2OH$	0,6	

Generalizando, podemos dizer que **a cadeia carbônica de uma molécula, formada por carbono e hidrogênio, não possui afinidade pela água**, pois é a parte apolar da molécula. Quanto maior for essa parte apolar, menor a tendência de uma substância dissolver-se em água. **Grupos polares, como, por exemplo, —OH, —NH_2 e —COOH, possuem afinidade pela água**. Sua presença contribui para que o composto se solubilize bem em água.

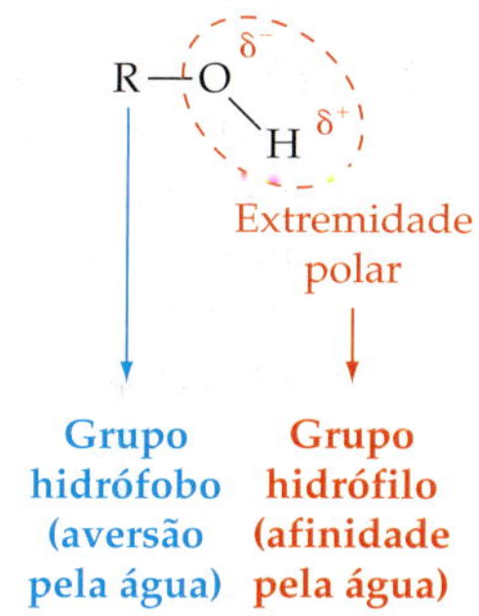

- As partes apolares de uma molécula são denominadas **grupos hidrófobos**. Sua presença contribui para que o composto não se dissolva bem em água.
As partes polares de uma molécula são chamadas de **grupos hidrófilos**. Quanto maior o número de grupos hidrófilos, maior será a tendência de a substância se solubilizar em água.

Vitaminas hidrossolúveis e vitaminas lipossolúveis

Vitaminas são substâncias nutrientes, indispensáveis à nossa saúde, que atuam na regulação de muitos processos vitais.

Há, fundamentalmente, dois tipos de vitamina: as **hidrossolúveis** e as **lipossolúveis**.

- **Vitaminas hidrossolúveis** (*hidro* = água) são aquelas que se dissolvem bem em água, mas não em óleos e gorduras. Exemplos são as vitaminas do complexo B e a vitamina C.
- **Vitaminas lipossolúveis** (*lipo* = gordura) são aquelas que se dissolvem bem em óleos e gorduras, mas não em água. Exemplos são as vitaminas A, D, E e K.

MICHAEL ROSENFELD/PHOTOGRAPHER'S CHOICE/GETTY IMAGES

▶ A melhor maneira de garantir a ingestão de quantidades adequadas de vitamina é por intermédio de uma dieta alimentar equilibrada.

O que determina se uma vitamina é de um tipo ou de outro é a sua estrutura molecular. A presença de vários grupos hidrófilos tende a fazer com que uma vitamina seja altamente solúvel em água, ou seja, hidrossolúvel. É o caso da vitamina C, cuja estrutura aparece a seguir. A ausência de grupos hidrófilos faz com que haja predomínio da parte hidrocarbônica, apolar, tornando a solubilidade em água da vitamina muito reduzida. Como exemplo, podemos citar a vitamina A, cuja estrutura também aparece a seguir.

A presença de vários grupos hidrófilos garante que ela seja muito solúvel em água.

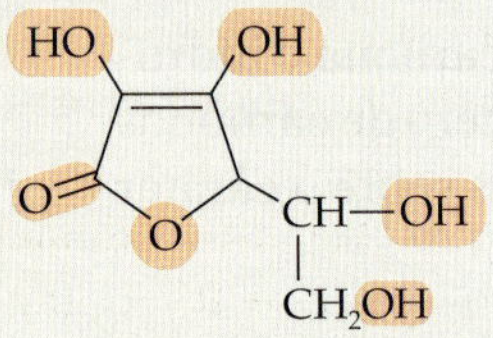

vitamina C (hidrossolúvel)

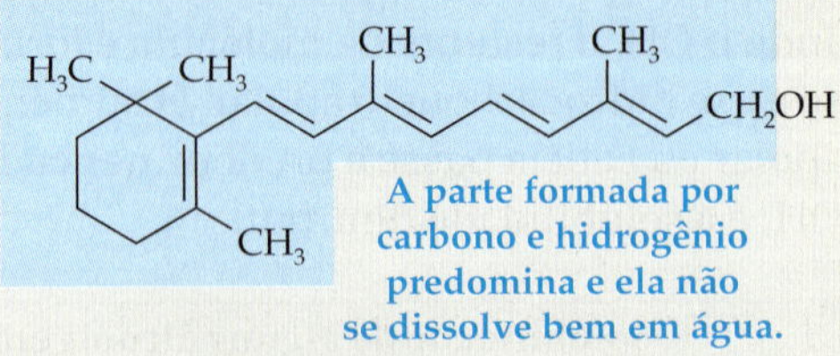

vitamina A (lipossolúvel)

Se ingeridas em excesso, as vitaminas hidrossolúveis são eliminadas pela urina. As lipossolúveis, por sua vez, não se dissolvem bem em água e não são facilmente excretadas ao urinar. Elas se acumulam na parte gordurosa do organismo, podendo causar **hipervitaminose**. O excesso de vitamina A, por exemplo, provoca uma hipervitaminose caracterizada por danos ao fígado, aos rins e aos ossos.

Exercícios essenciais

A critério do(a) professor(a) esta lista de exercícios poderá ser realizada em classe ou em casa.

14. (Unirio-RJ) Em condições ambientes, os álcoois de menor massa molecular são líquidos, facilitando a sua dissolução na água. Em relação aos álcoois indicados abaixo, aquele que apresenta maior solubilidade em água é o:

a) pentanol.
b) octanol.
c) isobutanol.
d) metanol.
e) *n*-butanol.

15. (PUC-SP-adaptada) Analise a estrutura do colesterol. A qual função química ele pertence? Explique por que o colesterol é praticamente insolúvel em água.

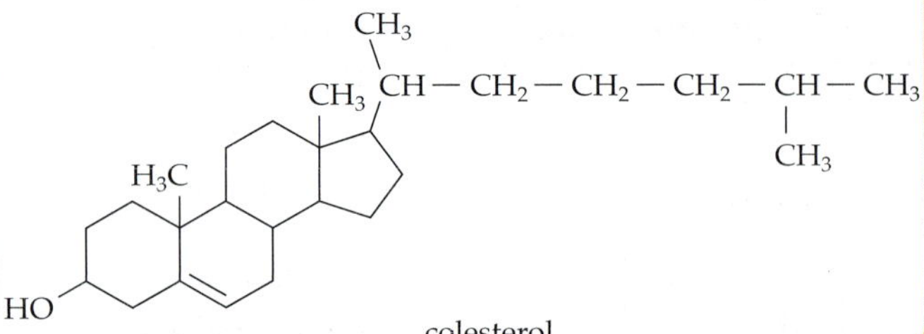

colesterol

Exercícios adicionais

Seu(sua) professor(a) indicará quais exercícios deste bloco você deve fazer.

16. (Cefet-CE-adaptada) O escorbuto — doença que se evidencia por meio de sangramento nas gengivas e perda de dentes — provocou várias mortes de marinheiros, antigamente. Em meados do século XVI, os holandeses perceberam que a tripulação tornava-se mais saudável quando eram incluídas frutas cítricas na dieta dos marinheiros, no entanto foi no século XVIII que um médico escocês descobriu o efeito curativo e preventivo dessas frutas para o tratamento do escorbuto. A partir de 1795, o Almirantado Britânico decidiu que o suco de limão faria parte obrigatória da dieta diária da tripulação. No início do século XIX, a substância que curaria o escorbuto foi finalmente isolada e identificada como ácido ascórbico — a vitamina C, que está representada a seguir.

(Texto adaptado de *Química* — a matéria e suas transformações. Brady, Russel, Holum, 3. ed.)

Ácido ascórbico (vitamina C)

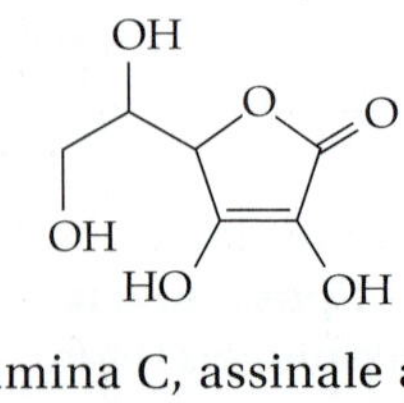

Sobre a vitamina C, assinale as afirmativas verdadeiras com **V** e as falsas com **F**.

( ) É hidrossolúvel, por apresentar uma molécula com um forte caráter polar.
( ) É lipossolúvel, uma vez que apresenta muitos grupos hidroxila.
( ) É hidrossolúvel, porque possui uma cadeia carbônica mista.

A sequência **correta** é:

a) F F V
b) F F F
c) V F V
d) F V F
e) V F F

17. (Enem-MEC) A obesidade, que nos países desenvolvidos já é tratada como epidemia, começa a preocupar especialistas no Brasil. Os últimos dados da Pesquisa de Orçamentos Familiares, realizada entre 2002 e 2003 pelo IBGE, mostram que 40,6% da população brasileira estão acima do peso, ou seja, 38,8 milhões de adultos. Desse total, 10,5 milhões são considerados obesos. Várias são as dietas e os remédios que prometem um emagrecimento rápido e sem riscos. Há alguns anos foi lançado no mercado brasileiro um remédio de ação diferente dos demais, pois inibe a ação das lipases, enzimas que aceleram a reação de quebra de gorduras. Sem serem quebradas elas não são absorvidas pelo intestino, e parte das gorduras ingeridas é eliminada com as fezes. Como os lipídios são altamente energéticos, a pessoa tende a emagrecer. No entanto, esse remédio apresenta algumas contraindicações, pois a gordura não absorvida lubrifica o intestino, causando desagradáveis diarreias. Além do mais, podem ocorrer casos de baixa absorção de vitaminas lipossolúveis, como as A, D, E e K, pois:

a) essas vitaminas, por serem mais energéticas que as demais, precisam de lipídios para sua absorção.
b) a ausência dos lipídios torna a absorção dessas vitaminas desnecessária.
c) essas vitaminas reagem com o remédio, transformando-se em outras vitaminas.
d) as lipases também desdobram as vitaminas para que essas sejam absorvidas.
e) essas vitaminas se dissolvem nos lipídios e só são absorvidas junto com eles.

5 Ponto de ebulição de compostos orgânicos

As tabelas 2 e 3 ilustram o efeito do tamanho da molécula (estimado, grosseiramente, pela massa molecular) sobre o ponto de ebulição (PE).

TABELA 2 — Comparação entre o ponto de ebulição de três álcoois

Substância	Massa molecular (u)	Tipo de força intermolecular	PE (°C)
metanol, CH_3OH	32	Ligação de hidrogênio	65
etanol, C_2H_5OH	46	Ligação de hidrogênio	78
propan-1-ol, C_3H_7OH	60	Ligação de hidrogênio	97

Aumenta a massa molecular ↓ Aumenta o PE ↓

TABELA 3 — Comparação entre o ponto de ebulição de três alcanos

Substância	Massa molecular (u)	Tipo de força intermolecular	PE (°C)
pentano, C_5H_{12}	72	Dipolo instantâneo--dipolo induzido	36
hexano, C_6H_{14}	86	Dipolo instantâneo--dipolo induzido	69
heptano, C_7H_{16}	100	Dipolo instantâneo--dipolo induzido	98

Aumenta a massa molecular ↓ Aumenta o PE ↓

As informações contidas na tabela 3 são particularmente importantes **na separação das frações do petróleo. Quanto maior a massa molecular de um alcano não ramificado, maior seu ponto de ebulição.** (O gráfico ao lado representa esse comportamento.) Nisso se baseia o funcionamento da coluna de fracionamento, que é utilizada nas refinarias para separar as frações do petróleo que possuem diferentes intervalos de ebulição.

As tabelas 4 e 5 ilustram o efeito do tipo de força intermolecular sobre o ponto de ebulição.

Revise

Antes de estudar esse assunto, reveja os itens 5 e 6 do capítulo 9.

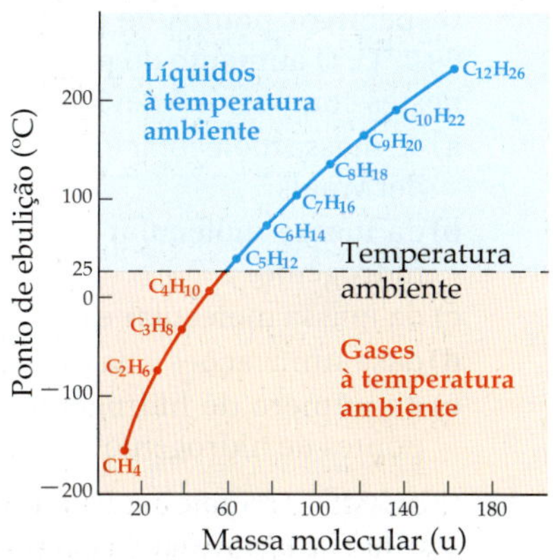

▲ Gráfico mostrando o aumento do ponto de ebulição de alcanos de cadeia aberta e não ramificada em função do aumento da massa molecular.

TABELA 4 Exemplo da influência da ligação intermolecular sobre o ponto de ebulição

Substância	Massa molecular (u)	Tipo de força intermolecular	PE (°C)
propano, $CH_3CH_2CH_3$	44	Dipolo instantâneo-dipolo induzido	−42
éter dimetílico, CH_3OCH_3	46	Dipolo-dipolo	−25
etanol, CH_3CH_2OH	46	Ligação de hidrogênio	78

↓ Forças intermoleculares mais intensas ↓ Aumenta o PE

TABELA 5 Exemplo da influência da ligação intermolecular sobre o ponto de ebulição

Substância	Massa molecular (u)	Tipo de força intermolecular	PE (°C)
butano, $CH_3CH_2CH_2CH_3$	58	Dipolo instantâneo-dipolo induzido	−1
trimetilamina, $H_3C—N(CH_3)—CH_3$	59	Dipolo-dipolo	3
propilamina, $CH_3CH_2CH_2NH_2$	59	Ligação de hidrogênio	47

↓ Forças intermoleculares mais intensas ↓ Aumenta o PE

Biblioteca do estudante
Texto complementar:
Ligações de hidrogênio e formação de soluções aquosas

Biblioteca do estudante
Informe-se sobre a Química:
Panela sujou? O gás está acabando!

Biblioteca do estudante
Tópico opcional 3:
Modelo da hibridação dos orbitais do carbono

Revisão

Exercícios essenciais

A critério do(a) professor(a) esta lista de exercícios poderá ser realizada em classe ou em casa.

18. (Furg-RS) Têm-se cinco compostos orgânicos para os quais os pontos de ebulição determinados experimentalmente foram 36,1 °C, 68,7 °C, 98 °C, −0,5 °C e 125 °C. Sabendo-se que estes compostos são alcanos, podemos afirmar que os pontos de ebulição correspondem respectivamente ao:

a) pentano, hexano, heptano, butano e octano.
b) butano, pentano, hexano, heptano e octano.
c) heptano, butano, octano, hexano e pentano.
d) butano, hexano, pentano, heptano e octano.
e) hexano, octano, heptano, butano e pentano.

19. (UFRN) O butano C_4H_{10}, o *n*-pentano C_5H_{12} e o *n*-hexano C_6H_{14} são alcanos que apresentam os respectivos pontos de ebulição, −0,5 °C, 36,1 °C e 68,7 °C. O aumento do ponto de ebulição observado nestes compostos é devido ao aumento:

a) da massa molecular e à diminuição da força de van der Waals.
b) da massa molecular e à formação de pontes de hidrogênio.
c) da massa molecular e da força de van der Waals.
d) das ramificações e da força de van der Waals.
e) do número de hidrogênios e das interações por pontes de hidrogênio.

20. (PUC-MG) Assinale a substância que pode formar ligação de hidrogênio entre suas moléculas.

a) $CH_3CH_2OCH_2CH_3$
b) $CH_3CH_2CH_2F$
c) $CH_3CH_2CH_2OH$
d) $CH_3CH_2N(CH_3)_2$

21. (FEI-SP) O éter etílico ($CH_3CH_2OCH_2CH_3$) possui ponto de ebulição normal igual a 36 °C e o 1-butanol ($CH_3CH_2CH_2CH_2OH$), apesar de ter a mesma massa molar, possui ponto de ebulição normal igual a 111 °C. A explicação para este fato é:

a) o éter etílico é mais leve que o 1-butanol.
b) o éter etílico é um gás e o 1-butanol, um líquido.
c) o 1-butanol possui ligações de hidrogênio.
d) o éter etílico possui ligações iônicas.
e) o 1-butanol possui ligações metálicas.

22. (PUC-MG) O ponto de ebulição da trimetilamina é 4 °C e sua densidade é de 0,679 g · cm^{-3}, enquanto a propilamina tem ponto de ebulição de 48 °C e densidade de 0,719 g · cm^{-3}.

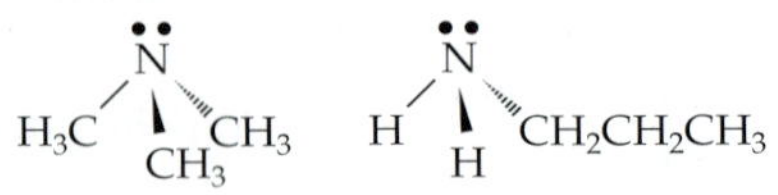

A diferença entre esses pontos de ebulição pode ser explicada da seguinte forma:

a) A trimetilamina tem maior peso molecular que a propilamina.
b) As moléculas de propilamina podem formar ligação de hidrogênio.
c) As forças de van der Waals na trimetilamina são muito importantes.
d) A maior densidade da propilamina faz com que as moléculas tenham mais dificuldade de evaporar.

Exercícios adicionais

Seu(sua) professor(a) indicará quais exercícios deste bloco você deve fazer.

23. (UFG-GO) A tabela a seguir apresenta alguns solventes oxigenados empregados na indústria de polímeros.

Solvente	Taxa de evaporação relativa ao $H_3C-C(=O)-OC_4H_9$
$H_3C-C(=O)-OC_2H_5$	615
$H_3C-C(=O)-OC_3H_7$	275
$H_3C-C(=O)-OC_5H_{11}$	42

A taxa de evaporação relativa refere-se ao acetato de butila, cujo valor é 100. Nesse sentido, o que explica as diferenças nesses valores é:

a) a diferença nas massas molares.
b) a presença de ligações de hidrogênio.
c) o número de estruturas de ressonância.
d) a função orgânica.
e) a presença de carbono saturado.

24. (UFSM-RS) O petróleo é fundamental ao conforto da nossa sociedade de consumo. Entretanto, em bombásticas notícias sobre derramamentos em mares e oceanos, torna-se um vilão terrível. O petróleo bruto não é miscível com a água, pois seus constituintes:

a) são formados principalmente por átomos de carbono e hidrogênio em moléculas apolares.
b) possuem muitos grupos funcionais capazes de formar ligações de hidrogênio com a água.
c) formam substâncias iônicas contendo átomos de C, O e H.
d) possuem muitos grupos funcionais hidrofílicos.
e) são formados por átomos de carbono, hidrogênio e nitrogênio com muitas ligações peptídicas.

25. (UFRN) Os ácidos cítrico (Estrutura 1) e ascórbico (Estrutura 2), encontrados no limão, são nutrientes que podem proporcionar benefícios importantes ao organismo, como a estimulação do sistema imunológico.

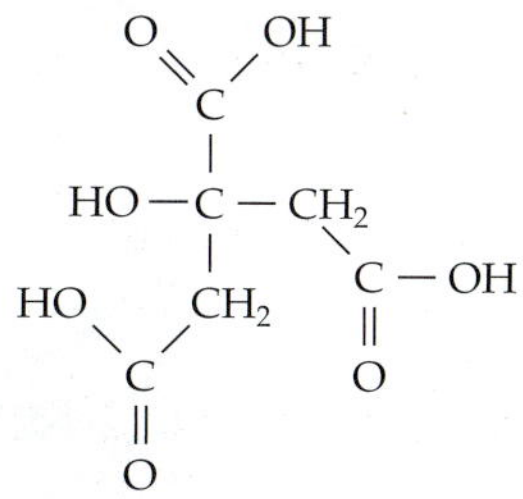

Estrutura 1

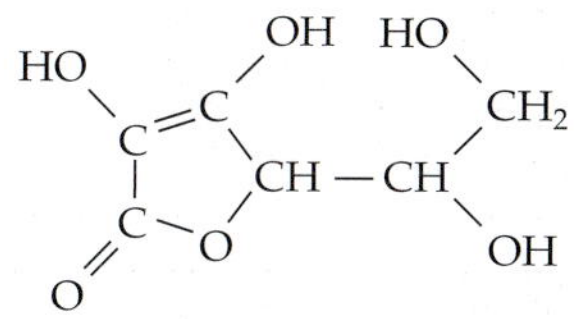

Em relação a essas duas substâncias, é correto afirmar:

a) Apenas o ácido ascórbico, cuja fórmula molecular é $C_6H_8O_6$, forma pontes de hidrogênio em solução aquosa.
b) Apenas o ácido cítrico, cuja fórmula molecular é $C_5H_8O_7$, forma pontes de hidrogênio em solução aquosa.
c) Ambas formam pontes de hidrogênio em solução aquosa e suas fórmulas moleculares são, respectivamente, $C_6H_8O_7$ e $C_6H_8O_6$.
d) Nenhuma delas forma pontes de hidrogênio em solução aquosa, e suas fórmulas moleculares são, respectivamente, $C_6H_8O_6$ e $C_6H_8O_7$.

26. (PUC-RS) Durante as mudanças de estado ocorrem somente afastamentos e aproximações entre as moléculas, ou seja, as forças intermoleculares são rompidas ou formadas, influenciando no estado físico da substância.
Relacione as substâncias da Coluna A aos respectivos pontos de ebulição, em °C, da Coluna B, numerando os parênteses.

Coluna A	Coluna B
1. metanol	( ) −88,4
2. etanol	( ) 20,0
3. etanal	( ) 64,0
4. etano	( ) 78,5
5. propan-1-ol	( ) 97,0

A numeração correta dos parênteses, de cima para baixo, é:

a) 4 - 3 - 1 - 2 - 5
b) 5 - 1 - 4 - 3 - 2
c) 3 - 5 - 1 - 2 - 4
d) 4 - 3 - 2 - 1 - 5
e) 5 - 4 - 3 - 2 - 1

Capítulo 28

Isomeria

Alguns conteúdos importantes:

- ✔ Conceito de isômeros
- ✔ Isômeros constitucionais (planos)
- ✔ Isômeros geométricos (*cis-trans*)
- ✔ Isômeros ópticos

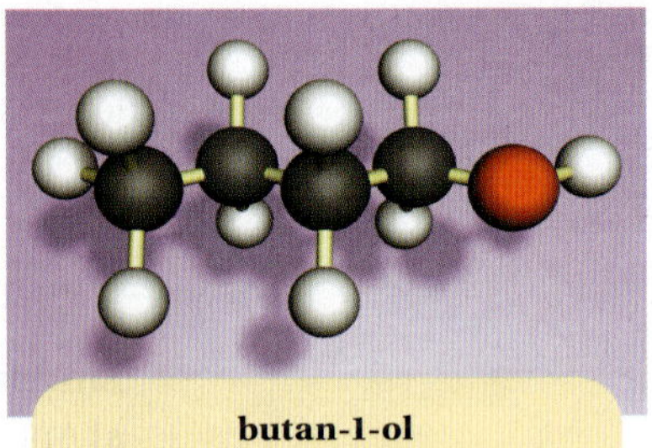

EDUARDO CANTO

butan-1-ol

$H_3C-CH_2-CH_2-CH_2-OH$

Fórmula molecular: $C_4H_{10}O$

Massa molar: 74 g/mol

Ponto de fusão: −89 °C

Ponto de ebulição: 118 °C

Densidade (20 °C): 0,81 g/cm^3

EDUARDO CANTO

éter dietílico

$H_3C-CH_2-O-CH_2-CH_3$

Fórmula molecular: $C_4H_{10}O$

Massa molar: 74 g/mol

Ponto de fusão: −116 °C

Ponto de ebulição: 35 °C

Densidade (20 °C): 0,71 g/cm^3

1 Isomeria constitucional (isomeria plana)

1.1 O conceito de isomeria

Os compostos representados acima são diferentes. Possuem diferentes nomes, diferentes fórmulas estruturais, diferentes pontos de fusão e ebulição e também diferentes densidades. No entanto, eles possuem, coincidentemente, a mesma fórmula molecular: $C_4H_{10}O$. Dizemos que ambos são **isômeros**.

Guia de estudo

- **Isômeros** são dois ou mais **compostos diferentes** que apresentam a **mesma fórmula molecular**. A existência de isômeros é denominada **isomeria** ou **isomerismo**.

Quando se pode perceber a diferença entre dois isômeros observando a fórmula estrutural plana, dizemos que é um caso de **isomeria constitucional** ou **isomeria plana**. Há, porém, casos em que precisamos analisar a estrutura espacial das moléculas para perceber as diferenças entre os isômeros. Chamamos tal situação de **estereoisomeria** ou **isomeria espacial**.

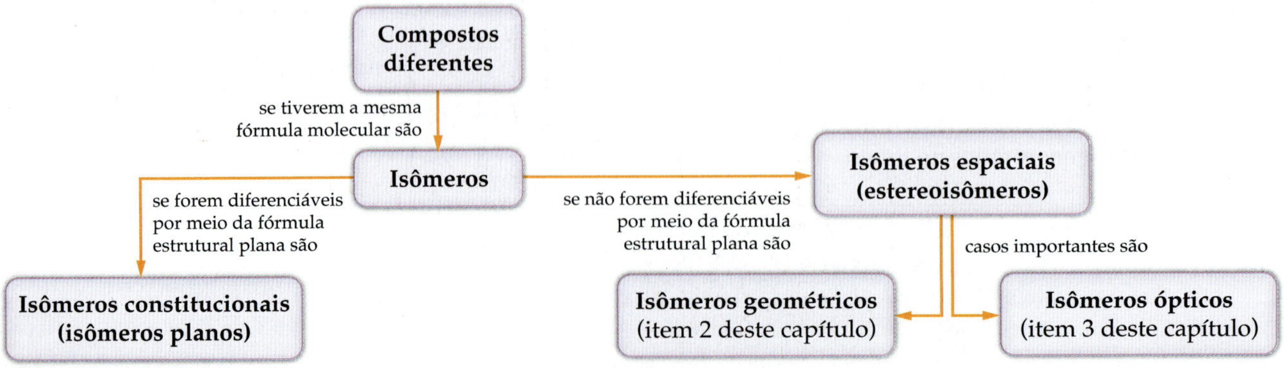

1.2 Classificação dos isômeros constitucionais

Vamos, agora, dedicar um pouco de atenção às possíveis diferenças entre isômeros constitucionais.

Classificar isômeros é dizer qual é a principal diferença entre eles. O quadro a seguir ilustra a classificação dos isômeros constitucionais em cinco grupos.

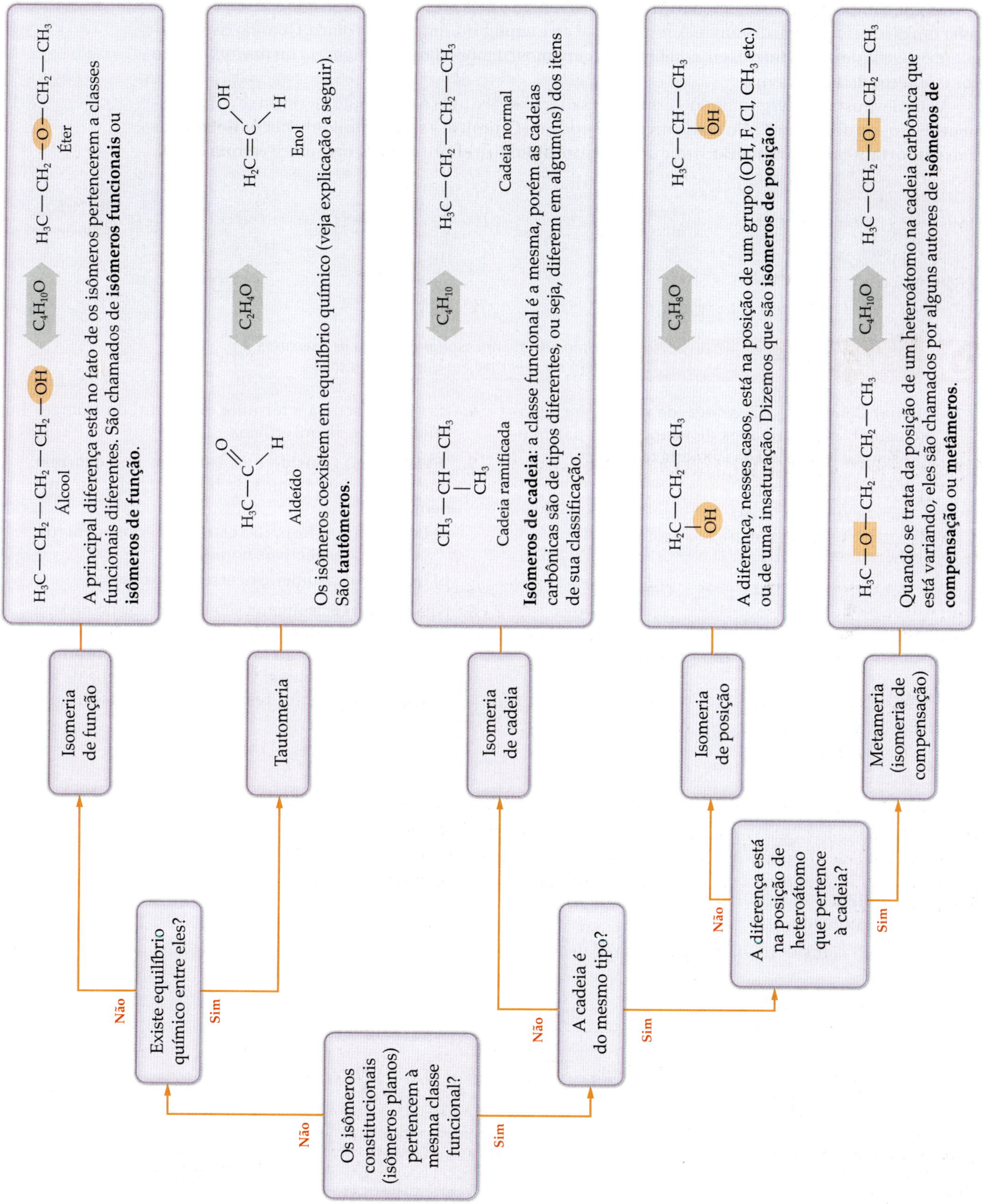

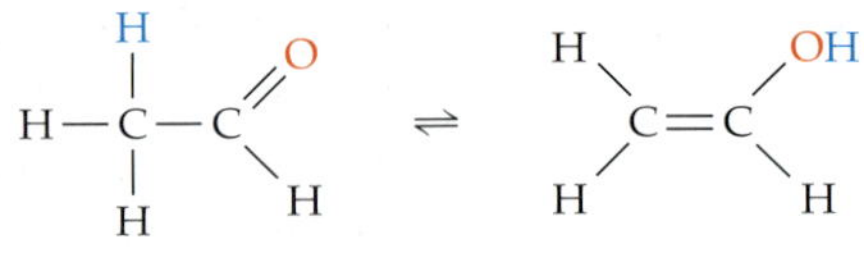

Aldeído Enol

Dos casos mostrados, o de entendimento mais delicado é o da *tautomeria*. Veja as fórmulas do aldeído e do enol apresentadas como exemplo desse tipo de isomeria. À primeira vista, são isômeros de função; porém, ocorre um fato curioso com eles. No estado líquido ou em solução, sempre que o aldeído estiver presente, o enol também estará e vice-versa. Isso se deve ao equilíbrio químico equacionado ao lado, que se estabelece espontaneamente.

Assim, é impossível existir um sem que o outro também esteja presente. Mesmo que conseguíssemos isolar um deles, ele iria, imediatamente, restabelecer esse equilíbrio, formando o outro. Quando isso acontece (existência de dois isômeros em equilíbrio), chamamos o fenômeno de *tautomeria* ou *tautomerismo* e os isômeros de *tautômeros*.

Você deve estar se perguntando: "Como vou saber se esse é um caso de tautomeria ou se é simplesmente isomeria de função?". No nosso nível de estudo da Química, é suficiente conhecer os **dois casos** mais **importantes de tautomeria**: o que ocorre entre **aldeído** e **enol** e o que ocorre entre **cetona** e **enol**.

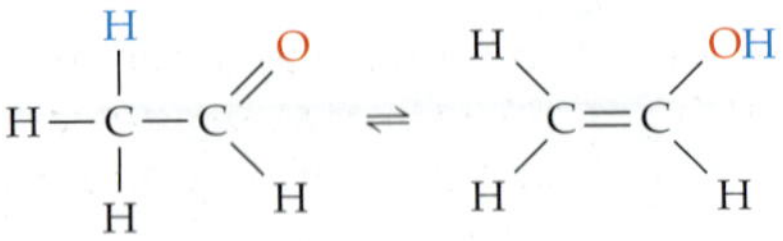

Aldeído Enol

Equilíbrio aldo-enólico

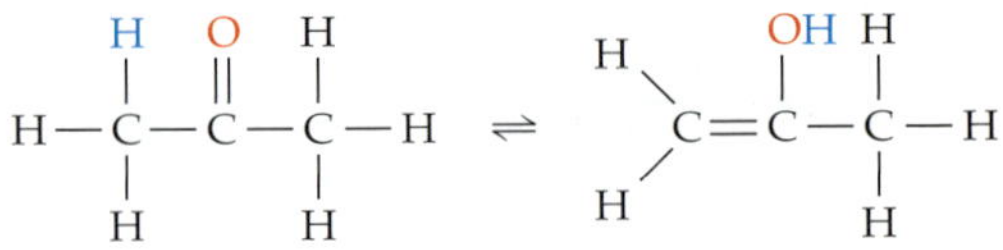

Cetona Enol

Equilíbrio ceto-enólico

Exercícios essenciais

A critério do(a) professor(a) esta lista de exercícios poderá ser realizada em classe ou em casa.

1. (Uema) Compostos diferentes, de mesma fórmula molecular, são chamados de isômeros. O par que apresenta o fenômeno da isomeria é:

a) $H_3C-CH_2-O-CH_3$ e $H_3C-CH_2-CH_2-OH$

b) 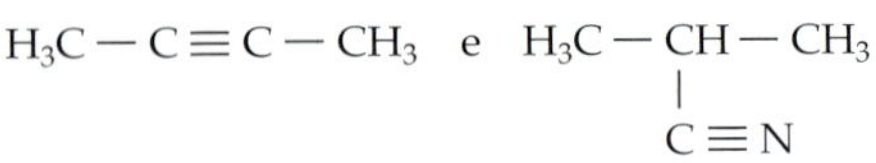

c) 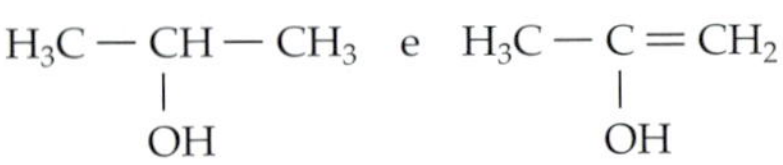

d) 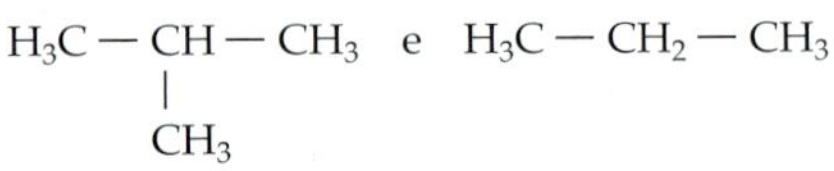

e) 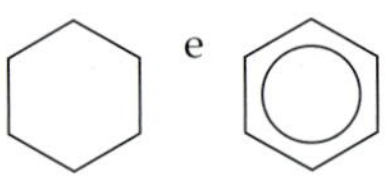

2. (Unifor-CE) Um dos isômeros do ciclo-butano é o:

a) 1-butino.
b) 2-butino.
c) metil-propano.
d) butano.
e) metil-ciclo-propano.

3. (PUC-SP) Considere os seguintes pares de substâncias:

I. metilbutano e butano
II. 1-propanol e 2-propanol
III. butanal e 2-butanol
IV. ácido propanoico e etanoato de metila
V. etanol e ácido etanoico

São isômeros entre si somente os pares de substâncias indicados nos itens:

a) I, II e V
b) II e IV
c) III e V
d) II, III e IV
e) I e V

4. (PUC-RJ) Escreva a fórmula estrutural do isômero funcional do álcool etílico.

5. (FMTM-MG) Considere os isômeros que ocorrem quando há dois átomos de bromo ligados ao anel benzênico.

a) Represente as fórmulas estruturais dos isômeros, com seus respectivos nomes.
b) Que tipo de isomeria ocorre nesse caso?

6. (Ufersa-RN) Os isômeros são compostos de mesma fórmula molecular que apresentam propriedades diferentes devido ao fato de possuírem fórmulas estruturais diferentes. Os seguintes grupos de estruturas representam, respectivamente, os seguintes tipos de isomeria:

I. $CH_3-CH_2-CH_2-CH_2-CH_3$

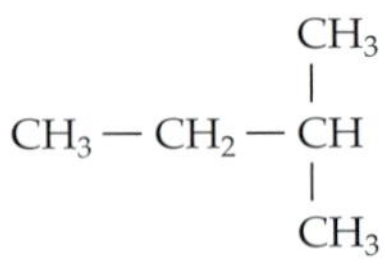

II. 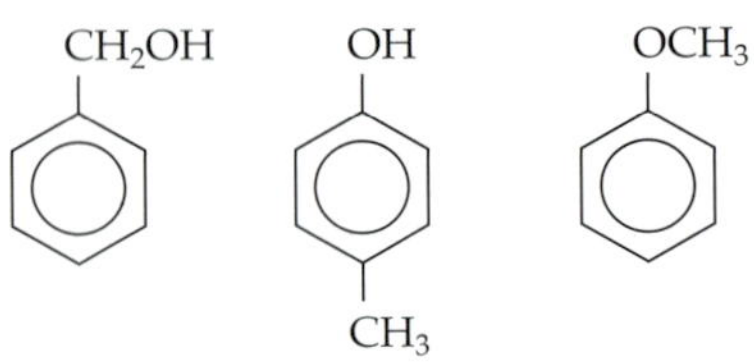

III. 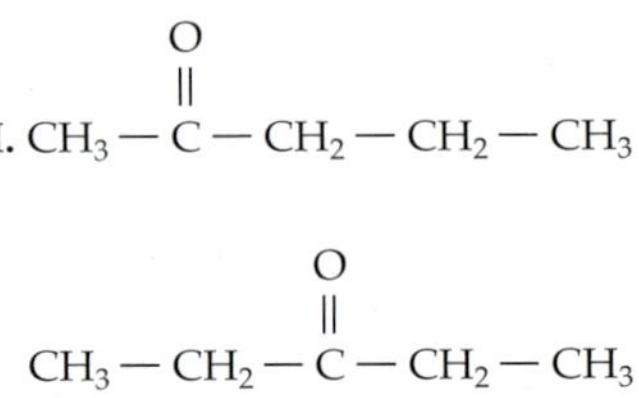

a) de cadeia, funcional, de posição.
b) metameria, de posição, funcional.
c) de posição, funcional, tautomeria.
d) de cadeia, funcional, metameria.

7. (PUC-RS) Considerando os compostos orgânicos numerados de I a IV.

I. $CH_2=CH-CH_2-CH_3$ II. $CH_3-CH=CH-CH_3$

III. 

IV. 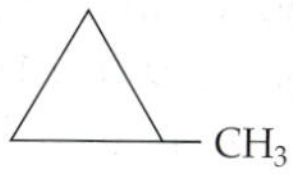

NÃO é correto afirmar que ________ são isômeros de ________.

a) I e II posição
b) I e III cadeia
c) II e III função
d) II e IV cadeia
e) I, III e IV cadeia

Exercícios adicionais

Seu(sua) professor(a) indicará quais exercícios deste bloco você deve fazer.

8. (UFSM-RS) Analise a molécula do ácido láctico e assinale a alternativa que mostra, respectivamente, os isômeros cetona e éster.

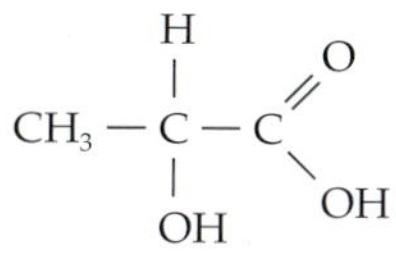

ácido láctico

a) 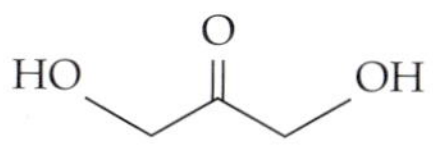 e 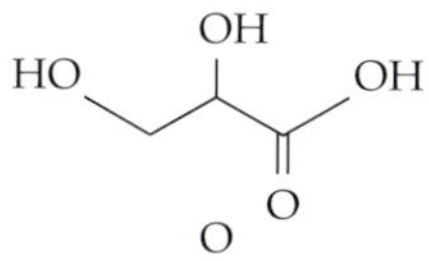

b) 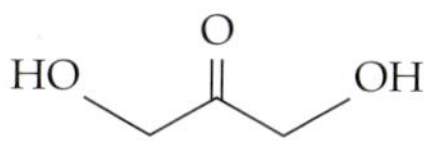 e 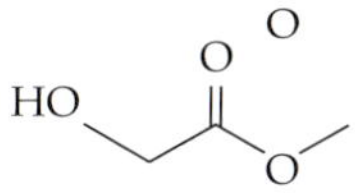

c) 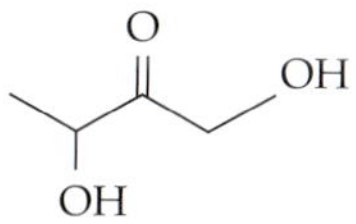 e 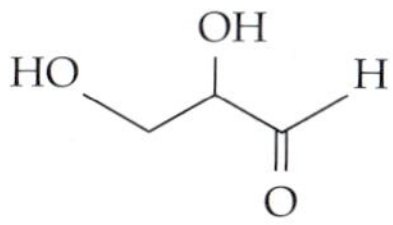

d) 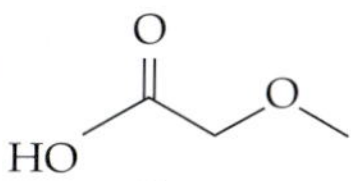 e 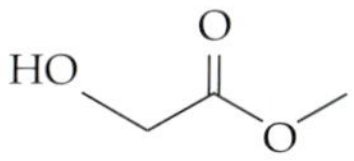

e) 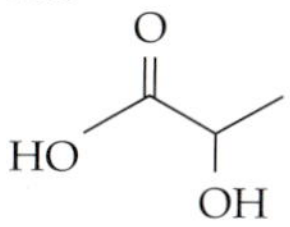 e 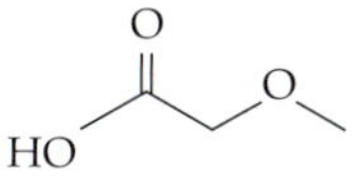

9. (UFRGS-RS) Considere as seguintes estruturas de dois compostos orgânicos, I e II.

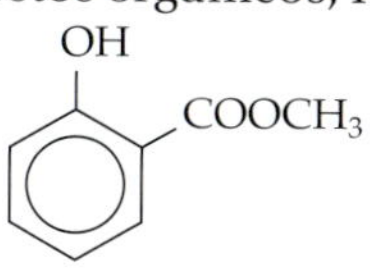

I. salicilato de metila

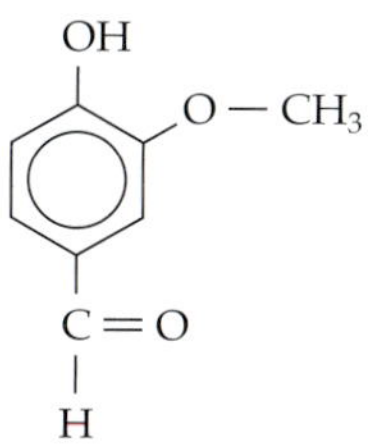

II. vanilina

A análise dessas estruturas permite concluir que:

a) ambos os compostos apresentam hidroxilas alcoólicas.
b) o composto I apresenta as funções álcool e éster.
c) os compostos são isômeros de função.
d) o composto II apresenta as funções fenol, éter e ácido carboxílico.
e) ambos os compostos devem ser insolúveis em água, pois não são compostos com alto peso molecular.

10. (Unifenas-MG) Substituindo o H do carbono secundário do butano pela hidroxila, obtém-se um determinado composto. Um isômero funcional do produto assim obtido possui a seguinte estrutura:

a) $H_3C-O-CH_2-CH_2-CH_3$
b) $H_3C-CH_2-CH_2-CH_2-OH$
c) $H_3C-CO-CH_2-CH_3$
d) $H_3C-CH_2-CH_2-CHO$
e) $H_3C-CH_2-CH_2-COOH$

11. (Ufersa-RN) Dadas as seguintes fórmulas estruturais, é correto afirmar que esses compostos apresentam:

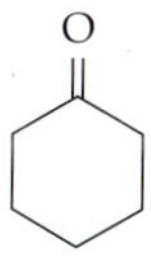

1

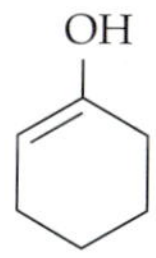

2

a) isomeria de posição.
b) isomeria de cadeia.
c) tautomeria.
d) metameria.

12. (UPE) Analise o equilíbrio representado pela equação química abaixo:

$$H_3C-CHO \rightleftharpoons H_2C=CHOH$$

Em relação ao conceito de isomeria, é verdadeiro afirmar que o equilíbrio:

a) não exemplifica caso de isomeria.
b) exemplifica um caso de isomeria de cadeia entre alcenos.
c) apenas evidencia a mudança da fórmula estrutural do etanal para a cetona.
d) evidencia um caso particular de isomeria funcional conhecido com o nome de tautomeria.
e) evidencia tão somente o efeito ressonante entre álcoois insaturados.

13. (Unemat-MT) O composto ácido pentanoico é isômero de cadeia do composto:

a) Ácido 2,2-dimetil-pentanoico.
b) Ácido 2-metil-butanoico.
c) Ácido fenil-metanoico.
d) Ácido 4-metil-pentanoico.
e) Ácido 3-metil-benzoico.

2 Isomeria geométrica (ou isomeria *cis-trans*)

2.1 Isomeria geométrica em compostos com ligação dupla

Compare cada um dos pares de estruturas a seguir.

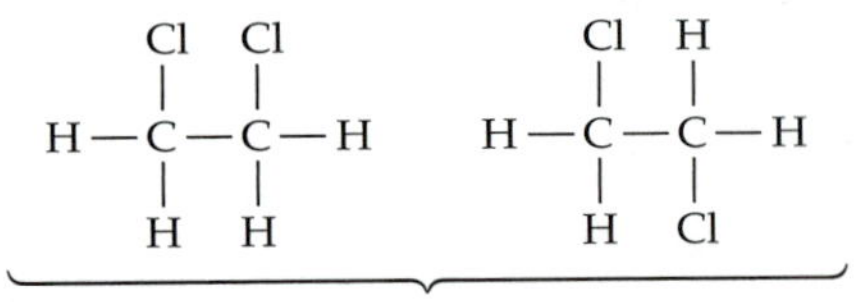

Representam a mesma substância?

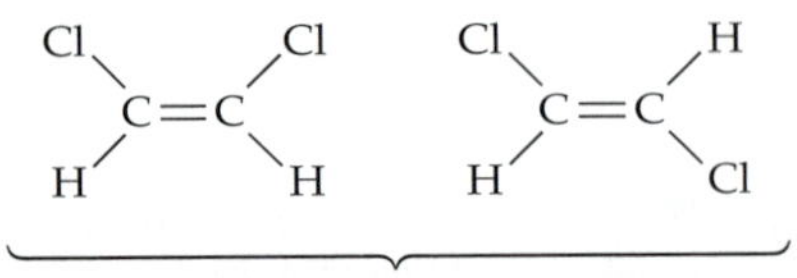

Representam a mesma substância?

Ⓐ

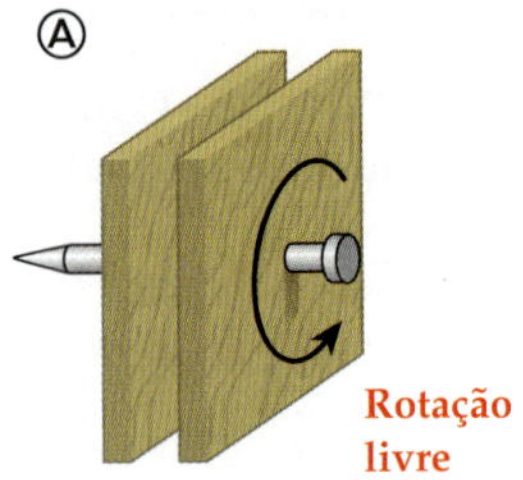

Ⓑ

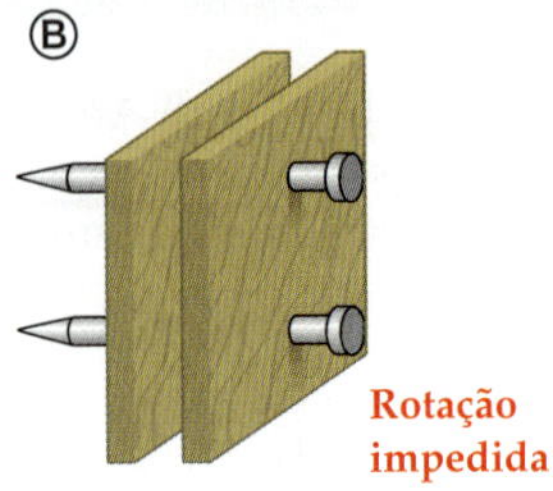

Para responder, comecemos com uma comparação. Imagine duas tábuas pelas quais atravessamos um prego (figura Ⓐ). Existe a possibilidade de girá-las livremente ao redor desse prego. Agora imagine que atravessemos dois pregos (Ⓑ). Nesse caso, o movimento giratório está travado. O mesmo acontece com as ligações covalentes entre carbonos. Ao longo de uma ligação simples (Ⓒ) existe liberdade rotacional, mas ao longo de uma dupla (Ⓓ), não.

Ⓒ

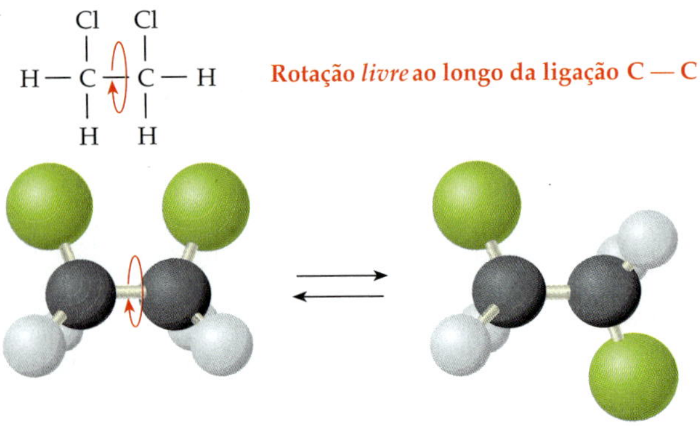

Ⓓ

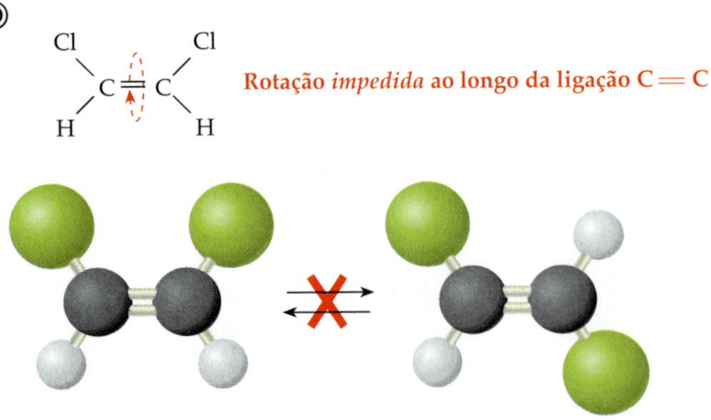

Assim, podemos dizer que:

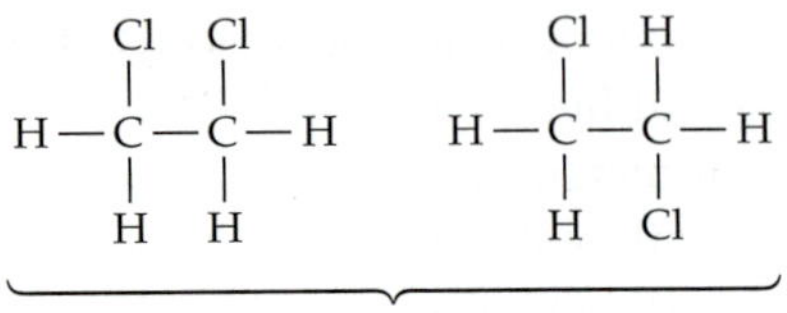

Representam a mesma substância.

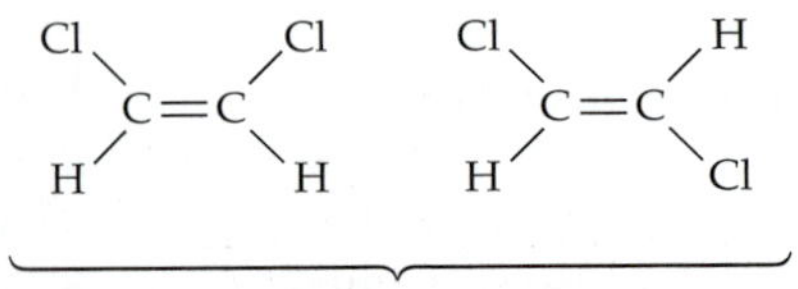

Não representam a mesma substância.

Esses dois últimos compostos podem ser definidos como isômeros, pois são compostos diferentes que possuem a mesma fórmula molecular ($C_2H_2Cl_2$).

EDUARDO CANTO

EDUARDO CANTO

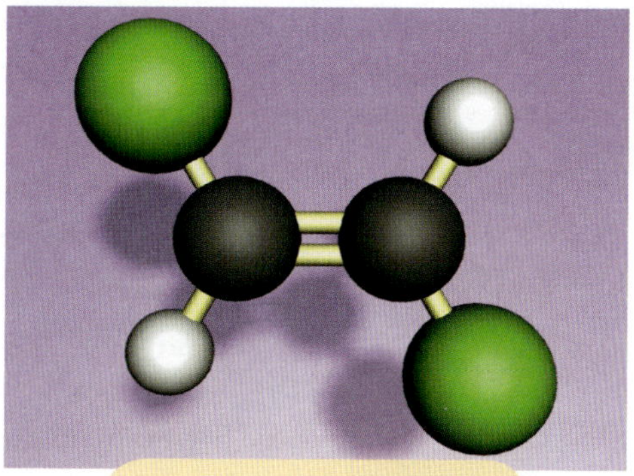

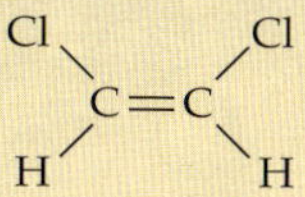

Fórmula molecular: $C_2H_2Cl_2$
Massa molar: 97 g/mol
Ponto de ebulição: 60 °C
Densidade (20 °C): 1,28 g/cm^3

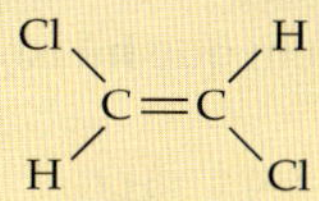

Fórmula molecular: $C_2H_2Cl_2$
Massa molar: 97 g/mol
Ponto de ebulição: 49 °C
Densidade (20 °C): 1,26 g/cm^3

A diferença entre esses dois compostos está na disposição geométrica dos grupos ligados aos carbonos da dupla. A isso chamamos de **isomeria geométrica**, e esses isômeros são diferenciados por meio dos prefixos ***cis*** e ***trans***.

$$ClHC{=}CHCl$$

Fórmula estrutural plana
(que, neste caso, representa dois compostos diferentes)

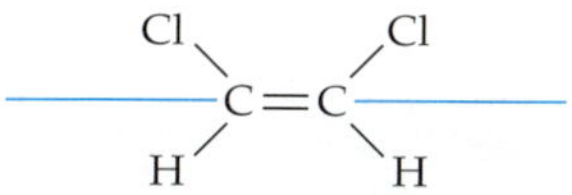

Estruturas mostrando a geometria dos isômeros

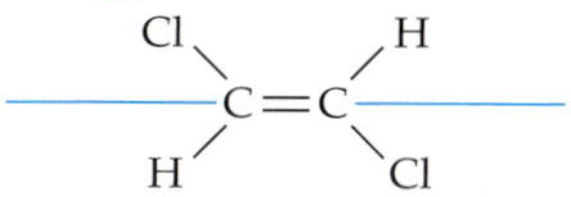

cis-1,2-dicloro-eteno
(*cis* indica mesmo lado da linha imaginária que passa pela ligação C=C)

trans-1,2-dicloro-eteno
(*trans* indica lados diferentes da linha imaginária que passa pela ligação C=C)

Para que uma dada fórmula estrutural plana permita a existência de isômeros geométricos, é necessário, além da presença de uma ligação dupla, que cada um dos carbonos da dupla apresente dois ligantes diferentes entre si.

Condição para isomeria geométrica na presença de ligação dupla

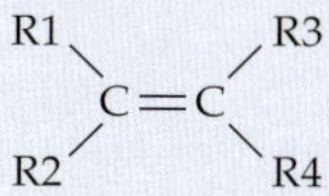

$R1 \neq R2$ e $R3 \neq R4$

Pense nisto

Existe *cis*-but-1-eno e *trans*-but-1-eno? Por quê?

Toda vez que essa condição é satisfeita, trocando de posição os ligantes de um dos carbonos ao escrever a estrutura, chega-se a outro composto, seu isômero geométrico. Para ficar mais claro, veja os seguintes exemplos de casos em que **não** há isomeria geométrica:

metil-propeno → metil-propeno (mesmo composto)

propeno → propeno (mesmo composto)

Observe, agora, exemplos de casos em que **há** isomeria geométrica:

cis-but-2-eno → *trans*-but-2-eno

cis-pent-2-eno → *trans*-pent-2-eno

EDUARDO CANTO

▲ Modelo de uma molécula de *cis*-but-2-eno.

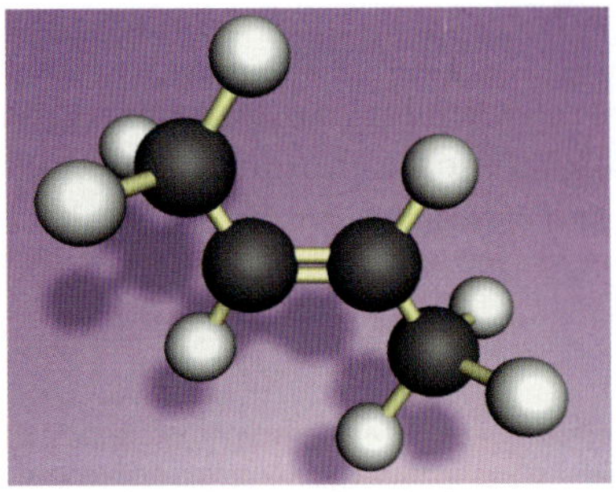

EDUARDO CANTO

▲ Modelo de uma molécula de *trans*-but-2-eno.

Examinando os exemplos acima você também pode perceber como é feita a nomenclatura. Chamamos de *cis* o composto em que os maiores grupos de cada carbono estão posicionados de um mesmo lado de uma linha imaginária que passa pela ligação dupla C=C, e de *trans* o composto em que os maiores grupos de cada carbono estão em lados opostos dessa linha*.

DARIOS/SHUTTERSTOCK

▲ O feromônio (substância usada na comunicação entre indivíduos da mesma espécie) da abelha-rainha com efeito regulador sobre a colônia é um isômero *trans*.

SARI ONEAL/SHUTTERSTOCK

▲ O aroma das rosas se deve a várias substâncias, algumas das quais podem apresentar isomeria geométrica.

* Há autores que chamam de *cis* o isômero em que grupos iguais ligados aos dois carbonos da dupla (por exemplo, os átomos de hidrogênio da porção —CH=CH— do but-2-eno) estão no mesmo lado e chamam de *trans* o isômero em que esses grupos estão em lados diferentes. Devido à dificuldade de aplicar os termos *cis* e *trans* em diversas situações (por exemplo, no CHF=CClBr), na Química universitária há outra maneira, mais adequada, para designar os isômeros geométricos, utilizando outros prefixos, *E* e *Z*. Esse tema não é tratado aqui, pois está acima do propósito deste livro.

2.2 Isomeria geométrica em compostos cíclicos

A presença de um ciclo na molécula pode também dar origem a isômeros *cis-trans*, uma vez que, assim como no caso da ligação dupla, o ciclo não permite livre rotação ao redor da ligação C — C. O exemplo a seguir ilustra essa situação.

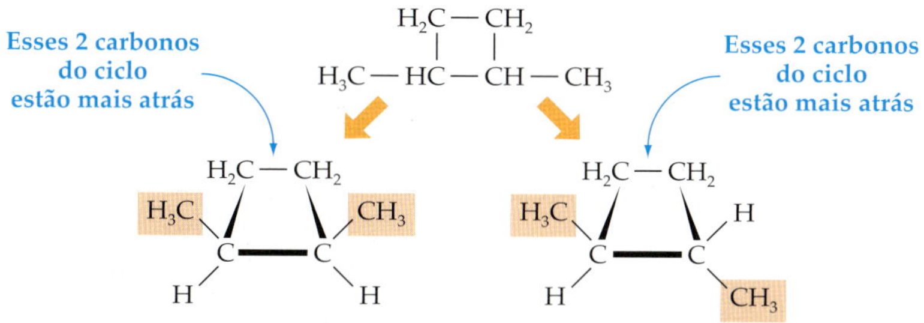

cis *trans*

Também nesse caso não basta a presença do ciclo para que haja isômeros geométricos. Há a necessidade de que pelo menos dois dos carbonos do ciclo apresentem ligantes diferentes entre si.

EDUARDO CANTO

▲ Modelo de uma molécula de *cis*-1,2-dicloro-ciclo-propano.

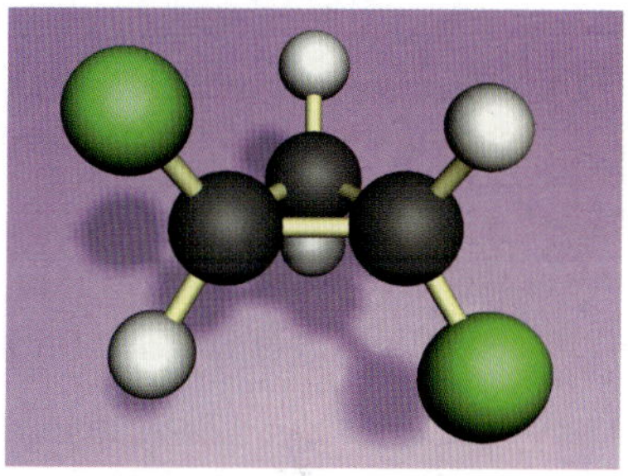

EDUARDO CANTO

▲ Modelo de uma molécula de *trans*-1,2-dicloro-ciclo-propano.

Condição para isomeria geométrica na presença de ciclo

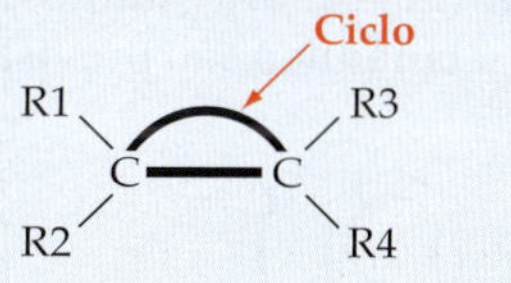

R1 ≠ R2 e R3 ≠ R4

Visão envolve conversão entre isômeros geométricos

Na retina — camada que fica na parte posterior do olho — existem células *fotorreceptoras* (isto é, receptoras da luz), que contêm uma substância chamada *cis*-retinal. A incidência de luz provoca a sua transformação em *trans*-retinal, reação que gera um impulso elétrico, que é enviado ao cérebro. Lá os impulsos são interpretados, compondo as imagens que vemos.

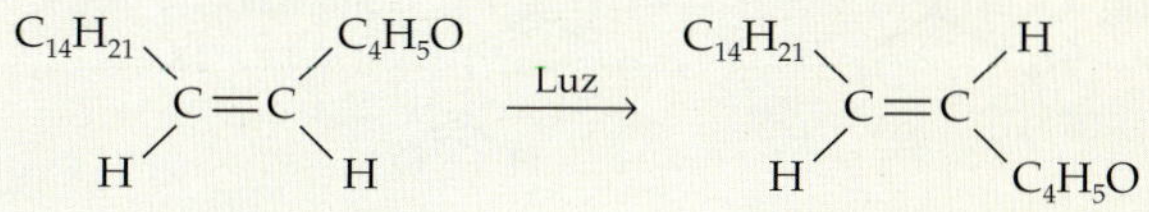

cis-retinal *trans*-retinal

O olho dispõe de mecanismos capazes de reconverter o *trans*-retinal em *cis*-retinal, estando, dessa maneira, pronto para receber mais luz. Em cada segundo, esses eventos se repetem milhões de vezes em nossos olhos.

O retinal é produzido pelo organismo a partir da vitamina A. A ausência dessa vitamina na dieta alimentar provoca uma doença conhecida como cegueira noturna, caracterizada pela incapacidade de enxergar em ambientes pouco iluminados.

ROCKETCLIPS, INC./SHUTTERSTOCK

Na cenoura existe uma substância denominada β-caroteno (betacaroteno), que, no organismo, é convertida em vitamina A. Assim, comer cenouras evita certos tipos de distúrbios visuais. Isso, é claro, **não** assegura que quem as coma em quantidade vá possuir uma visão acima do normal (como acreditam algumas pessoas), pois a presença de retinal garante apenas o funcionamento de parte do processo visual.

Exercícios essenciais

A critério do(a) professor(a) esta lista de exercícios poderá ser realizada em classe ou em casa.

14. Com relação às fórmulas planas mostradas, indique os casos em que há a possibilidade de isomeria geométrica.

a) $H_3C-CH_2-CH_2-CH_3$

b) $H_2C=CH_2-CH_3$

c) $H_3C-CH=CH-CH_3$

d) $BrHC=CHCl$

e) $H_3C-CH=C(CH_3)-CH_3$

f) $H_3C-C(CH_3)=C(CH_3)-CH_3$

g) 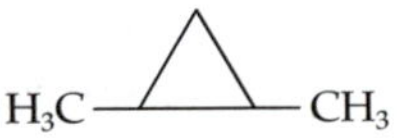

h) 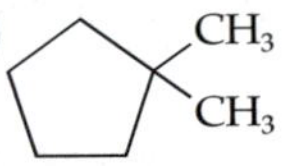

15. Nos casos do exercício anterior em que existe isomeria geométrica, represente as estruturas de cada um dos isômeros.

16. (PUC-Campinas-SP-adaptado)

$$CH_3(CH_2)_7CH=CH(CH_2)_7-\underset{\displaystyle \| \atop O}{C}-OH$$

ácido oleico ($C_{18}H_{34}O_2$)

Nas fórmulas a seguir, identifique qual delas corresponde ao ácido oleico *trans*.

a) 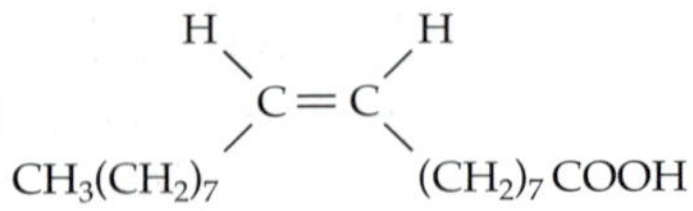

b) 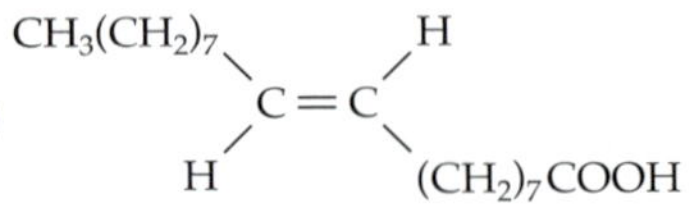

c) 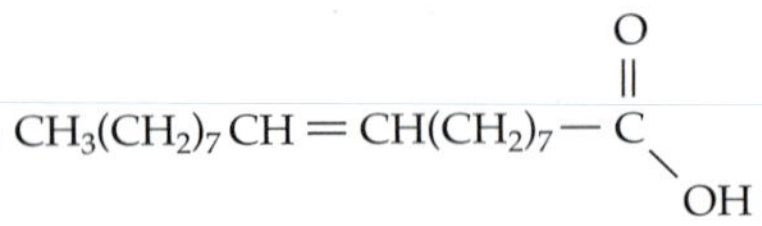

d) 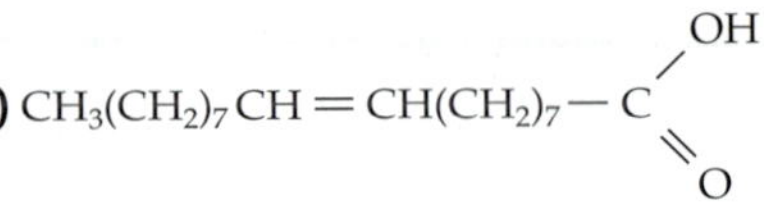

e) $CH_3(CH_2)_{14}CH=CH-COOH$

17. (UFS-SE) Qual das fórmulas pode corresponder à de dois compostos: um *cis* e outro *trans*?

a) CH_3-CH_3

b) $CH_2=CH_2$

c) $CHCl=CHCl$

d) $CCl_2=CH$

e) $CH\equiv CH$

18. (Fuvest-SP) Quantos isômeros geométricos do aldeído cinâmico são previstos?

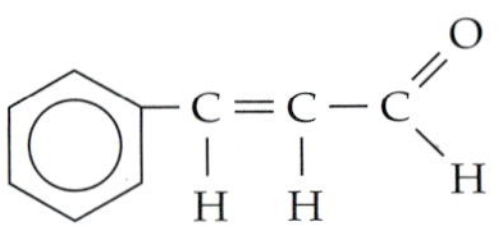

a) 1

b) 2

c) 3

d) 4

e) 5

Exercícios adicionais

Seu(sua) professor(a) indicará quais exercícios deste bloco você deve fazer.

19. (Vunesp) Apresenta isomeria geométrica:

a) 2-penteno

b) 1,2-butadieno

c) propeno

d) tetrabromo-etileno

e) 1,2-dimetil-benzeno

20. (FGV-SP) A fórmula molecular C_4H_8 pode representar vários hidrocarbonetos. Dê a fórmula estrutural do:

a) isômero *cis*;

b) isômero *trans*;

c) cíclico não ramificado;

d) insaturado de cadeia ramificada.

21. (UFPB) A química da visão envolve a transformação do composto *A* em *B*, pela ação da luz, como mostrado na figura a seguir.

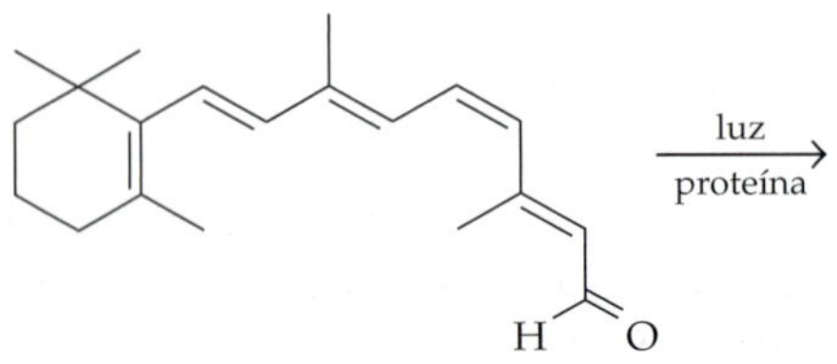

A

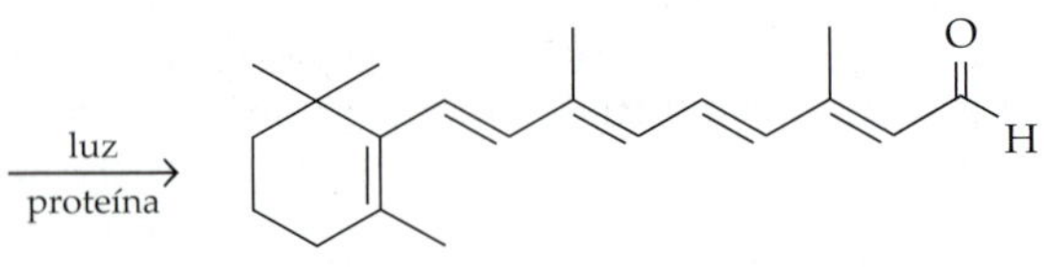

B

Esse processo pode ser explicado da seguinte forma: a rodopsina, um pigmento vermelho, fotossensível e existente na retina, é constituída pelo composto *A*, combinado com uma proteína chamada opsina. Sob a ação da luz, o composto *A* se transforma no composto *B*, e essa mudança provoca uma resposta nas células nervosas, a qual é transmitida ao cérebro, resultando no fenômeno da visão.

Em relação aos compostos *A* e *B*, é correto afirmar que são:

a) tautômeros.
b) isômeros de compensação.
c) isômeros geométricos.
d) isômeros de função.
e) isômeros de cadeia.

22. (Unifor-CE) Abaixo está representado um dos isômeros de um alceno com fórmula molecular C_5H_{10}.

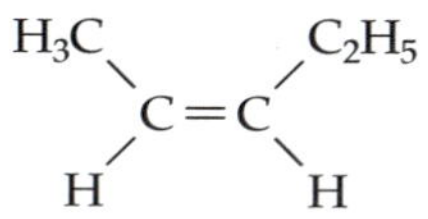

Quantos outros isômeros são possíveis?

a) 3
b) 4
c) 5
d) 6
e) 7

Comentário dos autores:

Atente bem às expressões "de um alceno" e "quantos outros".

23. (Cesgranrio-RJ) Dados os seguintes compostos orgânicos:

I. $(CH_3)_2C=CCl_2$
II. $(CH_3)_2C=CClCH_3$
III. $CH_3ClC=CClCH_3$
IV. $CH_3FC=CClCH_3$

assinale a opção correta.

a) Os compostos I e III são isômeros geométricos.
b) Os compostos II e III são isômeros geométricos.
c) O composto II é o único que apresenta isomeria geométrica.
d) Os compostos III e IV são os únicos que apresentam isomeria geométrica.
e) Todos os compostos apresentam isomeria geométrica.

3 Isomeria óptica

3.1 Investigando imagens no espelho

Quando colocamos uma esfera na frente de um espelho plano, percebemos que a imagem é uma esfera idêntica a ela (figura Ⓐ). O mesmo acontece, por exemplo, com um cubo e uma cadeira comum.

No entanto, colocando uma de nossas mãos na frente do espelho, a imagem será diferente: será igual à outra mão (figura Ⓑ). O mesmo acontece com um pé de sapato e uma cadeira com braço para escrever.

Ⓐ

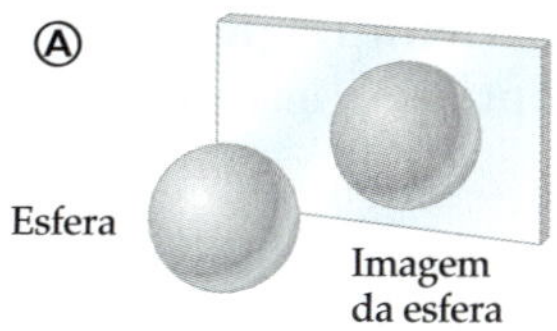

Ⓑ

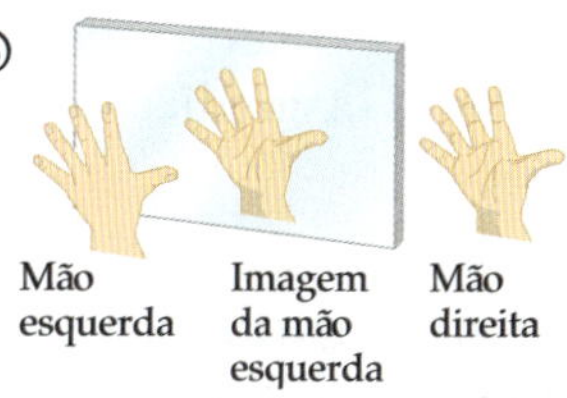

3.2 Plano de simetria

O que faz certos objetos produzirem uma imagem igual a eles e outros uma imagem diferente? A resposta está associada à presença de um plano de simetria, ou seja, um plano que divide o objeto em duas metades simétricas.

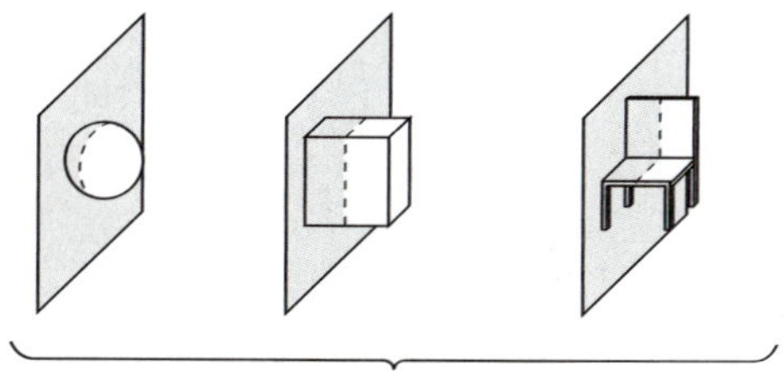

Esfera, cubo e cadeira sem braço são objetos que possuem plano de simetria.

Mão, sapato e cadeira com braço são objetos que *não* possuem plano de simetria.

Imagem especular é o termo que usaremos para nos referir à imagem de um objeto no espelho. Assim, como você pode perceber, **objetos contendo pelo menos um plano de simetria produzem uma imagem especular igual a eles**, e o mesmo não acontece com objetos que não possuem plano de simetria.

3.3 Isomeria óptica e assimetria molecular

Considere, inicialmente, uma molécula de CHBrClF, de geometria tetraédrica, que não apresenta nenhum plano de simetria. Uma molécula desse tipo é chamada de **molécula assimétrica** ou **molécula quiral**. Se a colocarmos diante de um espelho, a imagem especular será diferente dela.

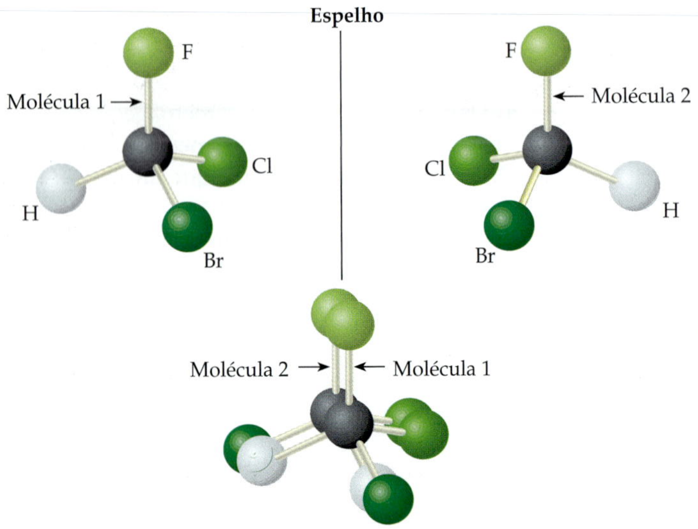

Esquema mostrando uma molécula de fórmula molecular CHBrClF e sua imagem especular, que é diferente dela. **As moléculas 1 e 2** (ambas de fórmula molecular CHBrClF) **são diferentes**. Isso é percebido ao aproximarmos as moléculas. (Por simplicidade, os átomos foram ilustrados com o mesmo tamanho.)

O espelho é apenas um recurso didático para ajudá-lo a perceber o principal: essas duas moléculas representam compostos diferentes, mas com a mesma fórmula molecular. São, portanto, isômeros.

Esse tipo de isomeria, em que uma molécula é a imagem especular da outra, é chamado de **isomeria óptica**. Os isômeros são chamados de **isômeros ópticos** ou **enantiômeros** ou, ainda, **enantiomorfos**. (Uma expressão antiga para se referir aos isômeros ópticos é **antípodas ópticos**). Trata-se do caso mais sutil de isomeria, que **ocorre com moléculas sem nenhum plano de simetria (moléculas assimétricas)**. A condição **necessária** para a isomeria óptica é a **assimetria molecular**.

3.4 Isomeria óptica e presença de carbono quiral

A isomeria óptica acontece apenas com as substâncias que têm moléculas assimétricas. Mas, olhando para a fórmula estrutural plana, como perceber que a molécula é assimétrica?

Para responder a essa pergunta, considere as moléculas a seguir. Nenhuma delas possui quatro ligantes diferentes no carbono. Todas possuem pelo menos um plano de simetria e, portanto, fornecem uma imagem especular igual a si mesmas.

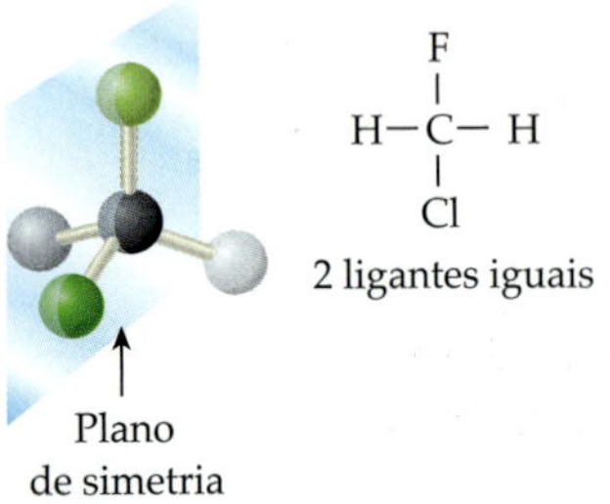

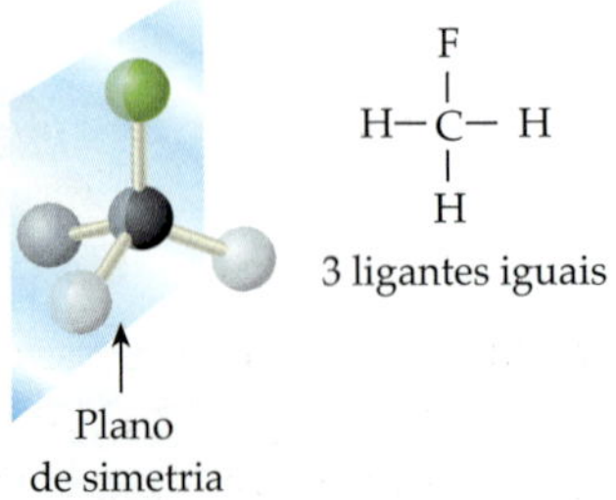

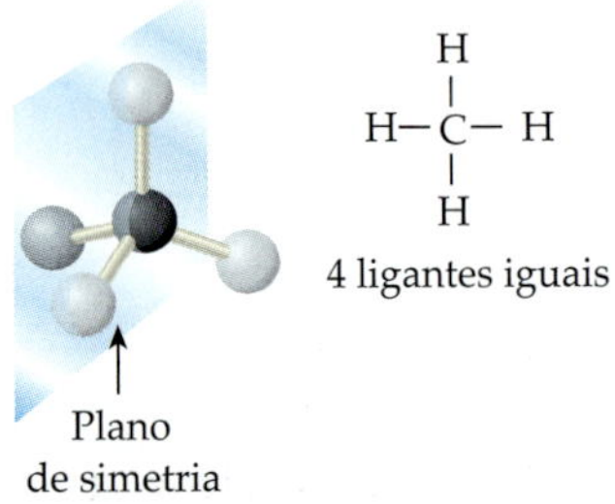

Vamos nos certificar do que acabamos de dizer, comparando as moléculas com suas imagens especulares.

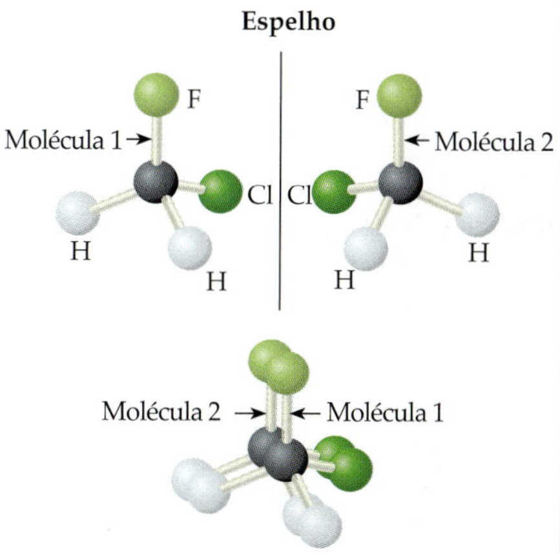

As moléculas 1 e 2 (ambas de fórmula molecular CH_2ClF) são iguais. Não representam, portanto, isômeros ópticos.

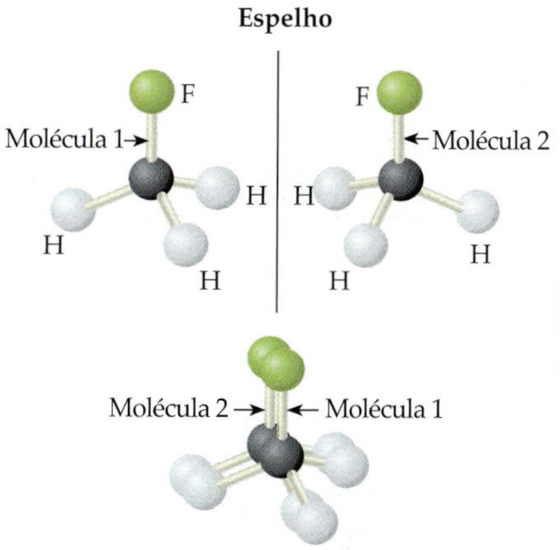

As moléculas 1 e 2 (ambas de fórmula molecular CH_3F) são iguais. Não representam, portanto, isômeros ópticos.

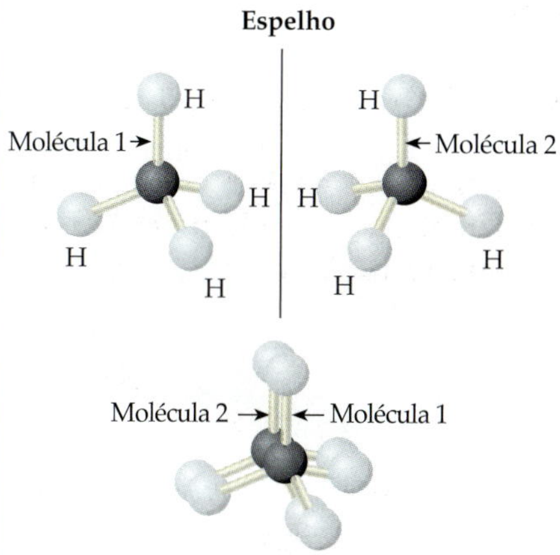

As moléculas 1 e 2 (ambas de fórmula molecular CH_4) são iguais. Não representam, portanto, isômeros ópticos.

- A assimetria molecular estará presente se houver na estrutura um carbono que faça quatro ligações simples e que esteja ligado a quatro grupos diferentes. O carbono em questão é chamado de **carbono quiral**, **carbono assimétrico**, **centro quiral** ou **centro estereogênico**. A presença de um carbono quiral é condição **suficiente** para a isomeria óptica.

- **Condição suficiente para haver isômeros ópticos**

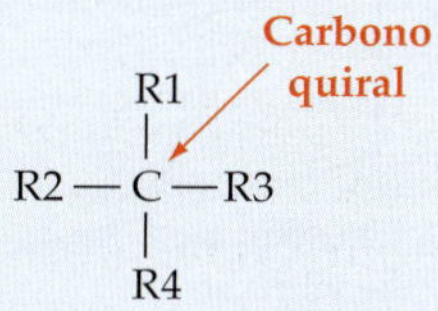

R1, R2, R3 e R4 todos diferentes entre si

Em uma estrutura, a presença de um carbono quiral permite que a substância possua isômeros ópticos. Costuma-se usar um asterisco (*) para destacar esse carbono. Alguns exemplos de moléculas contendo carbono quiral aparecem a seguir.

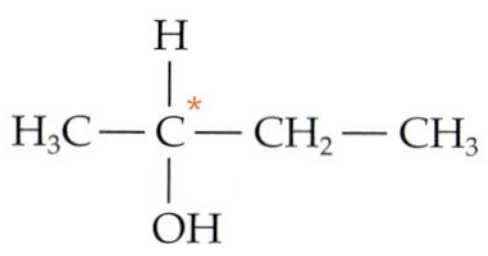

butan-2-ol

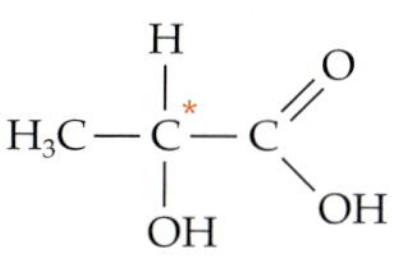

ácido láctico

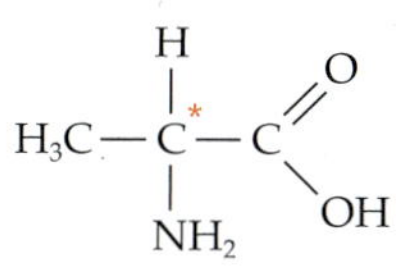

alanina (um aminoácido)

Quando um carbono faz uma ligação dupla, sua geometria é trigonal plana. Quando faz uma ligação tripla ou duas duplas, possui geometria linear. Em qualquer um desses casos, o carbono possui um **plano de simetria**, o que faz com que ele **não** seja um centro assimétrico.

NATTIKA/SHUTTERSTOCK

▲ O ácido málico (*malum*, em latim, significa maçã), ou ácido 2-hidróxi-butanodioico, encontrado na maçã, apresenta o fenômeno da isomeria óptica.

MICHAEL A. KELLER/CORBIS/LATINSTOCK

▲ Um dos enantiômeros da asparagina (fórmula mostrada) tem sabor doce e é usado na fabricação do adoçante artificial aspartame. O outro enantiômero tem sabor amargo. É um exemplo de isômeros ópticos com diferentes efeitos fisiológicos.

Biblioteca do estudante
Texto complementar:
Identificando carbono quiral em um ciclo

3.5 Polarização da luz

Quando uma lâmpada emite luz, na verdade ela está emitindo muitas ondas de luz, que vibram em vários planos. Isso é conhecido pelos cientistas como **luz não polarizada** (figura Ⓐ). Existem lentes especiais, chamadas de polarizadores, capazes de fazer com que a luz, ao atravessá-las, sofra o fenômeno da polarização, que consiste em fazê-la passar a vibrar em um só plano. É a chamada **luz polarizada** (figura Ⓑ).

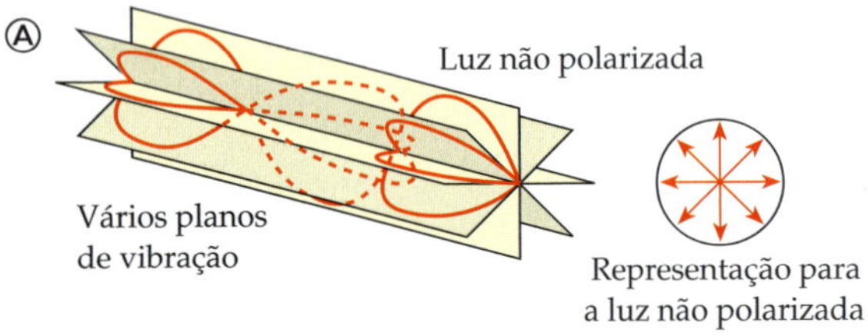

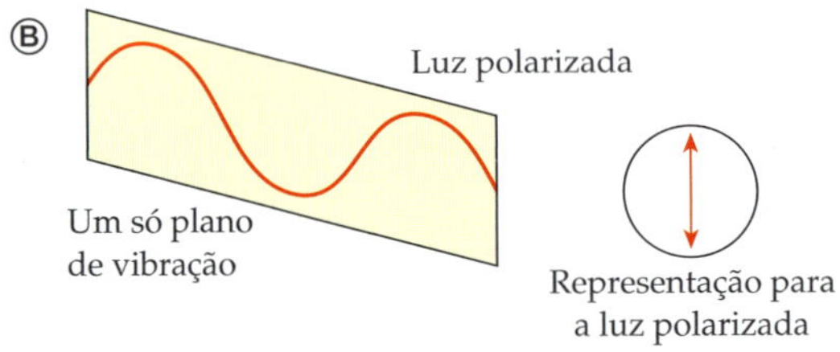

Ao colocar dois polarizadores no caminho de um raio de luz, se eles estiverem alinhados (isto é, colocados de maneira que a direção de polarização seja a mesma), haverá passagem de luz por eles. Caso um deles esteja orientado com a direção de polarização perpendicular à do outro, isso dificultará muito a passagem de luz.

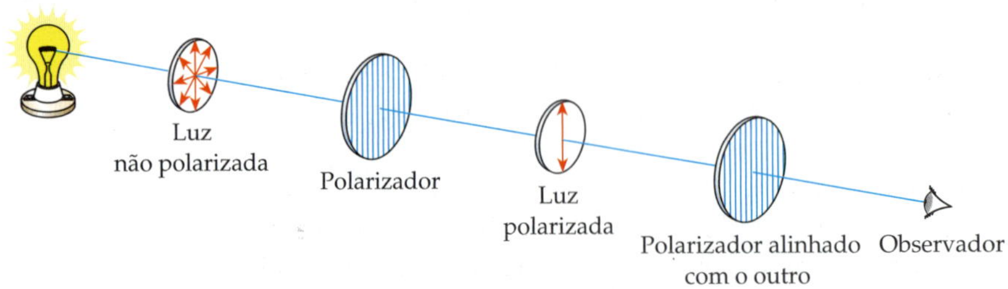

▲ Na montagem experimental deste esquema, o observador é capaz de enxergar a luz que vem da lâmpada. **Dois polarizadores alinhados permitem a passagem da luz.**

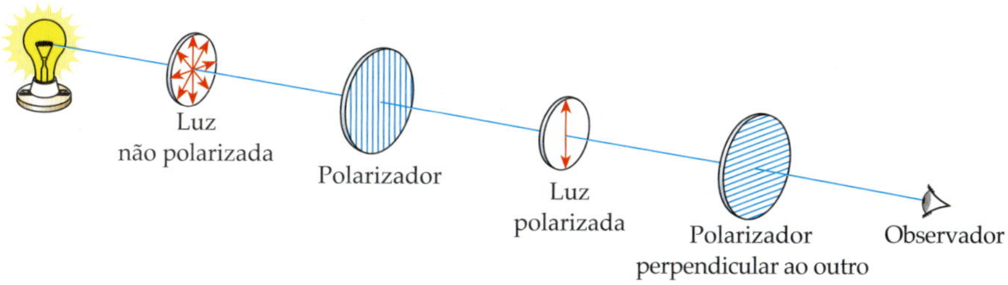

▲ Na montagem experimental deste outro esquema, o observador não é capaz de enxergar a luz que vem da lâmpada ou a enxerga com pouca intensidade. **Dois polarizadores colocados de modo perpendicular um ao outro impedem ou dificultam bastante a passagem da luz.**

3.6 A luz polarizada e os enantiômeros

Se fizermos com que a luz polarizada atravesse um frasco contendo uma substância cujas moléculas sejam assimétricas, verifica-se experimentalmente que o plano de vibração da luz polarizada sofre um desvio.

Um dos enantiômeros desvia o plano da luz polarizada no sentido horário e o outro no anti-horário. O primeiro é chamado de **dextrorrotatório** (ou dextrogiro) e o segundo de **levorrotatório** (ou levogiro). São utilizadas as indicações (+) ou D para o dextrorrotatório e (−) ou L para o levorrotatório.

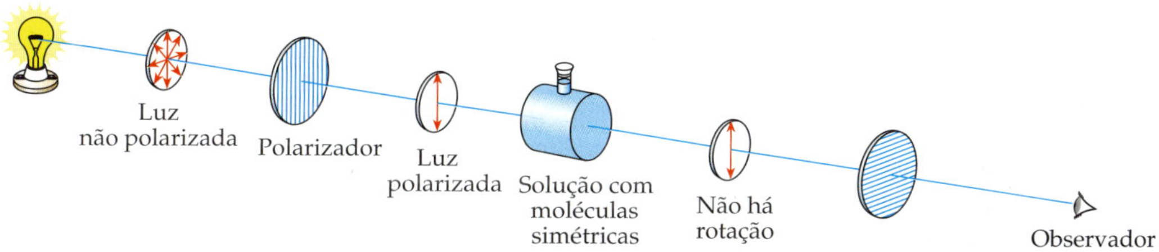

▲ Ao passar por um tubo contendo apenas moléculas simétricas, o plano da luz polarizada **não** sofre desvio (rotação). Dizemos que as moléculas simétricas são **opticamente inativas**.

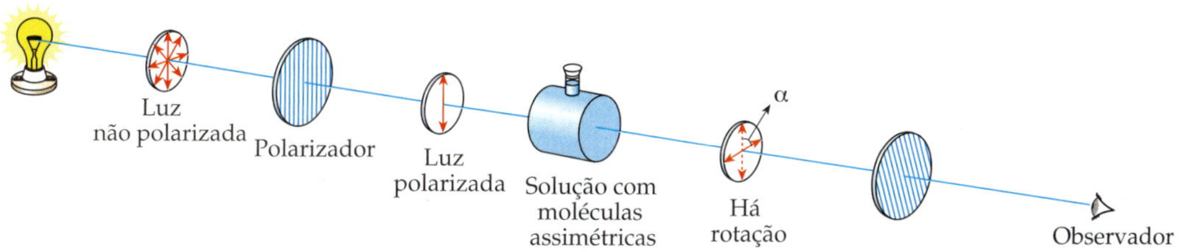

▲ Ao passar por um tubo contendo moléculas assimétricas, o plano da luz polarizada **sofre** desvio (rotação). Dizemos que as moléculas assimétricas são **opticamente ativas**. Se o desvio ocorre no sentido horário (como é mostrado nesse esquema), a substância é **dextrorrotatória**. Caso o desvio seja no sentido anti-horário, a substância é **levorrotatória**.

3.7 Propriedades físicas e químicas dos enantiômeros

As **propriedades físicas** (ponto de fusão, ponto de ebulição, densidade) de dois enantiômeros são iguais, **exceto** o desvio sobre a luz polarizada. Daí o nome **isômeros ópticos** (isto é, diferem em uma propriedade óptica).

Considere duas soluções de mesma concentração, uma de cada enantiômero de uma dada substância em que exista isomeria óptica. Se fizermos a luz polarizada atravessar cada uma delas (em tubos de mesmo comprimento), perceberemos que o desvio sofrido pelo plano da luz polarizada terá o mesmo valor (que é medido em graus). A única diferença entre ambas estará no fato de uma delas desviá-lo no sentido horário e a outra, no anti-horário.

- **Mistura racêmica** é uma mistura formada por quantidades iguais de uma substância levorrotatória e seu respectivo enantiômero dextrorrotatório. Ela é **opticamente inativa**, ou seja, não desvia o plano da luz polarizada.

Com relação às **propriedades químicas** de dois enantiômeros, elas são iguais, de modo geral, **exceto** em uma circunstância:

- Os enantiômeros comportam-se de modos diferentes quando envolvidos em reações químicas com reagentes que também sejam assimétricos. Essa é a explicação para o fato de eles, em geral, possuírem diferentes efeitos fisiológicos (pois as enzimas são, em geral, assimétricas).

Biblioteca do estudante
Informe-se sobre a Química:
Talidomida

Revisão

Exercícios essenciais

A critério do(a) professor(a) esta lista de exercícios poderá ser realizada em classe ou em casa.

24. Quais das moléculas a seguir têm carbono assimétrico?

a) $H_3C-C(=O)H$

b) $H_3C-CH_2-CH(OH)-CH_3$

c) $HC\equiv C-CH_2-CH(CH_3)-CH_3$

d) $H_3C-CH(NH_2)-C(=O)OH$

e) $H_2C=C=CH_2$

f) $H_3C-CHCl-C(=O)NH_2$

25. (UFRGS-RS) Entre os hidrocarbonetos fluoroclorados, o $CFCl_3$, também denominado CFC-11, é dos poluentes mais perigosos pelos danos que pode causar à camada de ozônio. Quanto à isomeria, é possível prever que o $CFCl_3$:

a) apresenta 3 isômeros.
b) apresenta 4 isômeros.
c) apresenta 5 isômeros.
d) apresenta 11 isômeros.
e) não apresenta isômeros.

26. (Unifor-CE) Uma estrutura molecular "quiral" contém carbono assimétrico, ou seja, admite enantiômeros. Analise os compostos representados a seguir quanto à existência de enantiômeros.

I. $H_3C-C(OH)(CH_3)-COOH$

II. $H_3C-C(NH_2)(OH)-COOH$

III. $H_5C_2-C(OH)(H)-CH_3$

IV. $H_3C-C(NH_2)(C\equiv N)-COOH$

V. $H_5C_6-C(H)(NH_2)-H$

Possibilitam a existência de enantiômeros SOMENTE as estruturas:

a) I e II
b) II e IV
c) I, III e V
d) II, III e IV
e) III, IV e V

27. (Unifesp) Não é somente a ingestão de bebidas alcoólicas que está associada aos acidentes nas estradas, mas também a ingestão de drogas psicoestimulantes por alguns motoristas que têm longas jornadas de trabalho. Estudos indicam que o Brasil é o maior importador de dietilpropiona e fenproporex, estruturas químicas representadas abaixo.

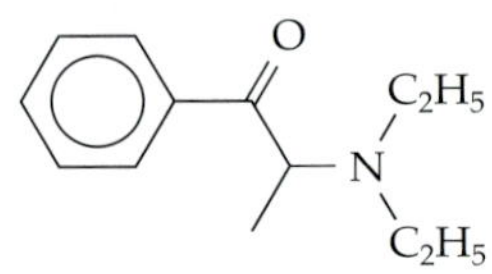

dietilpropiona

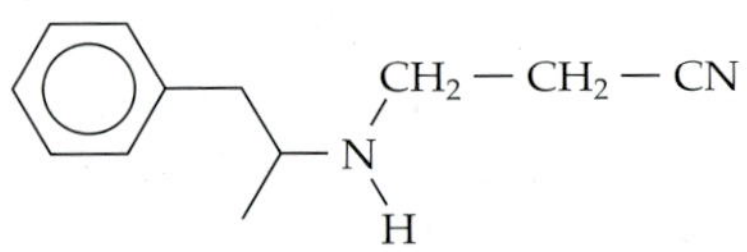

fenproporex

Para as drogas psicoestimulantes, uma das funções orgânicas apresentadas na estrutura da dietilpropiona e o número de carbonos assimétricos na molécula da fenproporex são, respectivamente:

a) amida e 1.
b) amina e 2.
c) amina e 3.
d) cetona e 1.
e) cetona e 2.

28. (Unifor-CE) Dentre os compostos indicados abaixo, pode existir sob a forma de dois enantiômeros, o:

a) 1,1-dibromopropano.
b) 1,2-dibromopropano.
c) 1,3-dibromopropano.
d) 1,1-dibromoetano.
e) 1,2-dibromoetano.

29. (Cefet-PA) As indústrias, de modo geral, vêm investindo na produção de novos materiais, a partir de reações químicas produzidas em laboratórios de pesquisa. Muitos desses materiais são pesquisados em função de suas propriedades ópticas, relacionadas a sua estereoisomeria. Essas propriedades dependem fundamentalmente dos carbonos assimétricos ou quirais existentes na molécula do composto. Dados os compostos abaixo:

I. bromo-iodo-metano;
II. butan-2-ol;
III. 2,3-dicloro-butano;
IV. 2,3-dicloro-hexano.

Assinale a alternativa que corresponde ao número de carbonos assimétricos em cada composto.

	I	II	III	IV
a)	0	1	2	2
b)	0	0	2	2
c)	1	1	1	1
d)	1	1	2	2
e)	0	2	3	2

30. (UFSCar-SP) Entre os vários medicamentos disponíveis para o tratamento da disfunção erétil, um deles tem como princípio ativo o tadalafil, cuja fórmula estrutural é fornecida a seguir.

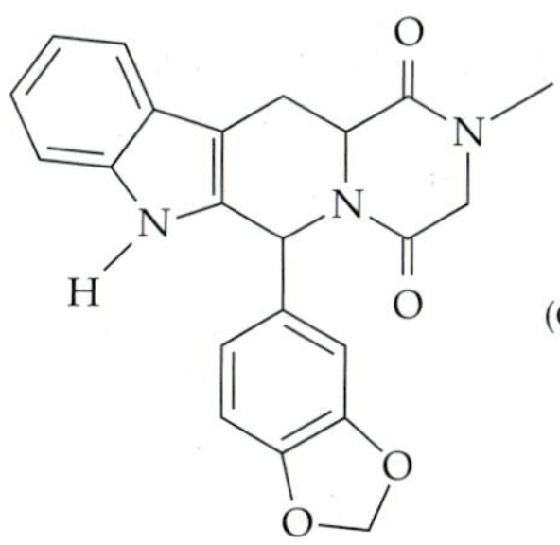

tadalafil
($C_{22}H_{19}N_3O_4$)

Com respeito ao tadalafil, é correto afirmar:

a) todos os anéis da molécula apresentam pelo menos um heteroátomo.
b) a molécula apresenta a função éster.
c) a molécula apresenta a função aldeído.
d) a molécula apresenta a função amina primária.
e) a molécula possui átomo de carbono assimétrico.

31. (UFF-RJ) A adrenalina é uma substância produzida no organismo humano capaz de afetar o batimento cardíaco, a metabolização e a respiração. Muitas substâncias preparadas em laboratório têm estruturas semelhantes à adrenalina e em muitos casos são usadas indevidamente como estimulantes para a prática de esportes e para causar um estado de euforia no usuário de drogas em festas *raves*. A DOPA é uma substância intermediária na biossíntese da adrenalina.
Observe a estrutura da DOPA.

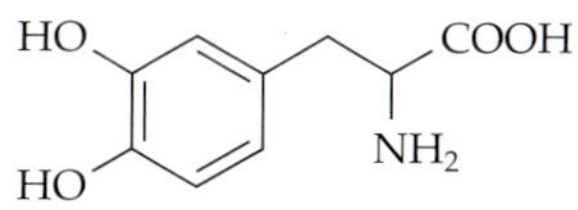

DOPA

Assinale a opção correta.

a) Identifica-se, entre outras, as funções fenol e amina.
b) Existem, entre outros, três átomos de carbono assimétrico (carbono quiral).
c) Verifica-se a existência de cadeia carbônica alifática insaturada.
d) Existem dois isômeros geométricos para a DOPA.
e) Verifica-se a existência de três átomos de carbono primário e de dois átomos de carbono secundário.

Exercícios adicionais

Seu(sua) professor(a) indicará quais exercícios deste bloco você deve fazer.

32. (UEMS) Analisando um composto orgânico com fórmula geral C_nH_{2n+2}, a substância dessa fórmula que apresenta isomeria ótica é:

a) butano
b) 2-metil-butano
c) 2-metil-2-buteno
d) 3-metil-pentano
e) 3-metil-heptano

33. (Vunesp) Durante a produção do anti-inflamatório naproxen, um isômero inativo pode ser obtido, conforme se observa nas seguintes estruturas:

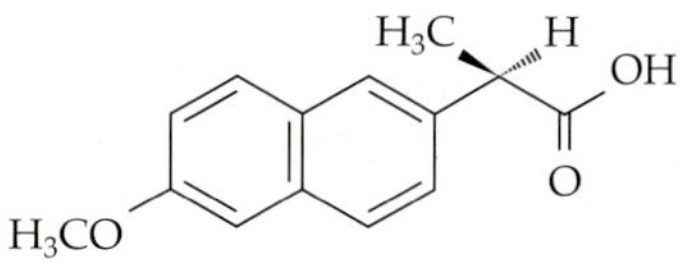

(forma inativa)

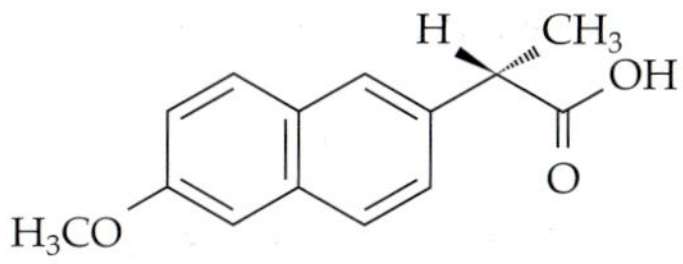

(forma bioativa)

O tipo de isomeria que relaciona a forma inativa à forma bioativa no naproxen é a:

a) óptica.
b) geométrica.
c) funcional.
d) de cadeia.
e) de compensação.

34. (UCPel-RS)

$$CH_3-CH{=}CH-CH{=}CH-COOH$$

Ácido sórbico

O ácido sórbico pode apresentar:

a) isomeria geométrica, por apresentar um centro de assimetria.
b) isomeria *cis-trans*, por ter ligantes diferentes em cada carbono da insaturação.
c) isomeria espacial, por apresentar um centro quiral.
d) isomeria óptica, por apresentar insaturação.
e) estereoisomeria, por apresentar carbono assimétrico.

35. (UCS-RS) A essência da alfazema é empregada, desde a Antiguidade, como matéria-prima na fabricação de perfumes e também como repelente de insetos. O responsável pelo cheiro agradável da essência da alfazema é o *linalol*, cuja estrutura química está representada ao lado.

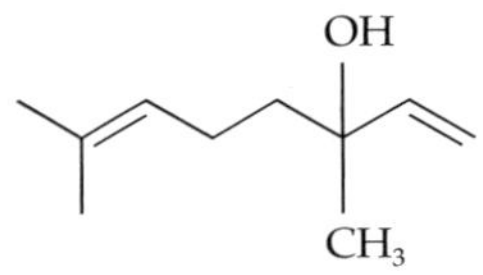

O *linalol* pode ser classificado como um:

a) aldeído, com isomeria óptica.
b) álcool, com insaturações na cadeia carbônica.
c) aldeído, com isomeria óptica e geométrica.
d) álcool e aldeído, com carbono assimétrico.
e) éter, com isomeria geométrica.

36. (Ufes-adaptado) A utilização de novas técnicas no controle de pragas, como os feromônios, visa minimizar os efeitos nocivos à natureza causados pelo uso indiscriminado de agrotóxicos. A seguir está descrita a estrutura química do feromônio sexual da mariposa *Cydia pomonella*, a traça da maçã, que vem sendo utilizado em armadilhas do tipo atrai-mata nos pomares do sul do Brasil.

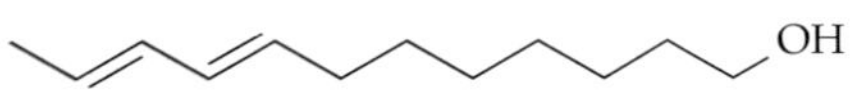

Sobre a estrutura desse feromônio, é CORRETO afirmar que:

a) possui carbono quiral.
b) o grupo OH está ligado a carbono secundário.
c) apresenta a fórmula $C_{12}H_{20}O$.
d) possui o nome sistemático de dodeca-8,10-en-1-ol.
e) possui duas ligações duplas carbono-carbono com isomeria *trans*.

(UCSal-BA) **As fórmulas da sacarina e do aspartame estão representadas abaixo e se referem às duas questões seguintes.**

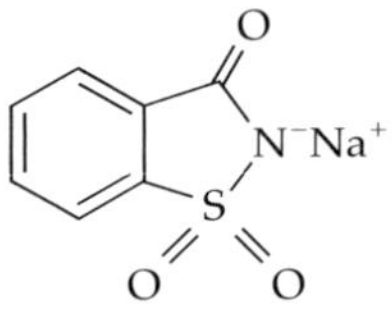

sacarina

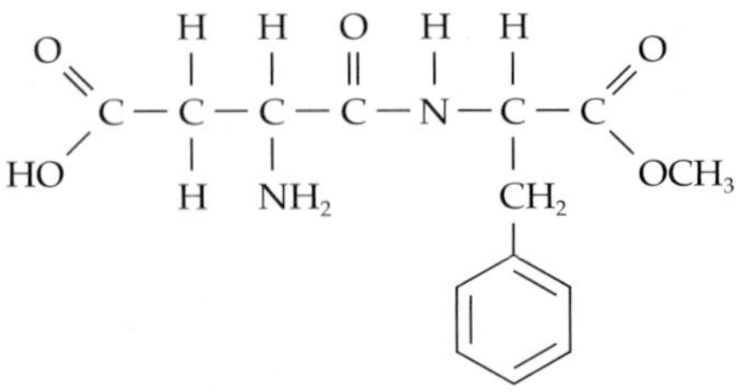

aspartame

37. (UCSal-BA) Analise as afirmações.

I. Os dois adoçantes apresentam a função cetona.
II. A fórmula molecular do aspartame é $C_{14}H_{13}N_2O_5$.
III. O aspartame apresenta as funções amina e éster.
IV. A sacarina apresenta anel aromático.

Das afirmações apresentadas:

a) apenas I é verdadeira.
b) apenas I e II são verdadeiras.
c) apenas I e III são verdadeiras.
d) apenas III e IV são verdadeiras.
e) I, II, III e IV são verdadeiras.

38. (UCSal-BA) O adoçante que apresenta isomeria óptica é:

a) o aspartame, pois apresenta somente um carbono assimétrico ou quiral.
b) a sacarina, pois apresenta um carbono assimétrico ou quiral.
c) o aspartame, pois apresenta dois carbonos assimétricos ou quirais.
d) a sacarina, pois apresenta 2 enantiômeros ativos.
e) o aspartame, pois não desvia o plano de vibração de uma luz polarizada.

39. (Ufersa-RN) É correto afirmar sobre a isomeria espacial que:

a) a isomeria espacial divide-se em três: *cis-trans*, geométrica e óptica.
b) os isômeros geométricos possuem propriedades físicas e químicas iguais.
c) as substâncias opticamente ativas são capazes de desviar o plano da luz polarizada. Este fenômeno só ocorre com moléculas assimétricas.
d) a isomeria *cis-trans* pode ocorrer tanto em compostos com duplas quanto com triplas ligações.

Capítulo 29

Reações de substituição

JEREMY HORNER/PHOTOGRAPHER'S CHOICE/GETTY IMAGES

Alguns conteúdos importantes:

- Halogenação de alcanos
- Isômeros produzidos na halogenação de alcanos
- Halogenação, nitração e sulfonação de aromáticos
- Alquilação e acilação de Friedel-Crafts
- Dirigência da substituição em aromáticos

▲ Muitos dos corantes utilizados na indústria têxtil são obtidos por meio de sínteses que envolvem reações de substituição. Esse é o caso do vermelho do congo, um corante largamente empregado para tingir tecidos.

1 Substituição em alcanos

Guia de estudo

1.1 Halogenação do metano

Os alcanos, também chamados de **parafinas**, apresentam uma tendência muito baixa de reagir com outras substâncias. Por isso, são muito usados como solventes para reações, pois não as atrapalham graças à sua baixa reatividade.

Sob condições adequadas (por exemplo, luz de frequência específica ou aquecimento), no entanto, os alcanos sofrem **reação de substituição** com halogênios. São denominadas reações de substituição porque um hidrogênio da molécula orgânica é substituído por um átomo de halogênio.

A reação de substituição que ocorre entre um alcano e um halogênio é também chamada de **halogenação**. Por exemplo, na cloração do metano ocorre a substituição de um H por um átomo de Cl.

$$\underset{\text{metano}}{CH_4} + \underset{\text{cloro}}{Cl_2} \xrightarrow[\text{Luz}]{\Delta} \underset{\text{cloro-metano}}{H_3C-Cl} + HCl$$

Cloração do metano

Isso também acontece com os outros halogênios, verificando-se experimentalmente que a ordem de reatividade é $F_2 > Cl_2 > Br_2 > I_2$. O flúor é o que possui maior tendência para reagir (reação que pode ser explosiva) e o iodo, a menor (praticamente não reage).

> **ATENÇÃO**
>
> Nas condições ambientes, o flúor (F_2) é um gás amarelo-pálido, o cloro (Cl_2) é um gás amarelo--esverdeado, o bromo (Br_2) é um líquido castanho extremamente volátil e o iodo (I_2) é um sólido escuro cujos vapores são violeta.
>
> Todos eles têm cheiro irritante, são tóxicos e altamente corrosivos, podendo causar sérias lesões na pele, nos olhos e nos pulmões.

- Em determinadas condições, os **alcanos** tendem a sofrer **reações de substituição**. A substituição de um H por um halogênio é uma substituição denominada **halogenação** (especificamente **cloração**, **bromação** etc.).

Após a monocloração de um alcano, a reação pode prosseguir (se houver cloro disponível), conduzindo a derivados com dois ou mais átomos de halogênio. Veja o exemplo esquemático:

$$CH_4 \xrightarrow[HCl]{Cl_2} CH_3Cl \xrightarrow[HCl]{Cl_2} CH_2Cl_2 \xrightarrow[HCl]{Cl_2} CHCl_3 \xrightarrow[HCl]{Cl_2} CCl_4$$

Esse é um método que permite produzir os derivados halogenados do metano:

CH_3Cl	cloro-metano ou cloreto de metila
CH_2Cl_2	dicloro-metano ou cloreto de metileno
$CHCl_3$	tricloro-metano ou clorofórmio
CCl_4	tetracloro-metano ou tetracloreto de carbono

1.2 Halogenação de alcanos pode produzir isômeros

Na equação química que representa a halogenação do metano, mostrada anteriormente, podemos notar que a molécula de metano possui apenas um tipo de hidrogênio para ser substituído. Quando o alcano apresenta mais de uma possibilidade de hidrogênios a serem substituídos, obtém-se uma **mistura de produtos isômeros**, como no exemplo a seguir:

WERNER RUDHART/KINO

◂ Frequentemente uma reação orgânica não produz apenas um produto orgânico, e sim uma mistura deles. Assim, nos laboratórios de síntese de produtos orgânicos, boa parte do trabalho consiste na separação e na identificação desses produtos.

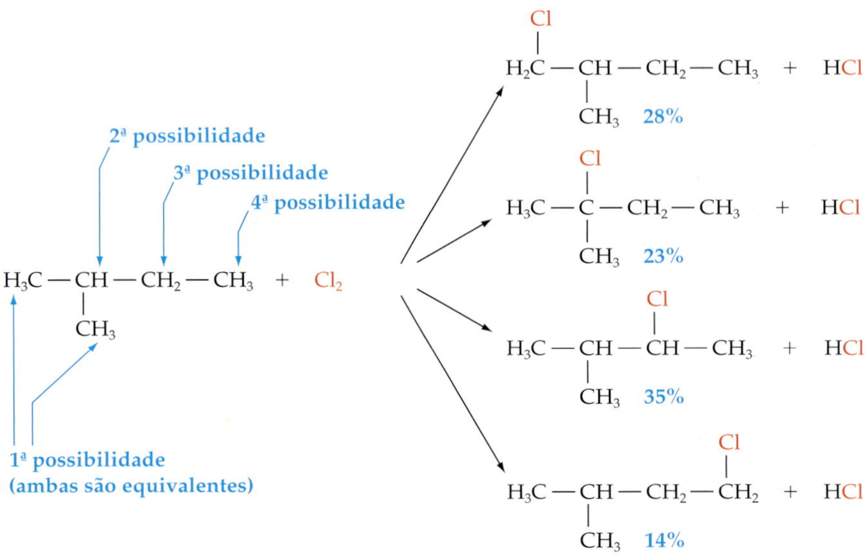

- Embora os químicos tenham percebido que os hidrogênios de carbonos terciários reagem mais rápido do que os de secundários e estes mais rápido do que os de primários, a **previsão** do produto principal é **dificultada** devido às **diferentes quantidades** desses hidrogênios presentes na molécula do reagente.

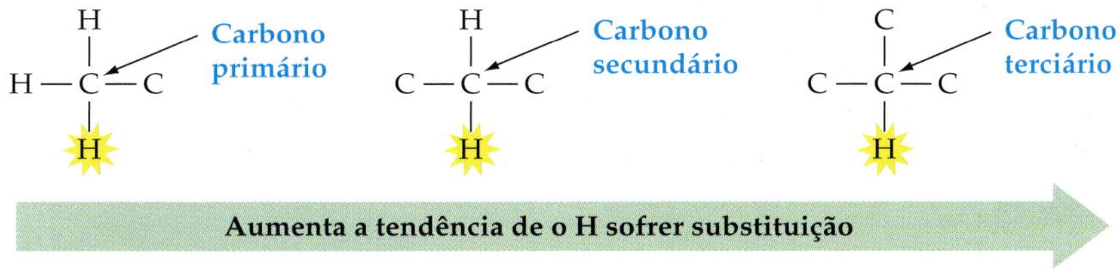

Biblioteca do estudante
Texto complementar:
Separação dos produtos por cromatografia

Exercícios essenciais

A critério do(a) professor(a) esta lista de exercícios poderá ser realizada em classe ou em casa.

1. (Mackenzie-SP)

$$(a)\ CH_4 + (b)\ Cl_2 \xrightarrow{\lambda} CHCl_3 + (c)\ X$$

Da halogenação acima equacionada, considere as afirmações I, II, III e IV.

I. Representa uma reação de adição.
II. Se o coeficiente do balanceamento **(a)** é igual a 1, então **(b)** e **(c)** são iguais a 3.
III. O produto **X** tem fórmula molecular HCl.
IV. Um dos reagentes é o metano.

Das afirmações feitas, estão corretas:
a) I, II, III e IV.
b) I e IV, somente.
c) II, III e IV, somente.
d) II e III, somente.
e) I, II e III, somente.

2. (UCSal-BA) Para obter tetracloreto de carbono a partir de metano, deve-se fazer reagir esse gás com:
a) cloro.
b) cloreto de hidrogênio.
c) cloreto de sódio.
d) dicloro-metano.
e) 1,2-dicloro-etano.

Exercício Resolvido

3. (Cesgranrio-RJ) Sem considerar a isomeria óptica, o alcano de massa molecular 86 u, que apresenta apenas três derivados monobromados, é o:
a) 2,2-dimetil-butano
b) 2,3-dimetil-butano
c) 2-etil-butano
d) 3-metil-pentano
e) 2-metil-pentano

Resolução

Alternativa **a**.

A fórmula geral dos alcanos é C_nH_{2n+2}. Utilizando a massa molecular fornecida e os dados da tabela periódica, podemos calcular n:

$$12n + (2n + 2) = 86 \Rightarrow \boxed{n = 6}$$

Assim, o alcano tem seis carbonos na molécula e sua fórmula molecular é C_6H_{14}. No entanto, à exceção da alternativa **c**, que fornece um *nome incorreto*, todas as outras apresentam alcanos C_6H_{14}.

Vejamos quantas possibilidades diferentes de monossubstituição há em cada caso:

a) Três possibilidades (esta é a resposta):

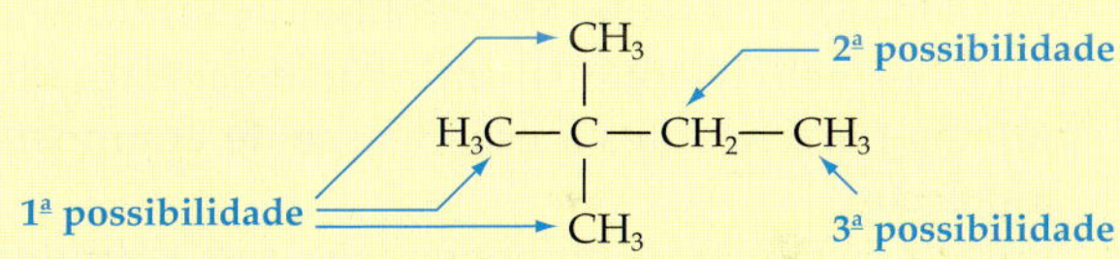

b) Duas possibilidades:

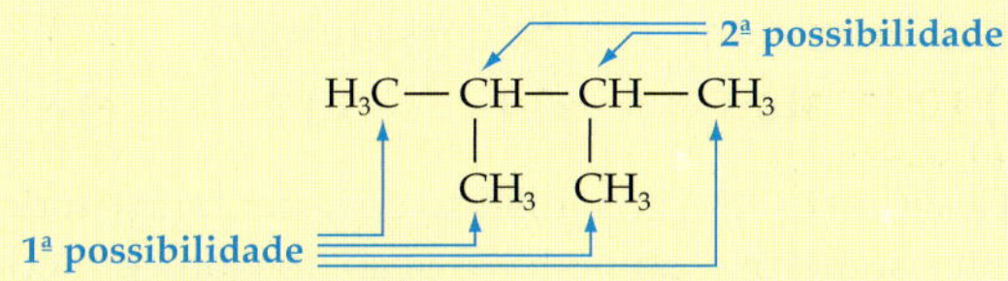

d) Quatro possibilidades:

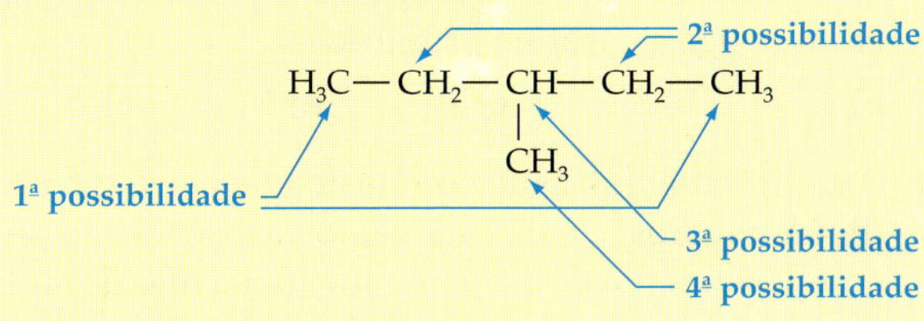

e) Cinco possibilidades:

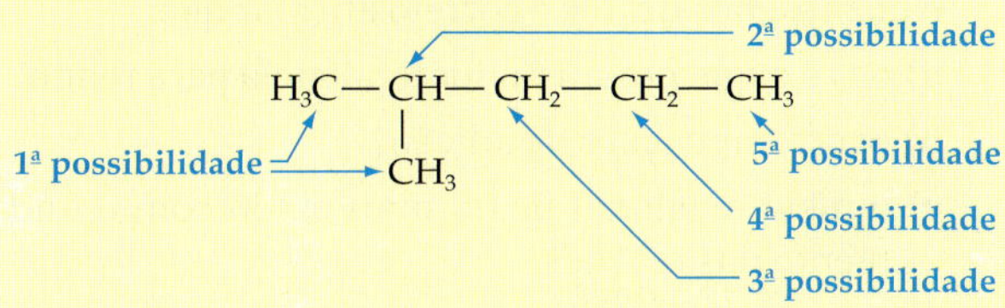

4. Quantos isômeros planos devem ser esperados na reação de **mono**cloração (substituição de **um** H por **um** Cl) do:

a) propano?
b) butano?
c) pentano?
d) metil-propano (isobutano)?
e) metil-butano (isopentano)?
f) etano?

5. (PUC-PR) A monocloração do 2-metilpentano pode fornecer vários compostos, em proporções diferentes. Dos compostos monoclorados isômeros planos, quantos apresentarão carbono quiral ou assimétrico?

a) 4 **b)** 5 **c)** 1 **d)** 2 **e)** 3

Exercícios adicionais

Seu(sua) professor(a) indicará quais exercícios deste bloco você deve fazer.

6. (Esam-RN) Substituindo-se um átomo de hidrogênio por um átomo X, quantos compostos diferentes encontramos para o propano?

a) 4
b) 3
c) 2
d) 1
e) 0

7. (UFMS) Um químico faz uma reação do *terc*-butano (metilpropano) com Br_2, na presença de luz solar ou aquecimento a 300 °C. Admitindo-se que ocorra apenas monossubstituição, é correto afirmar que o número de produtos formados nessa reação é:

a) 1 **b)** 3 **c)** 2 **d)** 4 **e)** 5

8. (UEPB) Os haletos orgânicos têm estado atualmente em evidência, devido aos problemas ambientais causados pelo uso indiscriminado de certas substâncias pertencentes a essa classe de compostos orgânicos.
A partir da reação de monocloração do 2,4-dimetil-pentano, podem-se obter diferentes produtos halogenados. Quantos produtos monoclorados podem ser obtidos a partir dessa reação?

a) 5 **b)** 3 **c)** 4 **d)** 2 **e)** 6

9. (Cesgranrio-RJ) Uma mistura de *n*-pentano e todos os seus isômeros, submetida à ação do cloro, em condições adequadas, fornece diversos cloretos de alquila. O número de monocloretos de alquila possível em que o cloro se liga a carbono primário é:

a) 3 **b)** 5 **c)** 2 **d)** 6 **e)** 4

10. (Uespi) O metano é um composto que reage sob condições vigorosas com halogênios. Observando-se o comportamento de reações entre moléculas de metano com moléculas de um tipo de halogênio — bromo, cloro, flúor e iodo, respectivamente — sob aquecimento e na presença de luz, é correto afirmar que:

a) o I_2 é o que possui maior tendência para reagir.
b) ocorrem reações de adição.
c) o meio reacional ficará mais ácido com o andamento das reações.
d) o alcano será transformado em alceno.
e) serão formados haloalcanos isoméricos.

11. (Fuvest-SP) Alcanos reagem com cloro, em condições apropriadas, produzindo alcanos monoclorados, por substituição de átomos de hidrogênio por átomos de cloro, como esquematizado:

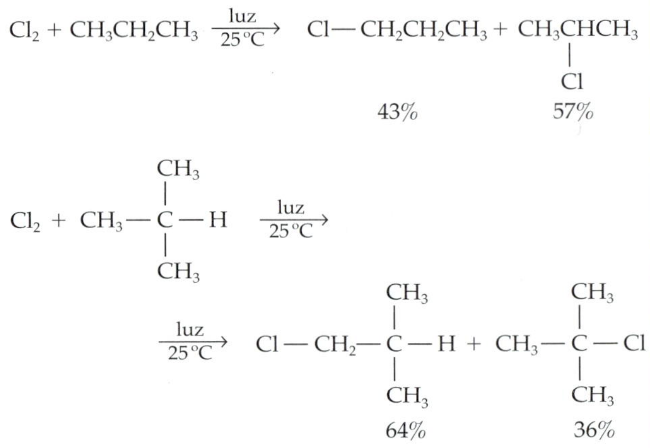

Considerando os rendimentos percentuais de cada produto e o número de átomos de hidrogênio de mesmo tipo (primário, secundário ou terciário), presentes nos alcanos citados, pode-se afirmar que, na reação de cloração, efetuada a 25 °C,

- um átomo de hidrogênio terciário é cinco vezes mais reativo do que um átomo de hidrogênio primário.
- um átomo de hidrogênio secundário é quatro vezes mais reativo do que um átomo de hidrogênio primário.

Observação: Hidrogênios primário, secundário e terciário são os que se ligam, respectivamente, a carbonos primário, secundário e terciário.
A monocloração do 3-metilpentano, a 25 °C, na presença de luz, resulta em quatro produtos, um dos quais é o 3-cloro-3-metilpentano, obtido com 17% de rendimento.

a) Escreva a fórmula estrutural de cada um dos quatro produtos formados.
b) Com base na porcentagem de 3-cloro-3-metilpentano formado, calcule a porcentagem de cada um dos outros três produtos.

2 Substituição em aromáticos

2.1 Halogenação

As reações químicas de substituição são também uma característica química dos hidrocarbonetos aromáticos. Veja a equação química que representa a **halogenação** do benzeno:

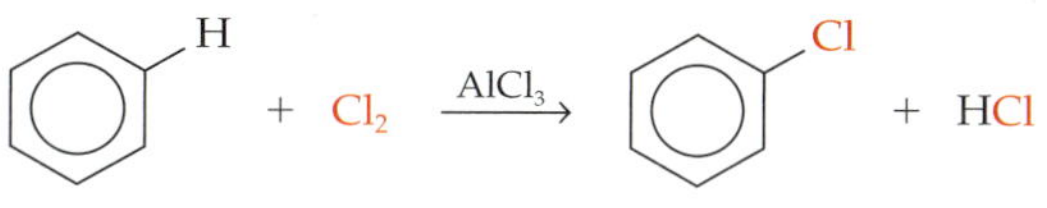

Halogenação **($AlCl_3$, $FeCl_3$ ou $FeBr_3$ são catalisadores)**

2.2 Nitração e sulfonação

Os ácidos nítrico (HNO_3) e sulfúrico (H_2SO_4) apresentam as fórmulas estruturais a seguir (no capítulo 11 mostramos como escrevê-las). Para facilitar o entendimento das próximas reações, escreveremos essas fórmulas do modo como está sombreado em vermelho:

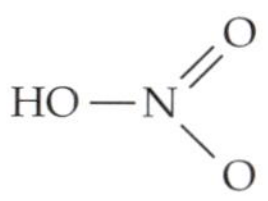

ou $HO-NO_2$

ácido nítrico (HNO_3)

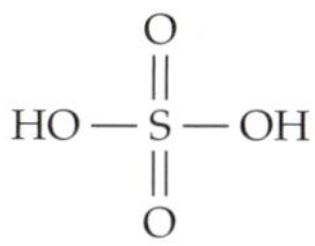

ou $HO-SO_3H$

ácido sulfúrico (H_2SO_4)

A reação entre um hidrocarboneto aromático e o HNO_3 é denominada **nitração**. Trata-se de um processo no qual um hidrogênio do hidrocarboneto é substituído por um grupo nitro, $-NO_2$. E a reação entre um hidrocarboneto aromático e o H_2SO_4 é chamada de **sulfonação**. Nela, um átomo de hidrogênio é substituído por um grupo ácido sulfônico, $-SO_3H$.

Nitração **(H_2SO_4 concentrado é o catalisador)**

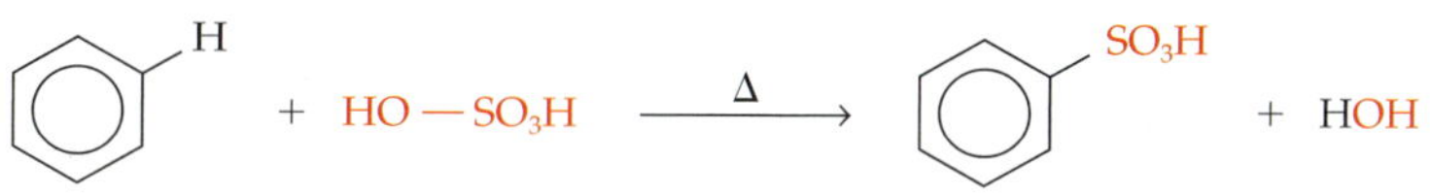

Sulfonação **(necessita de H_2SO_4 fumegante, isto é, contendo SO_3 dissolvido)**

2.3 Alquilação e acilação de Friedel-Crafts

Um grupo de átomos proveniente de um hidrocarboneto pela retirada de um hidrogênio de um carbono saturado é chamado de **grupo alquila**. Se um grupo provém de um ácido carboxílico pela retirada da hidroxila (OH), é chamado de **grupo acila**. Os haletos orgânicos podem ser dos tipos **haletos de alquila** ou **haletos de acila**, dependendo do grupo que esteja ligado ao halogênio:

cloreto de metila

cloreto de etila

Haletos de alquila

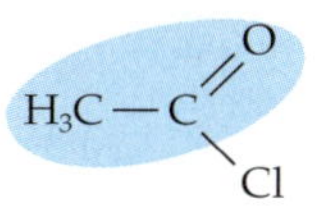

cloreto de etanoíla (acetila)

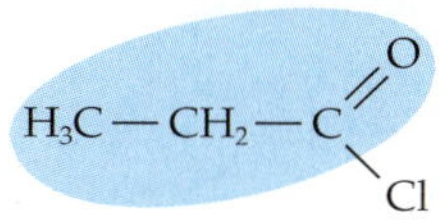

cloreto de propanoíla

Haletos de acila

Sob catálise apropriada, haletos de alquila ou de acila e hidrocarbonetos aromáticos participam de reações de substituição. As duas equações químicas a seguir ilustram a reação de um haleto de alquila com um hidrocarboneto aromático e de um haleto de acila com um hidrocarboneto aromático.

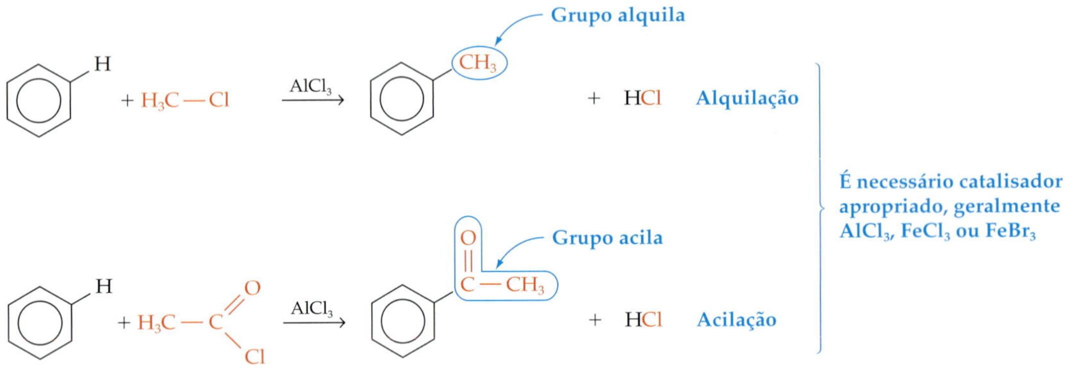

Na primeira reação, chamada de **alquilação**, um hidrogênio é substituído por um grupo alquila e, na segunda, chamada de **acilação**, um hidrogênio é substituído por um grupo acila. Essas reações foram descobertas em 1877 pelo francês Charles Friedel e pelo americano James Crafts.

- A halogenação, a nitração, a sulfonação, a alquilação de Friedel-Crafts e a acilação de Friedel-Crafts são **substituições em anéis aromáticos**.

- **Substituição em hidrocarbonetos aromáticos**

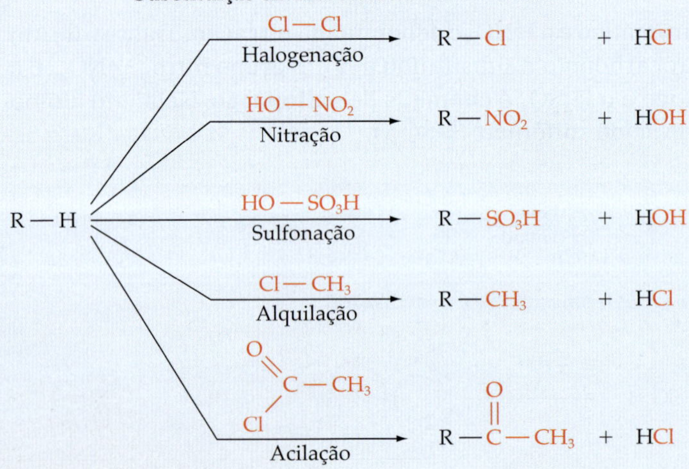

Dica!

Quando a substância que reage com o composto aromático em uma reação de substituição contém halogênio, forma-se HX (em que X é o halogênio).

Caso contrário, forma-se H_2O.

Exercícios essenciais

A critério do(a) professor(a) esta lista de exercícios poderá ser realizada em classe ou em casa.

12. Equacione as reações de:

a) cloração do benzeno.

b) nitração do benzeno.

13. (Fuvest-SP) Equacionar a reação de sulfonação do benzeno, dando o nome do produto orgânico formado.

14. Equacione a reação do benzeno com:

a) cloreto de etila sob catálise de $AlCl_3$.

b) brometo de acetila sob catálise de $FeBr_3$.

15. A que classe funcional (função química) pertence o produto orgânico obtido na:

a) alquilação de Friedel-Crafts do benzeno?

b) acilação de Friedel-Crafts do benzeno?

16. (Mackenzie-SP) No sistema de equações a seguir, as substâncias **A** e **B** são, respectivamente:

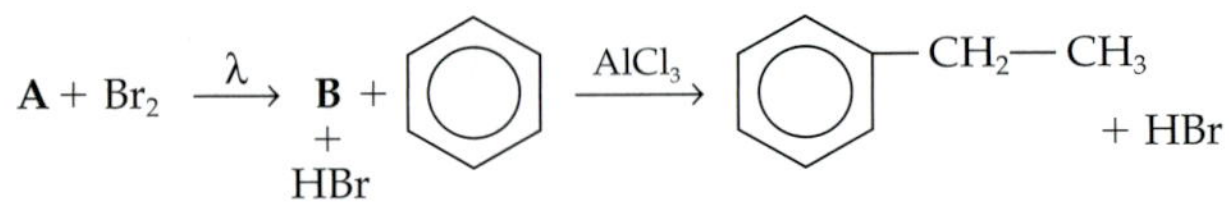

a) metano e bromo-metano.

b) etano e bromo-etano.

c) eteno e bromo-etano.

d) propeno e 2-bromo-propeno.

e) eteno e etino.

2.4 Dirigência da substituição em aromáticos

Observe as fórmulas estruturais do fenol e do benzaldeído:

Consideremos a reação de cloração do fenol. É de esperar que nessa reação sejam obtidos três produtos isômeros, resultantes da substituição dos hidrogênios em *orto*, *meta* e *para*. No entanto, na prática, não se obtém o produto *meta*.

Um fenômeno igualmente curioso acontece na cloração do benzaldeído. Dos três isômeros possíveis, apenas o *meta* é obtido em quantidades apreciáveis.

Como ambas as reações são de cloração, certamente o que determina essa diferença nos produtos observados não é o Cl_2, mas, sim, o grupo já presente na molécula, ou seja, o —OH e o —CHO.

Os químicos perceberam que em situações desse tipo, dependendo do substituinte já presente no anel, a reação produz uma mistura dos isômeros *orto-para* ou produz apenas o isômero *meta*.

- Grupos como o —OH, que dirigem a reação para que ocorra nas posições *orto* e *para*, são chamados de ***orto-para*-dirigentes** e grupos como o —CHO, que dirigem a reação para a posição *meta*, são chamados de ***meta*-dirigentes**.

Se verificarmos o caráter dirigente do substituinte presente no reagente, podemos prever o(s) produto(s) orgânico(s) obtido(s). Em geral, os grupos *orto-para*-dirigentes são formados somente por um átomo ou, então, um grupo de átomos unidos por ligações simples. Já os *meta*-dirigentes possuem pelo menos uma ligação dupla ou tripla.

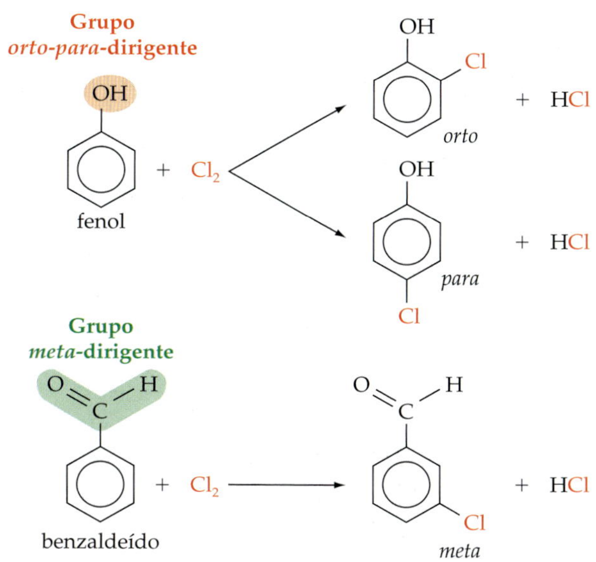

Exemplos de grupos *orto-para*-dirigentes

—F	—Cl	—Br	—I
—OH	—NH_2		
—CH_3	—CH_2—CH_3		

Exemplos de grupos *meta*-dirigentes

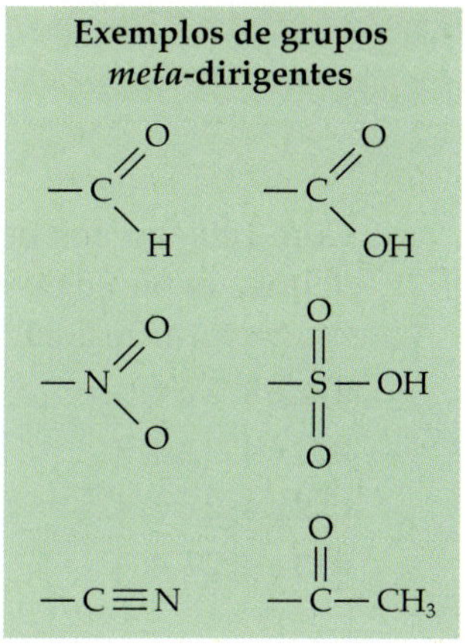

TNT

O TNT (**tri**nitro**t**olueno ou, melhor, 2,4,6-trinitro-tolueno) é um sólido cristalino amarelo, de ponto de fusão 82 °C, altamente explosivo. Sofre decomposição muito rápida, liberando gases e calor. A rápida e violenta expansão dos gases aquecidos, produzidos nessa reação, provoca uma onda de choque capaz de causar considerável destruição.

Esse potente explosivo é fabricado a partir da trinitração (isto é, três nitrações seguidas) do tolueno (metil-benzeno). Uma vez que o grupo metil é *orto-para*-dirigente, a entrada dos grupos NO_2 se dá em *orto* e *para*, conforme mostra a equação química a seguir.

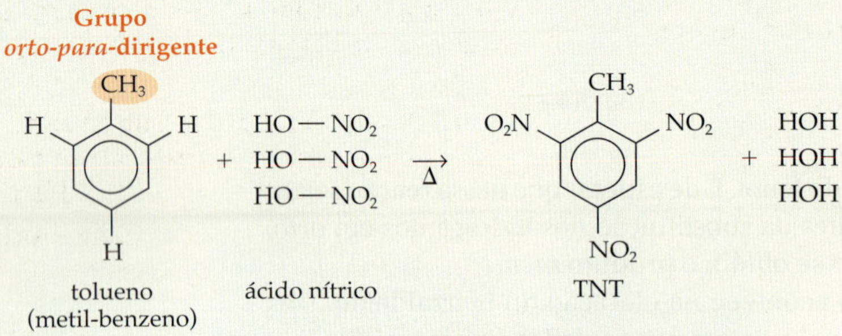

MOHAMED NURELDIN ABDALLAH/ REUTERS/LATINSTOCK

◄ O TNT é um potente explosivo, com utilidades práticas e pacíficas, tais como a exploração de jazidas minerais. Na foto, explosão em jazida de ouro no Sudão.

ATENÇÃO

Nunca caia na tentação de manipular explosivos.

Acidentes sérios com queimaduras e até morte atestam o risco que é manuseá-los.

Biblioteca do estudante
Informe-se sobre a Química:
Como se fabrica detergente?

Revisão

Exercícios essenciais

A critério do(a) professor(a) esta lista de exercícios poderá ser realizada em classe ou em casa.

17. (UFU-MG) Considere as informações a seguir:

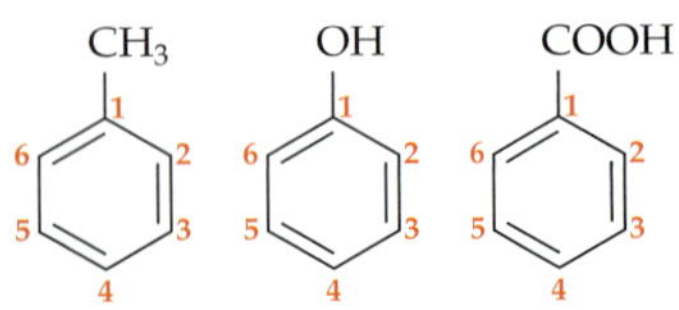

I II III

Com relação aos benzenos monossubstituídos acima, as possíveis posições nas quais ocorrerá monocloração em **I**, **II** e **III** são, respectivamente:

a) 2 e 4; 2 e 4; 3.

b) 3 e 4; 2 e 5; 3.

c) 2 e 4; 2 e 5; 4.

d) 3 e 4; 2 e 4; 4.

18. (UEPG-PR) Quando derivados do benzeno sofrem reações de substituição no anel aromático, os grupos ligados ao anel influem na formação dos produtos, agindo como orientadores das posições onde ocorrerão as substituições.

Entre as alternativas, assinale a que contém apenas grupos que, ligados ao anel, agirão preferencialmente como orientadores *orto-para*-dirigentes.

a) $—NO_2$; $—CN$; $—OH$

b) $—NH_2$; $—COOH$; $—CH_3$

c) $—Cl$; $—CHO$; $—COOH$

d) $—SO_3H$; $—CHO$; $—COOH$

e) $—OH$; $—NH_2$; $—Cl$

Exercícios adicionais

Seu(sua) professor(a) indicará quais exercícios deste bloco você deve fazer.

19. (UEG) Ao contrário das reações de adição ao anel aromático, as reações de substituição aromática dos hidrogênios são fáceis. Uma delas é a nitração do benzeno que, na presença de ácido sulfúrico concentrado, pode gerar diversos produtos. Tendo como base a teoria da dirigência nos aromáticos, responda aos itens que seguem.

a) Equacione a reação de nitração do metilbenzeno, apresentando os produtos majoritários.

b) Dê o nome IUPAC para os produtos formados acima.

20. (UFJF-MG) O ácido *para*-amino benzoico (PABA) é um aminoácido utilizado como intermediário para a preparação de anestésicos e de corantes. Ele pode ser sintetizado a partir do benzeno, de acordo com a sequência abaixo:

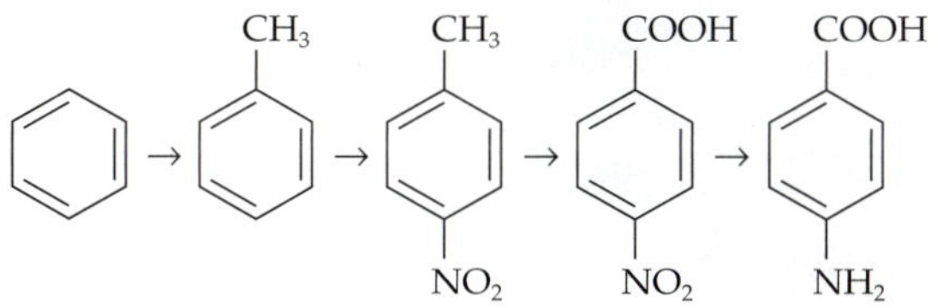

I II III IV V

Considere os compostos representados no esquema para responder aos itens a seguir:

a) Na reação de preparação do composto III, ocorre também a formação de um outro isômero. Qual a fórmula estrutural desse isômero e que tipo de isomeria existe entre esses dois compostos?

b) Quais os reagentes que permitem a transformação do benzeno no composto II?

21. (UFPB) O composto conhecido como *trinitrotolueno* (TNT), representado a seguir é um sólido cristalino amarelo, poderoso explosivo utilizado para fins militares e na exploração de jazidas minerais.

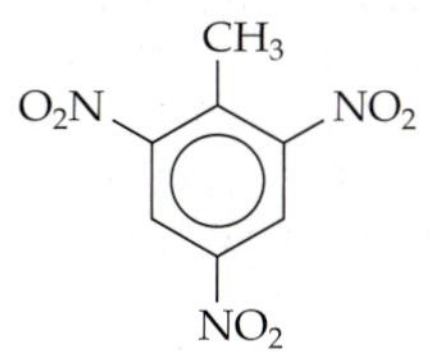

1-metil-2,4,6-trinitrobenzeno (trinitrotolueno)

Esse composto pode ser obtido a partir do *benzeno*, através de reações de substituição (*nitração* e *alquilação*).

a) Qual das duas reações de substituição, *nitração* ou *alquilação*, deve ser realizada primeiramente para obtenção do *trinitrotolueno*? Justifique.

b) Formule as equações das etapas de formação do *trinitrotolueno*.

22. (Ufersa-RN) O dinitro-fluoro-benzeno desempenhou um importante papel na história da Bioquímica, tendo sido empregado no primeiro estudo da sequência de aminoácidos de uma proteína, a insulina.

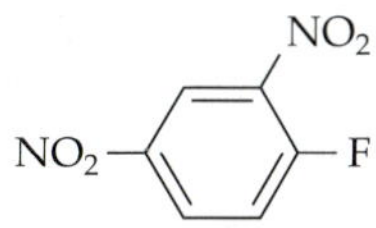

dinitro-fluoro-benzeno

O exame da estrutura do dinitro-fluoro-benzeno nos permite deduzir a sua síntese a partir do benzeno, como:

a) duas reações sucessivas de nitração por substituição seguida de uma reação de adição para incorporação do F.

b) três reações de substituição: nitração, nitração e halogenação, nessa ordem.

c) três reações de substituição: halogenação, nitração e nitração, nessa ordem.

d) incorporação do F por adição seguida de duas reações sucessivas de nitração por substituição.

Capítulo 30

Reações de adição

Alguns conteúdos importantes:

- Adição em alcenos
- Adição em alcinos
- Importância do acetileno como matéria-prima industrial
- Noção de como o conceito de ressonância explica a baixa tendência de os aromáticos sofrerem adição
- Noção de tensão angular em ciclanos e sua relação com a tendência de esses compostos sofrerem rompimento do ciclo

▲ As substâncias responsáveis pela cor dos pimentões vermelhos e amarelos contêm ligações duplas entre carbonos, o que as torna sujeitas a sofrer reações de adição.

1 Reações de adição a alcenos

Os *alcenos* (também chamados de *alquenos* ou *olefinas*) caracterizam-se por participar de **reações de adição**, nas quais os fragmentos da quebra de pequenas moléculas como H_2, Cl_2, HCl e H_2O se adicionam aos carbonos que estabeleciam ligação dupla e que, após a reação, passam a estabelecer ligação simples.

Guia de estudo

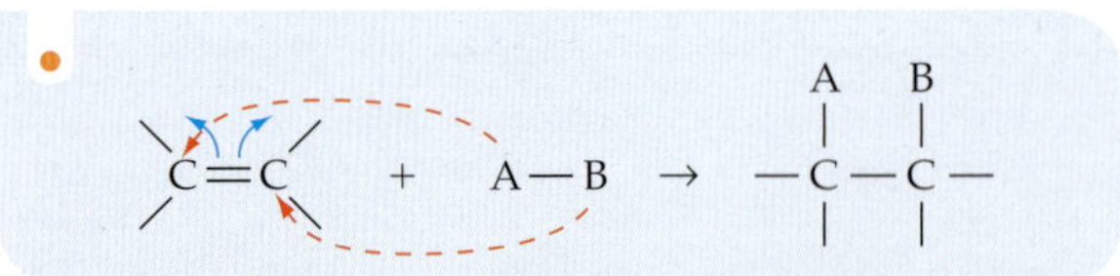

1.1 Adição de H_2 ou hidrogenação catalítica

Consiste na reação de alceno com gás hidrogênio (H_2), que é catalisada por níquel (Ni), platina (Pt) ou paládio (Pd). Daí o nome **hidrogenação catalítica**.

$$H_2C{=}CH_2 \; + \; H{-}H \xrightarrow[\Delta]{Ni} H_3C{-}CH_3$$

etano (um alcano)

A hidrogenação catalítica é também conhecida como reação de Sabatier-Senderens e constitui um meio de obter alcanos a partir de alcenos.

Como vimos no capítulo 22, o catalisador aumenta a rapidez de uma reação. Dessa forma, uma reação que seja muito lenta para ter aplicação prática em uma indústria ou laboratório passa a ser possível com o uso do catalisador adequado. Um catalisador propicia à reação um novo mecanismo alternativo. Esse novo mecanismo apresenta uma energia de ativação menor.

Na hidrogenação, os metais níquel, platina ou paládio catalisam a reação devido a uma importante propriedade que possuem: a capacidade de **adsorver** o H_2 e o alceno. **Adsorver significa aderir à superfície**. Assim, tanto as moléculas de gás hidrogênio como as do alceno ficam aderidas à superfície do metal (isto é, são adsorvidas por ele), o que provoca o enfraquecimento das ligações, tornando mais fácil a reação.

Hidrogenação na indústria de alimentos

Estudaremos no capítulo 34 que os óleos vegetais (de milho, algodão, soja, arroz etc.) são constituídos por longas moléculas contendo ligações duplas C=C.

Essas ligações duplas presentes nos óleos, que são "líquidos", podem ser hidrogenadas, dando origem às gorduras, que são "sólidas". Dessa maneira, os óleos de milho, algodão, soja, arroz e outros podem ser transformados em materiais pastosos que são empregados no preparo das margarinas.

As margarinas contêm, além dos óleos vegetais hidrogenados, outros ingredientes, como leite, vitamina A, aromatizantes e corantes.

EDUARDO SANTALIESTRA/CID

▲ Óleos vegetais contêm ligações duplas entre carbonos. A hidrogenação dessas insaturações transforma esses óleos (líquidos viscosos, como o da colher à esquerda) em gorduras (sólidos pastosos, como o da colher à direita).

1.2 Adição de halogênios

Os halogênios Cl_2 e Br_2 reagem com alcenos em reações de adição. O produto obtido é um di-haleto no qual os átomos de halogênio estão posicionados em carbonos vizinhos, chamado de **di-haleto vicinal**. Ao contrário da hidrogenação, não há necessidade de catalisadores para que essa reação seja viável.

$$H_2C{=}CH_2 + Cl{-}Cl \rightarrow H_2C(Cl){-}CH_2(Cl)$$

1,2-dicloro-etano (um di-haleto vicinal)

1.3 Adição de haletos de hidrogênio (HX)

HCl, HBr e HI adicionam-se a alcenos conforme o exemplo a seguir. Essa reação é catalisada pelos íons H^+ liberados pelo próprio haleto de hidrogênio HX. Trata-se de um método para obter mono-haletos em laboratório.

$$H_2C{=}CH_2 + H{-}Cl \rightarrow H_3C{-}CH_2(Cl)$$

cloro-etano (um mono-haleto)

1.4 Adição de água

A adição de água, também conhecida como **hidratação**, acontece de modo semelhante à adição de HX. Contudo, a reação requer catálise ácida (H^+). Esse método permite obter álcoois a partir de alcenos.

$$H_2C{=}CH_2 + H{-}OH \xrightarrow{H^+} H_3C{-}CH_2(OH)$$

etanol (um álcool)

1.5 Regra de Markovnikov

Ao realizar a adição de HX (X = halogênio) ou H_2O a um alceno, se a molécula da substância orgânica não for simétrica em relação à dupla C═C, poderemos pensar na possibilidade de dois produtos diferentes. Considere, por exemplo, a adição de HCl ao propeno:

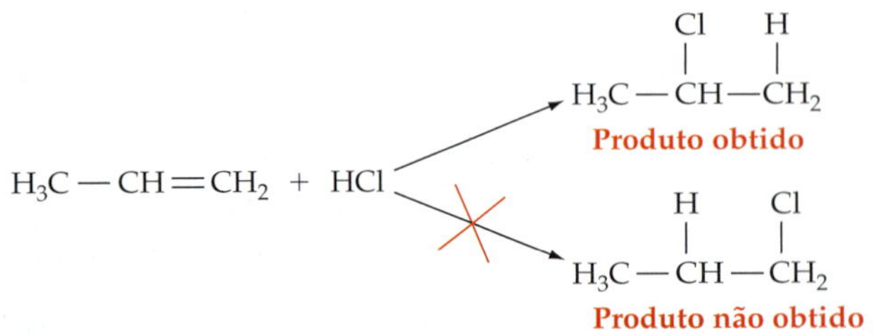

Na prática, só se obtém um dos produtos esperados teoricamente. Isso também é observado na adição de H—Br, H—I e H—OH.

Em 1869, o químico russo Vladimir Markovnikov enunciou para esse tipo de situação a seguinte regra empírica (isto é, com base puramente experimental), hoje conhecida como **Regra de Markovnikov** (pronuncia-se "marconicóf"):

- Na adição de HX (X = halogênio) ou H_2O a uma ligação dupla C═C, o átomo de H adiciona-se preferencialmente ao carbono da dupla que já contém mais hidrogênios, ou seja, **o H adiciona-se ao carbono mais hidrogenado**.

Assim:

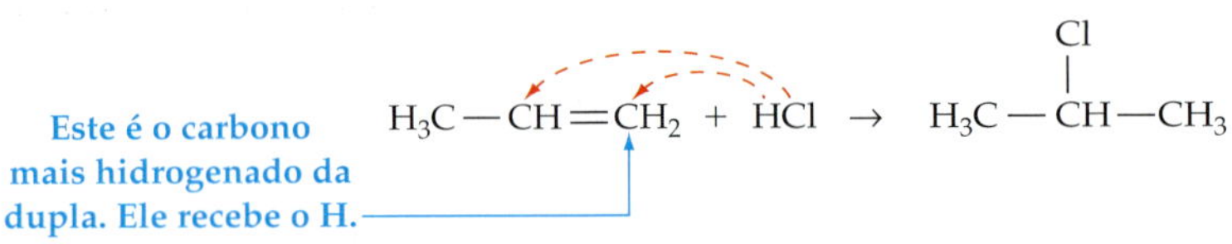

ATENÇÃO

O experimento da foto abaixo está sendo aqui RELATADO por sua relevância no estudo da Química. Por ser PERIGOSO, NÃO deve ser realizado.

O tetracloreto de carbono altera o sistema nervoso central e o sistema circulatório, provoca danos no fígado, rins e pulmões. **O bromo** provoca ulceração da córnea, queimaduras na pele, dor de cabeça, edema pulmonar e diarreia.

1.6 O teste da solução de bromo

Vimos que os halogênios podem se adicionar à ligação dupla de um alceno. Esse fato propicia aos químicos um teste para identificar a presença de ligação dupla C═C em uma substância orgânica.

Nesse teste, algumas gotas da substância na qual se deseja testar a presença de ligação C═C são adicionadas a uma solução de bromo (Br_2, alaranjado) em tetracloreto de carbono (CCl_4, incolor). A solução é originalmente alaranjada, graças à presença de bromo.

A reação de adição do Br_2 à ligação dupla alcênica consome o Br_2 da solução e ela perde a cor. Assim, dizemos que **o teste da solução de bromo dá resultado positivo quando há descoloração do alaranjado** característico desse reagente. Teste positivo indica a presença de insaturação C═C. Por sua vez, se a substância adicionada for saturada, não haverá descoloração e se diz, nesse caso, que o teste deu negativo.

Se, por acaso, você está pensando que um alcano deveria dar resultado positivo graças à reação de substituição envolvendo o Br_2, fique atento ao fato de as substituições em alcanos requererem condições apropriadas, como luz de frequência adequada ou aquecimento. Realizada em solução e à temperatura ambiente, uma reação de substituição envolvendo um alcano e o Br_2 é tão lenta que a descoloração da solução de bromo, se ocorrer, não será imediata. Já uma reação de adição de Br_2 à ligação dupla de um alceno é muito rápida nessas condições, propiciando uma perda de cor quase que imediata.

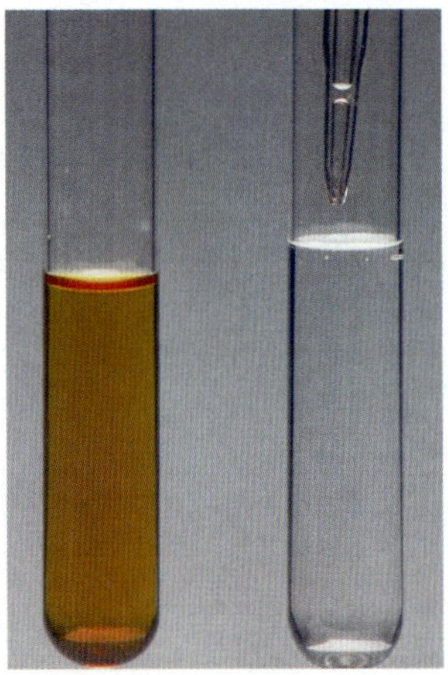

EDUARDO SANTALIESTRA/CID

▲ O tubo da esquerda mostra uma solução de Br_2 em CCl_4, com sua cor alaranjada característica. Após a adição de poucas gotas de um alceno, ocorre perda da cor. Diz-se que o **teste da solução de bromo** deu **positivo**.

Exercícios essenciais

A critério do(a) professor(a) esta lista de exercícios poderá ser realizada em classe ou em casa.

1. (PUC-Campinas-SP) Os feromônios são compostos liberados por um animal para, por exemplo, atrair outro da mesma espécie. O *cis*-9-tricoseno, representado abaixo, é uma dessas estruturas, sendo secretado pelas fêmeas das moscas domésticas como atrativo sexual.

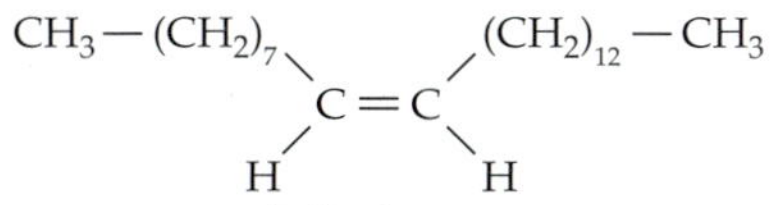

cis-9-tricoseno

A parte da molécula *cis*-9-tricoseno mais indicada para ocorrer uma reação de adição é:

a) a formada por ligações simples.
b) a que apresenta insaturação.
c) o grupo octila.
d) o grupo $-(CH_2)_{12}-$.
e) o grupo metila.

Exercício Resolvido

2. Acroleína é o nome usual de uma substância que se forma quando um óleo é utilizado por muito tempo na fritura de alimentos. É ela um dos principais responsáveis pelo odor característico de óleo muito usado.
O nome da acroleína, de acordo com as regras sistemáticas da IUPAC, é propenal.
Equacione a reação de hidrogenação catalítica da ligação dupla alcênica (isto é, ligação dupla $C=C$) presente nessa substância.

Resolução

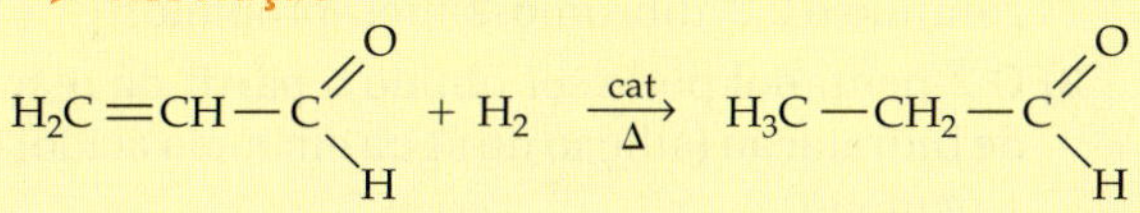

3. (UFC-CE) São apresentados, abaixo, quatro compostos pertencentes a várias funções orgânicas:

CH_3OH $\quad CH_3NH_2$ $\quad CH_2=CH_2$ 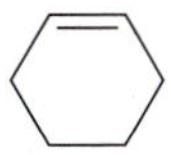

A alternativa que corresponde a dois compostos capazes de sofrer reação de adição é:

a) metanol e metilamina.
b) metilamina e eteno.
c) ciclo-hexeno e metilamina.
d) ciclo-hexeno e metanol.
e) eteno e ciclo-hexeno.

4. (Fuvest-SP) Dois hidrocarbonetos insaturados, que são isômeros, foram submetidos, separadamente, à hidrogenação catalítica. Cada um deles reagiu com H_2 na proporção, em mols, de 1 : 1, obtendo-se, em cada caso, um hidrocarboneto de fórmula C_4H_{10}. Os hidrocarbonetos que foram hidrogenados poderiam ser:

a) 1-butino e 1-buteno.
b) 1,3-butadieno e ciclobutano.
c) 2-buteno e 2-metilpropeno.
d) 2-butino e 1-buteno.
e) 2-buteno e 2-metilpropano.

5. (Vunesp) Abelhas da espécie *Apis mellifera* produzem o feromônio geraniol para ser utilizado como sinalizador de trilha.
Em um laboratório de pesquisa, foi realizada a hidrogenação completa catalisada do geraniol.

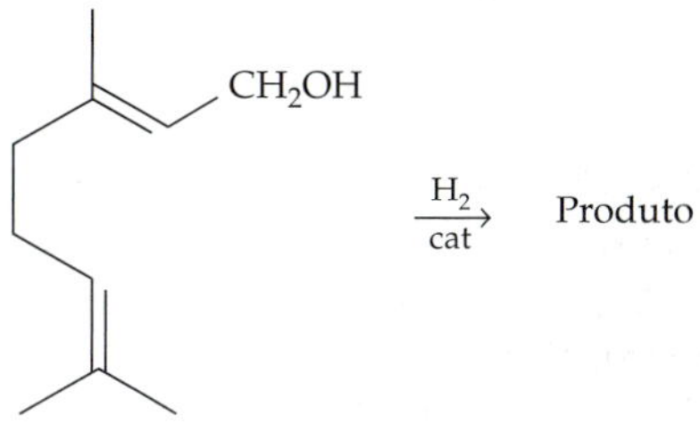

Apresente o nome oficial (IUPAC) do produto formado na hidrogenação completa do geraniol.

6. (UFRJ) Um determinado alceno, por hidrogenação catalítica, produz o 2,3-dimetilpentano.

a) Apresente o nome e a fórmula estrutural desse alceno, sabendo que ele possui isomeria geométrica (*cis-trans*).
b) Escreva a fórmula estrutural de um isômero de posição do 2,3-dimetilpentano que apresenta um carbono quaternário.

7. (UFMG) Considere os três compostos químicos diferentes com a fórmula molecular $C_2H_2Cl_2$:

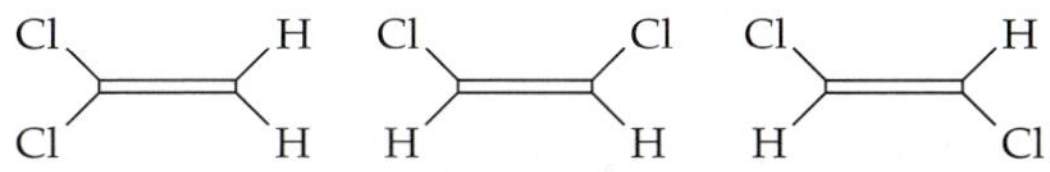

Em relação a esses três isômeros, todas as afirmativas a seguir estão corretas, exceto:

a) Possuem a mesma massa molar.
b) Possuem estrutura plana.
c) Apresentam o mesmo número de ligações químicas.
d) Formam, por adição de H_2, três compostos distintos.

8. (Estácio-RJ) Quando um alceno adiciona cloreto de hidrogênio, o halogênio liga-se ao carbono:

a) mais próximo da dupla ligação.
b) de maior potencial eletronegativo.
c) mais distante da dupla ligação.
d) com menor número de hidrogênios.
e) com maior número de hidrogênios.

9. (UFRN) Observe o esquema reacional abaixo:

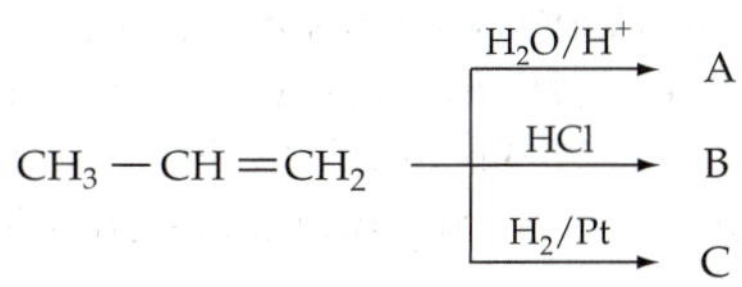

Sobre esses compostos, é correto afirmar que todas as reações são de:

a) adição, sendo os produtos respectivamente: A = 1-propanol; B = 1-cloro-propano e C = propano.

b) substituição, sendo os produtos respectivamente: A = 1-butanol; B = 2-cloro-propano e C = propano.

c) substituição, sendo os produtos respectivamente: A = 1-hidróxi-2-propeno; B = 2-cloro-1-propeno e C = propeno.

d) adição, sendo os produtos respectivamente: A = 1,2-propanodiol; B = 1,2-dicloropropano e C = propano.

e) adição, sendo os produtos respectivamente: A = 2-propanol; B = 2-cloro-propano e C = propano.

10. (PUC-SP) As reações de adição na ausência de peróxidos ocorrem seguindo a Regra de Markovnikov, como mostra o exemplo.

$$H_3C{-}CH{=}CH_2 + HBr \longrightarrow H_3C{-}\underset{}{\overset{\overset{\large Br}{|}}{C}H}{-}CH_3$$

Considere as seguintes reações:

$$H_3C{-}\overset{\overset{\large CH_3}{|}}{C}{=}CH{-}CH_3 + HCl \longrightarrow X$$

$$H_2C{=}CH{-}CH_3 + H_2O \xrightarrow{H^+} Y$$

Os produtos principais, X e Y, são, respectivamente,

a) 3-cloro-2-metilbutano e 1-propanol.

b) 3-cloro-2-metilbutano e 2-propanol.

c) 2-cloro-2-metilbutano e 1-propanol.

d) 2-cloro-2-metilbutano e 2-propanol.

e) 2-cloro-2-metilbutano e propanal.

11. (UFRJ) Os alcenos, devido à presença de insaturação, são muito mais reativos do que os alcanos. Eles reagem, por exemplo, com haletos de hidrogênio, tornando-se, assim, compostos saturados.

a) Classifique a reação entre um alceno e um haleto de hidrogênio.

b) Apresente a fórmula estrutural do produto principal obtido pela reação do HCl com um alceno de fórmula molecular C_6H_{12} que possui um carbono quaternário.

12. (UPE) A reação entre o cloreto de hidrogênio e o 2-metil-2-penteno, origina:

a) 2-cloro-2-metilpentano

b) 3-cloro-3-metilpentano

c) 2-cloro-3-metilpentano

d) 3-cloro-2-metilpentano

e) 2-cloro-2-metil-etilpentano

Exercícios adicionais

Seu(sua) professor(a) indicará quais exercícios deste bloco você deve fazer.

13. (Fuvest-SP) Na Tabela Periódica, o elemento químico bromo (Br) está localizado no 4º período e no grupo 7A (ou 17), logo abaixo do elemento cloro (Cl). Com relação à substância simples bromo (Br_2, ponto de fusão −7,2 °C, ponto de ebulição 58,8 °C, sob pressão de 1 atm), um estudante de Química fez as seguintes afirmações:

I. Nas condições ambientes de pressão e temperatura, o Br_2 deve ser uma substância gasosa.

II. Tal como o Cl_2, o Br_2 deve reagir com o eteno. Nesse caso, o Br_2 deve formar o 1,2-dibromoetano.

III. Tal como o Cl_2, o Br_2 deve reagir com H_2, formando um haleto de hidrogênio. Nesse caso, o Br_2 deve formar o brometo de hidrogênio.

É correto somente o que o estudante afirmou em:

a) I
b) I e II
c) II e III
d) I e III
e) III

14. (UFPE) Uma reação típica de alquenos é a adição à ligação dupla C=C. Em relação a essa classe de reações, podemos afirmar o que segue. [Julgue os itens em verdadeiros ou falsos.]

0) O propeno sofre reação de adição de HBr gerando 2-bromopropano.

1) O 2-metil-2-buteno sofre reação de adição de Br_2 gerando o 2,3-dibromo-2-metilpropano.

2) O 2-pentanol pode ser obtido a partir da reação de hidratação (adição de água em meio ácido) do 1-penteno.

3) A reação de adição de HBr ao 2-metil-2-buteno gera um composto que apresenta um carbono assimétrico.

4) A reação de adição de Br_2 ao 2-metil-2-buteno gera produtos sem carbono assimétrico (quiral).

15. (Unifesp) Muitos álcoois podem ser obtidos pela hidratação catalisada por ácidos de alcenos. Nessa reação de adição, o H da água se adiciona ao carbono que tem mais hidrogênios ligados a ele e o grupo hidroxila se liga ao carbono menos hidrogenado (regra de Markovnikov).
Sabendo-se que os álcoois formados na hidratação de dois alcenos são respectivamente 2-metil-2--pentanol e 1-etilciclopentanol, quais os nomes dos alcenos correspondentes que lhes deram origem?

a) 2-metil-2-penteno e 2-etilciclopenteno.

b) 2-metil-2-penteno e 1-etilciclopenteno.

c) 2-metil-3-penteno e 1-etilciclopenteno.

d) 2-metil-1-penteno e 2-etilciclopenteno.

e) 3-metil-2-penteno e 2-etilciclopenteno.

16. (UFV-MG) O alceno $CH_3—CH=CH_2$ reage com H_2, produzindo o alcano correspondente. Esse mesmo alceno reage com Cl_2 produzindo um dialeto orgânico. Quando esse alceno reage com HCl, são produzidos dois compostos.
Os produtos das reações são:

a) propano, 1,2-dicloropropano, 1-cloropropano e 2-cloropropano.

b) propano, 1,2,3-tricloropropano, 1-cloropropeno e 2-cloropropeno.

c) propeno, 1,2-dicloropropano, 1-cloropropeno e 2-cloropropano.

d) propeno, 1,3-dicloropropano, 1-cloropropano e 2-cloropropeno.

Comentário dos autores:

No caso da adição de HCl, essa questão deseja a previsão de ambos os produtos possíveis de adição à dupla, não apenas o produto principal (majoritário), previsto pela Regra de Markovnikov.

17. (Vunesp) Considere os hormônios progesterona e testosterona, cujas fórmulas estruturais são fornecidas a seguir.

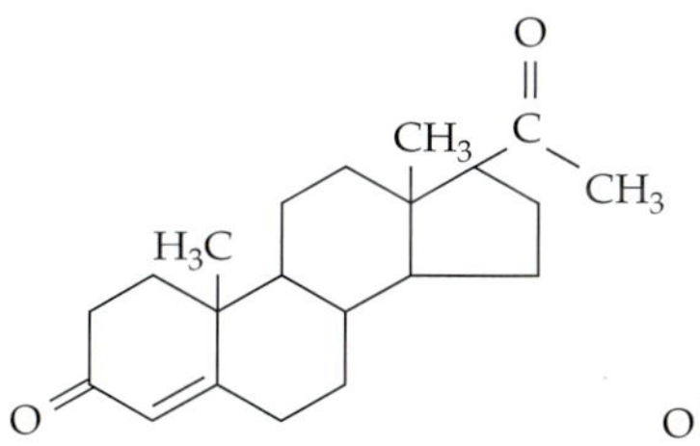

progesterona
(hormônio feminino)

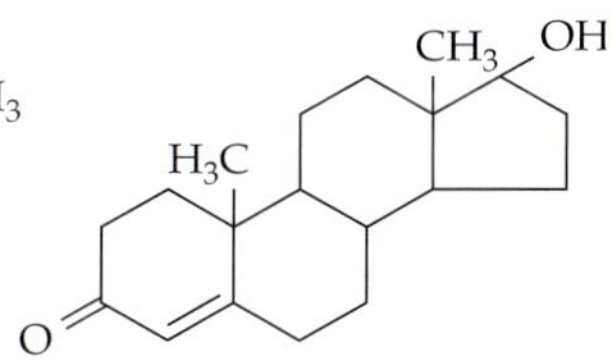

testosterona
(hormônio masculino)

a) Quais são as funções orgânicas que diferenciam os dois hormônios?

b) Tanto a molécula de progesterona como a de testosterona reagem com solução de bromo. Utilizando apenas o grupo de átomos que participam da reação, formule a equação química que representa a reação entre o bromo e um dos hormônios.

18. (UFRN) Em um laboratório de Química, foram realizados dois experimentos, ambos sob aquecimento, utilizando hexano e 2-hexeno, conforme mostrado no quadro abaixo:

Experimento I	hexano + Br_2 (g) → produtos
Experimento II	2-hexeno + Br_2/CCl_4 → produtos

a) Especifique em qual dos experimentos haverá formação de HBr. Classifique a reação ocorrida nesse experimento como reação de adição, de substituição ou de eliminação.

b) Escreva a fórmula estrutural de um isômero geométrico do tipo *cis* para o reagente no **experimento II.**

19. (UFJF-MG) A capsaicina e a piperina, cujas estruturas estão representadas abaixo, são substâncias responsáveis pelo efeito picante das pimentas.

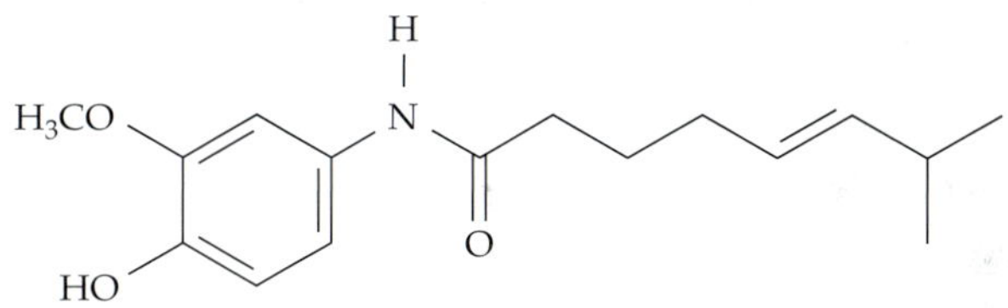

capsaicina

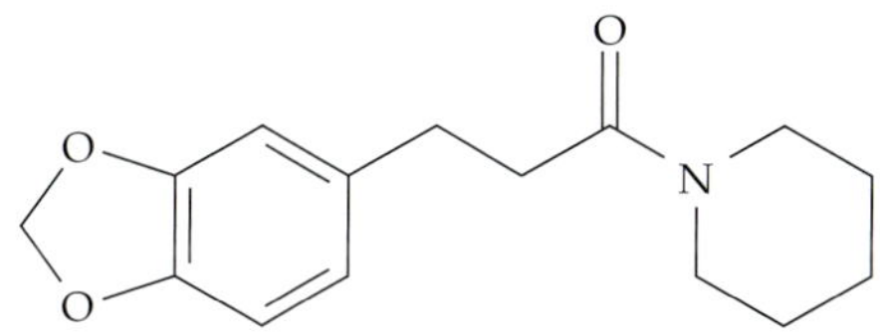

piperina

Com base nessas informações, escolha a alternativa **CORRETA**.

a) Ambas as moléculas possuem a função cetona.

b) A capsaicina pode sofrer reação de adição com solução de bromo em CCl_4.

c) A piperina possui dois anéis aromáticos em sua estrutura.

d) A capsaicina e a piperina são isômeros.

e) Das duas moléculas, só a capsaicina reage com bromo em presença de $AlBr_3$ por substituição.

2 Reações de adição a alcinos

A ligação tripla dos alcinos comporta-se como a dupla dos alcenos, porém pode sofrer uma ou duas adições, dependendo da quantidade do outro reagente.

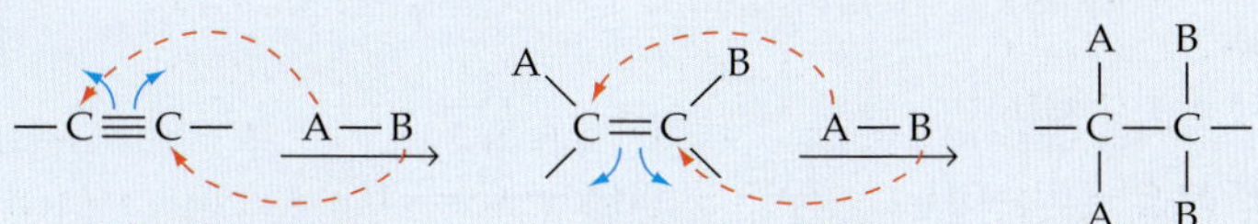

Primeira adição **Segunda adição**

2.1 Hidrogenação catalítica

A adição de H_2, se for feita na proporção em mols de 1 : 1 (um mol de alcino para um mol de H_2), produzirá um alceno. Se a proporção for de 1 : 2, o alceno formado também sofrerá adição, produzindo um alcano.

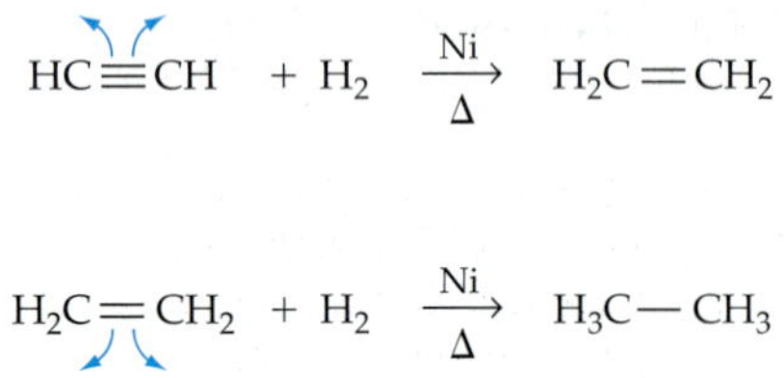

1 mol de alcino e 1 mol de H_2 produzem 1 mol de alceno...

... que pode reagir com mais 1 mol de H_2, formando 1 mol de alcano.

2.2 Adição de halogênios

A adição de Cl_2 ou Br_2 segue os mesmos moldes da hidrogenação:

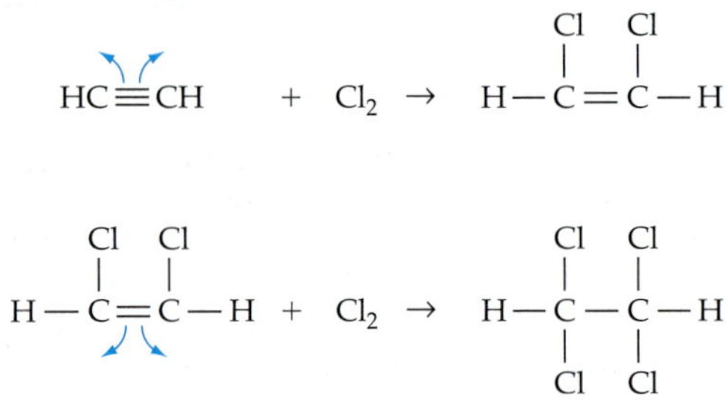

1 mol de alcino e 1 mol de Cl_2 produzem 1 mol de haleto...

... que pode reagir com mais 1 mol de Cl_2, formando 1 mol de um outro haleto.

2.3 Adição de haletos de hidrogênio (HX)

Também neste caso a reação pode parar no produto com ligação dupla ou continuar até formar o produto saturado. É importante perceber que a **Regra de Markovnikov direciona as reações**.

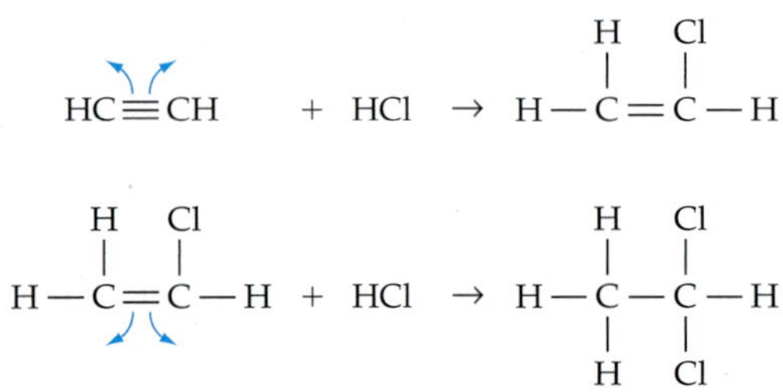

1 mol de alcino e 1 mol de HCl produzem 1 mol de um haleto...

... que pode reagir com mais 1 mol de HCl, formando 1 mol de um outro haleto.

di-haleto geminal
(dois halogênios no *mesmo* carbono)

2.4 Adição de água

Na hidratação de um alcino não acontece a segunda adição. Isso se explica em virtude de o produto da primeira adição ser um **enol** que, tão logo formado, **se transforma em um aldeído ou uma cetona**, dependendo do alcino utilizado.

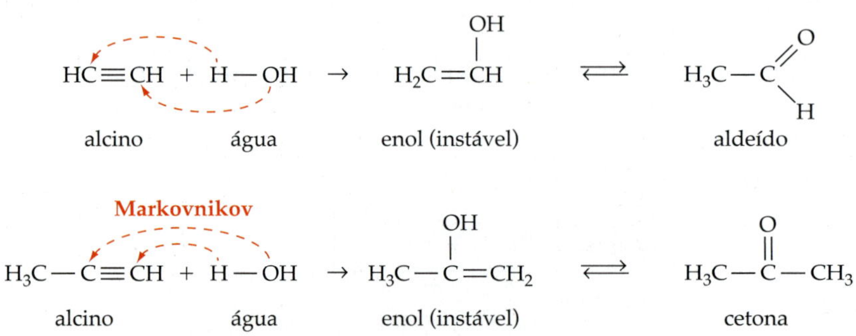

A Química do acetileno

O **etino** é conhecido pelo nome trivial de **acetileno** (aceito pela IUPAC). É utilizado como combustível nos chamados maçaricos de oxiacetileno, uma vez que sua chama é extremamente quente (3.000 °C). (Esses maçaricos destinam-se a soldar ferragens ou cortar chapas metálicas.)

Sob o ponto de vista industrial, o acetileno constitui uma das mais importantes matérias-primas. A partir dele pode-se obter uma infinidade de outros compostos usados para fabricar plásticos, tintas, adesivos, fibras têxteis etc.

O acetileno é um composto importante na chamada indústria **carboquímica**, isto é, aquela que utiliza matérias-primas provenientes do carvão. Aquecendo calcário ($CaCO_3$) podemos obter cal virgem (CaO), que, aquecida juntamente com carvão, em uma segunda etapa, produz o **carbeto de cálcio**, mais conhecido como **carbureto de cálcio** ou **pedra de carbureto**.

$$\underset{\text{(carbonato de cálcio)}}{\underset{\text{calcário}}{CaCO_3\,(s)}} \rightarrow \underset{\text{(óxido de cálcio)}}{\underset{\text{cal virgem}}{CaO\,(s)}} + CO_2\,(g)$$

$$\underset{\text{cal virgem}}{CaO\,(s)} + \underset{\text{carvão}}{3\,C\,(graf.)} \rightarrow \underset{\text{(carbeto de cálcio)}}{\underset{\text{carbureto}}{CaC_2\,(s)}} + CO\,(g)$$

O CaC_2 é um sólido iônico branco-acinzentado que, em contato com a água, reage imediatamente, produzindo gás acetileno. Essa reação, chamada de **hidrólise do carbureto**, tem um efeito visual muito parecido com o de um comprimido efervescente jogado em água.

$$\underset{\text{carbureto}}{CaC_2\,(s)} + 2\,HOH\,(l) \rightarrow Ca(OH)_2\,(aq) + \underset{\text{acetileno (etino)}}{HC \equiv CH\,(g)}$$

Antes que as lanternas a pilha se tornassem populares, a hidrólise do carbureto, seguida da combustão do acetileno, era usada em lanternas para acampamentos e exploração de cavernas.

O acetileno utilizado na indústria química não vem exclusivamente do carvão. A maior parte dele vem atualmente do petróleo, por meio do craqueamento catalítico.

> **ATENÇÃO**
>
> **Não faça o experimento da hidrólise do carbureto por conta própria.**
>
> **Sua eventual realização deve ser em laboratório, com autorização e supervisão do(a) professor(a) para evitar acidentes com o gás acetileno, que é altamente inflamável.**
>
> **Óculos de segurança, luvas e aventais protetores são obrigatórios.**

Algumas aplicações do acetileno

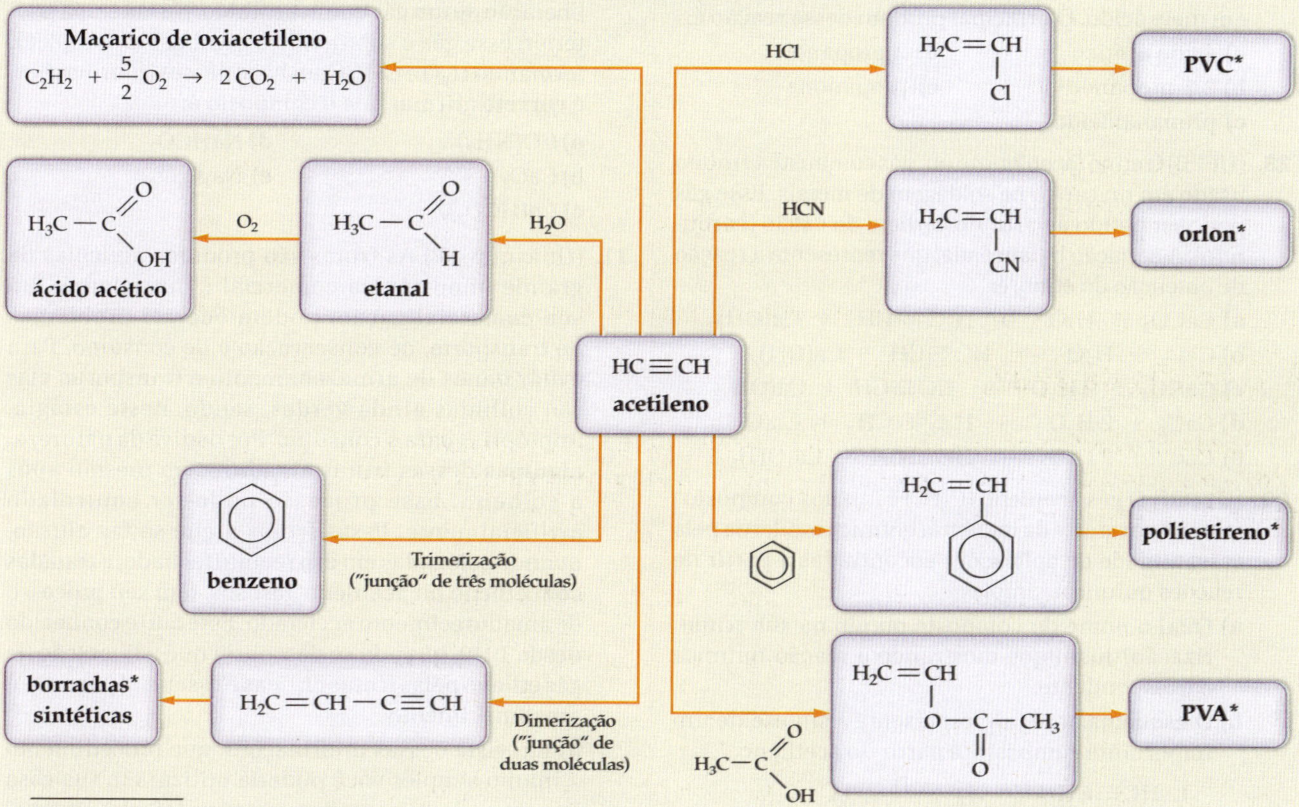

* Polímeros que estudaremos no capítulo 33.

Exercícios essenciais

A critério do(a) professor(a) esta lista de exercícios poderá ser realizada em classe ou em casa.

20. Represente a fórmula estrutural do produto das reações de 1 mol de propino com:

a) 1 mol de H_2 **b)** 2 mol de H_2

21. Represente a fórmula estrutural do produto das reações de 1 mol de propino com:

a) 1 mol de Cl_2 **b)** 2 mol de Cl_2

22. Represente a fórmula estrutural do produto das reações de 1 mol de propino com:

a) 1 mol de HCl **b)** 2 mol de HCl

23. (UFMG) A reação entre um mol de propino, $HC{\equiv}C{-}CH_3$, e dois mols de bromo, Br_2, na ausência de luz ou calor, produz:

a) $CHBr_2{-}CBr_2{-}CH_3$

b) $CH_2Br{-}CBr_2{-}CH_2Br$

c) $CBr_2{=}CH{-}CHBr_2$

d) $CHBr{-}CBr{-}CHBr_2$

24. (UFRN) O produto da reação entre 2 mol de HBr e 1 mol de 1-butino em meio aquoso é:

a) 2-bromo-1-buteno

b) 1-bromo-1-buteno

c) 1,1-dibromo-buteno

d) 2,2-dibromo-butano

e) 1,2-dibromo-butano

25. (UEG) O exame da equação a seguir:

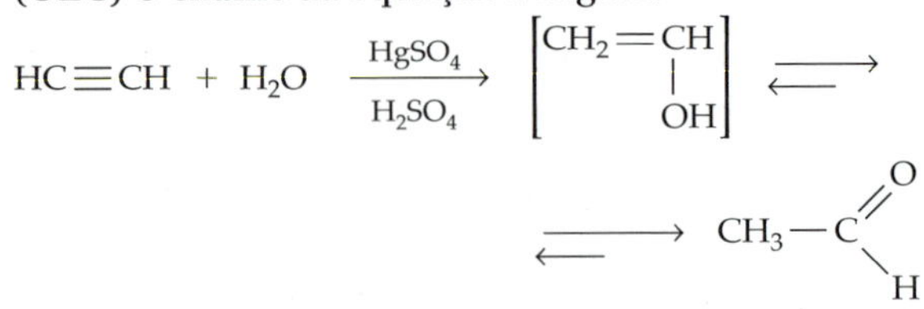

permite afirmar que:

a) representa a reação de hidratação de um alceno.

b) a água é adicionada a um composto saturado.

c) há formação de um enol e um ácido carboxílico.

d) há formação de um composto de menor massa molecular.

e) há formação de tautômeros.

Exercícios adicionais

Seu(sua) professor(a) indicará quais exercícios deste bloco você deve fazer.

26. (FEI-SP) Qual das substâncias abaixo é produzida pela hidratação do acetileno?

a) etileno **b)** etanol **c)** acetona **d)** acetaldeído **e)** ácido acético

27. (UEPG-PR) O composto propino sofreu hidratação em meio ácido. O principal produto dessa reação é:

a) ácido acético

b) 2,2-propanodiol

c) propanaldeído

d) 2-propanol

e) propanona

28. (UFPB) O etino (acetileno) é um gás combustível muito usado em maçarico na soldagem de metais. Esse gás pode ser obtido a partir do carbeto de cálcio (carbureto). A equação balanceada, que representa a reação de obtenção do etino, é:

a) $CaCO_3 + H_2O \rightarrow H_2C{=}CH_2 + Ca(OH)_2$

b) $CaC_2 + H_2O \rightarrow HC{\equiv}CH + Ca(OH)_2$

c) $CaCO_3 + 2\,H_2O \rightarrow HC{\equiv}CH + Ca(OH)_2$

d) $CaC_2 + 2\,H_2O \rightarrow H_2C{=}CH_2 + Ca(OH)_2$

e) $CaC_2 + 2\,H_2O \rightarrow HC{\equiv}CH + Ca(OH)_2$

29. (UFRRJ) O gás acetileno (C_2H_2) é um dos compostos mais importantes da indústria química moderna pela versatilidade de aplicações encontradas a partir de reações químicas simples.

a) Qual o nome do composto obtido na sua trimerização? Justifique mostrando a reação química correspondente.

b) O esquema, a seguir, representa a síntese de um importante composto, a partir do acetileno.

I. $HC{\equiv}CH + H_2 \xrightarrow{Pt} X$

II. $X + H_2O \xrightarrow{H^+} Y$

A partir do esquema dado, dê o nome do composto **X** e a função orgânica do composto **Y**.

30. (ITA-SP) Um composto sólido é adicionado a um béquer contendo uma solução aquosa de fenolftaleína. A solução adquire uma coloração rósea e ocorre a liberação de um gás que é recolhido. Numa etapa posterior, esse gás é submetido à combustão completa, formando H_2O e CO_2. Com base nessas informações, é **correto** afirmar que o composto é:

a) $CO(NH_2)_2$

b) CaC_2

c) $Ca(HCO_3)_2$

d) $NaHCO_3$

e) $Na_2C_2O_4$

31. (Unicamp-SP) As frutas são produtos agrícolas de grande importância comercial e nutricional. Em sua comercialização, podem ocorrer problemas de transporte, de conservação e de consumo. Para evitar danos de armazenamento e transporte, elas são colhidas ainda verdes, sendo, neste estágio, impróprias para o consumo. Por dádiva da natureza, algumas dessas frutas amadurecem mesmo após a colheita. Esse processo pode ser controlado artificialmente. Essas frutas a que se faz alusão, quando colocadas em um recinto fechado, e tratadas com etileno ou acetileno gasosos, têm seu processo de amadurecimento acelerado. Esse fato é conhecido desde 1940, quando se descobriu que a liberação de gás etileno pelas frutas cítricas é essencial para o seu amadurecimento.

a) Em vista dessas informações, que procedimento muito simples você poderia utilizar em sua casa para acelerar o amadurecimento de frutas cítricas? Descreva resumidamente o procedimento.

b) Dispondo-se de carbeto de cálcio, é possível utilizá-lo para acelerar o amadurecimento de frutas. Justifique esta afirmação com uma equação química.

c) Os dois gases apresentados no texto, sob mesma condição de temperatura e pressão, têm densidades muito próximas, mas um deles é mais denso. Qual é o mais denso? Justifique sua resposta.

3 Os aromáticos e as reações de adição

3.1 O conceito de ressonância

Considere a representação Ⓐ de uma molécula de benzeno. Vamos colocar em cada carbono um número, de 1 a 6. Mudando apenas a posição das ligações duplas, sem alterar a posição dos carbonos e hidrogênios, podemos escrever outra fórmula estrutural Ⓑ para o benzeno.

Ⓐ

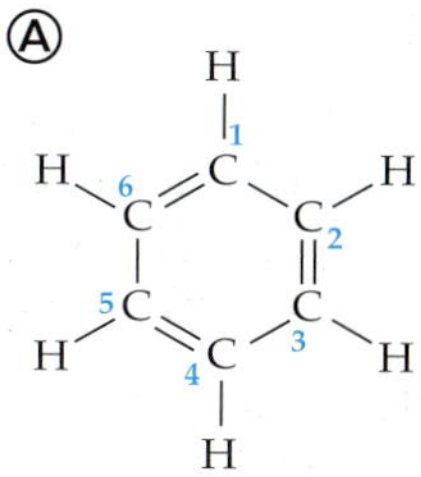

Ⓑ

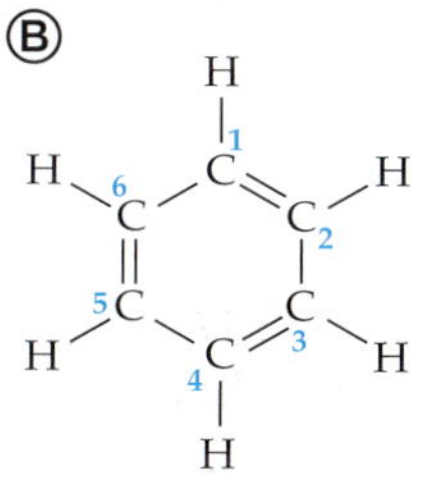

- **Ressonância** é o termo usado para descrever uma situação na qual, sem mudar a posição dos átomos, podemos escrever **mais de uma** fórmula estrutural diferente, mudando **apenas** a posição de alguns elétrons.

As estruturas Ⓐ e Ⓑ são chamadas de **estruturas de ressonância**. Nenhuma delas isoladamente representa bem o benzeno. Os elétrons das ligações duplas não se localizam nem como está mostrado em Ⓐ nem como em Ⓑ. Dizemos que **os elétrons das ligações duplas estão deslocalizados** e que o benzeno é um **híbrido de ressonância**.

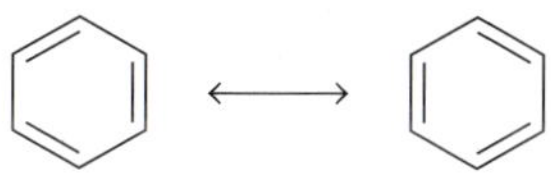

O símbolo ⟷ diz que o benzeno é um misto de ambas as estruturas. Não o confunda com o símbolo de equilíbrio químico ($\rightleftharpoons$) apresentado no capítulo 23.

A maneira mais usada para representar o benzeno é:

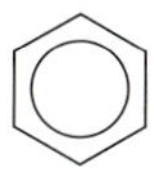
benzeno

na qual o círculo central indica a ressonância. Todos os compostos aromáticos exibem o fenômeno da ressonância. Veja outros exemplos:

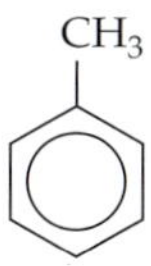
tolueno

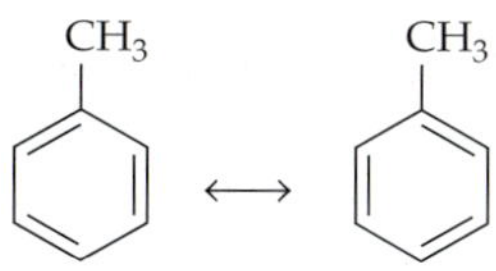

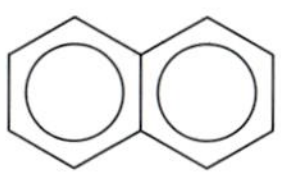
naftaleno

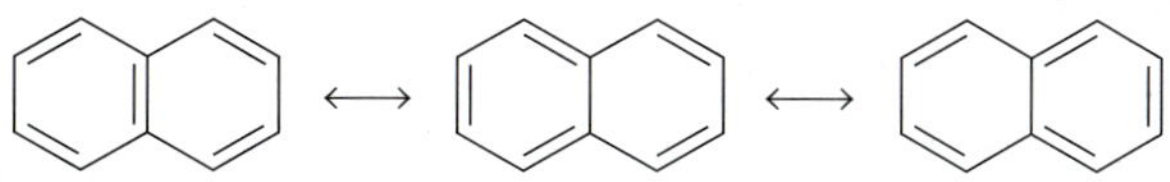

3.2 O caráter das ligações no benzeno

No capítulo 29, vimos que os hidrocarbonetos aromáticos caracterizam-se pelas reações de substituição. Mas você pode ter ficado em dúvida: já que o anel benzênico é insaturado, por que ele não sofre adição?

A resposta é simples e baseia-se no fenômeno da ressonância.

Devido à ressonância, não existem realmente ligações simples e duplas no anel benzênico. As ligações CC têm **caráter intermediário entre simples e dupla**. Isso é confirmado por experiências que mostraram que a distância das ligações CC no benzeno é intermediária entre a das ligações simples e a das duplas.

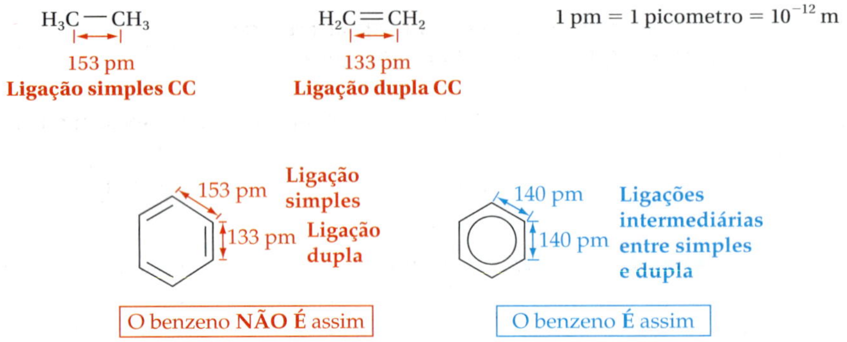

Por essa razão, **o benzeno não costuma dar reações de adição, e sim reações de substituição**, características de compostos saturados.

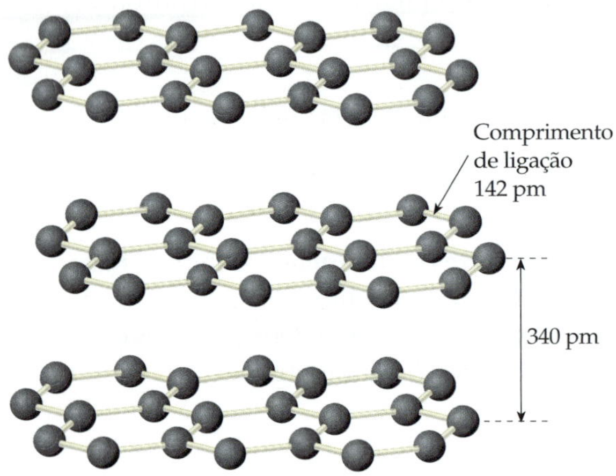

▲ Modelo molecular da grafite. Em sua estrutura existem "placas" que podem ser consideradas como sendo constituídas por muitos anéis benzênicos condensados. Várias dessas placas se unem por meio de interações intermoleculares do tipo dipolo instantâneo-dipolo induzido. No sentido das placas, um cristal de grafite é um bom condutor de corrente elétrica (graças à liberdade de movimentação dos elétrons deslocalizados), mas, no sentido perpendicular a elas, é um condutor elétrico muito pobre.

3.3 Forçando a adição em aromáticos

Apesar de os hidrocarbonetos aromáticos normalmente não apresentarem tendência a sofrer reações de adição, podemos realizá-las utilizando **condições enérgicas**, por exemplo, alta pressão, alta temperatura e catalisador apropriado. Nessas condições, as ligações com caráter intermediário entre simples e dupla são forçadas a reagir. Os exemplos mais interessantes dessas reações forçadas são a hidrogenação e a halogenação do benzeno:

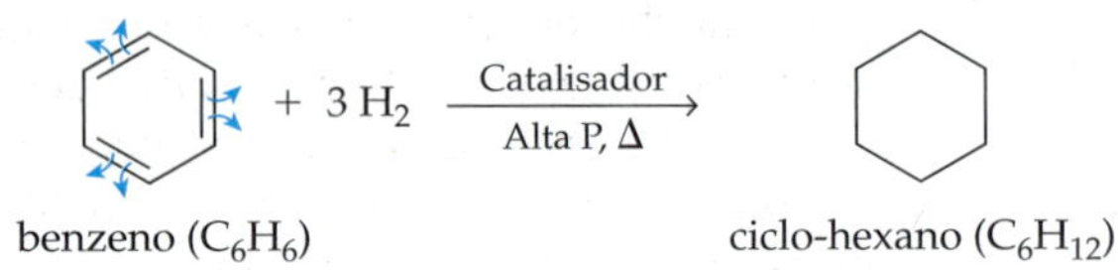

Hidrogenação do benzeno

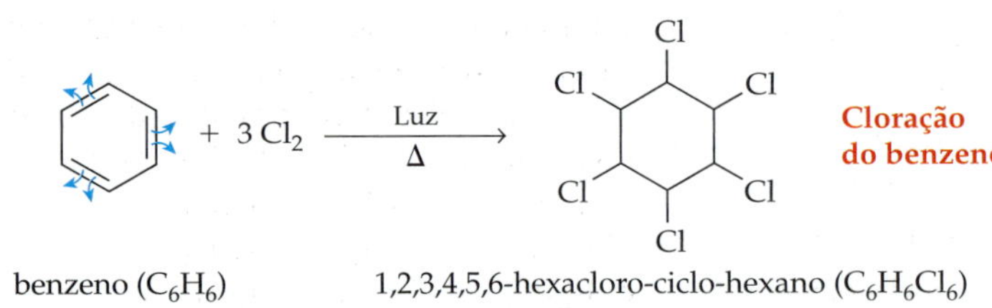

Cloração do benzeno

Essa última reação é o processo usado para obter o inseticida BHC, sigla que vem do nome trivial **b**enzeno **h**exa **c**lorado.

Exercícios essenciais

A critério do(a) professor(a) esta lista de exercícios poderá ser realizada em classe ou em casa.

32. (PUC-RJ) O benzeno, produto altamente tóxico, pode ser transformado em outro composto menos tóxico, que é o ciclo-hexano, através da reação de:

a) oxidação.
b) hidrogenação.
c) nitração.
d) sulfonação.
e) polimerização.

33. As bolinhas de naftalina, usadas para espantar traças e baratas, são constituídas do hidrocarboneto cujo nome, segundo a IUPAC, é naftaleno. Usualmente, tal composto tende a sofrer reações de substituição, mas não de adição. Contudo, sob condições extremamente enérgicas, é possível hidrogenar o naftaleno, produzindo uma substância chamada decalina, de acordo com a seguinte equação química, na qual falta o coeficiente do H_2:

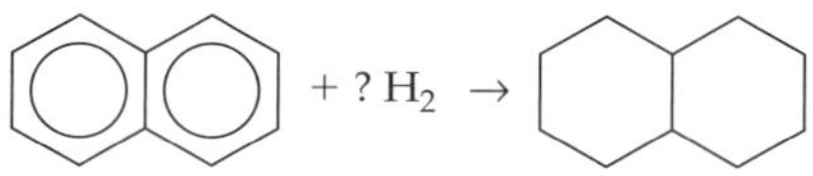

naftaleno — decalina

a) Represente a fórmula molecular do naftaleno.
b) Represente a fórmula molecular da decalina.
c) Qual é o coeficiente estequiométrico do H_2 na equação química mostrada?

34. (Unifor-CE) A cloração do benzeno, por adição, produz:

a) C_6Cl_{12}
b) $C_6CH_3Cl_5$
c) $C_6H_5CH_2Cl$
d) $C_6H_{10}Cl_2$
e) $C_6H_6Cl_6$

35. (Vunesp) A molécula do inseticida BHC apresenta seis cloros, substituindo os átomos de hidrogênio do ciclo-hexano. Sua fórmula estrutural é:

a) 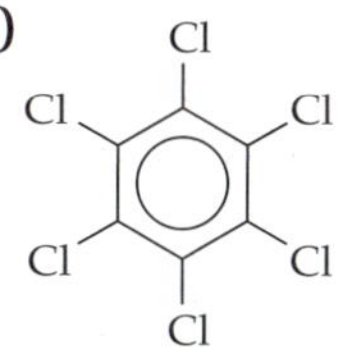

b) 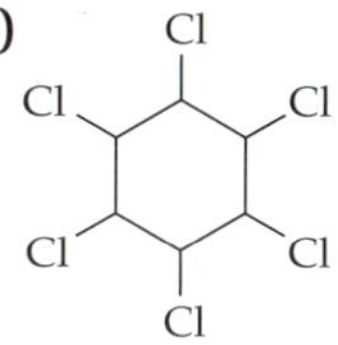

c) 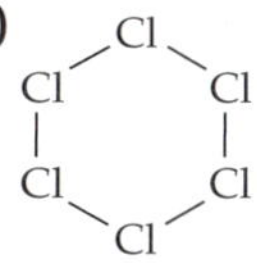

d) 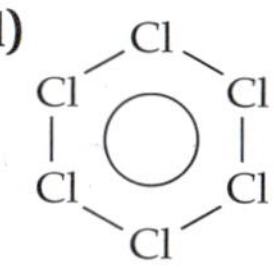

e) 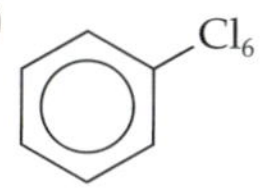

Exercícios adicionais

Seu(sua) professor(a) indicará quais exercícios deste bloco você deve fazer.

36. (Uece) Caso o ser humano não tivesse a capacidade de sonhar, você não estaria lendo esta prova pois, provavelmente, ainda estaríamos na Pré-História. Perderíamos a capacidade de resolver problemas. Algumas pesquisas relacionam o sonho às grandes descobertas, como foi o caso do químico alemão Kekulé, apontado como um dos descobridores do benzeno — molécula em forma de anel com 6 átomos de carbono —, que afirmou que a descoberta surgiu de um sonho em que viu uma serpente mordendo o próprio rabo. A esse respeito, marque a opção verdadeira.

a) Dois núcleos condensados do benzeno (anel benzênico) são denominados *difenil*.
b) Em reação simples, o benzeno reage com o gás cloro, produzindo o inseticida denominado *hexacloreto de benzeno* (reação de substituição).
c) Os hidrocarbonetos aromáticos possuem o anel benzênico e são isômeros funcionais dos fenóis.
d) O anel benzênico é muito estável e, devido a isso, o benzeno só irá reagir (sofrendo adição) em condições drásticas.

37. (UFF-RJ) O artista mostra preocupação com a realidade do entorno da cidade e com o crescimento desordenado de habitações ilegais e, na sua obra, retrata uma preocupação social.
O material utilizado na confecção do grafite é constituído por solventes, que são derivados do petróleo e apresentam várias substâncias aromáticas extremamente tóxicas.
Uma forma de reduzir a toxicidade desses solventes é por meio da conversão dos hidrocarbonetos aromáticos em sistemas totalmente saturados, pela reação com o hidrogênio, alta pressão e catalisador. Dentre os aromáticos responsáveis pela toxicidade, pode-se destacar o benzeno, o tolueno e os xilenos, que são totalmente hidrogenados nas condições reacionais.
Assinale a opção que apresenta, respectivamente, as fórmulas moleculares dos produtos formados a partir da redução total das espécies acima.

a) C_6H_{12} C_7H_{14} C_8H_{16}
b) C_6H_{14} C_7H_{16} C_8H_{18}
c) C_5H_{10} C_6H_{12} C_7H_{14}
d) C_7H_{14} C_6H_{12} C_8H_{16}
e) C_6H_{12} C_7H_{16} C_8H_{16}

4 Ciclanos: adição × substituição

Observe as seguintes equações químicas:

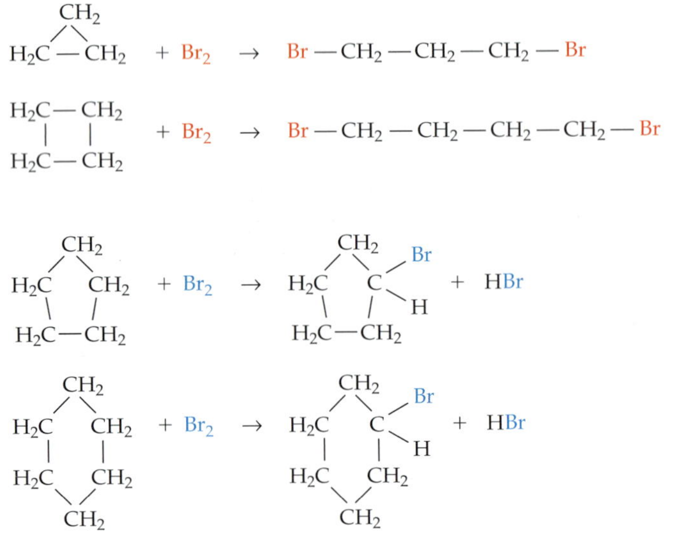

Adição

Adição

Substituição

Substituição

Essas equações representam reações que ilustram tendências verificadas experimentalmente.

- Os **ciclanos de três e quatro carbonos** apresentam tendência para sofrer **reações de adição**, nas quais ocorre o **rompimento do ciclo**. Já os **ciclanos de cinco e seis carbonos** apresentam tendência para sofrer **reações de substituição**, de modo similar aos alcanos.

Para tentar explicar a razão dessas diferentes tendências de comportamento químico, vamos fazer uma analogia. Considere um pegador de aço inox. Se o soltarmos sobre a mesa, ele ficará aberto com um dado ângulo. Toda vez que tentarmos fechar ou abrir esse pegador, estaremos forçando-o a ficar em uma situação que não lhe é natural, ou seja, estaremos introduzindo uma **tensão angular** no sistema. Tão logo o soltemos, ele retornará ao ângulo inicial.

Um carbono saturado pode ser comparado a um desses pegadores. Ele é estável com suas ligações em ângulo de 109°28'. Se tentarmos alterar esse ângulo, estaremos introduzindo uma tensão na molécula. Quando for possível, o sistema retornará ao ângulo estável.

ANNA WILLIAMS/FOODPIX/GETTY IMAGES

▲ Um pegador de aço inox permite uma analogia para entender o que é tensão angular.

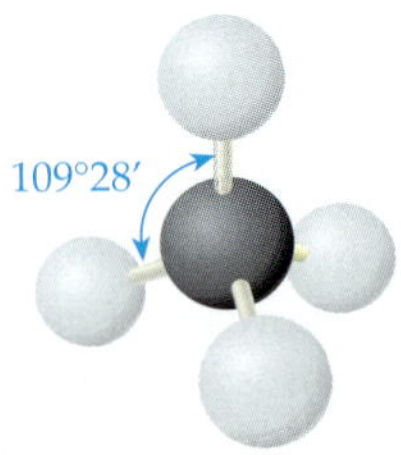

◄ Um carbono com quatro ligações simples é análogo a um pegador de aço inox, com ângulo de estabilidade de 109°28'.

Verificando os ângulos destacados nos ciclanos esquematizados a seguir, notamos que **há considerável tensão angular no ciclo-propano e no ciclo-butano**. Isso explica por que esses ciclos de três e quatro carbonos possuem tendência para se romper: dessa maneira, a tensão angular é eliminada e a molécula se estabiliza.

Essas ideias sobre tensão angular para explicar as reações de ciclanos foram propostas em 1885 pelo químico alemão Adolf von Baeyer (1835-1917), na Universidade de Munique. No entanto, ele previu incorretamente que o ciclo-hexano também possuiria elevada tensão angular, pois imaginou que suas moléculas fossem planares.

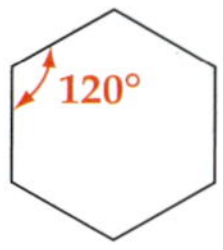

Se o ciclo-hexano fosse planar, ele teria elevada tensão angular, pois o ângulo estaria distante de 109°28′.

Sabe-se, atualmente, que **as moléculas de ciclo-hexano não são planares**, existindo em **duas conformações** diferentes, chamadas de **cadeira** e **barco**.

Observe a seguir os modelos da conformação cadeira (Ⓐ) e da conformação barco (Ⓑ) da molécula de ciclo-hexano.

A perda da planaridade propicia a minimização das tensões angulares, já que os ângulos se aproximam do valor estável de 109°28′. Com isso, a cadeia carbônica do ciclo-hexano é razoavelmente resistente ao rompimento, não apresentando tendência de sofrer reações de adição, mas de se comportar como alcano, sofrendo reações de substituição.

Ⓐ

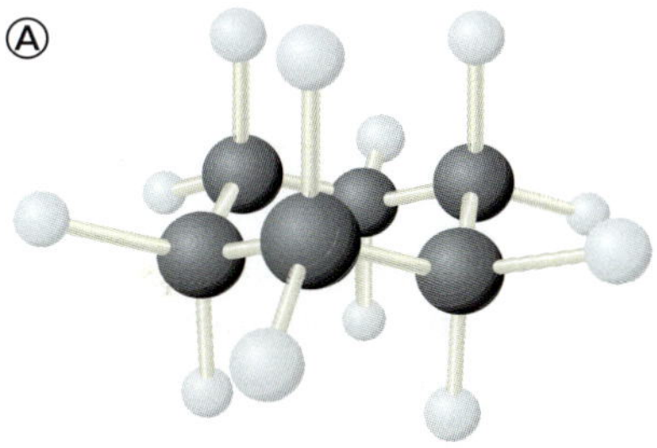

Modelo molecular do ciclo-hexano em conformação cadeira.

Ⓑ

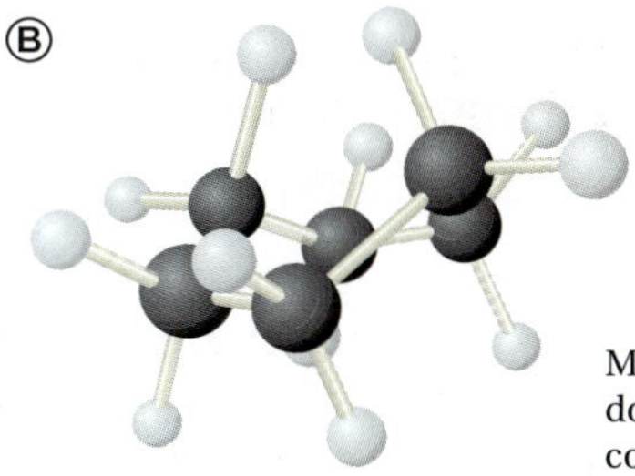

Modelo molecular do ciclo-hexano em conformação barco.

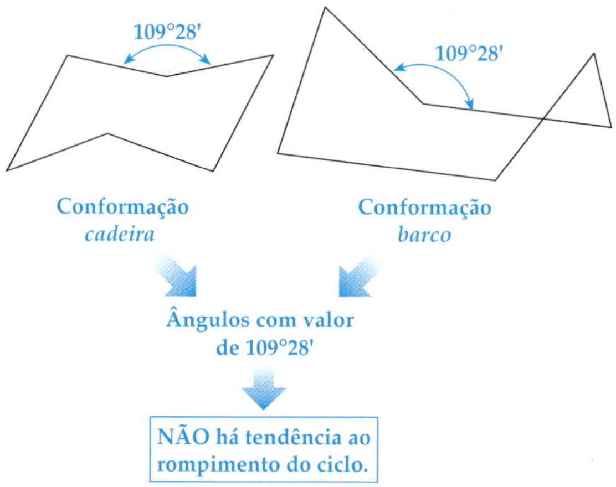

Existe uma grandeza chamada de **energia de tensão angular,** obtida a partir de cálculos sobre os quais não entraremos em detalhes. A energia de tensão angular é uma medida de quanto a tensão angular instabiliza a molécula. O importante é que, quanto maior o valor dessa grandeza, menor a estabilidade de uma molécula cíclica. Assim, olhando para os valores de energia de tensão angular listados na tabela 1, é possível ter uma ideia das estabilidades relativas dos ciclanos em questão, o que confirma o que acabamos de ver sobre tensão angular.

TABELA 1 — Energia de tensão angular para alguns alcanos

Ciclano	Energia de tensão angular (em kJ/mol)
Ciclo-propano	131
Ciclo-butano	108
Ciclo-pentano	24
Ciclo-hexano	0

Aumenta a tensão angular ↑ | Aumenta a instabilidade ↑ | Aumenta a tendência de rompimento do anel ↑

Fonte: calculada a partir de dados de CAREY, F. A. *Organic Chemistry*. 7. ed. Nova York: McGraw-Hill, 2008. p. 111.

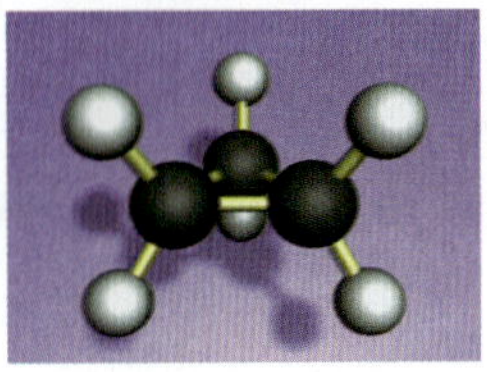
EDUARDO CANTO

▲ Modelo de uma molécula de ciclo-propano.

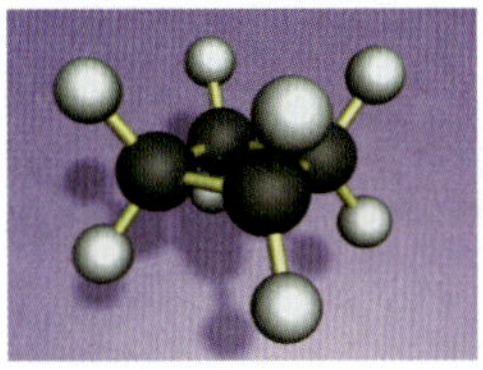
EDUARDO CANTO

▲ Modelo de uma molécula de ciclo-butano.

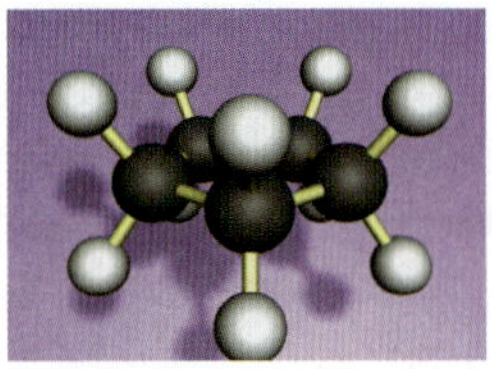
EDUARDO CANTO

▲ Modelo de uma molécula de ciclo-pentano.

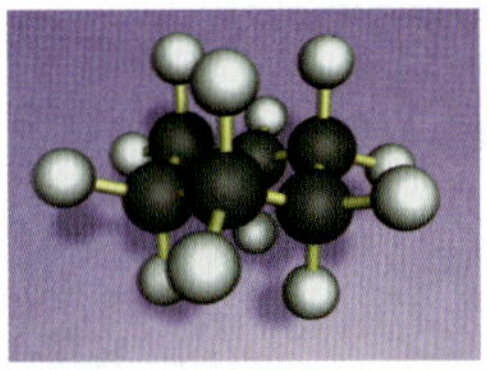
EDUARDO CANTO

▲ Modelo de uma molécula de ciclo-hexano na conformação cadeira.

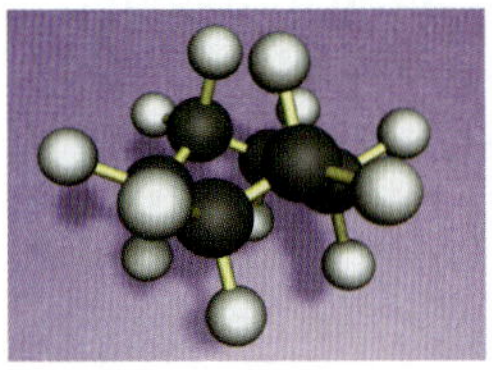
EDUARDO CANTO

▲ Modelo de uma molécula de ciclo-hexano na conformação barco.

Biblioteca do estudante
Informe-se sobre a Química:
Terpenos

Visão do especialista

Revisão

Exercícios essenciais

A critério do(a) professor(a) esta lista de exercícios poderá ser realizada em classe ou em casa.

38. Represente a fórmula estrutural do produto obtido na reação, sob condições adequadas, do ciclo-propano com:

a) H_2 **b)** Br_2 **c)** HBr

39. Represente a fórmula estrutural do produto orgânico monoclorado obtido na reação do ciclo-hexano com Cl_2.

40. (Fuvest-SP) Duas substâncias diferentes têm fórmula molecular C_6H_{12}. Uma delas, quando submetida a atmosfera de hidrogênio, na presença de um catalisador, reage com o gás e a outra não.

a) Qual é a razão dessa diferença de comportamento?

b) Dê uma fórmula estrutural possível para cada uma dessas substâncias.

41. (Uespi) O brometo de ciclopentila pode ser obtido pela reação de:

a) pentano + HBr

b) ciclopentano + Br_2

c) ciclopentano + HBr

d) brometo de ciclopropila + CH_3CH_2Br

e) brometo de ciclobutila + CH_3Br

Exercícios adicionais

Seu(sua) professor(a) indicará quais exercícios deste bloco você deve fazer.

42. (ITA-SP) Explique por que a temperatura de hidrogenação de cicloalcanos, catalisada por níquel metálico, aumenta com o aumento da quantidade de átomos de carbono presentes nos cicloalcanos.

43. (UFC-CE) A estabilidade dos cicloalcanos cresce na seguinte ordem:

ciclopropano $<$ ciclobutano $<$ ciclopentano.

Assinale a alternativa que explica esta diferença de estabilidade.

a) Índice de octanos.

b) Regra de Saytzeff.

c) Força de van der Waals.

d) Teoria da tensão dos anéis.

e) Energia de ligação dos átomos.

Capítulo 31
Noções de acidez e de basicidade em compostos orgânicos

Alguns conteúdos importantes:

- ✔ Acidez de ácidos carboxílicos e de fenóis, sua ionização em água e sua reação com hidróxidos inorgânicos
- ✔ Grupos substituintes que podem provocar alterações na força de um ácido carboxílico ou de um fenol
- ✔ Basicidade de aminas, sua ionização em água e sua reação com ácidos inorgânicos e com ácidos carboxílicos
- ✔ Conceito de composto orgânico anfótero, com destaque para os α-aminoácidos

YASONYA/SHUTTERSTOCK

▲ A ação de certas enzimas bacterianas favorece a fermentação da lactose, um açúcar presente no leite. Essa reação produz ácido láctico, cuja fórmula é $CH_3CH(OH)COOH$. Os íons H^+, provenientes da ionização do grupo carboxila (COOH) do ácido láctico, são responsáveis pelo sabor azedo do leite estragado.

1 Acidez na Química Orgânica

1.1 Acidez de ácidos carboxílicos, fenóis e álcoois

Como o vinagre apresenta sabor azedo, nele devem existir íons H^+, característicos de meio ácido. A presença de H^+ é explicada por intermédio da seguinte equação química, que representa a ionização sofrida em água pelo ácido acético (lembre-se de que o vinagre é uma solução aquosa desse composto orgânico):

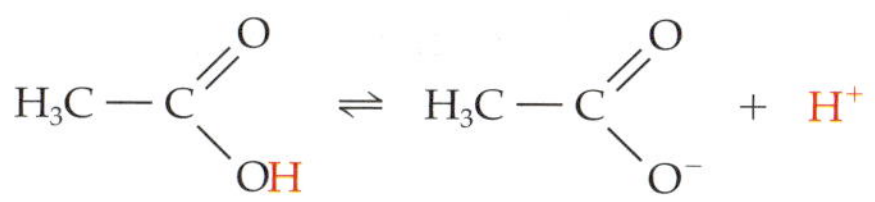

Todos os **ácidos carboxílicos** apresentam esta característica química: a capacidade de **ionização do átomo de hidrogênio da carboxila**.

Observe os seguintes dados:

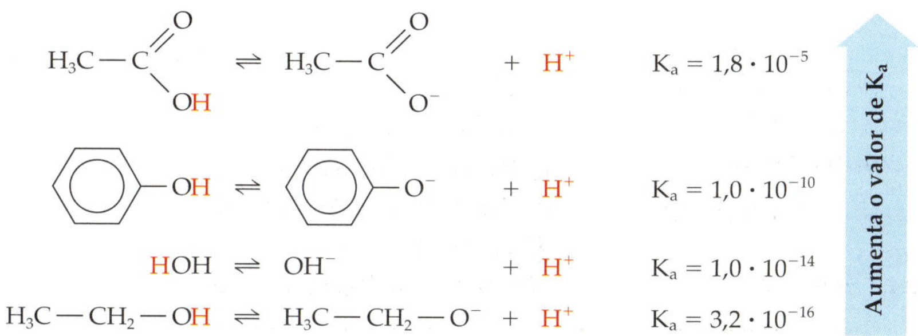

ATENÇÃO

Jamais cheire ou coloque na boca uma substância empregada em experimentos.

Revise

Você pode recordar o conceito de K_a no capítulo 23.

Guia de estudo

Esses valores de K_a revelam que os compostos apresentados seguem a seguinte **ordem de acidez** (isto é, **ordem de força ácida**): **álcool < água < fenol < ácido carboxílico.**

Já que o álcool é menos ácido que a água, podemos dizer que, na prática, ele não possui tendência para liberar H^+. (Lembre-se de que a água é o referencial para a definição do caráter ácido-base no conceito de Arrhenius.)

Assim, quando se tenta reagir esses compostos orgânicos com um hidróxido inorgânico (como o NaOH), obtém-se sucesso com ácidos carboxílicos e fenóis, e não com álcoois, pois estes não são suficientemente ácidos.

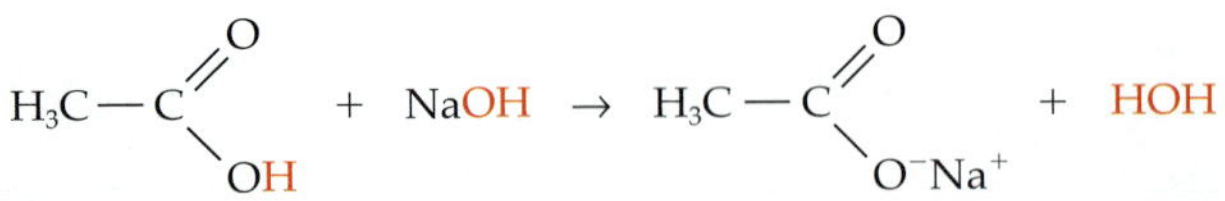

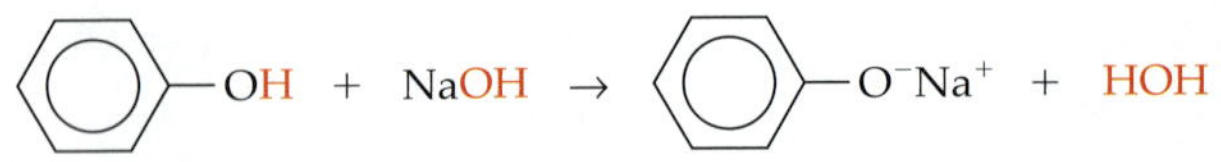

$H_3C-CH_2-OH + NaOH \rightarrow$ **não reage**

O composto orgânico obtido numa reação entre um ácido carboxílico e uma base é chamado de **sal de ácido carboxílico**. O nome dos sais orgânicos é dado de um modo muito semelhante ao dos sais inorgânicos.

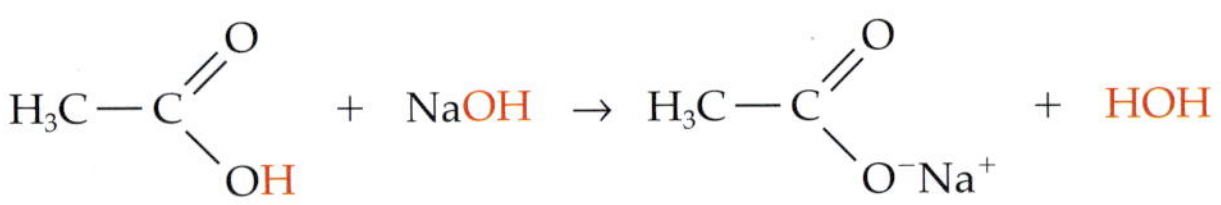

ácido acét**ico** — acet**ato** de sódio
ácido etano**ico** — etano**ato** de sódio

A tabela 1 apresenta alguns exemplos de sais e de sua nomenclatura.

TABELA 1 Exemplos de sais de sódio de ácidos carboxílicos

Nome do ácido	Nome e fórmula do sal
metanoico (fórmico)	metanoato de sódio (formiato de sódio) 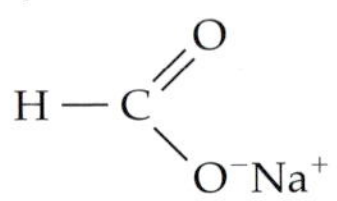
etanoico (acético)	etanoato de sódio (acetato de sódio) 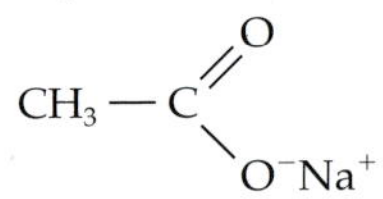
propanoico (propiônico)	propanoato de sódio (propionato de sódio) 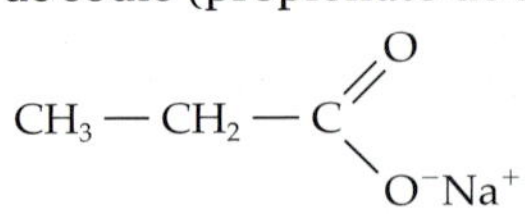
butanoico (butírico)	butanoato de sódio (butirato de sódio) 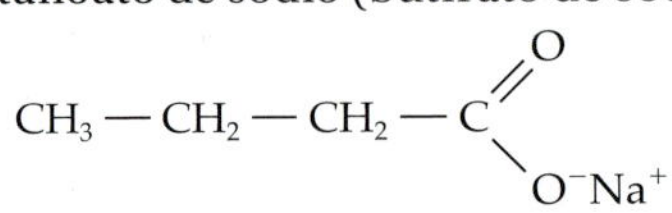

Ácidos sulfônicos também têm hidrogênio ionizável

O grupo funcional ácido sulfônico ($-SO_3H$) deriva do ácido sulfúrico (H_2SO_4) e seu hidrogênio é ionizável. Ácidos sulfônicos são, em geral, ácidos fortes:

$$R-SO_3\mathbf{H} \rightleftharpoons R-SO_3^- + \mathbf{H}^+$$

Um pouco sobre a química dos desodorantes

Os cientistas ainda estudam os processos que ocorrem na pele humana e os motivos que causam o odor desagradável da transpiração. Entre os muitos progressos obtidos nos últimos anos está a descoberta de que ácidos carboxílicos são, em geral, as substâncias responsáveis pelo mau cheiro. Entre eles, um dos principais é o ácido 3-metil-hex-2-enoico:

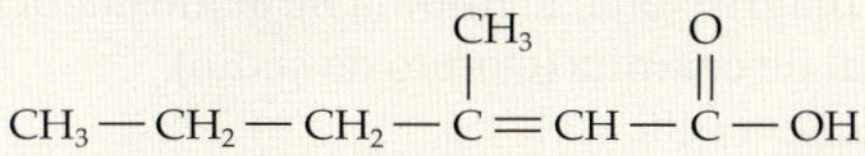

ácido 3-metil-hex-2-enoico

Esses compostos malcheirosos são produzidos por bactérias que se “alimentam” do material liberado por glândulas que temos nas axilas. Tais bactérias são encontradas em 90% dos homens e 60% das mulheres.

Existem muitas variedades de desodorantes no mercado. Algumas simplesmente tentam utilizar um perfume para mascarar o cheiro da transpiração. Outras incluem em sua composição substâncias que inibem a atuação dos microrganismos, como é o caso do triclosan:

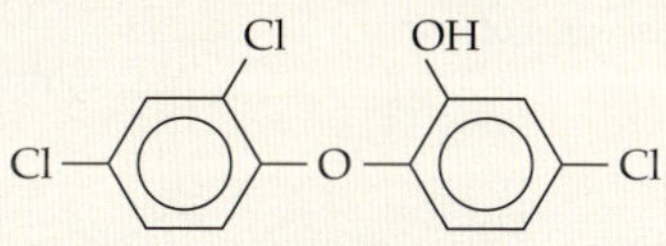

triclosan

Outros desodorantes contêm substâncias básicas, capazes de neutralizar os ácidos responsáveis pelo odor desagradável. Há no mercado, por exemplo, talcos e desodorantes que possuem bicarbonato de sódio. A função dessa substância é diminuir o odor por meio da reação com os ácidos carboxílicos, transformando-os no sal correspondente.

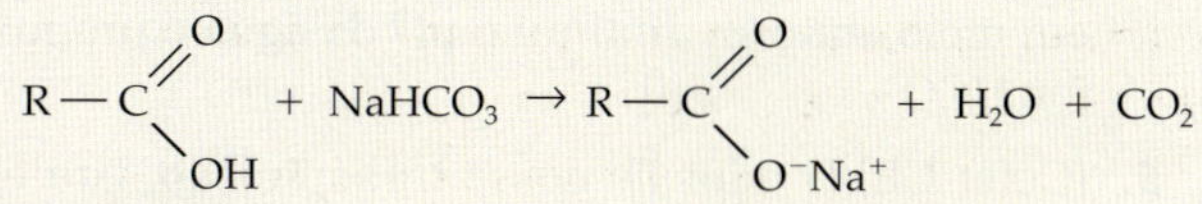

ácido carboxílico (responsável pelo cheiro de suor) — sal orgânico (sem cheiro)

Desde há muito tempo, um “saber popular em Química” recomenda passar um pouco de leite de magnésia nas axilas, como desodorante. E isso realmente funciona! A justificativa baseia-se nas propriedades básicas desse produto, que é uma suspensão aquosa de $Mg(OH)_2$. Assim, ele é capaz de neutralizar os ácidos da transpiração, eliminando o odor.

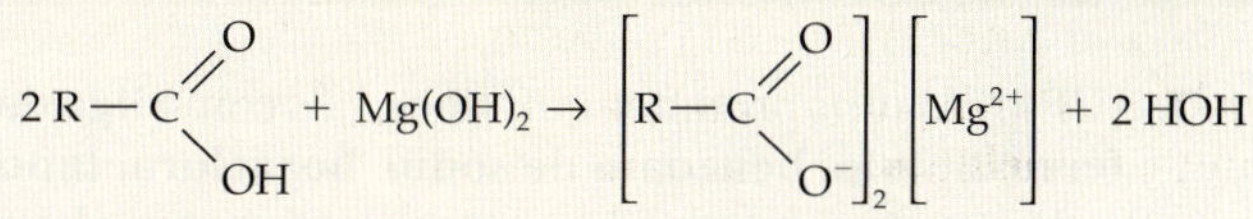

ácido carboxílico — sal orgânico

CHRIS ROUT/ALAMY/OTHER IMAGES

▲ Parte do funcionamento dos desodorantes se deve à química ácido-base envolvendo ácidos orgânicos.

Exercícios essenciais

A critério do(a) professor(a) esta lista de exercícios poderá ser realizada em classe ou em casa.

1. (FEI-SP) Um composto orgânico oxigenado, que reage com uma solução aquosa de hidróxido de sódio, pode ser:

a) um álcool ou um aldeído.
b) um ácido carboxílico ou um fenol.
c) um fenol ou um álcool.
d) um aldeído ou ácido carboxílico.
e) apenas um álcool.

2. (Uespi) Os representantes dos compostos dessa função orgânica são oxigenados. Têm caráter relativamente ácido, porém menos ácido que os ácidos carboxílicos. Em geral, eles são pouco solúveis ou insolúveis em água, mas os seus sais são bem mais solúveis. Alguns são utilizados como desinfetantes e na produção de resinas. As características apontadas anteriormente estão associadas à função:

a) álcool.
b) aldeído.
c) cetona.
d) éter.
e) fenol.

3. Equacione a ionização dos seguintes ácidos carboxílicos:

a) metanoico.
b) etanoico.
c) propanoico.
d) benzoico.

4. (UnB-DF) Decida se a afirmação a seguir é certa ou errada.

O composto H_2CO tem grupo funcional ácido que, em meio aquoso, diminui o pH da água e produz o íon HCO^-.

5. (Cefet-CE) O odor de nossa transpiração, isto é, o "cheiro do corpo", é reconhecido pelo apurado olfato do cão, que reconhece seu dono pelo cheiro. Esses odores são relacionados, em parte, a um tipo de substância orgânica classificada como ácido carboxílico. De fato, nosso suor elimina muitas substâncias orgânicas, que são decompostas por bactérias existentes na nossa pele em compostos de odor desagradável. Uma dessas substâncias é o ácido 3-metil-hex-2-enoico. Para neutralizar esses ácidos, portanto seus odores, muitos talcos e desodorantes contêm bicarbonato de sódio.

a) Escreva a fórmula estrutural do ácido e a fórmula química do sal.

b) Classifique a cadeia carbônica do ácido.

6. (UFU-MG) Os desagradáveis odores da transpiração são provocados por alguns ácidos carboxílicos presentes no suor. O composto a seguir que pode ser utilizado para eliminar esse mau cheiro é:

a) leite de magnésia (hidróxido de magnésio).
b) vinagre (solução diluída de ácido acético).
c) sal de cozinha (cloreto de sódio).
d) açúcar (glicose).
e) água.

Exercícios adicionais

Seu(sua) professor(a) indicará quais exercícios deste bloco você deve fazer.

7. (UFRJ) Alguns produtos químicos, tais como **liga de ferro-titânio**, **benzoato de sódio**, **hexacloroetano** e **cloreto de cálcio**, podem ser utilizados para obter efeitos especiais em fogos de artifício.
A tabela a seguir fornece informações relativas à natureza das ligações químicas presentes nesses quatro produtos:

Produto químico	Natureza das ligações químicas	Efeito
A	somente iônica	estrelas de cor laranja
B	somente covalente	fumaça
C	metálica	centelhas branco-amareladas
D	covalente e iônica	assovio

Identifique os produtos químicos **A**, **B**, **C** e **D**.

8. (UnB-DF) O ácido 2,4-diclorofenoxiacético que, misturado a outras substâncias, foi usado como agente desfolhante no Guerra do Vietnã, é um dos herbicidas mais amplamente utilizados na agricultura. Sua estrutura é apresentada abaixo.

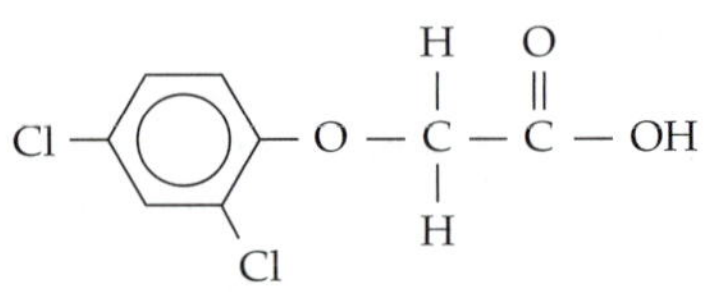

A respeito dessa substância, julgue os itens seguintes em certos ou errados.

(1) Verifica-se a existência da função éter.
(2) A presença de um grupo OH permite identificar a função álcool.
(3) Soluções aquosas dessa substância terão pH maior do que 7.

9. (Ufes) Observe os compostos presentes na noz-moscada representados abaixo.

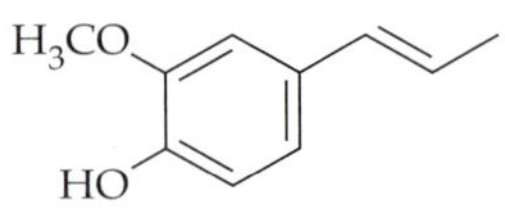

isoeugenol

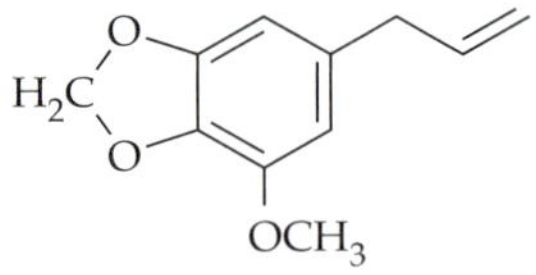

miristicina

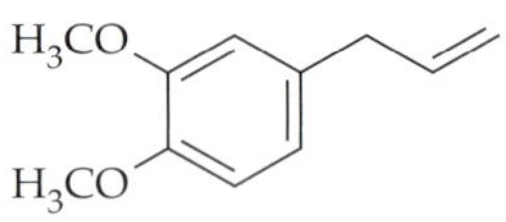

elemicina

Sobre esses compostos, é **CORRETO** afirmar:

a) Elemicina e miristicina são isômeros estruturais.
b) Todos eles possuem isomerismo *cis-trans*.
c) Isoeugenol é mais ácido que a elemicina.
d) Isoeugenol é um álcool aromático.
e) Miristicina é um éster aromático.

10. (Cefet-GO) A intoxicação amnésica causada por moluscos é também conhecida por intoxicação do ácido domoico. Este tipo de intoxicação é caracterizada por desordens gastrintestinais (vômitos, diarreia, dores abdominais) e problemas neurológicos (confusão, perda de memória, desorientação, coma). Essa intoxicação é causada pela presença de um aminoácido incomum, denominado ácido domoico. Com base na estrutura desse ácido é incorreto afirmar que:

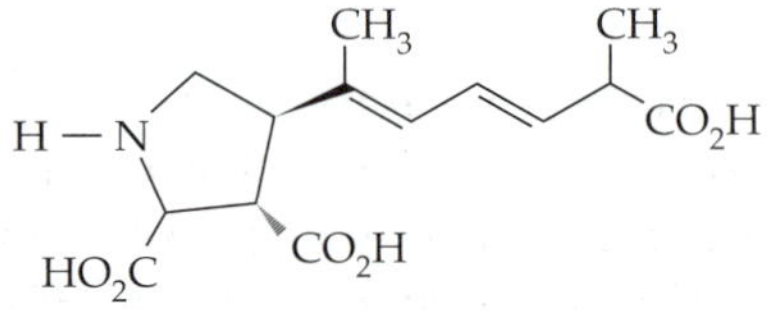

a) trata-se de um composto somente apolar.
b) a estrutura possui três grupos carboxila.
c) o número de carbonos secundários e terciários é equivalente.
d) os carbonos insaturados estão na forma *trans*.
e) uma reação de salificação completa desse ácido exige que um mol de ácido domoico reaja com três mols de uma monobase.

11. (UFV-MG) O ácido nicotínico, cuja estrutura é representada abaixo, é um ácido fraco, com $K_a = 1 \cdot 10^{-5}$. Em solução aquosa a ionização desse ácido pode ser assim representada:

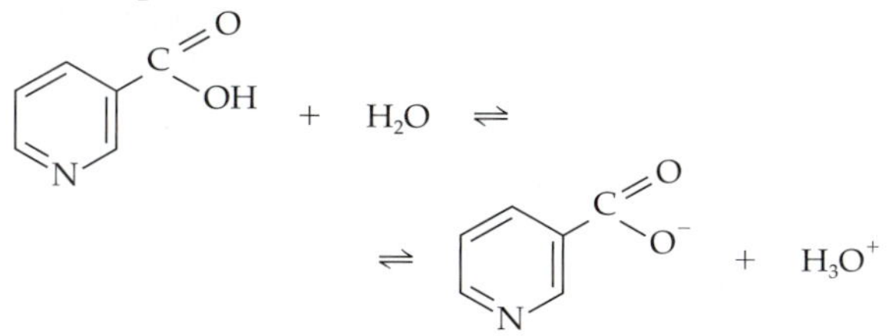

Com relação ao equilíbrio de ionização do ácido nicotínico, é CORRETO afirmar que, no estado de equilíbrio:
a) a concentração do íon $C_5H_4NCOO^-$ é igual à concentração do C_5H_4NCOOH.
b) a concentração do íon H_3O^+ é igual à concentração do íon $C_5H_4NCOO^-$.
c) a concentração do íon H_3O^+ é menor que a concentração do íon OH^-.
d) a concentração do íon H_3O^+ é igual à concentração do C_5H_4NCOOH.

12. (Vunesp) Para evitar o desenvolvimento de bactérias em alimentos, utiliza-se ácido benzoico como conservante. Sabe-se que:

I. Em solução aquosa, ocorre o equilíbrio:

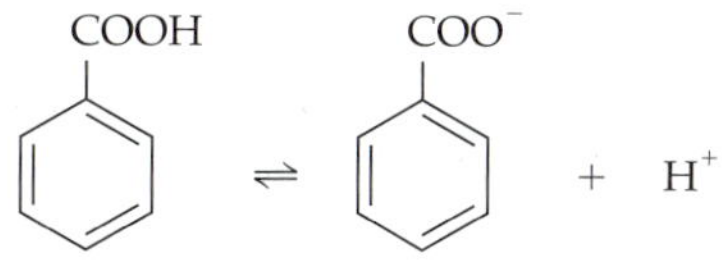

(BzH) (Bz⁻)

II. A ação bactericida é devida exclusivamente à forma não dissociada do ácido (BzH).
III. Quando $[BzH] = [Bz^-]$, o pH da solução é 4,2.

Com base nestas informações, e considerando a tabela seguinte,

Alimento	pH
Refrigerante	3,0
Picles	3,2
Leite	6,5

pode-se afirmar que é possível utilizar ácido benzoico como conservante do:
a) refrigerante, apenas.
b) leite, apenas.
c) refrigerante e picles, apenas.
d) refrigerante e leite, apenas.
e) picles e leite, apenas.

1.2 Alterando a força de um ácido carboxílico

Imagine que façamos a substituição de um dos hidrogênios do grupo CH_3 do ácido acético por —Cl ou por —CH_3. Chegamos a dois novos ácidos. Qual deles será o mais forte? Para responder a essa pergunta, vamos consultar os valores de K_a:

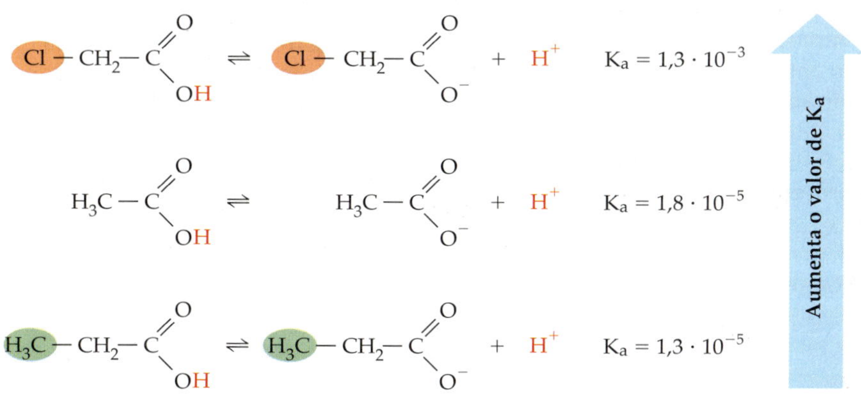

Essas constantes de ionização K_a revelam que **a substituição de um H por um Cl aumentou a força ácida**, ao passo que **a substituição por um CH_3 a diminuiu**. Qual seria a explicação para isso?

A resposta encontra-se no fato de o Cl ser um elemento muito eletronegativo. Ele atrai a nuvem eletrônica da molécula em sua direção, enfraquecendo a ligação O—H, que se quebra mais facilmente, liberando o H^+. Assim, o cloro torna o ácido mais forte. A essa atuação do cloro dá-se o nome de **efeito indutivo eletroatraente**.

Quando o H é substituído pelo CH_3, o inverso ocorre. O grupo CH_3 possui uma tendência menor que o H para atrair elétrons, o que acarreta um fortalecimento da ligação O—H, tornando mais difícil a saída do H^+. Dessa maneira, o CH_3 faz o ácido ficar mais fraco. Trata-se do chamado **efeito indutivo eletrodoador**.

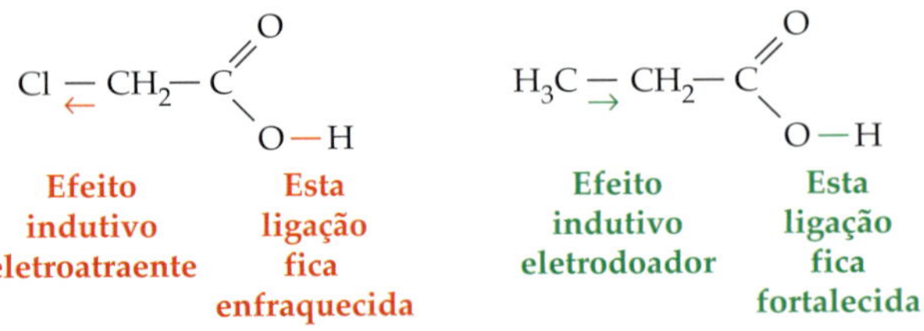

Grupos com efeito indutivo eletroatraente

—F —Cl —Br —I
$—NO_2$ —OH —CN
$—SO_3H$ —COOH

Grupos com efeito indutivo eletrodoador

$—CH_3$ $—CH_2—CH_3$
$—CH_2—CH_2—CH_3$ etc.

Apesar de termos utilizado Cl e CH_3 como exemplos, poderíamos ter usado muitos outros grupos. Aqueles que contêm elementos de alta eletronegatividade (F, O, N, Cl etc.) se comportam como eletroatraentes, e aqueles com átomos pouco eletronegativos (H e C), como eletrodoadores.

Dois ácidos orgânicos de destaque

Os compostos orgânicos de caráter ácido (fenóis e ácidos carboxílicos) caracterizam-se por ser, em sua grande maioria, fracos. Duas exceções notáveis são o ácido tricloro-acético e o ácido pícrico. Em suas moléculas, a presença de grupos eletroatraentes aumenta, e muito, a força desses ácidos.

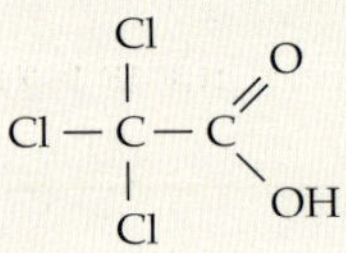

ácido tricloro-acético

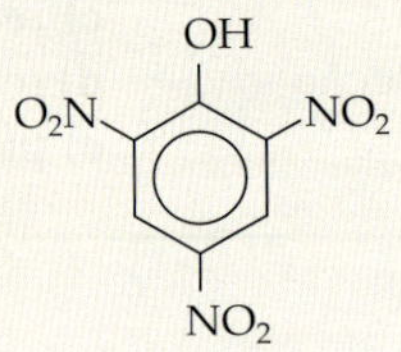

ácido pícrico (2,4,6-trinitro-fenol)

Exercícios essenciais

A critério do(a) professor(a) esta lista de exercícios poderá ser realizada em classe ou em casa.

13. (Uerj) Os ácidos orgânicos, comparados aos inorgânicos, são bem mais fracos. No entanto, a presença de um grupo substituinte, ligado ao átomo de carbono, provoca um efeito sobre a acidez da substância, devido a uma maior ou menor ionização.
Considere uma substância representada pela estrutura abaixo.

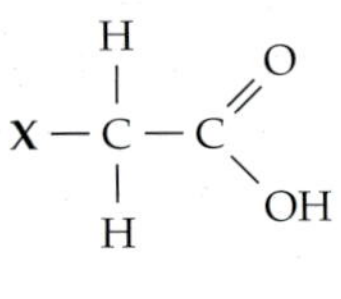

Essa substância estará mais ionizada em um solvente apropriado quando **X** representar o seguinte grupo substituinte:

a) H
b) I
c) F
d) CH_3

14. (UFPE) Ácidos orgânicos são utilizados na indústria química e de alimentos como conservantes, por exemplo. Considere os seguintes ácidos orgânicos:

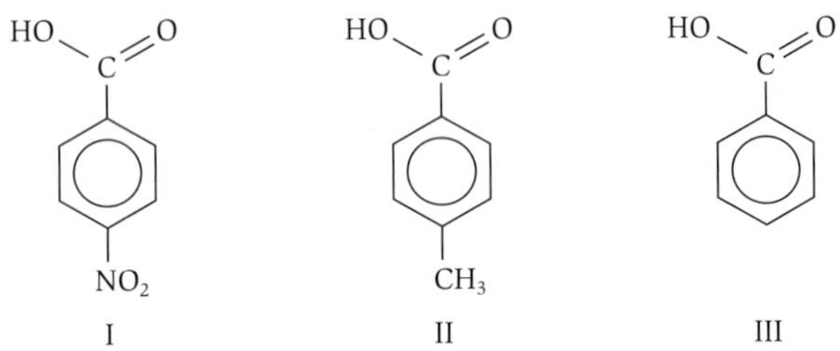

I II III

A ordem crescente de acidez destes compostos em água é:

a) I < II < III
b) II < I < III
c) III < II < I
d) II < III < I
e) I < III < II

15. (ITA-SP) Considere os seguintes ácidos:

I. CH_3COOH
II. CH_3CH_2COOH
III. CH_2ClCH_2COOH
IV. $CHCl_2CH_2COOH$
V. CCl_3CH_2COOH

Identifique a opção que contém a sequência CORRETA para a ordem crescente de caráter ácido:

a) I < II < III < IV < V
b) II < I < III < IV < V
c) II < I < V < IV < III
d) III < IV < V < II < I
e) V < IV < III < II < I

16. (Ufersa-RN) A fórmula estrutural que representa o composto de caráter ácido mais acentuado é:

a) 

c) 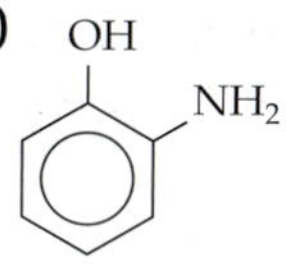

b) 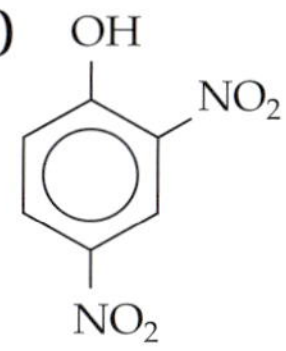

d) 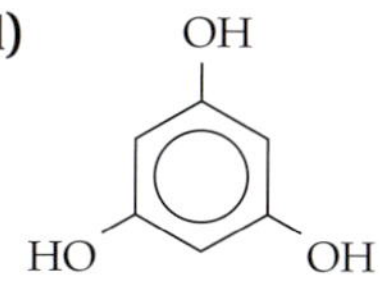

Exercícios adicionais

Seu(sua) professor(a) indicará quais exercícios deste bloco você deve fazer.

17. (Ufes) Considere os ácidos orgânicos e suas respectivas contantes de dissociação (K_a), apresentados na tabela abaixo.

Ácido	K_a
$CH_3(CH_2)_2COOH$	$1{,}48 \cdot 10^{-5}$
$ClCH_2COOH$	$1{,}80 \cdot 10^{-3}$
$Cl_2CHCOOH$	$5{,}00 \cdot 10^{-2}$
CH_3COOH	$1{,}80 \cdot 10^{-5}$
$HCOOH$	$2{,}10 \cdot 10^{-4}$

Dê a nomenclatura oficial do ácido mais forte e do ácido mais fraco.

18. (UEMS) A tabela demonstra as constantes de ionização ácida de substâncias orgânicas em água a 25 °C.

Substância	K_a
ácido acético (CH_3COOH)	$1{,}8 \cdot 10^{-5}$
etanol (CH_3CH_2OH)	$1{,}0 \cdot 10^{-18}$
fenol (C_6H_5OH)	$1{,}3 \cdot 10^{-10}$
2-nitrofenol ($C_6H_4(NO_2)OH$)	$6{,}2 \cdot 10^{-8}$

A partir dos dados da tabela, é incorreto dizer que:

a) o ácido acético é o ácido mais fraco das substâncias listadas na tabela quando estas estão dissolvidas em água.
b) o etanol é o ácido mais fraco das substâncias listadas na tabela quando estas estão dissolvidas em água.
c) fenol é menos ácido que 2-nitrofenol em água.
d) o ácido acético é o ácido mais forte das substâncias listadas na tabela quando estas estão dissolvidas no solvente polar.
e) o etanol é o ácido mais fraco das substâncias listadas na tabela quando estas estão dissolvidas no solvente polar.

19. (PUC-RJ) Considere os ácidos orgânicos abaixo e assinale a alternativa CORRETA:

1
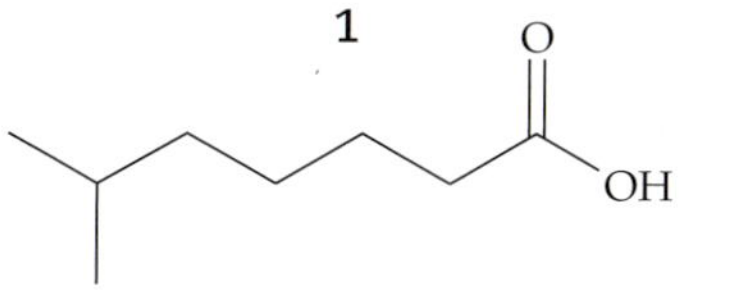

2
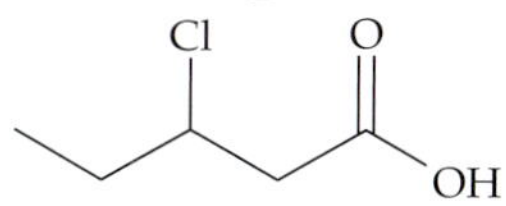

3
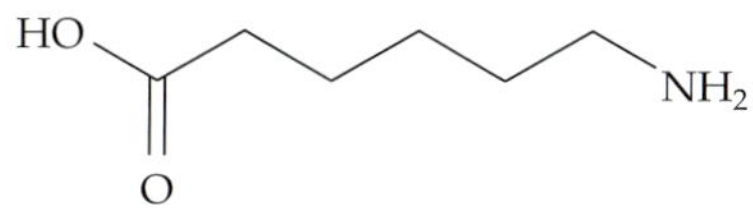

4
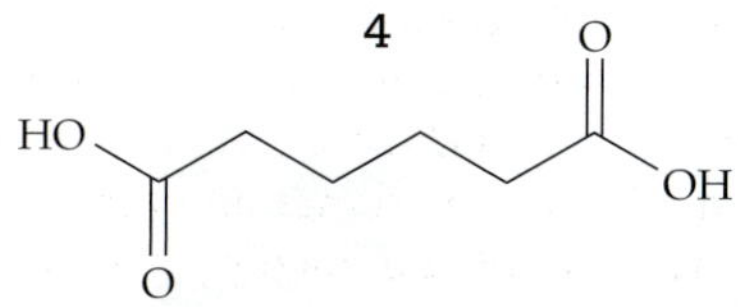

a) Todos os ácidos apresentados, com exceção do ácido 3-cloro pentanoico, são fracos.
b) De acordo com a IUPAC, o nome do ácido indicado pelo número **3** é o ácido 1-hidróxi 6-amino hexanoico.
c) O ácido indicado pelo número **2** tem apenas um isômero.
d) O ácido dicarboxílico indicado pelo número **4** tem duas constantes de dissociação (K_a).
e) De acordo com a IUPAC, o nome do ácido indicado pelo número **1** é o ácido 5-propil pentanoico.

2 Basicidade na Química Orgânica

2.1 Basicidade de aminas

A amônia (NH_3) é um composto inorgânico, gasoso, que reage com a água, dando origem a íons OH^-. Isso revela o caráter básico da amônia. A equação da reação é:

Transferência de H^+

$$NH_3 + H_2O \rightarrow NH_4^+ + OH^-$$

Hidroxila caracteriza meio básico

Na Química Orgânica, como vimos no capítulo 26, as aminas podem ser consideradas derivadas da amônia pela substituição de um, dois ou três átomos de hidrogênio por grupos orgânicos, como metil, etil, propil ou fenil.

Dessa maneira, **pode-se esperar das aminas comportamento básico** semelhante ao da amônia. De fato, verifica-se experimentalmente que as aminas reagem com a água de modo análogo a NH_3, originando íons OH^- e deixando o meio básico. As equações químicas que representam tais reações são:

$$R{-}NH_2 + H_2O \rightarrow R{-}NH_3^+ + OH^-$$

amina primária

$$R{-}NH(R') + H_2O \rightarrow R{-}NH_2^+(R') + OH^-$$

amina secundária

$$R{-}N(R'){-}R'' + H_2O \rightarrow R{-}N^+H(R'){-}R'' + OH^-$$

amina terciária

2.2 Reação de ácidos com aminas

CHARLES D. WINTERS/PHOTORESEARCHERS/LATINSTOCK

ATENÇÃO

Não faça o experimento ilustrado ao lado por conta própria.

Ele está sendo **APENAS RELATADO** por sua importância para a compreensão dos temas da Química tratados na sequência.

Sua eventual realização, de **modo demonstrativo** pelo(a) professor(a), requer laboratório equipado com "capela" com sistema de exaustão em funcionamento.

Óculos de segurança, luvas e aventais protetores são obrigatórios.

◄ Reação entre HCl e NH_3 em fase gasosa, fotografada ao aproximar um frasco com solução de HCl de outro com solução de NH_3. A amônia revela ter caráter básico. As aminas, suas derivadas, também apresentam esse caráter.

Uma névoa branca se forma quando HCl (g) e NH_3 (g) reagem de acordo com a equação:

Transferência de H^+

$$\underset{\text{amônia}}{NH_3} + HCl \rightarrow NH_4^+ Cl^-$$

O composto formado é iônico (lembre-se de que, nas condições ambientes, os compostos iônicos são, em geral, sólidos). Isso explica a névoa observada: ela é formada por partículas muito pequenas do sólido NH_4Cl em suspensão no ar.

As aminas também reagem com HCl, tal qual a amônia. As equações químicas são:

$$\underset{\text{amina primária}}{R—NH_2} + HCl \rightarrow R—NH_3^+ Cl^-$$

$$\underset{\text{amina secundária}}{R—NH(—R')} + HCl \rightarrow R—NH_2^+(—R') Cl^-$$

$$\underset{\text{amina terciária}}{R—N(—R')—R''} + HCl \rightarrow R—N^+H(—R')—R'' Cl^-$$

O produto de cada uma dessas reações é um **sal orgânico de amônio**, no qual o cátion orgânico é derivado da amina. Por exemplo:

$$CH_3—NH_3^+ Cl^-$$

cloreto de metilamônio
(sal orgânico derivado de uma amina)

SÉRGIO DOTTA JR/CID

ATENÇÃO

Este experimento NÃO deve ser feito pelo aluno.

As soluções desprendem gases tóxicos e corrosivos.

◄ Solução aquosa de HCl é vagarosamente adicionada a solução aquosa de dimetilamina, $(H_3C)_2NH$. A fumaça branca consiste em minúsculos cristais de um sólido formado na reação entre os solutos que se desprendem das soluções na forma gasosa:

$$HCl\,(g) + (H_3C)_2NH\,(g) \rightarrow (H_3C)_2NH_2^+ Cl^-\,(s)$$

Esse experimento ilustra a **basicidade das aminas**.

Outras substâncias de caráter ácido também reagem com as aminas, de maneira análoga ao HCl. Veja, por exemplo, as equações das reações dos ácidos nítrico e acético com a metilamina:

Transferência de H^+

$$CH_3—NH_2 + HNO_3 \rightarrow CH_3—NH_3^+ NO_3^-$$

$$CH_3—NH_2 + CH_3COOH \rightarrow CH_3—NH_3^+ CH_3COO^-$$

Biblioteca do estudante
Texto complementar:
Sais de amônio na farmacologia

Exercícios essenciais

A critério do(a) professor(a) esta lista de exercícios poderá ser realizada em classe ou em casa.

20. (Uerj) Uma indústria química tem como despejo industrial as substâncias abaixo numeradas:

I. CH_3-COOH
II. CH_3-CH_2-OH
III. $CH_3-CH_2-NH_2$
IV. CH_3-CONH_2

Para processar um tratamento adequado a esse despejo, a fim de evitar agressão ao meio ambiente, foram necessários vários tipos de tratamento. A primeira substância tratada foi a de caráter básico mais acentuado, que corresponde à de número:

a) I **b)** II **c)** III **d)** IV

21. Complete no caderno as seguintes equações químicas:

a) $CH_3CH_2CH_2NH_2 + HCOOH \rightarrow$ produto(s)

b) 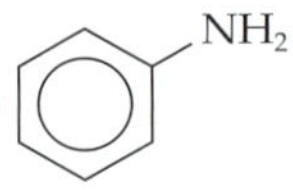 $+ CH_3COOH \rightarrow$ produto(s)

c) $CH_3-N(CH_3)-CH_3$ + 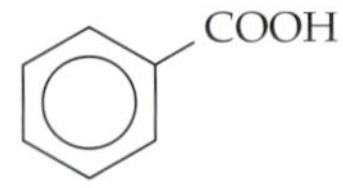 $\rightarrow$ produto(s)

Exercícios adicionais

Seu(sua) professor(a) indicará quais exercícios deste bloco você deve fazer.

22. (Cefet-PA) A seguir apresentamos a estrutura da **2-feniletilamina**, substância que segundo alguns cientistas está relacionada com o processo de comunicação entre os neurônios, através da qual se manifestam as nossas sensações, inclusive atribui-se à mesma o fato de "ficar enamorado". Algumas pessoas acreditam que sua ingestão poderia estimular o "processo do amor".

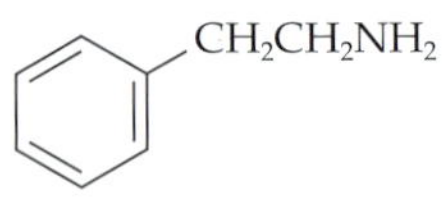

Sobre a substância citada no texto, são feitas as afirmações:

I. É um composto aromático.
II. Sua fórmula molecular é C_8H_6N.
III. Apresenta caráter básico.
IV. É insolúvel em água por ser um composto totalmente apolar.

São verdadeiras as afirmações:

a) I, II e III
b) II e III
c) II e IV
d) I e III
e) I, III e IV

23. (Unicap-PE) Considere as seguintes afirmações referentes aos álcoois, hidrocarbonetos e aminas. Julgue se são verdadeiras ou falsas.

0 – As aminas alifáticas são compostos orgânicos que apresentam maior basicidade do que os correspondentes álcoois alifáticos.

1 – A trietilamina é um exemplo de amina terciária.

2 – Os álcoois alifáticos apresentam pontos de fusão e ebulição menores do que os hidrocarbonetos alifáticos correspondentes.

3 – Sais de aminas alifáticas $R-NH_3^+X^-$ são menos solúveis em água do que as correspondentes aminas livres $R-NH_2$.

4 – A anilina é um exemplo de amina aromática.

24. (Vunesp-SP) No organismo humano, devido à natureza das membranas celulares, os medicamentos são absorvidos em sua forma neutra. Considere os medicamentos aspirina e anfetamina, cujas fórmulas estruturais são:

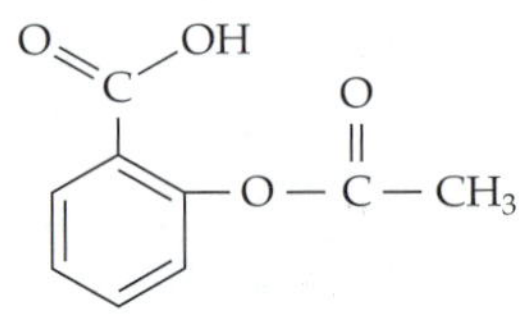

aspirina

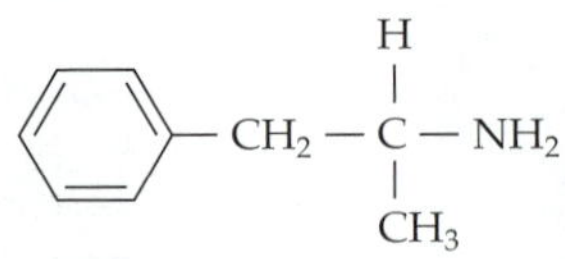

anfetamina

Sabe-se que, no estômago, o pH está na faixa de 1-3, e no intestino o pH é maior que 7. Com base nessas informações, pode-se prever que:

a) só a aspirina é absorvida no estômago.
b) só a anfetamina é absorvida no estômago.
c) só a aspirina é absorvida no intestino.
d) ambos os medicamentos são absorvidos no estômago.
e) ambos os medicamentos são absorvidos no intestino.

3 Caráter anfótero na Química Orgânica

As proteínas existentes nos seres vivos são formadas por compostos denominados α-aminoácidos. Eles possuem em comum a estrutura que está representada abaixo.

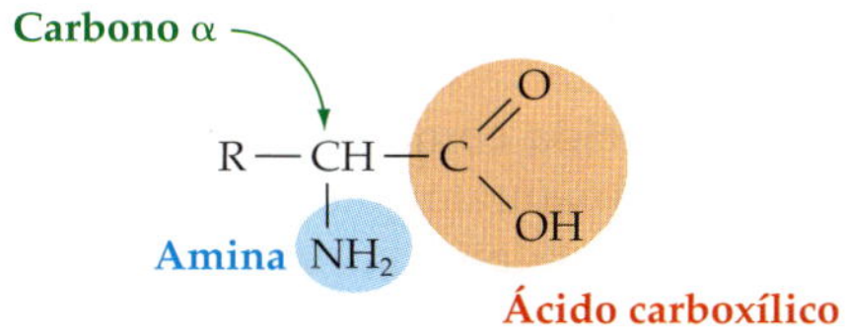

Na estrutura de um α-aminoácido, o grupo característico da função amina (NH_2) está posicionado no carbono vizinho à carbonila (C=O), denominado carbono α (alfa).

Como você pode ver, trata-se de um composto pertencente às classes funcionais **amina** e **ácido carboxílico**, daí o nome **aminoácido**. O que muda de um α-aminoácido para outro é o grupo R.

O que podemos afirmar a respeito do caráter ácido-base de um aminoácido?

Já que em sua estrutura estão presentes as funções amina e ácido carboxílico, um aminoácido pode comportar-se como base ou ácido. Veja as equações de duas reações:

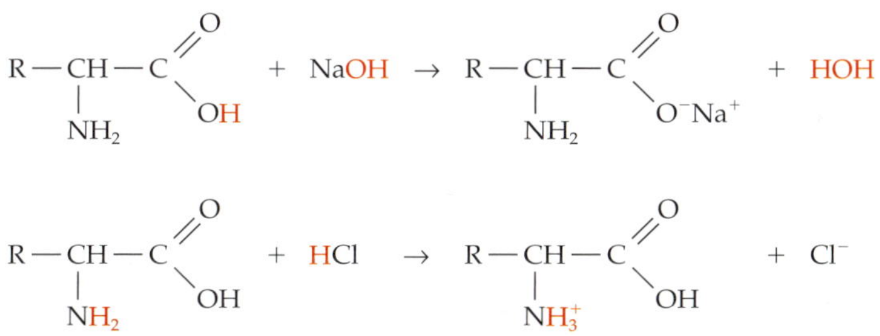

Biblioteca do estudante
Informe-se sobre a Química:
Definição ácido-base de Bronsted-Lowry

Na primeira, o aminoácido está se comportando como um ácido e, na segunda, como uma base. Dizemos que **os aminoácidos possuem caráter anfótero**.

- Quando uma substância química pode atuar como ácido ou como base, dizemos que ela possui **caráter anfótero**.

Os aminoácidos (e as proteínas, que são formadas por eles) são abordados no capítulo 34. Apenas os mencionamos aqui como exemplos de substâncias orgânicas de caráter anfótero.

- De modo geral, podemos dizer que uma substância orgânica possuirá caráter anfótero se apresentar um grupo funcional de propriedades ácidas (ácido carboxílico, fenol) e outro de propriedades básicas (amina).

Visão do especialista

Quando um aminoácido está em solução aquosa, ocorre uma reação ácido-base entre os grupos ácido carboxílico e amina, dando origem ao que é conhecido como **íon dipolar**, ou seja, um íon com dois polos elétricos, um positivo e outro negativo.

Revisão

- O **íon dipolar** de um **aminoácido** é também chamado de **zwitteríon** ou **forma zwitteriônica**.

Zwitteríon, do alemão *Zwitter*, que significa híbrido.

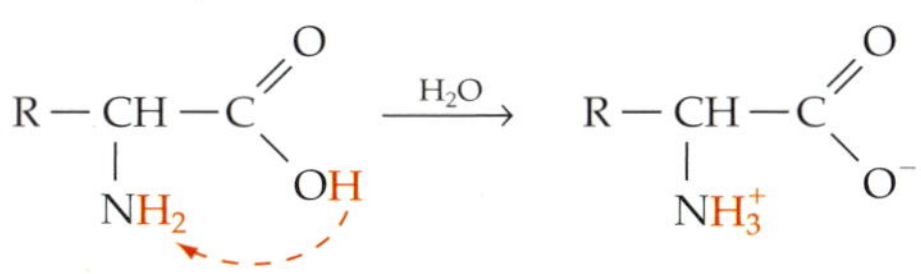

Exercícios essenciais

A critério do(a) professor(a) esta lista de exercícios poderá ser realizada em classe ou em casa.

25. (UFPB) As proteínas existentes nos seres vivos são constituídas de cadeias poliméricas cujas unidades básicas são aminoácidos, por exemplo, a glicina, H_2NCH_2COOH.
Com relação a esse aminoácido, considere as reações representadas pelas equações abaixo:

$$H-\underset{\displaystyle NH_2}{\underset{|}{CH}}-COOH + NaOH \rightarrow H-\underset{\displaystyle NH_2}{\underset{|}{CH}}-COO^-Na^+ + H_2O$$

$$H-\underset{\displaystyle NH_2}{\underset{|}{CH}}-COOH + H-Cl \rightarrow H-\underset{\displaystyle {}^+NH_3}{\underset{|}{CH}}-COOH + Cl^-$$

A partir dessas reações, pode-se afirmar:

I. A glicina tem caráter anfótero, devido à presença dos grupos amino e carboxílico.

II. A glicina tem caráter ácido, devido à presença do grupo amino.

III. A glicina tem caráter básico, devido à presença do grupo carboxílico.

Está(ão) correta(s) apenas:

a) I **b)** II **c)** III **d)** I e III **e)** II e III

26. A substância conhecida como GABA (ácido gama-amino-butírico) está naturalmente presente em nosso organismo, sendo de fundamental importância para o bom funcionamento do sistema nervoso.
Distúrbios no metabolismo desse composto podem provocar crises convulsivas. O nome do GABA, segundo as regras da IUPAC, é ácido 4-amino-butanoico.

a) Represente a fórmula estrutural do GABA.

b) Equacione a reação do GABA com KOH.

c) Equacione a reação do GABA com o ácido bromídrico.

Exercícios adicionais

Seu(sua) professor(a) indicará quais exercícios deste bloco você deve fazer.

27. (Ufal) Considere os compostos orgânicos representados por:

I. 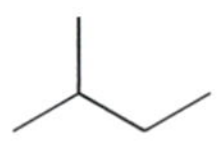

II. 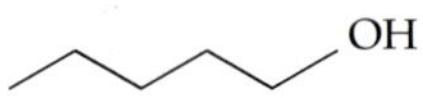

III. 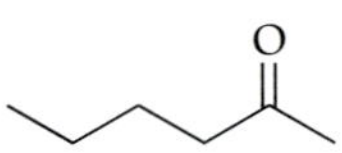

IV. 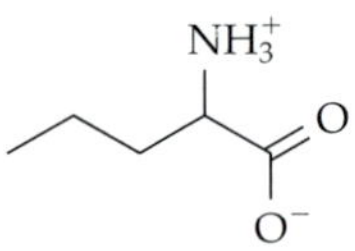

V. 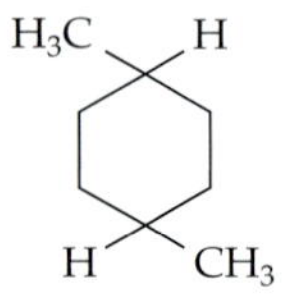

VI. 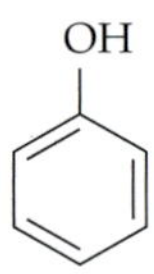

Analise os compostos representados e julgue os itens em verdadeiros ou falsos:

0 – Dois deles são aromáticos.

1 – Dois deles são hidrocarbonetos.

2 – Dois deles representam cetonas.

3 – O composto V é um dimetilcicloexano.

4 – O único composto que forma sais quer reagindo com ácidos ou com bases é o IV.

28. (UFG-GO) A histidina, um aminoácido, é utilizada pelo organismo para a síntese da histamina, por meio de uma reação de descarboxilação.

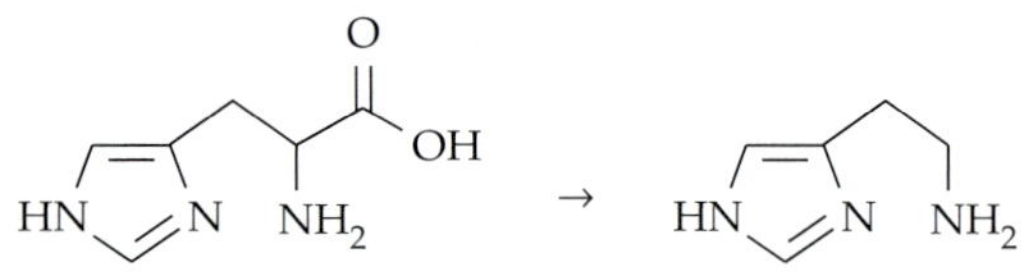

histidina → histamina

a) Explique qual das duas substâncias é mais solúvel em água.

b) Explique por que a histidina apresenta caráter anfótero em meio aquoso, enquanto seu derivado, a histamina, não.

Capítulo 32
Oxirredução, desidratação e esterificação

Alguns conteúdos importantes:

- Reconhecimento da ocorrência de oxidação ou de redução de um composto orgânico por meio da análise de uma equação química
- Reconhecimento de agente oxidante e de agente redutor em reações orgânicas
- Oxidação de álcoois
- Noção do que acontece quando o vinho se transforma em vinagre
- Oxidação de alcenos
- Desidratação intermolecular e desidratação intramolecular de álcoois
- Esterificação
- Hidrólise ácida de ésteres
- Hidrólise básica de ésteres

VALENTYN VOLKOV/SHUTTERSTOCK

▲ A superfície exposta de uma maçã recém-cortada escurece após alguns minutos. Esse acontecimento se deve à oxidação de substâncias presentes na fruta.

1 Oxidação e redução de compostos orgânicos

1.1 Número de oxidação do carbono

Guia de estudo

Recorde, no capítulo 18, o conceito de número de oxidação de um elemento em uma espécie química na qual há ligação covalente.

Observe alguns exemplos do número de oxidação (N_{OX}) do carbono em compostos orgânicos:

metanol

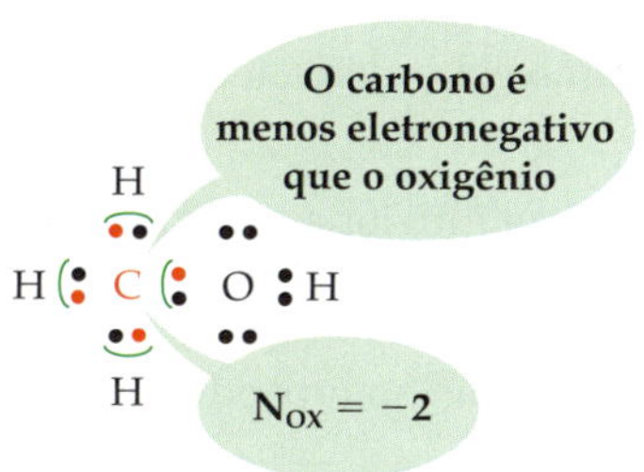

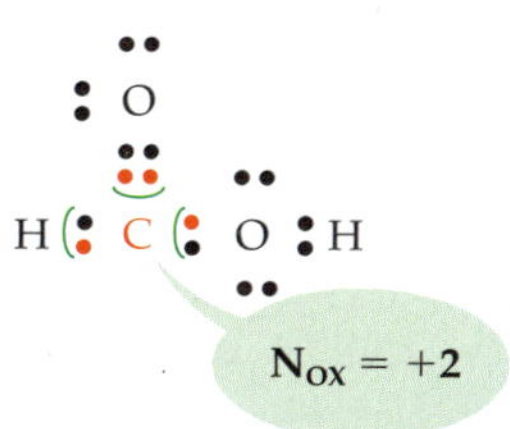

ácido metanoico

Recordando a fila de eletronegatividade

F O N Cl Br I S C P H

Sentido crescente

1.2 Oxidação e redução de moléculas orgânicas

Recordemos algumas terminologias que são estudadas com o conceito de *número de oxidação* (capítulo 18).

- **Reação de oxirredução** é uma reação química em que o número de oxidação de um ou mais elementos se altera.
  Oxidação é o aumento do número de oxidação de um elemento.
  Redução é a diminuição do número de oxidação de um elemento.

Entre os reagentes de uma reação de oxirredução é possível reconhecer um *agente oxidante* e um *agente redutor*:

- **Agente oxidante** é o reagente que contém o elemento que se reduz.
  Agente redutor é o reagente que contém o elemento que se oxida.

Vamos exemplificar com compostos orgânicos. Se, em uma reação, o metanol se transformar em ácido metanoico, dizemos que ocorre **oxidação do composto orgânico**, pois o $\mathbf{N_{OX}}$ **do carbono aumenta** de −2 para +2:

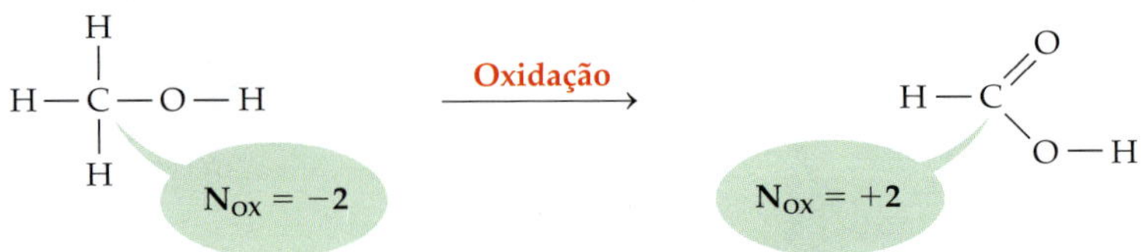

Outro exemplo: se, ao reagir com uma substância adequada, a propanona for convertida em propan-2-ol, dizemos que ocorre **redução do composto orgânico**, pois o $\mathbf{N_{OX}}$ **do carbono da carbonila diminui** de +2 para zero (os outros dois carbonos não sofrem variação de N_{OX}):

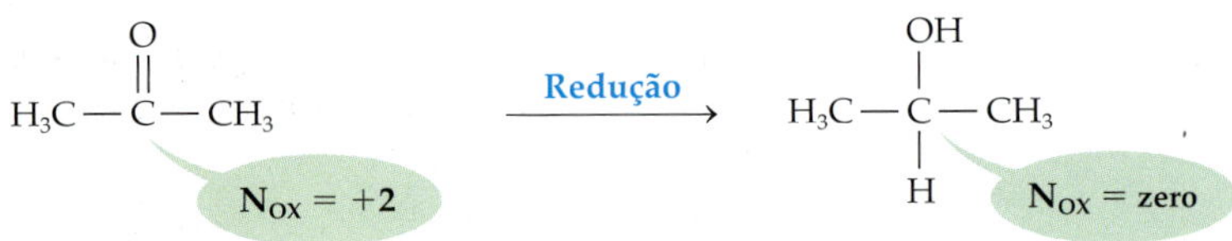

Exercícios essenciais

A critério do(a) professor(a) esta lista de exercícios poderá ser realizada em classe ou em casa.

1. (UEL-PR) Nas substâncias

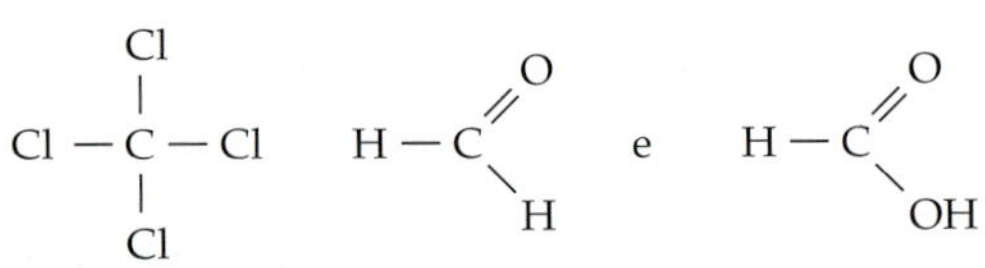

os números de oxidação do carbono são, respectivamente:

a) −4, zero e −4
b) +4, zero e +2
c) −3, +2 e −2
d) zero, zero e +1
e) +3, −2 e +2

2. (PUC-MG) As estruturas: CH_4, CH_3OH, HCHO e HCOOH constituem compostos que apresentam aspectos comuns entre si. É **CORRETO** afirmar que:

a) os carbonos estão em ordem crescente de números de oxidação.

b) em solução aquosa funcionam como ácidos.

c) são isômeros funcionais.

d) em solução aquosa são bons condutores de corrente elétrica.

3. (Uerj-modificado) O ácido barbitúrico e seus derivados são indicados, exclusivamente sob receita médica, como tranquilizantes para reduzir a ansiedade e induzir o sono. A síntese desse ácido pode ser resumida pela seguinte equação:

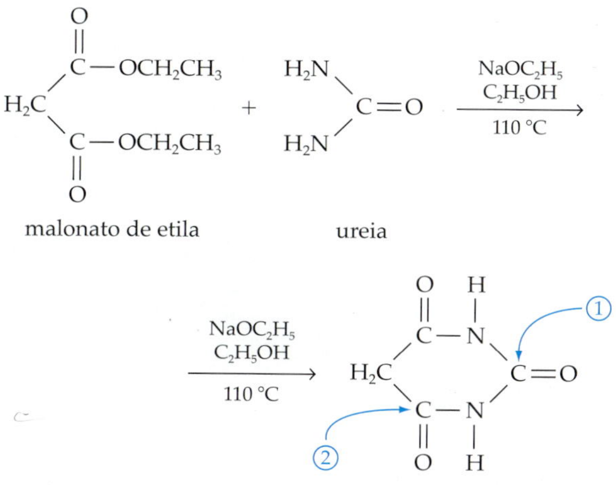

malonato de etila — ureia — ácido barbitúrico

a) Identifique a função orgânica presente no ácido barbitúrico.

b) Com base nos valores de eletronegatividade, determine os números de oxidação dos átomos de carbono indicados por **1** e **2** na molécula do ácido barbitúrico.

4. (Uerj) O formol ou formalina é uma solução aquosa de metanal, utilizada na conservação dos tecidos de animais e cadáveres humanos para estudos em Biologia e Medicina. Ele é oxidado a ácido fórmico, segundo a equação abaixo, para evitar que os tecidos animais sofram deterioração ou oxidação.

formol — ácido fórmico

Nessa transformação, o número de oxidação do carbono sofreu uma variação de:

a) −4 para +4.
b) −3 para −2.
c) −2 para −1.
d) 0 para +2.

Exercícios adicionais

Seu(sua) professor(a) indicará quais exercícios deste bloco você deve fazer.

5. (PUC-Campinas-SP) No nosso planeta já existem milhares de microrganismos capazes de transformar o dióxido de carbono em metano. Sob o ponto de vista estritamente químico trata-se de uma transformação na qual a variação do número de oxidação do carbono é de:

a) 2 unidades.
b) 3 unidades.
c) 4 unidades.
d) 6 unidades.
e) 8 unidades.

6. (PUC-RJ) O ácido lático, obtido a partir da fermentação do leite, possui a seguinte fórmula estrutural:

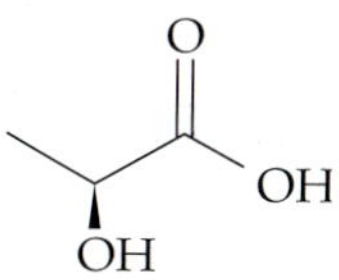

A seu respeito, está correto afirmar que:

a) possui caráter básico devido à presença de duas hidroxilas.

b) na reação com hidróxido de cálcio produz o lactato de cálcio de fórmula:

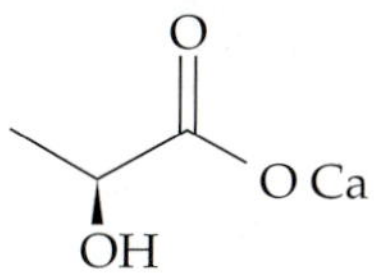

c) as ligações que ocorrem entre os átomos de carbono e de hidrogênio são de natureza iônica.

d) o número de oxidação médio do carbono é zero.

e) na sua combustão completa ocorre formação de monóxido de carbono e água.

7. (Vunesp) A oxidação de um ácido graxo para obtenção de energia em nosso organismo envolve, entre outras, as seguintes etapas:

1ª etapa – oxidação (ou desidrogenação)
2ª etapa – hidratação
3ª etapa – oxidação

Dadas as fórmulas estruturais a seguir

$$CH_3-(CH_2)_n-CH(OH)-CH_2-COO^- \quad (I)$$

$$CH_3-(CH_2)_n-CH=CH-COO^- \quad (II)$$

$$CH_3-(CH_2)_n-C(=O)-CH_2-COO^- \quad (III)$$

$$CH_3-(CH_2)_n-CH_2-CH_2-COO^- \quad (IV)$$

indique qual o reagente e o produto para cada uma das etapas, na ordem indicada, dando os nomes das funções químicas que são formadas após cada uma das reações.

2 Oxidação de álcoois

2.1 Transformação de vinho em vinagre

A palavra vinagre vem do latim *vinum*, "vinho", e *acre*, "azedo". Desde a Antiguidade a humanidade sabe fabricar vinagre; basta deixar o vinho azedar.

Nessa reação, o etanol, presente no vinho, reage com o O_2 e transforma-se em ácido acético.

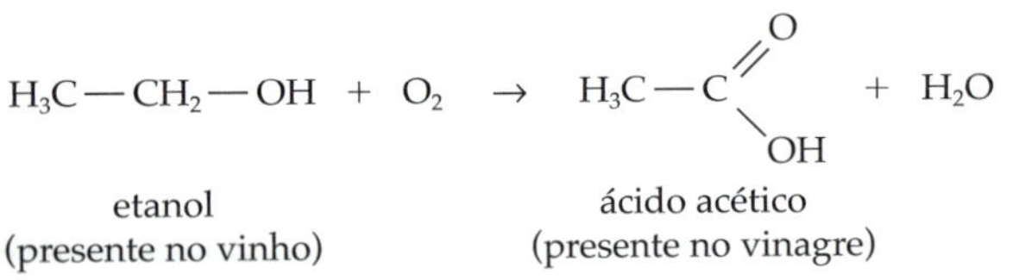

▲ A palavra **vinagre** significa "vinho azedo". O azedamento do vinho consiste na oxidação do etanol a ácido etanoico (acético).

Se determinarmos os números de oxidação dos átomos presentes nas substâncias envolvidas nessa reação, veremos que um dos carbonos e o oxigênio sofreram alterações.

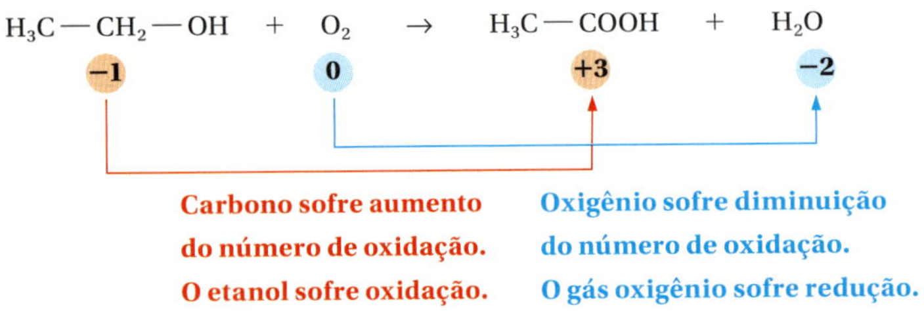

Podemos dizer que **o O_2 atuou como agente oxidante**, pois causou a oxidação do álcool. Muitos outros agentes oxidantes seriam capazes de executar essa oxidação, como o permanganato de potássio em meio ácido ($KMnO_4/H^+$) ou o dicromato de potássio em meio ácido ($K_2Cr_2O_7/H^+$). De modo geral, podemos representar essa reação como segue, na qual **o símbolo [O] representa um agente oxidante**:

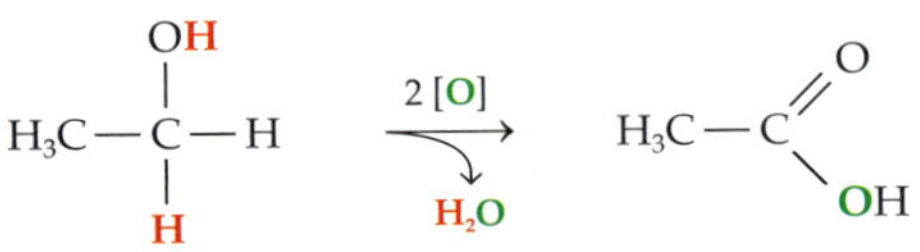

Quando o etanol sofreu oxidação, transformando-se em ácido acético, um de seus átomos de carbono deixou de fazer ligação simples com o oxigênio e passou a fazer ligação dupla. Como o oxigênio é mais eletronegativo que o carbono, isso faz com que o número de oxidação do carbono aumente.

Dica

Toda vez que, em uma reação química, um ou mais átomos de carbono de uma substância orgânica passarem a "estar mais ligados" a oxigênio(s), isso corresponderá a uma **oxidação** da substância.

Por sua vez, quando um ou mais carbonos deixarem de "estar tão ligados" a átomo(s) de oxigênio, isso corresponderá a uma **redução** da substância orgânica. Com essa diminuição do número de ligações com o oxigênio, notaremos que haverá um aumento do número de ligações estabelecidas com hidrogênio(s) ou outro(s) carbono(s).

2.2 Reações de oxidação de álcoois

- Os álcoois são classificados em primários, secundários e terciários, de acordo com o carbono ao qual se encontra ligada a hidroxila.

Veja alguns exemplos:

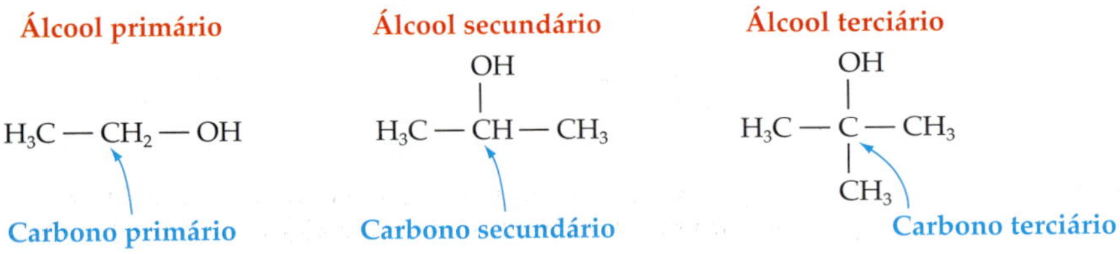

Reflita!

Por que não existe álcool quaternário?

Quando colocados em contato com um agente oxidante, os diversos álcoois comportam-se diferentemente, dependendo de serem primários, secundários ou terciários.

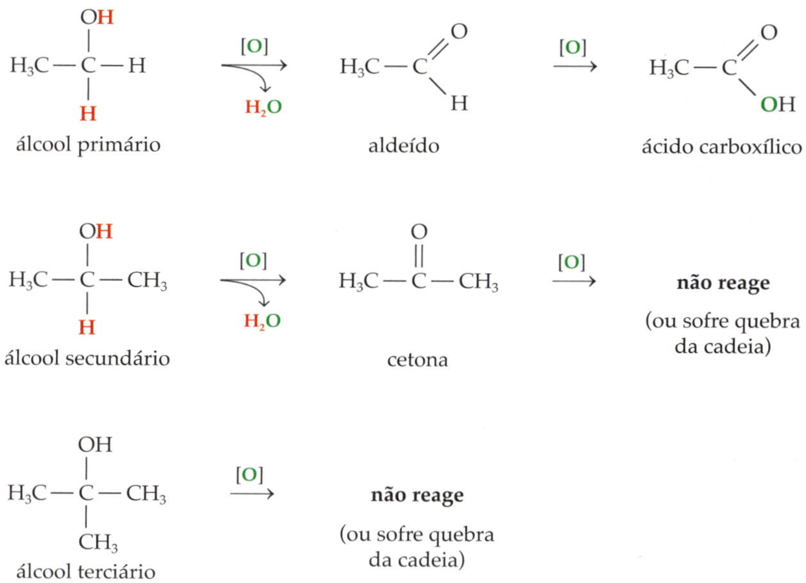

Durante a oxidação de um álcool primário, forma-se de modo intermediário um aldeído. A reação raramente para nesse estágio, e esse aldeído é oxidado a ácido carboxílico.

- A oxidação de um álcool a aldeído ou cetona é também chamada de **desidrogenação** (perda de hidrogênio).

O nome *aldeído* vem do latim ***al**cohol*, "álcool", e ***dehyd**rogenatum*, "desidrogenado", indicando a relação entre esse tipo de composto e os álcoois.

ATENÇÃO

Não faça o experimento das fotos abaixo por conta própria. Sua eventual realização requer autorização e supervisão do(a) professor(a).

Óculos de segurança, luvas e aventais protetores são obrigatórios.

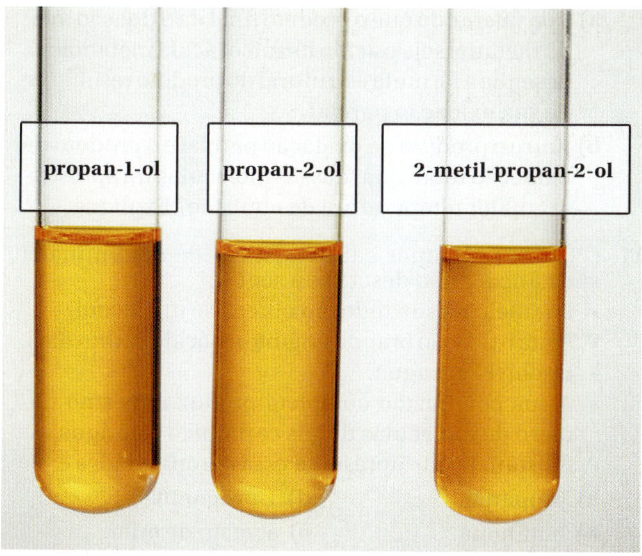

▲ Em três tubos com $K_2Cr_2O_7/H^+$ serão adicionados os álcoois indicados.

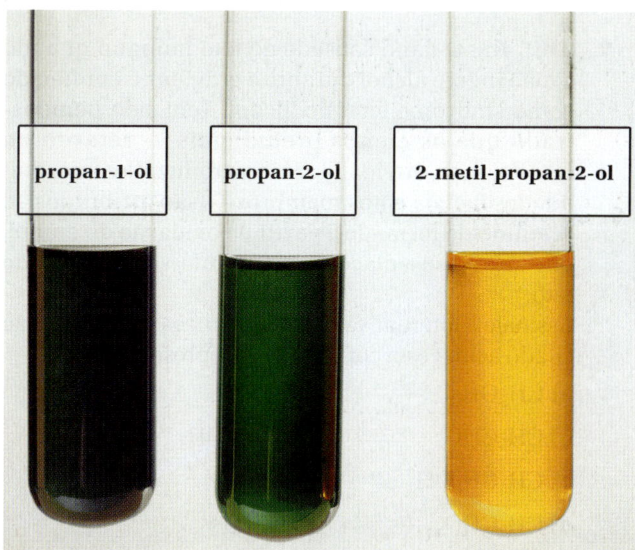

▲ Apenas os álcoois primário e secundário sofrem oxidação, provocando a redução do $Cr_2O_7^{2-}$ (laranja) a Cr^{3+} (verde).

FOTOS: ANDREW LAMBERT PHOTOGRAPHY/ SCIENCE PHOTO LIBRARY/LATINSTOCK

2.3 Obtenção de álcoois por redução

O oposto da oxidação é a redução. Assim, a redução de um aldeído produz um álcool primário e a de uma cetona, um álcool secundário.

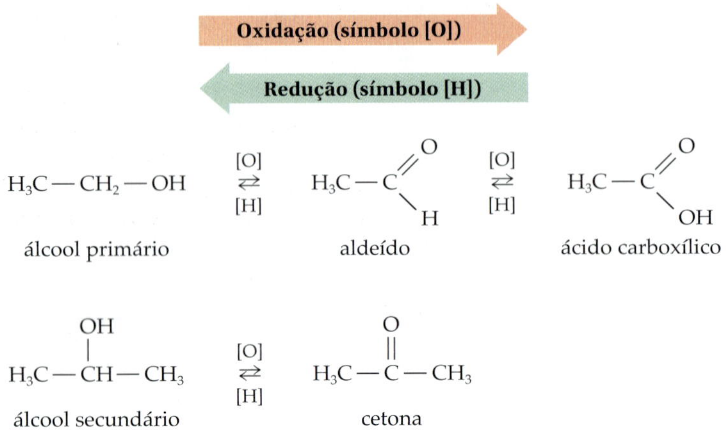

O uso de um **agente redutor é representado** na equação química **por [H]**.

Entre os importantes agentes redutores usados em Química Orgânica temos: hidrogênio (H_2) sob alta pressão e na presença de catalisador (Ni, Pd, Pt); ferro, zinco ou outro metal mais reativo que o hidrogênio na presença de HCl (Fe/HCl, Zn/HCl); sódio (Na) ou lítio (Li) metálicos misturados com amônia (NH_3) líquida; hidreto de lítio e alumínio ($LiAlH_4$) e boroidreto de sódio ($NaBH_4$).

Exercícios essenciais

A critério do(a) professor(a) esta lista de exercícios poderá ser realizada em classe ou em casa.

8. (PUC-MG) Ao deixarmos as garrafas deitadas, as rolhas umedecem, havendo menor possibilidade de deterioração do vinho. O procedimento evita a transformação do álcool do vinho em:

a) acetona.
b) ácido acético.
c) acetato de etila.
d) metanal.

9. (UCS-RS) O dano causado ao feto humano quando a mãe ingere álcool durante a gravidez é conhecido como síndrome fetal do álcool. Tem sido demonstrado que os efeitos prejudiciais — retardo no crescimento, atividade cerebral reduzida e anormalidades faciais e nos membros — são atribuídos ao acetaldeído formado a partir da oxidação do etanol, que atravessa a placenta e acumula-se no fígado do feto.

Assinale a alternativa em que o processo de oxidação citado acima está corretamente representado.

a) $CH_3OH \xrightarrow[\text{[O]}]{\text{enzimas}} CH_2O$

b) $CH_3CHO \xrightarrow[\text{[O]}]{\text{enzimas}} CH_3CH_2OH$

c) $CH_3CH_2OH \xrightarrow[\text{[O]}]{\text{enzimas}} CH_2O$

d) $CH_3CHO \xrightarrow[\text{[O]}]{\text{enzimas}} CH_3OH$

e) $CH_3CH_2OH \xrightarrow[\text{[O]}]{\text{enzimas}} CH_3CHO$

10. (UEG-GO) O metanol é um líquido incolor que, se ingerido, pode levar à cegueira e até mesmo à morte. Essa molécula pode ser obtida a partir de vários processos químicos. Considerando essa molécula e as demais informações apresentadas abaixo, responda ao que se pede.

a) Considerando que o produto final da oxidação total do metanol seja o ácido fórmico (ácido metanoico), desenhe a fórmula estrutural do produto resultante de sua oxidação parcial.

b) Entre o produto da oxidação parcial e o produto da oxidação total, qual dessas moléculas irá apresentar maior temperatura de ebulição? Explique.

11. (PUC-SP) Algumas características de determinada substância estão descritas a seguir.

- Por meio da sua redução obtém-se um álcool.
- A sua oxidação branda origina um ácido carboxílico.
- É solúvel em água.
- A sua combustão completa produz o mesmo número de moléculas de gás carbônico e de água.

A substância que apresenta essas propriedades é:

a) propanal.
b) butanona.
c) ácido propiônico.
d) 1-propanol.
e) acetato de etila.

Exercícios adicionais

Seu(sua) professor(a) indicará quais exercícios deste bloco você deve fazer.

12. (UFU-MG) Considere as informações a seguir.
Na reação de oxidação do tri-álcool abaixo com $KMnO_4$ em meio ácido ou com $K_2Cr_2O_7$ em meio ácido, é correto afirmar que:

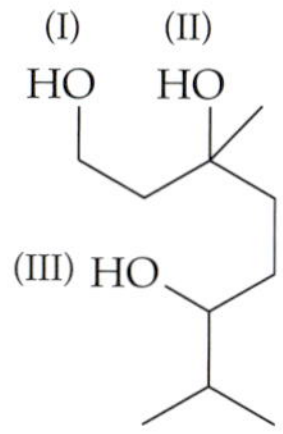

a) a hidroxila III produzirá cetona.
b) a hidroxila II produzirá ácido carboxílico.
c) a hidroxila I produzirá cetona.
d) a hidroxila I produzirá éster.

13. (UFMG) A brasileína e a brasilina — dois pigmentos responsáveis pela cor vermelha característica do pau-brasil — têm, respectivamente, esta estrutura:

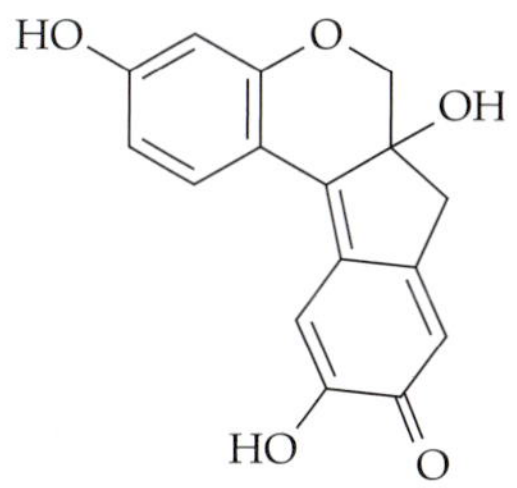

brasileína

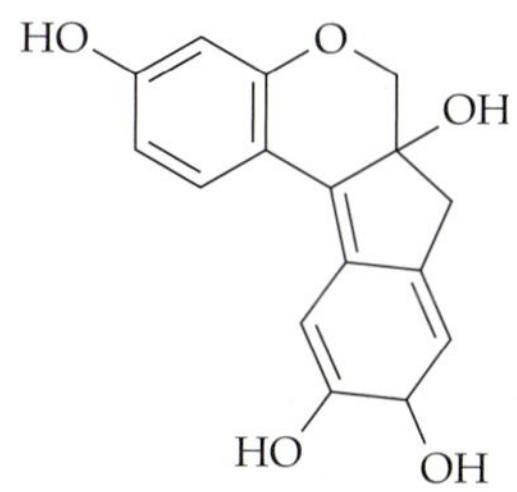

brasilina

Considerando-se a fórmula estrutural de cada uma dessas duas substâncias, é **CORRETO** afirmar que a brasileína:
a) apresenta massa molar maior que a da brasilina.
b) é um isômero da brasilina.
c) pode ser obtida por oxidação da brasilina.
d) tem o mesmo número de hidroxilas que a brasilina.

(Uerj) **Utilize as informações a seguir para responder às questões de números 14 e 15.**
Considere uma mistura composta, em iguais proporções, por três substâncias líquidas — ciclo-hexeno, ciclo-hexanol e ciclo-hexanona — aleatoriamente denominadas **X**, **Y** e **Z**.
Um analista químico separou essas substâncias, por destilação fracionada, nas seguintes temperaturas:
X: 82 °C; **Y**: 161 °C; **Z**: 155 °C.
Para identificá-las, o analista fez alguns testes, obtendo os seguintes resultados:

- a substância **X**, ao ser submetida à reação com solução de bromo, provocou o descoramento desta solução.
- a substância **Y**, quando oxidada, produziu substância idêntica à denominada como **Z** no experimento.

14. (Uerj) Apresente as fórmulas estruturais planas das substâncias **X**, **Y** e **Z** e nomeie cada uma delas.

15. (Uerj-adaptada) Escreva a equação química que representa a reação da substância **X** com bromo.

16. (UEL-PR) Um processo laboratorial para conversão de alcenos em cetonas de mesma cadeia carbônica consiste na prévia conversão do alceno (**I**) em álcool (**II**), etapa A, e posterior conversão deste último na cetona (**III**), etapa B, conforme o esquema abaixo:

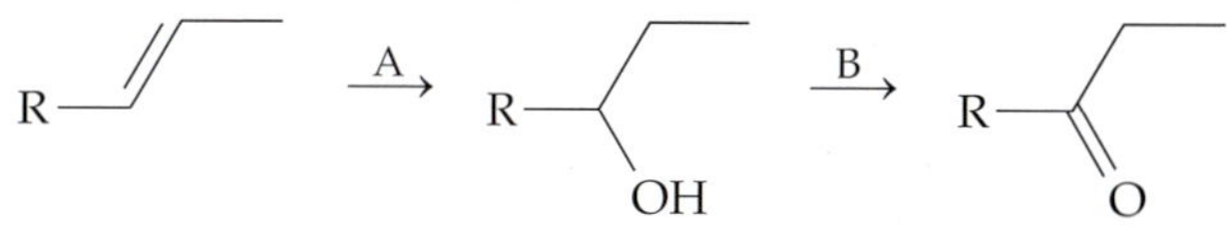

I II III

As reações utilizadas para essas duas conversões devem ser, respectivamente:
a) Oxidação de **I** e redução de **II**.
b) Hidratação de **I** e redução de **II**.
c) Redução de **I** e hidrogenação de **II**.
d) Hidratação de **I** e oxidação de **II**.
e) Hidrogenação de **I** e oxidação de **II**.

17. (UFF-RJ) A forma como os átomos estão ligados em uma molécula orgânica, bem como seu arranjo espacial são importantes em relação a suas ações no organismo vivo. A substância conhecida como sulcatol, por exemplo, age como feromônio em algumas espécies de besouros. Feromônios são substâncias usadas por organismos vivos de uma mesma espécie para comunicação química, no caso exemplificado como atraente entre besouros machos e fêmeas. A sulcatona, por sua vez, pode ser usada, na preparação de feromônios.

sulcatol

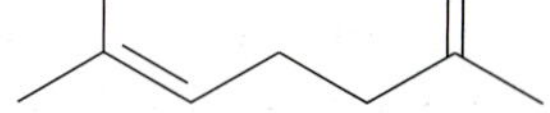

sulcatona

Observe as estruturas do sulcatol e da sulcatona:
a) escreva, utilizando fórmulas estruturais de reagentes e produtos, a equação balanceada da hidrogenação catalítica do sulcatol.
b) dê o produto da reação do sulcatol na presença de $KMnO_4$ considerando apenas a oxidação do carbono hidroxilado.
c) comparando as fórmulas estruturais do sulcatol e da sulcatona indique o de maior ponto de ebulição. Justifique sua resposta.

3 Oxidação de alcenos

3.1 Oxidação branda

Também conhecida como **di-hidroxilação do alceno**, é uma reação com um agente oxidante que causa uma adição à ligação dupla, com a entrada de uma hidroxila em cada um dos seus dois carbonos. O $KMnO_4$ (permanganato de potássio) em solução diluída e fria, em meio neutro ou levemente básico, é um agente oxidante brando muito usado.

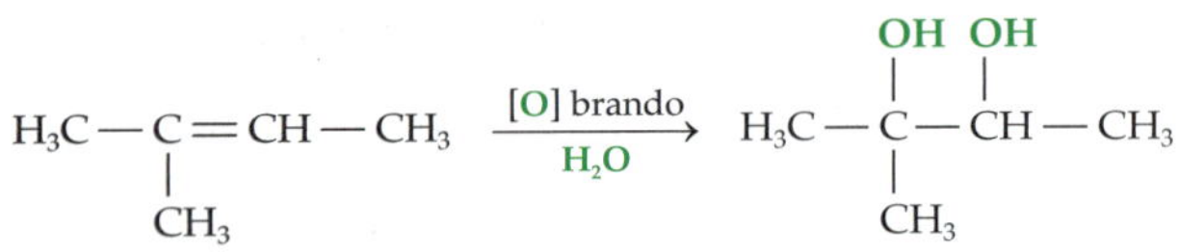

metil-but-2-eno — diálcool vicinal

Teste de Baeyer

Alceno e ciclanos possuem a mesma fórmula geral C_nH_{2n}. Assim, é comum encontrarmos alcenos e ciclanos isômeros. Para diferenciá-los em laboratório, o químico alemão Adolf von Baeyer elaborou um teste baseado na oxidação branda com $KMnO_4$ (de cor violeta).

$$\text{alceno} \xrightarrow[H_2O]{[O]\text{ brando}} \text{reage} \qquad \text{ciclano} \xrightarrow[H_2O]{[O]\text{ brando}} \text{não reage}$$

Alcenos reagem, pois possuem ligação dupla, e ciclanos, não. Assim, **a cor violeta** do $KMnO_4$ **desaparecerá quando a substância for alceno, mas não quando for ciclano.** Esse é o **teste de Baeyer.**

ATENÇÃO

Não faça este experimento por conta própria. Sua eventual realização requer autorização e supervisão do(a) professor(a).

Óculos de segurança, luvas e aventais protetores são obrigatórios.

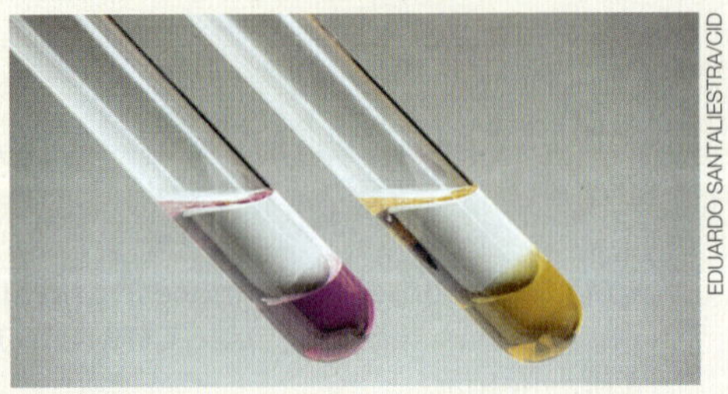

EDUARDO SANTALIESTRA/CID

▶ O tubo da esquerda mostra uma fase superior de ciclo-hexano e uma fase inferior de $KMnO_4$. Como o composto orgânico é saturado, não ocorre descoramento da cor violeta do permanganato. No tubo da direita, permanganato foi misturado com hex-1-eno, havendo desaparecimento da cor violeta graças à oxidação da ligação dupla. O material ocre resultante é o produto da redução do manganês.

3.2 Ozonólise

Como o nome diz, trata-se da quebra pelo ozônio (O_3). A reação é feita em meio aquoso e na presença de pó de zinco. A molécula de alceno é quebrada na ligação dupla e um átomo de oxigênio se adiciona a cada fragmento.

A presença da água é fundamental para evitar as explosões que poderiam ocorrer se a ozonólise fosse feita na sua ausência.

KROMKRATHOG/SHUTTERSTOCK

◀ A borracha dos pneus contém ligações duplas C=C que podem ser atacadas pelo ozônio, poluente atmosférico oxidante. Para evitar essa oxidação indesejável, o fabricante inclui, na formulação da borracha, aditivos antioxidantes.

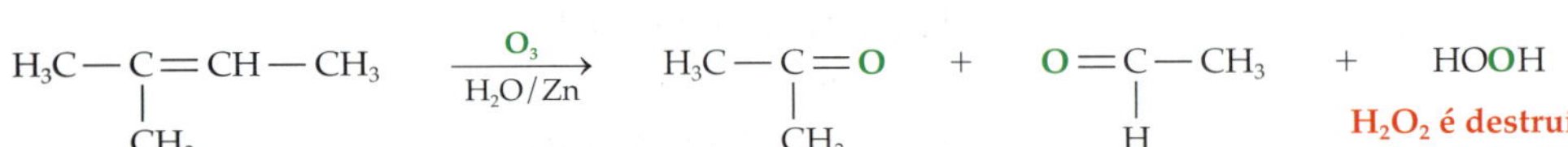

cetona — aldeído — H_2O_2 é destruído pelo pó de zinco para que não reaja com o aldeído.

3.3 Oxidação enérgica

O alceno reage com um agente oxidante capaz de quebrar a molécula na ligação dupla e, além disso, caso seja formado aldeído, oxidá-lo a ácido carboxílico. Exemplos de oxidantes enérgicos são $KMnO_4/H^+$ e $K_2Cr_2O_7/H^+$.

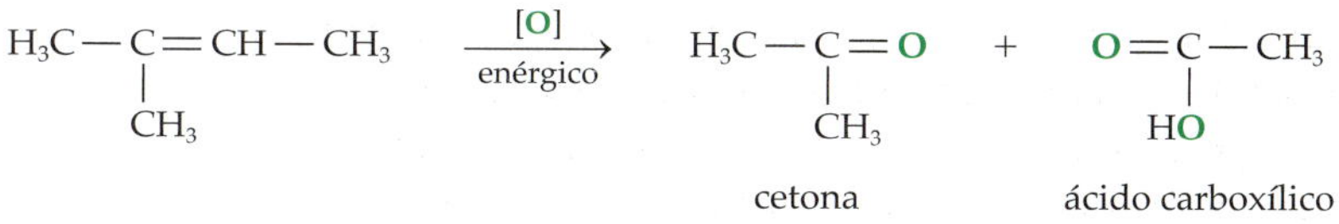

Biblioteca do estudante
Texto complementar:
A fabricação da anilina

Quando a ligação dupla se encontra na ponta da cadeia, o CH_2 terminal se transforma em ácido carbônico, que, finalmente, se decompõe em CO_2 e H_2O.

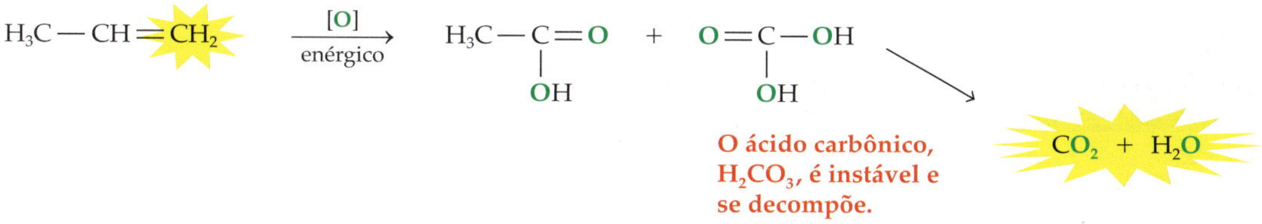

Não confunda ozonólise com oxidação enérgica

Em ambas as reações, o alceno fragmenta-se na ligação dupla e um oxigênio se une a cada fragmento assim obtido. Nessa primeira fase podemos obter somente cetonas, somente aldeídos ou cetona e aldeído, dependendo da estrutura do alceno. **Na oxidação enérgica, caso se forme aldeído como produto, o agente oxidante irá oxidá-lo a ácido carboxílico**. Já na ozonólise, a presença de Zn impede que isso ocorra. (Se, contudo, a ozonólise for realizada sem o Zn, um aldeído produzido será oxidado a ácido carboxílico.)

Outra diferença pode ser notada quando o alceno apresenta uma **dupla ligação na extremidade da cadeia**. Nesse caso, ao realizar a **oxidação enérgica, o CH_2 terminal se transforma em ácido carbônico**, que, finalmente, se decompõe em CO_2 e H_2O.

Exercícios essenciais

A critério do(a) professor(a) esta lista de exercícios poderá ser realizada em classe ou em casa.

18. (Unirio-RJ) A reação do permanganato de potássio em meio básico ou neutro, conhecida como Reação de Baeyer, é importante como teste de distinção entre um alceno e um alcano. A oxidação branda do propeno, a frio e em meio neutro, pode ser esquematizada conforme abaixo, considerando que a espécie [O] é oriunda da decomposição do agente oxidante.

$$\text{propeno} + [O] + HOH \rightarrow Y$$

Escreva a fórmula estrutural do composto Y, assim como a sua nomenclatura oficial.

19. (Ufam) Dois isômeros de fórmula molecular C_4H_8 são submetidos a uma oxidação branda com reativo de Baeyer. Um dos isômeros descorou o reativo. O outro isômero deve, portanto, ser o:

a) ciclobuteno
b) ciclobutano
c) buteno
d) butadieno
e) 1-metil-ciclopropeno

20. (Cefet-PB) Submeteram um alceno a uma ozonólise seguida de hidrólise em presença de zinco em pó e como produtos obtiveram: propanona, propanal e peróxido de hidrogênio. Podemos dizer que o alceno em estudo é:

a) 2-metil-2-buteno
b) 2-metil-3-penteno
c) 2-metil-2-penteno
d) 3-metil-3-penteno
e) 3-metil-2-buteno

21. (PUC-PR) Dada a reação:

$$H_3C-CH_2-CH=C(CH_3)-CH_2-CH_3 + [O] \xrightarrow[\Delta]{KMnO_4/H^+}$$

obteremos como produtos:

I. propanal
II. 2-butanona
III. 4-metil-3-hexanol
IV. ácido propanoico

Estão corretas as afirmações:

a) I e III
b) I e IV
c) II e III
d) I e II
e) II e IV

22. (Unifenas-MG) Alcenos ou olefinas são hidrocarbonetos alifáticos que possuem uma dupla ligação. Várias reações orgânicas ocorrem a partir de olefinas, em busca de novos produtos, tais como:

$$H_3C-CH=CH-CH_3 \xrightarrow[\text{KMnO}_4/\text{H}^+]{\text{Oxidação enérgica}} 2\,H_3C-COOH$$

$$H_3C-CH=CH-CH_3 + O_3 + H_2O \xrightarrow{\text{Ozonólise}} 2\,H_3C-CHO + H_2O_2$$

Assinale a opção que produz o mesmo composto orgânico, usando tanto a oxidação enérgica como a ozonólise.

a) $H_2C=CH-CH_3$

b) $H_2C=CH-CH_2-CH_3$

c) $H_3C-C(CH_3)=C(CH_3)-CH_3$

d) $H_3C-C(CH_3)=CH-CH_3$

e) $H_3C-CH=C(CH_3)-CH_2-CH_3$

23. (UPE) Decida se a seguinte afirmação é verdadeira ou falsa.
A oxidação enérgica do 2-metil-2-penteno produz gás carbônico e um isômero do butanal.

Exercícios adicionais

Seu(sua) professor(a) indicará quais exercícios deste bloco você deve fazer.

24. (UPE) A oxidação com permanganato de potássio, em meio ácido, de um composto orgânico "A", originou como produtos da reação o ácido propanoico e a butanona. A nomenclatura IUPAC do composto orgânico oxidado é:

a) 2-metil-penteno
b) 1,2,3-trimetil-hexano
c) 3-metil-3-hexeno
d) 2-metil-2-penteno
e) metil-buteno

25. (Unifor-CE) A ação oxidante de $KMnO_4/H^+$ sobre o 2-buteno produz o ácido etanoico (oxidação com quebra de dupla ligação).
Em reação semelhante, um mol de ácido linoleico, $CH_3(CH_2)_4-(CH=CHCH_2)_2(CH_2)_6COOH$, pode dar origem a ácidos monocarboxílicos e dicarboxílicos, ambos saturados, nas quantidades, respectivamente, de:

a) 2 mol e 3 mol.
b) 2 mol e 1 mol.
c) 1 mol e 3 mol.
d) 1 mol e 2 mol.
e) 1 mol e 1 mol.

26. (Cefet-PI) O produto resultante da oxidação enérgica de um alceno depende da localização da dupla ligação. Desse modo, pode-se identificar o alceno original através dos produtos desse tipo de reação. Sabendo disso, forneça o nome do alceno que, por oxidação enérgica, forma apenas um produto orgânico, o qual, por sua vez, através da reação com o hidrogênio na presença de calor e de um catalisador metálico, forma um álcool secundário de fórmula C_3H_8O:

a) 2,3-dimetilbut-2-eno
b) but-2-eno
c) 2,3-dimetilbut-1-eno
d) hex-2-eno
e) but-1-eno

27. (Ufes) Considere as reações apresentadas no esquema abaixo:

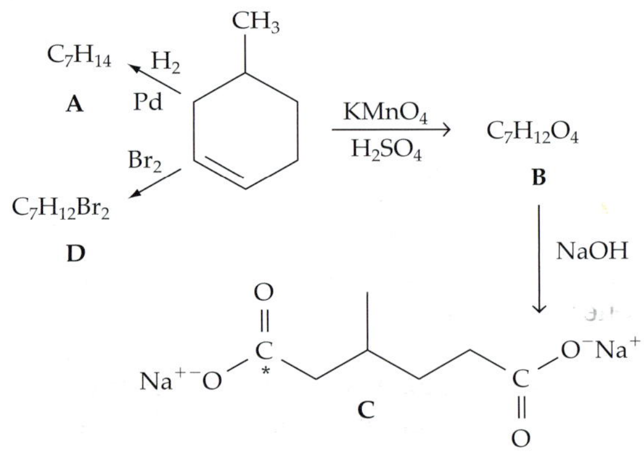

a) Escreva os nomes sistemáticos dos compostos **A**, **B** e **D**.

b) Escreva as fórmulas estruturais dos compostos **A**, **B** e **D**.

c) Calcule o número de oxidação para o átomo de carbono assinalado com asterisco no composto **C**.

4 Desidratação de álcoois

O éter comum (éter dietílico ou, ainda, éter sulfúrico) é produzido usando o etanol como matéria-prima. A reação em questão é conhecida como desidratação, uma vez que ocorre a perda de água por parte do álcool.

$$\begin{matrix} H_3C-CH_2-OH \\ H_3C-CH_2-OH \end{matrix} \xrightarrow[140\ °C]{H_2SO_4} H_3C-CH_2-O-CH_2-CH_3 + H_2O$$

etanol — éter dietílico

Desidratação intermolecular do etanol

O **ácido sulfúrico** exerce o papel de **agente desidratante** na reação, ou seja, é ele que provoca a saída da molécula de água. Usualmente, o éter dietílico é também chamado de **éter sulfúrico**, em virtude de esse ácido ser utilizado em sua fabricação.

Se colocarmos o etanol e o ácido sulfúrico em contato a 170 °C, a reação não produzirá éter. O principal produto obtido será o eteno. Esse é um exemplo ilustrativo de como uma mudança de temperatura pode afetar o transcorrer de uma reação.

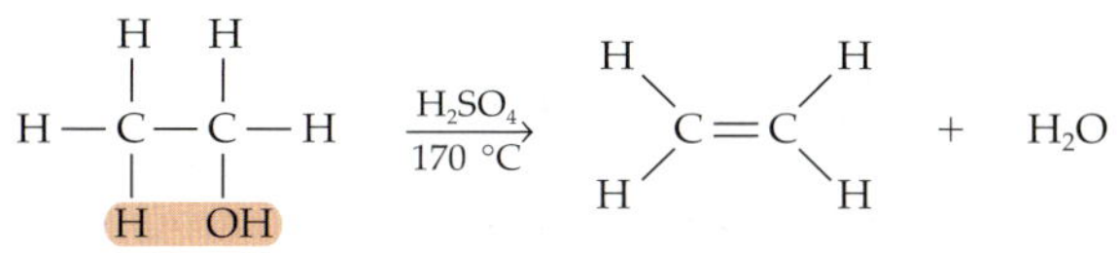

etanol — eteno

Desidratação intramolecular do etanol

A primeira reação equacionada é uma **desidratação intermolecular**, pois a água saiu de entre duas moléculas de álcool. Já a segunda é uma **desidratação intramolecular**, pois a água saiu de dentro de uma molécula de álcool.

Os nomes desses processos vêm do latim *inter*, "entre", e *intra*, "dentro".

De modo geral, podemos dizer que a desidratação intermolecular de álcoois produz éteres e que a intramolecular produz alcenos. Além disso, a desidratação intramolecular envolve, geralmente, temperaturas mais altas que a intermolecular.

ATENÇÃO

O éter dietílico é um líquido incolor, volátil e **altamente inflamável**. Seus vapores são **tóxicos** e podem causar, por exemplo, tontura, dor de cabeça, narcose, náusea, vômitos e irritação do sistema respiratório.

EDUARDO SANTALIESTRA/CID

▶ O éter dietílico, largamente usado em hospitais e laboratórios, é obtido industrialmente por meio da desidratação intermolecular do etanol.

Exercícios essenciais

A critério do(a) professor(a) esta lista de exercícios poderá ser realizada em classe ou em casa.

28. (UFJF-MG) O H_2SO_4 pode ser usado na obtenção de diferentes compostos orgânicos pela desidratação de álcoois. Quando o etanol é tratado com H_2SO_4, sob aquecimento, ocorre a formação de dois compostos com as seguintes fórmulas moleculares: C_2H_4 e $C_4H_{10}O$. Escreva a fórmula estrutural do $C_4H_{10}O$ e o nome do C_2H_4.

29. (Vunesp) O éter *terc*-butílico e metílico, agente antidetonante da gasolina, pode ser obtido pela reação de condensação entre dois álcoois, em presença de ácido sulfúrico. Escreva:

a) a fórmula estrutural do éter.

b) as fórmulas estruturais e os nomes oficiais dos álcoois que formam o éter por reação de condensação.

Exercícios adicionais

Seu(sua) professor(a) indicará quais exercícios deste bloco você deve fazer.

30. (UFRJ) **A** e **B** são dois compostos orgânicos (oxigenados) de mesma massa molecular que, por oxidação com permanganato de potássio em meio ácido, geram como produtos, respectivamente, a butanona e o ácido butanoico.

a) Qual o tipo de isomeria existente entre os compostos **A** e **B**? Justifique sua resposta.

b) Qual o produto orgânico resultante da desidratação do composto **B**?

31. (UPE) Analise as equações químicas a seguir:

$C_3H_4 + 2\ HCl \rightarrow A$

$C_2H_4O + KMnO_4$ (meio ácido) $\rightarrow B$

$C_2H_5OH + H_2SO_4$ (conc) (170 °C) $\rightarrow C$

As substâncias orgânicas formadas A, B e C têm como nomenclatura IUPAC, respectivamente:

a) propan-1-ol, etanol e ácido etanoico.

b) 2,3-diclorobutano, eteno e etanal.

c) 2,2-dicloropropano, ácido etanoico e eteno.

d) cloretano, etano e etanol.

e) clorometano, ácido etanoico e etino.

32. (Unifor-CE) O composto orgânico resultante da reação representada abaixo é o anidrido do ácido etanoico:

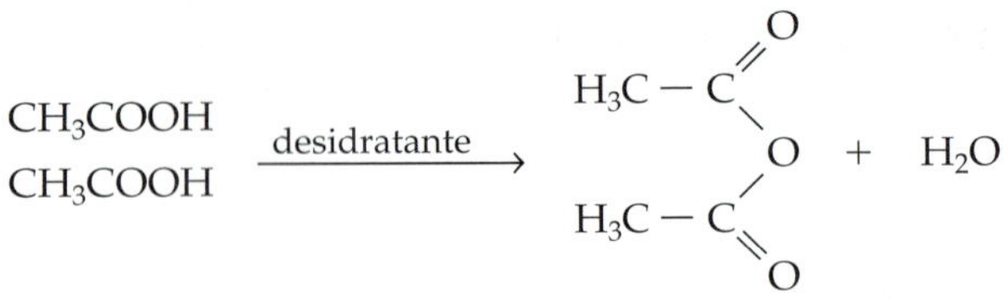

Sendo assim, o composto representado por

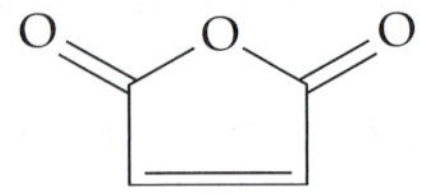

deve ser o anidrido de um ácido:

a) monocarboxílico com cadeia carbônica saturada.
b) monocarboxílico com cadeia carbônica insaturada.
c) tricarboxílico hidratado.
d) dicarboxílico com cadeia carbônica insaturada.
e) dicarboxílico com cadeia carbônica saturada.

5 Esterificação

A **reação química entre um ácido carboxílico e um álcool** é chamada de **reação de esterificação**. Nessa reação, forma-se também água devido à saída de um H do álcool e um OH do ácido.

ácido carboxílico + álcool → éster + água

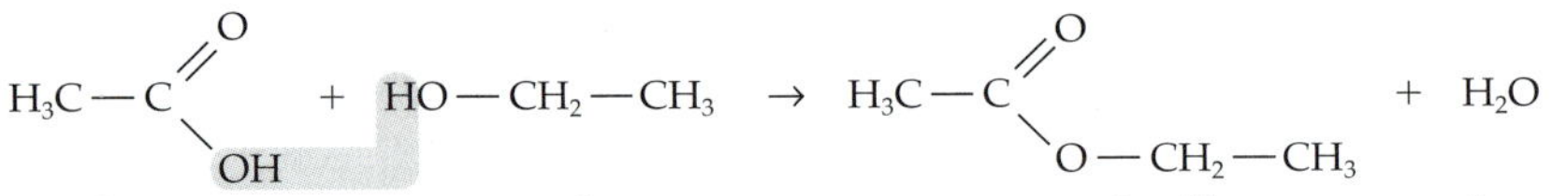

ácido acético (ácido etanoico) | etanol | acetato de etila (etanoato de etila) | água

Assim, podemos agora ser mais claros sobre o assunto do que fomos no capítulo 26. Um éster é derivado de um ácido e de um álcool. Em sua estrutura e em seu nome podemos reconhecer a parte que veio de cada um.

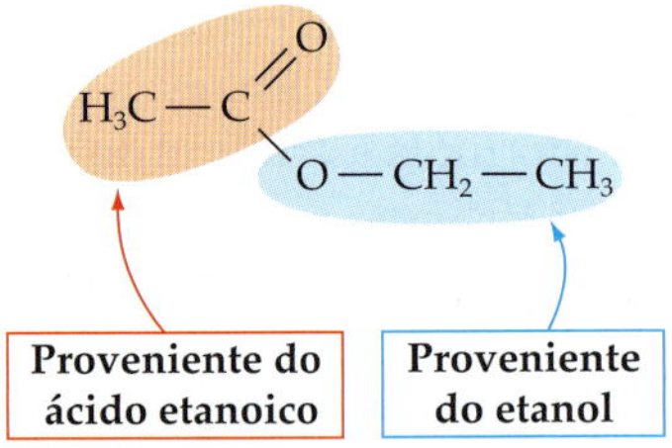

etanoato de etila

TISCHENKO IRINA/SHUTTERSTOCK

▲ Ésteres de baixa massa molecular são responsáveis por aromas agradáveis e são muito utilizados na indústria de alimentos e de cosméticos. Já a cera que compõe os favos das colmeias é constituída por ésteres de cadeias longas, sólidos à temperatura ambiente. Ésteres podem ser obtidos por meio da reação entre ácido carboxílico e álcool.

HIROYA MINAKUCHI/MINDEN PICTURES/LATINSTOCK

▲ No passado, grandes populações de cachalotes (*Physeter macrocephalus*) foram dizimadas para extração de cera usada na indústria de cosméticos. Hoje, sabe-se que um dos principais constituintes dessa cera (fórmula em destaque) pode ser produzido por meio de uma reação de esterificação.

6 Hidrólise ácida de ésteres

A reação de esterificação é facilmente reversível, e a reação inversa é chamada de **hidrólise de um éster**. Assim, por exemplo, a hidrólise do acetato de etila pode ser representada por:

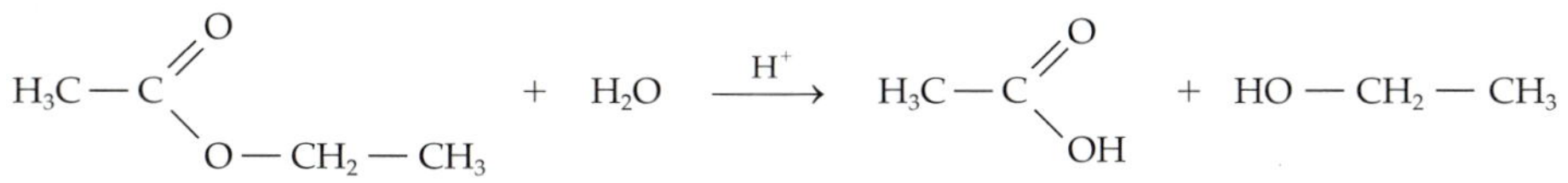

éster + água $\xrightarrow{H^+}$ ácido carboxílico + álcool

Essa reação é feita normalmente usando um ácido como catalisador, sendo chamada de **hidrólise ácida** de um éster. Comparando a equação dessa reação com a da esterificação, você pode constatar que uma é exatamente o inverso da outra.

7 Hidrólise básica de ésteres

A hidrólise de um éster pode ser catalisada por uma substância alcalina (hidróxido de sódio, por exemplo) em vez de um ácido. Com **finalidade didática**, podemos imaginar que essa reação seja o resultado de duas etapas:

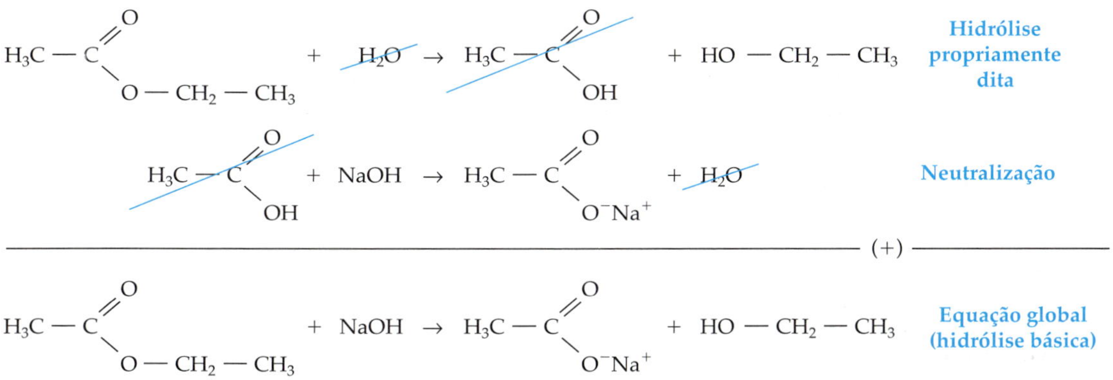

A primeira etapa representa a hidrólise exatamente como acontece sob catálise ácida. No entanto, tão logo formado, o ácido carboxílico é neutralizado pela base presente no meio. Dessa forma, **não se obtém o ácido carboxílico, e sim o sal correspondente**.

Assim, nessa reação chamada de **hidrólise básica** de um éster, os produtos são muito semelhantes aos da hidrólise ácida, porém, em vez de um ácido, forma-se um sal.

éster + base → sal + álcool

Biblioteca do estudante
Informe-se sobre a Química:
Oxidação dos alimentos

Visão do especialista

Revisão

Conheça um sinônimo

A hidrólise básica de éster é a reação usada na produção de sabão, a **saponificação**, como será abordado no capítulo 34. Por isso, é costume usar a palavra **saponificação** como sinônimo de **hidrólise básica de éster**, mesmo que não esteja sendo usada para produzir sabão.

Exercícios essenciais

A critério do(a) professor(a) esta lista de exercícios poderá ser realizada em classe ou em casa.

33. (UFRJ) Escreva a equação da reação do ácido propanoico com o 1-butanol e dê o nome do composto orgânico obtido.

34. (Vunesp) Para preparar o composto butanoato de etila, que possui aroma de abacaxi, usa-se o etanol como um dos reagentes de partida. A função orgânica à qual pertence esse aromatizante e o nome do outro reagente necessário para sua síntese são, respectivamente:

a) éster, ácido etanoico.
b) éter, ácido butanoico.
c) amida, álcool butílico.
d) éster, ácido butanoico.
e) éter, álcool butílico.

35. (UFPI) Os flavorizantes são substâncias adicionadas a medicamentos e/ou alimentos industrializados para lhes conferir um flavor (aroma/sabor) característico. Grande parte dessas substâncias são ésteres, conforme mostrado abaixo:

Flavorizante	Aroma/sabor
Butanoato de etila	Abacaxi
Formato de isobutila	Framboesa
Acetato de pentila	Pera

Se um químico dispusesse em seu laboratório dos ácidos: metanoico, etanoico, propanoico e butanoico e de todos os álcoois primários de até 5 carbonos por molécula, ele poderia preparar, por uma simples reação de esterificação, os flavorizantes com sabor/aroma de:

a) abacaxi, apenas.
b) abacaxi e pera.
c) framboesa e pera.
d) abacaxi e framboesa.
e) abacaxi, pera e framboesa.

36. (UFSCar-SP) O aroma e o sabor da maçã se devem a várias substâncias químicas diferentes. Na fabricação de balas e gomas de mascar com "sabor de maçã", os químicos tentam imitar o aroma e o sabor desses compostos. Uma das substâncias utilizadas para esse fim é o acetato de etila. Uma equação química envolvendo o acetato de etila pode ser escrita como:

$$H_3C-\overset{\overset{\displaystyle O}{\|}}{C}-O-CH_2-CH_3 + H_2O \overset{H^+}{\rightleftharpoons} H_3C-\overset{\overset{\displaystyle O}{\|}}{C}-OH + HO-CH_2-CH_3$$

Podemos classificar essa reação no sentido direto como sendo de:

a) neutralização total de um éter.
b) hidrólise básica de um éster.
c) hidrólise ácida de um éster.
d) saponificação.
e) oxidação de um éter.

37. (Cesgranrio-RJ) A hidrólise do benzoato de etila leva à formação de:

a) éter e álcool.
b) ácido e éter.
c) ácido e álcool.
d) aldeído e álcool.
e) ácido e aldeído.

38. (Cefet-PB) Em uma solução básica, os ésteres reagem com o íon hidróxido para formar o sal do ácido carboxílico e o álcool, a partir do qual o éster é constituído. Dê o nome dos dois produtos da reação do etanoato de etila com NaOH aquoso.

a) Etanoato de sódio e etanol.
b) Ácido benzoico e etanol.
c) Etanoato de metila e metanol.
d) Etanoato de etila e metanol.
e) Etanoato de etila e propanol.

39. (UCPel-RS)

$$CH_3-CH=CH-CH=CH-COOH$$

ácido sórbico

As reações do ácido sórbico com etanol e com hidróxido de sódio levam, respectivamente, à formação de:

a) éster e aldeído.
b) sal e álcool.
c) aldeído e cetona.
d) éster e sal.
e) ácido carboxílico e sal.

Exercícios adicionais

Seu(sua) professor(a) indicará quais exercícios deste bloco você deve fazer.

40. (PUC-RS) O composto que apresenta isomeria óptica, um carbono secundário com geometria tetraédrica, menos de 50% de carbono na sua composição centesimal e que reage com álcoois para formar ésteres é:

a) glicose – $C_6H_{12}O_6$
b) glicina – NH_2-CH_2-COOH
c) etilenoglicol – $HO-CH_2-CH_2-OH$
d) ácido oxálico – $HOOC-COOH$
e) ácido lático – $CH_3-\underset{\underset{\displaystyle OH}{|}}{CH}-COOH$

41. (UFC-CE) O composto **I** é empregado na composição de bloqueadores solares por absorver radiação UVB. Esta molécula é um **[a]** que contém um grupamento **[b]** na posição 4 e que pode ser formada pela esterificação do ácido carboxílico correspondente com um álcool de cadeia **[c]** denominado **[d]**.
Assinale a alternativa que apresenta a sequência correta dos termos **[a]**, **[b]**, **[c]** e **[d]**.

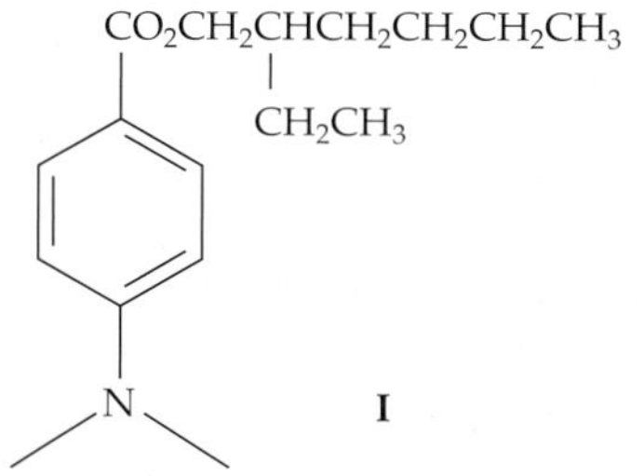

I

a) **[a]** éster aromático | **[b]** dimetilamino | **[c]** alifática ramificada | **[d]** 2-etil-1-hexanol

b) **[a]** éter aromático | **[b]** dietilamino | **[c]** alifática linear | **[d]** 2-metil-1-hexanol

c) **[a]** éster alifático | **[b]** etilamino | **[c]** alifática linear | **[d]** 1-etil-2-hexanol

d) **[a]** éster aromático | **[b]** metilamino | **[c]** aromática | **[d]** 1-etil-1-hexanol

e) **[a]** éter alifático | **[b]** amino | **[c]** alifática ramificada | **[d]** 2-metil-1-hexanol

42. (Ufal) Considere a seguinte sequência de transformações químicas:

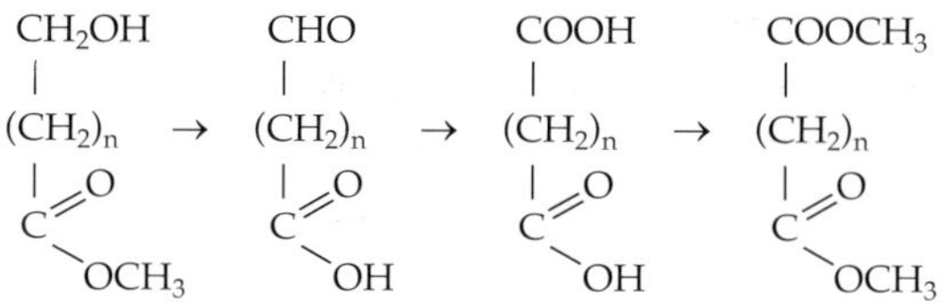

(A) (B) (C) (D)

[Julgue os itens em verdadeiros ou falsos.]

0 - A transformação do composto **A** no composto **B** se dá à custa de uma oxidação e uma hidrólise.

1 - Na transformação do composto **B** para o composto **C** ocorreu apenas uma redução.

2 - O composto **C** é um ácido dicarboxílico insaturado.

3 - Pode-se obter o composto **D** por reação de esterificação do composto **C** com um álcool apropriado.

43. (Fuvest-SP) Dois compostos contendo anel benzênico em sua constituição apresentam a mesma fórmula $C_8H_8O_2$. O composto **A** em meio alcalino hidrolisa-se com liberação de metanol. O composto **B** apresenta características ácidas e não produz metanol quando em meio alcalino.

a) Com base nas informações do enunciado, represente uma fórmula estrutural possível de cada composto.

b) Equacione, em cada caso, as reações que se processam em meio alcalino.

44. (UFJF-MG) O oseltamivir é uma droga potente contra o vírus influenza e tem sido usado no combate ao vírus H5N1, responsável pela gripe aviária. A síntese do oseltamivir utiliza, como materiais de partida, o ácido quínico ou o ácido shikímico, os quais podem ser obtidos a partir de certas plantas. Com base nas estruturas desses compostos, representadas abaixo, pede-se:

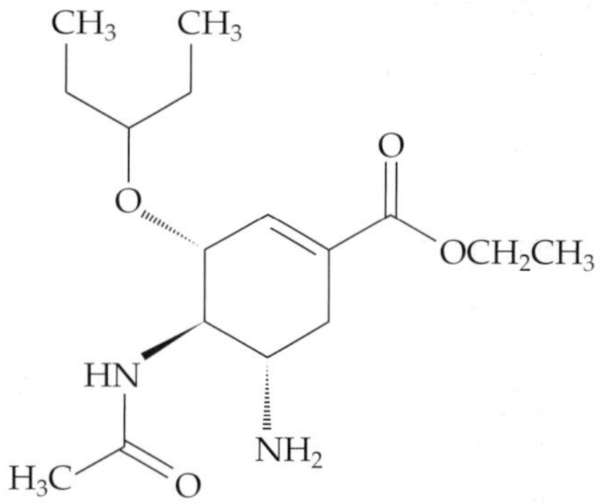

oseltamivir

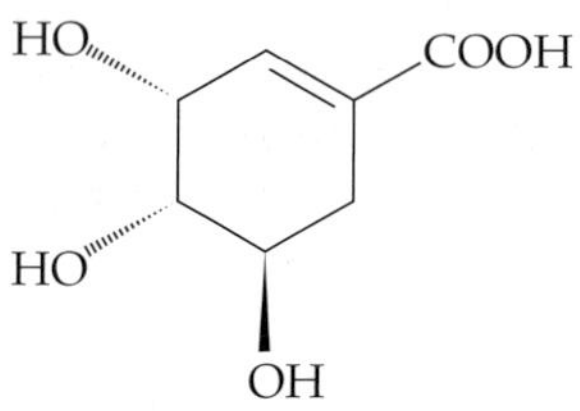

ácido shikímico

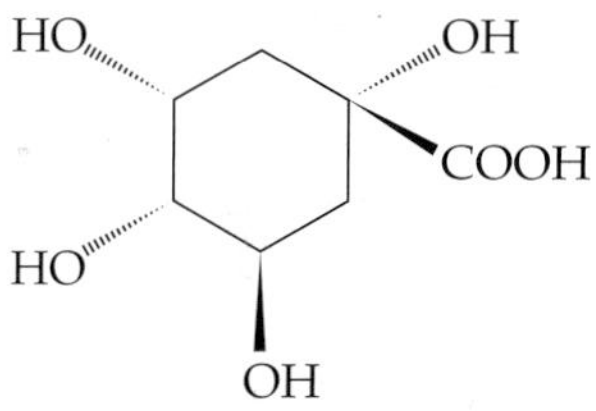

ácido quínico

a) Qual a fórmula molecular do ácido quínico e que tipo de reação permitiria a transformação do ácido quínico no ácido shikímico?

b) Quantos grupos metila estão presentes no oseltamivir e quais os nomes das duas funções nitrogenadas existentes neste composto?

c) Defina o conceito de carbono assimétrico (quiral). Quantos átomos de carbono assimétrico existem na estrutura do ácido shikímico?

d) Represente a equação química da hidrólise básica do oseltamivir. Considere apenas a reação no grupo funcional éster desse composto.

Capítulo 33 Polímeros sintéticos

DORLING KINDERSLEY/GETTY IMAGES

Muitos bichos de pelúcia são revestidos de poliacrilonitrila e preenchidos com espuma de poliuretana, dois exemplos de polímeros sintéticos.

Alguns conteúdos importantes:

- Conceito de polimerização por adição
- Exemplos importantes de polímeros de adição
- Noção sobre elastômeros
- Vulcanização da borracha
- Conceito de polimerização por condensação
- Exemplos importantes de polímeros de condensação

1 Polímeros de adição

1.1 O polietileno e outros polímeros etilênicos

Os químicos conseguiram, na década de 1930, por meio de reações de adição, unir várias moléculas de eteno (nome trivial: etileno), criando um composto de alta massa molecular, o polietileno.

Nesse processo, de modo genérico, o reagente é chamado de **monômero**, o produto recebe o nome de **polímero** e a reação é denominada **polimerização**.

$$\underset{\substack{\text{etileno}\\ \text{Monômero}}}{n\,H_2C{=}CH_2} \xrightarrow[\Delta,\ P]{\text{catalisador}} \underset{\substack{\text{polietileno}\\ \text{Polímero}}}{\left[\!-CH_2-CH_2-\!\right]_n}$$

Equação da reação de polimerização do etileno

Essa reação de polimerização é, na verdade, uma reação de adição na qual tomam parte muitas moléculas do reagente (**n** é um número muito grande, geralmente por volta de 100 mil).

O polietileno é de grande utilidade em nossa vida cotidiana, sendo o material usado, por exemplo, para fabricar alguns brinquedos e sacos plásticos para embalar produtos cómerciais e acondicionar lixo.

Além do polietileno, é possível obter outros plásticos por meio das reações de adição. Vários compostos contendo ligação dupla etilênica (C=C) podem ser polimerizados, formando **polímeros etilênicos**, produtos de larga aplicação industrial (veja a tabela 1).

DORLING KINDERSLEY/GETTY IMAGES

Brinquedos feitos de polietileno rígido.

TABELA 1 **Exemplos de polímeros de adição envolvendo dupla etilênica**

Monômero	Polímero	Algumas aplicações
$H_2C=CH_2$ etileno	$\left[CH_2-CH_2\right]_n$ polietileno	Brinquedos, objetos moldados, sacos e sacolas
$F_2C=CF_2$ tetrafluoretileno	$\left[CF_2-CF_2\right]_n$ teflon ou politetrafluoretileno	Revestimento de panelas e frigideiras, veda-rosca usado por encanadores
$H_2C=CH(-CH_3)$ propileno	$\left[CH_2-CH(-CH_3)\right]_n$ polipropileno	Para-choques de automóvel, peças moldadas, tapetes
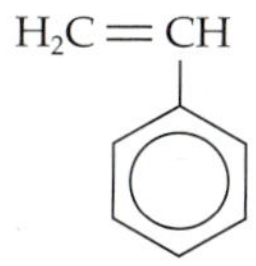 estireno	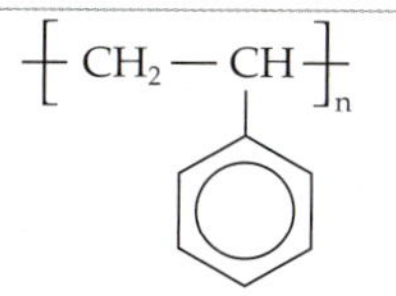 poliestireno	Boias, isolantes térmicos
$H_2C=CH(-Cl)$ cloreto de vinila	$\left[CH_2-CH(-Cl)\right]_n$ PVC poli(cloreto de vinila)	Tubos para encanamento, isolantes elétricos, pisos plásticos, garrafas plásticas e filmes (finas películas) para embalar alimentos
$H_2C=CH(-CN)$ acrilonitrila	$\left[CH_2-CH(-CN)\right]_n$ orlon ou poliacrilonitrila	Fibras têxteis para cobertores, mantas, tapetes, carpetes e bichos de pelúcia
$H_2C=CH(-O-C(=O)-CH_3)$ acetato de vinila	$\left[CH_2-CH(-O-C(=O)-CH_3)\right]_n$ PVA ou poli(acetato de vinila)	Tintas, gomas de mascar, adesivos
$H_2C=C(-CH_3)(-C(=O)-O-CH_3)$ metacrilato de metila	$\left[CH_2-C(-CH_3)(-C(=O)-O-CH_3)\right]_n$ plexiglass	Artigos moldados, janelas transparentes, globos para lâmpadas

TABELA 2 **Alguns polímeros diênicos**

Monômero	Polímero	Comentários
$H_2C=C(-CH_3)-CH=CH_2$ isopreno	$\left[CH_2-C(-CH_3)=CH-CH_2\right]_n$ poli-isopreno	Borracha natural ou cautchu
$H_2C=CH-CH=CH_2$ buta-1,3-dieno	$\left[CH_2-CH=CH-CH_2\right]_n$ polibutadieno	Com algumas modificações (veja o item copolímeros), constitui a mais importante borracha sintética
$H_2C=C(-Cl)-CH=CH_2$ cloropreno	$\left[CH_2-C(-Cl)=CH-CH_2\right]_n$ neopreno	Mais resistente ao calor e aos solventes do que a borracha natural, porém mais caro

KAPU/SHUTTERSTOCK

▲ Canudinhos para refrigerante podem ser feitos de polietileno, polipropileno, PVC ou poliacrilonitrila.

PAUL COLLIS/ALAMY/OTHER IMAGES

▲ O revestimento antiaderente de algumas frigideiras e panelas é constituído de politetrafluoretileno.

DMITRY NAUMOV/SHUTTERSTOCK

▲ Tubos e conexões de PVC.

IOFOTO/SHUTTERSTOCK

▲ Tinta de parede feita de PVA.

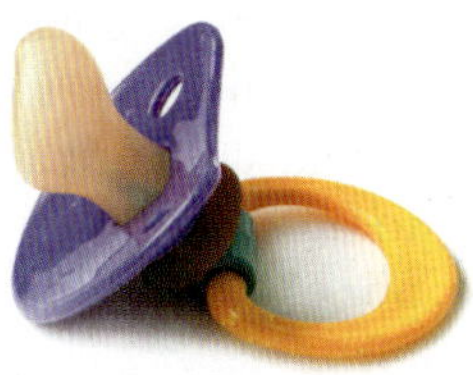
ILYA ANDRIYANOV/SHUTTERSTOCK

▲ Chupeta de polibutadieno.

Guia de estudo

1.2 Polímeros diênicos

A borracha natural (ou *poli-isopreno*) é um polímero resultante da polimerização do monômero 2-metil-buta-1,3-dieno (denominado trivialmente *isopreno*).

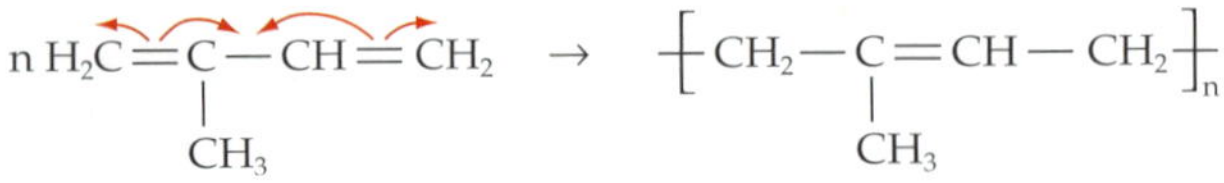

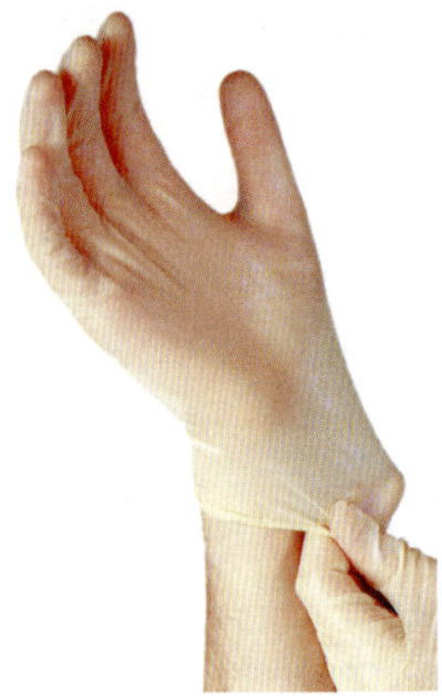
STEVEN PUETZER/MASTERFILE/OTHERIMAGES

▲ Luvas de poli-isopreno.

A elasticidade é uma propriedade marcante da borracha natural. Polímeros que possuem alta elasticidade são conhecidos como **elastômeros**. Assim, dizemos que a borracha é um elastômero natural. Os químicos já produziram elastômeros sintéticos, sendo exemplos significativos o *neopreno* e o *polibutadieno* (veja a tabela 2 na página anterior). O poli-isopreno, o neopreno e o polibutadieno são conhecidos como **polímeros diênicos**.

1.3 Copolímeros

Quando o polímero é fabricado a partir de um único tipo de monômero, ele recebe o nome de **polímero normal**. Se mais de um tipo de monômero for usado, será chamado de **copolímero**.

Um importante exemplo de copolímero é o fabricado a partir dos monômeros buta-1,3-dieno e estireno, que constitui a mais importante das chamadas borrachas sintéticas.

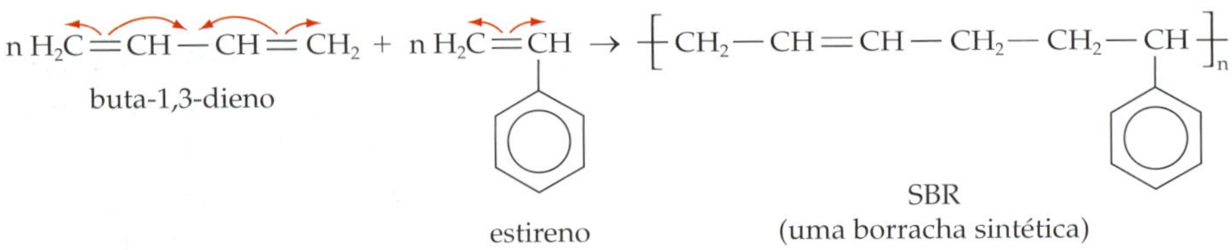

Essa borracha, após receber um tratamento especial (a vulcanização), pode ser usada para a fabricação de pneus. É conhecida industrialmente por vários nomes: SBR (*Styrene Butadiene Rubber*), GBR (*Government Butadiene Rubber*), Buna-S (*Butadiene, Styrene*).

1.4 Vulcanização

A invenção do processo de **vulcanização** por Charles Goodyear, em 1839, permitiu que a borracha natural passasse a ser utilizada industrialmente, pois aumenta sua resistência.

A vulcanização consiste em aquecer a borracha (natural ou sintética) com cerca de 3% de enxofre na presença de um catalisador apropriado. Isso faz com que algumas ligações duplas se abram e reajam com o enxofre, formando "pontes", constituídas por um ou mais átomos de enxofre, que unem as várias cadeias do polímero. Uma borracha não vulcanizada é mole e se rompe facilmente quando esticada. Já a borracha vulcanizada torna-se bem mais resistente e volta ao normal quando cessa a força que a estica. Isso ocorre, por exemplo, com os elásticos de amarrar cédulas de dinheiro.

2010, SILVERFISH PRESS – COLEÇÃO PARTICULAR

▶ Concepção artística da invenção do processo de vulcanização por Goodyear.

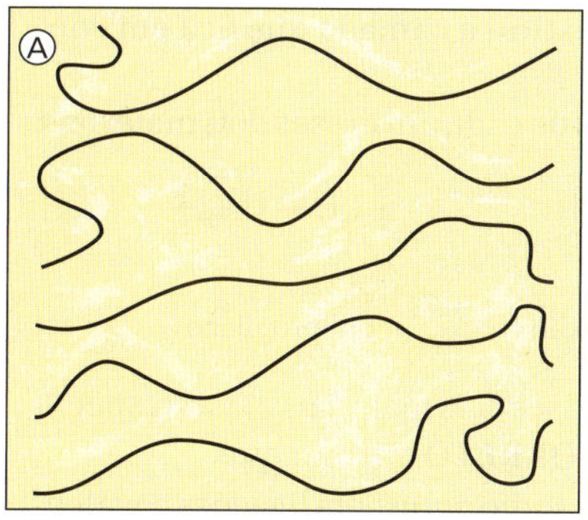

Borracha não vulcanizada

▲ A borracha não vulcanizada apresenta moléculas (representadas aqui pelos fios pretos) que podem deslizar e se separar quando ela é esticada.

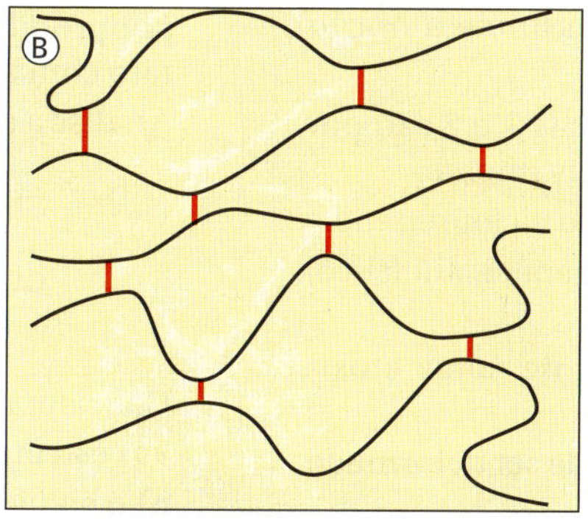

Borracha vulcanizada (não esticada)

▲ O processo de vulcanização cria pontes (representadas em vermelho), formadas por átomos de enxofre, que unem as moléculas da borracha.

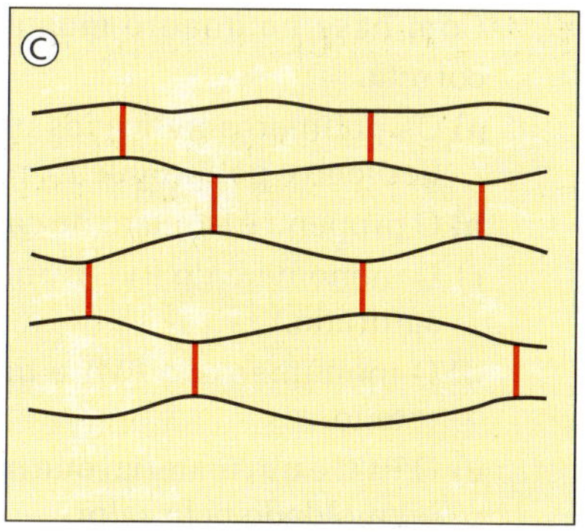

Borracha vulcanizada (esticada)

▲ Quando a borracha é esticada, são as pontes de enxofre que dificultam a ruptura do material.

Exercícios essenciais

A critério do(a) professor(a) esta lista de exercícios poderá ser realizada em classe ou em casa.

1. (UFSCar-SP) Um dos métodos de produção de polímeros orgânicos envolve a reação geral

$$n\,CH_2=\underset{\large X}{\underset{|}{CH}} \xrightarrow{\text{catalisador}} \left[-CH_2-\overset{H}{\overset{|}{\underset{X}{\underset{|}{C}}}}-\right]_n$$

onde X pode ser H, grupos orgânicos alifáticos e aromáticos ou halogênios. Dos compostos orgânicos cujas fórmulas são fornecidas a seguir:

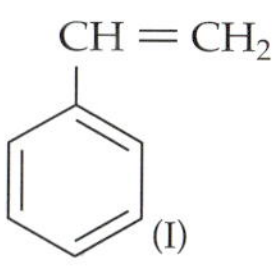

(I)

$H_2C=CH_2$ (II)

$H_2C-\underset{Cl}{\underset{|}{CH_3}}$ (III)

$H_2C=\underset{CN}{\underset{|}{CH}}$ (IV)

podem sofrer polimerização pelo processo descrito:

a) I, apenas.
b) III, apenas.
c) I e II, apenas.
d) I, II e IV, apenas.
e) II, III e IV, apenas.

2. (Ufersa-RN) Completa-se adequadamente a tabela a seguir, se **A**, **B** e **C** forem, respectivamente:

Fórmula do monômero	Nome do polímero	Uso
$H_2C=CH_2$	**A**	Sacos plásticos
B	Policloreto de vinila	Tubulações
$H_2C=\underset{CN}{\underset{\vert}{CH_2}}$	Poliacrilonitrila	**C**

a) polietileno, H_3C-CH_2Cl e tubulações.
b) polietileno, $H_2C=CHCl$ e roupas.
c) poliestireno, $H_2C=CHCl$ e roupas.
d) polipropileno, H_3C-CH_2Cl e tubulações.

3. (Cefet-PI) Os nomes teflon, polietileno, PVC, entre outros, são atualmente comuns para muitas pessoas, pois são materiais bastante utilizados no nosso cotidiano. Desse modo, torna-se necessário um melhor entendimento sobre esses materiais conhecidos como polímeros. Portanto, marque a alternativa **CORRETA** a respeito desses materiais:

a) Todos os polímeros são sintéticos.
b) A acrilonitrila é o monômero do teflon.
c) A polimerização do cloroeteno produz o PVC.
d) O teflon é um polímero que apresenta baixa resistência ao ataque de produtos químicos.
e) O monômero formador do polietileno é obtido a partir da desidratação intermolecular do etanol.

4. (UnB-DF) O quadro a seguir apresenta informações acerca de monômeros e polímeros.

	Monômero	Polímero	Aplicações
1	eteno ou etileno	$\left[CH_2-CH_2\right]_n$	brinquedos, sacos e sacolas
2	propeno	$\left[CH_2-\underset{CH_3}{\underset{\vert}{CH}}\right]_n$	para-choques e tapetes de automóveis
3	$H_2C=\underset{Cl}{\underset{\vert}{CH}}$	PVC - cloreto de polivinila	tubos para encanamento, garrafas de plástico e pisos
4	$H_2C=\underset{H}{\underset{\vert}{C}}-O-\underset{O}{\underset{\Vert}{C}}-CH_3$	PVA - poliacetato de vinila	tinta látex

Com base no quadro mostrado, assinale a opção correta.

a) Os polímeros indicados nas linhas 1 e 2 são polietileno e polipropileno, respectivamente.

b) O propeno é isômero de cadeia do ciclopropeno.

c) O monômero do PVC é um halogeneto, alicíclico, saturado.

d) O monômero do PVA é um éter de nome etóxi-eteno.

e) O PVC é um material que não pode ser deformado ou moldado pelo calor.

5. (UFMG) Diversos materiais poliméricos são utilizados na fabricação de fraldas descartáveis. Um deles, o poliacrilato de sódio, é responsável pela absorção da água presente na urina; um outro, o polipropileno, constitui a camada que fica em contato com a pele.

Analise a estrutura de cada um desses dois materiais:

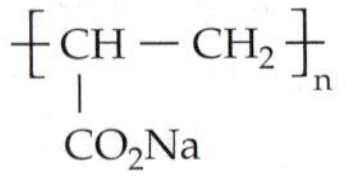

poliacrilato de sódio

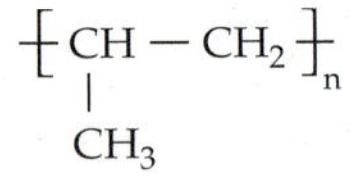

polipropileno

Considerando-se esses dois materiais e suas respectivas estruturas, é **CORRETO** afirmar que:

a) o poliacrilato de sódio apresenta ligações covalentes e iônicas.

b) o poliacrilato de sódio é um polímero apolar.

c) o polipropileno apresenta grupos polares.

d) o polipropileno tem como monômero o propano.

Exercícios adicionais

Seu(sua) professor(a) indicará quais exercícios deste bloco você deve fazer.

6. (UnB-DF) Julgue se a seguinte afirmação é certa ou errada:

As moléculas de polipropileno apresentam grupos metil em sua estrutura.

7. (Ufal) Considere o composto representado pela fórmula estrutural:

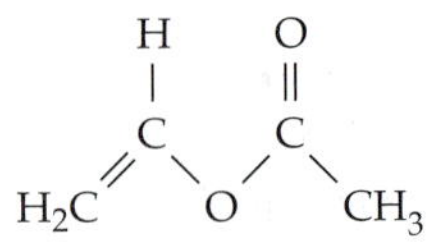

[Julgue os itens como verdadeiros ou falsos.]

0 - É um éster do ácido metanoico.

1 - Por hidrogenação (H_2, catalisador) produz o acetato de etila.

2 - Com catalisador adequado, polimeriza dando o PVA:

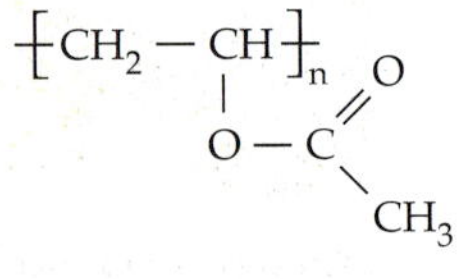

3 - Com catalisador adequado sofre hidrólise produzindo ácido acético e etanol.

4 - Pode existir na forma estrutural *cis* e na forma estrutural *trans*.

8. (UFRJ) A reação para obtenção de polietileno a partir da polimerização de eteno é representada a seguir.

$$n\,C_2H_4 \rightarrow (C_2H_4)_n$$

Considere que, no polímero utilizado para a confecção desses balões, o número de unidades monoméricas repetidas seja igual a 2.000 (n = 2.000).

Sabendo que 14 g de polietileno são usados para confeccionar um balão de pequeno porte, determine o número de mols de eteno necessários para obter esta quantidade de polímero e o número de mols de polietileno utilizados na confecção do balão.

9. (UnB-DF) Considerando uma molécula de polietileno, de cadeia normal, com massa molecular igual a 3.646.970,0158 u, faça o que se pede no item a seguir, desconsiderando, para a resposta, a parte fracionária do resultado final obtido, após efetuar todos os cálculos solicitados.

Calcule o número de moléculas do monômero que reagiram para formar essa molécula de polietileno. Divida o valor encontrado por 1.000.

10. (UFRJ) Outra possibilidade para o sequestro do CO_2 atmosférico é sua transformação, por fotossíntese, em açúcar, que, por processos de fermentação, é convertido em etanol. O etanol, por sua vez, é submetido a uma reação de desidratação, formando etileno; o etileno pode ser transformado em diversos polímeros, como mostra a ilustração a seguir.

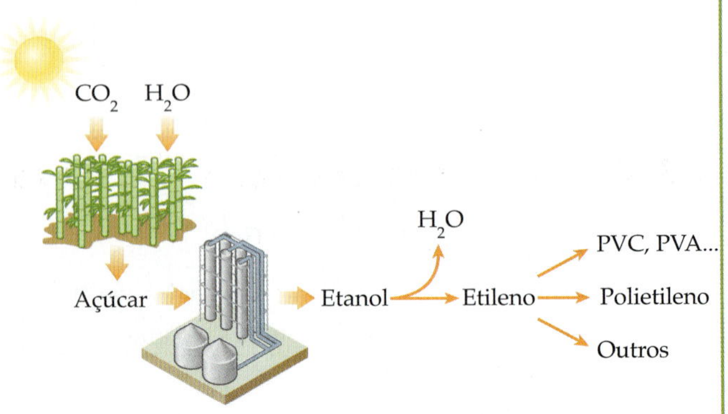

a) Apresente, *usando a representação em bastão*, a estrutura do polímero formado pela reação de quatro monômeros de etileno.

b) Calcule a massa de CO_2 sequestrada em 1,4 quilograma de eteno.

2 Polímeros de condensação

Os **polímeros sintéticos de condensação** são materiais obtidos por meio de reações nas quais há a eliminação de pequenas moléculas, geralmente de água, chamadas **reações de condensação**. (Abordaremos alguns **polímeros naturais** no capítulo 34, como o amido, a celulose e as proteínas.)

2.1 Náilon: de roupas a linhas de pesca

O náilon é uma **poliamida** (polímero pertencente à classe funcional amida) obtida por meio da condensação do ácido adípico com a hexametilenodiamina. A reação pode ser assim equacionada:

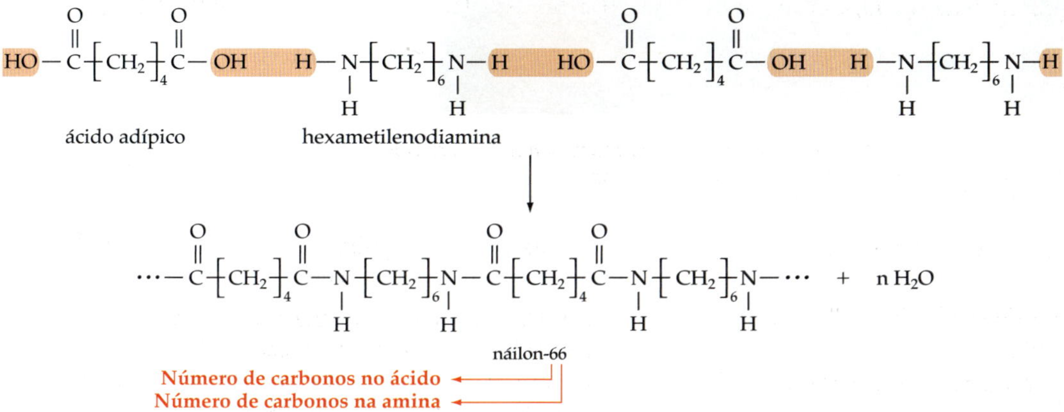

O náilon tem alta resistência e é facilmente moldável. Tem larga aplicação, por exemplo, na confecção de fibras têxteis, engrenagens, pulseiras de relógio, garrafas e linhas de pesca. O *náilon-66* é um dos membros da família das poliamidas. Outro exemplo é *o náilon-6*.

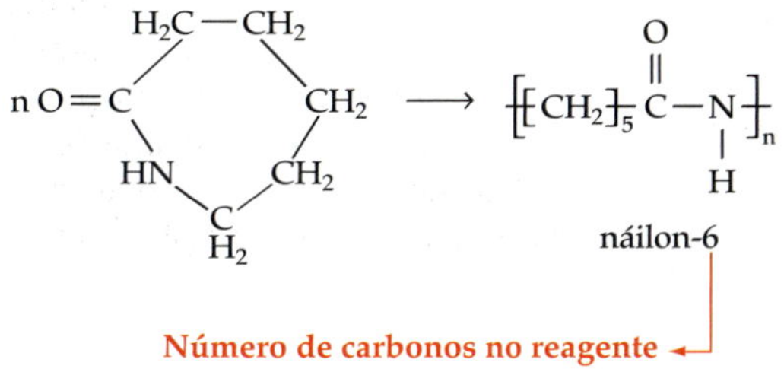

DESIGN56/SHUTTERSTOCK

▲ Cordas podem ser fabricadas com náilon.

2.2 Kevlar: de esquis a coletes à prova de bala

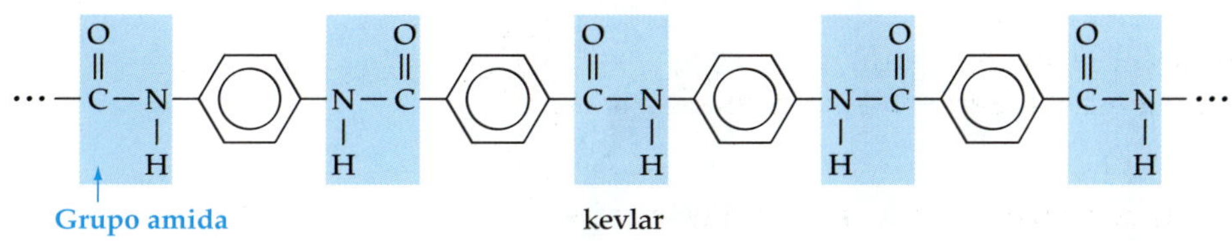

No kevlar há a presença do grupo funcional amida, que se repete várias vezes (poliamida). Trata-se de uma **aramida**, isto é, uma poliamida aromática.

Cada uma das cadeias do kevlar possui massa molecular ao redor de 10^5 u. Tais cadeias interagem umas com as outras de um modo muito intenso, o que é feito por interações tipo ligação de hidrogênio e dipolo instantâneo-dipolo induzido. Essa intensa atração entre as cadeias confere ao polímero propriedades excepcionais de resistência, que têm permitido utilizar cordas de kevlar em substituição a cabos de aço, em muitas aplicações.

O kevlar também é empregado na confecção de esquis profissionais, coletes à prova de bala, roupas e luvas protetoras contra calor e chamas, utilizadas por bombeiros.

FILIPE ARAÚJO/AGÊNCIA ESTADO

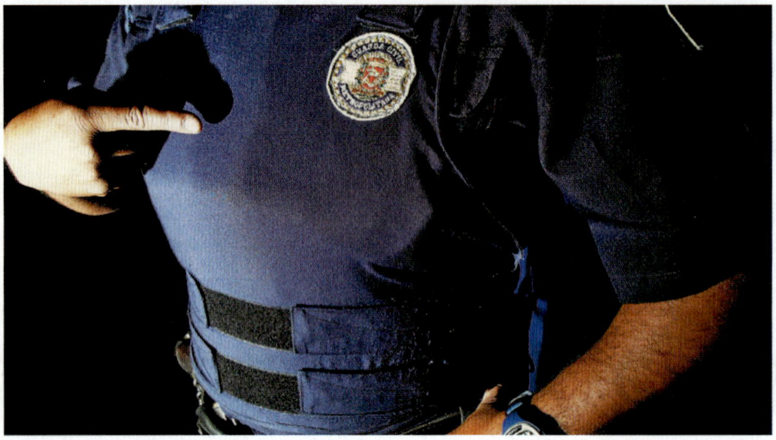

Uma importante aplicação do kevlar é em coletes à prova de bala.

2.3 Poliéster: de varas de pescar a guarda-chuvas

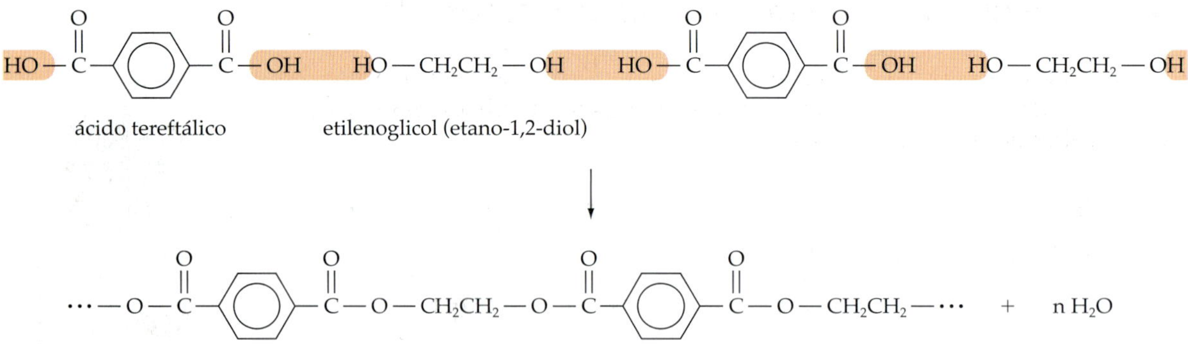

PET, poli(tereftalato de etileno) ou "tereftalato de polietileno", terilene ou dácron

Poliésteres, como o nome diz, são polímeros pertencentes à função éster. O exemplo que aparece acima é conhecido como PET ou dácron. É normalmente resistente à corrosão por ácidos e bases, o que o torna útil para a fabricação de varas de pescar, engrenagens de bombas, fibras têxteis para capas de chuva e guarda-chuvas. O tergal é um tecido fabricado da mistura desse polímero com algodão. A "microfibra" é uma fibra têxtil de poliéster.

Biblioteca do estudante
Texto complementar:
Suturando com fios absorvíveis

FOODFOLIO/STOCKFOOD/LATINSTOCK

Muitas garrafas e garrafões descartáveis de água são feitos de PET.

2.4 Poliuretana: de colchões a isolantes térmicos

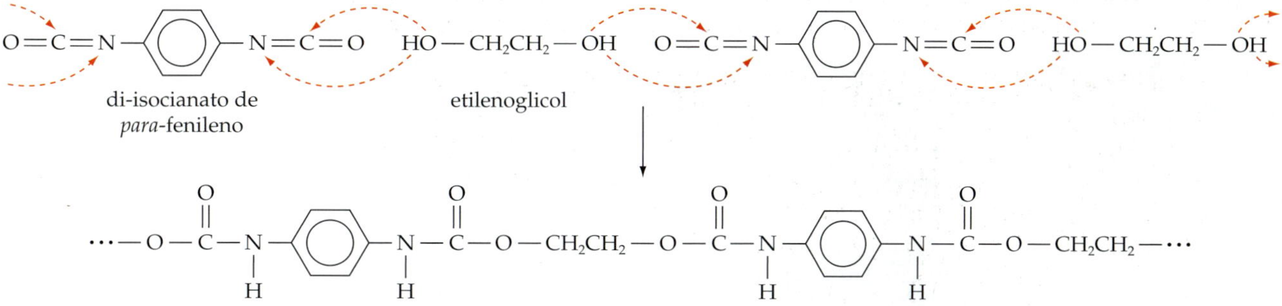

poliuretana

Poliuretana (ou **poliuretano**) é um polímero que pode ser fabricado em condições tais que, além da reação de polimerização, ocorre também outra reação que libera gás no meio reacional. Isso faz a poliuretana crescer e ficar cheia de bolhas em seu interior, produzindo o conhecido aspecto das espumas usadas em colchões e travesseiros. Esse material sintético também é usado para fabricar isolantes térmicos e acústicos. (Apesar de não haver eliminação de moléculas na polimerização que forma a poliuretana, ela geralmente é classificada como polímero de condensação.)

2.5 Silicone: de ceras para automóvel a bicos de mamadeira

Silicones (ou **siliconas**) são polímeros contendo longas cadeias de silício e oxigênio intercalados. Grupos orgânicos estão presentes, unidos aos átomos de silício dessa cadeia, como podemos perceber no seguinte exemplo:

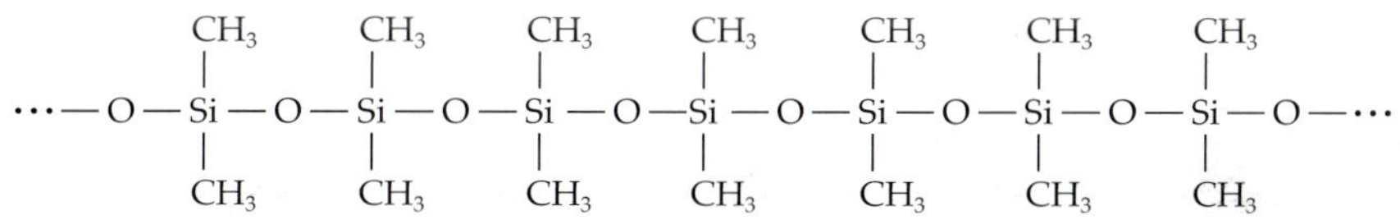

exemplo de silicone

Silicones com moléculas relativamente pequenas apresentam o aspecto de óleos e são empregados na impermeabilização de superfícies. É o caso das ceras para polimento de automóvel e dos líquidos embelezadores de painéis plásticos e para-choques.

À medida que as cadeias se tornam maiores, o silicone passa a adquirir uma consistência de borracha. As borrachas usadas para vedação de janelas e boxes de banheiro são fabricadas com esse tipo de polímero.

Quando as cadeias são muito longas, passamos a ter um material de alta resistência térmica, utilizado na confecção de chupetas e bicos para mamadeira. Tais objetos podem ser esterilizados por aquecimento, sem que sofram danos à sua estrutura.

MILOS LUZANIN/SHUTTERSTOCK

▲ Mamadeira de poliestireno com bico de silicone.

2.6 Policarbonato: de garrafões a blindagens

Um exemplo de **policarbonato** tem a seguinte estrutura:

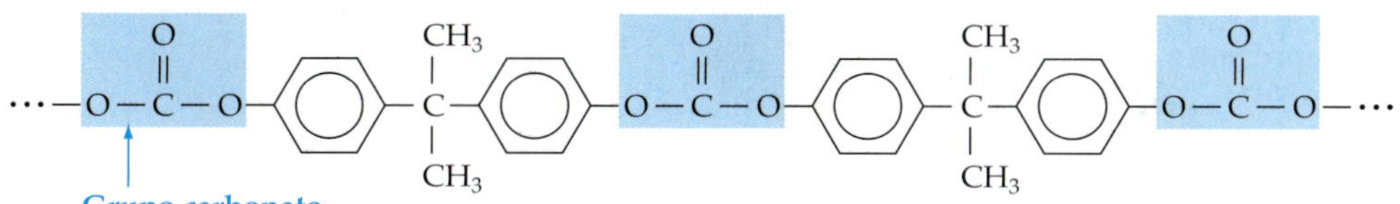

exemplo de policarbonato

Os policarbonatos são extremamente resistentes ao impacto, sendo aplicados em situações em que essa propriedade se faça necessária.

Essa espantosa resistência, aliada ao seu aspecto transparente semelhante ao vidro, torna-o de grande utilidade para a fabricação de janelas de avião e do chamado "vidro à prova de balas". É também usado para confeccionar os visores dos capacetes para astronautas.

▲ O policarbonato é empregado, por exemplo, no visor do capacete de astronautas Ⓐ, na janela de aviões Ⓑ e nos garrafões de água colocados em bebedouros Ⓒ.

Conteúdo multimídia:
Lixo tecnológico

2.7 Baquelite: de tomadas a cabos de panela

▲ A baquelite pode ser usada, por exemplo, para fabricar a carcaça de furadeiras elétricas.

A baquelite é um **polifenol**, proveniente da reação entre o fenol comum e o formaldeído. A equação da reação é:

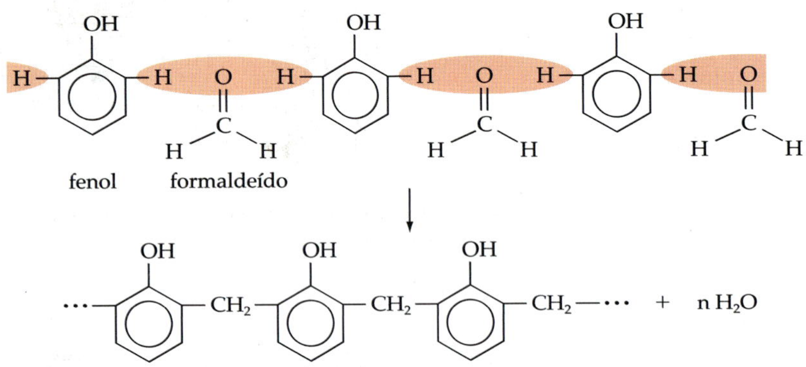

A baquelite é muito resistente ao impacto e estável com relação ao aquecimento. É usada em materiais elétricos (tomadas e interruptores), cabos de panela, revestimento de freios e na forma de chapas decoradas para revestir móveis. Usualmente, a baquelite é produzida de forma que apresente uma complexa estrutura em que várias das cadeias se encontram unidas.

Biblioteca do estudante
Informe-se sobre a Química:
Plásticos e reciclagem

Visão do especialista

Revisão

Exercícios essenciais

A critério do(a) professor(a) esta lista de exercícios poderá ser realizada em classe ou em casa.

11. (Uespi) O náilon-6,6 é um polímero sintético formado pela união entre um ácido carboxílico e uma amina. Qual dos polímeros abaixo representa o náilon-6,6?

a) $(\cdots - CH_2 - CH_2 - \cdots)_n$

b) $(\cdots - CH_2 - CH = CH - CH_2 - \cdots)_n$

c) $\left(\cdots HN - \overset{\displaystyle O}{\overset{\|}{C}} - (CH_2)_4 - \overset{\displaystyle O}{\overset{\|}{C}} - NH - (CH_2)_6 - NH \cdots\right)_n$

d) $\left(- O - CH_2 - \overset{\displaystyle O}{\overset{\|}{C}} - O - CH_2 - \overset{\displaystyle O}{\overset{\|}{C}} - O -\right)_n$

e)

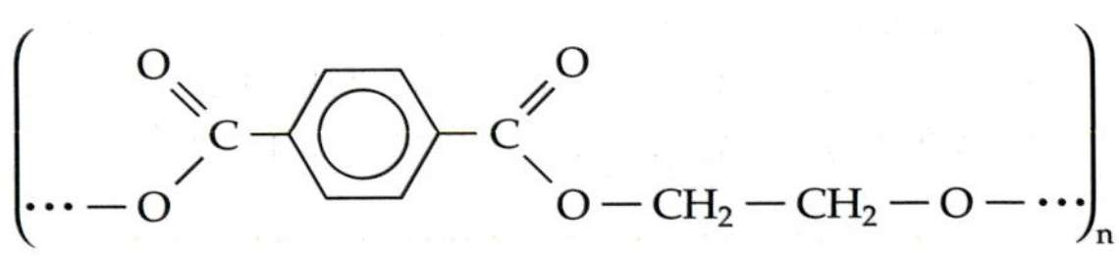

12. (UFSCar-SP) Uma porção representativa da estrutura do polímero conhecido como kevlar é mostrada na figura a seguir.

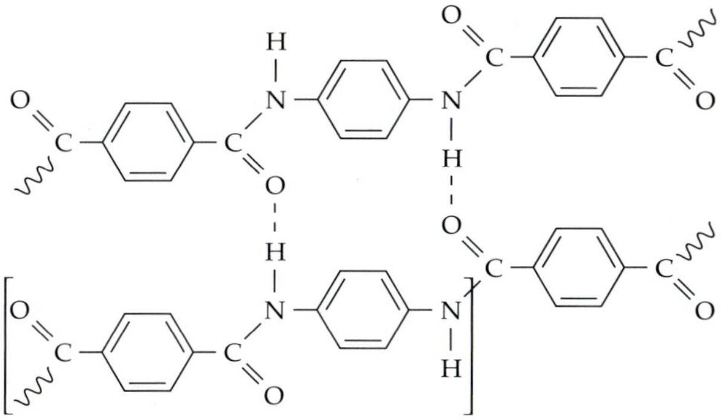

A estrutura pode ser descrita como sendo formada por longas fibras poliméricas, aproximadamente planares, mantidas por ligações covalentes fortes, e cada fibra interagindo com suas vizinhas através de ligações de hidrogênio, representadas por linhas interrompidas na figura. Devido ao conjunto dessas interações, o polímero é altamente resistente a impactos, propriedade que é aproveitada na confecção de coletes à prova de bala.

a) Escreva as fórmulas estruturais dos dois reagentes utilizados na síntese do kevlar, identificando as funções orgânicas presentes nas moléculas de cada um deles.

b) Transcreva a porção representativa da fórmula estrutural da fibra polimérica em destaque na figura (dentro dos colchetes) para seu caderno. Assinale e identifique a função orgânica que se origina da reação de polimerização.

13. (Unifenas-MG) O polímero resultado da reação entre ácido tereftálico e o etileno-glicol é — por ser resistente à corrosão por ácidos e bases — usado na fabricação de varas de pescar, capas e guarda-chuvas. Seu nome comercial é terilene ou dácron.

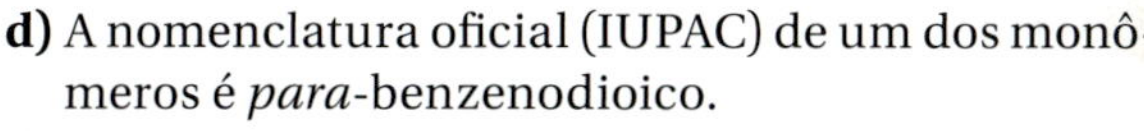

ácido tereftálico — etileno-glicol

Assinale a opção falsa:

a) A reação em pauta é denominada de esterificação.

b) É um polímero de condensação.

c) O polímero obtido é um poliéter.

d) A nomenclatura oficial (IUPAC) de um dos monômeros é *para*-benzenodioico.

e) O etileno-glicol é um diol primário.

14. (UEMS) Um dos primeiros polímeros sintéticos criados foi a baquelite e, ainda hoje, esse material é usado na fabricação de isolantes elétricos, cabos de ferramentas, panelas, entre outros usos. A baquelite pode ser obtida pela reação entre o fenol e o formol.

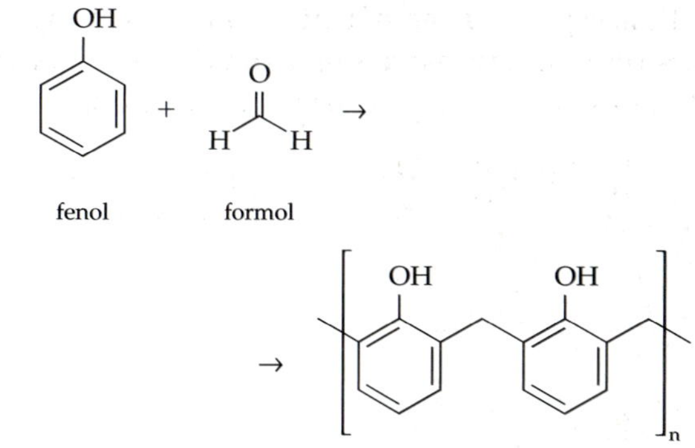

As substâncias genéricas que geram os polímeros, como a baquelite, e que são passíveis de sofrer o processo de polimerização são denominadas:

a) proteínas.

b) elastômeros.

c) macromoléculas.

d) hidrocarbonetos.

e) monômeros.

NIKITIN MIKHAIL/SHUTTERSTOCK

▲ Panela de aço inox com alças laterais e alça da tampa feitas de baquelite.

15. (UnB-DF)

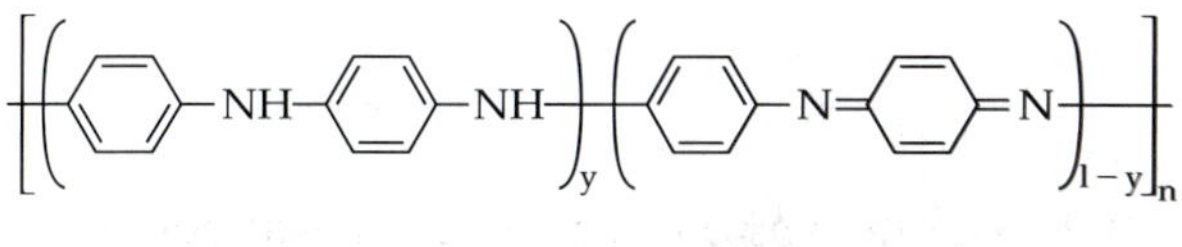

O carbono é usado na síntese de polímeros condutores, muitos dos quais utilizados no desenvolvimento de instrumentação agropecuária. Um dos polímeros condutores sintetizados em laboratório é a polianilina, em cuja estrutura encontram-se, também, hidrogênio e nitrogênio. Além da elevada condutividade elétrica, outra propriedade interessante da polianilina é a capacidade de exibir diferentes colorações quando se variam as condições de pH. A fórmula da polianilina é mostrada acima.

Acerca da polianilina e suas propriedades, julgue os itens em certos ou errados.

1. A fórmula da polianilina indica tratar-se de substância cuja estrutura apresenta anéis benzênicos.

2. Na molécula de polianilina, cada átomo de hidrogênio (H) se une, por meio de ligações covalentes simples, a um átomo de nitrogênio e a um de carbono.

Exercícios adicionais

Seu(sua) professor(a) indicará quais exercícios deste bloco você deve fazer.

16. (Uerj) O dácron é um poliéster obtido pela reação entre o ácido tereftálico e o etanodiol. Observe a representação de um fragmento dessa macromolécula:

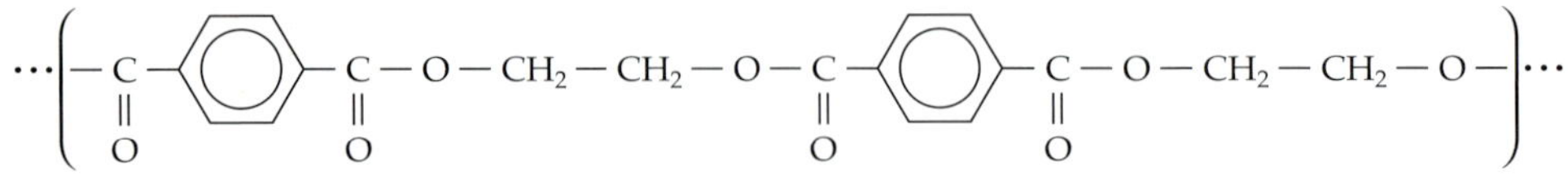

A substituição do etanodiol por *p*-diaminobenzeno origina um novo polímero, de altíssima resistência e baixo peso, utilizado na produção de coletes à prova de bala.
Em relação a esse novo polímero, nomeie a função química presente em sua estrutura; a seguir, escreva a fórmula estrutural de um isômero plano de posição de seu monômero de caráter básico.

17. (UFSM-RS) As borrachas sintéticas são classificadas como polímeros de adição. Também são polímeros de adição industrializados:

a) náilon e PVC.
b) PVC e poliéster.
c) teflon e isopor.
d) náilon e isopor.
e) poliéster e teflon.

18. (PUC-Campinas-SP) Representam hidrocarbonetos de cadeia longa:

I. polietileno
II. PVC
III. polipropileno
IV. náilon

Está correto o que se afirma em:

a) I, somente.
b) II, somente.
c) I e III, somente.
d) I, II e IV, somente.
e) I, II, III e IV.

19. (Unama) O **nylon-66** é um copolímero do ácido adípico ou hexanodioico com a hexametileno diamina, usado na fabricação de paraquedas e roupas.
A estrutura plana do ácido adípico está corretamente representada na alternativa:

a) $HOOC-CH=CH-CH_2-CH_2-COOH$
b) $HOOC-CH=CH-CH_2-CH_2-CH_3$
c) $HOOC-CH_2-CH_2-CH_2-COOH$
d) $HOOC-CH_2-CH_2-CH_2-CH_2-COOH$

(Uerj) **Utilize as informações a seguir para responder às questões de números 20 e 21.**
Os acidulantes são substâncias que conferem ou acentuam o sabor agridoce, além de agirem como conservantes.
Sua presença nos alimentos industrializados é indicada nos rótulos com a letra H.
Observe os exemplos relacionados abaixo:

H.I - ácido adípico
H.II - ácido tartárico
H.IV - ácido fumárico

O acidulante H.I corresponde ao hexanodioico, o acidulante H.II, ao 2,3-diidroxi-butanodioico, e o acidulante H.IV, ao isômero geométrico *trans* do butenodioico.

20. (Uerj-adaptada) Escreva a fórmula molecular do acidulante H.IV e determine o número de carbonos quirais (assimétricos) na molécula do acidulante H.II.

21. (Uerj) Certo polímero de larga aplicação comercial utiliza como matéria-prima o acidulante H.I. Sua obtenção consiste na reação do H.I, em condições adequadas, com a substância 1,6-diamino-hexano.
Indique a função química presente nesse polímero e classifique o tipo de reação de polimerização ocorrida.

Capítulo 34

Noções sobre alguns compostos presentes em seres vivos

PAUL SOUDERS/CORBIS/LATINSTOCK

Alguns conteúdos importantes:

- ✔ Estrutura dos triacilgliceróis
- ✔ Noção da distinção, em nível molecular, entre óleos e gorduras
- ✔ Ácidos graxos saturados, monoinsaturados e poli-insaturados
- ✔ Aproveitamento de triacilgliceróis na produção de sabão
- ✔ Mecanismo de atuação do sabão ou do detergente na limpeza
- ✔ Conceito de α-aminoácido e de ligação peptídica
- ✔ Noção do que é proteína
- ✔ Enzimas
- ✔ Hidrólise de proteínas
- ✔ Principais carboidratos e sua ocorrência natural
- ✔ Carboidratos como fonte energética na dieta
- ✔ Obtenção do etanol por fermentação alcoólica

▲ A pelagem do urso polar é constituída de fios de uma proteína denominada queratina. Abaixo da pele, ele tem uma grossa camada de gordura (constituída de triacilgliceróis saturados). A pelagem e a camada gordurosa reduzem a perda de calor corporal para o ambiente, propiciando a vida do animal em ambientes frios.

Prezado aluno, o conteúdo desse capítulo está em seu DVD. Você pode encontrá-lo na *Biblioteca do estudante* na aba *Capítulos complementares*. A abordagem dos assuntos relacionados a esse capítulo em sala de aula fica a critério do professor, que vai decidir de acordo com as necessidades e as prioridades da grade curricular. De qualquer modo, ele está disponível para que você possa estudá-lo e aprender seu conteúdo.

Respostas dos exercícios essenciais

As respostas dos exercícios adicionais estão no DVD.
O ícone indica exercícios cuja resolução é apresentada ao estudante no DVD.

Cap. 2 Substâncias químicas

1. a) Sim. b) Sim. c) Não. d) Não.

2. O vapor de água presente na atmosfera interna do veículo condensa-se na superfície dos vidros.

3. Os filamentos aquecem o vidro e provocam a vaporização da água líquida que está na sua superfície, desembaçando-o.

4. É inferior a 1.538 °C, pois o ferro não chega a sofrer fusão.

5. Mesmo com a lâmpada acesa, o filamento permanece sólido. A temperatura que ele atinge não pode, portanto, ser superior ao ponto de fusão do tungstênio. Como o ponto de fusão do tungstênio é inferior a 4.000 °C, deduz-se que a afirmação feita pela pessoa é incorreta.

6. a) Sólido. c) Líquido. e) Líquido.
b) Líquido. d) Líquido. f) Gasoso.

7. a) Sólido. c) Sólido. e) Líquido.
b) Sólido. d) Líquido. f) Gasoso.

11. Resolvido.

12. 4.756 g **13.** 5 g

14. 179 kg **15.** Resolvido.

16. 1.500 mL **17.** 20

21. Resolvido.

22. a) $7 \cdot 10^3$ L b) 7 m^3

23. a) 20 mL b) 7,97 g/cm^3

29. a) Mistura, pois é formado por mais de uma substância.
b) Não, pois uma solução é uma mistura homogênea.

30. C **31.** Resolvido.

32. C

33. a) Duas.
b) Três.
c) Na fase líquida há dois componentes (água e açúcar) e na fase sólida há um (chumbo).

34. a) Uma. b) Água. c) Açúcar.

42. Resolvido.

43. Água e tetracloreto de carbono formam uma mistura heterogênea líquido-líquido. Pode-se utilizar, para separar a água e o tetracloreto de carbono, um funil de separação (ou funil de decantação ou funil de bromo). Para tanto, coloca-se a mistura dentro do funil e abre-se a torneira, permitindo o escoamento da fase inferior, ou seja, a mais densa, que é o tetracloreto de carbono ($d = 1{,}6\ g/cm^3$) e que é recolhida em um frasco. Fecha-se a torneira no momento em que a fase mais densa acabou de escoar. Consegue-se, assim, separar a água e o tetracloreto de carbono: a mais densa, o tetracloreto de carbono, está recolhida no frasco e a menos densa, a água, permanece no funil de separação.

44. Pode-se adicionar água à mistura. A serragem flutua e a areia permanece no fundo. Adicionando água suficiente, a serragem acaba sendo jogada para fora do recipiente junto com parte da água. A água que sobra no recipiente pode ser vagarosamente entornada para outro recipiente (decantação). Tanto a areia quanto a serragem estarão separadas uma da outra, porém molhadas. Essa água restante pode ser eliminada por evaporação.

45. O ímã atrai a limalha de ferro, mas não a areia. Assim, a mistura pode ser colocada sobre um papel e, passando-se o ímã por baixo dele, separa-se a limalha da areia.

46. B **47.** C **48.** E **49.** A

50. E

Cap. 3 Introdução ao conceito de reação química

1. Quando uma folha de papel queima, há formação de novas substâncias. Assim, a queima do papel é uma transformação química. Já quando uma folha de papel é rasgada, não há formação de novas substâncias. Assim, não há transformação química.

2. Soma: 39 (são corretas 01, 02, 04 e 32)

3. B

6. a) A equação pode ser interpretada como: "hematita e monóxido de carbono reagem para formar ferro e dióxido de carbono". Portanto, os sinais de mais indicam "e".
b) Significa "reagem para formar" ou "reagem produzindo".
c) Hematita e monóxido de carbono.
d) Ferro e dióxido de carbono.
e) Os reagentes são hematita e monóxido de carbono e os produtos são ferro e carbono.

7. Carvão e oxigênio reagem para produzir gás carbônico.

8. a) Seis.
b) Simples: nitrogênio, hidrogênio e cloro; são substâncias que não podem ser decompostas em outras. Compostas: cloreto de amônio, amônia e cloreto de hidrogênio; podem ser decompostas em outras substâncias.

11. a) Fechado, pois não permite a troca de matéria entre o meio interno e o meio externo.
b) Pode-se prever que a massa final é igual à inicial.
c) A Lei da Conservação da Massa ou Lei de Lavoisier, enunciada pelo francês Antoine Lavoisier: a massa final de um recipiente fechado, após ocorrer dentro dele uma reação química, é sempre igual à massa inicial.

12. Lei de Lavoisier:
1ª linha: 15 g = 7 g + 8 g
2ª linha: 30 g = 14 g + 16 g
3ª linha: 60 g = 28 g + 32 g
4ª linha: 90 g = 42 g + 48 g
Lei de Proust:

$$\frac{\text{massa de nitrogênio}}{\text{massa de oxigênio}} = \frac{7\ g}{8\ g} = \frac{14\ g}{16\ g} = \frac{28\ g}{32\ g} = \frac{42\ g}{48\ g}$$

13. a) 1ª linha: 14 g
2ª linha: 6 g
3ª linha: 42 g
b)
$$\frac{\text{massa de nitrogênio}}{\text{massa de hidrogênio}} = \frac{14\ g}{3\ g} = \frac{28\ g}{6\ g} = \frac{42\ g}{9\ g}$$

Cap. 4 Do macroscópico ao microscópico: átomos e moléculas

1. Os símbolos representam os elementos químicos e as fórmulas representam as substâncias químicas.

2. A molécula de sacarose é formada por 45 átomos, sendo 12 do elemento carbono, 22 do elemento hidrogênio e 11 do elemento oxigênio.

3. a) Mistura.
b) Sim, pois uma solução é uma mistura homogênea.
c) Três (carbono, hidrogênio e oxigênio).

4. a) Fórmula.
b) Três (carbono, hidrogênio e oxigênio).

5. a) Cinco.
b) Carbono, hidrogênio, oxigênio, enxofre e ferro.

6. H_2SO_4

7. a) ② e ③ — uma só substância, formada por átomos de apenas um elemento químico.
b) ① e ④ — uma só substância, formada por átomos de dois ou mais elementos químicos.
c) ⑤, ⑥, ⑦ e ⑧ — mistura, formada por duas ou mais substâncias diferentes.

8. a) Hidrogênio − H, flúor − F, oxigênio − O, carbono − C.
b) ① HF; ② O_2; ③ O_3; ④ CH_4; ⑤ F_2 e O_2; ⑥ H_2, F_2 e HF; ⑦ O_2 e O_3; ⑧ CH_4 e C_2H_2.

9. a) NO c) N_2O e) N_2O_4
b) NO_2 d) N_2O_3 f) N_2O_5

10. a) CH_4 d) C_4H_{10} g) C_3H_6
b) C_2H_6 e) C_2H_4 h) C_6H_6
c) C_3H_8 f) C_2H_2

20. Vamos usar R para o símbolo do elemento representado em roxo e A para o representado em amarelo. Ⓐ e Ⓑ não podem porque desaparecem átomos de R e aparecem átomos de A. Ⓒ e Ⓕ não podem porque desaparecem átomos de R e de A e aparecem átomos de outro elemento (representado em outra cor). Ⓓ não pode porque desaparecem átomos de A e aparecem átomos de R. Ⓔ **pode** porque a quantidade de átomos de A e de R se mantém inalterada; os átomos apenas se recombinam, de moléculas de R_2 e A_2 em moléculas de RA.

21. a) Reagentes: H_2 e Cl_2; produto: HCl
b) $H_2 + Cl_2 \rightarrow 2\,HCl$

22. a) Reagentes: NO e O_2; produto: NO_2
b) $2\,NO + O_2 \rightarrow 2\,NO_2$

23. a) Já está balanceada.
b) $2\,SO_2 + O_2 \rightarrow 2\,SO_3$
c) $2\,H_2O_2 \rightarrow 2\,H_2O + O_2$
d) $2\,CO + O_2 \rightarrow 2\,CO_2$
e) $2\,N_2H_4 + N_2O_4 \rightarrow 3\,N_2 + 4\,H_2O$

24. a) $H_2O + CO \rightarrow H_2 + CO_2$

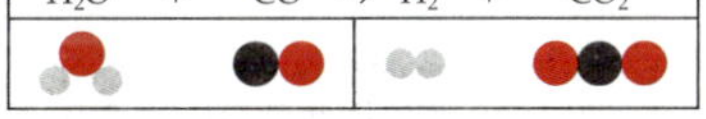

b) $2\,SO_2 + O_2 \rightarrow 2\,SO_3$

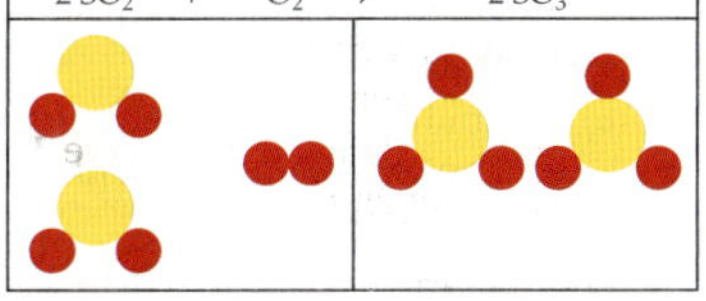

c) $2\,H_2O_2 \rightarrow 2\,H_2O + O_2$

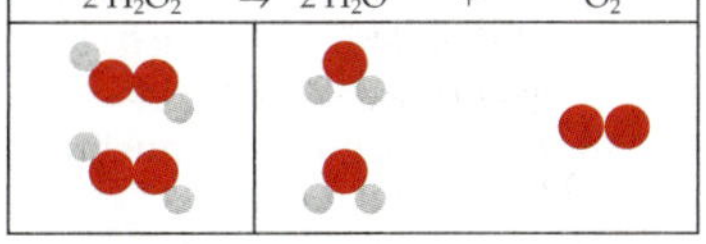

d) $2\,CO + O_2 \rightarrow 2\,CO_2$

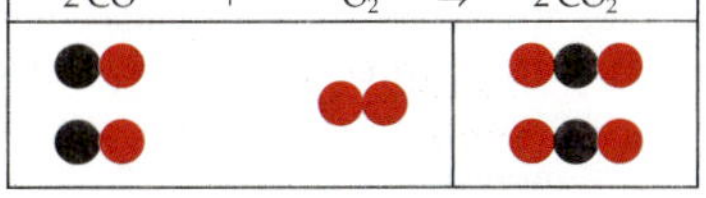

e) $2\,N_2H_4 + N_2O_4 \rightarrow 3\,N_2 + 4\,H_2O$

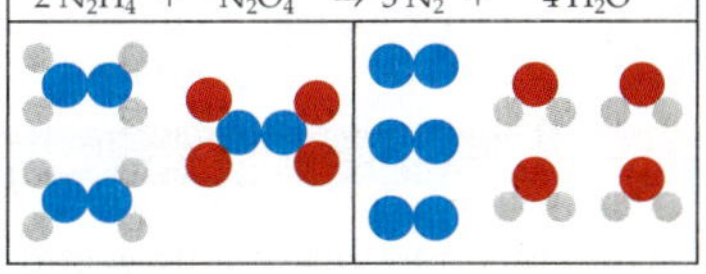

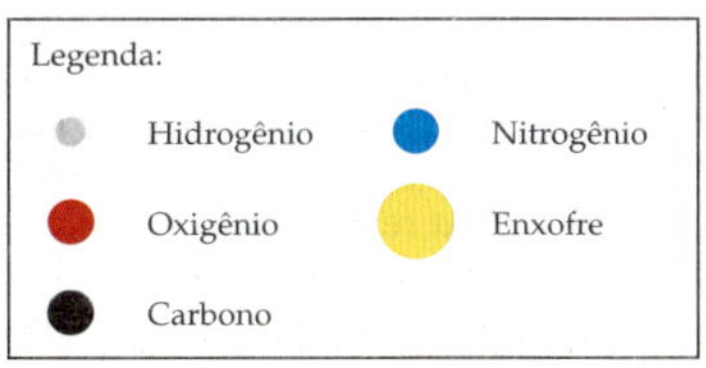

25. Ao alterar a fórmula H_2 para H_6 e a fórmula NH_3 para N_2H_6, o estudante deixou de representar corretamente as substâncias gás hidrogênio e amônia. A equação ficaria corretamente balanceada colocando o coeficiente 3 na frente de H_2 e o coeficiente 2 na frente de NH_3:
$N_2 + 3\,H_2 \rightarrow 2\,NH_3$

Cap. 5 Introdução à estrutura atômica

1. D **2.** C **3.** A **4.** E **5.** D

11. As regiões são o núcleo e a eletrosfera. As partículas e suas cargas relativas são: próton: +1; nêutron: 0; elétron: −1.

12. O número 24 é o número atômico, ou seja, o número de prótons que existe no núcleo do átomo. O número 51 é o número de massa, que corresponde à soma dos números de prótons e nêutrons.

13. Resolvido.

14. Resolvido.

15. a) 6 prótons, 6 elétrons e 6 nêutrons.
b) 8 prótons, 8 elétrons e 9 nêutrons.
c) 7 prótons, 7 elétrons e 6 nêutrons.
d) 13 prótons, 13 elétrons e 14 nêutrons.

16. $^{239}_{94}Pu$ **17.** C **18.** E

19. a) Átomos com mesmo número atômico (átomos de um mesmo elemento químico) com diferentes números de nêutrons (diferentes números de massa).
b) Número atômico: 55
Número de nêutrons: 82
Número de elétrons: 55 (supondo neutralidade elétrica)
Número de massa: 137

20. A **21.** C

30. Resolvido.

31. Resolvido.

32. E **33.** B **34.** B **35.** A **36.** D

37. A **38.** B

Cap. 6 Noção mais detalhada da estrutura atômica

1. D **2.** A **3.** C **4.** D

9. A **10.** B **11.** A

12. a) $1s^2\,2s^2$
b) $1s^2\,2s^2\,2p^3$
c) $1s^2\,2s^2\,2p^6$
d) $1s^2\,2s^2\,2p^6\,3s^2\,3p^1$
e) $1s^2\,2s^2\,2p^6\,3s^2\,3p^6\,4s^2$
f) $1s^2\,2s^2\,2p^6\,3s^2\,3p^6\,4s^2\,3d^8$
g) $1s^2\,2s^2\,2p^6\,3s^2\,3p^6\,4s^2\,3d^{10}\,4p^5$
h) $1s^2\,2s^2\,2p^6\,3s^2\,3p^6\,4s^2\,3d^{10}\,4p^6\,5s^1$
i) $1s^2\,2s^2\,2p^6\,3s^2\,3p^6\,4s^2\,3d^{10}\,4p^6\,5s^2\,4d^{10}\,5p^6\,6s^1$

13. D **14.** E **15.** D **16.** D

17. a) K-2 L-2
b) K-2 L-5
c) K-2 L-8
d) K-2 L-8 M-3
e) K-2 L-8 M-8 N-2
f) K-2 L-8 M-16 N-2
g) K-2 L-8 M-18 N-7
h) K-2 L-8 M-18 N-8 O-1
i) K-2 L-8 M-18 N-18 O-8 P-1

18. C

27. Resolvido. **28.** Resolvido. **29.** B

30. $_{11}Na^+$: K-2 L-8
$_8O^{2-}$: K-2 L-8

31. E **32.** A **33.** E

Cap. 7 A tabela periódica dos elementos

1. a) Em ordem crescente de números atômicos.
b) Halogênios: grupo 17 (anteriormente, 7A); metais alcalinos: grupo 1 (anteriormente, 1A); metais alcalino-terrosos: grupo 2 (anteriormente, 2A); calcogênios: grupo 16 (anteriormente, 6A); gases nobres: grupo 18 (anteriormente, zero ou 8A).

2. C

3. Elementos representativos.

4. Elementos de transição.

5. H, Na e K (grupo 1); Ca e Ba (grupo 2); C (grupo 14); N (grupo 15); O e S (grupo 16); F, Cl e Br (grupo 17); He e Ar (grupo 18).

6. Fe (grupo 8) e Au (grupo 11).

7. U

8. H, Na e K (grupo 1); Ca e Ba (grupo 2); O e S (grupo 16); F, Cl e Br (grupo 17); He e Ar (grupo 18).

9. H e He (1º período); C, N, O e F (2º período); Na, S, Cl e Ar (3º período); K, Ca, Fe e Br (4º período); Ba e Au (6º período).

10. a) Na e K
b) Ca e Ba
c) O e S
d) F, Cl e Br
e) He e Ar

19. Resolvido. **20.** Resolvido.

21. C **22.** B **23.** E

24. a) O primeiro elemento citado está no grupo 2 (porque seus átomos têm dois elétrons na camada de valência) e no quarto período (porque seus átomos têm quatro camadas eletrônicas). O segundo elemento citado está no grupo 15 (porque seus átomos têm cinco elétrons na camada de valência) e no terceiro período (porque seus átomos têm três camadas eletrônicas).

b) O primeiro é o cálcio ($_{20}Ca$) e o segundo é o fósforo ($_{15}P$).

25. B **26.** D **27.** B **28.** E

36. A **37.** D

38. C **39.** B **40.** D

41. A

42. 1 - certo
2 - errado
3 - errado
4 - certo

Cap. 8 Ligações químicas interatômicas

1. Resolvido. **2.** Resolvido.

3. D **4.** D **5.** B

6. **a)** NaBr
b) K_2O
c) MgS
d) $AlCl_3$
e) Li_2O
f) BaH_2

7. E **8.** D **9.** B

19. Resolvido. **20.** C

21.

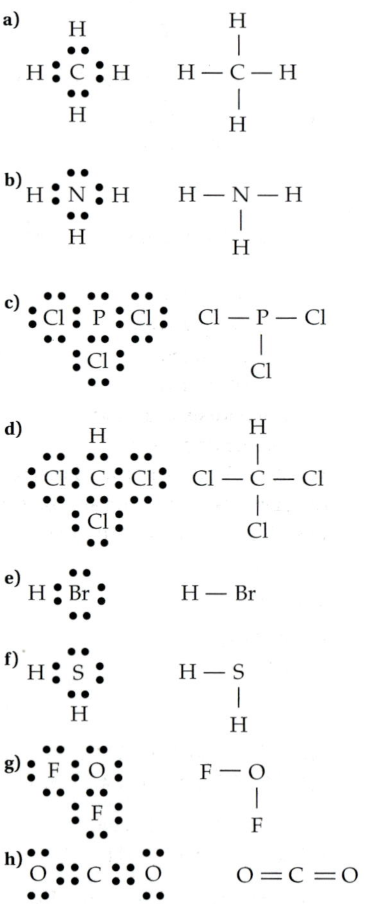

22. A

23. **a)** Por meio de uma ligação covalente, na qual elétrons são compartilhados por ambos os átomos.

b) Representando por X o elemento da família 4A (grupo 14) e por Y o elemento da família 7A (grupo 17):

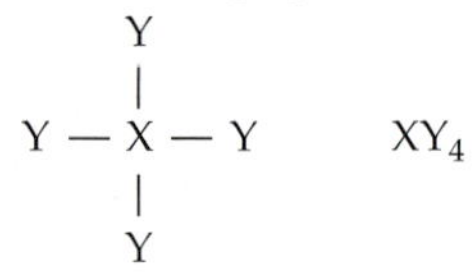

24. C **25.** D **26.** E **27.** Resolvido.

28.

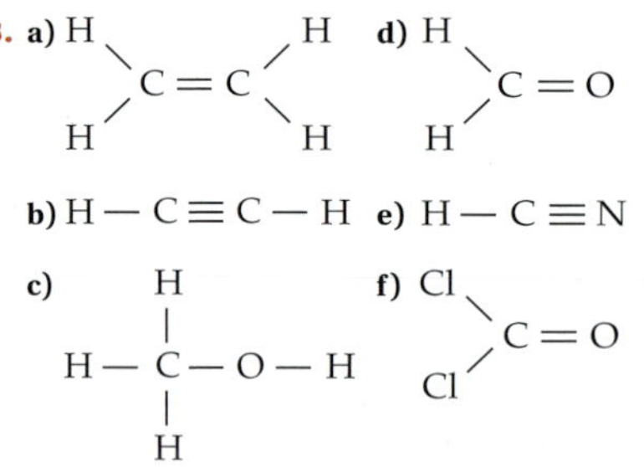

29.

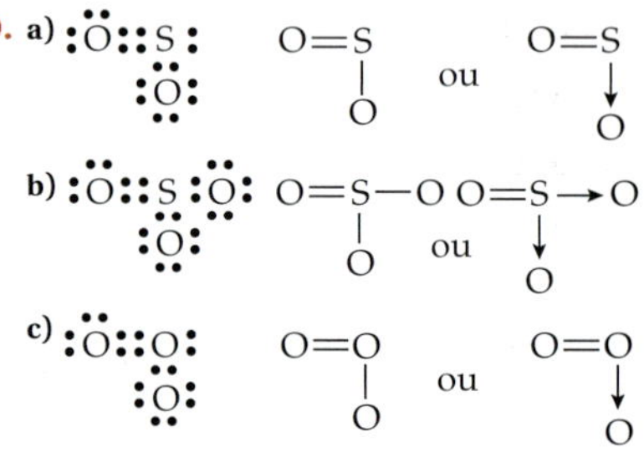

30. B

42. C **43.** D

44. D **45.** D **46.** D **47.** E

Cap. 9 Geometria molecular e ligações químicas intermoleculares

1. **a)** Linear.
b) Linear.
c) Tetraédrica.
d) Piramidal.
e) Angular.
f) Linear.
g) Trigonal plana.
h) Angular.
i) Tetraédrica.
j) Tetraédrica.
k) Linear.
l) Piramidal.
m) Angular.
n) Linear.
o) Linear.
p) Linear.
q) Tetraédrica.
r) Linear.

2. Certa. **3.** A

8. Resolvido.

9. C **10.** A **11.** B

12. C **13.** A

21. **a)** Polar.
b) Polar.
c) Apolar.
d) Polar.

22. B **23.** E

28. Resolvido.

29. HCl, pois é polar, como a água.

30. CCl_4, pois é apolar, como a gasolina.

31. Espera-se que o álcool etílico (polar) se dissolva melhor em acetona (polar) do que em óleo vegetal (apolar).

32. O iodo é apolar. Para sua remoção é recomendado um solvente apolar.

33. Errada. **34.** Resolvido.

35. Dipolo-dipolo: A, G, H, J, K e L; dipolo instantâneo-dipolo induzido: B, C, F e I; ligação de hidrogênio: D e E.

36.

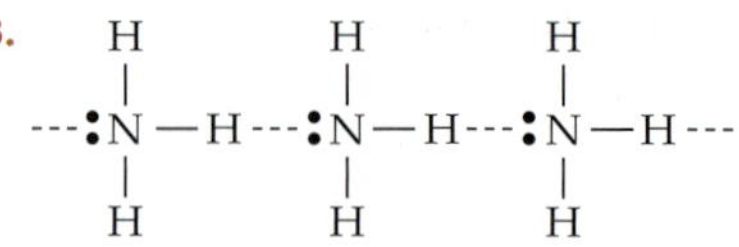

37. E

41. Resolvido. **42.** B

43. D **44.** D

Cap. 10 Condutividade elétrica de soluções aquosas

1. Solução eletrolítica conduz corrente elétrica e solução não eletrolítica não conduz.

2. Solução iônica contém íons dissolvidos e solução molecular não contém.

3. **a)** Iônico, pois é formado por metal e não metal. No NaCl há cátions sódio (Na^+) e ânions cloreto (Cl^-).
b) Dissociação iônica, pois os íons já existentes se separam sob a ação do solvente água.
c) Sim, pois apresenta íons livres.

4. **a)** Molecular, pois é formado por não metais. O hidrogênio e o cloro estabelecem ligação covalente.
b) Ionização, pois há a quebra da molécula originando íons.
c) Sim, pois apresenta íons livres.

5. **a)** Molecular, pois é formada por não metais (hidrogênio, carbono e oxigênio).
b) Nenhuma delas, pois a solução é molecular.
c) Não, pois não apresenta íons livres.

6. E **7.** A **8.** B

Cap. 11 Princípios de Química Inorgânica

1. Ácidos possuem sabor azedo. Bases possuem sabor adstringente e deixam a pele escorregadia (porque reagem com substâncias da pele, lesando-a). Como é muito arriscado colocar substâncias na boca para realizar testes, utilizam-se os indicadores ácido-base, que adquirem cores diferentes em meio ácido e em meio básico.

2. É uma substância que apresenta cores diferentes em meio ácido e em meio básico.

3. Em laboratórios: fenolftaleína e tornassol; extraídos de vegetais: extrato de repolho roxo, sucos de uva e de amora.

4. B e D (pois apresentam íons livres).

5. Ácidos: H^+; bases: OH^-.

6. **a)** ácido clorídrico
b) ácido hipocloroso
c) ácido cloroso
d) ácido clórico
e) ácido perclórico
f) ácido sulfídrico
g) ácido sulfúrico
h) ácido sulfuroso
i) ácido nítrico
j) ácido nitroso
k) ácido bromídrico
l) ácido cianídrico
m) ácido fosfórico
n) ácido fosforoso
o) ácido hipofosforoso
p) ácido pirofosfórico
q) ácido metafosfórico
r) ácido carbônico
s) ácido acético
t) ácido crômico
u) ácido permangânico

7. **a)** HNO_3 **e)** H_3PO_4 **i)** HI
b) $HClO_3$ **f)** HNO_2 **j)** HF
c) H_2CO_3 **g)** H_2SO_3 **k)** H_3PO_2
d) H_2SO_4 **h)** HClO

8. **a)** HIO_4 **c)** $HBrO_2$ **e)** H_3AsO_4
b) $HBrO_3$ **d)** HIO **f)** H_2SeO_4

13. **a)** H — O — Cl
b) H — O — Cl — O ou H — O — Cl → O
c)
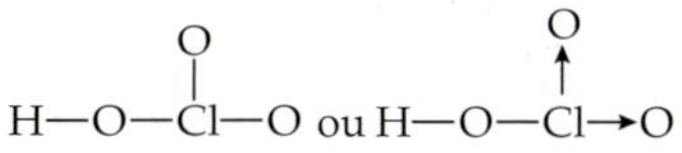
d)
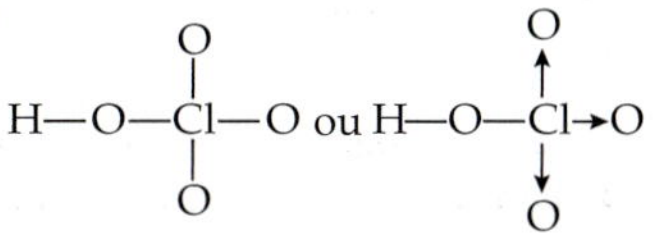
e)
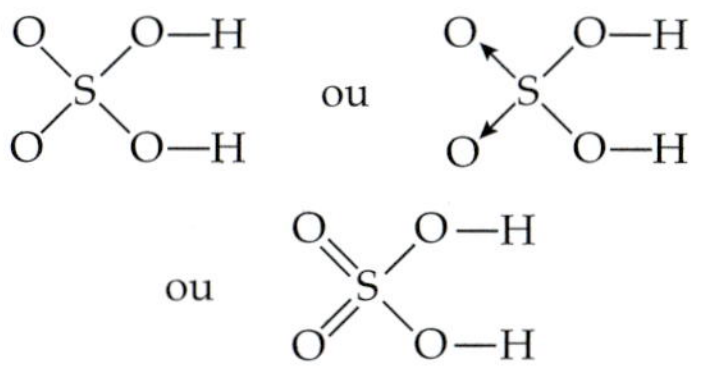
f)
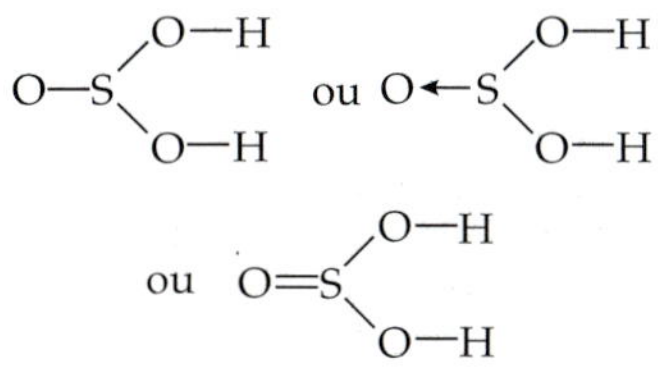
g)
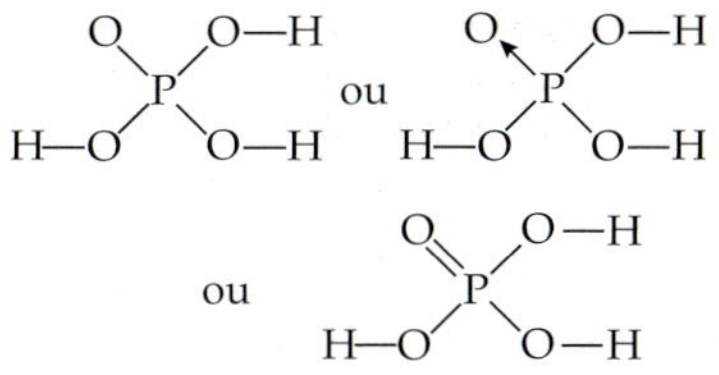
h)
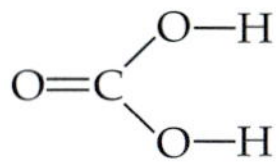
i)
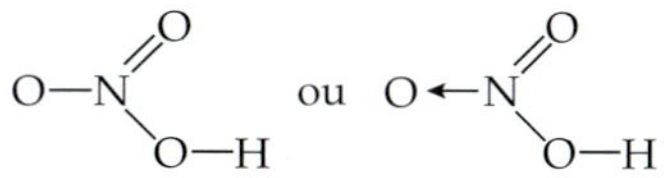
j)
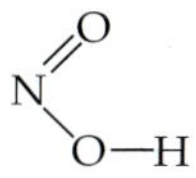
k) H — Cl
l) H — Br
m) H — S — H
n) H — C ≡ N

14. A

18.
a) $HCl \rightarrow H^+ + Cl^-$
b) $HClO_3 \rightarrow H^+ + ClO_3^-$
c) $HNO_3 \rightarrow H^+ + NO_3^-$
d) $H_2SO_4 \rightarrow 2\,H^+ + SO_4^{2-}$
e) $H_2CO_3 \rightarrow 2\,H^+ + CO_3^{2-}$
f) $H_3PO_4 \rightarrow 3\,H^+ + PO_4^{3-}$

19.
a) $H_2SO_4 \rightarrow H^+ + HSO_4^-$
$HSO_4^- \rightarrow H^+ + SO_4^{2-}$
b) $H_2SO_3 \rightarrow H^+ + HSO_3^-$
$HSO_3^- \rightarrow H^+ + SO_3^{2-}$
c) $H_2CO_3 \rightarrow H^+ + HCO_3^-$
$HCO_3^- \rightarrow H^+ + CO_3^{2-}$
d) $H_3PO_4 \rightarrow H^+ + H_2PO_4^-$
$H_2PO_4^- \rightarrow H^+ + HPO_4^{2-}$
$HPO_4^{2-} \rightarrow H^+ + PO_4^{3-}$
e) $H_4P_2O_7 \rightarrow H^+ + H_3P_2O_7^-$
$H_3P_2O_7^- \rightarrow H^+ + H_2P_2O_7^{2-}$
$H_2P_2O_7^{2-} \rightarrow H^+ + HP_2O_7^{3-}$
$HP_2O_7^{3-} \rightarrow H^+ + P_2O_7^{4-}$

24. KOH e NaOH

25. **a)** hidróxido de lítio
b) hidróxido de bário
c) hidróxido de ferro (II) ou hidróxido ferroso
d) hidróxido de ferro (III) ou hidróxido férrico
e) hidróxido de estrôncio
f) hidróxido de césio
g) hidróxido de chumbo (II) ou hidróxido plumboso
h) hidróxido de chumbo (IV) ou hidróxido plúmbico

26.
a) $KOH \rightarrow K^+ + OH^-$
b) $Ba(OH)_2 \rightarrow Ba^{2+} + 2\,OH^-$
c) $Fe(OH)_3 \rightarrow Fe^{3+} + 3\,OH^-$

27. **a)** $Mg(OH)_2$ **c)** $Fe(OH)_2$ **e)** CuOH
b) $Ca(OH)_2$ **d)** $Fe(OH)_3$ **f)** $Cu(OH)_2$
g) $Sn(OH)_2$ **i)** NH_4OH
h) $Sn(OH)_4$ **j)** $Al(OH)_3$

28. **a)** NH_3
b) Estado gasoso.
c) É uma base.
d) Quando a amônia se dissolve em água, sofre ionização, produzindo íons OH^-, de acordo com a equação:
$NH_3\,(g) + H_2O\,(l) \rightarrow$
$\rightarrow NH_4^+\,(aq) + OH^-\,(aq)$
e) Seu odor é forte e irritante.
f) É o íon hidroxila, OH^-.
g) Cátion amônio, cuja fórmula é NH_4^+.
h)
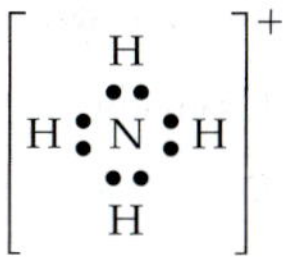

37. Resolvido.

38. **a)** $H_2SO_4 + 2\,KOH \rightarrow K_2SO_4 + 2\,H_2O$
b) $3\,HNO_3 + Al(OH)_3 \rightarrow Al(NO_3)_3 + 3\,H_2O$
c) $3\,H_2SO_4 + 2\,Fe(OH)_3 \rightarrow$
$\rightarrow Fe_2(SO_4)_3 + 6\,H_2O$
d) $2\,H_3PO_4 + 3\,Mg(OH)_2 \rightarrow$
$\rightarrow Mg_3(PO_4)_2 + 6\,H_2O$
e) $H_2CO_3 + 2\,NH_4OH \rightarrow$
$\rightarrow (NH_4)_2CO_3 + 2\,H_2O$

39. B **40.** E

41. $H_2SO_4 + 2\,NaOH \rightarrow Na_2SO_4 + 2\,H_2O$

42. **a)** cloreto de potássio
b) brometo de sódio
c) sulfeto de amônio
d) iodeto de potássio
e) carbonato de sódio
f) sulfato de cálcio
g) sulfito de sódio
h) fosfato de potássio
i) nitrato de sódio
j) nitrito de cálcio
k) carbonato de magnésio
l) bromato de potássio
m) sulfato de cobre (II) ou sulfato cúprico
n) sulfeto de ferro (II) ou sulfeto ferroso
o) sulfato de ferro (III) ou sulfato férrico

43. **a)** $FeCO_3$
b) $Cr_2(SO_4)_3$
c) $Ni(NO_3)_2$
d) $Pb(SO_4)_2$

44. C **45.** D **46.** A

55. **a)** $H_2SO_4 + 2\,KOH \rightarrow K_2SO_4 + 2\,H_2O$
b) $H_2SO_4 + KOH \rightarrow KHSO_4 + H_2O$

56. **a)** $H_2CO_3 + 2\,NaOH \rightarrow Na_2CO_3 + 2\,H_2O$
b) $H_2CO_3 + NaOH \rightarrow NaHCO_3 + H_2O$

57. **a)** $H_2S + 2\,NaOH \rightarrow Na_2S + 2\,H_2O$
b) $H_2S + NaOH \rightarrow NaHS + H_2O$

58. Bicarbonato de sódio ou hidrogenocarbonato de sódio (ou, ainda, carbonato ácido de sódio).

59. **a)** HS^- é o bissulfeto e vem do H_2S.
b) HSO_3^- é o bissulfito e vem do H_2SO_3.
c) HSO_4^- é o bissulfato e vem do H_2SO_4.
d) HCO_3^- é o bicarbonato e vem do H_2CO_3.

66. Resolvido. **67.** B, C, F **68.** E

69. Resolvido. **70.** B **71.** E

72. A **73.** E **74.** D

85. **a)** NO **c)** CO_2 **e)** P_2O_5
b) CO **d)** Cl_2O_7 **f)** Mn_2O_3

86. **a)** dióxido de enxofre
b) trióxido de enxofre
c) trióxido de difósforo
d) tetróxido de dinitrogênio
e) pentóxido de diantimônio

87. **a)** Na_2O **c)** K_2O **e)** Ag_2O
b) CaO **d)** BaO **f)** FeO

88. **a)** óxido de lítio
b) óxido de estrôncio
c) óxido de ferro (III) ou óxido férrico
d) óxido de alumínio
e) óxido de estanho (II) ou óxido estanoso
f) óxido de estanho (IV) ou óxido estânico
g) óxido de chumbo (II) ou óxido plumboso
h) óxido de chumbo (IV) ou óxido plúmbico

91. **a)** SO_3 **c)** CO_2 **e)** N_2O_3
b) SO_2 **d)** N_2O_5 **f)** Mn_2O_7

92. **a)** $SO_3 + H_2O \rightarrow H_2SO_4$
b) $SO_2 + H_2O \rightarrow H_2SO_3$
c) $CO_2 + H_2O \rightarrow H_2CO_3$
d) $N_2O_5 + H_2O \rightarrow 2\,HNO_3$
e) $N_2O_3 + H_2O \rightarrow 2\,HNO_2$
f) $Mn_2O_7 + H_2O \rightarrow 2\,HMnO_4$

93. **a)** $SO_3 + 2\,NaOH \rightarrow Na_2SO_4 + H_2O$
b) $SO_2 + 2\,NaOH \rightarrow Na_2SO_3 + H_2O$
c) $CO_2 + 2\,NaOH \rightarrow Na_2CO_3 + H_2O$
d) $N_2O_5 + 2\,NaOH \rightarrow 2\,NaNO_3 + H_2O$

94. **a)** $SO_3 + Ca(OH)_2 \rightarrow CaSO_4 + H_2O$
b) $SO_2 + Ca(OH)_2 \rightarrow CaSO_3 + H_2O$
c) $CO_2 + Ca(OH)_2 \rightarrow CaCO_3 + H_2O$
d) $N_2O_5 + Ca(OH)_2 \rightarrow Ca(NO_3)_2 + H_2O$

98. A **99.** E **100.** D

104. **a)** $Li_2O + H_2O \rightarrow 2\,LiOH$
b) $K_2O + H_2O \rightarrow 2\,KOH$
c) $CaO + H_2O \rightarrow Ca(OH)_2$
d) $BaO + H_2O \rightarrow Ba(OH)_2$

105. **a)** $Li_2O + 2\,HCl \rightarrow 2\,LiCl + H_2O$
b) $K_2O + 2\,HCl \rightarrow 2\,KCl + H_2O$
c) $CaO + 2\,HCl \rightarrow CaCl_2 + H_2O$
d) $BaO + 2\,HCl \rightarrow BaCl_2 + H_2O$

106. $CaO + H_2SO_4 \rightarrow CaSO_4 + H_2O$

107. **a)** C, Cl, N, P
b) Na, Ca, K
c) C, N

108. B

114. H_2O_2 H — O — O — H

115. SrO_2 e BaO_2

116. **a)** K_2O_2 **c)** Li_2O_2
b) MgO_2 **d)** CaO_2

Cap. 12 Algumas reações inorgânicas de importância

1. D **2.** E **3.** A **4.** A

5. A

14. Resolvido.

15. **a)** Não. **c)** Sim. **e)** Não. **g)** Sim.
b) Sim. **d)** Sim. **f)** Não.

16. D

21. **a)** Não. **b)** Não. **c)** Sim. **d)** Sim.

22. **a)** $Cl_2 + 2\,NaBr \rightarrow Br_2 + 2\,NaCl$
b) $Br_2 + 2\,NaI \rightarrow I_2 + 2\,NaBr$
c) Não ocorre, pois o iodo **não** é mais reativo que o cloro.
d) $F_2 + CaBr_2 \rightarrow Br_2 + CaF_2$

23. $Pb(NO_3)_2\,(aq) + 2\,NaCl\,(aq) \rightarrow$
$\rightarrow 2\,NaNO_3\,(aq) + PbCl_2\,(s)$
O precipitado é o $PbCl_2$.

24. $AgNO_3\,(aq) + KCl\,(aq) \rightarrow$
$\rightarrow KNO_3\,(aq) + AgCl\,(s)$
O precipitado é o AgCl.

25. $Pb(NO_3)_2\,(aq) + (NH_4)_2SO_4\,(aq) \rightarrow$
$\rightarrow 2\,NH_4NO_3\,(aq) + PbSO_4\,(s)$
O precipitado é o $PbSO_4$.

26. E

31. O gás liberado está indicado com (g).
a) $Na_2S\,(aq) + H_2SO_4\,(aq) \rightarrow$
$\rightarrow H_2S\,(g) + Na_2SO_4\,(aq)$
b) $KCN\,(aq) + HNO_3\,(aq) \rightarrow$
$\rightarrow HCN\,(g) + KNO_3\,(aq)$
c) $K_2CO_3\,(aq) + 2\,HCl\,(aq) \rightarrow$
$\rightarrow H_2O\,(l) + CO_2\,(g) + 2\,KCl\,(aq)$
d) $(NH_4)_2SO_4\,(aq) + 2\,KOH\,(aq) \rightarrow$
$\rightarrow K_2SO_4\,(aq) + 2\,NH_3\,(g) + 2\,H_2O\,(l)$

32. $2\,HCl\,(aq) + CaCO_3\,(s) \rightarrow$
$\rightarrow CaCl_2\,(aq) + H_2O\,(l) + CO_2\,(g)$
O gás liberado é o gás carbônico (CO_2).

33. A

34. Os precipitados estão indicados com (s):
a) $AgNO_3\,(aq) + HCl\,(aq) \rightarrow$
$\rightarrow HNO_3\,(aq) + AgCl\,(s)$
b) $BaCl_2\,(aq) + H_2SO_4\,(aq) \rightarrow$
$\rightarrow 2\,HCl\,(aq) + BaSO_4\,(s)$
c) $Ca(OH)_2\,(aq) + Na_2SO_4\,(aq) \rightarrow$
$\rightarrow 2\,NaOH\,(aq) + CaSO_4\,(s)$
d) $Ba(OH)_2\,(aq) + Li_2CO_3\,(aq) \rightarrow$
$\rightarrow 2\,LiOH\,(aq) + BaCO_3\,(s)$

e) $3\,KOH\,(aq) + Al(NO_3)_3\,(aq) \rightarrow$
$\rightarrow Al(OH)_3\,(s) + 3\,KNO_3\,(aq)$

45. **a)** $Mg\,(s) + Cu^{2+}\,(aq) \rightarrow$
$\rightarrow Cu\,(s) + Mg^{2+}\,(aq)$
b) $Mg\,(s) + 2\,H^+\,(aq) \rightarrow$
$\rightarrow H_2\,(g) + Mg^{2+}\,(aq)$
c) $Cu\,(s) + 2\,Ag^+\,(aq) \rightarrow$
$\rightarrow 2\,Ag\,(s) + Cu^{2+}\,(aq)$
d) $Mg\,(s) + 2\,H^+\,(aq) \rightarrow$
$\rightarrow H_2\,(g) + Mg^{2+}\,(aq)$

46. Resolvido.

47. **a)** $Pb^{2+}\,(aq) + 2\,Cl^-\,(aq) \rightarrow PbCl_2\,(s)$
b) $Ca^{2+}\,(aq) + CO_3^{2-}\,(aq) \rightarrow CaCO_3\,(s)$
c) $Ba^{2+}\,(aq) + SO_4^{2-}\,(aq) \rightarrow BaSO_4\,(s)$
d) $CO_3^{2-}\,(aq) + 2\,H^+\,(aq) \rightarrow$
$\rightarrow H_2O\,(l) + CO_2\,(g)$
e) $HCO_3^-\,(aq) + H^+\,(aq) \rightarrow$
$\rightarrow H_2O\,(l) + CO_2\,(g)$

48. $3\,H^+\,(aq) + Al(OH)_3\,(s) \rightarrow$
$\rightarrow Al^{3+}\,(aq) + 3\,H_2O\,(l)$

$2\,H^+\,(aq) + Mg(OH)_2\,(s) \rightarrow$
$\rightarrow Mg^{2+}\,(aq) + 2\,H_2O\,(l)$

49. C

50. $Zn^{2+}\,(aq) + S^{2-}\,(aq) \rightarrow ZnS\,(s)$

Cap. 13 Mol

1. C

2. Li — 6,9 u, O — 16,0 u, N — 14,0 u, Cl — 35,5 u, Ca — 40,1 u, Fe — 55,8 u. Ou, arredondando para inteiros, temos: Li — 7 u, O — 16 u, N — 14 u, Cl — 36 u, Ca — 40 u, Fe — 56 u.

3. Soma: 20 (04 e 16)

4. Resolvido. **5.** C **6.** D

7. N_2 — 28 u, O_2 — 32 u, O_3 — 48 u, H_2O — 18 u, CH_4 — 16 u, CO_2 — 44 u, SO_2 — 64 u, SO_3 — 80 u, Cl_2 — 71 u, H_2SO_4 — 98 u, HNO_3 — 63 u, $C_6H_{12}O_6$ — 180 u, $Fe_2(SO_4)_3$ — 400 u e $Ca_5(PO_4)_3OH$ — 502 u.

8. D

9. 27 u e 27 u. A massa dos três elétrons perdidos para formar o cátion é desprezível perante a massa do núcleo.

10. 62 u e 96 u

17. $6 \cdot 10^{23}$ células

18. A quantidade de células era da ordem de um mol.

19. **a)** $1{,}2 \cdot 10^{23}$ átomos de alumínio
b) $6{,}0 \cdot 10^{21}$ átomos de ouro
c) $2{,}4 \cdot 10^{25}$ átomos de sódio

20. $4 \cdot 10^{-23}$ g

21. É a mesma nos três casos (0,1 mol).

22. C

23. **a)** $1,2 \cdot 10^{23}$ moléculas H_2O

b) $6,0 \cdot 10^{20}$ moléculas H_2SO_4

c) $6,0 \cdot 10^{25}$ moléculas $C_6H_{12}O_6$

24. Resolvido. **25.** B

26. $7,8 \cdot 10^{24}$ átomos de H

27. A **28.** C **29.** C

38. **a)** $1,8 \cdot 10^{25}$ átomos

b) 18 septilhões de átomos

39. $1,2 \cdot 10^{21}$ átomos

40. **a)** $8,6 \cdot 10^{16}$ átomos

b) $2,5 \cdot 10^{16}$ átomos

c) $3,0 \cdot 10^{15}$ átomos

41. Não, pois a massa de um bilhão de moléculas de álcool comum ($7,7 \cdot 10^{-14}$ g) é inferior à sensibilidade da balança ($0,1 \text{ mg} = 10^{-4}$ g).

42. Resolvido. **43.** Cinquenta vezes.

44. $6 \cdot 10^{11}$ átomos **45.** $1,7 \cdot 10^{15}$ moléculas

46. Se a massa de uma molécula de hemoglobina é 65.000 u, a massa de um mol de hemoglobina é 65.000 g, ou seja, 65 kg! A frase obviamente está incorreta.

53. Li – 6,9 g/mol, O – 16,0 g/mol, N – 14,0 g/mol, Cl – 35,5 g/mol, Ca – 40,1 g/mol, Fe – 55,8 g/mol. Ou, arredondando para inteiros, temos: Li – 7 g/mol, O – 16 g/mol, N – 14 g/mol, Cl – 36 g/mol, Ca – 40 g/mol, Fe – 56 g/mol

54. N_2 – 28 g/mol, O_2 – 32 g/mol, O_3 – 48 g/mol, H_2O – 18 g/mol, CH_4 – 16 g/mol, CO_2 – 44 g/mol, SO_2 – 64 g/mol, SO_3 – 80 g/mol, Cl_2 – 71 g/mol, H_2SO_4 – 98 g/mol, HNO_3 – 63 g/mol, $C_6H_{12}O_6$ – 180 g/mol

55. $M(NO_3^-) = 62$ g/mol

$M(SO_4^{2-}) = 96$ g/mol

56. $M(CaCO_3) = 100$ g/mol

57. Resolvido. **58.** Resolvido.

59. D

60. Não. A amostra de NaCl apresenta mais íons. Como a massa molar do NaCl (58,5 g/mol) é menor que a do KCl (74,5 g/mol), há maior quantidade de matéria (em mols de íons) em uma determinada massa de NaCl do que em uma mesma massa de KCl.

61. **a)** A massa de ouro guardada é de 482,5 kg.

b) O valor em reais correspondente a 25 L de ouro é de R$ 9.650.000,00.

c) A quantidade de matéria correspondente a 25 L de ouro é de 2.449,3 mol.

62. **a)** C_8H_{18}

b) $114 \text{ g} \cdot \text{mol}^{-1}$

c) $1,2 \cdot 10^{23}$ moléculas

63. $6,02 \cdot 10^{26}$ átomos de H e $3,01 \cdot 10^{26}$ átomos de O

64. Corretas (01), (02), (08) e (16) = 27

72. **a)** N_2H_4

b) 32 g/mol

c) Em 32 g de hidrazina (1 mol) há 28 g do elemento químico nitrogênio e 4 g do elemento químico hidrogênio.

73. Resolvido. **74.** No Fe_3O_4.

75. Na ureia.

76. Sim. Do enunciado deduz-se que a fórmula molecular é $C_8H_8O_3$, que já expressa a proporção entre os átomos de C, H e O por meio dos menores números inteiros.

77. **a)** C_5H_7N

b) $C_{10}H_{14}N_2$

78. **a)** CH_2O para todos.

b) 40,0% de carbono, 6,7% de hidrogênio e 53,3% de oxigênio.

c) São iguais, pois apresentam a mesma fórmula mínima, isto é, a mesma proporção entre as quantidades de átomos dos elementos formadores.

d) 40,0% de carbono, 6,7% de hidrogênio e 53,3% de oxigênio.

79. Resolvido.

80. Óxido A = SO_3

Óxido B = SO_2

81. 4 átomos de nitrogênio e 5 átomos de oxigênio.

82. 8 átomos de enxofre.

83. $C_6H_{10}S_2O$

Cap. 14 O comportamento físico dos gases

1. Resolvido.

2. **a)** 2 atm **b)** 202,6 kPa **c)** 1.520 torr

3. **a)** 50,65 kPa **b)** 380 mmHg **c)** 380 torr

4. **a)** $1,0 \cdot 10^4$ L

b) $1,0 \cdot 10^4$ dm³

c) $1,0 \cdot 10^7$ mL

d) $1,0 \cdot 10^7$ cm³

5. $5,0 \cdot 10^3$ mL ou $5,0 \cdot 10^3$ cm³

6. Resolvido.

7. $P_2 = \dfrac{P_1}{3}$

A pressão fica reduzida a um terço do valor inicial.

8. Resolvido.

9. 1.300 kPa

10. O êmbolo deve ser empurrado até que o volume se reduza à metade. A lei envolvida é a Lei de Boyle, que rege uma transformação isotérmica de uma massa fixa de gás ideal.

11. C

18. O ar confinado no interior da embalagem sofreu redução de temperatura e, consequentemente, redução de volume.

19. **a)** Não, estava cheia de ar.

b) O ar do interior do sistema garrafa/balão sofreu expansão graças ao aquecimento.

c) O ar do interior do sistema garrafa/balão sofreu redução de volume graças ao resfriamento.

20. O calor emitido pela lâmpada aqueceu o ar no interior dos balões. Isso provocou um aumento da pressão interna até um valor suficientemente alto para provocar o rompimento da borracha.

21. **a)** Espera-se que ela esteja com um volume menor (ligeiramente "murcha"). Durante o resfriamento, a pressão externa à garrafa (que é a pressão ambiente na localidade) não se altera, mas a pressão do ar no interior da garrafa diminui em função do resfriamento.

b) Sim. Nesse caso, dentro do *freezer*, à medida que o ar da garrafa (inicialmente mais quente que o ar do ambiente interno do *freezer*) fosse se resfriando e sofrendo ligeira redução de pressão, haveria entrada de mais ar na garrafa (ar do próprio ambiente interno do *freezer*). Desse modo, a pressão se manteria igual dentro e fora da garrafa, o que não acarretaria seu esmagamento.

22. Quando o *spray* não pode mais ser usado é porque a pressão interna se igualou à externa. Nessa situação, não há vácuo dentro da embalagem, mas sim um pouco de material gasoso. O aquecimento exagerado pode provocar um aumento da pressão interna até o rompimento da embalagem. Se isso ocorrer, fragmentos da embalagem metálica podem ser arremessados e atingir quem está próximo.

23. Resolvido.

24. $P_2 = 3\,P_1$

A pressão final será igual ao triplo da inicial.

25. 1,5 atm **26.** 25 L **27.** 167 °C

28. **1)**

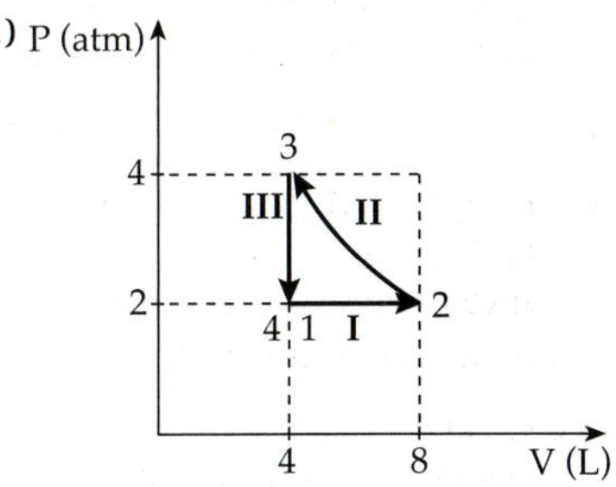

I – Transformação isobárica.
II – Transformação isotérmica.
III – Transformação isocórica.

2) A temperatura do gás durante a compressão isotérmica é 600 K e a pressão atingida por ele ao seu final é 4 atm.

36. Resolvido. **37.** D

38. Espera-se que a pressão não se altere.

39. **a)** 1,1 atm

b) A pressão se iguala à pressão ambiente, ou seja, 1,0 atm.

46. Resolvido.

47. Resolvido.

48. Porque nas CNTP a água é líquida e/ou sólida, não gasosa.

49. **a)** $5 \cdot 10^2$ mol

b) $1 \cdot 10^3$ g

50. C_2H_4

51. **a)** 11,2 L

b) 22,4 L

c) 89,6 L

52. **a)** Na amostra de CO_2.

b) Na amostra de C_2H_4.

c) Na amostra de C_2H_4.

53. B **54.** E **55.** B

64. **a)** $V_3 < V_2 < V_1$

b) As curvas, extrapoladas a baixas pressões e temperaturas, interceptam o eixo da temperatura em 0 K.

65. 1,23 atm **66.** E **67.** 72,6 $g \cdot mol^{-1}$

68. Resolvido.

69. **a)** 6,37 atm

b) 20,63%

c) 3,93 atm

70. D

80. Resolvido. **81.** E **82.** C

83. Resolvido. **84.** B

85. **a)** 1 g

b) 4 atm

86. **a)** $n_{N_2}/n_{CO_2} = 0,22$

b) 1,1 atm

95. **a)** Abertos.

b) O ar quente presente no interior desses balões tem densidade menor que a do ar atmosférico que circunda o balão.

c) Risco de incêndios em edificações e florestas.

96. **a)** Na localidade de clima quente, o ar que sai do aparelho é frio e, portanto, tende a descer. Assim, deve-se instalar o aparelho no alto (desenho Ⓐ).

b) Na localidade de clima frio ocorre o oposto. O ar que sai do aparelho é quente e, portanto, tende a subir. Assim, deve-se instalar o aparelho embaixo (desenho Ⓒ).

97. Hidrogênio (2 g/mol) e hélio (4 g/mol) são gases bem menos densos que o ar atmosférico (28,9 g/mol). Já o dióxido de carbono (44 g/mol) e o dióxido de enxofre (64 g/mol) são mais densos que o ar.

98. O metano é mais denso, pois tem maior massa molar.

É quatro vezes mais denso.

99. Resolvido. **100.** 0,12 g/L

101. O ar aquecido pela explosão tem densidade menor que o ar dos arredores e, por isso, sobe.

102. Se a atmosfera fosse exclusivamente de O_2 (32 g/mol), tenderiam a subir os gases com massa molar inferior a 32 g/mol. Da lista fornecida, são eles o N_2 (28 g/mol) e o CO (28 g/mol).

103. Duas vezes.

Cap. 15 Aspectos quantitativos das reações químicas

1. Resolvido.

2. **a)** $HCl + NaOH \rightarrow NaCl + H_2O$

b) Como os coeficientes estequiométricos são todos unitários, a proporção entre as quantidades em mols dos reagentes e dos produtos é 1 : 1 : 1 : 1.

3. 33 mol (2 mol de C_4H_{10}; 13 mol de O_2; 8 mol de CO_2 e 10 mol de H_2O)

4. C **9.** Resolvido.

10. **a)** $CO\,(g) + NO_2\,(g) \rightarrow CO_2\,(g) + NO\,(g)$

b) Ambas são iguais a 74 g.

c) Sim, pois a massa dos reagentes é igual à massa dos produtos.

11. **a)** O processo descrito é uma filtração, técnica utilizada para separar as fases de misturas heterogêneas sólido-líquido ou sólido-gás.

b) 1.680 g (para o total de sete máquinas)

12. B

19. Resolvido. **20.** A

21. **a)** $CO_2\,(g) + 2\,LiOH\,(s) \rightarrow Li_2CO_3\,(s) + H_2O\,(l)$

b) 1,2 kg

22. As proporções em mols entre os reagentes e o produto, nas reações envolvidas, são:

$$1\,C + 1\,O_2 \rightarrow 1\,CO_2$$
$$1\text{ mol} \quad 1\text{ mol} \quad 1\text{ mol}$$

$$1\,C + \frac{2}{3}\,O_3 \rightarrow 1\,CO_2$$
$$1\text{ mol} \quad \frac{2}{3}\text{ mol} \quad 1\text{ mol}$$

a) Sim. Como a quantidade de carbono nas duas amostras é igual, então a quantidade de CO_2 produzido também será igual.

b) Não. A quantidade de O_3 consumido é menor, conforme as proporções em mols indicadas anteriormente.

27. B

28. Resolvido. **29.** B

30. **a)** 4,9 m^3

b) 4,9 m^3

31. B **32.** A **33.** D

43. **a)** $2\,NO\,(g) + O_2\,(g) \rightarrow 2\,NO_2\,(g)$

b) O reagente O_2 está em excesso.

c) **Reagente limitante** é o reagente consumido totalmente em uma reação química. **Reagente em excesso** é o reagente presente em uma quantidade superior à necessária para reagir com a quantidade presente do reagente limitante.

d) Após o consumo do reagente limitante não é possível formar mais produto na reação, ou seja, a reação termina.

44. Resolvido.

45. **a)** Há excesso de NH_3.

b) 45 g

c) 198 g

46. D

47. **a)** 7,23 g

b) Excesso: NH_3; limitante: K_2PtCl_4.

c) 0,82 g

55. Resolvido. **56.** 900 kg

57. D **58.** Resolvido. **59.** B

60. D

65. Resolvido. **66.** A **67.** D

68. Resolvido. **69.** D **70.** C

Cap. 16 Expressando a concentração de soluções aquosas

1. B **2.** B **3.** D **4.** A

8. Resolvido.

9. **a)** 238,10 g/L

b) 1.190,5 g/L ou 1,19 g/cm^3

10. 217,4 g/dm^3

11. Ambas as bolinhas são menos densas que o líquido do desenho Ⓐ e mais densas que o do desenho Ⓑ. A bolinha verde é mais densa e a vermelha é menos densa que o líquido do desenho Ⓒ. Assim, podemos elaborar o seguinte esquema:

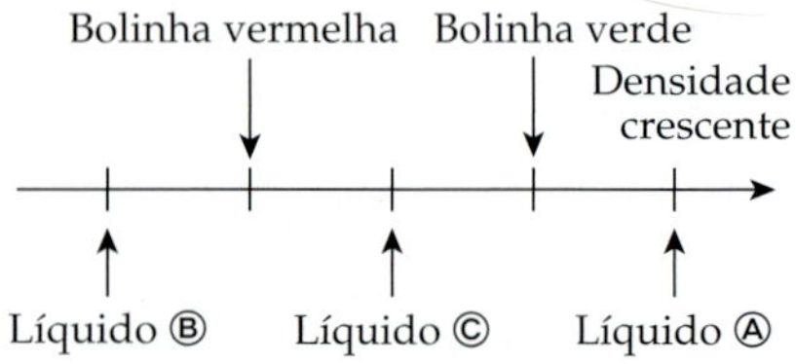

Decorre que o líquido do desenho Ⓐ é água, o do desenho Ⓑ é álcool e o do desenho Ⓒ é uma mistura de ambos.

15. **a)** Soluto: HNO_3; solvente: água.

b) 0,1 mol

c) 6,3 g

d) 0,05 mol

e) 3,15 g

f) 6,3 g/L

16. Inicialmente, devem-se pesar 34,2 g de sacarose, quantidade equivalente a 0,10 mol. Em seguida, essa massa deve ser transferida para um balão volumétrico de capacidade 1 L. Nele adiciona-se um pouco de água destilada e agita-se para dissolver completamente o sólido. Finalmente, acrescenta-se água destilada até a marca de aferição de 1 L.

17. a) 150 g/L b) 5 mL c) 1,25 mol/L

18. B **19.** A **20.** D

21. a) A concentração de creatinina é igual a 1,356 mg · dL^{-1}. Como os níveis aceitáveis variam de 0,5 a 1,5 mg · dL^{-1}, conclui-se que o nível de creatinina está aceitável e a ração escolhida deverá ser a normal.

b) Como o metabolismo de uma proteína produz ureia, e caso Pipetão estivesse com o nível de ureia no sangue acima do limite normal, Rango deveria escolher uma ração pobre em proteína para que não seja aumentado o nível de ureia no sangue de Pipetão.

22. Resolvido.

23. Resolvido.

24. $[Na^+] = 0,6$ mol/L; $[CO_3^{2-}] = 0,3$ mol/L

25. C **26.** E

38. Na solução que se deseja preparar, deve haver 100 g de sacarose e 900 g de água, totalizando 1.000 g (1 kg), dos quais 10% é a massa de soluto e 90% é a massa de solvente. Assim, devem-se, separadamente, pesar 100 g de sacarose e 900 g de água. No caso da água, como medir volume é mais fácil do que medir massa, pode-se medir o volume de 900 mL, pois a densidade da água pura (1,0 g/mL) informa que cada mililitro tem massa de 1,0 g. Adiciona-se a água à sacarose e agita-se para que o soluto se dissolva.

39. Resolvido.

40. 2,53% **41.** D

42. Resolvido.

43. E **44.** D

45. Resolvido.

46. C **47.** 0,04 mol

57. B **58.** A **59.** E **60.** E

61. C **62.** E

63. 01 e 08 estão corretas.

64. a) As moléculas de soluto, pois seu número permaneceu constante com a adição de solvente.

b) A solução inicial é mais "concentrada" que a final. A final é mais "diluída" que a inicial.

c) Na preparação de um refresco, para tornar um café mais forte em mais fraco etc.

65. a) A massa de soluto é igual, pois não se adicionou soluto.

b) A quantidade em mols de soluto é igual, pois não se adicionou soluto.

c) O volume de solução é maior no final. Mais precisamente, o volume final é o dobro do inicial, pois o volume inicial é 100 mL e a ele foram adicionados 100 mL de água.

d) A concentração final, em g/L, é a metade da inicial, pois a massa de soluto permaneceu constante e o volume dobrou.

e) A concentração final, em mol/L, é a metade da inicial, pois a quantidade em mols de soluto permaneceu constante e o volume dobrou.

66. Resolvido.

67. C **68.** Resolvido.

69. D **70.** B

76. a) O modelo ①, pois ainda não há íons Cl^- no erlenmeyer.

b) O modelo ②, pois há íons Cl^- no erlenmeyer, mas não há igualdade entre as quantidades em mol de íons Na^+ e Cl^-, o que revela que a quantidade de ácido adicionada ainda não foi suficiente para reagir completamente com a quantidade de base inicialmente presente. A indicação OH^- dentro do erlenmeyer representa a presença de íons hidroxila provenientes da base que ainda não foram neutralizados.

c) O modelo ③, pois há igualdade entre as quantidades em mol de íons Na^+ e Cl^-, o que revela que a quantidade de ácido adicionada foi exatamente a necessária para reagir com a base inicialmente presente, sem haver excesso de ácido ou de base.

d) O modelo ④, que não é resposta dos itens anteriores, corresponde a uma situação em que se adicionou ácido além do ponto de equivalência, pois há mais íons Cl^- no erlenmeyer do que íons Na^+. A indicação H^+ dentro do erlenmeyer representa a presença de íons hidrogênio provenientes do ácido que não podem ser neutralizados pela base, pois toda ela já foi consumida.

77. São necessários três dados: o volume da solução de base colocada no erlenmeyer, a concentração da solução de ácido usada como titulante e o volume dessa solução ácida que é adicionado até chegar ao ponto de equivalência.

78. Resolvido.

79. C **80.** A

81. a) $2\ HCl\ (aq) + 1\ Na_2CO_3\ (s) \rightarrow$
$\rightarrow 2\ NaCl\ (aq) + 1\ H_2CO_3\ (aq)$

b) 0,1642 mol · L^{-1}

82. 7,5 g · L^{-1}

Cap. 17 Propriedades coligativas

Ver respostas no DVD.

Cap. 18 Processos de oxirredução

1. Resolvido.

2. a) zero

b) zero

c) zero

d) H +1, F −1

e) C −4, H +1

f) C −2, H +1, F −1

g) C zero, H +1, F −1

h) C +2, H +1, F −1

i) C +4, F −1

j) C +4, O −2

k) H +1, C zero, O −2

l) N −3, H +1

m) N +3, F −1

n) H +1, N +3, O −2

o) H +1, N +5, O −2

p) H +1, S −2

q) zero

r) S +4, O −2

s) S +6, O −2

t) H +1, Cl −1

u) H +1, Cl +1, O −2

v) H +1, Cl +3, O −2

w) H +1, Cl +5, O −2

x) H +1, Cl +7, O −2

3. A

4. O maior número de oxidação possível para o carbono é +4, o que ocorre quando ele estabelece quatro ligações com átomos de elementos mais eletronegativos que ele. Exemplos: CCl_4 e CO_2. E o menor número de oxidação possível é −4, quando ele se combina apenas com elementos menos eletronegativos que ele. Exemplo: CH_4.

5. O maior número de oxidação possível para um elemento ocorre quando ele estabelece todas as ligações possíveis com átomos de elementos mais eletronegativos. E o menor ocorre quando ele o faz apenas com elementos menos eletronegativos.

a) Nitrogênio tem número de oxidação máximo +5 (ex.: HNO_3) e mínimo −3 (ex.: NH_3).

b) Enxofre tem número de oxidação máximo +6 (ex.: H_2SO_4) e mínimo −2 (ex.: H_2S).

c) Cloro tem número de oxidação máximo +7 (ex.: $HClO_4$) e mínimo −1 (ex.: HCl).

9. Mn = +7; Cr = +6; P = +5

10. As regras conduzem aos mesmos valores de número de oxidação que os obtidos por meio da análise da fórmula estrutural. A resposta, portanto, é igual à da questão 2.

11.

$HClO_4$ (+7)	—	—	—	per...ico
$HClO_3$ (+5)	H_2SO_4 (+6)	HNO_3 (+5)	H_3PO_4 (+5)	...ico
$HClO_2$ (+3)	H_2SO_3 (+4)	HNO_2 (+3)	H_3PO_3 (+3)	...oso
$HClO$ (+1)	—	—	H_3PO_2 (+1)	hipo...oso

Em princípio, duas relações lógicas podem ser elaboradas.
Em uma delas, atribui-se o nome **per...ico** quando o número de oxidação do elemento central for +7, **...ico** quando for +6 ou +5, **...oso** quando for +4 ou +3 e **hipo...oso** quando for +1.
Em outra relação, atribui-se o nome **...ico** quando o elemento central estiver com o número de oxidação máximo que lhe for possível, **...oso** quando for duas unidades menor que o máximo e **hipo...oso** quando for quatro unidades menor. O caso do grupo 17 (halogênios) teria um tratamento diferente, atribuindo-se **per...ico** quando o número de oxidação for o máximo possível (+7), **...ico** quando for duas unidades abaixo dele, **...oso** quando for quatro e **hipo...oso** quando for seis.

12. É o mesmo: +4

13. É o mesmo. +5

14. Por meio da fórmula estrutural, determinamos que os carbonos do propano apresentam número de oxidação −3, −2 e −3. Por meio das regras chega-se a **−8/3**, que é a média aritmética de −3, −2 e −3. Por meio da fórmula, determinamos que os carbonos do butano apresentam número de oxidação −3, −2, −2 e −3. Por meio das regras chega-se a **−10/4**, ou **−5/2** ou, ainda, **−2,5**, que é a média aritmética de −3, −2, −2 e −3.

19. A

20. a) De acordo com as informações, chegamos à equação da reação:

$$KClO_3 + 3\,Mg \rightarrow KCl + 3\,MgO$$

Houve transferência de elétrons do Mg (sofre oxidação, o Nox aumenta) para o Cl (sofre redução, o Nox diminui).

$$\underset{+5}{KClO_3} + \underset{0}{3\,Mg} \rightarrow \underset{-1}{KCl} + \underset{+2}{3\,MgO}$$

redução (Cl: +5 → −1); oxidação (Mg: 0 → +2)

b)

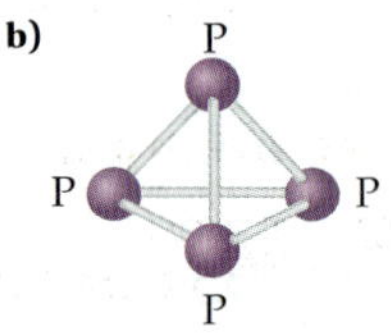

21. B

22. a) 5 **b)** 6 mol

27. B

28. As espécies que se oxidam doam e^- e as que se reduzem recebem e^-.

a)

$$2\,Ag^+(aq) + Cu^0(s) \rightarrow 2\,Ag^0(s) + Cu^{2+}(aq)$$

redução (Ag⁺ → Ag⁰); oxidação (Cu⁰ → Cu²⁺)

b)

$$2\,K^0(s) + Cl_2(g) \rightarrow 2\,K^+(aq) + 2\,Cl^-(aq)$$

oxidação ($K^0 \rightarrow K^+$); redução ($Cl_2 \rightarrow Cl^-$)

c)

$$Mg^0(s) + Fe^{2+}(aq) \rightarrow Mg^{2+}(aq) + Fe^0(s)$$

oxidação ($Mg^0 \rightarrow Mg^{2+}$); redução ($Fe^{2+} \rightarrow Fe^0$)

d)

$$Cu^{2+}(aq) + Zn^0(s) \rightarrow Cu^0(s) + Zn^{2+}(aq)$$

redução ($Cu^{2+} \rightarrow Cu^0$); oxidação ($Zn^0 \rightarrow Zn^{2+}$)

Espécies oxidantes e espécies redutoras:

a) Ag^+: espécie oxidante.
Cu: espécie redutora.

b) Cl_2: espécie oxidante.
K: espécie redutora.

c) Fe^{2+}: espécie oxidante.
Mg: espécie redutora.

d) Cu^{2+}: espécie oxidante.
Zn: espécie redutora.

29. a) $Zn + 2\,Ag^+ \rightarrow Zn^{2+} + 2\,Ag$

oxidação ($Zn \rightarrow Zn^{2+}$); redução ($Ag^+ \rightarrow Ag$)

Espécie oxidante: Ag^+.

Espécie redutora: Zn.

b) $K^+ + Fe \rightarrow$ não ocorre reação.
O K^+ não tem tendência a oxidar o Fe a Fe^{2+}, sofrer redução e se transformar em K.

c) $HCl + Ni \rightarrow NiCl_2 + H_2$

oxidação ($Ni \rightarrow NiCl_2$); redução ($HCl \rightarrow H_2$)

Espécie oxidante: HCl.

Espécie redutora: Ni.

d) $Ag + 2H^+ \rightarrow$ não ocorre reação. O H^+ não tem tendência a oxidar o Ag a Ag^+, sofrer redução e se transformar em H_2.

e)

$$2\,AgNO_3 + Cu \rightarrow 2\,Ag + Cu(NO_3)_2$$

oxidação ($Cu \rightarrow Cu(NO_3)_2$); redução ($AgNO_3 \rightarrow Ag$)

Espécie oxidante: $AgNO_3$.

Espécie redutora: Cu.

f) $Cu + NaCl \rightarrow$ não ocorre reação.
O Na^+ do cloreto de sódio não tem tendência a oxidar o Cu a Cu^{2+}, sofrer redução e se transformar em Na.

30. B

31. 0. (V); 1. (V); 2. (F); 3. (F); 4. (F)

38. Resolvido.

39. Resolvido.

40. C **41.** A **42.** C

43. a) 5; 1; 8; 5; 1; 4. **b)** 0,7672 g **c)** 38,36% **d)** 54,80%

Cap. 19 Eletroquímica: celas galvânicas

1. A

2. Resolvido.

3. D

4. a) $Ni(s) + Pd^{2+}(aq) \rightarrow Pd(s) + Ni^{2+}(aq)$

b) A concentração de íons Pd^{2+} (aq) diminui:

Pd^{2+} (aq)	+ $2\,e^-$	→ Pd (s)
Solução	**Vêm do fio metálico**	**Deposita-se na placa**

A concentração de Ni^{2+} (aq) aumenta:

Ni (s) →	Ni^{2+} (aq)	+ $2\,e^-$
Placa	**Vai para a solução**	**Vão para o fio metálico**

5. D

11. Resolvido.

12. E **13.** C

14. Soma = 01 + 04 + 08 = 13

15. a)

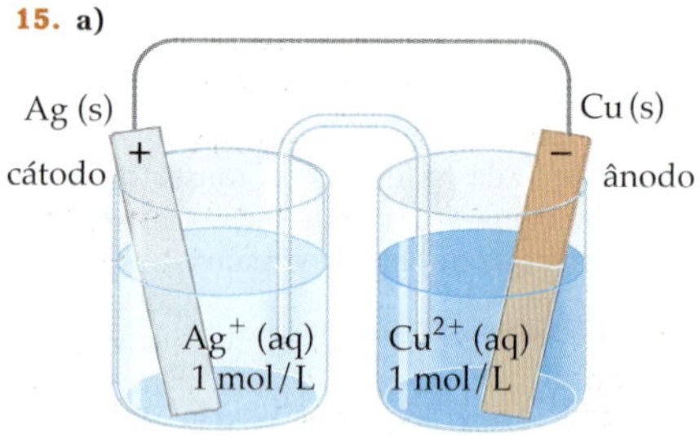

$Ag^+|Ag^0$ $E^0 = 0{,}80$ V $Cu^{2+}|Cu^0$ $E^0 = 0{,}34$ V

b)

semirreação de oxidação:

$$Cu(s) \rightarrow Cu^{2+}(aq) + \cancel{2e^-}$$

semirreação de redução:

$$2\,Ag^+(aq) + \cancel{2e^-} \rightarrow 2\,Ag(s)$$

equação global:

$$Cu(s) + 2\,Ag^+(aq) \rightarrow Cu^{2+}(aq) + 2\,Ag(s)$$

$$\Delta E° = E°_{\text{eletrodo que recebe } e^-} - E°_{\text{eletrodo que perde } e^-}$$

$$\Delta E° = E°(Ag^+, Ag) - E°(Cu^{2+}, Cu) = \\ = +0{,}80\,V - (+0{,}34\,V)$$

$$\Delta E° = 0{,}46\,V$$

20. **a)** Função oxidante: Nox passa de +3 para 0.

b) Função redutora: Nox passa de 0 para +2.

c) Função redutora: Nox passa de −1 para 0.

d) Função oxidante: Nox passa de +1 para 0.

e) Função redutora: Nox passa de 0 para +1.

21. Resolvido.

22. **a)** Se o metal é corroído pelos íons H^+, isso significa que o elemento hidrogênio se reduz de H^+ a H_2 e que o metal se oxida de substância simples a cátion. Os potenciais apresentados revelam que, dos metais apresentados, aqueles com tendência maior que o hidrogênio para sofrer oxidação são magnésio, zinco, ferro e chumbo.

b) Os metais mais nobres que o hidrogênio, dentre os apresentados, são cobre, prata e ouro, pois apresentam menor tendência a se oxidar que o hidrogênio.

c) A tendência a sofrer oxidação aumenta na ordem em que diminui E°. Assim, a **ordem crescente de tendência a se oxidar** é:

Au, Ag, Cu, Pb, Fe, Zn, Mg

d) Quanto maior a reatividade do metal, maior sua tendência a sofrer oxidação.

23. C

27. Resolvido.

28. C **29.** D **30.** D

36. C **37.** E **38.** E

39. **1)** $Zn(s) + Fe^{2+}(aq) \rightarrow Zn^{2+}(aq) + Fe(s)$

$$\Delta E° = E°_{\text{eletrodo que recebe elétrons}} - E°_{\text{eletrodo que perde elétrons}}$$

$$\Delta E° = -0{,}44\ V - (-0{,}76\ V)$$

$$\Delta E° = +0{,}32\ V \Rightarrow \Delta E > 0$$ **Reação espontânea**

O cálculo acima indica que a tendência de o zinco se oxidar é maior que a do ferro. Assim, as placas de zinco anexadas ao casco do navio se oxidam com maior facilidade que o ferro do casco, ajudando a preservá-lo.

2) $Cu(s) + Fe^{2+}(aq) \rightarrow Cu^{2+}(aq) + Fe(s)$

$$\Delta E° = E°_{\text{eletrodo que recebe elétrons}} - E°_{\text{eletrodo que perde elétrons}}$$

$$\Delta E° = -0{,}44\ V - 0{,}34\ V$$

$$\Delta E° = -0{,}78\ V \Rightarrow \Delta E° < 0$$ **Reação não espontânea**

O cálculo acima indica que a tendência de o cobre se oxidar é menor que a do ferro. Portanto, placas de cobre não ajudam a preservar o ferro do casco do navio.

40. **a)** Zinco e magnésio, pois, por apresentarem $E°_{red}$ menor que o ferro, se oxidam mais facilmente protegendo-o da corrosão.

b) $\Delta E° = +0{,}34 - (-0{,}44)$

$\Delta E° = +0{,}78\ V$

45. **a)** Três respostas possíveis: Zn, MnO_2 e H_2O.

b) II (pois é redução)

c) I (pois é oxidação)

46. A **47.** A

48. **a)** Correto.

b) Correto.

c) $E° = +1{,}65\ V$

49. B

Cap. 20 Eletroquímica: celas eletrolíticas

1. E **2.** C **3.** D **4.** B

9. Resolvido.

10. Em I são produzidos sódio (sólido) e cloro (gasoso).
Em II são produzidos hidrogênio (gasoso) e oxigênio (gasoso).

11. **a)** Um eletrodo feito de uma substância que não tome parte na eletrólise como reagente, exercendo apenas papel de condutor de corrente elétrica.

b) No polo positivo é produzido gás oxigênio:

$4\,OH^-(aq) \rightarrow O_2(g) + 2\,H_2O(l) + 4\,e^-$

No polo negativo é produzido gás hidrogênio:

$2\,H^+(aq) + 2\,e^- \rightarrow H_2(g)$

c) $2\,H_2O(l) \rightarrow 2\,H_2(g) + O_2(g)$ ou

$H_2O(l) \rightarrow H_2(g) + \frac{1}{2}\,O_2(g)$

d) NaOH, H_2SO_4 ou KNO_3, pois são eletrólitos cuja solução, ao ser eletrolisada, produz H_2 no cátodo e O_2 no ânodo.

No caso de NaCl e HCl haveria produção de Cl_2 no ânodo.

No caso de KBr haveria produção de Br_2 no ânodo.

No caso de $C_6H_{12}O_6$ (glicose) a solução não seria eletrolítica, ou seja, não apresentaria condutividade elétrica apreciável a ponto de permitir a eletrólise da água.

No caso de $CuSO_4$ haveria produção de cobre metálico no cátodo.

e) De acordo com os coeficientes estequiométricos de H_2 e O_2, a relação volumétrica é de 2 : 1, ou seja, a relação é de dois volumes de H_2 para um volume de O_2.

16. B **17.** B

18. **a)** Do refino eletrolítico do cobre.

b) $Cu \rightarrow Cu^{2+} + 2\,e^-$

c) $Cu^{2+} + 2\,e^- \rightarrow Cu$

d) Lama anódica é uma mistura formada pelas impurezas mais nobres que o cobre que, durante o refino eletrolítico desse metal, se depositam no fundo da cuba eletrolítica.

19. 22,4 L de H_2

$Cl^-(aq) + H_2O(l) \rightarrow ClO^-(aq) + H_2(g)$

23. **1)** Ag, Au, Cu, Hg e Pt.

2) Al, K, Mg e Na.

3) Cr, Fe, Mn, Pb, Sn e Zn.

24. **a)** Oxidação: S; redução: Ag e O.

b) Oxidação: S; redução: Hg e O.

25. **a)** Ferro, de +3 para zero.

b) O monóxido de carbono, que contém o elemento que se oxida (carbono).

26. **a)** $SnO_2 + 2\,CO \rightarrow Sn + 2\,CO_2$

b) Bronze.

27. **a)** Nenhuma delas, seu número de oxidação é +2 em ambos os membros da equação.

b) Redução, de +2 para zero.

c) Ferro galvanizado.

d) Latão.

28. **I)** $PbS + \frac{3}{2}\,O_2 \rightarrow PbO + SO_2$

II) $PbO + CO \rightarrow Pb + CO_2$

29. **a)** Redução, de +3 para zero.

b) O agente redutor é o alumínio metálico, pois sofre oxidação.

30. $3\,MnO_2 + 4\,Al \rightarrow 3\,Mn + 2\,Al_2O_3$

31. $Fe_2O_3 + 2\,Al \rightarrow 2\,Fe + Al_2O_3$

32. O alumínio é um elemento químico metálico de símbolo Al que forma uma substância simples de fórmula Al (ou Al^0). Essa substância é obtida por eletrólise ígnea do óxido de alumínio, Al_2O_3, chamado de alumina. A alumina é encontrada na natureza, misturada com outras substâncias, no minério chamado bauxita.

33. O processo de obtenção do alumínio envolve a eletrólise ígnea do óxido de alumínio, que consome grande quantidade de energia elétrica. O preço da energia elétrica é, portanto, essencial para que a produção do alumínio seja viável.

38. C

39. **a)** $Cr^{3+}(aq) + 3\,e^- \rightarrow Cr^0(s)$

b) 0,15 F

40. D

41. **a)** $2\,Au^{3+}(aq) + 6\,Cl^-(aq) \rightarrow 3\,Cl_2(g) + 2\,Au^0(s)$

b) 59 min

42. B **43.** D **44.** D **45.** A

46. **a)** $Al_2O_3 + 2\,NaOH + 3\,H_2O \rightarrow 2\,NaAl(OH)_4$

b) Fe_2O_3 e Al_2O_3

$Fe_2O_3 + 6\ HCl \rightarrow 2\ FeCl_3 + 3\ H_2O$

$Al_2O_3 + 6\ HCl \rightarrow 2\ AlCl_3 + 3\ H_2O$

c) A corrente deve ser igual a $n \cdot I$, para produzir a mesma quantidade de Al. A explicação é a seguinte: em cada uma das n cubas passam I coulombs de carga por segundo (isto é, passa uma corrente de I ampères). Se o processo for realizado em uma única cuba, a carga que deve passar por ela, em cada segundo, é a mesma que passa por todas as n cubas somadas. Essa carga, a cada segundo, é $n \cdot I$ coulombs. Portanto, a corrente deve ser $n \cdot I$ ampères.

47. B

Cap. 21 Termoquímica: o calor e os processos químicos

1. Parte da água que umedece a cerâmica evapora e, ao evaporar, absorve calor da talha ou moringa, provocando seu resfriamento.

2. Endotérmicos: I, II e V; exotérmicos: III, IV e VI.

3. $C_2H_6O\ (l) \rightarrow C_2H_6O\ (g) \qquad \Delta H = +43{,}5\ kJ$

4. B **11.** D

12.

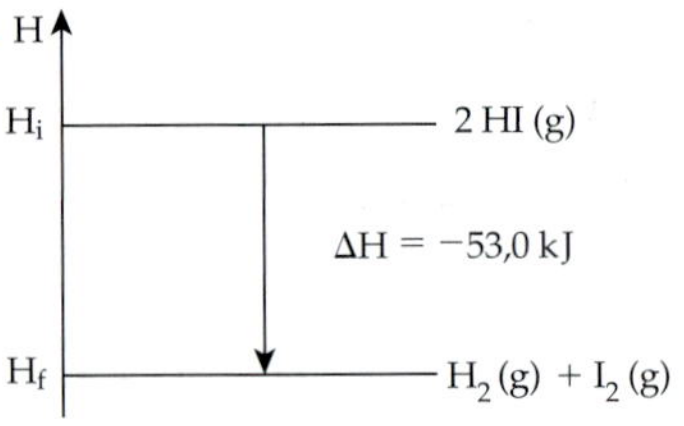

13. Quando um mol de etanol líquido reage, a pressão constante, com três mols de oxigênio gasoso produzindo dois mols de gás carbônico e três mols de água líquida ocorre liberação de 1.367 kJ de energia.

14. Pacote amarelo, pois haverá liberação de calor (reação exotérmica, $\Delta H < 0$).

15. E

16. **a)** Carbono diamante.

b) Carbono diamante.

17. **a)** O diferente estado físico do produto.

b)

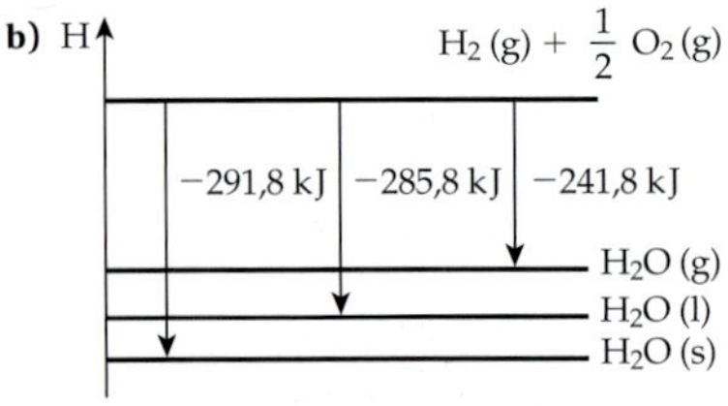

18. D **19.** D

27. Resolvido. **28.** C

29. **a)** $SiO_2\ (s) + 2\ Mg\ (s) \rightarrow Si\ (s) + 2\ MgO\ (s)$

b) $-292{,}7$ kJ

33. Resolvido.

34. A **35.** D

40. D **41.** C

42. **a)** Falso. **c)** Verdadeiro. **e)** Verdadeiro.

b) Falso. **d)** Verdadeiro.

43. $\Delta H = -198$ kJ

44. A

50. Quanto maior a energia de uma ligação, maior a energia necessária para romper essa ligação, o que indica que **mais forte** ela é.

51. **a)** A força cresce na ordem em que cresce a energia de ligação: HI (299 kJ/mol) < < HBr (366 kJ/mol) < HCl (431 kJ/mol) < < HF (565 kJ/mol).

b) I_2 (151 kJ/mol) < F_2 (158 kJ/mol) < < Br_2 (193 kJ/mol) < Cl_2 (242 kJ/mol).

52. Elaborando as fórmulas estruturais, podemos perceber que no etano há ligação simples entre os carbonos, no eteno há ligação dupla e no etino há ligação tripla.

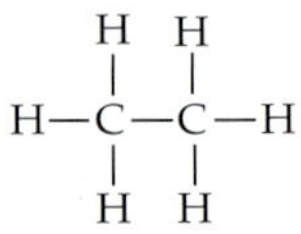
etano

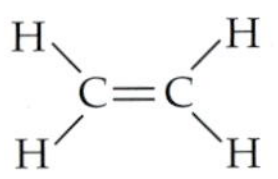
eteno

H—C≡C—H etino

Assim, de acordo com os dados tabelados, os carbonos estão mais fortemente unidos no etino.

53. C **54.** C **55.** B

61. Falsa.

62. Resolvido.

63. O octano, pois apresenta maior ΔH_c°.

64. Hidrogênio: 143 kJ; metano: 55,7 kJ; octano: 48,0 kJ; metanol: 22,7 kJ; etanol: 29,7 kJ. O hidrogênio libera, na combustão, maior quantidade de energia por unidade de massa.

65. Hidrogênio: 0,011 kJ; metano: 0,039 kJ; octano: 33,6 kJ; metanol: 18,2 kJ; etanol: 23,8 kJ. O octano libera, na combustão, maior quantidade de energia por unidade de volume.

66. **a)** $H_2\ (g) + \frac{1}{2}\ O_2\ (g) \rightarrow H_2O\ (v)$

b) $4{,}5 \cdot 10^5$ kg

67. **a)** $7{,}3 \cdot 10^5$ L

b) Quanto maior a quantidade de reagentes, maior será o calor liberado na reação. Assim, é possível concluir que o voo da nave espacial libera maior quantidade de energia.

68. C

Cap. 22 Cinética química: o transcorrer das reações químicas

1. Resolvido. **2.** E **3.** A

4. A **5.** B **6.** D

7. B **8.** D

13. Um incêndio envolve a reação química de combustão (queima), na qual o gás oxigênio (O_2) é um reagente. A ventania substitui o ar no local da queima (que tem baixa concentração de oxigênio, porque ele é consumido) por ar contendo maior concentração de oxigênio. Isso aumenta a velocidade da combustão e o incêndio se propaga mais depressa.

14. A

15. **a)** Colisão eficaz.

b) $N_2O\ (g) + NO\ (g) \rightarrow N_2\ (g) + NO_2\ (g)$

c) Complexo ativado ou estado de transição.

16. C

23. O enunciado dá a entender que ocorre uma reação química entre o material da mancha e o vinagre. Para aumentar a velocidade dessa reação, pode-se usar água quente (aumento de temperatura) ou colocar mais vinagre na mesma quantidade de água (aumento da concentração de reagente). Ambos os procedimentos aumentam a frequência de colisões efetivas.

24. Como a temperatura da água fervente é maior na panela de pressão, o alimento estará submetido, nela, a uma temperatura mais alta. Essa maior temperatura provoca o aumento da velocidade das reações químicas envolvidas no cozimento do alimento.

25. E

29. B **30.** D **31.** D

36. B **37.** E

42. **a)** É multiplicada por 2 (duplica).

b) É multiplicada por 3 (triplica).

43. **a)** É multiplicada por 4.

b) É multiplicada por 9.

44. E **45.** E **46.** D

52. **a)** $v = k \cdot [C_2H_4] \cdot [H_2]$

b) $v = k \cdot [ClO]^2$

53. **a)**

$$O_3 + NO_2 \rightarrow O_2 + \cancel{NO_3}$$
$$\cancel{NO_3} + NO_2 \rightarrow N_2O_5$$
$$\overline{O_3 + 2\ NO_2 \rightarrow O_2 + N_2O_5}$$

b) A etapa determinante é a etapa lenta que, no caso, é a primeira.

c) São duas moléculas: uma de O_3 e uma de NO_2.

d) $v_{global} = v_{etapa\ lenta} = k \cdot [O_3] \cdot [NO_2]$

57. Catálise homogênea: B e C.

Catálise heterogênea: A e D.

58. **A:** energia de ativação da primeira etapa (lenta) da reação catalisada (que coincide com a energia de ativação da reação global catalisada).

B: energia de ativação da reação sem catalisador.

C: variação de entalpia da reação global (seja na presença, seja na ausência de catalisador).

Cap. 23 Equilíbrio químico: a coexistência de reagentes e produtos

1. C **2.** B

3. Resolvido. **4.** A

5. **a)** $K_C = \dfrac{[COCl_2]}{[CO][Cl_2]}$

b) $K_C = \dfrac{[NO]^2[O_2]}{[NO_2]^2}$

c) $K_C = \dfrac{[SO_3]^2}{[SO_2]^2[O_2]}$

6. A **7.** Resolvido.

8. A **9.** B

10. E **11.** C

12. A **13.** B

31. Resolvido.

32. **a)** $K_P = \dfrac{(P_{COCl_2})}{(P_{CO}) \cdot (P_{Cl_2})}$

b) $K_P = \dfrac{(P_{NO})^2 \cdot (P_{O_2})}{(P_{NO_2})^2}$

c) $K_P = \dfrac{(P_{NH_3})^2}{(P_{N_2}) \cdot (P_{H_2})^3}$

d) $K_P = \dfrac{(P_{NO_2})^4 \cdot (P_{O_2})}{(P_{N_2O_5})^2}$

33. D **34.** D

37. O efeito é o deslocamento do equilíbrio para a:

a) direita;

b) esquerda;

c) direita;

d) esquerda;

e) esquerda;

f) direita.

38. **a)** Deslocamento para a direita.

b) Deslocamento para a esquerda.

39. O aumento de pressão **não** terá efeito sobre o equilíbrio, pois ele **não** é deslocado por variação de pressão (mesmo volume gasoso em ambos os membros).

40. **a)** Deslocamento para a esquerda.

b) Deslocamento para a direita.

41. O aumento de temperatura desloca para a direita e a redução de temperatura desloca para a esquerda.

50. **a)** $K_a = \dfrac{[H^+][F^-]}{[HF]}$

b) $K_a = \dfrac{[H^+][CN^-]}{[HCN]}$

c) $K_a = \dfrac{[H^+][ClO^-]}{[HClO]}$

51. B **52.** Resolvido. **53.** A

54. Resolvido. **55.** Resolvido.

56. B **57.** B **58.** D

59. $2 \cdot 10^{-4}$ mol/L

60. $1{,}6 \cdot 10^{-5}$

61. $1 \cdot 10^{-3}$ mol/L

65. B **66.** B **67.** D **68.** E

69. C **70.** D **71.** Resolvido.

72. E **73.** Falsa. **74.** E

75. Resolvido.

76. Respectivamente, 1 e 2. A mais ácida é a 0,1 mol/L.

77. 11

78. Respectivamente, 13 e 12. A mais básica é a 0,1 mol/L.

79. 3 **80.** 4 **81.** 11

95. B **96.** A

97. B **98.** $NaHCO_3$

103. $K_C = \dfrac{[H_2O]}{[CO_2]}$

104. $K_C = [Mg^{2+}] \cdot [OH^-]^2$

105. **a)** Não, pois o volume gasoso (zero) é o mesmo em ambos os membros.

b) Sim, pois desloca o equilíbrio para a direita.

c) Não, pois desloca o equilíbrio para a esquerda.

109. Resolvido.

110. D **111.** B **112.** B **113.** A

114. **a)** Só há equilíbrio no sistema I, pois nele existe solução saturada e também corpo de chão.

$$\underbrace{NaCl(s)}_{\text{corpo de chão}} \rightleftharpoons \underbrace{Na^+(aq) + Cl^-(aq)}_{\text{íons na solução saturada}}$$

b) Em I e II, todo o NaCl (s) adicionado não se dissolverá e irá tomar parte do corpo de fundo. Em III, o NaCl (s) se dissolverá, o que aumentará a concentração da solução.

121. **a)** $K_S = [Ca^{2+}] \cdot [F^-]^2$

b) $K_S = [Zn^{2+}] \cdot [S^{2-}]$

c) $K_S = [Ag^+]^2 \cdot [CrO_4^{2-}]$

d) $K_S = [Fe^{3+}] \cdot [OH^-]^3$

e) $K_S = [Al^{3+}]^2 \cdot [CO_3^{2-}]^3$

122. **a)** $K_S = 4\,S^3$

b) $K_S = S^2$

c) $K_S = 4\,S^3$

d) $K_S = 27\,S^4$

e) $K_S = 108\,S^5$

123. $1{,}0 \cdot 10^{-5}$ mol

124. D

Cap. 24 Radioatividade: fenômenos de origem nuclear

Ver respostas no DVD.

Cap. 25 Introdução à Química dos compostos de carbono

1. Composto orgânico é um composto que contém carbono.

2. Resolvido.

3. **a)** 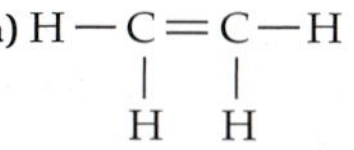

b) $H-C \equiv C-H$

c) 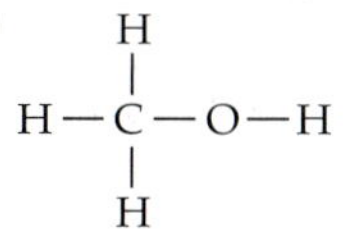

d) 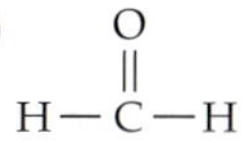

e) $H-C \equiv N$

f) 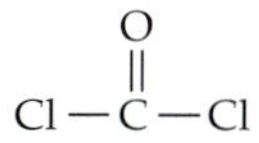

4. **a)** 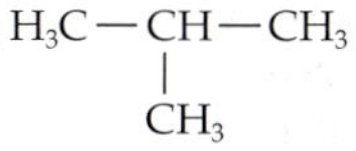

b) 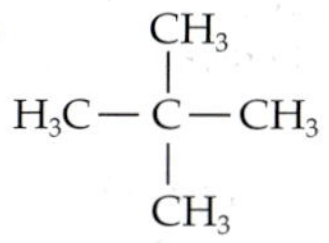

c) 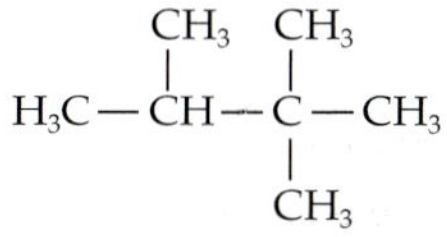

d) 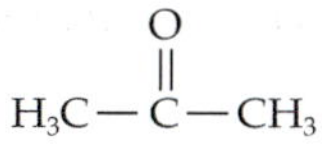

e) 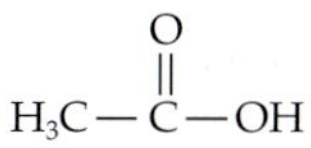

f) 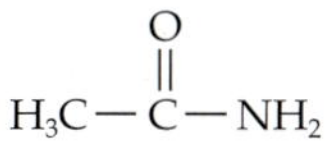

g) $H_3C-O-CH_3$

h) H_3C-CH_2-OH

i) $H_3C-CH_2-NH_2$

j) 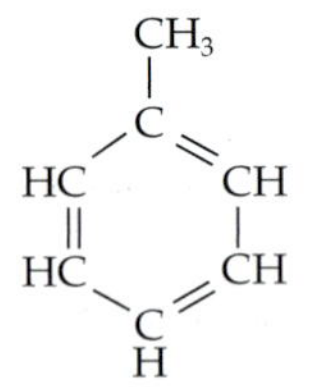

5. A

6. $C_{11}H_{15}NO_2$ **7.** C

13. D

14. C **15.** D

19. Resolvido. **20.** Resolvido.

21. C **22.** B **23.** E **24.** D

31. Resolvido. **32.** Certa.

33. E **34.** E **35.** E

36.
$$C_3H_8 + 5\,O_2 \rightarrow 3\,CO_2 + 4\,H_2O$$
$$C_3H_8 + \frac{7}{2}O_2 \rightarrow 3\,CO + 4\,H_2O$$
$$C_3H_8 + 2\,O_2 \rightarrow 3\,C + 4\,H_2O$$
$$C_4H_{10} + \frac{13}{2}O_2 \rightarrow 4\,CO_2 + 5\,H_2O$$
$$C_4H_{10} + \frac{9}{2}O_2 \rightarrow 4\,CO + 5\,H_2O$$
$$C_4H_{10} + \frac{5}{2}O_2 \rightarrow 4\,C + 5\,H_2O$$

37. Um automóvel ligado em ambiente fechado faz com que aumente a concentração de CO no ar, oferecendo riscos à saúde.

38. C **39.** Errada. **40.** A

41. B

47. E **48.** D **49.** D **50.** B

51. D

58. a) etano
b) eteno
c) etino
d) butano
e) propeno
f) pent-2-eno
g) pent-1-ino
h) hept-2-ino
i) buta-1,3-dieno

59. a) CH_4
b) $H_3C-CH_2-CH_2-CH_2-CH_2-CH_3$
c) $H_2C=CH-CH_3$
d) $H_2C=CH-CH_2-CH_3$
e) $H_3C-CH=CH-CH_3$
f) $H_3C-C\equiv C-CH_2-CH_3$
g) 
h) 

60. Sim, pois não existe o prop-2-eno.

61. Não, pois existe o but-2-eno.

62. a) ciclo-propano
b) ciclo-butano
c) ciclo-pentano
d) ciclo-buteno
e) ciclo-hexa-1,4-dieno
f) ciclo-hexa-1,3-dieno

63. B

64. Resolvido.

65. a) but-2-eno
b) pent-2-eno
c) hex-1-eno
d) hexa-1,3-dieno

66. a) metil
b) etil
c) propil
d) isopropil
e) butil
f) isobutil
g) *s*-butil ou *sec*-butil
h) *t*-butil ou *terc*-butil

67. a) 2-metil-pentano
b) 2,3-dimetil-butano
c) 2,2,4-trimetil-pentano
d) 3-etil-2-metil-pentano
e) 3-metil-but-1-eno
f) 4-metil-pent-2-ino

68. a) 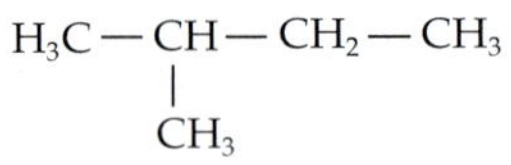
b) 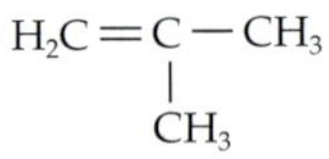
c) 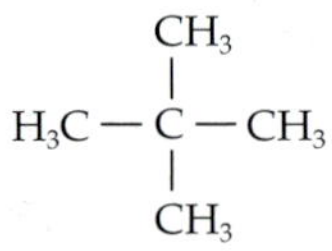
d) 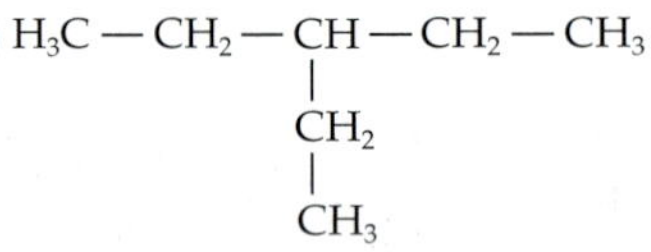

77. a) etil-ciclo-hexano
b) propil-benzeno
c) 1,2-dimetil-benzeno ou *orto*-dimetil-benzeno
d) 1,3-dimetil-benzeno ou *meta*-dimetil-benzeno
e) 1,4-dimetil-benzeno ou *para*-dimetil-benzeno
f) etil-benzeno

78. a) 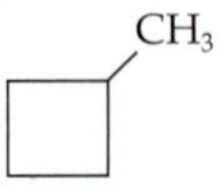
b) 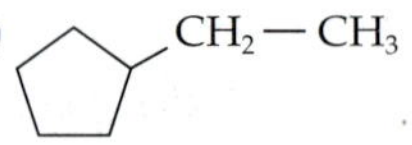
c) 
d) 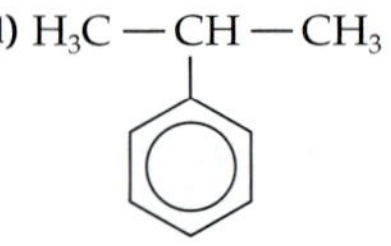
e) 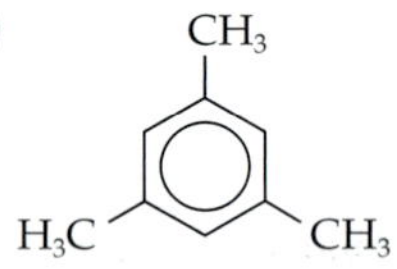
f) 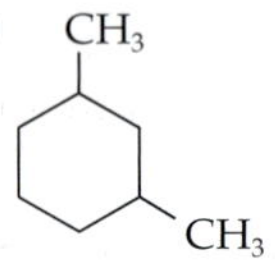
g) 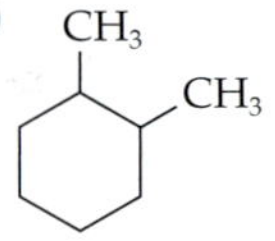
h) 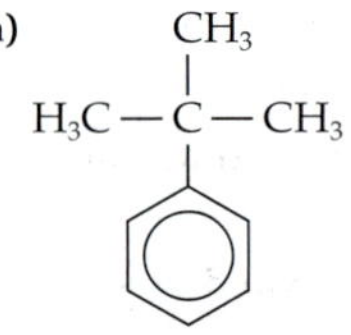

Cap. 26 As principais classes funcionais de compostos orgânicos

1. a) butan-2-ol
b) pentan-1-ol
c) pentan-3-ol
d) etanol
e) ciclo-pentanol

2. 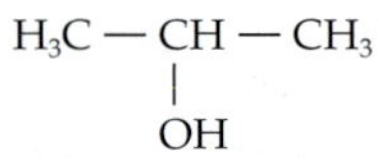

3. Causa ambiguidade, pois há possibilidades diferentes para posicionar a hidroxila: butan-1-ol e butan-2-ol.

4. Não causa ambiguidade, pois não há possibilidades diferentes para a posição da hidroxila.

5. a) 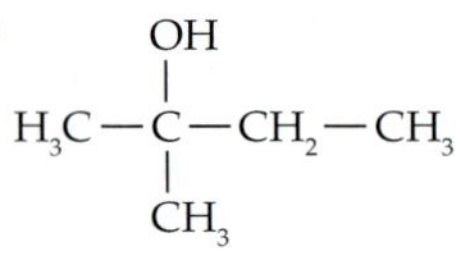
b) 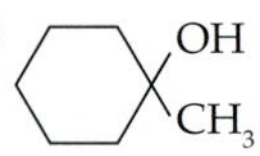

11. a) propanal
b) etanal
c) metanal
d) butanal
e) benzaldeído

12. Só Ⓐ é cetona.

13. **a)** butanona **c)** ciclo-pentanona
b) hexan-3-ona **d)** propanal

14. **a)**

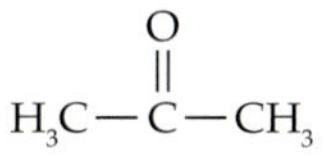

b)

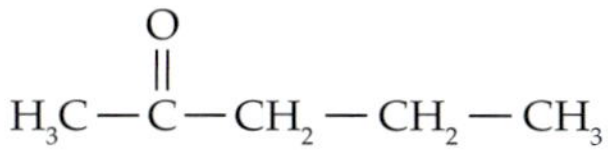

c)

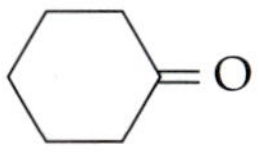

15. **a)** Não, pois se a carbonila está no primeiro carbono não é cetona e sim um aldeído, no caso, o pentanal.

b) Não, porque a numeração deve começar pela extremidade mais próxima da carbonila.

16. Existem duas: hexan-2-ona e hexan--3-ona.

17. Existem três: heptan-2-ona, heptan--3-ona e heptan-4-ona.

18. **a)** 2-metil-butanal
b) 2,3,4-trimetil-pentanal
c) 4-metil-pentanal
d) 3-metil-butan-2-ona (ou 3-metil--butanona)
e) 2,4-dimetil-pentan-3-ona
f) 2,4-dimetil-ciclo-hexanona

24. ácido etanoico, 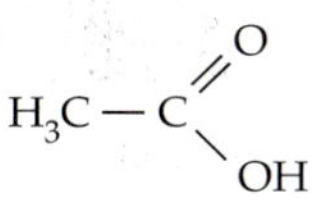

25. **a)** ácido etanoico
b) ácido butanoico
c) ácido propanoico
d) ácido hexanoico
e) ácido 2,3-dimetil-butanoico
f) ácido 4-metil-benzoico (ou ácido *para*-metil-benzoico)

26.

caproico: 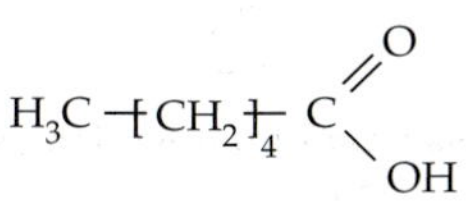

caprílico: 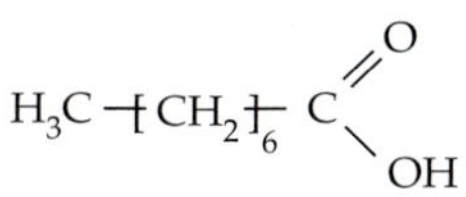

cáprico: 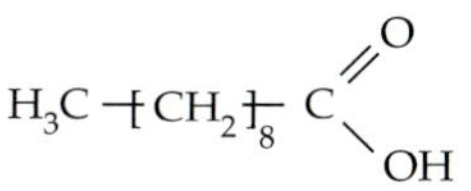

27. **a)** ácido metanoico
b) ácido etanoico
c) ácido propanoico
d) ácido butanoico

28. **a)** metanal **c)** propanal
b) etanal **d)** butanal

29. **a)** $H_3C-CH_2-CH_2-CH_2-OH$

b)

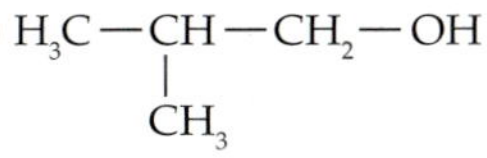

c)

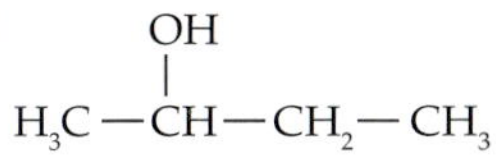

d)

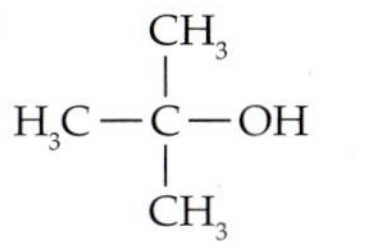

30.

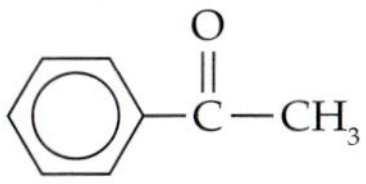

31. **a)** propanona **b)** cetona dimetílica

38. D

39. **a)** metóxi-metano ou éter dimetílico
b) metóxi-etano ou éter etílico e metílico
c) etóxi-benzeno ou éter etílico e fenílico

40.

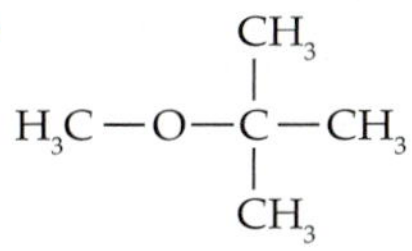

41. **a)** etanoato (ou acetato) de etila
b) etanoato (ou acetato) de pentila

42.

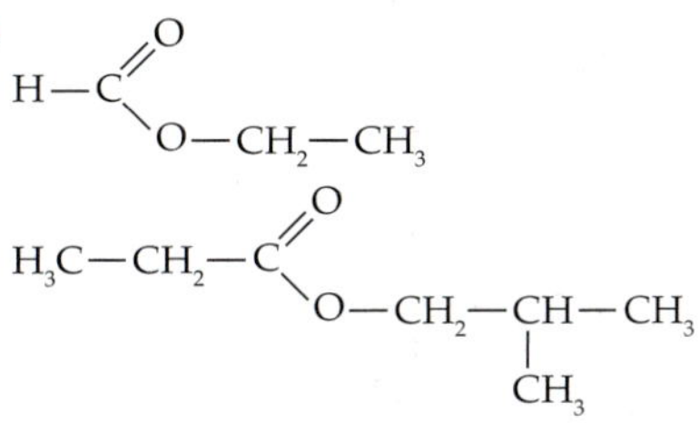

43. D 49. C 50. A

51.

R	Função	Nome
$-OH$	ácido carboxílico	ácido butanoico
$-H$	aldeído	butanal
$-CH_3$	cetona	pentan-2-ona
$-NH_2$	amida	butanamida
$-OCH_3$	éster	butanoato de metila

52. C

53.

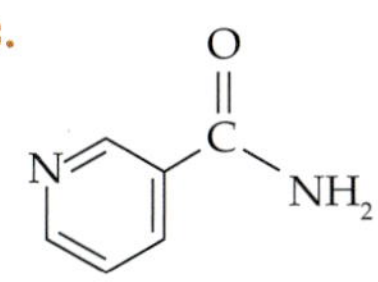

60. tricloro-metano

61. tetracloro-metano

62. tetrafluoro-eteno

63. **a)** 2-cloro-propano (ou cloreto de isopropila)
b) bromo-ciclo-pentano (ou brometo de ciclo-pentila)
c) iodo-benzeno (ou iodeto de fenila)
d) cloro-metano (ou cloreto de metila)
e) 1-bromo-propano (ou brometo de propila)
f) 2-iodo-propano (ou iodeto de isopropila)

64. **a)** *para*-dicloro-benzeno
b) *meta*-dicloro-benzeno
c) *orto*-dicloro-benzeno

67. B 68. C

69. D 70. D 71. A

76. **a)** butanonitrila **c)** ácido butanossulfônico
b) butanamida

77. C

78.

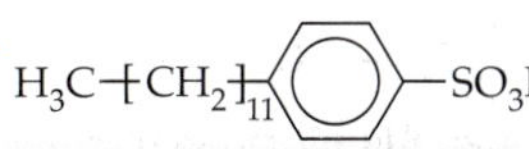

Cap. 27 Ligações intermoleculares na Química Orgânica

1. Errada.

2. A 3. D

6. C 7. Falsa. 8. E 9. A

14. D

15. Álcool. O colesterol é praticamente insolúvel em água, pois na molécula predominam átomos de carbono e hidrogênio (apolar).

18. A 19. C

20. C 21. C 22. B

Cap. 28 Isomeria

1. A 2. E 3. B

4. $H_3C-O-CH_3$

5. **a)**

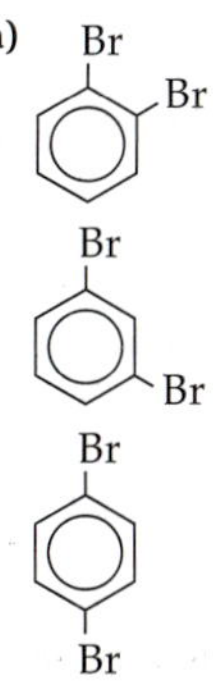

orto-dibromo-benzeno ou 1,2-dibromo-benzeno

meta-dibromo-benzeno ou 1,3-dibromo-benzeno

para-dibromo-benzeno ou 1,4-dibromo-benzeno

b) Isomeria de posição.

6. A **7.** C

14. Há possibilidade de isômeros geométricos nos casos C, D, G.

15. c)

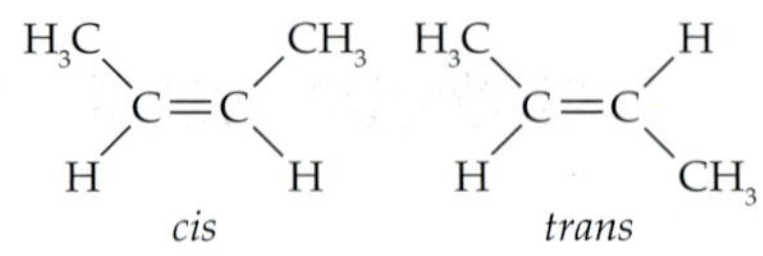

d)

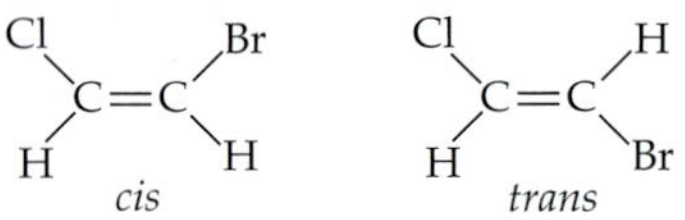

g)

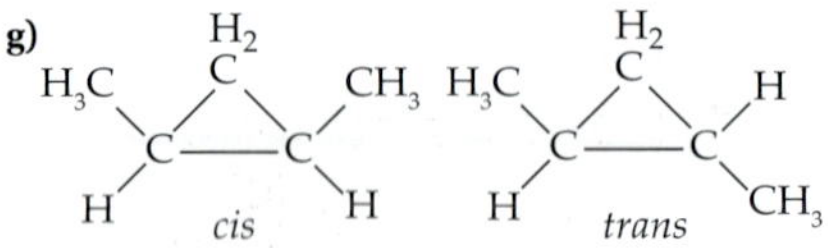

16. B **17.** C **18.** B

24. B, D, F **25.** E **26.** D

27. D **28.** B **29.** A

30. E **31.** A

Cap. 29 Reações de substituição

1. C **2.** A **3.** Resolvido.

4. a) 2 c) 3 e) 4
b) 2 d) 2 f) 1

5. E

12. a)

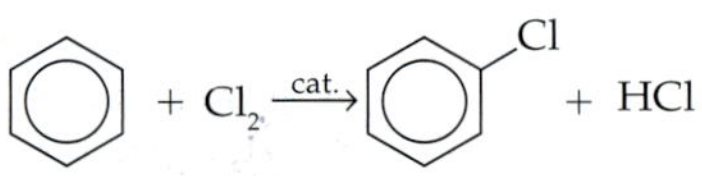

b)

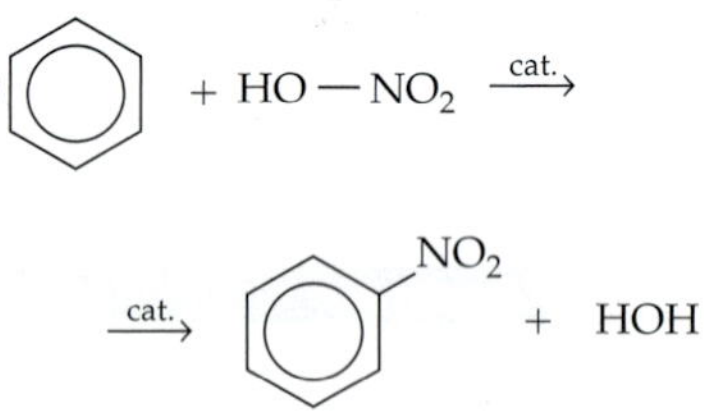

13.

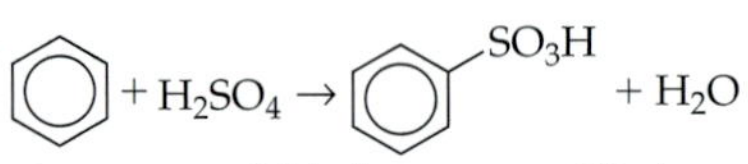

ácido benzenossulfônico

14. a)

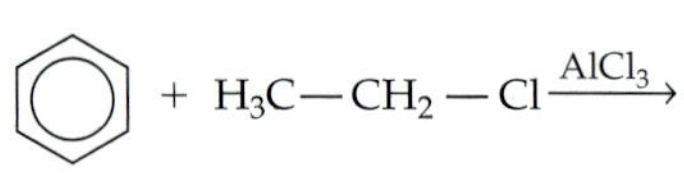

b)

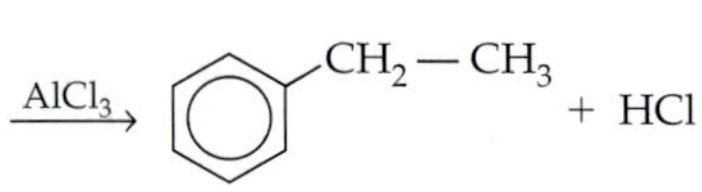

15. a) hidrocarboneto

b) cetona

16. B **17.** A **18.** E

Cap. 30 Reações de adição

1. B **2.** Resolvido.

3. E **4.** C

5. 3,7-dimetil-octan-1-ol

6. a)

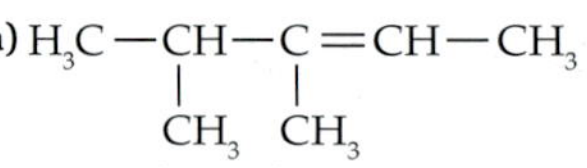

3,4-dimetil-pent-2-eno

b)

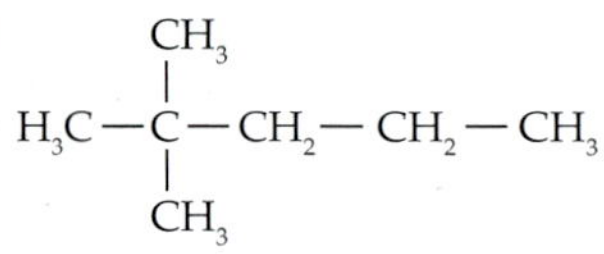

ou

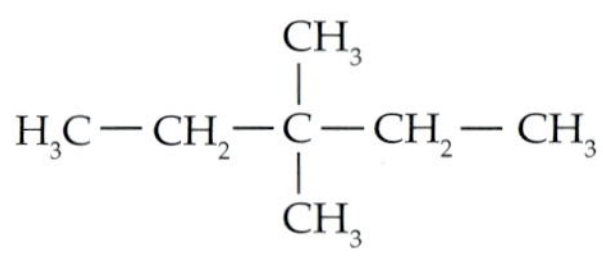

7. D **8.** D **9.** E **10.** D

11. a) Reação de adição.

b)

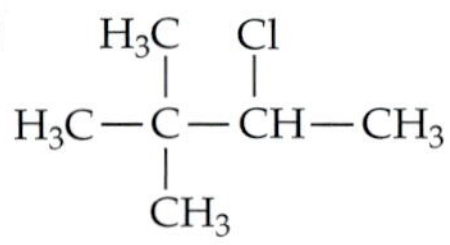

12. A

20. a) $H_2C=CH-CH_3$

b) $H_3C-CH_2-CH_3$

21. a)

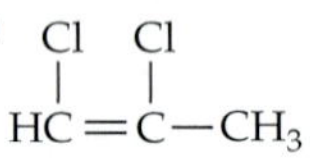

b)

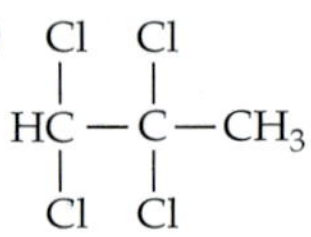

22. a)

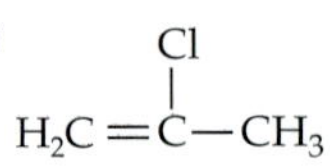

b)

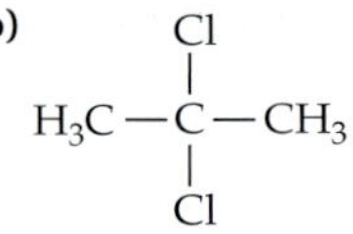

23. A **24.** D **25.** E

32. B

33. a) $C_{10}H_8$ b) $C_{10}H_{18}$ c) 5

34. E **35.** B

38. a) $H_3C-CH_2-CH_3$

b) $Br-CH_2-CH_2-CH_2-Br$

c) $Br-CH_2-CH_2-CH_3$

39.

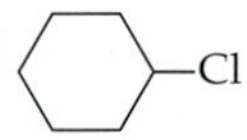

40. a) A que reage é um alceno, pois sofre reação de adição, e a que não reage é um ciclano que não tenha tendência a sofrer reação de adição.

b) $H_2C=CH-CH_2-CH_2-CH_2-CH_3$ (ou, também, qualquer alceno C_6H_{12} de cadeia ramificada)

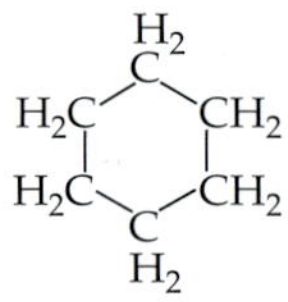

(ou, também, o metil-ciclo-pentano)

41. B

Cap. 31 Noções de acidez e de basicidade em compostos orgânicos

1. B **2.** E

3. a)

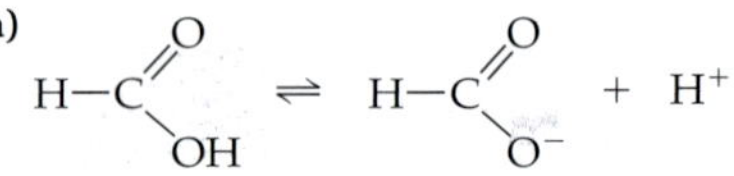

b)

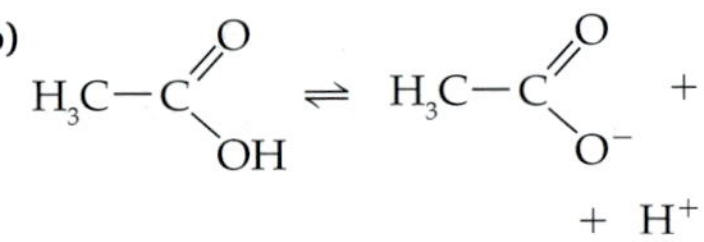

c)

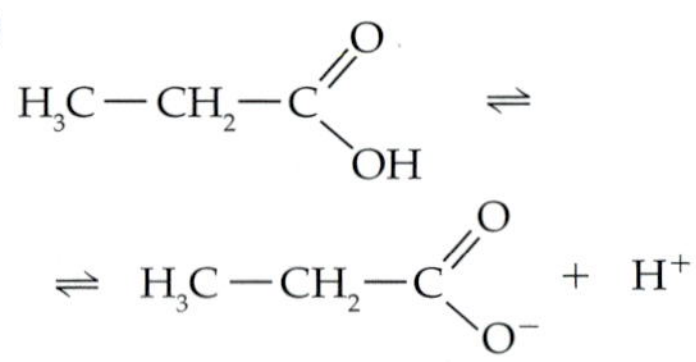

d)

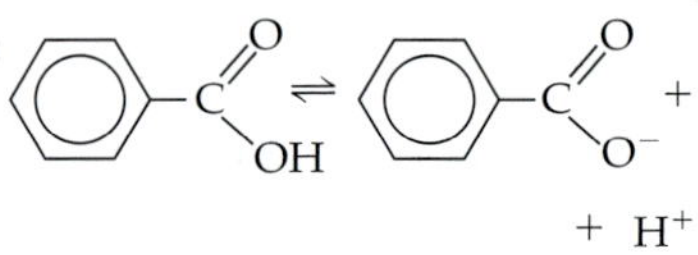

4. Errada.

5. a) Ácido:

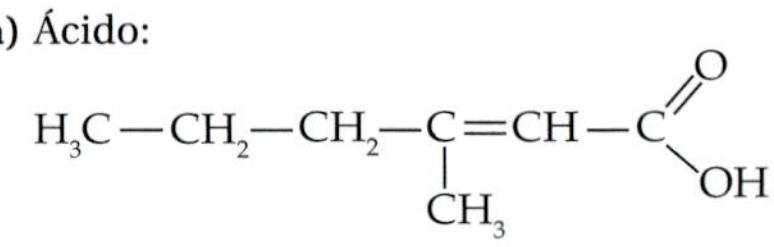

Sal: $NaHCO_3$

b) Cadeia aberta, homogênea, insaturada e ramificada.

6. A

13. C **14.** D **15.** B **16.** B

20. C

21. a) $CH_3CH_2CH_2NH_3^+HCOO^-$

b)

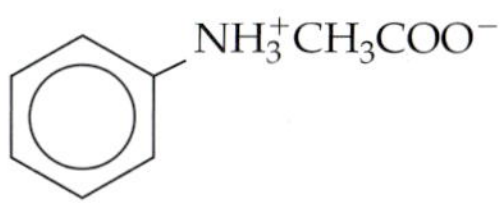

c)

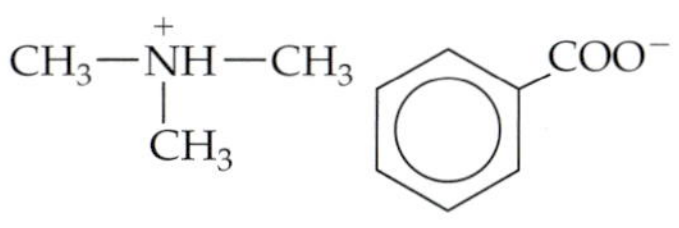

25. A

26. a)

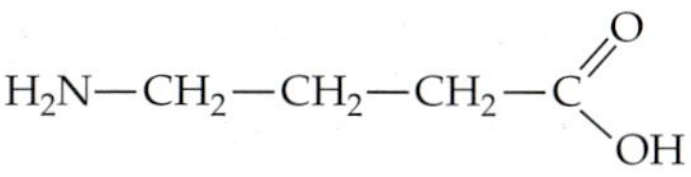

b)

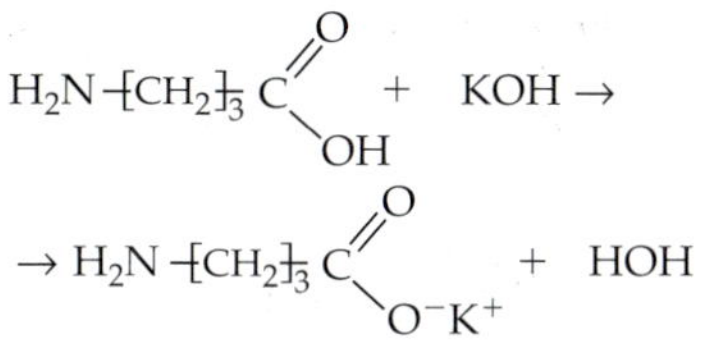

c)

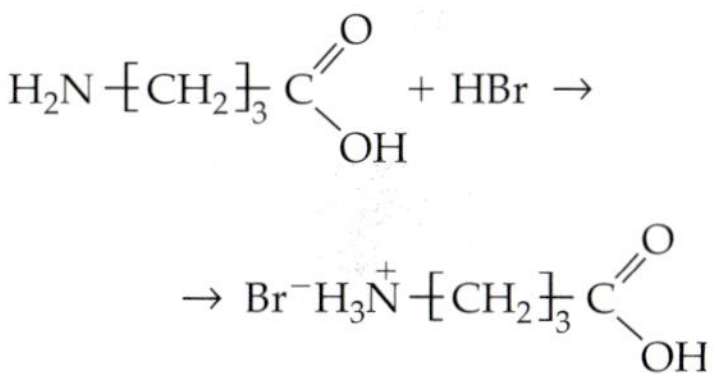

Cap. 32 Oxirredução, desidratação e esterificação

1. B **2.** A

3. a) Amida. **b)** ①: +4 ②: +3

4. D **8.** B **9.** E

10. a)

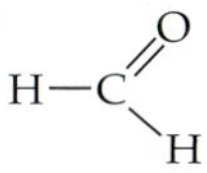

b) O produto da oxidação total (ácido metanoico), pois suas moléculas estabelecem ligações de hidrogênio.

11. A

18. Fórmula estrutural:

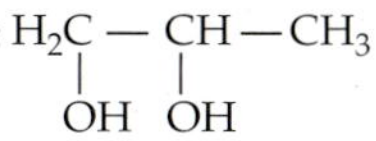

Nome: propano-1,2-diol

19. B **20.** C **21.** E **22.** C

23. Falsa.

28. Fórmula estrutural do $C_4H_{10}O$:
$H_3C — CH_2 — O — CH_2 — CH_3$
Nome do C_2H_4: eteno ou etileno.

29. a)

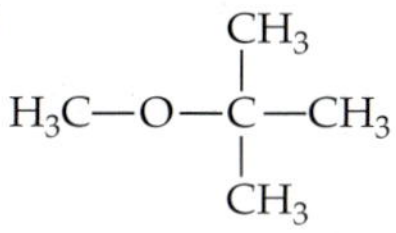

b) $H_3C — OH$ metanol (ou álcool metílico)

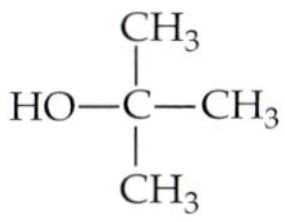

2-metil-propan-2-ol (ou álcool *terc*-butílico)

33.

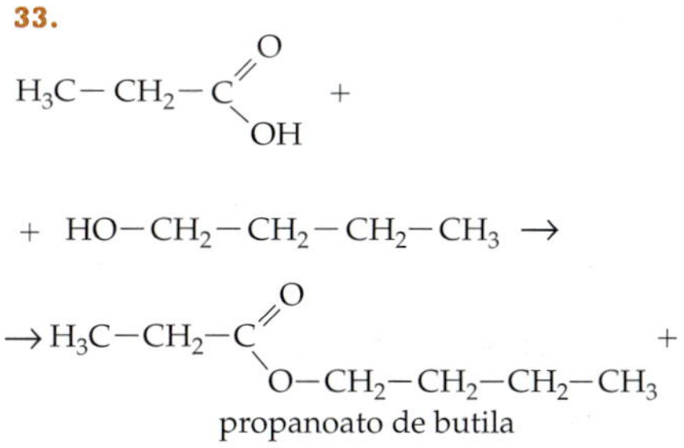

34. D **35.** E

36. C **37.** C

38. A **39.** D

Cap. 33 Polímeros sintéticos

1. D

2. B

3. C

4. A

5. A

11. C

12. a)

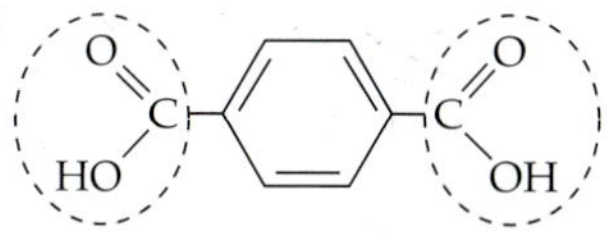

ácido carboxílico

amina

b)

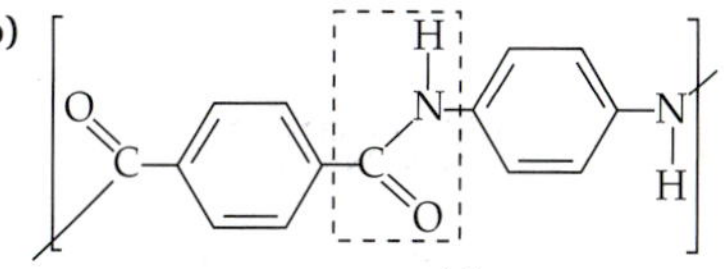

amida

13. C

14. E

15. 1 - certo; 2 - errado.

Cap. 34 Noções sobre alguns compostos presentes em seres vivos

Ver respostas no DVD.

Acafe-SC - Associação Catarinense das Fundações Educacionais

Ceeteps-SP - Centro Estadual de Educação Tecnológica "Paula Souza"

Cefet-AL - Centro Federal de Educação Tecnológica de Alagoas

Cefet-AM - Centro Federal de Educação Tecnológica do Amazonas

Cefet-CE - Centro Federal de Educação Tecnológica do Ceará

Cefet-PA - Centro Federal de Educação Tecnológica do Pará

Cefet-MG - Centro Federal de Educação Tecnológica de Minas Gerais

Cefet-PB - Centro Federal de Educação Tecnológica da Paraíba

Cefet-PE - Centro Federal de Educação Tecnológica de Pernambuco

Cefet-PI - Centro Federal de Educação Tecnológica do Piauí

Cefet-PR - Centro Federal de Educação Tecnológica do Paraná

Cefet-RJ - Centro Federal de Educação Tecnológica "Celso Suckow da Fonseca"

Cesgranrio-RJ - Fundação Cesgranrio

Ceub-DF - Centro de Ensino Unificado de Brasília

Covest-PE - Comissão do Vestibular das Universidades Federal e Federal Rural de Pernambuco

EEM-SP - Escola de Engenharia Mauá

Enem-MEC - Exame Nacional do Ensino Médio

EPM-SP - Escola Paulista de Medicina

Esal-MG - Escola Superior de Agronomia de Lavras

Esam-RN - Escola Superior de Agricultura de Mossoró

Estácio-RJ - Universidade Estácio de Sá

Evangélica-GO - Faculdades Integradas da Associação Educativa Evangélica

F. Dom Bosco-DF - Faculdade Dom Bosco de Educação Física

F. Ruy Barbosa-BA - Faculdade Ruy Barbosa

F. Santo André-SP - Faculdade de Ciências Econômicas e Administração de Santo André

F. Visconde de Cairu-BA - Fundação de Visconde de Cairu

Faap-SP - Fundação Armando Álvares Penteado

Fafeod-MG - Faculdade Federal de Odontologia de Diamantina

Faee-GO - Faculdades Integradas da Associação Educativa Evangélica

Fatec-SP - Faculdade de Tecnologia de São Paulo

Fazu-MG - Faculdade de Agronomia e Zootecnia de Uberaba

FCAP-PA - Faculdade de Ciências Agrárias do Pará

Fecolinas-TO - Fundação Municipal de Ensino Superior de Colinas do Tocantins

Fefisa-SP - Faculdades Integradas de Santo André

FEI-SP - Faculdade de Engenharia Industrial

Fesp-SP - Faculdade de Engenharia São Paulo

FFCL Belo Horizonte-MG - Faculdade de Filosofia, Ciências e Letras de Belo Horizonte

FGV-SP - Fundação Getúlio Vargas

FMTM-MG - Faculdade de Medicina do Triângulo Mineiro

FMU/Fiam-Faam/Fisp-SP - Vestibular integrado FMU, Fiam-Faam e Fisp

FUA-AM - Fundação Universidade Federal do Amazonas

FUERN - Fundação Universidade do Estado do Rio Grande do Norte

Fundeg-MG - Fundação Educacional Guaxupé

Funrei-MG - Fundação de Ensino Superior de São João Del Rei

Furg-RS - Fundação Universidade Federal do Rio Grande

FURRN - Fundação Universidade Regional do Rio Grande do Norte

Fuvest-SP - Fundação Universitária para o Vestibular

IME-RJ - Instituto Militar de Engenharia

ITA-SP - Instituto Tecnológico de Aeronáutica

Mackenzie-SP - Universidade Presbiteriana Mackenzie

Osec-SP - Organização Santamarense de Ensino e Cultura

PASUSP - Programa de Avaliação Seriada da USP

PUC-Campinas-SP - Pontifícia Universidade Católica de Campinas

PUC-MG - Pontifícia Universidade Católica de Minas Gerais

PUC-PR - Pontifícia Universidade Católica do Paraná

PUC-RJ - Pontifícia Universidade Católica do Rio de Janeiro

PUC-RS - Pontifícia Universidade Católica do Rio Grande do Sul

PUC-SP - Pontifícia Universidade Católica de São Paulo

U. São Judas-SP - Universidade São Judas Tadeu

UCB-DF - Universidade Católica de Brasília

UCDB-MS - Universidade Católica Dom Bosco

UCG-GO - Universidade Católica de Goiás

UCPel-RS - Universidade Católica de Pelotas

UCSal-BA - Universidade Católica de Salvador

UCS-RS - Universidade de Caxias do Sul

Udesc - Universidade do Estado de Santa Catarina

Uece - Universidade Estadual do Ceará

UEFS-BA - Universidade Estadual de Feira de Santana

UEG-GO - Universidade Estadual de Goiás

UEL-PR - Universidade Estadual de Londrina

Uema - Universidade Estadual do Maranhão

UEMG - Universidade do Estado de Minas Gerais

UEMS - Universidade Estadual do Mato Grosso do Sul

UEM-PR - Universidade Estadual de Maringá

Uenf-RJ - Universidade Estadual do Norte Fluminense

Uepa - Universidade do Estado do Pará

UEPB - Universidade Estadual da Paraíba

UEPG-PR - Universidade Estadual de Ponta Grossa

Uerj - Universidade do Estado do Rio de Janeiro

Uesb-BA - Universidade Estadual do Sudoeste da Bahia

Uespi - Universidade Estadual do Piauí

UFABC - Universidade Federal do ABC

Ufac - Fundação Universidade Federal do Acre

Ufal - Universidade Federal de Alagoas

Ufam - Universidade Federal do Amazonas

UFBA - Universidade Federal da Bahia

UFC-CE - Universidade Federal do Ceará

Ufersa-RN - Universidade Federal Rural do Semiárido

Ufes - Universidade Federal do Espírito Santo

UFF-RJ - Universidade Federal Fluminense

UFG-GO - Universidade Federal de Goiás

UFJF-MG - Universidade Federal de Juiz de Fora

Ufla-MG - Universidade Federal de Lavras

UFMA - Fundação Universidade Federal do Maranhão

UFMG - Universidade Federal de Minas Gerais

UFMS - Fundação Universidade Federal de Mato Grosso do Sul

UFMT - Fundação Universidade Federal de Mato Grosso

UFPA - Universidade Federal do Pará

UFPB - Universidade Federal da Paraíba

UFPE - Universidade Federal de Pernambuco

UFPel-RS - Fundação Universidade Federal de Pelotas

UFPI - Fundação Universidade Federal do Piauí

UFPR - Universidade Federal do Paraná

UFRGS-RS - Universidade Federal do Rio Grande do Sul

UFRJ - Universidade Federal do Rio de Janeiro

UFRN - Universidade Federal do Rio Grande do Norte

UFRO - Universidade Federal de Rondônia

UFRRJ - Universidade Federal Rural do Rio de Janeiro

UFSC - Universidade Federal de Santa Catarina

UFSCar-SP - Fundação Universidade Federal de São Carlos

UFSM-RS - Universidade Federal de Santa Maria

UFS-SE - Fundação Universidade Federal de Sergipe

UFT-TO - Universidade Federal de Tocantins

UFTM-MG - Universidade Federal do Triângulo Mineiro

UFU-MG - Fundação Universidade Federal de Uberlândia

UFV-MG - Fundação Universidade Federal de Viçosa

UGF-RJ - Universidade Gama Filho

Unaerp-SP - Universidade de Ribeirão Preto

Unama-PA - Universidade da Amazônia

UnB-DF - Fundação Universidade de Brasília

Uneb-BA - Universidade do Estado da Bahia

Unemat-MS - Universidade do Estado do Mato Grosso

Unesp - Universidade Estadual Paulista

UNI-BH-MG - Centro Universitário de Belo Horizonte

Unicamp-SP - Universidade Estadual de Campinas

Unicap-PE - Universidade Católica de Pernambuco

Unifei-MG - Universidade Federal de Itajubá

Unifenas-MG - Universidade de Alfenas

Unifesp - Universidade Federal de São Paulo

Unifor-CE - Universidade de Fortaleza

Unimontes-MG - Universidade Estadual de Montes Claros

Unip-SP - Universidade Paulista

Unirio-RJ - Fundação Universidade do Rio de Janeiro

Unisinos-RS - Universidade do Vale do Rio dos Sinos

Unitau-SP - Universidade de Taubaté

Unitins-TO - Universidade do Tocantins

Uniube-MG - Universidade de Uberaba

Univali-SC - Universidade do Vale do Itajaí

Unopar-PR - Universidade Norte do Paraná

UPE - Universidade de Pernambuco

UPF-RS - Universidade de Passo Fundo

USF-SP - Universidade São Francisco

UVA-CE - Universidade Estadual Vale do Acaraú

Vunesp - Fundação para o Vestibular da Unesp

Principais obras consultadas

AHLUWALIA, V. K.; PARASHAR, R. K. *Organic Reaction Mechanisms*. 3. ed. Oxford: Alpha Science, 2007.

ANSLYN, E. V.; DOUGHERTY, D. A. *Modern Physical Organic Chemistry*. Sausalito: University Science Books, 2006.

ATKINS, P. W.; DE PAULA, J. *Physical Chemistry*. 9. ed. Nova York: Freeman, 2010.

_______ et al. *Inorganic Chemistry*. 5. ed. Oxford: Oxford University Press, 2010.

_______; JONES, L. L. *Chemical Principles*: The Quest for Insight. 4. ed. Nova York: Freeman, 2008.

AUSTIN, G.T. *Shreve's Chemical Process Industries*. 5. ed. Nova York: McGraw-Hill, 1984.

BARREIRO, E. J.; FRAGA, C. A. M. *Química Medicinal*: As Bases Moleculares da Ação dos Fármacos. 2. ed. Porto Alegre: Artmed, 2008.

BEISER, A. *Concepts of Modern Physics*. 6. ed. Nova York: McGraw-Hill, 2003.

BETTELHEIM, F. A. et al. *Introduction to General, Organic & Biochemistry*. 7. ed. Belmont: Brooks/Cole, 2004.

BLEI, I.; ODIAN, G. *General, Organic and Biochemistry*: Connecting Chemistry to your Life. 2. ed. Nova York: Freeman, 2006.

BLOOMFIELD, M. M.; STEPHENS, L. J. *Chemistry and the living organism*. 6. ed. Nova York: John Wiley, 1996.

BOTKIN, D. B.; KELLER, E. A. *Environmental Science*: Earth as Living Planet. 8. ed. Hoboken: John Wiley, 2011.

BRADY, J. E.; SENESE, F. *Chemistry*: Matter and its Changes. 4. ed. Hoboken: John Wiley, 2004.

BROWN, T. L. et al. *Chemistry*: The Central Science. 11. ed. Upper Saddle River: Prentice Hall, 2009.

BROWN, W. H. et al. *Organic Chemistry*. 4. ed. Belmont: Brooks/Cole, 2005.

BÜCHEL, K. H. et al. *Industrial Inorganic Chemistry*. 2. ed. Weinheim: VCH, 2000.

CAREY, F. A. *Organic Chemistry*. 7. ed. Nova York: McGraw-Hill, 2008.

_______; SUNDBERG, R. J. *Advanced Organic Chemistry*. 5. ed. Nova York: Springer, 2007. 2 v.

CHANG, R. *Chemistry*. 8. ed. Nova York: McGraw-Hill, 2005.

CIPRIANI, J.; HASMONAY, H. *Cours de Chimie*. Paris: Vuibert, 1986.

CONNELLY, N. G. et al. *Nomenclature of Inorganic Chemistry*: IUPAC Recommendations 2005. Cambridge: IUPAC/RSC Publishing, 2005.

COTTON, F. A. et al. *Advanced Inorganic Chemistry*. 6. ed. Nova York: John Wiley, 1999.

DAMODARAN, S. et al. (eds.). *Fennema's Food Chemistry*. 4. ed. Boca Raton: CRC Press, 2008.

DAVID, R. *Chimie Pratique*. Paris: Vuibert, 1973.

EBBING, D. D.; GAMMON, S. D. *General Chemistry*. 8. ed. Boston: Houghton Mifflin, 2005.

FREEMANTLE, M. *Chemistry in action*. 2. ed. Londres: Macmillan, 1995.

GARRITZ, A.; CHAMIZO, J. A. *Química*. São Paulo: Pearson, 2002.

GILLESPIE, R. J.; HARGITTAI, I. *The VSEPR model of molecular geometry*. Needham Heights: Allyn and Bacon, 1991.

_______ et al. *Atoms, Molecules and Reactions*: An Introduction to Chemistry. Upper Saddle River: Prentice Hall, 1994.

GREEN, M. M. et al. *Organic Chemistry Principles and Industrial Practice*. Weinheim: VCH, 2003.

HALL, N. (ed.). *The New Chemistry*: A Showcase for Modern Chemistry and its Applications. Cambridge: Cambridge University Press, 2000.

HALLIDAY, D. et al. *Fundamentals of Physics*. 9. ed. Hoboken: John Wiley, 2011.

HEIN, M. et al. *Introduction to General, Organic and Biochemistry*. 9. ed. Hoboken: John Wiley, 2009.

HOUSE, J. E. *Inorganic Chemistry*. Burlington: Academic Press, 2008.

HUHEEY, J. E. et al. *Inorganic Chemistry*. Principles of Structure and Reactivity. 4. ed. Harper: Nova York, 1993.

JONES Jr., M. *Organic Chemistry*. 3. ed. Nova York: Norton, 2005.

KOTZ, J. C. et al. *Chemistry & Chemical Reactivity*. 6. ed. Belmont: Brooks/Cole, 2006.

LEICESTER, H. M. *The Historical Background of Chemistry*. Nova York: Dover, 1971.

LEVINE, I. *Physical Chemistry*. 6. ed. Nova York: McGraw-Hill, 2009.

________. *Quantum Chemistry*. 6. ed. Upper Saddle River: Pearson Prentice Hall, 2009.

LIDE, D. R. (ed.). *CRC Handbook of Chemistry and Physics*. 84. ed. Boca Raton: CRC Press, 2003.

MAHAN, B. H.; MYERS, R. J. *University Chemistry*. 4. ed. Menlo Park: Benjamin Cummings, 1987.

MASTERTON, W. L.; HURLEY, C. N. *Chemistry*: Principles & Reactions. 4. ed. Belmont: Brooks/Cole, 2001.

MATTHEWS, P. *Advanced Chemistry*. Cambridge: Cambridge University Press, 1992. 2 v.

McMURRY, J. et al. *Fundamentals of General, Organic and Biological Chemistry*. 5. ed. Upper Saddle River: Pearson Prentice Hall, 2007.

McNAUGHT, A. D.; WILKINSON, A. *Compendium of Chemical Terminology*: IUPAC Recommendations. 2. ed. Oxford: Blackwell Science, 1997.

MIESSLER, G. L.; TARR, D. A. *Inorganic Chemistry*. 4. ed. Upper Saddle River: Prentice Hall, 2011.

MILLER Jr., G. T.; SPOOLMAN, S. E. *Living in the Environment*. 17. ed. Belmont: Brooks/Cole, 2012.

MOELLER, T. et al. *Chemistry with inorganic qualitative analysis*. 3. ed. Nova York: Harcourt Brace-Jovanovich, 1989.

MOORE, J. W. et al. *Chemistry*: The Molecular Science. 2. ed. Belmont: Brooks/Cole, 2005.

MORRISON, R. T.; BOYD, R. N. *Organic Chemistry*. 6. ed. Upper Saddle River: Prentice Hall, 1992.

MORTIMER, R. G. *Physical Chemistry*. 2. ed. Nova York: Harcourt Academic Press, 2000.

MUNDY, B. P. et al. *Organic and Biological Chemistry*. Orlando: Saunders, 1993.

NELSON, D. L.; COX, M. M. *Lehninger Principles of Biochemistry*. 5. ed. Nova York: Freeman, 2008.

OLMSTED III, J.; WILLIAMS, G. M. *Chemistry*. 3. ed. Nova York: John Wiley, 2002.

PANICO, R. et al. *A Guide to IUPAC Nomenclature of Organic Compounds*. Recommendations 1993. Cambridge: Blackwell Science, 1993. (Correções publicadas em *Pure and Applied Chemistry*, v. 71, n. 7, p. 1.327-1.330, 1999.)

________. *Guia IUPAC para a Nomenclatura de Compostos Orgânicos*. Tradução portuguesa, nas variantes europeia e brasileira. Tradução de José Augusto Rosário Rodrigues et al. Lisboa: Lidel, 2002.

PARTINGTON, J. R. *A short history of Chemistry*. Nova York: Dover, 1989.

PAULING, L. *General Chemistry*. Nova York: Dover, 1970.

________. *The Nature of Chemical Bonding*. 3. ed. Ithaca: Cornell University Press, 1960.

PINE, S. H. et al. *Organic Chemistry*. 5. ed. Singapore: McGraw-Hill, 1987.

POTAPOV, V.; TATARINCHIK, S. *Chimie Organique*. Moscou: Éditions Mir, 1981.

RAVEN, P. H. et al. *Environment*. 7. ed. Hoboken: John Wiley, 2010.

RAYNER-CANHAM, G.; OVERTON, T. *Descriptive Inorganic Chemistry*. 4. ed. Nova York: Freeman, 2006.

RONAN, C. A. *História Ilustrada da Ciência*. Rio de Janeiro: Jorge Zahar, 1987. 4 v.

ROYAL SOCIETY OF CHEMISTRY. *The Age of the Molecule*. Londres: Royal Society of Chemistry, 1999.

SADAVA, D. et al. *Life*: The Science of Biology. 9. ed. Sunderland: Sinauer, 2011.

SALZBERG, H. W. *From Caveman to Chemist*: Circumstances and Achievements. Washington: American Chemical Society, 1991.

SANTOS FILHO, P. F. *Estrutura Atômica & Ligação Química*. 2. ed. Campinas: publicação do autor (Instituto de Química da Unicamp), 2007.

SCHECHTER, H.; BERTULANI. C. A. *Introdução à Física Nuclear*. Rio de Janeiro: Editora da UFRJ, 2007.

SELINGER, B. *Chemistry in the Marketplace*: A Consumer Guide. 5. ed. Sydney: Harcourt Brace, 1998.

SILBERBERG, M. S. *Chemistry*: the Molecular Nature of Matter and Change. 5. ed. Nova York: McGraw-Hill, 2009.

SMITH, M. B.; MARCH, J. *March's Advanced Organic Chemistry*. 6. ed. Hoboken: John Wiley, 2007.

SNYDER, C. H. *The Extraordinary Chemistry of Ordinary Things*. 4. ed. Nova York: John Wiley, 2003.

SOLOMONS, T. W. G.; FRYHLE, C. *Organic Chemistry*. 9. ed. Hoboken: John Wiley, 2008.

SYKES, P. *A Guidebook to Mechanism in Organic Chemistry*. 6. ed. Nova York: Longman, 1995.

THOMAS, J. E. (org.). *Fundamentos de Engenharia de Petróleo*. Rio de Janeiro: Interciência, 2001.

TIPLER, P. A.; MOSCA, G. *Physics for Scientists and Engineers*. 6. ed. Nova York: Freeman, 2008.

_______; LLEWELLYN, R. A. *Modern Physics*. 5. ed. Nova York: Freeman, 2008.

VOET et al. *Fundamentals of Biochemistry*. 3. ed. Hoboken: John Wiley, 2008.

VOLLHARDT, K. P. et al. *Organic Chemistry*: Structure and Function. 5. ed. Nova York: Freeman, 2007.

WARREN, S. et al. *Organic Chemistry*. Oxford: Oxford University Press, 2001.

WEEKS, M. E.; LEICESTER, H. M. *Discovery of the Elements*. 7. ed. Easton: Journal of Chemical Education, 1968.

WHITTEN, K. W. et al. *General Chemistry with Qualitative Analysis*. 7. ed. Belmont: Brooks/Cole, 2004.

ZUMDAHL, S. S. *Chemical Principles*. 5. ed. Boston: Houghton Mifflin, 2005.

Química
na abordagem do cotidiano
Volume único

Conteúdo do DVD

✓ **Visão do especialista**

✓ **Biblioteca do estudante**
- Ferramentas digitais: como usar
- Suplemento de teoria e tabelas para consulta
- Material complementar
- Capítulos complementares

✓ **Conteúdo multimídia**

✓ **Resoluções e respostas**
- Livro
- Visão do especialista
- Revisão
- Tópicos opcionais

✓ **Guia de estudo**

✓ **Revisão**

Especificações técnicas para o uso do DVD
- CPU de 1.0 GHz
- Memória RAM de 1 Gb
- Leitor de DVD
- Acrobat Reader
- Sistema operacional: Windows XP ou superior
- Resolução mínima de vídeo: 1024x768

Caro aluno,

Siga as instruções abaixo para ter acesso ao livro digital:

1. Acesse o portal **http://moderna.com.br** e clique em **CADASTRO** ou, caso já seja cadastrado, entre com seus dados de ***LOGIN*** e **SENHA** e procure pela seção **MINHAS INFORMAÇÕES**.
2. Escolha seu perfil e preencha o cadastro com os dados solicitados.
3. Guarde com cuidado o seu *login* e sua senha. São eles que garantem o seu acesso ao conteúdo digital.
4. Acesse a opção **MEUS CÓDIGOS DE ACESSO** e digite o seu na área reservada, respeitando os espaços e as letras maiúsculas. Caso tenha outros códigos, repita esse procedimento com todos.

SEU CÓDIGO DE ACESSO: A 00007 AUTQUICOT U 64038

5. Pronto! O seu acesso foi liberado.*

Após ativar o código de acesso confira a validade do seu livro digital.

Para saber mais informações sobre o *download* de seu material, visite o *site* **http://moderna.com.br/tablet**

REQUISITOS MÍNIMOS PARA ACESSO AO PORTAL:

Sistema operacional Windows XP SP3 ou superior	Processador *dual core* ou superior	Memória RAM de 2GB ou superior	Acrobat 9 ou superior	Navegadores de internet em versões atualizadas

* O acesso ao livro digital será liberado a partir do início do ano letivo.